FLAVIUS JOSEPHUS · DE BELLO JUDAICO
BAND I

Flavius Josephus

De bello Judaico
Der jüdische Krieg

Griechisch und Deutsch

Band I: Buch I - III

Herausgegeben
und mit einer Einleitung
sowie mit Anmerkungen versehen
von
Otto Michel
und
Otto Bauernfeind

Die Deutsche Nationalbibliothek verzeichnet diese Publikation
in der Deutschen Nationalbibliografie;
detaillierte bibliografische Daten sind im Internet über
http://dnb.d-nb.de abrufbar.

Das Werk ist in allen seinen Teilen urheberrechtlich geschützt.
Jede Verwertung ist ohne Zustimmung des Verlags unzulässig.
Das gilt insbesondere für Vervielfältigungen, Übersetzungen,
Mikroverfilmungen und die Einspeicherung in und Verarbeitung
durch elektronische Systeme.

Sonderausgabe 2013
© 1959 by WBG (Wissenschaftliche Buchgesellschaft), Darmstadt
Die Herausgabe des Werkes wurde durch die Vereinsmitglieder der WBG ermöglicht.
Einbandgestaltung: Peter Lohse, Heppenheim
Gedruckt auf säurefreiem und alterungsbeständigem Papier
Printed in Germany

Besuchen Sie uns im Internet: www.wbg-wissenverbindet.de

ISBN 978-3-534-25008-0

Elektronisch sind folgende Ausgaben erhältlich:
eBook (PDF): 978-3-534-26243-4

INHALTSVERZEICHNIS

Vorwort	VII
Abkürzungsverzeichnis	IX—X
Literatur zur Einleitung	X
Einleitung	XI—XXXVI
Buch I	2—179
Buch II	180—313
Buch III	314—399
Anmerkungen zu Buch I	401—426
Anmerkungen zu Buch II	427—452
Anmerkungen zu Buch III	453—464

VORWORT

Die Arbeit an der Geschichte des Spätjudentums und der neutestamentlichen Zeitgeschichte sieht sich auf den Bericht des Josephus gewiesen, auch nach den reichen Funden, die in den letzten Jahren veröffentlicht worden sind. Unsere Ausgabe des „Jüdischen Krieges", die aus einer Arbeitsgemeinschaft des neutestamentlichen Sektors der Evang.-Theol. Fakultät Tübingen stammt, stellt sich die Aufgabe, die Resultate der historischen Forschung in den Bericht des Josephus einzuarbeiten. Wir danken für die treue Mitarbeit unserer Assistenten, der Herren Dr. E. Kamlah, M. Hengel und O. Betz; ebenso danken wir Fräulein Vikarin M. Steiner für ihre gewissenhafte Hilfe bei der endgültigen Fertigstellung des Manuskripts.

Tübingen, 25. November 1957

O. Michel   O. Bauernfeind

ABKÜRZUNGSVERZEICHNIS

a) Zeitschriften und Sammelwerke

BA	The Biblical Archeologist
BASOR	The bulletin of the American Schools of Oriental Research
BFchTh	Beiträge zur Förderung christlicher Theologie (1897 ff.)
BR	K. Galling, Biblisches Reallexikon, 1937
CIA	Corpus Inscriptionum Atticarum (= IG I-III)
CIG	Corpus Inscriptionum Graecarum
CIJ	J. B. Frey, Corpus Inscriptionum Judaicarum Bd. I—II. 1936. 1953
CIS	Corpus Inscriptionum Semiticarum
Ditt. Syll.	W. Dittenberger, Sylloge Inscriptionum Graecarum 3. Aufl. 1915 f.
FHG	Fragmenta Historicorum Graecorum (C. Müller)
Harv.Theol.	Rev. The Harvard Theological Review
IBL	Journal of Biblical Literature and Exegesis
IG	Inscriptiones Graecae
NTS	New Testament Studies
Pauly-W.	Realencyklopädie der klassischen Altertumswissenschaft
PEQ	Palestine Exploration Quaterly
PJB	Palästinajahrbuch
RAC	Reallexikon für Antike und Christentum
RB	Revue Biblique
RBNS	Revue Biblique, nouvelle suite
RHPR	Revue d'Histoire et de la Philosophie Religieuse
RHR	Revue de l'Histoire des Religions
Schürer	E. Schürer, Geschichte des jüdischen Volkes im Zeitalter Jesu Christi, Bd. I 3.—4. Aufl. 1901, Bd. II und III 4. Auflage 1907. 1909.
Theol. Zeitschr.	Theologische Zeitschrift
ThLZ	Theologische Literaturzeitung
Th. Wb.	G. Kittel, Theologisches Wörterbuch zum Neuen Testament 1933 ff.
ZNW	Zeitschrift für die Neutestamentliche Wissenschaft und die Kunde der älteren Kirche
ZDPV	Zeitschrift des Deutschen Palästina-Vereins

b) Josephus

ant.	Antiquitates
bell.	Bellum
c. Apion.	Contra Apionem
vit.	Vita

c) Funde von Qumran

CD	Damaskusschrift ed. L. Rost (Kl. Texte 1933)
1 QH	Hodajot
1 QM	Milhamat bene or bibene hoschech
1 QpHab	Habakuk Kommentar
4 QpNah	Nahum Kommentar
1 QS	Sektenregel
1 QSa	Anhänge der Sektenregel
1 QSb	Anhänge der Sektenregel

LITERATUR ZUR EINLEITUNG

E. Schürer, Geschichte des jüdischen Volkes, 1901, 1907 und 1909, 4. Aufl.
G. Hölscher, Josephus Flavius, Pauly-Wissowa Realencyklopädie Bd. IX, 1916, Sp. 1934 ff.
R. Laqueur, Der jüdische Historiker Flavius Josephus, 1920
W. Weber, Josephus und Vespasian, 1921.
H. Drexler, Josephus und die Geschichte des jüdischen Aufstandes, Klio 1924, 277—312.
L. Häfeli, Flavius Josephus' Lebensbeschreibung, 1925.
H. St. J. Thackeray, Josephus, the Man and the Historian, 1929.
F. J. Foakes-Jackson, Josephus and the Jews, 1930 .
A. Schlatter, Die Theologie des Judentums nach dem Bericht des Josephus, 1932.
J. Gutmann, Josephus Flavius, Encyklopädie Judaica Bd. IX, 1932, 394—420.
L. Bernstein, Flavius Josephus, His Time and His Critics, 1938.
R. H. Pfeiffer, History of New Testament Times, 1949.
G. Ricciotti, Flavio Guiseppe, lo storico Giodeo-Romano, 2. Aufl. 1949.
J. Carcopino, Das Alltagsleben im alten Rom, 1950.
F. M. Abel, Histoire de la Palestine depuis la conquête d'Alexandre jusqu'à l'invasion Arabe, Bd. I—II, 1952.
J. Klausner, Historia schel habbait haschscheni, 1954.
W. R. Farmer, Maccabees, Zealots and Josephus, 1956.
St. Perowne, Herodier, Römer und Juden (Deutsche Übertragung), 1958.

EINLEITUNG

§ 1: Das Leben des Josephus

a) Der äußere Verlauf

Flavius Josephus wurde im ersten Jahr der Regierung Caligulas (37—38 n. Chr.) geboren[1]. Sein Vater Matthias stammte aus priesterlichem Geschlecht, und zwar aus der Klasse Jojarib. Mütterlicherseits war Josephus nach seiner Aussage sogar mit den Hasmonäern verwandt, so daß seine Familie zu den vornehmsten Familien Jerusalems gezählt werden konnte[2]. Seine Ausbildung im Gesetz und seine persönliche Begabung zeichneten ihn so aus, daß er nach seinen eigenen Angaben im Alter von kaum 14 Jahren von den Vornehmen der Stadt anerkannt wurde[3]. Im Alter von 16 Jahren nahm er die Unterweisung der Pharisäer, Sadduzäer und Essener auf sich, ohne jedoch von der erworbenen Erkenntnis befriedigt zu sein. Darauf erhielt er Kunde von einem Asketen Banus in der Wüste, dessen Kleidung und Nahrung aus der wildwachsenden Natur stammte und der sich Tag und Nacht kalten Waschungen unterzog. Ihm schloß er sich als Schüler an und verbrachte bei ihm drei volle Jahre[4]. Dann brach er seine Ausbildung ab und kehrte nach Jerusalem zurück, um sich dem öffentlichen Leben zu widmen. So sehr er zeit seines Lebens asketische Frömmigkeit schätzte, so war er doch

---

[1] Josephus wurde zwischen dem 13. 9. 37 und dem 16. 3. 38 geboren. Sein voller Name war: Josephus, Sohn des Matthias, Hebräer aus Jerusalem, Priester (bell. 1, 3). Nach ant. 20, 267 setzt er sich das 56. Lebensjahr mit dem 13. Jahr Domitians gleich, welches vom 13. 9. 93 bis 13. 9. 94 geht. Vgl. dazu Schürer I, 74; G. Hölscher in Pauly-W., 1934. (Neue Fassung dieser Anm. vgl. S. 464 in diesem Band!)

[2] In vita 6 versichert Josephus, daß er seinen Stammbaum in öffentlichen Urkunden gefunden habe. Die Erwähnung seiner Herkunft und seiner Ausbildung bezieht sich auf Anfeindungen, die vom Judentum selbst ausgingen (vgl. ant. 20, 226; vit. 338).

[3] Nach vit. 9 besuchten Hohepriester und Vornehme der Stadt den begabten und gelehrten Jüngling, weil er in der Kenntnis der Gesetze besonders geübt war (vgl. Lk. 2, 46 ff.). In Wirklichkeit wird Josephus zu dieser Zeit kaum als Autorität gegolten haben, doch mögen manche Gelehrte ihn öfters ausgefragt haben, wobei er sich durch Verstand und Gedächtnis ausgezeichnet hat (J. Gutmann in Enc. Jud. IX 394).

[4] Der Wüstenlehrer Banus (cod. R: Bannus) gilt offenbar nicht als Vertreter des Essenismus schlechthin. Er hat in seinem Gesondertsein und in seiner Lebensführung eigenartige, mit dem Täufer Johannes verwandte Züge. Sein Name wird manchmal mit den bannaim, einer den Essener nahestehenden jüdischen Sekte, in Beziehung gesetzt. Allerdings ist die Existenz dieser Sekte nicht sicher. In Mikwaoth 9, 6 sind mit bannaim „Maurer" gemeint.

viel zu sehr an das Urteil und die Gesellschaft der Menschen gebunden, um auf diese Form des Lebens verzichten zu können. In Jerusalem schloß er sich dem Programm der Pharisäer an. Im Alter von 26 Jahren (64 n. Chr.) wagte Josephus eine Reise nach Rom, um die Freilassung einiger ihm befreundeter Priester zu erreichen, die Festus verhaftet und nach Rom geschickt hatte[5]. Er erlitt, wie früher auch Paulus, auf dieser Fahrt Schiffbruch und mußte die ganze Nacht im Meer verbringen. Ein kyrenisches Schiff nahm die Schiffbrüchigen auf und brachte sie nach Puteoli, dem römischen Hafen für den Osten. Durch die Vermittlung des Schauspielers Halityrus wurde er sodann der Gattin des Kaisers, Poppäa, vorgestellt, erreichte die Freilassung der Priester und kehrte mit reichen Geschenken im Frühjahr 66 n. Chr zurück.

Kurz vor dieser Rückkehr hatten die jüdischen Unruhen in Palästina eingesetzt, die im weiteren Verlauf zum Kriege führten. Josephus betont später, er habe von diesem Kriege abgeraten (vit. 17—19), ja, er habe sich sogar vor den Aufständischen versteckt. Doch gibt er zu, sich ihnen zum Schein angeschlossen zu haben. Die Niederlage des Cestius und die judenfeindlichen Unruhen hellenistischer Städte brachten insofern eine Wende, als nunmehr die Macht der Aufständischen gesteigert und die priesterliche Regierung in Jerusalem zum Eingreifen genötigt wurde. Josephus wurde mit zwei anderen Priestern nach Galiläa geschickt, um dort die Stellung der Regierung zu stärken und die zelotische Bewegung zurückzuhalten (bell. 2, 568 ff.; vit. 28 f.). Es war die Aufgabe der Gesandten, den ausstehenden Zehnten einzusammeln, die sich bildenden militärischen Kräfte in Ordnung und Zucht zu halten, sowie die Befestigung der Städte zu überwachen. Die Berichte sind nicht ganz durchsichtig, weil persönliche und sachliche Streitigkeiten unter den galiläischen Führern einsetzten, die die Stellung des Josephus gefährdeten. Gegen Josephus war Johannes von Gischala eingestellt, der auch in Jerusalem seinen Einfluß geltend machte, um ihn von seinem Posten zu verdrängen. So wurde eine offizielle Gesandtschaft nach Galiläa geschickt, zu der zwei Vertreter des Volkes: Jonathan und Ananias, und zwei Vertreter des Rates: der Priester Jozarus und der Hohepriester Simon, gehörten (vit. 197), die ausdrücklich die Abberufung des Josephus durchsetzen sollte. Josephus entzog sich jedoch den Auseinandersetzungen mit die-

---

[5] Es ist möglich, daß die griechische Bildung des Josephus, die allerdings auch begrenzt ist, vor allem dazu diente, um ihn auf den Beruf eines Rechtsbeistandes vorzubereiten, der damals besondere politische Bedeutung hatte. Dazu würde sein Eintreten für die Priester vor dem kaiserlichen Gerichtshof in Rom gut passen. Wenn Josephus als Priestersohn sich den Pharisäern anschließt, so hängt dies wohl mit der Autorität dieser Gruppe in der damaligen Zeit und dem Rückgang des sadduzäischen Einflusses auf das öffentliche Leben zusammen. Die Seereise des Josephus fällt in den Winter 63/64 n. Chr. In der Nacht des 18. 7. 64 brach in Rom der bekannte Brand aus, der die Hälfte Roms vernichtete. Josephus dürfte Augenzeuge dieser Katastrophe gewesen sein, obwohl er nirgends darüber berichtet. Vielleicht ist diese Katastrophe und die durch sie notwendig gewordene Umsiedlung der Bevölkerung der Grund, weshalb sich die Rückreise des Josephus hinausschiebt.

ser Gesandtschaft und blieb weiterhin bei seiner Aufgabe, Galiläa zu verteidigen[6].

Der Anmarsch der Römer brachte die galiläischen Aufständischen durch die Besetzung von Sepphoris in große Schwierigkeiten. Diese Stadt hatte sich nämlich dem Vespasian ergeben und eine römische Abteilung aufgenommen (bell. 3, 30 ff. 59 ff.; vit. 411). Josephus stellte sich darauf bei der Stadt Garis den Römern entgegen, aber noch ehe seine Truppen den Feind richtig zu Gesicht bekamen, liefen sie auseinander (bell. 3, 129). Nunmehr gelang dem Vespasian ein Vorstoß auf die Stadt Gabara, deren Einwohner die Rache der Römer zu fühlen bekamen (bell. 3, 132 ff.). Der Krieg löste sich dann in eine Reihe von Festungskämpfen auf. Josephus selbst warf sich in die Bergstadt Jotapata und konnte dort Teile der römischen Streitmacht binden, bis er nach 47 Tagen erlag. Nach dem Fall Jotapatas geriet er unter sehr merkwürdigen Umständen in die Hände der Römer und weissagte dem Vespasian seine zukünftige kaiserliche Würde (bell. 3, 393—402; Sueton Vesp. 5, 6; Dio Cass. 66, 1)[7]. Diese auffallende Tatsache liegt historisch so fest, daß man sie nicht bestreiten kann. Zwei Jahre später (69 n. Chr.) wurde Vespasian tatsächlich von den Legionen in Ägypten und Judäa zum Kaiser ausgerufen und schenkte dem Josephus als „Diener der Gottesstimme" die Freiheit (bell. 4, 626.628). So empfing Josephus in dieser Stunde die Rechtfertigung für seine frühere Weissagung und galt von jetzt an als glaubwürdig in bezug auf die Zukunft (bell. 4, 629). Von dieser Zeit an blieb Josephus in Verbindung mit dem flavischen Herrscherhaus und nahm den Familiennamen „Flavius" an. Er begleitete den Kaiser auf seiner Reise nach Ägypten, kehrte aber mit dem Gefolge des Titus nach Palästina zurück und versuchte, die Einwohner Jerusalems zur Übergabe der Stadt zu bewegen (bell. 5, 362—374. 375—419). Nach Beendigung des Krieges ging Josephus mit Titus nach Rom, blieb im Genuß der kaiserlichen Gunst und widmete sich ganz seinen literarischen Arbeiten. Er wohnte im ehemaligen Hause des Kaisers, besaß das römische Bürgerrecht und erhielt

---

[6] Nach dem Bericht der Vita war es vor allem Johannes von Gischala, der Josephus aus Galiläa verdrängen wollte. Offenbar hat sich Josephus einerseits gegen den Zelotismus des Johannes von Gischala abgesetzt, andererseits aber doch den Widerstand gegen Rom innerhalb der Bevölkerung Galiläas zu organisieren versucht. Grundsätzlich blieb also die Haltung des Josephus der jerusalemischen Regierung gegenüber loyal. Als das Synhedrium seine Abberufung beschlossen hatte, setzte er sich dieser Maßnahme gegenüber zur Wehr.

[7] Die Bedeutung dieser entscheidenden Stunde wird bei Weber a. a. O. 43 herausgestellt: „Man darf wohl sagen, diese Identifikation des heidnischen Feldherrn mit dem Messias ist eine Kraftleistung für einen gesetzestreuen Juden. Der neue Prophet Josephus aber, der Abkömmling des ersten Priestergeschlechts, sieht in Vespasian den Vollstrecker des göttlichen Willens, den messianischen Herrn der Welt, den Friedensbringer, und wie dieser von Gott Erweckte durch seinen Spruch Herrscher über das Friedensreich der römischen Welt wird, in dem auch die Juden versöhnt werden sollen, so ist sein neuer Prophet, der den Krieg als Selbsterlebnis verkündet und sich auf das Zeugnis des Siegers beziehen kann, der Verkünder der alleinigen, weil von Gott gegebenen Wahrheit über den Messias, den Krieg und den Untergang des von den falschen Propheten mißleiteten Volks".

eine jährliche Pension, die ihn als Schriftsteller sicherstellte; sie blieb ihm trotz mancher späterer Verleumdungen stets erhalten. In Palästina schenkte ihm Titus ein Gut in der Ebene als Ersatz für die Äcker in Jerusalem, die der römischen Besatzung vorbehalten blieben (vit. 422), und Vespasian fügte einen großen Landkomplex in Judäa als Geschenk hinzu (vit. 425). Beide Güter waren steuerfrei.

Der Jude Jonathan, der auf der Flucht von Judäa nach Kyrene verschlagen worden war, hatte dort einen erneuten Aufstand errregt, der allerdings schnell niedergeschlagen wurde. Als Gefangener vor den römischen Stadthalter und später vor den Kaiser selbst geführt, gab er an, von Josephus mit Waffen und Geld unterstützt worden zu sein (bell. 7, 437—453; vit. 423—425). Aus diesem Prozeß ging Josephus jedoch gerechtfertigt hervor, und Jonathan wurde nach Auspeitschung lebendig verbrannt. Auch weitere Anfeindungen konnten dem Josephus nichts schaden. Unter den folgenden Flaviern Titus (79—81) und Domitian (81—96) scheint dem Josephus die kaiserliche Gnade erhalten geblieben zu sein; allerdings hörten die Versuche, ihn aus der kaiserlichen Gunst zu verdrängen, niemals auf. Vor allem waren es wieder die Juden selbst, die mit Anklagen gegen ihn auftraten: Man hatte offenbar in den Kreisen seines Volkes den Übergang des Josephus in das kaiserliche Lager niemals verwunden. Sogar ein Sklave, der Erzieher seiner Söhne war, trat mit Anschuldigungen gegen ihn auf, wurde jedoch von Domitian bestraft (vit. 429). Domitian, der an sich kein Freund der Literatur war, gewährte dem Josephus weiterhin Steuerfreiheit für seinen Landbesitz in Judäa; auch seine Gattin Domitia zeigte sich dem Josephus gegenüber gleichbleibend wohlgesonnen. Die Verdienste für das flavische Herrscherhaus wurden also ausdrücklich anerkannt. Josephus hat sicherlich noch in der Zeit Nervas (96—98) und Trajans (98—117) gelebt, doch spricht er von dieser Zeit nicht. Mit Unterstützung eines Epaphroditus gelang es ihm, die späteren Arbeiten zu veröffentlichen: dieser drängte ihn zur Vollendung der Antiquitates, der Vita und der Bücher gegen Apion. Wer dieser Epaphroditus war, läßt sich nicht feststellen; der Name begegnet in der damaligen Zeit häufig (vgl. dazu Schürer I, 80). Die Vita ist nach dem Tode Agrippas II. geschrieben, der nach Photius erst um 100 n. Chr. starb. Euseb. hist. eccl. 3, 9, 2 weiß von einer Bildsäule, die Josephus zu Ehren in Rom aufgestellt gewesen sei[8].

Wichtig für das Verständnis der Person des Josephus sind die knappen Hinweise auf seine Familie. Auf seine priesterliche Herkunft legt er besonderes Gewicht (bell. 3, 352; vit. 1 ff.). Väterlicher- und mütterlicherseits waren also Voraussetzungen gegeben, die eine gewisse Erwählung und Begabung, aber auch seinen Ehrgeiz und seine Eitelkeit begründeten. Während des Krieges lebten beide Eltern noch in Jerusalem, wurden aber von den Aufständischen gefangen gehalten (bell. 5, 533. 544 ff.). Sein Bruder Matthias gehörte zu den Verwandten und Freunden, die nach der Eroberung

---

[8] ὃς αὐτὸν μὲν ἀναθέσει ἀνδριάντος ἐπὶ τῆς Ῥωμαίων τιμηθῆναι πόλεως, τοὺς δὲ σπουδασθέντας αὐτῷ λόγους βιβλιοθήκης ἀξιωθῆναι.

der Stadt von Josephus freigebeten wurden (vit. 419). Nur ganz kurz erwähnt er unter seinen Angehörigen in der belagerten Stadt auch seine eigene Frau (bell. 5, 419). Es ist wahrscheinlich, daß sowohl diese als auch seine Eltern während der Belagerung umgekommen sind, da Josephus später nicht mehr von ihnen spricht. Mit besonderer Liebe erwähnt er bell. 5, 44 ff. die Verbundenheit von Mutter und Sohn. Nach dem Fall von Jotapata heiratete Josephus auf Veranlassung Vespasians eine kriegsgefangene Jüdin, die ihn aber bald verließ (vit. 414 ff.). Noch knapper berichtet er über eine erneute Heirat in Alexandrien (vit. 416); von dieser dritten Frau stammen drei Kinder, von denen aber nur der Sohn Hyrkanos (geb. 72/73) am Leben blieb (vit. 426). Auch diese Ehe endete unglücklich: Josephus entließ die Frau, weil ihm ihre Lebensart mißfiel. Erst in einer vierten Ehe mit einer Jüdin aus Kreta, die aus vornehmer Familie stammte und einen untadeligen Charakter besaß, fand er sein Glück; sie gebar ihm zwei Söhne, Justus (geb. 75/76) und Simonides Agrippa (geb. 77/78; vit. 427). Die Namen, die Josephus seinen Söhnen gab, verraten etwas von seinem Lebensweg. Die hasmonäisch-jüdische Grundeinstellung tritt mit der Zeit gegenüber stärkeren hellenistischen Einflüssen zurück. Man hat vermutet, daß eine Inschrift in mijamas (nordöstlich von Caesarea), die dem M. Flavius Agrippa gewidmet ist, letzten Endes den Sohn des Josephus meint[9]. Josephus erleidet also auch in seinem Familienleben das Schicksal Jerusalems und seines Volkes mit, steht er doch sowohl innerhalb des palästinischen Judentums wie auch der römischen Diaspora. Die Wurzeln seines Wesens liegen im jüdischen Priestertum, und er will dessen Tradition keineswegs preisgeben. Man täte ihm Unrecht, würde man sein Judentum anzweifeln, tragen doch seine späteren Schriften durchweg apologetischen Charakter im Sinn seines Volkes und der jüdischen Geschichte. Die heidnischen Schriftsteller scheinen ihn nur wenig benutzt zu haben, und die Berichte des Tacitus über die Eroberung Jerusalems sind nicht aus Josephus abzuleiten. Dagegen haben die Kirchenväter sich gern auf ihn berufen[10].

b) Sein Übergang zu den Römern

Die entscheidende Wende seines Lebens war sein Übergang zu den Römern, von dem bell. 3, 352 ff. 391 ff. in feierlicher Form berichten. Er nimmt hier die Rolle eines Propheten an, der auf Grund seiner priesterlichen Abstammung in der Lage ist, Weissagungen der Heiligen Schriften

---

[9] Vgl. K. Zangemeister, ZDPV 13, 1890, 25 ff.; L. Häfeli a. a. O. 100. L. Häfeli vermutet, daß der Landkomplex in Judäa sich in der Nähe dieses Cäsarea befunden hat, wo sich Josephus ebenfalls lange Zeit aufgehalten hat.

[10] Hieronymus, Epistula ad Eustochium 22, c. 35 nennt Josephus den griechischen Livius (MPL 22, 421). St. Perowne a. a. O. 147 bemerkt dazu: „Man hat Josephus einen zweiten Livius genannt, täte aber besser, ihn als einen neuen Dionysius von Halikarnass zu bezeichnen, denn in Anlehnung an Dionysius, der 7 v. Chr. eine zwanzigbändige Geschichte schrieb, hat Josephus genau ein Jahrhundert später sein Werk geschaffen".

und nächtliche Gesichte zu deuten. Zudem wagt er diesen Übergang nur auf Grund eines feierlichen Gebetes, in dem er beteuert, nicht Verräter, sondern Knecht Gottes zu sein. Es wäre sicherlich falsch, diese entscheidende Stelle bell. 3, 354 nur als äußere Form oder als Vortäuschung zu verstehen. Josephus glaubt wirklich an den Schöpfer des jüdischen Volkes, der das Glück den Römern zugewandt und das jüdische Volk tief gebeugt hat. Durch seine priesterliche Herkunft und Erziehung ist er in besonderer Weise in der Lage, historische Prozesse in ihrer Notwendigkeit und Folgerichtigkeit zu verstehen, so daß er es für sinnvoll halten muß, den Widerstand gegen die Römer aufzugeben und ihre Herrschaft anzuerkennen. Auf jeden Fall lehnt er den Selbstmord, der in zelotischen Kreisen üblich geworden war, ausdrücklich ab (bell. 3, 362 ff.). Vor Vespasian geführt, nimmt Josephus sofort die Haltung eines göttlichen Gesandten an und weissagt ihm und seinem Sohn die zukünftige Herrschaft über die ganze Welt (bell. 3, 401 f.). Man könnte bei dieser umstrittenen Szene an Vorbilder aus dem Alten Testament denken: so sahen Elias und Elisa in Hasael den zukünftigen König Syriens (1. Kö. 19, 15; 2. Kö. 8, 13); Jeremia sah die Eroberung und Zerstörung Jerusalems durch Nebukadnezar, den König von Babel, voraus (Jer. 21,4 ff.); Schriftgelehrte wie Daniel zeugten vor einem fremden König vom Geheimnis Gottes (Dan. 4, 16 ff.). Man darf aber diese alttestamentlichen Vergleiche nur mit Vorbehalt heranziehen, denn es handelt sich hier um eine andere geschichtliche Situation als bei den Männern des Alten Bundes. Josephus ist ja nicht nur Priester und Geschichtsdeuter, sondern ein jüdischer Soldat, dem das Schicksal seines Volkes anvertraut ist. Noch vor kurzer Zeit hat er um das Vertrauen seiner Volksgenossen gekämpft; jetzt aber sieht er diese Aufgabe als erledigt an, und er erwartet nunmehr das Heil vom feindlichen Befehlshaber. Das antizelotische Moment dieser Szene darf ebensowenig übersehen werden wie die apologetische Betonung, daß er kein Verräter seines Volkes sei. Die priesterlich-hasmonäische Grundhaltung hat ihn in den vergangenen Monaten zum ausdrücklichen Feind des Zelotismus gemacht. Wenn Josephus sich vom Zelotismus trennt, dann trennt er sich auch von dessen messianischer Erwartung (bell. 6, 312)[11]. Es gab zwar seit der Makkabäerzeit eine romfreundliche Neigung im jüdischen Volk (1. Makk. 8, 1 ff.), aber sie ist in dieser Spätzeit allgemein einer nüchternen und realistischen Betrachtung der politischen Lage gewichen. Josephus kann von dem Vorwurf nicht freigesprochen werden, daß er die messianische Hoffnung Israels durch die Deutung auf einen römischen Befehlshaber verraten und diesen Verrat in das Gewand eines göttlichen Spruches gekleidet hat. Aber dieser Verrat entspringt einem geschichtlich bedingten Verzicht und

[11] R. Meyer, Der Prophet aus Galiläa, 1940, 52 denkt an Dan. 7, 13 f. als Grundlage der Weissagung des Josephus und des Zelotismus. Auf Grund eines exegetischen Verfahrens verschaffte man sich die Möglichkeit, den Tag der Ankunft des Erlösers zu berechnen, so daß er auf den 9. Ab des Jahres 70 n. Chr. fallen mußte (vgl. Billerbeck IV 1002 ff.). Man könnte auf diesem Wege bell. 3, 352 ernst nehmen, wo ausdrücklich von Weissagungen der Heiligen Bücher gesprochen wird. Auch diese Stelle sollte nicht als leere äußere Form betrachtet werden.

einer sehr genauen Erkenntnis der Lage, in der sich Josephus selbst und das jüdische Volk befanden. Auf keinen Fall ist diese vorzeitige Anerkennung des zukünftigen Weltherrschers als Übergang in das hellenistische Lager und als heidnische Hofprophetie zu verstehen. Mochte man ihn auch falsch beurteilen, er blieb doch Verehrer des Schöpfers des jüdischen Volkes. Es spricht für Vespasian, daß er nur sehr zögernd auf die Worte des Josephus einging und erst später ihre Wahrheit anerkannte. Die bedrängte Situation des Josephus wurde jedoch durch diese Prophetenrolle zu seinen Gunsten beeinflußt: Er blieb nunmehr in der Umgebung des Feldherrn und war von der Gefahr befreit, zu Nero geschickt zu werden, was sicherlich seinen Tod bedeutet hätte (bell. 3, 398). Josephus stand aber von jetzt ab im geschichtlichen Zwielicht: Er blieb Bekenner des jüdischen Glaubens, stand aber im Dienst einer bestimmten heidnischen Dynastie. Er glaubte an das prophetische Gotteswort aus Israel, aber dies Gotteswort war zu einem religiösen Vorzeichen für einen heidnischen Herrscher geworden. Er hatte aus der Geschichtsüberlieferung des Alten Testaments Gegenwart und Zukunft verstanden, war aber selbst nunmehr Geschichtsschreiber der flavischen Dynastie. So gab er eine brüchig gewordene Existenz innerhalb der Freiheitsbewegung seines Volkes auf und tauschte sie gegen die kaiserliche Gunst im Rahmen der hellenistisch-römischen Kultur ein. Dabei mußte das Judentum mit seiner uralten Geschichte und der göttlichen Weisheit seiner Gesetze eine neue kosmopolitische Aufgabe empfangen, die der Zelotismus und die Freiheitsbewegung verfehlt hatten. Die Preisgabe der Messiaserwartung und der Übergang in das römische Lager müssen notwendig das ganze Schrifttum des Josephus zweideutig und uneinheitlich machen, können aber den jüdischen Grundcharakter dieser Geschichtsüberlieferung nicht aufheben. Vielleicht kann man sagen, daß Josephus der Größe der geschichtlichen Entscheidungen, in denen er stand, nicht gewachsen war — aber die Treue zu seinem Volk wollte er ebensowenig preisgeben wie den Glauben seiner Väter. Allerdings hat er nicht wenig dazu beigetragen, durch einseitige und polemische Schilderung das Bild der Zeloten und ihrer Führer zu verzerren, und es wird die zukünftige Aufgabe einer gerechten Geschichtswissenschaft sein, bestimmte Akzente anders zu setzen, Urteile zu korrigieren und die Zusammenhänge neu zu ordnen[12]. Das Wirklichkeitsfremde und Übersteigerte im zelotischen Streben hat aber in Josephus einen notwendigen Widerpart gefunden, der das Traditionselement und den Wirklichkeitssinn der jüdischen Geschichte in eine neue Zeit zu retten versuchte. Man darf nicht verkennen: Josephus wollte nicht nur sein eigenes Leben retten, sondern in seiner Person anerkanntes Judentum nicht-revolutionärer Prägung.

Es bleibt selbstverständlich die Frage offen, ob ein derartiger Übergang in das feindliche Lager mitten im Krieg im Urteil des zeitgenössischen Judentums verständlich ist. Man hat den Weg des Josephus mit dem Auszug

---

[12] Vgl. in diesem Zusammenhang das Buch von W. R. Farmer, Maccabees, Zealots and Josephus, 1956, das die Revision eines bisher herrschenden Urteils über den Zelotismus anstrebt.

Jochanan ben Sakkais aus Jerusalem und seiner Weissagung, daß Vespasian Kaiser werden würde, verglichen (Aboth R. N. 4; Git. 56 a.f.; Thr. r. 1, 32). Diese Vorhersage Jochanans ist nichts anderes als eine normale Schriftdeutung auf einen heidnischen „Mächtigen", keine messianische Deutung auf einen Heiden, sie ist aber historisch weniger gesichert als die Weissagung des Josephus. Es geht Jochanan noch in besonderer Weise um die Rettung des Gelehrtentums, der Frömmigkeit und der Gesetzestreue. Die Abneigung gegen den Zelotismus wird auch in diesen Kreisen des jüdischen Volkes lebendig und stark gewesen sein. Es ist aber eine gefährliche Mißdeutung des Sachverhaltes, wenn man die Weissagung des Josephus vor Vespasian als eine List und Täuschung des Gegners ansieht[13]. Er will nicht täuschen, aber die Frömmigkeit des Josephus hat unendlich viele Wege, sich mit seiner Klugheit und seinem Eigenstreben zu verbinden. Für die Römer, die das historische Geschehen der Weissagung des Josephus mit besonderer Sorgfalt festhielten (Sueton Vesp. 5, 6; Dio Cass. 66, 1), war diese letztlich nur ein einziges Glied in der Kette der „Vorzeichen" (omina), die den göttlichen Auftrag der flavischen Dynastie beglaubigten[14]. Es war daher durchaus verständlich, daß diese Flavier, vor allem aber der dem Judentum gewogene Titus, auf den Josephus in ganz besonderer Zuneigung immer wieder hinweist, nunmehr das Schicksal dieses außerordentlichen jüdischen Gefangenen sicherstellen und sein Geschichtswerk fördern, das den Erfolg der eigenen Waffen hervorhebt[15]. Josephus hat in seiner Geschichtsdarstellung weithin hellenisiert und dem griechischen Denken und Formempfinden mancherlei Zugeständnisse gemacht. Er stand als Schriftsteller und Mensch in zwei verschiedenen Kulturen und Lebensformen, von denen die ihm eigentlich zugehörige, die seines Volkes, ihm in ihrer Grundlage unanfechtbar blieb. Als Mensch und als Jude geriet er in die Fänge großer geschichtlicher Entscheidungen, die sein Vermögen weit überstiegen. Aber man sollte weder sein Judentum leugnen noch ihn ausschließlich als gewissenlosen Verräter darstellen. Der Messianismus seines Volkes blieb ihm bedenklich, den Zelotismus hatte er hassen gelernt. Die Vermutung, er habe später die Messianität Jesu und das Christentum anerkannt, entbehrt genügender Sicherheit[16].

[13] Vgl. J. Gutmann, Enc. Jud. IX 1932, 399 f.
[14] Vgl. dazu W. Weber, Josephus und Vespasian, 1921, 44—48 (die Omina Imperii).
[15] Vgl. dazu W. Weber, Der Prophet und sein Gott, 1921, 56 f.: „Josephus huldigt dem jungen Herrscher in dem noch zu Lebzeiten seines Vaters (bald nach 75 n. Chr.) erschienenen Werk auffallend stark. Wie er Vespasian im Proömium nur flüchtig erwähnt, Titus ungebührlich stark in Erscheinung treten läßt, so behandelt er jenen in der Darstellung des Krieges durchweg kühler als Titus, den er unentwegt als den milden Krieger und Sieger feiert, offen und versteckt verherrlicht. Auch dieser Zug kann nur der gratia, nicht der veritas entstammen".
[16] Vgl. R. Laqueur a. a. O. 274; F. Dornseiff, Zum Testimonium Flavianum, ZNW 46, 1955, 245—250. Nach R. Laqueur und F. Dornseiff hat Josephus in der späteren Zeit bei Abfassung der Antiquitates dem Christentum Zugeständnisse gemacht, ohne selbst sein Judentum aufzugeben.

§ 2: Komposition und Quellen

a) Der Titel und der Zeitpunkt der Abfassung

Das erste Werk, das Josephus im ehemaligen Wohnsitz[1] Vespasians niederschrieb, war der „Jüdische Krieg"; so nennt es der Autor selbst, wenn er in anderen Darstellungen darauf verweist[2]. Von den Handschriften, in denen uns der „Jüdische Krieg" überliefert ist, bezeichnet ihn jedoch nur der Codex Parisianus mit diesem Titel[3], alle anderen geben als Überschrift περὶ ἁλώσεως *„Über die Eroberung";* diese ist auch bei Origenes[4] und Hieronymus[5] verwandt. Der Titel „Jüdischer Krieg" verrät den römischen Standpunkt des Verfassers: Josephus beschreibt als römischer Bürger[6] und Freigelassener Vespasians den Krieg, den die Römer gegen die Juden zu führen hatten, und sicherlich dienten ihm Überschriften ähnlicher Werke römischer Autoren wie Sallusts „De bello Jugurthino" und vor allem Caesars „De bello Gallico" als Vorbild. Der Terminus ἅλωσις meint dagegen die Katastrophe der jüdischen Nation und besonders ihres Zentrums, der heiligen Stadt Jerusalem[7]: Er weist auf Josephus als den Abkömmling eines jüdischen Priestergeschlechts, der schon im Vorwort den Schmerz über dies Unglück als einziges, ihm unvermeidliches, subjektives Moment seiner sonst objektiven Darstellung hervorhebt[8]. So zeigt sich schon in der doppelten Überschrift die das ganze Werk kennzeichnende innere Zerrissenheit des Autors. Ricciotti versucht die Doppelheit der Überschrift damit zu erklären, daß man sich auch sonst im 1. Jahrhundert n. Chr. bei der Bezeichnung eines Werkes nicht immer an dessen offiziellen Titel gehalten habe[9]. Es ist indessen möglich, daß diese erste Schrift des Josephus tatsächlich zwei Überschriften getragen hat, wovon die eine: „Über die Eroberung", ursprünglich der für die Juden bestimmten Ausgabe in aramäischer Sprache angehört hat,

---

[1] Vit. 423.
[2] Vgl. ant. 1, 203; 13, 72; 18, 11; 20, 258; vit. 412.
[3] φλαυΐου ἰωσήπου ἑβραίου ἱστορία Ἰουδαϊκοῦ πολέμου πρὸς ῥωμαίους βιβλίον.
[4] Selecta in Threnos ad 4, 14.
[5] Comment. in Isiam c. 64 Schluß, wo der Titel ausdrücklich auf Josephus zurückgeführt wird: .. „quae Josephus Judaicae scriptor historiae septem explicat voluminibus, quibus imposuit titulum Captivitatis Judaicae, id est περὶ ἁλώσεως".
[6] Vit. 423.
[7] Die Darstellung des Josephus beginnt mit der Eroberung Jerusalems durch Antiochus Epiphanes und endet mit der Eroberung Jerusalems durch Titus.
[8] Bell. 1, 8—12; in bell. 1, 10 findet sich auch der Titel ἅλωσις τῆς πόλεως.
[9] G. Ricciotti a. a. O. Bd. I., 40 f. Er verweist dabei auf die biblischen Stellen Mk. 12, 26 und Rö. 11, 2, die jedoch kaum besser passen als die von ihm genannten Beispiele aus dem profanen Raum, wonach Tacitus sein Werk, das den offiziellen Titel „ab excessu divi Augusti libri" führt, als „annales" bzw. „annales nostros" bezeichnet (ann. 3, 65; 4, 32), oder der jüngere Plinius das Werk seines Vaters „naturalis historiae libri" in epist. 3, 5, 6 als „naturae historiarum libri" aufführt. Jedoch ist damit nicht die sachlich völlig verschiedene Fassung der beiden Titel für das Werk des Josephus erklärt.

während die andere, für das hellenistische Publikum und den kaiserlichen Hof bestimmte Ausgabe „Jüdischer Krieg" überschrieben war. Terminus a quo für das Erscheinen des Werkes ist das Jahr 75, in dem die Einweihung des Friedenstempels in Rom stattfand (bell. 7, 158 ff.), terminus ad quem das Todesjahr Vespasians (79 n. Chr.), dem Josephus diese Schrift vorgelegt hat (c. Apion. 1, 50 f.; vit. 361). Josephus selbst hat sie in sieben Bücher eingeteilt (bell. 1, 30; ant. 13, 72.298; 18, 11). Dabei diente ihm wohl Caesars Buch über den gallischen Krieg als Vorbild, wie für Titel und Einteilung der Antiquitates die Archäologie des Dionysius von Halikarnassos bestimmend war. Die formale Abhängigkeit des Josephus von heidnischen Schriftstellern — selbst bei einem so projüdischen Werk wie den Antiquitates — zeigt, wie sehr dieser bestrebt war, es jedem gleichzutun[10]; charakteristisch ist auch, daß er auf seine Vorbilder nicht ausdrücklich verweist.

b) Der Zweck

Josephus war, wie er selbst betont, nicht der erste, der den Krieg der Römer gegen die Juden beschrieb. Jedoch waren nach seiner Ansicht die vorangehenden Darstellungen rhetorische Machwerke, parteiisch in ihrem Standpunkt, dazu voller Widersprüche und Fehler[11]. Von beiden Vorwürfen kann indes Josephus selbst nicht freigesprochen werden. Der Freigelassene Vespasians und Günstling des Titus tat alles, um die Taten der beiden Flavier in ein helles Licht zu rücken; dabei ist der Stil seiner Darstellung höfischdevot, und auch ihr Inhalt vielfach parteigebunden. Auch an Übertreibungen mangelt es nicht, nicht nur bei den Zahlen für die Toten, Verwundeten und Gefangenen, sondern auch bei solchen Adiaphora wie der Beschreibung von Landschaften und Ortsverhältnissen in Syrien und Palästina. Noch weniger fehlt es an Widersprüchen, die durch die Auseinandersetzung mit der Hauptquelle bedingt sind; der Hauptwiderspruch aber liegt in der Person und Situation des Autors selbst, der als Priestersohn, Pharisäer und ehemaliger Anführer jüdischer Truppen den siegreichen Kampf seiner einstigen Gegner und jetzigen Gönner beschreiben soll, die seine Heimat zugrunde gerichtet haben. Josephus versucht in der Darstellung dadurch einen Ausgleich zu erreichen, daß er durch die gebührende Würdigung der heldenhaften jüdischen Kämpfer und vor allem auch der eigenen feldherrlichen Leistung die Tüchtigkeit der flavischen Sieger und der Schlagkraft der römischen Truppen unterstreicht[12]. Und die schwierige Frage nach den Verantwortlichen für die große Katastrophe löst Josephus so, daß weder die Römer noch das jü-

---

[10] Nach A. Schlatter blieb allerdings Josephus „bei der pharisäischen Regel, die die Beschäftigung mit der griechischen Literatur ablehnte"; eigenes Studium der Griechen werde bei ihm nicht sichtbar (Die Theologie des Judentums nach dem Bericht des Josephus, 1932, 240).

[11] Vgl. in der Vorrede bell. 1, 1 f., ferner c. Apion. 1, 44 ff.

[12] Josephus tadelt die Inkonsequenz seiner Konkurrenten, die den römischen Sieg verherrlichen wollen und dabei die Leistung der Besiegten polemisch vermindern (bell. 1, 7 f.).

dische Volk als ganzes angeklagt werden können: Schuldig ist allein eine kleine Gruppe von Juden, die von Wahnsinn und Geltungssucht getrieben, ihr Volk in den Aufstand gegen die Riesenmacht der Römer hineinmanövriert hat. Josephus nennt sie „Tyrannen" — und kennzeichnet damit deren brutale Haltung dem eigenen Volk gegenüber — oder auch „Räuber"[13] und bringt damit den römischen Standpunkt zum Ausdruck, wonach auf Grund der zur Zeit Sullas erlassenen Lex Cornelia alle als „Räuber" bezeichnet werden, die gegen Rom die Waffen ergreifen, ohne daß ihnen von dort offiziell der Krieg erklärt ist.

Ein entscheidender Vorzug des Werkes ist jedoch, daß sein Autor Augenzeuge war; Josephus weiß diesen Vorzug seinen Konkurrenten gegenüber kräftig herauszustellen[14]. So sind auch die Bücher, die den eigentlichen Verlauf des Krieges schildern und den Hauptteil des Werkes ausmachen (3—7), sachkundig, lebendig und packend geschrieben, und es ist kein Wunder, daß das Werk den Beifall der Auftraggeber und das „Imprimatur" des Titus gefunden hat (vit. 361 f.). Es wurde als offizielle Darstellung des Krieges anerkannt, und unter dessen Teilnehmern sprach sich auch der König Agrippa II. lobend darüber aus[15]. Auch die beiden ersten Bücher des Jüdischen Krieges, die gleichsam ein großes Proömium bilden und einen Geschichtsabschnitt behandeln, den Josephus nur zu einem geringen Teil selbst erlebt hat, basieren zumeist auf Quellen, die von Augenzeugen oder Kennern stammen; das gilt vor allem für die Geschichte des Herodes oder den Bericht über die Essener.

Josephus gibt an, sein Werk sei zuerst in seiner Muttersprache, d. h. in Aramäisch[16] abgefaßt und den „oberen Barbaren", d. h. den Völkern des Ostens, den Parthern, den Bewohnern des Zweistromlandes und der Adiabene übersandt worden (bell. 1, 3. 6). Diese Ausgabe, von der nichts mehr erhalten ist, sollte wohl den Empfängern als Warnung dienen und mit ihrer eindrucksvollen Darstellung der römischen Schlagkraft alle Aufstandsgelüste im Keime ersticken. Besonders wichtig war diese Abzweckung im Blick auf die Parther, die den römischen Kaisern stets viele Schwierigkeiten machten, aber auch auf die in Babylonien wohnenden Juden. Neben das theologische

---

[13] Vgl. bell. 1, 10 f.
[14] C. Apion. 1, 46.: ... ἀναγραφὴν ἐποιησάμην τοῖς πράγμασιν αὐτὸς ἅπασι παρατυχών. Vgl. auch bell. 1, 1—3.
[15] Vit. 364—366. Der König habe ihm, so erzählt Josephus, der dem Agrippa die einzelnen Bücher seines Werkes zur Begutachtung übersandt haben will, in 62 Briefen seine Zustimmung zum Ausdruck gebracht; zwei Briefe werden eigens angeführt.
[16] Außer dem Aramäischen kannte der Pharisäer Josephus selbstverständlich auch das Hebräische, die „heilige Sprache", die, wie die Qumranschriften zeigen, nicht nur beim Schriftstudium, sondern auch bei der Abfassung neuer religiöser Schriften benutzt wurde. So erwähnt Josephus bei der Darstellung des mosaischen Gesetzes in den Antiquitates ausdrücklich, daß er aus dem hebräischen Text übertrage (ant. 4, 197). Allerdings dürfte das nicht für alle Teile der Wiedergabe alttestamentlicher Ereignisse in den Antiquitates zutreffen, da er dafür weitgehend die Midraschim des hellenistischen Schulbetriebs verwandt hat.

Argument, Gott sei zu den Römern übergegangen, das Josephus in seiner Rede vor Jerusalem betont (bell. 5, 367 ff.), tritt der Appell an die wägende Vernunft: Jeder Aufstand ist sinnlos, denn der Macht der Römer ist keiner gewachsen. Nicht genug damit, daß Josephus diese Macht im Kriegsgeschehen selbst in Erscheinung treten läßt, führt er ihren Umfang auch noch in Reden und Exkursen vor Augen, die den Stand und die Stabilität der römischen Herrschaft, das über das ganze Imperium ausgedehnte Netz der römischen Legionen oder die Technik und Disziplin des römischen Heeres eingehend dartun. Wie berechtigt ein solcher Appell an die „Neuerungssüchtigen" — auch dieser Terminus erinnert an Caesars „Gallischen Krieg" — gewesen ist, zeigt die Tatsache, daß unter Hadrian die babylonischen Juden mit den aufständischen Parthern gemeinsame Sache machten. Auch die griechische Version des Werkes — daß sie nicht einfach eine Übersetzung ist, zeigt das Fehlen von Aramaismen — diente wohl unter anderem auch diesem Zweck; ihre Mahnung zu Frieden und Eintracht galt den hellenistischen Juden, allen voran denen Alexandrias.

c) Der Inhalt

Das erste Buch behandelt die Geschichte dreier Dynastien: der Makkabäer, der Hasmonäer und der Idumäer; der ihnen zugemessene Raum im Rahmen der Schilderung wächst dabei von der einen zur andern beträchtlich. Dreimal wird nach diesem Buch Jerusalem erobert: durch Antiochus Epiphanes, durch Pompejus und durch Herodes, und Josephus vergißt nicht, diese drei Ereignisse zueinander in Beziehung zu setzen.

Gemessen an der Architektonik des Baus und der Dramatik des Inhalts steht das zweite Buch hinter dem ersten zurück. Die Zeit vom Tod des Herodes bis zum Ausbruch des Jüdischen Krieges, die in diesem zweiten Buch behandelt wird, ist arm an eindrücklichen Ereignissen und großen Männern; ihre innere Dramatik jedoch versteht Josephus nicht oder will sie nicht verstehen. Sie liegt in der religiösen Auseinandersetzung der jüdischen Religionsparteien, ihrem Glaubenseifer und ihren Hoffnungen. Josephus bringt zwar in diesem zweiten Buch einen Bericht über diese Gruppen, allein dieser bleibt isoliert und ohne inneren Zusammenhang mit der zum Krieg hintreibenden Geschichte. Außerdem werden die Christen verschwiegen, die Zeloten bewußt verzeichnet und auch die Pharisäer und Sadduzäer nur kurz behandelt. Eine Ausnahme bilden die Essener, die gut und ausführlich dargestellt sind. Doch auch sie sind nur durch eine fast beiläufig eingeführte Notiz über ihr Ende mit den Vorgängen des Jüdischen Krieges verbunden. Dem Autor fehlt für diese Zeit die gute Quelle, die er dem ersten Buch zugrundelegen konnte, und so führt er nur mühsam einen dünnen Faden durch diese rund 70 Jahre, in denen die Kluft zwischen der verständnislosen römischen Verwaltung und dem von messianischen Hoffnungen erfüllten jüdischen Volke stets größer wird, bis schließlich der Ausbruch des Krieges unvermeidbar ist. Die letzten verhängnisvollen Jahre dieser Periode kennt Josephus schon aus eigener Anschauung. Sie führen zum Triumph der

Juden über Cestius; aber gerade diesen Sieg hält Josephus für den Beginn der Katastrophe. Dennoch übernimmt er das Kommando über ganz Galiläa und mobilisiert dort eine große jüdische Armee.

Das dritte Buch schildert den Krieg in Galiläa. Josephus, von dem weiterhin in der dritten Person erzählt wird, und Vespasian, der vom Kaiser mit der Niederschlagung des Aufstands beauftragt ist, treten einander gegenüber. Die erste Begegnung geschieht in offener Schlacht; die jüdische Armee versagt und die Geschichte des Krieges wird damit zu einer Geschichte von Belagerungen, die zunächst in Galiläa spielt. Gleich die erste Belagerung führt zum zweiten Zusammentreffen der beiden gegnerischen Führer, und hier hält sich der Verteidiger Josephus weit geschickter und zäher als beim erstenmal, obwohl ihm sogar das Datum der schließlichen Katastrophe von Anfang an genau bekannt gewesen sein will. In der dritten Begegnung ist er der Gefangene Vespasians, aber seine Rolle ist noch nicht ausgespielt. Sie hat nur gewechselt, denn aus dem jüdischen Feldherrn ist der Prophet des kommenden römischen Kaisers geworden.

Im Verlauf des vierten Buches verlagert sich der Schauplatz des Krieges, den Josephus nun als Zuschauer erlebt, von Galiläa nach Judäa hinüber; aber auch die Führung des Krieges wechselt, denn der zum Kaiser proklamierte Vespasian zieht sich vom eingeschlossenen Jerusalem weg nach Ägypten zurück. Zuvor schenkt er dem Josephus, dessen Weissagung in Erfüllung gegangen ist, die Freiheit. Dieser verbleibt beim römischen Heer, das nun von Titus gegen Jerusalem geführt wird.

Zwei Bücher, das fünfte und sechste, sind der Belagerung und abschnittweisen Eroberung Jerusalems vorbehalten, während deren Josephus extra muros als Werkzeug des Titus in einer großen Rede seine theologisch verbrämten, römerfreundlichen Argumente an die Belagerten richtet. Allein er wird abgewiesen und das Unheil nimmt seinen Lauf. Mit dem Brand des Tempels erreicht es seinen Höhepunkt.

Das siebente Buch ist eine Art von Epilog. Die Größe der Katastrophe Jerusalems steht in Kontrast zu dem Triumphzug der Flavier in Rom. Schließlich werden die letzten Widerstandsnester bezwungen, das letzte Aufflackern des Aufstandes gelöscht, der letzte jüdische Tempel (in Leontopolis) zerstört.

d) Die literarische Gestaltung

Josephus beherrschte die griechische Sprache nie so vollkommen, daß er das Werk über den Jüdischen Krieg ohne fremde Hilfe hätte schreiben können. So benutzte er dafür einige Mitarbeiter[17]. Diesen Mitarbeitern müssen wohl die meisten Anklänge und Anleihen an die klassischen Werke der

---

[17] C. Apion. 1, 60: ... χρησάμενός τισι πρὸς τὴν Ἑλληνίδα φωνὴν συνεργοῖς. Thack a. a. O. 106 glaubt auf Grund seiner stilkritischen Untersuchungen deren zwei feststellen zu können.

griechischen Literatur im Buch des Josephus zugewiesen werden[18]. Aus Homer und Herodot stammende Wendungen[19] brauchen natürlich nicht auf direkte Benutzung dieser Quellen zurückgeführt zu werden, sondern gehören dem Sprachschatz der Gebildeten dieser Zeit an. Anders ist es, wenn das Proömium des Bellum an das des Thukydides anklingt (vgl. bell. 1, 4 mit Thuk. 1, 1), und die berühmte Rede des Perikles in Athen Vorbild für eine Ansprache des Herodes an seine Truppen wird (bell. 1, 373 ff.; Thuk. 2, 60 ff.), oder wenn die Bewohner Jerusalems die Kunde vom Fall Jotapatas in ähnlicher Verfassung vernehmen, wie die Athener die Nachricht vom unglücklichen Feldzug in Sizilien (bell. 3, 432; Thuk. 8, 1). Vielleicht wurden jedoch solche klassischen Vorbilder im Schulbetrieb dieser Zeit so eindrücklich vermittelt, daß man sie bei ähnlichen Situationen fast unwillkürlich gebrauchte, genau so, wie man zur Darstellung der Wechselfälle des Krieges Phrasen aus sophokleischen Tragödien verwendet hat. Schon Euseb. hist. eccl. 1, 8, 4 hat die Geschichte der Herodesfamilie einer Tragödie verglichen, und in der Tat finden sich in der Darstellung des Josephus zahlreiche Wendungen aus der Welt der Bühne, die deren dramatischen Ablauf hervorheben[20]. Zwar darf man wohl kaum, wie Ricciotti a. a. O. 54, die τύχη bei Josephus personal, als die Göttin Fortuna, aufgefaßt denken, jedoch hat dieser die Fama als Person eingeführt, ganz ähnlich, wie es bei Vergil geschieht (vgl. bell. 3, 432 mit Aeneis 4, 173 ff.). Dazu haben dem Autor bei der Schilderung der Einnahme Jotapatas Vergils berühmte Verse vom Fall Trojas vor Augen gestanden (vgl. bell. 3, 317 ff. mit Aeneis 2, 250 ff.). Und schließlich trägt das von Josephus entworfene Bild seines Gegners Johannes von Gischala ähnliche Züge wie sie Sallust von Catilina berichtet (vgl. bell. 2, 585 ff.; 4, 208 mit Sallust Catilina 5).

e) Die Quellen

Im Gegensatz zu den Antiquitates und contra Apionem, wo Josephus des öfteren griechische und römische Schriftsteller zitiert und sie dabei vielfach beim Namen anführt[21], findet sich im Bellum kein direkter Hinweis auf etwa benutzte Quellen. Daß jedoch solche vorgelegen haben, verrät schon die ungleiche Behandlung der Themen der Vorgeschichte; dort fällt besonders die ausführliche Darstellung des Herodes auf (bell. 1, 204 ff.), der ja in keinem unmittelbaren Zusammenhang mit dem Jüdischen Kriege selbst steht. Eher könnte man dies von den Makkabäerkriegen behaupten, mit denen Josephus seinen Bericht beginnt. Denn zweifellos waren die Makkabäer in vieler Hinsicht Vorbild für das Verhalten der revolutionären Kräfte

---

[18] Um ihre Feststellung hat sich vor allem Thackeray verdient gemacht; vgl. a. a. O. 43. 117 ff., ferner seine Josephusausgabe (The Jewish War, Bd. I, XVII—XIX).
[19] Eine Übersicht findet sich bei Ricciotti a. a. O. 52.
[20] Vgl. Ricciotti a. a. O. 54.
[21] Vgl. die von G. Hölscher angeführte Liste (Artikel „Josephus" in Pauly-Wissowas Realencyklopädie 2, 1916, Bd. IX Sp. 1964 f.).

im Jüdischen Krieg, die in der Partei der Zeloten ihr Zentrum hatten, so daß sich deutliche Parallelen zwischen beiden zeigen lassen[22]. Josephus unterläßt es geflissentlich, darauf hinzuweisen. Vielmehr erhält nach seiner Darstellung der Leser den Eindruck, als seien die Zeloten, die Urheber allen Unglücks, von den ruhmreichen Makkabäern völlig verschieden. Die letzteren selbst werden nur kurz gewürdigt, und anders als in den Antiquitates benutzt Josephus als Quelle zu ihrer Darstellung nicht das die Makkabäer verherrlichende 1. Makkabäerbuch. Er faßt sich sehr kurz, vor allem tritt der religiöse Hintergrund des Kampfes kaum hervor (vgl. bell. 1, 36—53). Ähnlich ist es bei der etwas ausführlicheren Schilderung der Hasmonäer (bell. 1, 54—119), für die man kein Material zum Vergleich besitzt, da deren Geschichte für uns allein durch Josephus berichtet ist. So erscheint der bedeutendste dieser Herrscher, Alexander Jannäus, wie in der rabbinischen Tradition, in einem äußerst ungünstigen Licht. Die bei ihm zweifellos vorhandenen religiösen Motive treten nicht hervor, und schon die unjüdischen Urteile, die hie und da abgegeben werden (bell. 1, 60.73.88), legen es nahe, daß Josephus eine außerjüdische Quelle benutzt hat. Diese liegt auch da vor, wo im Anschluß an die jüdischen Herrscher breit ausladend der Aufstieg der Idumäer erzählt wird. Ihr Verfasser ist der Freund, Diplomat und Geschichtsschreiber des Herodes, Nikolaos von Damaskus. Von seinen Werken, die er wohl meist nach dem Tod des Herodes in Rom verfaßt hat[23], sind nur Bruchstücke geblieben[24]. Neben einer Autobiographie und einer Vita des Augustus verfaßte Nikolaos vor allem eine Weltgeschichte in 144 Büchern, die von den Anfängen des Menschengeschlechtes bis in die Zeit des Autors führte. Während Nikolaos zur Darstellung der Vergangenheit lediglich Werke früherer Autoren verarbeitet hat, konnte er die Gegenwart aus eigener Anschauung schildern. In ihren Mittelpunkt stellt er Herodes d. Gr., dem 20—25 Bücher seines Werkes gewidmet waren[25]. Gerade diese letzten Teile der Darstellung hat Josephus benutzt, und bell. 1, 31 — 2, 116 kann als ein Auszug aus diesem Werk des Nikolaos betrachtet werden, wobei Josephus bald fast stenogrammartig verkürzt, bald die Quelle recht breit in Erscheinung treten läßt. Wie mechanisch er dabei verfährt, zeigt sich daran, daß er, wie G. Hölscher beobachtet hat, Name und Dinge oft nicht erkärt, die man nicht als bekannt voraussetzen darf, oder Verweisungen macht, die nicht eingehalten werden[26].

[22] Dies hat erst kürzlich W. R. Farmer in überzeugender Weise getan.
[23] Zu seinem Aufenthalt in Rom: Nach bell. 2, 14. 34. 37.92 war er bei Verhandlungen über das Erbe des Herodes in Rom (4 v. Chr.); nach frgt. 6 FHG III, 355 hat er wohl die letzte Zeit seines Lebens in Rom zugebracht; nach frgt. 5 war er zur Zeit der Absetzung des Archelaos 70 Jahre alt.
[24] Sie sind gesammelt in: FHG III, 343—464; IV, 661—668; F. Jacoby, Die Fragmente der griechischen Historiker, 1926, Bd. II, 1, 324—430, vgl. auch Bd. II, 2, 229—291.
[25] Herodes selbst hat Nikolaos zu dieser Arbeit aufgefordert: frgt. 4 FHG III, 350 f.
[26] Vgl. bell. 1, 179. 182 = ant. 14, 119. 122. Ant. 1, 160 zeigt, daß Nikolaos ähnliche Verweisungen gemacht hat.

Daß Josephus für das erste Buch des Bellum das Werk des Nikolaos ausschließlich und direkt benutzt hat, zeigt der Vergleich mit den Antiquitates, für die ihm neben Nikolaos eine zweite Quelle, eine von Ptolemaios von Askalon verfaßte Herodesbiographie zur Verfügung stand; diese beiden Quellen hat Josephus nicht selbst kompiliert, sondern in der herodesfeindlichen Redaktion eines Angehörigen der jüdischen Priesteraristokratie übernommen (G. Hölscher a. a. O. Sp. 1971 ff.). Von da erklärt sich der Unterschied in der Darstellung des Bellum und der Antiquitates, der neben sachlichen Differenzen vor allem auch in einer anderen Grundeinstellung liegt: Der Bericht im Bellum ist herodesfreundlich, der in den Antiquitates vielfach herodesfeindlich. Josephus hat seine Vorlage weniger stark verändert wie der priesterliche Kompilator der beiden Herodesdarstellungen. Wie stark Josephus von seiner Quelle abhängig ist, zeigt der eingehende Vergleich, den G. Hölscher mit frgt. 5 des Nikolaos und den entsprechenden Stellen im Bellum angestellt hat[27].

Dennoch wird Nikolaos gelegentlich kritisiert. So wird ihm in den Antiquitates vorgeworfen, er habe die Untaten des Herodes beschönigt[28]. Das ist jedoch nicht ganz richtig. Zwar sucht Nikolaos das grausame Vorgehen des Königs gegen dessen nächste Angehörige psychologisch verständlich zu machen und zu entschuldigen, allein er billigt es keineswegs an jeder Stelle[29]. Nikolaos hat ferner die Schuld der Mariammesöhne bezweifelt (frgt. 5 = FHG III 351 f.). Deshalb ist auch das in ant. 16, 185 über Nikolaos gefällte Urteil nicht zutreffend, er habe die Hinrichtung der Mariamme und ihrer Söhne gerechtfertigt[30]; abgesehen davon hat auch Josephus die gegen die Verurteilten erhobenen Vorwürfe von Nikolaos kritiklos übernommen[30]. Die in bell. 1, 13 an die zeitgenössischen Schriftsteller gerichtete Kritik, sie „schrieben die Geschichte der Assyrer und Meder zusammen, als ob diese von den Alten weniger gut berichtet sei", ist auf Nikolaos gemünzt, dessen große Weltgeschichte mit der Darstellung der Assyrer (1. Buch) und der Meder (2. Buch) begann (FHG III 345). Im übrigen wird Nikolaos im Bellum mit keinem Wort erwähnt, und G. Hölscher a. a. O. Sp. 1948 bemerkt dazu: „Es ist die beliebte Art mittelmäßiger Skribenten, gegen diejenigen zu prahlen, die man am gründlichsten ausgeschrieben hat"[31].

Daß ab bell. 2, 117 ff. die alte Quelle versiegt ist, zeigt sich nicht nur daran, daß Josephus aus Materialmangel zunächst nur mühsam vorwärts schreiten kann, sondern auch in dem auffallenden Wechsel einzelner Bezeichnungen. So sind in dem von Nikolaos bestimmten Teil bell. 1, 31 — ? 116

---

[27] Bell. 1, 449 ff. und besonders 2, 93; vgl. G. Hölscher a.a.O. Sp. 1946.
[28] ὑπὲρ δὲ τῶν παρανομηθέντων ἐσπουδασμένως ἀπολογούμενος (ant. 16, 185).
[29] Vgl. bell. 1, 452. 493. 533. 543.
[30] Ant. 16, 185: ὅς γε καὶ τὸν Μαριάμμης θάνατον καὶ τῶν παίδων αὐτῆς οὕτως τῷ βασιλεῖ πεπραγμένον εἰς εὐπρέπειαν ἀνάγειν βουλόμενος ἐκείνης τε ἀσέλγειαν καὶ τῶν νεανίσκων ἐπιβουλὰς καταψεύδεται.
[31] In bell. 1, 439 sagt Josephus, Mariamme habe ihr Bild an Antonius geschickt „δι' ὑπερβολὴν ἀσελγείας", und in bell. 1, 498 schreibt er von dem Mariammesohn Alexander: „προσωμολόγει τὴν ἐπιβουλήν".

die Essener — wie übrigens auch bei Philo — als Ἐσσαῖοι bezeichnet (bell. 1, 78; 2, 113 sing.), in dem großen Bericht bell. 2, 119—161 dagegen als Ἐσσηνοί. Der Herrscher von Galiläa und Peräa, der bis dahin Antipas genannt wurde (bell. 1, 646. 664. 668; 2, 20—23.94), heißt nun Herodes (bell. 2, 181), und die Wendung Ἡρώδης ὁ κληθεὶς Ἀντίπας in bell. 2, 167 stellt die Verklammerung dar. Die Gemahlin des Augustus heißt in bell. 1, 566.641 nach den besseren Handschriften Livia, in bell. 2, 167 dagegen Julia. Die zweite Bezeichnung setzt den Tod des Augustus voraus, nach dem die Witwe in die gens Julia aufgenommen wurde, während der für Buch 1 als Quelle benutzte Nikolaos vor diesem Ereignis geschrieben hat und die Kaiserin darum Livia nennt.

Schwierig ist das Problem der Quellen für die Darstellung der Periode zwischen Herodes d. Gr. und dem Beginn des Jüdischen Kriegs. Schon über die Regierung des Archelaos konnte Nikolaos offenbar nicht mehr viel mitteilen, wahrscheinlich, weil er sich in dieser Zeit in Rom befand, und mit der Absetzung des Archelaos muß sein Werk geendet haben. Josephus hilft sich zunächst so, daß er den großen Bericht über die jüdischen Religionsparteien einschiebt (bell. 2, 119—166). Diesen könnte man zunächst als von Josephus selbst verfaßt ansehen, der nach vit. 10 f. nacheinander allen drei jüdischen Religionsparteien angehört haben will. Gegen Josephus als Autor spricht jedoch, daß der Jüdische Krieg in diesem Bericht ὁ πρὸς Ῥωμαίους πόλεμος bezeichnet wird (bell. 2, 152) und daß die Grausamkeit und Härte der römischen Kriegsführung ganz deutlich gezeigt werden (bell. 2, 152 f.), während Josephus sie sonst geflissentlich übersieht. Der Verfasser muß ein Jude sein, denn er spricht vom „Gesetzgeber" (bell. 2, 145.152) — setzt also Mose als bekannt voraus — und von den „Griechen" (bell. 1, 155 f.)[32]. Er muß den Essenismus gut gekannt haben, denn der in bell. 2, 119 ff. gegebene Bericht ist der bei weitem ausführlichste und beste über diese Sekte, wie auf Grund der Qumranschriften geurteilt werden kann; er übertrifft die Zeugnisse des vor Josephus schreibenden Philo an Materialfülle und Sachlichkeit der Darstellung[33]. Ohne diesen Bericht hätte man auch die Schriften der Qumransekte nicht so gut verstehen und einordnen können, wie dies jetzt möglich ist. Allerdings gibt sich sein Verfasser nicht als Angehöriger dieser Sekte, auch treten die eigentlichen religiösen Anliegen der Qumranschriften weder im Bericht des Bellum über die Essener noch in den sonst von Josephus eingefügten diesbezüglichen Notizen richtig in Erscheinung: die Erwartung der unmittelbar bevorstehenden Ankunft Gottes und der Messiasse aus Aaron und aus Israel, dann der Bußruf und das Bewußtsein der schlechthinigen Abhängigkeit von Gott, das im heiligen Krieg und heiligen Dienst aufgehende Leben der Sekte in der Wüste und schließlich die Polemik gegen die restlichen Gruppen des Judentums. Man zeigt die nach außen sichtbaren

---

[32] Die Bezeichnung παῖδες Ἑλλήνων bell. 2, 155 könnte ein Hebraismus sein, und es erhebt sich dann die Frage, ob bei der Abfassung eine hebräisch oder aramäisch geschriebene Quelle benutzt worden ist.
[33] Daher ist es unwahrscheinlich, daß der Bericht des Bellum von Philos Beschreibungen der Essener abhängig ist.

und auffallenden Erscheinungen im Leben der Essener, ohne jedoch auf die Wurzeln hinzuweisen, aus denen heraus diese entstanden sind. Es sind das vor allem die eigentümliche Interpretation der im Alten Testament enthaltenen Pflichten für den Priester, die nun den heiligen Dienst der ganzen Gemeinde ermöglicht, ferner das am makkabäischen Vorbild orientierte Ideal des heiligen Krieges gegen Belial und dessen Verbündete und schließlich die Lehre vom Geist Gottes und den Geistermächten, die bei Josephus durch eine griechisch orientierte Anschauung über die Seele ersetzt ist. Wahrscheinlich stammt die von Josephus benutzte Quelle von einem griechisch gebildeten Juden, der mit einem ehemaligen Angehörigen oder Novizen der Sekte gut bekannt gewesen sein muß oder sogar dieser selbst eine Zeitlang angehört hat.

Aus einer schriftlichen Quelle stammen wohl auch die Angaben über die Regierungsdaten der römischen Kaiser von Augustus bis Vitellius, die allerdings meist nicht ganz zutreffen. Dagegen ist die Kenntnis über die Prokuratoren sehr lückenhaft: Von den sieben Prokuratoren (6—41 n. Chr.) nennt Josephus nur zwei; die späteren (44—66) erscheinen vollzählig, jedoch ohne Daten. Einen großen Raum in der Geschichte bis zum Ausbruch des Krieges nehmen Ereignisse ein, die mit den Herodeern Agrippa I. und II. verknüpft sind[34], ferner die Unruhen unter Coponius (bell. 2, 118), unter Pilatus (bell. 2, 169—177), unter Gajus (bell. 2, 184—203) und unter Cumanus (bell. 2, 223 b — 246). Es ist denkbar, daß Josephus dafür von Agrippa II. Material geliefert bekam[35].

Den Verlauf des Krieges selbst schildert Josephus aus eigener Anschauung. Dabei hat er römische Urkunden benützt, so eine Übersicht über die Verteilung der römischen Legionen unter Vespasian (bell. 2, 345 ff.) und eine Dienstvorschrift des römischen Heeres, mit deren Hilfe er einen langen und wertvollen Exkurs über die Lager und Ausrüstung dieses Heeres einschieben konnte (bell. 3, 70—109). Daneben hatte er wohl die Tagebücher des Vespasian und des Titus zur Verfügung; eben das betonte Josephus, als die Glaubwürdigkeit seiner Darstellung angezweifelt wurde (vgl. c. Apion. 1, 56; vit. 342.358). Ricciotti a. a. O. Bd. I, 63 meint, an einigen Stellen diese Vorlage wieder entdecken zu können[36], auch vermutet er, Josephus habe das Werk des Römers Julianus, der über die Juden geschrieben hat[37], benutzen können. Das käme vor allem für das letzte Buch des Bellum in Betracht, das Ereignisse berichtet, die nach der Eroberung von Jerusalem stattgefunden haben. Auch die Schilderung des Triumphzuges der Flavier (bell. 7, 125 ff.) stammt nicht von Josephus selbst, wie der Abschnitt über die dabei mitgeführten Geräte des Tempels zeigt; die wenig fachkundige

[34] Agrippa I. wird behandelt in bell. 2, 167 f. 178—183. 204—223 a. 247 b. 252.
[35] So vor allem für die Vorgänge bei der Thronerhebung des Claudius. Vgl. dazu die rege Anteilnahme, die Agrippa II. an der Entstehung des Werkes genommen haben soll (vit. 364—366).
[36] So beim Marsch des Titus von Ägypten nach Palästina (bell. 4, 659 ff.), ferner bei Aktionen römischer Unterführer vor Jerusalem (bell. 5, 312 ff.; 6, 54 f. 81 ff. 161 ff. 186 ff. 252 u. a.).
[37] Es trug den Titel „De Judaeis" (Minucius Felix, Octavius 33, 4).

Terminologie kann keinem jüdischen Priestersohn zugetraut werden (vgl. bell. 7, 148 ff.). Die Glaubwürdigkeit des Josephus ist durch den Charakter des Schriftstellers, den Wert der von ihm benutzten Quellen und schließlich allgemein durch den Geist seiner Zeit bestimmt. Während man naturgemäß im Altertum und im Mittelalter Person und Werk des Josephus allzu hoch einschätzte, verfiel man im kritischen 19. Jahrhundert in das andere Extrem. In der Gegenwart werden wieder positive Urteile laut, und moderne Darstellungen der jüdischen Geschichte schließen sich eng an Josephus an[38].

Vergleicht man abschließend den „Jüdischen Krieg" mit den anderen Schriften des Josephus, so übertrifft er diese an Gründlichkeit und Sorgfalt[39].

[38] Vgl. die Darstellungen von F. M. Abel, M. Noth, G. Ricciotti. Nach J. Th. Shotwell (A History of History, 1939, 150) war Josephus einer der 8 oder 10 großen Geschichtsschreiber der Alten Welt, und A. J. Toynbee (Greek Historical Thought, 1924, XI) stellt Josephus zusammen mit Herodot, Thukydides, Xenophon und Polybius in eine Reihe.
[39] Vgl. dazu E. Schürer, Geschichte des Jüdischen Volkes I⁴, 1901, 94.

§ 3: Der Text[1]

A. *Die handschriftliche Überlieferung*

a) *Griechische Handschriften*

P   Cod. Parisinus, Gr. Nr. 1425 der Nationalbibliothek in Paris, X—XI[2]. Es fehlen 1, 12—81 und 6, 386—7, 44.
A   Cod. Ambrosianus, D sup. 50 der Bibliotheca Ambrosiana in Mailand, X—XI, nicht ganz vollständig.
M   Cod. Gr. Nr. 383 der S. Markusbibliothek in Venedig, XI—XII.
L   Cod. Pl. 69 Nr. 19 der Bibliotheca Laurentiana in Florenz, XI—XII, nicht ganz vollständig.
V   Cod. Vaticanus Gr. Nr. 148, XI, es fehlt 1, 493—623.
R   Cod. Vat.-Palatinus Gr. Nr. 284, XI—XII, es fehlt der Anfang bis 1, 93 und der Schluß von 7, 439 an.
C   Cod. Vat.-Urbinas Gr. Nr. 84, XI, es fehlt u. a. 1, 238—247.
T   Cod. Philippicus aus der Bibliothek des „vir litteratissimus" Sir Thomas Philipps (gest. 1736), XII, nahe verwandt mit V[3].
N   Cod. Pl. 69 Nr. 17 der Bibliotheca Laurentiana in Florenz, XII, nahe verwandt mit R[3].
Lugd   Cod. Vossianus, Fol. Gr. Nr. 72 der Bibliotheca quondam Vossiana, Universitätsbibliothek in Leiden, XV.

Registriert sind mehr als 30 Codices.

P und A einerseits sowie V und R andrerseits bilden je eine Textgruppe für sich. Die übrigen genannten Codices nehmen eine Mittelstellung zwischen den beiden Gruppen ein bzw. sie repräsentieren einen Mischtext. M steht — abgesehen von einigen Besonderheiten — bald bei PA, bald bei VR, die Lesart der anderen Gruppe bietet er dabei meist am Rande. Die Mittelstellung des Cod. L ist anderer Art, er stimmt am Anfang (etwa bis 2, 400) mehr mit VR, von da an mehr mit PA überein. Außerdem ist dieser Cod. öfter als M beiden Gruppen gegenüber selbständig, wobei er darin nicht selten von C begleitet wird. C hat darüber hinaus noch manche Eigenlesarten, doch steht er im ganzen VR weit näher als PA.

Daß der Gruppe PA — und besonders dem Cod. P — der vorderste Platz unter den bisher bekannten Zeugen zukommt, kann als anerkannt gelten; wie weit diese Überlegenheit reicht, ist jedoch in vielen Einzelfällen fraglich.

b) *Übersetzungen*

Lat   Kaum übersehbar ist die Anzahl der *lateinischen* Josephushandschriften. Die wichtigsten sind Cod. Vat. Lat. Nr. 1922 (IX) und der Cod. Berol. Lat. Nr. 226 vom Jahre 1159. Die *Übersetzung* des Bellum Judaicum, die ihnen

---

[1] Am linken Rand sind die Abkürzungszeichen aufgeführt, die in der vorliegenden Ausgabe verwendet werden.
[2] Die römischen Zahlen bezeichnen das Jahrhundert der Niederschrift.
[3] T und N kommen besonders an den Stellen in Betracht, die bei V und R fehlen.

zugrunde liegt, wurde vielfach Rufinus zugeschrieben, zu seiner Zeit (IV bis V) oder etwas später wird sie jedenfalls entstanden sein.

Unter dem Namen Hegesippus oder Egesippus (entstellt aus lat. Josippus = gr. Ἰώσηπος) ist außerdem eine freie, vielfach verkürzende, andererseits aber auch erweiternde *Neubearbeitung* des Bellum in gepflegter *lateinischer* Sprache überliefert, die den Stoff statt auf 7 nur auf 5 Bücher verteilt. Trotz der Selbständigkeit dieses Werkes ist der Wortlaut der benutzten griechischen Vorlage oft deutlich zu erkennen. Die Entstehungszeit wird von der der Lat nicht sehr verschieden sein, man hat an Ambrosius gedacht. Erstrangige Handschriften sind der Cod. Ambrosianus C 105, der in das VI.—VIII. Jahrhundert gehört und der etwa gleichaltrige Cod. Casselianus. Heg wie Lat sind — keineswegs nur wegen des beträchtlichen Alters mancher Handschriften — so gewichtige Zeugen, daß auf sie auch in dem begrenzten textkritischen Apparat der vorliegenden Ausgabe nicht verzichtet werden konnte.   Heg

Zum Problem der lateinischen Texte vgl. Cassiodori (VI) Senatoris Institutiones I, 17, ed. R. A. B. Mynors, 1937, 55.

Heg ist eine der Quellen des *hebräischen* (X), in verschiedenen Versionen vorliegenden und auf *Josippon* bzw. Joseph ben Gorion zurückgeführten Erzählungsbuches (zum Quellenproblem vgl. L. Wallach, Quellenkritische Studien zum hebräischen Josippon, Monatsschrift für Geschichte und Wissenschaft des Judentums Bd. 82, 1936, 190—198). Über Josippon — zum Teil also Bearbeitung von Bearbeitungen — fand die Josephuserzählung dann den Weg ins *Arabische* (XI) und, wahrscheinlich von da aus, ins *Äthiopische* (vgl. L. Goldschmidt, Die abessinischen Handschriften der Stadtbibliothek zu Frankfurt a. M., 1897, 5—9). — Zum Problem der *armenischen* Nacherzählung vgl. F. Malerc, A propos du Josèphe arménien, Revue de l'histoire des religions Bd. 98, 1928, 13—29.

Die wichtigsten Handschriften der *altrussischen* Übersetzung (XI?) sind Cod. Nr. 109 (147) der Akademiebibliothek in Wilna (XVI), Cod. Nr. 279—658 der Historischen Archive in Moskau (XV) und der Cod. Nr. 651 der Staatsbibliothek in Leningrad (XVI). Diese Übersetzung enthält mehrere über die gesamte sonstige Überlieferung weit hinausgehende Abschnitte, dazu gehören die vielgenannten Berichte über Johannes den Täufer und Jesus. Eine Übersicht über diese Abschnitte sowie über diejenigen Teile aus Buch I—IV, die im altrussischen Text fehlen, gibt H. St. J. Thackeray am Schluß der zweiten Hälfte seiner griechisch-englischen Ausgabe (Josephus III, The Jewish War IV—VII, Loeb Classical Library, 1928 bis 1957, 635—660).

Eine *syrische* Übersetzung, freilich nur des 6. Buches, findet sich am   Syr Schluß (nach dem 4. Makkabäerbuch) eines Peschittotextes, der wohl schon im VI. Jahrhundert — also rund ein halbes Jahrtausend vor den ältesten erhaltenen griechischen Codices — niedergeschrieben wurde und seit 1883 (Mailand) der Öffentlichkeit zugänglich ist: Translatio syra pescitto veteris Testamenti ex codice Ambrosiano sec. fere VI photolithographice edita curante et adnotante... Antonio Maria Ceriani Bd. 2, 660—679.

Daß der Weg der Josephuserzählung in diese mannigfachen Sprachgebiete vielfach über freie Bearbeitungen des griechischen Textes und über Tochterübersetzungen geführt hat, steht außer Zweifel. Da aber Josephus nach 1, 3. 6 über den Jüdischen Krieg schon vor der Abfassung des griechischen Textes einmal einen Bericht in seiner Muttersprache verfaßt hatte, legt sich wohl die reizvolle Frage nahe, ob in den Übersetzungen mit den sekundären Wucherungen nicht auch Stücke verquickt sein könnten, die auf diesen uns sonst verlorenen Bericht zurückgehen.

c) *Zitate und Exzerpte*

Porphyrius (III), Eusebius von Caesarea (III/lV), Joh. Chrysostomus (IV/V), Joh. Damascenus (VIII), Suidas (X) u.a. sind durch ihre Zitate aus dem Bellum für die Textkritik von Bedeutung, ebenso die hier und da angelegten Exzerptsammlungen. Nun weisen diese frühen Entlehnungen bisweilen einen der Gruppe VR entsprechenden Text auf; wer den — im Ganzen nicht bestreitbaren — Vorrang der Gruppe PA bejaht, ist also zu der Folgerung genötigt, daß Varianten schon sehr bald (durch Korrekturen des Autors selbst?) entstanden sein müssen.

B. *Gedruckte Texte*

a) *Griechische Ausgaben*

Erster Druck: Paraxylus Arlen, Flavii Josephi Opera, Basel 1544. Über die Arbeit der 18 folgenden Jahrzehnte orientiert darstellend und weiterführend das zweibändige Foliowerk: Flavii Josephi quae reperiri potuerunt, opera omnia graece et latine cum notis et nova versione Joannis Hudson ... Accedunt nunc primum notae integrae, ad graece Josephi et varios eiusdem libros D. Eduardi Bernardi ... Omnia collegit, disposuit et post Jo. Hudsonem ad codices fere omnes, cum impressos, tum Manuscriptos ... diligenter recensuit, notasque passim suas ... adjecit Siegbertus Havercampus Amstelaedami ... 1726 (bell. 2, 41—436). Die von Haverkamp genannte reichhaltige Ausgabe Bernards war unvollendet geblieben, das Bellum (Oxford 1687) schon bei 2, 292 abgebrochen; Hudson hatte neue Handschriften herangezogen und auch den (von Haverkamp dann nicht mehr geänderten) Text verbessert (Oxford 1720). Im Apparat der 1837 in Oxford erschienenen zweibändigen, sehr gründlich gearbeiteten Ausgabe von E. Cardwell deutete sich schon eine Wendung zu einer neuen Bewertung der Handschriften an: Cod. P, auf den der Pariser Handschriftenkatalog bereits 1740 besonders aufmerksam gemacht hatte, wurde hier zum erstenmal herangezogen; Cardwelll blieb jedoch im folgenden halben Jahrhundert ziemlich einsam. Nur J. H. Holwerda veröffentlichte 1847 eine Reihe von Verbesserungsvorschlägen auf Grund eigener Konjekturen (Emendationum Flavianarum specimen, zum Bellum Judaicum vgl. 145—160. 168), die Herausgeber hielten aber im allgemeinen an dem üblich gewordenen Text fest und achteten ihn fast wie einen „Textus receptus", der nur noch in vereinzelten Fällen einer Berichtigung bedürfe. „Seit Haverkamp

hat überhaupt (scil. mit Ausnahme Cardwells) keiner der ... Herausgeber sich wieder um die Handschriften gekümmert" (E. Schürer, I⁴, 100). Selbst die Ausgabe von W. Dindorf (Bd. 2, 1847, 1—336) und vollends die Teubner-Ausgabe von I. Bekker (Bd. 3, 1856, 1—172) bilden keine Ausnahme.   Dindorf   Bekker

Neuzeitlichen Ansprüchen wurde erst die große Ausgabe von Benedikt Niese gerecht: Flavii Josephi opera edidit et apparatu critico instruxit B. N., 1887 ff.; als Bd. 6 erschien 1894 das Bellum Judaicum. Nieses Apparat war quantitativ und qualitativ dem seiner Vorgänger weit überlegen; N. verstand es vor allem auch, in überzeugender Weise die o. XXX genannten Gruppen, vor allem PA, herauszustellen und zu bewerten. Auf Cod. A war H. van Herwerden schon 1859, 15 Jahre vor Niese, aufmerksam geworden. Seine Commentationes Flavianae duae, die u. a. den Cod. A erstmalig verwerteten, erschienen freilich erst ein Jahr vor Nieses sechsten Band (Mnemosyne, 2. Serie Bd. 21, 225 ff., zum Bellum Judaicum 236—263), natürlich konnte dieser Aufsatz aber noch eingearbeitet werden. Justus von Destinon, seit längerer Zeit als Josephuskenner ausgewiesen (vgl. bes.: De Josephi Bello Judaico recensendo ad B. Niese epistula critica, Kieler Schulprogramm Nr. 269, 1889), wurde Mitarbeiter, namentlich für die Gestaltung des Textes (Niese Bd. 6, LXIX). Wenn Niese seiner großen Ausgabe auch eine Handausgabe ohne kritischen Apparat folgen ließ (1888—1895), so lag ihm auf Grund seines Wissens um die noch offenen Fragen (z. B. Gr. Ausgabe Bd. 6, XXVI) der Gedanke an einen nunmehr maßgebenden neuen „Textus receptus" dennoch fern.   Niese   Cod. A   Herwerden   Destinon

In der zweiten Teubner-Ausgabe des Bellum Judaicum, die der Nieseschen Ed. maior sehr rasch folgte (Flavii Josephi opera omnia post Immanuelem Bekkerum recognovit Samuel Adrianus Naber Bd. 5 f., 1895), hat sich sogar der alte Text in gewissem Grade noch einmal behauptet. An den Stellen wenigstens, an denen der Unterschied zwischen alt und neu der Sache nach geringfügig oder an denen der Vorrang des Niese-Textes nicht eindeutig ist, hat Naber die Kontinuität mit der Teubner-Ausgabe von 1856 gewahrt. Da Naber jedoch andrerseits der Konjekturalkritik einen weiteren Spielraum gewährt als Niese (Bd. 5, VI), wirkt diese Traditionstreue etwas anachronistisch und verwirrend, sie ist weder mit der Bereitschaft zu Konjekturen (vgl. seine Observationes criticae in Flavium Josephum, Mnemosyne 2. Serie Bd. 13, 1885, 263—284. 357—399) noch mit der grundsätzlichen Anerkennung Nieses (Bd. 5, IV) recht ausgeglichen. Der Benutzer der Naberschen Ausgabe wird wohl immer geistreich geführt, aber nicht immer sicher.   Naber   (Na)

H. St. J. Thackeray (s. o. XXXI; 2 Bde. 1927/1928, Neudruck 1956/1957) steht Niese — Destinon näher, wenn er mit Naber auch eine größere Zurückhaltung gegenüber der Gruppe PA teilt. Er konnte auf die textkritischen Erwägungen Th. Reinachs (s. u. XXXVI) und auf die Beobachtungen an der Redeweise des Josephus zurückgreifen, die er bei der Vorbereitung des von der Alexander Kohut-Gedächtnisstiftung in die Wege geleiteten Josephus-Lexikons gewonnen hatte (A Lexikon to Josephus, 1930 ff. Die erste Liefe-   Thackeray   (Thack)

rung erschien kurz nach Thackerays Tod, die Weiterführung — bis jetzt vier Lieferungen — übernahm R. Marcus).

Falls nicht neue Handschriftenfunde oder neue Beobachtungen an den alten Übersetzungen die Lage verändern, wird die Ausgabe Nieses aber ihre Bedeutung vielleicht noch für Generationen behalten; in der vorliegenden Ausgabe ist deshalb jede ins Gewicht fallende Textabweichung von ihr notiert. Vollends ist für jede eingehendere Beschäftigung mit den Textproblemen der Apparat Nieses unentbehrlich; wir haben uns deshalb mit unseren textkritischen Anmerkungen auf diejenigen Stellen beschränkt, an denen wir annehmen, daß dem Benutzer einer griechisch-deutschen Ausgabe mit einer raschen Orientierung über Handschriften und Herausgeber gedient ist.

b) *Ausgaben alter Übersetzungen*

Eine kritische Ausgabe des gesamten Josephus-Lat ist in Bd. 37 des Corpus Scriptorum Ecclesiasticorum Latinorum begonnen worden, das Bellum Judaicum liegt noch nicht vor. Man benutzt heute noch am besten die 1524 in Basel erschienene Ausgabe von S. Gelenius (Bellum Judaicum, 578—826) unter Zuziehung der Textkritischen Studien zum lateinischen Flavius Josephus von V. Bulhart (Mnemosyne 4. Serie Bd. 6, 1953, 140—157). Der Text des Heg (ältere Ausgabe bei Migne P. Lat. Bd 15, 1887, 2002—2386) ist jedoch 1932 im Bd. 66 des eben genannten Corpus von Vincentius Ussani kritisch bearbeitet worden.

Das o. XXXI genannte hebräische Werk wurde oft gedruckt, mit einer lateinischen Übersetzung gab es F. Breithaupt 1707 heraus: Josephus Giorinides s. Josephus Hebraeus juxta Venetam editionem latine versus et cum exemplari Constantinopolitano collatus atque notis illustratur. Zur editio princeps (vor 1480) vgl. R. Eisler, Ἰησοῦς βασιλεὺς οὐ βασιλεύσας, Bd. 1, 1929, 11 f. Auch eine arabische Version erschien 1872 in Beirut: Tarih Yusifus el-Yahudi. Über sie berichten H. Vogelstein und P. Rieger: Geschichte der Juden in Rom, Bd. 1, 1895, 485 f.; vgl. dazu J. Wellhausen, Der arabische Josippus (Abhandlungen der Göttinger Gesellschaft der Wissenschaften, phil.-hist. Kl. N. F. Bd. 1 Nr. 4, 1897). Eine Ausgabe des altrussischen Textes schließlich wurde in den Textes publiés par l'institut d'Etudes slaves II veröffentlicht: La prise de Jérusalem de Josèphe le Juif. Texte vieux-russe publié intégralement par V. Istrin, imprimé sous la direction de A. Vaillant, traduit en français par P. Pascal, 2 Bde. 1934. 1938. Eine deutsche Übersetzung der ersten vier Bücher des altrussischen (inkorrekt: altslavischen) Textes war schon vorher von A. Berendts und K. Grass in mehreren Bänden der Acta et commentationes Universitatis Dorpatensis B (Hunaniora) herausgegeben worden: Buch 1, 1—481 in Bd. 5, 5 (1924), Buch 1, 482— 2, 261 in Bd. 9, 3 (1926), Buch 2, 264—4,3 in Bd. 10, 3 (1927), Buch 4, 4—663 in Bd. 11, 2 (1928).

Die o. XXXII gestreifte Frage, ob von den Übersetzungen nicht auch Wege zu der ersten Ausgabe des Josephus zurückführen, gewann durch diese Ver-

öffentlichungen natürlich an Aktualität. Sie wurde im Anschluß an das Erscheinen des syrischen Faksimiledrucks (Ceriani) durch H. Kotteck positiv beantwortet (Das sechste Buch des Bellum Judaicum übersetzt und kritisch beleuchtet, Diss. Leipzig, Berlin 1886). H. Kotteck meinte — freilich ohne Zustimmung zu finden —, diese älteste der handschriftlich belegten Übersetzungen gehe unmittelbar auf den aramäischen Josephus zurück. Die handschriftlich am spätesten belegte altrussische Übersetzung mit ihren Berichten über Johannes d. T. und Jesus gab einige Jahrzehnte später Anlaß zu erneuten, mit erheblichem Kraftaufwand geführten Auseinandersetzungen über einen ursprünglichen Text, der von dem der altbewährten griechischen und lateinischen Codices — die für die vorliegende Ausgabe maßgebend geblieben sind — dann beträchtlich abweichen würde. Hier sei nur einiges aus der in Betracht kommenden Literatur genannt: A. Berendts, Die Zeugnisse vom Christentum im slavischen De Bello Judaico des Josephus (Texte und Untersuchungen zur Geschichte der altchristlichen Literatur, N. F. Bd. 14 Heft 4, 1906); J. Frey, Der slavische Josephusbericht über die urchristliche Geschichte nebst seinen Parallelen kritisch untersucht, 1908/1909; R. Eislers o. XXXIV genanntes Buch (2 Bde. 1929. 1930) sowie dessen englische Ausgabe: The Messiah Jesus and John the Baptist according to Flavius Josephus' recently rediscovered „Capture of Jerusalem" o. J. (1931); N. A. Mescerskij, De la tradition russe ancienne de „Bellum Judaicum" de Joseph Flavius, Comptes rendus de l'académie des sciences de l'Union des Républiques Soviétiques Socialistes B 1930, Leningrad, 19—25 (in russischer Sprache); M. Goguel, Les théories de M. Robert Eisler (RHPR 10, 1930, 177—190); W. Bauers Besprechung in der ThLZ 55, 1930, 177 ff.; J. N. Creed, The Slavonic version of Josephus' history of the Jewish War (Harv. Theol. Rev. 25, 1932, 227 ff.); V. Ussani, Giuseppe Greco, Giuseppe Slavo e Gorionide (Rendiconti della Pontifica Academia Romana di Archeologia, 1934, 165 ff.; E. Bickermann, Sur la version russe de Flavius-Josèphe (Mélanges F. Cumont, 1936, 53—84); W. Bienert, Der älteste nichtchristliche Josephusbericht über Jesus, mit besonderer Berücksichtigung des altrussischen „Josephus", 1936 (Theol. Arbeiten zur Bibel-, Kirchen- und Geistesgeschichte, hrsgeg. von E. Barnikol Bd. 9); R. Eisler, Josephusstudien I: Das Testimonium Flavianum, eine Antwort an Dr. W. Bienert, 1938; F. Scheidweiler, Sind die Interpolationen im altslavischen Josephus wertlos? (ZNW 43, 1950/1951, 155—178); R. Dunkerley, The riddles of Josephus (Hibbert Journal 53, 1954/1955, 127—134); M. Philonenko, La notice du Josèphe slave sur les Esséniens, Semitica 6, 1956, 69—73; A. Rubinstein, The Essenes according to the Slavonic version of Josephus' Wars, Vetus Testamentum 6, 1956, 307 f.; ders., Observations on the old Russian version of Josephus' War, Journal of Semitic Studies 2, 1957, 329—348; N. A. Mescerskij, Histoire de la guerre des Juifs de Flavius Josèphe dans la traduction en vieux-russe, Editions de l'Académie des sciences de l'U.R.S.S., Moskau-Leningrad 1958; dazu die Besprechung von S. Szyszmann, Revue de Qumran I, 1959, 451 bis 458.

c) *Spätere Übersetzungen*

An Nachfrage nach Josephusübersetzungen und an einem entsprechenden Angebot hat es zu keiner Zeit gefehlt; durch die Ausgabe Nieses empfing auch die Übersetzungstätigkeit so starke neue Impulse, daß die Zeit um die letzte Jahrhundertwende auf diesem Gebiet einen Einschnitt bedeutet. Kennzeichnend für das 20. Jahrhundert ist besonders das von der Société des études Juives durchgeführte, in Paris erschienene Werk: Oeuvres complètes de Flavius Josèphe traduites en français sous la direction de Théodore Reinach 1900 ff. Das Bellum Judaicum wurde von René Harmand übersetzt (Buch I—III 1912; Buch IV—VII 1932); Verfasser der zahlreichen Fußnoten, die zum Teil auch wichtige Beiträge zur Textkritik enthalten, ist Buch I—III durchweg Th. Reinach, von Buch IV an auch J. Weill.

<small>Harmand</small>

<small>Reinach</small>

Die Notauskunft „nous traduisons au jugé" konnte und kann zwar nicht völlig verstummen (die Wendung stammt von Th. Reinach selbst), aber der Übersetzer wird sich bei ihr nicht mehr so oft beruhigen, wie das — ausgesprochen oder unausgesprochen — in der vorangehenden Zeit der Fall war.

Das französische Werk ist den anderen später erschienenen neusprachigen Übersetzungen in hohem Maße zugute gekommen, der o. XXXI. XXXIII genannten englischen, von H. St. J. Thackeray sowie der italienischen von Giuseppe Ricciotti: Flavio Giuseppe tradotto e commentato, 2 Bde. (Bd. 1 Einführung, Bd. 2. 3 Übersetzung) 2. Aufl. 1949 (im wesentlichen Nachdruck der 1. Aufl. v. 1937/1938). Es darf jedoch nicht übersehen werden, daß auch schon die sehr sorgfältig abgewogene, manchmal eher paraphrasierende Übersetzung von Ph. Kohout, die 1901 in Linz erschien, durchaus dem 20. Jahrhundert zugehört (Flavius Josephus, Jüdischer Krieg, aus dem Griechischen übersetzt und mit Anmerkungen versehen; Text 530 S., Anmerkungen 258 S.). Die ziemlich gleichzeitig veröffentlichte Übersetzung von H. Clementz dagegen (Neudruck 1959) entspricht nicht mehr dem gegenwärtigen Stand der Wissenschaft. Aus der großen Zahl der früheren deutschen Josephusausgaben sei besonders auf die von H. Paret verwiesen (Des Flavius Josephus Werke, Bd. I, 1856).

<small>Thack
Ricciotti
(Ricc)</small>

<small>Kohout</small>

<small>Clementz</small>

<small>Paret</small>

Schließlich sind hier noch die lateinischen Übersetzungen zu nennen, die früher oft den griechischen Ausgaben beigefügt wurden; sie sind meist erst gleichzeitig mit den Ausgaben entstanden und dürfen nicht mit der Lat verwechselt werden.

Ausführlichere Angaben über die Handschriften finden sich in der Vorrede zu Niese Bd. 6. Zu den Übersetzungen und Ausgaben vgl. außerdem besonders E. Schürer, Geschichte des jüdischen Volkes I[4], 1901, 95—102. 159—161; G. Hölscher in der Realencyklopädie der classischen Altertumswissenschaft[2] Bd. 9, 1916, 1997—1999.

I.

Φλαυίου Ἰωσήπου ἱστορία Ἰουδαϊκοῦ πολέμου
πρὸς Ῥωμαίους βιβλίον α΄.

1. Ἐπειδὴ τὸν Ἰουδαίων πρὸς Ῥωμαίους πόλεμον συστάντα[1] μέγιστον οὐ μόνον τῶν καθ᾽ ἡμᾶς, σχεδὸν δὲ καὶ ὧν ἀκοῇ παρειλήφαμεν ἢ πόλεων πρὸς πόλεις ἢ ἐθνῶν ἔθνεσι συρραγέντων, οἱ μὲν οὐ παρατυχόντες τοῖς πράγμασιν, ἀλλ᾽ ἀκοῇ συλλέγοντες εἰκαῖα καὶ ἀσύμφωνα διηγήματα σοφι-
2 στικῶς ἀναγράφουσιν, οἱ παραγενόμενοι δὲ ἢ κολακείᾳ τῇ πρὸς Ῥωμαίους ἢ μίσει τῷ πρὸς Ἰουδαίους καταψεύδονται τῶν πραγμάτων, περιέχει δὲ αὐτοῖς ὅπου μὲν κατηγορίαν ὅπου δὲ ἐγκώμιον τὰ συγγράμ-
3 ματα, τὸ δ᾽ ἀκριβὲς τῆς ἱστορίας οὐδαμοῦ, προυθέμην ἐγὼ τοῖς κατὰ τὴν Ῥωμαίων ἡγεμονίαν Ἑλλάδι γλώσσῃ μεταβαλὼν ἃ τοῖς ἄνω βαρβάροις τῇ πατρίῳ συντάξας ἀνέπεμψα πρότερον ἀφηγήσασθαι Ἰώσηπος Ματθίου παῖς[2] ἐξ Ἱεροσολύμων ἱερεύς, αὐτός τε Ῥωμαίους πολεμήσας τὰ πρῶτα καὶ τοῖς ὕστερον παρατυχὼν ἐξ ἀνάγκης·

4 2. γενομένου γάρ, ὡς ἔφην, μεγίστου τοῦδε τοῦ κινήματος ἐν Ῥωμαίοις μὲν ἐνόσει τὰ οἰκεῖα, Ἰουδαίων δὲ τὸ νεωτερίζον τότε τεταραγμένοις ἐπανέστη τοῖς καιροῖς ἀκμάζον κατά τε χεῖρα καὶ χρήμασιν, ὡς δι᾽ ὑπερβολὴν θορύβων τοῖς μὲν ἐν ἐλπίδι κτήσεως τοῖς δ᾽ ἐν ἀφαιρέ-
5 σεως δέει γίνεσθαι τὰ πρὸς τὴν ἀνατολήν, ἐπειδὴ Ἰουδαῖοι μὲν ἅπαν τὸ ὑπὲρ Εὐφράτην ὁμόφυλον συνεπαρθήσεσθαι σφίσιν ἤλπισαν, Ῥωμαίους δὲ οἵ τε γείτονες Γαλάται παρεκίνουν καὶ τὸ Κελτικὸν οὐκ ἠρέμει, μεστὰ δ᾽ ἦν πάντα θορύβων μετὰ Νέρωνα, καὶ πολλοὺς μὲν βασιλειᾶν ὁ καιρὸς
6 ἀνέπειθεν, τὰ στρατιωτικὰ δὲ ἤρα μεταβολῆς ἐλπίδι λημμάτων· ἄτοπον ἡγησάμενος περιιδεῖν πλαζομένην ἐπὶ τηλικούτοις πράγμασι τὴν ἀλήθειαν, καὶ Πάρθους μὲν καὶ Βαβυλωνίους Ἀράβων τε τοὺς πορρωτάτω καὶ τὸ ὑπὲρ Εὐφράτην ὁμόφυλον ἡμῖν Ἀδιαβηνούς τε γνῶναι διὰ τῆς ἐμῆς ἐπιμελείας ἀκριβῶς, ὅθεν τε ἤρξατο καὶ δι᾽ ὅσων ἐχώρησεν παθῶν ὁ πόλεμος καὶ ὅπως κατέστρεψεν, ἀγνοεῖν δὲ Ἕλληνας ταῦτα καὶ Ῥωμαίων τοὺς μὴ ἐπιστρατευσαμένους, ἐντυγχάνοντας ἢ κολακείαις ἢ πλάσμασι.

7 3. Καίτοι γε ἱστορίας αὐτὰς ἐπιγράφειν τολμῶσιν, ἐν αἷς πρὸς τῷ μηδὲν ὑγιὲς δηλοῦν καὶ τοῦ σκοποῦ δοκοῦσιν ἔμοιγε διαμαρτάνειν. βούλονται μὲν γὰρ μεγάλους τοὺς Ῥωμαίους ἀποδεικνύειν, καταβάλλουσιν
8 δὲ ἀεὶ τὰ Ἰουδαίων καὶ ταπεινοῦσιν· οὐχ ὁρῶ[3] δέ, πῶς ἂν εἶναι μεγάλοι

Überschrift: ιωσήπου περὶ ἁλώσεως λόγος πρῶτος V. Weiteres zum titulus s. Niese große Ausgabe, ferner Einleitung.
[1] Statt τὸν ... συστάντα codd. hat C τῶν ... συστησάντων.
[2] παῖς γένει ἑβραῖος MLVNC Lat Na Reinach; wir folgen P Euseb Niese.
[3] ὁρῶσι MLVNC.

Flavius Josephus, Geschichte des Krieges der Juden gegen die Römer

BUCH 1

1. 1. Der Krieg der Juden gegen die Römer erweist sich als der größte im Vergleich nicht nur mit den Kriegen unserer Zeit, sondern auch mit all denen, von denen wir Kunde überkommen haben, sei es, daß Städte gegen Städte oder Völker gegen Völker losbrachen. Nun haben Leute, die nicht bei den Ereignissen zugegen gewesen sind, sondern sie nur nach dem Hörensagen zusammengestellt haben, diesen Krieg in planlosen und widersprechenden Berichten sophistisch[1] beschrieben. Andere aber, die zwar Augenzeugen waren, haben aus Schmeichelei gegen die Römer oder aus Haß gegen die Juden die Tatsachen verfälscht; deswegen enthalten ihre Bücher einerseits Anklage, anderseits Lob, nirgends aber genaue geschichtliche Darstellung. Aus diesem Grunde habe ich, Josephus, Sohn des Matthias, aus Jerusalem, ein Priester[2], der ich anfänglich die Römer bekämpft und an den späteren Ereignissen notgedrungen teilgenommen habe, mir vorgenommen, denen, die unter römischer Herrschaft leben, in griechischer Übersetzung[3] das darzulegen, was ich schon früher für die innerasiatischen Nichtgriechen in der Muttersprache zusammengestellt und übersandt habe.

2. 4. Denn als diese, wie gesagt, gewaltige Bewegung ausbrach, war der römische Staat innerlich krank, während unter den Juden die revolutionäre Gruppe, die mit Streitkräften und Geldmitteln voll ausgerüstet war, sich damals in der Wirrnis der Zeiten erhob. So spitzte sich durch das Übermaß an Unruhen die Frage des Ostens derart zu, daß die Einen hoffen konnten, ihn ganz zu gewinnen, die Anderen fürchten mußten, ihn völlig zu verlieren. Denn die Juden hegten die Erwartung, es würden sich alle Stammesgenossen jenseits des Euphrat mit ihnen erheben, während die Römer von den gallischen Nachbarn in Atem gehalten wurden, und auch das keltische Land nicht ruhig blieb. Vollends war nach Neros Tod alles erfüllt von Wirren: viele verlockte die Gelegenheit, nach der Kaiserkrone zu greifen, und dem auf Geschenke hoffenden Heer war ein Thronwechsel allezeit willkommen[4]. Ich hielt es nicht für angängig, zu übersehen, daß bei der Beschreibung so wichtiger Ereignisse der Sachverhalt falsch dargestellt wird, ferner, daß zwar Parther, Babylonier, weit abgelegene Araber, unsere Stammesgenossen jenseits des Euphrat und Adiabener[5] durch meine Bemühung genau Bescheid wüßten darüber, wie der Krieg begann, durch welche Leiden er fortschritt und wie er zusammenbrach, daß aber die Griechen und die Römer, soweit sie nicht am Kriege teilgenommen hatten, dies nicht wüßten, sondern Schmeicheleien und Erdichtungen ausgeliefert wären.

3. 7. Trotzdem wagen sie es, über diese den Titel „Geschichtswerke" zu schreiben, in denen sie mir nichts Vernünftiges darzulegen und obendrein den Zweck zu verfehlen scheinen. Sie wollen nämlich die Römer in ihrer Größe darstellen, setzen aber dabei die Sache der Juden herab und verkleinern sie. Ich sehe aber nicht ein, wie die groß erscheinen können, die Kleine besiegt haben. Sie würdigen dabei weder die Länge des Krieges

δοκοῖεν οἱ μικροὺς νενικηκότες· καὶ οὔτε τὸ μῆκος αἰδοῦνται τοῦ πολέμου οὔτε τὸ πλῆθος τῆς Ῥωμαίων καμούσης στρατιᾶς οὔτε τὸ μέγεθος τῶν στρατηγῶν, οἳ πολλὰ περὶ τοῖς Ἱεροσολύμοις ἱδρώσαντες οἶμαι ταπεινουμένου τοῦ κατορθώματος αὐτοῖς ἀδοξοῦσιν.

9   4. Οὐ μὴν ἐγὼ τοῖς ἐπαίρουσι τὰ Ῥωμαίων ἀντιφιλονεικῶν αὔξειν τὰ τῶν ὁμοφύλων διέγνων, ἀλλὰ τὰ μὲν ἔργα μετ' ἀκριβείας ἀμφοτέρων διέξειμι, τοὺς δ' ἐπὶ τοῖς πράγμασι λόγους ἀνατίθημι τῇ διαθέσει καὶ τοῖς ἐμαυτοῦ πάθεσι διδοὺς ἐπολοφύρεσθαι ταῖς τῆς πατρίδος συμφοραῖς.
10 ὅτι γὰρ αὐτὴν στάσις οἰκεία καθεῖλεν, καὶ τὰς Ῥωμαίων χεῖρας ἀκούσας καὶ τὸ πῦρ ἐπὶ τὸν ναὸν εἵλκυσαν οἱ Ἰουδαίων τύραννοι, μάρτυς αὐτὸς ὁ πορθήσας Καῖσαρ Τίτος, ἐν παντὶ τῷ πολέμῳ τὸν μὲν δῆμον ἐλεήσας ὑπὸ τῶν στασιαστῶν φρουρούμενον, πολλάκις δὲ ἑκὼν τὴν ἅλωσιν τῆς πόλεως ὑπερτιθέμενος καὶ διδοὺς τῇ πολιορκίᾳ χρόνον εἰς μετάνοιαν
11 τῶν αἰτίων. εἰ δή τις ὅσα πρὸς τοὺς τυράννους ἢ τὸ λῃστρικὸν αὐτῶν κατηγορικῶς λέγοιμεν ἢ τοῖς δυστυχήμασι τῆς πατρίδος ἐπιστένοντες συκοφαντοίη, διδότω παρὰ τὸν τῆς ἱστορίας νόμον συγγνώμην τῷ πάθει· πόλιν μὲν γὰρ δὴ τῶν ὑπὸ Ῥωμαίοις πασῶν τὴν ἡμετέραν ἐπὶ πλεῖστόν τε εὐδαιμονίας συνέβη προελθεῖν καὶ πρὸς ἔσχατον συμφορῶν αὖθις
12 καταπεσεῖν· τὰ γοῦν πάντων ἀπ' αἰῶνος ἀτυχήματα πρὸς τὰ Ἰουδαίων ἡττῆσθαι δοκῶ κατὰ σύγκρισιν· καὶ τούτων αἴτιος οὐδεὶς ἀλλόφυλος, ὥστε ἀμήχανον ἦν ὀδυρμῶν ἐπικρατεῖν. εἰ δέ τις οἴκτου σκληρότερος εἴη δικαστής, τὰ μὲν πράγματα τῇ ἱστορίᾳ προσκρινέτω, τὰς δ' ὀλοφύρσεις τῷ γράφοντι.

13 5. Καίτοι γε ἐπιτιμήσαιμ' ἂν αὐτὸς δικαίως τοῖς Ἑλλήνων λογίοις, οἳ τηλικούτων κατ' αὐτοὺς πραγμάτων γεγενημένων, ἃ κατὰ σύγκρισιν ἐλαχίστους ἀποδείκνυσι τοὺς πάλαι πολέμους, τούτων μὲν κάθηνται κριταὶ τοῖς φιλοτιμουμένοις ἐπηρεάζοντες, ὧν εἰ καὶ τῷ λόγῳ πλεονεκτοῦσι, λείπονται τῇ προαιρέσει· αὐτοὶ δὲ τὰ Ἀσσυρίων καὶ Μήδων συγγράφουσιν ὥσπερ ἧττον καλῶς ὑπὸ τῶν ἀρχαίων συγγραφέων ἀπηγγελμένα.
14 καίτοι τοσούτῳ τῆς ἐκείνων ἡττῶνται δυνάμεως ἐν τῷ γράφειν, ὅσῳ καὶ τῆς γνώμης· τὰ γὰρ κατ' αὐτοὺς ἐσπούδαζον ἕκαστοι γράφειν, ὅπου καὶ τὸ παρατυχεῖν τοῖς πράγμασι ἐποίει τὴν ἀπαγγελίαν ἐναργῆ καὶ
15 τὸ ψεύδεσθαι παρ' εἰδόσιν αἰσχρὸν ἦν. τό γε μὴν μνήμῃ τὰ μὴ προϊστορηθέντα[4] διδόναι καὶ τὰ τῶν ἰδίων χρόνων τοῖς μετ' αὐτὸν συνιστάνειν ἐπαίνου καὶ μαρτυρίας ἄξιον· φιλόπονος δὲ οὐχ ὁ μεταποιῶν οἰκονομίαν καὶ τάξιν ἀλλοτρίαν, ἀλλ' ὁ μετὰ τοῦ καινὰ λέγειν καὶ τὸ σῶμα τῆς
16 ἱστορίας κατασκευάζων ἴδιον. κἀγὼ μὲν ἀναλώμασι καὶ πόνοις μεγί-

---

[4] προϊστορηθέντα codd., Niese; wir lesen μὴ προϊστορηθέντα Acorr (Niese p. XXXI) Lat; Bernard cj., Na Reinach.

noch die zahlenmäßige Stärke des mühsam operierenden Heeres der Römer, noch auch die Größe der Feldherrn, die um Jerusalem viel Schweiß vergossen haben; sie verlieren ihren Ruhm, wie ich glaube, wenn man ihre Erfolge verkleinert.

4. 9. Ich habe es nun gewiß nicht darauf abgesehen, im Wetteifer mit den Lobrednern der römischen Sache in das andere Extrem zu fallen und die Partei meiner Volksgenossen herauszustreichen, vielmehr will ich die Taten beider Parteien genau und vollständig berichten. Mit dem aber, was ich zu den Ereignissen zu sagen habe, bringe ich der Lage und meinen Leiden ein Opfer, und ich mache mir das Zugeständnis, über die Schicksalsschläge, die meiner Heimat widerfahren sind, klagen zu dürfen. Denn innere Zwietracht hat sie gestürzt; wer die Hand der Römer gegen deren Willen zum Eingreifen nötigte und das Feuer auf den Tempel fliegen ließ, das waren die Tyrannen[6] der Juden. Zeuge dafür ist der, der das Zerstörungswerk vollbrachte, der Kaiser Titus selbst, der während der ganzen Dauer des Krieges mit dem von den Aufständischen im Bann gehaltenen Volke Mitleid hatte, ja vielmals aus eigenem Antrieb die endgültige Erstürmung der Stadt hinausschob und die Belagerungszeit ausdehnte, damit die Schuldigen ihren Sinn noch ändern könnten. Wenn also jemand gehässig den Finger darauf legen möchte, daß wir mit unserem Wort die Tyrannen oder deren Verbrecheranhang beschuldigen, oder daß wir das unselige Geschick der Heimat beklagen, dann möge er dem Kummer Nachsicht gewähren, selbst wenn dies der strengen Regel der Geschichtsschreibung widersprechen sollte. Denn unserer Stadt ist es zugestoßen, daß sie, die einst den größten Wohlstand von allen unter römischer Herrschaft stehenden Städten erreicht hatte, ins äußerste Unglück stürzte. Ja, alles Unheil, was sich seit jeher sonst ereignet hat, scheint mir vergleichsweise geringer zu sein als dasjenige, welches die Juden betroffen hat. Und die Schuld daran trägt niemand aus fremdem Stamm, darum ist es unmöglich, der Trauer Herr zu werden. Fände sich aber ein Beurteiler, der für Mitleidsregungen zu hart wäre, so wolle er die Tatsachen der Geschichtsschreibung zurechnen, die Klagen darüber aber der Person des Geschichtsschreibers.

5. 13. Gleichwohl hätte ich berechtigten Anlaß, an den griechischen Gelehrten Kritik zu üben. Zu ihren Lebzeiten haben sich Vorgänge abgespielt, die die Kriege vergangener Zeiten weit in den Schatten stellen; dennoch spielen sie sich unter Kränkungen gegen diejenigen als Kritiker auf, denen sie an Beredsamkeit überlegen sein mögen, an sachlichem Streben aber nachstehen. Sie selbst aber beschreiben die Taten der Assyrer und Meder, wie wenn sie von den alten Schriftstellern weniger gut übermittelt worden wären. Trotzdem stehen sie jenen an Kraft der Darstellung ebenso nach wie an sachlicher Einsicht; denn jeder von ihnen bemühte sich, das Geschehen seiner Zeit zu beschreiben, wobei eben die Anwesenheit bei den Ereignissen die Mitteilung anschaulich machte und die Verfälschung unter Wissenden Schande einbrachte. In der Tat, dem Gedächtnis das vorher noch nicht Erzählte zu übergeben und die Geschehnisse der eigenen Zeit darzustellen, ist

στοις ἀλλόφυλος ὢν Ἕλλησί τε καὶ Ῥωμαίοις τὴν μνήμην τῶν κατορθωμάτων ἀνατίθημι· τοῖς δὲ γνησίοις πρὸς μὲν τὰ λήμματα καὶ τὰς δίκας κέχηνεν εὐθέως τὸ στόμα καὶ γλῶσσα λέλυται, πρὸς δὲ τὴν ἱστορίαν, ἔνθα χρὴ τἀληθῆ λέγειν καὶ μετὰ πολλοῦ πόνου τὰ πράγματα συλλέγειν, πεφίμωνται παρέντες τοῖς ἀσθενεστέροις καὶ μηδὲ γινώσκουσι τὰς πράξεις τῶν ἡγεμόνων γράφειν. τιμάσθω δὴ παρ' ἡμῖν τὸ τῆς ἱστορίας ἀληθές, ἐπεὶ παρ' Ἕλλησιν ἠμέληται.

17 6. Ἀρχαιολογεῖν μὲν δὴ τὰ Ἰουδαίων, τίνες τε ὄντες καὶ ὅπως ἀπανέστησαν Αἰγυπτίων, χώραν τε ὅσην ἐπῆλθον ἀλώμενοι καὶ πόσα ἑξῆς κατέλαβον καὶ ὅπως μετανέστησαν, νῦν τε ἄκαιρον ᾠήθην εἶναι καὶ ἄλλως περιττόν, ἐπειδήπερ καὶ Ἰουδαίων πολλοὶ πρὸ ἐμοῦ τὰ τῶν προγόνων συνετάξαντο μετ' ἀκριβείας καί τινες Ἑλλήνων ἐκεῖνα τῇ πατρίῳ
18 φωνῇ μεταβαλόντες οὐ πολὺ τῆς ἀληθείας διήμαρτον. ὅπου δ' οἵ τε τούτων συγγραφεῖς ἐπαύσαντο καὶ οἱ ἡμέτεροι προφῆται, τὴν ἀρχὴν ἐκεῖθεν ποιήσομαι τῆς συντάξεως· τούτων δὲ τὰ μὲν τοῦ κατ' ἐμαυτὸν πολέμου διεξοδικώτερον καὶ μεθ' ὅσης ἂν ἐξεργασίας δύνωμαι δίειμι, τὰ δὲ προ-
19 γενέστερα τῆς ἐμῆς ἡλικίας ἐπιδραμῶ συντόμως, 7. ὡς Ἀντίοχος ὁ κληθεὶς Ἐπιφανὴς ἑλὼν κατὰ κράτος Ἱεροσόλυμα καὶ κατασχὼν ἔτεσι τρισὶ καὶ μησὶν ἓξ ὑπὸ τῶν Ἀσαμωναίου παίδων ἐκβάλλεται τῆς χώρας, ἔπειθ' ὡς οἱ τούτων ἔγγονοι περὶ τῆς βασιλείας διαστασιάσαντες εἵλκυσαν εἰς τὰ πράγματα Ῥωμαίους καὶ Πομπήιον. καὶ ὡς Ἡρώδης ὁ
20 Ἀντιπάτρου κατέλυσε τὴν δυναστείαν αὐτῶν ἐπαγαγὼν Σόσσιον, ὅπως τε ὁ λαὸς μετὰ τὴν Ἡρώδου τελευτὴν κατεστασίασεν Αὐγούστου μὲν Ῥωμαίων ἡγεμονεύοντος, Κυιντιλίου δὲ Οὐάρου κατὰ τὴν χώραν ὄντος, καὶ ὡς ἔτει δωδεκάτῳ τῆς Νέρωνος ἀρχῆς ὁ πόλεμος ἀνερράγη τά τε συμβάντα κατὰ Κέστιον καὶ ὅσα κατὰ τὰς πρώτας ὁρμὰς ἐπῆλθον οἱ
21 Ἰουδαῖοι τοῖς ὅπλοις, 8. ὅπως τε τὰς περιοίκους ἐτειχίσαντο, καὶ ὡς Νέρων ἐπὶ τοῖς Κεστίου πταίσμασι δείσας περὶ τῶν ὅλων Οὐεσπασιανὸν ἐφίστησι τῷ πολέμῳ, καὶ ὡς οὗτος μετὰ τοῦ πρεσβυτέρου τῶν παίδων εἰς τὴν Ἰουδαίων χώραν ἐνέβαλεν ὅσῃ τε χρώμενος Ῥωμαίων στρατιᾷ καὶ ὅσοι σύμμαχοι[5] ἐκόπησαν εἰς ὅλην τὴν Γαλιλαίαν, καὶ ὡς τῶν πόλεων αὐτῆς ἃς μὲν ὁλοσχερῶς καὶ κατὰ κράτος ἃς δὲ δι' ὁμολογίας
22 ἔλαβεν· ἔνθα δὴ καὶ τὰ περὶ τῆς Ῥωμαίων ἐν πολέμοις εὐταξίας καὶ τὴν ἄσκησιν τῶν ταγμάτων, τῆς τε Γαλιλαίας ἑκατέρας τὰ διαστήματα καὶ τὴν φύσιν καὶ τοὺς τῆς Ἰουδαίας ὅρους, ἔτι τε τῆς χώρας τὴν

[5] ὅσοις συμμάχοις Niese cj. (im Apparat) Na.

des Lobes und der Anerkennung wert; fleißig kann nicht der genannt werden, der eine fremde Planung und Ordnung umarbeitet, sondern nur der, der Neues zu bieten hat und auch eine charakteristische Gestalt der Erzählung liefert. Und ich lege nach erheblichem Aufwand an Geld und Arbeit Griechen und Römern, obwohl ich ein Fremdling bin, das Gedenkwerk über die vollbrachten Taten vor; den einheimischen griechischen Gelehrten aber steht, wenn es sich um einträgliche Wirtschafts- und Rechtsgeschäfte handelt, der Mund zwar alsbald offen, und sie reden dann frei heraus. Geht es jedoch um Geschichtsschreibung, bei der man die Wahrheit sagen und mit viel Mühsal die Tatsachen zusammensuchen muß, so verstummen sie und überlassen es Schwächeren und unzureichend Orientierten, die Taten der Feldherren zu beschreiben. So stehe denn bei uns die echte Geschichte in Ehren, da sie bei den Griechen vernachlässigt wird.

6. 17. Die alte Geschichte der Juden zu beschreiben, was für ein Volk sie waren, als sie sich von den Ägyptern absetzten, und wie sie das zuwege brachten, wie weit das Landgebiet war, das sie bei ihrer Irrfahrt durchmaßen, wieviel sie sodann eroberten und wie sie dann wieder wegzogen, das hielt ich im Augenblick für fehl am Platz und ohnehin für überflüssig, da auch viele Juden vor mir die Geschichte der Vorfahren mit Sorgfalt verfaßt und einige Griechen, die jene Werke in ihre Muttersprache übersetzten, die Wahrheit nicht wesentlich verfehlt haben[7]. Wo aber die Verfasser dieser Berichte aufgehört haben und unsere Propheten, da werde ich mit dem Anfang der Erzählung einsetzen. Von diesen nun folgenden Ereignissen gehe ich das, was sich während des von mir erlebten Krieges zugetragen hat, ausführlicher durch und setze es so genau auseinander, wie ich kann; was aber vor meiner Zeit geschah, werde ich auf kurzem Wege durcheilen:

7. 19. Wie Antiochus, genannt Epiphanes, mit Gewalt Jerusalem einnahm, es drei Jahre und sechs Monate beherrschte, aber von den Söhnen des Hasmonäus aus dem Lande vertrieben wurde, dann, wie deren Nachkommen, miteinander im Streit um die Königsherrschaft, die Römer und Pompejus in die Angelegenheiten hineinzogen. Und wie Herodes, der Sohn des Antipater, ihrer Herrschaft dadurch ein Ende setzte, daß er Sossius herbeiholte, wie das Volk nach dem Tode des Herodes in Aufruhr geriet, als Augustus die Römer als Princeps regierte und Quintilius Varus über das Land gesetzt war, und wie im zwölften Jahr der Herrschaft Neros der Krieg ausbrach, was unter Cestius geschah, und in wie weite Gebiete die Juden beim ersten Andrängen mit Waffengewalt einfielen.

8. 21. Wie sie die Städte im weiten Umkreis befestigten, und wie Nero bei den Niederlagen des Cestius dem Vespasian die Kriegsleitung übertrug, und wie dieser mit dem ältesten seiner Söhne in das Land der Juden einrückte, wie mächtig das von ihm befehligte römische Heer war, und wieviele Bundesgenossen der Römer im Kampf über das ganze Gebiet von Galiläa hin ihre Not hatten, und wie Vespasian von den Städten dieses Landes manche vollständig und mit Gewalt, andere

ἰδιότητα, λίμνας τε καὶ πηγὰς τὰς ἐν αὐτῇ, καὶ τὰ περὶ ἑκάστην πόλιν τῶν ἁλισκομένων πάθη μετὰ ἀκριβείας, ὡς εἶδον ἢ ἔπαθον, δίειμι. οὐδὲ γὰρ τῶν ἐμαυτοῦ τι συμφορῶν ἀποκρύψομαι μέλλων γε πρὸς εἰδότας ἐρεῖν.

23 9. Ἔπειθ᾽ ὡς ἤδη καμνόντων Ἰουδαίοις τῶν πραγμάτων θνήσκει μὲν Νέρων, Οὐεσπασιανὸς δὲ ἐπὶ Ἱεροσολύμων ὡρμημένος ὑπὸ τῆς ἡγεμονίας ἀνθέλκεται· τά τε γενόμενα περὶ ταύτης αὐτῷ σημεῖα καὶ τὰς ἐπὶ
24 Ῥώμης μεταβολάς, καὶ ὡς αὐτὸς ὑπὸ τῶν στρατιωτῶν ἄκων αὐτοκράτωρ ἀποδείκνυται, καὶ ἀποχωρήσαντος ἐπὶ διοικήσει τῶν ὅλων εἰς τὴν Αἴγυπτον ἐστασιάσθη τὰ τῶν Ἰουδαίων, ὅπως τε ἐπανέστησαν αὐτοῖς οἱ τύραννοι, καὶ τὰς τούτων πρὸς ἀλλήλους διαφοράς.

25 10. Καὶ ὡς ἄρας ἀπὸ τῆς Αἰγύπτου Τίτος δεύτερον εἰς τὴν χώραν ἐνέβαλεν, ὅπως τε τὰς δυνάμεις καὶ ὅπου συνήγαγε καὶ ὁπόσας, καὶ ὅπως ἐκ τῆς στάσεως ἡ πόλις διέκειτο παρόντος αὐτοῦ, προσβολάς τε ὅσας ἐποιήσατο καὶ ὁπόσα χώματα, περιβόλους τε τῶν τριῶν τειχῶν καὶ τὰ μέτρα τούτων, τήν τε τῆς πόλεως ὀχυρότητα καὶ τοῦ ἱεροῦ καὶ τοῦ
26 ναοῦ τὴν διάθεσιν, ἔτι δὲ τούτων καὶ τοῦ βωμοῦ τὰ μέτρα πάντα μετ᾽ ἀκριβείας, ἔθη τε ἑορτῶν ἔνια καὶ τὰς ἑπτὰ ἁγνείας καὶ τὰς τῶν ἱερέων λειτουργίας, ἔτι δὲ τὰς ἐσθῆτας τῶν ἱερέων καὶ τοῦ ἀρχιερέως, καὶ οἷον ἦν τοῦ ναοῦ τὸ ἅγιον, οὐδὲν οὔτε ἀποκρυπτόμενος οὔτε προστιθεὶς τοῖς πεφωραμένοις.

27 11. Ἔπειτα διέξειμι τήν τε τῶν τυράννων πρὸς τοὺς ὁμοφύλους ὠμότητα καὶ τὴν Ῥωμαίων φειδὼ πρὸς τοὺς ἀλλοφύλους, καὶ ὁσάκις Τίτος σῶσαι τὴν πόλιν καὶ τὸν ναὸν ἐπιθυμῶν ἐπὶ δεξιὰς τοὺς στασιάζοντας προυκαλέσατο, διακρινῶ δὲ τὰ πάθη τοῦ δήμου καὶ τὰς συμφορὰς ὅσα τε ὑπὸ τοῦ πολέμου καὶ ὅσα ὑπὸ τῆς στάσεως καὶ ὅσα ὑπὸ τοῦ λιμοῦ
28 κακωθέντες ἑάλωσαν. παραλείψω δὲ οὐδὲ τὰς τῶν αὐτομόλων ἀτυχίας οὐδὲ τὰς τῶν αἰχμαλώτων κολάσεις, ὅπως τε ὁ ναὸς ἄκοντος ἐνεπρήσθη Καίσαρος καὶ ὅσα τῶν ἱερῶν κειμηλίων ἐκ τοῦ πυρὸς ἡρπάγη τήν τε τῆς ὅλης πόλεως ἅλωσιν καὶ τὰ πρὸ ταύτης σημεῖα καὶ τέρατα καὶ τὴν αἰχμαλωσίαν τῶν τυράννων τῶν τε ἀνδραποδισθέντων τὸ πλῆθος καὶ εἰς
29 ἣν ἕκαστοι τύχην διενεμήθησαν· καὶ ὡς Ῥωμαῖοι μὲν ἐπεξῆλθον τὰ

aber durch Verhandlung in seinen Besitz brachte. An dieser Stelle werde ich nun auch das, was über die römische Kriegsdisziplin zu sagen ist, und die Schulung der Legionen und die Ausmaße beider Teile Galiläas[8] und die Beschaffenheit sowie die Grenzen Judäas, dazu noch die Eigenart des Landes, die Seen und Quellen darin und schließlich die Schicksale, die jede der eroberten Städte betroffen haben, mit Sorgfalt, wie ich es gesehen oder durchgemacht habe, schildern. Denn auch von meinem eigenen Geschick werde ich nichts verbergen, da ich mich ja an Leser wenden will, die Bescheid wissen.

9. 23. Weiter folgt ein Bericht darüber, wie zu einer Zeit, da die Sache der Juden schon bedenklich steht, Nero stirbt, Vespasian aber, bereits im Angriff auf Jerusalem, von der auf ihn übergehenden Kaiserwürde in eine andere Richtung genötigt wird; ferner über die Vorzeichen, die ihm darüber zuteil werden, und die Umwälzungen in Rom, und wie er selbst von den Soldaten ohne seinen Willen zum Alleinherrscher proklamiert wird, und wie dann, als er zur Übernahme der staatlichen Verwaltung nach Ägypten abgereist war, Zwiespältigkeiten unter den Juden ausbrachen und die Tyrannen sich über sie erhoben, und über die Zwistigkeiten dieser untereinander.

10. 25. Ferner wie Titus von Ägypten her zum zweitenmal in das Land einfiel, wie und wo er die Streitkräfte zusammenbrachte und in welcher Stärke, in welcher Lage sich die Stadt infolge der Parteiung befand, als er nun da war, was für Sturmangriffe er ansetzte und wieviele Wälle er errichten ließ. Ich werde auch den Umfang der drei Mauern angeben und ihre Maße, die Festigkeit der Stadt sowie die Anlagen des Heiligtums und des Tempelgebäudes, dazu noch genau alle Maßzahlen dieser Bauten und des Altars, einige Festbräuche sowie die sieben Reinigungen[9] und die Kulthandlungen der Priester, dazu noch die Gewänder der Priester und des Hohenpriesters und wie das Allerheiligste des Tempels war. Dabei werde ich von den Ergebnissen meiner Forschung weder etwas verheimlichen noch hinzufügen.

11. 27. Dann werde ich rückhaltlos die Brutalität der Tyrannen gegen die eigenen Volksgenossen und die schonende Haltung der Römer gegen die Fremdstämmigen beschreiben und berichten, wie oft Titus, der die Stadt und den Tempel zu erhalten begehrte, die Aufrührer zu einem Vergleich aufgerufen hat. Ich werde aber alles Leiden und Unglück des Volkes genau auseinandersetzen, und wie diese Menschen durch den Krieg und die Zwietracht und den Hunger zugerichtet waren, als sie in die Hand des Gegners fielen. Ich werde aber auch weder das üble Geschick der Überläufer noch die Strafmaßnahmen an den Kriegsgefangenen übergehen. Weiter werde ich berichten, wie der Tempel gegen den Willen des Caesar angezündet wurde, und wieviele der heiligen Kleinodien dem Feuer noch entrissen werden konnten, sowie die Einnahme der ganzen Stadt und die ihr vorangehenden Zeichen und Wunder, die Gefangennahme der Tyrannen und die Menge der als Sklaven Verkauften und welchem Geschick sie im einzelnen anheimfielen. Und wie die Römer die dann noch ausstehenden Kriegshandlungen durchführten und die Befestigungen der sonstigen

λείψανα τοῦ πολέμου καὶ τὰ ἐρύματα τῶν χωρίων καθεῖλον, Τίτος δὲ πᾶσαν ἐπελθὼν τὴν χώραν κατεστήσατο, τήν τε ὑποστροφὴν αὐτοῦ τὴν εἰς Ἰταλίαν καὶ τὸν θρίαμβον.

30 12. Ταῦτα πάντα περιλαβὼν ἐν ἑπτὰ βιβλίοις καὶ μηδεμίαν τοῖς ἐπισταμένοις τὰ πράγματα καὶ παρατυχοῦσι τῷ πολέμῳ καταλιπὼν ἢ μέμψεως ἀφορμὴν ἢ κατηγορίας, τοῖς γε τὴν ἀλήθειαν ἀγαπῶσιν, ἀλλὰ μὴ πρὸς ἡδονὴν ἀνέγραψα. ποιήσομαι δὲ ταύτην τῆς ἐξηγήσεως ἀρχήν, ἣν καὶ τῶν κεφαλαίων ἐποιησάμην.

31 I. 1. Στάσεως τοῖς δυνατοῖς Ἰουδαίων ἐμπεσούσης καθ' ὃν καιρὸν Ἀντίοχος ὁ κληθεὶς Ἐπιφανὴς διεφέρετο περὶ ὅλης⁶ Συρίας πρὸς Πτολεμαῖον τὸν ἕκτον, ἡ φιλοτιμία δ' ἦν αὐτοῖς περὶ δυναστείας ἑκάστου τῶν ἐν ἀξιώματι μὴ φέροντος τοῖς ὁμοίοις ὑποτετάχθαι, Ὀνίας μὲν εἷς τῶν
32 ἀρχιερέων ἐπικρατήσας ἐξέβαλε τῆς πόλεως τοὺς Τωβία υἱούς. οἱ δὲ καταφυγόντες πρὸς Ἀντίοχον ἱκέτευσαν αὐτοῖς ἡγεμόσι χρώμενον εἰς τὴν Ἰουδαίαν ἐμβαλεῖν. πείθεται δ' ὁ βασιλεὺς ὡρμημένος πάλαι, καὶ μετὰ πλείστης δυνάμεως αὐτὸς ὁρμήσας τήν τε πόλιν αἱρεῖ κατὰ κράτος καὶ πολὺ πλῆθος τῶν Πτολεμαίῳ προσεχόντων ἀναιρεῖ, ταῖς τε ἁρπαγαῖς ἀνέδην ἐπαφιεὶς τοὺς στρατιώτας αὐτός καὶ τὸν ναὸν ἐσύλησε καὶ τὸν ἐνδελεχισμὸν τῶν καθ' ἡμέραν ἐναγισμῶν ἔπαυσεν ἐπ' ἔτη τρία καὶ μῆνας
33 ἕξ. ὁ δ' ἀρχιερεὺς Ὀνίας πρὸς Πτολεμαῖον διαφυγὼν καὶ παρ' αὐτοῦ λαβὼν τόπον ἐν τῷ Ἡλιοπολίτῃ νομῷ πολίχνην τε τοῖς Ἱεροσολύμοις ἀπεικασμένην καὶ ναὸν ἔκτισεν ὅμοιον· περὶ ὧν αὖθις κατὰ χώραν δηλώσομεν.

34 2. Ἀντιόχῳ γε μὴν οὔτε τὸ παρ' ἐλπίδα κρατῆσαι τῆς πόλεως οὔτε αἱ ἁρπαγαὶ καὶ ὁ τοσοῦτος φόνος ἤρκεσεν, ὑπὸ δὲ ἀκρασίας παθῶν καὶ κατὰ μνήμην ὧν παρὰ τὴν πολιορκίαν ἔπαθεν ἠνάγκαζεν Ἰουδαίους καταλύσαντας τὰ πάτρια βρέφη τε αὐτῶν φυλάττειν ἀπερίτμητα καὶ σῦς
35 ἐπιθύειν τῷ βωμῷ· πρὸς ἃ ἅπαντες μὲν ἠπείθουν, ἐσφάττοντο δὲ οἱ δοκιμώτατοι. καὶ Βακχίδης ὁ πεμφθεὶς ὑπὸ Ἀντιόχου φρούραρχος, τῇ φυσικῇ προσλαβὼν ὠμότητι τὰ ἀσεβῆ παραγγέλματα παρανομίας οὐδεμίαν κατέλιπεν⁷ ὑπερβολὴν καὶ κατ' ἄνδρα τοὺς ἀξιολόγους αἰκιζόμενος καὶ κοινῇ καθ' ἡμέραν ἐνδεικνύμενος ὄψιν ἁλώσεως τῇ πόλει, μέχρι ταῖς ὑπερβολαῖς τῶν ἀδικημάτων τοὺς πάσχοντας εἰς ἀμύνης τόλμαν ἠρέθισε.

⁶ κοίλης Aldrich cj.
⁷ ἀπέλιπεν Dindorf Na; παρέλειπεν LN; παρέλιπεν VC.

Plätze schleiften, wie Titus aber das ganze Land bereiste und geordnete Zustände herstellte; endlich beschreibe ich seine Rückkehr nach Italien und den Triumph.

12. 30. Dies alles habe ich in sieben Büchern vollständig aufgezeichnet; ich ließ denen, die um die Ereignisse wissen und den Krieg aus eigener Anschauung kennen, keinen Anhaltspunkt zu Tadel oder Beschuldigung. Ich schrieb für Leute, die die Wahrheit lieben, aber nicht um einen genußreichen Lesestoff zu liefern. Ich werde aber dort mit der Erzählung den Anfang machen, wo ich ihn auch in der Inhaltsübersicht gemacht habe.

1. Kapitel

1. 31. Es brach zwischen den Vornehmen der Juden zu der Zeit, als Antiochus, genannt Epiphanes, mit Ptolemäus VI. um das ganze Syrien[10] stritt, ein Zwist aus. Das ehrgeizige Streben, das sie an den Tag legten, richtete sich auf die höchste Stellung im Staat: keiner von Rang ertrug es, den Gleichgestellten untergeordnet zu sein; Onias, einer aus der Reihe der Hohenpriester[11], gewann dabei die Oberhand und vertrieb die Söhne des Tobias aus der Stadt Jerusalem. Diese aber nahmen ihre Zuflucht zu Antiochus und baten ihn eindringlich, er möge mit ihnen als Anführer in Judäa einfallen[12]. Der König willigte ein, zumal er schon lange darauf aus war; mit großer Streitmacht setzte er sich persönlich in Marsch, nahm die Stadt im Sturm und tötete eine große Menge der Anhänger des Ptolemäus; er ließ seine Soldaten uneingeschränkt plündern und beraubte selbst den Tempel[13]; die ununterbrochene Fortsetzung der täglichen Opfer brachte er auf die Dauer von drei Jahren und sechs Monaten zum Stillstand. Der Hohepriester Onias entkam zu Ptolemäus, und da er von ihm einen Platz im Bezirk von Heliopolis erhielt, gründete er dort ein Städtchen nach dem Plan von Jerusalem und einen ähnlichen Tempel. Dazu werde ich später an geeigneter Stelle eine Erklärung geben[14].

2. 34. Antiochus hatte noch nicht genug an der unverhofften Einnahme der Stadt, an den Plünderungen und an dem gewaltigen Blutbad, nein, auf Grund seiner zügellosen Leidenschaft und in Erinnerung an das, was er bei der Belagerung durchgemacht hatte, wollte er die Juden zwingen, unter Hintansetzung der Ordnungen der Väter ihre Kinder unbeschnitten zu lassen und Schweine auf dem Altar zu opfern. Dagegen verweigerten sie allesamt den Gehorsam; es wurden deshalb die Angesehensten hingeschlachtet. Und Bakchides, der von Antiochus gesandte Befehlshaber der Besatzungstruppen, der neben seiner angeborenen Grausamkeit noch unter dem Einfluß der gottlosen Anweisungen stand, ließ sich keinen noch so maßlosen Frevel entgehen; Mann für Mann folterte er die Oberschicht und führte der Stadt öffentlich Tag für Tag ihre Niederlage vor Augen, bis er durch das Übermaß an Untaten die Gequälten zum Wagnis des Widerstandes aufreizte.

36 3. Ματθίας γοῦν υἱὸς Ἀσαμωναίου τῶν ἱερέων εἷς ἀπὸ κώμης Μωδεεὶν ὄνομα, συνασπίσας μετὰ χειρὸς οἰκείας, πέντε γὰρ υἱεῖς ἦσαν αὐτῷ, κοπίσιν ἀναιρεῖ τὸν Βακχίδην. καὶ παραχρῆμα μὲν δείσας τὸ πλῆθος
37 τῶν φρουρῶν εἰς τὰ ὄρη καταφεύγει· προσγενομένων δὲ ἀπὸ τοῦ δήμου πολλῶν ἀναθαρσήσας κάτεισι καὶ συμβαλὼν μάχῃ νικᾷ τε τοὺς Ἀντιόχου στρατηγοὺς καὶ τῆς Ἰουδαίας ἐξελαύνει. παρελθὼν δὲ ἀπὸ τῆς εὐπραγίας εἰς δυναστείαν καὶ διὰ τὴν ἀπαλλαγὴν τῶν ἀλλοφύλων ἄρξας τῶν σφετέρων ἑκόντων, τελευτᾷ Ἰούδᾳ τῷ πρεσβυτάτῳ τῶν παίδων καταλιπὼν τὴν ἀρχήν.
38 4. Ὁ δέ, οὐ γὰρ ἠρεμήσειν Ἀντίοχον ὑπελάμβανε, τάς τε ἐπιχωρίους συγκροτεῖ δυνάμεις, καὶ πρὸς Ῥωμαίους πρῶτος ἐποιήσατο φιλίαν, καὶ τὸν Ἐπιφανῆ πάλιν εἰς τὴν χώραν ἐμβάλλοντα μετὰ καρτερᾶς πληγῆς
39 ἀνέστειλεν. ἀπὸ δὲ θερμοῦ τοῦ κατορθώματος ὥρμησεν ἐπὶ τὴν ἐν τῇ πόλει φρουράν, οὔπω γὰρ ἐκκέκοπτο, καὶ ἐκβαλὼν ἀπὸ τῆς ἄνω πόλεως συνωθεῖ τοὺς στρατιώτας εἰς τὴν κάτω· τοῦτο δὲ τοῦ ἄστεος τὸ μέρος Ἄκρα κέκληται· κυριεύσας δὲ τοῦ ἱεροῦ τόν τε χῶρον ἐκάθηρε πάντα καὶ περιετείχισε καὶ τὰ πρὸς τὰς λειτουργίας σκεύη καινὰ κατασκευάσας εἰς τὸν ναὸν εἰσήνεγκεν ὡς τῶν προτέρων μεμιαμμένων, βωμόν τε ᾠκο-
40 δόμησεν ἕτερον καὶ τῶν ἐναγισμῶν ἤρξατο. λαμβανούσης δὲ ἄρτι τὸ ἱερὸν κατάστημα τῆς πόλεως τελευτᾷ μὲν Ἀντίοχος, κληρονόμος δὲ τῆς βασιλείας αὐτοῦ καὶ τῆς πρὸς Ἰουδαίους ἀπεχθείας ὁ υἱὸς Ἀντίοχος γίνεται.
41 5. Συναγαγὼν γοῦν πεζῶν μὲν μυριάδας πέντε, ἱππεῖς δὲ πεντακισχιλίους, ἐλέφαντας δὲ ὀγδοήκοντα ἐμβάλλει διὰ τῆς Ἰουδαίας εἰς τὴν ὀρεινήν. Βηθσουρὸν μὲν οὖν πολίχνην αἱρεῖ, κατὰ δὲ τόπον, ὃς καλεῖται Βεθζαχαρία στενῆς οὔσης τῆς παρόδου Ἰούδας ὑπαντᾷ μετὰ τῆς δυνά-
42 μεως. πρὶν δὲ συνάψαι τὰς φάλαγγας Ἐλεάζαρος ὁ ἀδελφὸς αὐτοῦ προϊδὼν τὸν ὑψηλότατον τῶν ἐλεφάντων πύργῳ τε μεγάλῳ καὶ περιχρύσοις προτειχίσμασι κεκοσμημένον, ὑπολαβὼν ἐπ' αὐτοῦ τὸν Ἀντίοχον εἶναι, τῶν τε ἰδίων ἐκτρέχει πολὺ καὶ διακόψας τὸ στῖφος τῶν πολεμίων ἐπὶ
43 τὸν ἐλέφαντα διήνυσεν. ἐφικέσθαι μὲν οὖν τοῦ δοκοῦντος εἶναι βασιλέως οὐχ οἷός τε ἦν διὰ τὸ ὕψος, ὁ δὲ τὸ θηρίον ὑπὸ τὴν γαστέρα πλήξας ἐπικατέσεισεν ἑαυτῷ καὶ συντριβεὶς ἐτελεύτησεν, μηδὲν πλέον δράσας τοῦ
44 τοῖς μεγάλοις ἐπιβαλέσθαι θέμενος εὐκλείας ἐν δευτέρῳ τὸ ζῆν. ὅ γε μὴν κυβερνῶν τὸν ἐλέφαντα ἰδιώτης ἦν· κἂν εἰ συνέβη δὲ εἶναι τὸν Ἀντίοχον, οὐδὲν πλέον ἤνυσεν ὁ τολμήσας τοῦ δοκεῖν ἐπ' ἐλπίδι μόνῃ
45 λαμπροῦ κατορθώματος ἑλέσθαι τὸν θάνατον. γίνεται δὲ καὶ κληδὼν τἀδελφῷ τῆς ὅλης παρατάξεως· καρτερῶς μὲν γὰρ οἱ Ἰουδαῖοι καὶ μέχρι πολλοῦ διηγωνίσαντο, πλήθει δὲ ὑπερέχοντες οἱ βασιλικοὶ καὶ δεξιᾷ χρησάμενοι τύχῃ κρατοῦσι, καὶ πολλῶν ἀναιρεθέντων τοὺς λοιποὺς

3. 36. So trat denn Matthias, Sohn des Hasmonäus, einer von den Priestern aus dem Dorfe, das Modeïn heißt[15], unter Aufgebot seines Hausstandes — denn er hatte fünf Söhne — zum Streit an und tötete Bakchides[16] durch Dolchstöße. Er zog sich zwar sogleich aus Furcht vor der Stärke der Besatzung ins Gebirge zurück; als sich ihm dann aber viele aus dem Volk anschlossen, faßte er von neuem Mut. Er kam herab, ließ sich mit den Heerführern des Antiochus in eine Schlacht ein, besiegte sie und vertrieb sie aus Judäa. Er kam aber durch gütiges Geschick zu Macht, und wegen der Befreiung von den Fremdlingen wurde er Herrscher durch freien Entschluß der Anderen. Bei seinem Tode hinterließ er die Herrschaft dem Judas[17], dem Ältesten seiner Söhne.

4. 38. Der aber zog in der Annahme, daß Antiochus nicht ruhig bleiben werde, die einheimischen Streitkräfte zusammen; mit den Römern schloß er als erster Freundschaft, und als Epiphanes wiederum in das Land einfiel, warf er ihn mit kräftigem Schlag zurück. In der Hochstimmung des Erfolges stürzte er sich auf die Besatzung in der Stadt, denn sie war noch nicht ausgehoben. Er warf sie aus der oberen Stadt und drängte die Soldaten in der unteren zusammen. Dieser Teil der Stadt heißt Akra. Er bemächtigte sich des Tempels und ließ dann das ganze Gelände reinigen und ummauern; die gottesdienstlichen Geräte ließ er neu herstellen und führte sie in das Heiligtum ein, weil die früheren verunreinigt waren; er ließ einen anderen Altar bauen und nahm die Darbringung der Opfer wieder auf. Gerade als die Stadt wieder ihren heiligen Charakter empfangen hatte, starb Antiochus; doch wurde sein Sohn Antiochus Erbe seines Reiches und der Feindschaft gegen die Juden.

5. 41. Er zog also 50 000 Mann zu Fuß, ungefähr 5000 Reiter und 80 Elefanten zusammen und drang in Judäa bis ins Bergland vor. Er nahm die kleine Stadt Bethzur; an dem Ort aber, der Bethzacharja heißt, wo nur ein enger Paß ist, trat ihm Judas mit der Streitmacht entgegen[18]. Bevor die Schlachtreihen in Berührung kamen, faßte Eleazar, der Bruder des Judas, den höchsten Elefanten, der mit einem hohen Turm und einer vergoldeten Brustwehr ausgerüstet war, ins Auge. Er nahm an, daß Antiochus auf ihm sei; deswegen lief er seinen Leuten weit voraus, schlug sich durch den Haufen der Soldaten durch und drang bis zu dem Elefanten vor. Zu erreichen vermochte er den vermeintlichen König wegen der Höhe nicht, doch stieß er das Tier mit dem Schwert in den Bauch und streckte es über seinem eigenen Leib zu Boden, wurde erdrückt und fand so den Tod. Mehr hatte er dabei nicht getan, als eine große Tat versucht zu haben, wobei er sein Leben hinter dem Ruhm zurücktreten ließ. Der Lenker des Elefanten war in Wirklichkeit ein einfacher Soldat; selbst wenn es zufällig Antiochus gewesen wäre, hätte der waghalsige Mann doch nichts mehr erreicht als den Ruf, auf die bloße Hoffnung eines glänzenden Heldenstückes hin den Tod gewählt zu haben. Dies Ereignis wurde für seinen Bruder zu einem Vorzeichen für den Ausgang der ganzen Schlacht; denn zwar hielten die Juden hartnäckig und ausdauernd stand, aber die königl-

46 ἔχων Ἰούδας εἰς τὴν Γοφνιτικὴν τοπαρχίαν φεύγει. Ἀντίοχος δὲ παρελθὼν εἰς Ἱεροσόλυμα καὶ καθίσας ὀλίγας ἡμέρας ἐν αὐτῇ κατὰ σπάνιν τῶν ἐπιτηδείων ἀπανίσταται, καταλιπὼν μὲν φρουρὰν ὅσην ἀποχρήσειν ὑπελάμβανε, τὴν δὲ λοιπὴν δύναμιν ἀπαγαγὼν χειμεριοῦσαν εἰς τὴν Συρίαν.

47 6. Πρὸς δὲ τὴν ὑποχώρησιν τοῦ βασιλέως Ἰούδας οὐκ ἠρέμει, προσγενομένων δ' ἐκ τοῦ ἔθνους πολλῶν καὶ τοὺς διασωθέντας ἐκ τῆς μάχης ἐπισυγκροτήσας κατὰ κώμην Ἀκέδασαν[8] συμβάλλει τοῖς Ἀντιόχου στρατηγοῖς, καὶ φανεὶς ἄριστος κατὰ τὴν μάχην πολλούς τε τῶν πολεμίων ἀποκτείνας ἀναιρεῖται καὶ μεθ' ἡμέρας ὀλίγας ὁ ἀδελφὸς αὐτοῦ Ἰωάννης ἐπιβουλευθεὶς ὑπὸ τῶν τὰ Ἀντιόχου φρονούντων τελευτᾷ.

48 Π. 1. Διαδεξάμενος δὲ τοῦτον ὁ ἀδελφὸς Ἰωνάθης τά τε ἄλλα πρὸς τοὺς ἐπιχωρίους διὰ φυλακῆς ἦγεν ἑαυτὸν καὶ τῇ πρὸς Ῥωμαίους φιλίᾳ τὴν ἀρχὴν ἐκρατύνατο πρός τε τὸν Ἀντιόχου[9] παῖδα διαλλαγὰς ἐποιή-
49 σατο. οὐ μήν τι τούτων ἤρκεσεν αὐτῷ πρὸς ἀσφάλειαν· Τρύφων γὰρ ὁ τύραννος, ἐπίτροπος μὲν ὢν τοῦ Ἀντιόχου παιδὸς ἐπιβουλεύων δ' αὐτῷ καὶ πρόσθεν, ἀποσκευάζεσθαι τοὺς φίλους αὐτοῦ πειρώμενος ἥκοντα τὸν Ἰωνάθην σὺν ὀλίγοις εἰς Πτολεμαΐδα πρὸς Ἀντίοχον δόλῳ συλλαμβάνει καὶ δήσας ἐπὶ Ἰουδαίαν στρατεύει· εἶτ' ἀπελαθεὶς ὑπὸ τοῦ Σίμωνος, ὃς ἦν ἀδελφὸς τοῦ Ἰωνάθου, καὶ πρὸς τὴν ἧτταν ὠργισμένος κτείνει τὸν Ἰωνάθην.

50 2. Σίμων δὲ γενναίως ἀφηγούμενος τῶν πραγμάτων αἱρεῖ μὲν Γάζαρά τε καὶ Ἰόππην καὶ Ἰάμνειαν τῶν προσοίκων, κατέσκαψε δὲ καὶ τὴν ἄκραν τῶν φρουρῶν κρατήσας. αὖθις δὲ γίνεται καὶ Ἀντιόχῳ σύμμαχος κατὰ Τρύφωνος, ὃν ἐν Δώροις πρὸ τῆς ἐπὶ Μήδους στρατείας ἐπολιόρκει.
51 ἀλλ' οὐκ ἐξεδυσώπησεν τὴν τοῦ βασιλέως πλεονεξίαν Τρύφωνα συνεξελών· μετ' οὐ πολὺ γὰρ Ἀντίοχος Κενδεβαῖον τὸν αὐτοῦ στρατηγὸν μετὰ δυνάμεως δηώσοντα τὴν Ἰουδαίαν ἔπεμψεν καὶ καταδουλωσόμενον Σίμωνα.
52 ὁ δὲ καίτοι γε γηραλέος ὢν νεανικώτερον ἀφηγήσατο τοῦ πολέμου· τοὺς μέντοι γε υἱεῖς αὐτοῦ μετὰ τῶν ἐρρωμενεστάτων προεκπέμπει, αὐτὸς
53 δὲ μοῖραν τῆς δυνάμεως ἀναλαβὼν ἐπῄει κατ' ἄλλο μέρος. πολλοὺς δὲ πολλαχοῦ κἂν τοῖς ὄρεσι προλοχίσας πάσαις κρατεῖ ταῖς ἐπιβολαῖς καὶ

§ 50 = ant. 13, 215.

[8] Adasa (accus.) Lat; vgl. ant. 12, 408 und Anm. 19.
[9] Ἀντίοχον Bernard cj.

lichen Truppen gewannen die Oberhand, weil sie an Zahl überlegen waren und Glück hatten. Mit schweren Verlusten an Toten floh Judas mit dem Rest in den Bezirk von Gophna. Antiochus aber drang in Jerusalem ein und blieb wenige Tage dort; dann aber zog er aus Mangel an Lebensmitteln ab unter Zurücklassung einer Wache, die er für stark genug hielt; die restliche Streitmacht führte er, um sie überwintern zu lassen, nach Syrien.

6. 47. Angesichts des Abzugs des Königs verhielt sich Judas nicht ruhig; als viele von seinem Volk zu ihm gestoßen waren, und er dazu noch die zusammengebracht hatte, die in der Schlacht davongekommen waren, traf er bei dem Dorf Akedasa[19] auf die Heerführer des Antiochus. Nachdem er sich in der Schlacht als tüchtigster Kämpfer ausgewiesen und viele Gegner niedergemacht hatte, wurde er getötet; nach wenigen Tagen starb auch sein Bruder Johannes unter den Nachstellungen der Anhänger des Antiochus[20].

2. Kapitel

1. 48. Es folgte ihm in der Führerschaft sein Bruder Jonathan. Er nahm einerseits allgemein seine Interessen gegenüber seinen Landsleuten durch wachsame Sicherheitsmaßnahmen wahr, stärkte aber andererseits insbesondere seine Herrschaft durch die Freundschaft mit den Römern und versöhnte sich mit dem Sohn des Antiochus[21]. Aber nichts davon genügte ihm zur Sicherheit. Denn der Tyrann Tryphon, der Vormund des jungen Antiochus war, gegen ihn aber auch schon früher hinterhältige Pläne gehegt hatte, versuchte dessen Freunde zu beseitigen. Er ließ den Jonathan, der mit wenigen Begleitern nach Ptolemais[22] zu Antiochus gekommen war, heimtückisch verhaften, legte ihn in Fesseln und zog dann gegen Judäa zu Felde. Als er dann von Simon, der ein Bruder des Jonathan war, zurückgeschlagen wurde und über die Niederlage erzürnt war, ließ er den Jonathan töten.

2. 50. Simon, der die Regierung tatkräftig weiterführte, eroberte Gazara, Joppe und Jamnia aus der Nachbarschaft und ließ die Akra schleifen, nachdem er die Besatzung überwältigt hatte. Weiterhin wurde er auch Bundesgenosse des Antiochus gegen Tryphon, den der König in Dora[23] noch vor dem Feldzug gegen die Meder belagerte. Aber er beschwichtigte nicht die Habgier des Königs, obwohl er mit dabei half, den Tryphon auszuheben. Nach kurzer Zeit schickte Antiochus seinen Feldherrn Kendebaios mit einer Streitmacht, der Judäa verwüsten und Simon niederwerfen sollte. Obwohl Simon gealtert war, führte er den Krieg mit jugendlicher Kraft. Seine Söhne schickte er mit den kampfkräftigsten Truppen voraus, er selbst aber nahm einen Teil der Streitmacht und griff an einem anderen Abschnitt an. Vielfach legte er einen Hinterhalt an, auch im Gebirge, und hatte in

νικήσας λαμπρώς αρχιερεύς αποδείκνυται και της Μακεδόνων επικρατείας μετά εκατόν και εβδομήκοντα έτη Ιουδαίους απαλλάττει.

54 3. Θνήσκει δε και αυτός επιβουλευθείς εν συμποσίω Πτολεμαίου του γαμβρού, ός αυτού τήν τε γυναίκα και τους δύο παίδας εγκαθείρξας επί τον τρίτον Ιωάννην, ός και Υρκανός εκαλείτο, τους αναι-
55 ρήσοντας έπεμψεν. προγνούς δε την έφοδον ο νεανίσκος παραγενέσθαι εις την πόλιν ηπείγετο, πλείστον τω λαώ πεποιθώς κατά τε μνήμην των πατρώων κατορθωμάτων και μίσος της Πτολεμαίου παρανομίας. ώρμησε δε και Πτολεμαίος εισελθείν καθ' ετέραν πύλην, εξεκρούσθη γε μην υπό του δήμου ταχέως δεδεγμένων ήδη τον Υρκανόν. και ο μεν
56 παραχρήμα ανεχώρησεν είς τι των υπέρ Ιεριχούντος ερυμάτων, ό Δαγών καλείται· κομισάμενος δε την πατρώαν αρχιερωσύνην Υρκανός και θύσας τω θεώ μετά τάχους επί Πτολεμαίον ώρμησεν βοηθήσων τη μητρί και
57 τοις αδελφοίς, 4. και προσβαλών τω φρουρίω τα μεν άλλα κρείττων ήν, ηττάτο δε δικαίου πάθους· ο γαρ Πτολεμαίος οπότε καταπονοίτο, τήν τε μητέρα και τους αδελφούς αυτού προάγων επί του τείχους εις ευσύνοπτον ηκίζετο και κατακρημνιείν, ει μη θάττον απαναστάιη, διηπείλει.
58 προς α τον μεν Υρκανόν οργής πλείων οίκτος εισήει και δέος, η δε μήτηρ ουδέν ούτε προς τας αικίας ούτε προς τον απειλούμενον αυτή θάνατον ενδιδούσα χείρας ώρεγε και κατηντιβόλει τον παίδα μήτι προς την αυτής ύβριν επικλασθέντα φείσασθαι του δυσσεβούς, ως αυτή γε κρείττονα τον εκ Πτολεμαίου θάνατον αθανασίας είναι δόντος δίκας εφ' οίς εις τον οίκον αυτών παρηνόμησεν. ο δε Ιωάννης οπότε μεν εθυμη-
59 θείη το παράστημα της μητρός και κατακούσειε της ικεσίας, ώρμητο προσβάλλειν, επεί δ' αυ[10] κατίδοι τυπτομένην τε και σπαραττομένην, εθηλύνετο
60 και του πάθους όλος ήν. τριβομένης δε διά ταύτα της πολιορκίας επέστη το αργόν έτος, ό κατά επταετίαν αργείται παρά Ιουδαίοις ομοίως ταις εβδομάσιν ημέραις. καν τούτω Πτολεμαίος ανεθείς της πολιορκίας αναιρεί τους αδελφούς Ιωάννου σύν τη μητρί και φεύγει προς Ζήνωνα τον επικληθέντα Κοτυλάν· Φιλαδελφείας δ' ήν τύραννος.

61 5. Αντίοχος δε κατ' οργήν ών υπό Σίμωνος έπαθεν, στρατεύσας εις την Ιουδαίαν επολιόρκει τον Υρκανόν προσκαθεζόμενος τοις Ιεροσολύμοις. ο δε τον Δαυίδου τάφον ανοίξας, ός δη πλουσιώτατος βασιλέων εγένετο, και υφελόμενος υπέρ τρισχίλια τάλαντα χρημάτων τόν τε Αντίοχον ανίστησι της πολιορκίας πείσας τριακοσίοις ταλάντοις και δη και ξενοτροφείν πρώτος Ιουδαίων εκ της περιουσίας ήρξατο.

§ 54 = ant. 13, 228.

[10] επειδάν δε codd., Niese im Text; επεί δε Dindorf cj., επεί δ'αύ Niese cj. (Apparat) Na.

all seinen Unternehmungen Erfolg; nach einem glänzenden Sieg wurde er zum Hohenpriester ernannt. Er befreite die Juden von der Herrschaft der Makedonier, unter der sie 170 Jahre gestanden hatten.

3. 54. Auch er starb infolge eines Anschlags seines Schwiegersohnes Ptolemäus bei einem Gastmahl. Dieser hatte sowohl seine Frau wie seine beiden Söhne in Haft gesetzt und schickte gegen den dritten, Johannes, der auch Hyrkanos genannt wurde, Leute aus, um ihn zu töten. Der junge Mann erfuhr von ihrem Herannahen und beeilte sich, in die Stadt zu kommen, weil er auf das Volk besonders vertraute wegen der Erinnerungen an die Erfolge des Vaters und des Abscheus gegen die Untat des Ptolemäus. Aber auch Ptolemäus drängte, durch ein anderes Tor hereinzukommen, wurde jedoch vom Volke herausgestoßen, das in Eile schon Hyrkanos aufgenommen hatte. Er zog sich sogleich in eine der Burgen oberhalb Jerichos, Dagon genannt[24], zurück; Hyrkanos indessen, der das hohepriesterliche Amt vom Vater übernommen hatte, opferte Gott und eilte zum Angriff gegen Ptolemäus der Mutter und den Brüdern zu Hilfe.

4. 57. Bei dem Angriff auf die Festung war er an sich überlegen, er unterlag jedoch einem Leid, das einen ernsten Grund hatte. Ptolemäus ließ nämlich, sooft er in eine bedrohliche Lage kam, Hyrkanos' Mutter und seine Brüder auf die Mauer an eine gut sichtbare Stelle führen und dort mißhandeln; er drohte auch, sie hinabzustürzen, falls Hyrkanos nicht ganz schnell abziehe. Angesichts dieser Situation ergriff den Hyrkanos mehr Jammer und Schrecken als Zorn; seine Mutter aber gab in keiner Weise nach, weder den Mißhandlungen noch auch, als Ptolemäus mit dem Tode drohte. Sie streckte die Hände aus und flehte den Sohn an, nicht etwa, durch den Frevel an ihr erschüttert, den Verruchten zu schonen. Sie selbst ziehe den Tod durch Ptolemäus dem Weiterleben vor, wenn er nur für die Freveltaten an ihrem Hause büßen müsse. Johannes aber drängte, sooft er die Entschlossenheit der Mutter beherzigte und auf ihr Flehen hörte, zum Angriff; wenn er andererseits sich vor Augen führte, wie sie geschlagen und gequält wurde, wurde er weich und gab sich ganz dem Schmerz hin. Während sich die Belagerung deswegen in die Länge zog, kam das Ruhejahr heran, das alle sieben Jahre bei den Juden gefeiert wird wie der siebente Tag jeder Woche. Dadurch wurde Ptolemäus die Belagerung los; er tötete die Brüder des Johannes mit ihrer Mutter und entkam zu Zeno, der den Beinamen Kotylas trug; dieser war Selbstherrscher von Philadelphia[25].

5. 61. Antiochus aber rückte aus Groll über das, was er von Simon hatte hinnehmen müssen, in Judäa ein und belagerte Hyrkanos, indem er sich vor Jerusalem legte. Der aber ließ das Grab Davids[26], der der reichste der Könige gewesen war, öffnen und eignete sich einen Schatz von mehr als dreitausend Talenten an. Er brachte Antiochus dadurch von der Belagerung ab, daß er ihn mit dreihundert Talenten zufriedenstellte, Ja, sogar Söldnertruppen zu halten begann er als erster von den Juden mit den restlichen Mitteln.

62 6. Αὖθίς γε μὴν Ἀντίοχος ἐπὶ Μήδους στρατεύσας καιρὸν ἀμύνης αὐτῷ παρεῖχεν· εὐθέως γὰρ ὥρμησεν ἐπὶ τὰς ἐν Συρίᾳ πόλεις, κενάς,
63 ὅπερ ἦν, ὑπολαμβάνων τῶν μαχιμωτέρων εὑρήσειν. Μεδάβην μὲν οὖν καὶ Σαμαγὰν ἅμα ταῖς πλησίον, ἔτι δὲ Σίκιμα καὶ Ἀργαρίζειν αὐτὸς αἱρεῖ, πρὸς αἷς τὸ Χουθαίων γένος, οἳ περιῴκουν τὸ εἰκασθὲν τῷ ἐν Ἱεροσολύμοις ἱερῷ. αἱρεῖ δὲ καὶ τῆς Ἰδουμαίας ἄλλας τε οὐκ ὀλίγας καὶ Ἀδωρεὸν καὶ Μάρισαν.
64 7. Προελθὼν δὲ καὶ μέχρι Σαμαρείας, ἔνθα νῦν ἐστιν Σεβαστὴ πόλις ὑπὸ Ἡρώδου κτισθεῖσα τοῦ βασιλέως, καὶ πάντοθεν αὐτὴν ἀποτειχίσας τοὺς υἱεῖς ἐπέστησε τῇ πολιορκίᾳ Ἀριστόβουλον καὶ Ἀντίγονον· ὧν οὐδὲν ἀνιέντων λιμοῦ μὲν εἰς τοσοῦτον προῆλθον οἱ κατὰ τὴν πόλιν, ὡς
65 ἅψασθαι καὶ τῶν ἀηθεστάτων[11]. ἐπικαλοῦνται δὲ βοηθὸν Ἀντίοχον τὸν ἐπικληθέντα Ἀσπένδιον· κἀκεῖνος ἑτοίμως ὑπακούσας ὑπὸ τῶν περὶ Ἀριστόβουλον ἡττᾶται. καὶ ὁ μὲν μέχρι Σκυθοπόλεως διωχθεὶς ὑπὸ τῶν ἀδελφῶν ἐκφεύγει, οἱ δὲ ἐπὶ τοὺς Σαμαρεῖς ὑποστρέψαντες τό τε πλῆθος πάλιν εἰς τὸ τεῖχος συγκλείουσιν καὶ τὴν πόλιν ἑλόντες αὐτήν τε κατα-
66 σκάπτουσιν καὶ τοὺς ἐνοικοῦντας ἐξηνδραποδίσαντο. προχωρούντων δὲ τῶν κατορθωμάτων τὴν ὁρμὴν οὐ κατέψυξαν, ἀλλὰ προελθόντες ἅμα τῇ δυνάμει μέχρι τῆς Σκυθοπόλεως ταύτην τε κατέδραμον καὶ τὴν ἐντὸς Καρμήλου τοῦ ὄρους χώραν ἅπασαν κατενείμαντο.
67 8. Πρὸς δὲ τὰς εὐπραγίας αὐτοῦ τε Ἰωάννου καὶ τῶν παίδων φθόνος ἐγείρει στάσιν τῶν ἐπιχωρίων, καὶ πολλοὶ κατ' αὐτῶν συνελθόντες οὐκ ἠρέμουν, μέχρι καὶ πρὸς φανερὸν πόλεμον ἐκριπισθέντες ἡττῶνται.
68 τὸ λοιπὸν δ' ἐπιβιοὺς ἐν εὐδαιμονίᾳ Ἰωάννης καὶ τὰ κατὰ τὴν ἀρχὴν κάλλιστα διοικήσας ἐν τρισὶν ὅλοις καὶ τριάκοντα ἔτεσιν ἐπὶ πέντε υἱοῖς τελευτᾷ, μακαριστὸς ὄντως καὶ κατὰ μηδὲν ἐάσας ἐφ' ἑαυτῷ μεμφθῆναι τὴν τύχην. τρία γοῦν τὰ κρατιστεύοντα μόνος εἶχεν, τὴν
69 τε ἀρχὴν τοῦ ἔθνους καὶ τὴν ἀρχιερωσύνην καὶ προφητείαν· ὡμίλει γὰρ αὐτῷ τὸ δαιμόνιον ὡς μηδὲν τῶν μελλόντων ἀγνοεῖν, ὅς γε καὶ περὶ δύο τῶν πρεσβυτέρων υἱῶν ὅτι μὴ διαμενοῦσι κύριοι τῶν πραγμάτων προεῖδέν τε καὶ προεφήτευσεν· ὧν τὴν καταστροφὴν ἄξιον ἀφηγήσασθαι, παρ' ὅσον τῆς πατρῴας εὐδαιμονίας ἀπέκλιναν.

70 III. 1. Μετὰ γὰρ τὴν τοῦ πατρὸς τελευτὴν ὁ πρεσβύτερος αὐτῶν Ἀριστόβουλος τὴν ἀρχὴν εἰς βασιλείαν μετατιθεὶς περιτίθεται μὲν διάδημα πρῶτος μετὰ τετρακοσιοστὸν καὶ ἑβδομηκοστὸν πρῶτον ἔτος,

§ 60 = ant. 13, 235; § 64 = ant. 13, 275;
§ 66 = ant. 13, 276; § 69 = ant. 13, 300.

[11] ἀηθεστάτων σαρκῶν AM Destinon; insuetam carnem Lat, Na korrigiert ἀηδρστάτων, Heg erläutert. ἀηθεστάτων LVNC Niese Thack (ant. 13, 276: ἀήθων).

6. 62. Als Antiochus später dadurch, daß er gegen die Meder zog, ihm geradezu Gelegenheit zur Vergeltung bot, brach Hyrkanos gegen die Städte in Syrien los, in der dann auch richtigen Annahme, er werde sie von Kampfgeübten entblößt finden. So brachte er Medaba und Samaga[27] mit den umliegenden Städten, ferner Sikima und Argarizein[28] (= Garizim) in seine Gewalt, dazu den Stamm der Chutäer[29], die um ein dem jerusalemischen nachgebildetes Heiligtum herumwohnten. Er nahm außerdem zahlreiche andere Städte Idumäas ein, darunter Adoreos und Marisa[30].

7. 64. Er rückte aber auch bis Samaria vor, wo jetzt die von dem König Herodes gegründete Stadt Sebaste liegt, schloß sie von allen Seiten durch Verschanzungen ein und übertrug die Leitung der Belagerung seinen Söhnen Aristobulos und Antigonos. Da diese in keiner Weise locker ließen, gerieten die Stadtbewohner bald so sehr in Hunger, daß sie zu den ungewohntesten Nahrungsmitteln griffen. Sie riefen Antiochus, genannt Aspendios[31], als Beistand an; der leistete bereitwillig Folge und unterlag den Truppen des Aristobulos. Er entkam zwar, nachdem er von den Brüdern bis Skythopolis[32] verfolgt worden war; sie aber kehrten um gegen die Samaritaner und schlossen die Menge wieder in die Festung ein. Die Stadt selbst zerstörten sie nach der Einnahme, ihre Einwohner aber verkauften sie als Sklaven. Da es mit den Erfolgen so gut vonstatten ging, ließen sie den Angriffsdrang nicht abkühlen, sondern stießen mit ihrer Streitmacht bis Skythopolis vor, überrannten diese Stadt und verheerten das ganze Gebiet diesseits des Karmelberges.

8. 67. Angesichts des Glücks, das Johannes selbst und seine Söhne hatten, ließ Mißgunst eine Meuterei unter der einheimischen Bevölkerung aufkommen[33]. Mengen rotteten sich gegen sie zusammen und gaben nicht Ruhe, bis sie sich, sogar zu offenem Krieg entflammt, eine Niederlage zuzogen. Fortan aber verlebte Johannes noch glückliche Zeiten; er hatte mit sehr geschickter Hand volle 33 Jahre hindurch seine Regierung geführt und starb[34], fünf Söhne hinterlassend. Er war in der Tat sehr glücklich zu preisen, und in keiner Weise ließ er zu, das Geschick seinetwegen zu tadeln. Hatte er doch allein drei höchste Würden inne: die Herrschaft über das Volk, das Hohepriestertum und eine Prophetengabe[35]. Denn es redete zu ihm die Gottheit, so daß ihm nichts von den kommenden Dingen unbekannt blieb. War er es doch, der bei seinen beiden ältesten Söhnen voraussah und voraussagte, daß sie nicht Herren der Staatsgeschäfte bleiben würden. Es ist angemessen, über ihr tragisches Ende zu berichten, wie weit sie von dem Glück des Vaters abkamen.

3. Kapitel

1. 70. Nach dem Tode des Vaters nämlich änderte der älteste von ihnen, Aristobulos, die Regierung in eine Königsherrschaft um und setzte sich als erster die Krone auf, 471 Jahre und 3 Monate nach dem Zeitpunkt, an

πρὸς δὲ μῆνας τρεῖς, ἐξ οὗ κατῆλθεν ὁ λαὸς εἰς τὴν χώραν ἀπαλλαγεὶς
71 τῆς ἐν Βαβυλῶνι δουλείας· τῶν δὲ ἀδελφῶν τὸν μὲν μεθ' ἑαυτὸν Ἀντίγονον, ἐδόκει γὰρ ἀγαπᾶν, ἦγεν ἰσοτίμως, τοὺς δ' ἄλλους εἶργνυσι δήσας. δεσμεῖ δὲ καὶ τὴν μητέρα διενεχθεῖσαν περὶ τῆς ἐξουσίας, ταύτην γὰρ κυρίαν τῶν ὅλων ὁ Ἰωάννης ἀπολελοίπει, καὶ μέχρι τοσαύτης ὠμότητος προῆλθεν, ὥστε καὶ λιμῷ διαφθεῖραι δεδεμένην.
72   2. Περιέρχεται δὲ αὐτῶν ἡ τίσις εἰς τὸν ἀδελφὸν Ἀντίγονον, ὃν ἠγάπα τε καὶ τῆς βασιλείας κοινωνὸν εἶχεν· κτείνει γὰρ καὶ τοῦτον ἐκ διαβολῶν, ἃς οἱ πονηροὶ τῶν κατὰ τὸ βασίλειον ἐνεσκευάσαντο. τὰ μὲν δὴ πρῶτα διηπίστει τοῖς λεγομένοις ὁ Ἀριστόβουλος ἅτε δὴ καὶ τὸν
73 ἀδελφὸν ἀγαπῶν καὶ διδοὺς φθόνῳ τὰ πολλὰ τῶν λογοποιουμένων. ὡς δ' ὁ Ἀντίγονος λαμπρὸς ἀπὸ στρατείας ἦλθεν εἰς τὴν ἑορτήν, ἐν ᾗ σκηνοποιεῖσθαι πάτριον τῷ θεῷ, συνέβη μὲν κατ' ἐκείνας τὰς ἡμέρας νόσῳ χρήσασθαι τὸν Ἀριστόβουλον, τὸν δὲ Ἀντίγονον ἐπὶ τέλει τῆς ἑορτῆς ἀναβάντα μετὰ τῶν περὶ αὐτὸν ὁπλιτῶν ὡς ἐνῆν κάλλιστα[12] κεκοσμημέ-
74 νον προσκυνῆσαι τὸ πλέον ὑπὲρ τοῦ ἀδελφοῦ. κἀν τούτῳ προσιόντες οἱ πονηροὶ τῷ βασιλεῖ τήν τε πομπὴν τῶν ὁπλιτῶν ἐδήλουν καὶ τὸ παράστημα τοῦ Ἀντιγόνου μεῖζον ἢ κατ' ἰδιώτην, ὅτι τε παρείη μετὰ μεγίστου συντάγματος ἀναιρήσων αὐτόν· οὐ γὰρ ἀνέχεσθαι τιμὴν μόνον ἐκ βασιλείας ἔχων, παρὸν αὐτὴν κατασχεῖν.
75   3. Τούτοις κατὰ μικρὸν ἄκων ἐπίστευσεν ὁ Ἀριστόβουλος, καὶ προνοῶν τοῦ μήθ' ὑποπτεύων φανερὸς γενέσθαι καὶ προησφαλίσθαι πρὸς τὸ ἄδηλον καθίστησι μὲν τοὺς σωματοφύλακας ἔν τινι τῶν ὑπογαίων ἀλαμπεῖ, κατέκειτο δ' ἐν τῇ βάρει πρότερον αὖθις δ' Ἀντωνίᾳ μετονομασθείσῃ, προστάξας ἀνόπλου μὲν ἀπέχεσθαι, κτείνειν δὲ τὸν Ἀντίγονον, εἰ μετὰ τῶν ὅπλων προσίοι, καὶ πρὸς αὐτὸν ἔπεμψεν τοὺς προ-
76 ἐροῦντας ἄνοπλον ἐλθεῖν. πρὸς τοῦτο πάνυ πανούργως ἡ βασίλισσα συντάσσεται μετὰ τῶν ἐπιβούλων· τοὺς γὰρ πεμφθέντας πείθουσιν τὰ μὲν παρὰ τοῦ βασιλέως σιωπῆσαι, λέγειν δὲ πρὸς τὸν Ἀντίγονον ὡς ὁ ἀδελφὸς ἀκούσας ὅπλα τε αὐτῷ παρεσκευακέναι κάλλιστα καὶ πολεμικὸν κόσμον ἐν τῇ Γαλιλαίᾳ διὰ μὲν τὴν ἀσθένειαν αὐτὸς ἐπιδεῖν ἕκαστα κωλυθείη, νῦν δ' ἐπεὶ καὶ χωρίζεσθαι μέλλοις, θεάσαιτ' ἂν ἥδιστά σε ἐν τοῖς ὅπλοις.
77   4. Ταῦτα ἀκούσας ὁ Ἀντίγονος, ἐνῆγεν δ' ἡ τοῦ ἀδελφοῦ διάθεσις μηδὲν ὑποπτεύειν πονηρόν, ἐχώρει μετὰ τῶν ὅπλων ὡς πρὸς ἐπίδειξιν.

§ 73 = ant. 13, 304; § 77 = ant. 13, 309.

[12] μάλιστα codd., Niese Thack; κάλλιστα Na cj. (Niese: *haud male*).

dem das Volk in sein Land zurückgekehrt war, befreit von der Knechtschaft in Babylon[36]. Von seinen Brüdern behandelte er den nächstjüngeren, Antigonos — er war ihm nämlich nach allgemeinem Urteil zugetan —, als gleichrangig, die anderen aber ließ er in Fesseln legen und in Haft halten. Er ließ sogar seine Mutter fesseln, die sich mit ihm über die Regierungsgewalt entzweit hatte; denn Johannes hatte sie als Herrin des gesamten Staatswesens hinterlassen. Ja, er ging in seiner Grausamkeit so weit, daß er sie im Gefängnis Hungers sterben ließ.

2. 72. Schließlich kam die Vergeltung dafür über seinen Bruder Antigonos, den er liebte und als Teilhaber der Königswürde neben sich gelten ließ. Er tötete nämlich auch diesen auf Grund von Verleumdungen, die böswillige Hofleute ausgeheckt hatten. Zuerst wollte Aristobulos dem Gerede zwar keinen Glauben schenken, weil er seinen Bruder ja liebte und bloßer Mißgunst die meisten Erzeugnisse der Gerüchtemacher zuschrieb. Als aber Antigonos in glänzender Gewandung von einem Feldzug her zu dem Fest kam, an dem es väterliche Sitte ist, Gott zu ehren und Laubhütten zu bauen, da traf es sich, daß Aristobulos in jenen Tagen krank war, Antigonos aber zum Schluß des Festes mit seinem schwerbewaffneten Geleit so schön wie möglich geschmückt zum Tempel hinaufging, um für seinen Bruder besonders eindringlich zu beten. Das war der Augenblick, in dem die Übelwollenden vor den König traten und ihm das Ehrengeleit der Schwerbewaffneten und das ganze Auftreten des Antigonos schilderten, das großartiger sei als es einem Untertanen gezieme; auch sei er mit größtem Truppenaufgebot hierher gekommen, um ihn zu ermorden. Denn er könne es nicht ertragen, vom Königtum lediglich die Ehre zu haben, während es doch möglich sei, sich dessen ganz zu bemächtigen.

3. 75. Diesen Vorstellungen hat Aristobulos nach und nach, wenn auch nur widerwillig, zu glauben begonnen. Er wollte vorsorglich offenkundigen Argwohn meiden und doch gegen eine undurchsichtige Lage gesichert sein; darum ließ er seine Leibwache in einem unterirdischen dunklen Gelaß Posten beziehen — er lag in der Burg, die damals einfach „Baris"[37] hieß, später aber Antonia, darnieder — und befahl, sie solle Antigonos unbehelligt lassen, falls er waffenlos sei, ihn aber töten, wenn er mit seinen Waffen komme; und zu ihm sandte er Boten, die ihm eröffnen sollten, er möge waffenlos kommen. Daraufhin machte die Königin, gänzlich durchtrieben, gemeinsame Sache mit den Ränkeschmieden: sie wirkten nämlich auf die Abgesandten in dem Sinne ein, die Anordnungen des Königs zu verschweigen; sagen sollten sie dem Antigonos indessen, sein Bruder habe davon gehört, mit welch vortrefflichen Waffen und kriegerischem Schmuck er sich in Galiläa ausgerüstet habe. Infolge der Krankheit sei er zwar verhindert, das im einzelnen in Augenschein zu nehmen. „Jetzt aber", fuhren sie fort, „da du dich anschickst aufzubrechen, möchte er dich sehr gern in der Bewaffnung sehen."

4. 77. Als Antigonos dies vernahm — die Haltung des Bruders gab Anlaß, nichts Schlimmes zu gewärtigen —, schritt er mit seinen Waffen dahin wie

γενόμενος δὲ κατὰ τὴν σκοτεινὴν πάροδον, Στράτωνος ἐκαλεῖτο πύργος, ὑπὸ τῶν σωματοφυλάκων ἀναιρεῖται, βέβαιον ἀποδείξας ὅτι πᾶσαν εὔνοιαν καὶ φύσιν κόπτει διαβολὴ καὶ οὐδὲν οὕτως τῶν ἀγαθῶν παθῶν ἰσχυρόν, ὃ τῷ φθόνῳ μέχρι παντὸς ἀντέχει.

78 5. Θαυμάσαι δ' ἄν τις ἐν τούτῳ καὶ Ἰούδαν, Ἐσσαῖος ἦν γένος οὐκ ἔστιν ὅτε πταίσας ἢ ψευσθεὶς ἐν τοῖς προαπαγγέλμασιν, ὃς ἐπειδὴ καὶ τότε τὸν Ἀντίγονον ἐθεάσατο παριόντα διὰ τοῦ ἱεροῦ, πρὸς τοὺς γνωρίμους ἀνέκραγεν, ἦσαν δ' οὐκ ὀλίγοι παρεδρεύοντες αὐτῷ τῶν μανθανόντων,
79 «παπαί, νῦν ἐμοὶ καλόν, ἔφη, τὸ θανεῖν, ὅτε μου προτέθνηκεν ἡ ἀλήθεια καί τι τῶν ὑπ' ἐμοῦ προρρηθέντων διέψευσται· ζῇ γὰρ Ἀντίγονος οὑτοσὶ σήμερον ὀφείλων ἀνῃρῆσθαι. χωρίον δὲ αὐτῷ πρὸς σφαγὴν Στράτωνος πύργος εἵμαρτο· καὶ τοῦτο μὲν ἀπὸ ἑξακοσίων ἐντεῦθεν σταδίων ἐστίν, ὧραι δὲ τῆς ἡμέρας ἤδη τέσσαρες· ὁ δὴ χρόνος ἐκκρούει τὸ μάντευμα».
80 ταῦτα εἰπὼν σκυθρωπὸς ἐπὶ συννοίας ὁ γέρων διεκαρτέρει, καὶ μετ' ὀλίγον ἀνῃρημένος Ἀντίγονος ἠγγέλλετο κατὰ τὸ ὑπόγαιον χωρίον, ὃ δὴ καὶ αὐτὸ Στράτωνος ἐκαλεῖτο πύργος ὁμωνυμοῦν τῇ παραλίῳ Καισαρείᾳ. τοῦτο γοῦν τὸν μάντιν διετάραξεν.

81 6. Ἀριστοβούλῳ γε μὴν εὐθὺς ἡ περὶ τοῦ μύσους μεταμέλεια νόσον ἐνσκήπτει καὶ πρὸς ἔννοιαν τοῦ φόνου τὴν ψυχὴν ἔχων ἀεὶ τεταραγμένην συνετήκετο, μέχρι τῶν σπλάγχνων ὑπ' ἀκράτου τῆς λύπης σπαραττο-
82 μένων ἄθρουν αἷμα ἀναβάλλει. τοῦτό τις τῶν ἐν τῇ θεραπείᾳ παίδων ἐκφέρων δαιμονίῳ προνοίᾳ σφάλλεται καθ' ὃν τόπον Ἀντίγονος ἔσφακτο καὶ φαινομένοις ἔτι τοῖς ἀπὸ τοῦ φόνου σπίλοις τὸ αἷμα τοῦ κτείναντος ἐπέχεεν. ἤρθη δ' εὐθὺς οἰμωγὴ τῶν θεασαμένων ὥσπερ ἐπίτηδες τοῦ
83 παιδὸς ἐκεῖ ἐπικατασπείσαντος τὸ αἷμα. τῆς δὲ βοῆς ἀκούσας ὁ βασιλεὺς τὴν αἰτίαν ἐπυνθάνετο καὶ μηδενὸς τολμῶντος εἰπεῖν μᾶλλον ἐνέκειτο μαθεῖν ἐθέλων· τέλος δὲ ἀπειλοῦντι καὶ βιαζομένῳ τἀληθὲς εἶπον. ὁ δὲ τοὺς ὀφθαλμοὺς ἐμπίπλησι δακρύων καὶ στενάξας ὅσον ἦν αὐτῷ δύνα-
84 μις εἶπεν· «οὐκ ἄρα θεοῦ μέγαν ὀφθαλμὸν ἐπ' ἔργοις ἀθεμίτοις λήσειν ἔμελλον, ἀλλά με ταχεῖα μέτεισι δίκη φόνου συγγενοῦς. μέχρι τοῦ[13] μοι, σῶμα ἀναιδέστατον, τὴν ἀδελφῷ καὶ μητρὶ κατάκριτον ψυχὴν καθέξεις; μέχρι τοῦ[13] δ' αὐτοῖς ἐπισπείσω κατὰ μέρος τοὐμὸν αἷμα; λαβέτωσαν ἄθρουν τοῦτο, καὶ μηκέτι ταῖς ἐκ τῶν ἐμῶν σπλάγχνων χοαῖς ἐπειρωνευέσθω τὸ δαιμόνιον.» ταῦτα εἰπὼν εὐθέως τελευτᾷ βασιλεύσας οὐ πλεῖον ἐνιαυτοῦ.

§ 81 = ant. 13, 314.

[13] ποῦ codd., τοῦ Niese cj., Na Thack.

zu einer Heerschau. Als er aber an den dunklen Durchgang, genannt Stratonsturm, kam, wurde er von der Leibwache ermordet. So erbrachte er einen zuverlässigen Beweis dafür, daß Verleumdung alle Zuneigung und Verwandtschaft zerschlägt und daß keine der guten Gemütsbewegungen stark genug ist, um der Mißgunst durchgehend Widerpart halten zu können.

5. 78. Staunen könnte man dabei auch über Judas, der zu den Essenern gehörte; er hatte noch in keinem Fall bei seinen Vorhersagen etwas verfehlt oder sich getäuscht gesehen. Als er damals den Antigonos durch den Tempel schreiten sah, rief er seinen Vertrauten — es weilten nicht wenige seiner Schüler[38] um ihn — mit lauter Stimme zu: „Wehe, jetzt wäre es für mich besser, zu sterben, weil die Wahrheit vor mir gestorben ist, und etwas von mir Vorausgesagtes sich als Täuschung erwiesen hat. Denn es lebt dieser Antigonos da, der heute hätte getötet werden müssen. Als Stätte zur Ermordung aber ist ihm Stratonsturm bestimmt, und das ist 600 Stadien von hier, vier Stunden des Tages jedoch sind schon vergangen. Diese bereits verstrichene Zeit vereitelt die Weissagung." Nach diesen Worten verharrte der alte Mann traurig in Nachsinnen. Da wurde nach kurzer Frist gemeldet, Antigonos sei ermordet worden, und zwar an dem unterirdischen Platz, der ja auch Stratonsturm genannt wurde und den gleichen Namen trug wie Caesarea am Meer. Das also war es, was den Seher verwirrt hatte.

6. 81. Den Aristobulos machte die Reue über die Greueltat erst recht krank. Bei dem Nachsinnen über den Mord ständig innerlich erregt, siechte er dahin, bis er infolge des nie gelinderten Grams einen Eingeweideriß erlitt und eine Menge Blut auswarf. Dies trug einer der zur Pflege bestellten Diener heraus; nach göttlicher Vorsehung strauchelte er an der Stelle, an der Antigonos niedergemacht worden war und verschüttete über die von der Ermordung her noch sichtbaren Flecken das Blut des Mörders. Es erhob sich sofort ein Ruf des Entsetzens derer, die es sahen, als wenn der Diener bewußt über dieser Stelle das Blut als Trankopfer vergossen hätte. Den Schrei hörte der König und fragte nach der Ursache; als niemand zu antworten wagte, versteifte er sich um so mehr in seinen Willen, sie zu erfahren. Schließlich aber, als er mit Gewaltanwendung drohte, sagten sie die Wahrheit. Da füllten sich seine Augen mit Tränen; er seufzte, so tief es noch in seiner Kraft stand, und sprach: „Ich sollte also mit meinen Freveltaten dem gewaltigen Auge Gottes nicht verborgen bleiben! Nein, schnell erreicht mich die Strafe für die Mordtat an der eigenen Familie. Wie lange willst du, verruchter Leib, mir die Seele noch zurückhalten, die der Verurteilung durch Bruder und Mutter verfallen ist? Und wie lange soll ich ihnen mein Blut stoßweise darbringen? Möchten sie dies doch gleich ganz hinnehmen, und möchte die Gottheit nicht weiter mit den Weihegüssen aus meinen Adern ihren Spott treiben!" Alsbald nach diesen Worten verschied er; König war er nicht länger als ein Jahr.

85 IV. 1. Λύσασα δ' ἡ γυνὴ τοὺς ἀδελφοὺς αὐτοῦ βασιλέα καθίστησιν Ἀλέξανδρον τὸν καὶ καθ' ἡλικίαν καὶ μετριότητι προύχειν δοκοῦντα. ὁ δὲ παρελθὼν εἰς τὴν ἐξουσίαν τὸν ἕτερον μὲν τῶν ἀδελφῶν βασιλειῶντα κτείνει, τὸν δὲ καταλιμπανόμενον ἀγαπῶντα τὸ ζῆν δίχα πραγμάτων εἶχεν[14].

86 2. Γίνεται δ' αὐτῷ καὶ πρὸς τὸν Λάθουρον ἐπικληθέντα Πτολεμαῖον συμβολὴ πόλιν Ἀσωχὶν ᾑρηκότα, καὶ πολλοὺς μὲν ἀνεῖλεν τῶν πολεμίων, ἡ δὲ νίκη πρὸς Πτολεμαῖον ἔρρεψεν. ἐπεὶ δ' ὑπὸ τῆς μητρὸς Κλεοπάτρας διωχθεὶς εἰς Αἴγυπτον ἀνεχώρησεν, Ἀλέξανδρος Γαδάρων τε πολιορκίᾳ κρατεῖ καὶ Ἀμαθοῦντος, ὃ δὴ μέγιστον μὲν ἦν ἔρυμα τῶν ὑπὲρ Ἰορδάνην, τὰ τιμιώτατα δὲ τῶν Θεοδώρου τοῦ Ζήνωνος κτημάτων ἦν ἐν αὐτῷ.

87 ἐπελθὼν δ' ἐξαίφνης ὁ Θεόδωρος τά τε σφέτερα καὶ τὴν τοῦ βασιλέως ἀποσκευὴν αἱρεῖ, τῶν δ' Ἰουδαίων εἰς μυρίους κτείνει. γίνεται δ' ἐπάνω τῆς πληγῆς Ἀλέξανδρος καὶ τραπόμενος εἰς τὴν παράλιον αἱρεῖ Γάζαν τε καὶ Ῥάφειαν καὶ Ἀνθηδόνα τὴν αὖθις ὑπὸ Ἡρώδου τοῦ βασιλέως Ἀγριππιάδα ἐπικληθεῖσαν.

88 3. Ἐξανδραποδισαμένῳ δὲ ταύτας ἐπανίσταται τὸ Ἰουδαϊκὸν ἐν ἑορτῇ· μάλιστα γὰρ ἐν ταῖς εὐωχίαις αὐτῶν στάσις ἅπτεται. καὶ δοκεῖ μὴ ἂν κρείττων γενέσθαι τῆς ἐπιβουλῆς, εἰ μὴ τὸ ξενικὸν αὐτῷ παρεβοήθει· Πισίδαι καὶ Κίλικες ἦσαν· Σύρους γὰρ οὐκ ἐδέχετο μισθοφόρους διὰ
89 τὴν ἔμφυτον αὐτῶν πρὸς τὸ ἔθνος ἀπέχθειαν. κτείνας δὲ τῶν ἐπαναστάντων ὑπὲρ ἑξακισχιλίους Ἀραβίας ἥπτετο καὶ ταύτης ἑλὼν Γαλααδίτας καὶ Μωαβίτας φόρον τε αὐτοῖς ἐπιτάξας ἀνέστρεψεν ἐπὶ Ἀμαθοῦν. Θεοδώρου δὲ πρὸς τὰς εὐπραγίας αὐτὸν καταπλαγέντος ἔρημον λαβὼν τὸ φρούριον κατέσκαψεν.

90 4. Ἔπειτα συμβαλὼν Ὀβαίδᾳ τῷ Ἀράβων βασιλεῖ προλοχίσαντι κατὰ τὴν Γαυλάνην ἐνέδρας αὐτῷ γενομένης πᾶσαν ἀποβάλλει τὴν στρατιὰν συνωσθεῖσαν κατὰ βαθείας φάραγγος καὶ πλήθει καμήλων συντριβεῖσαν. διαφυγὼν δ' αὐτὸς εἰς Ἱεροσόλυμα τῷ μεγέθει τῆς συμφορᾶς πάλαι
91 μισοῦν τὸ ἔθνος ἠρέθισεν εἰς ἐπανάστασιν. γίνεται δὲ καὶ τότε κρείττων καὶ μάχαις ἐπαλλήλοις οὐκ ἔλαττον πεντακισμυρίων Ἰουδαίων ἀνεῖλεν ἐν ἓξ ἔτεσιν· οὐ μὴν εὐφραίνετό γε ταῖς νίκαις τὴν ἑαυτοῦ βασιλείαν ἀναλίσκων· ὅθεν παυσάμενος τῶν ὅπλων λόγοις ἐπεχείρει διαλύεσθαι
92 πρὸς τοὺς ὑποτεταγμένους. οἱ δὲ μᾶλλον ἐμίσουν τὴν μετάνοιαν αὐτοῦ καὶ τοῦ τρόπου τὸ ἀνώμαλον, πυνθανομένῳ τε τὸ αἴτιον, τί ἂν ποιήσας καταστείλειεν αὐτούς, ἀποθανών, ἔλεγον· νεκρῷ γὰρ ἂν διαλλαγῆναι

§ 86 = ant. 13, 337 ff.; § 89 = ant. 13, 374.

[14] εἶχεν ἐν τιμῇ Hudson cj. nach ant. 13, 323, Reinach, ähnlich Kohout.

4. Kapitel

1. 85. Die Witwe ließ nun seine Brüder frei und setzte als König Alexander ein[39], der im Hinblick auf sein Alter und durch seine maßvolle Veranlagung einen Vorrang zu haben schien. Als er aber an die Macht gekommen war, ließ er den einen der Brüder, weil er nach dem Thron strebte, umbringen, den überbleibenden jedoch, der sich damit begnügte, den Staatsgeschäften fernzubleiben, behielt er.

2. 86. Es kam aber zu einem Zusammenstoß zwischen ihm und Ptolemäus mit dem Beinamen Lathurus[40], der die Stadt Asochis eingenommen hatte[41]. Er tötete zwar viele Gegner, aber der Sieg fiel Ptolemäus zu. Als dieser sich jedoch, von seiner Mutter Kleopatra verfolgt, nach Ägypten zurückzog, bekam Alexander durch Belagerung Gadara[42] in seine Gewalt und Amathus[43], die zweifellos bedeutendste der Festungen jenseits des Jordans; in ihr befanden sich die kostbaren Schätze des Theodorus, des Sohnes Zenons[44]. Plötzlich aber erschien Theodorus am Platze, erbeutete seinen eigenen Besitz sowie den Troß des Königs und machte an die 10 000 Juden nieder. Alexander aber überwand diesen Schlag, wandte sich zur Küste und eroberte Gaza und Raphia sowie Anthedon[45] — nachmals von dem König Herodes „Agrippias" genannt[46].

3. 88. Als er diese unterworfen hatte, empörte sich das jüdische Volk bei einem Fest; vorzugsweise entzündet sich nämlich ein Aufstand bei ihren Feiern. Und es scheint, daß er des Anschlags nicht Herr geworden wäre, wenn ihm nicht die Söldnertruppen zu Hilfe gekommen wären. Es waren Pisidier und Kilikier; Syrer nahm er nämlich als Söldner nicht an wegen ihrer angestammten Abneigung gegen das jüdische Volk. Von den Aufständischen tötete er mehr als 6000; dann griff er Arabien an, unterwarf die Galaaditer und Moabiter dieses Gebietes[47], legte ihnen einen Tribut auf und wandte sich gegen Amathus. Und da Theodorus bei solchen kriegerischen Erfolgen in Schrecken geraten war, fand Alexander die Festung verlassen vor und schleifte sie.

4. 90. Danach kam er in Kampf mit Obaidas[48], dem Araberkönig, der im Gebiet von Gaulana[49] einen Hinterhalt anlegte. Als er in eine Falle geriet, verlor er sein ganzes Heer, das in eine tiefe Schlucht zusammengedrängt war und durch die Masse der Kamele des Gegners aufgerieben wurde. Er selbst entkam nach Jerusalem und reizte das Volk, das ihn längst haßte, durch das Ausmaß seiner Niederlage zum Aufstand. Er behielt aber auch diesmal die Oberhand und brachte in rasch aufeinanderfolgenden Schlachten nicht weniger als 50 000 Juden ums Leben, in einem Zeitraum von sechs Jahren. Freude hatte er wahrhaftig nicht an den Siegen, da er ja sein eigenes Reich aufrieb. Darum ließ er vom Waffengebrauch ab und machte den Versuch, sich auf dem Verhandlungsweg mit den Unterworfenen zu versöhnen. Die aber hatten für die Änderung seines Denkens und die Unbeständigkeit seiner Haltung nur umso mehr Haß übrig, und als er nach der Ursache fragte, was er denn tun müsse, um sie in Ruhe zu

μόλις τῷ τοσαῦτα δράσαντι. ἅμα δὲ καὶ τὸν Ἄκαιρον ἐπικληθέντα Δημήτριον ἐπεκαλοῦντο. ῥᾳδίως δὲ ὑπακούσαντος κατ' ἐλπίδα μειζόνων καὶ μετὰ στρατιᾶς ἥκοντος συνέμισγον οἱ Ἰουδαῖοι τοῖς συμμάχοις περὶ Σίκιμα.

93 5. Δέχεται δ' ἑκατέρους Ἀλέξανδρος ἱππεῦσι μὲν χιλίοις, μισθοφόροις δὲ πεζοῖς ὀκτακισχιλίοις· παρῆν δὲ αὐτῷ καὶ τὸ εὔνοοῦν Ἰουδαϊκὸν εἰς μυρίους. τῶν δ' ἐναντίων ἱππεῖς μὲν ἦσαν τρισχίλιοι, πεζῶν δὲ μύριοι τετρακισχίλιοι. καὶ πρὶν εἰς χεῖρας ἐλθεῖν διακηρύσσοντες οἱ βασιλεῖς ἐπειρῶντο τῶν παρ' ἀλλήλοις ἀποστάσεων, Δημήτριος μὲν τοὺς Ἀλεξάνδρου μισθοφόρους, Ἀλέξανδρος δὲ τοὺς ἅμα Δημητρίῳ Ἰουδαίους
94 μεταπείσειν ἐλπίσας. ὡς δ' οὔτε Ἰουδαῖοι θυμῶν[15] οὔτε οἱ Ἕλληνες
95 ἐπαύσαντο πίστεως, διεκρίνοντο ἤδη τοῖς ὅπλοις συμπεσόντες. κρατεῖ δὲ τῇ μάχῃ Δημήτριος καίτοι πολλὰ τῶν Ἀλεξάνδρου μισθοφόρων καὶ ψυχῆς ἔργα καὶ χειρὸς ἐπιδειξαμένων. χωρεῖ δὲ τὸ τέλος τῆς παρατάξεως παρὰ δόξαν ἀμφοτέροις· οὔτε γὰρ Δημητρίῳ παρέμειναν νικῶντι οἱ καλέσαντες, καὶ κατὰ οἶκτον τῆς μεταβολῆς Ἀλεξάνδρῳ προσεχώρησαν εἰς τὰ ὄρη καταφυγόντι Ἰουδαίων ἑξακισχίλιοι. ταύτην τὴν ῥοπὴν οὐκ ἤνεγκεν Δημήτριος, ἀλλ' ὑπολαβὼν ἤδη μὲν ἀξιόμαχον εἶναι πάλιν Ἀλέξανδρον, μεταρρεῖν δὲ καὶ πᾶν τὸ ἔθνος εἰς αὐτόν, ἀνεχώρησεν.

96 6. Οὐ μὴν τό γε λοιπὸν πλῆθος ὑποχωρησάντων τῶν συμμάχων κατέθεντο τὰς διαφοράς, συνεχὴς δὲ πρὸς Ἀλέξανδρον ἦν αὐτοῖς ὁ πόλεμος, μέχρι πλείστους ἀποκτείνας τοὺς λοιποὺς ἀπήλασεν εἰς Βεμέσελιν πόλιν καὶ ταύτην καταστρεψάμενος αἰχμαλώτους ἀνήγαγεν εἰς
97 Ἱεροσόλυμα. προὔκοψεν δὲ αὐτῷ δι' ὑπερβολὴν ὀργῆς εἰς ἀσέβειαν τὸ τῆς ὠμότητος· τῶν γὰρ ληφθέντων ὀκτακοσίους ἀνασταυρώσας ἐν μέσῃ τῇ πόλει γυναῖκάς τε καὶ τέκνα αὐτῶν ἀπέσφαξεν ταῖς ὄψεσι· καὶ ταῦτα
98 πίνων καὶ συγκατακείμενος ταῖς παλλακίσιν ἀφεώρα. τοσαύτη δὲ κατάπληξις ἔσχεν τὸν δῆμον, ὥστε τῶν ἀντιστασιαστῶν κατὰ τὴν ἐπιοῦσαν νύκτα φυγεῖν ὀκτακισχιλίους ἔξω Ἰουδαίας ὅλης, οἷς ὅρος τῆς φυγῆς ὁ Ἀλεξάνδρου θάνατος κατέστη. τοιούτοις ἔργοις ὀψὲ καὶ μόλις ἡσυχίαν τῇ βασιλείᾳ πορίσας ἀνεπαύσατο τῶν ὅπλων.

99 7. Γίνεται δὲ πάλιν[16] ἀρχὴ θορύβων Ἀντίοχος ὁ καὶ Διόνυσος ἐπικληθείς, Δημητρίου μὲν ἀδελφὸς ὤν, τελευταῖος δὲ τῶν ἀπὸ Σελεύκου· τοῦτον γὰρ δείσας στρατεύεσθαι ἐπὶ τοὺς Ἄραβας ὡρμημένον τὸ μὲν μεταξὺ τῆς ὑπὲρ Ἀντιπατρίδος παρωρείου καὶ τῶν Ἰόππης αἰγιαλῶν διαταφρεύει φάραγγι βαθείᾳ, πρὸ δὲ τῆς τάφρου τεῖχος ἤγειρεν ὑψηλὸν

§ 93 = ant. 13, 378; § 99 = ant. 13, 387 ff.

[15] ὅρκων PAM Lat; εὐθύμουν LVRN; ὀργῶν Destinon cj. Daß Niese mit Recht θυμῶν (nur CV^marg) den Vorzug gibt, begründet er p. XXXVIII.
[16] αὐτῷ πάλιν AMLVRC Lat.

bringen, antworteten sie: „Sterben"; sie fuhren fort, selbst mit einem Toten gäbe es nämlich nur zur Not ein Versöhnen, wenn er derartige Taten auf sich geladen habe. Zugleich riefen sie Demetrius mit dem Beinamen Akairos zu Hilfe[50]. Als er bereitwillig in der Hoffnung auf erhebliche Vorteile[51] Folge leistete und mit Truppen anrückte, trafen die Juden bei Sikima mit ihren Verbündeten zusammen.

5. 93. Alexander nahm den Kampf gegen beide Gruppen an mit 1000 Reitern und 8000 gedungenen Fußsoldaten; es stand auf seiner Seite auch der ihm wohlgesinnte Teil der Juden, an 10 000 Mann. Die Gegner aber hatten 3000 Reiter und 14 000 Fußsoldaten. Bevor es zum Handgemenge kam, ließen die Könige Herolde auftreten und versuchten, es bei den Gegner zu Abspaltungen zu bringen; Demetrius hoffte also die Söldnertruppen Alexanders, und Alexander die bei Demetrius stehenden Juden umzustimmen. Als aber weder die Juden von ihrem Ingrimm noch die Griechen von ihrer Treue ließen, da stießen sie denn doch zusammen und maßen einander mit der Waffe. Es siegte im Kampf Demetrius, obwohl Alexanders Söldner viele Leistungen des Mutes und der Kraft an den Tag legten. Das Ende der Schlacht war jedoch Ausgangspunkt einer Entwicklung, die der Erwartung beider widersprach: denn bei Demetrius, der doch Sieger war, harrten die, die ihn gerufen hatten, nicht aus; weil sie den Umschwung bedauerten, stießen dagegen zu Alexander, der sich in das Gebirgsland geflüchtet hatte, an Juden 6000. Diese Wendung hielt Demetrius nicht aus; in der Annahme, Alexander sei ihm schon wieder im Kampf gewachsen und das gesamte Volk werde noch dazu auf seine Seite übergehen, zog er vielmehr ab.

6. 96. Keineswegs gab die übrige Mehrheit, mochten die Bundesgenossen sich auch zurückgezogen haben, die Zwistigkeiten auf; ununterbrochen lag man vielmehr im Krieg mit Alexander, bis er die meisten ums Leben brachte und die übrigen in die Stadt Bemeselis[52] trieb und sie nach deren Eroberung gefangen nach Jerusalem brachte. Es steigerte sich nun infolge maßloser Wut seine Roheit zu widergöttlichem Frevel: er ließ von den Gefangenen 800 mitten in der Stadt ans Kreuz binden und vor deren Augen ihre Frauen und Kinder abschlachten[53]; er sah dabei während eines Trinkgelages mit seinen Kebsweibern zu. Das Volk ergriff solch ein Entsetzen, daß von den Gegnern in der folgenden Nacht 8000 aus ganz Judäa entflohen[54], für die ein Ende des Flüchtlingsdaseins erst bei Alexanders Tod eintrat. Nur durch derartige Maßnahmen verschaffte er seinem Reich spät und notdürftig ruhige Zustände und ließ vom Waffengebrauch endgültig ab.

7. 99. Es wurde dann wieder ein Anlaß zur Unruhe Antiochus mit dem Beinamen Dionysos[55], ein Bruder des Demetrius, der Letzte der Seleukiden. Alexander fürchtete nämlich, dieser habe den Vorsatz zu einem Feldzug gegen die Araber gefaßt und ließ deshalb zwischen dem Gebirgsland oberhalb von Antipatris[56] und den Küstenstrichen bei Joppe einen tiefen Graben ausheben; vor der Ausschachtung errichtete er eine hohe Schanze und ließ

καὶ ξυλίνους πύργους ἐτεκτήνατο τὰς εὐμαρεῖς ἐμβολὰς ἀποφράττων.
100 οὐ μὴν εἶρξαί γε τὸν Ἀντίοχον ἴσχυσεν· ἐμπρήσας γὰρ τοὺς πύργους καὶ τὴν τάφρον χώσας διήλαυνε μετὰ τῆς δυνάμεως. θέμενος δὲ ἐν δευτέρῳ τὴν πρὸς τὸν κωλύσαντα ἄμυναν εὐθὺς ἐπὶ τοὺς Ἄραβας ᾔει.
101 τῶν δὲ ὁ βασιλεὺς ἀναχωρῶν εἰς τὰ χρησιμώτερα τῆς χώρας πρὸς τὴν μάχην, ἔπειτα τὴν ἵππον ἐξαίφνης ἐπιστρέψας, μυρία δ' ἦν τὸν ἀριθμόν, ἀτάκτοις ἐπιπίπτει τοῖς περὶ τὸν Ἀντίοχον. καρτερᾶς δὲ μάχης γενομένης ἕως μὲν περιῆν Ἀντίοχος ἀντεῖχεν ἡ δύναμις αὐτοῦ καίπερ ἀνέδην
102 ὑπὸ τῶν Ἀράβων φονευόμενοι· πεσόντος δέ, καὶ γὰρ προεκινδύνευεν ἀεὶ τοῖς ἡττωμένοις παραβοηθῶν, ἐγκλίνουσιν πάντες, καὶ τὸ μὲν πλεῖστον αὐτῶν ἐπί τε τῆς παρατάξεως κἂν τῇ φυγῇ διαφθείρεται, τοὺς δὲ λοιποὺς καταφυγόντας εἰς Κανὰ κώμην σπάνει τῶν ἐπιτηδείων ἀναλωθῆναι συνέβη πλὴν ὀλίγων ἅπαντας.
103 8. Ἐκ τούτου Δαμασκηνοὶ διὰ τὸ πρὸς Πτολεμαῖον τὸν Μενναίου μῖσος Ἀρέταν ἐπάγονται καὶ καθιστῶσιν κοίλης Συρίας βασιλέα. στρατεύεται δ' οὗτος ἐπὶ τὴν Ἰουδαίαν καὶ μάχῃ νικήσας Ἀλέξανδρον κατὰ
104 συνθήκας ἀνεχώρησεν. Ἀλέξανδρος δὲ Πέλλαν ἑλὼν ἐπὶ Γέρασαν ᾔει πάλιν τῶν Θεοδώρου κτημάτων γλιχόμενος, καὶ τρισὶ τοὺς φρουροὺς
105 περιβόλοις ἀποτειχίσας δίχα[17] μάχης τὸ χωρίον παραλαμβάνει. καταστρέφεται δὲ καὶ Γαυλάνην καὶ Σελεύκειαν καὶ τὴν Ἀντιόχου φάραγγα καλουμένην, πρὸς οἷς Γάμαλα φρούριον καρτερὸν ἑλών, τὸν ἄρχοντα Δημήτριον ἐν αὐτῷ παραλύσας[18] ἐκ πολλῶν ἐγκλημάτων ἐπάνεισιν εἰς Ἰουδαίαν, τρία πληρώσας ἔτη τῆς στρατείας. ἀσμένως δ' ὑπὸ τοῦ ἔθνους ἐδέχθη διὰ τὴν εὐπραγίαν, καὶ λαμβάνει τὴν ἀνάπαυσιν τοῦ πολεμεῖν
106 ἀρχὴν νόσου. τεταρταίαις δὲ περιόδοις πυρετῶν ἐνοχλούμενος ᾠήθη διακρούσεσθαι τὴν νόσον πάλιν ἁψάμενος πραγμάτων. διὸ δὴ στρατείαις ἀκαίροις ἑαυτὸν ἐπιδιδοὺς καὶ βιαζόμενος παρὰ δύναμιν τὸ σῶμα πρὸς τὰς ἐνεργείας ἀπήλλαξεν. τελευτᾷ γοῦν ἐν μέσοις τοῖς θορύβοις στρεφόμενος βασιλεύσας ἑπτὰ πρὸς τοῖς εἴκοσιν ἔτη.

107 V. 1. Καταλείπει δὲ τὴν βασιλείαν Ἀλεξάνδρᾳ τῇ γυναικὶ πεπεισμένος ταύτῃ μάλιστ' ἂν ὑπακοῦσαι τοὺς Ἰουδαίους, ἐπειδὴ τῆς ὠμότητος αὐτοῦ μακρὰν ἀποδέουσα καὶ ταῖς παρανομίαις ἀνθισταμένη τὸν δῆμον
108 εἰς εὔνοιαν προσηγάγετο. καὶ οὐ διήμαρτεν τῆς ἐλπίδος· ἐκράτησεν γὰρ τῆς ἀρχῆς τὸ γύναιον διὰ δόξαν εὐσεβείας· ἠκρίβου γὰρ δὴ μάλιστα

§ 103 = ant. 13, 392; § 108 = ant. 13, 405.

[17] διὰ codd., Niese; διχα Destinon cj., Na Reinach Thack (vgl. ἀμαχὶ ant. 13, 393).
[18] περιδύσας LVRC¹; περιλύσας PM;καταλύσας Reinach cj.; περιέδυσεν ant. 13, 394.

28

Holztürme zimmern, um die Einbrüche, die hier leicht möglich waren, abzuriegeln. Antiochus wirklich fernzuhalten, vermochte er allerdings nicht; denn der verbrannte die Türme, füllte den Graben auf und zog mit seiner Streitmacht durch. Er achtete die Vergeltung an dem, der ihm das Hindernis bereitet hatte, für weniger wichtig und marschierte sogleich gegen die Araber. Deren König aber zog sich in die für eine Schlacht geeignetsten Gegenden des Landes zurück, ließ dann seine Reiterei — es waren 10 000 an der Zahl — plötzlich eine Schwenkung machen und fiel über die noch nicht in Schlachtordnung aufgestellten Leute des Antiochus her. Als es nun zu einer erbitterten Schlacht kam, leistete das Heer des Antiochus, solange er am Leben blieb, Widerstand, obwohl sie von den Arabern reihenweise niedergemetzelt wurden. Als er aber gefallen war — denn er war stets vorn an der gefährlichsten Stelle, um den Wankenden Hilfe zu leisten —, da wichen sie alle, und die meisten von ihnen gingen, teils noch während der Schlacht, teils auf dem Rückzug zugrunde; den übrigen aber, die in dem Dorf Kana Zuflucht suchten, erging es so, daß sie allesamt mit wenigen Ausnahmen durch Mangel an Lebensmitteln ihr Ende fanden.

8. 103. Darauf riefen die Damaszener aus Haß gegen Ptolemäus, den Sohn des Mennäus, Aretas[57] herbei und setzten ihn zum König von Coelesyrien ein. Dieser unternahm einen Feldzug gegen Judäa, besiegte Alexander in einem Treffen und zog sich dann, einer Übereinkunft gemäß, zurück. Alexander aber eroberte darauf Pella und rückte, weil ihn wieder nach den Schätzen des Theodorus verlangte, vor Gerasa[58]; er schloß die Besatzung durch drei Ringwälle ein und nahm den Platz ohne Kampf. Er unterwarf sich auch Gaulana[59] und Seleukia und die sogenannte Antiochusschlucht, außerdem nahm er die starke Burg Gamala[60] ein, enthob den dortigen Befehlshaber Demetrius auf Grund vieler Beschwerden seines Amtes und kehrte wieder nach Judäa zurück, nachdem er volle drei Jahre auf den Feldzug gewandt hatte. Freudig wurde er von dem Volk wegen seines Erfolges empfangen, aber das Ende des Krieges bedeutete für ihn den Anfang der Krankheit. Von viertägigem Wechselfieber beschwert, glaubte er sich der Krankheit entziehen zu können, wenn er sich erneut mit kriegerischen Unternehmungen befasse. Das war die Ursache, um derentwillen er sich unzweckmäßigen Feldzügen hingab, und weil er sich über Vermögen zu Leistungen zwang, fand er sein Ende. So starb er mitten in den Wirren, in die er sich verstrickt hatte, nachdem er 27 Jahre König gewesen war[61].

5. Kapitel

1. 107. Die Herrschaft hinterließ er Alexandra, seiner Gattin, überzeugt, daß dieser die Juden noch am bereitwilligsten untertan sein würden, weil sie, von seiner Roheit weit entfernt, den Gesetzwidrigkeiten entgegengetreten war und dadurch das Volk zu einer wohlwollenden Gesinnung gebracht hatte. Und er ging nicht fehl in seiner Hoffnung; denn sie,

τοῦ νόμου τὰ πάτρια καὶ τοὺς πλημμελοῦντας εἰς τοὺς ἱεροὺς νόμους
109 ἐξ ἀρχῆς προεβάλλετο[19]. δύο δ᾽ αὐτῇ παίδων ὄντων ἐξ Ἀλεξάνδρου τὸν μὲν πρεσβύτερον Ὑρκανὸν διά τε τὴν ἡλικίαν ἀποδείκνυσιν ἀρχιερέα καὶ ἄλλως ὄντα νωθέστερον ἢ ὥστε ἐνοχλεῖν περὶ τῶν ὅλων, τὸν δὲ νεώτερον Ἀριστόβουλον διὰ θερμότητα κατεῖχεν ἰδιώτην.
110 2. Παραφύονται δὲ αὐτῆς εἰς τὴν ἐξουσίαν Φαρισαῖοι, σύνταγμά τι. Ἰουδαίων δοκοῦν εὐσεβέστερον εἶναι τῶν ἄλλων καὶ τοὺς νόμους ἀκρι-
111 βέστερον ἀφηγεῖσθαι. τούτοις περισσὸν δή τι προσεῖχεν ἡ Ἀλεξάνδρα σεσοβημένη[20] περὶ τὸ θεῖον. οἱ δὲ τὴν ἁπλότητα τῆς ἀνθρώπου κατὰ μικρὸν ὑπιόντες ἤδη καὶ διοικηταὶ τῶν ὅλων ἐγίνοντο διώκειν τε καὶ κατάγειν οὓς ἐθέλοιεν, λύειν τε καὶ δεσμεῖν. καθόλου δὲ αἱ μὲν ἀπολαύσεις τῶν βασιλείων ἐκείνων ἦσαν, τὰ δ᾽ ἀναλώματα καὶ αἱ δυσχέρειαι
112 τῆς Ἀλεξάνδρας. δεινὴ δ᾽ ἦν τὰ μείζω διοικεῖν, δύναμίν τε ἀεὶ συγκροτοῦσα διπλασίονα κατέστησεν καὶ ξενικὴν συνήγαγεν οὐκ ὀλίγην, ὡς μὴ μόνον κρατύνεσθαι τὸ οἰκεῖον ἔθνος, φοβερὰν δὲ καὶ τοῖς ἔξωθεν εἶναι δυνάσταις. ἐκράτει δὲ τῶν μὲν ἄλλων αὐτή, Φαρισαῖοι δ᾽ αὐτῆς.
113 3. Διογένην γοῦν τινα τῶν ἐπισήμων φίλον Ἀλεξάνδρῳ γεγενημένον κτείνουσιν αὐτοὶ σύμβουλον ἐγκαλοῦντες γεγονέναι περὶ τῶν ἀνασταυρωθέντων ὑπὸ τοῦ βασιλέως ὀκτακοσίων. ἐνῆγον δὲ τὴν Ἀλεξάνδραν εἰς τὸ καὶ τοὺς ἄλλους διαχειρίσασθαι τῶν παροξυνάντων ἐπ᾽ ἐκείνους τὸν Ἀλέξανδρον· ἐνδιδούσης δ᾽ ὑπὸ δεισιδαιμονίας ἀνῄρουν οὓς
114 ἐθέλοιεν αὐτοί. προσφεύγουσι δὲ Ἀριστοβούλῳ τῶν κινδυνευόντων οἱ προύχειν δοκοῦντες, κἀκεῖνος πείθει τὴν μητέρα φείσασθαι μὲν διὰ τὸ ἀξίωμα τῶν ἀνδρῶν, ἐκπέμψαι δ᾽ αὐτούς, εἰ μὴ καθαροὺς ὑπείληφεν, ἐκ τῆς πόλεως. οἱ μὲν οὖν δοθείσης ἀδείας ἐσκεδάσθησαν ἀνὰ τὴν χώραν·
115 Ἀλεξάνδρα δὲ ἐκπέμψασα ἐπὶ Δαμασκὸν στρατιάν, πρόφασις δ᾽ ἦν Πτολεμαῖος ἀεὶ θλίβων τὴν πόλιν, ταύτην μὲν ὑπεδέξατο μηθὲν ἀξιόλογον
116 ἐργασαμένην. Τιγράνην δὲ τὸν Ἀρμενίων βασιλέα προσκαθεζόμενον Πτολεμαΐδι καὶ πολιορκοῦντα Κλεοπάτραν συνθήκαις καὶ δώροις ὑπηγάγετο. φθάνει δ᾽ ἐκεῖνος ἀπαναστὰς διὰ τὰς οἴκοι ταραχὰς ἐμβεβληκότος εἰς τὴν Ἀρμενίαν Λευκόλλου.
117 4. Κἂν τούτῳ νοσούσης Ἀλεξάνδρας ὁ νεώτερος τῶν παίδων Ἀριστόβουλος τὸν καιρὸν ἁρπάσας μετὰ τῶν οἰκείων[21], εἶχεν δὲ πολλοὺς καὶ πάντας εὔνους διὰ τὴν θερμότητα, κρατεῖ μὲν τῶν ἐρυμάτων ἁπάντων, τοῖς δ᾽ ἐκ τούτων χρήμασιν μισθοφόρους ἀθροίσας ἑαυτὸν ἀποδείκνυσι
118 βασιλέα. πρὸς ταῦτα ὀδυρόμενον τὸν Ὑρκανὸν ἡ μήτηρ οἰκτείρασα τήν

§ 113 = ant. 13, 411.

[19] ἀπεβάλλετο VC et ex corr. M Na („entfernte sich vom Amt").
[20] σεβομένη codd., σεσοβημένη M^marg Niese Reinach Na Thack.
[21] οἰκετῶν codd. Niese; οἰκείων Herwerden cj., Na Reinach Thack.

die Frau, hielt die Herrschaft in ihrer Hand infolge des Ansehens ihrer Frömmigkeit; sie richtete sich nämlich äußerst genau nach den im Gesetz niedergelegten väterlichen Bräuchen, und gegen die Übertreter der heiligen Gesetze ging sie von Anfang an vor. Von den beiden Söhnen, die sie von Alexander hatte, setzte sie den älteren, Hyrkanos, um des Alters willen zum Hohepriester ein, und überdies auch deshalb, weil er zu schwerfällig war, um ihr bei der Staatsverwaltung einmal lästig zu werden; den jüngeren aber, Aristobulos, hielt sie wegen seiner Leidenschaftlichkeit von den amtlichen Geschäften fern.

2. 110. Wachsend nahmen an ihrer Regierung die Pharisäer teil, eine Gruppe von Juden, die in dem Ruf stand, frömmer zu sein als die anderen und die Gesetze gewissenhafter zu beachten. Nach diesen richtete sich Alexandra etwas zu stark in ihrer leidenschaftlichen Sorge um das Göttliche. Sie aber, die sich nach und nach bei der weiblichen Einfalt eingeschmeichelt hatten, wurden schließlich Verwalter des gesamten Staatswesens mit der Möglichkeit, zu vertreiben und zurückzuholen, wen sie wollten, freizulassen und in Fesseln zu legen[62]. Im ganzen kamen die Vorteile der königlichen Gewalt jenen zugute, die Ausgaben und Widrigkeiten aber der Alexandra. Tüchtig war sie jedoch in der Verwaltung der wichtigen Bereiche: die Heeresmacht, die sie stets ausbaute, brachte sie auf die doppelte Zahl und stellte außerdem eine ansehnliche Söldnertruppe zusammen, sodaß sie nicht nur das eigene Volk in der Hand hatte, sondern auch den auswärtigen Herrschern furchtgebietend war. Die Gewalt über die anderen hatte sie, die Gewalt über sie aber hatten die Pharisäer[63].

3. 113. So ließen sie denn Diogenes, einen der hervorragenden Männer und Freund Alexanders, hinrichten unter der Anklage, er sei als Ratgeber an der Angelegenheit der 800 vom König Gekreuzigten beteiligt gewesen. Und sie suchten Alexandra dazu zu bringen, auch an die anderen die Hand anzulegen, die Alexander gegen jene aufgestachelt hatten. Als sie es aus befangener Frömmigkeit zugab, da ermordeten sie, wen sie wollten. Die Angesehenen unter den Gefährdeten suchten ihre Zuflucht bei Aristobulos, und er überredete seine Mutter, das Leben der Männer um ihres Ranges willen zu schonen, sie aber, sofern sie sie nicht als schuldlos erachtet hätte, aus der Stadt zu verweisen. Sie zerstreuten sich also, da ihnen unter dieser Bedingung Straflosigkeit gewährt wurde, über das Land hin. Alexandra aber sandte ein Heer gegen Damaskus[64] — der angebliche Grund dafür war der, daß Ptolemäus die Stadt ständig bedränge — so übernahm sie diese, die zu ihrer Verteidigung nichts Nennenswertes ausgerichtet hatte[65]. Den Armenierkönig Tigranes[66], der vor Ptolemais lag und Kleopatra belagerte, wollte sie durch Vergleiche und Geschenke fortlocken. Jener aber zog schon vorher ab wegen der Wirren im eigenen Land, da Leukollos in Armenien eingefallen war.

4. 117. Da nahm, während Alexandra krank darniederlag, der jüngere der Söhne, Aristobulos, die günstige Gelegenheit mit Hilfe seiner Verwandten wahr — er hatte viele, und alle waren ihm wegen seiner Leiden-

τε γυναίκα και τους παίδας Άριστοβούλου καθείργνυσιν εις την Άντωνίαν · φρούριον δ' ήν τω βορείω κλίματι του ιερού προσκείμενον, πάλαι μέν, ως έφην, βάρις ονομαζόμενον, αύθις δε ταύτης τυχόν της προσηγορίας επικρατήσαντος Αντωνίου, καθάπερ από τε του Σεβαστού και Άγρίππα
119 Σεβαστή και Άγριππιάς πόλεις επωνομάσθησαν. πριν δε επεξελθείν Άλεξάνδρα τον Αριστόβουλον της τάδελφού καταλύσεως τελευτά διοικήσασα την αρχήν έτεσιν εννέα.

120 VI. 1. Και κληρονόμος μεν ήν των όλων Ύρκανός, ώ και ζώσα την βασιλείαν ενεχείρισεν, δυνάμει δε και φρονήματι προείχεν ο Αριστόβουλος. γενομένης δε αύτοίς περί των όλων συμβολής περί Ιεριχούντα καταλιπόντες οι πολλοί τον Ύρκανόν μεταβαίνουσιν προς τον Άρι-
121 στόβουλον. ο δε μετά των συμμεινάντων φθάνει συμφυγών επί την Άντωνίαν και κυριεύσας των προς σωτηρίαν ομήρων· ταύτα δ' ήν η Άριστοβούλου γυνή μετά των τέκνων. αμέλει πριν ανηκέστου πάθους διελύθησαν, ώστε βασιλεύειν μεν Αριστόβουλον, Ύρκανόν δε εκστάντα
122 της άλλης απολαύειν τιμής ώσπερ αδελφόν βασιλέως. επί τούτοις διαλλαγέντες εν τω ιερώ και του λαού περιεστώτος φιλοφρόνως αλλήλους ασπασάμενοι διήμειψαν τας οικίας· Αριστόβουλος μεν γαρ εις τα βασίλεια, Ύρκανός δε ανεχώρησεν εις την Αριστοβούλου οικίαν.

123 2. Δέος δε τοις τε άλλοις των Αριστοβούλου διαφόρων εμπίπτει παρ' ελπίδα κρατήσαντος και μάλιστα Άντιπάτρω πάλαι διαμισουμένω. γένος δ' ήν Ιδουμαίος προγόνων τε ένεκα και πλούτου και της άλλης
124 ισχύος πρωτεύων του έθνους. ούτος άμα και τον Ύρκανόν Αρέτα προσφυγόντα τω βασιλεί της Αραβίας ανακτήσασθαι την βασιλείαν έπειθεν και τον Αρέταν δέξασθαί τε τον Ύρκανόν και καταγαγείν επί την αρχήν, πολλά μεν τον Αριστόβουλον εις το ήθος διαβάλλων, πολλά δ' επαινών τον Ύρκανόν [παρήνει δέξασθαι]²², και ως πρέπον είη τον ούτω λαμπράς προεστώτα βασιλείας υπερέχειν χείρα τω αδικουμένω· αδικείσθαι δε τον Ύρκανόν στερηθέντα της κατά το πρεσβείον αυτώ
125 προσηκούσης αρχής. προκατασκευάσας δε αμφοτέρους, νύκτωρ αναλαβών τον Ύρκανόν από της πόλεως αποδιδράσκει και συντόνω φυγή χρώμενος εις την καλουμένην Πέτραν διασώζεται· βασίλειον αύτη της

§ 120 = ant. 14, 4; § 125 = ant. 14, 16.

²² παρήνει δέξασθαι ist durchgehend bezeugt, wohl berechtigter kommentierender Zusatz (nach Bekker alle neueren Ausgaben).

schaftlichkeit zugetan. Er bemächtigte sich sämtlicher Festungen, und nachdem er mit den Mitteln, die ihm aus diesen zugefallen waren, eine Söldnertruppe zusammengestellt hatte, setzte er sich selbst als König ein. Als Hyrkanos darüber wehklagte, ließ seine Mutter aus Mitleid mit ihm die Gattin und die Kinder des Aristobulos in die Antonia einkerkern. Das war eine am Nordhang des Heiligtums liegende Burg, die vormals, wie schon gesagt, Baris[67] hieß, nachher aber diese Benennung erhielt, als Antonius die Herrschaft ergriffen hatte, ähnlich wie nach dem Sebastos und Agrippa die Städte Sebaste und Agrippias ihre Namen empfingen. Aber ehe Alexandra gegen Aristobulos wegen des Sturzes seines Bruders vorgehen konnte, starb sie, nachdem sie neun Jahre die Herrschaft geführt hatte.

6. Kapitel

1. 120. Tatsächlich war der Erbe der Staatsleitung Hyrkanos, dem seine Mutter schon bei Lebzeiten die Königswürde übertragen hatte; an Tatkraft und Einsicht aber war ihm Aristobulos überlegen. Als es zwischen ihnen bei Jericho zu einer bewaffneten Auseinandersetzung um die Staatsleitung kam, verließ die überwiegende Mehrheit den Hyrkanos und ging zu Aristobulos über. Hyrkanos aber kam dem Verhängnis zuvor und floh mit den bei ihm Ausharrenden zur Antonia. Er bekam die Geiseln für seine Rettung unter seine Gewalt, das waren die Gattin und die Kinder des Aristobulos. Freilich, ehe es zu einem unheilbaren Zerwürfnis kam, versöhnten sie sich — in dem Sinne, daß Aristobulos König sei, Hyrkanos aber die Ehrenstellung, wie sie einem Bruder der Königs zusteht, unter Verzicht auf sonstige Ehren genießen solle. Als sie sich darauf im Tempel geeinigt und einander im Beisein des Volkes freundschaftlich begrüßt hatten, vertauschten sie die Wohnsitze; Aristobulos bezog nämlich den Königspalast, Hyrkanos aber zog sich zurück in das Haus des Aristobulos.

2. 123. Furcht befiel auch manche andere unter den Gegnern des Aristobulos, als er so wider Erwarten zur Herrschaft gekommen war, und besonders den Antipater[68], dem er schon lange äußerst verhaßt war. Dieser war, von Geburt Idumäer, um seiner Herkunft, seines Reichtums und sonstiger Überlegenheit willen der erste Mann in seinem Volk. Antipater beredete gleichzeitig den Hyrkanos, sich zur Rückgewinnung der Königswürde zu dem Araberkönig Aretas zu flüchten, und den Aretas, er solle Hyrkanos aufnehmen und ihm wieder zur Herrschaft verhelfen. Dabei verdächtigte er den Aristobulos stark wegen seiner Sinnesart und strich ebenso stark den Hyrkanos heraus; er wies darauf hin, wie es dem Regenten eines so glanzvollen Königreiches wohl anstehe, seine Hand über den zu halten, dem Unrecht geschah. Unrecht aber sei dem Hyrkanos geschehen, da er der Herrschaft beraubt worden sei, die ihm nach dem Erstgeburtsrecht zustehe. Als er so beide vorbereitet hatte, entwich er bei Nacht mit Hyrkanos aus der Stadt und entkam in einer alle Kraft anspannenden Flucht in die Stadt

126 Ἀραβίας ἐστίν. ἔνθα τῷ Ἀρέτᾳ τὸν Ὑρκανὸν ἐγχειρίσας καὶ πολλὰ μὲν καθομιλήσας, πολλοῖς δὲ δώροις ὑπελθὼν δοῦναι δύναμιν αὐτῷ πείθει τὴν κατάξουσαν αὐτόν· ἦν δ᾽ αὕτη πεζῶν τε καὶ ἱππέων πέντε μυριάδες, πρὸς ἣν οὐκ ἀντέσχεν Ἀριστόβουλος, ἀλλ᾽ ἐν τῇ πρώτῃ συμβολῇ
127 λειφθεὶς εἰς Ἱεροσόλυμα συνελαύνεται. κἂν ἔφθη κατὰ κράτος ληφθείς, εἰ μὴ Σκαῦρος ὁ Ῥωμαίων στρατηγὸς ἐπαναστὰς αὐτῶν τοῖς καιροῖς ἔλυσε τὴν πολιορκίαν· ὃς ἐπέμφθη μὲν εἰς Συρίαν ἀπὸ Ἀρμενίας ὑπὸ Πομπηίου Μάγνου πολεμοῦντος πρὸς Τιγράνην, παραγενόμενος δὲ εἰς Δαμασκὸν ἑαλωκυῖαν προσφάτως ὑπὸ Μετέλλου καὶ Λολλίου καὶ τούτους μεταστήσας, ἐπειδὴ τὰ κατὰ τὴν Ἰουδαίαν ἐπύθετο, καθάπερ ἐφ᾽ ἕρμαιον ἠπείχθη.
128 3. Παρελθόντος γοῦν εἰς τὴν χώραν πρέσβεις εὐθέως ἧκον παρὰ τῶν ἀδελφῶν ἑκατέρου δεομένου βοηθεῖν αὐτῷ. γίνεται δ᾽ ἐπίπροσθεν τοῦ δικαίου τὰ παρὰ Ἀριστοβούλου τριακόσια τάλαντα· τοσοῦτον γὰρ λαβὼν Σκαῦρος ἐπικηρυκεύεται πρός τε Ὑρκανὸν καὶ τοὺς Ἄραβας ἀπειλῶν
129 Ῥωμαίους καὶ Πομπήιον, εἰ μὴ λύσειαν τὴν πολιορκίαν. ἀνεχώρει δὲ ἐκ τῆς Ἰουδαίας εἰς Φιλαδέλφειαν Ἀρέτας καταπλαγείς, καὶ πάλιν εἰς
130 Δαμασκὸν Σκαῦρος. Ἀριστοβούλῳ δ᾽ οὐκ ἀπέχρησεν τὸ μὴ ἁλῶναι, πᾶσαν δὲ τὴν δύναμιν ἐπισυλλέξας εἵπετο τοῖς πολεμίοις καὶ περὶ τὸ καλούμενον Παπυρῶνα συμβαλὼν αὐτοῖς ὑπὲρ ἑξακισχιλίους κτείνει, μεθ᾽ ὧν καὶ τὸν ἀδελφὸν τὸν Ἀντιπάτρου Φαλλίωνα.
131 4. Ὑρκανὸς δὲ καὶ Ἀντίπατρος τῶν Ἀράβων ἀφαιρεθέντες μετέφερον ἐπὶ τοὺς ἐναντίους τὴν ἐλπίδα, καὶ ἐπειδὴ Πομπήιος ἐπιὼν τὴν Συρίαν εἰς Δαμασκὸν ἧκεν, ἐπ᾽ αὐτὸν καταφεύγουσιν καὶ δίχα δωρεῶν αἷς καὶ πρὸς τὸν Ἀρέταν δικαιολογίαις χρώμενοι κατηντιβόλουν μισῆσαι μὲν τὴν Ἀριστοβούλου βίαν, κατάγειν δὲ ἐπὶ τὴν βασιλείαν τὸν καὶ
132 τρόπῳ καὶ καθ᾽ ἡλικίαν προσήκοντα. οὐ μὴν οὐδ᾽ Ἀριστόβουλος ὑστέρει πεποιθὼς τῇ Σκαύρου δωροδοκίᾳ παρῆν τε καὶ αὐτὸς ὡς οἷόν τε βασιλικώτατα κεκοσμηκὼς ἑαυτόν. ἀδοξήσας δὲ πρὸς τὰς θεραπείας καὶ μὴ φέρων δουλεύειν ταῖς χρείαις ταπεινότερον τοῦ σχήματος ἀπὸ Δίου²³ πόλεως χωρίζεται.
133 5. Πρὸς ταῦτ᾽ ἀγανακτήσας Πομπήιος πολλὰ καὶ τῶν περὶ Ὑρκανὸν ἱκετευόντων ὥρμησεν ἐπ᾽ Ἀριστόβουλον, ἀναλαβὼν τήν τε Ῥωμαϊκὴν
134 δύναμιν καὶ πολλοὺς ἐκ τῆς Συρίας συμμάχους. ἐπεὶ δὲ παρελαύνων

§ 131 = ant. 14, 41.

²³ διὸς ἡλίου PAL Niese; διοσπόλεως MVRC; Δίου Spanheim (recte ut vid. Niese) Na Reinach Thack.

mit Namen Petra[69] — das ist die Königsstadt Arabiens. Dort vertraute er den Hyrkanos dem Aretas an und machte sich daran, ihn durch viele mündliche Vorstellungen und viele Geschenke für seinen Plan endgültig zu gewinnen; so überredete er den Aretas, dem Hyrkanos eine Streitmacht zur Verfügung zu stellen, die ihn erfolgreich in die Heimat zurückführen sollte. Ihre Stärke belief sich an Fußsoldaten und Reitern auf 50 000; gegen sie konnte Aristobulos nicht standhaltetn, sondern im ersten Treffen unterlag er und wurde nach Jerusalem zurückgedrängt. Und er wäre alsbald einem kräftigen Zugriff erlegen, wenn nicht Scaurus, der Feldherr der Römer, auf die ihnen günstigen Gelegenheiten bedacht, die Belagerung aufgehoben hätte. Der war aus Armenien nach Syrien geschickt worden von Pompejus Magnus, der gegen Tigranes Krieg führte; er kam so nach Damaskus, das kurz vorher von Metellus und Lollius erobert worden war[70], und schickte diese beiden fort; als er dann die Lage in Judäa in Erfahrung gebracht hatte, strebte er eifrig dorthin wie zu einem Glücksfund, der ihm unverhofft in den Weg gelegt wurde.

3. 128. Nachdem er nun also in das Land einmarschiert war, kamen alsbald Abgesandte von den Brüdern, von denen jeder darum bat, ihm Hilfe zu leisten. Den Vorrang vor der gerechten Sache nahmen aber die 300 Talente[71] des Aristobulos ein. Nach dem Empfang einer derartigen Summe drohte Scaurus nämlich durch Heroldsbotschaft dem Hyrkanos und den Arabern mit dem Einschreiten der Römer und des Pompejus, falls sie die Belagerung nicht aufhöben. So zog sich Aretas aus Judäa bestürzt auf Philadelphia zurück und Scaurus wieder auf Damaskus. Dem Aristobulos aber genügte es nicht, der Gefangennahme entgangen zu sein, er zog vielmehr seine gesamte Streitmacht zusammen, setzte den Feinden nach, kam mit ihnen bei dem sogenannten Papyron[72] ins Gefecht und tötete über 6000 Mann, darunter auch Phallion, den Bruder des Antipater.

4. 131. Hyrkanos und Antipater, denen die Hilfe der Araber entrissen war, übertrugen ihre Hoffnung auf die Gegner, und da Pompejus bei dem Zug gegen Syrien nach Damaskus kam, nahmen sie zu ihm ihre Zuflucht und baten ihn — ohne Geschenke —, mit den gleichen Darlegungen ihres Rechts wie vor Aretas, er möge seinen Abscheu auf die Gewalttätigkeit des Aristobulos richten, in die Königsherrschaft aber den wieder einsetzen, der nach seiner Lebensweise und seinem Alter entsprechend der Berechtigte sei. Freilich säumte auch Aristobulos nicht, und im Vertrauen auf die Bestechlichkeit des Scaurus war auch er zur Stelle, sich mit aller ihm zur Verfügung stehenden königlichen Pracht umgebend. Da er aber für die etwa erwarteten Gunstbewerbungen nur Verachtung hatte und es nicht ertrug, sich in einer unter seinem Stande liegenden Weise in die Notwendigkeiten zu schicken, zog er sich aus der Stadt Dion[73] zurück.

5. 133. Darüber war Pompejus aufgebracht, und da auch die Hyrkanos-Anhänger an ihren Bitten beharrlich festhielten, brach er gegen Aristobulos auf mit der römischen Streitmacht und vielen Verbündeten aus dem syrischen Raum. Als er dann an Pella und Skythopolis vorbei nach Koreai[74]

Πέλλαν και Σκυθόπολιν ήκεν εις Κορέας, όθεν ή 'Ιουδαίων άρχεται χώρα κατά την μεσόγειον ανιόντων, ακούσας συμπεφευγέναι τον Άριστόβουλον εις 'Αλεξάνδρειον, τούτο δ' εστίν φρούριον των πάνυ φιλοτίμως εξησκημένων υπέρ όρους υψηλού κείμενον, πέμψας κατα-
135 βαίνειν αυτόν εκέλευσεν. τω δ' ήν μεν ορμή καλουμένω δεσποτικώτερον διακινδυνεύειν μάλλον ή υπακούσαι, καθεώρα δε το πλήθος ορρωδούν, και παρήνουν οι φίλοι σκέπτεσθαι την 'Ρωμαίων ισχύν ούσαν ανυπόστατον. οις πεισθείς κάτεισιν προς Πομπήιον και πολλά περί του δικαίως
136 άρχειν απολογηθείς υπέστρεψεν εις το έρυμα. πάλιν τε τάδελφού προκαλουμένου καταβάς και διαλεχθείς²⁴ περί των δικαίων άπεισιν μη κωλύοντος του Πομπηίου. μέσος δ' ήν ελπίδος και δέους, και κατήει μεν ως δυσωπήσων Πομπήιον πάντ' επιτρέπειν αυτώ, πάλιν δε ανέβαινεν εις
137 την άκραν, ως μη προκαταλύειν δόξειεν αυτόν. επεί μέντοι Πομπήιος εξίστασθαί τε των φρουρίων εκέλευεν αυτώ και παράγγελμα των φρουράρχων εχόντων μόναις πειθαρχείν ταις αυτογράφοις επιστολαίς, ηνάγκαζεν αυτόν εκάστοις γράφειν εκχωρείν, ποιεί μεν τα προσταχθέντα, αγανακτήσας δε ανεχώρησεν εις Ιεροσόλυμα και παρεσκευάζετο πολεμείν προς Πομπήιον.
138 6. Ο δέ, ου γαρ εδίδου χρόνον ταις παρασκευαίς, ευθέως είπετο, και προσεπέρρωσεν την ορμήν ο Μιθριδάτου θάνατος αγγελθείς αυτώ περί Ίεριχούντα, ένθα της Ιουδαίας το πιότατον φοινικά τε πάμπολυν και βάλσαμον τρέφει. τούτο λίθοις οξέσιν επιτέμνοντες τα πρέμινα
139 συνάγουσιν κατά τας τομάς εκδακρύον. και στρατοπεδευσάμενος εν τω χωρίω μίαν εσπέραν έωθεν ηπείγετο προς τα Ιεροσόλυμα. καταπλαγείς δε την έφοδον Άριστόβουλος ικέτης απαντά χρημάτων τε υποσχέσει και τω μετά της πόλεως επιτρέπειν και εαυτόν χαλεπαίνοντα καταστέλλει
140 τον Πομπήιον. ου μην τι των ωμολογημένων εγένετο· τον γαρ επί την κομιδήν των χρημάτων εκπεμφθέντα Γαβίνιον οι τα Άριστοβούλου φρονούντες ουδέ τη πόλει δέχονται.

141 VII. 1. Προς ταύτα αγανακτήσας Πομπήιος Άριστόβουλον μεν εφρούρει, προς δε την πόλιν ελθών περιεσκόπει όπως δει προσβαλείν, τήν τε οχυρότητα των τειχών δυσμεταχείριστον ορών και την προ τούτων φάραγγα φοβεράν τό τε ιερόν εντός της φάραγγος οχυρώτατα τετει-

§ 135 = ant. 14, 50.

²⁴ διενεχθείς RV, concertasset Lat („gab eine Erklärung ab über das, was recht wäre").

kam, wo, wenn man zum Binnenland hinaufgeht, das jüdische Gebiet beginnt, da erfuhr er, Aristobulos sei zum Alexandreion[75] geflüchtet, das ist eine von den besonders sorgfältig ausgerüsteten Festungen, auf einem hohen Berg gelegen; er sandte ihm den Befehl, herabzukommen. Den aber drängte es, angesichts einer so herrischen Aufforderung, sich lieber in Gefahr zu begeben als zu folgen. Er durchschaute aber, daß seinen Leuten angstvoll zu Mute war, und seine Freunde warnten ihn, er solle doch in Betracht ziehen, daß die Macht der Römer unwiderstehlich sei. Von ihnen ließ er sich bewegen und begab sich zu Pompejus hinab, verteidigte mit vielen Begründungen, daß er von Rechts wegen Herrscher sei und kehrte dann in die Festung zurück. Noch einmal kam er, als sein Bruder ihn dazu aufgefordert hatte, herab, unterredete sich mit ihm über die Rechtslage und ging fort, ohne daß Pompejus ihn zurückgehalten hätte. Er schwebte zwischen Hoffnung und Furcht und war hinabgegangen, um Pompejus dadurch zu beschämen, daß er ihm alles anheimstellte; er ging wieder hinauf auf die Burg, damit man nicht meinen solle, er gebe sich vorzeitig auf. Als Pompejus ihm indes den Befehl erteilte, sich aus den Festungen zu entfernen und — weil alle Befehlshaber der Festungen die Vorschrift hatten, nur den eigenhändigen schriftlichen Weisungen[76] zu gehorchen — ihn dazu nötigte, jedem von ihnen schriftlich den Abzugsbefehl zu erteilen, da tat er, was ihm aufgetragen war, zog sich aber voll Zorn nach Jerusalem zurück und betrieb Zurüstungen zum Krieg gegen Pompejus.

6. 138. Der aber setzte ihm unverzüglich nach, ohne ihm Zeit zur Vorbereitung zu lassen; seinen Eifer steigerte noch die Meldung vom Tode des Mithridates, die er bei Jericho erhielt. Dort bringt der fruchtbarste Boden Judäas in großer Menge Palmen und somit Balsam hervor. Diesen gewinnt man, wenn man die Stämme mit scharfen Steinen aufritzt und er dann längs der Schnittstellen herausschwitzt. Pompejus schlug an diesem Ort für eine Nacht sein Lager auf und drängte frühmorgens gegen Jerusalem vor. Erschreckt über den Anmarsch ging Aristobulos ihm als Schutzflehender entgegen und hielt durch Geldversprechungen und dadurch, daß er ihm zusammen mit der Stadt auch sein eigenes Geschick anheimstellte, den grollenden Pompejus auf. Zustande kam gar nichts von dem, was ausgemacht war, denn den Gabinius[77], der zur Abholung des Geldes ausgeschickt wurde, ließen die Anhänger des Aristobulos in die Stadt überhaupt nicht hinein.

7. Kapitel

1. 141. Darüber aufgebracht, hielt Pompejus Aristobulos in Haft; dann rückte er vor die Stadt und erkundete sorgfältig, wie ein Angriff angelegt werden müsse[78]. Er sah, daß die Widerstandskraft der Mauern schwer zu überwinden sei und die Schlucht vor ihnen furchtbar, sowie daß das Heiligtum innerhalb der Schlucht äußerst schwer befestigt war, sodaß es

χισμένον, ώστε τοῦ ἄστεος ἁλισκομένου δευτέραν εἶναι καταφυγὴν τοῦτο τοῖς πολεμίοις.

142 2. Διαποροῦντος δ' ἐπὶ πολὺν χρόνον στάσις τοῖς ἔνδον ἐμπίπτει, τῶν μὲν Ἀριστοβούλου πολεμεῖν ἀξιούντων καὶ ῥύεσθαι τὸν βασιλέα, τῶν δὲ τὰ Ὑρκανοῦ φρονούντων ἀνοίγειν Πομπηίῳ τὰς πύλας· πολλοὺς δὲ τούτους ἐποίει τὸ δέος ἀφορῶντας εἰς τὴν τῶν Ῥωμαίων εὐταξίαν.
143 ἡττώμενον δὲ τὸ Ἀριστοβούλου μέρος εἰς τὸ ἱερὸν ἀνεχώρησεν καὶ τὴν συνάπτουσαν ἀπ' αὐτοῦ τῇ πόλει γέφυραν ἀποκόψαντες ἀντισχεῖν εἰς ἔσχατον παρεσκευάζοντο. τῶν δὲ ἑτέρων δεχομένων Ῥωμαίους τῇ πόλει καὶ τὰ βασίλεια παραδιδόντων ἐπὶ μὲν ταῦτα Πομπήιος ἕνα τῶν ὑφ'
144 ἑαυτῷ στρατηγῶν Πείσωνα εἰσπέμπει μετὰ στρατιᾶς· ὃς διαλαβὼν φρουραῖς τὴν πόλιν, ἐπειδὴ τῶν εἰς τὸ ἱερὸν καταφυγόντων οὐδένα λόγοις ἔπειθεν συμβῆναι, τὰ πέριξ εἰς προσβολὰς εὐτρέπιζεν ἔχων τοὺς περὶ τὸν Ὑρκανὸν εἴς τε τὰς ἐπινοίας καὶ τὰς ὑπηρεσίας προθύμους.

145 3. Αὐτὸς δὲ κατὰ τὸ προσάρκτιον κλίμα τήν τε τάφρον ἔχου καὶ τὴν φάραγγα πᾶσαν ὕλην συμφορούσης τῆς δυνάμεως. χαλεπὸν δ' ἦν τὸ ἀναπληροῦν διὰ βάθος ἄπειρον καὶ τῶν Ἰουδαίων πάντα τρόπον εἰργόν-
146 των ἄνωθεν. Κἂν ἀτέλεστος ἔμεινεν τοῖς Ῥωμαίοις ὁ πόνος, εἰ μὴ τὰς ἑβδομάδας ἐπιτηρῶν ὁ Πομπήιος, ἐν αἷς παντὸς ἔργου διὰ τὴν θρησκείαν χεῖρας ἀπίσχουσιν Ἰουδαῖοι, τὸ χῶμα ὕψου τῆς κατὰ χεῖρα συμβολῆς εἴργων τοὺς στρατιώτας· ὑπὲρ μόνου γὰρ τοῦ σώματος
147 ἀμύνονται τοῖς σαββάτοις. ἤδη δὲ ἀναπεπληρωμένης τῆς φάραγγος πύργους ὑψηλοὺς ἐπιστήσας τῷ χώματι καὶ προσαγαγὼν τὰς ἐκ Τύρου κομισθείσας μηχανὰς ἐπειρᾶτο τοῦ τείχους· ἀνέστελλον δὲ αἱ πετροβόλοι τοὺς καθύπερθεν κωλύοντας. ἀντεῖχον δ' ἐπὶ πλεῖον οἱ κατὰ τοῦτο τὸ μέρος πύργοι μεγέθει τε καὶ κάλλει διαφέροντες.

148 4. Ἔνθα δὴ πολλὰ τῶν Ῥωμαίων κακοπαθούντων ὁ Πομπήιος τά τε ἄλλα τῆς καρτερίας τοὺς Ἰουδαίους ἀπεθαύμαζεν καὶ μάλιστα τοῦ μηδὲν παραλῦσαι τῆς θρησκείας ἐν μέσοις τοῖς βέλεσιν ἀνειλημμένους· ὥσπερ γὰρ εἰρήνης βαθείας κατεχούσης τὴν πόλιν αἵ τε θυσίαι καθ' ἡμέραν καὶ οἱ ἐναγισμοὶ καὶ πᾶσα θεραπεία κατὰ τἀκριβὲς ἐξετελεῖτο τῷ θεῷ, καὶ οὐδὲ κατ' αὐτὴν τὴν ἅλωσιν περὶ τῷ βωμῷ φονευόμενοι τῶν καθ'
149 ἡμέραν νομίμων εἰς τὴν θρησκείαν ἀπέστησαν. τρίτῳ γὰρ μηνὶ τῆς

§ 139 = ant. 14, 55; § 144 = ant. 14, 60;
§ 148 = ant. 14, 65.

für die Gegner nach der Einnahme der Stadt eine abermalige Zufluchtsstätte sein werde.

2. 142. Während er nun über längere Zeit hin in großer Ungewißheit war, brach bei denen drinnen ein Streit aus. Dabei forderten die Anhänger des Aristobulos, man solle Krieg führen und den König befreien, die Gesinnungsgenossen des Hyrkanos dagegen setzten sich dafür ein, dem Pompejus die Tore zu öffnen. Die Furcht machte viele zu solchen Hyrkanos-Anhängern, weil sie die kriegerische Ordnung der Römer vor sich sahen. Die Gruppe des Aristobulos, die sich als die schwächere erwies, zog sich in das Heiligtum zurück; sie brachen die Brücke[79], die von dort die Verbindung mit der Stadt bildete, ab und rüsteten sich darauf, Widerstand bis zum äußersten zu leisten. Als dann die Anderen die Römer in der Stadt aufnahmen und ihnen den Königspalast übergaben, sandte Pompejus zur Besetzung dieser Punkte einen der ihm untergebenen Heerführer, Piso, samt einer Heeresabteilung hinein. Der versah die Stadt hier und dort mit Wachtposten, und da er von den in das Heiligtum Geflüchteten keinen durch seine Worte zu einer Übereinkunft brachte, bereitete er alles für den Angriff vor; zur Verfügung hatte er auch die Anhänger des Hyrkanos, die sowohl zum Planen wie zu Handlangerdiensten bereit waren.

3. 145. Er selbst (Pompejus) aber ließ am Nordhang den Graben und die ganze Schlucht aufschütten, wozu die Truppe die Erdmasse zusammentrug. Schwierig war das Ausfüllen wegen der unergründlichen Tiefe und weil die Juden auf alle Weise von oben her hindernd eingriffen. Erfolglos wäre für die Römer auch die Mühe geblieben, wenn Pompejus nicht je die siebenten Wochentage — an denen die Juden von jeder Verrichtung um der Gottesverehrung willen ihre Hände fernhalten — abgewartet, dann den Aufwurf erhöht und den Soldaten dabei das Handgemeinwerden untersagt hätte; denn zum Schutz der eigenen Person — nur dazu — wehrten sich die Juden am Sabbat[80]. Als die Schlucht ausgefüllt war, ließ er hohe Türme auf der aufgeworfenen Erde errichten, sowie die aus Tyrus besorgten Belagerungsmaschinen heranbringen und versuchte es alsbald mit einem Angriff auf die Mauer; Steinschleudermaschinen drängten die Verteidiger zurück, die von oben her zu hindern suchten. Es erwiesen aber die längs dieses Abschnittes an Größe und Schönheit hervorragenden Türme je länger je mehr ihre Widerstandskraft.

4. 148. Damals gleich, während die Römer vielerlei Ungemach durchzustehen hatten, war Pompejus im ganzen über die Standhaftigkeit der Juden erstaunt und ganz besonders darüber, daß sie nichts von ihrem Gottesdienst wegließen, den sie mitten unter den Geschossen zu halten auf sich nahmen. Denn als ob tiefer Friede die Stadt bedecke, wurden die täglichen Schlachtopfer und die heiligen Darbietungen und jede Dienstleistung aufs Genaueste Gott zu Ehren vollbracht; ja, nicht einmal bei der Eroberung selbst ließen sie, rings um den Altar vom Tode ereilt, von dem ab, was die für jeden einzelnen Tag gebotenen Bestimmungen des Gesetzes zum Gottesdienst fordern. Im dritten Monat der Belagerung nämlich dran-

πολιορκίας μόλις ἕνα τῶν πύργων καταρρίψαντες εἰσέπιπτον εἰς τὸ ἱερόν. ὁ δὲ πρῶτος ὑπερβῆναι τολμήσας τὸ τεῖχος Σύλλα παῖς ἦν Φαῦστος Κορνήλιος καὶ μετ' αὐτὸν ἑκατοντάρχαι δύο Φούριος καὶ Φάβιος. εἵπετο δὲ ἑκάστῳ τὸ ἴδιον στῖφος, καὶ περισχόντες πανταχοῦ τὸ ἱερὸν ἔκτεινον οὓς μὲν τῷ ναῷ προσφεύγοντας, οὓς δὲ ἀμυνομένους πρὸς ὀλίγον.

150 5. Ἔνθα πολλοὶ τῶν ἱερέων ξιφήρεις τοὺς πολεμίους ἐπιόντας βλέποντες ἀθορύβως ἐπὶ τῆς θρησκείας ἔμειναν, σπένδοντες δὲ ἀπεσφάττοντο καὶ θυμιῶντες καὶ τῆς πρὸς τὸ θεῖον θεραπείας ἐν δευτέρῳ τὴν σωτηρίαν τιθέμενοι. πλεῖστοι δ' ὑπὸ τῶν ὁμοφύλων ἀντιστασιαστῶν ἀνῃροῦντο καὶ κατὰ τῶν κρημνῶν ἔρριπτον ἑαυτοὺς ἄπειροι· καὶ τὰ περὶ τὸ τεῖχος δ' ἔνιοι μανιῶντες ἐν ταῖς ἀμηχανίαις ὑπέπρησαν καὶ
151 συγκατεφλέγοντο. Ἰουδαίων μὲν οὖν ἀνῃρέθησαν μύριοι καὶ δισχίλιοι, Ῥωμαίων δὲ ὀλίγοι μὲν πάνυ νεκροί, τραυματίαι δ' ἐγένοντο πλείους.

152 6. Οὐδὲν δὲ οὕτως ἐν ταῖς τότε συμφοραῖς καθήψατο τοῦ ἔθνους ὡς τὸ τέως ἀόρατον ἅγιον ἐκκαλυφθὲν ὑπὸ τῶν ἀλλοφύλων· παρελθὼν γοῦν σὺν τοῖς περὶ αὐτὸν ὁ Πομπήιος εἰς τὸν ναόν, ἔνθα μόνῳ θεμιτὸν ἦν παριέναι τῷ ἀρχιερεῖ, τὰ ἔνδον ἐθεάσατο, λυχνίαν τε καὶ λύχνους καὶ τράπεζαν καὶ σπονδεῖα καὶ θυμιατήρια, ὁλόχρυσα πάντα, πλῆθός τε ἀρωμάτων σεσωρευμένον καὶ τῶν ἱερῶν χρημάτων εἰς τάλαντα δισχίλια.
153 οὔτε δὲ τούτων οὔτε ἄλλου τινὸς τῶν ἱερῶν κειμηλίων ἥψατο, ἀλλὰ καὶ μετὰ μίαν τῆς ἁλώσεως ἡμέραν καθᾶραι τὸ ἱερὸν τοῖς νεωκόροις προσέταξεν καὶ τὰς ἐξ ἔθους ἐπιτελεῖν θυσίας. αὖθις δ' ἀποδείξας Ὑρκανὸν ἀρχιερέα τά τε ἄλλα προθυμότατον ἑαυτὸν ἐν τῇ πολιορκίᾳ παρασχόντα καὶ διότι τὸ κατὰ τὴν χώραν πλῆθος ἀπέστησεν Ἀριστοβούλῳ συμπολεμεῖν ὡρμημένον, ἐκ τούτων, ὅπερ ἦν προσῆκον ἀγαθῷ στρατηγῷ, τὸν
154 λαὸν εὐνοίᾳ πλέον ἢ δέει προσηγάγετο. ἐν δὲ τοῖς αἰχμαλώτοις ἐλήφθη καὶ ὁ Ἀριστοβούλου πενθερός, ὁ δ' αὐτὸς ἦν καὶ θεῖος αὐτῷ. καὶ τοὺς αἰτιωτάτους μὲν τοῦ πολέμου πελέκει κολάζει, Φαῦστον δὲ καὶ τοὺς μετ' αὐτοῦ γενναίως ἀγωνισαμένους λαμπροῖς ἀριστείοις δωρησάμενος τῇ τε χώρᾳ καὶ τοῖς Ἱεροσολύμοις ἐπιτάσσει φόρον.

155 7. Ἀφελόμενος δὲ τοῦ ἔθνους καὶ τὰς ἐν κοίλῃ Συρίᾳ πόλεις, ἃς²⁵ εἷλον, ὑπέταξεν τῷ κατ' ἐκεῖνο Ῥωμαίων στρατηγῷ κατατεταγμένῳ καὶ μόνοις αὐτοὺς τοῖς ἰδίοις ὅροις περιέκλεισεν. ἀνακτίζει δὲ καὶ Γάδαρα ὑπὸ Ἰουδαίων κατεστραμμένην Γαδαρεῖ τινι τῶν ἰδίων ἀπελευθέρων
156 Δημητρίῳ χαριζόμενος. ἠλευθέρωσεν δὲ ἀπ' αὐτῶν καὶ τὰς ἐν τῇ μεσογείᾳ πόλεις, ὅσας μὴ φθάσαντες κατέσκαψαν, Ἵππον Σκυθόπολίν τε καὶ Πέλλαν καὶ Σαμάρειαν καὶ Ἰάμνειαν καὶ Μάρισαν Ἄζωτόν τε καὶ

§ 153 = ant. 14, 72; § 156 = ant. 14, 75.

²⁵ ὅσας LVRC.

gen die Römer, nachdem sie mit Mühe einen der Türme zerstört hatten, in das Heiligtum ein. Der erste, der die Mauer zu überschreiten wagte, war Sullas Sohn, Faustus Cornelius, und nach ihm drangen zwei Centurionen, Furius und Fabius, ein. Es folgte jedem seine Schar; sie umfaßten überall das Heiligtum und töteten die Einen auf der Flucht zum Tempel, die Anderen nach kurzer Verteidigung[81].

5. 150. Da verharrten viele Priester, ob sie auch die Feinde mit dem Schwert in der Hand auf sich zukommen sahen, ruhig bei dem Gottesdienst; beim Ausgießen des Trankopfers wurden sie hingeschlachtet und bei der Darbringung des Räucherwerkes, und so achteten sie ihre Rettung geringer als den Gottesdienst[82]. Sehr viele wurden aber von den Widersachern im eigenen Volk getötet, und von den Abhängen stürzten sich Ungezählte selbst hinab. Einige zündeten auch die Gebäude an der Mauer an, wahnsinnig wegen ihrer Hilflosigkeit, und wurden mit verbrannt. Von den Juden kamen 12 000 ums Leben, bei den Römern gab es nur ganz wenig Tote, aber Verwundete in größerer Anzahl.

6. 152. Nichts aber traf unter den Nöten damals das Volk so sehr wie die Tatsache, daß das bis dahin nie gesehene Heiligtum vor den Fremden bloßgelegt wurde: Pompejus ging mitsamt seiner Umgebung in den Tempel ein, wohin einzugehen heiliges Recht nur dem Hohepriester gestattet[83]; er betrachtete, was darin war, Leuchter samt Lampen, Tisch und Opferschalen und Räuchergefäße, alles ganz voll von Gold, große Vorräte an Räucherwerk und den heiligen Schatz, an 2000 Talente. Weder diesen noch etwas anderes von den heiligen Kostbarkeiten rührte er jedoch an; im Gegenteil, er gebot am ersten Tag nach der Eroberung den am Tempel Bediensteten, das Heiligtum zu reinigen und die gewohnten Opfer darzubringen. Er setzte auch Hyrkanos wieder zum Hohenpriester ein, weil er sich bei der Belagerung im allgemeinen als sehr bereitwillig erwiesen und weil er das Landvolk, das drauf und dran war, dem Aristobulos bewaffneten Beistand zu leisten, davon abgebracht hatte. Infolgedessen machte er sich das Volk, wie es einem guten Feldherrn zusteht, mehr durch Gunst als durch Furcht ergeben. Unter den Gefangenen war auch der Schwiegervater[84] des Aristobulos; dieser war auch sein Oheim. Die mit der Schuld am Kriege am stärksten Belasteten bestrafte er mit dem Tod durchs Beil; den Faustus und die anderen, die mit ihm tapfer gekämpft hatten, ehrte er durch glänzende Auszeichnungen; dem Land und den Einwohnern von Jerusalem legte er einen Tribut auf.

7. 155. Er nahm dem Volk auch die Städte in Coelesyrien, die sie erobert hatten, fort, unterstellte sie dem dort eingesetzten Befehlshaber der Römer und schränkte sie in ihre eigenen Grenzen ein. Ferner baute er das von den Juden zerstörte Gadara wieder auf und erwies damit einem Gadarener unter seinen Freigelassenen, Demetrius, eine Gunst. Er befreite aber von ihnen auch die Städte im Binnenland, die sie nicht vorher zerstört hatten, Hippos, Skythopolis und Pella, Samaria, Jamnia, Marisa, Azotos und Arethusa[85], gleicherweise auch die Küstenstädte Gaza, Joppe,

Ἀρέθουσαν, ὁμοίως δὲ καὶ τὰς παραλίους Γάζαν Ἰόππην Δῶρα καὶ τὴν πάλαι μὲν Στράτωνος πύργον καλουμένην, ὕστερον δὲ μετακτισθεῖσάν τε ὑφ᾽ Ἡρώδου βασιλέως λαμπροτάτοις κατασκευάσμασιν καὶ μετονο-
157 μασθεῖσαν Καισάρειαν. ἃς πάσας τοῖς γνησίοις ἀποδοὺς πολίταις κατέταξεν εἰς τὴν Συριακὴν ἐπαρχίαν. παραδοὺς δὲ ταύτην τε καὶ τὴν Ἰουδαίαν καὶ τὰ μέχρις Αἰγύπτου καὶ Εὐφράτου Σκαύρῳ διέπειν καὶ δύο τῶν ταγμάτων, αὐτὸς διὰ Κιλικίας εἰς Ῥώμην ἠπείγετο τὸν Ἀριστό-
158 βουλον ἄγων μετὰ τῆς γενεᾶς αἰχμάλωτον. δύο δ᾽ ἦσαν αὐτῷ θυγατέρες καὶ δύο υἱεῖς, ὧν ὁ ἕτερος μὲν Ἀλέξανδρος ἐκ τῆς ὁδοῦ διαδιδράσκει, σὺν δὲ ταῖς ἀδελφαῖς ὁ νεώτερος Ἀντίγονος εἰς Ῥώμην ἐκομίζετο.

159 VIII. 1. Κἂν τούτῳ Σκαῦρος εἰς τὴν Ἀραβίαν ἐμβαλὼν τῆς μὲν Πέτρας εἴργετο ταῖς δυσχωρίαις, ἐπόρθει δὲ τὰ πέριξ πολλὰ κἂν τούτῳ κακοπαθῶν· ἐλίμωττεν γὰρ ἡ στρατιά. καὶ πρὸς τοῦτο Ὑρκανὸς ἐπεβοήθει διὰ Ἀντιπάτρου τὰ ἐπιτήδεια πέμπων, ὃν καὶ καθίησι Σκαῦρος ὄντα συνήθη πρὸς Ἀρέταν, ὅπως ἐπὶ χρήμασιν διαλύσαιτο τὸν πόλεμον. πείθεται δὲ ὁ Ἄραψ τριακόσια δοῦναι τάλαντα, κἀπὶ τούτοις Σκαῦρος ἐξῆγεν τῆς Ἀραβίας τὴν δύναμιν.
160 2. Ὁ δ᾽ ἀποδρὰς τῶν Ἀριστοβούλου παίδων Πομπήιον Ἀλέξανδρος χρόνῳ συναγαγὼν χεῖρα συχνὴν βαρὺς ἦν Ὑρκανῷ καὶ τὴν Ἰουδαίαν κατέτρεχεν, ἐδόκει τε ἂν καταλῦσαι ταχέως αὐτόν, ὅς γε ἤδη καὶ τὸ καταρριφθὲν ὑπὸ Πομπηίου τεῖχος ἐν Ἱεροσολύμοις ἀνακτίζειν ἐθάρρει προσελθών, εἰ μὴ Γαβίνιος εἰς Συρίαν πεμφθεὶς Σκαύρῳ διάδοχος τά τε ἄλλα γενναῖον ἀπέδειξεν ἑαυτὸν ἐν πολλοῖς καὶ ἐπ᾽ Ἀλέξανδρον ὥρμη-
161 σεν. ὁ δὲ δείσας πρὸς τὴν ἔφοδον δύναμίν τε πλείω συνέλεγεν, ὡς γενέσθαι μυρίους μὲν ὁπλίτας χιλίους δὲ καὶ πεντακοσίους ἱππεῖς, καὶ τὰ ἐπιτήδεια τῶν χωρίων ἐτείχιζεν Ἀλεξάνδρειόν τε καὶ Ὑρκάνειον καὶ Μαχαιροῦντα πρὸς τοῖς Ἀραβίοις ὄρεσιν.
162 3. Γαβίνιος δὲ μετὰ μέρους τῆς στρατιᾶς Μᾶρκον Ἀντώνιον προπέμψας αὐτὸς εἴπετο τὴν ὅλην ἔχων δύναμιν. οἱ δὲ περὶ τὸν Ἀντίπατρον ἐπίλεκτοι καὶ τὸ ἄλλο τάγμα τῶν Ἰουδαίων, ὧν Μάλιχος ἦρχεν καὶ Πειθόλαος, συμμίξαντες τοῖς περὶ Μᾶρκον Ἀντώνιον ἡγεμόσιν ὑπήντων Ἀλεξάνδρῳ. καὶ μετ᾽ οὐ πολὺ παρῆν ἅμα τῇ φάλαγγι Γαβίνιος.
163 ἐνουμένην δὲ τὴν τῶν πολεμίων δύναμιν οὐχ ὑπομείνας Ἀλέξανδρος ἀνεχώρει καὶ πλησίον ἤδη Ἱεροσολύμων γενόμενος ἀναγκάζεται συμβαλεῖν καὶ κατὰ τὴν μάχην ἑξακισχιλίους ἀποβαλών, ὧν τρισχίλιοι μὲν ἔπεσον τρισχίλιοι δὲ ἐζωγρήθησαν, φεύγει σὺν τοῖς καταλειφθεῖσιν εἰς Ἀλεξάνδρειον.
164 4. Γαβίνιος δὲ πρὸς τὸ Ἀλεξάνδρειον ἐλθὼν ἐπειδὴ πολλοὺς εὗρεν ἐστρατοπεδευμένους, ἐπειρᾶτο συγγνώμης ὑποσχέσει περὶ τῶν ἡμαρτη-

§ 160 = ant. 14, 82.

Dora und die vormals Stratonsturm genannte, die aber später von König Herodes mit glänzenden Bauten neu angelegt und in Caesarea umbenannt wurde. Diese alle gab er ihren rechtmäßigen Bürgern zurück und schlug sie zur syrischen Provinz. Er übergab diese samt Judäa und das Gebiet bis nach Ägypten und zum Euphrat dem Scaurus[86] zur Verwaltung und beließ ihm zwei Legionen; er selbst aber eilte durch Cilizien nach Rom und nahm Aristobulos als Kriegsgefangenen sowie seine Familie mit. Der hatte zwei Töchter und zwei Söhne, von denen der eine, Alexander, auf der Reise entfloh, der jüngere aber, Antigonos, wurde mit seinen Schwestern nach Rom geschafft.

8. Kapitel

1. 159. Unterdessen fiel Scaurus in Arabien ein; er wurde aber durch das widrige Gelände bei Petra aufgehalten, zerstörte in der Umgebung viel und mußte dabei Ungemach erleiden, denn das Heer litt Hunger. Deswegen half Hyrkanos und schickte durch Antipater die notwendigen Lebensmittel; diesen schickte Scaurus zu Aretas, weil er mit ihm befreundet war, damit jener durch Zahlung einer Geldsumme sich den Krieg vom Halse schaffe. Der Araber ließ sich überreden, 300 Talente zu geben, und deswegen führte Scaurus sein Heer aus Arabien fort.

2. 160. Alexander, der allein von den Kindern des Aristobulos dem Pompejus entkommen war, hatte mit der Zeit eine beträchtliche Schar gesammelt; wegen seiner Streifzüge durch Judäa war er dem Hyrkanos lästig. Er hätte ihn fast schnell gestürzt — drang er doch bis Jerusalem vor und wagte die von Pompejus zerstörte Mauer wieder aufzurichten — wenn nicht Gabinius[87], der nach Syrien gesandte Nachfolger des Scaurus, der sich auch sonst vielfach als tüchtig erwies, gegen Alexander sich in Marsch gesetzt hätte. In Furcht vor dem Anmarsch sammelte dieser ein noch größeres Heer, sodaß es auf 10 000 Schwerbewaffnete und 1500 Reiter anwuchs; ferner befestigte er die geeigneten Punkte des Geländes, nämlich Alexandreion, Hyrkaneion und Machärus[88], die den arabischen Bergen gegenüber liegen.

3. 162. Gabinius schickte Marcus Antonius mit einem Teil des Heeres voraus und folgte selbst mit der ganzen Streitmacht. Die Elitetruppen des Antipater und das übrige Heer der Juden, das Malichos und Peitholaos befehligten, verbanden sich mit den Heerführern des Marcus Antonius und traten Alexander entgegen. Wenig später fand sich auch Gabinius mit den Schwerbewaffneten ein. Der vereinigten Macht der Feinde hielt Alexander nicht stand, sondern zog sich zurück; schon in der Nähe von Jerusalem wurde er zur Schlacht gezwungen und verlor bei diesem Treffen 6000 Mann, von denen 3000 fielen und 3000 gefangen genommen wurden; so floh er mit dem Rest zum Alexandreion.

4. 164. Als Gabinius vor das Alexandreion kam und zahlreiche Truppen im Lager fand, versuchte er, sie durch das Versprechen der Nachsicht wegen

μένων πρό μάχης αυτούς προσαγαγέσθαι· μηδέν δέ μέτριον φρονούντων
165 άποκτείνας πολλούς τούς λοιπούς άπέκλεισεν εις τό έρυμα. κατά ταύτην
άριστεύει τήν μάχην ό ηγεμών Μάρκος Αντώνιος, πανταχού μέν γενναίος άεί φανείς, ούδαμού δ' ούτως. Γαβίνιος δέ τούς έξαιρήσοντας τό
φρούριον καταλιπών αύτός έπήει τάς μέν άπορθήτους πόλεις καθιστά-
166 μενος, τάς δέ κατεστραμμένας άνακτίζων. συνεπολίσθησαν γούν τούτου κελεύσαντυς Σκυθόπολίς τε καί Σαμάρεια καί Άνθηδών καί Απολλωνία καί Ίάμνεια καί Ράφεια Μάρισά τε καί Άδώρεος καί Γάβαλα
καί Άζωτος καί άλλαι πολλαί, τών οίκητόρων άσμένως έφ' έκάστην
συνθεόντων.
167 5. Μετά δέ τήν τούτων έπιμέλειαν έπανελθών πρός τό Αλεξάνδρειον
έπέρρωσεν τήν πολιορκίαν, ώστε Αλέξανδρος άπογνούς περί τών όλων
έπικηρυκεύεται πρός αύτόν, συγγνωσθήναί τε τών ήμαρτημένων δεόμενος
καί τά συμμένοντα²⁶ φρούρια παραδιδούς Υρκάνειον καί Μαχαιρούντα·
168 αύθις δέ καί τό Αλεξάνδρειον ένεχείρισεν. ά πάντα Γαβίνιος έναγούσης
τής Αλεξάνδρου μητρός κατέστρεψεν, ώς μή πάλιν ορμητήριον γένοιτο
δευτέρου πολέμου· παρήν δέ μειλισσομένη τόν Γαβίνιον κατά δέος τών
169 έπί τής Ρώμης αίχμαλώτων, τού τε άνδρός καί τών άλλων τέκνων. μετά
δέ ταύτα εις Ιεροσόλυμα Γαβίνιος Ύρκανόν καταγαγών καί τήν τού
ίερού παραδούς κηδεμονίαν αύτώ καθίστατο τήν άλλην πολιτείαν έπί
170 προστασία τών αρίστων. διείλεν δέ πάν τό έθνος εις πέντε συνόδους, τό
μέν Ιεροσολύμοις προστάξας, τό δέ Γαδάροις, οί δέ ίνα συντελώσιν εις
Άμαθούντα, τό δέ τέταρτον εις Ιεριχούντα κεκλήρωτο, καί τώ πέμπτω
Σέπφωρις άπεδείχθη πόλις τής Γαλιλαίας. άσμένως δέ τής έξ ενός
έπικρατείας έλευθερωθέντες τό λοιπόν άριστοκρατία διωκούντο.
171 6. Μετ' ού πολύ γε μήν αύτοίς άρχή γίνεται θορύβων Αριστόβουλος
άποδράς έκ Ρώμης, δς αύθις πολλούς Ιουδαίων έπισυνίστη, τούς μέν
έπιθυμούντας μεταβολής, τούς δέ άγαπώντας αύτόν πάλαι. καί τό μέν
πρώτον καταλαβόμενος τό Αλεξάνδρειον άνατειχίζειν έπειράτο· ώς δέ
Γαβίνιος ύπό Σισέννα καί Αντωνίω καί Σερουιανώ στρατιάν έπεμψεν
έπ' αύτόν, γνούς άνεχώρει έπί Μαχαιρούντος. καί τόν μέν άχρηστον
172 όχλον άπεφορτίσατο, μόνους δέ έπήγετο τούς ώπλισμένους όντας εις
όκτακισχιλίους, έν οίς καί Πειθόλαος ήν ό έξ Ιεροσολύμων ύποστράτηγος αύτομολήσας μετά χιλίων. Ρωμαίοι δ' έπηκολούθουν, καί γενομένης συμβολής μέχρι πολλού μέν οί περί τόν Αριστόβουλον διεκαρτέρουν
γενναίως άγωνιζόμενοι, τέλος δέ βιασθέντες ύπό τών Ρωμαίων πίπτουσι
μέν πεντακισχίλιοι, περί δέ δισχιλίους άνέφυγον είς τινα λόφον, οί δέ
λοιποί χίλιοι σύν Αριστοβούλω διακόψαντες τήν φάλαγγα τών Ρωμαίων

§ 165 = ant. 14, 87; § 171 = ant. 14, 92.

²⁶ συλληφθέντα PAM Niese; συμμένοντα LVRC Na Thack.

44

ihrer Verfehlungen vor der Schlacht auf seine Seite zu ziehen. Als sie aber keine Vernunft annahmen, tötete er viele und schloß den Rest in der Festung ein. In dieser Schlacht zeichnete sich der Feldherr Marcus Antonius vor allen aus, ein Mann, der sich zwar überall und immer tüchtig gezeigt hatte, aber niemals in einem solchen Maße. Gabinius ließ Truppen, die den befestigten Platz einnehmen sollten, zurück; er selbst zog durch das Land und richtete in den unversehrten Städten die Ordnung auf, die zerstörten stellte er wieder her. So wurden auf seinen Befehl Skythopolis, Samaria, Anthedon, Apollonia[89], Jamnia, Raphia, Marisa, Adoreos, Gabala, Azotos und viele andere wieder aufgebaut, während die Einwohner mit Freuden in jede Stadt zurückströmten.

5. 167. Nachdem er sich um diese Dinge gekümmert hatte, kehrte er zum Alexandreion zurück und betrieb die Belagerung so energisch, daß Alexander, an allem verzweifelnd, einen Unterhändler zu ihm schickte mit der Bitte, ihm die Verfehlungen zu verzeihen, und mit dem Angebot der Übergabe der ihm noch verbleibenden Festungen Hyrkaneion und Machärus. Später überlieferte er auch das Alexandreion. Diese alle zerstörte Gabinius auf das Betreiben der Mutter des Alexander, damit sie nicht wieder Stützpunkt für einen zweiten Krieg werden könnten. Sie war gekommen, um Gabinius zu besänftigen, in Furcht um die in Rom befindlichen Gefangenen, nämlich ihren Mann und ihre anderen Kinder. Danach führte Gabinius den Hyrkanos wieder in Jerusalem ein, übergab ihm die Sorge um das Heiligtum, während er die bürgerliche Verwaltung auf Grund einer aristokratischen Verfassung regelte. Er teilte das ganze Volk in fünf Bezirke auf. Den einen schlug er zu Jerusalem, den anderen zu Gadara (Gazara?)[90], die nächste Gruppe sollte zu Amathus gehören, der vierte Bezirk wurde Jericho zugeteilt und für den fünften wurde die galiläische Stadt Sepphoris herausgestellt. Gern ließen sich die Juden, aus der Gewalt eines einzigen befreit, für die Zukunft aristokratisch verwalten.

6. 171. Wenig später erwuchsen ihnen neue Unruhen aus der Flucht des Aristobulos aus Rom. Er brachte wieder viele Juden zusammen, von denen die einen einen Umsturz ersehnten, die anderen ihm von jeher zugetan waren. Als erstes nahm er das Alexandreion ein und versuchte, es wieder mit Mauern zu versehen. Als Gabinius gegen ihn ein Heer schickte unter Führung des Sisenna, Antonius und Servianus, zog er sich, als er das erkannte, auf Machärus zurück. Er entledigte sich des nutzlosen Trosses und ließ allein die Schwerbewaffneten, etwa 8000 an der Zahl, mitziehen, unter denen sich auch Peitholaos befand, der als einer der Jerusalemer Unterfeldherren mit 1000 Mann zu ihm übergelaufen war. Die Römer folgten, und als es zur Schlacht kam, hielten die Leute des Aristobulos lange tapfer kämpfend stand. Schließlich wurden sie von den Römern bezwungen; es fielen 5000, 2000 flohen auf einen Hügel; die letzten 1000 aber schlugen sich mit Aristobulos durch die Schlachtreihe der Römer und entkamen nach Machärus. Als nun dort der König zum erstenmal in den Ruinen übernachtete, hegte er noch die Hoffnung, eine andere Streitmacht

173 εἰς Μαχαιροῦντα συνελαύνονται. ἔνθα δὴ τὴν πρώτην ἑσπέραν ὁ βασιλεὺς τοῖς ἐρειπίοις ἐναυλισάμενος ἐν ἐλπίσι μὲν ἦν ἄλλην συναθροίσειν δύναμιν ἀνοχὴν τοῦ πολέμου διδόντος καὶ τὸ φρούριον κακῶς ὠχύρου· προσπεσόντων δὲ Ῥωμαίων ἐπὶ δύο ἡμέρας ἀντισχὼν ὑπὲρ δύναμιν ἁλίσκεται καὶ μετ' Ἀντιγόνου τοῦ παιδός, ὃς ἀπὸ Ῥώμης αὐτῷ συναπέδρα, δεσμώτης ἐπὶ Γαβίνιον ἀνήχθη καὶ ἀπὸ Γαβινίου πάλιν εἰς Ῥώ-
174 μην. τοῦτον μὲν οὖν ἡ σύγκλητος εἶρξεν, τὰ τέκνα δ' αὐτοῦ διῆγεν εἰς Ἰουδαίαν Γαβινίου δι' ἐπιστολῶν δηλώσαντος τῇ Ἀριστοβούλου γυναικὶ τοῦτο ἀντὶ τῆς παραδόσεως τῶν ἐρυμάτων ὡμολογηκέναι.
175 7. Γαβινίῳ δ' ἐπὶ Πάρθους ὡρμημένῳ στρατεύειν γίνεται Πτολεμαῖος ἐμπόδιον· ὃς[27] ὑποστρέψας ἀπ' Εὐφράτου κατῆγεν[28] εἰς Αἴγυπτον ἐπιτηδείοις εἰς ἅπαντα χρώμενος κατὰ τὴν στρατείαν Ὑρκανῷ καὶ Ἀντιπάτρῳ· καὶ γὰρ χρήματα καὶ ὅπλα καὶ σῖτον καὶ ἐπικούρους Ἀντίπατρος προσῆγεν, καὶ τοὺς ταύτῃ Ἰουδαίους φρουροῦντας τὰς κατὰ τὸ
176 Πηλούσιον ἐμβολὰς παρεῖναι Γαβίνιον ἔπεισεν. τῆς δ' ἄλλης Συρίας πρὸς τὸν Γαβινίου χωρισμὸν κινηθείσης καὶ Ἰουδαίους πάλιν ἀπέστησεν Ἀλέξανδρος ὁ Ἀριστοβούλου, μεγίστην δὲ συγκροτήσας δύναμιν ὥρμητο
177 πάντας τοὺς κατὰ τὴν χώραν Ῥωμαίους ἀνελεῖν. πρὸς ὃ Γαβίνιος δείσας, ἤδη δὲ παρῆν ἀπ' Αἰγύπτου τοῖς τῇδε θορύβοις ἠπειγμένος, ἐπὶ τινὰς μὲν τῶν ἀφεστώτων Ἀντίπατρον προπέμψας μετέπεισεν, συνέμενον δὲ Ἀλεξάνδρῳ τρεῖς μυριάδες, κἀκεῖνος ὥρμητο πολεμεῖν. οὕτως ἔξεισιν πρὸς μάχην. ὑπήντων δὲ οἱ Ἰουδαῖοι, καὶ συμβαλόντων περὶ τὸ Ἰταβύριον ὄρος μύριοι μὲν ἀναιροῦνται, τὸ δὲ λοιπὸν πλῆθος ἐσκεδάσθη
178 φυγῇ. καὶ Γαβίνιος ἐλθὼν εἰς Ἱεροσόλυμα πρὸς τὸ Ἀντιπάτρου βούλημα κατεστήσατο τὴν πολιτείαν. ἔνθεν ὁρμήσας Ναβαταίων τε μάχῃ κρατεῖ καὶ Μιθριδάτην καὶ Ὀρσάνην φυγόντας ἐκ Πάρθων κρύφα μὲν ἀπέπεμψεν, παρὰ δὲ τοῖς στρατιώταις ἔλεγεν ἀποδρᾶναι.
179 8. Κἂν τούτῳ Κράσσος αὐτῷ διάδοχος ἐλθὼν παραλαμβάνει Συρίαν. οὗτος εἰς τὴν ἐπὶ Πάρθους στρατείαν τόν τε ἄλλον τοῦ ἐν Ἱεροσολύμοις ναοῦ χρυσὸν πάντα περιεῖλεν καὶ τὰ δισχίλια τάλαντα ἦρεν, ὧν ἀπέσχετο Πομπήιος. διαβὰς δὲ τὸν Εὐφράτην αὐτός τε ἀπώλετο καὶ ὁ στρατὸς αὐτοῦ, περὶ ὧν οὐ νῦν καιρὸς λέγειν.
180 9. Πάρθους δὲ μετὰ τὸν Κράσσον ἐπιδιαβαίνειν εἰς Συρίαν ὡρμημένους ἀνέκοπτεν Κάσσιος εἰς τὴν ἐπαρχίαν διαφυγών. περιποιησάμενος δὲ αὐτὴν ἐπὶ Ἰουδαίους ἠπείγετο, καὶ Ταριχέας μὲν ἑλὼν εἰς τρεῖς μυριάδας Ἰουδαίων ἀνδραποδίζεται, κτείνει δὲ καὶ Πειθόλαον τοὺς Ἀριστοβούλου στασιαστὰς ἐπισυνιστάντα· τοῦ φόνου δὲ ἦν σύμβουλος Ἀντί-
181 πατρος. τούτῳ γήμαντι γυναῖκα τῶν ἐπισήμων ἐξ Ἀραβίας Κύπρον τοὔνομα τέσσαρες μὲν υἱεῖς γίνονται, Φασάηλος καὶ ὁ βασιλεὺς αὖθις

§ 174 = ant. 14, 97; § 179 = ant. 14, 105 ff.

[27] ὃν Hudson cj., Na Thack.
[28] κατῇρεν Destinon.

sammeln zu können, wenn ihm der Krieg eine Atempause gewähren würde; er befestigte den Platz notdürftig. Als aber die Römer ihn angriffen, hielt er mit übermenschlicher Anstrengung zwei Tage lang stand und wurde dann gefangen genommen; zusammen mit Antigonos, seinem Sohn, der wie er von Rom geflohen war, wurde er gefesselt zu Gabinius gebracht und von Gabinius wieder nach Rom gesandt. Ihn selbst ließ der Senat in Haft halten, seine Kinder aber ließ er nach Judäa überführen, weil Gabinius brieflich mitgeteilt hatte, er habe dies der Gattin des Aristobulos als Gegenleistung für die Übergabe der Festungen zugesagt.

7. 175. Als Gabinius gegen die Parther aufgebrochen war, wurde ihm Ptolemäus[91] hinderlich. Er kehrte seinetwegen vom Euphrat zurück und führte ihn in Ägypten wieder ein; bei diesem Feldzug waren ihm Hyrkanos und Antipater für alles nützliche Helfer. Denn Antipater schickte Geld, Waffen, Getreide und Hilfstruppen und bestimmte die dortigen Juden, welche die Pässe bei Pelusium[92] bewachten, den Gabinius durchzulassen. Als ganz Syrien angesichts der Abwesenheit des Gabinius in Unruhe geriet, da machte Alexander, der Sohn des Aristobulos, auch die Juden wieder abspenstig; er brachte eine stattliche Streitmacht zusammen und machte Anstalten, alle Römer im Lande umzubringen. Darüber geriet Gabinius in Besorgnis; er war aus Ägypten schon wieder zur Stelle, von den palästinischen Unruhen dazu gedrängt. Zu einigen von den Aufständischen schickte er Antipater vor und stimmte sie auch um. Dennoch blieben bei Alexander 30 000 Mann, und so beschloß jener, den Krieg zu wagen. Deswegen rückte Gabinius zur Schlacht aus. Die Juden traten ihm entgegen, und von denen, die auf dem Berge Itabyrion (= Tabor) kämpften, wurden 10 000 getötet; der restliche Haufe wurde auf der Flucht zerstreut. Gabinius kam nach Jerusalem und ordnete die Verwaltung nach dem Willen des Antipater. Von dort brach er auf und besiegte die Nabatäer in einer Schlacht. Mithridates und Orsanes, die sich aus Parthien geflüchtet hatten, sandte er heimlich zurück, vor den Soldaten aber sagte er, sie seien entlaufen.

8. 179. Inzwischen kam Crassus[93] als sein Nachfolger und übernahm Syrien. Dieser nahm zum Partherfeldzug das ganze Gold im jerusalemischen Tempel weg, auch die 2000[94] Talente, die Pompejus nicht angerührt hatte. Er überschritt den Euphrat, kam aber selbst mit seinem Heere um. Aber darüber ist jetzt nicht zu berichten.

9. 180. Die Parther, die nach dem Tode des Crassus einen Einfall nach Syrien ins Werk setzten, schlug Cassius, der sich in diese Provinz geflüchtet hatte, zurück. Als er sie wieder in seine Gewalt gebracht hatte, eilte er gegen die Juden, eroberte Tarichea[95] und verkaufte 30 000 Juden als Sklaven; er tötete aber auch Peitholaos, der die aufrührerischen Anhänger des Aristobulos gesammelt hatte. Ratgeber zu dieser Tat war Antipater gewesen. Dieser war verheiratet mit einer Frau aus den vornehmsten Familien Arabiens, mit Namen Kypros, und er hatte vier Söhne: Phasael, den nachmaligen König Herodes, dazu Joseph und Pheroras, ferner eine Tochter mit Namen Salome. Er war allenthalben den Macht-

Ἡρώδης, πρὸς οἷς Ἰώσηπος καὶ Φερώρας καὶ Σαλώμη θυγάτηρ. ἐξῳκειωμένος δὲ τοὺς πανταχοῦ δυνατοὺς φιλίαις τε καὶ ξενίαις μάλιστα προσηγάγετο τὸν Ἀράβων βασιλέα διὰ τὴν ἐπιγαμβρίαν, κἀπειδὴ τὸν πρὸς τὸν Ἀριστόβουλον ἀνείλετο πόλεμον, ἐκείνῳ παρακαταθήκην
182 ἔπεμψεν τὰ τέκνα. Κάσσιος δὲ κατὰ συνθήκας ἡσυχάζειν Ἀλέξανδρον ἀναγκάσας ἐπὶ τὸν Εὐφράτην ὑπέστρεψεν Πάρθους διαβαίνειν ἀνείρξων, περὶ ὧν ἐν ἑτέροις ἐροῦμεν.

183 IX. 1. Καῖσαρ δὲ Πομπηίου καὶ τῆς συγκλήτου φυγόντων ὑπὲρ τὸν Ἰόνιον Ῥώμης καὶ τῶν ὅλων κρατήσας ἀνίησι μὲν τῶν δεσμῶν τὸν Ἀριστόβουλον, παραδοὺς δ' αὐτῷ δύο τάγματα κατὰ τάχος ἔπεμψεν εἰς Συρίαν, ταύτην τε ῥᾳδίως ἐλπίσας καὶ τὰ περὶ τὴν Ἰουδαίαν δι' αὐτοῦ
184 προσάξεσθαι. φθάνει δ' ὁ φθόνος καὶ τὴν Ἀριστοβούλου προθυμίαν καὶ τὰς Καίσαρος ἐλπίδας· φαρμάκῳ γοῦν ἀναιρεθεὶς ὑπὸ τῶν τὰ Πομπηίου φρονούντων μέχρι πολλοῦ μὲν οὐδὲ ταφῆς ἐν τῇ πατρῴᾳ χώρᾳ μετεῖχεν, ἔκειτο δὲ μέλιτι συντηρούμενος ὁ νεκρὸς αὐτοῦ, ἕως ὑπ' Ἀντωνίου Ἰουδαίοις ἐπέμφθη τοῖς βασιλικοῖς μνημείοις ἐνταφησόμενος.
185 2. Ἀναιρεῖται δὲ καὶ ὁ υἱὸς αὐτοῦ Ἀλέξανδρος πελέκει ὑπὸ Σκιπίωνος ἐν Ἀντιοχείᾳ Πομπηίου τοῦτ' ἐπιστείλαντος καὶ γενομένης κατηγορίας πρὸ τοῦ βήματος ὧν Ῥωμαίους ἔβλαψεν. τοὺς δ' ἀδελφοὺς αὐτοῦ Πτολεμαῖος ὁ Μενναίου παραλαβών, ὃς ἐκράτει τῆς ὑπὸ τῷ Λιβάνῳ Χαλκί-
186 δος, Φιλιππίωνα τὸν υἱὸν ἐπ' αὐτοὺς εἰς Ἀσκάλωνα πέμπει. κἀκεῖνος ἀποσπάσας τῆς Ἀριστοβούλου γυναικὸς Ἀντίγονον καὶ τὰς ἀδελφὰς αὐτοῦ πρὸς τὸν πατέρα ἀνήγαγεν. ἁλοὺς δ' ἔρωτι γαμεῖ τὴν ἑτέραν καὶ μετὰ ταῦτα ὑπὸ τοῦ πατρὸς δι' αὐτὴν κτείνεται· γαμεῖ γὰρ Πτολεμαῖος τὴν Ἀλεξάνδραν ἀνελὼν τὸν υἱὸν καὶ διὰ τὸν γάμον κηδεμονικώτερος αὐτὸς ἦν πρὸς τοὺς ἀδελφούς.
187 3. Ἀντίπατρος δὲ μετὰ τὴν Πομπηίου τελευτὴν μεταβὰς ἐθεράπευεν Καίσαρα, κἀπειδὴ Μιθριδάτης ὁ Περγαμηνὸς μεθ' ἧς ἦγεν ἐπ' Αἴγυπτον δυνάμεως εἰργόμενος τῶν κατὰ τὸ Πηλούσιον ἐμβολῶν ἐν Ἀσκάλωνι κατείχετο, τούς τε Ἄραβας ξένος ὢν ἔπεισεν ἐπικουρῆσαι καὶ αὐτὸς
188 ἧκεν ἄγων Ἰουδαίων εἰς τρισχιλίους ὁπλίτας. παρώρμησον δὲ καὶ τοὺς ἐν Συρίᾳ δυνατοὺς ἐπὶ τὴν βοήθειαν τόν τε ἔποικον τοῦ Λιβάνου Πτολεμαῖον καὶ Ἰάμβλιχον, δι' οὓς αἱ ταύτῃ πόλεις ἑτοίμως συνεφήψαντο
189 τοῦ πολέμου. καὶ θαρρῶν ἤδη Μιθριδάτης τῇ προσγενομένῃ δι' Ἀντίπατρον ἰσχύι πρὸς τὸ Πηλούσιον ἐξελαύνει κωλυόμενός τε διελθεῖν ἐπολιόρκει τὴν πόλιν. γίνεται δὲ κἀν τῇ προσβολῇ διασημότατος Ἀντίπατρος·

§ 183 = ant. 14, 123; § 187 = ant. 14, 128.

habern durch Freundschafts- und Gastverhältnisse vertraut und gewann für sich besonders den Araberkönig infolge der Verschwägerung, und als er den Krieg gegen Aristobulos begann, sandte er jenem seine Kinder als Schutzbefohlene. Cassius aber nötigte den Alexander durch ein Abkommen, sich ruhig zu verhalten und wandte sich dann zum Euphrat, um die Parther an dessen Überschreitung zu verhindern, worüber wir an anderer Stelle berichten werden[96].

9. Kapitel

1. 183. Als Caesar nach der Flucht des Pompejus und des Senats über das jonische Meer Rom und die Gesamtherrschaft in die Hand bekommen hatte[97], entließ er Aristobulos aus der Gefangenschaft; er übergab ihm zwei Legionen und schickte ihn beschleunigt nach Syrien, in der Hoffnung, er könne dies und die Gebiete um Judäa durch ihn leicht an sich bringen. Der Neid aber war schneller als die Bereitwilligkeit des Aristobulos und die Erwartungen Caesars. Er wurde nämlich von den Parteigängern des Pompejus vergiftet; lange Zeit fand er in seinem Vaterlande nicht einmal ein Grab, und sein Leichnam lag, in Honig aufbewahrt[98], bis er von Antonius zu den Juden geschickt und in den Königsgräbern beigesetzt wurde.

2. 185. Auch sein Sohn Alexander wurde in Antiochia auf Befehl des Pompejus von Scipio[99] durch das Beil getötet, nachdem er wegen seiner Verbrechen gegen die Römer vor ein öffentliches Gericht gestellt worden war. Seine Geschwister nahm Ptolemäus, der Sohn des Mennäus, der über das Gebiet von Chalkis am Fuß des Libanon herrschte, zu sich; er schickte deshalb seinen Sohn Philippion zu ihnen nach Askalon. Jener entriß Antigonos und seine Schwestern der Frau des Aristobulos und brachte sie zu seinem Vater. Von Liebe ergriffen, heiratete er die Jüngere und wurde danach ihretwegen von seinem Vater getötet; so kam es, daß Ptolemäus Alexandra nach der Ermordung seines Sohnes selbst heiratete und wegen seiner Heirat mit den Geschwistern fürsorglicher umging.

3. 187. Antipater wechselte nach dem Ende des Pompejus die Partei und warb mit Dienstleistungen um die Gunst des Caesar; als nun Mithridates von Pergamon mit seiner Streitmacht auf dem Weg nach Ägypten von den Pässen bei Pelusium gehindert und in Askalon zurückgehalten wurde, beredete er die Araber als ihr Gastfreund, ihm zu Hilfe zu eilen, und kam selbst mit etwa 3000 schwerbewaffneten Juden[100]. Er brachte auch die Machthaber in Syrien zur Hilfe auf, den Ptolemäus[101], der am Libanon wohnte, und Jamblichus, auf deren Veranlassung hin sich auch die dortigen Städte bereitwillig am Kriege beteiligten. Unter diesen Umständen faßte Mithridates durch die Verstärkung, die er Antipater zu verdanken hatte, Mut, brach gegen Pelusium auf und belagerte, als er am Durchmarsch gehindert wurde, die Stadt. Auch bei dem Sturm auf die Stadt zeichnete sich Anti-

τὸ γὰρ κατ' αὐτὸν μέρος τοῦ τείχους διαρρήξας πρῶτος εἰσεπήδησεν εἰς τὴν πόλιν μετὰ τῶν σὺν αὐτῷ.

190 4. Καὶ τὸ Πηλούσιον μὲν ἑάλω, πρόσω δ' αὐτοὺς ἰόντας[29] εἶργον αὖθις οἱ τὴν Ὀνίου προσαγορευομένην χώραν κατέχοντες· ἦσαν δὲ Ἰουδαῖοι Αἰγύπτιοι. τούτους Ἀντίπατρος οὐ μόνον μὴ κωλύειν ἔπεισεν, ἀλλὰ καὶ τὰ ἐπιτήδεια τῇ δυνάμει παρασχεῖν· ὅθεν οὐδὲ οἱ κατὰ Μέμφιν ἔτι
191 εἰς χεῖρας ἦλθον, ἑκούσιοι δὲ προσέθεντο Μιθριδάτῃ. κἀκεῖνος ἤδη τὸ Δέλτα περιελθὼν συνέβαλλεν τοῖς λοιποῖς Αἰγυπτίοις εἰς μάχην κατὰ χῶρον, ὃς Ἰουδαίων στρατόπεδον καλεῖται. κινδυνεύοντα δ' αὐτὸν ἐν τῇ παρατάξει σὺν ὅλῳ τῷ δεξιῷ κέρατι ῥύεται περιελθὼν Ἀντίπατρος παρὰ τὸν αἰγιαλὸν τοῦ ποταμοῦ· τῶν γὰρ καθ' ἑαυτὸν ἐκράτει τὸ λαιὸν
192 ἔχων κέρας· ἔπειτα προσπεσὼν τοῖς διώκουσι Μιθριδάτην ἀπέκτεινεν πολλοὺς καὶ μέχρι τοσούτου τοὺς καταλειπομένους ἐδίωξεν ὡς καὶ τὸ στρατόπεδον αὐτῶν ἑλεῖν. ὀγδοήκοντα δὲ μόνους τῶν ἰδίων ἀπέβαλεν, καὶ Μιθριδάτης ἐν τῇ τροπῇ περὶ ὀκτακοσίους. σωθεὶς δ' αὐτὸς παρ' ἐλπίδα μάρτυς ἀβάσκανος γίνεται πρὸς Καίσαρα τῶν Ἀντιπάτρου κατορθωμάτων.

193 5. Ὁ δὲ τότε μὲν τὸν ἄνδρα τοῖς ἐπαίνοις καὶ ταῖς ἐλπίσιν εἰς τοὺς ὑπὲρ αὐτοῦ κινδύνους ἐπέρρωσεν, ἐν οἷς πᾶσιν παραβολώτατος ἀγωνιστὴς γενόμενος καὶ πολλὰ τρωθεὶς ἐφ' ὅλου σχεδὸν τοῦ σώματος εἶχεν τὰ
194 σημεῖα τῆς ἀρετῆς. αὖθις δὲ καταστησάμενος τὰ κατὰ τὴν Αἴγυπτον ὡς ἐπανῆκεν εἰς Συρίαν, πολιτείᾳ τε αὐτὸν τῇ Ῥωμαίων ἐδωρήσατο καὶ ἀτελείᾳ τῆς τε ἄλλης τιμῆς καὶ φιλοφρονήσεως ἕνεκεν ζηλωτὸν ἐποίησεν καὶ τὴν ἀρχιερωσύνην δὲ δι' αὐτὸν ἐπεκύρωσεν Ὑρκανῷ.

195 X. 1. Κατ' αὐτὸ δὲ καὶ Ἀντίγονος ὁ Ἀριστοβούλου πρὸς τὸν Καίσαρα παρὼν γίνεται παραδόξως Ἀντιπάτρῳ μείζονος προκοπῆς αἴτιος· δέον γὰρ ἀποδύρεσθαι περὶ τοῦ πατρὸς πεφαρμάχθαι δοκοῦντος ἐκ τῶν πρὸς Πομπήιον διαφορῶν καὶ περὶ τἀδελφοῦ τὴν Σκιπίωνος ὠμότητα μέμφεσθαι καὶ μηδὲν εἰς τὸν ἔλεον παραμῖξαι φθονερὸν πάθος, ὁ δὲ
196 ἐπὶ τούτοις Ὑρκανοῦ καὶ Ἀντιπάτρου κατηγόρει παρελθών, ὡς παρανομώτατα μὲν αὐτὸν μετὰ τῶν ἀδελφῶν πάσης ἀπελαύνοιεν τῆς πατρίου γῆς, πολλὰ δ' εἰς τὸ ἔθνος αὐτοὶ διὰ κόρον ἐξυβρίζοιεν, καὶ ὅτι τὴν εἰς Αἴγυπτον συμμαχίαν οὐκ ἐπ' εὐνοίᾳ αὐτῷ πέμψειαν, ἀλλὰ κατὰ δέος τῶν πάλαι διαφορῶν καὶ τὴν πρὸς τὸν Πομπήιον φιλίαν ἀποσκευαζόμενοι.

§ 192 = ant. 14, 133; § 196 = ant. 14, 140.

[29] αὐτὸν ἰόντα PAM Lat Niese; αὐτοὺς ἰόντας LVRC.

pater wieder besonders aus; er durchbrach nämlich den Teil der Mauer, der ihm zugewiesen war, und drang als erster mit seinen Truppen in die Stadt.

4. 190. Pelusium war zwar genommen, aber auf ihrem Weitermarsch fanden sie erneut Widerstand bei den Bewohnern des nach Onias genannten Gebietes; es handelte sich dabei um ägyptische Juden. Diese überredete Antipater nicht nur, ihren Widerstand aufzugeben, sondern auch der Streitmacht die Lebensmittel zu liefern. Deswegen griffen die Leute von Memphis gar nicht erst zu den Waffen, sondern fielen freiwillig dem Mithridates zu. Jener hatte schon das Delta umgangen und kam mit den übrigen Ägyptern im Gebiet, das den Namen „Judenlager" trägt, ins Gefecht. In dieser Schlacht geriet Mithridates mit seinem ganzen rechten Flügel in Bedrängnis; er wurde aber von Antipater, der die Feinde längs des Flußufers umging, gerettet. Als Befehlshaber des linken Flügels war er über den Teil der Feinde, der ihm gegenüberstand, Herr geworden; darauf fiel er über die, die Mithridates verfolgten, her und tötete viele; den Rest verfolgte er so weit, daß er auch ihr Lager einnahm. Dabei verlor er nur 80 Mann von seinen Leuten, während Mithridates auf seiner Flucht an 800 Mann einbüßte. Wider Erwarten gerettet, trat jener als neidloser Zeuge der Erfolge des Antipater vor Caesar hin.

5. 193. Dieser bestärkte den Mann durch Lob und Versprechungen im Einsatz für seine Sache; dabei kämpfte er überall äußerst tollkühn und wurde vielfach verwundet, sodaß er nahezu am ganzen Körper Narben als die Spuren seiner Tapferkeit trug. Als Caesar, nachdem die Ordnung in Ägypten hergestellt war, wieder nach Syrien zog, beschenkte er ihn mit dem römischen Bürgerrecht und der Abgabenfreiheit und machte ihn durch weitere Ehrung und den Beweis seiner Freundschaft beneidenswert. Auch bestätigte er dem Hyrkanos seinetwegen die hohepriesterliche Würde.

10. Kapitel

1. 195. Als zur selben Zeit Antigonos, der Sohn des Aristobulos, bei Caesar vorsprach, wurde er merkwürdigerweise für Antipater Anlaß zu noch höherem Aufstieg. Es wäre nämlich richtig gewesen, darüber Klage zu führen, daß sein Vater offenbar wegen der Feindschaft gegen Pompejus vergiftet worden war, und wegen der Hinrichtung seines Bruders die Grausamkeit des Scipio zu rügen, ohne dabei in das Mitleid ein Neidgefühl einfließen zu lassen. So aber trat er auf und klagte obendrein Hyrkanos und Antipater an, daß sie ihn gegen jedes Gesetz zusammen mit seinen Geschwistern aus dem ganzen väterlichen Gebiet vertrieben und gegen das Volk aus Hochmut viele Verbrechen begangen hätten. Auch hätten sie nach Ägypten nicht etwa aus Zuneigung zu ihm Hilfe gesandt, sondern aus Furcht wegen der alten Feindseligkeiten und um die Freundschaft mit Pompejus wettzumachen.

197 2. Πρὸς ταῦτα ὁ Ἀντίπατρος ἀπορρίψας τὴν ἐσθῆτα τὸ πλῆθος ἐπεδείκνυεν τῶν τραυμάτων, καὶ περὶ μὲν τῆς εἰς Καίσαρα εὐνοίας οὐκ
198 ἔφη λόγου δεῖν αὐτῷ· κεκραγέναι γὰρ τὸ σῶμα σιωπῶντος· Ἀντιγόνου δὲ θαυμάζειν τὴν τόλμαν, εἰ πολεμίου Ῥωμαίων υἱὸς ὢν καὶ Ῥωμαίων δραπέτου καὶ τὸ νεωτεροποιὸς εἶναι καὶ στασιώδης αὐτὸς πατρῷον ἔχων, παρὰ τῷ Ῥωμαίων ἡγεμόνι κατηγορεῖν ἐπικεχείρηκεν ἑτέρων καὶ πειρᾶται τυχεῖν ἀγαθοῦ τινος, δέον ἀγαπᾶν ὅτι ζῇ· καὶ γὰρ νῦν ἐφίεσθαι πραγμάτων οὐ τοσοῦτον δι' ἀπορίαν, ἀλλ' ἵνα Ἰουδαίους διαστασιάσῃ παρελθὼν καὶ χρήσηται κατὰ τῶν δόντων ταῖς ἀφορμαῖς.
199 3. Τούτων Καῖσαρ ἀκούσας Ὑρκανὸν μὲν ἀξιώτερον τῆς ἀρχιερωσύνης ἀπεφήνατο, Ἀντιπάτρῳ δὲ δυναστείας αἵρεσιν ἔδωκεν. ὁ δ' ἐπὶ τῷ τιμήσαντι τὸ μέτρον τῆς τιμῆς θέμενος πάσης ἐπίτροπος Ἰουδαίας ἀποδείκνυται καὶ προσεπιτυγχάνει τὰ τείχη τῆς πατρίδος ἀνακτίσαι
200 κατεστραμμένα. τὰς μὲν δὴ τιμὰς ταύτας Καῖσαρ ἐπέστελλεν ἐν τῷ Καπετωλίῳ χαραχθῆναι τῆς τε αὐτοῦ δικαιοσύνης σημεῖον καὶ τῆς τἀνδρὸς ἐσομένας ἀρετῆς.
201 4. Ἀντίπατρος δὲ Καίσαρα προπέμψας ἐκ τῆς Συρίας εἰς Ἰουδαίαν ὑπέστρεψεν. καὶ πρῶτον μὲν τὸ τεῖχος ἀνεδείματο τῆς πατρίδος ὑπὸ Πομπηίου κατεστραμμένον καὶ τοὺς ἀνὰ τὴν χώραν θορύβους ἐπιὼν κατέστελλεν, ἀπειλητὴς ἅμα καὶ σύμβουλος ὢν ἑκάστοις, ὅτι τὰ μὲν Ὑρκανοῦ φρονοῦντες ἐν ὄλβῳ καὶ καθ' ἡσυχίαν βιώσονται τῶν τε ἰδίων
202 κτημάτων καὶ κοινῆς εἰρήνης ἀπολαύοντες· εἰ δὲ πείθοιντο ταῖς ψυχραῖς ἐλπίσιν τῶν νεωτερίζειν ἐπὶ κέρδεσιν οἰκείοις ἐθελόντων, ὡς αὐτόν τε πειράσουσιν ἀντὶ κηδεμόνος δεσπότην καὶ Ὑρκανὸν ἀντὶ βασιλέως τύραννον, Ῥωμαίους γε μὴν καὶ Καίσαρα πολεμίους ἀνθ' ἡγεμόνων καὶ φίλων· οὐ γὰρ ἀνέξεσθαι μετακινούμενον ἐκ τῆς ἀρχῆς ὃν αὐτοὶ κατέστησαν.
203 ἅμα δὲ ταῦτα λέγων καὶ δι' αὑτοῦ καθίστατο τὴν χώραν ὁρῶν τὸν Ὑρκανὸν νωθῆ τε καὶ βασιλείας ἀτονώτερον. Φασάηλον μὲν δὴ τῶν παίδων τὸν πρεσβύτατον Ἱεροσολύμων καὶ τῶν πέριξ στρατηγὸν καθίστησιν, τὸν δὲ μετ' αὐτὸν Ἡρώδην ἐπὶ τοῖς ἴσοις ἔστειλεν εἰς Γαλιλαίαν κομιδῇ νέον.
204 5. Ὁ δὲ ὢν φύσει δραστήριος ὕλην εὐθέως εὑρίσκει τῷ φρονήματι. καταλαβὼν οὖν Ἐζεκίαν τὸν ἀρχιληστὴν τὰ προσεχῆ τῇ Συρίᾳ καταλρέχοντα μετὰ μεγίστου στίφους αὐτόν τε συλλαβὼν ἀποκτείνει καὶ
205 πολλοὺς τῶν λῃστῶν. ὃ δὴ μάλιστα τοῖς Σύροις ἡγεῖτο[30] κεχαρισμένον· ὑμνεῖτο γοῦν ἀνά τε τὰς κώμας καὶ ἐν ταῖς πόλεσιν Ἡρώδης ὡς εἰρήνην αὐτοῖς καὶ τὰς κτήσεις ἀνασεσωκώς. γίνεται δ' ἐκ τούτου καὶ Σέξτῳ Καίσαρι γνώριμος ὄντι συγγενεῖ τοῦ μεγάλου Καίσαρος
206 καὶ διοικοῦντι τὴν Συρίαν. πρὸς δὲ τὸν ἀδελφὸν εὐδοκιμοῦντα καὶ

§ 201 = ant. 14, 157; § 206 = ant. 14, 161.

[30] κατώρθωκε LVRC²; fuit Lat; ἐγένετο Destinon; ἠγάπητο Thack cj.

2. 197. Darauf riß Antipater sein Kleid herunter, zeigte die Fülle der Narben und sagte, er habe nicht nötig, über seine Zuneigung zu Caesar ein Wort zu verlieren; denn wenn er schweige, würde sein Leib schreien. Er wundere sich aber über die Frechheit des Antigonos, wenn er als Sohn eines Römerfeindes und eines den Römern entlaufenen Flüchtlings, dem Umsturz und Aufruhr vom Vater her im Blute liege, sich unterwinde, bei dem Oberbefehlshaber der Römer andere anzuklagen und versuche, einen Vorteil herauszuschlagen, wo er sich noch freuen könne, daß er lebe; denn auch jetzt suche ein Mann wie dieser nicht etwa aus Not nach Machtmitteln, sondern damit er beim Eintreffen die Juden zum Angriff bewege und die Unterstützung gegen die Geber verwende.

3. 199. Als Caesar das gehört hatte, bezeichnete er den Hyrkanos als den, der des hohepriesterlichen Amtes würdiger sei, dem Antipater aber erlaubte er, eine Machtstellung zu wählen. Der aber legte das Maß der Ehre auf den Ehrenden und wurde deswegen zum Statthalter ganz Judäas ernannt und bekam außerdem die Erlaubnis, die zerstörten Mauern seiner Vaterstadt wieder aufzubauen. Diese Ehrungen ließ Caesar nach Rom melden, damit sie als Zeichen seines Gerechtigkeitssinnes und der Tapferkeit jenes Mannes auf dem Capitol auf Tafeln eingemeißelt würden[102].

4. 201. Antipater gab Caesar noch das Geleit aus Syrien heraus und kehrte dann nach Judäa zurück. Als erstes baute er die Mauern seiner Vaterstadt wieder auf[103], die von Pompejus zerstört worden waren; dann versuchte er die Unruhen im Lande durch sein Erscheinen zu beseitigen, wobei er jedem Einzelnen gleichzeitig drohte und seine Ratschläge gab: Man könne, wenn sie die Partei des Hyrkanos ergriffen, in Wohlstand und Ruhe leben, im Genusse ihres eigenen Besitzes und des gemeinsamen Friedens. Sollten sie sich aber von den erbärmlichen Hoffnungen derer verführen lassen, die den Umsturz um persönlichen Gewinnes willen suchten, so würden sie in ihm anstelle eines Beschützers einen Zwingherrn und in Hyrkanos anstelle eines Königs[104] einen Tyrannen finden, in den Römern schließlich und Caesar Feinde anstelle von Herrschern und Freunden. Denn sie würden es nicht dulden, daß der vom Throne gestürzt würde, den sie eingesetzt hätten. Gleichzeitig mit solchen Reden gab er dem Land aus eigenem Antrieb eine Ordnung, weil er sah, daß Hyrkanos träge war und schlaffer, als sein königliches Amt es erlaubte. Er setzte nämlich Phasael, den älteren seiner Söhne, über Jerusalem und das umliegende Gebiet als Befehlshaber ein, den zweitältesten, Herodes, sandte er mit der gleichen Bestimmung nach Galiläa, obwohl er noch ganz jung[105] war.

5. 204. Dieser, der von Natur entschlußkräftig war, fand bald Stoff für seinen Tatendrang. Er griff nämlich den Räuberhauptmann Ezechias[106] an, der mit seiner zahlreichen Bande die benachbarten Gebiete Syriens durchzog; als er ihn gefaßt hatte, tötete er ihn und viele von seinen Räubern. Dies Geschehen wurde bei den Syrern in dankbarem Ansehen gehalten; man pries in den Dörfern und Städten den Herodes, weil er ihnen Frieden und Wohlstand wiedergebracht hätte. Deswegen wurde er auch

Φασάηλος ἐφιλοτιμεῖτο τὴν ἀγαθὴν ἔριν τοὺς ἐν τοῖς Ἱεροσολύμοις εὐνουστέρους καθιστάμενος καὶ δι' αὐτοῦ μὲν ἔχων τὴν πόλιν μηδὲν δὲ
207 ἀπειροκάλως εἰς τὴν ἐξουσίαν ἐξυβρίζων. ἐντεῦθεν Ἀντιπάτρῳ θεραπεία τε ἦν ἐκ τοῦ ἔθνους βασιλικὴ καὶ τιμαὶ παρὰ πάντων ὡς δεσπότῃ τῶν ὅλων· οὐ μὴν αὐτὸς τῆς πρὸς Ὑρκανὸν εὐνοίας ἢ πίστεώς τι μετεκίνησεν.
208 6. Ἀμήχανον δ' ἐν εὐπραγίαις φθόνον διαφυγεῖν· Ὑρκανὸς γοῦν ἤδη μὲν καὶ καθ' ἑαυτὸν ἡσυχῇ πρὸς τὸ κλέος τῶν νεανίσκων ἐδάκνετο, μάλιστα δὲ ἐλύπει τὰ Ἡρώδου κατορθώματα καὶ κήρυκες ἐπάλληλοι τῆς καθ' ἕκαστον εὐδοξίας προστρέχοντες[31]. πολλοὶ δὲ τῶν ἐν τοῖς βασιλείοις βασκάνων ἠρέθιζον, οἷς ἢ τὸ τῶν παίδων ἢ τὸ Ἀντιπάτρου σωφρονικὸν
209 προσίστατο, λέγοντες ὡς Ἀντιπάτρῳ καὶ τοῖς υἱοῖς αὐτοῦ παραχωρήσας τῶν πραγμάτων καθέζοιτο τοὔνομα μόνον βασιλέως ἔχων ἔρημον ἐξουσίας. καὶ μέχρι τοῦ πλανηθήσεται καθ' ἑαυτοῦ βασιλεῖς ἐπιτρέφων; οὐδὲ γὰρ εἰρωνεύεσθαι τὴν ἐπιτροπὴν αὐτοὺς ἔτι, φανεροὺς δὲ εἶναι δεσπότας παρωσαμένους ἐκεῖνον, εἴ γε μήτε ἐντολὰς δόντος μήτε ἐπιστείλαντος αὐτοῦ τοσούτους παρὰ τὸν τῶν Ἰουδαίων νόμον ἀνῄρηκεν Ἡρώδης· ὅν, εἰ μὴ βασιλεύς ἐστιν ἀλλ' ἔτι ἰδιώτης, δεῖν ἐπὶ δίκην ἥκειν ἀποδώσοντα λόγον αὐτῷ τε καὶ τοῖς πατρίοις νόμοις, οἳ κτείνειν ἀκρίτους οὐκ ἐφιᾶσιν.
210 7. Τούτοις κατὰ μικρὸν Ὑρκανὸς ἐξεκαίετο καὶ τὴν ὀργὴν τελευταῖον ἐκρήξας ἐκάλει κριθησόμενον τὸν Ἡρώδην. ὁ δὲ καὶ τοῦ πατρὸς παραινοῦντος καὶ τῶν πραγμάτων διδόντων παρρησίαν ἀνῄει φρουραῖς διαλαβὼν πρότερον τὴν Γαλιλαίαν. ᾔει δὲ μετὰ καρτεροῦ[32] στίφους, ὡς μήτε καταλύειν δόξειεν Ὑρκανὸν ἁδρὰν[33] ἄγων δύναμιν μήτε γυμνὸς
211 ἐμπέσοι τῷ φθόνῳ. Σέξτος δὲ Καῖσαρ δείσας περὶ τῷ νεανίᾳ, μή τι παρὰ τοῖς ἐχθροῖς ἀποληφθεὶς πάθῃ, πέμπει πρὸς Ὑρκανὸν τοὺς παραγγελοῦντας διαρρήδην ἀπολύειν Ἡρώδην τῆς φονικῆς δίκης. ὁ δὲ καὶ ἄλλως ὡρμημένος, ἠγάπα γὰρ Ἡρώδην, ἀποψηφίζεται.
212 8. Καὶ ὃς ὑπολαμβάνων ἄκοντος τοῦ βασιλέως διαφυγεῖν εἰς Δαμασκὸν ἀνεχώρησεν πρὸς Σέξτον παρασκευαζόμενος οὐδὲ αὖθις ὑπακοῦσαι καλοῦντι. καὶ πάλιν οἱ πονηροὶ παρώξυνον τὸν Ὑρκανὸν κατ' ὀργήν τε οἴχεσθαι τὸν Ἡρώδην λέγοντες καὶ παρεσκευασμένον κατ' αὐτοῦ· πιστεύων δ' ὁ βασιλεὺς οὐκ εἶχεν ὅ τι χρὴ δρᾶν, ὡς ἑώρα μείζονα τὸν
213 διάφορον. ἐπεὶ δὲ ὑπὸ Σέξτου Καίσαρος στρατηγὸς ἀνεδείχθη κοίλης

§ 210 = ant. 14, 169.

[31] προστρέχοντες πολλοὶ [δὲ] Niese.
[32] μετ' ἀρκετοῦ Destinon cj., Reinach.
[33] λαμπρὰν PAM Niese; ἁδρὰν LVR; ἀδρὰν C Lat (plures) Na Thack.

54

Sextus Caesar[107] bekannt, der ein Verwandter des großen Caesar war und Syrien verwaltete. Mit seinem angesehenen Bruder stand auch Phasael im edlen Wettstreit, indem er sich die Einwohner von Jerusalem immer mehr geneigt machte, und obwohl er in der Stadt allein herrschte, sich in keiner niedrigen Weise gegen die Herrschaft verging. Deswegen empfing Antipater königliche Huldigung von seiten des Volkes und Ehrungen von allen wie ein Alleinherrscher; doch änderte er nicht im geringsten etwas an der Ergebenheit und Treue gegen Hyrkanos.

6. 208. Es ist aber unmöglich, wenn man Erfolg hat, dem Neid zu entgehen. So ärgerte sich Hyrkanos denn schon bei sich in aller Stille über den Ruhm der jungen Männer; am meisten aber betrübten ihn die Taten des Herodes und die Herolde, die einer hinter dem anderen mit der Nachricht des Ruhmes jeder einzelnen Tat herzugelaufen kamen. Außerdem hetzten viele von den Neidern am Hof, denen die besonnene Haltung einerseits der Söhne, andererseits des Antipater zuwider war, indem sie sagten, er habe sich zugunsten des Antipater und seiner Söhne von den Staatsgeschäften zurückgezogen und sitze da, allein mit dem Namen eines Königs, ohne daß damit Macht verbunden sei. Und wie lange wolle er sich darüber täuschen, daß er Könige bei sich großzöge? Denn sie täuschten nicht einmal mehr Statthalterschaft vor, sondern seien offenbar regierende Herren, die ihn beiseite gestoßen hätten, wenn anders Herodes, ohne daß Hyrkanos ein Gebot erlassen oder einen schriftlichen Auftrag gegeben hätte, so viele Menschen gegen das Gesetz der Juden getötet hätte. Er müsse, wenn er nicht König sei, sondern nur noch Untertan, vor Gericht erscheinen, um Hyrkanos und den väterlichen Gesetzen, die Unverurteilte zu töten nicht erlauben, Rechenschaft zu geben.

7. 210. Über diese Worte entbrannte Hyrkanos nach und nach, schließlich ließ er seinem Zorn freien Lauf und forderte Herodes vor Gericht. Der kam auf Rat seines Vaters und im Vertrauen auf die Lage nach Jerusalem herauf[108], nachdem er in Galiläa Besatzungen verteilt hatte. Er kam nur mit einer schlagkräftigen Gruppe, damit er weder in den Verdacht komme, den Hyrkanos stürzen zu wollen, weil er ein starkes Heer mit sich führe, noch ungeschützt dem Neid in die Hände fiele. Sextus Caesar schickte in Besorgnis um den jungen Mann, daß er etwas leiden müsse, wenn er bei seinen Feinden abgeschnitten sei, Boten zu Hyrkanos, die ausdrücklich befehlen sollten, er solle Herodes aus der Anklage des Mordes entlassen. Der sprach ihn frei[109], wozu er sowieso entschlossen war, denn er liebte den Herodes.

8. 212. Dieser nahm an, er sei nur wider den Willen des Königs davongekommen, zog sich nach Damaskus zu Sextus zurück und traf alle Vorkehrungen für den Fall, daß er einer nochmaligen Vorladung nicht folgen würde. Und wiederum suchten die Ränkeschmiede den Hyrkanos aufzureizen; sie sagten, Herodes sei im Zorn geschieden und rüste gegen ihn. Der König glaubte das, fand aber keine Möglichkeit zu Gegenmaßnahmen, da er sah, daß sein Gegner ihm überlegen war. Als Herodes aber von

Συρίας καὶ Σαμαρείας οὐ μόνον τε κατ' εὔνοιαν τὴν ἐκ τοῦ ἔθνους ἀλλὰ καὶ δυνάμει φοβερὸς ἦν, εἰς ἔσχατον δέους κατέπεσεν Ύρκανός, ὅσον οὔπω προσδοκῶν ἐπ' αὐτὸν ὁρμήσειν μετὰ στρατιᾶς.

214 9. Καὶ οὐ διήμαρτεν τῆς οἰήσεως· ὁ γὰρ Ἡρώδης κατ' ὀργὴν τῆς περὶ τὴν δίκην ἀπειλῆς στρατιὰν ἀθροίσας ἐπὶ Ἱεροσολύμων ἦγεν καταλύσων τὸν Ὑρκανόν. κἂν ἔφθη τοῦτο ποιήσας, εἰ μὴ προεξελθόντες ὅ τε πατὴρ καὶ ὁ ἀδελφὸς ἔκλασαν αὐτοῦ τὴν ὁρμὴν παρακαλοῦντες καὶ αὐτὸν ἀπειλῇ καὶ ἀνατάσει μόνῃ μετρῆσαι τὴν ἄμυναν, φείσασθαι δὲ τοῦ βασιλέως, ὑφ' οὗ μέχρι τοσαύτης δυνάμεως προῆλθεν· δεῖν τε, εἰ κληθεὶς ἐπὶ δίκην παρώξυνται, καὶ περὶ τῆς ἀφέσεως εὐχαριστεῖν καὶ μὴ πρὸς μὲν τὸ σκυθρωπὸν ἀπαντᾶν, περὶ δὲ τῆς σωτηρίας ἀχάριστον

215 εἶναι. εἰ δὲ δὴ λογιστέον εἴη καὶ πολέμου ῥοπὰς βραβεύεσθαι θεῷ, λέον[34] εἶναι τῆς στρατείας[35] τὸ ἄδικον. διὸ δὴ καὶ περὶ τῆς νίκης οὐ χρῆναι[36] κατὰ πᾶν εὔελπιν εἶναι, μέλλοντά γε συμβαλεῖν βασιλεῖ καὶ συντρόφῳ καὶ πολλάκις μὲν εὐεργέτῃ, χαλεπῷ δὲ οὐδέποτε, πλὴν ὅσον πονηροῖς συμβούλοις χρώμενος ἐπισείσειεν αὐτῷ σκιὰν ἀδικήματος. πείθεται τούτοις Ἡρώδης ὑπολαβὼν εἰς τὰς ἐλπίδας αὔταρκες εἶναι καὶ τὸ τὴν ἰσχὺν ἐπιδείξασθαι τῷ ἔθνει.

216 10. Κἂν τούτῳ γίνεται περὶ Ἀπάμειαν ταραχὴ Ῥωμαίων καὶ πόλεμος ἐμφύλιος, Καικιλίου μὲν Βάσσου διὰ τὴν εἰς Πομπήιον εὔνοιαν δολοφονήσαντος Σέξτον Καίσαρα καὶ τὴν ἐκείνου δύναμιν παραλαβόντος, τῶν δ' ἄλλων Καίσαρος στρατηγῶν ἐπὶ τιμωρίᾳ τοῦ φόνου μετὰ δυνάμεως

217 συνελθόντων[37]. οἷς καὶ διὰ τὸν ἀνῃρημένον καὶ διὰ τὸν περιόντα Καίσαρα φίλους ὄντας ἀμφοτέρους ὁ Ἀντίπατρος διὰ τῶν παίδων ἔπεμψεν συμμαχίαν. μηκυνομένου δὲ τοῦ πολέμου Μοῦρκος μὲν ἀπὸ τῆς Ἰταλίας Σέξτου παραγίνεται διάδοχος,

218 XI. 1. συνίσταται δὲ Ῥωμαίοις κατὰ τοῦτον τὸν καιρὸν ὁ μέγας πόλεμος Κασσίου καὶ Βρούτου κτεινάντων δόλῳ Καίσαρα κατασχόντα τὴν ἀρχὴν ἐπ' ἔτη τρία καὶ μῆνας ἑπτά. μεγίστου δ' ἐπὶ τῷ φόνῳ γενομένου κινήματος καὶ διαστασιασθέντων τῶν δυνατῶν ἕκαστος ἐλπίσιν οἰκείαις ἐχώρει πρὸς ὃ συμφέρειν ὑπελάμβανεν, καὶ δὴ καὶ Κάσ-

§ 214 = ant. 14, 181; § 216 = ant. 14, 268;
§ 218 = ant. 14, 270.

[34] πλεῖον VC statt πλέον; statt θεῷ, πλέον lesen: θεωρητέον PAMLR (ohne εἶναι V^marg; τῷ θεῷ θεωρητέον Aldrich cj.; ⟨θεῷ⟩, θεωρητέον Thack cj. Vgl. ant. 14, 183.
[35] στρατιᾶς codd., Reinach; στρατείας Destinon cj., Niese Na Thack.
[36] χρὴ PAM Niese Reinach; χρῆναι LVRC Na Thack.
[37] Βάσσῳ συμβαλόντων μετὰ πάσης τῆς δυνάμεως PAMC Reinach Thack: „aber die anderen Feldherren Caesars griffen mit dem gesamten Heer zur Rache an dem Mord Bassus an".

Sextus Caesar zum Befehlshaber von Coelesyrien und Samarien ernannt worden war, da war er nicht nur wegen der Beliebtheit beim Volk, sondern auch wegen seiner Macht zu fürchten; Hyrkanos geriet in äußerste Angst und erwartete wie nie zuvor, Herodes werde mit einem Heer gegen ihn aufbrechen.

9. 214. Und er ging in dieser Vermutung nicht fehl; denn Herodes hatte wirklich im Zorn über die in der Anklage enthaltene Drohung ein Heer gesammelt und führte es gegen Jerusalem, um Hyrkanos abzusetzen. Und er hätte das auch wohl durchgeführt, wenn nicht gerade noch sein Vater und sein Bruder ihm entgegengekommen und sein Ungestüm gebrochen hätten; sie redeten ihm zu, er möge seine Abwehr auf Bedrohung in Wort und Handlung beschränken, den König aber schonen, unter dessen Regierung er bis zu einer solchen Machtstellung aufgestiegen sei. Es sei nötig, wenn er über die Vorladung wegen der Anklage erbittert sei, doch auch für die Freisprechung Dank zu wissen; es sei falsch, gegen die finsteren Maßnahmen zum Gegenschlag zu rüsten, gegenüber der freundlichen Bewahrung aber undankbar zu sein. Und wenn doch in Rechnung zu stellen sei, daß über die Wendungen des Krieges Gott selbst entscheide, dann falle das Unrecht stärker ins Gewicht als kriegerische Maßnahmen. Deshalb sei es also nicht am Platze, betreffs des Sieges in jeder Hinsicht hoffnungsvoll zu sein, da er doch im Begriffe stehe, sich mit einem König zu schlagen, der vertrauter Freund und vielfacher Wohltäter sei, niemals aber feindlich gewesen sei, außer als er schlechten Ratgebern folgend ihn mit einem Schatten von Unrecht bedrohte. Herodes folgte diesen Vorstellungen in der Annahme, für seine Hoffnungen genüge es auch, seine Macht dem Volke gezeigt zu haben.

10. 216. Unterdessen führte in der Gegend von Apamea[110] ein Aufruhr unter den Römern zum Bürgerkrieg, da Caecilius Bassus als Anhänger des Pompejus durch Meuchelmord den Sextus Caesar aus dem Wege räumte und dessen Heer übernahm; aber die anderen Feldherren Caesars kamen mit Heeresmacht zur Rache an dem Mord zusammen. Antipater schicket ihnen wegen des Caesar, der ermordet, und wegen des zweiten, der noch am Leben war — weil sie beide mit ihm befreundet waren —, durch seine Söhne ein Hilfsheer. Der Krieg aber zog sich in die Länge, und von Italien traf unterdessen Murcus als Nachfolger des Sextus ein.

11. Kapitel

1. 218. Gerade zu dieser Zeit brach unter den Römern der große Krieg aus, weil Cassius und Brutus meuchlerisch Caesar getötet hatten, nachdem dieser die Herrschaft drei Jahre und sieben Monate[111] innegehabt hatte. Weil der Aufruhr auf Grund des Mordes größten Umfang annahm und die Machthaber in Zwiespalt gerieten, ging jeder, von persönlichen Hoffnungen getrieben, dorthin, wo er Vorteil zu haben hoffte. Und so kam Cassius

219 σιος εἰς Συρίαν καταληψόμενος τὰς περὶ Ἀπάμειαν δυνάμεις. ἔνθα Βάσσῳ τε Μοῦρκον καὶ τὰ διεστῶτα τάγματα διαλλάξας ἐλευθεροῖ μὲν Ἀπάμειαν τῆς πολιορκίας, ἡγούμενος δ' αὐτὸς τῆς στρατιᾶς ἐπῄει φορολογῶν τὰς πόλεις καὶ παρὰ δύναμιν τὰς εἰσπράξεις ποιούμενος.
220 2. Κελευσθὲν δὲ καὶ Ἰουδαίοις εἰσενεγκεῖν ἑπτακόσια τάλαντα δείσας Ἀντίπατρος τὴν ἀπειλὴν τοῦ Κασσίου τοῖς τε υἱοῖς διεῖλεν εἰσπράττειν τὰ χρήματα καί τισιν ἄλλοις τῶν ἐπιτηδείων κατὰ τάχος, ἐν οἷς καὶ
221 Μαλίχῳ τινὶ τῶν διαφόρων· οὕτως ἤπειγεν ἡ ἀνάγκη. πρῶτος δ' ἀπεμειλίξατο Κάσσιον Ἡρώδης τὴν ἑαυτοῦ μοῖραν ἐκ τῆς Γαλιλαίας κομίσας ἑκατὸν τάλαντα καὶ διὰ τοῦτο ἐν τοῖς μάλιστα φίλος ἦν. τοὺς δὲ λοιποὺς
222 εἰς βραδυτῆτα κακίσας αὐταῖς ἐθυμοῦτο ταῖς πόλεσιν. Γόφνα γοῦν καὶ Ἀμμαοῦν καὶ δύο ἑτέρας τῶν ταπεινοτέρων ἐξανδραποδισάμενος ἐχώρει μὲν ὡς καὶ Μάλιχον ἀναιρήσων, ὅτι μὴ σπεύσας εἰσέπραξεν, ἐπέσχεν δὲ τὴν τούτου καὶ τὴν τῶν ἄλλων πόλεων ἀπώλειαν Ἀντίπατρος ταχέως ἑκατὸν ταλάντοις θεραπεύσας Κάσσιον.
223 3. Οὐ μὴν Μάλιχος ἀναχωρήσαντος Κασσίου τῆς χάριτος ἀπεμνημόνευσεν Ἀντιπάτρῳ, κατὰ δὲ τοῦ πολλάκις σωτῆρος ἐπιβουλὴν ἐνεσκευάζετο σπεύδων ἀνελεῖν τὸν ἐμπόδιον αὐτοῦ τοῖς ἀδικήμασιν. Ἀντίπατρος δὲ τήν τε ἰσχὺν καὶ τὸ πανοῦργον τἀνδρὸς ὑποδείσας διαβαίνει τὸν
224 Ἰορδάνην στρατὸν ἀθροίσων εἰς τὴν τῆς ἐπιβουλῆς ἄμυναν. φωραθεὶς δὲ Μάλιχος ἀναιδείᾳ τῶν Ἀντιπάτρου παίδων περιγίνεται· τόν τε γὰρ Ἱεροσολύμων φρουρὸν Φασάηλον καὶ Ἡρώδην πεπιστευμένον τὰ ὅπλα πολλαῖς ἀπολογίαις καὶ ὅρκοις ἐκγοητεύσας διαλλακτὰς αὐτῷ πρὸς τὸν πατέρα πείθει γίνεσθαι. πάλιν γοῦν ὑπ' Ἀντιπάτρου σώζεται πείσαντος Μοῦρκον τὸν τότε στρατηγοῦντα Συρίας, ὃς ὥρμητο κτεῖναι Μάλιχον ἐφ' οἷς ἐνεωτέρισεν.
225 4. Συστάντος δὲ τοῦ πρὸς Κάσσιον καὶ Βροῦτον πολέμου Καίσαρί τε τῷ νέῳ καὶ Ἀντωνίῳ Κάσσιος καὶ Μοῦρκος στρατιὰν ἀθροίσαντες ἐκ τῆς Συρίας, ἐπειδὴ μέγα μέρος εἰς τὰς χρείας Ἡρώδης ἔδοξε[38], τότε μὲν αὐτὸν Συρίας ἁπάσης ἐπιμελητὴν καθιστᾶσιν δύναμιν πεζήν τε καὶ ἱππικὴν δόντες, μετὰ δὲ τὴν τοῦ πολέμου κατάλυσιν ἀποδείξειν Κάσσιος
226 ὑπέσχετο καὶ Ἰουδαίας βασιλέα. συνέβη δ' Ἀντιπάτρῳ τήν τε ἰσχὺν τοῦ παιδὸς καὶ τὴν ἐλπίδα αἰτίαν ἀπωλείας γενέσθαι· ταῦτα γὰρ δείσας ὁ Μάλιχος διαφθείρει τινὰ τῶν βασιλικῶν οἰνοχόων χρήμασιν δοῦναι φάρμακον Ἀντιπάτρῳ. καὶ ὁ μὲν ἀγώνισμα τῆς Μαλίχου παρανομίας γενόμενος μετὰ τὸ συμπόσιον θνήσκει τά τε ἄλλα δραστήριος ἀνὴρ ἐν ἀφηγήσει πραγμάτων καὶ τὴν ἀρχὴν ἀνακτησάμενός τε Ὑρκανῷ καὶ

§ 223 = ant. 14, 277.

[38] ἔδοξε συμβεβλῆσθαι C Na Reinach (avoir rendu).

nach Syrien, um die Truppen in der Gegend von Apamea zu übernehmen. Da versöhnte er Bassus und Murcus und die feindlichen Legionen und befreite so Apamea von der Belagerung. Er stellte sich selbst an die Spitze des Heeres und zog durch die Städte, denen er Abgaben auferlegte; er verlangte dabei Steuern über Vermögen.

2. 220. Als aber auch den Juden befohlen wurde, 700 Talente aufzubringen, verteilte Antipater aus Furcht vor den Drohungen des Cassius unter seinen Söhnen die Aufgabe, das Geld einzutreiben, und dazu in Eile unter einigen anderen seiner Verwandten, zu denen auch Malichos gehörte, einer seiner Gegner; so bedrängte ihn die Not. Als erster stellte Herodes den Cassius zufrieden, indem er seinen Anteil aus Galiläa beibrachte, nämlich 100 Talente, und deshalb war er ihm am meisten lieb. Die übrigen schalt er wegen ihrer Langsamkeit und geriet über die Städte selbst in Zorn. So verkaufte er Gophna und Emmaus und zwei von den unbedeutenderen Städten[112] in die Sklaverei, und er traf auch Anstalten, Malichos zu töten, weil dieser ohne Eifer eintrieb; sein und der anderen Städte Verderben hielt Antipater dadurch auf, daß er Cassius schnell durch 100 Talente günstig stimmte.

3. 223. Dafür wußte Malichos nach Abzug des Cassius dem Antipater keinen Dank, sondern er plante gegen seinen vielfachen Wohltäter einen Anschlag, indem er ihn zu töten suchte, weil er seinen Untaten im Wege war. Antipater fürchtete die Macht und die Verschlagenheit des Mannes und überschritt den Jordan, um ein Heer zur Abwehr des Anschlages zu sammeln. Obwohl Malichos bei seinen Umtrieben ertappt war, wurde er doch durch Unverschämtheit Herr über die Söhne des Antipater; Phasael, den Befehlshaber von Jerusalem, und Herodes, dem das Waffenlager anvertraut war, blendete er durch zahlreiche Entschuldigungen und Eide und überredete sie, für ihn beim Vater als Unterhändler aufzutreten. So wurde er wiederum von Antipater gerettet, der den Murcus, den damaligen Statthalter von Syrien[113], beschwichtigte, als er willens war, Malichos wegen seiner Umtriebe zu töten.

4. 225. Als es zum Krieg zwischen dem jungen Caesar und Antonius einerseits und Cassius und Brutus anderseits kam, hoben Cassius und Murcus in Syrien ein Heer aus; weil nun Herodes eine starke Hilfe für ihre Bedürfnisse zu sein schien, setzten sie ihn als Verweser für ganz Syrien ein, gaben ihm ein Fuß- und Reiterheer, und Cassius versprach ihm, nach Beendigung des Krieges ihn auch noch zum König von Judäa zu ernennen. Aber für Antipater sollten die Macht und die Hoffnung seines Sohnes Anlaß zum Verderben werden. Denn gerade das hatte Malichos gefürchtet, und so bestach er einen von des Königs Mundschenken mit Geld, dem Antipater Gift zu geben. So starb er als Beute für den Frevel des Malichos nach dem Gastmahl. Alles in allem war er ein tatkräftiger Mann in der Durchführung der Staatsgeschäfte und hatte besonders dem Hyrkanos die Herrschaft gewonnen und auch bewahrt.

227 διαφυλάξας· 5. Μάλιχος δὲ καθ' ὑπόνοιαν τῆς φαρμακείας ὀργιζόμενον τὸ πλῆθος ἀρνούμενος ἔπειθεν καὶ δυνατώτερον ἑαυτὸν κατεσκεύαζεν ὁπλίτας συγκροτῶν· οὐ γὰρ ἠρεμήσειν Ἡρώδην ὑπελάμβανεν, ὃς δὴ
228 καὶ παρῆν αὐτίκα στρατὸν ἄγων ἐπὶ τιμωρίᾳ τοῦ πατρός. Φασαήλου δὲ τἀδελφοῦ συμβουλεύσαντος αὐτῷ μὴ φανερῶς τὸν ἄνδρα μετιέναι, διαστασιάσειν γὰρ τὸ πλῆθος, τότε μὲν ἀπολογούμενόν τε προσίεται τὸν Μάλιχον καὶ τῆς ὑπονοίας ἀπολύειν ὡμολόγει, λαμπρὰν δὲ πομπὴν ἐπὶ τῷ πατρὶ κηδείας ἐτέλεσεν.
229 6. Τραπεὶς δ' ἐπὶ Σαμάρειαν στάσει τεταραγμένην κατεστήσατο τὴν πόλιν· ἔπειτα καθ' ἑορτὴν ὑπέστρεφεν εἰς Ἱεροσόλυμα τοὺς ὁπλίτας ἄγων. καὶ πέμπων Ὑρκανός, ἐνῆγεν γὰρ δεδοικὼς τὴν ἔφοδον Μάλιχος, ἐκώλυεν τοὺς ἀλλοφύλους εἰσαγαγεῖν ἐφ' ἁγνεύοντας τοὺς ἐπιχωρίους. ὁ δὲ τῆς προφάσεως καταφρονήσας καὶ τοῦ προστάσσοντος εἰσέρχεται
230 διὰ νυκτός. καὶ πάλιν Μάλιχος προσιὼν ἔκλαιεν Ἀντίπατρον· ἀνθυπεκρίνετο δὲ μόλις Ἡρώδης τὸν θυμὸν ἐπέχων καὶ Κασσίῳ δι' ἐπιστολῶν τὴν τοῦ πατρὸς ἀναίρεσιν ἀπωδύρετο μισοῦντι καὶ ἄλλως Μάλιχον. ὁ δ' αὐτῷ μετιέναι τὸν φονέα τοῦ πατρὸς ἀντεπιστείλας καὶ τοῖς ὑφ' ἑαυτὸν χιλιάρχοις λάθρα προσέταξεν Ἡρώδῃ βοηθεῖν εἰς πρᾶξιν δικαίαν.
231 7. Καὶ ἐπειδὴ Λαοδίκειαν ἑλόντος αὐτοῦ συνῆσαν οἱ πανταχόθεν δυνατοὶ δωρεάς τε καὶ στεφάνους φέροντες, Ἡρώδης μὲν τοῦτον τῇ τιμωρίᾳ τὸν καιρὸν ἀφώρισεν, Μάλιχος δὲ ὑποπτεύσας, ὡς ἐν Τύρῳ γίνεται, τόν τε υἱὸν ὁμηρεύοντα παρὰ τοῖς Τυρίοις ὑπεξαγαγεῖν ἔγνω
232 λάθρα καὶ αὐτὸς εἰς τὴν Ἰουδαίαν ἀποδρᾶναι παρεσκευάζετο· παρώξυνεν δ' αὐτὸν ἡ τῆς σωτηρίας ἀπόγνωσις ἐνθυμεῖσθαι καὶ μείζονα· τό τε γὰρ ἔθνος ἐπαναστήσειν Ῥωμαίοις ἤλπισεν Κασσίου τῷ πρὸς Ἀντώνιον πολέμῳ περισπωμένου καὶ βασιλεύσειν αὐτὸς Ὑρκανὸν καταλύσας εὐμαρῶς.
233 8. Ἐπεγέλα δ' ἄρα τὸ χρεὼν αὐτοῦ ταῖς ἐλπίσιν. ὁ γοῦν Ἡρώδης προϊδόμενος αὐτοῦ τὴν ὁρμὴν τόν τε Ὑρκανὸν κἀκεῖνον ἐπὶ δεῖπνον ἐκάλει, παρεστῶτας[39] ἔπειτα τῶν οἰκετῶν τινας πρὸς αὐτὸν εἰσέπεμψεν ὡς ἐπὶ τὴν τοῦ δείπνου παρασκευήν, τῷ δὲ ὄντι προειπεῖν τοῖς χιλιάρχοις
234 ἐξελθεῖν ἐπὶ τὴν ἐνέδραν. κἀκεῖνοι τῶν Κασσίου προσταγμάτων ἀναμνησθέντες ἐπὶ τὸν πρὸ τῆς πόλεως αἰγιαλὸν ἐξῄεσαν ξιφήρεις, ἔνθα περιστάντες τὸν Μάλιχον πολλοῖς τραύμασιν ἀναιροῦσιν. Ὑρκανὸς δὲ παραχρῆμα μὲν λυθεὶς ὑπ' ἐκπλήξεως ἔπεσεν, μόλις δὲ ἀνενεγκὼν Ἡρώ-
235 δην διηρώτα, τίς ὁ κτείνας εἴη Μάλιχον. ἀποκριναμένου δέ τινος τῶν χιλιάρχων «τὸ Κασσίου πρόσταγμα», «Κάσσιος ἄρα, ἔφη, κἀμὲ καὶ τὴν πατρίδα μου σώζει τὸν ἀμφοτέρων ἐπίβουλον ἀνελών». εἴτε δὲ φρονῶν

§ 227 = ant. 14, 281; § 231 = ant. 14, 290.

[39] παρεστῶτα δὲ... τινὰ MLVRC Na Reinach Thack; παρεστῶτας... τινὰς PA Niese.

5. 227. Das Volk, das ihn des Giftmordes verdächtigte und ihm deswegen zürnte, suchte Malichos durch Leugnen zu beschwichtigen; auch wappnete er sich stärker, indem er Schwerbewaffnete anwarb. Denn er nahm an, Herodes würde nicht ruhig bleiben; der rückte denn auch sofort mit einem Heer an, um Rache für seinen Vater zu nehmen. Als ihm sein Bruder Phasael riet, nicht öffentlich gegen den Mann vorzugehen, da die Menge in Aufruhr geraten werde, nahm er damals die Entschuldigung des Malichos an und sprach ihn öffentlich von dem Verdachte frei; für die Bestattung seines Vaters rüstete er einen glänzenden Leichenzug aus.

6. 229. Er wandte sich dann nach Samarien, das durch einen Aufruhr verwirrt worden war, und stellte die Ordnung in der Stadt wieder her. Zum Fest[114] kehrte er darauf nach Jerusalem mit seinen Schwerbewaffneten zurück. Hyrkanos schickte zu ihm — denn dazu hatte ihn aus Furcht vor dem Anmarsch Malichos bewogen — und verbot ihm, die Ausländer zu den Einheimischen zu bringen, die sich heiligten. Herodes mißachtete den Vorwand und den, der den Befehl erlassen hatte, und rückte zur Nachtzeit ein. Und wieder trat Malichos heran und weinte über Antipater. Herodes verstellte sich seinerseits mit kaum verhaltenem Zorn, gleichzeitig klagte er durch Briefe dem Cassius den Mord an seinem Vater; Cassius war auch sonst dem Malichos feind. So antwortete er ihm, er könne gegen den Mörder seines Vaters vorgehen und befahl den ihm unterstellten Obersten[115] heimlich, Herodes bei der gerechten Tat beizustehen.

7. 231. Als Cassius Laodicea[116] genommen hatte und von allen Seiten die Machthaber mit Geschenken und Siegeskränzen herbeikamen, bestimmte Herodes diesen Augenblick für die Rache. Malichos aber schöpfte Verdacht und beschloß, als er in Tyrus war, seinen Sohn, der sich bei den Tyrern als Geisel befand, heimlich zu entführen und bereitete sich auch selbst vor, nach Judäa zu entfliehen. Der Mut der Verzweiflung an der Rettung stachelte ihn an, noch Größeres zu wagen; er hoffte nämlich, das Volk gegen die Römer in Aufruhr zu bringen, wo doch Cassius von dem Krieg gegen Antonius völlig ausgefüllt war, und nach der keineswegs schwierigen Beseitigung des Hyrkanos selbst König zu werden.

8. 233. Doch das Schicksal spottete seiner Hoffnungen. Denn Herodes sah seinen Anschlag voraus und lud deswegen Hyrkanos und ihn zu einem Mahl; dann schickte er einige von den Dienern, die bei ihm standen, in die Stadt hinein, scheinbar zur Vorbereitung des Mahles, in Wirklichkeit aber, um den Obersten anzusagen, sie sollten vor die Stadt gehen, um ihm aufzulauern. Diese gedachten der Anordnungen des Cassius und gingen an den Strand vor der Stadt, mit Schwertern bewaffnet. Dort umringten sie den Malichos, brachten ihm viele Wunden bei und töteten ihn. Vor Entsetzen fiel Hyrkanos sofort ohnmächtig zu Boden; nur mit Mühe kam er zu sich und fragte den Herodes, wer Malichos getötet habe. Als einer der Obersten antwortete: „Der Befehl des Cassius", sagte er: „Dann hat ja Cassius auch mich und mein Vaterland gerettet, indem er den Feind, der uns beiden nachstellte, töten ließ." Ob Hyrkanos wirklich so gedacht

Υρκανός ούτως είθ' υπό δέους ομόσε τη πράξει χωρών είπεν, άδηλον ην. αλλά γάρ Μάλιχον μέν ούτως Ηρώδης μετήλθεν.

236 XII. 1. Κασσίου δε αναχωρήσαντος εκ Συρίας πάλιν στάσις εν Ιεροσολύμοις γίνεται "Ελικος μετά στρατιάς επαναστάντος Φασαήλω και κατά την υπέρ Μαλίχου τιμωρίαν αμύνεσθαι θέλοντος Ηρώδην εις τον αδελφόν. Ηρώδης δε έτυχεν μεν ων παρά Φαβίω τω στρατηγώ κατά **237** Δαμασκόν, ώρμημένος δε βοηθείν υπό νόσου κατείχετο. καν τούτω Φασάηλος καθ' εαυτόν "Ελικος περιγενόμενος Υρκανόν ώνείδιζεν εις αχαριστίαν ων τε "Ελικι συμπράξειεν, και ότι περιορώη τον αδελφόν τον Μαλίχου τα φρούρια καταλαμβάνοντα· πολλά γάρ δη κατείληπτο, και το πάντων οχυρώτατον Μασάδαν.
238 2. Ου μην αυτώ τι προς την Ηρώδου βίαν ήρκεσεν, ος αναρρωσθείς τά τε άλλα παραλαμβάνει κακείνον εκ της Μασάδας ικέτην αφήκεν. εξήλασεν δε και εκ της Γαλιλαίας Μαρίωνα τον Τυρίων τύραννον ήδη τρία κατεσχηκότα των ερυμάτων, τους δε ληφθέντας Τυρίους έσωσεν μεν πάντας, ήσαν δ' ους και δωρησάμενος απέπεμψεν εύνοιαν εαυτώ **239** παρά της πόλεως και τω τυράννω μίσος παρασκευαζόμενος. ο δε Μαρίων ηξίωτο μεν της τυραννίδος υπό Κασσίου τυραννίσιν πάσαν διαλαβόντος την Συρίαν, κατά δε το προς Ηρώδην έχθος συγκατήγαγεν Αντίγονον τον Αριστοβούλου, και το πλέον δια Φάβιον, ον Αντίγονος χρήμασιν προσποιησάμενος βοηθόν είχεν της καθόδου· χορηγός δ' ην απάντων ο κηδεστής Πτολεμαίος Αντιγόνω.
240 3. Προς ους Ηρώδης αντιπαραταξάμενος επί των εμβολών της Ιουδαίας κρατεί τη μάχη και τον Αντίγονον εξελάσας υπέστρεψεν εις Ιεροσόλυμα πάσιν αγαπητός ων επί τω κατορθώματι· και γαρ οι μη προσέχοντες πάλαι τότε ώκείωτο δια την προς Υρκανόν επιγαμίαν **241** αυτώ. πρότερον μεν γαρ ήκτο γυναίκα των επιχωρίων ουκ άσημον, Δωρίς εκαλείτο, εξ ης εγέννησεν Αντίπατρον, τότε δε γήμας την Αλεξάνδρου του Αριστοβούλου θυγατέρα, θυγατριδήν δε Υρκανού Μαριάμην οικείος τω βασιλεί γίνεται.
242 4. Επεί δε Κάσσιον περί Φιλίππους ανελόντες ανεχώρησαν εις μεν Ιταλίαν Καίσαρ επί δε της Ασίας Αντώνιος, πρεσβευομένων των άλλων πόλεων προς Αντώνιον εις Βιθυνίαν ήκον και Ιουδαίων οι

§ 236 = ant. 14, 294; § 240 = ant. 14, 300.

hat oder ob er aus Furcht so gesprochen hat, indem er sich mit der Tat abfand, war unklar[117]. Wie dem auch war, an Malichos hat sich Herodes auf diese Weise gerächt.

12. Kapitel

1. 236. Kaum war Cassius aus Syrien fortgezogen, als wieder ein Aufstand in Jerusalem ausbrach; Helix[118] erhob sich nämlich mit einem Heer gegen Phasael und wollte wegen der Strafe an Malichos sich an Herodes in der Person seines Bruders rächen. Herodes, der sich gerade bei dem Feldherrn Fabius in Damaskus aufhielt, wollte ihm sofort zu Hilfe kommen, wurde aber von einer Krankheit festgehalten. Unterdessen war Phasael allein über Helix Herr geworden und schalt den Hyrkanos wegen seines Undanks, weil er mit Helix gemeinsame Sache gemacht habe und untätig zusähe, wie der Bruder des Malichos die Festungen besetze; denn viele waren eingenommen, darunter die stärkste von allen, Masada[119].

2. 238. Allerdings nützte ihm dies garnichts gegen den Ansturm des Herodes, der nach seiner Genesung die anderen Festungen einnahm und ihn auf seine demütigen Bitten hin aus Masada abziehen ließ. Er vertrieb aber auch aus Galiläa Marion, den Alleinherrscher der Tyrer, der schon drei starke Plätze eingenommen hatte; die gefangenen Tyrer schonte er alle, einige von ihnen entließ er sogar mit Geschenken, wodurch er sich von seiten der Stadt Wohlwollen erwarb, dem Tyrannen aber Haß erweckte. Marion war von Cassius mit der Herrschaft belehnt worden — in solche Herrschaften hatte dieser ganz Syrien aufgeteilt —, aus Feindschaft gegen Herodes aber unterstützte er den Herrschaftsanspruch des Antigonos, des Sohnes des Aristobulos, am meisten aber um Fabius willen, den Antigonos durch Geld als Helfer für seine Rückkehr gewonnen hatte. Den Aufwand des ganzen Unternehmens bestritt für Antigonos sein Schwager Ptolemäus.

3. 240. Beim Vorgehen gegen diese Leute gewann Herodes die Schlacht bei den Pässen, die nach Judäa führen, und kehrte nach Vertreibung des Antigonos nach Jerusalem zurück, wo er bei allen wegen dieses Erfolges beliebt war; denn auch die, die ihm lange Zeit widerstrebt hatten, wurden damals durch die Verschwägerung mit Hyrkanos für ihn gewonnen. Denn früher hatte er eine vornehme Frau aus jüdischem Geschlecht mit Namen Doris heimgeführt, mit der er den Antipater zeugte; damals aber heiratete er Mariamme[120], die Tochter Alexanders, des Sohnes des Aristobulos, eine Enkelin des Hyrkanos, und wurde so Glied der königlichen Familie.

4. 242. Als Caesar und Antonius den Cassius bei Philippi[121] getötet hatten, zog der erste nach Italien, der andere aber nach Asien; damals kamen unter den Gesandten der anderen Stadtstaaten auch die einflußreichen Juden zu Antonius nach Bithynien und erhoben gegen Phasael und Herodes Klage, weil sie mit Gewalt die Herrschaft über die Staatsgeschäfte aus-

δυνατοί κατηγοροῦντες Φασαήλου καὶ Ἡρώδου, βίᾳ μὲν αὐτοὺς κρατεῖν τῶν πραγμάτων, ὄνομα δὲ μόνον περιεῖναι Ὑρκανῷ τίμιον. πρὸς ἃ παρὼν Ἡρώδης καὶ τεθεραπευκὼς οὐκ ὀλίγοις Ἀντώνιον χρήμασιν
243 οὕτως διέθηκεν, ὡς μηδὲ λόγου τῶν ἐχθρῶν ἀνασχέσθαι. 5. καὶ τότε μὲν οὕτως διελύθησαν, αὖθις δὲ οἱ ἐν τέλει Ἰουδαίων ἑκατὸν ἄνδρες ἧκον εἰς τὴν πρὸς Ἀντιόχειαν Δάφνην ἐπ' Ἀντώνιον ἤδη τῷ Κλεοπάτρας ἔρωτι δεδουλωμένον· οἳ προστησάμενοι τοὺς ἀξιώματι καὶ λόγῳ σφῶν δυνατωτάτους κατηγόρουν τῶν ἀδελφῶν. ὑπήντα δὲ Μεσσάλας ἀπολο-
244 γούμενος συμπαρεστῶτος Ὑρκανοῦ διὰ τὸ κῆδος. καὶ Ἀντώνιος ἀκούσας ἑκατέρων Ὑρκανοῦ διεπυνθάνετο τοὺς ἐπιτηδειοτέρους ὄντας ἄρχειν· τοῦ δὲ τοὺς περὶ τὸν Ἡρώδην προκρίνοντος[40], ἡσθείς, ἦν γὰρ δὴ καὶ ξένος αὐτοῖς πατρῷος δεχθεὶς ὑπ' Ἀντιπάτρου φιλοφρόνως ὅτε εἰς τὴν Ἰουδαίαν σὺν Γαβινίῳ παρέβαλλεν, τετράρχας ἀποδείκνυσιν τοὺς ἀδελφοὺς πᾶσαν διοικεῖν τὴν Ἰουδαίαν ἐπιτρέπων.
245 6. Προσαγανακτούντων δὲ τῶν πρέσβεων πεντεκαίδεκα μὲν συλλαβὼν εἷργνυσιν, οὓς καὶ ἀνελεῖν ὥρμησεν, τοὺς δὲ λοιποὺς μεθ' ὕβρεως ἀπήλασεν. πρὸς ὃ μείζων ἐν τοῖς Ἱεροσολύμοις γίνεται ταραχή· χιλίους γοῦν πάλιν ἔπεμψαν πρέσβεις εἰς Τύρον, ἔνθα διέτριβεν Ἀντώνιος ἐπὶ Ἱεροσολύμων ὡρμημένος. ἐπὶ τούτους κεκραγότας ἐκπέμπει τὸν ἄρχοντα τῶν Τυρίων κολάζειν προστάξας οὓς ἂν λάβῃ, συγκατασκευάζειν δὲ τὴν ἀρχὴν τοῖς ὑπ' αὐτοῦ κατασταθεῖσιν τετράρχαις.
246 7. Πρὸ δὲ τούτου πολλὰ παρῄνει προελθὼν ἐπὶ τὸν αἰγιαλὸν Ἡρώδης σὺν Ὑρκανῷ μήθ' ἑαυτοῖς ἀπωλείας αἰτίους μήτε τῇ πατρίδι πολέμου γίνεσθαι φιλονεικοῦντας ἀκρίτως. τῶν δὲ ἔτι μᾶλλον ἀγανακτούντων Ἀντώνιος ἐκπέμψας ὁπλίτας πολλοὺς μὲν ἀπέκτεινεν, πολλοὺς δὲ ἔτρωσεν· ὧν οἵ τε πεσόντες ταφῆς καὶ οἱ τραυματίαι θεραπείας ἠξιώθησαν
247 ὑπὸ Ὑρκανοῦ. οὐ μὴν οἱ διαφυγόντες ἠρέμουν, ἀλλὰ τὰ κατὰ τὴν πόλιν συνταράσσοντες παρώξυναν Ἀντώνιον ὥστε καὶ τοὺς δεσμώτας ἀποκτεῖναι.

248 XIII. 1. Μετὰ δὲ ἔτη δύο Βαρζαφάρνου[41] τοῦ Πάρθων σατράπου σὺν Πακόρῳ τῷ βασιλέως υἱῷ Συρίαν κατασχόντος Λυσανίας ἀναδεδεγμένος ἤδη τὴν ἀρχὴν τοῦ πατρὸς τελευτήσαντος, Πτολεμαῖος δ' ἦν οὗτος ὁ Μενναίου, πείθει τὸν σατράπην ὑποσχέσει χιλίων ταλάντων καὶ πεντακοσίων γυναικῶν καταγαγεῖν ἐπὶ τὰ βασίλεια τὸν Ἀντίγονον, καταλῦσαι

§ 245 = ant. 14, 326.

[40] προκρίναντος MLVRC Na Thack.
[41] Verschiedene Namensformen: Βαζαφράνου A Niese; Βαρζαφάνου MLVRC; Βαρζαφρόνου P Thack; Βαρζαφάρνου ed. pr. Na Reinach.

übten, während für Hyrkanos nur ein ehrenvoller Titel übrig bleibe. Als Herodes angesichts dieser Situation auftauchte und Antonius mit nicht geringen Mitteln zu gewinnen suchte, stimmte er diesen so günstig, daß er die Feinde nicht einmal anhörte.

5. 243. Damals zogen sie so unverrichteter Sache wieder ab; dann aber kamen die angesehenen Juden, eine Gruppe von 100 Mann, in den Daphne-Hain[122] bei Antiochien zu Antonius, der damals schon Sklave der Liebe zu Kleopatra geworden war. Sie schoben die an Ansehen und Redegewandtheit Bedeutendsten vor und verklagten die beiden Brüder. Messala[123] trat ihnen als Verteidiger entgegen; ihm zur Seite stand Hyrkanos wegen seiner Verschwägerung mit den Brüdern. Als Antonius beide Parteien gehört hatte, erkundige er sich bei Hyrkanos genau, wer die zum Herrschen Geeigneteren seien. Er entschied sich für die Gruppe um Herodes; darüber freute sich Antonius, denn er hatte zu den Brüdern vom Vater her gastfreundschaftliche Beziehungen, da er von Antipater freundlich aufgenommen worden war, als er mit Gabinius nach Judäa zog. Er ernannte die Brüder zu Tetrarchen[124] und übergab ihnen damit die Verwaltung von ganz Judäa.

6. 245. Als die Gesandten ihren Unwillen äußerten, ließ er 15 von ihnen verhaften und ins Gefängnis werfen, entschlossen, sie auch zu töten; die übrigen jagte er mit Schimpf und Schande fort. Daraufhin wurde die Unruhe in Jerusalem noch größer; so schickte man gar 1000 Abgesandte nach Tyrus, wo Antonius sich auf dem Zug nach Jerusalem aufhielt. Auf deren lautes Geschrei hin sandte er den Befehlshaber der Tyrer aus mit dem Auftrag, die, deren er habhaft werden würde, zu züchtigen und so die Herrschaft der von ihm eingesetzten Tetrarchen in ihrem Ansehen zu stärken.

7. 246. Vor diesem war schon Herodes mit Hyrkanos an den Strand gekommen und ermahnte die Abgeordneten eindringlich, sich durch ihre unüberlegte Streitsucht nicht selbst ins Verderben und das Vaterland in den Krieg zu stürzen. Als diese noch erboster wurden, schickte Antonius Schwerbewaffnete heraus, viele tötete er, viele verwundete er. Hyrkanos sorgte für die Bestattung der Gefallenen und die Pflege der Verwundeten. Aber die Entkommenen gaben doch keine Ruhe, sondern brachten die Stadt in Aufruhr und erbitterten dadurch Antonius so sehr, daß er auch die Gefangenen hinrichten ließ.

13. Kapitel

1. 248. Nach zwei Jahren eroberte Barzapharnes, ein Satrap der Parther, Syrien zusammen mit Pakorus, dem Sohn des Königs. Bei dieser Gelegenheit suchte Lysanias, damals schon Nachfolger seines verstorbenen Vaters Ptolemäus, des Sohnes des Mennäus, den Satrapen durch Zusicherung von 1000 Talenten und 500 Frauen dafür zu gewinnen, An-

249 δὲ τὸν Ὑρκανόν. τούτοις ὑπαχθεὶς Πάκορος αὐτὸς μὲν ᾔει κατὰ τὴν παράλιον, Βαρζαφάρνην δὲ διὰ τῆς μεσογείου προσέταξεν ἐμβαλεῖν. τῶν δ' ἐπιθαλαττίων Τύριοι Πάκορον οὐκ ἐδέξαντο καίτοι Πτολεμαιῶν καὶ Σιδωνίων δεδεγμένων. ὁ δ' οἰνοχόῳ τινὶ τῶν βασιλικῶν ὁμωνύμῳ μοῖραν τῆς ἵππου παραδοὺς προεμβαλεῖν ἐκέλευσεν εἰς τὴν Ἰουδαίαν κατασκεψόμενόν τε τὰ τῶν πολεμίων καὶ πρὸς ἃ δέοι βοηθήσοντα Ἀντιγόνῳ.
250 2. Τῶν δὲ ληζομένων τὸν Κάρμηλον πολλοὶ Ἰουδαῖοι συνδραμόντες πρὸς Ἀντίγονον προθύμους ἑαυτοὺς ἐπὶ τὴν εἰσβολὴν παρεῖχον. ὁ δὲ αὐτοὺς ἐπὶ τὸν καλούμενον Δρυμὸν προέπεμψεν τὸ χωρίον καταλαβεῖν· ἐν ᾧ γενομένης συμβολῆς ὠσάμενοι τοὺς πολεμίους καὶ διώξαντες ἐπὶ Ἱεροσολύμων ἔθεον γενόμενοί τε πλείους μέχρι τῶν βασιλείων προῆλθον.
251 Ὑρκανοῦ⁴² δὲ καὶ Φασαήλου δεξαμένων αὐτοὺς καρτερῷ στίφει μάχη κατὰ τὴν ἀγορὰν συρρήγνυται, καθ' ἣν τρεψάμενοι τοὺς πολεμίους οἱ περὶ Ἡρώδην κατακλείουσιν εἰς τὸ ἱερὸν καὶ φρουροὺς αὐτῶν ἄνδρας
252 ἑξήκοντα ταῖς πλησίον οἰκίαις ἐγκατέστησαν. τούτους μὲν ὁ στασιάζων πρὸς τοὺς ἀδελφοὺς λαὸς ἐπελθὼν ἐμπίπρησιν, Ἡρώδης δὲ τοῦ δήμου πολλοὺς κατ' ὀργὴν τῶν ἀπολωλότων ἀναιρεῖ συμβαλών, καὶ καθ' ἡμέραν ἐπεκθεόντων ἀλλήλοις κατὰ λόχους φόνος ἦν ἀδιάλειπτος.
253 3. Ἐνστάσης δ' ἑορτῆς, ἣ πεντηκοστὴ καλεῖται, τά τε περὶ τὸ ἱερὸν πάντα καὶ ἡ πόλις ὅλη πλήθους τῶν ἀπὸ τῆς χώρας ἀναπίμπλαται τὸ πλέον ὁπλιτῶν. καὶ Φασάηλος μὲν τὸ τεῖχος, Ἡρώδης δ' οὐ μετὰ πολλῶν ἐφρούρει τὰ βασίλεια· καὶ τοῖς πολεμίοις ἐπεκδραμὼν ἀσυντάκτοις κατὰ τὸ προάστειον πλείστους μὲν ἀναιρεῖ, τρέπεται δὲ πάντας καὶ τοὺς μὲν εἰς τὴν πόλιν, τοὺς δὲ εἰς τὸ ἱερόν, τοὺς δὲ εἰς τὸ ἔξω χαράκωμα ἐγκλείει.
254 κἀν τούτῳ διαλλακτὴν μὲν Ἀντίγονος παρακαλεῖ Πάκορον εἰσαφεῖναι, Φασάηλος δὲ πεισθεὶς τῇ τε πόλει καὶ ξενίᾳ τὸν Πάρθον εἰσδέχεται μετὰ πεντακοσίων ἱππέων, προφάσει μὲν ἥκοντα τοῦ παῦσαι τὴν στάσιν, τὸ
255 δὲ ἀληθὲς Ἀντιγόνῳ βοηθόν. τὸν γοῦν Φασάηλον ἐνεδρεύων ἀνέπεισεν πρὸς Βαρζαφάρνην πρεσβεύσασθαι περὶ καταλύσεως, καίτοι γε πολλὰ ἀποτρέποντος Ἡρώδου καὶ παραινοῦντος ἀναιρεῖν τὸν ἐπίβουλον, ἀλλὰ μὴ ταῖς ἐπιβουλαῖς ἑαυτὸν ἐκδιδόναι, φύσει γὰρ ἀπίστους εἶναι τοὺς βαρβάρους, ἔξεισιν Ὑρκανὸν παραλαβών, καὶ Πάκορος, ὡς ἧττον ὑποπτεύοιτο, καταλιπὼν παρ' Ἡρώδῃ τινὰς τῶν καλουμένων Ἐλευθέρων ἱππέων τοῖς λοιποῖς προέπεμψεν Φασάηλον.
256 4. Ὡς δ' ἐγένοντο κατὰ τὴν Γαλιλαίαν, τοὺς μὲν ἐπιχωρίους ἀφεστῶτας κἀν τοῖς ὅπλοις ὄντας καταλαμβάνουσιν, τῷ σατράπῃ δὲ ἐνετύγχανον πανούργῳ σφόδρα καὶ ταῖς φιλοφρονήσεσιν τὴν ἐπιβουλὴν καλύπτοντι·
257 δῶρα γοῦν δοὺς αὐτοῖς ἔπειτα ἀναχωροῦντας ἐλόχα. τοῖς δ' αἴσθησις γίνεται τῆς ἐπιβουλῆς καταχθεῖσιν εἴς τι τῶν παραθαλασσίων χωρίων,

§ 249 = ant. 14, 333; § 253 = ant. 14, 339.

⁴² Destinon: Ἡρώδου, vgl. die folgenden Zeilen und ant. 14, 335.

tigonos auf den Thron zu setzen, den Hyrkanos aber zu stürzen. Pakorus ließ sich darauf ein; er selbst zog die Küste entlang und gab Barzapharnes den Befehl, durch das Binnenland einzurücken. Von den Küstenbewohnern nahmen die Tyrer Pakorus nicht auf, während die Bewohner von Ptolemais und Sidon es taten. Er übergab einem königlichen Mundschenk, der mit ihm den gleichen Namen trug, eine Abteilung Reiterei und befahl ihm, in Judäa einzufallen, um die Verhältnisse der Gegner auszukundschaften und dem Antigonos soweit nötig Hilfe zu leisten.

2. 250. Als sie nun plündernd das Gebiet des Karmel durchzogen, fanden sich viele Juden bei Antigonos ein und boten sich freiwillig für den Einmarsch an. Der aber sandte sie zu dem sogenannten Eichwald voraus mit dem Auftrag, diesen Platz einzunehmen. Als es dort zur Schlacht kam, warfen sie die Feinde, verfolgten sie und stürmten bis Jerusalem; eine größere Anzahl drang bis zum Königspalast[125] vor. Als Hyrkanos und Phasael sie mit einer stärkeren Gruppe auffingen, brach auf dem Markt der Kampf aus, in dessen Verlauf die Leute des Herodes die Gegner schlugen, sie in dem Heiligtum einschlossen und 60 Mann in die benachbarten Häuser als Wache gegen sie legten. Gegen diese drang das den Brüdern feindliche Volk vor und ließ sie ein Raub der Flammen werden; Herodes aber griff aus Zorn über die Gefallenen ein und brachte viele aus dem Volk ums Leben; so fielen sie täglich rottenweise einander an, und das Morden hörte nicht auf.

3. 253. Als das Fest kam, das Pfingsten[126] genannt wurde, füllte sich der ganze Tempelbezirk und die ganze Stadt mit einer Menge von Landleuten, die meistenteils bewaffnet waren. Phasael hatte die Mauer besetzt, Herodes aber mit einer kleinen Schar den Königspalast; er machte einen Ausfall auf die Gegner, die sich ohne Kampfaufstellung in der Vorstadt befanden, und tötete sehr viele von ihnen; alle anderen schlug er in die Flucht und schloß sie dann ein, die einen in der Stadt, die anderen im Heiligtum, die dritten im äußeren Feldlager. In dieser Lage machte Antigonos den gütlichen Vorschlag, Pakorus als Vermittler hereinzuholen; Phasael ließ sich bereden und nahm den Parther mit 500 Reitern in die Stadt gastfreundlich auf; angeblich kam er, um dem Wirrwarr ein Ende zu machen, in Wahrheit aber als Helfer für Antigonos. Den Phasael überredete er hinterhältig, bei Barzapharnes wegen des Friedensschlusses vorstellig zu werden, obwohl Herodes stark davon abriet und ihm zuredete, eher den Hinterlistigen zu töten; vor allem solle er sich nicht seinen Ränken ausliefern, denn die Barbaren seien von Hause aus treulos. Phasael aber ging in Begleitung des Hyrkanos; Pakorus ließ, um weniger Verdacht zu erregen, einige von den Reitern, die die Bezeichnung „Freie"[127] trugen, bei Herodes zurück und gab mit den übrigen Phasael das Geleit.

4. 256. Als sie nach Galiläa kamen, bemerkten sie, daß die Einheimischen aufrührerisch und unter Waffen waren; in dem Satrapen bekamen sie es mit einem Mann zu tun, der äußerst verschlagen seinen Anschlag hinter Gunstbeweisen verbarg. Er gab ihnen Geschenke, ließ sie aber dann

ὃ καλεῖται Ἐκδίππων· ἐκεῖ γὰρ τήν τε ὑπόσχεσιν τῶν χιλίων ἤκουσαν ταλάντων καὶ ὡς Ἀντίγονος τὰς πλείστας τῶν παρ' αὐτοῖς γυναικῶν
258 ἐν ταῖς πεντακοσίαις καθοσιώσειεν Πάρθοις, ὅτι τε προλοχίζοιντο μὲν αὐτοῖς αἱ νύκτες ὑπὸ τῶν βαρβάρων ἀεί, πάλαι δ' ἂν καὶ συνελήφθησαν, εἰ μὴ περιέμενον ἐν Ἱεροσολύμοις Ἡρώδην πρότερον λαβεῖν, ὡς μὴ προπυθόμενος τὰ κατ' αὐτοὺς φυλάξαιτο. ταῦτ' οὐκέτι λόγος ἦν μόνον, ἀλλὰ καὶ φυλακὰς ἤδη πόρρωθεν ἑαυτῶν ἔβλεπον.
259 5. Οὐ μὴν Φασάηλος καίτοι πολλὰ παραινοῦντος Ὀφελλίου φεύγειν, πέπυστο γὰρ οὗτος παρὰ Σαραμάλλα τοῦ πλουσιωτάτου τότε Σύρων τὴν σύνταξιν τῆς ἐπιβουλῆς ὅλην, καταλιπεῖν Ὑρκανὸν ὑπέμεινεν, ἀλλὰ τῷ σατράπῃ προσελθὼν ἄντικρυς ὠνείδιζεν τὴν ἐπιβουλὴν καὶ μάλισθ' ὅτι γένοιτο τοιοῦτος χρημάτων ἕνεκεν· πλείω γε μὴν αὐτὸς ὑπὲρ σωτηρίας
260 δώσειν ὧν Ἀντίγονος ὑπὲρ βασιλείας ὑπέσχετο. πρὸς ταῦτα πανούργως ὁ Πάρθος ἀπολογίαις τε καὶ ὅρκοις ἀποσκευασάμενος τὴν ὑποψίαν ᾤχετο πρὸς Πάκορον. εὐθέως δὲ τῶν καταλειφθέντων Πάρθων οἷς προσετέτακτο Φασάηλόν τε καὶ Ὑρκανὸν συνελάμβανον τά τε ἄλλα[43] πρὸς τὴν ἐπιορκίαν καὶ τὸ ἄπιστον αὐτοῖς καταρωμένους.
261 6. Ἐν δὲ τούτῳ καὶ τὸν Ἡρώδην ὁ πεμφθεὶς οἰνοχόος ἐπεβούλευε συλλαβεῖν ἔξω τοῦ τείχους ἀπατήσας[44] προελθεῖν, ὥσπερ ἐντολὰς εἶχεν. ὁ δὲ ἀπ' ἀρχῆς ὑποπτεύων τοὺς βαρβάρους καὶ τότε πεπυσμένος εἰς τοὺς πολεμίους ἐμπεπτωκέναι τὰ μηνύοντα τὴν ἐπιβουλὴν αὐτῷ γράμματα, προελθεῖν οὐκ ἠβούλετο καίτοι μάλα ἀξιοπίστως τοῦ Πακόρου φάσκοντος δεῖν αὐτὸν ὑπαντῆσαι τοῖς τὰς ἐπιστολὰς κομίζουσιν· οὔτε γὰρ ἑαλωκέναι τοῖς πολεμίοις αὐτὰς καὶ περιέχειν οὐκ ἐπιβουλήν, ἀλλ'
262 ὁπόσα διεπράξατο Φασάηλος. ἔτυχεν δὲ παρ' ἄλλων προακηκοὼς τὸν ἀδελφὸν συνειλημμένον, καὶ προσῄει Ὑρκανοῦ θυγάτηρ Μαριάμμη, συνετωτάτη γυναικῶν, καταντιβολοῦσα μὴ προϊέναι μηδ' ἐμπιστεύειν ἑαυτὸν ἤδη φανερῶς ἐπιχειροῦσι τοῖς βαρβάροις.
263 7. Ἔτι δὲ τῶν περὶ Πάκορον σκεπτομένων, πῶς ἂν κρύφα τὴν ἐπιβουλὴν ἀπαρτίσειαν, οὐ γὰρ ἐκ φανεροῦ οἷόν τε ἦν ἀνδρὸς οὕτω δυνατοῦ περιγενέσθαι, προλαβὼν Ἡρώδης μετὰ τῶν οἰκειοτάτων προσώπων νύκτωρ ἐπὶ Ἰδουμαίας ἐχώρει λάθρα τῶν πολεμίων. αἰσθόμενοι δ' οἱ Πάρ-
264 θοι κατεδίωκον. κἀκεῖνος τὴν μὲν μητέρα καὶ τοὺς ἀδελφοὺς[45] καὶ τὴν καθωμολογημένην παῖδα μετὰ τῆς μητρὸς καὶ τοῦ νεωτάτου τῶν ἀδελφῶν προστάξας ὁδεύειν αὐτὸς ἀσφαλῶς μετὰ τῶν θεραπόντων ἀνέκοπτε

§ 258 = ant. 14, 344; § 261 = ant. 14, 350.

[43] πολλὰ statt τά τε ἄλλα Destinon cj. (nach ant. 14, 348) Thack.
[44] αἰτήσας Na cj.
[45] τὰς ἀδελφὰς Niese cj., Na vgl. ant. 14, 353. Korrupter Text? Welche Geschwister sind gemeint?

auf ihrer Heimkehr belauern. Sie merkten den Anschlag erst, als sie an einen Platz am Meer geführt wurden, der Ekdippon[128] heißt; denn dort kam ihnen die Zusicherung der 1000 Talente zu Ohren und daß Antigonos die meisten ihrer eigenen Frauen in die 500 einbezogen und den Parthern feierlich zugesagt habe. Sie hörten ferner, daß sie das Nachts von den Barbaren ständig bewacht würden und schon längst verhaftet worden wären, wenn man es nicht abwarten würde, bis man in Jerusalem den Herodes gefangen genommen habe, damit er nicht vorher von ihrem Schicksal erfahre und sich vorsähe. Dies war nicht nur leeres Gerede, sondern sie sahen selbst ihre Bewachung, die in einiger Entfernung von ihnen bereits aufgestellt war.

5. 259. Obwohl Ophellius den Phasael heftig drängte, zu fliehen — denn er hatte den ganzen Zusammenhang des Anschlags von Saramalla, dem reichsten der damaligen Syrer erfahren —, ließ dieser sich nicht dazu bewegen, Hyrkanos im Stich zu lassen, sondern ging unmittelbar zum Satrapen und warf ihm den Anschlag vor, und vor allem, daß er sich für Geld soweit habe bringen lassen; er versprach, er werde gewiß mehr für seine Rettung geben als Antigonos für den Thron. Auf diese Anwürfe hin suchte der Parther den Verdacht durch Ausreden und Eide zu zerstreuen und ging dann zu Pakorus[129]. Alsbald nahmen einige der zurückgelassenen Parther befehlsgemäß Phasael und Hyrkanos gefangen, die ihrerseits schwere Flüche besonders über den Eidbruch und die ihnen zugefügte Treulosigkeit ausstießen.

6. 261. Damals spann der nach Jerusalem gesandte Mundschenk Ränke, um sich des Herodes, wie es ihm anbefohlen war, zu bemächtigen, indem er ihn zu verleiten suchte, aus dem Bereich der Mauer herauszukommen. Der aber lebte schon von Anfang an im Mißtrauen gegen die Barbaren und hatte damals außerdem in Erfahrung gebracht, der Brief, der ihm den Anschlag melden sollte, sei den Feinden in die Hände gefallen; darum wollte er nicht herauskommen, obwohl Pakorus äußerst treuherzig empfahl, er solle den Überbringern des Briefes entgegengehen; er sei von den Feinden nicht aufgefangen worden und enthalte auch keine Mitteilung über einen Anschlag, sondern darüber, was Phasael ausgerichtet habe. Er hatte aber zufällig schon vorher von anderen gehört, daß sein Bruder in Gefangenschaft geraten sei, außerdem war Mariamme, die Tochter des Hyrkanos[130], eine äußerst umsichtige Frau, gekommen, die ihn dringlich bat, nicht herauszugehen und sich nicht den Barbaren anzuvertrauen, die ihm doch schon ganz offenkundig nach dem Leben trachteten.

7. 263. Als Pakorus und seine Leute noch erwogen, wie sie versteckt ihren Plan durchführen könnten — denn es war ja wohl nicht möglich, einen Mann, der über so viele Möglichkeiten verfügte, offen zu überspielen —, kam ihnen Herodes zuvor und entwich mit den Personen, die ihm am nächsten standen, nachts in Richtung Idumäa heimlich den Feinden. Als die Parther dies merkten, setzten sie ihm nach. Er ordnete an, daß seine Mutter und seine Geschwister, seine Braut mit ihrer Mutter und dem jüngsten Bruder weiterzögen, er selbst aber schlug, um zu sichern, die Bar-

τοὺς βαρβάρους· καὶ πολλοὺς κατὰ πᾶσαν προσβολὴν ἀποκτείνας εἰς Μασάδαν τὸ φρούριον ἀφίκετο[46].

265 8. Βαρυτέρους δὲ κατὰ τὴν φυγὴν Πάρθων Ἰουδαίους ἐπείρασεν, ἐνοχλήσαντας μὲν διηνεκῶς, ἀπὸ δὲ ἑξήκοντα τῆς πόλεως σταδίων καὶ παραταξαμένους ἐπιεικῶς πολὺν χρόνον. ἔνθα κρατήσας Ἡρώδης καὶ πολλοὺς αὐτῶν ἀποκτείνας αὖθις εἰς μνήμην τοῦ κατορθώματος ἔκτισεν τὸ χωρίον καὶ βασιλείοις πολυτελεστάτοις ἐκόσμησεν καὶ ἀκρόπολιν
266 ὀχυρωτάτην ἀνεδείματο Ἡρώδειόν τε ἐκάλεσεν ἀπὸ ἑαυτοῦ. τηνικαῦτά γε μὴν φεύγοντι καθ' ἡμέραν αὐτῷ προσεγίνοντο πολλοί, καὶ κατὰ Ῥῆσαν γενομένῳ τῆς Ἰδουμαίας Ἰώσηπος ἀδελφὸς ὑπαντήσας συνεβούλευεν τοὺς πολλοὺς τῶν ἑπομένων ἀποφορτίσασθαι· μὴ γὰρ ἂν τοσοῦτον ὄχλον δέξασθαι τὴν Μασάδαν. ἦσαν δὲ ὑπὲρ τοὺς ἐννακισχι-
267 λίους. πεισθεὶς Ἡρώδης τοὺς μὲν βαρυτέρους τῆς χρείας διαφῆκεν ἀνὰ τὴν Ἰδουμαίαν δοὺς ἐφόδια, μετὰ δὲ τῶν ἀναγκαιοτάτων τοὺς ἀλκιμωτάτους κατασχὼν εἰς τὸ φρούριον διασώζεται. καταλιπὼν δὲ ἐνταῦθα ταῖς γυναιξὶν ὀκτακοσίους φύλακας καὶ διαρκῆ τὰ ἐπιτήδεια πρὸς πολιορκίαν αὐτὸς εἰς τὴν Ἀραβικὴν Πέτραν ἠπείγετο.

268 9. Πάρθοι δ' ἐν Ἱεροσολύμοις ἐφ' ἁρπαγὴν τραπόμενοι τῶν φυγόντων εἰς τὰς οἰκίας εἰσέπιπτον καὶ τὸ βασίλειον ἀπεχόμενοι μόνων τῶν Ὑρκανοῦ χρημάτων· ἦν δ' οὐ πλείω τριακοσίων ταλάντων. ἐπετύγχανον δὲ καὶ τῶν ἄλλων οὐχ ὅσοις ἤλπισαν· ὁ γὰρ Ἡρώδης ἐκ πολλοῦ τὴν ἀπιστίαν τῶν βαρβάρων ὑφορώμενος εἰς τὴν Ἰδουμαίαν τὰ λαμπρότατα τῶν κειμηλίων προανεσκεύαστο, καὶ τῶν αὐτῷ προσεχόντων ὁμοίως
269 ἕκαστος. Πάρθοι δὲ μετὰ τὰς ἁρπαγὰς ἐπὶ τοσοῦτον ὕβρεως ἐχώρησαν ὡς ἐμπλῆσαι μὲν ἀκηρύκτου πολέμου τὴν χώραν ἅπασαν, ἀνάστατον δὲ ποιῆσαι τὴν Μαρισαίων πόλιν, μὴ μόνον δὲ καταστῆσαι βασιλέα Ἀντίγονον, ἀλλὰ καὶ παραδοῦναι αὐτῷ Φασήλόν τε καὶ Ὑρκανὸν δεσμώτας
270 αἰκίσασθαι. ὁ δὲ Ὑρκανοῦ μὲν προσπεσών[47] αὐτὸς τὰ ὦτα λωβᾶται τοῖς ὀδοῦσιν, ὡς μηδὲ αὖθις ἐν μεταβολῇ ποτε δύναιτο τὴν ἀρχιερωσύνην
271 ἀπολαβεῖν· δεῖ γὰρ ὁλοκλήρους ἀρχιερᾶσθαι· 10. τῆς Φασαήλου δὲ ἀρετῆς ὑστερίζει φθάσαντος πέτρᾳ προσρῆξαι τὴν κεφαλήν, ὡς καὶ σιδήρου καὶ χειρῶν εἴργετο. κἀκεῖνος μὲν Ἡρώδου γνήσιον ἑαυτὸν ἀποδείξας ἀδελφὸν καὶ Ὑρκανὸν ἀγεννέστατον, ἀνδρειότατα θνήσκει ποιησάμενος τὴν καταστροφὴν τοῖς κατὰ τὸν βίον ἔργοις πρέπουσαν·
272 κατέχει δὲ καὶ ἄλλος λόγος, ὡς ἀνενέγκαι μὲν ἐκ τῆς τότε πληγῆς, πεμφθεὶς δὲ ἰατρὸς ὑπ' Ἀντιγόνου θεραπεῦσαι δῆθεν αὐτὸν ἐμπλήσειεν τὸ τραῦμα δηλητηρίων φαρμάκων καὶ διαφθείρειεν αὐτόν. ὁπότερον δ'

§ 265 = ant. 14, 360; § 269 = ant. 14, 364.

[46] ἀφίκετο L Na; ἀφίκτο VRC; ἠπείγετο PAM Lat Niese Thack.
[47] προσπεσόντος LM¹VR Na Thack; προσπεσὼν PAL² Heg.

baren zurück, er tötete viele bei jedem Angriff und kam so in die Festung Masada.

8. 265. Es machten ihm aber auf der Flucht die Juden noch mehr zu schaffen als die Parther; sie belästigten ihn fortwährend und, 60 Stadien von der Stadt entfernt, zwangen sie ihn zu einem regelrechten Treffen von beträchtlicher Dauer. Dabei behielt Herodes das Feld und tötete viele von ihnen; später aber legte er zur Erinnerung an diesen Erfolg den bekannten Platz an und zeichnete ihn mit einem äußerst kostbaren Palast aus, ferner errichtete er eine sehr starke Burg; als Name dafür wählte er, seinem eigenen entsprechend, Herodeion. Damals gesellten sich ihm auf seiner Flucht täglich Viele zu. Als er nach Rhesa[131] in Idumäa kam, riet ihm sein Bruder Joseph, der ihm dorthin entgegengekommen war, sich des größten Teiles seines Gefolges zu entledigen, denn Masada fasse nicht eine so große Menge; es waren über 9000. Herodes ließ sich überreden und entließ die weniger Nützlichen mit einer Wegzehrung in die einzelnen Teile Idumäas; er behielt außer seinen nächsten Verwandten die Kampfkräftigsten und rettete sich damit auf die Festung. Dort ließ er für die Frauen 800 Mann als Bewachung und ausreichende Lebensmittel für eine Belagerung zurück; er selbst zog in Eilmärschen nach Petra in Arabien.

9. 268. Die Parther verlegten sich indessen in Jerusalem aufs Plündern, sie drangen in die Häuser der Flüchtlinge und in den Königspalast ein, nur von dem Schatz des Hyrkanos hielten sie sich fern; es waren nicht mehr als 300 Talente. Sie fanden auch sonst nicht so viel wie sie gehofft hatten, denn Herodes hatte, schon lange mißtrauisch gegen die Treulosigkeit der Barbaren, die herrlichsten seiner Kostbarkeiten zuvor nach Idumäa geschafft, und ebenso jeder seiner Anhänger. Die Parther aber gingen nach den Plünderungen in ihrem Übermut so weit, daß sie das ganze Land zum Schauplatz eines Krieges ohne Verhandlungsmöglichkeiten machten und die Stadt der Marisäer[132] verwüsteten; auch setzten sie Antigonos nicht allein zum König ein, sondern übergaben ihm obendrein Phasael und Hyrkanos gefesselt zur Peinigung. Der aber biß dem Hyrkanos, auf den er sich losstürzte, selbst mit seinen Zähnen die Ohren ab[133], damit er ja nicht später bei einem etwaigen Umschwung die hohepriesterliche Würde wieder übernehmen könne; denn nur körperlich ganz unversehrte Männer dürfen Hohepriester werden.

10. 271. Aber für die Entschlossenheit des Phasael kam er zu spät, weil dieser sich schon vorher den Kopf an einem Stein zerschmettert hatte, da er weder über Schwert noch Hand verfügen konnte. Indem er sich als echten Bruder des Herodes und den Hyrkanos als unadlig erwies, starb er wahrhaft tapfer und gestaltete so sein Ende würdig den Taten seines Leben[134]. Es erhält sich aber auch eine andere Nachricht, nach der er sich von der damaligen Verwundung erholt hätte, aber ein von Antigonos gesandter Arzt, der ihn scheinbar heilen sollte, hätte ihm Gift in die Wunde getan und ihn dadurch ums Leben gebracht. Ob nun das eine oder andere wahr ist, beides hat die gleiche rühmliche Veranlassung. Es heißt,

ἂν ἀληθὲς ᾖ, τὴν ἀρχὴν ἔχει λαμπράν. φασὶν γοῦν αὐτὸν καὶ πρὶν ἐκπνεῦσαι πυθόμενον παρὰ γυναίου τινὸς ὡς Ἡρώδης διαπεφεύγοι, «νῦν, εἰπεῖν, εὔθυμος ἄπειμι τὸν μετελευσόμενον τοὺς ἐχθροὺς καταλιπὼν ζῶντα».
273 11. Ὁ μὲν οὖν οὕτως τελευτᾷ. Πάρθοι δὲ καίτοι διημαρτηκότες ὧν μάλιστα ἐπεθύμουν γυναικῶν καθιστᾶσιν μὲν ἐν Ἱεροσολύμοις Ἀντιγόνῳ τὰ πράγματα, δεσμώτην δ᾿ Ὑρκανὸν ἀνάγουσιν εἰς τὴν Παρθυηνήν.

274 XIV. 1. Ἡρώδης δὲ συντονώτερον ἤλαυνεν εἰς τὴν Ἀραβίαν ὡς ἔτι τἀδελφοῦ ζῶντος ἐπειγόμενος χρήματα παρὰ τοῦ βασιλέως λαβεῖν, οἷς μόνοις πείσειν ὑπὲρ Φασαήλου τὴν τῶν βαρβάρων ἤλπιζεν πλεονεξίαν. ἐλογίζετο γάρ, εἰ τῆς πατρῴας φιλίας ἀμνημονέστερος ὁ Ἄραψ γένοιτο καὶ τοῦ δοῦναι δωρεὰν μικρολογώτερος, δανείσασθαι παρ᾿
275 αὐτοῦ τὰ λύτρα ῥύσιον θεὶς τὸν τοῦ λυτρουμένου παῖδα· καὶ γὰρ ἐπήγετο τὸν ἀδελφιδοῦν ὄντα ἐτῶν ἑπτά· τάλαντα δ᾿ ἦν ἕτοιμος τριακόσια δοῦναι προστησάμενος Τυρίους παρακαλοῦντας. τὸ χρεὼν δ᾿ ἄρα τὴν αὐτοῦ σπουδὴν ἐφθάκει καὶ Φασαήλου τεθνηκότος εἰς κενὸν Ἡρώδης φιλάδελφος ἦν·
276 οὐ μὴν οὐδὲ παρὰ Ἄραψιν εὑρίσκει φιλίαν οὖσαν. ὁ γοῦν βασιλεὺς αὐτῶν Μάλχος προπέμψας ἐκ τῆς χώρας κατὰ τάχος προσέτασσεν ἀναστρέφειν, προφάσει μὲν χρώμενος Πάρθοις, ἐπικηρυκεύσασθαι γὰρ αὐτοὺς ἐκβαλεῖν Ἡρώδην τῆς Ἀραβίας, τῷ δὲ ὄντι κατασχεῖν προαιρούμενος τὰ παρ᾿ Ἀντιπάτρου χρέα καὶ μηδὲν εἰς τὰς ἐκείνου δωρεὰς ἀντιπαρασχεῖν χρῄζουσιν τοῖς τέκνοις δυσωπεῖσθαι. συμβούλοις δ᾿ ἐχρῆτο τῆς ἀναιδείας τοῖς ὁμοίως ἀποστερεῖν τὰς Ἀντιπάτρου παρακαταθήκας θέλουσιν· ἦσαν δὲ τῶν περὶ αὐτὸν οἱ δυνατώτατοι.

277 2. Ἡρώδης μὲν δὴ πολεμίους τοὺς Ἄραβας εὑρὼν δι᾿ ἃ φιλτάτους ἤλπισεν καὶ τοῖς ἀγγέλοις ἀποκρινάμενος ὡς ὑπηγόρευε τὸ πάθος ὑπέστρεψεν ἐπ᾿ Αἰγύπτου. καὶ τὴν μὲν πρώτην ἑσπέραν κατά τι τῶν ἐπιχωρίων ἱερὸν αὐλίζεται τοὺς ὑπολειφθέντας ἀναλαβών, τῇ δ᾿ ἑξῆς
278 εἰς Ῥινοκούρουρα προελθόντι τὰ περὶ τὴν τἀδελφοῦ τελευτὴν ἀπαγγέλλεται. προσλαβὼν δὲ πένθους ὅσον ἀπεθήκατο φροντίδων ᾔει προσωτέρω. καὶ δὴ βραδέως ὁ Ἄραψ μετανοήσας ἔπεμψεν διὰ τάχους τοὺς ἀνακαλέσοντας τὸν ὑβρισμένον. ἔφθανεν δὲ καὶ τούτους Ἡρώδης εἰς Πηλούσιον ἀφικόμενος, ἔνθα τῆς παρόδου μὴ τυγχάνων ὑπὸ τῶν ἐφορμούντων τοῖς ἡγεμόσιν ἐντυγχάνει· κἀκεῖνοι τήν τε φήμην καὶ τὸ ἀξίωμα
279 τἀνδρὸς αἰδεσθέντες προπέμπουσιν αὐτὸν εἰς Ἀλεξάνδρειαν. ὁ δὲ παρελ-

§ 274 = ant. 14, 360; § 277 = ant. 14, 374.

er habe, ehe er den letzten Atemzug tat, von einer Frau erfahren, Herodes sei entkommen; dann habe er gesagt: „Jetzt gehe ich bereitwillig dahin, da ich lebend zurücklasse den, der meine Feinde bestrafen wird."

11. 273. So starb er. Obwohl die Parther um die Frauen, nach denen ihnen am meisten der Sinn stand, betrogen waren, richteten sie in Jerusalem für Antigonos die staatliche Ordnung wieder auf, den Hyrkanos aber führten sie als Gefangenen nach Parthien.

14. Kapitel

1. 274. Herodes beschleunigte indessen seinen Marsch nach Arabien; in der Annahme, sein Bruder sei noch am Leben, drängte es ihn, Geld von dem König zu erhalten; nur damit hoffte er, die Barbaren in ihrer Geldgier zur Freilassung Phasaels umstimmen zu können. Denn auch falls sich der Araber der Freundschaft mit seinem Vater nicht mehr erinnern wolle und zu engherzig sei, um es ihm ohne Gegenleistung zu geben, rechnete er doch darauf, das Lösegeld von ihm leihen zu können, wenn er als Unterpfand den Sohn des Mannes anbiete, der ausgelöst werden sollte. Er hatte nämlich diesen seinen siebenjährigen Neffen mitgebracht. So war er bereit, 300 Talente zu zahlen und dabei die Tyrer, die sich dazu angeboten hatten, als Unterhändler vorzuschieben. Das Geschick aber war freilich schneller gewesen als er mit seinem Eifer, und angesichts des schon erfolgten Todes Phasaels war die Bruderliebe des Herodes gegenstandslos. Er fand bei den Arabern auch in gar keiner Weise eine wirkliche Freundschaft. Ja, ihr König Malchos[135] sandte ihm die Weisung entgegen, schleunigst aus dem Lande umzukehren, wobei er sich des Vorwandes bediente, daß die Parther ihn durch Botschafter aufgefordert hätten, Herodes aus Arabien herauszutreiben. In Wirklichkeit zog er es vor, das von Antipater Geliehene zu behalten und für dessen Geschenke seinen Söhnen, die in dieser beschämenden Lage waren, keine Gegenleistung zu gewähren. Die Ratgeber, deren er sich bei diesem schamlosen Verhalten bediente, hatten gleichfalls den Willen, das von Antipater anvertraute Gut zu rauben; das waren die Mächtigsten seiner Umgebung.

2. 277. Herodes fand also in den Arabern Feinde, und zwar gerade aus dem Grunde, aus dem er gehofft hatte, sie würden seine besten Freunde sein; er gab ihren Boten darum eine Antwort, wie sie ihm sein Grimm eingab, und wandte sich nach Ägypten. Hier bezog er am ersten Abend sein Nachtquartier in einem Tempel der Eingeborenen, wo er mit seinem Gefolge, das er verlassen hatte, wieder zusammentraf; als er am nächsten Tage bis Rhinokurura[136] weiterzog, wurde ihm die Nachricht über den Tod seines Bruders zugebracht. Er mußte soviel Schmerz auf sich nehmen, wie er an Sorgen ablegen konnte, und setzte seinen Weg weiter fort. Der Araber, der, freilich spät, anderen Sinnes geworden war, sandte schleunigst Boten, die den Beleidigten zurückrufen sollten. Aber Herodes war ihnen

θὼν εἰς τὴν πόλιν ἐδέχθη μὲν λαμπρῶς ὑπὸ Κλεοπάτρας στρατηγὸν ἐλπιζούσης ἕξειν εἰς ἃ παρεσκευάζετο· διακρουσάμενος δὲ τὰς παρακλήσεις τῆς βασιλίδος καὶ μήτε τὴν ἀκμὴν τοῦ χειμῶνος ὑποδείσας μήτε τοὺς κατὰ τὴν Ἰταλίαν θορύβους ἐπὶ Ῥώμης ἔπλει.

280 3. Κινδυνεύσας δὲ περὶ Παμφυλίαν καὶ τοῦ φόρτου τὸ πλεῖον ἐκβαλὼν μόλις εἰς Ῥόδον διασώζεται σφόδρα τῷ πρὸς Κάσσιον πολέμῳ τετρυχωμένην, δεχθεὶς ὑπὸ Πτολεμαίου καὶ Σαπφινίου τῶν φίλων. καίπερ δὲ ὢν
281 ἐν ἀπορίᾳ χρημάτων ναυπηγεῖται τριήρη μεγίστην, ἐν ᾗ μετὰ τῶν φίλων εἰς Βρεντέσιον καταπλεύσας κἀκεῖθεν εἰς Ῥώμην ἐπειχθεὶς πρώτῳ διὰ τὴν πατρῴαν φιλίαν ἐνετύγχανεν Ἀντωνίῳ καὶ τάς τε αὐτοῦ καὶ τοῦ γένους συμφορὰς ἐκδιηγεῖτο, ὅτι τε τοὺς οἰκειοτάτους ἐν φρουρίῳ καταλιπὼν πολιορκουμένους διὰ χειμῶνος πλεύσειεν ἐπ' αὐτὸν ἱκέτης.

282 4. Ἀντωνίου δὲ ἥπτετο πρὸς τὴν μεταβολὴν οἶκτος, καὶ κατὰ μνήμην μὲν τῆς Ἀντιπάτρου ξενίας, τὸ δὲ ὅλον καὶ διὰ τὴν τοῦ παρόντος ἀρετὴν ἔγνω καὶ τότε βασιλέα καθιστᾶν Ἰουδαίων ὃν πρότερον αὐτὸς ἐποίησεν τετράρχην. ἐνῆγεν δὲ οὐκ ἔλαττον τῆς εἰς Ἡρώδην φιλοτιμίας ἡ πρὸς Ἀντίγονον διαφορά· τοῦτον γὰρ δὴ στασιώδη τε καὶ Ῥωμαίων
283 ἐχθρὸν ὑπελάμβανεν. Καίσαρα μὲν οὖν εἶχεν ἑτοιμότερον αὐτοῦ τὰς Ἀντιπάτρου στρατείας ἀνανεούμενον, ἃς κατ' Αἴγυπτον αὐτοῦ τῷ πατρὶ συνδιήνεγκεν, τήν τε ξενίαν καὶ τὴν ἐν ἅπασιν εὔνοιαν, ὁρῶντά γε
284 μὴν καὶ τὸ Ἡρώδου δραστήριον· συνήγαγεν δὲ τὴν βουλήν, ἐν ᾗ Μεσσάλας καὶ μετ' αὐτὸν Ἀτρατῖνος παραστησάμενοι τὸν Ἡρώδην τάς τε πατρῴας εὐεργεσίας καὶ τὴν αὐτοῦ πρὸς Ῥωμαίους εὔνοιαν διεξῄεσαν, ἀποδεικνύντες ἅμα καὶ πολέμιον τὸν Ἀντίγονον οὐ μόνον ἐξ ὧν διηνέχθη τάχιον, ἀλλ' ὅτι καὶ τότε διὰ Πάρθων λάβοι τὴν ἀρχὴν Ῥωμαίους ὑπεριδών. τῆς δὲ συγκλήτου πρὸς ταῦτα κεκινημένης ὡς παρελθὼν Ἀντώνιος καὶ πρὸς τὸν κατὰ Πάρθων πόλεμον βασιλεύειν Ἡρώδην
285 συμφέρειν ἔλεγεν, ἐπιψηφίζονται πάντες. λυθείσης δὲ τῆς βουλῆς Ἀντώνιος μὲν καὶ Καῖσαρ μέσον ἔχοντες Ἡρώδην ἐξῄεσαν, προῆγον δὲ σὺν ταῖς ἄλλαις ἀρχαῖς οἱ ὕπατοι θύσοντές τε καὶ τὸ δόγμα ἀναθήσοντες εἰς τὸ Καπετώλιον. τὴν δὲ πρώτην Ἡρώδῃ τῆς βασιλείας ἡμέραν Ἀντώνιος εἱστία.

§ 281 = ant. 14, 379; § 285 = ant. 14, 388.

schon zu weit voraus und kam in Pelusium an. Da er von den vor Anker liegenden Schiffsbesatzungen keine Überfahrt erreichen konnte, wandte er sich an die Behörden; diese ließen ihn aus Achtung vor seinem Ruhm und seiner Würde nach Alexandria geleiten. In dieser Stadt angekommen, wurde er glänzend von Kleopatra empfangen, die auf einen Feldherrn für ihre kriegerischen Unternehmungen hoffte; er aber lehnte die Angebote der Königin ab und fuhr ohne Furcht vor der Schärfe des Winters und den Unruhen Italiens nach Rom[137].

3. 280. Er geriet aber auf der Höhe von Pamphylien in Seenot, mußte den größten Teil der Ladung über Bord werfen lassen und rettete sich mit genauer Not nach Rhodos, das durch den Krieg gegen Cassius schwer gelitten hatte. Hier wurde er von seinen Freunden Ptolemäus und Sapphinius aufgenommen. Trotz Geldverlegenheit ließ er einen sehr großen Dreiruderer bauen, in dem er mit seinen Freunden nach Brundisium fuhr; von dort eilte er nach Rom und wandte sich zuerst wegen der Freundschaft vom Vater her an Antonius; er berichtete ihm über seine und seiner Familie Nöte, daß er die nächsten Angehörigen belagert in einer Festung zurückgelassen habe, mitten im Winter die Seefahrt auf sich genommen habe und als Schutzflehender zu ihm komme.

4. 282. Den Antonius ergriff angesichts dieser Wendung Mitleid; in Erinnerung an die Gastfreundschaft, die ihn mit Antipater verband, vor allem aber auch wegen der persönlichen Tüchtigkeit des anwesenden Bittstellers entschloß er sich nunmehr, den zum König der Juden einzusetzen, den er selber früher zum Tetrarchen gemacht hatte. Es bestimmte ihn aber nicht weniger als das Wohlwollen gegen Herodes der Gegensatz zu Antigonos; den diesen mußte er ja wohl als einen Aufständischen und einen Feind der Römer ansehen. Den Caesar (Octavian) fand er noch bereitwilliger als Antonius, da er sich an die Feldzüge des Antipater erinnerte, die er in Ägypten an der Seite seines eigenen Vaters[138] durchgestanden hatte, an die Gastfreundschaft und an das unbeschränkte Wohlwollen; vor allem sah er auch die Tatkraft des Herodes selbst. Er berief den Senat, in dem Messala und nach ihm Atratinus[139] den Herodes vorstellten, von den trefflichen Taten seines Vaters und von seiner eigenen Gesinnung gegen die Römer berichteten; sie traten zugleich auch den Nachweis an, daß Antigonos Feind des römischen Volkes sei, und zwar nicht nur deshalb, weil er einst so schnell wie möglich Streit mit Rom angezettelt hatte, sondern auch deshalb, weil er jetzt mit Hilfe der Parther die Herrscherstellung angetreten habe, ohne nach den Römern zu fragen. Darauf entstand Unruhe im Senat, und als Antonius auftrat und erklärte, im Blick auf den Partherkrieg sei es vorteilhaft, wenn Herodes die Königswürde habe, da stimmten alle zu. Nach Schluß der Senatssitzung gingen Antonius und Caesar gemeinsam heraus und nahmen dabei Herodes in die Mitte. An der Spitze des Zuges schritten mit den anderen Behörden die Konsuln, um zu opfern und den Beschluß im Kapitol zu hinterlegen. Antonius gab dem Herodes am ersten Tage seiner Königswürde ein Essen.

XV. 1. Παρὰ δὲ τὸν χρόνον τοῦτον Ἀντίγονος ἐπολιόρκει τοὺς ἐν Μασάδᾳ, τοῖς μὲν ἄλλοις ἐπιτηδείοις διαρκουμένους, σπανίζοντας δὲ ὕδατος· διὸ καὶ Ἰώσηπος ἀδελφὸς Ἡρώδου σὺν διακοσίοις τῶν οἰκείων δρασμὸν ἐβουλεύετο εἰς Ἄραβας ἀκηκοὼς τῶν εἰς Ἡρώδην ἁμαρτημάτων Μάλχῳ μεταμέλειν. κἂν ἔφθη καταλιπὼν τὸ φρούριον, εἰ μὴ περὶ τὴν νύκτα τῆς ἐξόδου συνέβη πλεῖστον ὗσαι· τῶν γὰρ ἐκδοχείων ὕδατος ἀναπλησθέντων οὐκέτ᾽ ἔχρῃζεν φυγῆς, ἀλλ᾽ ἐπεξῄεσαν ἤδη τοῖς περὶ τὸν Ἀντίγονον καὶ τὰ μὲν φανερῶς συμπλεκόμενοι, τὰ δὲ λοχῶντες συχνοὺς διέφθειρον. οὐ μὴν ἐν ἅπασιν εὐστόχουν, ἔστιν δ᾽ ὅπου καὶ αὐτοὶ πταίοντες ἀνέστρεφον.

2. Κἀν τούτῳ Βεντίδιος ὁ Ῥωμαίων στρατηγὸς πεμφθεὶς ἐκ Συρίας Πάρθους ἀνείργειν μετ᾽ ἐκείνους εἰς Ἰουδαίαν παρέβαλεν λόγῳ μὲν ὡς βοηθήσων τοῖς περὶ Ἰώσηπον, ἔργῳ δ᾽ Ἀντίγονον ἀργυριούμενος. ἔγγιστα γοῦν Ἱεροσολύμων αὐλισάμενος ὡς ἐνεπλήσθη χρημάτων, αὐτὸς μὲν ἀνεχώρει μετὰ τῆς πλείστης δυνάμεως, Σίλωνα δὲ σὺν μέρει καταλέλοιπεν, ὡς μὴ κατάφωρον τὸ λῆμμα ποιήσειεν πάντας ἀπαναστήσας. Ἀντίγονος δὲ πάλιν ἐλπίζων Πάρθους ἐπαμυνεῖν καὶ Σίλωνα τέως ἐθεράπευεν, ὡς μηδὲν ἐνοχλοίη πρὸ τῆς ἐλπίδος.

3. Ἤδη δὲ Ἡρώδης καταπεπλευκὼς ἀπὸ τῆς Ἰταλίας εἰς Πτολεμαΐδα καὶ συναγηοχὼς δύναμιν οὐκ ὀλίγην ξένων τε καὶ ὁμοφύλων ἤλαυνεν διὰ τῆς Γαλιλαίας ἐπ᾽ Ἀντίγονον συλλαμβανόντων Βεντιδίου καὶ Σίλωνος, οὓς Δέλλιος ὑπ᾽ Ἀντωνίου πεμφθεὶς Ἡρώδην συγκαταγαγεῖν ἔπεισεν. ἐτύγχανεν δὲ Βεντίδιος μὲν ἐν ταῖς πόλεσιν τὰς διὰ Πάρθους ταραχὰς καθιστάμενος, Σίλων δὲ ἐν Ἰουδαίᾳ χρήμασιν ὑπ᾽ Ἀντιγόνου διεφθαρμένος. οὐ μὴν Ἡρώδης ἰσχύος ἠπόρει, προϊόντι δ᾽ αὐτῷ καθ᾽ ἡμέραν ηὔξειτο τὰ τῆς δυνάμεως, καὶ πλὴν ὀλίγων πᾶσα ἡ Γαλιλαία προσέθετο. προύκειτο μὲν οὖν τὸ ἀναγκαιότατον ἀγώνισμα Μασάδα καὶ τὸ ῥύσασθαι πρῶτον τοὺς οἰκείους ἐκ τῆς πολιορκίας, γίνεται δ᾽ ἐμπόδιον Ἰόππη· ταύτην γὰρ ἔχρῆν πολεμίαν οὖσαν ἐξελεῖν πρότερον, ὡς μὴ χωροῦντος ἐπὶ Ἱεροσολύμων κατὰ νώτου τι τοῖς ἐχθροῖς ἔρυμα καταλείποιτο. συνῆπτεν δὲ καὶ Σίλων ἀσμένως τῆς ἀπαναστάσεως πρόφασιν εὑρών, ᾧ προσέκειντο Ἰουδαῖοι διώκοντες. ἐπὶ τούτους Ἡρώδης ἐκδραμὼν μετ᾽ ὀλίγου στίφους τρέπεται ταχέως καὶ Σίλωνα διασώζει κακῶς ἀμυνόμενον.

§ 289 = ant. 14, 393.

15. Kapitel

1. 286. Während dieser Zeit belagerte Antigonos die Besatzung von Masada, die sonst mit allem Nötigen reichlich versehen war, aber Mangel an Wasser hatte. Deshalb beschloß Joseph, der Bruder des Herodes, mit 200 Gefährten einen Fluchtversuch zu den Arabern, zumal er gehört hatte, daß Malchos sein schändliches Verhalten gegen Herodes bereue. Und er hätte auch voreilig die Feste verlassen, wenn es sich nicht so gefügt hätte, daß eben um die Nachtzeit, die für den Abzug vorgesehen war, reichlich Regen fiel. Daher füllten sich die Zisternen mit Wasser, und er hatte eine Flucht nicht mehr nötig. Die Belagerten rückten vielmehr von jetzt an gegen die Truppen des Antigonos aus und machten, teils in offener Gefechtsberührung, teils aus dem Hinterhalt heraus viele nieder. Gewiß nicht, daß sie dabei in allen Fällen erfolgreich gewesen wären, es kam vielmehr auch vor, daß sie Unglück hatten und sich zurückziehen mußten.

2. 288. In dieser Zeit wurde der römische Feldherr Ventidius[140] beauftragt, die Parther aus Syrien zu vertreiben; er rückte ihnen nach und in Judäa ein, angeblich, um der Truppe des Joseph Hilfe zu leisten, in Wahrheit aber, um den Antigonos zu erpressen. Er lagerte ganz dicht bei Jerusalem, zog sich aber, als seine Geldgier befriedigt war, mit dem größten Teil des Heeres zurück; den Silo ließ er freilich mit einem Teil zurück, um nicht durch den Abmarsch aller das schändliche Geschäft offenkundig zu machen. Antigonos wiederum hoffte auf die Hilfe der Parther, bemühte sich aber eine Zeitlang um die Gunst Silos[141], damit dieser ihm nicht lästig falle, bevor seine eigene Hoffnung sich verwirkliche.

3. 290. Herodes aber war schon von Italien nach Ptolemais gefahren, hatte eine beträchtliche Streitmacht von Fremden und Einheimischen gesammelt und zog eilends durch Galiläa gegen Antigonos heran; dabei unterstützten ihn Ventidius und Silo, die Dellius, der Sondergesandte des Antonius, dazu bewogen hatte, den Herodes wieder einzusetzen. Ventidius war gerade damals damit beschäftigt, die Unruhen niederzuschlagen, die sich in den syrischen Städten infolge des Parthereinfalls erhoben hatten, während Silo in Judäa stand und durch das Geld des Antigonos bestochen war. Herodes hatte indessen keineswegs Mangel an Streitkräften; bei seinem Vormarsch festigten sich seine Machtverhältnisse von Tag zu Tag, und, von geringen Ausnahmen abgesehen, schloß sich ihm ganz Galiläa an. Vor ihm stand als dringendstes Ziel des Kampfes die Befreiung Masadas und die baldige Erlösung seiner Angehörigen von der Belagerung; allerdings war ihm dabei Joppe noch im Wege. Diese Stadt, die ihm feindlich war, mußte er nämlich zuerst erobern, damit nicht bei seinem Marsch auf Jerusalem in seinem Rücken ein feindliches Bollwerk übrig bliebe. Jetzt schloß sich Silo bereitwillig an ihn an, indem er darin einen willkommenen Vorwand für seinen Abzug fand, die Juden aber folgten ihm und setzten ihm hart zu. Auf diese warf sich Herodes mit einer kleinen Schar, brachte sie schnell zum Weichen und rettete Silo, der sich nur schlecht verteidigte.

3   4. Ἔπειτα Ἰόππην ἑλὼν πρὸς τὴν Μασάδα ῥυσόμενος τοὺς οἰκείους ἠπείγετο. καὶ τῶν ἐπιχωρίων οὓς μὲν πατρῴα φιλία προσῆγεν, οὓς δὲ τὸ αὐτοῦ κλέος, οὓς δὲ τῆς ἐξ ἀμφοῖν εὐεργεσίας ἀμοιβή, πλείστους γε μὴν ἐλπὶς ὡς ἐκ βασιλέως βεβαίου, δυσνίκητός[48] τε ἤδη δύναμις
294 ἤθροιστο. προϊόντα δ᾽ Ἀντίγονος ἐνήδρευεν τὰ ἐπιτήδεια τῶν παρόδων προλοχίζων, ἐν οἷς οὐδὲν ἢ μικρὰ τοὺς πολεμίους ἔβλαπτεν. Ἡρώδης δὲ τοὺς ἐκ Μασάδας οἰκείους παραλαβὼν ῥᾳδίως καὶ Ῥῆσαν τὸ φρούριον ᾔει πρὸς τὰ Ἱεροσόλυμα· συνῆπτε δ᾽ αὐτῷ τὸ μετὰ Σίλωνος στρατιωτικὸν καὶ πολλοὶ τῶν ἐκ τῆς πόλεως τὴν ἰσχὺν καταπλαγέντες.
295   5. Στρατοπεδευσαμένους[49] δὲ κατὰ τὸ πρὸς δύσιν κλίμα τοῦ ἄστεος οἱ ταύτῃ φύλακες ἐτόξευόν τε καὶ ἐξηκόντιζον αὐτούς, ἄλλοι δὲ κατὰ στῖφος ἐκθέοντες ἀπεπειρῶντο τῶν προτεταγμένων. Ἡρώδης δὲ τὸ μὲν πρῶτον κηρύσσειν περὶ τὸ τεῖχος ἐκέλευεν ὡς ἐπ᾽ ἀγαθῷ τε παρείη τοῦ δήμου καὶ ἐπὶ σωτηρίᾳ τῆς πόλεως, μηδὲν μηδὲ τοὺς φανεροὺς ἐχθροὺς
296 ἀμυνούμενος, δώσων δὲ καὶ τοῖς διαφορωτάτοις ἀμνηστίαν. ἐπεὶ δὲ ἀντιπαρηγοροῦντες οἱ περὶ τὸν Ἀντίγονον οὔτε κατακούειν τῶν κηρυγμάτων εἴων τινὰς οὔτε μεταβάλλεσθαι, τὸ λοιπὸν ἀμύνεσθαι τοὺς ἀπὸ τοῦ τείχους ἐπέτρεπεν τοῖς σφετέροις· οἱ δὲ ταχέως ἅπαντας ἀπὸ τῶν πύργων ἐτρέψαντο τοῖς βέλεσιν.
297   6. Ἔνθα δὴ καὶ Σίλων ἀπεκαλύψατο τὴν δωροδοκίαν· ἐπισκευασάμενος γὰρ πολλοὺς τῶν στρατιωτῶν σπάνιν ἐπιτηδείων ἀναβοᾶν καὶ χρήματα εἰς τροφὰς ἀπαιτεῖν ἀπάγειν τε σφᾶς χειμεριοῦντας εἰς τοὺς ἐπιτηδείους[50] τόπους, ἐπειδὴ τὰ περὶ τὴν πόλιν ἦν ἔρημα πάντα τῶν περὶ Ἀντίγονον προανεσκευασμένων, ἐκίνει τε τὸ στρατόπεδον καὶ ἀναχωρεῖν
298 ἐπειρᾶτο. Ἡρώδης δ᾽ ἐντυγχάνων τοῖς τε ὑπὸ τὸν Σίλωνα ἡγεμόσιν καὶ κατὰ πλῆθος τοῖς στρατιώταις ἐδεῖτο μὴ καταλιπεῖν αὐτὸν ὑπό τε Καίσαρος καὶ Ἀντωνίου καὶ τῆς συγκλήτου προπεμφθέντα· λύσειν γὰρ
299 αὐθημερὸν αὐτῶν τὰς ἀπορίας. καὶ μετὰ τὴν δέησιν [εὐθέως] ὁρμήσας αὐτὸς εἰς τὴν χώραν τοσαύτην αὐτοῖς ἐπιτηδείων ἀφθονίαν ἐκόμισεν, ὡς πάσας ἀποκόψαι τὰς Σίλωνος προφάσεις, εἴς τε τὰς ἑξῆς ἡμέρας μὴ διαλιπεῖν τὴν χορηγίαν προνοούμενος ἐπέστελλεν τοῖς περὶ Σαμάρειαν, ᾠκείωτο δ᾽ ἡ πόλις αὐτῷ, σῖτον καὶ οἶνον καὶ ἔλαιον καὶ βοσκήματα
300 κατάγειν εἰς Ἱεριχοῦντα. ταῦτ᾽ ἀκούσας Ἀντίγονος διέπεμψεν περὶ τὴν χώραν εἴργειν καὶ λοχᾶν τοὺς σιτηγοὺς κελεύων. οἱ δ᾽ ὑπήκουον, καὶ πολὺ πλῆθος ὁπλιτῶν ὑπὲρ τὴν Ἱεριχοῦντα συνηθροίσθη· διεκαθέζοντο δὲ ἐπὶ τῶν ὀρῶν παραφυλάσσοντες τοὺς τὰ ἐπιτήδεια ἐκκομίζον-

§ 294 = ant. 14, 399; § 297 = ant. 14, 406.

[48] codd., Niese δυσκίνητος. δυσνίκητος Na cj.; ihm folgen Reinach und Thack unter Hinweis auf ant. 18, 23.
[49] στρατοπεδευσαμένου ML¹VRC Na.
[50] ἰδίους PA Niese („eigene") oder ἐπιτηδείους MLVRC Lat Na Reinach Thack („geeignete, ordentliche").

4. 293. Hierauf nahm er Joppe im Sturm und zog in Eilmärschen auf Masada, um seine Angehörigen zu erretten. Von den Einheimischen schlossen sich ihm jetzt die Einen aus Freundschaft von der Zeit seines Vaters her an, Andere wegen seines eigenen Ruhmes, wieder Andere aus Dankbarkeit für die von beiden erhaltenen Wohltaten, die meisten aber aus der Hoffnung, die sich daraus ergab, daß er des Thrones so gut wie sicher war; so hatte sich eine Streitmacht gesammelt, die schwer zum Weichen zu bringen war. Als Herodes vorging, versuchte Antigonos ihm aufzulauern, indem er an günstigen Übergängen Hinterhalte legte. Er konnte allerdings seinen Feinden damit nichts oder doch nur wenig schaden. Herodes aber nahm mit Leichtigkeit seine Angehörigen aus Masada in seine Obhut, ebenso den festen Platz Rhesa, und zog dann nach Jerusalem. Es schlossen sich ihm aber die Heeresmacht unter Silo und viele Einwohner der Stadt an, die von seiner Stärke überwältigt waren.

5. 295. Als die Truppen des Herodes ihr Lager an der Westseite der Stadt aufgeschlagen hatten, beschossen die dort aufgestellten Wachposten sie mit Pfeilen und Wurfspeeren, andere machten kolonnenweise Ausfälle und versuchten, die Vorposten zu überrumpeln. Herodes aber ließ zunächst längs der Mauer durch Heroldsruf bekanntmachen, daß er zum Heil des Volkes und zur Rettung der Stadt gekommen sei; er werde gegen niemand, sogar gegen seine offensichtlichen Gegner nicht, Maßnahmen ergreifen und auch den ärgsten Feinden Straffreiheit gewähren. Als aber die Parteigänger des Antigonos es durch Gegenkundgebungen unmöglich machten, die Heroldsrufe zu verstehen und anderen Sinnes zu werden, gab Herodes den Seinen die Erlaubnis, sich gegen die auf der Mauer Befindlichen zur Wehr zu setzen; sie aber vertrieben alsbald durch ihre Geschosse alle von den Türmen.

6. 297. Jetzt enthüllte Silo so recht, daß er bestochen war; er stiftete viele seiner Soldaten an, laut über Mangel an Lebensmitteln zu klagen und Geld zum Lebensunterhalt sowie den Abmarsch an Plätze zu fordern, die zum Winterquartier geeignet wären; die Umgebung der Stadt sei entleert, nachdem die Truppen des Antigonos dort vorher alles zu ihrer Ausrüstung verbraucht hätten. Er brach daraufhin das Lager ab und traf Anstalten zum Abzug. Herodes aber wandte sich an die dem Silo unterstellten Führer sowie an einen Soldatenhaufen nach dem anderen und bat, ihn, der vom Caesar (Octavian), Antonius und dem Senat hierher gesandt sei, doch nicht zu verlassen; er werde nämlich noch am gleichen Tage ihre Nöte beheben. Und nach dieser Bitte zog er selbst aufs Land hinaus und brachte ihnen Lebensmittel in so reichlichen Mengen mit, daß er alle Vorwände Silos damit abschnitt. Und damit die Zufuhr für die folgenden Tage nicht aussetze, ließ er vorsorglich den Bewohnern der Umgegend von Samaria — die Stadt hatte sich ihm angeschlossen — die Weisung zugehen, sie sollten Getreide, Wein, Öl und Vieh nach Jericho schaffen. Als Antigonos dies vernommen hatte, ließ er im Lande herum den Befehl verbreiten, man solle die Proviantkolonnen aufhalten und ihnen nachstellen. Man gehorchte,

301 τας. οὐ μὴν Ἡρώδης ἠρέμει, δέκα δὲ σπείρας ἀναλαβών, ὧν πέντε μὲν Ῥωμαίων πέντε δὲ Ἰουδαίων ἦσαν ἔχουσαι καὶ μισθοφόρους μιγάδας πρὸς οἷς ὀλίγους τῶν ἱππέων, ἐπὶ τὴν Ἱεριχοῦντα παραγίνεται, καὶ τὴν μὲν πόλιν καταλελειμμένην εὑρίσκει, πεντακοσίους δὲ τὰ ἄκρα κατειληφότας σὺν γυναιξὶν καὶ γενεαῖς. αὐτοὺς μὲν οὖν ἀπολύει λαβών,
302 Ῥωμαῖοι δ᾽ εἰσπεσόντες τὸ λοιπὸν ἄστυ διήρπασαν πλήρεις καταλαμβάνοντες τὰς οἰκίας παντοίων κειμηλίων. Ἱεριχοῦντος μὲν οὖν φρουρὰν ὁ βασιλεὺς καταλιπὼν ὑπέστρεψεν καὶ χειμεριοῦσαν τὴν Ῥωμαίων στρατιὰν εἰς τὰς προσκεχωρηκυίας διαφῆκεν Ἰδουμαίαν καὶ Γαλιλαίαν καὶ Σαμάρειαν. ἐπέτυχεν δὲ καὶ Ἀντίγονος παρὰ τῆς Σίλωνος δωροδοκίας ὑποδέξασθαι τοῦ στρατοῦ μοῖραν ἐν Λύδδοις θεραπεύων Ἀντώνιον.

303 XVI. 1. Καὶ Ῥωμαῖοι μὲν ἐν ἀφθόνοις διῆγον ἀνειμένοι τῶν ὅπλων, Ἡρώδης δ᾽ οὐκ ἠρέμει, ἀλλὰ τὴν μὲν Ἰδουμαίαν δισχιλίοις πεζοῖς καὶ τετρακοσίοις ἱππεῦσιν διαλαμβάνει πέμψας τὸν ἀδελφὸν Ἰώσηπον, ὡς μή τι νεωτερισθείη πρὸς Ἀντίγονον· αὐτὸς δὲ τὴν μητέρα καὶ ὅσους ἐκ Μασάδας οἰκείους ἐξήγαγεν μεταγαγὼν εἰς Σαμάρειαν καὶ καταστησάμενος ἀσφαλῶς ᾔει τὰ λοιπὰ τῆς Γαλιλαίας καταστρεψόμενος καὶ τὰς Ἀντιγόνου φρουρὰς ἐξελάσων.
304 2. Πρὸς δὲ τὴν Σέπφωριν ἐν νιφετῷ σφοδροτάτῳ διανύσας ἀκονιτὶ παραλαμβάνει τὴν πόλιν πρὸ τῆς ἐφόδου τῶν φυλάκων ἐκφυγόντων. ἔνθα τοὺς ἑπομένους ὑπὸ τοῦ χειμῶνος κακωθέντας ἀναλαβών, πολλὴ δ᾽ ἦν ἀφθονία τῶν ἐπιτηδείων, ἐπὶ τοὺς ἐν τοῖς σπηλαίοις ὥρμητο λῃστάς, οἳ πολλὴν τῆς χώρας κατατρέχοντες οὐκ ἐλάττω κακὰ πολέμου
305 διετίθεσαν τοὺς ἐπιχωρίους. προπέμψας δὲ πεζῶν τρία τέλη καὶ μίαν ἴλην ἱππέων πρὸς Ἄρβηλα κώμην αὐτὸς μετὰ τεσσαράκοντα ἡμέρας ἐπῆλθεν μετὰ τῆς λοιπῆς δυνάμεως. οὐ μὴν πρὸς τὴν ἔφοδον ἔδεισαν οἱ πολέμιοι, μετὰ δὲ τῶν ὅπλων ἀπήντων ἐμπειρίαν μὲν πολεμικὴν ἔχον-
306 τες, τὸ δὲ θράσος λῃστρικόν. συμβαλόντες γοῦν τῷ σφετέρῳ δεξιῷ τὸ εὐώνυμον κέρας τῶν Ἡρώδου τρέπονται. περιελθὼν δὲ ταχέως Ἡρώδης ἐκ τοῦ καθ᾽ ἑαυτὸν δεξιοῦ προσεβοήθει καὶ τὸ μὲν οἰκεῖον ἐπέστρεφεν ἐκ τῆς φυγῆς, τοῖς δὲ διώκουσιν ἐμπίπτων ἀνέκοπτεν τὴν ὁρμὴν μέχρι τὰς κατὰ στόμα προσβολὰς μὴ φέροντες ἐξέκλιναν.

§ 302 = ant. 14, 411; § 306 = ant. 14, 416.

und eine große Menge von Schwerbewaffneten zog sich oberhalb von Jericho zusammen; sie bezogen auf den Bergen Stellung und belauerten die Lebensmitteltransporte. Herodes war indessen nicht untätig; er nahm zehn Kohorten mit, fünf römische und fünf jüdische, zu ihnen gehörte ein gemischter Verband von Söldnern, bei dem sich auch einige Reiter befanden; so rückte er vor Jericho. Die Stadt fand er verlassen vor, stieß aber auf 500 Mann, die mit Frauen und Kindern die Höhen besetzt hatten. Er nahm sie gefangen, ließ sie aber dann frei; die Römer fielen in den übrigen Teil der Stadt ein und plünderten ihn aus; sie fanden die Häuser voll von mancherlei Schätzen. Der König ließ in Jericho eine Besatzung zurück, kehrte um und verteilte das römische Heer zur Überwinterung auf die ihm ergebenen Gebiete von Idumäa, Galiläa und Samarien. Doch erlangte auch Antigonos durch die Bestechlichkeit des Silo die Erlaubnis, eine Abteilung des Heeres in Lydda aufzunehmen, dadurch wollte er sich den Antonius verpflichten.

16. Kapitel

1. 303. Die Römer lebten reichlich versorgt dahin und ließen vom Waffenhandwerk ab; Herodes aber blieb nicht untätig, sondern sandte seinen Bruder Joseph und ließ ihn mit 2000 Fußsoldaten und 400 Reitern Idumäa fest in Besitz nehmen, um einem Abfall zu Antigonos in jeder Weise vorzubeugen. Er selbst aber geleitete seine Mutter und alle Angehörigen, die er aus Masada herausgeholt hatte, nach Samarien und brachte sie in Sicherheit; dann ging er hin, um die noch übrigen Stützpunkte Galiläas zu erobern und die Besatzungen des Antigonos zu vertreiben.

2. 304. Vor Sepphoris kam er im heftigen Schneegestöber an und nahm die Stadt ohne Kampf, da die Besatzung schon vor seinem Zugriff entflohen war. Hier ließ er die Truppen, die ihm gefolgt und vom Winter böse mitgenommen waren, sich erholen, Lebensmittel waren reichlich vorhanden; dann brach er gegen die in Höhlen wohnenden Räuber[142] auf, die weite Teile des Landes durchstreiften und den Einwohnern nicht weniger Not machten als ein Krieg. Er sandte drei Abteilungen Fußsoldaten und eine Schar Reiter gegen das Dorf Arbela[143] voraus, während er selbst vierzig Tage später mit dem Rest seiner Streitmacht eintraf. Die Feinde fürchteten indessen den Zugriff des Herodes nicht, traten ihm vielmehr mit den Waffen entgegen, sie verbanden die Erfahrung des Krieges mit der Kühnheit von Räubern. Als es zum Gefecht kam, brachten sie darum mit ihrem rechten Flügel den linken des Herodes zum Weichen. Herodes aber machte mit seinem rechten Flügel alsbald eine Schwenkung, kam der Seinen zu Hilfe und hielt sie von weiterer Flucht ab; mit seinem Angriff auf die Verfolger brach er deren Wucht, bis sie den frontalen Gegenstößen nicht mehr widerstehen konnten und die Flucht ergriffen.

307 3. Ὁ δὲ ἕως Ἰορδάνου κτείνων εἵπετο καὶ πολὺ μὲν αὐτῶν μέρος διέφθειρεν, οἱ λοιποὶ δ᾽ ὑπὲρ τὸν ποταμὸν ἐσκεδάσθησαν, ὥστε τὴν Γαλιλαίαν ἐκκεκαθάρθαι φόβων, πλὴν καθόσον οἱ τοῖς σπηλαίοις ἐμφωλεύοντες ὑπελείποντο· κἀπὶ τούτοις ἔδει διατριβῆς. διὸ δὴ πρῶτον
308 τοῖς στρατιώταις τὰς ἐκ τῶν πεπονημένων ἐπικαρπίας ἀπεδίδου διανέμων ἑκάστῳ δραχμὰς ἑκατὸν πεντήκοντα ἀργυρίου καὶ τοῖς ἡγεμόσιν πολυπλασίονα διέπεμψεν εἰς οὓς ἐχείμεριζον σταθμούς. Φερώρᾳ δὲ τῷ νεωτάτῳ τῶν ἀδελφῶν ἐπέστελλεν τῆς τε ἀγορᾶς αὐτοῖς ποιεῖσθαι πρόνοιαν καὶ τειχίζειν Ἀλεξάνδρειον. κἀκεῖνος ἀμφοτέρων ἐπεμελήθη.
309 4. Ἐν δὲ τούτῳ περὶ μὲν Ἀθήνας διῆγεν Ἀντώνιος, Βεντίδιος δὲ ἐπὶ τὸν πρὸς Πάρθους πόλεμον Σίλωνά τε καὶ Ἡρώδην μετεπέμπετο καταστήσασθαι πρότερον ἐπιστέλλων τὰ περὶ Ἰουδαίαν. Ἡρώδης δὲ ἀσμένως Σίλωνα πρὸς Βεντίδιον ἀπολύσας αὐτὸς ἐπὶ τοὺς ἐν τοῖς σπηλαίοις
310 ἐστράτευσεν. τὰ δὲ σπήλαια ταῦτα πρὸς ἀποκρήμνοις ὄρεσιν ἦν οὐδαμόθεν προσιτά, πλαγίας δὲ ἀνόδους μόνον ἔχοντα στενοτάτας. ἡ δὲ κατὰ μέτωπον αὐτῶν πέτρα κατέτεινεν εἰς βαθυτάτας φάραγγας ὄρθιος ἐπιρρέπουσα ταῖς χαράδραις, ὥστε τὸν βασιλέα μέχρι πολλοῦ μὲν ἀπο-
311 ρεῖν πρὸς τὸ ἀμήχανον τοῦ τόπου, τελευταῖον δ᾽ ἐπινοίᾳ χρήσασθαι σφαλερωτάτῃ. τοὺς γοῦν ἀλκίμους καθιμῶν ἐν λάρναξι ἐνίει τοῖς στομίοις, οἱ δὲ ἀπέσφαττόν τε αὐτοὺς σὺν γενεαῖς καὶ πῦρ ἐνίεσαν τοῖς ἀμυνομένοις. βουληθεὶς δὲ ἐξ αὐτῶν καὶ περισῶσαί τινας Ἡρώδης ἐκήρυξεν ἀναχωρεῖν πρὸς αὐτόν. τῶν δὲ ἐθελουσίως μὲν οὐδεὶς προσέθετο, καὶ τῶν βιαζο-
312 μένων δὲ πολλοὶ τῆς αἰχμαλωσίας προείλοντο θάνατον. ἔνθα καὶ τῶν γηραιῶν τις ἑπτὰ παίδων πατὴρ μετὰ τῆς μητρὸς δεομένους τοὺς παῖδας ἐπιτρέψαι σφίσιν ἐξελθεῖν ἐπὶ δεξιᾷ κτείνει τρόπῳ τοιῷδε· καθ᾽ ἕνα προϊέναι κελεύσας αὐτὸς ἵστατο ἐπὶ τὸ στόμιον καὶ τὸν ἀεὶ προϊόντα τῶν υἱῶν ἀπέσφαττεν. ἐξ ἀπόπτου δὲ Ἡρώδης ἐπιβλέπων τῷ τε πάθει συνείχετο καὶ τῷ πρεσβύτῃ δεξιὰν ὤρεγεν φείσασθαι τῶν τέκνων παρα-
313 καλῶν. ὁ δὲ πρὸς οὐδὲν ἐνδοὺς τῶν λεγομένων ἀλλὰ καὶ προσονειδίσας τὸν Ἡρώδην εἰς ταπεινότητα ἐπὶ τοῖς παισὶν ἀναιρεῖ καὶ τὴν γυναῖκα καὶ καταβαλὼν κατὰ τοῦ κρημνοῦ τοὺς νεκροὺς τελευταῖον ἑαυτὸν ἔρριψεν.
314 5. Χειροῦται μὲν οὕτως τὰ σπήλαια καὶ τοὺς ἐν αὐτοῖς Ἡρώδης· καταλιπὼν δὲ τοῦ στρατοῦ μοῖραν ὅσην ἀποχρήσειν ὑπελάμβανεν πρὸς τὰς ἐπαναστάσεις καὶ Πτολεμαῖον[51] ἐπ᾽ αὐτῆς ἐπὶ Σαμαρείας ὑπέστρεφεν, ὁπλίτας μὲν τρισχιλίους ἱππεῖς δ᾽ ἄγων ἑξακοσίους ἐπ᾽ Ἀντίγονον. ἔνθα
315 πρὸς τὴν ἀποχώρησιν αὐτοῦ λαβόντες ἄδειαν οἷς ἔθος ἦν θορυβεῖν τὴν Γαλιλαίαν κτείνουσιν μὲν Πτολεμαῖον[51] τὸν στρατηγὸν ἀδοκήτως προσπε-

§ 311 = ant. 14, 426.

[51] Θολεμαῖον PA Thack, vgl. Niese p. XXVII Anm. 3; ant. 14, 431.

3. 307. Er folgte ihnen, die dabei ständig Verluste an Toten hatten, bis zum Jordan und rieb einen großen Teil von ihnen auf, die übrigen aber flohen über den Fluß und zersreuten sich, sodaß Galiläa von seinen Schrecken befreit war bis auf eine Ausnahme: es waren von den Bewohnern der Höhlen noch manche übriggeblieben, und für diese brauchte man Zeit. Darum ließ er zuerst den Soldaten den Lohn für ihre Anstrengungen zukommen und gab einem jeden 150 Silberdrachmen und den Führern ein Vielfaches davon, dann sandte er sie in ihre Winterquartiere. Pheroras aber, seinem jüngsten Bruder, gab er den Auftrag, für ihre Lebensmittelbelieferung zu sorgen und das Alexandreion zu befestigen. Und jener ließ sich beides angelegen sein.

4. 309. Um diese Zeit hielt sich Antonius in der Umgegend von Athen auf, Ventidius aber entbot Silo und Herodes zum Krieg gegen die Parther, gab ihnen jedoch die Weisung, zuvor die Ordnung in Judäa wiederherzustellen. Herodes entließ den Silo gern zu Ventidius und begann selbst den Feldzug gegen die Höhlenbewohner. Diese Höhlen lagen in steilen Bergabhängen und waren von nirgends her unmittelbar zugänglich; sie hatten nur schräge, sehr enge Einstiegsmöglichkeiten[144]. Die Felsmasse, an der sich ihre Eingänge befanden, fiel in sehr tiefe Schluchten ab, steil und zerklüftet. Der König war deshalb lange Zeit infolge der Unzugänglichkeit des Geländes in Verlegenheit, schließlich kam er auf einen freilich sehr gefährlichen Einfall. Er befahl nämlich, die stärksten seiner Leute in Kästen an Seilen herabzulassen und verschaffte ihnen dadurch den Zugang zu den Öffnungen der Höhlen. Diese Krieger machten dann die Räuber samt deren Familien nieder und schleuderten Feuerbrände auf die, welche sich zur Wehr setzten. Herodes wollte einige von diesen auch gern am Leben erhalten und ließ sie deshalb durch Heroldsruf auffordern, sie sollten zu ihm heraufkommen. Niemand aber ergab sich freiwillig, und von denen, die dazu genötigt wurden, zogen viele den Tod der Gefangenschaft vor. Damals aber wurde einer von den Alten, Vater von sieben Söhnen, von diesen Söhnen samt der Mutter um die Erlaubnis gebeten, auf die Zusage der Begnadigung hin herauszugehen; da tötete er sie auf folgende Weise: Er befahl ihnen, einzeln hervorzukommen und stellte sich selbst an den Eingang der Höhle und stieß den von den Söhnen, der jeweils hervorkam, nieder. Herodes, der das von fern sah, wurde von Mitleid ergriffen, streckte dem alten Mann seine Rechte entgegen und redete ihm zu, seine Söhne doch zu schonen. Auf ihn aber machte keines dieser Worte Eindruck, sondern im Gegenteil, er schmähte den Herodes noch wegen seiner niedrigen Herkunft, tötete außer den Söhnen auch sein Weib, warf die Leichen in den Abgrund und stürzte sich selbst hinterher.

5. 314. Auf diese Weise bekam Herodes die Höhlen und ihre Bewohner in seine Gewalt. Er ließ eine Heeresabteilung, von der er annahm, daß sie gegen etwaige Aufstände stark genug sein werde, unter Ptolemäus zurück und wandte sich nach Samaria mit 3000 Schwerbewaffneten und 600 Reitern, die er gegen Antigonos einsetzen wollte. Auf seinen Abzug hin

σόντες, επόρθουν δε τῆν χώραν ποιούμενοι τὰς ἀναφυγὰς εἰς τὰ ἕλη
316 καὶ τὰ δυσερεύνητα τῶν χωρίων. πυθόμενος δὲ Ἡρώδης τὴν ἐπανάστασιν διὰ τάχους ἐπεβοήθει καὶ πολὺ μὲν αὐτῶν πλῆθος διαφθείρει, τὰ φρούρια δὲ πάντα πολιορκίαις ἐξελὼν ἐπιτίμιον τῆς μεταβολῆς εἰσεπράξατο παρὰ τῶν πόλεων ἑκατὸν τάλαντα.
317 6. Ἤδη δὲ Πάρθων μὲν ἐξεληλαμένων, ἀνῃρημένου δὲ Πακόρου Βεντίδιος ἐπιστείλαντος Ἀντωνίου πέμπει συμμάχους Ἡρώδῃ κατ' Ἀντιγόνου χιλίους ἱππεῖς καὶ δύο τάγματα. τούτων δὲ τὸν στρατηγὸν Μαχαιρᾶν Ἀντίγονος ἱκέτευσεν δι' ἐπιστολῶν ἑαυτῷ βοηθὸν ἀφικέσθαι πολλά τε περὶ τῆς Ἡρώδου βίας[52] ἀποδυρόμενος καὶ χρήματα δώσειν
318 ὑπισχνούμενος. ὁ δέ, οὐ γὰρ κατεφρόνει τοῦ πέμψαντος ἄλλως τε καὶ πλείον' Ἡρώδου διδόντος, εἰς μὲν τὴν προδοσίαν οὐχ ὑπήκουσεν, ὑποκρινόμενος δὲ φιλίαν κατάσκοπος ᾔει τῶν Ἀντιγόνου πραγμάτων Ἡρώδῃ
319 μὴ πεισθεὶς ἀποτρέποντι. προαισθόμενος δ' αὐτοῦ τὴν διάνοιαν Ἀντίγονος τήν τε πόλιν ἀπέκλεισεν καὶ ἀπὸ τῶν τειχῶν ὡς πολέμιον ἠμύνατο, μέχρις αἰδούμενος Μαχαιρᾶς εἰς Ἀμμαοῦντα πρὸς Ἡρώδην ἀναχωρεῖ καὶ πρὸς τὴν διαμαρτίαν θυμούμενος ὅσοις ἐπετύγχανεν Ἰουδαίοις ἀνῄρει, μηδεμίαν τῶν Ἡρωδείων φειδὼ ποιούμενος, ἀλλ' ὡς Ἀντιγονείοις χρώμενος ἅπασιν.
320 7. Ἐφ' οἷς χαλεπήνας Ἡρώδης ὥρμησεν μὲν ἀμύνασθαι Μαχαιρᾶν ὡς πολέμιον, κρατήσας δὲ τῆς ὀργῆς ἤλαυνεν πρὸς Ἀντώνιον κατηγορήσων τῆς Μαχαιρᾷ παρανομίας. ὁ δ' ἐν διαλογισμῷ τῶν ἡμαρτημένων γενόμενος ταχέως μεταδιώκει τε τὸν βασιλέα καὶ πολλὰ δεηθεὶς ἑαυτῷ
321 διαλλάττει. οὐ μὴν Ἡρώδης ἐπαύσατο τῆς πρὸς Ἀντώνιον ὁρμῆς· ἀκηκοὼς δ' αὐτὸν μετὰ πολλῆς δυνάμεως προσπολεμοῦντα Σαμοσάτοις, πόλις δ' ἐστὶν Εὐφράτου πλησίον καρτερά, θᾶττον ἠπείγετο τὸν καιρὸν ἐπιτήδειον ὁρῶν πρός τε ἐπίδειξιν ἀνδρείας καὶ τοῦ μᾶλλον ἀρέσασθαι
322 τὸν Ἀντώνιον. γίνεται γοῦν ἐπελθὼν τέλος αὐτοῖς τῆς πολιορκίας, πολλοὺς μὲν τῶν βαρβάρων ἀποκτείνας, πολλὴν δὲ ἀποτεμόμενος λείαν, ὥστε τὸν μὲν Ἀντώνιον θαυμάζοντα καὶ πάλαι τῆς ἀρετῆς αὐτὸν τότε μᾶλλον οὕτως ἔχειν καὶ προσθεῖναι πολὺ ταῖς τε ἄλλαις τιμαῖς αὐτοῦ καὶ ταῖς εἰς τὴν βασιλείαν ἐλπίσιν, Ἀντίοχον δὲ τὸν βασιλέα ἀναγκασθῆναι παραδοῦναι τὰ Σαμόσατα.

323 XVII. 1. Κἂν τούτῳ θραύεται τὰ κατὰ τὴν Ἰουδαίαν Ἡρώδου πράγματα. κατελελοίπει μὲν γὰρ Ἰώσηπον τὸν ἀδελφὸν ἐπὶ τῶν ὅλων

§ 316 = ant. 14, 433; § 321 = ant. 14, 439;
§ 323 = ant. 14, 448.

[52] βίας καὶ ἐπηρείας τῆς βασιλείας MVC, von Na in den Text aufgenommen, ebenso — in Klammern — von Thack: „Schaden für das Reich, Anmaßung gegen das Königshaus".

faßten dann die gewohnheitsmäßigen Unruhestifter Galiläas wieder Mut und töteten den Feldherrn Ptolemäus bei einem unerwarteten Überfall; sie machten die Sumpfniederungen und die schwer erforschbaren Gegenden zu ihren Schlupfwinkeln und verheerten das Land. Als Herodes von dem neuen Aufstand erfuhr, kam er sofort zu Hilfe und machte eine große Menge der Aufständischen nieder; die Festungen entsetzte er sämtlich und trieb als Strafe für die Empörung von den Städten 100 Talente ein.

6. 317. Die Parther waren inzwischen vertrieben und Pakorus gefallen; darum sandte Ventidius auf Weisung des Antonius dem Herodes als Bundesgenossen gegen Antigonos 1000 Reiter und zwei Legionen. Antigonos aber flehte deren Feldherrn Machairas schriftlich an, er möge doch lieber ihm zu Hilfe kommen; dabei beklagte er sich bitter über die Gewaltsamkeiten des Herodes und die Überheblichkeit seiner Herrschaft, auch versprach er, ihm Geld zu geben. Der aber achtete den Befehl des Feldherrn, der ihn gesandt hatte, nicht gering, und da Herodes ihn auch besser bezahlte, war er für den Verrat nicht zu haben; er täuschte jedoch Freundschaft vor und ging, ohne auf Herodes, der ihm davon abgeraten hatte, zu hören, vor, um die Lage des Antigonos auszukundschaften. Antigonos aber durchschaute rechtzeitig seine Gesinnung, schloß die Stadt vor ihm zu und wehrte ihn von der Mauer her wie einen Feind ab, bis schließlich Machairas beschämt nach Emmaus zu Herodes zurückkehren mußte. Er war über den Mißerfolg so erbost, daß er alle Juden, die ihm über den Weg kamen, töten ließ, auch keine Schonung für die Leute des Herodes kannte, sondern alle so behandelte, als hielten zu Antigonos.

7. 320. Darüber aufgebracht, beschloß Herodes, dem Machairas wie einem Feinde zu wehren; er mäßigte dann aber seinen Zorn und zog zu Antonius, um über die rechtlosen Handlungen des Machairas Klage zu führen. Der aber war über seine Verfehlungen zur Einsicht gekommen, reiste dem König sofort nach, und es gelang ihm durch viele Bitten, sich mit ihm zu versöhnen. Herodes brach indessen die Reise zu Antonius nicht ab; da er vielmehr gehört hatte, daß Antonius mit großer Heeresmacht Samosata[145] angreife — dies ist eine starke Stadt nahe dem Euphrat —, eilte er um so mehr, da er den Augenblick für geeignet ansah, seine Tapferkeit zu beweisen und sich dem Antonius noch eindrücklicher zu empfehlen. Und wirklich, er war es, dessen Ankunft für die Römer den Abschluß der Belagerung bedeutete, der viele Barbaren getötet und reiche Beute eingebracht hatte, so daß Antonius, der seine Tapferkeit schon längst bewundert hatte, jetzt in dieser Haltung bestärkt wurde und die Ehren, die Herodes schon hatte, sowie seine Hoffnungen auf den Königsthron noch beträchtlich vermehrte. Der König Antiochus aber wurde genötigt, Samosata zu übergeben.

17. Kapitel

1. 323. Unterdessen erlitt die Sache des Herodes in Judäa einen schweren Rückschlag. Denn er hatte seinen Bruder Joseph als Oberbefehls-

παραγγείλας μηδὲν μέχρι τῆς ὑποστροφῆς αὐτοῦ παρακινεῖν πρὸς Ἀντίγονον· οὐ γὰρ δὴ βέβαιον εἶναι Μαχαιρᾶν σύμμαχον ἐξ ὧν ἔδρασεν. ὁ δὲ ὡς ἤκουσεν ὄντα πορρωτάτω τὸν ἀδελφόν, ἀμελήσας τῶν παραγγελμάτων ἐπὶ Ἱεριχοῦντος ἐχώρει μετὰ πέντε σπειρῶν, ἃς συνέπεμψεν
324 Μαχαιρᾶς· ᾔει δὲ τὸν σῖτον ἁρπάσων ἐν ἀκμῇ τοῦ θέρους. ἐπιθεμένων δὲ ἐν τοῖς ὄρεσιν καὶ ταῖς δυσχωρίαις τῶν ἐναντίων αὐτός τε θνῄσκει μάλα γενναῖος ἐν τῇ μάχῃ φανείς, καὶ τὸ Ῥωμαϊκὸν πᾶν διαφθείρεται· νεοσύλλεκτοι γὰρ ἦσαν ἐκ τῆς Συρίας αἱ σπεῖραι, καὶ οὐδὲν αὐταῖς ἐνεκέκρατο τῶν πάλαι στρατιωτῶν καλουμένων ἐπαμύνειν τοῖς ἀπείροις πολέμου δυνάμενον.

325 2. Ἀντιγόνῳ δὲ οὐκ ἀπέχρησεν ἡ νίκη, προῆλθεν δὲ εἰς τοσοῦτον ὀργῆς, ὥστε καὶ νεκρὸν αἰκίσασθαι τὸν Ἰώσηπον· κρατήσας γοῦν τῶν σωμάτων ἀποτέμνει τὴν κεφαλὴν αὐτοῦ, καίτοι πεντήκοντα τάλαντα λύτρον
326 αὐτῆς Φερώρα τἀδελφοῦ διδόντος. τὰ δὲ τῆς Γαλιλαίας μετὰ τὴν Ἀντιγόνου νίκην ἐνεωτερίσθη εἰς τοσοῦτον, ὥστε τοὺς τὰ Ἡρώδου φρονοῦντας τῶν δυνατῶν προαγαγόντες εἰς τὴν λίμνην κατέδυσαν οἱ προσέχοντες Ἀντιγόνῳ. μετεβάλλετο δὲ πολλὰ καὶ τῆς Ἰδουμαίας, ἔνθα
327 Μαχαιρᾶς ἀνετείχιζέν τι τῶν ἐρυμάτων, Γιτθὰ καλεῖται. τούτων δὲ οὔπω πέπυστο Ἡρώδης· μετὰ γὰρ τὴν Σαμοσάτων ἅλωσιν Ἀντώνιος μὲν καταστήσας ἐπὶ τῆς Συρίας Σόσσιον καὶ προστάξας Ἡρώδῃ βοηθεῖν ἐπ' Ἀντίγονον αὐτὸς εἰς Αἴγυπτον ἀνεχώρησεν, Σόσσιος δὲ δύο μὲν τάγματα προαπέστειλεν εἰς Ἰουδαίαν Ἡρώδῃ συμμαχῶν, αὐτὸς δὲ μετὰ τῆς λοιπῆς δυνάμεως ἠκολούθει σχεδόν.

328 3. Ὄντι δ' Ἡρώδῃ κατὰ τὴν πρὸς Ἀντιόχειαν Δάφνην ὄνειροι σαφεῖς τὸν τἀδελφοῦ θάνατον προσημαίνουσιν, καὶ μετὰ ταραχῆς ἐκθορόντι τῆς κοίτης εἰσῄεσαν ἄγγελοι τῆς συμφορᾶς. ὁ δὲ ὀλίγον μὲν προσοιμώξας τῷ πάθει, τὸ πλεῖον δὲ τοῦ πένθους ὑπερθέμενος ἐπὶ τοὺς
329 ἐχθροὺς ἠπείγετο ποιούμενος τὴν πορείαν ὑπὲρ δύναμιν. καὶ διανύσας ἐπὶ τὸν Λίβανον ὀκτακοσίους μὲν τῶν περὶ τὸ ὄρος προσλαμβάνει συμμάχους, Ῥωμαίων δὲ ἓν τάγμα ταύτῃ συνῆψεν. μεθ' ὧν οὐ περιμείνας ἡμέραν εἰς τὴν Γαλιλαίαν ἐνέβαλεν τούς τε πολεμίους ὑπαντιάσαντας εἰς
330 ὃ καταλελοίπεσαν χωρίον τρέπεται. καὶ προσέβαλλεν μὲν συνεχῶς τῷ φρουρίῳ, πρὶν δὲ ἑλεῖν χειμῶνι βιασθεὶς χαλεπωτάτῳ ταῖς πλησίον ἐνεστρατοπεδεύεται κώμαις. ἐπεὶ δ' αὐτῷ μετ' ὀλίγας ἡμέρας καὶ τὸ δεύτερον παρὰ Ἀντωνίου τάγμα συνέμιξεν, δείσαντες τὴν ἰσχὺν οἱ πολέμιοι διὰ νυκτὸς ἐξέλιπον τὸ ἔρυμα.

§ 325 = ant. 14, 450; § 330 = ant. 14, 453.

haber zurückgelassen mit der Weisung, bis zu seiner Rückkehr keine Bewegung gegen Antigonos durchzuführen; denn Machairas sei nach seinem bisherigen Verhalten kein zuverlässiger Bundesgenosse. Als er aber erfuhr, daß sein Bruder weit weg sei, zog er unter Außerachtlassung der ihm erteilten Befehle gegen Jericho mit fünf Kohorten, die Machairas mitgesandt hatte. Die Absicht seines Vorstoßes bestand darin, in der Haupterntezeit das Getreide an sich zu bringen. Als die Gegner aber auf den Bergen und in schwer zugängigem Gelände angriffen, da fand er den Tod, nachdem er in der Schlacht ein heldenhaftes Verhalten an den Tag gelegt hatte, und die ganze römische Gruppe ging zugrunde. Denn die Kohorten waren erst kürzlich in Syrien ausgehoben und noch nicht mit den sogenannten altgedienten Soldaten vermischt, die imstande gewesen wären, den Kriegsunerfahrenen zu helfen.

2. 325. Antigonos ließ sich nicht genügen an dem Sieg, er verstieg sich vielmehr in seinem Zorn so weit, sich an dem Leichnam Josephs zu vergreifen. Als er nämlich die Leichen in seiner Gewalt hatte, ließ er ihm das Haupt abschneiden, obwohl sein Bruder Pheroras als Lösegeld für das Haupt 50 Talente bot. Die Lage in Galiläa aber wandelte sich nach dem Siege des Antigonos in einem derartigen Maße, daß die Parteigänger des Antigonos die angesehenen Gesinnungsgenossen des Herodes an den See führten und ertränkten. Weithin vollzog sich aber ein Umschwung auch in Idumäa, wo Machairas einen der festen Plätze, Gitta genannt, wieder mit Wällen befestigen ließ[146]. Davon aber hatte Herodes noch nichts erfahren. Denn nach der Einnahme von Samosata hatte Antonius den Sossius als Befehlshaber über Syrien eingesetzt und ihn beauftragt, dem Herodes gegen Antigonos Hilfe zu leisten, er selbst aber ging wieder nach Ägypten[147]. Sossius aber sandte sogleich zwei Legionen dem Herodes zu Hilfe nach Judäa, er selbst folgte mit der übrigen Heeresmacht beinahe auf dem Fuße.

3. 328. Als aber Herodes in Daphne bei Antiochien war, kündigten deutliche Träume den Tod seines Bruders an, und als er erregt vom Lager sprang, traten die Boten mit der Unglücksnachricht ein. Er klagte nur kurze Zeit über den Verlust, verschob aber die förmliche Trauer im wesentlichen auf spätere Zeit und drängte gegen die Feinde; bei diesem Marsch überschritt er fast die Grenzen seiner Kraft. Als er an den Libanon kam, warb er 800 der dortigen Gebirgsbewohner als Bundesgenossen an und vereinigte sich dort mit einer der römischen, ihm versprochenen Legionen. Mit diesen Bundesgenossen fiel er, ohne den Tagesanbruch abzuwarten, in Galiläa ein und schlug die Feinde, die ihm entgegentraten, an den Platz zurück, von dem sie ausgegangen waren. Und er stürzte sich sofort auf diesen festen Platz; ehe er ihn aber einnehmen konnte, wurde er von einem furchtbaren Unwetter gezwungen, in den umliegenden Dörfern Quartier zu beziehen. Als sich nach wenigen Tagen auch die zweite von Antonius gesandte Legion mit ihm vereinigte, verließen die Feinde aus Furcht vor seiner Stärke über Nacht die Festung.

331 4. Καὶ τὸ λοιπὸν διὰ Ἱεριχοῦντος ἤει σπεύδων ᾗ τάχιστα τοὺς τἀδελφοῦ φονεῖς μετελθεῖν· ἔνθα καὶ δαιμόνιόν τι αὐτῷ συμβαίνει τέρας, ἐξ οὗ παρ' ἐλπίδτ σωθεὶς ἀνδρὸς θεοφιλεστάτου δόξαν ἀπηνέγκατο· πολλοὶ μὲν γὰρ αὐτῷ τῶν ἐν τέλει συνειστιάθησαν κατ' ἐκείνην τὴν ἑσπέραν, διαλυθέντος δὲ τοῦ συμποσίου μετὰ τὸ πάντας ἐξελθεῖν ὁ οἶκος εὐθέως
332 συνέπεσεν. τοῦτο καὶ κινδύνων καὶ σωτηρίας κοινὸν ἐπὶ τῷ μέλλοντι πολέμῳ κρίνας εἶναι σημεῖον ὑπὸ τὴν ἕω διεκίνει τὴν στρατιάν. καὶ τῶν ἐναντίων εἰς ἑξακισχιλίους ἀπὸ τῶν ὀρῶν κατατρέχοντες ἀπεπειρῶντο τῶν προτεταγμένων, κατὰ χεῖρα μὲν συμπλέκεσθαι τοῖς Ῥωμαίοις οὐ σφόδρα θαρροῦντες, πόρρωθεν δὲ χερμάσιν καὶ παλτοῖς ἔβαλλον, ὥστε συχνοὺς κατατιτρώσκειν. ἐν ᾧ καὶ αὐτὸς Ἡρώδης παρελαύνων παλτῷ κατὰ τὴν πλευρὰν ἀκοντίζεται.
333 5. Βουλόμενος δὲ Ἀντίγονος μὴ μόνον τόλμῃ τῶν σφετέρων ἀλλὰ καὶ πλήθει περιεῖναι δοκεῖν, Πάππον τινὰ τῶν ἑταίρων μετὰ στρατιᾶς
334 ἐπὶ Σαμάρειαν περιπέμπει. τούτῳ μὲν οὖν ἦν Μαχαιρᾶς ἀγώνισμα, Ἡρώδης δὲ τὴν πολεμίαν καταδραμὼν πέντε μὲν πολίχνας καταστρέφεται, δισχιλίους δὲ τῶν ἐν αὐταῖς διαφθείρει καὶ τὰς οἰκίας ἐμπρήσας ὑπέστρεψεν ἐπὶ τὸ στρατόπεδον· ηὔλιστο δὲ περὶ τὴν καλουμένην Κανᾶ κώμην.
335 6. Προσεγίνετο δ' αὐτῷ καθ' ἡμέραν πολὺ πλῆθος Ἰουδαίων ἔκ τε αὐτῆς Ἱεριχοῦντος καὶ ἐκ τῆς ἄλλης χώρας, οἱ μὲν διὰ μῖσος τὸ πρὸς Ἀντίγονον, οἱ δὲ ἐπὶ τοῖς αὐτοῦ κατορθώμασιν κεκινημένοι· τούς γε μὴν πολλοὺς ἐνῆγεν ἐπιθυμία μεταβολῆς ἄλογος. καὶ ὁ μὲν ἠπείγετο συμβαλεῖν, οἱ δὲ περὶ Πάππον οὔτε πρὸς τὸ πλῆθος οὔτε πρὸς τὴν ὁρμὴν
336 ὑποδείσαντες αὐτοῦ προθύμως ἀντεπεξῆλθον. γενομένης δὲ τῆς παρατάξεως τὰ μὲν ἄλλα μέρη πρὸς ὀλίγον ἀντέσχεν, Ἡρώδης δὲ κατὰ μνήμην[53] τοῦ φονευθέντος ἀδελφοῦ παραβαλλόμενος, ὡς ἂν τίσαιτο τοὺς αἰτίους τοῦ φόνου, ταχέως τῶν καθ' ἑαυτὸν ἐκράτει καὶ μετ' ἐκείνους
337 ἐπὶ τὸ συνεστὸς ἀεὶ τρεπόμενος ἅπαντας διώκει. φόνος δ' ἦν πολύς, τῶν μὲν εἰς τὴν κώμην συνεξωθουμένων ἐξ ἧς ὥρμηντο, τοῦ δὲ προσκειμένου τοῖς ὑστάτοις καὶ κτείνοντος ἀπείρους. συνεισπίπτει δὲ τοῖς πολεμίοις εἴσω, καὶ πᾶσα μὲν ὁπλιτῶν οἰκία νένακτο, τὰ τέγη δ' ἦν ὑπερ-
338 θεν ἀμυνομένων κατάπλεα. κἀπειδὴ περιῆν τῶν ἔξωθεν, τὰς οἰκήσεις σπαράττων εἷλκεν τοὺς ἔνδοθεν. καὶ τοῖς μὲν πολλοῖς ἐπικατασείων τοὺς ὀρόφους ἀθρόους ἀνῄρει, τοὺς ὑποφεύγοντας δὲ τῶν ἐρειπίων οἱ στρατιῶται ξιφήρεις ἀνεδέχοντο, καὶ τοσοῦτον ἐσωρεύθη νεκρῶν πλῆθος, ὥστε τὰς ὁδοὺς ἀποφραγῆναι τοῖς κρατοῦσιν. ταύτην τὴν

§ 334 = ant. 14, 458.

[53] μῆνιν LVRC Na; μνήμην PAM Lat.

4. 331. Weiterhin setzte er seinen Marsch durch das Gebiet von Jericho fort in der Absicht, so schnell wie möglich gegen die Mörder seines Bruders vorzugehen; dort widerfuhr ihm ein von höherer Hand gefügtes wunderbares Ereignis, und weil er daraus wider Erwarten bewahrt hervorging, gewann er den Ruf, besonders mit göttlicher Huld begnadet zu sein. Denn es hatten viele Vornehme an jenem Abend mit ihm gespeist; als nun die Tafel aufgehoben war und alle ins Freie getreten waren, fiel plötzlich das Haus in sich zusammen. Dies verstand er als Vorzeichen[148] für beides, Gefahren und Rettung in dem kommenden Kriege; so brach er denn im Morgengrauen auf. Da stürmten gegen 6000 Feinde von den Bergen herab und versuchten einen Überfall auf die Vorhut; mit den Römern handgemein zu werden wagten sie nicht recht, aus der Ferne aber beschossen sie sie mit Steinen und Speeren und verwundeten viele. Dabei wurde auch Herodes, als er an der Linie der Truppen entlangritt, von einem Speer in die Seite getroffen.

5. 333. Antigonos aber wollte den Anschein erwecken, als sei er nicht nur durch den Wagemut seiner Truppen, sondern auch durch deren Zahl überlegen, und sandte darum Pappos, einen seiner Freunde, mit einem Heer nach Samarien. Dessen Aufgabe war der Kampf gegen Machairas. Herodes aber machte Streifzüge durch das Feindesland, zerstörte fünf Kleinstädte, tötete 2000 ihrer Einwohner, setzte ihre Häuser in Brand und kehrte dann ins Lager zurück. Sein Hauptquartier war in der Nähe des Dorfes, das Kana[149] hieß.

6. 335. Täglich stieß aus Jericho selbst und aus dem übrigen Land eine große Menge von Juden zu ihm, die Einen aus Haß gegen Antigonos, die Anderen von den Erfolgen des Herodes dazu bewogen. Die meisten aber trieb eine unüberlegte Lust am Umsturz. Herodes drängte zur Schlacht, die Truppen des Pappos fürchteten sich weder vor der Menge seiner Anhängerschaft noch vor deren Schlagkraft, sondern zogen ihm bereitwillig entgegen. Als es zur Schlacht kam, leisteten die Abteilungen der Gegenseite zwar einigen Widerstand, jedoch wo Herodes selbst kämpfte, der im Gedanken an den ermordeten Bruder sich so einsetzte, als bestrafe er die an der Ermordung unmittelbar Schuldigen, da wurde er rasch seiner Gegner Herr und wandte sich dann jeweils gegen die, die noch standhielten, und schlug so alle in die Flucht. Es kam zu einem gewaltigen Morden, in dessen Verlauf die Gegner in das Dorf zurückgedrängt wurden, aus dem sie vorgegangen waren, Herodes sich aber auf die Nachhut warf und Zahllose niedermachte. Er drang mit dem Feinde zugleich in das Dorf ein; jedes Haus war gedrängt voll von Schwerbewaffneten; die Dächer waren besetzt mit Soldaten, die sich von oben her verteidigten. Und als er die draußen Kämpfenden überwunden hatte, ließ er die Häuser einreißen und die darin Befindlichen hervorschleppen. Auf viele von ihnen ließ er die ganzen Dächer herunterschleudern und tötete sie so; diejenigen aber, die sich aus den Trümmern gerettet hatten, erwartete der Feind mit gezücktem Schwert. Und die Menge der Leichen häufte sich so, daß den Siegern

339 πληγὴν οὐκ ἤνεγκαν οἱ πολέμιοι· τὸ γοῦν ἐπισυλλεγόμενον αὐτῶν πλῆθος ὡς ἐθεάσατο τοὺς ἀνὰ τὴν κώμην διεφθαρμένους, εἰς φυγὴν διεσκεδάσθη, κἂν εὐθέως τῇ νίκῃ τεθαρρηκὼς Ἡρώδης ἐπὶ Ἱεροσολύμων ἤλασεν, εἰ μὴ χειμῶνι διεκωλύθη σφοδροτάτῳ. τοῦτ' ἐμπόδιον ἐκείνῳ τε παντελοῦς κατορθώματος καὶ ἥττης Ἀντιγόνῳ κατέστη βουλευομένῳ καταλιπεῖν ἤδη τὴν πόλιν.

340 7. Ἡρώδης δὲ πρὸς ἑσπέραν [ἤδη] τοὺς φίλους κεκμηκότας ἐπὶ θεραπείᾳ τοῦ σώματος διαφεὶς καὶ αὐτὸς ὡς ἦν ἔτι θερμὸς ἐκ τῶν ὅπλων λουσόμενος ᾔει στρατιωτικώτερον· εἷς γοῦν αὐτῷ παῖς εἵπετο. καὶ πρὶν εἰς τὸ βαλανεῖον εἰσελθεῖν ἐναντίον αὐτοῦ τις ἐκτρέχει τῶν
341 πολεμίων ξιφήρης, ἔπειτα δεύτερος καὶ τρίτος, ἑξῆς δὲ πλείους. οὗτοι καταπεφεύγεσαν μὲν ἐκ τῆς παρατάξεως εἰς τὸ βαλανεῖον ὡπλισμένοι, τέως δ' ὑποπεπτηχότες καὶ διαλανθάνοντες ὡς ἐθεάσαντο τὸν βασιλέα, λυθέντες ὑπ' ἐκπλήξεως αὐτὸν μὲν παρέτρεχον γυμνὸν ὄντα τρέμοντες, ἐπὶ δὲ τὰς ἐξόδους ἐχώρουν. τῶν μὲν οὖν ἄλλων οὐδεὶς παρῆν κατὰ τύχην ὁ συλληψόμενος τοὺς ἄνδρας, Ἡρώδῃ δ' ἀπέχρη τὸ μηδὲν παθεῖν, ὥστε διαφεύγουσιν πάντες.

342 8. Τῇ δ' ὑστεραίᾳ Πάππον μὲν τὸν Ἀντιγόνου στρατηγὸν καρατομήσας, ἀνῄρητο δ' ἐπὶ τῆς παρατάξεως, πέμπει τὴν κεφαλὴν Φερώρᾳ τἀδελφῷ ποινὴν τοῦ φονευθέντος αὐτῶν ἀδελφοῦ· καὶ γὰρ οὗτος ἦν ὁ
343 τὸν Ἰώσηπον ἀνελών. λωφήσαντος δὲ τοῦ χειμῶνος ἤλαυνεν ἐπὶ Ἱεροσολύμων καὶ μέχρι τοῦ τείχους ἀγαγὼν τὴν δύναμιν, συνήγετο δ' αὐτῷ τρίτον ἔτος ἐξ οὗ βασιλεὺς ἐν Ῥώμῃ ἀπεδέδεικτο, πρὸ τοῦ ἱεροῦ στρατοπεδεύεται· ταύτῃ γὰρ ἦν ἐπίμαχον, καθ' ὃ καὶ πρὶν εἷλεν Πομπήιος
344 τὴν πόλιν. διελὼν δὲ εἰς ἔργα τὴν στρατιὰν καὶ τεμὼν τὰ προάστεια τρία μὲν ἐγείρειν χώματα καὶ πύργους ἐποικοδομεῖν αὐτοῖς κελεύει[54], καταλιπὼν δὲ τοὺς ἀνυτικωτάτους τῶν ἑταίρων ἐπὶ τῶν ἔργων αὐτὸς εἰς Σαμάρειαν ᾔει τὴν Ἀλεξάνδρου τοῦ Ἀριστοβούλου μετιὼν θυγατέρα καθωμολογημένην ὡς ἔφαμεν αὐτῷ καὶ πάρεργον ποιούμενος τῆς πολιορκίας τὸν γάμον· ἤδη γὰρ ὑπερηφάνει τοὺς πολεμίους.

345 9. Γήμας δὲ ὑπέστρεψεν ἐπὶ Ἱεροσολύμων μετὰ μείζονος δυνάμεως· συνῆπτε δ' αὐτῷ καὶ Σόσσιος μετὰ πλείστης στρατιᾶς ἱππέων τε καὶ πεζῶν, ἣν προεκπέμψας διὰ τῆς μεσογείου τὴν πορείαν αὐτὸς διὰ Φοινί-
346 κης ἐποιήσατο. συναθροισθείσης δὲ τῆς ὅλης δυνάμεως εἰς ἕνδεκα μὲν τέλη πεζῶν, ἱππεῖς δὲ ἑξακισχιλίους δίχα τῶν ἀπὸ Συρίας συμμάχων, οἳ μέρος οὐκ ὀλίγον ἦσαν, καταστρατοπεδεύονται τοῦ βορείου τείχους πλησίον, αὐτὸς μὲν πεποιθὼς τοῖς τῆς συγκλήτου δόγμασιν, δι' ὧν

§ 339 = ant. 14, 461; § 344 = ant. 14, 466.

[54] κελεύσας LVRC Na.

die Wege verstopft wurden[150]. Einen derartigen Schlag ertrugen die Gegner nicht; so zerstreute sich denn der Haufe der Feinde, der sich wieder zusammengefunden hatte, beim Anblick der Toten im Dorf fluchtartig; und Herodes wäre im Bewußtsein seines Sieges sogleich auf Jerusalem vorgestoßen, wenn er nicht durch ein äußerst schweres Unwetter daran gehindert worden wäre. Damit war das Ereignis eingetreten, das den Herodes um den endgültigen Erfolg brachte und dem Antigonos, der die Stadt schon zu verlassen plante, die völlige Niederlage ersparte.

7. 340. Gegen Abend beurlaubte Herodes seine abgekämpften Begleiter zur Erholung; er ging selbst auch, so wie er war, noch heiß vom Kampf, gleich einem einfachen Soldaten zum Baden; nur ein Bedienter folgte ihm. Und ehe er noch den Baderaum betrat, stürzte vor seinen Augen einer von den Feinden, das Schwert in der Hand, dort heraus, dann ein zweiter und dritter, danach noch mehrere. Sie hatten sich aus dem Treffen mit ihren Waffen in den Baderaum geflüchtet. Als sie aber — bis dahin vor Angst gelähmt und im Versteck verkrochen — den König erblickten, da war es mit ihrer Erstarrung zu Ende, sie rannten an ihm, der ganz unbewaffnet war, zitternd vorbei und entwichen zu den Ausgängen. Von den anderen war zufällig niemand anwesend, der die Männer hätte gefangen nehmen können; dem Herodes aber genügte es, mit heiler Haut davongekommen zu sein; daher entkamen sie alle[151].

8. 342. Am folgenden Tage ließ er Pappos, dem Feldherrn des Antigonos, der in der Schlacht gefallen war, das Haupt abschlagen und schickte es seinem Bruder Pheroras als Genugtuung für die Ermordung ihres gemeinsamen Bruders; denn dieser war es, der den Joseph getötet hatte. Als das Unwetter aufhörte, rückte er auf Jerusalem zu, führte seine Streitmacht bis an die Mauer heran und schlug sein Lager angesichts des Tempels auf; es waren gerade drei Jahre vergangen, seit er in Rom zum König erhoben wurde. An der Tempelseite war die Stadt angreifbar, von wo sie ja auch zuvor Pompejus erobert hatte. Er verteilte die verschiedenen Arbeiten auf die Truppe, ließ das Gelände vor der Stadt abholzen und gab den Befehl, drei Wälle aufzuschütten und Türme darauf zu errichten. Er überließ den Fähigsten aus seinem Gefolge die Aufgaben und zog selbst nach Samaria, um die Tochter Alexanders und Enkelin des Aristobulos, die, wie schon berichtet, mit ihm verlobt war, zu heiraten[152]. So erlaubte er sich die Hochzeit neben der Belagerung; denn er fühlte sich seinen Feinden schon überlegen.

9. 345. Nach seiner Hochzeit kehrte er mit einer noch größeren Streitmacht nach Jerusalem zurück; es vereinigte sich mit ihm Sossius mit einem beträchlichen Heer an Reitern und Fußvolk, das er durch das Binnenland vorausgeschickt hatte, während er selbst seinen Weg durch Phönizien genommen hatte. Die gesamte vereinigte Macht lagerte nahe der nördlichen Mauer; sie umfaßte elf Legionen Fußvolk und 6000 Reiter, abgesehen von den syrischen Bundesgenossen, die einen nicht geringen Teil ausmachten. Herodes fühlte sich durch die Beschlüsse des Senats gedeckt, durch die er

βασιλεὺς ἀπεδέδεικτο, Σόσσιος δὲ Ἀντωνίῳ τῷ πέμψαντι τὴν ὑπ' αὐτῷ στρατιὰν Ἡρώδῃ σύμμαχον.

347 XVIII. 1. Τῶν δ' ἀνὰ τὴν πόλιν Ἰουδαίων τὸ πλῆθος ποικίλως ἐτετάρακτο· καὶ γὰρ περὶ τὸν ναὸν ἀθροιζόμενον τὸ ἀσθενέστερον ἐδαιμονία καὶ πολλὰ θειωδέστερον πρὸς τοὺς καιροὺς ἐλογοποίει, καὶ τῶν τολμηροτέρων κατὰ στῖφος ἦσαν λῃστεῖαι πολύτροποι, μάλιστα τὰ περὶ τὴν πόλιν ἁρπαζόντων ἐπιτήδεια καὶ μήτε ἵπποις μήτε ἀνδράσιν ὑπο-
348 λειπομένων τροφήν[55]. τοῦ γε μὴν μαχίμου τὸ εὐτακτότερον ἐτέτακτο πρὸς ἄμυναν τῆς πολιορκίας τούς τε χωννύντας εἶργον ἀπὸ τοῦ τείχους καὶ τοῖς ὀργάνοις ἀντιμηχανώμενον ἀεί τι κώλυμα καινότερον· ἐν οὐδενὶ δ' οὕτως ὡς ἐν ταῖς μεταλλείαις περιῆσαν τῶν πολεμίων.
349 2. Τῷ δὲ βασιλεῖ πρὸς μὲν τὰς λῃστείας ἀντεπενοήθησαν λόχοι δι' ὧν ἀνέστελλεν τὰς διεκδρομάς, πρὸς δὲ τὴν τῶν ἐπιτηδείων ἀπορίαν αἱ πόρρωθεν συγκομιδαί, τῶν δὲ μαχομένων περιῆν τῇ Ῥωμαίων ἐμπειρίᾳ
350 καίτοι τόλμης οὐδεμίαν καταλιπόντων ὑπερβολήν· φανερῶς μέν γε[56] συνερρήγνυντο τοῖς Ῥωμαίοις ἐπὶ προύπτῳ τῷ θανεῖν, διὰ δὲ τῶν ὑπονόμων ἐν μέσοις αὐτοῖς ἐξαπίνης ἐφαίνοντο, καὶ πρὶν κατασεισθῆναί τι τοῦ τείχους ἕτερον ἀντωχύρουν· καθόλου τε οὔτε χερσὶν οὔτ' ἐπινοίαις
351 ἔκαμνον εἰς ἔσχατον ἀντισχεῖν διεγνωκότες. ἀμέλει τηλικαύτης δυνάμεως περικαθεζομένης πέντε μησὶν διήνεγκαν τὴν πολιορκίαν, ἕως τῶν Ἡρώδου τινὲς ἐπιλέκτων ἐπιβῆναι τοῦ τείχους θαρσήσαντες εἰσπίπτουσιν εἰς τὴν πόλιν, ἐφ' οἷς ἑκατοντάρχαι Σοσσίου. πρῶτα δὲ τὰ περὶ τὸ ἱερὸν ἡλίσκετο, καὶ τῆς δυνάμεως ἐπεισχυθείσης πανταχοῦ φόνος ἦν μυρίος, τῶν μὲν Ῥωμαίων τῇ τριβῇ τῆς πολιορκίας διωργισμένων, τοῦ δὲ περὶ Ἡρώδην Ἰουδαϊκοῦ μηδὲν ὑπολιπέσθαι σπουδάζοντος ἀντίπαλον.
352 ἐσφάττοντο δὲ παμπληθεῖς ἔν τε τοῖς στενωποῖς καὶ κατὰ τὰς οἰκίας συνωθούμενοι καὶ τῷ ναῷ προσφεύγοντες· ἦν τε οὔτε νηπίων οὔτε γήρως ἔλεος οὔτε ἀσθενείας γυναικῶν, ἀλλὰ καίτοι περιπέμποντος τοῦ βασιλέως καὶ φείδεσθαι παρακαλοῦντος οὐδεὶς ἐκράτησεν τῆς δεξιᾶς,
353 ἀλλ' ὥσπερ μεμηνότες πᾶσαν ἡλικίαν ἐπεξῄεσαν. ἔνθα καὶ Ἀντίγονος μήτε τῆς πάλαι μήτε τῆς τότε τύχης ἔννοιαν λαβὼν κάτεισιν μὲν ἀπὸ τῆς βάρεως, προσπίπτει δὲ τοῖς Σοσσίου ποσίν. κἀκεῖνος μηδὲν αὐτὸν

§ 347 = ant. 14, 471; § 352 = ant. 14, 480.

[55] Statt ἐπιτήδεια... τροφὴν lesen LVR (C) Na: ἐπειδὴ μήτε ἵπποις μήτε ἀνδράσιν ὑπελέλειπτο τροφή.

[56] μέν γε οὐ M; μὲν οὖν οὐ LVRC Na Reinach. Thack liest die Negation: „Sie brachen zwar nicht in offenem Kampf auf die Römer los, weil sie dabei den sicheren Tod vor Augen gehabt hätten...".

zum König erhoben worden war, Sossius aber durch Antonius, der das
ihm unterstellte Heer dem Herodes zur Hilfe gesandte hatte.

18. Kapitel

1. 347. Die Menge der Juden in der Stadt geriet in eine Erregung, die
sich auf mannigfache Weise äußerte. Die Schwächsten sammelten sich nämlich im Tempel, verfielen einer Art von Besessenheit und brachten viele
„Gottessprüche" zur Lage[153] vor; die Verwegensten unternahmen in einzelnen Rotten vielfältige Raubzüge, sie brachten namentlich aus der Umgegend
der Stadt die Lebensmittel an sich und ließen für die Ernährung von
Pferd und Mann nichts übrig. Von den Kampffähigen schließlich wurden
die, die noch auf Ordnung hörten, in die Abwehr der Belagerung ein-
geordnet: sie behinderten von der Mauer her die Schanzarbeiter und er-
sannen gegen die Kriegsmaschinen immer wieder ein neues Schutzmittel;
in nichts aber waren sie ihren Feinden so überlegen wie in der Anlegung
von Minengängen.

2. 349. Die Maßnahme des Königs gegen die Raubzüge bestand in der
Anlage von verdeckten Abwehrstellungen, durch die er dann auch den
Ausfällen Einhalt gebot; dem Mangel an Lebensmitteln begegnete er durch
die Einrichtung einer Zufuhr aus der Ferne. Infolge der Kriegserfahrung
der Römer war er den Kämpfern auf der Gegenseite überlegen, obwohl
diese sich an jede Tollkühnheit wagten. In offenem Kampf brachen sie
auf die Römer los, den sicheren Tod vor Augen; mittels der Minen tauchten sie plötzlich in ihrer Mitte auf, und ehe ein Stück der Mauer eingerissen war, hatten sie ein anderes dafür aufgerichtet. Mit einem Wort:
weder in Taten noch in Einfällen versagten sie bei ihrer Entschlossenheit,
bis zum Äußersten Widerstand zu leisten. Tatsächlich haben sie ja auch
die Belagerung fünf Monate lang ertragen[154], obwohl eine so gewaltige
Heeresmacht sie umzingelte, bis einige aus den Kerntruppen des Herodes
mutig die Mauer überstiegen und in die Stadt eindrangen, hinter ihnen
Hauptleute des Sossius. Als erstes wurde das Gelände um das Heiligtum
erobert, und als die Heeresmacht überall einflutete, herrschte tausendfacher
Mord, da die Römer über die lange Dauer der Belagerung wütend waren
und die jüdischen Truppen des Herodes alles daransetzten, jeden Widerstand zu brechen. Reihenweise wurden die Besiegten in den engen Gassen,
zusammengedrängt in den Häusern und auf der Flucht zum Tempel, hingeschlachtet. Weder für die Kinder noch für das Alter noch für die schwachen
Frauen gab es Erbarmen, sondern obwohl der König überall herumschickte
und zur Schonung aufrief, ließ niemand die Hand sinken, vielmehr hieben
sie wie wahnsinnig auf jedes Alter ein. Da kam auch Antigonos, der sich
weder seiner einstigen noch seiner jetzigen Lage bewußt war, von der
Burg[155] herab und warf sich dem Sossius zu Füßen. Aber jener hatte kein
Mitleid mit ihm angesichts seines Sturzes, sondern er lachte maßlos und

οἰκτείρας πρὸς τὴν μεταβολὴν ἐπεγέλασέν τε ἀκρατῶς καὶ Ἀντιγόνην ἐκάλεσεν· οὐ μὴν ὡς γυναῖκά γε καὶ φρουρᾶς ἐλεύθερον ἀφῆκεν, ἀλλ᾽
354 ὁ μὲν δεθεὶς ἐφυλάττετο. 3. Πρόνοια δ᾽ ἦν Ἡρώδῃ κρατοῦντι τῶν πολεμίων τότε κρατῆσαι καὶ τῶν ἀλλοφύλων συμμάχων· ὥρμητο γὰρ τὸ ξενικὸν πλῆθος ἐπὶ θέαν τοῦ τε ἱεροῦ καὶ τῶν κατὰ τὸν ναὸν ἁγίων. ὁ δὲ βασιλεὺς τοὺς μὲν παρακαλῶν τοῖς δ᾽ ἀπειλούμενος ἔστιν δ᾽ οὓς καὶ τοῖς ὅπλοις ἀνέστειλεν, ἥττης χαλεπωτέραν τὴν νίκην ὑπολαμβάνων, εἴ τι τῶν ἀθεάτων παρ᾽
355 αὐτῶν ὀφθείη. διεκώλυσεν δὲ ἤδη καὶ τὰς κατὰ τὴν πόλιν ἁρπαγάς, πολλὰ διατεινόμενος πρὸς Σόσσιον, εἰ χρημάτων τε καὶ ἀνδρῶν τὴν πόλιν Ῥωμαῖοι κενώσαντες καταλείψουσιν αὐτὸν ἐρημίας βασιλέα, καὶ ὡς ἐπὶ τοσούτων πολιτῶν φόνῳ βραχὺ καὶ τὴν τῆς οἰκουμένης ἡγεμονίαν
356 ἀντάλλαγμα κρίνοι. τοῦ δὲ ἀντὶ τῆς πολιορκίας τὰς ἁρπαγὰς δικαίως τοῖς στρατιώταις ἐπιτρέπειν φαμένου, αὐτὸς ἔφη διανεμεῖν ἐκ τῶν ἰδίων χρημάτων τοὺς μισθοὺς ἑκάστοις. οὕτως τε τὴν λοιπὴν ἐξωνησάμενος πατρίδα τὰς ὑποσχέσεις ἐπλήρωσεν· λαμπρῶς μὲν γὰρ ἕκαστον στρατιώτην, ἀναλόγως δὲ τοὺς ἡγεμόνας, βασιλικώτατα δὲ αὐτὸν ἐδωρή-
357 σατο Σόσσιον, ὡς μηδένα χρημάτων ἀπελθεῖν δεόμενον. Σόσσιος δὲ χρυσοῦν ἀναθεὶς τῷ θεῷ στέφανον ἀνέζευξεν ἀπὸ Ἱεροσολύμων ἄγων δεσμώτην Ἀντίγονον Ἀντωνίῳ. τοῦτον μὲν οὖν φιλοψυχήσαντα μέχρις ἐσχάτου διὰ ψυχρᾶς ἐλπίδος ἄξιος τῆς ἀγεννείας πέλεκυς ἐκδέχεται.
358 4. βασιλεὺς δὲ Ἡρώδης διακρίνας τὸ κατὰ τὴν πόλιν πλῆθος τοὺς μὲν τὰ αὑτοῦ φρονήσαντας εὐνουστέρους ταῖς τιμαῖς καθίστατο, τοὺς δ᾽ Ἀντιγονείους ἀνῄρει. καὶ κατὰ σπάνιν ἤδη χρημάτων ὅσον εἶχεν κόσμον
359 κατανομιστεύσας Ἀντωνίῳ καὶ τοῖς περὶ αὐτὸν ἀνέπεμψεν. οὐ μὴν εἰς ἅπαν[57] ἐξωνήσατο τὸ μηδὲν παθεῖν· ἤδη γὰρ Ἀντώνιος τῷ Κλεοπάτρας ἔρωτι διεφθαρμένος ἥττων ἦν ἐν πᾶσιν τῆς ἐπιθυμίας, Κλεοπάτρα δὲ διεξελθοῦσα τὴν γενεὰν τὴν ἑαυτῆς ὡς μηδένα τῶν ἀφ᾽ αἵματος ὑπο-
360 λείπεσθαι, τὸ λοιπὸν ἐπὶ τοὺς ἔξωθεν ἐφόνα, καὶ τοὺς ἐν τέλει Σύρων διαβάλλουσα πρὸς τὸν Ἀντώνιον ἀναιρεῖν ἔπειθεν ὡς ἂν τῶν κτήσεων ἑκάστου ῥᾳδίως γινομένη δεσπότις, ἔτι δὲ ἐκτείνουσα τὴν πλεονεξίαν ἐπὶ Ἰουδαίους καὶ Ἄραβας ὑπειργάζετο τοὺς ἑκατέρων βασιλεῖς Ἡρώδην καὶ Μάλχον ἀναιρεθῆναι.
361 5. Ἐν μέρει[58] γοῦν τῶν προσταγμάτων ἐπινήψας[59] Ἀντώνιος τὸ κτεῖναι μὲν ἄνδρας ἀγαθοὺς καὶ βασιλεῖς τηλικούτους ἀνόσιον ἡγήσατο, τὸ δὲ τούτων ἔγγιον φίλους[60] διεκρούσατο, πολλὰ δὲ τῆς χώρας αὐτῶν ἀπο-

§ 356 = ant. 14, 486; § 358 = ant. 15, 2;
§ 359 = ant. 15, 88; § 361 = ant. 15, 95.

[57] εἰς ἅπαξ LVR; εἰσάπαξ C Na; *omnino* Lat; εἰς ἅπαν PA Niese Thack.
[58] μέχρι L¹VRC; ἐν μέρει PAM Lat Heg.
[59] ἐπινεύσας C Na; ἐπινήψας ist gut bezeugt: PAMLVR Lat Heg.
[60] φίλος εἶναι MLVRC Na; ... *quod autem his morte propius erat, inter amicos ultra non habuit* (Lat); *tamen ne immunes dimitteret, amicos eorum perculit* (Heg). Lat ist wohl dem Sinne nach am besten.

nannte ihn Antigone; indessen entließ er ihn nicht wie eine Frau ohne Bewachung, sondern er wurde in Ketten gelegt und in Gewahrsam gehalten.

3. 354. Herodes richtete seine Aufmerksamkeit darauf, nachdem er seiner Feinde Herr geworden war, nun auch seine ausländischen Bundesgenossen zu zügeln; denn die Menge der Fremden drängte, den Tempelbezirk zu sehen und die Heiligtümer im Tempelhaus[156]. Der König aber hielt einige durch Ermahnungen, andere durch Drohungen, wieder andere durch Waffengewalt zurück, denn er war der Meinung, daß der Sieg schlimmer als eine Niederlage sei, wenn man etwas von dem sähe, was zu sehen nicht erlaubt sei. Ja, er machte auch den Plünderungen in der Stadt ein Ende; er hielt dem Sossius vielfach vor, ob die Römer die Stadt von Werten und Menschen entleeren und ihn als König über eine Einöde zurücklassen wollten, und daß er als Gegenwert für den Mord an so vielen Einwohnern selbst die Weltherrschaft für zu gering erachte. Als dieser erwiderte, es sei billig, den Soldaten als Entgelt für die Belagerung die Plünderung zu gestatten, da erklärte Herodes, er werde selbst aus seinem Vermögen jedem einzelnen die Entlohnung zukommen lassen. So kaufte er den verschont gebliebenen Teil der Vaterstadt los und erfüllte sein Versprechen. Üppig beschenkte er nämlich jeden Soldaten, entsprechend die Anführer, und wahrhaft königlich den Sossius selbst, so daß niemand mittellos abzog. Sossius aber weihte dem Gott einen goldenen Kranz und schied von Jerusalem; er nahm Antigonos als Gefangenen für Antonius mit. Diesen, der bis zuletzt mit einer nichtigen Hoffnung am Leben hing, erwartete, würdig seines niedrigen Verhaltens, das Beil[157].

4. 358. Als König veranstaltete Herodes eine Sichtung des Volkes in der Stadt; die bisher seine Anhänger gewesen waren, machte er durch Auszeichnungen noch geneigter; die Parteigänger des Antigonos ließ er hinrichten. Und weil er jetzt Geldmangel hatte, ließ er allen Schmuck, den er besaß, zu Münzen schlagen und sandte sie dem Antonius und dessen Vertrauten. Aber keineswegs ersparte er sich damit alle Bedrängnisse. Denn Antonius, verdorben durch seine Leidenschaft zu Kleopatra, ließ sich nunmehr in allen Angelegenheiten durch seine Triebe beherrschen; Kleopatra hatte sich ihre eigene Familie so vorgenommen, daß von ihrem Blut niemand mehr übrig war[158], nun richtete sich ihre Mordgedanken nach auswärts. Sie verleumdete die Großen Syriens bei Antonius und beredete ihn, sie umbringen zu lassen, um auf leichte Weise über deren Besitz verfügen zu können. Sie dehnte ihre gierigen Pläne auch auf Juden und Araber aus[159] und wirkte unter der Hand auf die Beseitigung der Könige beider Völker, Herodes und Malchos, hin.

5. 361. Antonius bewahrte einem Teil ihrer Forderungen gegenüber noch einen nüchternen Sinn und erachtete die Mordtat an so tüchtigen Männern und bedeutenden Königen für Frevel. Was aber näher lag als derartige Maßnahmen: er lehnte sie als Freunde ab, trennte von ihrem Lande weite Strecken los und gab sie der Kleopatra, darunter besonders

τεμόμενος καὶ δὴ καὶ τὸν ἐν Ἱεριχοῦντι φοινικῶνα, ἐν ᾧ γεννᾶται τὸ βάλσαμον, δίδωσιν αὐτῇ πόλεις τε πλὴν Τύρου καὶ Σιδῶνος τὰς ἐντὸς
362 Ἐλευθέρου ποταμοῦ πάσας. ὧν γενομένη κυρία καὶ προπέμψασα μέχρις Εὐφράτου τὸν Ἀντώνιον ἐπιστρατεύοντα Πάρθοις ἦλθεν εἰς Ἰουδαίαν δι' Ἀπαμείας καὶ Δαμασκοῦ. κἀνταῦθα μεγάλαις μὲν αὐτῆς τὴν δυσμένειαν δωρεαῖς Ἡρώδης ἐκμειλίσσεται, μισθοῦται δὲ καὶ τὰ τῆς βασιλείας ἀπορραγέντα χωρία διακοσίων ταλάντων εἰς ἕκαστον ἐνιαυτόν, προπέμπει δ' αὐτὴν μέχρι Πηλουσίου πάσῃ θεραπείᾳ καταχρώμενος.
363 καὶ μετ' οὐ πολὺ παρῆν ἐκ Πάρθων Ἀντώνιος ἄγων αἰχμάλωτον Ἀρταβάζην τὸν Τιγράνου παῖδα δῶρον Κλεοπάτρᾳ· μετὰ γὰρ τῶν χρημάτων καὶ τῆς λείας ἁπάσης ὁ Πάρθος εὐθὺς ἐχαρίσθη.

364 XIX. 1. Τοῦ δ' Ἀκτιακοῦ πολέμου συνερρωγότος παρεσκεύαστο μὲν Ἡρώδης Ἀντωνίῳ συνεξορμᾶν ἤδη τῶν τε ἄλλων τῶν κατὰ Ἰουδαίαν ἀπηλλαγμένος θορύβων καὶ κεκρατηκὼς Ὑρκανίας, ὃ δὴ χωρίον ἡ Ἀντι-
365 γόνου κατεῖχεν ἀδελφή. διεκλείσθη γε μὴν πανούργως ὑπὸ τῆς Κλεοπάτρας συμμετασχεῖν τῶν κινδύνων Ἀντωνίῳ· τοῖς γὰρ βασιλεῦσιν, ὡς ἔφαμεν, ἐπιβουλεύουσα πείθει τὸν Ἀντώνιον Ἡρώδῃ διαπιστεῦσαι τὸν πρὸς Ἄραβας πόλεμον, ἵν' ἢ κρατήσαντος Ἀραβίας ἢ κρατηθέντος Ἰουδαίας γένηται δεσπότις καὶ θατέρῳ τῶν δυναστῶν καταλύσῃ τὸν ἕτερον.

366 2. Ἔρρεψεν μέντοι καθ' Ἡρώδην τὸ βούλευμα· πρῶτον μὲν γὰρ ῥύσια κατὰ τῶν πολεμίων ἄγων καὶ πολὺ συγκροτήσας ἱππικὸν ἐπαφίησιν αὐτοῖς περὶ Διόσπολιν ἐκράτησέν τε καίτοι καρτερῶς ἀντιπαραταξαμένων. πρὸς δὲ τὴν ἧτταν μέγα γίνεται κίνημα τῶν Ἀράβων, καὶ συναθροισθέντες εἰς Κάναθα τῆς κοίλης Συρίας ἄπειροι τὸ πλῆθος τοὺς Ἰουδαίους
367 ἔμενον. ἔνθα μετὰ τῆς δυνάμεως Ἡρώδης ἐπελθὼν ἐπειρᾶτο προμηθέστερον ἀφηγεῖσθαι τοῦ πολέμου καὶ στρατόπεδον ἐκέλευε τειχίζειν. οὐ μὴν ὑπήκουσεν τὸ πλῆθος, ἀλλὰ τῇ προτέρᾳ νίκῃ τεθαρρηκότες ὥρμησαν ἐπὶ τοὺς Ἄραβας καὶ πρὸς μὲν τὴν πρώτην ἐμβολὴν τραπέντας ἐδίωκον, ἐπιβουλεύεται δὲ Ἡρώδης ἐν τῇ διώξει τοὺς ἐκ τῶν Κανάθων ἐπιχωρίους ἀνέντος Ἀθηνίωνος, ὃς ἦν αὐτῷ τῶν Κλεοπάτρας
368 στρατηγῶν ἀεὶ διάφορος· πρὸς γὰρ τὴν τούτων ἐπίθεσιν ἀναθαρρήσαντες οἱ Ἄραβες ἐπιστρέφονται καὶ συνάψαντες τὸ πλῆθος περὶ πετρώδη καὶ δύσβατα χωρία τοὺς Ἡρώδου τρέπονται πλεῖστόν τε αὐτῶν φόνον εἰργάσαντο. οἱ δὲ διασωθέντες ἐκ τῆς μάχης εἰς Ὅρμιζα καταφεύγουσιν, ὅπου καὶ τὸ στρατόπεδον αὐτῶν περισχόντες αὔτανδρον εἷλον οἱ Ἄραβες.

§ 366 = ant. 15, 112.

auch den Palmenwald von Jericho, wo der Balsam gedeiht, und alle Städte des Eleutherus-Flusses[160] außer Tyrus und Sidon. Als sie über diese Gebiete Herrin war, geleitete sie den Antonius, der gegen die Parther zog[161], bis zum Euphrat; dann kam sie nach Judäa über Apamea und Damaskus. Hier beschwichtigte Herodes durch stattliche Geschenke ihren Groll, er pachtete aber auch die von seinem Königreich abgetrennte Gebiete um jährlich 200 Talente; dann gab er ihr das Geleit bis nach Pelusium in unterwürfiger Ehrerbietung. Nach kurzer Zeit kam Antonius von den Parthern wieder und brachte den gefangenen Artabazes, den Sohn des Tigranes, als Geschenk für Kleopatra mit; denn mit den Schätzen und der gesamten Beute wurde ihr der Parther sofort geschenkt.

19. Kapitel

1. 364. Als der Krieg von Actium ausgebrochen war, stand Herodes bereit, mit Antonius auszurücken; denn er hatte schon im allgemeinen die Unruhen in Judäa beschwichtigt und vor allem auch sich Hyrkanias[162] bemächtigt, eines Platzes, der zuvor von der Schwester des Antigonos besetzt gehalten war. In ihrer Durchtriebenheit hinderte ihn Kleopatra allerdings daran, an der Seite des Antonius die Gefahren zu tragen. Denn sie war, wie gesagt, auf das Verderben der Könige aus, und so überredete sie Antonius, den Herodes mit dem Krieg gegen die Araber zu betrauen, damit sie im Fall seines Sieges Arabien, und im Fall seiner Niederlage Judäa in ihre Gewalt bekäme und so den einen Herrscher durch den anderen beseitige.

2. 366. Dieser Plan schlug freilich zugunsten des Herodes aus; zuerst ging er gegen die Feinde mit Repressalien vor und brachte ein starkes Reiterheer zusammen; mit diesem griff er sie bei Diospolis[163] an und besiegte sie trotz kräftigen Widerstandes. Auf diese Niederlage hin entstand eine große Aufregung unter den Arabern; in hellen Haufen versammelten sie sich in Kanatha[164] in Coelesyrien und erwarteten die Juden. Als Herodes mit seinen Truppen dort eintraf, faßte er den Plan, den Feldzug möglichst bedachtsam zu führen und befahl darum, ein befestigtes Lager aufzuschlagen. Indessen gehorchte ihm der Haufen nicht, sondern im Vertrauen auf den ersten Sieg brachen sie gegen die Araber los und, nachdem sie diese beim ersten Anprall geworfen hatten, setzten sie ihnen nach. Bei dieser Verfolgung wurde Herodes das Opfer einer Tücke des Athenion[165], der die Einwohner von Kanatha auf ihn hetzte; Athenion war ein Feldherr der Kleopatra und ihm schon immer feindlich gesinnt. Auf diesen Angriff hin faßten die Araber wieder Mut und machten kehrt. Sie versammelten ein Heer und schlugen die Leute des Herodes auf einem felsigen und unwegsamen Gelände in die Flucht, dabei fügten sie ihnen schwere Verluste zu. Die aus der Schlacht Entronnenen flohen nach Ormiza ins Lager, das von den Arabern eingeschlossen und mit der Besatzung genommen wurde.

3. Μετ' οὐ πολὺ δὲ τῆς συμφορᾶς βοήθειαν ἄγων Ἡρώδης παρῆν τῆς χρείας ὑστέραν. ταύτης τῆς πληγῆς αἴτιον αὐτῷ τὸ τῶν ταξιάρχων ἀπειθὲς κατέστη· μὴ γὰρ ἐξαπιναίου τῆς συμβολῆς γενομένης οὐδ' ἂν Ἀθηνίων εὗρεν καιρὸν ἐπιβουλῆς. ἐτιμωρήσατο μέντοι τοὺς Ἄραβας αὖθις ἀεὶ τὴν χώραν κατατρέχων, ὡς ἀνακαλέσασθαι τὴν μίαν αὐτοῖς νίκην πολλάκις. ἀμυνομένῳ δὲ τοὺς ἐχθροὺς ἐπιπίπτει συμφορὰ δαιμόνιος ἄλλη, κατ' ἔτος μὲν τῆς βασιλείας ἕβδομον, ἀκμάζοντος δὲ τοῦ Ἀκτίου πολέμου. ἀρχομένου γὰρ ἔαρος ἡ γῆ σεισθεῖσα βοσκημάτων μὲν ἄπειρον πλῆθος ἀνθρώπων δὲ τρεῖς διέφθειρεν μυριάδας, τὸ δὲ στρατιωτικὸν ἔμεινεν ἀβλαβές· ὕπαιθρον γὰρ ηὐλίζετο. κἂν τούτῳ τοὺς Ἄραβας ἐπὶ μεῖζον θράσος ἦρεν ἡ φήμη προσλογοποιοῦσα τοῖς σκυθρωποῖς ἀεί τι χαλεπώτερον· ὡς γοῦν ἁπάσης Ἰουδαίας κατερριμμένης οἰηθέντες ἐρήμου τῆς χώρας κρατήσειν ὥρμησαν εἰς αὐτὴν προθυσάμενοι τοὺς πρέσβεις, οἳ παρὰ Ἰουδαίων ἔτυχον ἥκοντες πρὸς αὐτούς. πρὸς δὲ τὴν ἐμβολὴν καταπλαγὲν τὸ πλῆθος[61] καὶ μεγέθει συμφορῶν ἐπαλλήλων ἔκλυτον συναγαγὼν Ἡρώδης ἐπειρᾶτο παρορμᾶν ἐπὶ τὴν ἄμυναν λέγων τοιάδε·

4. «Παραλογώτατά μοι δοκεῖ τὸ παρὸν ὑμῶν καθάπτεσθαι δέος· πρὸς μέν γε τὰς δαιμονίους πληγὰς ἀθυμεῖν εἰκὸς ἦν, τὸ δ' αὐτὸ καὶ πρὸς ἀνθρωπίνην ἔφοδον πάσχειν ἀνάνδρων[62]. ἐγὼ γὰρ τοσοῦτον ἀποδέω κατεπτηχέναι τοὺς πολεμίους μετὰ τὸν σεισμόν, ὥσθ' ὑπολαμβάνειν τὸν θεὸν Ἄραψιν δέλεαρ τοῦτο καθεικέναι τοῦ δοῦναι δίκας ἡμῖν· οὐ γὰρ τοσοῦτον ὅπλοις ἢ χερσὶν πεποιθότες ὅσον ταῖς αὐτομάτοις ἡμῶν συμφοραῖς ἥκουσιν· σφαλερὰ δ' ἐλπὶς οὐκ ἐξ οἰκείας ἰσχύος ἀλλ' ἐξ ἀλλοτρίας ἠρτημένη κακοπραγίας. οὔτε δὲ τὸ δυστυχεῖν οὔτε τοὐναντίον ἐν ἀνθρώποις βέβαιον, ἀλλ' ἔστιν ἰδεῖν ἐπαμειβομένην εἰς ἑκάτερα τὴν τύχην. καὶ τοῦτο μάθοιτ' ἂν ἐξ οἰκείων ὑποδειγμάτων· τῇ γοῦν προτέρᾳ μάχῃ κρατούντων ἐκράτησαν ἡμῶν οἱ πολέμιοι, καὶ κατὰ τὸ εἰκὸς νῦν ἁλώσονται κρατήσειν δοκοῦντες· τὸ μὲν γὰρ ἄγαν πεποιθὸς ἀφύλακτον, οἱ φόβοι δὲ διδάσκουσιν προμήθειαν· ὥστε ἔμοιγε κἀκ τοῦ δεδοικότος ὑμῶν παρίσταται θαρρεῖν. ὅτε γὰρ ἐθρασύνεσθε πέρα τοῦ δέοντος καὶ[63] κατὰ τῶν ἐχθρῶν παρὰ τὴν ἐμὴν γνώμην ἐξωρμήσατε, καιρὸν ἔσχεν ἡ Ἀθηνίωνος ἐνέδρα· νυνὶ δὲ ὁ ὄκνος ὑμῶν καὶ τὸ δοκοῦν ἄθυμον ἀσφάλειαν ἐμοὶ νίκης ἐγγυᾶται. χρὴ μέντοι γε μέχρι τοῦ μέλλειν[64] οὕτως ἔχειν. ἐν δὲ τοῖς ἔργοις ἐγεῖραι τὰ φρονήματα καὶ

§ 370 = vgl. ant. 15, 121; § 374 = vgl. ant. 15, 129.

[61] ἔθνος LVRC Na; πλῆθος PAM Lat.
[62] ἄνανδρον PAM Lat; ἀνάνδρων LVRC Na Thack.
[63] καὶ steht bei LVRC erst vor παρά; Na läßt καὶ an beiden Stellen fort.
[64] μέχρι τοῦ πολεμεῖν oder μέλλειν πολεμεῖν Destinon cj.; *ante proelium* Lat. Die letztere Lesart ist offensichtlich Erleichterung.

3. 369. Kurz nach dem Unglück tauchte Herodes mit einer Verstärkung auf, zur Hilfe zu spät. Schuld daran, daß ihn diese Niederlage traf, war der Ungehorsam seiner Unterfeldherren; wäre nämlich nicht dieser unüberlegte Angriff vorgetragen worden, hätte Athenion keine Gelegenheit zu diesem Anschlag gefunden. Herodes rächte sich allerdings an den Arabern durch ständige Raubzüge in ihr Land, so daß sie sich vielfach bekümmert dieses einen Sieges erinnerten. Als er im Kampf mit seinen Feinden war, brach über ihn ein anderes, von höherer Gewalt gefügtes Urteil herein; es war das siebente Jahr seiner Königsherrschaft, der Krieg von Acitum stand auf seinem Höhepunkt. Zu Frühjahrsbeginn vernichtete ein Erdbeben eine unzählige Menge Vieh und 30 000 Menschen[166]. Das Heer aber blieb unversehrt, denn es lagerte im Freien. Damals stärkte den Arabern das Gerücht, das ja immer den Schrecknissen noch etwas Schlimmeres hinzufügt[167], den Mut. Weil ganz Judäa ein Trümmerhaufe sei, glaubten sie, sie könnten des entblößten Landes Herr werden und brachen so gegen es los; vorher hatten sie die Gesandten, die von den Juden gerade zu ihnen gekommen waren, als Opfer dargebracht[168]. Über diesen Einfall war das Kriegsvolk entsetzt und durch die Größe der aufeinanderfolgenden Schicksalsschläge mutlos geworden; darum versammelte Herodes es und suchte es durch folgende Ansprache zum Widerstand anzufeuern:

4. 373. „Ganz widersinnig scheint es mir zu sein[169], wenn euch in solcher Lage die Furcht packt; wenn der Mut bei den Schlägen des Schicksals sank, so war das natürlich; wenn bei einem Angriff von Menschen das gleiche geschieht, so ist es unmännlich. Ängstlich auf die Feinde zu starren liegt mir gerade nach dem überstandenen Erdbeben so fern, daß ich glaube: Gott hat dies als Köder für die Araber ausgelegt, um uns Genugtuung zu geben. Denn sie vertrauen gar nicht so sehr auf ihre Bewaffnung und ihre Fäuste, sondern vielmehr auf die Nöte, die uns ohne menschliches Zutun getroffen haben; deshalb sind sie gekommen. Jedoch trügerisch ist die Hoffnung, die nicht auf eigener Kraft, sondern auf dem Unglück anderer beruht. Weder das Unglück noch sein Gegenteil ist bei Menschen von Dauer, sondern das Glück neigt sich sichtlich bald zur einen, bald zur anderen Seite. Das könnt ihr am eigenen Beispiel lernen: Während wir in der ersten Schlacht Sieger waren, besiegten uns dann die Feinde; aller Wahrscheinlichkeit nach werden sie jetzt unterliegen, wo sie die Überlegenheit zu haben scheinen. Allzustarke Sicherheit ist leichtsinnig, erlebte Nöte lehren Umsicht. So erwächst mir aus eurer Furcht Mut. Als ihr ohne Rücksicht auf die Lage allzu forsch wart und gegen meine Entschließung auf die Feinde losbracht, gewann Athenion Gelegenheit für seine hinterlistige Tat. Jetzt aber verbürgt mir euer Zaudern und scheinbares Entmutigtsein den sicheren Sieg. Es ist ja ganz recht, sich so zu verhalten, bis die Zeit reif ist, wenn es aber zur Tat kommt, muß man den Sinn erheben und den Gottlosen zeigen, daß kein Unglück weder von Menschen noch von Gott je den Mannesmut der Juden niederzwingen kann, solange sie noch ihr Leben haben. Niemand wird ruhig zusehen wollen, wie der Araber, den

πεῖσαι τοὺς ἀσεβεστάτους, ὡς οὔτ' ἀνθρώπειόν τι κακὸν οὔτε δαιμόνιον ταπεινώσει ποτὲ τὴν Ἰουδαίων ἀνδραγαθίαν, ἐφ' ὅσον τὰς ψυχὰς ἔχουσιν, οὐδὲ περιόψεταί τις Ἄραβα τῶν ἑαυτοῦ ἀγαθῶν δεσπότην 377 γενόμενον, ὃν παρ' ὀλίγον πολλάκις αἰχμάλωτον ἔλαβεν. μηδ' ὑμᾶς ταρασσέτω τὰ τῶν ἀψύχων κινήματα μηδ' ὑπολαμβάνετε τὸν σεισμὸν ἑτέρας συμφορᾶς τέρας γεγονέναι· φυσικὰ γὰρ τὰ τῶν στοιχείων πάθη καὶ οὐδὲν ἀνθρώποις πλέον ἢ τὴν ἐν ἑαυτοῖς βλάβην ἐπιφέρεται· λοιμοῦ μὲν γὰρ καὶ λιμοῦ καὶ τῶν χθονίων βρασμῶν προγένοιτ' ἄν τι σημεῖον βραχύτερον, αὐτὰ δὲ ταῦτα περιγραφὴν ἔχει τὸ μέγεθος· ἐπεὶ τί δύναται 378 μεῖζον ἡμᾶς τοῦ σεισμοῦ βλάψαι καὶ κρατήσας ὁ πόλεμος; τέρας μέντοι μέγιστον ἁλώσεως γέγονεν τοῖς ἐχθροῖς οὐκ αὐτομάτως οὐδὲ διὰ χειρὸς ἀλλοτρίας, οἳ πρέσβεις ἡμετέρους παρὰ τὸν πάντων ἀνθρώπων νόμον ὠμῶς ἀπέκτειναν καὶ τοιαῦτα τῷ θεῷ θύματα περὶ τοῦ πολέμου κατέστεψαν[65]. ἀλλ' οὐ διαφεύξονται τὸν μέγαν ὀφθαλμὸν αὐτοῦ καὶ τὴν ἀνίκητον δεξιάν, δώσουσιν δ' ἡμῖν αὐτίκα δίκας, ἂν τοῦ πατρίου φρονήματος ἤδη σπάσαντες[66] τιμωροὶ τῶν παρεσπονδημένων ἀναστῶμεν. 379 ἴτω τις οὐχ ὑπὲρ γυναικὸς οὐδ' ὑπὲρ τέκνων οὐδ' ὑπὲρ κινδυνευούσης πατρίδος, ἀλλ' ὑπὲρ τῶν πρέσβεων ἀμυνόμενος· ἐκεῖνοι στρατηγήσουσιν τοῦ πολέμου τῶν ζώντων[67] ἄμεινον. προκινδυνεύσω δὲ κἀγὼ χρώμενος ὑμῖν πειθηνίοις· εὖ γὰρ ἴστε τὴν ἑαυτῶν ἀνδρείαν ἀνυπόστατον, ἐὰν μὴ προπετείᾳ τινὶ βλαβῆτε.»

380 5. Τούτοις παρακροτήσας τὸν στρατὸν ὡς ἑώρα προθύμους, ἔθυεν τῷ θεῷ καὶ μετὰ τὴν θυσίαν διέβαινεν τὸν Ἰορδάνην ποταμὸν μετὰ τῆς δυνάμεως. στρατοπεδευσάμενος δὲ περὶ Φιλαδέλφειαν ἐγγὺς τῶν πολεμίων περὶ τοῦ μεταξὺ φρουρίου πρὸς αὐτοὺς ἠκροβολίζετο βουλόμενος ἐν τάχει συμβαλεῖν· ἔτυχον γὰρ κἀκεῖνοί τινας προπεπομφότες τοὺς 381 καταληψομένους τὸ ἔρυμα. τούτους μὲν οὖν ἀπεκρούσαντο ταχέως οἱ πεμφθέντες ὑπὸ τοῦ βασιλέως καὶ τὸν λόφον κατέσχον, αὐτὸς δὲ καθ' ἡμέραν προάγων τὴν δύναμιν εἰς μάχην παρετάσσετο καὶ προεκαλεῖτο τοὺς Ἄραβας. ὡς δ' οὐδεὶς ἐπεξῄει, δεινὴ γάρ τις αὐτοὺς κατάπληξις εἶχε καὶ πρὸ τοῦ πλήθους ὁ στρατηγὸς Ἔλθεμος αὖος ἦν τῷ δέει, προσ- 382 ελθὼν ἐσπάραττεν αὐτῶν τὸ χαράκωμα. κἂν τούτῳ συναναγκασθέντες ἐξίασιν ἐπὶ τὴν μάχην ἄτακτοι καὶ πεφυρμένοι τοῖς ἱππεῦσιν οἱ πεζοί. πλήθει μὲν οὖν τῶν Ἰουδαίων περιῆσαν, ἐλείποντο δὲ ταῖς προθυμίαις καίτοι διὰ τὴν ἀπόγνωσιν τῆς νίκης ὄντες καὶ αὐτοὶ παράβολοι.

383 6. Διὸ μέχρι μὲν ἀντεῖχον οὐ πολὺς ἦν αὐτῶν φόνος, ὡς δ' ὑπέδειξαν τὰ νῶτα, πολλοὶ μὲν ὑπὸ τῶν Ἰουδαίων πολλοὶ δὲ ὑπὸ σφῶν αὐτῶν συμπατούμενοι διεφθείροντο· πεντακισχίλιοι γοῦν ἔπεσον ἐν τῇ τροπῇ,

§ 378 = vgl. ant. 15, 136; § 380 = vgl. ant. 15, 147;
§ 381 = ant. 15, 150.

[65] κατέστρεψαν PAMLVR Lat; κατέστεψαν C Na Thack. Der Kranz ist das Zeichen der Weihe.
[66] εἰ δὴ σπεύσαντες LVRC (Textverderbnis?)
[67] ζώντων ἡμῶν MLVRC Lat.

er so und so oft fast gefangen genommen hätte, sich seines Besitzes bemächtigt. Auf keinen Fall sollen die Erschütterungen der leblosen Welt euch in Verwirrung bringen, noch dürft ihr annehmen, das Erdbeben sei Anzeichen eines weiteren Unglücks. Denn die Störungen der Elemente[170] sind natürlich und bringen den Menschen keinen weiteren Schaden als den, der in ihnen liegt. Es könnte sich allerdings vor Pest, Hunger und Erdbeben ein kleineres Vorzeichen ereignen; diese selbst aber haben in ihrer Größe auch ihre Grenze. Denn was kann uns der Krieg, wenn er uns packt, mehr schaden als das Erdbeben? Ein wirklich eindrucksvolles Zeichen künftiger Niederlage hat sich jedoch für die Feinde ergeben, nicht ohne menschliches Zutun und auch nicht durch Taten anderer: unsere Gesandten haben sie gegen das bei allen Menschen gültige Recht grausam getötet, das sind die bekränzten Opfer, die sie, um den Krieg zu gewinnen, Gott dargebracht haben. Aber sie werden seinem gewaltigen Auge und seiner unwiderstehlichen Rechten nicht entfliehen, und sie werden uns alsbald Genugtuung geben müssen, wenn wir nunmehr aus dem Geist der Väter unsere Kraft schöpfen und uns erheben, die Bundbrüchigen zu züchtigen. So ziehe jedermann aus, nicht für Weib und Kind, auch nicht für das bedrohte Vaterland, sondern als Rächer für die Gesandten! Sie werden in diesem Krieg unsere Feldherrren sein, besser als Lebende es könnten. Ich werde mich als erster in die Gefahr stürzen, auf euren Gehorsam vertrauend. Denn ihr wißt gut, eure Tapferkeit ist unwiderstehlich, außer wenn ihr durch überstürztes Vorgehen zu Schaden kommt."

5. 380. Als er so das Heer angefeuert hatte und es bereitwillig sah, opferte er Gott[171] und überschritt nach dem Opfer den Jordanfluß mit seinem Heer. Er schlug nun bei Philadelphia[172] ein Lager auf, nahe am Feind; da er bald eine Schlacht schlagen wollte, ließ er sich auf Plänkeleien um einen zwischen den Heeren liegenden befestigten Punkt ein; denn auch die Gegner hatten gerade eine kleine Gruppe ausgeschickt, die das Bollwerk nehmen sollte. Die Vorposten des Königs schlugen diese Gruppe rasch zurück und besetzten den Hügel; er aber führte täglich sein Heer in Schlachtordnung nach vorne und forderte so die Araber heraus. Als sich aber niemand stellte — denn es bannte sie eine tiefe Niedergeschlagenheit, und angesichts der Truppenmassen war auch ihr Feldherr Elthemus von Furcht erstarrt —, da ging er vor und begann, ihre Pallisaden einzureißen. Dadurch gezwungen rückten sie ungeordnet, Reiter und Fußvolk gemischt, zur Schlacht vor. An Zahl waren sie den Juden überlegen, doch fehlte es ihnen an Kampfwilligkeit, obwohl sie angesichts der aussichtslosen Lage mit dem Mut der Verzweiflung fochten.

6. 383. Deshalb hatten sie, solange sie standhielten, keine großen Verluste; als sie aber den Rücken kehrten, wurden viele von den Juden und viele auch von den eigenen Landsleuten getötet. 5000 fielen auf der Flucht, der Rest aber entkam, zusammengedrängt in die Pallisaden. Diese schloß Herodes ein und belagerte sie; und bevor es zur gewaltsamen Einnahme kam, zwang sie der Durst in die Knie, weil das Wasser fehlte. Der König be-

τὸ δὲ λοιπὸν πλῆθος ἔφθη συνωσθὲν εἰς τὸ χαράκωμα. τούτους περισχὼν ἐπολιόρκει, καὶ μέλλοντας ἁλώσεσθαι τοῖς ὅπλοις προκατήπειγεν ἡ δίψα
384 τῶν ὑδάτων ἐπιλειπόντων. ὑπερηφάνει δὲ πρεσβευομένους ὁ βασιλεὺς καὶ λύτρα διδόντων πεντακόσια τάλαντα μᾶλλον ἐνέκειτο. τοῦ δὲ δίψους ἐκκαίοντος ἐξιόντες κατὰ πλῆθος ἐνεχείριζον σφᾶς αὐτοὺς τοῖς Ἰουδαίοις ἑκόντες, ὡς πέντε μὲν ἡμέραις τετρακισχιλίους δεθῆναι, τῇ δ᾽ ἕκτῃ τὸ λειπόμενον πλῆθος ὑπ᾽ ἀπογνώσεως ἐξελθεῖν ἐπὶ μάχην· οἷς συμβαλὼν
385 Ἡρώδης πάλιν εἰς ἑπτακισχιλίους κτείνει. τηλικαύτῃ πληγῇ τὴν Ἀραβίαν ἀμυνάμενος καὶ σβέσας τῶν ἀνδρῶν τὰ φρονήματα προύκοψεν ὥστε καὶ προστάτης ὑπὸ τοῦ ἔθνους αἱρεθῆναι.

386 XX. 1. Μεταλαμβάνει δὲ αὐτὸν εὐθέως ἡ περὶ τῶν ὅλων πραγμάτων φροντὶς διὰ τὴν πρὸς Ἀντώνιον φιλίαν Καίσαρος περὶ Ἄκτιον νενικηκότος. παρεῖχεν μέντοι δέους πλέον ἢ ἔπασχεν· οὔπω γὰρ ἑαλωκέναι
387 Καῖσαρ Ἀντώνιον ἔκρινεν Ἡρώδου συμμένοντος. ὅ γε μὴν βασιλεὺς ὁμόσε χωρῆσαι τῷ κινδύνῳ διέγνω, καὶ πλεύσας εἰς Ῥόδον, ἔνθα διέτριβεν Καῖσαρ, πρόσεισιν αὐτῷ δίχα διαδήματος, τὴν μὲν ἐσθῆτα καὶ τὸ σχῆμα ἰδιώτης, τὸ δὲ φρόνημα βασιλεύς· μηδὲν γοῦν τῆς ἀληθείας ὑποστειλά-
388 μενος ἄντικρυς εἶπεν· «ἐγώ, Καῖσαρ, ὑπὸ Ἀντωνίου βασιλεὺς γενόμενος ἐν πᾶσιν ὁμολογῶ γεγονέναι χρήσιμος Ἀντωνίῳ. καὶ οὐδὲ τοῦτ᾽ ἂν ὑποστειλαίμην εἰπεῖν, ὅτι πάντως ἄν με μετὰ τῶν ὅπλων ἐπείρασας εὐχάριστον, εἰ μὴ διεκώλυσαν Ἄραβες. καὶ συμμαχίαν μέντοι γε αὐτῷ κατὰ τὸ δυνατὸν καὶ σίτου πολλὰς ἔπεμψα μυριάδας, ἀλλ᾽ οὐδὲ μετὰ
389 τὴν ἐν Ἀκτίῳ πληγὴν κατέλιπον τὸν εὐεργέτην, ἐγενόμην δὲ σύμβουλος ἄριστος, ὡς οὐκέτι χρήσιμος ἤμην σύμμαχος, μίαν εἶναι λέγων τῶν πταισθέντων διόρθωσιν τὸν Κλεοπάτρας θάνατον· ἣν ἀνελόντι καὶ χρήματα καὶ τείχη πρὸς ἀσφάλειαν καὶ στρατιὰν καὶ ἐμαυτὸν ὑπισχνούμην
390 κοινωνὸν τοῦ πρὸς σὲ πολέμου. τοῦ δ᾽ ἄρα τὰς ἀκοὰς ἀπέφραξαν οἱ Κλεοπάτρας ἵμεροι καὶ θεὸς ὁ σοὶ τὸ κρατεῖν χαριζόμενος. συνήττημαι δ᾽ Ἀντωνίῳ καὶ τέθεικα μετὰ τῆς ἐκείνου τύχης τὸ διάδημα. πρὸς σὲ δὲ ἦλθον ἔχων τὴν ἀρετὴν τῆς σωτηρίας ἐλπίδα καὶ προλαβὼν ἐξετασθήσεσθαι, ποταπὸς φίλος, οὐ τίνος, ἐγενόμην».
391 2. Πρὸς ταῦτα Καῖσαρ «ἀλλὰ σώζου γε, ἔφη, καὶ βασίλευε νῦν βεβαιότερον· ἄξιος γὰρ εἶ πολλῶν ἄρχειν οὕτω φιλίας προϊστάμενος. πειρῶ δὲ καὶ τοῖς εὐτυχεστέροις διαμένειν πιστός, ὡς ἔγωγε λαμπροτάτας ὑπὲρ τοῦ σοῦ φρονήματος ἐλπίδας ἔχω. καλῶς μέντοι γε ἐποίησεν Ἀντώνιος Κλεοπάτρᾳ πεισθεὶς μᾶλλον ἢ σοί· καὶ γὰρ σὲ κεκερδήκαμεν

§ 387 = ant. 15, 187; § 391 = ant. 15, 195.

handelte ihre Gesandten von oben herab, und auch, als sie 500 Talente Lösegeld anboten, ging er nur noch härter mit ihnen um. Vor brennendem Durst kamen sie aber doch in Menge hervor und lieferten sich den Juden freiwillig aus, so daß in fünf Tagen 4000 gefangen genommen werden konnten. So kam es, daß sich am sechsten Tage die restliche Menge aus Verzweiflung zur Schlacht stellte; bei diesem Kampf tötete Herodes nochmals an 7000. Durch diesen Schlag erwehrte er sich der Araber und dämpfte die Anmaßung dieser Männer; er stieg in seinem Ansehen soweit, daß er von jenem Volk sogar zum Schutzherrn gewählt wurde.

20. Kapitel

1. 386. Alsbald[173] erfaßte ihn aber die Sorge um die gesamte Staatsgewalt wegen des Freundschaftsbündnisses mit Antonius; war doch der Caesar bei Actium siegreich gewesen. Er fürchtete allerdings mehr, als er zu erleiden hatte. Denn der Caesar urteilte ganz richtig, daß er Antonius noch nicht in seiner Gewalt habe, solange Herodes mit ihm verbunden bleibe. Der König indes entschied sich, der Gefahr entgegenzutreten und schiffte sich nach Rhodos ein, wo der Caesar sich aufhielt[174]. Er trat ohne Diadem vor ihn, nach Kleidung und Haltung ein schlichter Bürger, an Gesinnung aber ein König. Ohne also etwas von der Wahrheit vorzuenthalten, sagte er gerade heraus: „Ich, Caesar, der ich durch Antonius König wurde, gestehe offen, daß ich in allen Stücken dem Antonius zu Nutze gewirkt habe. Und auch dies möchte ich nicht unterlassen zu sagen, daß du mich auf jeden Fall im Waffengang als dankbar gegen Antonius erprobt hättest, wenn die Araber das nicht verhindert hätten. Bundesgenossen habe ich ihm ja doch soviel wie möglich verschafft, an Getreide habe ich ihm unendliche Mengen geliefert, ja, nicht einmal nach der Niederlage von Actium habe ich meinen Gönner im Stich gelassen. Ich wurde ihm vielmehr bester Berater, als ich nicht mehr verwendbarer Waffenbruder war, nämlich sofern ich ihm als einzig mögliche Verbesserung der durch die Fehlschläge entstandenen Lage den Tod der Kleopatra nannte. Für den Fall, daß er sie töten lassen würde, versprach ich ihm Geldmittel, schützende Mauern, ein Heer und mich selbst als Teilnehmer am Krieg gegen dich. Aber seine sehnsüchtige Liebe zu Kleopatra und der Gott, der dir die Herrschaft verlieh[175], verstopften seine Ohren. Ich aber bin mit Antonius besiegt und habe, mit seinem Geschick verbunden, das Diadem abgelegt. Zu dir aber bin ich gekommen, meine Zuverlässigkeit ist meine Hoffnung auf Rettung, und ich nehme an, es werde geprüft werden, was für ein Freund ich gewesen bin und nicht wessen."

2. 391. Darauf entgegnete der Caesar: „Gut, du bist gerettet! Bleibe König, jetzt in gesicherterer Lage als bisher! Denn du bist es wert, über viele zu herrschen, der du in so hohem Maße die Freundschaft bewährt hast. Suche du nun aber auch den Begünstigteren treu zu bleiben, wie

392 ἐκ τῆς ἀνοίας αὐτοῦ. κατάρχεις δ', ὡς ἔοικεν, εὐποιίας δι' ὧν μοι γράφει καὶ Βεντίδιος συμμαχίαν σε πεπομφέναι πρὸς τοὺς μονομάχους αὐτῷ. νῦν μὲν οὖν δόγματι τὸ βέβαιόν σοι τῆς βασιλείας ἐξαγγέλλω. πειράσομαι δὲ καὶ αὖθις ἀγαθόν τί σε ποιεῖν, ὡς μὴ ζητοίης Ἀντώνιον».

393 3. Τούτοις φιλοφρονησάμενος τὸν βασιλέα καὶ περιθεὶς αὐτῷ τὸ διάδημα δόγματι διεσήμαινεν τὴν δωρεάν, ἐν ᾧ πολλὰ μεγαλοφρόνως εἰς ἔπαινον τἀνδρὸς ἐφθέγξατο. ὁ δὲ δώροις ἐπιμειλιξάμενος αὐτὸν ἐξῃτεῖτό τινα τῶν Ἀντωνίου φίλων Ἀλεξᾶν ἱκέτην γενόμενον· ἐνίκα δὲ ἡ Καίσαρος ὀργὴ πολλὰ καὶ χαλεπὰ μεμφομένου τὸν ἐξαιτούμενον 394 οἷς διεκρούσατο τὴν δέησιν. μετὰ δὲ ταῦτα πορευόμενον ἐπ' Αἴγυπτον διὰ Συρίας Καίσαρα παντὶ τῷ βασιλικῷ πλούτῳ δεξάμενος Ἡρώδης τότε πρῶτον καὶ συνιππάσατο ποιουμένου περὶ Πτολεμαΐδα τῆς δυνάμεως ἐξέτασιν εἱστίασέν τε σὺν ἅπασιν τοῖς φίλοις· μεθ' οὓς καὶ τῇ 395 λοιπῇ στρατιᾷ πρὸς εὐωχίαν πάντα διέδωκεν. προυνόησεν δὲ καὶ διὰ τῆς ἀνύδρου πορευομένοις μέχρι Πηλουσίου παρασχεῖν ὕδωρ ἄφθονον ἐπανιοῦσί τε ὁμοίως, οὐδὲ ἔστιν ὅ τι τῶν ἐπιτηδείων ἐνεδέησεν τῇ δυνάμει. δόξα γοῦν αὐτῷ τε Καίσαρι καὶ τοῖς στρατιώταις παρέστη 396 πολλῷ βραχυτέραν περιεῖναι Ἡρώδῃ βασιλείαν πρὸς ἃ παρέσχεν. διὰ τοῦτο, ὡς ἧκεν εἰς Αἴγυπτον ἤδη Κλεοπάτρας καὶ Ἀντωνίου τεθνεώτων, οὐ μόνον αὐτοῦ ταῖς ἄλλαις τιμαῖς, ἀλλὰ καὶ τῇ βασιλείᾳ προσέθηκεν τήν τε ὑπὸ Κλεοπάτρας ἀποτμηθεῖσαν χώραν καὶ ἔξωθεν Γάδαρα καὶ Ἵππον καὶ Σαμάρειαν, πρὸς δὲ τούτοις τῶν παραλίων Γάζαν καὶ Ἀνθη- 397 δόνα καὶ Ἰόππην καὶ Στράτωνος πύργον· ἐδωρήσατο δ' αὐτῷ καὶ πρὸς φυλακὴν τοῦ σώματος τετρακοσίους Γαλάτας, οἳ πρότερον ἐδορυφόρουν Κλεοπάτραν. οὐδὲν δὲ οὕτως ἐνῆγεν αὐτὸν εἰς τὰς δωρεὰς ὡς τὸ μεγαλόφρον τοῦ λαμβάνοντος.

398 4. Μετὰ δὲ τὴν πρώτην ἀκτιάδα προστίθησιν αὐτοῦ τῇ βασιλείᾳ τόν τε Τράχωνα καλούμενον καὶ τὴν προσεχῆ Βαταναίαν τε καὶ τὴν Αὐρανῖτιν χώραν ἐξ αἰτίας τοιᾶσδε· Ζηνόδωρος ὁ τὸν Λυσανίου μεμισθωμένος οἶκον οὐ διέλειπεν ἐπαφεὶς τοὺς ἐκ τοῦ Τράχωνος λῃστὰς Δαμασκηνοῖς. οἱ δ' ἐπὶ Οὐάρρωνα τὸν ἡγεμόνα τῆς Συρίας καταφυγόντες ἐδεήθησαν δηλῶσαι τὴν συμφορὰν αὐτῶν Καίσαρι· Καῖσαρ δὲ γνοὺς 399 ἀντεπέστελλεν ἐξαιρεθῆναι τὸ λῃστήριον. στρατεύσας οὖν Οὐάρρων

§ 396 = ant. 15, 217; § 398 = ant. 15, 343 ff.

denn ich die glänzendsten Hoffnungen hinsichtlich deiner Gesinnung hege. Freilich, Antonius hat es gut gemacht, daß er der Kleopatra mehr gehorchte, mehr als dir, haben wir dich doch dank seines Unverstandes gewonnen. Du machst aber, wie es scheint, den rechten Anfang dadurch, daß du, wie mir auch Ventidius[176] berichtet, ihm ein Hilfsheer gegen die Gladiatoren gesandt hast. So proklamiere ich jetzt durch Verordnung den dauernden Bestand deiner Königsherrschaft. Ich werde aber auch versuchen, dir ferner Gutes zu erweisen, damit du nicht etwa den Antonius vermißt."

3. 393. Als er mit diesen Worten dem König sein Wohlwollen erwiesen und ihm das Diadem wieder angelegt hatte, bekundete er die Schenkung in einer Verordnung, in der er vieles großmütig zum Lobe des Mannes verlautbarte. Der aber beschwichtigte ihn durch Geschenke noch mehr und versuchte, einen der Freunde des Antonius, Alexas[177], loszubitten, der um Schutz nachgesucht hatte. Da behielt aber der Zorn des Caesar die Oberhand, der gegen den Ausgebetenen viele schwere Vorwürfe erhob, auf Grund deren er die Bitte abwies. Später aber gab Herodes dem Caesar, der durch Syrien nach Ägypten marschierte, mit allem königlichen Prunk einen Empfang und ritt damals auch zum erstenmal anläßlich einer kaiserlichen Heerschau bei Ptolemais an seiner Seite; er veranstaltete ihm mit allen seinen Freunden ein Festmahl und ließ danach auch an die gesamte sonstige Mannschaft alles ausgeben, was zu einer guten Verpflegung gehört. Er trug auch Vorsorge, die Truppen auf dem Wüstenmarsch bis Pelusium reichlich mit Wasser zu versorgen und entsprechend auch beim Rückmarsch; ja, es gab keine einzige Proviantart, an der die Streitmacht Mangel gelitten hätte. Unter diesen Umständen stellte sich bei dem Caesar selbst und bei den Soldaten die Meinung ein, das Königreich, auf das Herodes beschränkt war, sei — gemessen an seinen Leistungen für das römische Heer — viel zu eng begrenzt. Deshalb hat der Caesar, als er nach Ägypten kam, wo Kleopatra und Antonius schon gestorben waren, nicht nur seinen sonstigen Würden neue hinzugefügt, sondern auch sein Königreich um das durch Kleopatra abgetrennte Land vermehrt, wie auch über dessen Grenze hinaus um Gadara, Hippos und Samaria, dazu noch von den Küstenstädten um Gaza, Anthedon, Joppe und Stratonsturm[178]. Er schenkte ihm aber auch zur persönlichen Bewachung 400 Gallier[179], die vorher die Leibwache der Kleopatra gebildet hatten. Nichts anderes aber brachte den Caesar zu solch großen Geschenken als die erwiesene Großzügigkeit des Beschenkten.

4. 398. Nach Ablauf der ersten Aktiade (vier Jahre) aber gliederte der Caesar seinem Königreich auch noch den sogenannten Trachon, das angrenzende Batanea sowie das Land Auranitis[180] an, und zwar aus folgendem Anlaß: Zenodorus[181], der den Besitz des Lysanias gepachtet hatte, ließ nicht ab, die Räuber aus Trachon gegen die Einwohner von Damaskus aufzuhetzen. Die nun nahmen ihre Zuflucht zu Varro, dem Statthalter von Syrien, und baten ihn, dem Caesar von ihrer Notlage Anzeige zu machen. Der Caesar aber nahm Kenntnis davon und beschied, die Räuberbande solle ausgerottet werden. Varro macht also einen Streifzug, säubert das

καθαίρει τε τῶν ἀνδρῶν τὴν γῆν καὶ ἀφαιρεῖται Ζηνόδωρον· ἣν ὕστερον Καῖσαρ, ὡς μὴ γένοιτο πάλιν ὁρμητήριον τοῖς λῃσταῖς ἐπὶ τὴν Δαμασκόν, Ἡρώδῃ δίδωσιν. κατέστησεν δὲ αὐτὸν καὶ Συρίας ὅλης ἐπίτροπον ἔτει δεκάτῳ πάλιν ἐλθὼν εἰς τὴν ἐπαρχίαν, ὡς μηδὲν ἐξεῖναι δίχα τῆς ἐκείνου 400 συμβουλίας τοῖς ἐπιτρόποις διοικεῖν. ἐπεὶ δὲ ἐτελεύτα Ζηνόδωρος, προσένειμεν αὐτῷ καὶ τὴν μεταξὺ Τράχωνος καὶ τῆς Γαλιλαίας γῆν ἅπασαν. ὃ δὲ τούτων Ἡρώδῃ μεῖζον ἦν, ὑπὸ μὲν Καίσαρος ἐφιλεῖτο μετ' Ἀγρίππαν, ὑπ' Ἀγρίππα δὲ μετὰ Καίσαρα. ἔνθεν ἐπὶ πλεῖστον μὲν εὐδαιμονίας προύκοψεν, εἰς μεῖζον δ' ἐξήρθη φρόνημα καὶ τὸ πλέον τῆς μεγαλονοίας ἐπέτεινεν εἰς εὐσέβειαν.

401 XXI. 1. Πεντεκαιδεκάτῳ γοῦν ἔτει τῆς βασιλείας αὐτόν τε τὸν ναὸν ἐπεσκεύασεν καὶ περὶ αὐτὸν ἀνετειχίσατο χώραν τῆς οὔσης διπλασίονα, ἀμέτροις μὲν χρησάμενος τοῖς ἀναλώμασιν ἀνυπερβλήτῳ δὲ τῇ πολυτελείᾳ. τεκμήριον δὲ ἦσαν αἱ μεγάλαι στοαὶ περὶ τὸ ἱερὸν καὶ τὸ βόρειον ἐπ' αὐτῷ φρούριον· ἃς μὲν γὰρ ἀνῳκοδόμησεν ἐκ θεμελίων, ὃ δ' ἐπισκευάσας πλούτῳ δαψιλεῖ κατ' οὐδὲν τῶν βασιλείων ἔλαττον Ἀν- 402 τωνίαν ἐκάλεσεν εἰς τὴν Ἀντωνίου τιμήν. τό γε μὴν ἑαυτοῦ βασίλειον κατὰ τὴν ἄνω δειμάμενος πόλιν δύο τοὺς μεγίστους καὶ περικαλλεστάτους οἴκους, οἷς οὐδὲ ναός πῃ συνεκρίνετο, προσηγόρευσεν ἀπὸ τῶν φίλων τὸν μὲν Καισάρειον τὸν δὲ Ἀγρίππειον.

403 2. Ἀλλὰ γὰρ οὐκ οἴκοις μόνον αὐτῶν τὴν μνήμην καὶ τὰς ἐπικλήσεις περιέγραψεν, διέβη δὲ εἰς ὅλας πόλεις αὐτῷ τὸ φιλότιμον. ἐν μέν γε τῇ Σαμαρείτιδι πόλιν καλλίστῳ περιβόλῳ τειχισάμενος ἐπὶ σταδίους εἴκοσι καὶ καταγαγὼν ἑξακισχιλίους εἰς αὐτὴν οἰκήτορας, γῆν δὲ τούτοις προσνείμας λιπαρωτάτην καὶ ἐν μέσῳ τῷ κτίσματι ναόν τε ἐνιδρυσάμενος μέγιστον καὶ περὶ αὐτὸν τέμενος ἀποδείξας τῷ Καίσαρι τριῶν ἡμισταδίων, τὸ ἄστυ Σεβαστὴν ἐκάλεσεν· ἐξαίρετον δὲ τοῖς ἐν αὐτῷ παρέσχεν εὐνομίαν.

404 3. Ἐπὶ τούτοις δωρησαμένου τοῦ Καίσαρος αὐτὸν ἑτέρας προσθέσει χώρας, ὃ δὲ κἀνταῦθα ναὸν αὐτῷ λευκῆς μαρμάρου καθιδρύσατο παρὰ 405 τὰς Ἰορδάνου πηγάς· καλεῖται δὲ Πάνειον ὁ τόπος· ἔνθα κορυφὴ μέν τις ὄρους εἰς ἄπειρον ὕψος ἀνατείνεται, παρὰ δὲ τὴν ὑπόρειον λαγόνα συνηρεφὲς ἄντρον ὑπανοίγει, δι' οὗ βαραθρώδης κρημνὸς εἰς ἀμέτρητον ἀπορρῶγα βαθύνεται πλήθει τε ὕδατος ἀσαλεύτου καὶ τοῖς καθιμῶσίν

§ 401 = ant. 15, 380; § 402 = ant. 15, 318;
§ 403 = ant. 15, 296; § 404 = ant. 15, 363.

Land von jenen Männern und nimmt es dem Zenodorus ab; der Caesar übergibt es später, damit es den Räuber nicht wieder Stützpunkt gegen Damaskus werde, dem Herodes. Er setzte ihn aber auch, als er zehn Jahre später in die Provinz zurückkam, als Verweser über ganz Syrien ein, sodaß es den Prokuratoren nicht gestattet war, ohne vorherige Beratung mit ihm Anordnungen zu treffen. Als aber Zenodorus gestorben war, teilte er dem Herodes auch das gesamte Gebiet zwischen Trachon und Galiläa zu. Was aber dem Herodes mehr wert war als dies, bestand in etwas anderem: er stand in der Gunst des Caesar gleich nach Agrippa[182], während Agrippa ihn nächst dem Caesar verehrte. Von dieser Grundlage aus stieg er einesteils zu einem Höchstmaß an Glück auf, erhob sich anderseits zu einem besonderen geistigen Schwung und lenkte seine großen Planungen vorzugsweise auf das Gebiet der Frömmigkeit.

21. Kapitel

1. 401. Im 15. Jahr (20—19)[183] seiner Regierung ließ er daher das Tempelgebäude wieder instandsetzen und ummauerte ein Gebiet, das doppelt so groß war wie das bis dahin bestehende, wobei er einen unermeßlichen Aufwand und eine beispiellose Pracht entfaltete. Zeugnis dafür waren die mächtigen Säulenhallen rings um das Heiligtum und die nördlich angrenzende Burg. Erstere ließ er von den Grundlagen auf neu bauen, die Burg aber ließ er mit großen Kosten so wiederherstellen, daß sie den Königsschlössern in nichts nachstand; er nannte sie dem Antonius zu Ehren Antonia. Sein eigenes Königsschloß[184] legte er in der oberen Stadt an und nannte die beiden größten und schönsten Gebäude, mit denen nicht einmal der eigentliche Tempel verglichen werden konnte, nach seinen hohen Freunden Caesareum und Agrippeum.

2. 403. Aber nicht durch Gebäude allein hat er Gedächtnis und Namen jener Männer in steinernen Lettern Dauer verliehen, sein Streben nach Ehre bezog auch ganze Städte in dies Interesse ein. So befestigte er in Samarien[185] eine Stadt mit einer sehr schönen, zwanzig Stadien langen Ringmauer und brachte 6000 Ansiedler dorthin; er teilte ihnen fruchtbarstes Land zu, errichtete inmitten der Neugründung einen mächtigen Tempel und weihte den umgebenden Tempelbezirk von drei Halbstadien dem Caesar. Die Stadt nannte er Sebaste. Ihren Einwohnern aber gewährte er ein ausgezeichnetes Bürgerrecht.

3. 404. Außerdem errichtete er, als der Caesar ihn mit weiterem Gebietszuwachs beschenkte, ihm dort auch einen Tempel aus weißem Marmor, und zwar bei den Jordanquellen; der Ort heißt Paneion[186]. Dort erhebt sich ein Berggipfel zu unendlicher Höhe; neben der Schlucht am Fuße des Berges aber öffnet sich eine dunkle Grotte, in (an?) der ein Steilhang zu einer unermeßlichen Tiefe voll stehenden Wassers abbricht, und wenn man ein Lot hinabsenkt, um auf den Grund zu kommen, so reicht doch keine Länge

406 τι πρὸς ἔρευναν γῆς οὐδὲν μῆκος ἐξαρκεῖ. τοῦ δὲ ἄντρου κατὰ τὰς ἔξωθεν ῥίζας ἀνατέλλουσιν αἱ πηγαί· καὶ γένεσις μέν, ὡς ἔνιοι δοκοῦσιν, ἔνθεν Ἰορδάνου, τὸ δ' ἀκριβὲς ἐν τοῖς ἑξῆς δηλώσομεν.

407 4. Ὁ δὲ βασιλεὺς καὶ ἐν Ἱεριχοῖ μεταξὺ Κύπρου τοῦ φρουρίου καὶ τῶν προτέρων βασιλείων ἄλλα κατασκευάσας ἀμείνω καὶ χρησιμώτερα πρὸς τὰς ἐπιδημίας ἀπὸ τῶν αὐτῶν ὠνόμασεν φίλων. καθόλου δὲ οὐκ ἔστιν εἰπεῖν ὅντινα τῆς βασιλείας ἐπιτήδειον τόπον τῆς πρὸς Καίσαρα τιμῆς γυμνὸν εἴασεν. ἐπεὶ δὲ τὴν ἰδίαν χώραν ἐπλήρωσεν ναῶν, εἰς τὴν ἐπαρχίαν αὐτοῦ τὰς τιμὰς ὑπερεξέχεεν καὶ πολλαῖς πόλεσιν ἐνιδρύσατο Καισάρεια.

408 5. Κατιδὼν δὲ κἂν τοῖς παραλίοις πόλιν ἤδη μὲν κάμνουσαν, Στράτωνος ἐκαλεῖτο πύργος, διὰ δὲ εὐφυίαν τοῦ χωρίου δέξασθαι δυναμένην τὸ φιλότιμον αὐτοῦ, πᾶσαν ἀνέκτισεν λευκῷ λίθῳ καὶ λαμπροτάτοις ἐκόσμησεν βασιλείοις, ἐν ᾗ μάλιστα τὸ φύσει μεγαλόνουν ἐπεδείξατο.
409 μεταξὺ γὰρ Δώρων καὶ Ἰόππης, ὧν ἡ πόλις μέση κεῖται, πᾶσαν εἶναι συμβέβηκεν τὴν παράλιον ἀλίμενον, ὡς πάντα τὸν τὴν Φοινίκην ἐπ' Αἰγύπτου παραπλέοντα σαλεύειν ἐν πελάγει διὰ τὴν ἐκ λιβὸς ἀπειλήν, ᾧ καὶ μετρίως ἐπαυρίζοντι τηλικοῦτον ἐπεγείρεται κῦμα πρὸς ταῖς πέτραις, ὥστε τὴν ὑποστροφὴν τοῦ κύματος ἐπὶ πλεῖστον ἐξαγριοῦν τὴν
410 θάλασσαν. ἀλλ' ὁ βασιλεὺς τοῖς ἀναλώμασιν καὶ τῇ φιλοτιμίᾳ νικήσας τὴν φύσιν μείζονα μὲν τοῦ Πειραιῶς λιμένα κατεσκεύασεν, ἐν δὲ τοῖς μυχοῖς αὐτοῦ βαθεῖς ὅρμους ἑτέρους.

411 6. Καθάπαν δ' ἔχων ἀντιπράσσοντα τὸν τόπον ἐφιλονείκησεν πρὸς τὴν δυσχέρειαν, ὡς τὴν μὲν ὀχυρότητα τῆς δομήσεως δυσάλωτον εἶναι τῇ θαλάσσῃ, τὸ δὲ κάλλος ὡς ἐπὶ μηδενὶ δυσκόλῳ κεκοσμῆσθαι· συμμετρησάμενος γὰρ ὅσον εἰρήκαμεν τῷ λιμένι μέγεθος καθίει λίθους ἐπ' ὀργυιὰς εἴκοσιν εἰς τὸ πέλαγος, ὧν ἦσαν οἱ πλεῖστοι μῆκος ποδῶν
412 πεντήκοντα, βάθος ἐννέα, εὖρος δέκα, τινὲς δὲ καὶ μείζους. ἐπεὶ δὲ ἀνεπληρώθη τὸ ὕφαλον⁶⁸, οὕτως ἤδη τὸ ὑπερέχον τοῦ πελάγους τεῖχος ἐπὶ διακοσίους πόδας ηὐρύνετο· ὧν οἱ μὲν ἑκατὸν προδεδόμηντο πρὸς τὴν ἀνακοπὴν τοῦ κύματος, προκυμία γοῦν ἐκλήθη, τὸ δὲ λοιπὸν ὑπόκειται τῷ περιθέοντι λιθίνῳ τείχει. τοῦτο δὲ πύργοις τε διείληπται μεγίστοις, ὧν ὁ προύχων καὶ περικαλλέστατος ἀπὸ τοῦ Καίσαρος προγόνου Δρούσιον κέκληται,

413 7. ψαλίδες τε πυκναὶ πρὸς καταγωγὴν τῶν ἐνορμιζομένων καὶ τὸ πρὸ αὐτῶν πᾶν κύκλῳ νᾶγμα τοῖς ἀποβαίνουσιν πλατὺς περίπατος. ὁ δ' εἴσπλους βόρειος, αἰθριώτατος γὰρ ἀνέμων τῷ τόπῳ βορέας· καὶ ἐπὶ τοῦ στόματος κολοσσοὶ τρεῖς ἑκατέρωθεν ὑπεστηριγμένοι κίοσιν,

§ 408 = ant. 15, 331; § 409 = ant. 15, 333;
§ 413 = ant. 15, 337.

⁶⁸ ὑψηλόν PA; βάθος MLVRC Na; ὕφαλον Destinon cj. (nach Lat: *spatio quod unda celabat*).

aus. An den Ausläufern der Höhle treten die Quellen hervor, und dort ist, wie einige meinen, der Ursprung des Jordans. Eine genaue Beschreibung aber werden wir im Folgenden geben.

4. 407. Der König baute auch in Jericho zwischen der Kyprosburg[187] und dem früheren Königspalast einen anderen, besseren und für Besuche wirtlicher eingerichteten und nannte ihn nach dem Namen seiner Freunde (Caesar und Agrippa). Kurz gesagt: er ließ keinen irgendwie geeigneten Platz seines Reiches ohne ein Zeichen der Ehre Caesars. Nachdem er in seinem Stammland überall Tempel errichtet hatte, überschüttete er auch die ihm unterstellten Gebieten mit Beweisen der Ehrung für Caesar Augustus und errichtete in vielen Städten Caesareen.

5. 408. Er schenkte seine Beachtung auch einer Stadt am Gestade, Stratonsturm mit Namen, die freilich ziemlich im Rückgang begriffen, aber wegen ihrer günstigen Lage geeignet war, seine ehrgeizigen Pläne Gestalt werden zu lassen[188]. Er baute sie ganz aus weißen Steinen wieder auf und schmückte sie mit einem glänzenden Königspalast; darin zeigte sich besonders sein natürlicher Hochsinn. Denn zwischen Dora und Joppe, zwischen denen die Stadt liegt, war damals die ganze Küste hafenlos, sodaß jeder, der an der phönizischen Küste entlang nach Ägypten segelte, das Schwanken in der offenen See auf sich nehmen mußte wegen der Bedrohung durch den Westwind, der, wenn er auch nur mäßig weht, die Wogen derartig gegen die Felsen wirft, daß die zurücklaufenden Wellen das Meer hoch aufpeitschen. Aber der König besiegte die Natur durch Aufwand und Ehrgeiz und legte einen Hafen an, der größer war als der Piräus, in seinen Einbuchtungen aber weitere tiefe Ankerplätze.

6. 411. Obwohl er überaus widriges Gelände hatte, setzte er seine ganze Tatkraft gegen die Schwierigkeit ein, sodaß die Festigkeit der Anlage durch das Meer nicht zu zerstören war und seine ausgeglichene Schönheit die angewandte Mühe verbarg. Für den Hafen legte er die Größe, die wir oben genannt haben, fest und ließ 20 Ellen tief Steine ins Meer hinab, von denen die meisten 50 Fuß lang, 9 Fuß tief und 10 Fuß breit waren, einige aber auch noch größer. Als der Bau bis zur Wasseroberfläche gediehen war, legte er die aus dem Wasser hervorragende Mauer in einer Breite von rund 200 Fuß an. Davon war ein Vorbau von 100 Fuß zum Brechen der Wellen bestimmt und wurde deshalb Prokymia (= „Wellenstrand") genannt, der übrige Teil diente als Unterbau für die steinerne Mauer, die den Hafen umschloß. Diese war mit hohen Türmen versehen, von denen der bedeutendste und schönste nach dem Stiefsohn des Caesar Drusium[189] hieß.

7. 413. Zahlreiche Gewölbe dienten zur Aufnahme der Besatzungen der eingelaufenen Schiffe und die Ringmauer davor als breite Uferstraße für die an Land Gehenden. Die Einfahrt des Hafens liegt nach Norden, denn der Nordwind ist an dieser Stelle der angenehmste. An der Einfahrt befanden sich auf jeder Seite drei überlebensgroße Standbilder, aufgebaut auf Säulen, von denen die beim Einlaufen links gelegenen ein

ὧν τοῦς μὲν ἐκ λαιᾶς χειρὸς εἰσπλεόντων πύργος ναστὸς ἀνέχει, τοὺς δὲ ἐκ δεξιοῦ δύο ὀρθοὶ λίθοι συνεζευγμένοι τοῦ κατὰ θάτερον χεῖλος
414 πύργου μείζονες. προσεχεῖς δ' οἰκίαι τῷ λιμένι λευκοῦ καὶ αὗται λίθου, καὶ κατατείνοντες ἐπ' αὐτὸν οἱ στενωποὶ τοῦ ἄστεος πρὸς ἓν διάστημα μεμετρημένοι. καὶ τοῦ στόματος ἀντικρὺ ναὸς Καίσαρος ἐπὶ γηλόφου κάλλει καὶ μεγέθει διάφορος· ἐν δ' αὐτῷ κολοσσὸς Καίσαρος οὐκ ἀποδέων τοῦ Ὀλυμπίασιν Διός, ᾧ καὶ προσείκασται, Ῥώμης δὲ ἴσος Ἥρᾳ τῇ κατ' Ἄργος. ἀνέθηκεν δὲ τῇ μὲν ἐπαρχίᾳ τὴν πόλιν, τοῖς ταύτῃ δὲ πλοϊζομένοις τὸν λιμένα, Καίσαρι δὲ τὴν τιμὴν τοῦ κτίσματος· Καισάρειαν γοῦν ὠνόμασεν αὐτήν.
415 8. Τά γε μὴν λοιπὰ τῶν ἔργων, ἀμφιθέατρον καὶ θέατρον καὶ ἀγοράς[69], ἄξια τῆς προσηγορίας ἐνιδρύσατο. καὶ πενταετηρικοὺς ἀγῶνας καταστησάμενος ὁμοίως ἐκάλεσεν ἀπὸ τοῦ Καίσαρος, πρῶτος αὐτὸς ἆθλα μέγιστα προθεὶς ἐπὶ τῆς ἑκατοστῆς ἐνενηκοστῆς δευτέρας ὀλυμπιάδος, ἐν οἷς οὐ μόνον οἱ νικῶντες, ἀλλὰ καὶ οἱ μετ' αὐτοὺς καὶ οἱ τρίτοι τοῦ
416 βασιλικοῦ πλούτου μετελάμβανον. ἀνακτίσας δὲ καὶ Ἀνθηδόνα τὴν παράλιον καταρριφθεῖσαν ἐν πολέμῳ Ἀγρίππειον προσηγόρευσε· τοῦ δ' αὐτοῦ φίλου δι' ὑπερβολὴν εὐνοίας καὶ ἐπὶ τῆς πύλης ἐχάραξεν τὸ ὄνομα, ἣν αὐτὸς ἐν τῷ ναῷ κατεσκεύασεν.
417 9. Φιλοπάτωρ γε μήν, εἰ καί τις ἕτερος· καὶ γὰρ τῷ πατρὶ μνημεῖον κατέθηκεν πόλιν, ἣν ἐν τῷ καλλίστῳ τῆς βασιλείας πεδίῳ κτίσας ποταμοῖς τε καὶ δένδρεσιν πλουσίαν ὠνόμασεν Ἀντιπατρίδα, καὶ τὸ ὑπὲρ Ἱεριχοῦντος φρούριον ὀχυρότητι καὶ κάλλει διάφορον τειχίσας ἀνέθηκεν τῇ
418 μητρὶ προσειπὼν Κύπρον. Φασαήλῳ δὲ τἀδελφῷ τὸν ἐν Ἱεροσολύμοις ὁμώνυμον πύργον, οὗ τό τε σχῆμα καὶ τὴν ἐν τῷ μεγέθει πολυτέλειαν διὰ τῶν ἑξῆς δηλώσομεν. καὶ πόλιν ἄλλην κτίσας κατὰ τὸν ἀπὸ Ἱεριχοῦς ἰόντων αὐλῶνα πρὸς βορέαν Φασαηλίδα ὠνόμασεν.
419 10. Παραδοὺς δ' αἰῶνι τούς τε οἰκείους καὶ φίλους οὐδὲ τῆς ἑαυτοῦ μνήμης ἠμέλησεν, ἀλλὰ φρούριον μὲν ἐπιτειχίσας τῷ πρὸς Ἀραβίαν ὄρει προσηγόρευσεν Ἡρώδειον ἀφ' ἑαυτοῦ, τὸν δὲ μαστοειδῆ κολωνὸν ὄντα χειροποίητον ἑξήκοντα σταδίων ἄπωθεν Ἱεροσολύμων ἐκάλεσεν
420 μὲν ὁμοίως, ἐξήσκησεν δὲ φιλοτιμότερον. στρογγύλοις μὲν γὰρ τὴν ἄκραν πύργοις περιέσχεν, ἐπλήρωσεν δὲ τὸν περίβολον βασιλείοις πολυτελεστάτοις, ὡς μὴ μόνον τὴν ἔνδον τῶν οἰκημάτων ὄψιν εἶναι λαμπράν, ἀλλὰ καὶ τοῖς ἔξωθεν τοίχοις καὶ θριγκοῖς καὶ στέγαις περικεχύσθαι τὸν πλοῦτον δαψιλῆ· πόρρωθεν δὲ μεγίστοις ἀναλώμασιν ὑδάτων πλῆθος εἰσήγαγεν καὶ βαθμοῖς διακοσίοις λευκοτάτης μαρμάρου τὴν ἄνοδον διέλαβεν· ἦν γὰρ δὴ τὸ γήλοφον ἐπιεικῶς ὑψηλὸν καὶ πᾶν χειροποίητον.
421 κατεσκεύασεν δὲ καὶ περὶ τὰς ῥίζας ἄλλα βασίλεια τήν τε ἀποσκευὴν

§ 416 = ant. 16, 136; § 417 = ant. 16, 142;
§ 419 = ant. 15, 323; § 420 = ant. 15, 324.

[69] ἀγοράν LVRC Lat Na.

derber Turm trug, die rechts befindlichen Statuen auf zwei miteinander verbundenen geraden Blöcken ruhten, die höher waren als der gegenüberliegende Turm. Die an den Hafen angrenzenden Häuser waren auch aus weißem Stein, und die Straßen der Stadt liefen auf den Hafen zu, im gleichen Abstand voneinander angelegt. Und der Hafeneinfahrt gegenüber stand auf einem Hügel ein durch Schönheit und Größe ausgezeichneter Tempel des Caesar; darin befand sich eine gewaltige Bildsäule des Caesar, die ihrem Vorbild, dem Zeus in Olympia, nichts nachgab, und eine zweite der Roma, der Hera von Argos gleich[190]. Er brachte die Stadt dem ihm unterstellten Gebiet zu Nutz und Frommen dar, den Hafen den an jener Küste fahrenden Seeleuten, dem Caesar aber die Ehre der ganzen Gründung; er nannte sie darum auch „Caesarea"[191].

8. 415. Die restlichen Anlagen, Amphitheater, Theater und Marktplätze errichtete er würdig des kaiserlichen Namens[192]. Er stiftete für jedes fünfte Jahr Kampfspiele und nannte sie ebenfalls nach dem Kaiser. Als erster setzte er selbst zur Zeit der 192. Olympiade[193] erhebliche Preise aus, sodaß nicht nur die Sieger, sondern auch die Inhaber der zweiten und dritten Plätze die königliche Freigebigkeit erfuhren. Er baute auch die Stadt Anthedon am Meer, die im Krieg zerstört war, wieder auf und nannte sie Agrippeum[194]; aus überschwänglichem Wohlwollen gegen seinen Freund ließ er sogar dessen Namen in das Tor am Tempel einmeißeln, das er selbst hatte erbauen lassen[195].

9. 417. Seinen Eltern war er in echter Liebe, wie nur einer, zugetan. So gründete er zum Gedächtnis an seinen Vater in der schönsten Ebene seines Reiches eine Stadt, reich an Flüssen und Bäumen, die er Antipatris[196] nannte. Die Burg oberhalb Jerichos legte er als eine an Stärke und Schönheit ausgezeichnete Festung an und weihte sie seiner Mutter, indem er ihr den Namen Kypron gab. Seinem Bruder Phasael weihte er den nach ihm genannten Turm in Jerusalem[197], über dessen Aussehen und großzügige Maße wir in der Folge berichten werden. Und eine andere Stadt gründete er an dem Talweg von Jericho nach Norden und nannte sie Phasaelis[198].

10. 419. Nachdem er so die Verwandten und Freunde verewigt hatte, vernachlässigte er auch nicht das Gedächtnis seiner selbst, sondern baute im Gebirge nach Arabien zu eine Festung und nannte sie nach sich Herodeion[199]. Den künstlich in der Gestalt einer weiblichen Brust angelegten Hügel, der 60 Stadien von Jerusalem entfernt war, nannte er ebenso und rüstete ihn noch kostbarer aus[200]. Er umgab die Spitze nämlich mit runden Türmen und errichtet innerhalb der Mauern so kostbare königliche Paläste, daß nicht nur das Innere der Gebäude einen glänzenden Anblick bot, sondern auch die Außenmauern, Zinnen und Dächer mit verschwenderischem Reichtum überschüttet waren. Von fern her leitete er mit großen Kosten reichlich Wasser heran und legte den Aufgang mit 200 Stufen aus schneeweißem Marmor an. Denn der Hügel war außerordentlich hoch und dabei ganz von Menschenhand aufgeworfen. Er errichtete ferner am Fuß auch noch andere Palastbauten, die für den Bedarf der Hofhaltung und die

καὶ τοὺς φίλους δέξασθαι δυνάμενα, ὥστε τῷ μὲν πάντα ἔχειν πόλιν εἶναι δοκεῖν τὸ ἔρυμα, τῇ περιγραφῇ δὲ βασίλειον.

422 11. Τοσαῦτα συγκτίσας⁷⁰ πλείσταις καὶ τῶν ἔξω πόλεων τὸ μεγαλόψυχον ἐπεδείξατο. Τριπόλει μὲν γὰρ καὶ Δαμασκῷ καὶ Πτολεμαΐδι γυμνάσια, Βύβλῳ δὲ τεῖχος, ἐξέδρας τε καὶ στοὰς καὶ ναοὺς καὶ ἀγορὰς Βηρυτῷ κατασκευάσας καὶ Τύρῳ, Σιδῶνί γε μὴν καὶ Δαμασκῷ θέατρα, Λαοδικεῦσι δὲ τοῖς παραλίοις ὑδάτων εἰσαγωγήν, Ἀσκαλωνίταις δὲ βαλανεῖα καὶ κρήνας πολυτελεῖς, πρὸς δὲ περίστυλα θαυμαστὰ τήν τε
423 ἐργασίαν καὶ τὸ μέγεθος· εἰσὶ δ' οἷς ἄλση καὶ λειμῶνας ἀνέθηκεν. πολλαὶ δὲ πόλεις ὥσπερ κοινωνοὶ τῆς βασιλείας καὶ χώραν ἔλαβον παρ' αὐτοῦ· γυμνασιαρχίαις δ' ἄλλας ἐπετησίοις τε καὶ διηνεκέσιν ἐδωρήσατο
424 προσόδους κατατάξας, ὥσπερ Κῴοις, ἵνα μηδέποτε ἐκλείπῃ τὸ γέρας. σῖτόν γε μὴν πᾶσιν ἐχορήγησεν τοῖς δεομένοις, καὶ τῇ Ῥόδῳ χρήματα
425 μὲν εἰς ναυτικοῦ κατασκευὴν παρέσχεν πολλαχοῦ⁷¹ καὶ πολλάκις, ἐμπρησθὲν δὲ τὸ Πύθιον ἰδίοις ἀναλώμασιν ἄμεινον ἀνεδείματο. καὶ τί δεῖ λέγειν τὰς εἰς Λυκίους ἢ Σαμίους δωρεὰς ἢ τὴν δι' ὅλης τῆς Ἰωνίας ἐν οἷς ἐδεήθησαν ἕκαστοι δαψίλειαν; ἀλλ' Ἀθηναῖοι καὶ Λακεδαιμόνιοι Νικοπολῖταί τε καὶ τὸ κατὰ Μυσίαν Πέργαμον οὐ τῶν Ἡρώδου γέμουσιν ἀναθημάτων; τὴν δ' Ἀντιοχέων τῶν ἐν Συρίᾳ πλατεῖαν οὐ φευκτὴν οὖσαν ὑπὸ βορβόρου κατέστρωσέν τε σταδίων εἴκοσι τὸ μῆκος οὖσαν ξεστῇ μαρμάρῳ καὶ πρὸς τὰς τῶν ὑετῶν ἀποφυγὰς ἐκόσμησεν ἰσομήκει στοᾷ.

426 12. Ταῦτα μὲν ἄν τις εἴποι ἴδια τῶν εὖ παθόντων δήμων ἑκάστου, τὸ δὲ Ἠλείοις χαρισθὲν οὐ μόνον κοινὸν τῆς Ἑλλάδος ἀλλ' ὅλης τῆς οἰκουμένης δῶρον, εἰς ἣν ἡ δόξα τῶν Ὀλυμπίασιν ἀγώνων διικνεῖται.
427 τούτους γὰρ δὴ καταλυομένους ἀπορίᾳ χρημάτων ὁρῶν καὶ τὸ μόνον λείψανον τῆς ἀρχαίας Ἑλλάδος ὑπορρέον, οὐ μόνον ἀγωνοθέτης ἧς ἐπέτυχεν πενταετηρίδος εἰς Ῥώμην παραπλέων ἐγένετο, ἀλλὰ καὶ πρὸς τὸ διηνεκὲς πόρους χρημάτων ἀπέδειξεν, ὡς μηδέποτε ἀγωνοθετοῦσαν αὐτοῦ⁷² τὴν μνήμην ἀπολιπεῖν. ἀνήνυτον ἂν εἴη χρεῶν διαλύσεις ἢ
428 φόρων ἐπεξιέναι, καθάπερ Φασηλίταις καὶ Βαλανεώταις καὶ τοῖς περὶ τὴν Κιλικίαν πολιχνίοις τὰς ἐτησίους εἰσφορὰς ἐπεξεκούφισεν. πλεῖστόν γε μὴν αὐτοῦ τῆς μεγαλονοίας ἔθραυσεν ὁ φόβος, ὡς μὴ δόξειεν ἐπίφθονος ἤ τι θηρᾶσθαι μεῖζον εὐεργετῶν τὰς πόλεις πλέον τῶν ἐχόντων.
429 13. Ἐχρήσατο δὲ καὶ σώματι πρὸς τὴν ψυχὴν ἀναλόγῳ, κυνηγέτης μὲν ἄριστος ἀεὶ γενόμενος, ἐν ᾧ μάλιστα δι' ἐμπειρίαν ἱππικῆς ἐπε-

§ 422 = ant. 16, 146; § 425 = ant. 16, 17 ff.;
§ 426 = ant. 16, 149.

[70] Nach P. Die Lesarten δὲ συγκτίσας AM und δ'οὖν κτίσας LVRC Na sind nicht vorzuziehen.

[71] πολλὰ Destinon cj., Reinach.

[72] Die Überlieferung ist unsicher. Text ohne αὐτοῦ Na: „damit die regelmäßige Einrichtung künftiger Spiele nicht in Vergessenheit gerate."

Unterbringung der Freunde Raum hatten, sodaß die Feste in Anbetracht ihrer vollständigen Ausstattung den Eindruck einer Stadt machte, in Anbetracht ihrer Ausdehnung aber nur den einer königlichen Schloßanlage.

11. 422. Nach so vielen Gründungen erwies er auch zahlreichen auswärtigen Städten seine Hochherzigkeit. Den Städten Tripolis, Damaskus und Ptolemais errichtete er Gymnasien, Byblos eine Stadtmauer, Berytos und Tyrus Hallen, Säulengänge und Marktplätze, Sidon und Damaskus sogar Theater, Laodicea am Meer eine Wasserleitung, Askalon Bäder und kostbare Brunnen, dazu noch Kolonnaden von bewundernswerter Kunstfertigkeit und Größe; einigen aber schenkte er Haine und Rasenplätze. Viele Städte empfingen aus seiner Hand Land, als wenn sie Teile seines Königreiches wären. Anderen Städten stiftete er dauernde Aufsichtsämter für alljährliche Wettspiele, wobei er dann, wie in Kos[201], auch Einkünfte für die Siegerauszeichnung sicherstellte, damit es daran niemals fehle. Getreide aber gewährte er vollends allen Bedürftigen, der Insel Rhodos spendete er wieder und wieder Mittel zum Aufbau ihrer Schiffahrt, auch baute er dort das vom Feuer zerstörte pythische Heiligtum auf seine Kosten schöner wieder auf. Was müssen noch die Geschenke an die Lykier und und die Bewohner von Samos erwähnt werden oder seine Großzügigkeit gegen ganz Ionien, wo nur jemand in Not war? Sind nicht Athen und Lakedämon, Nikopolis und Pergamon in Mysien voll von den Weihgeschenken des Herodes[202]? Hat er nicht die Hauptstraße im syrischen Antiochien, die wegen ihres Schmutzes gemieden wurde, in einer Länge von 20 Stadien mit poliertem Marmor belegt und mit einer Säulenhalle von gleicher Länge zum Schutz gegen Regen versehen?

12. 426. Diese Geschenke, so könnte man sagen, berührten nur die damit bedachten Völker, die Gabe an Elis aber betraf nicht nur ganz allgemein Griechenland, sondern den gesamten bewohnten Erdkreis, zu dem ja der Glanz der Olympischen Spiele durchdringt[203]. Als er nun sah, daß diese Spiele ganz in Auflösung begriffen waren und daß das letzte Stück vom alten Hellas versank, da übernahm er nicht nur das Amt des Kampfrichters in jenem Spieljahr, in das seine Seereise nach Rom fiel[204], sondern er stiftete auch Einkünfte für dauernde Zeiten, damit die Erinnerung an ihn wachbleibe, die zugleich die regelmäßige Einrichtung von Spielen nicht vergessen ließ. Es wäre endlos, die Schulden und Steuern aufzuzählen, die er übernahm; z. B. erleichterte er den Einwohnern von Phasaelis und Balanea und den Kleinstädten von Cilicien die jährlichen Abgaben[205]. Ein erhebliches Hemmnis für seine Freigebigkeit bildete dabei die Sorge, nicht den Anschein zu erwecken, als sei er besonders beneidenswert oder als führe er etwas im Schilde, wenn er den Städten mehr Wohltaten erwies als ihre eigenen Besitzer.

13. 429. Er verfügte über einen Leib, der seiner Seele entsprach; stets war er ein ausgezeichneter Jäger, dabei kam ihm seine Fertigkeit im Reiten in hohem Maße zustatten. So erlegte er einmal an einem einzigen Tage vierzig Stück Wild. Das Land hegt ja auch Schweine, vor allem aber ist

τύγχανεν· μια γοῦν ἡμέρα ποτὲ τεσσαράκοντα θηρίων ἐκράτησεν· ἔστι δὲ καὶ συοτρόφος μὲν ἡ χώρα, τὸ πλέον δ' ἐλάφων καὶ ὀνάγρων εὔπορος·
430 πολεμιστὴς δ' ἀνυπόστατος. πολλοὶ γοῦν κἂν ταῖς γυμνασίαις αὐτὸν κατεπλάγησαν ἀκοντιστήν τε ἰθυβολώτατον καὶ τοξότην εὐστοχώτατον ἰδόντες. πρὸς δὲ τοῖς ψυχικοῖς καὶ τοῖς σωματικοῖς προτερήμασιν ἐχρήσατο καὶ δεξιᾷ τύχῃ· καὶ γὰρ σπάνιον ἔπταισεν ἐν πολέμῳ, καὶ τῶν πταισμάτων οὐκ αὐτὸς αἴτιος, ἀλλ' ἢ προδοσίᾳ τινῶν ἢ προπετείᾳ στρατιωτῶν ἐγένετο.

431 XXII. 1. Τάς γε μὴν ὑπαίθρους εὐπραγίας ἡ τύχη τοῖς κατ' οἶκον ἀνιαροῖς ἐνεμέσησεν, καὶ κακοδαιμονεῖν ἐκ γυναικὸς ἤρξατο περὶ ἣν
432 μάλιστα ἐσπούδασεν. ἐπειδὴ γὰρ εἰς τὴν ἀρχὴν παρῆλθεν, ἀποπεμψάμενος ἣν ἰδιώτης ἧκτο γαμετήν, γένος ἦν ἐξ Ἱεροσολύμων Δωρὶς ὄνομα, γαμεῖ Μαριάμμην τὴν Ἀλεξάνδρου τοῦ Ἀριστοβούλου θυγατέρα, δι' ἣν αὐτῷ στασιασθῆναι συνέβη τὸν οἶκον καὶ τάχιον μέν, μάλιστα δὲ
433 μετὰ τὴν ἐκ Ῥώμης ἄφιξιν. πρῶτον μὲν γὰρ τὸν ἐκ τῆς Δωρίδος υἱὸν Ἀντίπατρον διὰ τοὺς ἐκ Μαριάμμης ἐφυγάδευσεν τῆς πόλεως μόναις ταῖς ἑορταῖς ἀφεὶς κατιέναι· ἔπειτα τὸν πάππον τῆς γυναικὸς Ὑρκανὸν ἐκ Πάρθων πρὸς αὐτὸν ἐλθόντα δι' ὑπόνοιαν ἐπιβουλῆς ἀνεῖλεν, ὃν ᾐχμαλωτίσατο μὲν Βαρζαφάρνης καταδραμὼν Συρίαν, ἐξῃτήσαντο δὲ
434 κατὰ οἶκτον οἱ ὑπὲρ Εὐφράτην ὁμοεθνεῖς. καὶ εἴ γε τούτοις ἐπείσθη παραινοῦσιν μὴ διαβῆναι πρὸς Ἡρώδην, οὐκ ἂν παραπώλετο· δέλεαρ δ' αὐτῷ θανάτου τῆς υἱωνῆς ὁ γάμος κατέστη· τούτῳ γὰρ πεποιθὼς καὶ περισσόν τι τῆς πατρίδος ἐφιέμενος ἧκεν. παρώξυνεν δὲ Ἡρώδην οὐκ αὐτὸς ἀντιποιούμενος βασιλείας, ἀλλ' ἐπεὶ τὸ βασιλεύειν ἐπέβαλλεν αὐτῷ.

435 2. Τῶν δὲ ἐκ Μαριάμμης πέντε τέκνων γενομένων δύο μὲν θυγατέρες, τρεῖς δ' ἦσαν υἱεῖς. καὶ τούτων ὁ νεώτατος μὲν ἐν Ῥώμῃ παιδευόμενος τελευτᾷ, δύο δὲ τοὺς πρεσβυτάτους βασιλικῶς ἦγεν διά τε τὴν μητρῴαν
436 εὐγένειαν καὶ ὅτι βασιλεύοντι γεγόνεισαν αὐτῷ. τὸ δὲ τούτων ἰσχυρότερον ὁ Μαριάμμης ἔρως συνῆργει καθ' ἡμέραν ἐκκαίων Ἡρώδην λαβρότερος, ὡς μηδενὸς τῶν διὰ τὴν στεργομένην λυπηρῶν αἰσθάνεσθαι· τοσοῦτον γὰρ ἦν μῖσος εἰς αὐτὸν τῆς Μαριάμμης, ὅσος ἐκείνου πρὸς
437 αὐτὴν ἔρως. ἔχουσα δὲ τὴν μὲν ἀπέχθειαν ἐκ τῶν πραγμάτων εὔλογον, τὴν δὲ παρρησίαν ἐκ τοῦ φιλεῖσθαι, φανερῶς ὠνείδιζεν αὐτῷ τὰ κατὰ τὸν πάππον Ὑρκανὸν καὶ τὸν ἀδελφὸν Ἰωνάθην· οὐδὲ γὰρ τούτου καίπερ ὄντος παιδὸς ἐφείσατο, δοὺς μὲν αὐτῷ τὴν ἀρχιερωσύνην ἑπτα-

§ 433 = vgl. ant. 15, 14. 164; § 437 = ant. 15, 31 ff.

es an Hirschen und Wildeseln reich. Als Krieger war er unüberwindlich. Auch schon bei den Wettspielen waren viele betroffen, wenn sie ihn sahen, wie sicher er den Speer warf und wie glücklich er als Bogenschütze sein Ziel traf. Zu den Vorzügen des Leibes und der Seele kam hinzu, daß er immer Glück hatte; denn selten unterlag er im Krieg, und schuld an seinen Niederlagen war nicht er selber, sondern der Verrat weniger Leute oder die Voreiligkeit seiner Soldaten.

22. Kapitel

1. 431. Die Erfolge nach außen ließ ihn das Geschick allerdings durch häusliche Nöte büßen, und das Unheil begann von seiten der Frau, um die er sich am meisten bemüht hatte[206]. Denn als er zur Herrschaft gekommen war, entließ er die Gattin, die er vor seiner Erhebung geheiratet hatte, eine Jerusalemitin mit Namen Doris, und nahm Mariamme[207], die Tochter Alexanders, des Sohnes des Aristobulos, zur Frau; ihretwegen trafen Zwistigkeiten sein Haus, und zwar schon bald, besonders aber nach seiner Heimkehr aus Rom. Einmal nämlich verbannte er seinen und der Doris Sohn, Antipater, wegen der Söhne mit Mariamme aus der Hauptstadt und gestattete ihm nur an den Festtagen den Zutritt. Sodann ließ er den Großvater seiner Gattin, Hyrkanos, der von den Parthern her zu ihm gekommen war, wegen Verdacht des Hochverrats hinrichten[208]; diesen hatte Barzapharnes bei seinem Einfall in Syrien gefangen genommen, seine Stammesgenossen jenseits des Euphrat aber hatten ihn aus Mitleid freigebeten. Und wenn er auf die gehört hätte, die ihm zugeredet hatten, nicht zu Herodes zu gehen, würde er nicht ums Leben gekommen sein. Was ihn aber in den Tod trieb, war die Ehe seiner Enkelin; denn im Vertrauen auf diese Verbindung und vor allem aus Sehnsucht nach der Heimat war er gekommen. Er reizte den Herodes nicht dadurch, daß er selbst nach der Königswürde strebte, sondern weil ihm von Rechtswegen die Herrschaft zustand[209].

2. 435. Zwei seiner fünf von Mariamme geborenen Kinder waren Töchter und drei Söhne[210]. Von diesen starb der jüngste während seiner Erziehung in Rom, den beiden älteren gab er die Stellung von Erbprinzen, wegen der hohen Abkunft ihrer Mutter und auch deshalb, weil sie während seiner Königsherrschaft geboren wurden. Dazu brachte ihn stärker als die erwähnten Motive die Liebe zu Mariamme, die Tag für Tag in Herodes heftiger entbrannte, so daß er unempfindlich war für die Lasten, die ihm um der geliebten Frau willen auferlegt wurden. Denn der Haß der Mariamme gegen ihn war so groß wie seine Liebe zu ihr. Der Widerwille hatte seine gute Veranlassung in den Tatsachen; und weil sie sich wegen seiner Liebe sicher fühlte, warf sie ihm unverblümt vor, was er ihrem Großvater Hyrkanos und ihrem Bruder Jonathan angetan hatte. Denn auch

καιδεκαέτει, μετὰ δὲ τὴν τιμὴν κτείνας εὐθέως, ἐπειδὴ τὴν ἱερὰν ἐσθῆτα λαβόντι καὶ τῷ βωμῷ προσελθόντι καθ' ἑορτὴν ἄθρουν ἐπεδάκρυσεν τὸ πλῆθος. πέμπεται μὲν οὖν ὁ παῖς διὰ νυκτὸς εἰς Ἱεριχοῦντα, ἐκεῖ δὲ κατ' ἐντολὴν ὑπὸ τῶν Γαλατῶν βαπτιζόμενος ἐν κολυμβήθρᾳ τελευτᾷ.

438 3. Διὰ ταῦθ' Ἡρώδην μὲν ὠνείδιζεν ἡ Μαριάμμη, καὶ τὴν ἀδελφὴν αὐτοῦ καὶ τὴν μητέρα δειναῖς ἐξύβριζεν λοιδορίαις. ἀλλ' ὁ μὲν πεφίμωτο τοῖς ἱμέροις, δεινὴ δὲ τὰς γυναῖκας ἀγανάκτησις εἰσῄει, καὶ πρὸς ὃ μάλιστα κινήσειν τὸν Ἡρώδην ἔμελλον, εἰς μοιχείαν διέβαλλον αὐτήν,
439 ἄλλα τε πολλὰ πρὸς τὸ πιθανὸν ἐνσκευαζόμεναι καὶ κατηγοροῦσαι διότι τὴν εἰκόνα τὴν ἑαυτῆς πέμψειεν εἰς Αἴγυπτον Ἀντωνίῳ καὶ δι' ὑπερβολὴν ἀσελγείας ἀποῦσαν δείξειεν ἑαυτὴν ἀνθρώπῳ γυναικομανοῦντι καὶ
440 βιάζεσθαι δυναμένῳ. τοῦθ' ὥσπερ σκηπτὸς ἐμπεσὼν ἐτάραξεν Ἡρώδην, μάλιστα μὲν διὰ τὸν ἔρωτα ζηλοτύπως ἔχοντα, λογιζόμενον δὲ καὶ τὴν Κλεοπάτρας δεινότητα, δι' ἣν Λυσανίας τε ὁ βασιλεὺς ἀνῄρητο καὶ Μάλχος ὁ Ἄραψ· οὐ γὰρ ἀφαιρέσει γαμετῆς ἐμέτρει τὸν κίνδυνον, ἀλλὰ θανάτῳ.

441 4. Μέλλων οὖν ἀποδημήσειν Ἰωσήπῳ τῷ ἀνδρὶ Σαλώμης τῆς ἀδελφῆς αὐτοῦ, πιστὸς δὲ ἦν καὶ διὰ τὸ κῆδος εὔνους, παρατίθεται τὴν γυναῖκα, κρύφα δοὺς ἐντολὰς ἀναιρεῖν αὐτήν, εἰ κἀκεῖνον Ἀντώνιος. ὁ δὲ Ἰώσηπος, οὔτι κακοήθως, ἀλλὰ τὸν ἔρωτα τοῦ βασιλέως παραστῆσαι τῇ γυναικὶ βουλόμενος, ὡς οὐδὲ ἀποθανὼν αὐτῆς ὑπομένοι διαζευχθῆναι,
442 τὸ ἀπόρρητον ἐκφαίνει. κἀκείνη πρὸς ἐπανήκοντα τὸν Ἡρώδην πολλὰ τε περὶ τοῦ πρὸς αὐτὴν συμπαθοῦς ἐν ταῖς ὁμιλίαις ἐπομνύμενον, ὡς οὐδ' ἐρασθείη ποτὲ γυναικὸς ἄλλης, «πάνυ γοῦν, εἶπεν, ταῖς πρὸς τὸν Ἰώσηπον ἐντολαῖς ἐπεδείξω τὸν πρὸς ἡμᾶς ἔρωτα κτεῖναί με προστάξας».

443 5. Ἔκφρων εὐθέως ἀκούσας τὸ ἀπόρρητον ἦν, καὶ οὐκ ἄν ποτε τὸν Ἰώσηπον ἐξαγγεῖλαι τὴν ἐντολὴν φάμενος εἰ μὴ διαφθείρειεν αὐτήν, ἐνεθουσία τῷ πάθει καὶ τῆς κοίτης ἐξαλλόμενος ἀνέδην ἐν τοῖς βασιλείοις ἀνειλεῖτο. καὶ τοῦτον Σαλώμη ἡ ἀδελφὴ τὸν καιρὸν εἰς τὰς διαβολὰς ἁρπάσασα τὴν εἰς τὸν Ἰώσηπον ἐπεβεβαίωσεν ὑποψίαν. ὁ δ'
444 ὑπ' ἀκράτου ζηλοτυπίας ἐκμανεὶς παραχρῆμα κτείνειν προσέταξεν ἀμφοτέρους. μετάνοια δ' εὐθέως εἵπετο τῷ πάθει, καὶ τοῦ θυμοῦ πεσόντος ὁ ἔρως πάλιν ἀνεζωπυρεῖτο. τοσαύτη δ' ἦν φλεγμονὴ τῆς ἐπιθυμίας ὡς μηδὲ τεθνάναι δοκεῖν αὐτήν, ὑπὸ δὲ κακώσεως ὡς ζώσῃ προσλαλεῖν, μέχρι τῷ χρόνῳ διδαχθεὶς τὸ πένθος ἀνάλογον τὴν λύπην ἔσχεν τῇ πρὸς περιοῦσαν διαθέσει.

§ 438 = ant. 15, 26; § 443 = ant. 15, 84. 209 ff.;
§ 445 = ant. 16, 6.

diesen hatte er nicht geschont, obgleich er noch im jugendlichen Alter stand; er gab ihm, obwohl er erst 17 Jahre alt war, die hohepriesterliche Würde[211], tötete ihn aber unmittelbar nach dieser Ehrung, weil das festlich versammelte Volk über ihn, als er in heiligem Gewande zum Altar trat, in Tränen ausgebrochen war. Der junge Mann wurde in der Nacht nach Jericho geschickt und dort auf Befehl hin von den Galliern[212] in einem Teich untergetaucht, bis er starb.

3. 438. Deshalb machte Mariamme dem Herodes Vorwürfe und kränkte seine Schwester[213] und Mutter mit verletzenden Schmähungen. Ihm war infolge seiner Leidenschaft der Mund verschlossen, die Frauen aber, aufs äußerste aufgebracht, verleumdeten sie des Ehebruchs in der Berechnung, damit den Herodes am ersten zur Tat treiben zu können. Neben anderen einleuchtenden Anschuldigungen klagten sie Mariamme an, daß sie ihr Bild nach Ägypten zu Antonius geschickt und sich so in maßloser Sinnlichkeit aus der Ferne einem Wüstling gezeigt habe, der auch in der Lage sei, seinen Willen durchzusetzen[214]. Dies traf den Herodes wie ein Blitz und beraubte ihn der Übersicht. Er war einerseits durch seine Leidenschaft besonders eifersüchtig, bedachte aber auch andererseits die Gefährlichkeit der Kleopatra, um deretwillen der König Lysanias und der Araber Malchos ums Leben gekommen waren[215]. Denn Maßstab für die Gefahr war ihm nicht der Verlust der Gattin, sondern der Tod.

4. 441. Im Begriff abzureisen[216], vertraute er dem Joseph, dem Manne seiner Schwester Salome, seine Frau an; dieser war zuverlässig und der Verschwägerung wegen ihm zugetan. Im Geheimen gab er ihm den Auftrag, sie zu töten, wenn ihn Antonius umbringen würde. Joseph aber enthüllte, was er nicht sagen durfte, nicht böswillig, sondern um der Frau die Liebe des Königs vorzustellen: er könne es nicht ertragen, auch nur im Tode von ihr getrennt zu sein. Als Herodes zurückkehrte und ihr während ihres ehelichen Umgangs viele Liebesschwüre über seine Neigung zu ihr ablegte und versicherte, daß er niemals eine andere Frau geliebt habe, da sagte sie zu ihm: „Allerdings hast du durch die Beauftragung Josephs deine Liebe zu uns bewiesen, als du befahlst, mich zu töten."

5. 443. Er war augenblicklich außer sich, als er das Geheimnis aus ihrem Munde vernahm; er schrie, Joseph würde auf keinen Fall den Auftrag ausgeplaudert haben, wenn er sie nicht verführt hätte; rasend vor Zorn sprang er vom Lager auf und stürmte ziellos durch den Palast. Diese Gelegenheit für ihre Verleumdungen griff seine Schwester Salome eilends auf und verstärkte den Verdacht gegen Joseph. Herodes aber befahl im Wahnsinn maßloser Eifersucht, auf der Stelle beide zu töten[217]. Der Aufwallung folgte alsbald die Reue, und als der Zorn vergangen war, flammte die Liebe erneut auf. So heftig war der Brand seiner Leidenschaft, daß er an ihren Tod gar nicht glauben wollte, sondern, von Schmerz geblendet, sie ansprach, als ob sie lebe. Mit der Zeit wurde er über die Tatsächlichkeit seines Verlustes belehrt; seine Trauer aber blieb so stark, wie seine Liebe zur Lebenden gewesen war.

445 XXIII. 1. Κληρονομοῦσι δὲ τῆς μητρῴας οἱ παῖδες ὀργῆς καὶ τοῦ μύσους ἔννοιαν λαμβάνοντες ὡς πολέμιον ὑφεώρων τὸν πατέρα, καὶ τὸ πρότερον μὲν ἐπὶ Ῥώμης παιδευόμενοι, πλέον δ' ὡς εἰς Ἰουδαίαν
446 ὑπέστρεψαν· συνηνδροῦτο δ' αὐτῶν ταῖς ἡλικίαις ἡ διάθεσις. καὶ ἐπειδὴ γάμων ἔχοντες ὥραν ὁ μὲν τῆς τηθίδος Σαλώμης, ἢ τῆς μητρὸς αὐτῶν κατηγόρησεν, ὁ δ' ἔγημεν Ἀρχελάου τοῦ Καππαδόκων βασιλέως
447 θυγατέρα, προσελάμβανον ἤδη τῷ μίσει καὶ παρρησίαν. ἐκ δὲ τοῦ θράσους αὐτῶν ἀφορμὰς οἱ διαβάλλοντες ἐλάμβανον, καὶ φανερώτερον ἤδη τῷ βασιλεῖ διελέγοντό τινες ὡς ἐπιβουλεύοιτο μὲν ὑπ' ἀμφοτέρων τῶν υἱῶν, ὁ δὲ Ἀρχελάῳ κηδεύσας καὶ φυγὴν παρασκευάζοιτο τῷ
448 πενθερῷ πεποιθώς, ἵν' ἐπὶ Καίσαρος αὐτοῦ κατηγορήσειεν. ἀναπλησθεὶς δὲ τῶν διαβολῶν Ἡρώδης ὥσπερ ἐπιτείχισμα τοῖς υἱοῖς κατάγει τὸν ἐκ τῆς Δωρίδος Ἀντίπατρον καὶ πάντα τρόπον προτιμᾶν ἄρχεται.

449 2. Τοῖς δ' ἀφόρητος ἦν ἡ μεταβολή, καὶ τὸν ἐξ ἰδιώτιδος μητρὸς ὁρῶντες προκόπτοντα διὰ τὴν ἑαυτῶν εὐγένειαν οὐκ ἐκράτουν τῆς ἀγανακτήσεως, ἐφ' ἑκάστου δὲ τῶν ἀνιαρῶν τὴν ὀργὴν ἐξέφαινον, ὥσθ' οἱ
450 μὲν καθ' ἡμέραν προσίσταντο μᾶλλον, ὁ δ' Ἀντίπατρος ἤδη καὶ δι' αὑτὸν ἐσπουδάζετο, δεινότατος μὲν ὢν ἐν ταῖς πρὸς τὸν πατέρα κολακείαις, διαβολὰς δὲ κατὰ τῶν ἀδελφῶν ποικίλας ἐνσκευαζόμενος καὶ τὰ μὲν αὐτὸς λογοποιῶν, τὰ δὲ τοὺς ἐπιτηδείους φημίζειν καθιείς, μέχρι
451 παντάπασιν τοὺς ἀδελφοὺς ἀπέρρηξεν τῆς βασιλικῆς ἐλπίδος· καὶ γὰρ ἐν ταῖς διαθήκαις καὶ φανερῶς αὐτὸς ἦν ἤδη διάδοχος· ὡς βασιλεὺς γοῦν ἐπέμφθη καὶ πρὸς Καίσαρα τῷ τε κόσμῳ καὶ ταῖς ἄλλαις θεραπείαις πλὴν διαδήματος χρώμενος. χρόνῳ δ' ἐξίσχυσεν εἰσαγαγεῖν ἐπὶ τὴν Μαριάμμης κοίτην τὴν μητέρα. δυσὶ δ' ὅπλοις κατὰ τῶν ἀδελφῶν χρώμενος, κολακείᾳ καὶ διαβολῇ, τὸν βασιλέα καὶ περὶ θανάτου τῶν υἱῶν ὑπειργάσατο.

452 3. Τὸν γοῦν Ἀλέξανδρον σύρας μέχρι Ῥώμης ὁ πατὴρ τῆς ἐφ' ἑαυτῷ φαρμακείας ἔκρινεν ἐπὶ Καίσαρος. ὁ δ' εὑρὼν μόλις ὀλοφυρμοῦ παρρησίαν καὶ δικαστὴν ἐμπειρότατον Ἀντιπάτρου καὶ Ἡρώδου φρονιμώτερον, τὰ μὲν ἁμαρτήματα τοῦ πατρὸς αἰδημόνως ὑπεστείλατο, τὰς δ' αὑτοῦ
453 διαβολὰς ἰσχυρῶς ἀπελύσατο. καθαρὸν δὲ καὶ τὸν ἀδελφὸν ἀποδείξας κοινωνοῦντα τῶν κινδύνων, οὕτως ἤδη τό τε Ἀντιπάτρου πανοῦργον καὶ τὴν αὐτῶν ἀτιμίαν ἀπωδύρετο. συνήργει δ' αὐτῷ μετὰ καθαροῦ
454 τοῦ συνειδότος ἡ περὶ λόγους ἰσχύς· ἦν γὰρ δὴ δεινότατος εἰπεῖν. καὶ τὸ τελευταῖον φάμενος ὡς τῷ πατρὶ κτείνειν αὐτοὺς ἔστιν ἡδὺ καὶ[73] προ-

§ 447 = ant. 16, 73; § 448 = ant. 16, 28;
§ 450 = ant. 16, 81; § 452 = ant. 16, 90;
§ 453 = ant. 16, 104; § 454 = ant. 16, 129.

[73] Die Überlieferung schwankt stark. Statt ἡδὺ καὶ (PAML²) oder ἡδὺ (L¹VRC) wird vielfach ein mit εἰ beginnender Konditionalsatz vermutet, Kohout: „... wenn er schon einmal eine so gräßliche Anklage annehmbar findet".

23. Kapitel

1. 445. Die Söhne erbten den Haß der Mutter, und als sie sich über die Untat ihres Vaters klar geworden waren, erachteten sie ihn nur noch als Feind, schon während ihrer Ausbildung in Rom[218], besonders aber nach ihrer Rückkehr nach Judäa. Diese Einstellung entwickelte sich mit ihrem Heranreifen. Und als sie heirateten — der eine nahm nämlich die Tochter seiner Tante Salome, der Anklägerin seiner Mutter, der andere die Tochter des Kappadozierkönigs Archelaos[219] —, da gaben sie ihrem Haß auch offenen Ausdruck. An ihren Freimut knüpften die Verleumder an, und einige ließen in ihrem Gespräch mit dem König schon recht offen einfließen, daß er von seinen beiden Söhnen Gefahren ausgesetzt sei, ja der Schwiegersohn des Archelaos bereite schon im Vertrauen auf seinen Schwiegervater die Flucht vor, um ihn beim Caesar zu verklagen. Schließlich, bestimmt durch die Verleumdungen, ließ Herodes Antipater[220], den Sohn der Doris, gewissermaßen als Schutzwehr gegen seine Söhne kommen und begann, ihn in jeder Weise vorzuziehen.

2. 449. Denen aber war der Umschwung unerträglich, und als sie einen, der von einer nichtfürstlichen Mutter abstammte, ihnen den Vorrang ablaufen sahen, da verbargen sie auf Grund ihrer eigenen hohen Abkunft ihren Unwillen nicht; vielmehr zeigten sie bei jeder Kränkung offen ihren Zorn. Auf diese Weise gerieten sie täglich mehr in Widerspruch zum Hofe. Antipater aber war auch schon von sich aus strebersich; Meister war er beim Umschmeicheln seines Vaters, Verleumdungen aber mannigfacher Art gegen seine Brüder brachte er auf, wobei er einiges selbst aussprach, anderes aber durch seine Anhänger herumreden ließ. So beraubte er schließlich seine Brüder jeglicher Hoffnung auf die Königswürde. Denn im Testament und vor der Öffentlichkeit galt er schon als der Thronfolger. Wie ein König, mit Pracht und allen anderen Ehrungen, abgesehen von der Krone, ausgestattet, wurde er zum Caesar geschickt[221]. Mit der Zeit gelang es ihm, seine Mutter in das Ehebett der Mariamme zu führen. Mit zwei Waffen gegen seine Brüder, Schmeichelei und Verleumdung, drängte er den König bis zu dem Gedanken des Mordes an seinen Söhnen.

3. 452. Den Alexander schleppte der eigene Vater denn wirklich nach Rom vor den Caesar[222] und beschuldigte ihn, Vatermord durch Gift versucht zu haben. Der aber fand, wenn auch erst in dieser Lage, die Gelegenheit, sein Leid frei auszusprechen, und traf auf einen Richter, der den Antipater völlig durchschaut hatte und klüger als Herodes war; die Verfehlungen des Vaters ließ er zurückhaltend, wie es dem Sohn anstand, im Dunkeln, die Hohlheit seiner verleumderischen Anklagen aber deckte er rückhaltlos auf. Er erwies auch die Unschuld seines Bruders, der in der gleichen Gefahr war, und so beklagte er sich gleichzeitig über die Durchtriebenheit des Antipater und über die Entehrung, die ihnen widerfahren war. Dabei kam ihm neben einem reinen Gewissen seine Redegewandtheit zustatten; denn das Wort stand ihm außerordentlich zu Gebote. Und als

τίθεται⁷⁴ τὸ ἔγκλημα. προήγαγεν μὲν εἰς δάκρυα πάντας, τὸν δὲ Καίσαρα διέθηκεν οὕτως ὡς ἀπογνῶναι μὲν αὐτῶν τὰ κατηγορημένα, διαλλάξαι δὲ Ἡρώδην εὐθέως. αἱ διαλλαγαὶ δ' ἐπὶ τούτοις ἦσαν, ὥστε ἐκείνους μὲν τῷ πατρὶ πάντα πειθαρχεῖν, τὸν δὲ τὴν βασιλείαν καταλιπεῖν ᾧ βούλεται.

455 4. Μετὰ ταῦτα δ' ἀπὸ Ῥώμης ὑπέστρεφεν ὁ βασιλεύς, τῶν μὲν ἐγκλημάτων ἀφιέναι τοὺς υἱοὺς δοκῶν, τῆς δ' ὑπονοίας οὐκ ἀπηλλαγμένος· παρηκολούθει γὰρ Ἀντίπατρος ἡ τοῦ μίσους ὑπόθεσις. ἀλλ' εἴς γε τὸ φανερὸν τὴν ἀπέχθειαν οὐκ ἐξέφερεν τὸν διαλλακτὴν
456 αἰδούμενος. ὡς δὲ τὴν Κιλικίαν παραπλέων κατῆρεν εἰς Ἐλεοῦσαν, ἑστιᾷ μὲν αὐτὸν φιλοφρόνως Ἀρχέλαος ὑπὲρ τῆς τοῦ γαμβροῦ σωτηρίας εὐχαριστῶν καὶ ταῖς διαλλαγαῖς ἐφηδόμενος, ὡς ἂν καὶ τάχιον γεγραφὼς τοῖς ἐπὶ Ῥώμης φίλοις συλλαμβάνεσθαι περὶ τὴν δίκην Ἀλεξάνδρῳ· προπέμπει δὲ μέχρι Ζεφυρίου δῶρα δοὺς μέχρι τριάκοντα ταλάντων.

457 5. Ὡς δ' εἰς Ἱεροσόλυμα Ἡρώδης ἀφικνεῖται, συναγαγὼν τὸν λαὸν καὶ τοὺς τρεῖς υἱοὺς παραστησάμενος ἀπελογεῖτο περὶ τῆς ἀποδημίας, καὶ πολλὰ μὲν εὐχαρίστει τῷ θεῷ, πολλὰ δὲ Καίσαρι καταστησαμένῳ τὸν οἶκον αὐτοῦ τεταραγμένον καὶ μεῖζόν τι τοῖς υἱοῖς βασιλείας παρα-
458 σχόντι τὴν ὁμόνοιαν, ἣν αὐτός, ἔφη, συναρμόσω μᾶλλον· ὁ μὲν γὰρ ἐμὲ κύριον τῆς ἀρχῆς καὶ δικαστὴν διαδόχου κατέστησεν, ἐγὼ δὲ μετὰ τοῦ συμφέροντος ἐμαυτῷ κἀκεῖνον ἀμείβομαι. τούσδε τοὺς τρεῖς παῖδας ἀποδείκνυμι βασιλεῖς, καὶ τῆς γνώμης πρῶτον τὸν θεὸν σύμψηφον, ἔπειτα καὶ ὑμᾶς παρακαλῶ γενέσθαι. τῷ μὲν γὰρ ἡλικία, τοῖς δ' εὐγένεια τὴν διαδοχὴν προξενεῖ, τό γε μὴν μέγεθος τῆς βασιλείας
459 ἀρκεῖ καὶ πλείοσιν. οὓς δὲ Καῖσαρ μὲν ἥνωσεν, καθίστησιν δὲ πατήρ, ὑμεῖς τηρήσατε μήτε ἀδίκους μήτε ἀνωμάλους τὰς τιμὰς διδόντες, ἑκάστῳ δὲ κατὰ τὸ πρεσβεῖον· οὐ γὰρ τοσοῦτον εὐφρανεῖ τις τὸν παρ' ἡλικίαν
460 θεραπευόμενον, ὅσον ὀδυνήσει τὸν ἀτιμούμενον. οὕς γε μὴν ἑκάστῳ συνεῖναι δεήσει συγγενεῖς καὶ φίλους, ἐγὼ διανεμῶ καὶ τῆς ὁμονοίας ἐγγυητὰς ἐκείνους καταστήσομαι, σαφῶς ἐπιστάμενος ὅτι τὰς στάσεις καὶ τὰς φιλονεικίας γεννῶσιν αἱ τῶν συνδιατριβόντων κακοήθειαι, κἂν
461 ὦσιν οὗτοι χρηστοί, τηροῦσιν τὰς στοργάς. ἀξιῶ δ' οὐ μόνον τούτους ἀλλὰ καὶ τοὺς ἐν τῇ στρατιᾷ μου ταξιάρχους ἐν ἐμοὶ μόνον τὰς ἐλπίδας ἔχειν ἐπὶ τοῦ παρόντος· οὐ γὰρ βασιλείαν, ἀλλὰ τιμὴν βασιλείας τοῖς υἱοῖς παραδίδωμι, καὶ τῶν μὲν ἡδέων ὡς ἄρχοντες ἀπολαύσουσιν, τὸ
462 βάρος δὲ τῶν πραγμάτων ἐμόν ἐστιν, κἂν μὴ θέλω. σκεπτέσθω δ' ἕκαστος τήν τε ἡλικίαν μου καὶ τὴν ἀγωγὴν τοῦ βίου καὶ τὴν εὐσέβειαν· οὔτε γὰρ οὕτως εἰμὶ γέρων ὥστ' ἂν ἀπελπισθῆναι ταχέως, οὔτε εἰς τρυφὴν ἐκδιαιτώμενος, ἣ καὶ νέους ἐπιτέμνεται· τὸ δὲ θεῖον οὕτως τεθερα-
463 πεύκαμεν ὥστ' ἂν ἐπὶ μήκιστον βίου προελθεῖν. ὁ δὴ τοὺς ἐμοὺς παῖδας θεραπεύων ἐπὶ τῇ ἐμῇ καταλύσει δώσει μοι καὶ περὶ ἐκείνων δίκας·

§ 457 = ant. 16, 132; § 463 = ant. 16, 134.

⁷⁴ προστίθεται MVR; προσίεται Holwerda cj.

er zuletzt[223] sagte, es stehe dem Vater zu, sie zu töten, da bezeichnete er die Anklage für sich als willkommen; er rührte alle zu Tränen und beeindruckte den Caesar so sehr, daß er die Anklage gegen sie verwarf und Herodes auf der Stelle zu einer Aussöhnung brachte. Sie versöhnten sich aber unter der Bedingung, daß die Söhne dem Vater in allem gehorchen müßten, er aber die Königswürde hinterlassen könne, wem er wolle.

4. 455. Danach kehrte der König von Rom zurück; anscheinend hatte er die Söhne von den Anklagen entlastet, in Wahrheit aber war er von dem Verdacht nicht gelöst. Der Grund des Hasses, Antipater, befand sich ja in seiner Umgebung, nur daß er seine Feindseligkeit aus Scheu vor dem Friedensstifter nicht ans Licht dringen ließ. Als er an Cilicien entlang fuhr, landete er aus Eleusa[224]; dort nahm ihn Archelaos gastfrei auf, voll Dank für die Rettung seines Schwiegersohnes und voll Freude über die Versöhnung; er hatte nämlich seine Freunde in Rom brieflich gebeten, Alexander in seiner Rechtssache beizustehen. Er gab ihnen das Geleit bis Zephyrium[225] und machte ihnen Geschenke im Wert von 30 Talenten.

5. 457. Als Herodes in Jerusalem ankam, veranstaltete er eine Volksversammlung; dort stellte er seine drei Söhne vor und rechtfertigte sich wegen seiner Reise. Er dankte Gott vielfach, vielfach auch dem Kaiser, der sein erschüttertes Haus wieder gefestigt hätte und seinen Söhnen etwas Wichtigeres geschenkt hätte als die Königskrone, nämlich die Einigkeit, deren Band er noch fester knüpfen werde. „Denn er", so fuhr er fort[226], „hat mir die Herrschaft über das Reich und die Bestimmung des Nachfolgers übertragen, ich aber richte mich nach ihm, wie es ja auch meinem eigenen Vorteil entspricht. Meine drei Söhne hier ernenne ich zu Königen, und ich bitte zunächst Gott, dem zuzustimmen, danach auch euch. Denn dem einen gibt sein Alter, den anderen ihre vornehme Geburt ein Anrecht auf die Nachfolge, ist doch das Reich auch für noch mehr Prinzen groß genug. Die der Kaiser geeint hat und der Vater ernennt, die sollt ihr würdigen, nicht so, daß ihr Einem ungerechtfertigte und ungleichmäßige Ehrungen zukommen laßt, sondern jedem nach seiner Altersstufe. Denn die Freude des gegen die Altersfolge Geehrten ist geringer als der Schmerz des dadurch Zurückgesetzten. Doch wer von den „Verwandten" und „Freunden"[227] zur Umgebung eines jeden von ihnen gehören soll, das bestimme ich, und ich mache diese verantwortlich für die Erhaltung der Eintracht. Weiß ich doch gut, daß die Schlechtigkeit der Gefährten Zwietracht und Neid hervorruft, aber wenn diese gut sind, dann erhalten sie die Zuneigung lebendig. Ich verlange aber nicht nur von diesen, sondern auch von den Offizieren in meinem Heere, daß sie gegenwärtig ihre Erwartungen nur auf mich setzen. Nicht königliche Macht, sondern königlichen Rang erteile ich meinen Söhnen, und sie können die Annehmlichkeiten wie regierende Herren genießen, die Last der Geschäfte aber fällt auf mich, auch wenn ich es nicht wünsche. Man beachte doch mein Alter, meine Lebensführung und meine Frömmigkeit! Denn ich bin noch nicht so alt, daß man mich bald aufgeben müßte, noch verfalle ich in Ausschweifungen, die auch junge

οὐ γὰρ ἐγὼ φθονῶν τοῖς ἐξ ἐμοῦ γεγενημένοις ἀνακόπτω τὴν εἰς αὐτοὺς φιλοτιμίαν, ἐπιστάμενος δὲ τοῖς νέοις γίνεσθαι τὰς σπουδὰς θράσους ἐφόδιον. εἴ γε μὴν ἕκαστος ἐνθυμηθείη τῶν προσιόντων, ὅτι χρηστὸς μὲν ὢν παρ' ἐμοῦ λήψεται τὴν ἀμοιβήν, στασιάζων δὲ καὶ παρὰ τῷ θεραπευομένῳ τὸ κακόηθες ἀνόνητον ἕξει, πάντας οἶμαι τὰ ἐμὰ φρονήσειν, τουτέστιν τὰ τῶν ἐμῶν υἱῶν· καὶ γὰρ τούτοις συμφέρει κρατεῖν ἐμὲ κἀμοὶ τούτους ὁμονοεῖν. ὑμεῖς δέ, ὦ παῖδες ἀγαθοί, πρῶτον μὲν ἐνθυμούμενοι τὴν ἱερὰν φύσιν, ἧς καὶ παρὰ θηρίοις αἱ στοργαὶ μένουσιν, ἔπειτα τὸν ποιησάμενον ἡμῶν τὰς διαλλαγὰς Καίσαρα, τρίτον ἐμὲ τὸν ἐν οἷς ἔξεστιν ἐπιτάσσειν παρακαλοῦντα, μείνατε ἀδελφοί. δίδωμι δὲ ὑμῖν ἐσθῆτα ἤδη καὶ θεραπείαν βασιλικήν· ἐπεύχομαι δὲ καὶ τῷ θεῷ τηρῆσαι τὴν ἐμὴν κρίσιν, ἂν ὁμονοῆτε.» ταῦτ' εἰπὼν καὶ φιλοφρόνως ἕκαστον τῶν υἱῶν κατασπασάμενος διέλυσεν τὸ πλῆθος, τοὺς μὲν συνευχομένους τοῖς εἰρημένοις, ὅσοι δ' ἐπεθύμουν μεταβολῆς, μηδ' ἀκηκοέναι προσποιουμένους.

XXIV. 1. Συναπῄει δὲ τοῖς ἀδελφοῖς ἡ στάσις, καὶ χείρους τὰς ἐπ' ἀλλήλοις ὑπονοίας ἔχοντες ἀπηλλάγησαν, Ἀλέξανδρος μὲν καὶ Ἀριστόβουλος ὀδυνώμενοι κεκυρωμένου Ἀντιπάτρῳ τοῦ πρεσβείου, Ἀντίπατρος δὲ καὶ τοῦ δευτερεύειν νεμεσῶν τοῖς ἀδελφοῖς. ἀλλ' ὁ μὲν ποικιλώτατος ὢν τὸ ἦθος ἐχεμυθεῖν τε ᾔδει καὶ πολλῷ τῷ πανούργῳ τὸ πρὸς αὐτοὺς ἐκάλυπτε μῖσος, τοῖς δὲ δι' εὐγένειαν πᾶν τὸ νοηθὲν ἦν ἐπὶ γλώσσης· καὶ παροξύνοντες μὲν ἐνέκειντο πολλοί, πλείους δὲ τῶν φίλων παρεδύοντο κατάσκοποι. πᾶν δὲ τὸ παρ' Ἀλεξάνδρῳ λαληθὲν εὐθέως ἦν παρ' Ἀντιπάτρῳ, καὶ μετὰ προσθήκης μετέβαινεν ἀπὸ Ἀντιπάτρου πρὸς Ἡρώδην· οὔτε γὰρ ἁπλῶς φθεγξάμενος ὁ νεανίας ἀνυπεύθυνος ἦν, ἀλλὰ εἰς διαβολὴν τὸ ῥηθὲν ἐστρέφετο, καὶ μετρίως παρρησιασαμένου μέγιστα τοῖς ἐλαχίστοις προσεπλάττετο. καθίει δ' Ἀντίπατρος ἀεὶ τοὺς ἐρεθίσοντας, ὅπως αὐτῷ τὸ ψεῦδος ἔχοι τὰς ἀφορμὰς ἀληθεῖς· καὶ τῶν φημιζομένων ἕν τι διελεγχθὲν ἅπασιν πίστιν ἐπετίθει. καὶ τῶν μὲν αὐτοῦ φίλων ἢ φύσει στεγανώτατος ἦν ἕκαστος ἢ κατεσκευάζετο δωρεαῖς ὡς μηδὲν ἐκφέρεσθαι τῶν ἀπορρήτων, καὶ τὸν Ἀντιπάτρου βίον οὐκ ἂν ἥμαρτέν τις εἰπὼν κακίας μυστήριον· τοὺς δὲ Ἀλεξάνδρῳ συνόντας χρήμασιν διαφθείρων ἢ κολακείαις ὑπιών, αἷς[75] πάντα κατειργάσατο, πεποιήκει[76] προδότας καὶ

§ 467 = ant. 16, 188.

[75] αἷς MLVRC Lat Na Thack; ἐς PA Niese.
[76] καὶ πεποιήκει PA Niese.

Leute dahinraffen; die Gottheit aber habe ich so verehrt, daß ich zu einem Höchstmaß der Lebensdauer gelangen werde. Wer aber meinen Söhnen Dienste anbietet und dabei auf meine Ausschaltung rechnet, wird von mir auch ihretwegen zur Rechenschaft gezogen. Denn nicht aus Neid gegen sie, die doch meine Kinder sind, ersticke ich den Ehrgeiz, der sich ihrer bedient, sondern weil ich weiß, daß diese Art Eifer junge Leute zur Verwegenheit ermutigt. Ich glaube bestimmt: Wenn alle, die bei ihnen Zutritt haben, sich vor Augen führen, daß sie bei guter Führung von mir ihre Belohnung empfangen werden, im Fall der Aufsässigkeit aber auch bei dem Umschmeichelten aus ihrer Schlechtigkeit keinen Nutzen ziehen werden, dann werden sie samt und sonders zu mir stehen, und das heißt, auch zu meinen Söhnen. Denn es ist i h r Vorteil, wenn ich die Regierung führe, und m e i n e r, wenn sie zusammenstehen. Ihr aber, liebe Söhne, führt euch erstlich das heilige Gefüge der Natur vor Augen, das die Liebe auch bei den Tieren bewahrt, dann aber den, der uns versöhnt hat, den Caesar, drittens mich, der ich da ermahne, wo ich befehlen könnte; und so bleibt Brüder! Ich erkenne euch von nun an königliches Gewand und königlichen Hofstaat zu; ich flehe zu Gott, daß er, wenn ihr einig bleibt, über diese Entscheidung wachen möge." Nach diesen Worten umarmte er jeden seiner Söhne liebevoll und entließ die Versammlung, von der ein Teil seine Worte mit Gebeten begleitet hatte, ein anderer Teil aber, der einen Umschwung anstrebte, sich so stellte, als hätte man überhaupt nichts gehört.

24. Kapitel

1. 467. Als die Brüder sich entfernten, begleitete sie ihre Zwietracht, und ihr gegenseitiges Mißtrauen war nur noch schlimmer geworden; Alexander und Aristobulos waren erbittert, daß dem Antipater der Altersvorrang bestätigt worden war, Antipater seinerseits mißgönnte den Brüdern selbst den zweiten Rang. Aber er war in seiner Haltung äußerst durchtrieben, verstand es, an sich zu halten und verschleierte mit großer Hinterlist seinen Haß gegen sie; sie aber trugen infolge ihres adligen Stolzes alle ihre Gedanken auf der Zunge. Viele Freunde waren darauf aus, sie auch noch aufzuhetzen, größer war die Zahl derer, die als Aufpasser eingeschlichen waren. Alles, was in der Umgebung Alexanders gesagt wurde, war sofort im Kreis des Antipater, und mit Zusatz wanderte es von Antipater zu Herodes. Denn auch wenn er sich harmlos äußerte, blieb der junge Mann nicht ohne Verdächtigung, sondern sein Ausspruch wurde verleumderisch verdreht, und wenn er sich auch nur etwas freier äußerte, wurde den geringfügigsten Worten äußerst Gewichtiges zugedichtet. Antipater schickte ständig Leute, die die Brüder aufstacheln sollten, damit bei ihm die Lügen immer auch ihre wahren Grundlagen hätten. Und von den angeblichen Aussprüchen brachte, wenn etwas wirklich bewiesen wurde, schon einer allen anderen die Glaubwürdigkeit ein. Antipaters Freunde

471 τῶν πραττομένων ἢ λαλουμένων φώρας. πάντα δὲ περιεσκεμμένως δραματουργῶν τὰς πρὸς Ἡρώδην ὁδοὺς ταῖς διαβολαῖς ἐποιεῖτο τεχνικωτάτας, αὐτὸς μὲν ἀδελφοῦ προσωπεῖον ἐπικείμενος, καθιεὶς δὲ μηνυτὰς ἑτέρους. κἀπειδὰν ἀπαγγελθείη τι κατ᾽ Ἀλεξάνδρου, παρελθὼν ὑπεκρίνετο καὶ διασύρειν τὸ ῥηθὲν ἀρξάμενος ἔπειτα κατεσκεύαζεν ἡσυχῇ καὶ πρὸς ἀγανάκτησιν ἐξεκαλεῖτο τὸν βασιλέα. πάντα δὲ εἰς ἐπιβουλὴν
472 ἀνήγετο καὶ τὸ δοκεῖν τῇ σφαγῇ τοῦ πατρὸς ἐφεδρεύειν Ἀλέξανδρον· οὐδὲν γὰρ οὕτως πίστιν ἐχορήγει ταῖς διαβολαῖς, ὡς ἀπολογούμενος Ἀντίπατρος ὑπὲρ αὐτοῦ.

473 2. Τούτοις Ἡρώδης ἐξαγριούμενος ὅσον ὑφῄρει καθ᾽ ἡμέραν τῆς πρὸς τὰ μειράκια στοργῆς, τοσοῦτον Ἀντιπάτρῳ προσετίθει. συναπέκλιναν δὲ καὶ τῶν κατὰ τὸ βασίλειον οἱ μὲν ἑκόντες οἱ δ᾽ ἐξ ἐπιτάγματος, ὥσπερ Πτολεμαῖος ὁ τιμιώτατος τῶν φίλων, οἵ τε ἀδελφοὶ τοῦ βασιλέως καὶ πᾶσα ἡ γενεά· πάντα γὰρ Ἀντίπατρος ἦν, καὶ τὸ πικρότατον Ἀλεξάνδρῳ, πάντα ἦν ἡ Ἀντιπάτρου μήτηρ, σύμβουλος κατ᾽ αὐτῶν μητρυιᾶς χαλεπωτέρα καὶ πλεῖόν τι προγόνων μισοῦσα τοὺς ἐκ
474 βασιλίδος. πάντες μὲν οὖν ἐπὶ ταῖς ἐλπίσιν ἐθεράπευον Ἀντίπατρον ἤδη, συναφίστα δ᾽ ἕκαστον τὰ τοῦ βασιλέως προστάγματα, παραγγείλαντος τοῖς τιμιωτάτοις μήτε προσιέναι μήτε προσέχειν τοῖς περὶ Ἀλέξανδρον. φοβερὸς δ᾽ ἦν οὐ μόνον τοῖς ἐκ τῆς βασιλείας, ἀλλὰ καὶ τοῖς ἔξωθεν φίλοις· οὐδενὶ γὰρ βασιλέων Καῖσαρ τοσαύτην ἔδωκεν ἐξουσίαν, ὥστε τὸν ἀπ᾽ αὐτοῦ φυγόντα καὶ μὴ προσηκούσης πόλεως ἐξαγαγεῖν. τὰ
475 δὲ μειράκια τὰς μὲν διαβολὰς ἠγνόει, παρὸ καὶ μᾶλλον ἀφυλάκτως ἐνέπιπτον αὐταῖς· οὐδὲν γὰρ ὁ πατὴρ φανερῶς ἀπεμέμφετο· συνίει δὲ κατὰ μικρὸν ἀπὸ τοῦ ψύγματος καὶ ὅτι⁷⁷ πρὸς τὸ λυποῦν μᾶλλον ἐτραχύνετο. διέθηκεν δὲ πρὸς αὐτὰ καὶ τὸν θεῖον Φερώραν Ἀντίπατρος ἐχθρωδῶς καὶ τὴν τηθίδα Σαλώμην, ὡς ἂν γαμετὴν⁷⁸ οὖσαν καθομιλῶν ἀεὶ καὶ παροξύνων. συνήργει δὲ καὶ πρὸς τὴν ταύτης ἀπέχθειαν ἡ Ἀλεξάν-
476 δρου γυνὴ Γλαφύρα γενεαλογοῦσα τὴν ἑαυτῆς εὐγένειαν, καὶ ὡς πασῶν τῶν κατὰ τὸ βασίλειον εἴη δεσπότις, κατὰ πατέρα μὲν ἀπὸ Τημένου, κατὰ μητέρα δὲ ἀπὸ Δαρείου τοῦ Ὑστάσπεως οὖσα. πολλὰ δὲ ὠνείδιζεν εἰς ἀγένειαν τήν τε ἀδελφὴν τὴν Ἡρώδου καὶ τὰς γυναῖκας, ὧν ἑκάστη
477 δι᾽ εὐμορφίαν οὐκ ἀπὸ γένους ἡρέθη. πολλαὶ δ᾽ ἦσαν, ὡς ἂν ἐφειμένου

§ 471 = ant. 16, 190; § 473 = ant. 16, 191;
§ 476 = ant. 16, 143.

⁷⁷ ὅτι Casaubonus cj., Na; ⟨ὅτι⟩ Thack; Text ohne ὅτι codd., Niese.
⁷⁸ συνετὴν Na cj., χαλεπὴν Destinon cj. Niese setzt ein Komma zwischen οὖσαν und καθομιλῶν — er hält den Text für verderbt.

waren Mann für Mann teils von Natur völlig verschwiegen, teils durch Bestechungen bestimmt, sodaß sie nichts Geheimes ausplauderten; ja, man ginge nicht fehl, wenn man das Leben des Antipater als Mysterium der Bosheit[228] bezeichnen würde. Die Umgebung Alexanders hatte er durch Bestechung oder gewinnende Schmeicheleien, durch die er überhaupt alles zuwege brachte, zu Verrätern und so etwas wie Dieben an den Unternehmungen und Gesprächen gemacht. Die Wege, für seine Verleumdungen das Ohr des Herodes zu gewinnen, wählte er sehr kunstvoll, indem er alles umsichtig über die Bühne leitete: er selbst trat als liebender Bruder auf, während er zum Angeben andere aussandte. Und wenn etwas gegen Alexander vorgebracht wurde, spielte er seine Rolle, indem er auftauchte und die Meldung zunächst lächerlich machte, dann bearbeitete er Schritt für Schritt den König und reizte ihn bis zur hellen Empörung. Alles mußte sich auf Heimtücke beziehen und auf den Anschein, als stelle Alexander dem Vater mit Mordgedanken nach; nichts nämlich verschaffte den Verleumdungen so sehr Glauben als die Art, wie Antipater für seinen Bruder eintrat.

2. 473. Darüber wurde Herodes verbittert, und in demselben Maße, wie er Tag für Tag mehr den jungen Prinzen seine Liebe entzog, wandte er sie dem Antipater zu. Der Hof machte die Wendung mit, teils von sich aus, teils auf Weisung, wie zum Beispiel Ptolemäus[229], der Angesehenste der „Freunde", die Geschwister und die gesamte Sippe des Königs. Denn Antipater galt alles, und — für Alexander besonders bitter — alles galt die Mutter des Antipater, deren Rat schlimmer als stiefmütterlich hinter den Plänen gegen die Brüder stand, und mehr als Stiefkinder haßte sie diese, weil sie Kinder einer Königin waren. Alle waren auf diese Aussichten hin dem Antipater nunmehr zu Diensten; der König hatte den angesehensten Hofleuten verboten, in der Umgebung Alexanders zu erscheinen oder sich gar zu ihr zu halten; so zogen auch seine Anordnungen jeden von dort weg. Er war nicht nur für Alexanders Anhänger im Lande, sondern auch für die im Ausland zu fürchten, denn keinem König sonst hatte der Caesar eine solche Macht gegeben wie dem Herodes, der den, der vor ihm auf der Flucht war, auch in einer von ihm unabhängigen Stadt aufgreifen lassen konnte. Die jungen Prinzen merkten nichts von den Verleumdungen, weswegen sie ihnen auch in ihrer Unbekümmertheit immer mehr zum Opfer fielen. Denn der Vater machte ihnen niemals offene Vorwürfe. Allmählich aber merkten sie es an seiner Kälte und daran, daß er bei unangenehmen Vorfällen immer zorniger wurde. Antipater beeinflußte gegen sie auch seinen Onkel Pheroras und seine Tante Salome, mit der er sich immer so vertraulich unterhielt, als ob sie seine Gattin[230] wäre, und die er auf diese Weise aufhetzte. Zu ihrer Feindschaft trug auch Glaphyra bei, die Frau des Alexander, die gern ihre vornehmen Ahnen aufzählte und beanspruchte, Gebieterin aller Frauen am Königshofe zu sein, weil sie väterlicherseits von Temenos, mütterlicherseits von Darius, dem Sohn des Hystaspes, abstamme[231]. Immer wieder schmähte sie die niedrige Abkunft der Schwester des Herodes und seiner Frauen, die alle wegen ihrer schönen Gestalt, nicht

τε πατρίως Ἰουδαίοις γαμεῖν πλείους καὶ τοῦ βασιλέως ἡδομένου πλείοσιν, αἳ πᾶσαι διὰ τὸ μεγάλαυχον τὸ Γλαφύρας καὶ τὰς λοιδορίας ἐμίσουν Ἀλέξανδρον.

478 3. Τὴν δὲ δὴ Σαλώμην καίτοι πενθερὰν οὖσαν αὐτὸς Ἀριστόβουλος ἑαυτῷ διεστασίασεν ὠργισμένην καὶ πρότερον[79] ἐπὶ ταῖς ἐκ Γλαφύρας βλασφημίαις· ὠνείδιζεν γὰρ τῇ γυναικὶ συνεχῶς τὴν ταπεινότητα, καὶ ὡς αὐτὸς μὲν ἰδιῶτιν, ὁ δ' ἀδελφὸς αὐτοῦ Ἀλέξανδρος γήμαι βασιλίδα.
479 τοῦτο κλαίουσα τῇ Σαλώμῃ διήγγειλεν ἡ θυγάτηρ, προσετίθει δ' ὅτι καὶ τῶν ἄλλων ἀδελφῶν τὰς μὲν μητέρας ἀπειλοῖεν οἱ περὶ Ἀλέξανδρον, ἐπειδὰν παραλάβωσιν τὴν βασιλείαν, ἱστουργοὺς ἅμα ταῖς δούλαις ποιήσειν, αὐτοὺς δὲ κωμῶν γραμματεῖς, ἐπισκώπτοντες ὡς πεπαιδευμένους[80] ἐπιμελῶς. πρὸς ἃ τὴν ὀργὴν οὐ κατασχοῦσα Σαλώμη πάντα διήγ-
480 γειλεν Ἡρώδῃ· σφόδρα δ' ἦν ἀξιόπιστος κατὰ γαμβροῦ λέγουσα. καί τις ἑτέρα διαβολὴ συνέδραμεν ἡ τὸν θυμὸν ὑπεκκαύσασα τοῦ βασιλέως· ἤκουσεν γὰρ αὐτοὺς ἀνακαλεῖσθαι μὲν συνεχῶς τὴν μητέρα καὶ κατοιμώζειν ἐπαρωμένους αὐτῷ, πολλάκις δ' αὐτοῦ διαδιδόντος τῶν Μαριάμμης ἐσθήτων τινὰ[81] ταῖς μεταγενεστέραις γυναιξὶν ἀπειλεῖν, ὡς ἀντὶ τῶν βασιλικῶν ἐν τάχει περιθήσουσιν αὐταῖς ἐκ τριχῶν πεποιημένας.

481 4. Διὰ ταῦτα καίτοι τὸ φρόνημα τῶν νεανίσκων ὑποδείσας, ὅμως οὐκ ἀπέκοπτε τὴν ἐλπίδα τῆς διορθώσεως, ἀλλὰ προσκαλεσάμενος αὐτούς, καὶ γὰρ εἰς Ῥώμην ἐκπλεύσειν ἔμελλεν, βραχέα μὲν ἠπείλησεν ὡς βασιλεύς, τὰ πολλὰ δὲ ἐνουθέτησεν ὡς πατήρ, καὶ φιλεῖν τοὺς ἀδελφοὺς παρεκάλει διδοὺς τῶν προημαρτημένων ἄφεσιν, εἰ πρὸς τὸ μέλλον
482 ἀμείνους γένοιντο. οἱ δὲ τὰς μὲν διαβολὰς ἀπεσκευάζοντο ψευδεῖς εἶναι λέγοντες, πιστώσεσθαι δὲ τὴν ἀπολογίαν τοῖς ἔργοις ἔφασκον· δεῖν μέντοι κἀκεῖνον ἀποφράττειν τὰς λογοποιίας τῷ μὴ πιστεύειν ῥᾳδίως. οὐ γὰρ ἐπιλείψειν τοὺς καταψευσομένους αὐτῶν, ἕως ἂν ὁ πειθόμενος ᾖ.

483 5. Τούτοις ὡς πατέρα πείσαντες ταχέως τὸν μὲν ἐν χερσὶν φόβον διεκρούσαντο, τὴν δ' εἰς τὰ μέλλοντα λύπην προσέλαβον· ἔγνωσαν γὰρ τήν τε Σαλώμην ἐχθρὰν καὶ τὸν θεῖον Φερώραν· ἦσαν δὲ βαρεῖς μὲν[82] ἀμφότεροι καὶ χαλεποί, Φερώρας δὲ μείζων, ὃς πάσης μὲν ἐκοινώνει τῆς βασιλείας πλὴν διαδήματος, προσόδους δὲ ἰδίας εἶχεν ἑκατὸν τάλαντα, τὴν δὲ πέραν Ἰορδάνου πᾶσαν ἐκαρποῦτο χώραν λαβὼν παρὰ τἀδελφοῦ δῶρον, ὃς αὐτὸν ἐποίησεν καὶ τετράρχην αἰτησάμενος παρὰ Καίσαρος, βασιλικῶν τε γάμων ἠξίωσεν συνοικίσας ἀδελφὴν τῆς ἰδίας γυναικός·

§ 476 = ant. 16, 143; § 478 = ant. 16, 201;
§ 483 = vgl. ant. 16, 194 ff.

[79] πρόσθεν P Niese Thack; πρότερον AMLVRC Na.
[80] παιδευομένους PALVRC; πεπαιδευμένους nur M Niese Thack.
[81] τινὰς cod. Lugd., Na.
[82] μὲν fehlt bei PAM.

aber wegen ihres Adels erwählt worden waren. Es waren nämlich viele, weil es nach väterlicher Sitte den Juden erlaubt ist, mehrere zu heiraten, und der König an einer ganzen Anzahl Gefallen hatte; sie alle haßten den Alexander wegen der Großsprecherei der Glaphyra und wegen deren Schmähungen.

3. 478. Dazu kam noch, daß Aristobulos selber Salome, seine eigene Schwiegermutter, die schon längst über die Schmähungen Glaphyras gekränkt war, gegen sich aufbrachte. Er warf nämlich seiner Gattin unablässig ihre unedle Abkunft vor und klagte darüber, daß er ein Mädchen aus nichtfürstlichem Stande geheiratet habe, sein Bruder Alexander aber eine Königstochter. Dies teilte die Tochter unter Tränen der Salome mit; sie fügte hinzu, die Gruppe um Alexander drohe, nach ihrer Machtergreifung auch die Mütter der anderen Brüder zusammen mit den Mägden zu Weberinnen zu machen, die Brüder selbst aber zu Dorfschreibern, so spotte man über ihre sorgfältige Erziehung. Das war der Anlaß, daß Salome ihren Zorn nicht mehr zügeln konnte; sie hinterbrachte alles dem Herodes. Sie war, da sie gegen ihren eigenen Schwiegersohn aussagte, eine sehr gewichtige Zeugin. Dazu kam noch eine andere Verleumdung, die den Zorn des Königs schürte; er hatte nämlich gehört, daß die beiden Prinzen unablässig den Namen ihrer Mutter anriefen, unter Klagen und Flüchen gegen ihn; und wenn er, was er häufig tat, seinen jüngeren Frauen eines von den Gewändern der Mariamme schenkte, dann drohten die Prinzen, daß diese statt der königlichen in Kürze härene Gewänder anlegen würden.

4. 481. Obwohl Herodes sich deswegen über das Selbstbewußtsein der jungen Prinzen Sorgen machte, gab er dennoch die Hoffnung nicht auf, sie zur Vernunft zu bringen, sondern er berief sie, als er gerade nach Rom fahren wollte, zu sich und richtete als König einige Drohungen an sie, und viele Ermahnungen als Vater. Er ermahnte sie, die Brüder lieb zu haben und sicherte ihnen Verzeihung der vorher begangenen Verfehlungen zu, wenn sie sich in Zukunft bessern würden. Sie wiesen aber die Verleumdungen gegen sie zurück, indem sie diese als erlogen bezeichneten; sie sagten zu, daß sie ihre Rechtfertigung mit Taten stützen wollten. Es müsse aber auch der König die Klatschereien unterbinden und ihnen nicht mehr so leicht Glauben schenken. Es werde ihnen nämlich nicht an Verleumdern fehlen, solange einer da ist, der ihnen glaubt.

5. 483. Mit solchen Worten überzeugten sie bald den Vater, und so gelang es ihnen, sich der handgreiflichen Bedrängnis zu entledigen; aber im Gedanken an die kommenden Ereignisse konnten sie sich einer ernsten Sorge nicht erwehren. Denn sie erfuhren, daß Salome ihnen feind sei, und ebenso ihr Onkel Pheroras. Sie waren beide einflußreich und gefährlich, vor allem Pheroras, hatte er doch teil an der königlichen Würde, abgesehen von der Krone; als eigenes Einkommen flossen ihm 100 Talente zu, und außerdem genoß er den Ertrag des ganzen Landes jenseits des Jordans, das er von seinem Bruder als Geschenk erhalten hatte. Dieser verschaffte

μετὰ δὲ τὴν ἐκείνης τελευτὴν καθωσίωσε τὴν πρεσβυτάτην τῶν ἑαυτοῦ
484 θυγατέρων ἐπὶ προικὶ τριακοσίοις ταλάντοις. ἀλλ' ἀπέδρα Φερώρας
τὸν βασιλικὸν γάμον πρὸς ἔρωτα δούλης, ἐφ' ᾧ χαλεπήνας Ἡρώδης
τὴν μὲν θυγατέρα τῷ πρὸς Πάρθων ὕστερον ἀναιρεθέντι συνέζευξεν
ἀδελφιδῷ· Φερώρᾳ δὲ μετ' οὐ πολὺ τὴν ὀργὴν ἀνίει διδοὺς συγγνώμην
τῇ νόσῳ.
485 6. Διεβάλλετο δὲ καὶ πάλαι μὲν ἔτι ζώσης τῆς βασιλίδος ἐπιβουλεύειν
αὐτῷ φαρμάκοις, τότε δὲ πλεῖστοι μηνυταὶ προσῄεσαν, ὡς καίπερ
φιλαδελφότατον ὄντα τὸν Ἡρώδην εἰς πίστιν ὑπαχθῆναι τῶν λεγομένων
καὶ δέος. πολλοὺς δὲ τῶν ἐν ὑπονοίᾳ βασανίσας τελευταῖον ἦλθεν ἐπὶ
486 τοὺς Φερώρου φίλους. ὧν ἐπιβουλὴν μὲν ἄντικρυς ὡμολόγησεν οὐδείς,
ὅτι δὲ τὴν ἐρωμένην ἁρπασάμενος εἰς Πάρθους ἀποδρᾶναι παρεσκευάζετο, συμμετέχοι[83] δὲ τοῦ σκέμματος αὐτῷ καὶ τῆς φυγῆς Κοστόβαρος
ὁ Σαλώμης ἀνήρ, ᾧ συνῴκισεν αὐτὴν ὁ βασιλεὺς ἐπὶ μοιχείᾳ τοῦ προτέ-
487 ρου διαφθαρέντος. ἦν δ' ἐλευθέρα διαβολῆς οὐδὲ Σαλώμη· καὶ γὰρ
αὐτῆς Φερώρας ἀδελφὸς κατηγόρει συνθήκας περὶ γάμου πρὸς Συλλαῖον
τὸν Ὀβαίδα[84] τοῦ Ἀράβων βασιλέως ἐπίτροπον, ὃς ἦν ἐχθρότατος
Ἡρώδῃ. διελεγχθεῖσα δὲ καὶ τοῦτο καὶ πάνθ' ὅσα Φερώρας ἐνεκάλει,
συγγινώσκεται· καὶ αὐτὸν δὲ Φερώραν ὁ βασιλεὺς ἀπέλυσεν τῶν ἐγκλημάτων.
488 7. Μετέβαινεν δὲ ἐπ' Ἀλέξανδρον ὁ χειμὼν τῆς οἰκίας καὶ περὶ τὴν
ἐκείνου κεφαλὴν ὅλος ἀπηρείσατο. τρεῖς ἦσαν εὐνοῦχοι τιμιώτατοι τῷ
βασιλεῖ, καὶ δῆλον ἐξ ὧν ἐλειτούργουν· τῷ μὲν γὰρ οἰνοχοεῖν προσετέτακτο, τῷ δὲ δεῖπνον προσφέρειν, ὁ δ' αὐτὸν κατεκοίμιζέν τε καὶ συγ-
489 κατεκλίνετο. τούτους εἰς τὰ παιδικὰ δώροις μεγάλοις ὑπηγάγετο ὁ
Ἀλέξανδρος. μηνυθὲν δὲ τῷ βασιλεῖ διηλέγχοντο βασάνοις, καὶ τὴν
μὲν συνουσίαν εὐθέως ὡμολόγουν, ἐξέφερον δὲ καὶ τὰς εἰς αὐτὴν ὑπο-
490 σχέσεις, ὃν τρόπον ἀπατηθεῖεν ὑπὸ Ἀλεξάνδρου λέγοντος, ὡς οὐκ ἐν
Ἡρώδῃ δέοι τὰς ἐλπίδας ἔχειν ἀναιδεῖ γέροντι καὶ βαπτομένῳ τὰς κόμας,
εἰ μὴ διὰ τοῦτ' αὐτὸν οἴονται καὶ νέον, αὐτῷ δὲ προσέχειν, ὃς καὶ παρὰ
ἄκοντος διαδέξεται τὴν βασιλείαν οὐκ εἰς μακράν τε τοὺς μὲν ἐχθροὺς
ἀμυνεῖται, τοὺς φίλους δ' εὐδαίμονας ποιήσει καὶ μακαρίους, πρὸ
491 πάντων δὲ αὐτούς· εἶναι δὲ καὶ θεραπείαν τῶν δυνατῶν περὶ τὸν
Ἀλέξανδρον λαθραίαν, τούς τε ἡγεμόνας τοῦ στρατιωτικοῦ καὶ τοὺς
ταξιάρχους κρύφα πρὸς αὐτὸν συνιέναι.

§ 487 = ant. 16, 220; § 448 = ant. 16, 229;
§ 489 = ant. 16, 232.

[83] Der Plural συμμέτοχοι codd., Niese ist schwierig. συμμετέχοι Destinon
Na Thack.
[84] Andere Namensformen: Ὀβαῖα PA; Ὀβάδα MLVRC.

128

ihm die Tetrarchenwürde[232] durch ein Gesuch bei dem Caesar, auch ehrte er ihn durch eine königliche Ehe, indem er ihn mit der Schwester seiner Gattin vermählte. Nach deren Tod sicherte er ihm feierlich seine älteste Tochter mit einer Mitgift von 300 Talenten zu. Pheroras aber entzog sich der Verbindung mit dem Königshaus aus Liebe zu einer Sklavin; Herodes, darüber aufgebracht, verheiratete dann seine Tochter mit seinem Neffen, der später im Partherkrieg fiel[233]. Den Zorn gegen Pheroras ließ er aber bald fahren und verzieh ihm seinen Liebeswahn.

6. 485. Schon vordem war Pheroras noch zu Lebzeiten der Königin angeschuldigt worden, die Vergiftung des Königs zu planen; jetzt aber lief eine Fülle von Anzeigen ein, sodaß Herodes, obgleich er seinen Bruder sehr lieb hatte, gezwungen wurde, den Meldungen Glauben zu schenken und sich zu fürchten. Viele, die unter Verdacht standen, ließ er foltern und machte schließlich auch vor den Freunden des Pheroras nicht Halt. Niemand von ihnen gestand wirklich einen Anschlag, sondern nur, daß er Vorkehrungen getroffen habe, zu den Parthern zu entfliehen und dabei die Geliebte mitnehmen wollte. Unterstützung für seinen Fluchtplan habe er immerhin bei Kostobar[234], dem Manne der Salome, gefunden, dem der König sie vermählt hatte, nachdem ihr früherer Mann wegen Ehebruchs hingerichtet worden war. Nicht einmal Salome blieb vom Vorwurf frei; denn ihr Bruder Pheroras beschuldigte sie, Abmachungen über eine Ehe getroffen zu haben mit dem Statthalter des Araberkönigs Obaida, nämlich Sylläus[235], einem erbitterten Feind des Herodes. Obwohl sie in diesem und in allen anderen Punkten der Anschuldigungen des Pheroras überführt wurde, verzieh ihr Herodes. Auch den Pheroras selber sprach der König von den Anklagen frei.

7. 488. So zog sich denn das häusliche Unwetter auf Alexander und entlud sich ganz über seinem Haupt. Der König hatte drei Eunuchen, die bei ihm in besonderen Ehren standen, wie schon aus ihrer Aufgabe hervorgeht. Der eine nämlich hatte das Amt, den Wein auszuschenken, der andere die Speisen aufzutragen, während der dritte ihn zu Bett brachte und bei ihm schlief. Diese verführte Alexander durch große Geschenke zu geschlechtlichem Umgang mit ihm[236]. Als dies dem König gemeldet wurde, wurden sie durch Folterung gänzlich überführt; sie gestanden sofort den Umgang ein und rückten auch mit den Versprechungen heraus, die sie dazu verführt hatten, wie sie nämlich von Alexander getäuscht seien, der gesagt habe, man dürfe nicht auf Herodes seine Hoffnung setzen, der ein schamloser Greis sei und die Haare färbe, es sei denn, sie hielten ihn deswegen für einen jungen Mann. Sie sollten vielmehr die Aufmerksamkeit auf ihn richten, der auch gegen den Willen des Herodes die Herrschaft übernehmen würde und in nicht allzu ferner Zeit sich an seinen Feinden rächen, seine Freunde aber glücklich und zufrieden machen würde, vor allem aber sie. Nach ihrer Angabe bemühten sich die Mächtigen heimlich um die Gunst Alexanders, und die Heerführer und Befehlshaber hätten schon im Verborgenen mit ihm Zusammenkünfte.

8. Ταῦτα τὸν Ἡρώδην οὕτως ἐξεφόβησεν, ὡς μηδὲ παραχρῆμα τολμῆσαι τὰς μηνύσεις ἐκφέρειν, ἀλλὰ κατασκόπους ὑποπέμπων νύκτωρ καὶ μεθ' ἡμέραν ἕκαστα τῶν πραττομένων ἢ λεγομένων διηρεύνα καὶ τοὺς ἐν ταῖς ὑποψίαις εὐθέως ἀνῄρει. δεινῆς δὲ[85] ἀνομίας ἐνεπλήσθη τὸ βασίλειον· κατὰ γὰρ ἔχθραν ἢ μῖσος ἴδιον ἕκαστος ἔπλασσεν τὰς διαβολάς, καὶ πολλοὶ πρὸς τοὺς διαφόρους φονῶντι τῷ βασιλικῷ θυμῷ κατεχρῶντο. καὶ τὸ μὲν ψεῦδος εἶχεν παραχρῆμα πίστιν, αἱ κολάσεις δὲ τῶν διαβολῶν ἦσαν ὠκύτεραι. κατηγορεῖτο γοῦν τις ἄρτι κατηγορήσας, καὶ τῷ πρὸς αὐτοῦ διελεγχθέντι συναπήγετο· τὰς γὰρ ἐξετάσεις τοῦ βασιλέως ὁ περὶ τῆς ψυχῆς κίνδυνος ἐπετέμνετο[86]. προύβη δ' εἰς τοσοῦτον πικρίας, ὡς μηδὲ τῶν ἀκαταιτιάτων τινὶ προσβλέπειν ἡμέρως, εἶναι δὲ καὶ τοῖς φίλοις ἀπηνέστατος· πολλοῖς γοῦν αὐτῶν ἀπεῖπεν τὸ βασίλειον, καὶ πρὸς οὓς οὐκ εἶχεν χειρὸς ἐξουσίαν τῷ λόγῳ χαλεπὸς ἦν. συνεπέβη δὲ Ἀντίπατρος ἐν ταῖς συμφοραῖς Ἀλεξάνδρῳ καὶ στῖφος ποιήσας τῶν συγγενῶν οὐκ ἔστιν ἥντινα διαβολὴν παρέλιπεν. προήχθη γέ τοι πρὸς τοσοῦτον δέος ὁ βασιλεὺς ὑπὸ τῆς τερατείας αὐτοῦ καὶ τῶν συνταγμάτων, ὡς ἐφεστάναι δοκεῖν αὐτῷ τὸν Ἀλέξανδρον ξιφήρη. συλλαβὼν οὖν αὐτὸν ἐξαπίνης ἔδησεν καὶ πρὸς βάσανον ἐχώρει τῶν φίλων αὐτοῦ. σιγῶντες δὲ ἀπέθνησκον πολλοί[87] καὶ μηδὲν ὑπὲρ τὸ συνειδὸς εἰπόντες· οἱ δ' ὑπὸ τῶν ἀλγηδόνων ψεύσασθαι βιασθέντες ἔλεγον, ὡς ἐπιβουλεύοι τε αὐτῷ μετὰ Ἀριστοβούλου τοῦ ἀδελφοῦ καὶ παραφυλάττει κυνηγοῦντα κτείνας εἰς Ῥώμην ἀποδρᾶναι. τούτοις καίπερ οὐ πιθανοῖς οὖσιν ἀλλ' ὑπὸ τῆς ἀνάγκης ἐσχεδιασμένοις ὁ βασιλεὺς ἐπίστευσεν ἡδέως, παραμυθίαν λαμβάνων τοῦ δῆσαι τὸν υἱὸν τὸ μὴ δοκεῖν ἀδίκως.

XXV. 1. Ὁ δ' Ἀλέξανδρος ἐπεὶ τὸν πατέρα μεταπείθειν ἀμήχανον ἑώρα, τοῖς δεινοῖς ὁμόσε χωρεῖν διέγνω, καὶ τέσσαρας κατὰ τῶν ἐχθρῶν βίβλους συνταξάμενος προσωμολόγει μὲν τὴν ἐπιβουλήν, κοινωνοὺς δ' ἀπεδείκνυεν τοὺς πλείστους αὐτῶν, πρὸ δὲ πάντων Φερώραν καὶ Σαλώμην· ταύτην γὰρ δὴ καὶ μιγῆναί ποτε αὐτῷ μὴ θέλοντι νύκτωρ εἰσβιασαμένην. αἵ τε οὖν βίβλοι παρῆσαν εἰς χεῖρας Ἡρώδῃ πολλὰ καὶ δεινὰ κατὰ τῶν δυνατωτάτων βοῶσαι, καὶ διὰ τάχους εἰς Ἰουδαίαν Ἀρχέλαος ἀφικνεῖται περὶ τῷ γαμβρῷ καὶ τῇ θυγατρὶ δείσας. γίνεται δὲ βοηθὸς αὐτοῖς μάλα προμηθὴς καὶ τέχνῃ τὴν τοῦ βασιλέως ἀπειλὴν διεκρούσατο. συμβαλὼν γὰρ εὐθέως αὐτῷ «ποῦ ποτέ ἐστιν ὁ ἀλιτήριός μου γαμβρός, ἐβόα, ποῦ δὲ τὴν πατροκτόνον ὄψομαι κεφαλήν, ἣν ταῖς ἐμαυτοῦ χερσὶν διασπαράξω; προσθήσω[88] δὲ καὶ θυγατέρα μου τῷ

§ 494 = ant. 16, 236 ff.; § 498 = ant. 16, 255;
§ 499 = ant. 16, 261.

[85] δὴ A Lat.
[86] ὑπετέμνετο PLTRC Thack.
[87] οἱ πολλοὶ L¹TRC Na.
[88] προσθύσω Na cj., Reinach.

8. 492. Dies setzte Herodes so sehr in Schrecken, daß er überhaupt nicht wagte, die Anzeigen bekannt zu geben, sondern er schickte Späher nachts und bei Tage umher und ließ alle Handlungen und Worte auskundschaften; wer aber verdächtig war, den ließ er unverzüglich töten. Der Palast war voll der schlimmsten Greueltaten; jeder erdichtete im Sinne seiner Feindschaft und seines Hasses die entsprechenden Verleumdungen, und viele mißbrauchten die Mordgier des Königs gegen ihre Gegner. Die Lüge fand sofort Glauben, und die Strafen waren noch schneller als die Verleumdungen. So wurde einer, der eben noch Ankläger war, zum Angeklagten, und man führte ihn mit dem von ihm Beschuldigten ab. Genauere Untersuchungen schnitt nämlich die Lebensangst des Königs ab. Seine Verbitterung verstieg sich so weit, daß er nicht einmal einen Unverdächtigen freundlich ansah und auch seinen Freunden äußerst schroff begegnete. Vielen verbot er den Aufenthalt am Hof, und viele, die nicht in seiner Hände Gewalt waren, bekamen seinen Zorn in Worten zu spüren. In dieser Bedrängnis setzte auch Antipater dem Alexander hart zu; er faßte die Verwandten zu einer festen Schar zusammen, und es gab keine Verleumdung, die er sich entgehen ließ. Der König wurde denn auch von den Lügengespinsten und Intrigen[237] bis zu einem derartigen Grad der Furcht getrieben, daß er meinte, Alexander stände ihm mit gezücktem Schwert gegenüber. So ließ er ihn plötzlich verhaften und einsperren und ging daran, seine Freunde zu foltern. Schweigend gingen viele in den Tod und sagten nichts gegen ihr Gewissen aus. Die aber, die sich durch die Schmerzen zu Lügen zwingen ließen, sagten aus, er plane zusammen mit seinem Bruder Aristobulos einen Anschlag gegen ihn und laure darauf, ihn auf der Jagd zu töten und nach Rom zu entkommen. Diesen Aussagen schenkte der König, obwohl sie kein Vertrauen verdienten und nur unter Zwang flüchtig hingeworfen waren, gern Glauben, waren sie ihm doch eine Hilfe dafür, daß die Verhaftung seines Sohnes nicht ungerechtfertigt erschien.

25. Kapitel

1. 498. Als Alexander einsah, daß es unmöglich war, den Vater umzustimmen, beschloß er, es mit den Schicksalsschlägen aufzunehmen. In vier Büchern gegen seine Feinde gab er zwar den Anschlag zu, bezeichnete aber die meisten von ihnen als seine Bundesgenossen, allen voran Pheroras und Salome. Diese habe ihn sogar einst bei Nacht gegen seinen Willen zum Beischlaf gezwungen. Diese Bücher, die die einflußreichen Leute mit vielen schweren Beschuldigungen laut anklagten, gelangten in die Hände des Herodes. Da kam Archelaos eilig nach Judäa, in Sorge um seinen Schwiegersohn und seine Tochter[238]. Er kam ihnen sehr umsichtig zu Hilfe und mit Geschick wehrte er den drohenden Zorn des Königs ab. Denn so bald er ihn traf, rief er: „Wo ist denn mein verruchter Schwiegersohn? Wo kann ich das Haupt des Vatermörders sehen, daß ich es mit meinen eigenen

501 καλῷ νυμφίῳ· καὶ γὰρ εἰ μὴ κεκοινώνηκεν τοῦ σκέμματος, ὅτι τοιούτου γυνὴ γέγονεν, μεμίανται. θαυμάζω δὲ καὶ σὲ τὸν ἐπιβουλευθέντα τῆς ἀνεξικακίας, εἰ ζῇ μέχρι νῦν Ἀλέξανδρος· ἐγὼ γὰρ ἠπειγόμην ἀπὸ Καππαδοκίας ὡς τὸν μὲν εὑρήσων πάλαι δεδωκότα δίκας, μετὰ δὲ σοῦ περὶ τῆς θυγατρὸς ἐξετάσων, ἣν ἐκείνῳ γε πρὸς τὸ σὸν ἀξίωμα βλέπων ἐνεγγύησα. νῦν δὲ περὶ ἀμφοῖν ἡμῖν βουλευτέον, κἂν ᾖς πατὴρ λίαν ἢ τοῦ κολάζειν υἱὸν ἀτονώτερος ἐπίβουλον, ἀμείψωμεν τὰς δεξιὰς καὶ γενώμεθα τῆς ἀλλήλων ὀργῆς διάδοχοι».

502 2. Τούτοις περικομπήσας καίπερ παρατεταγμένον Ἡρώδην ὑπάγεται· δίδωσι γοῦν αὐτῷ τὰς συνταχθείσας ὑπ᾽ Ἀλεξάνδρου βίβλους ἀναγνῶναι καὶ καθ᾽ ἕκαστον ἐφιστὰς κεφάλαιον συνεσκέπτετο. λαμβάνει δ᾽ Ἀρχέλαος ἀφορμὴν τοῦ στρατηγήματος καὶ κατὰ μικρὸν εἰς τοὺς ἐγγεγραμ-
503 μένους καὶ Φερώραν μετήγαγεν τὰς αἰτίας. ὡς δ᾽ ἑώρα πιστεύοντα τὸν βασιλέα, «σκεπτέον, ἔφη, μή ποτε τὸ μειράκιον ὑπὸ τοσούτων εἴη πονηρῶν ἐπιβουλευόμενον, οὐχ ὑπὸ τοῦ μειρακίου σύ· καὶ γὰρ οὐχ ὁρᾶν αἰτίαν, ἐξ ἧς ἂν εἰς τηλικοῦτον μύσος προέπεσεν, ἀπολαύων μὲν ἤδη βασιλείας, ἐλπίζων δὲ καὶ διαδοχήν, εἰ μή τινες ἦσαν ἀναπείθοντες καὶ τὸ τῆς ἡλικίας εὔκολον ἐπὶ κακῷ μεταχειριζόμενοι. διὰ γὰρ τῶν τοιούτων ἐξαπατᾶσθαι μὲν οὐκ ἐφήβους μόνον ἀλλὰ καὶ γέροντας, οἴκους δὲ λαμπροτάτους καὶ βασιλείας ὅλας ἀνατρέπεσθαι».

504 3. Συνῄνει τοῖς λεγομένοις Ἡρώδης, καὶ τὴν μὲν πρὸς Ἀλέξανδρον ὀργὴν ἐπανίει πρὸς ὀλίγον, πρὸς δὲ Φερώραν παρωξύνετο· τῶν γὰρ τεσσάρων βίβλων οὗτος ἦν ὑπόθεσις. ὃς κατιδὼν τό τε τοῦ βασιλέως ὀξύρροπον καὶ τὴν Ἀρχελάου φιλίαν παρ᾽ αὐτῷ πάντων κρατοῦσαν, ὡς οὐκ ἐνῆν εὐσχήμονι σωτηρίᾳ, τὴν δι᾽ ἀναιδείας ἐπορίζετο· κατα-
505 λείψας γοῦν Ἀλέξανδρον προσέφυγεν Ἀρχελάῳ. κἀκεῖνος οὐχ ὁρᾶν ἔφη, πῶς ἂν αὐτὸν ἐξαιτήσαιτο τοσούτοις ἐνεχόμενον ἐγκλήμασιν, ἐξ ὧν σαφῶς ἀποδείκνυται τοῦ βασιλέως ἐπίβουλος καὶ τῶν παρόντων τῷ μειρακίῳ κακῶν αἴτιος γεγονώς, εἰ μὴ βούλεται τὸ πανοῦργον καὶ τὰς ἀρνήσεις ἀφεὶς προσομολογῆσαι μὲν τὰ κατηγορημένα, συγγνώμην δ᾽ αἰτήσασθαι παρὰ τἀδελφοῦ καὶ φιλοῦντος· εἰς γὰρ τοῦτο πάντα τρόπον αὐτῷ[89] συνεργήσειν.

506 4. Πείθεται Φερώρας, καὶ κατασκευάσας ἑαυτόν, ὡς ἂν οἰκτρότατος φανείη, μελαίνῃ τε ἐσθῆτι καὶ δακρύοις προσπίπτει τοῖς Ἡρώδου ποσίν, ὡς πολλάκις ἔτυχεν συγγνώμης αἰτούμενος καὶ μιαρὸν μὲν ἑαυτὸν

§ 503 = ant. 16, 266; § 506 = ant. 16, 268.

[89] αὐτῷ MLTRC Na Thack; αὐτὸς PA Niese.

Händen zermalmen kann? Meine eigene Tochter will ich ihrem sauberen Gatten nachschicken. Denn auch wenn sie an seiner Absicht nicht teilhatte, ist sie, weil sie die Gattin eines solchen Mannes ist, doch befleckt. Da du das Ziel eines solchen Anschlags warst, kann ich nur deine Langmut bewundern, wenn Alexander doch noch am Leben ist. Denn ich eilte von Kappadozien unter der Voraussetzung hierher, ihn schon abgeurteilt zu finden, und lediglich mit der Absicht, zusammen mit dir das Verfahren gegen meine Tochter durchzuführen, die ich jenem nur im Blick auf deine hohe Würde vermählte. Nun aber bleibt uns noch, über beide zu richten, und wenn du allzusehr Vater und zu weichherzig bist, um einen aufrührerischen Sohn zu bestrafen, so wollen wir uns wechselseitig die Hand leihen und jeder es übernehmen, den Zorn des anderen zu vollstrecken.

2. 502. Mit diesem Wortschwall gelang es ihm, den widerstrebenden Herodes umzustimmen; der gab ihm infolgedessen die von Alexander verfaßten Bücher zum Lesen, unterbrach ihn nach jedem Abschnitt und sprach ihn mit ihm durch. Hier fand Archelaos einen Anhaltspunkt für seine Kriegslist, und Schritt für Schritt schob er die Schuld auf die in der Schrift Genannten, vor allem auf Pheroras. Als er nun sah, daß der König ihm glaubte, bemerkte er: „Man müßte sich doch überlegen, ob nicht ein Anschlag all dieser Schurken auf den Prinzen vorliegt, statt des Prinzen auf dich. Denn es ist keineswegs einzusehen, aus welchem Grunde er sich so weit in den Frevel verrannt hat, wo er doch schon im Genuß der Königswürde steht und sich Hoffnung auf die Nachfolge machen darf, wenn es nicht einige gibt, die ihn aufstacheln und die Bereitwilligkeit der Jugend zum Schlechten ausnutzen. Denn durch Leute solchen Schlages werden nicht nur junge Männer, sondern auch Greise hinters Licht geführt, ja, vornehmste Häuser und ganze Königreiche zugrunde gerichtet."

3. 504. Herodes stimmte dem zu, seinen Zorn gegen Alexander ließ er nach und nach fahren, gegen Pheroras aber wurde er aufgebracht; denn um ihn handelte es sich grundsätzlich in den vier Büchern. Als dieser die gereizte Stimmung des Königs wahrnahm und erkannte, daß die Freundschaft zu Archelaos bei ihm alles bestimmte, da suchte er seine Rettung, weil eine ehrenhafte nicht mehr möglich war, auf ehrlosem Wege. So kümmerte er sich nicht mehr um Alexander, sondern nahm seine Zuflucht bei Archelaos. Aber dieser sagte, er sähe keinen Weg, wie er ihn losbitten könnte, der doch von so gewichtigen Anklagen belastet sei, durch die er deutlich als Verräter am König überführt werde und als Ursache der gegenwärtigen Bedrängnis des Prinzen. Es gäbe nur noch die Möglichkeit — so fuhr er fort —, daß er sich entschlösse, seine Durchtriebenheit und sein Leugnen aufzugeben, die Anklagepunkte zu gestehen und von dem Bruder, der ihn doch liebe, Verzeihung zu erbitten. Denn dabei werde er ihm auf jede Weise beistehen.

4. 506. Pheroras ließ sich bereden; er traf alle Vorkehrungen, um selbst möglichst bemitleidenswert zu erscheinen, und in schwarzem Gewand

ὁμολογῶν, δεδρακέναι γὰρ πάντα, ὅσα κατηγοροῖτο, παρακοπὴν δὲ φρενῶν καὶ μανίαν ὀδυρόμενος, ἧς αἴτιον εἶναι τὸν ἔρωτα τῆς γυναικὸς
507 ἔλεγεν. παραστήσας δὴ κατήγορον καὶ μάρτυν ἑαυτοῦ Φερώραν Ἀρχέλαος οὕτως ἤδη παρῃτεῖτο καὶ τὴν Ἡρώδου κατέστελλεν ὀργὴν χρώμενος οἰκείοις ὑποδείγμασιν· καὶ γὰρ αὐτὸς πολλῷ χαλεπώτερα πάσχων ὑπὸ τἀδελφοῦ τῆς ἀμύνης ἐπίπροσθεν τίθεσθαι τὸ τῆς φύσεως δίκαιον· ἐν γὰρ ταῖς βασιλείαις ὥσπερ ἐν μεγάλοις σώμασιν ἀεί τι μέρος φλεγμαίνειν ὑπὸ τοῦ βάρους, ὅπερ ἀποκόπτειν μὲν οὐ χρῆναι, θεραπεύειν δὲ πραότερον.

508 5. Πολλὰ τοιαῦτα λέγων Ἡρώδην μὲν ἐπὶ Φερώρᾳ μειλίσσεται, διέμενε δ᾽ αὐτὸς ἀγανακτῶν πρὸς Ἀλέξανδρον καὶ τὴν θυγατέρα διαζεύξας ἀπάξειν ἔφασκεν, ἕως περιέστησεν Ἡρώδην ἀντιπαρακαλεῖν ὑπὲρ τοῦ μειρακίου καὶ πάλιν αὐτῷ μνηστεύεσθαι τὴν θυγατέρα. σφόδρα δὲ ἀξιοπίστως Ἀρχέλαος ᾧ βούλεται συνοικίζειν αὐτὴν ἐπέτρεπεν πλὴν Ἀλεξάνδρου· περὶ πλείστου γὰρ ποιεῖσθαι τηρεῖν πρὸς αὐτὸν τὰ τῆς
509 ἐπιγαμίας δίκαια. φαμένου δὲ τοῦ βασιλέως δῶρον ἕξειν παρ᾽ αὐτοῦ τὸν υἱόν, εἰ μὴ λύσειεν τὸν γάμον, ὄντων μὲν αὐτοῖς ἤδη καὶ τέκνων, στεργομένης δ᾽ οὕτως ὑπὸ τοῦ μειρακίου τῆς γυναικός, ἣν παραμένουσαν μὲν ἔσεσθαι δυσώπημα τῶν ἁμαρτημάτων, ἀπορραγεῖσαν δὲ αἰτίαν τῆς εἰς ἅπαντα ἀπογνώσεως· μαλακωτέρας γὰρ γίνεσθαι τὰς τόλμας πάθεσιν
510 οἰκείοις περισπωμένας· κατανεύει μόλις Ἀρχέλαος διαλλάσσεταί τε καὶ διαλλάσσει τῷ νεανίσκῳ τὸν πατέρα· δεῖν μέντοι πάντως ἔφη πέμπειν αὐτὸν εἰς Ῥώμην Καίσαρι διαλεξόμενον· γεγραφέναι γὰρ αὐτὸς ἐκείνῳ περὶ πάντων.

511 6. Τὸ μὲν οὖν Ἀρχελάου στρατήγημα, δι᾽ οὗ τὸν γαμβρὸν ἐρρύσατο, πέρας εἶχεν, μετὰ δὲ τὰς διαλλαγὰς ἐν εὐωχίαις καὶ φιλοφρονήσεσιν διῆγον. ἀπιόντα δ᾽ αὐτὸν Ἡρώδης δωρεῖται ταλάντων ἑβδομήκοντα δώροις θρόνῳ τε χρυσῷ διαλίθῳ καὶ εὐνούχοις καὶ παλλακίδι, ἥτις
512 ἐκαλεῖτο Παννυχίς, τῶν τε φίλων ἐτίμησεν κατ᾽ ἀξίαν ἕκαστον. ὁμοίως τε καὶ οἱ συγγενεῖς προστάξαντος τοῦ βασιλέως πάντες Ἀρχελάῳ δῶρα λαμπρὰ ἔδοσαν, προεπέμφθη τε ὑπό τε Ἡρώδου καὶ τῶν δυνατῶν ἕως Ἀντιοχείας.

§ 508 = ant. 16, 263; § 510 = ant. 16, 269.

unter Tränen warf er sich dem Herodes zu Füßen, wie er schon oft getan hatte. Er bat um Verzeihung und bekannte sich als verbrecherischen Menschen, er habe alles getan, wessen er bezichtigt werde; dabei klagte er über Zerrüttung des Geistes und Wahnsinn, wofür er als Ursache die Liebe zu seiner Frau angab. Archelaos stellte somit den Pheroras als Ankläger und Zeugen gegen sich selbst heraus, und ganz entsprechend verlegte er sich nunmehr aufs Bitten, suchte den Zorn des Herodes zu beschwichtigen und wies auf Beispiele aus seiner eigenen Familie hin; denn auch er selbst habe bei noch viel schlimmeren Erfahrungen mit seinem Bruder doch dem Gebot der Natur vor der Rache den Vorrang gegeben[239]. Denn in den Königreichen gerate wie in großen Körpern immer irgendein Teil infolge der besonderen Belastung in Entzündungszustand; diesen Teil abzuschneiden sei nicht nötig, es genüge vielmehr eine vorsichtige Heilbehandlung.

5. 508. Mit vielen derartigen Vorstellungen gelang es dem Archelaos, den Herodes gegen Pheroroas milder zu stimmen; er verharrte aber seinerseits im Unwillen gegen Alexander und erklärte, er werde seine Tochter scheiden lassen und mitnehmen. So verstand er es, Herodes dahin zu bringen, daß er nun seinerseits für den jungen Prinzen eintrat und für ihn erneut um die Tochter warb. Mit der Miene völliger Lauterkeit stellte Archelaos dem Herodes anheim, sie zu verheiraten mit wem er wolle, nur nicht mit Alexander. Denn grundsätzlich liege ihm alles daran, die durch das Ehebündnis entstandene Rechtsbindung an ihn aufrecht zu erhalten. Da erklärte der König, er werde seinen Sohn von Archelaos von neuem als Geschenk erhalten, wenn er auf die Lösung dieser Ehe verzichte; zudem seien schon Kinder vorhanden, und die Frau werde von dem jungen Prinzen so geliebt, daß ihre Gegenwart im Fall der Aufrechterhaltung der Ehe stets eine beschämende Erinnerung an die früheren Verfehlungen sein werde, ihre gewaltsame Losreißung vom Mann aber für ihn Ursache zur völligen Verzweiflung. Die Neigung zu unüberlegten Streichen verliere zudem ihren Reiz durch die Beschäftigung mit dem Familienleben. Nur widerstrebend stimmte Archelaos zu und ließ sich versöhnen, und so versöhnte er den Vater mit dem Sohn. Er sagte, es sei freilich nötig, ihn auf jeden Fall nach Rom[240] zu schicken, um dem Kaiser Rede und Antwort zu stehen; denn er selbst habe diesem über alle Ereignisse Bericht erstattet.

6. 511. So kam die Kriegslist des Archelaos, durch die er seinen Schwiegersohn rettete, zum Ziel, und nach der Versöhnung brachte man noch einige Zeit mit Gastmählern und gegenseitigen Freundschaftsbeweisen zu. Beim Abschied beschenkte Herodes ihn mit 70 Talenten, einem goldenen, mit Edelsteinen geschmückten Thron, mit Eunuchen und mit einer Haremsfrau, die Pannychis hieß; auch von seinen Freunden bedachte er einen jeden nach seinem Rang. Ebenso gaben alle Angehörigen der königlichen Familie auf Anordnung des Königs dem Archelaos prächtige Geschenke; dann wurde er von Herodes und den Großen bis nach Antiochien geleitet.

XXVI. 1. Μετ' οὐ πολὺ δὲ εἰς τὴν Ἰουδαίαν παρέβαλεν ἀνὴρ πολὺ τῶν Ἀρχελάου στρατηγημάτων δυνατώτερος, ὃς οὐ μόνον τὰς ὑπ' ἐκείνου πολιτευθείσας Ἀλεξάνδρῳ διαλλαγὰς ἀνέτρεψεν, ἀλλὰ καὶ ἀπωλείας αἴτιος αὐτῷ κατέστη. γένος ἦν Λάκων, Εὐρυκλῆς τοὔνομα, πόθῳ χρημάτων εἰς τὴν βασιλείαν εἰσφθαρείς· οὐ γὰρ ἀντεῖχεν ἔτι ἡ Ἑλλὰς αὐτοῦ τῇ πολυτελείᾳ. λαμπρὰ δ' Ἡρώδῃ δῶρα προσενεγκὼν δέλεαρ ὧν ἐθηρᾶτο καὶ παραχρῆμα πολλαπλασίω λαβὼν οὐδὲν ἡγεῖτο τὴν καθαρὰν δόσιν, εἰ μὴ δι' αἵματος ἐμπορεύσεται[90] τὴν βασιλείαν. περιέρχεται γοῦν τὸν βασιλέα κολακείᾳ καὶ δεινότητι λόγων καὶ περὶ αὑτοῦ ψευδέσιν ἐγκωμίοις. ταχέως δὲ συνιδὼν τὸν Ἡρώδου τρόπον καὶ πάντα λέγων τε καὶ πράττων τὰ πρὸς ἡδονὴν αὐτῷ φίλος ἐν τοῖς πρώτοις γίνεται· καὶ γὰρ ὁ βασιλεὺς διὰ τὴν πατρίδα καὶ πάντες οἱ περὶ αὐτὸν ἡδέως προετίμων τὸν Σπαρτιάτην.

2. Ὁ δ' ἐπεὶ τὰ σαθρὰ τῆς οἰκίας κατέμαθεν, τάς τε τῶν ἀδελφῶν διαφορὰς καὶ ὅπως διέκειτο πρὸς ἕκαστον ὁ πατήρ, Ἀντιπάτρου μὲν ξενίᾳ προκατείληπτο, φιλίᾳ δὲ Ἀλέξανδρον ὑποκρίνεται[91] ψευσάμενος ἑταῖρον ἑαυτὸν εἶναι καὶ Ἀρχελάου πάλαι· διὸ δὴ καὶ ταχέως ὡς δεδοκιμασμένος ἐδέχθη, συνίστησιν δ' αὐτὸν[92] εὐθέως καὶ Ἀριστοβούλῳ τῷ ἀδελφῷ. πάντων δ' ἀποπειραθεὶς τῶν προσώπων ἄλλον ἄλλως ὑπῄει, γίνεται δὲ προηγουμένως μισθωτὸς Ἀντιπάτρου καὶ προδότης Ἀλεξάνδρου, τῷ μὲν ὀνειδίζων, εἰ πρεσβύτατος ὢν περιόψεται τοὺς ἐφεδρεύοντας αὐτοῦ ταῖς ἐλπίσιν, Ἀλεξάνδρῳ δέ, εἰ γεγενημένος ἐκ βασιλίδος καὶ βασιλίδι συνοικῶν ἐάσει διαδέχεσθαι τὴν ἀρχὴν τὸν ἐξ ἰδιώτιδος, καὶ ταῦτα μεγίστην ἀφορμὴν ἔχων Ἀρχέλαον. ἦν δὲ πιστὸς τῷ μειρακίῳ σύμβουλος τὴν Ἀρχελάου φιλίαν πλασάμενος· διὸ μηδὲν ὑποστελλόμενος Ἀλέξανδρος τά τε κατ' Ἀντίπατρον ἀπωδύρετο πρὸς αὐτὸν καὶ ὡς Ἡρώδης αὐτῶν τὴν μητέρα κτείνας οὐ παράδοξον εἰ καὶ αὐτοὺς ἀφαιρεῖται τὴν ἐκείνης βασιλείαν· ἐφ' οἷς ὁ Εὐρυκλῆς οἰκτείρειν τε καὶ συναλγεῖν ὑπεκρίνετο. τὰ δ' αὐτὰ καὶ τὸν Ἀριστόβουλον εἰπεῖν δελεάσας καὶ ταῖς κατὰ τοῦ πατρὸς μέμψεσιν ἐνδησάμενος ἀμφοτέρους ᾤχετο φέρων Ἀντιπάτρῳ τὰ ἀπόρρητα· προσεπιψεύδεται δ' ἐπιβουλὴν ὡς ἐνεδρευόντων αὐτὸν τῶν ἀδελφῶν καὶ μόνον οὐκ ἐπιφερόντων ἤδη τὰ ξίφη. λαβὼν δ' ἐπὶ τούτοις χρημάτων πλῆθος ἐπαινέτης ἦν Ἀντιπάτρου καὶ πρὸς τὸν πατέρα. τὸ δὲ τελευταῖον ἐργολαβήσας τὸν Ἀριστοβούλου καὶ Ἀλεξάνδρου θάνατον κατήγορος αὐτῶν ἐπὶ τοῦ πατρὸς γίνεται καὶ προσελθὼν ἀντιδιδόναι τὸ ζῆν ἔφασκεν Ἡρώδῃ τῶν εἰς αὐτὸν εὐεργε-

---

§ 513 = ant. 16, 301; § 516 = ant. 16, 302;
§ 520 = ant. 16, 307.

[90] ἐμπορεύσαιτο LTR Na
[91] Text korrupt; simulata vero amicitia fallebat Alexandrum Lat.
[92] δὲ ἑαυτὸν LTRC Na Kohout.

26. Kapitel

1. 513. Wenig später tauchte in Judäa ein Mann auf, der noch erheblich mehr Einfluß gewann als Archelaos mit seinen Kriegslisten; er machte nicht nur die von jenem durch staatsmännische Kunst für Alexander erreichte Versöhnung zunichte, sondern er gab auch den Ausschlag für seinen Untergang. Er stammte aus Lakedämon, hieß Eurykles[241] und war zum Unheil, von seiner Geldgier getrieben, in das Königreich gekommen. Denn Griechenland konnte sein verschwenderisches Leben nicht mehr tragen. Er brachte dem Herodes prächtige Geschenke mit als Köder für das, was er erjagen wollte, und empfing augenblicklich eine vielfach reichere Gegengabe; aber diese reine Gabe erachtete er für nichts, wenn er nicht unter Blutvergießen an dem Königreich Geschäfte machen könnte. Er umgarnte also den König mit Schmeichelei, meisterhaft gesetzten Worten und verlogenen Lobliedern auf ihn. Schnell durchschaute er die Art des Herodes und richtete alle seine Worte und Taten nach dem Beifall des Königs und wurde so einer von dessen engsten Freunden. Ehrte doch auch der König und seine ganze Umgebung bereitwillig den Spartiaten um seines Vaterlandes willen.

2. 516. Er brachte die morschen Stellen im königlichen Haus in Erfahrung, nämlich die Spannung zwischen den Brüdern und die Stellung des Vaters zu jedem von ihnen; durch die Gastfreundschaft des Antipater war er von vornherein eingenommen, aber den Alexander täuschte er durch angebliche Freundschaft, indem er ihm vorlog, er sei seit alters mit Archelaos verbunden. So wurde er denn schnell wie ein erprobter Freund aufgenommen, und Alexander führte ihn sogleich bei seinem Bruder Aristobulos ein. In allen Rollen erfahren, schmeichelte er sich bei jedem auf seine Weise ein, vorwiegend aber stand er im Solde Antipaters und verriet Alexander; dem einen stellte er vor, wie er als der Älteste doch für die Männer, die gegen seine berechtigten Hoffnungen ihre Pläne schmiedeten, so gar kein Auge habe, dem Alexander aber, wie er als Sohn und Gatte königlicher Frauen die Thronfolge durch den Sohn einer bürgerlichen Frau zulassen könne, und das, obwohl er an Archelaos einen so starken Rückhalt habe. Er galt dem jungen Prinzen als zuverlässiger Ratgeber auf Grund der vorgetäuschten Freundschaft mit Archelaos; deshalb beklagte er sich auch bei ihm unbedenklich über Antipater und erklärte es für nicht verwunderlich, wenn Herodes, der Mörder ihrer Mutter, den Brüdern auch den von ihr ererbten Anspruch auf den Thron entreiße. Dazu stellte sich Eurykles so, als bedaure er es und als teile er den Kummer. Er verleitete auch den Aristobulos dazu, sich entsprechend zu äußern, und als er so beide durch ihre Vorwürfe gegen den Vater in seine Schlinge gebracht hatte, ging er hin und hinterbrachte dem Antipater die vertraulichen Mitteilungen. Außerdem fügte er noch einen völlig erdichteten Bericht über einen Anschlag bei, als wenn die Brüder ihm nach dem Leben trachteten und lediglich ihre Schwerter noch nicht gegen ihn erhoben hätten. Er er-

σιῶν καὶ τὸ φῶς ἀμοιβὴν τῆς ξενίας ἀντιπαρέχειν· πάλαι γὰρ ἐπ' αὐτὸν ἠκονῆσθαι ξίφος καὶ τὴν Ἀλεξάνδρου τετονῶσθαι δεξιάν, ἐμποδὼν δ'
521 αὐτὸς γεγονέναι τῷ τάχει συνεργεῖν ὑποκριθείς· φάναι γὰρ τὸν Ἀλέξανδρον, ὡς οὐκ ἀγαπᾷ βασιλεύσας αὐτὸς Ἡρώδης ἐν ἀλλοτρίοις καὶ μετὰ τὸν τῆς μητρὸς αὐτῶν φόνον τὴν ἐκείνης ἀρχὴν σπαθήσας, ἀλλ' ἔτι καὶ νόθον εἰσάγεται διάδοχον Ἀντιπάτρῳ τῷ φθόρῳ τὴν παππῴαν αὐτῶν βασιλείαν προτείνων. τιμωρήσειν γε μὴν αὐτὸς τοῖς Ὑρκανοῦ καὶ τοῖς Μαριάμμης δαίμοσιν· οὐδὲ γὰρ πρέπειν αὐτὸν διαδέξασθαι
522 παρὰ τοιούτου πατρὸς τὴν ἀρχὴν δίχα φόνου. πολλὰ δ' εἶναι τὰ παροξύνοντα καθ' ἡμέραν, ὥστε μηδὲ λαλιᾶς τινα τρόπον ἀσυκοφάντητον καταλελεῖφθαι· περὶ μὲν γὰρ εὐγενείας ἑτέρων μνείας γενομένης αὐτὸς ἀλόγως ὑβρίζεσθαι, τοῦ πατρὸς λέγοντος «ὁ μόνος εὐγενὴς Ἀλέξανδρος καὶ τὸν πατέρα δι' ἀγένειαν ἀδοξῶν»· κατὰ δὲ τὰς θήρας
523 προσκρούειν μὲν σιωπῶν, ἐπαινέσας δὲ προσακούειν εἴρων. πανταχοῦ δ' ἀμείλικτον εὑρίσκειν τὸν πατέρα καὶ μόνῳ φιλόστοργον Ἀντιπάτρῳ, δι' ὃν ἡδέως καὶ τεθνήξεσθαι μὴ κρατήσας τῆς ἐπιβουλῆς. κτείναντι δὲ εἶναι σωτηρίας ἀφορμὴν πρῶτον μὲν Ἀρχέλαον ὄντα κηδεστήν, πρὸς ὃν διαφεύξεσθαι ῥᾳδίως, ἔπειτα Καίσαρα μέχρι νῦν ἀγνοοῦντα τὸν
524 Ἡρώδου τρόπον· οὐ γὰρ ὡς πρότερον αὐτῷ παραστήσεσθαι πεφρικὼς τὸν ἐφεστῶτα πατέρα οὐδὲ φθέγξεσθαι περὶ τῶν ἑαυτοῦ μόνον ἐγκλημάτων, ἀλλὰ πρῶτον μὲν κηρύξειν τὰς τοῦ ἔθνους συμφορὰς καὶ τοὺς μέχρι ψυχῆς φορολογουμένους, ἔπειτ' εἰς οἵας τρυφὰς καὶ πράξεις τὰ δι' αἵματος πορισθέντα χρήματα ἀνηλώθη, τούς τε ἐξ ἡμῶν πλουτήσαν-
525 τας οἷοι, καὶ τὰς θεραπευθείσας πόλεις ἐπὶ τίσιν. ζητήσειν δὲ καὶ τὸν πάππον ἐκεῖ καὶ τὴν μητέρα καὶ τὰ τῆς βασιλείας μύση πάντα κηρύξειν, ἐφ' οἷς οὐ κριθήσεσθαι πατροκτόνος.

526 3. Τοιαῦτα κατ' Ἀλεξάνδρου τερατευσάμενος Εὐρυκλῆς ἐπῄνει πολλὰ τὸν Ἀντίπατρον, ὡς ἄρα μόνος τε εἴη φιλοπάτωρ καὶ διὰ τοῦτο μέχρι νῦν τῆς ἐπιβουλῆς ἐμπόδιος. μήπω δὲ καλῶς ἐπὶ τοῖς πρώτοις ὁ βασι-

hielt dafür eine Menge Geld und strich den Antipater bei seinem Vater entsprechend heraus. Zuletzt betrieb er um des für ihn zu erwartenden Gewinnes willen die Ermordung Aristobuls und Alexanders; er trat als Ankläger gegen sie bei ihrem Vater auf und erklärte bei einem Empfang, er werde um der empfangenen Wohltaten willen dem Herodes das Leben retten und ihm als Dank für die Gastfreundschaft das Licht der Welt erhalten. Längst sei das Schwert für ihn schon geschärft und Alexanders rechte Hand ausgestreckt; verhindert habe nur er eine rasche Ausführung, indem er zum Schein seine Mitwirkung versprochen habe. Alexander habe nämlich gesagt, Herodes sei nicht etwa damit zufrieden, auf einem fremden Thron zu sitzen und nach dem Morde an ihrer Mutter deren Herrschaft zu verschleudern, sondern er führe auch noch einen Bastard als Nachfolger ein, indem er die Krone ihres Ahnen dieser Pest Antipater darreiche. Er werde auf jeden Fall die Rache für die Geister des Hyrkanos und der Mariamme übernehmen; denn es sei nicht enimal recht, wenn er von einem solchen Vater die Herrschaft ohne Mord übernähme. Tag für Tag gäbe es vieles, was aufstachele, so daß es keine Art von Gesprächsstoff mehr gebe, der nicht ausgeschlachtet würde. Käme nämlich das Gespräch auf die vornehme Abkunft anderer, so werde er ohne Grund durch die Worte seines Vaters beleidigt: „Der einzig Edelgeborene ist Alexander, und der verachtet seinen Vater wegen seiner niedrigen Abkunft!" Auf der Jagd aber errege er, wenn er schweige, Anstoß, spreche er aber ein Lob aus, dann müsse er obendrein hören, er sei ein Spötter[242]. Bei allen Begegnungen treffe er den Vater in einer starren Haltung ihm gegenüber an, liebevoll dagegen sei er allein gegen Antipater; eines solchen Vaters wegen sei er gern bereit, sogar zu sterben, falls ihm sein Anschlag mißlänge. Wenn er den König getötet habe, dann biete sich ihm ein Stützpunkt zur Rettung zunächst bei seinem Schwiegervater Archelaos, zu dem er leicht fliehen können, dann bei dem Caesar, der den Charakter des Herodes bis jetzt noch nicht habe erkennen können. Denn er werde nicht wie das vorige Mal voller Furcht wegen des anwesenden Vaters vor ihn treten und auch nicht nur zu den gegen ihn erhobenen Anklagen Stellung nehmen, sondern er werde zunächst die Leiden des Volkes an den Tag bringen, das durch die Steuern bis aufs nackte Leben ausgeplündert sei; weiter werde er offen darüber sprechen, zu was für Ausschweifungen und Untaten das blutbefleckte Geld vergeudet worden sei, was für Leute es gewesen seien, die durch unser Eigentum bereichert wurden, und zu welchem Zweck manche Städte mit Gunst überhäuft worden seien. Er werde den Fall seines Urgroßvaters und seiner Mutter dort zur Untersuchung bringen und die Greuel des Königstums alle enthüllen. Unter diesen Umständen werde er nicht als Vatermörder verurteilt werden.

3. 526. Nach diesem abenteuerlichen Gespinst gegen Alexander überhäufte Eurykles den Antipater mit Lobsprüchen; nur er allein liebe seinen Vater und sei deswegen bisher dem Anschlag im Wege. Der König aber, der über die früheren Vorfälle noch nicht völlig beruhigt war, geriet in

527 λεὺς κατεσταλμένος εἰς ἀνήκεστον ὀργὴν ἐξαγριοῦται. καὶ πάλιν λαβὼν καιρὸν Ἀντίπατρος ἑτέρους κατὰ τῶν ἀδελφῶν ὑπέπεμπεν κατηγόρους λέγειν, ὅτι Ἰουκούνδῳ καὶ Τυράννῳ λάθρα διαλέγοιντο τοῖς ἱππάρχοις μέν ποτε τοῦ βασιλέως γενομένοις, τότε δ' ἔκ τινων προσκρουσμάτων ἀποπεπτωκόσι τῆς τάξεως. ἐφ' οἷς Ἡρώδης ὑπεραγανακτήσας εὐθέως
528 ἐβασάνισεν τοὺς ἄνδρας. ἀλλ' οἱ μὲν οὐδὲν τῶν διαβληθέντων ὡμολόγουν, προεκομίσθη δέ τις πρὸς τὸν Ἀλεξανδρείου φρούραρχον ἐπιστολὴ παρὰ Ἀλεξάνδρου παρακαλοῦντος, ἵνα αὐτὸν δέξηται τῷ φρουρίῳ μετὰ Ἀριστοβούλου τοῦ ἀδελφοῦ κτείναντα τὸν πατέρα, καὶ παράσχῃ τοῖς
529 ὅπλοις χρήσασθαι καὶ ταῖς ἄλλαις ἀφορμαῖς. ταύτην Ἀλέξανδρος μὲν ἔλεγεν τέχνασμα εἶναι Διοφάντου· γραμματεὺς δ' ἦν ὁ Διόφαντος τοῦ βασιλέως, τολμηρὸς ἀνὴρ καὶ δεινὸς μιμήσασθαι πάσης χειρὸς γράμματα· πολλὰ γοῦν παραχαράξας τελευταῖον ἐπὶ τούτῳ [καὶ] κτείνεται. βασανίσας δὲ τὸν φρούραρχον Ἡρώδης οὐδὲν ἤκουσεν οὐδὲ παρ' ἐκείνου τῶν διαβεβλημένων.

530 4. Ἀλλὰ καίτοι τοὺς ἐλέγχους εὑρίσκων ἀσθενεῖς τοὺς υἱοὺς ἐκέλευσεν τηρεῖν, ἔτι μέντοι λελυμένους, τὸν δὲ λυμεῶνα τῆς οἰκίας καὶ δραματουργὸν ὅλου τοῦ μύσους Εὐρυκλέα σωτῆρα καὶ εὐεργέτην καλῶν πεντήκοντα δωρεῖται ταλάντοις. ὁ δὲ τὴν ἀκριβῆ φήμην φθάσας εἰς Καππαδοκίαν ἀργυρίζεται καὶ παρὰ Ἀρχελάου, τολμήσας εἰπεῖν ὅτι καὶ
531 διαλλάξειεν Ἡρώδην Ἀλεξάνδρῳ. διάρας δ' εἰς τὴν Ἑλλάδα τοῖς ἐκ κακῶν κτηθεῖσιν εἰς ὅμοια κατεχρήσατο· δὶς γοῦν ἐπὶ Καίσαρος κατηγορηθεὶς ἐπὶ τῷ στάσεως ἐμπλῆσαι τὴν Ἀχαΐαν καὶ περιδύειν τὰς πόλεις φυγαδεύεται. κἀκεῖνον μὲν οὕτως ἡ Ἀλεξάνδρου καὶ Ἀριστοβούλου ποινὴ περιῆλθεν.

532 5. Ἄξιον δὲ ἀντιθεῖναι τὸν Κῷον Εὐάρεστον τῷ Σπαρτιάτῃ· καὶ γὰρ οὗτος ὢν ἐν τοῖς μάλιστα φίλοις Ἀλεξάνδρῳ καὶ κατὰ τὸν αὐτὸν Εὐρυκλεῖ καιρὸν ἐπιδημήσας πυνθανομένῳ τῷ βασιλεῖ περὶ ὧν ἐκεῖνος διέβαλλεν
533 ὅρκοις τὸ μηδὲν ἀκηκοέναι τῶν μειρακίων ἐπιστώσατο. οὐ μὴν ὤνησέν γέ τι τοὺς ἀθλίους· μόνων γὰρ ἦν τῶν κακῶν ἀκροατὴς ἑτοιμότατος Ἡρώδης καὶ κεχαρισμένος αὐτῷ πᾶς ὁ συμπιστεύων καὶ συναγανακτῶν.

534 XXVII. 1. Παρώξυνεν δ' αὐτοῦ καὶ Σαλώμη τὴν ἐπὶ τοῖς τέκνοις ὠμότητα· ταύτην γὰρ συνδήσασθαι τοῖς κινδύνοις ὁ Ἀριστόβουλος θέλων οὖσαν ἑκυρὰν καὶ τηθίδα, διαπέμπεται σώζειν ἑαυτὴν παραινῶν·

§ 527 = ant. 16, 313; § 529 = ant. 16, 319;
§ 530 = ant. 16, 309; § 534 ff = ant. 16, 322 . 332.

einen unerbittlichen Zorn. Wieder nahm Antipater die Gelegenheit wahr: er schickte andere Ankläger gegen die Brüder vor, die zu berichten hatten, daß diese heimlich mit Jucundus und Tyrannos verhandelten, den ehemaligen Reiterobersten[243] des Königs, die aber wegen einiger Anstände ihres Amtes verlustig gegangen waren. Darüber geriet Herodes vollends außer sich und ließ die Männer augenblicklich foltern. Diese jedoch gaben nichts von den Verleumdungen zu; aber es wurde ein Brief von Alexander an den Kommandanten des Alexandreion vorgelegt, in dem er ihn darum bat, ihn mit seinem Bruder Aristobulos nach der Ermordung seines Vaters in der Festung aufzunehmen und den Gebrauch der dortigen Waffen zu gestatten sowie der anderen Verteidigungsmittel. Diesen Brief erklärte Alexander freilich für ein Machwerk des Diophantos; Diophantos war ein Schreiber des Königs, ein skrupelloser Mann, und geschickt, jede Handschrift nachzuahmen; nach vielen Fälschungen dieser Art wurde er schließlich dessentwegen hingerichtet. Als Herodes den Festungskommandanten foltern ließ, brachte er von ihm nicht das geringste über die Verleumdungen heraus.

4. 530. Aber obwohl er nur schwache Beweise herausbekam, ließ er seine Söhne in Haft legen, vorläufig freilich ungefesselt. Den Eurykles dagegen, der sein Haus zugrunde richtete und den ganzen Greuel in Szene gesetzt hatte, nannte er Retter und Wohltäter und beschenkte ihn mit 50 Talenten. Der aber kam schneller als die genaue Kunde von diesen Ereignissen nach Kappadozien und verschaffte sich auch von Archelaos Geld, indem er dreist behauptete, er habe sogar Herodes mit Alexander versöhnt. Nach der Überfahrt nach Griechenland setzte er das durch niederträchtige Handlungen gewonnene Geld zu entsprechenden Geschäften ein. Das Ergebnis war: zweimal wurde er beim Kaiser angeklagt, er habe ganz Achaja in Aufruhr gebracht und die Städte ausgeplündert; daraufhin wurde er verbannt. So ereilte auch ihn die Strafe für das, was er an Alexander und Aristobulos getan hatte[244].

5. 532. Als Gegenstück zu diesem Spartiaten verdient Euarestos[245] aus Kos Erwähnung; denn auch dieser gehörte zum engsten Kreis Alexanders und war zu derselben Zeit wie Eurykles im Lande. Als der König Nachforschungen über den Inhalt der Verleumdungen des Eurykles anstellte, beschwor er, nichts Derartiges von den jungen Prinzen gehört zu haben. Genützt aber hat es den unglücklichen Prinzen nichts. Denn Herodes lieh allein den schlechten Nachrichten — nur allzu willig — sein Ohr, und willkommen war ihm jeder, der seine Meinung und seinen Unwillen teilte.

27. Kapitel

1. 534. Auch Salome tat das ihre, die Grausamkeit des Herodes gegen seine Söhne noch zu verschärfen. In der Absicht nämlich, diese seine Schwiegermutter und Tante in die Gefahren mit zu verstricken, hatte

παρεσκευάσθαι γὰρ βασιλέα κτείνειν αὐτὴν διαβληθεῖσαν ἐφ' οἷς καὶ πρότερον, ὅτι Συλλαίῳ τῷ Ἄραβι γήμασθαι σπουδάζουσα λάθρα τὰ τοῦ βασιλέως ἀπόρρητα διαγγέλλοι πρὸς αὐτὸν ἐχθρὸν ὄντα. τοῦτο δ' ὥσπερ τελευταία θύελλα χειμαζομένους τοὺς νεανίσκους ἐπεβάπτισεν· ἡ γὰρ Σαλώμη δραμοῦσα πρὸς βασιλέα τὴν παραίνεσιν ἐμήνυσεν. κἀκεῖνος οὐκέτι καρτερήσας δεσμεῖ μὲν ἀμφοτέρους τοὺς υἱεῖς καὶ διεχώρισεν ἀπ' ἀλλήλων, πέμπει δὲ πρὸς Καίσαρα διὰ τάχους Οὐολούμνιόν τε τὸν στρατοπεδάρχην καὶ τῶν φίλων Ὄλυμπον ἐγγράφους τὰς μηνύσεις φέροντας. οἱ δ' ὡς εἰς Ῥώμην πλεύσαντες ἀπέδοσαν τὰ ἀπὸ τοῦ βασιλέως γράμματα, σφόδρα μὲν ἠχθέσθη Καῖσαρ ἐπὶ τοῖς νεανίσκοις οὐ μὴν ᾤετο δεῖν ἀφελέσθαι τὸν πατέρα τὴν περὶ[93] τῶν υἱῶν ἐξουσίαν. ἀντιγράφει γοῦν κύριον μὲν αὐτὸν καθιστάς, εὖ μέντοι ποιήσειν λέγων, εἰ μετὰ κοινοῦ συνεδρίου τῶν τε ἰδίων συγγενῶν καὶ τῶν κατὰ τὴν ἐπαρχίαν ἡγεμόνων ἐξετάσειεν τὴν ἐπιβουλήν· κἂν μὲν ἐνέχωνται, κτείνειν, ἐὰν δὲ μόνον ὦσιν δρασμὸν βεβουλευμένοι, κολάζειν μετριώτερον.

2. Τούτοις Ἡρώδης πείθεται, καὶ παραγενόμενος εἰς Βηρυτόν, ἔνθα προσέταξεν Καῖσαρ, συνῆγε τὸ δικαστήριον. προκαθίζουσίν[94] τε οἱ ἡγεμόνες γραφὲν[95] αὐτοῖς ὑπὸ Καίσαρος, Σατορνῖνός τε καὶ οἱ περὶ Πεδάνιον πρέσβεις, σὺν οἷς [καὶ] Οὐολούμνιος ἐπίτροπος, ἔπειθ' οἱ τοῦ βασιλέως συγγενεῖς καὶ φίλοι, Σαλώμη τε καὶ Φερώρας, μεθ' οὓς οἱ πάσης Συρίας ἄριστοι πλὴν Ἀρχελάου τοῦ βασιλέως· τοῦτον γὰρ ὄντα κηδεστὴν Ἀλεξάνδρου δι' ὑποψίας εἶχεν Ἡρώδης. τούς γε μὴν υἱοὺς οὐ προήγαγεν εἰς τὴν δίκην μάλα προμηθῶς· ᾔδει γάρ, ὅτι καὶ μόνον ὀφθέντες ἐλεηθήσονται πάντως · εἰ δὲ δὴ καὶ λόγου μεταλάβοιεν, ῥᾳδίως Ἀλέξανδρον ἀπολύσεσθαι τὰς αἰτίας. ἀλλ' οἱ μὲν ἐν Πλατάνῃ κώμῃ Σιδωνίων ἐφρουροῦντο.

3. Καταστὰς δ' ὁ βασιλεὺς ὡς πρὸς παρόντας διετείνετο κατηγόρει τε τὴν μὲν ἐπιβουλὴν ἀσθενῶς ὡς ἂν ἀπορούμενος εἰς αὐτὴν ἐλέγχων, λοιδορίας δὲ καὶ σκώμματα καὶ ὕβρεις καὶ πλημμελείας μυρίας εἰς αὐτόν, ἃ καὶ θανάτου χαλεπώτερα τοῖς συνέδροις ἀπέφηνεν. ἔπειτα μηδενὸς ἀντιλέγοντος ἐποικτισάμενος, ὡς αὐτὸς ἁλίσκοιτο καὶ νικῶν νίκην πικρὰν κατὰ τῶν τέκνων, ἐπηρώτα τὴν γνώμην ἑκάστου. καὶ πρῶτος Σατορνῖνος ἀπεφήνατο κατακρίνειν μὲν τῶν νεανίσκων, ἀλλ' οὐ θάνατον· οὐ γὰρ εἶναι θεμιτὸν αὐτῷ τριῶν παρεστώτων τέκνων ἑτέρου τέκνοις ἀπώλειαν ἐπιψηφίσασθαι. σύμψηφοι δ' αὐτῷ καὶ οἱ δύο πρεσβευταὶ γίνονται, καὶ τούτοις ἕτεροί τινες ἠκολούθησαν. Οὐολούμνιος δὲ τῆς σκυθρωπῆς ἀποφάσεως ἤρξατο, καὶ μετ' αὐτὸν πάντες θάνατον κατακρίνουσιν τῶν μειρακίων, οἱ μὲν κολακεύοντες, οἱ δὲ μισοῦντες Ἡρώδην

§ 537 = ant. 16, 356; § 538 = ant. 16, 360.

[93] κατὰ MLTRC (Niese: *fortasse recte*) Na.
[94] προκαθέζουσίν A; προκαθέζονταί MLTRC; προκαθίζουσίν P.
[95] κατὰ τὸ γραφὲν PAM.

Aristobulos ihr durch Boten empfehlen lassen, sie solle auf ihre Rettung bedacht sein. Denn der König plane ihre Hinrichtung auf Grund der auch schon früher gegen sie erhobenen Anklage, nämlich daß sie dem Araber Sylläus[246] in ihrer Bemühung, ihn zur Ehe zu gewinnen, unter der Hand die Geheimnisse des Königs verrate, obwohl er sein Feind sei. Dies war gleichsam der letzte Wirbel des Sturmes, der den hartbedrängten Prinzen den Untergang brachte. Denn Salome lief sofort zum König und zeigte ihm die Aufforderung an, die an sie ergangen war. Da konnte dieser nicht mehr an sich halten; er ließ die beiden Söhne in Ketten legen und von einander trennen. Dann schickte er eilig den Militärtribun Volumnius[247] und von seinem Hofstaat Olympos zum Caesar mit schriftlichen Meldungen darüber. Als sie, in Rom angekommen, das Schreiben des Königs überreicht hatten, war der Caesar zwar im Blick auf das Geschick der jungen Prinzen sehr bewegt, er glaubte aber nicht, dem Vater das Bestimmungsrecht über die Söhne entziehen zu dürfen. Er übertrug ihm also in seinem Antwortschreiben die Vollmacht, fügte aber hinzu, daß er gut daran täte, die Untersuchung des Anschlags mit einem Gerichtshof durchzuführen, der von den Gliedern seiner Familie und den Statthaltern des Gebietes gebildet würde. Wenn sie sich als aufsässig erwiesen, solle er sie töten, wenn sie sich aber nur mit Fluchtplänen getragen hätten, solle er sie milder bestrafen.

2. 538. Herodes kam diesen Anweisungen nach und stellte nach seiner Ankunft in Berytos[248], dem Platz, den der Caesar angeordnet hatte, den Gerichtshof zusammen. Die Sitzung hielten laut schriftlicher Verfügung des Caesars die Statthalter ab, Satorninus und die Legaten Pedanius[249] mit ihnen auch der Finanzverwalter Volumnius, weiterhin die „Verwandten" und „Freunde" des Königs, Salome und Pheroras, schließlich die Edlen ganz Syriens abgesehen vom König Archelaos, denn dieser war dem Herodes als Schwiegervater Alexanders verdächtig. Seine Söhne führte er dem Gericht nicht vor, eine sehr vorsichtige Maßnahme, denn er wußte wohl, daß sie allein durch ihren Anblick ausschließlich Mitleid erwecken würden; wenn sie noch dazu das Wort erhielten, würde Alexander die Anklagen leicht zerstreuen. Sie wurden vielmehr in dem sidonischen Dorf Platane[250] in Haft gehalten.

3. 540. Der König erhob sich und redete heftig gegen sie, als wenn sie anwesend wären. Seine Anklage gegen ihren Anschlag war schwach, als wäre er in Verlegenheit, ihn zu beweisen. Schmäh- und Spottreden aber, Frechheiten und Entgleisungen, die ihm galten, trug er dem Gerichtshof in großer Zahl vor, Dinge, die ihm schwerer zu ertragen seien als der Tod. Als niemand widersprach, begann er zu klagen: er verliere den Prozeß, auch wenn er ihn gewinne; denn der Sieg über seine Kinder sei in jedem Fall bitter[251]. Dann fragte er jeden nach seiner Meinung. Als erster gab Satorninus seine Erklärung ab, er verurteilte die jungen Prinzen zwar, aber nicht zum Tode; denn es stehe ihm nicht an, im Angesicht seiner drei eigenen Söhne hier, mit seiner Stimme den Söhnen eines anderen den Untergang zu bereiten. Ebenso wie er stimmten die beiden Legaten[252], und

543 καὶ οὐδεὶς δι' ἀγανάκτησιν. ἔνθα δὴ μετέωρος ἥ τε Συρία πᾶσα καὶ τὸ Ἰουδαϊκὸν ἦν ἐκδεχομένων τὸ τέλος τοῦ δράματος· οὐδεὶς μέντοι ὑπελάμβανεν ἔσεσθαι μέχρι τεκνοκτονίας ὠμὸν Ἡρώδην. ὁ δὲ σύρας τοὺς υἱοὺς εἰς Τύρον κἀκεῖθεν διαπλεύσας εἰς Καισάρειαν τρόπον ἀναιρέσεως τοῖς μειρακίοις ἐσκέπτετο.

544 4. Παλαιὸς δέ τις τοῦ βασιλέως στρατιώτης, ὄνομα Τίρων, ἔχων υἱὸν σφόδρα συνήθη καὶ φίλον Ἀλεξάνδρῳ καὶ αὐτὸς ἠγαπηκὼς ἰδίᾳ τὰ μειράκια, δι' ὑπερβολὴν ἀγανακτήσεως ἔκφρων ἐγίνετο, καὶ τὸ μὲν πρῶτον ἐβόα περιιὼν πεπατῆσθαι τὸ δίκαιον, ἀπολωλέναι τὴν ἀλήθειαν, συγκεχύσθαι τὴν φύσιν, ἀνομίας γέμειν τὸν βίον, καὶ πάνθ' ὅσα μὴ 545 φειδομένῳ τοῦ ζῆν ὑπηγόρευε τὸ πάθος. τέλος δὲ καὶ τῷ βασιλεῖ τολμήσας προσελθεῖν «ἀλλ' ἐμοὶ μέν, ἔφη, κακοδαιμονέστατος εἶναι δοκεῖς, ὅστις κατὰ τῶν φιλτάτων πείθῃ τοῖς πονηροτάτοις, εἴ γε Φερώρα καὶ Σαλώμης καταγνοὺς πολλάκις θάνατον πιστεύεις τούτοις κατὰ τῶν τέκνων, οἵ σε τῶν γνησίων περικόπτοντες διαδόχοις ἐπ' Ἀντιπάτρῳ κατα-
546 λείπουσι μόνῳ, τὸν ἑαυτοῖς εὐμεταχείριστον αἱρούμενοι βασιλέα. σκέψαι μέντοι γε, μή ποτε κἀκείνῳ γένηται μῖσος ἐν τοῖς στρατιώταις ὁ τῶν ἀδελφῶν θάνατος· οὐ γὰρ ἔστιν ὅστις οὐκ ἐλεεῖ τὰ μειράκια, τῶν δὲ ἡγεμόνων καὶ φανερῶς ἀγανακτοῦσιν πολλοί». ταῦθ' ἅμα λέγων ὠνόμαζεν τοὺς ἀγανακτοῦντας. ὁ δὲ βασιλεὺς εὐθέως ἐκείνους τε καὶ αὐτὸν καὶ τὸν υἱὸν αὐτοῦ συνελάμβανεν.

547 5. Ἐφ' ᾧ τῶν ἐκ τῆς αὐλῆς τις κουρέων, Τρύφων ὄνομα, προεκπηδήσας ἔκ τινος θεοβλαβείας ἑαυτοῦ μηνυτὴς γίνεται. «κἀμὲ γάρ, ἔφη, Τίρων οὗτος ἀνέπειθεν, ὅταν θεραπεύω τῷ ξυρῷ σε διαχειρίσασθαι, 548 μεγάλας τέ μοι παρ' Ἀλεξάνδρου δωρεὰς ὑπισχνεῖτο». ταῦτ' ἀκούσας Ἡρώδης τόν τε Τίρωνα σὺν τῷ παιδὶ καὶ τὸν κουρέα βασάνοις διήλεγχεν, καὶ τῶν μὲν ἀρνουμένων, τοῦ δὲ μηδὲν πλέον λέγοντος, στρεβλοῦν 549 ἐκέλευσεν τὸν Τίρωνα σφοδρότερον. ὁ δ' υἱὸς οἰκτείρας ὑπέσχετο τῷ βασιλεῖ πάντα μηνύσειν, εἰ χαρίσαιτο τὸν πατέρα αὐτῷ. κἀκείνου δόντος εἶπεν, ὡς ὁ πατὴρ αὐτοῦ πεισθεὶς Ἀλεξάνδρῳ θελήσειεν αὐτὸν ἀνελεῖν. τοῦθ' οἱ μὲν εἰς ἀπαλλαγὴν τῆς τοῦ πατρὸς αἰκίας πεπλάσθαι, τινὲς δὲ ἀληθὲς ἔλεγον.

550 6. Ἡρώδης γε μὴν ἐν ἐκκλησίᾳ τῶν τε ἡγεμόνων καὶ Τίρωνος κατηγορήσας τὸν λαὸν ἐπ' αὐτοὺς ἐστρατολόγησεν· αὐτόθι γοῦν ἀναι-
551 ροῦνται μετὰ τοῦ κουρέως ξύλοις βαλλόμενοι καὶ λίθοις. πέμψας δὲ καὶ τοὺς υἱεῖς εἰς Σεβαστὴν οὖσαν οὐ πόρρω τῆς Καισαρείας προσέταξεν ἀποπνῖξαι. καὶ τελεσθέντος αὐτῷ ταχέως τοῦ προστάγματος τοὺς

§ 544 = ant. 16, 375; § 548 = ant. 16, 389.

diesen folgten einige andere. Volumnius begann mit der Abgabe eines erbarmungslosen Urteils, und nach ihm stimmten alle für die Verurteilung der Prinzen, die einen aus Kriecherei, die anderen aus Haß gegen Herodes, und niemand aus Unwillen über die Angeklagten. Ganz Syrien und das jüdische Land waren jetzt in Spannung, wie das Drama ausgehen werde; niemand freilich nahm an, die Grausamkeit des Herodes werde bis zum Mord an seinen Kindern gehen. Der aber schleppte sie nach Tyrus und setzte nach Caesarea über; dabei überlegte er nur noch, wie er die Prinzen hinrichten solle[253].

4. 544. Es gab einen alten Soldaten im Heere des Königs mit Namen Tiron[254], dessen Sohn mit Alexander in freundschaftlich enger Verbindung stand und der auch seinerseits den Prinzen sehr zugetan war. Dieser verlor in heller Empörung die Herrschaft über sich selbst. Anfangs irrte er umher und rief aus, das Recht sei niedergetreten, die Wahrheit zugrunde gegangen, die natürliche Ordnung sei zerrüttet, das Leben voller Rechtsbruch — kurz alles, was der Schmerz einem Menschen eingibt, dem nichts mehr am Leben liegt. Schließlich wagte er auch, zu dem König vorzudringen und sagte dort: „Mir scheint, du bist von den bösesten aller Dämonen besessen, weil du dich gegen die, die dir die Liebsten sein müßten, von den Widerlichsten einnehmen läßt; ich meine, von Pheroras und Salome, die du schon oft zum Tode verurteilt hast: denen schenkst du Glauben gegen deine Söhne! Dabei tun jene nichts anderes, als daß sie dir die rechtmäßigen Nachfolger rauben und allein Antipater zurücklassen und also den zum König wünschen, der ihnen das willigste Werkzeug sein wird. Hüte dich aber, daß nicht der Tod der Brüder auch gegen jenen Haß unter den Soldaten erzeugt, denn es gibt keinen, der nicht mit den jungen Prinzen Mitleid fühlt; von den Offizieren äußern viele ihren Unwillen auch offen." In diesem Zusammenhang nannte er auch die Namen der Unwilligen. Der König ließ auf der Stelle diese, ihn selbst und seinen Sohn verhaften.

5. 547. Da sprang einer der Hofbarbiere, der Tryphon hieß, vor und zeigte sich in einem Anfall von Verblendung selbst an. Er rief aus: „Auch mich hat dieser Tiron überreden wollen, dich, wenn ich dich bediene, mit meinem Messer umzubringen, wobei er mir große Geschenke von seiten Alexanders in Aussicht stellte." Als Herodes dies vernahm, ließ er den Tiron mit seinem Sohn und den Barbier unter Foltern vernehmen. Als diese leugneten und der Barbier keine weitere Aussage machte, befahl er, den Tiron noch stärker zu foltern. Aus Mitleid versprach der Sohn dem König, ihm alles zu sagen, wenn er ihm das Leben seines Vaters schenken würde. Auf die Zusage hin sagte er aus, daß sein Vater, von Alexander angestiftet, ihn wirklich habe ermorden wollen. Die einen sagten darüber, er habe das Geständnis nur erdichtet, um seinen Vater von der Marter zu befreien, einige andere aber hielten es für wahr.

6. 550. Herodes aber bot das Volk gegen die Offiziere und Tiron auf und stellte sie in einer öffentlichen Versammlung unter Anklage. Sie wurden auch an Ort und Stelle zusammen mit dem Barbier durch Hölzer

νεκροὺς εἰς Ἀλεξάνδρειον ἐκέλευσεν ἀνακομισθῆναι τὸ φρούριον συνταφησομένους Ἀλεξάνδρῳ τῷ μητροπάτορι. τὸ μὲν οὖν Ἀλεξάνδρου καὶ Ἀριστοβούλου τέλος τοιοῦτον.

552 XXVIII. 1. Ἀντιπάτρῳ δὲ ἀδήριτον ἔχοντι τὴν διαδοχὴν μῖσος μὲν ἀφόρητον ἐκ τοῦ ἔθνους ἐπεγείρεται πάντων ἐπισταμένων, ὅτι τὰς διαβολὰς τοῖς ἀδελφοῖς πάσας ἐπισυντάξειεν οὗτος, ὑποικούρει δὲ καὶ δέος οὐ μέτριον αὐξανομένην ὁρῶντι τὴν τῶν ἀνῃρημένων γενεάν· ἦσαν γὰρ Ἀλεξάνδρῳ μὲν ἐκ Γλαφύρας υἱεῖς δύο Τιγράνης καὶ Ἀλέξανδρος, Ἀριστοβούλῳ δ' ἐκ Βερνίκης τῆς Σαλώμης Ἡρώδης μὲν καὶ Ἀγρίππας καὶ Ἀριστόβουλος υἱοί, θυγατέρες δὲ Ἡρωδιὰς καὶ Μαριάμμη. 553 τὴν μὲν οὖν Γλαφύραν μετὰ τῆς προικὸς Ἡρώδης ἀπέπεμψεν εἰς Καππαδοκίαν, ὡς ἀνεῖλεν Ἀλέξανδρον, τὴν Ἀριστοβούλου δὲ Βερνίκην συνῴκισεν θείῳ πρὸς μητρὸς Ἀντιπάτρου· τὴν γὰρ Σαλώμην οὖσαν διάφορον ἐξοικειούμενος ὁ Ἀντίπατρος τοῦτον ἐπραγματεύσατο τὸν 554 γάμον. περιῄει δὲ καὶ τὸν Φερώραν δώροις τε καὶ ταῖς ἄλλαις θεραπείαις καὶ τοὺς Καίσαρος φίλους οὐκ ὀλίγα πέμπων ἐπὶ Ῥώμης χρήματα. οἵ γε μὴν περὶ Σατορνῖνον ἐν Συρίᾳ πάντες ἐνεπλήσθησαν τῶν ἀπ' αὐτοῦ δωρεῶν. ἐμισεῖτο δὲ διδοὺς πλεῖον, ὡς ἂν οὐκ ἐκ τοῦ μεγαλοψύχου 555 χαριζόμενος ἀλλ' ἀναλίσκων κατὰ δέος. συνέβαινεν δὲ τοὺς μὲν λαμβάνοντας οὐδὲν μᾶλλον εὔνους γίνεσθαι, χαλεπωτέρους δ' ἐχθροὺς οἷς μὴ διδοίη. λαμπροτέρας δὲ καθ' ἡμέραν ἐποιεῖτο τὰς διαδόσεις ὁρῶν τὸν βασιλέα παρ' ἃς αὐτὸς ἐλπίδας εἶχεν ἐπιμελούμενον τῶν ὀρφανῶν καὶ τὴν ἐπὶ τοῖς ἀνῃρημένοις μετάνοιαν ἐμφαίνοντα δι' ὧν ἠλέει τοὺς ἐξ ἐκείνων.

556 2. Συναγαγὼν γάρ ποτε Ἡρώδης συγγενεῖς τε καὶ φίλους παραστησάμενός τε τὰ παιδία καὶ δακρύων ἐμπλήσας τοὺς ὀφθαλμοὺς εἶπεν· «ἐμὲ τοὺς μὲν τούτων πατέρας δαίμων σκυθρωπὸς ἀφείλετο, ταῦτα δέ μοι μετὰ τῆς φύσεως συνίστησιν ἔλεος ὀρφανίας. πειρῶμαι δ', εἰ καὶ πατὴρ ἐγενόμην ἀτυχέστατος, πάππος γοῦν γενέσθαι[96] κηδεμονικώτερος 557 καὶ μετ' ἐμὲ ἡγεμόνας αὐτοῖς ἀπολιπεῖν τοὺς ἐμοὶ φιλτάτους. ἐγγυῶ δὲ τὴν μὲν σήν, ὦ Φερώρα, θυγατέρα τῷ πρεσβυτέρῳ τῶν ἀδελφῶν Ἀλεξάνδρου παίδων, ἵνα ᾖς αὐτῷ κηδεμὼν ἀναγκαῖος, τῷ δὲ σῷ παιδί,

§ 552 = ant. 17, 1, vgl. 18, 130; § 553 ff. = ant. 17, 6 ff.;
§ 557 = ant. 17, 14.

[96] Wir bleiben hier beim Niese-Text und folgen dabei PA (bis auf αὐτοῖς MLTRC). Das schwierige ἡγεμόνας αὐτοῖς (ἀπολιπεῖν): „ihnen .... als Führer (durch das Leben) zu hinterlassen" ist bei PA in ἡγεμόνας αὐτοὺς: „sie als (künftige) Herrscher zu hinterlassen" erleichtert und so dem Sinne nach erheblich verändert, bei MLTRC in κηδεμόνας αὐτοῖς (Heg: *defensores*) abgewandelt. Die doppelte Verwendung von κηδεμών bedingt die Änderung von γενέσθαι κηδεμονικώτερος in φανῆναι μετριώτερος.
[97] γνώμην LTRC Na; κρίσιν PAM.
[98] διακόψει PALTRC; διακόψῃ M Niese Na Thack.

und Steine zu Tode geworfen. Er schickte dann seine Söhne nach Sebaste, das nicht weit von Caesarea lag, und gab den Befehl, sie zu erdrosseln. Sein Befehl wurde alsbald ausgeführt; die Toten ließ er dann in die Festung Alexandreion überführen, um sie bei Alexander, dem Vater ihrer Mutter, bestatten zu lassen. Ein so erschütterndes Ende nahmen Alexander und Aristobulos[255].

28. Kapitel

1. 552. Die Thronfolge Antipaters[256] war unbestritten, der Volkszorn aber, der sich nunmehr erhob, war unerträglich, denn jedermann wußte, daß er es gewesen war, der alle Anschläge gegen seine Brüder angezettelt hatte. Es beschlich ihn aber eine beträchtliche Angst beim Anblick der heranwachsenden Kinder der Ermordeten. Alexander hatte nämlich von der Glaphyra zwei Söhne, Tigranes und Alexander, Aristobulos aber von Berenike, der Tochter Salomes, die Söhne Herodes, Agrippa und Aristobulos sowie die Töchter Herodias und Mariamme. Die Glaphyra sandte Herodes, nachdem er Alexander hatte töten lassen, mit ihrer Mitgift zurück nach Kappadozien; Berenike, die Gattin des Aristobulos, vermählte er mit einem Bruder der Mutter Antipaters[257]. Diese Ehe hatte nämlich Antipater zustande gebracht, um sich Salome, mit der er verfeindet war, geneigt zu machen. Er ging dem Pheroras ständig mit Geschenken und sonstigen Gefälligkeiten zur Hand; er umwarb auch die Freunde des Kaisers durch Übersendung beträchtlicher Summen nach Rom. Vollends die Umgebung des Satorninus in Syrien wurde von seinen Geschenken überschüttet. Je mehr er aber schenkte, umso mehr wurde er gehaßt, weil man den Eindruck hatte, daß er nicht freigebig sei aus Edelmut, sondern ein Verschwender aus Angst. So geschah es denn, daß die Beschenkten ihm um nichts geneigter wurden, seine Gegner aber, weil sie nichts bekommen hatten, noch erbitterter. Immer glänzender aber gestaltete er von Tag zu Tag seine Zuwendungen, als er sah, wie der König sich ganz gegen seine Erwartungen der Waisen annahm und wie er durch das Mitleid gegenüber den Kindern der Ermordeten Reue über den Mord erkennen ließ.

2. 556. Denn eines Tages versammelte Herodes seine „Verwandten" und „Freunde", stellte ihnen mit Tränen in den Augen die Kinder vor und sagte: „Es hat mir ein finsterer Geist die Väter dieser Kinder geraubt, und so legt mir dieser Umstand ganz abgesehen von der Blutsverwandtschaft diese Waisen ans Herz. Ich will versuchen, wenn ich auch ein sehr unglücklicher Vater war, ein umso achtsamerer Großvater zu sein und ihnen nach meinem Tode als Schutzherren die zu hinterlassen, die mir die liebsten sind. Pheroras, ich verlobe deine Tochter dem ältesten dieser Brüder, der Söhne Alexanders, damit du ihm ein durch die Bande der Verwandtschaft gegebener Vormund seist. Deinem Sohn, Antipater, verlobe ich die Tochter des Aristobulos, denn es ist mein Wunsch, daß du an dieser Waise Vaterstelle versehest. Und ihre Schwester[258] wird mein Sohn Herodes zur Frau nehmen, der mütterlicherseits einen Hohenpriester zum Großvater hat. Mein gan-

'Αντίπατρε, τὴν 'Αριστοβούλου θυγατέρα· γένοιο γὰρ ἂν οὕτω πατὴρ τῆς ὀρφανῆς. καὶ τὴν ἀδελφὴν αὐτῆς ὁ ἐμὸς Ἡρώδης λήψεται πρὸς μητρὸς
558 ὧν ἀρχιερέως πάππου. τὰ μὲν οὖν ἐμὰ ταύτην ἐχέτω τὴν κρίσιν[97], ἣν διακόψῃ[98] μηδεὶς τῶν ἐμὲ φιλούντων· ἐπεύχομαι δὲ καὶ τῷ θεῷ συναρμόσαι τοὺς γάμους ἐπὶ συμφέροντι τῆς ἐμῆς βασιλείας καὶ τῶν ἐμῶν ἐκγόνων τά τε παιδία ταυτὶ γαληνοτέροις ἐπιδεῖν ὄμμασιν ἢ τοὺς πατέρας αὐτῶν.»
559 3. "Ετι[99] ταῦτα εἰπὼν ἀπεδάκρυσέν τε καὶ τῶν παίδων συνήρμοσεν τὰς δεξιάς, ἔπειτα κατασπασάμενος ἕκαστον φιλοφρόνως διέλυσεν τὸ συνέδριον. ἐπαχνώθη δ' εὐθὺς Ἀντίπατρος καὶ δῆλος ἦν ἅπασιν ὀδυνώμενος· ὑπελάμβανεν γὰρ εἶναι παρὰ τῷ πατρὶ τὴν τῶν ὀρφανῶν τιμὴν ἑαυτοῦ κατάλυσιν αὖθίς τε κινδυνεύσειν περὶ τῶν ὅλων, εἰ πρὸς Ἀρχελάῳ καὶ Φερώραν ὄντα τετράρχην βοηθὸν ἔχοιεν οἱ Ἀλεξάνδρου
560 παῖδες. συνελογίζετο δὲ τὸ ἑαυτοῦ μῖσος καὶ τὸν τῶν ὀρφανῶν ἔλεον ἐκ τοῦ ἔθνους, ὅση τε σπουδὴ ζώντων καὶ ὅση μνήμη παρὰ Ἰουδαίοις τῶν δι' αὐτὸν ἀπολωλότων ἦν ἀδελφῶν. ἔγνω δὴ πάντα τρόπον διακόπτειν τὰς ἐγγύας.
561 4. Καὶ τὸ μὲν ὑπιέναι[100] πανούργως ἔδεισε τὸν πατέρα χαλεπὸν ὄντα καὶ πρὸς τὰς ὑποψίας κινούμενον εὐθέως[101], ἐτόλμησεν δὲ προσελθὼν ἱκετεύειν ἄντικρυς μὴ στερίσκειν αὐτὸν ἧς ἠξίωσεν τιμῆς, μηδὲ αὐτῷ μὲν ὄνομα βασιλείας, δύναμιν δὲ ὑπάρχειν ἄλλοις· οὐ γὰρ κρατήσειν τῶν πραγμάτων, εἰ πρὸς Ἀρχελάῳ πάππῳ καὶ Φερώραν κηδεστὴν ὁ Ἀλεξάν-
562 δρου παῖς προσλάβοι. κατηντιβόλει δὲ πολλῆς οὔσης γενεᾶς κατὰ τὸ βασίλειον μεταθεῖναι τοὺς γάμους· ἦσαν γὰρ τῷ βασιλεῖ γυναῖκες μὲν ἐννέα, τέκνα δὲ ἐκ τούτων ἑπτά, αὐτὸς μὲν Ἀντίπατρος ἐκ Δωρίδος, Ἡρώδης δ' ἐκ Μαριάμμης τῆς τοῦ ἀρχιερέως θυγατρός, Ἀντίπας δὲ καὶ Ἀρχέλαος ἐκ Μαλθάκης τῆς Σαμαρείτιδος, καὶ θυγάτηρ Ὀλυμπιάς, ἣν ὁ ἀδελφιδοῦς αὐτοῦ Ἰώσηπος εἶχεν, ἐκ δὲ τῆς Ἱεροσολυμίτιδος Κλεοπάτρας
563 Ἡρώδης καὶ Φίλιππος, ἐκ δὲ Παλλάδος Φασάηλος. ἐγένοντο δ' αὐτῷ καὶ ἄλλαι θυγατέρες Ῥωξάνη τε καὶ Σαλώμη, ἡ μὲν ἐκ Φαίδρας, ἡ δὲ ἐξ Ἐλπίδος. δύο δ' εἶχεν ἀτέκνους, ἀνεψιάν τε καὶ ἀδελφιδῆν. χωρὶς δὲ τούτων δύο ἀδελφὰς Ἀλεξάνδρου καὶ Ἀριστοβούλου τὰς ἐκ Μαριάμμης. οὔσης δὲ πολυπροσώπου τῆς γενεᾶς ὁ Ἀντίπατρος ἐδεῖτο μετατεθῆναι τοὺς γάμους.
564 5. Χαλεπῶς δ' ὁ βασιλεὺς ἠγανάκτησεν καταμαθὼν αὐτοῦ τὸ πρὸς τοὺς ὀρφανοὺς ἦθος, ἔννοιά τε αὐτῷ παρέστη περὶ τῶν ἀνῃρημένων,
565 μή ποτε κἀκεῖνοι γένοιντο τῶν Ἀντιπάτρου διαβολῶν ἀγώνισμα. τότε μὲν οὖν πολλὰ πρὸς ὀργὴν ἀποκρινάμενος ἀπελαύνει τὸν Ἀντίπατρον, αὖθις δὲ ὑπαχθεὶς αὐτοῦ ταῖς κολακείαις μεθηρμόσατο, καὶ αὐτῷ μὲν τὴν

§ 561 = ant. 17, 17.

[99] Ἐπειδὴ PAM Lat; [ἐπειδὴ] Niese; ἔτι C Na. Text unsicher, Niese denkt an ein entstelltes ἐπιδεῖν zwei Zeilen weiter oben.
[100] ὑπεῖναι PAMLTR; ὑπομεῖναι C; ὑπιέναι cod. Lugd., Niese Na Thack.
[101] ὀξέως PAM Niese Thack; ὀξέως εἰδώς Niese cj.; εὐθέως LTRC Na.

148

zer Hofstaat soll sich an diese Entscheidung halten; keiner meiner Freunde soll sich unterfangen, sie umzustoßen. Ich flehe aber auch zu Gott, er möge diese Ehen zusammenfügen zum Besten meines Königsreiches und meiner Nachkommen, und diese Kinder mit freundlicheren Augen ansehen als ihre Väter."

3. 559. Noch während dieser Worte brach er in Tränen aus und legte die Hände der Kinder ineinander. Dann umarmte er jeden freundlich und entließ die Versammlung. Antipater erstarrte auf der Stelle, und es war für alle zu erkennen, daß er bekümmert war. Denn er nahm an, daß die Ehrung der Waisen von Seiten seines Vaters seine Absetzung bedeute, und daß seine Stellung im Staate erneut in Gefahr geriete, wenn die Söhne Alexanders außer Archelaos auch noch Pheroras, der ja ein Tetrarch war, zum Helfer hätten. Er stellte aber auch den Haß des Volkes gegen seine Person und dessen Mitleid mit den Waisen in Rechnung, ferner wie groß die Anteilnahme von seiten der Juden war, als die Brüder noch lebten, und wie lebendig die Erinnerung, als sie seinetwegen umgekommen waren. So beschloß er denn, auf jede Weise die Verlöbnisse auseinanderzubringen.

4. 561. Mit List vorzugehen gegen den Vater, der ja schwierig und mit Verdächtigungen schnell bei der Hand war, fürchtete er sich; er wagte aber, unmittelbar mit der flehentlichen Bitte vorstellig zu werden, ihn doch nicht der bereits zuerkannten Ehre zu berauben und es nicht zuzulassen, daß er nur den Namen eines Königs trage, andere aber die Macht in Händen hätten. Denn er werde nicht zur Herrschaft kommen, wenn der Sohn Alexanders zu dem Großvater Archelaos auch noch Pheroras zum Schwiegervater bekäme. Er bat inständig, da die königliche Familie doch groß sei, die Heiratspläne zu ändern. Denn der König hatte neun Frauen, und von ihnen sieben Söhne: Antipater selber von der Doris, Herodes von der Mariamme, der Tochter des Hohenpriesters, Antipas und Archelaos von der Samariterin Malthake, dazu noch die Tochter Olympias, die sein Neffe Joseph[259] zur Frau hatte, von der Jerusalemerin Kleopatra Herodes und Philippus, von der Pallas Phasael. Töchter hatte der König noch andere, nämlich Roxane und Salome, die eine von der Phädra, die andere von der Elpis. Zwei seiner Frauen, eine entferntere Verwandte und eine Nichte, waren kinderlos. Dazu kamen noch zwei Schwestern Alexanders und Aristobuls von der Mariamme. Im Blick auf diese zahlreiche Familie bat Antipater um eine Änderung der Heiratspläne.

5. 564. Der König aber brauste heftig auf, weil er seine Haltung gegen die Waisen durchschaute, und es kam ihm der Gedanke, ob nicht auch die Getöteten Opfer der Ränke des Antipater gewesen seien. Zunächst gab er ihm eine längere, zornige Antwort und wies ihm die Tür, später wurde er durch die Schmeichelreden des Antipater zu einer anderen Planung bestimmt: ihn selbst verlobte er mit der Tochter des Aristobulos, und Antipaters Sohn mit der Tochter des Pheroras.

6. 566. Das Maß des Einflusses, den Antipater hierbei auszuüben vermochte, kann man daran erkennen, daß selbst Salome bei einem ähnlichen

Ἀριστοβούλου συνῴκισεν θυγατέρα, τὸν δὲ υἱὸν αὐτοῦ τῇ Φερώρᾳ θυγατρί.

566 6. Καταμάθοι δ' ἄν τις, ὅσον ἴσχυσεν ἐν τούτοις κολακεύων Ἀντίπατρος, ἐκ τοῦ Σαλώμην ἐν ὁμοίοις ἀποτυχεῖν. ταύτην γὰρ δὴ καίπερ οὖσαν ἀδελφὴν καὶ πολλὰ διὰ Λιουίας[102] τῆς γυναικὸς Καίσαρος ἱκετεύουσαν γαμηθῆναι τῷ Ἄραβι Συλλαίῳ, διωμόσατο μὲν ἐχθροτάτην ἕξειν, εἰ μὴ παύσαιτο τῆς σπουδῆς, τὸ δὲ τελευταῖον ἄκουσαν Ἀλεξᾷ τινι τῶν φίλων συνῴκισεν καὶ τῶν θυγατέρων αὐτῆς τὴν μὲν τῷ Ἀλεξᾷ παιδί, τὴν δ' ἑτέραν τῷ πρὸς μητρὸς Ἀντιπάτρου θείῳ. τῶν δ' ἐκ Μαριάμμης θυγατέρων ἡ μὲν ἀδελφῆς υἱὸν Ἀντίπατρον εἶχεν, ἡ δὲ ἀδελφοῦ Φασάηλον.

567 XXIX. 1. Διακόψας δὲ τὰς τῶν ὀρφανῶν ἐλπίδας ὁ Ἀντίπατρος καὶ πρὸς τὸ συμφέρον αὑτῷ τὰς ἐπιγαμίας ποιησάμενος ὡς ἐπὶ βεβαίοις μὲν ὥρμει ταῖς ἐλπίσιν, προσλαβὼν δὲ τῇ κακίᾳ τὸ πεποιθὸς ἀφόρητος ἦν· τὸ γὰρ παρ' ἑκάστῳ μῖσος ἀποσκευάσασθαι μὴ δυνάμενος ἐκ τοῦ 568 φοβερὸς εἶναι τὴν ἀσφάλειαν ἐπορίζετο. συνῄργει δὲ καὶ Φερώρας ὡς ἂν ἤδη καὶ βασιλεῖ βεβαίῳ. γίνεται δὲ καὶ γυναικῶν σύνταγμα κατὰ τὴν αὐλήν, ὃ νεωτέρους ἐκίνησεν θορύβους· ἡ γὰρ Φερώρα γυνὴ μετὰ τῆς μητρὸς καὶ τῆς ἀδελφῆς προσλαβοῦσα καὶ τὴν Ἀντιπάτρου μητέρα πολλὰ μὲν ἠσέλγαινεν κατὰ τὸ βασίλειον, ἐτόλμησεν δὲ καὶ τοῦ βασιλέως ὑβρίσαι δύο θυγατέρας, δι' ἃ δὴ μάλιστα ταύτην ἐκεῖνος προβέβλητο· 569 μισούμεναί γε μὴν ὑπ' αὐτοῦ τῶν ἄλλων ἐπεκράτουν. μόνη δὲ τῆς ὁμονοίας αὐτῶν ἀντίπαλος ἦν Σαλώμη καὶ βασιλεῖ διέβαλλεν τὴν σύνοδον ὡς οὐκ ἐπ' ἀγαθῷ τῶν αὐτοῦ πραγμάτων εἴη. γνοῦσαι δ' ἐκεῖναι τὴν διαβολὴν καὶ ὡς ἀγανακτήσειεν Ἡρώδης, τῆς μὲν φανερᾶς συνόδου καὶ τῶν φιλοφρονήσεων ἐπαύσαντο, τοὐναντίον δ' ὑπεκρίνοντο καὶ διαφέρεσθαι πρὸς ἀλλήλας ἀκούοντος βασιλέως· αἷς συνυπεκρίνετο καὶ Ἀντίπατρος ἐν τῷ φανερῷ προσκρούων Φερώρᾳ. συνουσίαι δὲ ἦσαν 570 αὐτῶν λάθρα καὶ κῶμοι νυκτερινοί, τήν τε ὁμόνοιαν ἡ παρατήρησις ἐπέτεινεν. ἠγνόει δὲ οὐδὲν Σαλώμη τῶν πραττομένων καὶ πάντα Ἡρώδῃ διήγγελλεν.

571 2. Ἐξεκαίετο δ' ἐκεῖνος εἰς ὀργὴν καὶ μάλιστα ἐπὶ τὴν Φερώρου γυναῖκα· ταύτην γὰρ πλέον ἡ Σαλώμη διέβαλλεν. ἀθροίσας οὖν συνέδριον τῶν τε φίλων καὶ συγγενῶν ἄλλα τε πολλὰ τῆς ἀνθρώπου κατηγόρει καὶ τὴν εἰς τὰς ἑαυτοῦ θυγατέρας ὕβριν, ὅτι τε Φαρισαίοις

§ 566 = ant. 17, 10; § 567 = ant. 17, 33;
§ 569 = ant. 17, 38.

[102] Λιουίας Niese Thack (nach Heg: *Liviae*; PA schreiben hier wie dort Λευΐας); Ἰουλίας MLRCT Lat; die *antiquitates* nennen die Kaiserin stets Julia. Livia erhielt jedoch erst nach dem Tode des Augustus das Recht, sich Julia zu nennen; Josephus benutzt hier und § 641 Nikolaos von Damaskus, der vor diesem Zeitpunkt geschrieben hat.

Anliegen scheiterte. Denn obwohl diese seine Schwester war und ihn mit der Unterstützung der Livia[260], der Gattin des Caesar, inständig bat, sich mit dem Araber Sylläus verheiraten zu dürfen, versicherte Herodes ihr unter einem Eid, er würde sie wie seine schlimmste Feindin behandeln, wenn sie nicht von diesem Verlangen abließe; schließlich verheiratete er sie gegen ihren Willen mit Alexas, einem seiner Freunde, und von ihren Töchtern die eine mit dem Sohn des Alexas, die andere mit dem Bruder der Mutter des Antipaters[261]. Die eine der Töchter der Mariamme hatte den Antipater, den Sohn der Schwester des Herodes, zum Mann, die andere Phasael, den Sohn seines Bruders.

29. Kapitel

1. 567. Als Antipater die Hoffnungen der Waisen zerstört und die Eheschließungen zu seinen Gunsten gewandt hatte, da meinte er, für seine eigenen Zielsetzungen eine feste Grundlage zu haben; als er so zu seiner Gemeinheit noch gesteigertes Selbstgefühl gewonnen hatte, war er vollends unerträglich. Weil er nämlich den allgemeinen Haß nicht loswerden konnte, ging er daran, sich dadurch Sicherheit zu verschaffen, daß er Furcht um sich verbreitete. Seine Partei nahm auch Pheroras, der ihn schon wieder auf dem Thron sitzen sah. Es bildete sich aber auch ein Komplott von Frauen am Hof, das neue Unruhen hervorrief. Denn die Frau des Pheroras[262], zusammen mit ihrer Mutter und ihrer Schwester, im Bunde mit der Mutter des Antipater, erlaubte sich im Palast viel Anstößiges; sie nahm es sich sogar heraus, zwei Töchter des Königs[263] zu beleidigen. Das war der Grund, weswegen Herodes sie heftig verabscheute. Obwohl diese Frauen vom König gehaßt wurden, beherrschten sie doch die anderen. Salome allein widersetzte sich dieser einmütigen Front und beschuldigte die Gruppe beim König, sie diene nicht zum Besten seiner Sache. Als die Frauen von der Anzeige Kenntnis bekamen und erfuhren, daß Herodes gegen sie aufgebracht sei, hörten sie auf, sich öffentlich zu treffen und ihre freundschaftliche Gesinnung zu zeigen. Sie stellten sich im Gegenteil in Hörweite des Königs sogar so, als wenn sie mit einander verfeindet seien. An dieser Verstellung nahm auch Antipater dadurch teil, daß er sich öffentlich mit Pheroras stritt. Sie kamen jetzt heimlich zusammen und hielten ihre Gelage nachts ab; daß sie beobachtet wurden, band sie nur noch fester zusammen. Aber Salome blieb nichts von dem, was sie taten, verborgen, und sie hinterbrachte alles dem Herodes.

2. 571. Da entbrannte des Königs Zorn, und zwar am heftigsten gegen die Frau des Pheroras; denn gegen diese hatte sich Salomes Beschuldigung besonders gerichtet. Herodes berief nun eine Versammlung seiner „Freunde" und „Verwandten"; hier verklagte er das Weib allgemein schwer und besonders wegen der Beleidigung seiner Töchter; auch habe sie die Pharisäer gegen ihn mit Geld unterstützt[264] und den Bruder, den sie durch Zaubertrank an sich band, ihm zum Feinde gemacht. Zum Schluß

μὲν χορηγήσειεν μισθοὺς κατ' αὐτοῦ καὶ τὸν ἀδελφὸν αὐτῷ κατα-
572 σκευάσειεν πολέμιον ἐνδησαμένη φαρμάκοις. τελευταῖον δ' εἰς Φερώραν
ἀπέστρεφεν τὸν λόγον, δυοῖν θάτερον ἑλέσθαι λέγων, ἢ ἑαυτὸν ἀδελφὸν ἢ τὴν γυναῖκα. τοῦ δὲ θᾶττον ἀπολείψειν τὸ ζῆν ἢ τὴν γυναῖκα
φήσαντος, οὐκ ἔχων ὅ τι χρὴ δρᾶν μετέβαινεν ἐπ' Ἀντίπατρον, ᾧ παρήγγειλεν μήτε τῇ Φερώρᾳ γυναικὶ μήτε αὐτῷ μήτ' ἄλλῳ τινὶ τῶν ἐκείνης
διαλέγεσθαι. ὁ δὲ φανερῶς μὲν οὐ μετέβαινεν τὸ πρόσταγμα, λάθρα δὲ
573 διενυκτέρευεν σὺν ἐκείνοις. καὶ δεδοικὼς τὴν ἐπιτηροῦσαν Σαλώμην
πραγματεύεται διὰ τῶν ἐπὶ τῆς Ἰταλίας φίλων τὴν εἰς Ῥώμην ἀποδημίαν
αὐτῷ· γραψάντων γὰρ ἐκείνων δεῖν Ἀντίπατρον, διὰ χρόνου πεμφθῆναι
πρὸς Καίσαρα, ὁ δὲ οὔ τι μελλήσας ἐξέπεμψεν θεραπείαν τε λαμπρὰν
καὶ πλεῖστα δοὺς χρήματα τήν τε διαθήκην κομίζειν, ἐν ᾗ βασιλεὺς μὲν
Ἀντίπατρος ἐγέγραπτο, Ἀντιπάτρου δὲ Ἡρώδης διάδοχος ὁ ἐκ Μαριάμμης τῆς τοῦ ἀρχιερέως θυγατρὸς γεγονώς.
574 3. Ἔπλευσεν δὲ καὶ Συλλαῖος ὁ Ἄραψ ἐπὶ Ῥώμης, ἠμεληκὼς μὲν
τῶν Καίσαρος προσταγμάτων, ἀνταγωνιούμενος δὲ πρὸς Ἀντίπατρον
περὶ ὧν δεδίκαστο Νικολάῳ τάχιον. οὐ μικρὸς δ' αὐτῷ καὶ πρὸς Ἀρέταν
ἦν ἀγὼν τὸν ἑαυτοῦ βασιλέα· τούτου γὰρ ἄλλους τε φίλους ἀνῃρήκει
575 καὶ Σόαιμον τῶν ἐν Πέτρᾳ δυνατωτάτων[103]. πείσας δὲ πολλοῖς χρήμασιν
Φάβατον τὸν Καίσαρος διοικητὴν ἐχρῆτο βοηθῷ καὶ καθ' Ἡρώδου.
πλείονα δὲ δοὺς Ἡρώδης ἀφίστησίν τε ἀπὸ Συλλαίου Φάβατον καὶ δι'
αὐτοῦ τὰ κελευσθέντα ὑπὸ Καίσαρος εἰσέπραττεν. ὁ δὲ μηδὲν ἀποδοὺς
ἔτι καὶ κατηγόρει Φαβάτου παρὰ Καίσαρι, διοικητὴν εἶναι λέγων οὐ
576 τῶν ἐκείνῳ, τῶν δὲ Ἡρώδῃ συμφερόντων. ἐφ' οἷς ὀργισθεὶς Φάβατος,
ἦν δ' ἔτι παρὰ Ἡρώδῃ μάλιστα τιμώμενος, γίνεται προδότης Συλλαίου
τῶν ἀπορρήτων τῷ τε βασιλεῖ φησιν, ὅτι Συλλαῖος διαφθείρειεν αὐτοῦ
τὸν σωματοφύλακα Κόρινθον χρήμασιν, ὃν δεῖ φυλάττεσθαι. πείθεται
δ' ὁ βασιλεύς· καὶ γὰρ τέθραπτο μὲν ὁ Κόρινθος ἐν τῇ βασιλείᾳ, γένος
577 δ' ἦν Ἄραψ. συλλαμβάνει δ' εὐθέως οὐκ αὐτὸν μόνον ἀλλὰ καὶ δύο
ἑτέρους Ἄραβας εὑρὼν παρ' αὐτῷ, τὸν μὲν φίλον Συλλαίου τὸν δὲ
φύλαρχον. οἱ δὲ βασανιζόμενοι πεῖσαι Κόρινθον ὡμολόγησαν ἐπὶ
πολλοῖς χρήμασιν Ἡρώδην ἀνελεῖν. οὗτοι μὲν οὖν ἀνακριθέντες καὶ
παρὰ Σατορνίνῳ τῷ διέποντι τὴν Συρίαν ἀνεπέμφθησαν εἰς Ῥώμην.
578 4. Ἡρώδης δὲ οὐκ ἀνίει Φερώραν βιαζόμενος ἀπαλλαγῆναι τῆς γυναικὸς οὐδ' ἐπενόει μηχανὴν δι' ἧς ἂν τιμωρήσαιτο τὴν ἄνθρωπον πολλὰς τοῦ μίσους ἔχων αἰτίας, ἕως ὑπεραγανακτήσας σὺν αὐτῇ καὶ τὸν
579 ἀδελφὸν ἐκβάλλει. Φερώρας δὲ ἀγαπήσας τὴν ὕβριν ἀπαλλάσσεται μὲν
εἰς τὴν ἑαυτοῦ τετραρχίαν ὀμόσας ὅρον ἕξειν ἕνα τῆς φυγῆς τὸν Ἡρώδου θάνατον καὶ μηδέποτε πρὸς ζῶντα ὑποστρέψειν, ἐπανῆλθεν δὲ οὐδὲ
πρὸς νοσοῦντα τὸν ἀδελφὸν καίτοι λιπαρῶς μεταπεμπόμενον· ἐβούλετο

§ 573 = ant. 17, 52; § 577 = ant. 17, 57.

[103] τὸν ἐν Πέτρᾳ δυνατώτατον PA Lat; τῶν ἐν Πέτρᾳ τὸν δυνατώτατον MLTRC; τῶν ... δυνατωτάτων Niese cj., Na Reinach Thack.

wandte er sich an Pheroras und forderte ihn auf, eines von beiden zu wählen, entweder ihn, seinen Bruder, oder das Weib. Als dieser erklärte, er werde eher sein Leben lassen als sein Weib, da wußte Herodes nicht, was er tun sollte und wandte sich an Antipater, dem er befahl, weder mit dem Weib des Pheroras noch mit ihm selbst noch mit einem anderen aus ihrem Kreis zu verkehren. Antipater übertrat dies Gebot öffentlich nicht, heimlich aber brachte er ganze Nächte mit ihnen zu. Weil er aber die Beobachtung durch Salome fürchtete, brachte er durch Vermittlung seiner Freunde in Italien eine Reise nach Rom[265] zustande. Denn diese schrieben, Antipater müsse in nächster Zeit zum Caesar geschickt werden; darauf sandte Herodes ihn ohne jedes Zögern mit glänzendem Hofstaat und viel Geld ab, um bei dieser Gelegenheit auch das Testament zu übergeben, in dem Antipater als König bestimmt war, als Nachfolger Antipaters aber Herodes, der Sohn der Mariamme, der Tochter des Hohenpriesters.

3. 574. Es fuhr aber auch Sylläus, der Araber, nach Rom[266], weil er einerseits die Gebote des Caesar übertreten hatte, andererseits aber gegen Antipater vorgehen wollte in der gleichen Angelegenheit, in der er vor kurzem mit Nikolaos einen Prozeß geführt hatte. Außerdem stand er in erheblicher Spannung zu Aretas, seinem eigenen König; denn er hatte eine Anzahl von dessen Freunden beseitigt, namentlich auch Soemos, einen der mächtigsten Männer in Petra. Er stützte sich auf Fabatus, den Verwalter des Kaisers, den er durch große Geldgeschenke gewonnen hatte, selbst gegen Herodes. Durch noch reichere Geldzuwendungen aber zog Herodes den Fabatus von Sylläus ab und versuchte durch ihn, die dem Araber von Caesar auferlegten Summen einzutreiben. Sylläus aber gab nichts heraus und verklagte obendrein nach Fabatus beim Kaiser, er sei nicht ein Verwalter der Interessen des Kaisers, sondern der des Herodes. Voller Zorn darüber verriet Fabatus, der bei Herodes noch immer in höchsten Ehren stand, die geheimen Pläne des Sylläus; er berichtete dem König nämlich, Sylläus habe den königlichen Leibwächter Korinthos bestochen, darum müsse man diesen in Haft nehmen. Der König richtete sich danach, denn Korinthos war, obgleich im Königreich aufgewachsen, von Geburt Araber. Er nahm sogleich nicht nur ihn, sondern auch zwei andere Araber fest, die er bei ihm fand, einen Freund des Sylläus und einen Stammeshäuptling. Auf der Folter gaben sie zu, den Korinthos durch große Geldgeschenke zur Ermordung des Herodes angestiftet zu haben. So wurden diese denn auch von Satorninus, der Syrien verwaltete, verhört und dann nach Rom geschickt.

4. 578. Unterdessen hörte Herodes nicht auf, Pheroras zur Scheidung von seiner Frau zu drängen; obwohl er viele Gründe zum Haß gegen sie hatte, zog er doch eine Maßnahme zur Bestrafung dieses Weibes nicht in Betracht, bis sein Unwille so weit ging, daß er mit ihr auch den Bruder verbannte. Pheroras aber zog den Schimpf vor und begab sich in seine Tetrarchie[267]; dabei schwor er, die einzige Grenze seiner Verbannungszeit sei der Tod des Herodes, zu seinen Lebzeiten werde er niemals zu ihm zurückkehren. Er kam sogar nicht, als sein Bruder krank war, obwohl dieser

580 γὰρ αὐτῷ τινας ἐντολὰς καταλείψειν ὡς τεθνηξόμενος. ἀλλ' ὁ μὲν παρ' ἐλπίδα σώζεται, μετ' οὐ πολὺ δὲ νοσεῖ Φερώρας, εὑρίσκετο δὲ Ἡρώδης μετριώτερος· καὶ γὰρ ἧκει πρὸς αὐτὸν καὶ συμπαθῶς ἐθεράπευεν. οὐ μὴν ὑπερίσχυσεν τοῦ πάθους· μετὰ γὰρ ἡμέρας ὀλίγας ἀποθνήσκει **581** Φερώρας. ὃν καίπερ ἀγαπήσας Ἡρώδης μέχρι τελευταίας ἡμέρας ὅμως καὶ αὐτὸν ἀνελεῖν ἐφημίσθη φαρμάκῳ. τόν γε μὴν νεκρὸν εἰς Ἱεροσόλυμα κομίσας πένθος τε μέγιστον ὅλῳ τῷ ἔθνει κατήγγειλεν καὶ κηδείας ἠξίωσεν λαμπροτάτης. ἕνα μὲν δὴ τῶν Ἀλεξάνδρου καὶ Ἀριστοβούλου φονέων τοιοῦτον περιέρχεται τέλος.

582 XXX. 1. Μετέβαινεν δ' ἐπὶ τὸν αὐθέντην Ἀντίπατρον ἡ ποινὴ τὸν Φερώρα θάνατον ἀρχὴν λαβοῦσα. τῶν τούτου γάρ τινες ἀπελευθέρων κατηφεῖς τῷ βασιλεῖ προσελθόντες τὸν ἀδελφὸν αὐτοῦ διεφθάρθαι φαρμάκοις ἔλεγον· προσενεγκεῖν μὲν γὰρ αὐτῷ τι τὴν γυναῖκα τῶν οὐ συνήθως ἐσκευασμένων, φαγόντα δ' εὐθέως εἰς τὴν νόσον καταπεσεῖν. **583** ἀγηοχέναι τε πρὸ δυοῖν ἡμερῶν τὴν μητέρα αὐτῆς καὶ τὴν ἀδελφὴν γύναιον ἐκ τῆς Ἀραβίας φαρμάκων ἔμπειρον, ὅπως φίλτρον σκευάσῃ τῷ Φερώρᾳ, δεδωκέναι δὲ ἀντὶ τούτου θανάσιμον Συλλαίου πραγματευσαμένου· τούτῳ γὰρ ἦν γνώριμον.
584 2. Πληγεὶς οὖν ὁ βασιλεὺς ὑποψίαις πλείοσιν θεραπαίνας τε καί τινας τῶν ἐλευθέρων ἐβασάνιζεν. ἐβόα δέ τις ἐν ταῖς ἀλγηδόσιν «θεὸς ὁ γῆν καὶ οὐρανὸν διέπων μετέλθοι τὴν τούτων ἡμῖν τῶν κακῶν αἰτίαν, τὴν Ἀντιπάτρου μητέρα». ταύτης τῆς ἀρχῆς ὁ βασιλεὺς λαβόμενος ἐπεξῄει **585** πρόσω τὴν ἀλήθειαν[104]. ἡ δὲ γυνὴ τήν τε φιλίαν τῆς Ἀντιπάτρου μητρὸς πρὸς Φερώραν καὶ τὰς ἐκείνου γυναῖκας ἐδήλου καὶ τὰς λαθραίας αὐτῶν συνόδους, ὅτι τε Φερώρας καὶ Ἀντίπατρος σὺν ἐκείναις πίνοιεν ὑποστρέφοντες ἀπὸ τοῦ βασιλέως δι' ὅλης νυκτὸς μηδένα μήτε οἰκέτην μήτε θεράπαιναν ἐῶντες παρατυγχάνειν. μία δὴ τῶν ἐλευθέρων ταῦτα μηνύει.
586 3. Τὰς δὲ δούλας χωρὶς ἑκάστην Ἡρώδης ἐβασάνιζεν. ἐρρήθη δὲ παρὰ πάσαις τὰ προειρημένα σύμφωνα, καὶ διότι κατὰ συνθήκην Ἀντίπατρος μὲν εἰς Ῥώμην, Φερώρας δ' ὑποχωρήσειεν εἰς τὴν Περαίαν· πολλάκις γὰρ αὐτοὺς διαλαλεῖν, ὡς μετ' Ἀλέξανδρον καὶ Ἀριστόβουλον ἐπ' αὐτοὺς Ἡρώδης μεταβήσεται καὶ τὰς ἑαυτῶν γυναῖκας. οὐ γὰρ φείσεσθαι[105] μετὰ Μαριάμμην καὶ τοὺς ἐξ ἐκείνης ἑτέρου τινός, ὥστε **587** ἄμεινον εἶναι φεύγειν ὡς πορρωτάτω τοῦ θηρίου. πολλάκις δὲ ἀποδυρόμενον πρὸς τὴν μητέρα τὸν Ἀντίπατρον εἰπεῖν, ὡς αὐτὸς μὲν εἴη πολιὸς

§ 583 = ant. 17, 62; § 587 = ant. 17, 66.

[104] ἀλήθειαν ἐπιζητῶν LTRC.
[105] φείσασθαι codd.; φείσεσθαι Bekker Niese Na Thack.

154

dringend darum bat, denn er wollte ihm angesichts des Todes noch einige Weisungen hinterlassen. Er wurde aber gegen alles Erwarten wieder gesund; kurz darauf erkrankte Pheroras, und da zeigte sich Herodes nachgiebiger. Denn er kam zu ihm und pflegte ihn teilnahmsvoll. Allerdings überstand Pheroras dies Leiden nicht, er starb vielmehr nach wenigen Tagen. Obwohl Herodes ihn bis zum letzten Tage mit Liebe umgeben hatte, verbreitete sich doch das Gerücht, er habe ihn vergiftet[268]. Tatsache ist, daß er den Leichnam nach Jerusalem überführen ließ, allgemeine Trauer im Volk ansetzte und ihn durch eine besonders feierliche Bestattung ehrte. Einen der Mörder Alexanders und Aristobuls ereilte so das Ende.

30. Kapitel

1. 582. Nun wandte sich die Strafe, die mit dem Tode des Pheroras ihren Anfang genommen hatte, gegen Antipater, den Hauptschuldigen: Einige Freigelassene des Pheroras kamen mit den Zeichen der Bestürzung zum König und meldeten, sein Bruder sei vergiftet worden. Seine Gattin habe ihm nämlich ein auf ungewöhnliche Weise zubereitetes Gericht vorgesetzt, nach dessen Genuß er sofort der Krankheit verfallen sei. Zwei Tage vorher hätten ihre Mutter und ihre Schwester aus Arabien ein Weib kommen lassen, das sich auf Zaubermittel verstand, damit sie dem Pheroras einen Liebestrank bereite; gegeben habe sie ihm statt dessen auf Veranlassung des Sylläus ein tödliches Gift[269]. Sie war ihm nämlich gut bekannt.

2. 584. Betroffen von den immer stärker werdenden Verdachtsgründen ließ der König Sklavinnen und sogar einige Freie foltern. Eine von ihnen rief in ihren Qualen: „Gott, der über Himmel und Erde waltet, möge doch die an unseren gegenwärtigen Leiden Schuldige treffen, Antipaters Mutter!" Von diesem Ausgangspunkt drang der König bis zur Wahrheit. Die Frau enthüllte die Vertrautheit der Mutter des Antipater mit Pheroras und seinen Frauen und ihre heimlichen Zusammenkünfte; weiter auch, daß Pheroras und Antipater, wenn sie vom König heimkehrten, ganze Nächte hindurch mit den Frauen Gelage abhielten, ohne die Anwesenheit eines Dieners oder einer Dienerin zu gestatten. Das war, wohlgemerkt, die Aussage einer Freien.

3. 586. Die Sklavinnen folterte Herodes jede für sich. Die Aussagen stimmten sämtlich mit der vorangehenden überein; dazu kam noch heraus, daß es ein wohl überlegter Plan gewesen sei, wenn Antipater sich nach Rom entfernt hätte und Pheroras nach Peräa. Denn oft hätten sie sich darüber unterhalten, daß Herodes sich nach Alexander und Aristobulos nun gegen sie und ihre Frauen wenden würde. Denn nach Mariamme und ihren Kindern hätte niemand Aussicht auf Schonung, deshalb sei es ratsam, zu fliehen, möglichst weit von diesem Untier weg. Oft habe Antipater seiner Mutter geklagt, daß er selbst schon graue Haare habe, während sein Vater von Tag zu Tag jünger[270] würde; er werde vielleicht sogar sterben, ehe er

ἤδη, νεάζοι δὲ καθ' ἡμέραν ὁ πατήρ. φθάσαι δ' ἂν τάχα καὶ τελευτήσας πρὶν ἄρξασθαι βασιλείας ἀληθοῦς. εἰ δὲ καί ποτε ἐκεῖνος τελευτήσειεν· πότε δ' ἂν γένοιτο τοῦτο; παντάπασιν αὐτῷ τὴν ἀπόλαυσιν τῆς διαδοχῆς 588 γίνεσθαι σύντομον. ὑποβλαστάνειν δὲ τὰς τῆς ὕδρας κεφαλάς, τοὺς Ἀριστοβούλου καὶ Ἀλεξάνδρου παῖδας. ἀφῃρῆσθαι δ' αὐτὸν ὑπὸ τοῦ πατρὸς καὶ τὴν ἐπὶ τέκνοις ἐλπίδα· διάδοχον γὰρ οὐ τῶν αὐτοῦ τινα παίδων μετὰ τὴν τελευτήν, ἀλλὰ τὸν ἐκ Μαριάμμης Ἡρώδην γεγραφέναι. καὶ κατὰ τοῦτό γε παντάπασιν παραγηρᾶν οἰόμενον αὐτοῦ καὶ διαθήκας μενεῖν κυρίας· αὐτὸν γὰρ προνοήσειν μηδένα τῆς γενεᾶς ἀπολιπεῖν. 589 ὄντα γε μὴν τῶν πώποτε πατέρων μισοτεκνότατον Ἡρώδην πολὺ μᾶλλον εἶναι μισάδελφον· δοῦναι γοῦν αὐτῷ πρώην ἑκατὸν τάλαντα ἐπὶ τῷ μὴ διαλέγεσθαι Φερώρᾳ. τοῦ δὲ εἰπόντος «τί γὰρ αὐτὸν ἐβλάπτομεν»; ἀποκρίνασθαι τὸν Ἀντίπατρον «εἴθε πάντα ἡμᾶς ἀφελόμενος γυμνοὺς ἐάσειεν ζῶντας. ἀλλ' ἀμήχανον ἐκφυγεῖν οὕτω φονικὸν θηρίον, παρ' ᾧ μηδὲ φιλεῖν τινας ἔξεστι φανερῶς. λάθρᾳ γοῦν νῦν ἀλλήλοις σύνεσμεν, ἐξέσται δὲ φανερῶς, ἐὰν σχῶμέν ποτε ἀνδρῶν φρόνημα καὶ χεῖρας».

590 4. Ταῦτ' ἔλεγον αἱ βασανιζόμεναι, καὶ ὅτι Φερώρας βουλεύσαιτο φυγεῖν μετ' αὐτῶν εἰς Πέτραν[106]. ἐπίστευσεν δ' Ἡρώδης πᾶσιν τοῖς λεγομένοις ἐκ τῶν ἑκατὸν ταλάντων· μόνῳ γὰρ Ἀντιπάτρῳ διείλεκτο περὶ αὐτῶν. ἀποσκήπτει δ' εἰς πρώτην ὁ θυμὸς Δωρίδα τὴν Ἀντιπάτρου μητέρα· καὶ γυμνώσας αὐτὴν παντὸς οὗ δεδώρητο κόσμου, πολλῶν δ' 591 ἦν ταλάντων, ἐκβάλλει δεύτερον. τὰς δὲ Φερώρου γυναῖκας ἀπὸ τῶν βασάνων ἐτημέλει διηλλαγμένος. ἐπτόητο δὲ τῷ φόβῳ καὶ πρὸς πᾶσαν ὑπόνοιαν ἐξερριπίζετο πολλούς τε τῶν οὐκ αἰτίων εἷλκεν εἰς βασάνους δεδοικώς, μή τινα τῶν αἰτίων παραλίπῃ.

592 5. Κἀν τούτῳ τρέπεται πρὸς τὸν Σαμαρείτην Ἀντίπατρον, ὃς ἦν ἐπίτροπος Ἀντιπάτρου. βασανίζων δὲ αὐτὸν ἤκουσεν ὅτι μετεπέμψατο μὲν Ἀντίπατρος ἐξ Αἰγύπτου δηλητήριον φάρμακον ἐπ' αὐτὸν διά τινος τῶν ἑταίρων Ἀντιφίλου, λάβοι δὲ παρ' ἐκείνου Θευδίων ὁ θεῖος Ἀντιπάτρου καὶ παραδοίη Φερώρᾳ· τούτῳ γὰρ ἐντείλασθαι τὸν Ἀντίπατρον Ἡρώδην ἀνελεῖν ἕως αὐτός ἐστιν ἐν Ῥώμῃ τῆς ὑπονοίας κεχωρισμένος· 593 Φερώραν δὲ τῇ γυναικὶ παραθέσθαι τὸ φάρμακον. ταύτην ὁ βασιλεὺς μεταπεμψάμενος αὐτίκα τὸ ληφθὲν ἐκέλευσεν κομίζειν. ἡ δ' ἔξεισι μὲν ὡς κομιοῦσα, ῥίπτει δ' ἑαυτὴν ἀπὸ τοῦ τέγους τόν τε ἔλεγχον καὶ τὴν ἐκ τοῦ βασιλέως αἰκίαν φθάνουσα· προνοίᾳ δ', ὡς ἔοικεν, θεοῦ μετιόντος Ἀντίπατρον οὐκ ἐπὶ κεφαλὴν ἀλλ' ἐπὶ θάτερα πεσοῦσα διασώζεται. 594 κομισθεῖσαν δ' αὐτὴν ὁ βασιλεὺς ἀνακτησάμενος, κεκάρωτο γὰρ ἀπὸ τοῦ πτώματος, ἠρώτα δι' ἣν αἰτίαν ῥίψειεν ἑαυτήν, εἰ μὲν εἴποι τἀληθές,

§ 590 = ant. 17, 68; § 593 = ant. 17, 71.

[106] Περαίαν T; τὴν Περαίαν C Kohout.

mit der Ausübung der wirklichen Königsherrschaft begonnen habe. Wenn jener aber doch einmal sterben sollte — doch wann werde das eintreffen? — dann hätte er auf jeden Fall nur eine kurze Freude an der Nachfolge. Unterdessen wüchsen die Köpfe der Hydra, die Kinder Aristobuls und Alexanders, nach. Auch habe ihm sein Vater die Zukunftshoffnungen für seine Nachkommen genommen, denn als Nachfolger sei nach seinem Tod keines seiner Kinder, sondern Herodes, der Sohn der Mariamme, im Testament bestimmt. Und hierin sei er auf jeden Fall vergreist, wenn er meine, daß das Testament in Kraft bleiben werde. Denn Herodes selbst werde dafür sorgen, daß keiner seiner Familie übrig bleibe. Er hasse wirklich seine Kinder mehr als je ein Vater vor ihm, aber seine Geschwister hasse er noch stärker. Er habe ihm kürzlich hundert Talente gegeben mit der Bedingung, nicht mehr mit Pheroras zu sprechen. Und als Pheroras bemerkt habe: „Was haben wir ihm denn getan"? sei die Antwort des Antipater gewesen: „Wenn er uns doch, nachdem er uns alles genommen hat, das nackte Leben ließe! Aber es ist unmöglich, einem so mörderischen Untier zu entgehen, vor dessen Augen man nicht einmal Freunde haben kann. Jetzt können wir nur heimlich zusammen sein, aber wir werden es auch in aller Offenheit können, wenn wir je in Wort und Tat zu Männern werden."

4. 590. Das waren die Aussagen der Gefolterten; auch gestanden sie, daß Pheroras den Plan gefaßt hätte, nach Petra zu fliehen. Herodes schenkte wegen der Erwähnung der hundert Talente allen diesen Worten Glauben; denn er hatte allein mit Antipater über diese gesprochen. Es entlud sich sein Zorn zunächst auf Doris, die Mutter Antipaters; er nahm ihr allen Schmuck, den er ihr geschenkt hatte, fort, im Werte von vielen Talenten, und verstieß sie zum zweiten Mal[271]. Den Frauen des Pheroras aber wandte er nach der Folterung seine Fürsorge zu, weil er sich mit ihnen versöhnt hatte. Er war scheu vor Angst und geriet bei jedem Verdacht in heftige Erregung, er unterwarf viele Unschuldige der Folterung, aus Furcht, er könne einen Schuldigen übergehen.

5. 592. So kam er auch an den Samaritaner Antipater, den Verwalter des Prinzen Antipater. Bei dessen Folterung erfuhr er, Antipater habe sich aus Ägypten tödliches, für Herodes bestimmtes Gift durch einen seiner Freunde, Antiphilos, kommen lassen; in Empfang genommen habe es von ihm Theudion, Antipaters Oheim, weitergegeben habe er es an Pheroras. Diesem habe Antipater den Auftrag erteilt, Herodes, während er selbst in Rom vor jedem Verdacht geschützt sein werde, aus dem Wege zu räumen; Pheroras aber habe das Gift seiner Frau zur Aufbewahrung gegeben. Diese ließ der König nun kommen und befahl ihr, das, was sie empfangen, habe, sofort herbeizuschaffen. Sie ging auch, als wenn sie es holen wolle, hinaus, stürzte sich aber vom Dach herab, um der Überführung und der Bestrafung durch den König zuvorzukommen. Die Vorsehung Gottes, der Antipater verfolgte, war es wohl, durch die sie nicht auf den Kopf, sondern auf andere Körperteile fiel und davonkam. Als sie herbeigeschafft wurde, sorgte der König dafür, daß sie, vom Sturz betäubt, wieder zu sich kam.

ἀφήσειν πάσης τιμωρίας ἐπομνύμενος, εἰ δ' ὑποστείλαιτο, δαπανήσειν αὐτῆς ἐν βασάνοις τὸ σῶμα καὶ μηδὲ τάφῳ καταλείψειν.
595 6. Πρὸς ταῦθ' ἡ γυνὴ μικρὸν διαλιποῦσα «καὶ τί γάρ, εἶπεν, ἔτι φείδομαι τῶν ἀπορρήτων Φερώρα τεθνεῶτος ἢ σῴζουσα τὸν ἀπολέσαντα πάντας ἡμᾶς Ἀντίπατρον; ἄκουε, βασιλεῦ, καὶ μετὰ σοῦ θεὸς ὁ μάρτυς ἐμοὶ τῆς ἀληθείας πλανηθῆναι μὴ δυνάμενος· ὅτε ἀποθνῄσκοντι Φε-
596 ρώρᾳ παρεκαθέζου δεδακρυμένος, τότε με προσκαλεσάμενος ἐκεῖνος „ἦ πολύ γε, ἔφη, ὦ γύναι, τῆς εἰς ἐμαυτὸν διανοίας τοῦ ἀδελφοῦ διήμαρτον, τὸν οὕτως στέργοντα μισήσας καὶ κτεῖναι βουλευσάμενος τὸν οὕτως ἐπ' ἐμοὶ μηδὲ τεθνεῶτί πω συγχεόμενον. ἀλλ' ἐγὼ μὲν ἀπέχω τῆς ἀσεβείας τὸ ἐπιτίμιον, σὺ δ' ὃ φυλάσσεις κατ' αὐτοῦ φάρμακον ὑπ' Ἀντιπάτρου καταλειφθὲν ἡμῖν φέρε καὶ βλέποντός μου ταχέως ἀφάνισον, ἵνα μὴ καὶ
597 καθ' ᾅδου φέροιμι[107] τὸν ἀλάστορα". καὶ κελεύσαντος ἐκόμισα καὶ πλεῖστον μὲν εἰς τὸ πῦρ ὁρῶντος αὐτοῦ κατεκένωσα, βραχὺ δὲ ἐμαυτῇ πρὸς τὰ ἄδηλα καὶ τὸν ἐκ σοῦ φόβον ἐτήρησα.»
598 7. Ταῦτ' εἰποῦσα προκομίζει τὴν πυξίδα παντάπασιν ἔχουσαν τοῦ φαρμάκου βραχύ. βασιλεὺς δ' ἐπὶ τὴν μητέρα τὴν Ἀντιφίλου καὶ τὸν ἀδελφὸν τὰς βασάνους μετέφερεν, κἀκεῖνοι τὸν Ἀντίφιλον κομίσαι τε ἀπ' Αἰγύπτου τὴν πυξίδα ὡμολόγουν καὶ λαβεῖν παρ' ἀδελφοῦ τὸ φάρ-
599 μακον ἔφασκον ἰατρεύοντος ἐν Ἀλεξανδρείᾳ. περιιόντες δὲ οἱ Ἀλεξάνδρου καὶ Ἀριστοβούλου δαίμονες ἅπαν τὸ βασίλειον ἐρευνηταί τε καὶ μηνυταὶ τῶν ἀδήλων ἐγίνοντο τούς τε πορρωτάτω τῆς ὑποψίας ὄντας ἔσυρον εἰς τοὺς ἐλέγχους. εὑρίσκεται γοῦν καὶ ἡ τοῦ ἀρχιερέως θυγάτηρ Μαριάμμη τῆς ἐπιβουλῆς συνίστωρ· βασανιζόμενοι γὰρ τοῦτ' ἀπέδειξαν
600 αὐτῆς οἱ ἀδελφοί. βασιλεὺς δὲ τῆς μητρῴας τόλμης καὶ τὸν υἱὸν ἠμύνατο· τὸν γοῦν ἐξ αὐτῆς Ἡρώδην ὄντα διάδοχον Ἀντιπάτρου τῆς διαθήκης ἐξήλειψεν.

601 XXXI. 1. Ἐπὶ τούτοις καὶ Βάθυλλος εἰς τοὺς ἐλέγχους συνέδραμεν, ἡ τελευταία πίστις τῶν Ἀντιπάτρῳ βεβουλευμένων· ἦν μὲν γὰρ ἀπελεύθερος αὐτοῦ, κομίζων δ' ἧκεν ἄλλο δηλητήριον ἰοὺς ἀσπίδων καὶ χυλοὺς ἑτέρων ἑρπετῶν, ἵνα εἰ τὸ πρῶτον ἀσθενήσει φάρμακον, τούτῳ
602 Φερώρας μετὰ τῆς γυναικὸς ὁπλίσαιτο κατὰ τοῦ βασιλέως. πάρεργον δὲ τῆς ἐπὶ τὸν πατέρα τόλμης ἐκόμιζεν τὰς κατὰ τῶν ἀδελφῶν ἐσκευωρημένας ἐπιστολὰς ὑπ' Ἀντιπάτρου· ἦσαν γὰρ Ἀρχέλαος καὶ Φίλιππος βασιλέως παῖδες ἐπὶ Ῥώμης παιδευόμενοι μειράκιά τε ἤδη καὶ
603 φρονήματος μεστοί. τούτους ἐπανακύπτοντας αὐτοῦ ταῖς ἐλπίσιν ἀποσκευάσασθαι σπεύδων Ἀντίπατρος ἃς μὲν πλάττεται κατ' αὐτῶν ἐπιστο-

§ 599 = ant. 17, 78.

[107] φέρω μου Destinon cj.; τρέφοιμι Na cj.

Er fragte sie, aus welcher Ursache sie sich herabgestürzt habe; wenn sie die Wahrheit sage, so schwor er ihr, werde er ihr die ganze Strafe erlassen, wenn sie aber etwas verheimliche, werde er ihren Körper auf der Folter in Stücke reißen lassen, sodaß eine Beerdigung nicht mehr möglich sei.

6. 595. Darauf antwortete die Frau nach kurzem Schweigen: „Ja, wozu sollte ich nach dem Tode des Pheroras die Geheimnisse noch hüten, es sei denn, um Antipater zu retten, der uns alle ins Verderben gebracht hat? So höre denn, König, und mit dir möge Gott es hören, der mir Wahrheitszeuge ist und nicht getäuscht werden kann: Als du, in Tränen aufgelöst, am Sterbebett des Pheroras saßest, da ließ er mich rufen und sprach zu mir: ‚Mein Weib! Stark habe ich die Gesinnung meines Bruders gegen mich verkannt; denn ich habe den gehaßt, der mich so sehr liebt, und ich plante, den zu töten, der meinetwegen, obwohl mein Tod noch gar nicht eingetreten ist, so bekümmert ist. Ich habe jetzt den Lohn für meine Ruchlosigkeit. Du bewahrst doch das uns von Antipater hinterlassene Gift auf, das Herodes zugedacht war; hole es und vernichte es schnell vor meinen Augen, damit ich nicht im Hades noch den Rachegeist auf dem Halse habe!' Auf seinen Befehl brachte ich es und schüttete das meiste, während er zusah, ins Feuer; ein wenig aber bewahrte ich für mich auf gegen etwaige Überraschungen und aus Furcht vor dir."

7. 598. Nach diesen Worten brachte sie die Büchse, in der nur noch ein ganz klein wenig von dem Gift war. Der König ging nun dazu über, Mutter und Bruder des Antiphilos zu foltern; jene gestanden auch, Antiphilos habe die Büchse aus Ägypten geholt, und zwar habe er das Gift von einem Bruder bekommen, der Arzt in Alexandrien war. Es gingen die Geister Alexanders und Aristobuls im ganzen Palast um, sie spürten auf und zeigten an, was verborgen war; selbst die, die von Verdacht völlig frei waren, schleppten sie vor den Richter. So wurde auch Mariamme, die Tochter des Hohenpriesters, als Mitwisserin des Anschlags entlarvt, denn das gaben ihre Brüder auf der Folter zu. Der König ließ die Verwegenheit der Mutter auch den Sohn büßen, indem er ihren Sohn Herodes als Nachfolger des Antipater aus dem Testament strich.

31. Kapitel

1. 601. Außerdem kam Bathyllos[272] mit seinen Aussagen zu den Schuldbeweisen hinzu, jetzt war völlige Klarheit über die Pläne Antipaters. Jener war nämlich ein Freigelassener des Antipater und war gekommen, um ein anderes tödliches Mittel zu bringen, Kobragift und Säfte von anderen Schlangen, damit Pheroras und seine Frau sich gegen den König wappnen könnten, falls das erste Gift sich als zu schwach erweisen sollte. Neben dem Frevel an dem Vater hatte er noch die Aufgabe, die von Antipater zum Schaden seiner Brüder gefälschten Briefe zu überbringen; es ging nämlich um Archelaos und Philippus, Söhne des Königs, die in Rom erzogen wur-

λὰς ἐξ ὀνόματος τῶν ἐπὶ Ῥώμης φίλων, οὓς δὲ ἔπειθεν γράψαι διαφθείρας χρήμασιν, ὡς πολλὰ μὲν βλασφημοῖεν τὸν πατέρα, φανερῶς δὲ Ἀλέξανδρον καὶ Ἀριστόβουλον ὀδύροιντο, πρὸς δὲ τὴν μετάκλησιν ἀγανακτοῖεν· ἤδη δ' αὐτοὺς[108] ὁ πατὴρ μετεπέμπετο, καὶ τοῦτο ἦν τὸ μάλιστα ταράσσον Ἀντίπατρον.

604 2. Ἔτι δὲ καὶ πρὸ τῆς ἀποδημίας ἐν Ἰουδαίᾳ μένων τοιαύτας κατ' αὐτῶν ἐπὶ[109] Ῥώμης ἠγόραζεν ἐπιστολὰς[110] προσιών τε ὡς ἀνύποπτος εἴη τῷ πατρὶ περὶ τῶν ἀδελφῶν ἀπελογεῖτο, τὰ μὲν ψευδῆ λέγων εἶναι τῶν
605 γραφομένων, ἃ δὲ νεότητος ἁμαρτήματα. τηνικαῦτά γε μὴν τοῖς γράφουσιν κατὰ τῶν ἀδελφῶν πλεῖστα δοὺς χρήματα συμφύρειν ἐπειρᾶτο τὸν ἔλεγχον, ἐσθῆτάς τε πολυτελεῖς καὶ στρωμνὰς ποικίλας ἐκπώματά τε ἀργυρᾶ καὶ χρυσᾶ συνωνούμενος ἄλλα τε πολλὰ τῶν κειμηλίων, ἵνα τῷ πλήθει τῆς εἰς ταῦτα δαπάνης τοὺς εἰς ἐκεῖνα μισθοὺς ἐγκαταγράψῃ[111]. διακόσια γοῦν ἀναλώματος ἀνήνεγκεν τάλαντα, καὶ τούτων μεγίστη
606 πρόφασις ἦν ἡ πρὸς Συλλαῖον δίκη. πάντων δ' αὐτοῦ τότε καὶ τῶν βραχυτέρων ἐν τῷ μείζονι κακῷ διακαλυφθέντων, ὅθ' αἱ μὲν βάσανοι πᾶσαι τὴν πατροκτονίαν, αἱ δ' ἐπιστολαὶ δευτέρας ἀδελφοκτονίας κεκράγεσαν, ὅμως οὐδεὶς τῶν εἰς Ῥώμην ἀφικνουμένων ἀπήγγειλεν αὐτῷ τὰς ἐν Ἰουδαίᾳ τύχας καίτοι μεταξὺ τῶν ἐλέγχων καὶ τῆς ἐπανόδου διελθόν-
607 των ἑπτὰ μηνῶν· τοσοῦτον πρὸς αὐτὸν ἐκ πάντων μῖσος ἦν. τάχα καὶ τοὺς ἀπαγγέλλειν προῃρημένους οἱ τῶν ἀνῃρημένων δαίμονες ἀδελφῶν ἐφίμουν· γράφει γοῦν ἀπὸ Ῥώμης ἄφιξιν ἑαυτοῦ ταχεῖαν εὐαγγελιζόμενος, καὶ ὡς ὑπὸ Καίσαρος μετὰ τιμῆς ἀπολυθείη.

608 3. Ὁ βασιλεὺς δὲ εἰς χεῖρας λαβεῖν σπεύδων τὸν ἐπίβουλον καὶ δεδοικὼς μή ποτε προγνοὺς φυλάξηται, δι' ἐπιστολῆς ἀνθυπεκρίνετο τά τε ἄλλα φιλοφρονούμενος καὶ σπεύδειν παρακαλῶν· θήσεσθαι γὰρ αὐτοῦ καὶ τὰς πρὸς τὴν μητέρα μέμψεις ἐπειχθέντος· οὐ γὰρ ἠγνόει τὴν
609 ἐκβολὴν τῆς μητρὸς Ἀντίπατρος. πρότερον μὲν οὖν εἰλήφει τὴν περὶ τῆς Φερώρα τελευτῆς ἐπιστολὴν ἐν Τάραντι καὶ μέγιστον ἐποιήσατο πένθος, ὅ τινες ὡς ἐπὶ θείῳ καθύμνουν, ἦν δ', ὡς ἔοικεν, ἐπὶ διαμαρτίᾳ τῆς ἐπιβουλῆς ἡ σύγχυσις καὶ οὐ Φερώραν κλαίοντος, ἀλλὰ τὸν ὑπηρέτην· ἤδη δὲ καὶ φόβος ἐπῄει τις αὐτὸν τῶν τετελεσμένων, μή ποτε φωραθείη
610 τὸ φάρμακον. τότε δ' ἐν Κιλικίᾳ λαβὼν ἦν προειρήκαμεν παρὰ τοῦ πατρὸς ἐπιστολὴν παραχρῆμα μὲν ἔσπευδεν, ὡς δὲ εἰς Κελένδεριν κατέπλει, λαμβάνει τις αὐτὸν ἔννοια τῶν περὶ τὴν μητέρα κακῶν
611 προμαντευομένης ἤδη καὶ καθ' ἑαυτὴν τῆς ψυχῆς. οἱ μὲν οὖν προμηθέστεροι τῶν φίλων συνεβούλευον μὴ πρότερον ἐμπίπτειν τῷ πατρὶ

§ 604 = ant. 17, 81; § 608 = ant. 17, 83.

[108] enim Lat; γὰρ Niese cj. Thack.
[109] ἀπὸ LTRC Na.
[110] Die folgenden Worte nach LTRC Na: καὶ προσιὼν τέως ἀνύποπτος ἦν τῷ πατρὶ περὶ τῶν ἀδελφῶν δὲ ἀπελογεῖτο.
[111] ἐγκατακρύψῃ LTRC Na Thack; celaret Lat.

den, schon herangewachsen und voller Hochsinn. Diese, die seinen Hoffnungen im Wege standen, wollte er rasch beseitigen. Zu diesem Zweck fälschte Antipater einerseits Briefe unter dem Namen der Freunde in Rom, andererseits bestach er einen Teil der Freunde, selbst solche Briefe zu schreiben, des Inhalts, daß sie vielfach ihren Vater beschimpften, in aller Öffentlichkeit über Alexander und Aristobulos klagten und über ihre Rückberufung unwillig seien. Denn der Vater hatte ihnen schon den Auftrag dazu gegeben, und dies war es, was Antipater besonders beunruhigte.

2. 604. Auch hatte er schon vor seiner Abreise, als er noch in Judäa war, sich in Rom Briefe dieser Art gegen seine Brüder durch Bestechung besorgt, und um frei von Verdacht zu bleiben, sprach er zur Verteidigung der Brüder bei seinem Vater vor; dabei erklärte er einen Teil des Inhalts der Briefe als Lüge, einen anderen als Folge jugendlichen Leichtsinns. Dann, aber, als er in Rom den Schreibern der Briefe gegen die Brüder große Geldsummen gab, versuchte er, etwaige Nachforschungen irre zu führen, und kaufte deswegen kostbare Gewänder, kunstvolle Teppiche, silberne und goldene Pokale und viele andere Kostbarkeiten, damit er in der Größe der Ausgaben für diese Dinge das Geld für die Bestechungen unterbringen könne. Er gab also im Gesamtbetrag 200 Talente aus, angeblich in der Hauptsache für den Prozeß gegen Sylläus. Zu gleicher Zeit aber wurden in seinem großen Verbrechen auch alle kleineren offenbar, weil die zahlreichen Folterungen den Mordplan gegen den Vater und die Briefe einen erneuten Anschlag gegen das Leben der Brüder unüberhörbar bezeugten. Trotzdem brachte ihm keiner von denen, die nach Rom kamen, Kunde von dem Verhängnis, das sich in Judäa anbahnte, obwohl zwischen dem Beweisverfahren und seiner Rückkehr sieben Monate vergingen. So groß war der Haß gegen ihn bei allen. Vielleicht schlossen auch denen, die etwa eine Mitteilung beabsichtigt hätten, die Geister der ermordeten Brüder den Mund. So schrieb er denn von Rom die frohe Nachricht, daß er demnächst heimkehre, und wie er vom Kaiser in Ehren verabschiedet worden sei.

3. 608. Der König aber fieberte danach, den heimtückischen Verräter in die Hand zu bekommen, fürchtete jedoch, er werde zu früh etwas erfahren und auf der Hut sein. Darum stellte er sich in einem Brief ganz freundlich und redete ihm zu, sich zu beeilen; wenn er sich beeile, dann werde er als Vater die Beschwerden gegen seine Mutter unterdrücken; denn die Verstoßung der Mutter war Antipater nicht unbekannt geblieben. Vorher hatte er schon in Tarent den Brief empfangen, der ihm den Tod des Pheroras meldete, und starke Erschütterung gezeigt, die ihm manche, als ob sie sich auf den Oheim bezöge, hoch anrechneten; in Wirklichkeit aber war er, wie es scheint, über das Mißlingen des Anschlags bestürzt, und seine Tränen galten nicht so sehr der Person des Pheroras, als vielmehr dem Verlust des Helfershelfers. Jetzt beschlich ihn auch Angst wegen der bereits in die Wege geleiteten Machenschaften, ob das Gift nicht vielleicht entdeckt worden wäre. Da empfing er in Cilicien den vorher erwähnten Brief seines Vaters und beschleunigte seine Reise daraufhin. Wie er aber in Kelenderis[273]

πρὶν πυθέσθαι σαφῶς δι' ἃς αἰτίας ἐξέβαλεν αὐτοῦ τὴν μητέρα· δεδιέναι
612 γάρ, μή ποτε προσθήκη γένοιτο τῶν κατ' ἐκείνης διαβολῶν. οἱ δὲ
ἀσκεπτότεροι καὶ τὴν πατρίδα σπεύδοντες ἰδεῖν μᾶλλον ἢ τὸ συμφέρον
Ἀντιπάτρῳ σκοποῦντες, ἐπείγεσθαι παρῄνουν καὶ μὴ τῇ μελλήσει παρασχεῖν
τῷ πατρὶ μὲν ὑποψίαν φαύλην, τοῖς διαβάλλουσι δὲ ἀφορμήν·
καὶ γὰρ νῦν, εἴ τι κεκίνηται κατ' αὐτοῦ, παρὰ¹¹² τὴν ἀπουσίαν γέγονεν·
μηδὲ γὰρ ἂν τολμῆσαι παρόντος· ἄτοπον δ' εἶναι δι' ἀδήλους ὑποψίας
προδήλων ἀγαθῶν στερίσκεσθαι, καὶ μὴ θᾶττον ἀποδοῦναι μὲν ἑαυτὸν
τῷ πατρί, κομίσασθαι δὲ τὴν βασιλείαν ἐπ' αὐτῷ μόνῳ σαλεύουσαν.
613 πείθεται τούτοις, ἐνῆγεν γὰρ τὸ δαιμόνιον, καὶ διαπεράσας εἰς τὸν
Σεβαστὸν λιμένα τῆς Καισαρείας κατάγεται.
614 4. Παρυπήντησεν δ' αὐτῷ παρὰ δόξαν ἐρημία πολλὴ πάντων ἐκτρεπομένων
καὶ μηδενὸς προσιέναι τολμῶντος· ἐμισεῖτο μὲν γὰρ ἐπίσης, καὶ
τότε φανῆναι τὸ μῖσος ἔσχεν παρρησίαν, πολλοὺς δὲ ὁ ἐκ τοῦ βασιλέως
φόβος ἀπέστρεψεν, ἐπειδὴ πᾶσα πόλις ἤδη τῆς κατ' Ἀντιπάτρου φήμης
πεπλήρωτο καὶ μόνος ἠγνόει τὰ κατ' αὐτὸν¹¹³ Ἀντίπατρος· οὔτε δὲ
προεπέμφθη λαμπρότερόν τις ἐκείνου πλέοντος ἐπὶ Ῥώμης¹¹⁴ οὔτε ἀτι-
615 μότερον ὑπεδέχθη. ὁ δὲ ἤδη μὲν ἐνενόει¹¹⁵ τὰς οἴκοι συμφοράς, ἔτι δὲ
ἐκ πανουργίας ὑπεκρύπτετο καὶ τῷ δέει τεθνηκὼς ἔνδοθεν σοβαρὸς
616 εἶναι τὸ πρόσωπον ἐβιάζετο. φυγὴ δ' οὐκέτι ἦν οὐδ' ἐκ τῶν περιεχόντων
ἀνάδυσις, καὶ σαφὲς μὲν οὐδὲ ἐκεῖ τι τῶν οἴκοθεν ἀπηγγέλλετο διὰ τὴν
ἐκ τοῦ βασιλέως ἀπειλήν, ὑπελείπετο δὲ ἐλπὶς ἱλαρωτέρα, τάχα μὲν μηδὲν
πεφωρᾶσθαι, τάχα δ', εἴ τι καὶ πεφώραται, διασκευάσειν¹¹⁶ ἀναιδείᾳ καὶ
δόλοις, ἅπερ ἦν αὐτῷ μόνα τὰ τῆς σωτηρίας ἐφόδια.
617 5. Φραξάμενος οὖν αὐτοῖς ἧκεν εἰς τὸ βασίλειον δίχα τῶν φίλων·
οὗτοι γὰρ ὑβρισθέντες ἐπὶ τοῦ πρώτου πυλῶνος εἴρχθησαν· ἔτυχεν δ'
ἔνδον ὢν Οὔαρος ὁ τῆς Συρίας ἡγεμών. ὁ δὲ εἴσεισι πρὸς τὸν πατέρα
618 καὶ τῇ τόλμῃ παρακροτήσας ἑαυτὸν ἤγγιζεν ὡς ἀσπασόμενος. κἀκεῖνος
τὰς χεῖρας προβαλὼν καὶ τὴν κεφαλὴν παρακλίνας, «ἔστιν, ἐξεβόησεν,
καὶ τοῦτο πατροκτόνου τὸ περιπλέκεσθαί μοι θέλειν ἐν τηλικαύταις
αἰτίαις ὄντα. φθείρου, δυσσεβεστάτη κεφαλή, μηδέ μου ψαύσῃς πρὶν
ἀποσκευάσασθαι τὰ ἐγκλήματα. δίδωμι δέ σοι δικαστήριον καὶ δικαστὴν
εὐκαίρως ἥκοντα Οὔαρον. ἴθι καὶ σκέπτου τὴν ἀπολογίαν εἰς αὔριον·

§ 614 = ant. 17, 89.

¹¹² κατὰ PA.
¹¹³ καθ' ἑαυτὸν LTR Na ist Erleichterung.
¹¹⁴ 'Ρώμην PAML² Kohout Reinach; 'Ρώμης L¹TRC Niese Na Thack.
¹¹⁵ ὑπενόει LTRC Na ist Erleichterung.
¹¹⁶ διασκεδάσειν LC.

an Land ging, packte ihn der Gedanke an die schlimme Lage seiner Mutter, und damit ahnte seine Seele bereits im voraus ihr eigenes Geschick. Die Vorsichtigeren seiner Freunde gaben ihm nun den Rat, nicht vor den Vater zu treten, bevor er genau erfahren habe, weswegen jener seine Mutter verstoßen habe; denn sie fürchteten, daß die gegen jene erhobenen Anklagen weitere Folgen hätten. Die weniger Besonnenen aber, denen am raschen Wiedersehen mit der Heimat mehr lag als am Vorteil Antipaters, drängten zur Eile: er solle nicht durch Zögern beim Vater unbegründeten Verdacht wecken und den Verleumdern neuen Auftrieb geben. Denn wenn jetzt etwas gegen ihn in die Wege geleitet worden sei, sei es auf Grund seiner Abwesenheit geschehen; unter seinen Augen hätte man es nicht gewagt. Im Übrigen sei es widersinnig, wegen schattenhaften Verdachtes offenbaren Vorteil aus der Hand zu geben; solle er sich nicht vielmehr, je eher, je lieber dem Vater stellen und sich die Königsherrschaft verschaffen, die, wenn jener allein bleibe, unsicher sei. Diesen Ratschlägen folgte er, eine höhere Macht gab es ihm ein; er setzte über und ging im Augustushafen von Caesarea an Land.

4. 614. Es begegnete ihm wider Erwarten völlige Einsamkeit; alle wandten sich von ihm ab und keiner wagte, ihm näher zu treten; denn er wurde von allen in gleicher Weise gehaßt, und jetzt hatte der Haß die Freiheit, sich offen zeigen zu dürfen. Viele hielt auch die Angst vor dem König fern von ihm, da die ganze Stadt bereits von der Nachrede gegen Antipater erfüllt war und nur er allein nicht wußte, wie es um ihn stand. Niemals ist jemand glänzender verabschiedet worden als jener von Rom, niemals jemand mit weniger Ehren empfangen worden. Er machte sich nun doch Gedanken über das zu Hause geschehene Unglück, ließ sich aber aus Klugheit nichts anmerken, und obgleich ihm innerlich sterbensangst war, zwang er seine Züge zu unerschütterlichem Stolz. Zu fliehen und aus der Umklammerung auszubrechen war nicht mehr möglich. Über das zu Hause Geschehene sagt man ihm auch hier nichts Genaues aus Furcht vor der Drohung des Königs. Als Hoffnung, die ihn doch wieder ermuntern konnte, blieb ihm der Gedanke, daß vielleicht nichts verraten sei, oder daß er, falls doch etwas verraten sei, die Sache durch unverschämtes Auftreten und Kunstgriffe in Ordnung bringen könnte. Das waren für ihn die einzigen Auswege zur Rettung.

5. 617. Nachdem er sich auf diese Weise stark gemacht hatte, betrat er den Königspalast, jedoch ohne seine Freunde. Denn diese waren am ersten Tor in verletzender Weise zurückgewiesen worden. Im Inneren befand sich gerade Varus, der Statthalter von Syrien[274]. Antipater aber trat zu seinem Vater ein, nahm seine ganze Frechheit zusammen und näherte sich dem König, um ihn zu umarmen. Dieser aber streckte seine Hände vor, neigte den Kopf zur Seite und schrie laut auf: „Gehört auch das noch zum Vatermörder, mich umarmen zu wollen, ein Mensch, gegen den so schwere Anklagen erhoben werden? Verdirb, du ruchloses Haupt, und berühre mich nicht, es sei denn, du könntest dich der Wucht der Anklagen entziehen! Ich gewähre dir ein

619 παρέχω γάρ σου καιρόν τοις πανουργεύμασιν.» προς ταύτα μηδέν ύπ' εκπλήξεως αποκρίνασθαι δυνηθείς αύτος υπέστρεψεν, παραγενόμεναι δέ προς αύτον έκδιηγήσαντο πάντας τους ελέγχους ή τε μήτηρ και ή γυνή. και τότε μέν άνανήψας έν σκέψει της απολογίας ην.

620 XXXII. 1. Τη δ' επιούση συνέδριον μέν ο βασιλεύς αθροίζει των συγγενών και φίλων, εισκαλεί δέ και τους Αντιπάτρου φίλους. προκαθέζεται δε αυτός άμα Ουάρω και τους μηνυτάς πάντας εκέλευσεν εισαγαγείν, έν οις εισήχθησαν και της Αντιπάτρου μητρός οικέται τινές ού πρό πολλού συνειλημμένοι, κομίζοντες γράμματα παρ' αυτής πρός τον υιόν τοιάδε· «έπει πεφώραται πάντα εκείνα τω πατρί σου, μη παραγίνου 621 πρός αυτόν, άν μη τινα πορίση παρά του Καίσαρος δύναμιν.» τούτων σύν τοις άλλοις εισηγμένων Αντίπατρος εισέρχεται και πεσών πρηνής πρό των ποδών του πατρός, «ικετεύω, πάτερ, έφη, μηδέν μου προκατεγνωκέναι, παρασχείν δέ μοι τας ακοάς ακεραίους εις την απολογίαν· αποδείξω γάρ έμαυτον καθαρόν, άν σύ θέλης.»

622 2. Ο δ' αυτώ σιγάν εγκραγών πρός τον Ούαρον είπεν· «αλλ' ότι μέν και σύ, Ούαρε, και πάς δικαστής όσιος Αντίπατρον εξώλη κρινεί, πέπεισμαι. δέδοικα δέ, μη κάμού μισήσης την τύχην κάμε κρίνης πάσης άξιον συμφοράς τοιούτους υιούς γεγεννηκότα. χρή δέ με διά τούτο ελεείσθαι πλέον, ότι πρός ούτω μιαρούς και φιλοστοργότατος πατήρ 623 έγενόμην. τούς μέν γάρ προτέρους βασιλείας τε έτι νέους αξιώσας και προς τοις έν Ρώμη τροφείοις φίλους Καίσαρος, ζηλωτούς δέ ποιήσας βασιλεύσιν έτέροις, εύρον επιβούλους, οι τεθνήκασι το πλέον Αντιπάτρω· νέω γάρ όντι και διαδόχω τούτω μάλιστα την ασφάλειαν 624 επoριζόμην. τό δέ μιαρόν τούτο θηρίον της εμής υπερεμπλησθέν ανεξικακίας ήνεγκεν κατ' εμού τον κόρον· έδοξα γάρ αυτώ πολύν ζην χρόνον, και το εμόν γήρας εβαρύνθη βασιλεύς τε ουχ υπέμεινεν ει μη διά πατροκτονίας γενέσθαι, δίκαια γούν βουλευσάμενος, ότι καταγαγών αυτόν από της χώρας απερριμμένον και παρωσάμενος τους εκ βασιλίδος 625 μοι γεγενημένους απέδειξα της αρχής διάδοχον. εξομολογούμαί σοι, Ούαρε, την έμαυτού φρενοβλάβειαν· εγώ τούς υιούς εκείνους κατ' έμαυτού παρώξυνα δικαίας αυτών αποκόψας έλπίδας δι' Αντίπατρον.

§ 619 = ant. 17, 92; § 623 ff. vgl. ant. 17, 94 ff.

ordentliches Gericht und als Richter Varus, der gerade zur rechten Zeit gekommen ist. Geh nun und kümmere dich um deine Verteidigung bis morgen! Ich gönne dir sogar Zeit für deine schlauen Ausreden." Darauf konnte Antipater vor Bestürzung nicht antworten und zog sich zurück; allerdings hatten seine Mutter und seine Frau[275] Zutritt zu ihm und berichteten ihm alle gegen ihn sprechenden Beweise. Da fand er wieder einen nüchternen Blick für die Lage und machte sich an seine Verteidigung.

32. Kapitel

1. 620. Am nächsten Tage rief der König eine Gerichtsversammlung zusammen aus seinen „Verwandten" und „Freunden", er lud aber auch Antipaters Freunde ein. Den Vorsitz übernahm er zusammen mit Varus und ließ alle Belastungszeugen vorführen, darunter auch einige Sklaven der Mutter Antipaters, die vor kurzem verhaftet worden waren, und die nun einen Brief von ihr an ihren Sohn mit folgendem Inhalt vorlegten: „Da alles Bewußte deinem Vater verraten worden ist, so hüte dich, ihm in die Nähe zu kommen, es sei denn, du hättest Unterstützung vom Caesar." Als diese mit den anderen Zeugen vorgeführt worden waren, trat Antipater ein, fiel auf sein Angesicht vor seines Vaters Füße und sprach: „Ich bitte dich inständig, Vater, mich nicht im voraus zu verdammen, sondern mir bei meiner Verteidigung unvoreingenommen Gehör zu schenken; denn ich werde meine Unschuld beweisen, vorausgesetzt, daß du es gestattest".

2. 622. Er aber herrschte ihn an, zu schweigen, wandte sich zu Varus und sprach[276]: „Ich bin überzeugt, daß du, Varus, wie jeder rechtschaffene Richter Antipater als einen durch und durch verdorbenen Menschen beurteilen wirst. Ich muß allerdings fürchten, daß du auch mein Geschick verabscheuungswürdig finden wirst und zu der Überzeugung kommst, ich sei an allem Unglück selbst schuld, da ich solchen Söhnen das Leben gab. Aber das ist ja gerade der Grund, aus dem man Mitleid mit mir haben sollte, weil ich so verworfenen Söhnen gegenüber auch noch ein so liebevoller Vater war. Denn jenen anderen Söhnen, die ich in ihrer Jugend schon mit der Königswürde ehrte und in Rom unter beträchtlichen Kosten erziehen ließ, habe ich die Freundschaft des Kaisers verschafft und sie für andere Könige beneidenswert gemacht. Gerade sie habe ich als Verschwörer erfunden und sie mußten zum Vorteil Antipaters sterben. Denn vor allem ihm, der jung und Thronfolger war, wollte ich Sicherheit verschaffen. Dies abscheuliche Untier aber, durch die Beweise meiner Nachsicht übersättigt, hat seinen mörderischen Übermut gegen mich gewandt. Ich schien ihm viel zu lange zu leben, und die mir gegebene Lebensfrist fand er unerträglich; ohne Vatermord wollte er durchaus nicht König werden. Er beabsichtigte meine gerechte Strafe dafür, daß ich ihn, den Verstoßenen, vom Lande zurückgeholt hatte, die mir von einer Königin geborenen Söhne verstieß und ihn zum Thronfolger ernannte. Ich gestehe dir, Varus, ganz offen meine Verblen-

καὶ τί μὲν ἐκείνους εὐεργέτησα τηλικοῦτον, ἡλίκον τοῦτον; ᾧ γε ζῶν μὲν ὀλίγου δεῖν παρεχώρησα τῆς ἐξουσίας, φανερῶς δὲ ταῖς διαθήκαις ἐνέγραψα τῆς ἀρχῆς διάδοχον καὶ πρόσοδον μὲν ἰδίᾳ πεντήκοντα ταλάντων ἔνειμα, τῶν δ' ἐμῶν ἐχορήγησα χρημάτων ἀνέδην, πλέοντι δὲ νῦν εἰς Ῥώμην ἔδωκα τριακόσια τάλαντα, Καίσαρι δ' ἐξ ὅλης τῆς
626 γενεᾶς μόνον ὡς σωτῆρα τοῦ πατρὸς παρεθέμην. τί δ' ἐκεῖνοι τοιοῦτον ἠσέβησαν, οἷον Ἀντίπατρος; ἢ τίς ἔλεγχος ἠνέχθη κατ' αὐτῶν, ἡλίκος
627 ἀποδείκνυσιν τοῦτον ἐπίβουλον; ἀλλὰ φθέγγεσθαί τι τετόλμηκεν ὁ πατροκτόνος καὶ πάλιν δόλοις τὴν ἀλήθειαν ἐπικαλύψειν ἐλπίζει. Οὔαρε, σοὶ φυλακτέον· ἐγὼ γὰρ οἶδα τὸ θηρίον καὶ προορῶμαι τὴν μέλλουσαν ἀξιοπιστίαν καὶ τὸν ἐπίπλαστον ὀλοφυρμόν· οὗτός ἐστιν ὁ παραινῶν ἐμοί ποτε φυλάττεσθαι ζῶντα Ἀλέξανδρον καὶ μὴ πᾶσιν πιστεύειν τὸ σῶμα· οὗτος ὁ μέχρι τῆς κοίτης εἰσάγων καὶ μή μέ τις ἐνεδρεύοι περιβλέπων· οὗτος ὁ ταμίας τῶν ὕπνων καὶ χορηγὸς τῆς ἀμεριμνίας, ὁ παραμυθούμενος τὴν ἐπὶ τοῖς ἀνῃρημένοις λύπην καὶ διακρίνων τὴν τῶν ζώντων εὔνοιαν ἀδελφῶν, ὁ ὑπερασπιστὴς ὁ ἐμός, ὁ σωματοφύλαξ.
628 ὅταν ἀναμνησθῶ, Οὔαρε, τὸ πανοῦργον ἐν ἑκάστῳ καὶ τὴν ὑπόκρισιν, ἀπιστία με τοῦ ζῆν εἰσέρχεται καὶ θαυμάζω, πῶς βαρὺν οὕτως ἐπίβουλον διέφυγον. ἀλλ' ἐπεὶ δαίμων τις ἐξερημοῖ τὸν ἐμὸν οἶκον καί μοι τοὺς φιλτάτους ἐπανίστησιν ἀεί, κλαύσομαι μὲν ἐγὼ τὴν ἄδικον εἱμαρμένην καὶ κατ' ἐμαυτὸν στενάξω τὴν ἐρημίαν, διαφεύξεται δ' οὐδεὶς διψήσας τοὐμὸν αἷμα, κἂν διὰ πάντων μου τῶν τέκνων ὁ ἔλεγχος ἔλθῃ.»
629 3. Τοιαῦτα λέγων αὐτὸς μὲν ὑπὸ συγχύσεως ἐνεκόπη, Νικολάῳ δ' ἑνὶ τῶν φίλων λέγειν τὰς ἀποδείξεις ἔνευσεν. μεταξὺ δ' ὁ Ἀντίπατρος ἐπάρας τὴν κεφαλήν, ἔμενεν γὰρ δὴ βεβλημένος πρὸ τῶν ποδῶν τοῦ
630 πατρός, ἐκβοᾷ· «σύ, πάτερ, ὑπὲρ ἐμοῦ πεποίηκας τὴν ἀπολογίαν· πῶς γὰρ ἐγὼ πατροκτόνος, ὃν ὁμολογεῖς φύλακα διὰ παντὸς ἐσχηκέναι; τερατείαν δέ μου καὶ ὑπόκρισιν λέγεις τὴν εὐσέβειαν. πῶς ὁ πανοῦργος ἐν τοῖς ἄλλοις οὕτως ἄφρων ἐγενόμην, ὡς μὴ νοεῖν, ὅτι λαθεῖν οὐδ' ἀνθρώπους ῥᾴδιον τηλικοῦτον μύσος ἐνσκευαζόμενον, τὸν δ' ἀπ' οὐρανοῦ
631 δικαστὴν ἀμήχανον, ὃς ἐφορᾷ πάντα καὶ πανταχοῦ πάρεστιν; ἢ τὸ τῶν ἀδελφῶν τέλος ἠγνόουν, οὓς ὁ θεὸς οὕτως μετῆλθε τῆς εἰς σὲ κακοβουλίας; τί δέ με καὶ παρώξυνεν κατὰ σοῦ; βασιλείας ἐλπίς; ἀλλ' ἐβασίλευον. ὑπόνοια μίσους; οὐ γὰρ ἐστεργόμην; φόβος ἐκ σοῦ τις ἄλλος; ἀλλὰ μὴν σὲ τηρῶν ἑτέροις φοβερὸς ἤμην. ἔνδεια χρημάτων; καὶ τίνι

§ 629 = ant. 17, 99; § 631 = ant. 17, 102.

dung. Habe ich doch selbst jene Söhne dadurch gegen mich aufgebracht, daß ich ihnen um Antipaters willen ihre berechtigten Hoffnungen abschnitt. Und wann hätte ich ihnen jemals so große Wohltaten erwiesen wie diesem hier? Es fehlte nicht viel, so hätte ich ihm noch bei Lebzeiten die Regierungsgewalt überlassen. Öffentlich habe ich ihn in meinem Testament zum Thronfolger bestimmt und ihm ein eigenständiges Einkommen von 50 Talenten[277] ausgesetzt, ihm außerdem aus eigenen Mitteln unbegrenzte Zuschüsse gewährt und ihm bei seiner Abfahrt nach Rom kürzlich 300 Talente mitgegeben; dem Kaiser endlich habe ich ihn allein aus der ganzen Familie als Retter seines Vaters empfohlen. Welches Verbrechen hätten sie begangen, das dem des Antipater gleich käme? Oder wurden jemals gegen sie so zwingende Beweise vorgebracht wie die, welche diesen als Hochverräter brandmarken? Aber der Vatermörder wagt es, den Mund aufzutun und hofft, auch diesmal noch den wahren Tatbestand durch Schliche zu verhüllen. Sieh dich also vor, Varus! Ich kenne die Bestie und sehe im voraus, wie sie sich in Glaubwürdigkeit hüllt und uns ein jämmerliches Schauspiel vorführt. Er ist es ja, der mich einst, als Alexander noch lebte, vor ihm gewarnt hat, ich solle Leib und Leben nicht jedermann anvertrauen; er ist es, der mich zu Bett geleitete und noch Umschau hielt, ob mir jemand in einem Versteck auflauere. Er war der Hüter meines Schlafs und Gewährsmann meiner Ruhe, er stillte meine Trauer über die Hingerichteten und beobachtete bei den noch lebenden Brüdern ihre Gesinnung gegen mich; er war mein Schildträger und mein Leibwächter. Wenn ich, o Varus, sein allseitiges Ränkespiel und seine Heuchelei bedenke, dann kann ich es kaum begreifen, daß ich noch lebe, und ich muß mich wundern, daß ich einer so abgründigen Verräterseele entrinnen konnte. Aber da ein böser Geist mein Haus verödet und diejenigen, die mir die Liebsten sind, stets gegen mich aufhetzt, so werde ich zwar gewiß mein unverdientes Schicksal beweinen und meine Verlassenheit im Stillen beklagen, entkommen aber soll mir keiner, der nach meinem Blut dürstet, und müßte auch das Schuldurteil über alle meine Kinder gesprochen werden."

3. 629. Tief erschüttert mußte er nach diesen Worten abbrechen und winkte einem seiner Freunde, Nikolaos, zu, er möge die Beweisführung übernehmen. Mittlerweile aber erhob Antipater sein Haupt, er lag nämlich noch hingestreckt zu des Vaters Füßen, und rief: „Du, Vater, hast selbst meine Verteidigungsrede gehalten. Denn wie kann ich, den du zugestandenermaßen allezeit als Wächter gehabt hast, ein Vatermörder sein? Meine Verehrung für dich nennst du Blendwerk und Heuchelei. Wie sollte ich, der ich auf allen anderen Gebieten als durchtrieben gelte, hier so verblendet geworden sein, um nicht zu merken, daß es schon bei Menschen schwierig ist, die Vorbereitung einer solchen Schandtat zu verbergen, unmöglich aber bei dem himmlischen Richter, der alles sieht und überall gegenwärtig ist? Oder war mir das Ende meiner Brüder unbekannt, die Gott wegen ihrer verbrecherischen Absichten gegen dich so schwer bestraft hat? Aber was hätte mich auch gegen dich aufreizen sollen? Die Hoffnung auf die

632 μᾶλλον ἐξῆν ἀναλίσκειν; εἰ γὰρ ἐξωλέστατος πάντων ἀνθρώπων ἐγενόμην καὶ θηρίου ψυχὴν εἶχον ἀνημέρου, πάτερ, οὐκ ἂν ταῖς σαῖς εὐεργεσίαις ἐνικήθην, ὃν κατήγαγες μέν, ὡς ἔφης αὐτός, προέκρινας δὲ τοσούτων τέκνων, ἀπέδειξας δὲ ζῶν βασιλέα, δι' ὑπερβολὴν δὲ τῶν
633 ἄλλων ἀγαθῶν ἐποίησας ἐπίφθονον; ὦ τάλας ἐγὼ τῆς πικρᾶς ἀποδημίας, ὡς πολὺν ἔδωκα καιρὸν τῷ φθόνῳ καὶ μακρὰν τοῖς ἐπιβουλεύουσι διωρίαν. σοὶ δέ, πάτερ, καὶ τοῖς σοῖς ἀγῶσιν ἀπεδήμουν, ἵνα μὴ Συλλαῖος τοῦ σοῦ γήρως καταφρονήσῃ. Ῥώμη μοι μάρτυς τῆς εὐσεβείας καὶ ὁ τῆς οἰκουμένης προστάτης Καῖσαρ, ὁ φιλοπάτορα πολλάκις με εἰπών. λάβε, πάτερ, τὰ παρ' αὐτοῦ γράμματα. ταῦτα τῶν ἐνθάδε διαβολῶν πιστότερα, ταῦτα ἀπολογία μοι μόνη, τούτοις τῆς εἰς
634 σὲ φιλοστοργίας τεκμηρίοις χρῶμαι. μέμνησο δὲ ὡς οὐχ ἑκὼν ἔπλεον ἐπιστάμενος τὴν ἐμφωλεύουσαν τῇ βασιλείᾳ κατ' ἐμοῦ δυσμένειαν. σὺ δέ με, πάτερ, ἄκων ἀπώλεσας, ἀναγκάσας καιρὸν διαβολῆς δοῦναι τῷ φθόνῳ. πάρειμι δὲ ἐπὶ τοὺς ἐλέγχους, πάρειμι διὰ γῆς καὶ θαλάσσης
635 οὐδὲν οὐδαμοῦ παθὼν ὁ πατροκτόνος. ἀλλὰ μήπω με τούτῳ φίλει[117] τῷ τεκμηρίῳ· κατέγνωσμαι γὰρ καὶ παρὰ θεῷ καὶ παρὰ σοί, πάτερ. κατεγνωσμένος δὲ δέομαι μὴ ταῖς ἄλλων βασάνοις πιστεύειν, ἀλλὰ κατ' ἐμοῦ φερέσθω τὸ πῦρ, ὁδευέτω διὰ τῶν ἐμῶν σπλάγχνων τὰ ὄργανα, μὴ φειδέσθω ὀλοφυρμὸς τοῦ μιαροῦ σώματος· εἰ γὰρ εἰμὶ πατροκτόνος,
636 οὐκ ὀφείλω θνήσκειν ἀβασάνιστος.» τοιαῦτα μετ' ὀλοφυρμοῦ καὶ δακρύων ἐκβοῶν τούς τε ἄλλους ἅπαντας καὶ τὸν Οὔαρον εἰς οἶκτον προυκαλέσατο, μόνον δὲ ὁ θυμὸς Ἡρώδην ἄδακρυν διεκράτει τοὺς ἐλέγχους ἀληθεῖς ἐπιστάμενον.

637 4. Ἐν τούτῳ Νικόλαος τοῦ βασιλέως κελεύσαντος πολλὰ πρὸς τὸ πανοῦργον τὸ Ἀντιπάτρου προειπὼν καὶ τὸν ἐπ' αὐτῷ διαχέας ἔλεον, ἔπειτα πικρὰν κατηγορίαν κατετείνατο, πάντα μὲν τὰ κατὰ τὴν βασιλείαν κακουργήματα περιτιθεὶς αὐτῷ, μάλιστα δὲ τὴν ἀναίρεσιν τῶν ἀδελφῶν, ἀποδεικνὺς ταῖς ἐκείνου διαβολαῖς ἀπολωλότας. ἐπιβουλεύειν δὲ αὐτὸν ἔλεγεν καὶ τοῖς περιοῦσιν ὡς ἐφέδροις τῆς διαδοχῆς· τὸν γὰρ παρασκευάσαντα πατρὶ φάρμακον ἦ πού γ' ἂν ἀδελφῶν ἀποσχέσθαι.
638 προελθὼν δ' ἐπὶ τὸν ἔλεγχον τῆς φαρμακείας τάς τε μηνύσεις [ἑξῆς]

§ 633 = ant. 17, 105.

[117] μήπω τούτῳ ὠφέλημαι MLVRC; der Text ist offenbar verdorben.

Königsherrschaft? Aber die Königswürde hatte ich ja. Oder der Argwohn, von dir gehaßt zu werden? Wurde ich denn nicht geliebt? Bestand ein anderer Grund, dich zu fürchten? Aber es mußten sich vielmehr andere vor mir fürchten, weil ich dein Wächter sein durfte. Mangel an Geld? Aber wer konnte mehr ausgeben? Denn, wäre ich der Verworfenste unter allen Menschen und hätte ich die Seele eines wilden Tieres, wäre ich nicht selbst dann durch deine Wohltaten, Vater, überwunden worden? Hast du mich nicht, wie du selbst sagst, wieder nach Hause gerufen, mich all den anderen Kindern vorgezogen, mich bei deinen Lebzeiten zum König ernannt und mich durch ein Übermaß an anderen Auszeichnungen zu einem Ziel des Neides gemacht? Ich Unglücksmensch, daß ich diese elende Reise unternehmen mußte! Wieviel Spielraum gab sie dem Neid und welch ausgedehnte Bedenkzeit den Verleumdern! Für dich, Vater, und für deinen Prozeß war ich in der Fremde, damit Sylläus dein graues Haupt nicht ungestraft mißachte[278]. Rom ist Zeugin meiner Verehrung für dich, und Zeuge ist auch der Kaiser, der Lenker des Erdkreises, der mich oftmals „Philopator"[279] genannt hat. Nimm, Vater, seinen Brief, der ist vertrauenswürdiger als die Verleumdungen hier, er ist meine einzige Verteidigung, auf ihn stütze ich mich als Nachweis meiner kindlichen Liebe gegen dich. Denke daran, wie ungern ich abreiste, kannte ich doch die im ganzen Königreich unterirdisch lauernde Mißgunst gegen mich. Du, Vater, hast mich, gewiß gegen deinen Willen, zugrunde gerichtet, da du mich genötigt hast, dem Neide freien Raum zur Verleumdung zu geben. Jetzt bin ich da, die Beweise zu widerlegen; jetzt bin ich da, über Land und Meer gekommen, ohne daß ich, der „Vatermörder", auch nur in irgendeiner Weise Schaden genommen hätte. Aber laß es ruhig bleiben, mich auf Grund dieses Beweises wieder zu lieben; denn über mich, Vater, ist ja bei Gott und bei dir der Stab gebrochen. Als so Verdammter bitte ich dich, nicht auf Aussagen anderer zu vertrauen, die unter der Folter erpreßt sind, sondern das Feuer soll mir entgegenschlagen, die Marterwerkzeuge mögen meine Eingeweide zerreißen; kein Mitleid mit dem Wehgeschrei des befleckten Körpers! Denn wenn ich ein Vatermörder bin, dann verdiene ich es nicht, ohne Marter zu sterben." So rief er unter Stöhnen und Schluchzen und bewegte damit alle Anwesenden, auch Varus, zum Mitleid; nur Herodes verharrte in seinem Zorn ungerührt[280], da er genau wußte, daß die Beweise wohlbegründet waren.

4. 637. Auf ausdrücklichen Befehl des Königs ergriff nun Nikolaos[281] das Wort, besprach eingehend die Durchtriebenheit Antipaters und zerstreute so die Mitleidsregungen für ihn; dann trug er seine scharfe Anklagerede vor und machte ihn für alle Staatsverbrechen im Lande verantwortlich, besonders aber für die Hinrichtung seiner Brüder, führte er doch den Nachweis, daß sie infolge seiner Verleumdungen umgekommen waren. Er behauptete weiter, jener stelle auch den Überlebenden nach, da sie angeblich seine Thronfolge gefährdeten. Denn wie sollte wohl einer, der den Vater vergiften will, die Brüder verschonen? Er ging dann zum Beweis des geplanten Giftmordes über, behandelte der Reihe nach die Zeugenaussagen

ἐπεδείκνυεν καὶ περὶ Φερώρα κατεσχετλίαζεν, ὅτι κἀκεῖνον Ἀντίπατρος ποιήσειεν ἀδελφοκτόνον καὶ τοὺς φιλτάτους τῷ βασιλεῖ διαφθείρας ὅλον τοῦ μύσους ἀναπλήσειεν τὸν οἶκον, ἄλλα τε πολλὰ πρὸς τούτοις εἰπὼν καὶ ἀποδείξας καταπαύει τὸν λόγον.

639 5. Οὔαρος δὲ ἀπολογεῖσθαι κελεύσας τὸν Ἀντίπατρον, ὡς οὐδὲν πλέον εἰπὼν ἢ «θεός ἐστίν μοι τοῦ μηδὲν ἀδικεῖν μάρτυς» ἔκειτο σιγῶν, αἰτήσας τὸ φάρμακον δίδωσί τινι τῶν ἐπὶ θανάτῳ κατακρίτων δεσμώτῃ
640 πιεῖν. τοῦ δὲ παραχρῆμα τελευτήσαντος ὁ μὲν ἀπορρήτους ποιήσας τὰς πρὸς Ἡρώδην ὁμιλίας καὶ τὰ περὶ τὸ συνέδριον Καίσαρι γράψας μετὰ μίαν ἡμέραν χωρίζεται. δεσμεῖ δὲ ὁ βασιλεὺς Ἀντίπατρον καὶ πρὸς Καίσαρα τοὺς δηλώσοντας τὴν συμφορὰν ἐξέπεμψεν.

641 6. Μετὰ δὲ ταῦτα καὶ κατὰ Σαλώμης ἐπίβουλος Ἀντίπατρος εὑρίσκεται· τῶν γὰρ Ἀντιφίλου τις οἰκετῶν ἧκεν ἐπιστολὰς κομίζων ἀπὸ Ῥώμης παρὰ Λιουίας θεραπαινίδος Ἀκμῆς τοὔνομα. καὶ παρὰ μὲν ταύτης ἐπέσταλτο βασιλεῖ τὰς παρὰ Σαλώμης ἐπιστολὰς ἐν τοῖς Λιουίας εὑρηκέναι γράμμασιν, πεπομφέναι δὲ αὐτῷ λάθρα δι' εὔνοιαν.
642 αἱ δὲ τῆς Σαλώμης λοιδορίας τε τοῦ βασιλέως περιεῖχον πικροτάτας καὶ κατηγορίαν μεγίστην. ταύτας δὲ πλάσας Ἀντίπατρος καὶ τὴν
643 Ἀκμὴν διαφθείρας ἔπεισεν Ἡρώδῃ πέμψαι. διηλέγχθη δὲ ἐκ τῆς πρὸς αὐτὸν ἐπιστολῆς· καὶ γὰρ ἐκείνῳ τὸ γύναιον ἔγραψεν· «ὡς ἐβουλήθης, ἔγραψά σου τῷ πατρὶ καὶ τὰς ἐπιστολὰς ἐκείνας ἔπεμψα πεπεισμένη τὸν βασιλέα μὴ φείσεσθαι τῆς ἀδελφῆς, ὅταν ἀναγνῷ. καλῶς δὲ ποιήσεις, ἐπειδὰν ἀπαρτισθῇ πάντα, μνημονεύσας ὧν ὑπέσχου.»

644 7. Ταύτης φωραθείσης τῆς ἐπιστολῆς καὶ τῶν κατὰ Σαλώμης ἐνσκευασθεισῶν ἔννοια μὲν ἐμπίπτει τῷ βασιλεῖ τάχα καὶ κατ' Ἀλεξάνδρου πλασθῆναι γράμματα, περιαλγὴς δ' ἦν ὑπὸ τοῦ πάθους ὡς παρ' ὀλίγον καὶ τὴν ἀδελφὴν ἀποκτείνας δι' Ἀντίπατρον· οὐκέτι οὖν ἀνεβάλ-
645 λετο λαβεῖν τιμωρίαν ὑπὲρ ἁπάντων. ὡρμημένος δ' ἐπὶ τὸν Ἀντίπατρον ἐπεσχέθη νόσῳ χαλεπῇ· περὶ μέντοι τῆς Ἀκμῆς καὶ τῶν κατὰ Σαλώμης
646 ἐσκευωρημένων ἐπέστειλεν Καίσαρι. τὴν τε διαθήκην αἰτήσας μετέγραφεν, καὶ βασιλέα μὲν ἀπεδείκνυεν Ἀντίπαν ἀμελῶν τῶν πρεσβυτάτων Ἀρχελάου καὶ Φιλίππου· διαβεβλήκει γὰρ καὶ τούτους Ἀντίπατρος· Καίσαρι δὲ σὺν τοῖς διὰ χρημάτων δώροις χίλια τάλαντα, τῇ δὲ γυναικὶ καὶ τέκνοις αὐτοῦ καὶ φίλοις καὶ ἀπελευθέροις περὶ πεντακόσια, ἀπένειμεν δὲ καὶ τοῖς ἄλλοις ἅπασιν τῆς τε χώρας οὐκ ὀλίγα καὶ τῶν χρημάτων· λαμπροτάταις δὲ δωρεαῖς ἐτίμα Σαλώμην τὴν ἀδελφήν. ἐν μὲν οὖν ταῖς διαθήκαις ταῦτα διωρθώσατο.

§ 639 = ant. 17, 131; § 644 = ant. 17, 142.

und zeigte sich tief erschüttert über Pheroras, daß es Antipater gelungen sei, auch ihn zum Brudermord anzustiften, daß er überhaupt die liebsten Freunde des Königs verführt und das ganze königliche Haus mit grauenhaften Verbrechen erfüllt habe. Außerdem brachte er noch vieles andere vor, das er beweisen konnte, und schloß dann seine Rede.

5. 639. Als Varus nun Antipater aufforderte, sich zu verteidigen, blieb jener am Boden liegen und sagte nichts weiter als nur: „Gott ist mein Zeuge, daß ich unschuldig bin." Varus ließ dann das Gift kommen und gab es einem der zum Tode verurteilten Gefangenen zum Trinken. Der starb auf der Stelle, und Varus hatte daraufhin eine geheime Unterredung mit Herodes. Er schrieb noch über die Gerichtsverhandlung an den Kaiser und reiste einen Tag später ab. Der König ließ Antipater fesseln und dem Kaiser durch Boten das Unglück mitteilen.

6. 641. Nach diesen Vorgängen wurde auch noch ein heimtückischer Anschlag Antipaters gegen Salome aufgedeckt; es kam nämlich ein Sklave des Antiphilus aus Rom mit Briefen einer Kammerfrau der Livia, namens Akme. Diese hatte dem König brieflich eröffnet, sie habe unter den Schriftstücken der Livia Briefe der Salome gefunden, sie übersende ihm diese heimlich aus Ergebenheit. Die Briefe erhielten von seiten der Salome erbitterte Beschimpfungen und schwerwiegende Anklagen gegen den König. Antipater hatte sie gefälscht und die Akme durch Bestechung dazu gebracht, sie dem Herodes zuzustellen. Durch den gleichzeitig an ihn gerichteten Brief wurde er überführt; denn ihm hatte diese Person folgendes mitgeteilt: „Deinem Wunsch gemäß schrieb ich deinem Vater und legte besagte Briefe bei; ich bin fest überzeugt, daß der König, wenn er sie liest, seine Schwester nicht am Leben lassen wird. Du tust gut daran, wenn alles glatt abgelaufen ist, dich deiner Versprechungen zu erinnern."

7. 644. Als dieser Brief abgefangen und die gegen Salome ins Werk gesetzten Verbrechen aufgedeckt waren, kam dem König der Verdacht, ob vielleicht auch gegen Alexander Briefe gefälscht worden seien. Die Vorstellung, daß er beinahe auch seine Schwester wegen Antipater ums Leben gebracht hätte, erfüllte ihn mit tiefem Schmerz; jetzt wollte er die Vollstreckung der Strafe für alle Schandtaten nicht mehr länger aufschieben. Am Vorgehen gegen Antipater wurde er jedoch durch schwere Erkrankung gehindert; nur über die Akme und über das gegen Salome gesponnene Lügengewebe berichtete er dem Kaiser. Weiter ließ er sich dann sein Testament bringen, änderte es und setzte Antipas als König ein unter Umgehung der älteren Söhne Archelaos und Philippus, denn auch diese hatte Antipater angeschwärzt. Dem Kaiser vermachte er außer den Sachwerten die Summe von 1000 Talenten, der Gemahlin des Kaisers, seinen Kindern, Freunden und Freigelassenen ungefähr 500, an alle anderen aber verteilte er bedeutende Ländereien und Geldbeträge. Mit besonderen Geschenken bedachte er seine Schwester Salome. In diesen Punkten berichtigte er also sein Testament[282].

647 XXXIII. 1. Προήει δ' αὐτῷ πρὸς τὸ χαλεπώτερον ἡ νόσος ἅτε δὴ τῶν ἀρρωστημάτων ἐν γήρᾳ καὶ ἀθυμίᾳ ἐπιπεσόντων· ἦν μὲν γὰρ ἤδη σχεδὸν ἐτῶν ἑβδομήκοντα, τεταπείνωτο δὲ τὴν ψυχὴν ταῖς περὶ τῶν τέκνων συμφοραῖς, ὡς μηδ' ἐν ὑγιείᾳ τι τῶν ἡδέων προσίεσθαι. τῆς νόσου δ' ἦν ἐπίτασις ζῶν Ἀντίπατρος, ὃν οὐκ ἐν παρέργῳ, ῥαΐσας δὲ προῄρητο ἀνελεῖν.
648 2. Γίνεται δ' ἐν ταῖς συμφοραῖς αὐτῷ καὶ δημοτική τις ἐπανάστασις. δύο ἦσαν σοφισταὶ κατὰ τὴν πόλιν μάλιστα δοκοῦντες ἀκριβοῦν τὰ πάτρια καὶ διὰ τοῦτο ἐν παντὶ τῷ ἔθνει μεγίστης ἠξιωμένοι δόξης,
649 Ἰούδας τε υἱὸς Σεπφεραίου καὶ Ματθίας ἕτερος Μαργάλου[118]. τούτοις οὐκ ὀλίγοι προσῄεσαν τῶν νέων ἐξηγουμένοις τοὺς νόμους, καὶ συνεῖχον ὁσημέραι τῶν ἡβώντων στρατόπεδον. οἳ τότε τὸν βασιλέα πυνθανόμενοι ταῖς ἀθυμίαις ὑπορρέοντα καὶ τῇ νόσῳ λόγον καθίεσαν εἰς τοὺς γνωρίμους, ὡς ἄρα καιρὸς ἐπιτηδειότατος εἴη τιμωρεῖν ἤδη τῷ θεῷ καὶ τὰ κατασκευασθέντα παρὰ τοὺς πατρίους νόμους ἔργα
650 κατασπᾶν. ἀθέμιτον γὰρ εἶναι κατὰ τὸν ναὸν ἢ εἰκόνας ἢ προτομὰς ἢ ζῴου τινὸς ἐπώνυμον ἔργον εἶναι· κατεσκευάκει δ' ὁ βασιλεὺς ὑπὲρ τὴν μεγάλην πύλην ἀετὸν χρυσοῦν· ὃν δὴ τότε παρῄνουν ἐκκόπτειν οἱ σοφισταί, καλὸν εἶναι λέγοντες, εἰ καί τις γένοιτο κίνδυνος, ὑπὲρ τοῦ πατρίου νόμου θνήσκειν· τοῖς γὰρ οὕτω τελευτῶσιν ἀθάνατόν τε τὴν ψυχὴν καὶ τὴν ἐν ἀγαθοῖς αἴσθησιν αἰώνιον παραμένειν, τοὺς δὲ ἀγενεῖς καὶ τῆς ἑαυτῶν σοφίας ἀπείρους ἀγνοοῦντας φιλοψυχεῖν καὶ πρὸ τοῦ δι' ἀρετῆς τὸν ἐκ νόσου θάνατον αἱρεῖσθαι.
651 3. Ἅμα δὲ τοῖς ἐκείνων λόγοις διεφημίσθη καὶ θνῄσκειν ὁ βασιλεύς, ὥστε θαρραλεώτερον ἥπτοντο τῆς ἐπιχειρήσεως οἱ νέοι. μέσης γοῦν ἡμέρας καὶ πολλῶν κατὰ τὸ ἱερὸν ἀναστρεφομένων σχοίνοις παχείαις καθιμήσαντες σφᾶς αὐτοὺς ἀπὸ τοῦ τέγους τὸν χρυσοῦν ἀετὸν ἐξέκοπτον
652 πελέκεσιν. ἠγγέλθη δ' εὐθέως τῷ βασιλέως στρατηγῷ, κἀκεῖνος μετὰ χειρὸς οὐκ ὀλίγης ἀναδραμὼν περὶ τεσσαράκοντα νεανίας συλλαμβάνει
653 καὶ κατήγαγεν πρὸς βασιλέα. πυνθανομένῳ δ' αὐτῷ πρῶτον, εἰ τολμήσειαν τὸν χρυσοῦν ἀετὸν ἐκκόπτειν, ὡμολόγουν. ἔπειτα, τίνος κελεύσαντος, ἀπεκρίναντο τοῦ πατρίου νόμου. τί δ' οὕτως γεγήθασιν διερωτήσαντος, ἀναιρεῖσθαι μέλλοντες ἔλεγον, ὅτι πλειόνων ἀγαθῶν ἀπολαύσουσιν μετὰ τὴν τελευτήν.

§ 648 = ant. 17, 149; § 651 = ant. 17, 155.

[118] Die Namen der Väter schwanken in der Überlieferung; vgl. ant. 17, 149.

33. Kapitel

1. 647. Seine Krankheit verschlimmerte sich stetig, zumal das Leiden ihn in fortgeschrittenem Alter und in einem Zustand tiefer Niedergeschlagenheit getroffen hatte. Er war nämlich schon fast 70 Jahre alt und durch die Schicksalsschläge, die er mit seinen Kindern erlitten hatte, so gebeugt, daß er auch bei voller Gesundheit an den Freuden des Lebens keinen Gefallen mehr fand. Die Tatsache, daß Antipater noch lebte, trug gleichfalls zur Verschlimmerung der Krankheit bei, da Herodes sich fest vorgenommen hatte, ihn nicht nebenbei, sondern nach seiner Genesung öffentlich hinrichten zu lassen.

2. 648. Zu all seinem Unglück kam auch noch ein Volksaufstand hinzu. Es waren zwei Gelehrte[283] in der Stadt, die als sehr genaue Kenner der väterlichen Gesetze galten und darum beim ganzen Volk in außerordentlich hohem Ansehen standen, Judas, der Sohn des Seppheraios, und der andere Matthias, Sohn des Margalos. Zu ihrer Gesetzeserklärung strömten nicht wenige herbei, und sie sammelten Tag für Tag ein Heerlager von jungen Männern um sich. Als sie davon Kunde erhielten, daß der König unter Gram und Krankheit dahinsieche, ließen sie in ihrem Bekanntenkreis die Bemerkung fallen, gerade jetzt sei die geeignetste Zeit, Gott sein Recht zu schaffen und alle die Bildwerke herunterzureißen, die gegen die väterlichen Gesetze verstießen. Denn es sei wider das göttliche Gesetz, wenn am Tempel Statuen, Tierbilder oder andere Gestalten angebracht seien, die einem Lebewesen glichen. Der König hatte nämlich über dem großen Tor einen goldenen Adler anbringen lassen; die Gelehrten forderten nun auf, diesen herunterzuschlagen; sie sagten, auch wenn eine gewisse Gefahr dabei entstünde, sei es doch gut, für das Gesetz der Väter zu sterben. Denn welche ein solches Ende nähmen, deren Seele werde unsterblich, und ewig bleibe das Empfinden himmlischer Seligkeit[284]; die gemeine Masse aber, die der Weisheit der Gelehrten bar sei und auch keine echte Erkenntnis habe, schätzte ihr natürliches Leben über alles und ziehe das Sterben auf dem Krankenbett einem ehrenvollen Tode vor.

3. 651. Während sie noch so sprachen, kam das Gerücht auf, der König liege schon im Sterben; umso entschlossener schritten daraufhin die jungen Männer zur Ausführung der Tat. Zur Mittagszeit, als sich viele Menschen im Heiligtum aufhielten, ließen sie sich an starken Seilen vom Dach herunter und schlugen den goldenen Adler mit Äxten herunter. Das wurde sofort dem königlichen Befehlshaber[285] gemeldet; dieser eilte mit einer beträchtlichen Truppe hinauf, verhaftete etwa 40 junge Leute und brachte sie zum König hinab. Zunächst fragte sie dieser, ob sie es gewagt hätten, den goldenen Adler herunterzuschlagen; sie gaben es offen zu. Als Nächstes: „Auf wessen Befehl?" Sie antworteten: „Des väterlichen Gesetzes." Schließlich wollte er wissen, weshalb sie so freudig seien, da sie doch den Tod vor Augen hätten. Sie gaben zur Antwort: „Wir werden nach unserem Ende viel größere Freuden kosten."

4. Ἐπὶ τούτοις ὁ βασιλεὺς δι' ὑπερβολὴν ὀργῆς κρείττων τῆς νόσου γενόμενος πρόεισιν εἰς ἐκκλησίαν, καὶ πολλὰ τῶν ἀνδρῶν κατηγορήσας ὡς ἱεροσύλων καὶ προφάσει τοῦ νόμου πειραζόντων τι μεῖζον ἠξίου κολάζειν ὡς ἀσεβεῖς. ὁ δὲ δῆμος δείσας μὴ διὰ πολλῶν ὁ ἔλεγχος ἔλθῃ, παρεκάλει πρῶτον μὲν τοὺς ὑποθεμένους τὴν πρᾶξιν, ἔπειτα τοὺς ἐν αὐτῇ συλληφθέντας κολάσαντα τοῖς λοιποῖς τὴν ὀργὴν ἀφιέναι. πείθεται μόλις ὁ βασιλεύς, καὶ τοὺς μὲν καθιμήσαντας ἑαυτοὺς ἅμα τοῖς σοφισταῖς κατέκαυσε ζῶντας, τοὺς λοιποὺς δὲ τῶν συλληφθέντων παρέδωκεν τοῖς ὑπηρέταις ἀνελεῖν.

5. Ἔνθεν αὐτοῦ τὸ σῶμα πᾶν ἡ νόσος διαλαβοῦσα ποικίλοις πάθεσιν ἐμερίζετο· πυρετὸς μὲν γὰρ ἦν οὐ λάβρος, κνησμὸς δὲ ἀφόρητος τῆς ἐπιφανείας ὅλης καὶ κόλου συνεχεῖς ἀλγηδόνες περί τε τοὺς πόδας ὥσπερ ὑδρωπιῶντος οἰδήματα τοῦ τε ἤτρου φλεγμονὴ καὶ δὴ αἰδοίου σηπεδὼν σκώληκας γεννῶσα, πρὸς τούτοις ὀρθόπνοια καὶ δύσπνοια καὶ σπασμοὶ πάντων τῶν μελῶν, ὥστε τοὺς ἐπιθειάζοντας ποινὴν/εἶναι τῶν σοφιστῶν τὰ νοσήματα λέγειν. ὁ δὲ παλαίων τοσούτοις πάθεσιν ὅμως τοῦ ζῆν ἀντείχετο σωτηρίαν τε ἤλπιζεν καὶ θεραπείας ἐπενόει· διαβὰς γοῦν τὸν Ἰορδάνην τοῖς κατὰ Καλλιρρόην ἐχρῆτο θερμοῖς· ταῦτα δ' ἔξεισι μὲν εἰς τὴν Ἀσφαλτῖτιν λίμνην, ὑπὸ γλυκύτητος δ' ἐστὶ καὶ πότιμα. δόξαν δὲ ἐνταῦθα τοῖς ἰατροῖς ἐλαίῳ θερμῷ πᾶν ἀναθάλψαι τὸ σῶμα χαλασθὲν εἰς πλήρη πύελον ἐκλύει καὶ τοὺς ὀφθαλμοὺς ὡς τεθνεὼς ἀνέστρεψεν. θορύβου δὲ τῶν θεραπευόντων γενομένου πρὸς μὲν τὴν φωνὴν ἀνήνεγκεν, εἰς δὲ τὸ λοιπὸν ἀπογνοὺς τὴν σωτηρίαν τοῖς τε στρατιώταις ἀνὰ πεντήκοντα δραχμὰς ἐκέλευσεν διανεῖμαι καὶ πολλὰ χρήματα τοῖς ἡγεμόσι καὶ τοῖς φίλοις.

6. Αὐτὸς δὲ ὑποστρέφων εἰς Ἱεριχοῦντα παραγίνεται μελαγχολῶν ἤδη, καὶ μόνον οὐκ ἀπειλῶν αὐτῷ τῷ θανάτῳ προέκοπτεν εἰς ἐπιβολὴν ἀθεμίτου πράξεως· τοὺς γὰρ ἀφ' ἑκάστης κώμης ἐπισήμους ἄνδρας ἐξ ὅλης Ἰουδαίας συναγαγὼν εἰς τὸν καλούμενον ἱππόδρομον ἐκέλευσεν συγκλεῖσαι. προσκαλεσάμενος δὲ Σαλώμην τὴν ἀδελφὴν καὶ τὸν ἄνδρα ταύτης Ἀλεξᾶν «οἶδα, ἔφη, Ἰουδαίους τὸν ἐμὸν ἑορτάσοντας θάνατον, δύναμαι δὲ πενθεῖσθαι δι' ἑτέρων καὶ λαμπρὸν ἐπιτάφιον ἔχειν, ἂν ὑμεῖς θελήσητε ταῖς ἐμαῖς ἐντολαῖς ὑπουργῆσαι. τούσδε τοὺς φρουρουμένους ἄνδρας ἐπειδὰν ἐκπνεύσω τάχιστα κτείνατε περιστήσαντες τοὺς στρατιώτας, ἵνα πᾶσα Ἰουδαία καὶ πᾶς οἶκος ἄκων ἐπ' ἐμοὶ δακρύσῃ.»

§ 656 = ant. 17, 169; § 660 = ant. 17, 177

4. 654. Daraufhin konnte sich der König durch seinen übermäßigen Zorn noch einmal von seiner Krankheit aufraffen und zur Volksversammlung[286] gehen. Er hielt dort eine ausführliche Anklagerede gegen die Männer, sie hätten als Tempelräuber unter dem Vorwand der Gesetzeserfüllung noch schlimmere Dinge geplant, er forderte ihre Bestrafung als Frevler gegen Gott. Das Volk aber fürchtete, daß sehr viele in das Untersuchungsverfahren verwickelt würden; es bat deshalb, in erster Linie die Anstifter zu bestrafen und anschließend die auf frischer Tat Ertappten, von den Übrigen aber möchte er seinen Zorn abwenden. Der König gab nur ungern nach. Er ließ die, die sich vom Dach heruntergelassen hatten, zusammen mit den Gelehrten lebendig verbrennen[287]. Die übrigen Verhafteten übergab er seinen Leibwächtern zur Hinrichtung.

5. 656. In der Folgezeit ergriff die Krankheit seinen ganzen Körper und machte sich an den verschiedensten Stellen durch mannigfache Beschwerden geltend. Das Fieber war nicht heftig, es stellte sich aber auf der ganzen Haut ein unerträglicher Juckreiz ein; ununterbrochen quälten ihn schwere Leibschmerzen, an den Füßen bildeten sich Anschwellungen wie bei einem Wassersüchtigen, am Unterleib eine Entzündung und an den Geschlechtsteilen ein eiterndes Geschwür, das Würmer hervorbrachte. Atmen konnte er lediglich bei aufrechter Haltung und auch dann nur mit Beschwerden, dazu kamen schließlich Krämpfe an allen Gliedern. Prophetische Männer erklärten daher, seine Plagen seien die Strafe für den Mord an den Gelehrten. Obwohl Herodes mit solchen Leiden zu kämpfen hatte, klammerte er sich doch an das Leben und war, weil er Genesung erhoffte, noch darauf bedacht, Wege zur Heilung zu finden. Er ließ sich darum über den Jordan bringen, um von den warmen Quellen in Kallirrhoe[288] Gebrauch zu machen. Diese münden in das Tote Meer, enthalten jedoch Süßwasser und sind daher trinkbar. Die Ärzte beschlossen, den ganzen Leib in warmem Öl zu baden; als sie ihn jedoch in die gefüllte Badewanne hineinhoben, wurde er ohnmächtig und verdrehte die Augen, sodaß es den Anschein hatte, er sei schon tot. Die Diener gerieten in höchste Aufregung, und auf ihr Geschrei hin kam er wieder zu sich, gab aber nunmehr die Hoffnung auf Heilung auf und befahl, an alle Soldaten je 50 Drachmen zu verteilen und beträchtliche Summen an seine Offiziere und „Freunde".

6. 659. Er kehrte nun voll galliger Erbitterung nach Jericho zurück und schritt, als wolle er dem Tode selbst drohen, zur Ausführung einer grauenhaften Tat. Denn er ließ die Vornehmsten aus allen jüdischen Ortschaften in das sogenannte Hippodrom zusammenbringen und gab Befehl, sie dort in Haft zu halten[289]. Dann rief er seine Schwester Salome und ihren Mann Alexas zu sich und sagte: „Ich weiß, daß mein Tod ein Freudenfest für die Juden sein wird, ich habe aber die Macht, von Anderen betrauert zu werden und dadurch selbst eine prächtige Totenfeier zu erhalten, wenn ihr euch nach meinen Weisungen richten wollt. Laßt jene in Haft gehaltenen Männer durch Soldaten umstellen und tötet sie, sobald ich den letzten Atemzug getan habe, damit ganz Judäa und jede Familie wider ihren Willen über mich weine."

661 7. Ταῦτα ἐνετέλλετο, καὶ παρὰ τῶν ἐν Ῥώμῃ πρέσβεων ἧκον ἐπιστολαί, δι᾽ ὧν Ἀκμὴ μὲν ἀνῃρημένη κελεύσαντας Καίσαρος ἐδηλοῦτο, θανάτῳ δ᾽ Ἀντίπατρος κατάκριτος· ἔγραφόν γε μὴν ὡς, εἰ καὶ φυγαδεύειν αὐτὸν
662 ἐθελήσειεν ὁ πατήρ, ἐπιτρέποι Καῖσαρ. ὁ δὲ βραχὺ μὲν πρὸς τὴν εὐθυμίαν ἀνήνεγκεν, αὖθις δέ, καὶ γὰρ ἐνδείᾳ τροφῆς καὶ βηχὶ σπασμώδει διετείνετο, τῶν ἀλγηδόνων ἡσσηθεὶς φθάσαι τὴν εἱμαρμένην ἐπεβάλλετο. λαβὼν δὲ μῆλον ᾔτησεν καὶ μαχαίριον, εἰώθει γὰρ ἀποτέμνων ἐσθίειν, ἔπειτα περιαθρήσας μή τις ὁ κωλύσων εἴη, ἐπῆρεν τὴν δεξιὰν ὡς πλήξων ἑαυτόν. προσδραμὼν δὲ ἐκώλυσεν Ἀχίαβος ὁ ἀνεψιὸς αὐτοῦ τὴν χεῖρα
663 κατασχών. οἰμωγὴ δ᾽ εὐθέως ἤρθη μεγίστη κατὰ τὸ βασίλειον ὡς οἰχομένου βασιλέως, καὶ ταχέως ἀκούσας Ἀντίπατρος ἀναθαρρεῖ τε καὶ γεγηθὼς τοὺς φύλακας ἱκέτευεν ἐπὶ χρήμασιν ἐξαφεῖναι λύσαντας αὐτόν. ὁ δὲ ἡγεμὼν οὐ μόνον ἐκώλυσεν, ἀλλὰ καὶ βασιλεῖ δραμὼν ἀνήγγειλεν
664 τὴν ἐπιβουλήν. ἀνέκραγεν δ᾽ ἐκεῖνος ἰσχυρότερον τῆς νόσου καὶ παραχρῆμα πέμψας τοὺς δορυφόρους ἀποκτείνει τὸν Ἀντίπατρον. θάψαι δὲ τὸν νεκρὸν αὐτοῦ προστάξας ἐν Ὑρκανίᾳ πάλιν τὰς διαθήκας ἐπανορθοῦται, καὶ διάδοχον μὲν Ἀρχέλαον τὸν πρεσβύτατον υἱὸν ἀδελφὸν δὲ Ἀντίπα[119] γράφει, τετράρχην δὲ Ἀντίπαν.

665 8. Μετὰ δὲ τὴν ἀναίρεσιν τοῦ παιδὸς ἐπιβιοὺς πέντε ἡμέρας τελευτᾷ, βασιλεύσας ἀφ᾽ οὗ μὲν ἀποκτείνας Ἀντίγονον ἐκράτησεν τῶν πραγμάτων ἔτη τέσσαρα καὶ τριάκοντα, ἀφ᾽ οὗ δὲ ὑπὸ Ῥωμαίων ἀπεδείχθη βασιλεὺς ἑπτὰ καὶ τριάκοντα, καὶ κατὰ μὲν τὰ ἄλλα πάντα τύχῃ δεξιᾷ χρησάμενος, εἰ καί τις ἄλλος, ὅστις κατεκτήσατο βασιλείαν ἰδιώτης ὢν καὶ τοσούτῳ χρόνῳ φυλάξας ἰδίοις τέκνοις κατέλιπεν, ἐν δὲ τοῖς κατ᾽
666 οἶκον ἀτυχέστατος. πρὶν δὲ γνῶναι τὴν τελευτὴν αὐτοῦ τὸ στρατιωτικὸν προελθοῦσα μετὰ τἀνδρὸς ἡ Σαλώμη διαφῆκεν τοὺς δεσμώτας, οὓς κτείνειν ὁ βασιλεὺς ἐνετείλατο, μεταπεισθῆναι τὸν βασιλέα λέγουσα καὶ πάλιν ἀναπέμπειν ἕκαστον εἰς τὰ ἴδια. τούτων δ᾽ οἰχομένων ἐδήλουν ἤδη τοῖς στρατιώταις καὶ συνῆγον αὐτοὺς εἰς ἐκκλησίαν μετὰ τοῦ λοιποῦ
667 πλήθους ἐν τῷ κατὰ Ἱεριχοῦντα ἀμφιθεάτρῳ. ἔνθα παρελθὼν Πτολεμαῖος ὁ καὶ τὸν σημαντῆρα δακτύλιον παρὰ τοῦ βασιλέως πεπιστευμένος τόν τε βασιλέα κατευδαιμονίζει καὶ τὸ πλῆθος παρακαλεῖ καὶ τὴν ἀπολειφθεῖσαν τοῖς στρατιώταις ἀνεγίνωσκεν ἐπιστολήν, ἐν ᾗ πολλὰ
668 περὶ τῆς εἰς τὸν διάδοχον εὐνοίας παρεκάλει. μετὰ δὲ τὴν ἐπιστολὴν λύσας τὰς ἐπιδιαθήκας ἀνεγίνωσκεν, ἐν αἷς Φίλιππος μὲν τοῦ Τράχωνος καὶ τῶν γειτνιώντων χωρίων κληρονόμος, τετράρχης δ᾽, ὡς προείπαμεν,

§ 664 = ant. 17, 188; § 668 = ant. 17, 194.

[119] Ἀντιπάτρου LVRC Niese; Ἀντίπα PAML² Na Thack.

7. 661. Nach dieser Anordnung trafen von seinen Gesandten in Rom Briefe ein mit der Nachricht, daß Akme auf kaiserlichen Befehl hingerichtet und über Antipater das Todesurteil ausgesprochen worden sei. Freilich hieß es, der Kaiser sei auch mit seiner Verbannung einverstanden, wenn dies der Wunsch des Vaters sei. Der König erholte sich für kurze Zeit und seine Stimmung besserte sich; bald danach aber wurde er durch mangelhafte Nahrungsaufnahme und krampfhaften Husten auf die Folter gespannt und, von seinen Schmerzen überwältigt, beschloß er, dem Schicksal zuvorzukommen. Er nahm sich einen Apfel und verlangte ein Messer dazu; denn er hatte die Gewohnheit, sich beim Essen die einzelnen Stücke selbst abzuschneiden. Dann schaute er sich um, ob etwa einer in der Nähe sei, der ihn zurückhalten könne, erhob seine Rechte und wollte sich erstechen. Jedoch sein Neffe Achiab eilte sofort herbei, fiel ihm in den Arm und hinderte ihn daran. Im Palast erhob sich sogleich ein lautes Klagegeschrei, als ob der König schon gestorben wäre. Auch Antipater kam es rasch zu Ohren, er faßte Mut und bat die Wächter voll Zuversicht, ihn für eine gewisse Geldsumme loszumachen und freizulassen. Der Wachoffizier vereitelte das nicht nur, er eilte vielmehr zum König und meldete ihm den Anschlag. Der König schrie mit einer angesichts seiner Krankheit unerwartet lauten Stimmen auf, sandte auf der Stelle seine Leibwächter hin und ließ Antipater töten. Er befahl, den Leichnam in Hyrkania beizusetzen und änderte noch einmal sein Testament; als Nachfolger setzte er seinen ältesten Sohn Archelaos, den Bruder des Antipas ein, Antipas aber als Tetrarchen.

8. 665. Bald nach der Hinrichtung seines Sohnes starb Herodes, nur 5 Tage hat er ihn überlebt. Seine Regierungszeit betrug, seit er durch die Hinrichtung des Antigonos die Macht an sich gerissen hatte, 34 Jahre, 37 Jahre aber von der Einsetzung als König durch die Römer an gerechnet. Wenn je einer in jeder Hinsicht vom Glück begünstigt wurde, so war er es; als Mann aus dem Volk hatte er eine Königskrone gewonnen, sie sich so viele Jahre erhalten und an seine Kinder weitergegeben; nur in seiner eigenen Familie war er mehr als unglücklich. Bevor das Heer den Tod des Königs erfahren hatte, ging Salome mit ihrem Manne hin und ließ die Gefangenen frei, die der König zu töten befohlen hatte; sie sagte, der König habe seine Meinung geändert und schicke jeden wieder nach Hause. Erst als diese aufbrachen, machten sie den Soldaten Mitteilung und ließen sie zur Volksversammlung im Amphitheater in Jericho führen, an der auch die übrige Einwohnerschaft teil nahm. Dorthin begab sich auch Ptolemäus, der mit der Bewahrung des königlichen Siegelringes betraut war[290], sprach mit hohen Worten dem König zu Ehren, gab der Menge gute Ermahnungen und las ein Schreiben vor, das der König für die Soldaten hinterlassen hatte; er forderte sie darin zu treuem Verhalten gegenüber seinem Nachfolger auf. Nach der Verlesung des Schreibens öffnete er das berichtigte Testament und machte seinen Inhalt bekannt. Darin wurde Philippus zum Erben der Trachonitis und der angrenzenden Gebiete bestimmt, zum Tetrar-

669 Ἀντίπας, βασιλεὺς δ' Ἀρχέλαος ἀπεδείκνυτο. τούτῳ δὲ τόν τε δακτύλιον τὸν ἑαυτοῦ Καίσαρι φέρειν ἐνετέλλετο καὶ τὰς διοικήσεις τῆς βασιλείας σεσημασμένας· κύριον γὰρ ἁπάντων ὧν διατάξειεν καὶ βεβαιωτὴν τῶν διαθηκῶν εἶναι Καίσαρα· τά γε μὴν λοιπὰ κατὰ τὰς προτέρας διαθήκας φυλάττειν.

670 9. Βοὴ δ' εὐθὺς ἐγένετο τῶν Ἀρχελάῳ συνηδομένων, καὶ κατὰ στῖφος οἱ στρατιῶται μετὰ τοῦ πλήθους προσιόντες ὑπισχνοῦντο μὲν τὴν ἑαυτῶν εὔνοιαν, συνηύχοντο δὲ καὶ τὴν παρὰ τοῦ θεοῦ, καὶ μετὰ ταῦτα πρὸς 671 ταφὴν ἐτρέποντο τοῦ βασιλέως. παρέλιπεν δ' οὐδὲν Ἀρχέλαος εἰς πολυτέλειαν, ἀλλὰ πάντα τὸν βασιλικὸν κόσμον προήνεγκεν συμπομπεύσοντα τῷ νεκρῷ· κλίνη μὲν γὰρ ὁλόχρυσος ἦν διάλιθος, στρωμνὴ δὲ ἁλουργὶς ποικίλη, τὸ σῶμα δ' ἐπ' αὐτῆς πορφύρᾳ κεκαλυμμένον, καὶ διάδημα μὲν ἐπέκειτο τῇ κεφαλῇ, στέφανος δ' ὑπὲρ αὐτοῦ χρυσοῦς, τὸ 672 δὲ σκῆπτρον παρὰ τὴν δεξιάν. καὶ περὶ τὴν κλίνην οἵ τε υἱεῖς καὶ τὸ πλῆθος τῶν συγγενῶν, ἐφ' οἷς οἱ δορυφόροι καὶ τὸ Θράκιον στῖφος 673 Γερμανοί τε καὶ Γαλάται διεσκευασμένοι πάντες ὡς εἰς πόλεμον. προῆγεν δ' ἡ λοιπὴ δύναμις ὡπλισμένη τοῖς ἡγεμόσιν καὶ ταξιάρχοις ἀκολουθοῦντες ἐν κόσμῳ, πεντακόσιοι δὲ ἐπ' αὐτοῖς τῶν οἰκετῶν καὶ ἀπελευθέρων ἀρωματοφόροι. σταδίους δ' ἐκομίσθη τὸ σῶμα ἑβδομήκοντα[120] εἰς Ἡρώδειον, ὅπου κατὰ τὰς ἐντολὰς ἐτάφη. καὶ τὰ μὲν περὶ Ἡρώδην τοιοῦτον ἔσχεν πέρας.

§ 673 = ant. 17, 399.

[120] διακοσίους LVRC Lat Heg M marg; nach ant. 17, 199 lediglich acht Stadien.

chen, wie gesagt, Antipas, zum König aber Archelaos. Diesem hatte der König den Auftrag gegeben, seinen Siegelring und die versiegelten Akten des Staatshaushaltes dem Kaiser zu überbringen; ihm stehe die letzte Entscheidung über alles zu, was er, Herodes, verfügt habe, sei es doch der Kaiser, der das Testament bestätigen müsse. Alles Übrige solle er genau nach den früher getroffenen testamentarischen Verfügungen ausführen.

9. 670. Sofort erhob sich ein lautes Rufen, mit dem man Archelaos beglückwünschte; gruppenweise zogen die Soldaten, zusammen mit dem Volk, vorbei, versprachen ihrerseits treues Verhalten und erflehten Gottes Segen; dann wandte man sich dem Begräbnis des Königs zu. Archelaos sah darauf, daß es an äußerem Glanz nicht fehle; er ließ vielmehr die ganze königliche Pracht bei dem Leichenzug mit in Erscheinung treten. Die Bahre war von massivem Gold, mit Edelsteinen besetzt, die Decke aus Meerpurpur und bunt bestickt, auch der Leichnam darauf war in Purpur gehüllt; das königliche Stirnband ruhte auf seinem Haupte, darüber die goldene Krone, das Szepter hielt er in seiner Rechten. Die Bahre war von den Söhnen und der großen Schar der Verwandten umgeben, ihnen folgten die königlichen Lanzenträger, die thrakische Truppe, die Germanen und die Gallier, alle in voller Kriegsrüstung. Voran zog das übrige Heer in Wehr und Waffen und guter Ordnung, geführt von den Obersten und Hauptleuten; auf sie folgten 500 Sklaven und Freigelassene, die wohlriechende Spezereien trugen. Der Leichnam wurde 70 Stadien weit zum Herodeion[291] geleitet und dort nach ausdrücklicher Verfügung beigesetzt. So fand die Herrschaft des Herodes ein Ende.

II.

Φλαυίου Ἰωσήπου ἱστορία Ἰουδαϊκοῦ πολέμου πρὸς Ῥωμαίους λόγος β΄.

1   I. 1. Ἀρχελάῳ δὲ νέων ἦρξε θορύβων ἡ τῆς ἐπὶ Ῥώμην ἀποδημίας ἀνάγκη. πενθήσας γὰρ ἡμέρας ἑπτὰ τὸν πατέρα καὶ τὴν ἐπιτάφιον ἑστίασιν πολυτελῆ τῷ πλήθει παρασχών· ἔθος δὲ τοῦτο παρὰ Ἰουδαίοις πολλοῖς πενίας αἴτιον διὰ τὸ πλῆθος ἑστιᾶν οὐκ ἄνευ ἀνάγκης· εἰ γὰρ παραλείποι τις, οὐχ ὅσιος· μεταλαμβάνει μὲν ἐσθῆτα λευκήν, πρόεισι δὲ
2 εἰς τὸ ἱερόν, ἔνθα ποικίλαις αὐτὸν εὐφημίαις ὁ λαὸς ἐκδέχεται. κἀκεῖνος τὸ πλῆθος ἀφ᾽ ὑψηλοῦ βήματος καὶ χρυσοῦ θρόνου δεξιωσάμενος τῆς τε σπουδῆς, ἣν ἐνεδείξαντο περὶ τὴν κηδείαν τοῦ πατρός, εὐχαριστεῖ καὶ τῆς πρὸς αὐτὸν θεραπείας ὡς πρὸς βέβαιον ἤδη βασιλέα· φείδεσθαί γε μὴν οὐ μόνον ἔφη τῆς ἐξουσίας ἐπὶ τοῦ παρόντος, ἀλλὰ καὶ τῶν ὀνομάτων, ἕως ἂν αὐτῷ Καῖσαρ ἐπικυρώσῃ τὴν διαδοχήν, ὃ καὶ κατὰ τὰς διαθήκας
3 τῶν ὅλων δεσπότης· οὐδὲ γὰρ ἐν Ἱεριχοῦντι τῆς στρατιᾶς τὸ διάδημα περιαπτούσης αὐτῷ δεδέχθαι· τοῦ μέντοι προθύμου καὶ τῆς εὐνοίας ὥσπερ τοῖς στρατιώταις οὕτω καὶ τῷ δήμῳ πλήρεις ἀποδώσειν τὰς ἀμοιβάς, ὁπόταν ὑπὸ τῶν κρατούντων βασιλεὺς ἀποδειχθῇ βέβαιος· σπουδάσειν γὰρ ἐν πᾶσιν πρὸς αὐτοὺς φανῆναι τοῦ πατρὸς ἀμείνων.

4   2. Ἐπὶ τούτοις ἡδόμενον τὸ πλῆθος εὐθέως ἀπεπειρᾶτο τῆς διανοίας αὐτοῦ μεγάλοις αἰτήμασιν· οἱ μὲν γὰρ ἐβόων ἐπικουφίζειν τὰς εἰσφοράς, οἱ δὲ ἀναιρεῖν τὰ τέλη, τινὲς δὲ ἀπολύειν τοὺς δεσμώτας. ἐπένευσε δ᾽ ἑτοίμως ἅπασι θεραπεύων τὸ πλῆθος. ἔπειτα θύσας ἐν εὐωχίᾳ μετὰ
5 τῶν φίλων ἦν. ἔνθα δὴ περὶ δείλην ἀθροισθέντες οὐκ ὀλίγοι τῶν νεωτερίζειν προῃρημένων ἤρξαντο ἰδίου πένθους, ὅτε τὸ κοινὸν ἐπὶ τῷ βασιλεῖ πέπαυτο, κατολοφυρόμενοι τοὺς κολασθέντας ὑπὸ Ἡρώδου διὰ
6 τὸν ἐκκοπέντα χρυσοῦν ἀετὸν τῆς πύλης τοῦ ναοῦ. ἦν δὲ τὸ πένθος οὐχ ὑπεσταλμένον, ἀλλ᾽ οἰμωγαὶ διαπρύσιοι καὶ θρῆνος ἐγκέλευστος κοπετοί τε περιηχοῦντες ὅλην τὴν πόλιν ὡς ἂν ἐπ᾽ ἀνδράσιν, οὓς ἔφασκον
7 ὑπὲρ τῶν πατρίων νόμων καὶ τοῦ ναοῦ πυρὶ[1] παραπολέσθαι. τιμωρεῖν δ᾽ αὐτοῖς ἀνεβόων ἐκ τῶν ὑφ᾽ Ἡρώδου τετιμημένων χρῆναι καὶ πρῶτον τὸν ὑπ᾽ ἐκείνου κατασταθέντα παύειν ἀρχιερέα· προσήκειν γὰρ αὐτοῖς εὐσεβέστερον αἱρεῖσθαι καὶ καθαρώτερον.

8   3. Πρὸς ἃ παρωξύνετο μὲν Ἀρχέλαος, ἐπεῖχε δὲ τὴν ἄμυναν ὑπὸ τῆς περὶ τὴν ἔξοδον ἐπείξεως, δεδοικὼς μή ποτε τὸ πλῆθος ἐκπολεμώσας

§ 1 = ant. 17, 200; § 3 = ant. 17, 203.

[1] πυρὶ fehlt in LVRC Lat Na.

BUCH 2

1. Kapitel

1. 1. Die unumgängliche Romreise brachte für Archelaos den Anfang neuer Wirren. Sieben Tage trauerte er um den Vater, auch veranstaltete er für das Volk einen kostspieligen Leichenschmaus; so will es eine jüdische Sitte, die schon viele in Armut gestürzt hat, weil man notwendigerweise das Volk bewirten muß und als ehrfurchtlos gilt, wenn man dies unterläßt. Dann legte er ein weißes Gewand an und betrat den Tempel, wo das Volk ihn mit vielfachen Segenswünschen empfing. Archelaos begrüßte die Menge von einem goldenen Thron aus, der auf einer hohen Tribüne stand; er bedankte sich für den Eifer bei der Trauerfeier seines Vaters und dafür, daß man ihm Beweise der Ergebenheit dargebracht habe, als sei er schon bestätigter König. Er wolle sich aber so lange nicht nur der Machtausübung, sondern auch der königlichen Würdenamen enthalten, bis der Kaiser, dem nach dem Testament die letzte Entscheidung über alles zustehe, seine Nachfolge bestätigt habe. Denn er habe auch in Jericho, als das Heer ihm das königliche Stirnband anlegen wollte, dieses nicht angenommen. Er werde indes die Bereitwilligkeit und Zuneigung sowohl bei den Soldaten als auch beim Volk reichlich vergelten, sobald er von den Machthabern endgültig als König bestätigt worden sei. Er werde sich bemühen, sich ihnen gegenüber in jeder Beziehung als besserer Herrscher zu erweisen, als es sein Vater gewesen war.

2. 4. Die Menge war darüber sehr erfreut und versuchte sofort, seine Gesinnung durch hochgeschraubte Forderungen auf die Probe zu stellen. Die einen riefen, er solle die Steuern ermäßigen, andere, er möge die Zölle abschaffen, wieder andere, er solle die Gefangenen freilassen. Bereitwillig stimmte er, um die Menge sich geneigt zu machen, allen Forderungen zu. Er ließ daraufhin Opfer darbringen und hielt mit seinen Freunden ein festliches Mahl. Da rottete sich gegen Abend eine Menge Menschen zusammen, die einen Umsturz im Schilde führte, und veranstaltete, nachdem die öffentliche Klage für den König geendet hatte, eine eigene Klagefeier. Diese galt aber den Männern, die von Herodes bestraft worden waren, weil sie den goldenen Adler am Tor des Tempels heruntergeschlagen hatten. Hier handelte es sich nicht um eine verhaltene Trauer, sondern durchdringende Rufe, abgestimmte Klagelieder und Schläge an die Brust durchhallten die ganze Stadt im Gedenken an die Männer, welche nach den Angaben jener für die väterlichen Gesetze und den Tempel im Feuer zugrunde gegangen seien. Man solle sie an den Günstlingen des Herodes rächen, so schrieen sie, und zu allererst den von diesem eingesetzten Hohenpriester aus dem Amt entfernen[1], das Volk habe Anspruch darauf, daß ein frömmerer und reinerer erwählt werde.

3. 8. Darüber wurde Archelaos sehr erzürnt. Er wollte aber unter dem Druck der bevorstehenden Reise von einem Einschreiten absehen, fürchtete

κατασχεθείη τῷ κινήματι. διὸ πειθοῖ μᾶλλον ἢ βίᾳ καταστέλλειν ἐπειρᾶτο τοὺς νεωτερίζοντας καὶ τὸν στρατηγὸν ὑποπέμψας παύσασθαι παρεκάλει.
9 τοῦτον εἰς τὸ ἱερὸν παρελθόντα πρὶν φθέγξασθαί τι λίθοις ἀπήλαυνον οἱ στασιασταὶ καὶ τοὺς μετ' αὐτοῦ ἐπὶ σωφρονισμῷ προσιόντας, ἐνίει δὲ πολλοὺς ὁ Ἀρχέλαος, καὶ πάντα πρὸς ὀργὴν ἀπεκρίναντο δῆλοί τε
10 ἦσαν οὐκ ἠρεμήσοντες εἰ πλήθους ἐπιλάβοιντο. καὶ δὴ τῆς τῶν ἀζύμων ἐνστάσης ἑορτῆς, ἣ πάσχα παρὰ Ἰουδαίοις καλεῖται πολύ τι θυμάτων πλῆθος ἐκδεχομένη, κάτεισι μὲν ἐκ τῆς χώρας λαὸς ἄπειρος ἐπὶ τὴν θρησκείαν, οἱ δὲ τοὺς σοφιστὰς πενθοῦντες ἐν τῷ ἱερῷ συνειστήκεσαν
11 τροφὴν τῇ στάσει ποριζόμενοι. πρὸς ὃ δείσας Ἀρχέλαος πρὶν δι' ὅλου τοῦ πλήθους διαδραμεῖν τὴν νόσον ὑποπέμπει μετὰ σπείρας χιλίαρχον προστάξας βίᾳ τοὺς ἐξάρχοντας τῆς στάσεως κατασχεῖν. πρὸς οὓς τὸ πλῆθος ἅπαν παροξύνεται καὶ τοὺς μὲν πολλοὺς τῆς σπείρας βάλλοντες
12 λίθοις διέφθειρον, ὁ δὲ χιλίαρχος ἐκφεύγει τραυματίας μόλις. ἔπειθ' οἱ μὲν ὡς μηδενὸς δεινοῦ γεγονότος ἐτρέποντο πρὸς θυσίαν· οὐ μὴν Ἀρχελάῳ δίχα φόνου καθεκτὸν ἔτι τὸ πλῆθος ἐφαίνετο, τὴν δὲ στρατιὰν ἐπαφίησιν αὐτοῖς ὅλην, τοὺς μὲν πεζοὺς διὰ τῆς πόλεως ἀθρόους, τοὺς
13 δὲ ἱππεῖς ἀνὰ τὸ πεδίον· οἳ θύουσιν ἑκάστοις ἐξαίφνης προσπεσόντες διαφθείρουσι μὲν περὶ τρισχιλίους, τὸ δὲ λοιπὸν πλῆθος εἰς τὰ πλησίον ὄρη διεσκέδασαν. εἵποντο δὲ Ἀρχελάου κήρυκες κελεύοντες ἕκαστον ἀναχωρεῖν ἐπ' οἴκου, καὶ πάντες ᾤχοντο τὴν ἑορτὴν ἀπολιπόντες.

14 II. 1. Αὐτὸς δὲ μετὰ τῆς μητρὸς καὶ τῶν φίλων Ποπλᾶ καὶ Πτολεμαίου καὶ Νικολάου κατῄει πρὸς θάλασσαν καταλιπὼν ἐπίτροπόν τε
15 τῶν βασιλείων καὶ κηδεμόνα τῶν οἰκείων Φίλιππον. συνεξῄει δ' ἅμα τοῖς τέκνοις Σαλώμη καὶ τοῦ βασιλέως ἀδελφιδοῖ τε καὶ γαμβροί, τῷ μὲν δοκεῖν συναγωνιούμενοι περὶ τῆς διαδοχῆς Ἀρχελάῳ, τὸ δ' ἀληθὲς κατηγορήσοντες περὶ τῶν κατὰ τὸ ἱερὸν παρανομηθέντων.
16 2. Συναντᾷ δ' αὐτοῖς κατὰ τὴν Καισάρειαν Σαβῖνος ὁ τῆς Συρίας ἐπίτροπος εἰς Ἰουδαίαν ἀνιὼν ἐπὶ φυλακῇ τῶν Ἡρώδου χρημάτων. τοῦτον ἐπέσχεν προσωτέρω χωρεῖν ἐπελθὼν Οὖαρος, ὃν διὰ Πτολεμαίου
17 πολλὰ δεηθεὶς Ἀρχέλαος μετεπέμψατο. τότε μὲν οὖν Σαβῖνος Οὐάρῳ χαριζόμενος οὔτ' ἐπὶ τὰς ἄκρας ἔσπευσεν οὔτε τὰ ταμιεῖα τῶν πατρῴων χρημάτων ἀπέκλεισεν Ἀρχελάῳ, μέχρι δὲ τῆς Καίσαρος διαγνώσεως
18 ἠρεμήσειν ὑπέσχετο καὶ διέτριβεν ἐπὶ τῆς Καισαρείας. ὡς δὲ τῶν

§ 9 = ant. 17, 212; § 14 = ant. 17, 219.

er doch, durch einen allgemeinen Volksaufstand aufgehalten zu werden, wenn er sich die Menge durch gewaltsames Vorgehen zum Feinde mache. Darum hätte er die Aufrührer lieber durch Überredung als durch Gewalt zur Ordnung gebracht; er sandte also ohne Aufsehen den Feldhauptmann mit dem Auftrag, sie zu beruhigen. Als dieser zum Heiligtum kam, vertrieben ihn die Aufrührer, ehe er ein Wort sagen konnte, mit Steinwürfen, ebenso erging es auch den anderen, die mit ihm gekommen waren, um zur Mäßigung zu raten — Archelaos sandte eine ganze Reihe hinein —, sie aber zeigten auf alle Versuche nur ihren Zorn, und es war deutlich, daß sie bei weiterem Zuwachs ihrer Zahl nicht Ruhe geben würden. Und wirklich stand gerade das Fest der ungesäuerten Brote unmittelbar bevor, das bei den Juden Passahfest genannt wird und eine große Anzahl Opfer erwarten läßt. Dabei kam aus dem Land eine unübersehbare Menge zum Gottesdienst, und die, die um die Gelehrten trauerten, standen gruppenweise im Tempel herum, um dem Aufstand neue Nahrung zu geben[2]. Archelaos wurde nun angst und bange; so sandte er, bevor das Fieber der Empörung die ganze Menge anstecken würde, einen Obersten mit einer Kohorte und gab ihm den Auftrag, die Rädelsführer des Aufstands gewaltsam festzunehmen. Gegen sie geriet der Volkshaufe erst recht in Wut und tötete durch einen Steinhagel den größten Teil der Kohorte, der Oberst selbst wurde verwundet und entkam mit knapper Not. Hierauf wandten sich die Täter, als wenn nichts Arges geschehen wäre, dem Opfer zu; Archelaos aber wurde es jetzt deutlich, daß die Menge ohne Blutvergießen auf keinen Fall mehr niederzuhalten war. Er ließ das ganze Heer gegen sie ausrücken, die Fußtruppen in geschlossener Ordnung durch die Stadt, die Reiterei über die Ebene hin. Sie fielen plötzlich über alle Opfernden her und töteten an die 3000; die Übrigen zerstreuten sie in das nahe Bergland. Darauf folgten Herolde des Archelaos mit dem Befehl, ein jeder solle nach Hause zurückkehren, und so verließen alle das Fest und zogen heim.

2. Kapitel

1. 14. Er selbst aber zog mit seiner Mutter[3] sowie mit seinen Freunden Poplas, Ptolemäus und Nikolaos zum Meere hinab; als Hüter der Paläste und Treuhänder für den Familienbesitz ließ er Philippus zurück. Zugleich mit ihm reisten auch Salome und ihre Kinder, sowie die Neffen und Schwäger des Königs, angeblich, um sich für die Nachfolge des Archelaos mit einzusetzen, in Wahrheit aber, um ihn wegen der im Tempelbezirk begangenen Frevel zu verklagen.

2. 16. Sie trafen in Caesarea mit Sabinus, dem Schatzmeister Syriens[4], zusammen, der eben nach Judäa aufbrach, um das Vermögen des Herodes sicherzustellen. Diesen hielt der soeben eingetroffene Varus von der Weiterreise zurück, Archelaos hatte letzteren durch Ptolemäus dringend gebeten, er möchte doch herbeikommen. Daraufhin tat Sabinus dem Varus den

ἐμποδιζόντων ὁ μὲν εἰς Ἀντιόχειαν ἀπῆρεν, Ἀρχέλαος δὲ εἰς Ῥώμην ἀνήχθη, διὰ τάχους ἐπὶ Ἱεροσολύμων ὁρμήσας παραλαμβάνει τὰ βασίλεια καὶ μεταπεμπόμενος τούς τε φρουράρχους καὶ διοικητὰς ἐπειρᾶτο διερευνᾶν τοὺς τῶν χρημάτων ἀναλογισμοὺς τάς τε ἄκρας παραλαμ-
19 βάνειν. οὐ μὴν οἱ φύλακες τῶν Ἀρχελάου κατημέλουν ἐντολῶν, ἔμενον δὲ φρουροῦντες ἕκαστα καὶ τὴν φρουρὰν ἀνατιθέντες Καίσαρι μᾶλλον ἢ Ἀρχελάῳ.
20 **3.** Κἂν τούτῳ πάλιν Ἀντίπας ἀμφισβητῶν περὶ τῆς βασιλείας ἐπέξεισιν ἀξιῶν τῆς ἐπιδιαθήκης κυριωτέραν εἶναι τὴν διαθήκην, ἐν ᾗ βασιλεὺς αὐτὸς ἐγέγραπτο. συλλήψεσθαι δ' αὐτῷ προϋπέσχετο Σαλώμη καὶ
21 πολλοὶ τῶν σὺν Ἀρχελάῳ πλεόντων συγγενῶν. ἐπήγετο δὲ τὴν μητέρα καὶ τὸν ἀδελφὸν Νικολάου Πτολεμαῖον ῥοπὴν εἶναι δοκοῦντα διὰ τὴν παρὰ Ἡρώδῃ πίστιν· γεγόνει γὰρ δὴ τῶν φίλων ἐκείνου τιμιώτατος· πλεῖστον μέντοι πεποίθει διὰ δεινότητα λόγων Εἰρηναίῳ τῷ ῥήτορι, διὸ καὶ τοὺς νουθετοῦντας εἴκειν Ἀρχελάῳ κατὰ τὸ πρεσβεῖον καὶ τὰς
22 ἐπιδιαθήκας διεκρούσατο. μεθίστατο δὲ ἐν Ῥώμῃ πάντων πρὸς αὐτὸν ἡ σπουδὴ τῶν συγγενῶν, οἷς διὰ μίσους ἦν Ἀρχέλαος, καὶ προηγουμένως ἕκαστος αὐτονομίας ἐπεθύμει στρατηγῷ Ῥωμαίων διοικουμένης, εἰ δὲ τοῦτο διαμαρτάνοι, βασιλεύειν Ἀντίπαν ἤθελεν.
23 **4.** Συνήργει δ' αὐτοῖς εἰς τοῦτο καὶ Σαβῖνος δι' ἐπιστολῶν κατηγορήσας μὲν Ἀρχελάου παρὰ Καίσαρι, πολλὰ δ' ἐπαινέσας Ἀντίπαν.
24 συντάξαντες δὲ τὰ ἐγκλήματα οἱ περὶ Σαλώμην ἐνεχείρισαν Καίσαρι, καὶ μετὰ τούτους Ἀρχέλαος τά τε κεφάλαια τῶν ἑαυτοῦ δικαίων γράψας καὶ τὸν δακτύλιον τοῦ πατρὸς καὶ τοὺς λόγους εἰσπέμπει διὰ Πτολεμαίου.
25 προσκεψάμενος δὲ ὁ Καῖσαρ τὰ παρ' ἀμφοῖν κατ' ἰδίαν τό τε μέγεθος τῆς βασιλείας καὶ τὸ πλῆθος τῆς προσόδου, πρὸς οἷς τὸν ἀριθμὸν τῆς Ἡρώδου γενεᾶς, προαναγνοὺς δὲ καὶ τὰ παρὰ Οὐάρου καὶ Σαβίνου περὶ τούτων ἐπεσταλμένα, συνέδριον μὲν ἀθροίζει τῶν ἐν τέλει Ῥωμαίων, ἐν ᾧ καὶ τὸν ἐξ Ἀγρίππα καὶ Ἰουλίας τῆς θυγατρὸς θετὸν παῖδα Γάιον πρώτως ἐκάθισεν, ἀποδίδωσι δὲ λόγον αὐτοῖς.
26 **5.** Ἔνθα καταστὰς ὁ Σαλώμης υἱὸς Ἀντίπατρος, ἦν δὲ τῶν ἐναντιουμένων Ἀρχελάῳ δεινότατος εἰπεῖν, κατηγόρει φάσκων τοῖς

§ 21 = ant. 17, 225; § 26 = ant. 17, 230.

184

Gefallen und eilte nicht weiter zu den festen Plätzen, noch schloß er die
Schatzkammern des väterlichen Vermögens vor dem Zugriff des Archelaos;
er versprach, sich bis zur Entscheidung des Kaisers zurückzuhalten und
blieb in Caesarea. Als aber die, die ihm im Wege standen, abgereist waren,
der eine nach Antiochien, Archelaos aber zu Schiff nach Rom, da machte
er sich schleunigst nach Jerusalem auf und setzte sich in den Besitz der
königlichen Paläste. Er ließ die Festungskommandanten und die Verwalter
kommen und suchte sich in die Aufstellungen über die Vermögenswerte
Einblick zu verschaffen und die festen Plätze in seinen Besitz zu bekommen.
Freilich ließen die Burghauptleute die Befehle des Archeloas in keiner
Weise außer Acht, jeder verwahrte weiterhin, was ihm anvertraut war und
berief sich für sein Wächteramt mehr auf den Kaiser als auf Archelaos.

3. 20. Zu dieser Zeit machte sich auch Antipas auf den Weg, der seinerseits Ansprüche auf die Thronfolge erhob; er war der Ansicht, das Testament, in welchem er selbst als König bezeichnet war[5], sei rechtskräftiger als
der Testamentszusatz. Zuvor hatten ihm auch Salome und viele andere
Verwandte, die mit Archelaos reisten, ihre Unterstützung versprochen. Er
verschaffte sich auch den Beistand seiner Mutter und des Ptolemäus, eines
Bruders des Nikolaos; diesen hielt er für entscheidend, weil er bei Herodes
so großes Vertrauen besessen hatte. Er wurde nämlich von jenem unter
allen „Freunden" am höchsten geehrt. Am meisten verließ er sich allerdings
auf den Redner Irenäus wegen dessen außerordentlicher Beredsamkeit; deshalb wies er auch alle Mahner schroff zurück, die ihm zuredeten, er solle
dem Archelaos entsprechend der Altersfolge und dem Testamentszusatz
nachgeben. In Rom aber schlug die Stimmung aller Verwandten zu seinen
Gunsten um, ihnen war Archelaos verhaßt. Weitaus am liebsten wäre jedem
eine Selbstverwaltung unter Aufsicht eines römischen Legaten gewesen;
wenn dieser Plan fehlschlagen sollte, wollten sie, daß Antipas König
würde.

4. 23. In dieser Richtung half ihnen auch Sabinus, der in Briefen Archelaos beim Kaiser verklagte, Antipas dagegen in helles Licht rückte. Der
Kreis um Salome stellte seine Beschwerden zusammen und reichte sie beim
Caesar ein; nach ihnen ließ auch Archelaos die Hauptgründe für seine Ansprüche schriftlich niederlegen und übersandte den väterlichen Siegelring
sowie die amtlichen Papiere durch Ptolemäus. Der Kaiser prüfte zunächst
unabhängig von einander die Gesichtspunkte beider Parteien, die Größe
des Königreiches und die Höhe der Einkünfte, dazu noch die Kopfzahl der
herodianischen Familie; vorher hatte er auch die betreffenden Berichte des
Varus und Sabinus gelesen. Darauf berief er eine Sitzung der vornehmsten
Römer, an der er zum ersten Mal auch Gajus[6], seinen Adoptivsohn aus der
Ehe Agrippas mit seiner Tochter Julia, teilnehmen ließ. Nun erteilte er den
Parteien das Wort.

5. 26. Darauf erhob sich Antipater, der Sohn der Salome — er war der
wortgewandteste unter den Gegnern des Archelaos — und brachte folgende
Anklage vor: Archelaos bewerbe sich augenblicklich zwar mit Worten um

μὲν λόγοις ἀμφισβητεῖν ἄρτι βασιλείας Ἀρχέλαον, τοῖς δ' ἔργοις πάλαι γεγονέναι βασιλέα, κατειρωνεύεσθαι δὲ νῦν τῶν Καίραρος ἀκοῶν, ὃν
27 δικαστὴν τῆς διαδοχῆς οὐ περιέμεινεν, εἴ γε μετὰ τὴν Ἡρώδου τελευτὴν ἐγκαθέτους μὲν ὑποπέμψας τοὺς περιθήσοντας αὐτῷ τὸ διάδημα, προκαθίσας δ' ἐπὶ τοῦ θρόνου καὶ χρηματίσας βασιλεὺς τάξεις τε τῆς
28 στρατιᾶς ἀμείψας καὶ προκοπὰς χαρισάμενος, ἔτι δὲ τῷ δήμῳ πάντα κατανεύσας ὅσων ὡς παρὰ βασιλέως τυχεῖν ἠξίουν καὶ τοὺς ἐπὶ μεγίσταις αἰτίαις παρὰ τοῦ πατρὸς δεδεμένους λύσας, νῦν ἥκει παρὰ τοῦ δεσπότου σκιὰν αἰτησόμενος βασιλείας, ἧς ἥρπασεν ἑαυτῷ τὸ σῶμα, καὶ ποιῶν οὐ
29 τῶν πραγμάτων ἀλλὰ τῶν ὀνομάτων κύριον Καίσαρα. προσωνείδιζεν δ' ὡς καὶ τὸ πένθος κατειρωνεύσατο τοῦ πατρός, μεθ' ἡμέραν μὲν ἐπισχηματίζων τὸ πρόσωπον εἰς λύπην, νύκτωρ δὲ μέχρις κώμων μεθυσκόμενος, ἐν ᾧ καὶ τὴν ταραχὴν τοῦ πλήθους ἐκ τῆς ἐπὶ τούτοις ἀγα-
30 νακτήσεως ἔλεγεν γεγονέναι. καὶ τὸν ἀγῶνα τοῦ λόγου παντὸς ἐναπηρείσατο τῷ πλήθει τῶν περὶ τὸν ναὸν φονευθέντων, οὓς ἐληλυθέναι μὲν ἐφ' ἑορτήν, παρὰ δὲ ταῖς ἰδίαις θυσίαις ὠμῶς ἀπεσφάχθαι· καὶ τοσοῦτον ἐν τῷ ἱερῷ σεσωρεῦσθαι νεκρῶν πλῆθος, ὅσον οὐδ' ἂν
31 ἀλλόφυλος ἐσώρευσεν πόλεμος ἐπελθὼν ἀκήρυκτος. ταύτην μέντοι τὴν ὠμότητα προσκεψάμενον αὐτοῦ καὶ τὸν πατέρα μηδ' ἐλπίδος αὐτόν ποτε ἀξιῶσαι βασιλικῆς ἢ ὅτε χεῖρον τὴν ψυχὴν κάμνων τοῦ σώματος ἀκρατὴς ἦν ὑγιαίνοντος λογισμοῦ καὶ οὐδ' ὃν ἔγραφεν ἐν ταῖς ἐπιδιαθήκαις ᾔδει διάδοχον, καὶ ταῦτα μηδὲν τὸν ἐν ταῖς διαθήκαις μέμψασθαι δυνάμενος, ἃς ἔγραψεν ὑγιαίνων μὲν τὸ σῶμα, καθαρὰν δὲ τὴν ψυχὴν
32 ἔχων πάθους παντός. εἰ μέντοι καὶ κυριωτέραν τὴν τοῦ κάμνοντος κρίσιν τιθείη τις, ἀποκεχειροτονῆσθαι βασιλείας Ἀρχέλαον ὑφ' ἑαυτοῦ τοῖς εἰς αὐτὴν παρανομηθεῖσιν· ποταπὸν γὰρ ἂν γενέσθαι λαβόντα τὴν ἀρχὴν παρὰ Καίσαρος τὸν πρὶν λαβεῖν τοσούτους ἀνῃρηκότα;

33 6. Πολλὰ τοιαῦτα διεξελθὼν Ἀντίπατρος καὶ τοὺς πλείστους τῶν συγγενῶν παραστησάμενος ἐφ' ἑκάστῳ τῶν κατηγορημένων μάρτυρας
34 καταπαύει τὸν λόγον. ἀνίσταται δὲ Νικόλαος ὑπὲρ Ἀρχελάου, καὶ τὸν μὲν ἐν τῷ ἱερῷ φόνον ἀναγκαῖον ἀπέφηνεν· πολεμίους γὰρ γεγονέναι τοὺς ἀνῃρημένους οὐ τῆς βασιλείας μόνον ἀλλὰ καὶ τοῦ δικάζοντος

§ 31 = ant. 17, 238.

die Königsherrschaft, den Taten nach aber sei er längst schon König geworden; er mache sich jetzt über den Kaiser, der das alles mit anhöre, im Stillen nur lustig. Er habe die Entscheidung des Kaisers über die Nachfolge nicht abgewartet, dies beweise die Tatsache, daß er unmittelbar nach dem Tode des Herodes angestiftete Elemente unter das Volk mischte, die ihm das königliche Stirnband umlegen sollten; er habe öffentlich auf dem Thron Platz genommen und dort als König Entscheidungen getroffen, die Ordnung des Heeres geändert, Beförderungen ausgesprochen, dazu schließlich dem Volk alles das zugestanden, was man von ihm auf Grund seiner königlichen Würde erlangen wollte, und Gefangene losgelassen, die von seinem Vater wegen schwerster Verbrechen festgesetzt worden waren. Jetzt komme er daher und erbitte von seinem Gebieter noch den Schatten einer Herrschaft, die er der Sache nach schon mit Gewalt sich angeeignet habe; so mache er den Kaiser nicht zum Herrn über Besitz und Macht, sondern nur noch zum Herrn über leere Titel. Weiter erhob er den beleidigenden Vorwurf, die Trauer um seinen Vater sei nur ein lächerliches Schauspiel gewesen, am Tage habe er eine Trauermiene aufgesetzt, bei Nacht aber habe er so lange gezecht, bis ein wüstes Gelage daraus wurde. Antipater fügte noch hinzu, auch der Aufruhr der Menge sei aus Unwillen darüber entstanden. Zum Schwerpunkt des ganzen Redestreites machte er den Mord an so vielen Menschen im Tempelbezirk. Jene seien zum Fest hergekommen und erbarmungslos neben ihren Opfern niedergehauen worden[7]. Im Tempel habe sich eine solche Menge von Leichen aufgehäuft, wie sie auch ein Angriff fremdstämmiger Feinde ohne Kriegserklärung nicht zur Folge gehabt hätte. Diese Grausamkeit habe auch sein Vater vorausgesehen und ihm keine Hoffnung auf das Königtum gelassen — außer damals, als sein Geist schon schwächer war als der Leib und nicht mehr imstande, klar zu überlegen. Er habe nicht einmal mehr gewußt, wen er in dem Testamentszusatz als Nachfolger aufschreibe, und dies sei geschehen, ohne daß der ursprünglich im Testament Bestimmte ihm irgendeinen Anlaß zur Unzufriedenheit gegeben hätte. Dabei habe er dies Testament bei voller körperlicher Gesundheit und einem noch nicht durch Leiden verdunkelten Gemütszustand abgefaßt. Selbst wenn man die Entscheidung eines Schwerkranken für rechtskräftiger halten wollte, so habe doch Archelaos die Königsherrschaft durch seine gegen sie gerichteten Rechtsbrüche verwirkt. Was für ein Machthaber möchte ein Mann nach dem Empfang der Herrschaft aus der Hand des Kaisers erst werden, der vorher schon so viele Menschen umgebracht hat?

6. 33. Antipater brachte noch viele derartige Gründe vor, berief sich bei jedem Anklagepunkt auf die Mehrzahl der Verwandten als Zeugen und schloß dann seine Rede. Dann erhob sich Nikolaos, um für Archelaos einzutreten; er legte dar, daß das Blutbad im Tempel notwendig gewesen sei. Die Getöteten seien Feinde nicht nur der königlichen Herrschaft gewesen, sondern auch des Kaisers, der darüber die letzte Entscheidung habe. Bei den anderen Anklagen wies er nach, daß die Kläger zu diesen Maßnahmen

35 αὐτὴν Καίσαρος. τῶν δ' ἄλλων ἐγκλημάτων συμβούλους ἀπεδείκνυεν αὐτοὺς τοὺς κατηγόρους γεγονέναι. τήν γε μὴν ἐπιδιαθήκην ἠξίου διὰ τοῦτο μάλιστα εἶναι κυρίαν, ὅτι βεβαιωτὴν ἐν αὐτῇ Καίσαρα καθίστατο
36 τοῦ διαδόχου· ὁ γὰρ σωφρονῶν ὥστε τῷ δεσπότῃ τῶν ὅλων παραχωρεῖν τῆς ἐξουσίας οὐ δή που περὶ κληρονόμου κρίσιν ἐσφάλλετο, σωφρονῶν δ' ᾑρεῖτο καὶ τὸν καθιστάμενον ὁ γινώσκων τὸν καθιστάντα.
37 7. Διεξελθόντος δὲ πάντα καὶ Νικολάου παρελθὼν Ἀρχέλαος προπίπτει τῶν Καίσαρος γονάτων ἡσυχῇ. κἀκεῖνος αὐτὸν μάλα φιλοφρόνως ἀναστήσας ἐνέφηνεν μὲν ὡς ἄξιος εἴη τῆς πατρῴας διαδοχῆς, οὐ μήν τι
38 βέβαιον ἀπεφήνατο. διαλύσας δὲ τοὺς συνέδρους ἐκείνης τῆς ἡμέρας καθ' ἑαυτὸν περὶ ὧν διήκουσεν ἐσκέπτετο, εἴτε χρὴ τῶν ἐν ταῖς διαθήκαις καταστῆσαί τινα διάδοχον, εἴτε καὶ πάσῃ τῇ γενεᾷ διανεῖμαι τὴν ἀρχήν· ἐδόκει γὰρ ἐπικουρίας τὸ πλῆθος τῶν προσώπων χρῄζειν.

39 III. 1. Πρὶν δὲ ὁρίσαι τι περὶ τούτων Καίσαρα τελευτᾷ μὲν ἡ Ἀρχελάου μήτηρ Μαλθακὴ νοσήσασα, παρὰ Οὐάρου δ' ἐκομίσθησαν ἐκ Συρίας
40 ἐπιστολαὶ περὶ τῆς Ἰουδαίων ἀποστάσεως, ἣν προϊδόμενος ὁ Οὔαρος, ἀνέβη γὰρ μετὰ τὸν Ἀρχελάου πλοῦν εἰς Ἱεροσόλυμα τοὺς παρακινοῦντας καθέξων, ἐπειδὴ πρόδηλον ἦν τὸ πλῆθος οὐκ ἠρεμῆσον, ἓν τῶν τριῶν
41 ἀπὸ Συρίας ταγμάτων, ὅπερ ἄγων ἧκεν, ἐν τῇ πόλει καταλείπει. καὶ αὐτὸς μὲν ὑπέστρεψεν εἰς Ἀντιόχειαν, ἐπελθὼν δὲ ὁ Σαβῖνος ἀφορμὴν αὐτοῖς παρέσχεν νεωτεροποιίας· τούς τε γὰρ φρουροὺς παραδιδόναι τὰς ἄκρας ἐβιάζετο καὶ πικρῶς τὰ βασιλικὰ χρήματα διηρεύνα, πεποιθὼς οὐ μόνον τοῖς ὑπὸ Οὐάρου καταλειφθεῖσι στρατιώταις, ἀλλὰ καὶ πλήθει δούλων ἰδίων, οὓς ἅπαντας ὁπλίσας ὑπηρέταις ἐχρῆτο τῆς πλεονεξίας. ἐνστάσης
42 δὲ τῆς πεντηκοστῆς, οὕτω καλοῦσίν τινα ἑορτὴν Ἰουδαῖοι παρ' ἑπτὰ γινομένην ἑβδομάδας καὶ τὸν ἀριθμὸν τῶν ἡμερῶν προσηγορίαν ἔχουσαν, οὐχ ἡ συνήθης θρησκεία συνήγαγεν τὸν δῆμον, ἀλλ' ἡ ἀγανάκτησις.
43 συνέδραμεν γοῦν πλῆθος ἄπειρον ἔκ τε τῆς Γαλιλαίας καὶ ἐκ τῆς Ἰδουμαίας Ἱεριχοῦντός τε καὶ τῆς ὑπὲρ Ἰορδάνην Περαίας, ὑπερεῖχεν δὲ πλήθει
44 καὶ προθυμίαις ἀνδρῶν ὁ γνήσιος ἐξ αὐτῆς Ἰουδαίας λαός. διανείμαντες δὲ σφᾶς αὐτοὺς εἰς τρία μέρη τριχῇ στρατοπεδεύονται, πρός τε τῷ βορείῳ τοῦ ἱεροῦ κλίματι καὶ πρὸς τῷ μεσημβρινῷ κατὰ τὸν ἱππόδρομον, ἡ δὲ τρίτη μοῖρα πρὸς τοῖς βασιλείοις κατὰ δύσιν. περικαθεζόμενοι δὲ πανταχόθεν τοὺς Ῥωμαίους ἐπολιόρκουν.
45 2. Ὁ δὲ Σαβῖνος πρός τε τὸ πλῆθος αὐτῶν ὑποδείσας καὶ τὰ φρονήματα συνεχεῖς μὲν ἀγγέλους ἔπεμπεν πρὸς Οὔαρον ἐπαμύνειν ἐν τάχει

§ 39 = ant. 17, 250; § 45 = ant. 17, 256.

selbst geraten hätten. Er betonte nachdrücklich, der Testamentszusatz sei auf alle Fälle deshalb rechtskräftig, weil Herodes darin die Bestätigung der Nachfolge durch den Kaiser ausdrücklich gefordert habe. Wer so klar bei Verstande war, daß er dem Weltherrscher ausdrücklich diese Vollmacht zuerkannte, der täuschte sich doch wohl auch nicht im Urteil über den Erben. Er wußte, wer in Wahrheit die Einsetzung vollziehen würde, und so hat er in weiser Überlegung auch den richtigen Kandidaten vorgeschlagen.

7. 37. Als so auch Nikolaos alle seine Gründe vorgebracht hatte, trat Archelaos vor und warf sich ohne ein Wort zu des Kaisers Füßen nieder. Jener aber richtete ihn sehr freundlich auf und deutete an, er sei würdig, die Nachfolge des Vaters anzutreten; eine feste Zusage gab er freilich nicht. Er entließ die für diesen bedeutsamen Tag einberufenen Ratsmitglieder und, was er aufmerksam angehört hatte, überlegte er sich im Stillen: ob er von den in den Testamenten genannten Männern einen zum Nachfolger einsetzen oder die Herrschaft unter die ganze Familie aufteilen solle. Denn ihre große Kopfzahl schien eine entsprechende Versorgung nötig zu machen.

3. Kapitel

1. 39. Noch bevor der Kaiser über diese Fragen entschied, wurde Malthake, die Mutter des Archelaos, krank und starb. Von Varus aber kamen Briefe aus Syrien über den Abfall der Juden, den er vorausgesehen hatte. Er war deshalb nach der Einschiffung des Archelaos in Jerusalem eingerückt, um die aufsässigen Gemüter niederzuhalten; da die Menge offensichtlich nicht Ruhe geben würde, ließ er von den drei syrischen Legionen die eine, die er mitgebracht hatte, in der Stadt zurück. Er selbst kehrte nun nach Antiochien zurück; Sabinus aber reiste nach Jerusalem und gab den Juden einen entscheidenden Anlaß zum Aufruhr. Er zwang nämlich die Besatzungen der festen Plätze zur Übergabe und durchwühlte rücksichtslos die königlichen Schätze; er vertraute dabei nicht nur auf die von Varus zurückgelassenen Soldaten, sondern auch auf die Menge seiner eigenen Sklaven, die er alle hatte bewaffnen lassen und als Handlanger seiner Geldgier gebrauchte. Es stand das Pfingstfest bevor — so nennen die Juden ein Fest, das den Abschluß einer Folge von sieben Wochen bildet und von der Zahl der Tage seinen Namen hat —, da rief jedoch nicht der festliche Gottesdienst, sondern die Erbitterung das Volk zusammen. Eine unübersehbare Menge strömte also aus Galiläa, Idumäa, Jericho und Peräa jenseits des Jordans herbei; das einheimische Volk aus Judäa aber übertraf sie an Kopfzahl und männlicher Entschlossenheit. In drei Gruppen geteilt bildeten sie ein dreifaches Heerlager: an der Nordseite des Tempels, an seiner Südseite beim Hippodrom[8], die dritte Gruppe beim Königspalast im Westen. Sie setzten sich rings um die Römer herum fest und begannen, sie zu belagern.

2. 45. Angesichts ihrer Menge und Stimmung wurde dem Sabinus im Stillen angst und bange, er sandte Boten über Boten zu Varus mit der Bitte,

46 δεόμενος ὡς εἰ βραδύνοι κατακοπησομένου τοῦ τάγματος· αὐτὸς δὲ ἐπὶ τὸν ὑψηλότατον τοῦ φρουρίου πύργον ἀναβάς, ὃς ἐκαλεῖτο Φασάηλος ἐπώνυμον ἔχων ἀδελφὸν Ἡρώδου διαφθαρέντα ὑπὸ Πάρθων, ἐντεῦθεν κατέσειεν τοῖς ἐν τῷ τάγματι στρατιώταις ἐπιχειρεῖν τοῖς πολεμίοις·
47 δι' ἔκπληξιν γὰρ οὐδ' εἰς τοὺς σφετέρους καταβαίνειν ἐθάρρει. παραπεισθέντες² δὲ οἱ στρατιῶται προπηδῶσιν εἰς τὸ ἱερὸν καὶ μάχην καρτερὰν τοῖς Ἰουδαίοις συνάπτουσιν, ἐν ᾗ μέχρι μὲν οὐδεὶς καθύπερθεν
48 ἐπήμυνεν περιῆσαν ἐμπειρίᾳ πολέμου τῶν ἀπείρων· ἐπεὶ δὲ πολλοὶ Ἰουδαίων ἀναβάντες ἐπὶ τὰς στοὰς κατὰ κεφαλῆς αὐτῶν ἠφίεσαν τὰ βέλη, συνετρίβοντο πολλοὶ καὶ οὔτε τοὺς ἄνωθεν βάλλοντας ἀμύνεσθαι ῥᾴδιον ἦν οὔτε τοὺς συστάδην μαχομένους ὑπομένειν.
49 3. Καταπονούμενοι μὲν πρὸς ἀμφοτέρων ὑποπιμπρᾶσιν τὰς στοάς, ἔργα θαυμάσια μεγέθους τε καὶ πολυτελείας ἕνεκεν· οἱ δ' ἐπ' αὐτῶν ἐξαίφνης ὑπὸ τῆς φλογὸς περισχεθέντες πολλοὶ μὲν ἐν αὐτῇ διεφθάρησαν, πολλοὶ δὲ ὑπὸ τῶν πολεμίων πηδῶντες εἰς αὐτούς, τινὲς δ' εἰς τοὐπίσω κατὰ τοῦ τείχους ἐκρημνίζοντο, ἔνιοι δ' ὑπ' ἀμηχανίας τοῖς ἰδίοις ξίφεσιν
50 τὸ πῦρ ἔφθανον· ὅσοι δὲ καθερπύσαντες ἀπὸ τῶν τειχῶν ᾖξαν εἰς τοὺς Ῥωμαίους εὐμεταχείριστοι διὰ τὴν ἔκπληξιν ἦσαν. καὶ τῶν μὲν ἀπολωλότων, τῶν δ' ὑπὸ τοῦ δέους σκεδασθέντων ἐρήμῳ τῷ τοῦ θεοῦ θησαυρῷ προσπεσόντες οἱ στρατιῶται περὶ τετρακόσια τάλαντα διήρπασαν, ὧν ὅσα μὴ διεκλάπη Σαβῖνος ἤθροισεν.
51 4. Ἰουδαίους δὲ ἥ τε τῶν ἔργων καὶ ἀνδρῶν φθορὰ πολὺ πλείους καὶ μαχιμωτέρους ἐπισυνέστησεν Ῥωμαίοις καὶ περισχόντες τὰ βασίλεια πάντας ἠπείλουν διαφθείρειν, εἰ μὴ θᾶττον ἀπίοιεν· ὑπισχνοῦντο γὰρ
52 ἄδειαν τῷ Σαβίνῳ βουλομένῳ μετὰ τοῦ τάγματος ἐξιέναι. συνελάμβανον δ' αὐτοῖς οἱ πλείους τῶν βασιλικῶν αὐτομολήσαντες. τὸ μέντοι πολεμικώτατον μέρος, Σεβαστηνοὶ τρισχίλιοι Ῥοῦφός τε καὶ Γρᾶτος ἐπὶ τούτοις, ὁ μὲν τοὺς πεζοὺς τῶν βασιλικῶν ὑπ' αὐτὸν ἔχων, Ῥοῦφος δὲ τοὺς ἱππεῖς, ὧν ἑκάτερος καὶ χωρὶς ὑπηκόου δυνάμεως δι' ἀλκὴν καὶ
53 σύνεσιν πολέμου ῥοπή³, προσέθεντο Ῥωμαίοις. Ἰουδαῖοι μὲν οὖν ἐνέκειντο τῇ πολιορκίᾳ τῶν τειχῶν ἅμα πειρώμενοι τοῦ φρουρίου καὶ τοῖς περὶ τὸν Σαβῖνον ἐμβοῶντες ἀπιέναι μηδ' ἐμποδὼν αὐτοῖς γενέσθαι
54 διὰ χρόνου πολλοῦ κομιζομένοις τὴν πάτριον αὐτονομίαν. Σαβίνῳ δ' ἀγαπητὸν μὲν ἦν ὑπεξελθεῖν, ἠπίστει δὲ ταῖς ὑποσχέσεσιν καὶ τὸ πρᾶον

§ 50 = ant. 17, 264.

² παροπλισθέντες PA.
³ ἢ πολέμου ῥοπὴν PAMLV; ἣν πολέμου ῥοπὴ Na Thack; πολέμου ῥοπή Niese nach Destinon.

ihm schleunigst zu helfen, da, wenn er zögere, die ganze Legion zusammengehauen würde. Er stieg selbst auf den höchsten Festungsturm, der Phasael hieß[9] nach dem von den Parthern ermordeten Bruder des Herodes, von dort gab er den Legionssoldaten durch einen Wink das Zeichen zum Angriff gegen die Feinde. Der Schreck war ihm so in die Glieder gefahren, daß er nicht einmal wagte, zu seinen Truppen herab zu steigen. Selbst einem solchen Befehl leisteten die Soldaten Gehorsam; sie stürmten in Richtung auf den Tempel vor und begannen einen erbitterten Kampf mit den Juden, in dem sie auf Grund ihrer Kriegserfahrung den Ungeübten überlegen waren, so lange sie keiner von oben angriff. Als aber viele Juden auf die Dächer der Säulenhallen gestiegen waren und von dort aus ihre Geschosse auf die Köpfe der Soldaten schleuderten, wurden viele von ihnen getötet und sie hatten Mühe, sich einerseits der Schützen von oben zu erwehren und andererseits im Kampf Mann gegen Mann standzuhalten.

3. 49. In dieser zwiefachen Bedrängnis steckten sie die Säulenhallen in Brand, Wunderwerke an Größe und Wert. Die auf den Dächern stehenden Juden waren plötzlich von Flammen umgeben; viele kamen darin um, andere, die auf die Feinde herabsprangen, wurden von diesen getötet; etliche stürzten sich an der Rückseite der Mauer herunter; wieder andere kamen in ihrer ausweglosen Lage dem Feuertod durch Selbstmord mit dem eigenen Schwert zuvor. Alle die aber, welche von der Mauer herunter geklettert waren und auf die Römer zustürmten, konnten in ihrer Fassungslosigkeit leicht überwältigt werden. Nachdem ein Teil der Verteidiger gefallen war und der andere sich aus Furcht zerstreut hatte, stürzten sich die Soldaten auf den unbewachten Gottesschatz und raubten an 400 Talente[10]. Was von dieser Summe nicht heimlich auf die Seite gebracht werden konnte, raffte Sabinus zusammen.

4. 51. Die Vernichtung der Bauwerke und der Verlust an Menschenleben ließ die Juden nur noch zahlreicher und kampfbegieriger den Römern entgegentreten; sie schlossen den Königspalast ein und drohten, alle zu vernichten, wenn sie nicht schleunigst abrückten. Sie versprachen dem Sabinus nämlich freies Geleit, wenn er sich mit der Legion zurückziehen wolle. Auch die Mehrzahl der königlichen Truppen war zu ihnen übergelaufen und stand auf ihrer Seite. Die Kerntruppen des Königs freilich, 3000 Mann aus dem Bezirk von Sebaste[11], unter dem Befehl des Rufus und Gratus, schlugen sich auf die Seite der Römer; Gratus befehligte das Fußvolk der königlichen Truppen, Rufus die Reiterei — jeder von ihnen war, auch abgesehen von der ihnen unterstellten Streitmacht, wegen seiner Tatkraft und Einsicht von ausschlaggebender Bedeutung für den Verlauf des Krieges. Die Juden führten die Belagerung beharrlich weiter; sie versuchten, die Festigkeit der Mauern zu erschüttern und bestürmten die Truppen des Sabinus mit Zurufen, sie sollten doch abziehen und denen, die nach langer Zeit die Unabhängigkeit der Vorväter wieder erlangen wollten, nicht weiter im Wege stehen. Sabinus wäre herzlich gern ohne viel Aufsehen abgezogen; er mißtraute jedoch den Versprechungen und witterte hinter ihrer Nachgiebigkeit nur eine Falle, in die

αὐτῶν δέλεαρ εἰς ἐνέδραν ὑπώπτευεν· ἅμα δὲ καὶ τὴν ἀπὸ Οὐάρου βοήθειαν ἐλπίζων διέτριβεν τὴν πολιορκίαν.

55 IV. 1. Ἐν δὲ τούτῳ καὶ τὰ κατὰ τὴν χώραν πολλαχόθεν ἐταράσσετο, καὶ συχνοὺς βασιλειᾶν ὁ καιρὸς ἀνέπειθεν. κατὰ μέν γε τὴν Ἰδουμαίαν δισχίλιοι τῶν ὑπὸ Ἡρώδῃ πάλαι στρατευσαμένων συστάντες ἔνοπλοι διεμάχοντο τοῖς βασιλικοῖς, οἷς Ἀχίαβος ἀνεψιὸς βασιλέως ἀπὸ τῶν ἐρυμνοτάτων χωρίων ἐπολέμει ὑποφεύγων τὴν ἐν τοῖς πεδίοις συμπλοκήν·
56 ἐν δὲ Σεπφώρει τῆς Γαλιλαίας Ἰούδας υἱὸς Ἐζεκία τοῦ κατατρέχοντός ποτε τὴν χώραν ἀρχιλῃστοῦ καὶ χειρωθέντος ὑφ᾿ Ἡρώδου βασιλέως συστήσας πλῆθος οὐκ ὀλίγον ἀναρρήγνυσιν τὰς βασιλικὰς ὁπλοθήκας καὶ τοὺς περὶ αὐτὸν ὁπλίσας τοῖς τὴν δυναστείαν ζηλοῦσιν ἐπεχείρει.

57 2. Κατὰ δὲ τὴν Περαίαν Σίμων τις τῶν βασιλικῶν δούλων εὐμορφίᾳ σώματος καὶ μεγέθει πεποιθὼς περιτίθησιν μὲν ἑαυτῷ διάδημα, περιιὼν δὲ μεθ᾿ ὧν συνήθροισεν λῃστῶν τά τε ἐν Ἱεριχοῖ βασίλεια καταπίμπρησιν καὶ πολλὰς ἑτέρας τῶν πολυτελῶν ἐπαύλεις, ἁρπαγὰς ῥᾳδίως ἐκ τοῦ
58 πυρὸς αὑτῷ ποριζόμενος. κἂν ἔφθη πᾶσαν οἴκησιν εὐπρεπῆ καταφλέξας, εἰ μὴ Γρᾶτος ὁ τῶν βασιλικῶν πεζῶν ἡγεμὼν τούς τε Τραχωνίτας τοξότας καὶ τὸ μαχιμώτατον τῶν Σεβαστηνῶν ἀναλαβὼν ὑπαντιάζει
59 τὸν ἄνδρα. τῶν μὲν οὖν Περαίων συχνοὶ διεφθάρησαν ἐν τῇ μάχῃ, τὸν Σίμωνα δ᾿ αὐτὸν ἀναφεύγοντα δι᾿ ὀρθίου φάραγγος ὁ Γρᾶτος ὑποτέμνεται καὶ φεύγοντος ἐκ πλαγίου τὸν αὐχένα πλήξας ἀπέρραξεν. κατεφλέγη δὲ καὶ τὰ πλησίον Ἰορδάνου βασίλεια κατὰ Βηθαραμαθὰ[4] συστάντων ἑτέρων τινῶν ἐκ τῆς Περαίας.

60 3. Τότε καὶ ποιμήν τις ἀντιποιηθῆναι βασιλείας ἐτόλμησεν· Ἀθρογγαῖος ἐκαλεῖτο, προυξένει δ᾿ αὐτῷ τὴν ἐλπίδα σώματος ἰσχὺς καὶ ψυχὴ θανάτου καταφρονοῦσα, πρὸς δὲ τούτοις ἀδελφοὶ τέσσαρες ὅμοιοι.
61 τούτων ἑκάστῳ λόχον ὑποζεύξας ἔνοπλον ὥσπερ στρατηγοῖς ἐχρῆτο καὶ σατράπαις ἐπὶ τὰς καταδρομάς, αὐτὸς δὲ καθάπερ βασιλεὺς τῶν
62 σεμνοτέρων ἥπτετο πραγμάτων. τότε μὲν οὖν ἑαυτῷ περιτίθησιν διάδημα, διέμεινεν δ᾿ ὕστερον οὐκ ὀλίγον χρόνον τὴν χώραν κατατρέχων σὺν τοῖς ἀδελφοῖς· καὶ τὸ κτείνειν αὐτοῖς προηγούμενον ἦν Ῥωμαίους τε καὶ τοὺς βασιλικούς, διέφευγεν δὲ οὐδὲ Ἰουδαίων εἴ τις εἰς χεῖρας ἔλθοι
63 φέρων κέρδος. ἐτόλμησαν δέ ποτε Ῥωμαίων λόχον ἄθρουν περισχεῖν κατ᾿ Ἀμμαοῦντα· σῖτα δ᾿ οὗτοι καὶ ὅπλα διεκόμιζον τῷ τάγματι. τὸν μὲν οὖν ἑκατοντάρχην αὐτῶν Ἄρειον καὶ τεσσαράκοντα τοὺς γενναιοτάτους κατηκόντισαν, οἱ δὲ λοιποὶ κινδυνεύοντες ταὐτὸ παθεῖν

§ 55 = ant. 17, 269; § 59 = ant. 17, 277.

[4] Βηθαράμιν ἔνθα PA; Βηθαραμάθου MLVRC; Βηθαραμφθὰ Aldrich, Reinach (ant. 18, 27); Niese vermutet Βηθαραμαθά; Ἀμμάθοις ant. 17, 277. In Josua 13, 27; Num. 32, 36 (jer. Schebiith 38d) wird Beth Haram (heute tell el rama) genannt vgl. Schürer II[4], 167 f.

sie ihn locken wollten. Da er zugleich Entsatz von Varus erhoffte, hielt er die Belagerung weiter aus.

4. Kapitel

1. 55. Zu gleicher Zeit geriet das Land auch an vielen anderen Stellen in Aufruhr, und die Lage der Dinge stachelte viele dazu auf, nach der Königswürde zu streben. In Idumäa griffen 2000 ehemalige Soldaten des Herodes gemeinsam zu den Waffen und bekämpften die Königspartei. Gegen sie verteidigte sich Achiab[12], ein Vetter des Königs, von den stärksten Festungen des Landes aus; einer offenen Feldschlacht ging er jedoch aus dem Wege. In Sepphoris in Galiläa brachte Judas, der Sohn des Ezechias[13], der einst als Räuberhauptmann das Land durchstreift hatte und vom König Herodes überwältigt worden war, einen beträchtlichen Haufen zusammen, erbrach die königlichen Waffenlager, bewaffnete seine Anhänger und griff die an, die nach der Herrschaft strebten.

2. 57. In Peräa legte Simon[14], einer der königlichen Sklaven, im Vertrauen auf seine Wohlgestalt und Leibesgröße sich selbst das königliche Stirnband an. Bei seinen Streifzügen mit den Räubern, die er um sich gesammelt hatte, brannte er auch den königlichen Palast in Jericho nieder[15], dazu viele andere Landhäuser der Reichen, und erwarb sich leichte Beute aus den Feuersbrünsten. Er hätte schließlich noch jedes vornehme Gebäude niedergebrannt, wenn nicht Gratus, der Anführer der königlichen Fußtruppen, mit den trachonitischen Bogenschützen und den kampfgewohntesten Soldaten der Sebastener diesem Mann in den Weg geraten wäre. Eine große Zahl der Peräer wurde im Kampf niedergemacht, Simon selbst floh durch eine steil abfallende Schlucht, Gratus aber verlegte ihm den Weg, traf den Fliehenden von der Seite und schlug ihm den Hals durch. Von einer anderen Anführergruppe aus Peräa wurde der nahe beim Jordan gelegene Königspalast Betharamtha[16] eingeäschert.

3. 60. Damals wagte es auch ein Hirt, nach der Königsherrschaft zu streben; er hieß Athrongaios. Es ermutigte ihn zu dieser Hoffnung seine Körperstärke und der todesverachtende Eifer seiner Seele, schließlich auch die Tatsache, daß er vier ihm gleichgeartete Brüder hatte. Er unterstellte jedem von ihnen eine bewaffnete Bande und verwendete sie als Feldherren und Satrapen für die Raubzüge, er selbst spielte den König und gab sich nur mit würdigeren Geschäften ab. Damals legte er sich also das königliche Stirnband an und konnte sich anschließend geraume Zeit behaupten, während er mit seinen Brüdern das Land durchstreifte. Römer und Königsanhänger umzubringen war ihr dringlichstes Anliegen, aber auch kein Jude, der in ihre Hände fiel, entkam ihnen, vorausgesetzt, daß er Beute einbrachte. Sie wagten es sogar einmal, eine römische Kolonne bei Emmaus[17] einzuschließen, die ihrer Legion Verpflegung und Waffen überbringen sollte. Ihren Hauptmann Arius und 40 von den besten Soldaten schossen sie nieder, die übrigen waren in Gefahr,

64 Γράτου σὺν τοῖς Σεβαστηνοῖς ἐπιβοηθήσαντος ἐξέφυγον. πολλὰ τοιαῦτα τοὺς ἐπιχωρίους καὶ τοὺς ἀλλοφύλους παρ' ὅλον τὸν πόλεμον ἐργασάμενοι μετὰ χρόνον οἱ μὲν τρεῖς ἐχειρώθησαν, ὑπ' Ἀρχελάου μὲν ὁ πρεσβύτατος, οἱ δ' ἑξῆς δύο Γράτῳ καὶ Πτολεμαίῳ περιπεσόντες· ὁ δὲ τέταρτος
65 Ἀρχελάῳ προσεχώρησεν κατὰ δεξιάν. τοῦτο μὲν δὴ τὸ τέλος ὕστερον αὐτοὺς ἐξεδέχετο, τότε δὲ ληστρικοῦ πολέμου τὴν Ἰουδαίαν πᾶσαν ἐνεπίμπλασαν.

66 V. 1. Οὐάρῳ δὲ δεξαμένῳ τὰ παρὰ Σαβίνου καὶ τῶν ἡγεμόνων γράμματα δεῖσαί τε περὶ τοῦ τάγματος ὅλου παρέστη καὶ σπεύδειν ἐπὶ
67 τὴν βοήθειαν. ἀναλαβὼν δὴ τὰ λοιπὰ δύο τάγματα καὶ τὰς σὺν αὐτοῖς τέσσαρας ἴλας ἱππέων ἐπὶ Πτολεμαΐδος ᾔει, προστάξας ἐκεῖ καὶ τοὺς παρὰ τῶν βασιλέων καὶ δυναστῶν ἐπικούρους συνελθεῖν· προσέλαβεν δὲ καὶ παρὰ Βηρυτίων διερχόμενος τὴν πόλιν χιλίους καὶ πεντακοσίους
68 ὁπλίτας. ἐπεὶ δ' εἰς τὴν Πτολεμαΐδα τό τε ἄλλο συμμαχικὸν πλῆθος αὐτῷ παρῆν καὶ κατὰ τὸ πρὸς Ἡρώδην ἔχθος Ἀρέτας ὁ Ἄραψ οὐκ ὀλίγην ἄγων δύναμιν ἱππικήν τε καὶ πεζικήν, μέρος τῆς στρατιᾶς εὐθέως ἔπεμπεν εἰς τὴν Γαλιλαίαν γειτνιῶσαν τῇ Πτολεμαΐδι καὶ Γάιον ἡγεμόνα τῶν αὐτοῦ φίλων, ὃς τούς τε ὑπαντιάσαντας τρέπεται καὶ Σέπφωριν πόλιν ἑλὼν αὐτὴν μὲν ἐμπίπρησι, τοὺς δ' ἐνοικοῦντας ἀνδραποδίζεται.
69 μετὰ δὲ τῆς ὅλης δυνάμεως αὐτὸς Οὔαρος εἰς Σαμάρειαν ἐλάσας τῆς μὲν πόλεως ἀπέσχετο μηδὲν ἐν τοῖς τῶν ἄλλων θορύβοις παρακεκινηκυῖαν εὑρών, αὐλίζεται δὲ περί τινα κώμην Ἀροῦν καλουμένην· κτῆμα δὲ ἦν Πτολεμαίου καὶ διὰ τοῦτο ὑπὸ τῶν Ἀράβων διηρπάσθη μηνιόντων
70 καὶ τοῖς Ἡρώδου φίλοις. ἔνθεν εἰς Σάμφω⁵ πρόεισιν κώμην ἑτέραν ἐρυμνήν, ἣν ὁμοίως διήρπασαν τάς τε προσόρους πάσας ὅσαις ἐπετύγχανον. πυρὸς δὲ καὶ φόνου πεπλήρωτο πάντα καὶ πρὸς τὰς ἁρπαγὰς
71 τῶν Ἀράβων οὐδὲν ἀντεῖχεν. κατεφλέγη δὲ καὶ Ἀμμαοῦς φυγόντων τῶν οἰκητόρων, Οὐάρου δι' ὀργὴν τῶν περὶ Ἄρειον ἀποσφαγέντων κελεύσαντος.

72 2. Ἐνθένδε εἰς Ἱεροσόλυμα προελθὼν ὀφθείς τε μόνον μετὰ τῆς δυνάμεως τὰ στρατόπεδα τῶν Ἰουδαίων διεσκέδασεν. καὶ οἱ μὲν ᾤχοντο
73 φυγόντες ἀνὰ τὴν χώραν· δεξάμενοι δὲ αὐτὸν οἱ κατὰ τὴν πόλιν ἀπεσκευάζοντο τὰς αἰτίας τῆς ἀποστάσεως, αὐτοὶ μὲν οὐδὲν παρακινῆσαι λέγοντες, διὰ δὲ τὴν ἑορτὴν ἀναγκαίως δεξάμενοι τὸ πλῆθος συμπολι-
74 ορκηθῆναι μᾶλλον Ῥωμαίοις ἢ συμπολεμῆσαι τοῖς ἀποστᾶσιν. προϋπηντήκεισαν δὲ αὐτῷ Ἰώσηπος ὁ ἀνεψιὸς Ἀρχελάου καὶ σὺν Γράτῳ Ῥοῦφος, ἄγοντες ἅμα τῷ βασιλικῷ στρατῷ καὶ τοὺς Σεβαστηνούς,

§ 65 = ant. 17, 285; § 70 = ant. 17, 291.

⁵ Σαπφῶ PMV; Σαπφὼ Niese Thack; Σαμπφὼ nach *ant.* 17, 290 Hudson Na Reinach.

dasselbe Schicksal zu erleiden und entkamen nur dadurch, daß Gratus mit den Sebastenern ihnen zu Hilfe eilte. Solche Überfälle führten sie gegen Einheimische und Fremde während der ganzen Zeit der Unruhen durch; später wurden drei überwältigt: von Archelaos der älteste, die beiden nächstfolgenden fielen dem Gratus und Ptolemäus in die Hände; der vierte ergab sich dem Archelaos auf Zusage hin. Dieses Schicksal erwartete sie erst später; damals jedoch überzogen sie ganz Judäa mit ihren Raubzügen.

5. Kapitel

1. 66. Varus wurde durch den Eingang der Briefe von Sabinus und den Truppenbefehlshabern davon überzeugt, daß er für die Legion alles befürchten und ihr schleunigst zu Hilfe kommen müsse. Mit den beiden übrigen Legionen und den vier dazu gehörigen Reiterabteilungen marschierte er nach Ptolemais, zu diesem Sammelplatz hatte er auch die Hilfstruppen der Könige und Fürsten bestellt. Er verstärkte beim Durchmarsch durch Berytos sein Heer um 1500 Schwerbewaffnete aus der Stadt. Als sich ihm aber in Ptolemais die übrigen Truppen der Verbündeten zur Verfügung stellten und außerdem der Araber Aretas aus Haß gegen Herodes ihm eine beträchtliche Schar Reiterei und Fußvolk zuführte, da sandte er sogleich einen Teil des Heeres in das an Ptolemais angrenzende Galiläa. An die Spitze stellte er seinen Freund Gajus, der die Feinde, die sich ihm in den Weg stellten, in die Flucht schlug, die Stadt Sepphoris einnahm, niederbrannte und ihre Einwohnerschaft in die Sklaverei verkaufte. Mit der vereinigten Streitmacht zog nun Varus selbst nach Samaria, schonte die Stadt jedoch, da er sah, daß sie während der Unruhen in den anderen Städten ruhig geblieben war. Er lagerte sich in der Gegend eines Dorfes mit Namen Arus[18]; es war aber ein Besitztum des Ptolemäus und wurde deshalb von den Arabern, die auch die Freunde des Herodes haßten, gründlich ausgeplündert. Dann zog Varus weiter zu einem befestigten Dorf namens Sampho[19], welches jene in ähnlicher Weise ausraubten, zugleich auch die übrigen Ortschaften, zu denen sie gelangten. Mit Brand und Mord war alles erfüllt, und nichts widerstand den Räubereien der Araber. Auch Emmaus wurde niedergebrannt — seine Einwohner flohen —, weil Varus es in seinem Zorn über die Niedermetzelung des Arius und seiner Soldaten befohlen hatte.

2. 72. Von hier aus zog er nach Jerusalem weiter und allein sein Erscheinen mit dem Heer zerstreute die Kriegslager der Juden. Ihre Besatzungen liefen davon und flohen aufs offene Land. Die Einwohner der Stadt jedoch nahmen Varus auf und suchten die Schuld am Aufstand abzustreiten. Sie behaupteten, nichts mit den Unruhen zu tun gehabt zu haben, wegen des Festes seien sie genötigt gewesen, das Landvolk aufzunehmen; man könne eher sagen, sie seien mit den Römern zusammen belagert worden, als daß sie mit den Aufständischen an der Belagerung teilgenommen hätten. Vorher schon war dem Varus Joseph, der Vetter des Archelaos, entgegengezogen,

οἵ τε ἀπὸ τοῦ Ῥωμαϊκοῦ τάγματος τὸν συνήθη τρόπον κεκοσμημένοι· Σαβῖνος μὲν γὰρ οὐδ' εἰς ὄψιν ὑπομείνας ἐλθεῖν Οὐάρῳ προεξῆλθεν
75 τῆς πόλεως ἐπὶ θάλασσαν. Οὖαρος δὲ κατὰ μοῖραν τῆς στρατιᾶς ἐπὶ τοὺς αἰτίους τοῦ κινήματος ἔπεμψεν περὶ τὴν χώραν, καὶ πολλῶν ἀγομένων τοὺς μὲν ἧττον θορυβώδεις φανέντας ἐφρούρει, τοὺς δὲ αἰτιωτάτους ἀνεσταύρωσεν περὶ δισχιλίους.
76 3. Ἠγγέλθη δ' αὐτῷ κατὰ τὴν Ἰδουμαίαν ἔτι συμμένειν μυρίους ὁπλίτας. ὁ δὲ τοὺς μὲν Ἄραβας εὑρὼν οὐ συμμάχων ἦθος ἔχοντας, ἀλλ' ἰδίῳ πάθει στρατευομένους καὶ πέρα τῆς ἑαυτοῦ προαιρέσεως τὴν χώραν κακοῦντας ἔχθει τῷ πρὸς Ἡρώδην ἀποπέμπεται, μετὰ δὲ τῶν
77 ἰδίων ταγμάτων ἐπὶ τοὺς ἀφεστῶτας ἠπείγετο. κἀκεῖνοι πρὶν εἰς χεῖρας ἐλθεῖν Ἀχιάβου συμβουλεύσαντος σφᾶς αὐτοὺς παρέδοσαν, Οὖαρος δὲ τῷ πλήθει μὲν ἠφίει τὰς αἰτίας, τοὺς δὲ ἡγεμόνας ἐξετασθησομένους
78 ἔπεμπεν ἐπὶ Καίσαρα. Καῖσαρ δὲ τοῖς μὲν ἄλλοις συνέγνω, τινὰς δὲ τῶν τοῦ βασιλέως συγγενῶν, ἦσαν γὰρ ἐν αὐτοῖς ἔνιοι προσήκοντες Ἡρώδῃ κατὰ γένος, κολάσαι προσέταξεν, ὅτι κατ' οἰκείου βασιλέως
79 ἐστρατεύσαντο. Οὖαρος μὲν οὖν τοῦτον τὸν τρόπον καταστησάμενος τὰ ἐν Ἱεροσολύμοις καὶ φρουρὰν καταλιπὼν τὸ καὶ πρότερον τάγμα εἰς Ἀντιόχειαν ἐπάνεισιν.

80 VI. 1. Ἀρχελάῳ δ' ἐπὶ Ῥώμης πάλιν ἄλλη συνίσταται δίκη πρὸς Ἰουδαίους, οἳ πρὸ τῆς ἀποστάσεως ἐπιτρέψαντος Οὐάρου πρέσβεις ἐξεληλύθεσαν περὶ τῆς τοῦ ἔθνους αὐτονομίας· ἦσαν δὲ πεντήκοντα μὲν οἱ παρόντες, συμπαρίσταντο δὲ αὐτοῖς τῶν ἐπὶ Ῥώμης Ἰουδαίων ὑπὲρ
81 ὀκτακισχιλίους. ἀθροίσαντος δὲ Καίσαρος συνέδριον τῶν ἐν τέλει Ῥωμαίων καὶ τῶν φίλων ἐν τῷ κατὰ τὸ Παλάτιον Ἀπόλλωνος ἱερῷ, κτίσμα δ' ἦν ἴδιον αὐτοῦ θαυμασίῳ πολυτελείᾳ κεκοσμημένον, μετὰ μὲν τῶν πρεσβευτῶν τὸ Ἰουδαϊκὸν πλῆθος ἔστη, σὺν δὲ τοῖς φίλοις ἄντικρυς
82 Ἀρχέλαος, τῶν δὲ τούτου συγγενῶν οἱ φίλοι παρ' οὐδετέροις, συμπαρίστασθαι μὲν Ἀρχελάῳ διὰ μῖσος καὶ φθόνον οὐχ ὑπομένοντες,
83 ὀφθῆναι δὲ μετὰ τῶν κατηγόρων ὑπὸ Καίσαρος αἰδούμενοι. τούτοις παρῆν καὶ Φίλιππος ἀδελφὸς Ἀρχελάου, προπεμφθεὶς κατ' εὔνοιαν ὑπὸ Οὐάρου δυοῖν ἕνεκα, Ἀρχελάῳ τε συναγωνίσασθαι, κἂν διανέμῃ τὸν Ἡρώδου Καῖσαρ οἶκον πᾶσι τοῖς ἐγγόνοις, κλήρου τινὸς ἀξιωθῆναι.
84 2. Ἐπιτραπὲν δὲ λέγειν τοῖς κατηγόροις τὰς Ἡρώδου παρανομίας πρῶτον διεξῄεσαν, οὐ βασιλέα λέγοντες ἀλλὰ τῶν πώποτε τυραννησάν-

§ 77 = ant. 17, 297; § 84 = ant. 17, 304.

außerdem Gratus und Rufus an der Spitze des königlichen Heeres und der Sebastener; ihnen folgten die Soldaten der römischen Legion im gewohnten Kriegsschmuck. Sabinus hatte es nämlich nicht gewagt, dem Varus vor Augen zu treten, sondern war vorher schon von der Stadt ans Meer abgereist. Varus schickte nun einen Teil des Heeres in Streifscharen gegen die Urheber des Aufruhrs über Land; viele wurden eingebracht und diejenigen, deren Beteiligung am Aufstand weniger erheblich zu sein schien, ließ er gefangen setzen, die Hauptschuldigen aber, an 2000, ließ er kreuzigen.

3. 76. Dann erhielt er die Meldung, daß in Idumäa noch 10 000 Bewaffnete ständen. Die Araber entließ er nun, fand er doch, daß sie nicht die Art von Bundesgenossen hätten, sondern den Krieg nur nach eigener Begierde führten und aus Haß gegen Herodes das Land weit über seine eigene Absicht hinaus schädigten; nur mit den eigenen Legionen zog er eilends gegen die Aufständischen. Diese ergaben sich auf Rat des Achiab, ehe es zu einem Zusammenstoß kam; Varus begnadigte die Menge, die Rädelsführer aber sandte er zur weiteren Verantwortung zum Kaiser. Der Kaiser gewährte den meisten Verzeihung, nur einige, die aus der Verwandtschaft des Königs waren — es befanden sich unter ihnen wirklich etliche Glieder der Sippe des Herodes — ließ er bestrafen, weil sie gegen den König aus eigener Familie zu Felde gezogen waren. Varus stellte also auf diese Weise die Ordnung in Jerusalem wieder her und ließ als Besatzung die schon vorher dort eingesetzte Legion zurück. Darauf reiste er nach Antiochien.

6. Kapitel

1. 80. Dem Archelaos erwuchs in Rom noch ein zweiter Rechtsstreit, und zwar gegen diejenigen Juden, welche vor dem Aufstand mit der Erlaubnis des Varus um der Selbstherrschaft ihres Volkes willen als Gesandte gekommen waren. Sie waren 50 Mann stark, ihnen zur Seite traten aber noch über 8000 in Rom ansässige Juden. Der Kaiser berief eine Sitzung der vornehmsten Römer und seiner „Freunde" in den Apollotempel auf dem Palatinus, der seine ureigene Schöpfung und mit wunderbarer Pracht ausgestattet war[21]. Die Menge der Juden hatte sich zusammen mit den Gesandten aufgestellt, ihnen gegenüber stand Archelaos mit seinen Freunden, die Anhänger seiner Verwandten aber standen auf keiner Seite, da sie es aus Haß und Neid nicht ertrugen, sich mit Archelaos auf die gleiche Seite zu stellen, sich andererseits aber scheuten, mit den Anklägern vor dem Kaiser zu erscheinen[22]. Andererseits war auch Philippus, der Bruder des Archelaos, anwesend, den Varus aus besonderem Wohlwollen gesandt hatte; Varus hatte dabei zweierlei im Auge: Philippus solle den Archelaos unterstützen oder, falls der Kaiser den Besitz des Herodes unter allen Nachkommen aufteilen sollte, ebenfalls mit einem Anteil bedacht werden.

2. 84. Die Ankläger erhielten nun das Wort und gingen zunächst ausführlich auf die Freveltaten des Herodes ein; sie erklärten, sie hätten keinen

των ὠμότατον ἐνηνοχέναι τύραννον· πλείστων γοῦν ἀνῃρημένων ὑπ' αὐτοῦ τοιαῦτα πεπονθέναι τοὺς καταλειφθέντας, ὥστε μακαρίζεσθαι
85 τοὺς ἀπολωλότας· βεβασανικέναι γὰρ οὐ μόνον τὰ σώματα τῶν ὑποτεταγμένων ἀλλὰ καὶ τὰς πόλεις· τὰς μὲν γὰρ ἰδίας λελωβῆσθαι, τὰς δὲ τῶν ἀλλοφύλων κεκοσμηκέναι καὶ τὸ τῆς Ἰουδαίας αἷμα κεχαρίσθαι
86 τοῖς ἔξωθεν δήμοις. ἀντὶ δὲ τῆς παλαιᾶς εὐδαιμονίας καὶ τῶν πατρίων νόμων πενίας τὸ ἔθνος καὶ παρανομίας ἐσχάτης πεπληρωκέναι, καθόλου δὲ πλείους ὑπομεμενηκέναι τὰς ἐξ Ἡρώδου συμφορὰς ἐν ὀλίγοις ἔτεσιν Ἰουδαίους ὧν ἐν παντὶ τῷ χρόνῳ μετὰ τὴν ἐκ Βαβυλῶνος ἀναχώρησιν
87 ἔπαθον οἱ πρόγονοι Ξέρξου βασιλεύοντος ἀπαναστάντες. εἰς τοσοῦτον μέντοι μετριότητος καὶ τοῦ δυστυχεῖν ἔθους προελθεῖν, ὥστε ὑπομεῖναι
88 τῆς πικρᾶς δουλείας καὶ διαδοχὴν αὐθαίρετον· Ἀρχέλαον γοῦν τὸν τηλικούτου τυράννου παῖδα μετὰ τὴν τοῦ πατρὸς τελευτὴν βασιλέα τε προσειπεῖν ἑτοίμως καὶ συμπενθῆσαι τὸν Ἡρώδου θάνατον αὐτῷ καὶ
89 συνεύξασθαι περὶ τῆς διαδοχῆς. τὸν δ' ὥσπερ ἀγωνιάσαντα, μὴ νόθος υἱὸς εἶναι δόξειεν Ἡρώδου, προοιμιάσασθαι τὴν βασιλείαν τρισχιλίων πολιτῶν φόνῳ, καὶ τοσαῦτα μὲν παρεστακέναι θύματα περὶ τῆς ἀρχῆς
90 τῷ θεῷ, τοσούτοις δ' ἐμπεπληκέναι νεκροῖς τὸ ἱερὸν ἐν ἑορτῇ. τοὺς μέντοι περιλειφθέντας ἐκ τοσούτων κακῶν εἰκότως ἐπεστράφθαι ποτὲ ἤδη πρὸς τὰς συμφοράς καὶ πολέμου νόμῳ τὰς πληγὰς ἐθέλειν κατὰ πρόσωπον δέχεσθαι, δεῖσθαι δὲ Ῥωμαίων ἐλεῆσαι τά τε τῆς Ἰουδαίας λείψανα καὶ μὴ τὸ περισσὸν αὐτῆς ὑπορρῖψαι τοῖς ὠμῶς σπαράττουσιν,
91 συνάψαντας δὲ τῇ Συρίᾳ τὴν χώραν αὐτῶν διοικεῖν ἐπ' ἰδίοις ἡγεμόσιν· ἐπιδείξεσθαι γάρ, ὡς οἱ νῦν στασιώδεις διαβαλλόμενοι καὶ πολεμικοὶ
92 φέρειν οἴδασιν μετρίους ἡγεμόνας· Ἰουδαῖοι μὲν οὖν ἐκ τῆς κατηγορίας κατέληξαν εἰς τοιαύτην ἀξίωσιν, ἀναστὰς δὲ Νικόλαος ἀπελύσατο μὲν τὰς εἰς τοὺς βασιλεῖς αἰτίας, κατηγόρει δὲ τοῦ ἔθνους τό τε δύσαρκτον καὶ τὸ δυσπειθὲς φύσει πρὸς τοὺς βασιλεῖς. συνδιέβαλλε δὲ καὶ τοὺς Ἀρχελάου συγγενεῖς, ὅσοι πρὸς τοὺς κατηγόρους ἀφεστήκεσαν.
93 3. Τότε μὲν οὖν Καῖσαρ ἀκούσας ἑκατέρων διέλυσε τὸ συνέδριον, μετὰ δ' ἡμέρας ὀλίγας τὸ μὲν ἥμισυ τῆς βασιλείας Ἀρχελάῳ δίδωσιν
94 ἐθνάρχην προσειπών, ὑποσχόμενος δὲ καὶ βασιλέα ποιήσειν, εἰ ἄξιον ἑαυτὸν παράσχοι τὸ δὲ λοιπὸν ἥμισυ διελὼν εἰς δύο τετραρχίας δυσὶν ἑτέροις παισὶν Ἡρώδου δίδωσιν, τὴν μὲν Φιλίππῳ, τὴν δὲ Ἀντίπᾳ τῷ
95 πρὸς Ἀρχέλαον ἀμφισβητοῦντι περὶ τῆς βασιλείας. ἐγένετο δὲ ὑπὸ τούτῳ μὲν ἥ τε Περαία καὶ Γαλιλαία, πρόσοδος διακόσια τάλαντα, Βατανέα δὲ καὶ Τράχων Αὐρανῖτίς τε καὶ μέρη τινὰ τοῦ Ζήνωνος οἴκου τὰ περὶ
96 ἰννάνω, πρόσοδον ἔχοντα ταλάντων ἑκατόν, ὑπὸ Φιλίππῳ τέτακτο. τῆς

§ 90 = ant. 17, 314; § 96 = ant. 17, 319.

König gehabt, sondern den grausamsten Tyrannen ertragen müssen, der je geherrscht hätte. Unzählige habe er ermordet, und die Überlebenden hätten so Schweres erduldet, daß man die Toten selig preisen könne. Denn nicht nur die Leiber seiner Untertanen habe er auf der Folter gequält, sondern auch ganze Städte; die eigenen habe er zugrunde gerichtet und die fremden herrlich ausgestattet, mit dem Herzblut Judäas habe er fremde Völker beschenkt. Anstatt des überkommenen Wohlstandes und der Gesetze der Väter habe er das Volk mit Armut und höchster Ungerechtigkeit erfüllt; die Juden hätten im Ganzen von Seiten des Herodes mehr Drangsale erlitten als ihre Väter während der gesamten Zeit, seit sie unter Xerxes von Babylon zur Heimkehr aufgebrochen waren[23]. In ihrer Mäßigung und in der Gewöhnung an das Unglück seien sie so weit gekommen, daß sie sogar eine angemaßte Weitervererbung dieser bitteren Knechtung erduldet hätten. So habe man den Sohn eines solchen Tyrannen, Archelaos, nach dem Tode des Vaters willig als „König" angesprochen, mit ihm den Tod des Herodes betrauert und ihm für seine Thronfolge Glück gewünscht. Anscheinend habe er den Ehrgeiz gehabt, nur ja nicht als unechter Sohn des Herodes zu erscheinen und habe daher das Königtum mit der Ermordung von 3000 Bürgern eröffnet. So bedeutende Opfer habe er für das Gelingen seiner Herrschaft Gott dargebracht und den Tempel während des Festes mit so vielen Leichen gefüllt. Es sei kein Wunder, daß die nach so schweren Leiden noch heil Davongekommenen sich nun endlich gegen die Bedrängnisse wandten und nach dem Gesetz des Krieges bereit waren, auch die Schläge ins Gesicht entgegen zu nehmen. Sie wollten die Römer bitten, doch mit den Trümmern Judäas Erbarmen zu haben und das, was vom Land noch übrig sei, nicht denen vorzuwerfen, die es grausam zerfleischen; sie sollten ihre Heimat doch mit Syrien vereinigen und durch besondere Statthalter verwalten lassen. Sie würden den Beweis erbringen, daß sie, die jetzt als aufsässig und kriegslustig verschrieen seinen, ohne weiteres billig denkende Statthalter ertragen könnten. Die Juden beschlossen die Anklage mit dieser Forderung; da trat Nikolaos auf und zerstreute die Beschuldigungen gegen die Könige. Er warf dem Volk vor, daß es schwer lenkbar und gegen die Könige von Natur ungehorsam sei. Er griff auch die Verwandten des Archelaos an, soweit sie zu den Anklägern übergetreten waren.

3. 93. Nachdem der Kaiser so beide Teile gehört hatte, entließ er die Ratsversammlung. Wenige Tage später übergab er dem Archelaos die Hälfte des Königreiches mit der Amtsbezeichnung Ethnarch, er versprach ihm aber auch den Königstitel, wenn er sich bewähre; die andere Hälfte teilte er in zwei Tetrarchien und übergab sie zwei weiteren Söhnen des Herodes, die eine dem Philippus, die andere dem Antipas, der mit Archelaos den Rechtsstreit um die Königsherrschaft geführt hatte. Unter die Herrschaft des Antipas kamen Peräa und Galiläa, mit einem Einkommen von 200 Talenten; Batanea, Trachonitis, Auranitis und gewisse Teile der Herrschaft des Zenon, die Gebiete um Innano[24] mit einem Einkommen von 100 Talenten wurden Philippus unterstellt. Zur Ethnarchie des Archelaos gehörte

Άρχελάου δ' έθναρχίας Ίδουμαία τε και Ιουδαία πάσα και Σαμαρεΐτις ήν κεκουφισμένη τετάρτω μέρει τῶν φόρων εις τιμὴν τοῦ μὴ μετὰ τῶν
97 ἄλλων ἀποστῆναι. πόλεις δ' ὑπηκόους παρέλαβεν Στράτωνος πύργον καὶ Σεβαστὴν καὶ Ἰόππην καὶ Ἱεροσόλυμα· τὰς γὰρ Ἑλληνίδας Γάζαν καὶ Γάδαρα καὶ Ἵππον ἀποτεμόμενος τῆς βασιλείας προσέθηκεν Συρίᾳ. πρόσοδος ἦν τῆς Ἀρχελάῳ δοθείσης χώρας τετρακοσίων ταλάντων.
98 Σαλώμη δὲ πρὸς οἷς ὁ βασιλεὺς ἐν ταῖς διαθήκαις κατέλιπεν Ἰαμνείας τε καὶ Ἀζώτου καὶ Φασαηλίδος ἀποδείκνυται δεσπότις, χαρίζεται δ' αὐτῇ Καῖσαρ καὶ τὰ ἐν Ἀσκάλωνι βασίλεια· συνήγετο δ' ἐκ πάντων ἑξήκοντα προσόδου τάλαντα· τὸν δὲ οἶκον αὐτῆς ὑπὸ τὴν Ἀρχελάου τοπαρχίαν
99 ἔταξεν. τῆς δ' ἄλλης Ἡρώδου γενεᾶς ἕκαστος τὸ καταλειφθὲν ἐν ταῖς διαθήκαις ἐκομίζετο. δυσὶ δ' αὐτοῦ θυγατράσι παρθένοις Καῖσαρ ἔξωθεν χαρίζεται πεντήκοντα μυριάδας ἀργυρίου καὶ συνῴκισεν αὐτὰς τοῖς
100 Φερώρα παισίν. μετὰ δὲ τὸν οἶκον ἐπιδιένειμεν αὐτοῖς τὴν ἑαυτῷ καταλειφθεῖσαν ὑφ' Ἡρώδου δωρεὰν οὖσαν χιλίων ταλάντων, εὐτελῆ τινα τῶν κειμηλίων εἰς τὴν τοῦ κατοιχομένου τιμὴν ἐξελόμενος.

101 VII. 1. Κἂν τούτῳ νεανίας τις Ἰουδαῖος μὲν τὸ γένος, τραφεὶς δὲ ἐν Σιδῶνι παρά τῳ τῶν Ῥωμαίων ἀπελευθέρῳ, δι' ὁμοιότητα μορφῆς ψευδόμενος ἑαυτὸν Ἀλέξανδρον τὸν ἀναιρεθέντα ὑφ' Ἡρώδου κατ'
102 ἐλπίδα τοῦ λήσειν ἦκεν εἰς Ῥώμην. συνεργὸς δ' ἦν τις ὁμόφυλος αὐτῷ πάντα τὰ κατὰ τὴν βασιλείαν ἐπιστάμενος, ὑφ' οὗ διδαχθεὶς ἔλεγεν, ὡς οἱ πεμφθέντες ἐπὶ τὴν ἀναίρεσιν αὐτοῦ τε καὶ Ἀριστοβούλου δι'
103 οἶκτον ἐκκλέψειαν αὐτοὺς ὁμοίων ὑποβολῇ σωμάτων. τούτοις γοῦν τοὺς ἐν Κρήτῃ Ἰουδαίους ἐξαπατήσας καὶ λαμπρῶς ἐφοδιασθεὶς διέπλευσεν εἰς Μῆλον· ἔνθα συναγείρας πολλῷ πλέον δι' ὑπερβολὴν ἀξιοπιστίας
104 ἀνέπεισεν καὶ τοὺς ἰδιοξένους εἰς Ῥώμην αὐτῷ συνεκπλεῦσαι. καταχθεὶς δὲ εἰς Δικαιάρχειαν δῶρά τε παμπληθῆ παρὰ τῶν ἐκεῖ Ἰουδαίων λαμβάνει καὶ καθάπερ βασιλεὺς ὑπὸ τῶν πατρῴων προεπέμφθη φίλων. προεληλύθει δ' εἰς τοσοῦτον πίστεως τὸ τῆς μορφῆς ὅμοιον, ὥστε τοὺς ἑωρακότας Ἀλέξανδρον καὶ σαφῶς ἐπισταμένους διόμνυσθαι τοῦτον
105 εἶναι. τό γε μὴν Ἰουδαϊκὸν ἐν τῇ Ῥώμῃ ἅπαν ἐξεχύθη πρὸς τὴν θέαν αὐτοῦ, καὶ πλῆθος ἄπειρον ἦν περὶ τοὺς στενωπούς, δι' ὧν ἐκομίζετο· καὶ γὰρ προῆλθον εἰς τοσοῦτον φρενοβλαβείας οἱ Μήλιοι, ὥστε φορείῳ τε αὐτὸν κομίζειν καὶ θεραπείαν βασιλικὴν ἰδίοις παρασχεῖν ἀναλώμασιν.
106 2. Καῖσαρ δὲ γινώσκων [ἀκριβῶς][6] τοὺς Ἀλεξάνδρου χαρακτῆρας, κατηγόρητο γὰρ ὑφ' Ἡρώδου παρ' αὐτῷ, συνεώρα μὲν καὶ πρὶν ἰδεῖν

§ 102 = ant. 17, 326.

[6] ἀκριβῶς nach γινώσκων LVRC, vermutlich Ergänzung.

Idumäa, ganz Judäa und Samaria, letzterem wurde der vierte Teil der Steuern erlassen als Anerkennung dafür, daß es nicht mit den anderen Gebieten am Aufstand teilgenommen hatte. Weiter erhielt er die Herrschaft über die Städte Stratonsturm, Sebaste, Joppe und Jerusalem; die hellenistischen Städte Gaza, Gadara und Hippos hatte nämlich der Kaiser vom Gebiet des Herodes abgetrennt und Syrien zugeteilt. Die Einkünfte des dem Archelaos übergebenen Landes betrugen 400 Talente[25]. Salome wurde, abgesehen von dem, was der König ihr testamentarisch vermacht hatte, mit der Herrschaft über Jamnia, Azotos und Phasaelis betraut, der Kaiser schenkte ihr außerdem noch den Palast in Askalon. Aus dem ganzen Besitz bezog sie ein Einkommen von 60 Talenten; der Kaiser unterstellte jedoch ihr Gebiet dem Herrschaftsbereich des Archelaos. Von den übrigen Nachkommen des Herodes erhielt jeder den Anteil, der ihm im Testament vermacht worden war. Zwei noch unverheirateten Töchtern[26] des Herodes schenkte der Kaiser außerdem noch 500 000 Silberdenare und verheiratete sie mit den Söhnen des Pheroras. Nach der Regelung der Besitzverhältnisse verteilte er unter sie auch das ihm selbst von Herodes zugedachte Geschenk von 1000 Talenten; für sich selbst suchte er nur einige unbedeutende Schmucksachen zur ehrenvollen Erinnerung an den Abgeschiedenen aus.

7. Kapitel

1. 101. Damals lebte ein junger Mann jüdischer Abstammung, jedoch von einem römischen Freigelassenen in Sidon erzogen, der auf Grund einer äußeren Ähnlichkeit vortäuschte, er sei der von Herodes getötete Alexander. Dieser kam in der Hoffnung, unentdeckt zu bleiben, nach Rom. Ihm zur Seite stand ein Landsmann, der über die Verhältnisse im Königreich bestens unterrichtet war; von ihm angeleitet, erzählte er, die Henkersknechte hätten ihn und Aristobulos aus Mitleid heimlich beiseite geschafft und an ihrer Stelle ähnliche Leichname untergeschoben. Damit täuschte er die Juden in Kreta und segelte, mit Mitteln für die Reise glänzend ausgestattet, nach Melos[27]; dort brachte er auf Grund seiner überwältigenden Glaubwürdigkeit noch wesentlich mehr zusammen und überredete auch seine Gastgeber, mit ihm nach Rom zu reisen. Nach der Landung in Dikaiarchaia[28] nahm er von den dortigen Juden Geschenke in großer Zahl entgegen und wurde von den Freunden seines angeblichen Vaters wie ein König geleitet. Die Ähnlichkeit der Gestalt wirkte so überzeugend, daß selbst diejenigen, die Alexander noch gesehen und genau gekannt hatten, darauf schworen, er sei es. Die ganze Judenschaft Roms lief zusammen, um ihn zu sehen, und eine unübersehbare Menge drängte sich auf den Straßen, durch welche er getragen wurde. Denn die Verblendung der Melier war so weit gediehen, daß sie ihn in einer Sänfte trugen und ihm auf eigene Kosten eine königliche Ausstattung zur Verfügung stellten.

2. 106. Der Kaiser hatte die verschiedenen Wesenszüge Alexanders noch in Erinnerung, war jener doch von Herodes vor ihm verklagt worden; er

τὸν ἄνθρωπον τὴν τῆς ὁμοιότητος ἀπάτην, διδοὺς δέ τι καὶ πίστεως ταῖς ἱλαρωτέραις ἐλπίσιν Κέλαδόν τινα πέμπει τῶν σαφῶς ἐπισταμένων 107 Ἀλέξανδρον, κελεύσας ἀγαγεῖν αὐτῷ τὸν νεανίσκον. ὁ δὲ ὡς εἶδεν, ἐτεκμήρατο μὲν τάχιστα καὶ τὰς διαφορὰς τοῦ προσώπου τό τε ὅλον σῶμα σκληρότερόν τε καὶ δουλοφανὲς καταμαθὼν ἐνόησεν πᾶν τὸ 108 σύνταγμα, πάνυ δὲ αὐτὸν παρώξυνεν ἡ τόλμα τῶν παρ' αὐτοῦ λεγομένων· τοῖς γὰρ πυνθανομένοις περὶ Ἀριστοβούλου σώζεσθαι μὲν κἀκεῖνον ἔλεγεν, ἀπολελεῖφθαι δὲ ἐπίτηδες ἐν Κύπρῳ τὰς ἐπιβουλὰς φυλασσόμενον· 109 ἧττον γὰρ ἐπιχειρεῖσθαι διεζευγμένους. ἀπολαβόμενος οὖν αὐτὸν κατ' ἰδίαν «μισθόν, ἔφη, παρὰ Καίσαρος ἔχεις τὸ ζῆν τοῦ μηνῦσαι τὸν ἀναπείσαντά σε πλανᾶσθαι τηλικαῦτα.» κἀκεῖνος αὐτῷ δηλώσειν εἰπὼν ἕπεται πρὸς Καίσαρα καὶ τὸν Ἰουδαῖον ἐνδείκνυται καταχρησάμενον αὐτοῦ τῇ ὁμοιότητι πρὸς ἐργασίαν· τοσαῦτα γὰρ εἰληφέναι δῶρα καθ' 110 ἑκάστην πόλιν ὅσα ζῶν Ἀλέξανδρος οὐκ ἔλαβεν. γελάσας δὲ Καῖσαρ ἐπὶ τούτοις τὸν μὲν ψευδαλέξανδρον δι' εὐεξίαν σώματος ἐγκατέταξεν τοῖς ἐρέταις, τὸν ἀναπείσαντα δὲ ἐκέλευσεν ἀναιρεθῆναι· Μηλίοις δ' ἤρκεσεν ἐπιτίμιον τῆς ἀνοίας τὰ ἀναλώματα.

111 3. Παραλαβὼν δὲ τὴν ἐθναρχίαν Ἀρχέλαος καὶ κατὰ μνήμην τῶν πάλαι διαφορῶν οὐ μόνον Ἰουδαίοις ἀλλὰ καὶ Σαμαρεῦσι χρησάμενος ὠμῶς, πρεσβευσαμένων ἑκατέρων κατ' αὐτοῦ πρὸς Καίσαρα ἔτει τῆς ἀρχῆς ἐνάτῳ φυγαδεύεται μὲν αὐτὸς εἰς Βίενναν πόλιν τῆς Γαλλίας, 112 ἡ οὐσία δ' αὐτοῦ τοῖς Καίσαρος θησαυροῖς ἐγκατατάσσεται. πρὶν κληθῆναι δ' αὐτὸν ὑπὸ τοῦ Καίσαρος ὄναρ ἰδεῖν φασιν τοιόνδε· ἔδοξεν ὁρᾶν στάχυς ἐννέα πλήρεις καὶ μεγάλους ὑπὸ βοῶν καταβιβρωσκομένους. μεταπεμψάμενος δὲ τοὺς μάντεις καὶ τῶν Χαλδαίων τινὰς ἐπυνθάνετο 113 τί σημαίνειν δοκεῖεν. ἄλλων δ' ἄλλως ἐξηγουμένων Σίμων τις Ἐσσαῖος τὸ γένος ἔφη τοὺς μὲν στάχυς ἐνιαυτοὺς νομίζειν, βόας δὲ μεταβολὴν πραγμάτων διὰ τὸ τὴν χώραν ἀροτριῶντας ἀλλάσσειν· ὥστε βασιλεύσειν μὲν αὐτὸν τὸν τῶν ἀσταχύων ἀριθμόν, ἐν ποικίλαις δὲ πραγμάτων μεταβολαῖς γενόμενον τελευτήσειν. ταῦτα ἀκούσας Ἀρχέλαος μετὰ πέντε ἡμέρας ἐπὶ τὴν δίκην ἐκλήθη.

114 4. Ἄξιον δὲ μνήμης ἡγησάμην καὶ τὸ τῆς γυναικὸς αὐτοῦ Γλαφύρας ὄναρ, ἥπερ ἦν θυγάτηρ μὲν Ἀρχελάου τοῦ Καππαδόκων βασιλέως, γυνὴ δὲ Ἀλεξάνδρου γεγονυῖα τὸ πρῶτον, ὃς ἦν ἀδελφὸς Ἀρχελάου περὶ οὗ διέξιμεν, υἱὸς δὲ Ἡρώδου τοῦ βασιλέως, ὑφ' οὗ καὶ ἀνῃρέθη, 115 καθάπερ δεδηλώκαμεν. μετὰ δὲ τὸν ἐκείνου θάνατον συνῴκησεν Ἰόβᾳ τῷ βασιλεύοντι Λιβύης, οὗ τελευτήσαντος ἐπανελθοῦσαν αὐτὴν καὶ

§ 108 = ant. 17, 334; § 113 = ant. 17, 346.

durchschaute an sich, schon bevor ihm dieser Mensch zu Gesicht gekommen war, den auf äußerer Ähnlichkeit beruhenden Betrug; er gab aber doch auch dem Glauben an günstigere Möglichkeiten Spielraum und beauftragte daher einen gewissen Kelados aus dem Kreis derer, die Alexander genau gekannt hatten, den jungen Mann zu ihm zu bringen. Der aber bemerkte auf den ersten Blick die Unterschiede in den Gesichtszügen; als er weiterhin seinen derberen und einem Sklaven entsprechenden Körperbau beobachtet hatte, begriff er den ganzen Sachverhalt. Vollends erbitterte ihn die Frechheit, mit der jener Mensch daherschwätzte. Denn wenn man ihn nach Aristobulos fragte, erklärte er, auch jener sei gerettet, man habe ihn jedoch absichtlich zum Schutz vor Nachstellungen in Cypern zurückgelassen, denn getrennt sei man weniger gefährdet. Kelados nahm ihn beiseite und sagte: „Der Kaiser schenkt dir das Leben, wenn du den angibst, der dich überredet hat, einen derartigen Betrug durchzuführen", und jener erklärte, er werde den Namen sagen, folgte ihm zum Kaiser und gab den Juden an, der seine Ähnlichkeit zu einem solchen Geschäft ausgenutzt hatte; er habe in jeder Stadt so viele Geschenke bekommen, wie Alexander, als er noch lebte, sie nie erhalten habe. Der Kaiser mußte darüber lachen und steckte den falschen Alexander auf Grund seines kräftigen Körperbaus unter die Ruderer auf den Galeeren, den Anstifter aber ließ er hinrichten. Die Melier kamen mit der Strafe davon, durch ihre Dummheit einen so großen Verlust erlitten zu haben.

3. 111. Als Archelaos die Herrschaft über die Ethnarchie übernommen hatte, behandelte er in Erinnerung an vergangene Streitigkeiten sowohl die Juden als auch die Samaritaner so grausam, daß beide Gruppen gegen ihn Gesandtschaften zum Kaiser schickten. Er wurde darauf im neunten Jahr nach Vienna, einer Stadt in Gallien, verbannt, sein Vermögen aber wurde zugunsten des kaiserlichen Schatzes eingezogen[29]. Bevor er die Vorladung des Kaisers erhielt, soll er Folgendes im Traum gesehen haben: er meinte, neun volle, große Ähren zu erblicken, die von Ochsen gefressen wurden. Er ließ aber die Wahrsager und einige Chaldäer kommen und befragte sie, was nach ihrer Meinung der Traum bedeute. Jeder deutete ihn anders; ein gewisser Simon, der zu den Essenern gehörte[30], sagte, nach seiner Meinung bedeuteten die Ähren Jahre, die Ochsen aber einen Umsturz der Verhältnisse, weil sie beim Pflügen die Erde aufwürfen. Er werde entsprechend der Zahl der Ähren herrschen, in vielfache Umwälzungen verwickelt werden und dann sein Leben beschließen. Fünf Tage, nachdem er dies gehört hatte, erfolgte seine Abberufung vor das kaiserliche Gericht.

4. 114. Für denkwürdig halte ich auch den Traum seiner Frau Glaphyra, der Tochter des Königs Archelaos von Kappadozien, die zuerst mit Alexander verheiratet war; dieser war ein Bruder des Archelaos, über den wir ausführlich berichtet haben, und ein Sohn des Königs Herodes, von dem er auch getötet wurde, wie wir gleichfalls erwähnten. Nach dem Tod ihres Mannes vermählte sie sich mit Juba[31], dem König von Lybien, und als auch dieser gestorben war, kehrte sie zurück und lebte als Witwe bei ihrem Vater.

χηρεύουσαν παρά τῷ πατρὶ θεασάμενος ὁ ἐθνάρχης Ἀρχέλαος ἐπὶ τοσοῦτον ἔρωτος ἦλθεν, ὥστε παραχρῆμα τὴν συνοικοῦσαν αὐτῷ Μα-
116 ριάμμην ἀποπεμψάμενος ἐκείνην ἀγαγέσθαι. παραγενομένη τοίνυν εἰς Ἰουδαίαν μετ᾽ ὀλίγον τῆς ἀφίξεως χρόνον ἔδοξεν ἐπιστάντα τὸν Ἀλέξανδρον αὐτῇ λέγειν «ἀπέχρη μὲν ὁ κατὰ Λιβύην σοι γάμος, σὺ δὲ οὐκ ἀρκεσθεῖσα τούτῳ πάλιν ἐπὶ τὴν ἐμὴν ἀνακάμπτεις ἑστίαν, τρίτον ἄνδρα καὶ ταῦτα τὸν ἀδελφόν, ὦ τολμηρά, τὸ ἐμὸν ᾑρημένη. πλὴν οὐ περιόψομαι τὴν ὕβριν, ἀπολήψομαι δέ σε καὶ μὴ θέλουσαν». τοῦτο διηγησαμένη τὸ ὄναρ μόλις δύο ἡμέρας ἐβίω.

117 VIII. 1. Τῆς δὲ Ἀρχελάου χώρας εἰς ἐπαρχίαν περιγραφείσης ἐπίτροπος τῆς ἱππικῆς παρὰ Ῥωμαίοις τάξεως Κωπώνιος πέμπεται μέχρι
118 τοῦ κτείνειν λαβὼν παρὰ Καίσαρος ἐξουσίαν. ἐπὶ τούτου τις ἀνὴρ Γαλιλαῖος Ἰούδας ὄνομα εἰς ἀπόστασιν ἐνῆγε τοὺς ἐπιχωρίους κακίζων, εἰ φόρον τε Ῥωμαίοις τελεῖν ὑπομενοῦσιν καὶ μετὰ τὸν θεὸν οἴσουσι θνητοὺς δεσπότας. ἦν δ᾽ οὗτος σοφιστὴς ἰδίας αἱρέσεως οὐδὲν τοῖς ἄλλοις προσεοικώς.

119 2. Τρία γὰρ παρὰ Ἰουδαίοις εἴδη φιλοσοφεῖται, καὶ τοῦ μὲν αἱρετισταὶ Φαρισαῖοι, τοῦ δὲ Σαδδουκαῖοι, τρίτον δέ, ὃ δὴ καὶ δοκεῖ σεμνότητα ἀσκεῖν, Ἐσσηνοὶ καλοῦνται, Ἰουδαῖοι μὲν γένος ὄντες, φιλάλληλοι δὲ
120 καὶ τῶν ἄλλων πλέον. οὗτοι τὰς μὲν ἡδονὰς ὡς κακίαν ἀποστρέφονται, τὴν δὲ ἐγκράτειαν καὶ τὸ μὴ τοῖς πάθεσιν ὑποπίπτειν ἀρετὴν ὑπολαμβάνουσιν. καὶ γάμου μὲν παρ᾽ αὐτοῖς ὑπεροψία, τοὺς δ᾽ ἀλλοτρίους παῖδας ἐκλαμβάνοντες ἁπαλοὺς ἔτι πρὸς τὰ μαθήματα συγγενεῖς ἡγοῦν-
121 ται καὶ τοῖς ἤθεσιν αὐτῶν ἐντυποῦσι, τὸν μὲν γάμον καὶ τὴν ἐξ αὐτοῦ διαδοχὴν οὐκ ἀναιροῦντες, τὰς δὲ τῶν γυναικῶν ἀσελγείας φυλαττόμενοι καὶ μηδεμίαν τηρεῖν πεπεισμένοι τὴν πρὸς ἕνα πίστιν.

122 3. Καταφρονηταὶ δὲ πλούτου, καὶ θαυμάσιον αὐτοῖς τὸ κοινωνικόν, οὐδὲ ἔστιν εὑρεῖν κτήσει τινὰ παρ᾽ αὐτοῖς ὑπερέχοντα· νόμος γὰρ τοὺς εἰς τὴν αἵρεσιν εἰσιόντας δημεύειν τῷ τάγματι τὴν οὐσίαν, ὥστε ἐν ἅπασιν μήτε πενίας ταπεινότητα φαίνεσθαι μήθ᾽ ὑπεροχὴν πλούτου, τῶν δ᾽ ἑκάστου κτημάτων ἀναμεμιγμένων μίαν ὥσπερ ἀδελφοῖς ἅπασιν οὐσίαν
123 εἶναι. κηλῖδα δ᾽ ὑπολαμβάνουσι τὸ ἔλαιον, κἂν ἀλειφθῇ τις ἄκων, σμήχεται τὸ σῶμα· τὸ γὰρ αὐχμεῖν ἐν καλῷ τίθενται λευχειμονεῖν τε

§ 117 = ant. 18, 2 ff.; § 120 = vgl. ant. 18, 20.

Als der Ethnarch Archelaos sie sah, verliebte er sich so sehr in sie, daß er alsbald seine bisherige Gattin Mariamme verstieß und Glaphyra heiratete. Bald nach ihrer Ankunft in Judäa meinte sie, Alexander stände vor ihr und sage: „Die lybische Heirat hätte dir genügen können, du aber hast dich nicht damit begnügt, sondern kehrst wieder zu meinem Herd zurück und nimmst dir einen dritten Mann, und überdies, du Verwegene, meinen Bruder. Doch diesen Frevel[32] werde ich nicht hingehen lassen, ich werde dich zu mir nehmen, ob du willst oder nicht." Als sie diesen Traum erzählt hatte, lebte sie gerade noch zwei Tage.

8. Kapitel

1. 117. Das Gebiet des Archelaos wurde in eine Provinz umgewandelt[33], und als Prokurator wurde Coponius, ein Mann aus römischem Ritterstand, entsandt, er empfing vom Kaiser obrigkeitliche Gewalt einschließlich des Rechts, die Todesstrafe zu verhängen. Während seiner Amtszeit verleitete ein Mann aus Galiläa mit Namen Judas[34] die Einwohner der soeben genannten Provinz zum Abfall, indem er es für einen Frevel erklärte, wenn sie bei der Steuerzahlung an die Römer bleiben und nach Gott irgendwelche sterbliche Gebieter auf sich nehmen würden. Es war aber dieser Mann Wanderredner einer eigenen Sekte, der den anderen Juden in nichts glich.

2. 119. Es treiben nämlich bei den Juden drei Gruppen Philosophie[35]: die Anhänger der ersten heißen Pharisäer, die der zweiten Sadduzäer; die dritte Gruppe aber, die sich in der Tat nach allgemeinem Urteil eines besonders heiligen Wandels befleißigt, heißt „Essener"[36]; sie sind gebürtige Juden, untereinander aber noch enger in Liebe verbunden als die anderen. Diese verwerfen die sinnlichen Freuden als Frevel, erachten aber die Enthaltsamkeit und das Sich nicht von der Leidenschaft Beherrschen lassen als Tugend. Und über die Ehe herrscht bei ihnen ein geringschätziges Urteil[37], die fremden Kinder aber, die sie in einem für die Bildung aufnahmefähigen Alter aufnehmen, schätzen sie als Angehörige und prägen sie nach ihren Sitten; die Heirat und die eheliche Nachkommenschaft lehnen sie zwar nicht grundsätzlich ab, sie scheuen aber die Begehrlichkeit der Weiber und sind überzeugt, daß keines von ihnen einem Mann allein die Treue halte.

3. 122. Sie sind Verächter des Reichtums, und bewundernswert ist bei ihnen der Gemeinschaftssinn; es ist auch unter ihnen niemand zu finden, der an Besitz hervorrage; denn es ist Gesetz, daß die in die Sekte Eintretenden ihr Vermögen dem Orden übereignen[38], sodaß bei ihnen insgesamt weder die Niedrigkeit der Armut noch ein Vorrang des Reichtums in Erscheinung tritt, sondern nach Zusammenlegung des Besitzes der Einzelnen nur e i n Vermögen für alle als Brüder vorhanden ist. Für Schmutz halten sie das Öl, und wenn jemand wider seinen Willen gesalbt worden ist, dann wischt er seinen Körper ab, denn sie halten es für wohlanständig, eine rauhe Haut zu haben und allezeit weiße Kleidung zu tragen. Gewählt sind

διαπαντός. χειροτονητοὶ δ᾽ οἱ τῶν κοινῶν ἐπιμεληταὶ καὶ ἀδιαίρετοι⁷ πρὸς ἁπάντων εἰς τὰς χρείας ἕκαστοι.

124 4. Μία δ᾽ οὐκ ἔστιν αὐτῶν πόλις ἀλλ᾽ ἐν ἑκάστῃ μετοικοῦσιν πολλοί. καὶ τοῖς ἑτέρωθεν ἥκουσιν αἱρετισταῖς πάντ᾽ ἀναπέπταται τὰ παρ᾽ αὐτοῖς ὁμοίως ὥσπερ ἴδια, καὶ πρὸς οὓς οὐ πρότερον εἶδον εἰσίασιν 125 ὡς συνηθεστάτους· διὸ καὶ ποιοῦνται τὰς ἀποδημίας οὐδὲν μὲν ὅλως ἐπικομιζόμενοι, διὰ δὲ τοὺς λῃστὰς ἔνοπλοι. κηδεμὼν δ᾽ ἐν ἑκάστῃ πόλει τοῦ τάγματος ἐξαιρέτως τῶν ξένων ἀποδείκνυται ταμιεύων ἐσθῆτα καὶ 126 τὰ ἐπιτήδεια. καταστολὴ δὲ καὶ σχῆμα σώματος ὅμοιον τοῖς μετὰ φόβου παιδαγωγουμένοις παισίν. οὔτε δὲ ἐσθῆτας οὔτε ὑποδήματα ἀμείβουσι πρὶν διαρραγῆναι τὸ πρότερον παντάπασιν ἢ δαπανηθῆναι τῷ χρόνῳ. 127 οὐδὲν δ᾽ ἐν ἀλλήλοις οὔτ᾽ ἀγοράζουσιν οὔτε πωλοῦσιν, ἀλλὰ τῷ χρῄζοντι διδοὺς ἕκαστος τὰ παρ᾽ αὐτῷ τὸ παρ᾽ ἐκείνου χρήσιμον ἀντικομίζεται· καὶ χωρὶς δὲ τῆς ἀντιδόσεως ἀκώλυτος ἡ μετάληψις αὐτοῖς παρ᾽ ὧν ἂν θέλωσιν.

128 5. Πρός γε μὴν τὸ θεῖον εὐσεβεῖς ἰδίως· πρὶν γὰρ ἀνασχεῖν τὸν ἥλιον οὐδὲν φθέγγονται τῶν βεβήλων, πατρίους δέ τινας εἰς αὐτὸν 129 εὐχὰς ὥσπερ ἱκετεύοντες ἀνατεῖλαι. καὶ μετὰ ταῦτα πρὸς ἃς ἕκαστοι τέχνας ἴσασιν ὑπὸ τῶν ἐπιμελητῶν διαφίενται, καὶ μέχρι πέμπτης ὥρας ἐργασάμενοι συντόνως πάλιν εἰς ἓν συναθροίζονται χωρίον, ζωσάμενοί τε σκεπάσμασιν λινοῖς οὕτως ἀπολούονται τὸ σῶμα ψυχροῖς ὕδασιν, καὶ μετὰ ταύτην τὴν ἁγνείαν εἰς ἴδιον οἴκημα συνίασιν, ἔνθα μηδενὶ τῶν ἑτεροδόξων ἐπιτέτραπται παρελθεῖν· αὐτοί τε καθαροὶ καθάπερ 130 εἰς ἅγιόν τι τέμενος παραγίνονται τὸ δειπνητήριον. καὶ καθισάντων μεθ᾽ ἡσυχίας ὁ μὲν σιτοποιὸς ἐν τάξει παρατίθησι τοὺς⁸ ἄρτους, ὁ δὲ 131 μάγειρος ἓν ἀγγεῖον ἐξ ἑνὸς ἐδέσματος ἑκάστῳ παρατίθησιν. προκατεύχεται δ᾽ ὁ ἱερεὺς τῆς τροφῆς, καὶ γεύσασθαί τινα πρὶν τῆς εὐχῆς ἀθέμιτον· ἀριστοποιησάμενος⁹ δ᾽ ἐπεύχεται πάλιν· ἀρχόμενοί τε καὶ παυόμενοι γεραίρουσι θεὸν ὡς χορηγὸν τῆς ζωῆς¹⁰. ἔπειθ᾽ ὡς ἱερὰς 132 καταθέμενοι τὰς ἐσθῆτας πάλιν ἐπ᾽ ἔργα μέχρι δείλης τρέπονται. δειπνοῦσι δ᾽ ὁμοίως ὑποστρέψαντες συγκαθεζομένων τῶν ξένων, εἰ τύχοιεν αὐτοῖς παρόντες. οὔτε δὲ κραυγή ποτε τόν οἶκον οὔτε θόρυβος μιαίνει, 133 τὰς δὲ λαλιὰς ἐν τάξει παραχωροῦσιν ἀλλήλοις. καὶ τοῖς ἔξωθεν ὡς μυστήριόν τι φρικτὸν ἡ τῶν ἔνδον σιωπὴ καταφαίνεται, τούτου δ᾽ αἴτιον ἡ διηνεκὴς νῆψις καὶ τὸ μετρεῖσθαι παρ᾽ αὐτοῖς τροφὴν καὶ ποτὸν μέχρι κόρου.

---

⁷ αἱρετοὶ cod. Lugd. (ursprünglich aber nach Niese p. XLIX wahrscheinlich auch ἀδιαίρετοι) Bekker Na Reinach Thack: „... und alle (Aufseher) sind von der Gesamtheit zu (ihren) Diensten gewählt".

⁸ τοὺς (Niese Thack) ist nur durch PM und Porphyrius de abstinentia 4, 12 bezeugt.

⁹ ἀριστοποιησαμένοις Porphyrius de abstinentia 4, 12 codd.; Niese: fortasse recte.

¹⁰ τροφῆς LVRC Lat Na.

die Verwalter des gemeinsamen Vermögens[39], und unterschiedslos ist jeder einzelne für alle zur Dienstleistung verpflichtet.

4. 124. Es ist aber nicht eine einzelne Stadt die ihrige, sondern in jeder wohnen viele[40]. Den von auswärts kommenden Angehörigen der Sekte steht deren ganzer Besitz zur Verfügung gleich wie eigener, und bei Menschen, die sie nie vorher sahen, treten sie ein wie bei längst Vertrauten. Deshalb nehmen sie auch bei ihren Reisen gar nichts mit, außer Waffen[41] zum Schutz gegen Räuber. Ein Fürsorger aber wird in jeder Stadt eigens für die Gäste des Ordens eingesetzt, der Kleider und das sonst Notwendige bewirtschaftet. Kleidung und Körperhaltung sind wie bei den Knaben, die von einem Pädagogen in Furcht gehalten werden[42]. Weder Kleider noch Schuhe wechseln sie, ehe das bisherige Stück ganz und gar zerrissen oder mit der Zeit verbraucht ist. Nichts aber kaufen oder verkaufen sie untereinander, sondern dem, der Bedarf hat, gibt jeder seinen Besitz und empfängt umgekehrt von jenem das, was er brauchen kann[43]; ja auch ohne Gegenleistung ist die Entnahme von Gütern, bei wem man will, unverwehrt.

5. 128. Der Gottheit gegenüber sind sie auf eigenartige Weise fromm. Bevor nämlich die Sonne aufgeht, sprechen sie nichts Unheiliges aus, vielmehr einige altherkömmliche Gebete an sie, gleichsam bittend, daß sie aufgehe[44]. Und danach werden sie von den Aufsehern entlassen, ein jeder zu dem Gewerbe[45], das er versteht. Und wenn sie bis zur fünften Stunde angespannt gearbeitet haben, sammeln sie sich wieder an einem Platz, schürzen ein Leinentuch um und waschen so den Leib mit kaltem Wasser. Und nach dieser Reinigung begeben sie sich gemeinsam in ein besonderes Gebäude, zu dem keiner von den Andersgesinnten Zutritt hat; sie selbst betreten als Reine wie einen heiligen Bezirk den Speisesaal. Und wenn sie unter Schweigen Platz genommen haben, setzt der Bäcker ihnen der Reihe nach[46] die Brote vor, und der Koch setzt jedem ein Gefäß mit einem einzigen Gericht[47] vor. Es spricht aber der Priester vor der Mahlzeit ein Gebet, und vor dem Gebet zu essen ist wider das Gesetz. Nach der Mahlzeit betet er wieder; zu Anfang und am Schluß ehren sie Gott als Spender des Lebens[48]. Sodann legen sie die Gewänder als heilige ab[49] und wenden sich wieder der Arbeit zu bis zum Abend. Sie speisen aber in gleicher Weise nach ihrer Rückkehr, diesmal in Tischgemeinschaft mit den Fremden[50], falls solche bei ihnen sind. Weder Geschrei noch Lärm entweiht jemals das Haus, sie gewähren einander, der Ordnung nach zu sprechen[51]. Und denen, die sich draußen befinden, erscheint die Stille derer, die drinnen sind, wie ein schauerliches Mysterium; der Grund dafür ist aber die ständige Nüchternheit und die Tatsache, daß sie sich Speise und Trank nur bis zur Sättigung zumessen.

6. 134. Von den sonstigen Dingen setzen sie nichts ohne Anordnung der Aufseher ins Werk; nur dies beides ist bei ihnen der eigenen Entscheidung anheim gegeben: Hilfeleistung und Erbarmen. Denen nämlich zu helfen, die es wert sind[52], wenn sie es nötig haben, ist ihnen selbst überlassen, und den Bedürftigen Nahrung darzureichen. Den Verwandten etwas zuzuwenden[53] ist

134 6. Τῶν μὲν οὖν ἄλλων οὐκ ἔστιν ὅ τι μὴ τῶν ἐπιμελητῶν προσταξάντων ἐνεργοῦσι, δύο δὲ ταῦτα παρ' αὐτοῖς αὐτεξούσια, ἐπικουρία καὶ ἔλεος· βοηθεῖν τε γὰρ τοῖς ἀξίοις, ὁπόταν δέωνται, καὶ καθ' ἑαυτοὺς ἐφίεται καὶ τροφὰς ἀπορουμένοις ὀρέγειν. τὰς δὲ εἰς τοὺς συγγενεῖς
135 μεταδόσεις οὐκ ἔξεστι ποιεῖσθαι δίχα τῶν ἐπιτρόπων. ὀργῆς ταμίαι δίκαιοι, θυμοῦ καθεκτικοί, πίστεως προστάται, εἰρήνης ὑπουργοί. καὶ πᾶν μὲν τὸ ῥηθὲν ὑπ' αὐτῶν ἰσχυρότερον ὅρκου, τὸ δὲ ὀμνύειν αὐτοῖς περιίσταται χεῖρον τῆς ἐπιορκίας ὑπολαμβάνοντες· ἤδη γὰρ κατεγνῶσθαί
136 φασιν τὸν ἀπιστούμενον δίχα θεοῦ. σπουδάζουσι δ' ἐκτόπως περὶ τὰ τῶν παλαιῶν συντάγματα" μάλιστα τὰ πρὸς ὠφέλειαν ψυχῆς καὶ σώματος ἐκλέγοντες· ἔνθεν αὐτοῖς πρὸς θεραπείαν παθῶν ῥίζαι τε ἀλεξητήριοι¹² καὶ λίθων ἰδιότητες ἀνερευνῶνται.

137 7. Τοῖς δὲ ζηλοῦσιν τὴν αἵρεσιν αὐτῶν οὐκ εὐθὺς ἡ πάροδος, ἀλλ'
ἐπὶ ἐνιαυτὸν ἔξω μένοντι τὴν αὐτὴν ὑποτίθενται δίαιταν ἀξινάριόν τε
138 καὶ τὸ προειρημένον περίζωμα καὶ λευκὴν ἐσθῆτα δόντες. ἐπειδὰν δὲ τούτῳ τῷ χρόνῳ πεῖραν ἐγκρατείας δῷ, πρόσεισιν μὲν ἔγγιον τῇ διαίτῃ καὶ καθαρωτέρων τῶν πρὸς ἁγνείαν ὑδάτων μεταλαμβάνει, παραλαμβάνεται δὲ εἰς τὰς συμβιώσεις οὐδέπω. μετὰ γὰρ τὴν τῆς καρτερίας ἐπίδειξιν δυσὶν ἄλλοις ἔτεσιν τὸ ἦθος δοκιμάζεται καὶ φανεὶς ἄξιος
139 οὕτως εἰς τὸν ὅμιλον ἐγκρίνεται. πρὶν δὲ τῆς κοινῆς ἅψασθαι τροφῆς ὅρκους αὐτοῖς ὄμνυσι φρικώδεις, πρῶτον μὲν εὐσεβήσειν τὸ θεῖον, ἔπειτα τὰ πρὸς ἀνθρώπους δίκαια φυλάξειν καὶ μήτε κατὰ γνώμην βλάψειν τινὰ μήτε ἐξ ἐπιτάγματος, μισήσειν δ' ἀεὶ τοὺς ἀδίκους καὶ
140 συναγωνιεῖσθαι τοῖς δικαίοις· τὸ πιστὸν ἀεὶ πᾶσιν παρέξειν, μάλιστα δὲ τοῖς κρατοῦσιν· οὐ γὰρ δίχα θεοῦ περιγενέσθαι τινὶ τὸ ἄρχειν· κἂν αὐτὸς ἄρχῃ, μηδέποτε ἐξυβρίσειν εἰς τὴν ἐξουσίαν μηδ' ἐσθῆτί τινι
141 ἢ πλείονι κόσμῳ τοὺς ὑποτεταγμένους ὑπερλαμπρύνεσθαι. τὴν ἀλήθειαν ἀγαπᾶν ἀεὶ καὶ τοὺς ψευδομένους ἐλέγχειν¹³ προβάλλεσθαι· χεῖρας κλοπῆς καὶ ψυχὴν ἀνοσίου κέρδους καθαρὰν φυλάξειν καὶ μήτε κρύψειν τι τοὺς αἱρετιστὰς μήθ' ἑτέροις αὐτῶν τι μηνύσειν, κἂν μέχρι θανάτου
142 τις βιάζηται. πρὸς τούτοις ὄμνυσιν μηδενὶ μὲν μεταδοῦναι τῶν δογμάτων ἑτέρως ἢ ὡς αὐτὸς μετέλαβεν, ἀφέξεσθαι δὲ λῃστείας καὶ συντηρήσειν ὁμοίως τά τε τῆς αἱρέσεως αὐτῶν βιβλία καὶ τὰ τῶν ἀγγέλων ὀνόματα. τοιούτοις μὲν ὅρκοις τοὺς προσιόντας ἐξασφαλίζονται.

143 8. Τοὺς δ' ἐπ' ἀξιοχρέοις ἁμαρτήμασιν ἁλόντας ἐκβάλλουσι τοῦ τάγματος. ὁ δ' ἐκκριθεὶς οἰκτίστῳ πολλάκις μόρῳ διαφθείρεται· τοῖς γὰρ ὅρκοις καὶ τοῖς ἔθεσιν ἐνδεδεμένος οὐδὲ τῆς παρὰ τοῖς ἄλλοις τροφῆς δύναται μεταλαμβάνειν, ποηφαγῶν δὲ καὶ λιμῷ τὸ σῶμα
144 τηκόμενος διαφθείρεται. διὸ δὴ πολλοὺς ἐλεήσαντες ἐν ταῖς ἐσχάταις

¹¹ συγγράμματα LVRC Na.
¹² ἀλεξιτήριον PA; ἀλεξητήριον Niese; ἀλεξητήριοι MLR¹; ἀλεξητήριοι VR²C Na Thack.
¹³ ἐλέγχειν codd. fehlt bei Porphyrius de abstinentia 4, 13 und bei Niese Thack; das Wort könnte eher weggelassen als eingefügt sein.

ihnen jedoch nur mit Zustimmung der Aufseher gestattet. Des Zornes gerechte Verwalter, der Aufwallung Bezwinger, der Treue Vorkämpfer, des Friedens Diener[54]. Alles, was sie sagen, ist gewisser als ein Eid; zu schwören aber lehnen sie ab, da sie es für schlimmer halten als den Meineid[55]. Denn es sei schon verurteilt, wer unglaubwürdig ist, auch ohne Anrufung Gottes. Sie bemühen sich aber in außergewöhnlicher Weise um die Schriftwerke der Alten[56]; dabei wählen sie vor allem das aus, was Seele und Leib fördert. Aus diesen Schriften erforschen sie zur Heilung von Krankheiten heilkräftige Wurzeln und Eigenschaften von Steinen[57].

7. 137. Denen aber, die sich um die Aufnahme in die Sekte bewerben, steht der Eintritt nicht sogleich frei, sondern man macht dem Bewerber, während er ein Jahr lang außerhalb der Gemeinschaft bleibt, dieselbe Lebensweise zur Aufgabe und gibt ihm eine kleine Axt, den oben erwähnten Schurz und ein weißes Gewand[58]. Wenn er in dieser Zeit die Probe der Enthaltsamkeit besteht, tritt er der essenischen Lebensweise näher und nimmt an reineren Läuterungsbädern teil; zugelassen zu den Betätigungen des Gemeinschaftslebens wird er indes noch nicht. Denn nach dem Erweis der Standhaftigkeit wird während weiterer zwei Jahre sein charakterliches Verhalten erprobt, und nur wenn er sich würdig zeigt, wird er in die Schar eingereiht[59]. Bevor er jedoch die gemeinsame Speise anrührt, schwört er ihnen furchtbare Eide[60], erstlich die Gottheit zu verehren, dann das, was den Menschen gegenüber gerecht ist, zu bewahren und weder aus freiem Entschluß jemandem Schaden zuzufügen noch auf Befehl, immer aber die Ungerechten zu hassen und auf der Seite der Gerechten zu kämpfen, stets allen die Treue zu halten, allermeist aber der Obrigkeit[61], denn ohne Gott erwachse niemandem eine Herrscherstellung. Und falls er selbst zu befehlen habe, so werde er niemals gegen die Vollmacht durch mutwilligen Mißbrauch verstoßen und die Untergebenen auch nicht durch Kleidung oder durch irgendein Mehr an Schmuck überstrahlen. Er werde die Wahrheit immer lieben[62] und es sich zur Aufgabe machen, die Lügner zu überführen. Er werde die Hände vor Diebstahl und die Seele rein von unrechtem Gewinn bewahren[63] und weder vor den Anhängern der Sekte etwas verheimlichen noch anderen etwas von ihnen verraten[64], sollte man auch bis zum Tode Gewalt anwenden. Außerdem schwört er, niemandem die Satzungen anders mitzuteilen als wie er selbst sie empfing, keinen Raub zu begehen[65] und die Bücher der Sekte in gleicher Weise wie die Namen der Engel[66] sorgfältig zu bewahren. Mit solchen Eiden versichern sie sich der neu Eintretenden.

8. 143. Diejenigen aber, die bei bedeutenden Verfehlungen ergriffen werden, stoßen sie aus dem Orden[67] aus. Der Ausgeschlossene geht oft, von erbärmlichstem Geschick getroffen, zugrunde; denn durch Eide und Verpflichtungen gebunden, kann er auch von Fremden keine Nahrung annehmen, nur von Kräutern lebend kommt er durch Hunger körperlich von Kräften und geht zugrunde[68]. Aus diesem Grunde offenbar haben sie mitleidig viele, die in den letzten Zügen lagen, wieder aufgenommen, indem

ἀναπνοαῖς ἀνέλαβον, ἱκανὴν ἐπὶ τοῖς ἁμαρτήμασιν αὐτῶν τὴν μέχρι θανάτου βάσανον ἡγούμενοι.

145 9. Περὶ δὲ τὰς κρίσεις ἀκριβέστατοι καὶ δίκαιοι, καὶ δικάζουσι μὲν οὐκ ἐλάττους τῶν ἑκατὸν συνελθόντες, τὸ δ' ὁρισθὲν ὑπ' αὐτῶν ἀκίνητον. σέβας δὲ μέγα παρ' αὐτοῖς μετὰ τὸν θεὸν τοὔνομα τοῦ νομοθέτου, κἂν
146 βλασφημήσῃ τις εἰς τοῦτον κολάζεται θανάτῳ. τοῖς δὲ πρεσβυτέροις ὑπακούουσιν καὶ τοῖς πλείοσιν ἐν καλῷ· δέκα γοῦν συγκαθεζομένων οὐκ
147 ἂν λαλήσειέν τις ἀκόντων τῶν ἐννέα. καὶ τὸ πτύσαι δὲ εἰς μέσους ἢ τὸ δεξιὸν μέρος φυλάσσονται καὶ ταῖς ἑβδομάσιν ἔργων ἐφάπτεσθαι διαφορώτατα Ἰουδαίων ἁπάντων· οὐ μόνον γὰρ τροφὰς ἑαυτοῖς πρὸ μιᾶς ἡμέρας παρασκευάζουσιν, ὡς μὴ πῦρ ἐναύοιεν ἐκείνην τὴν ἡμέραν, ἀλλ' οὐδὲ σκεῦός τι μετακινῆσαι θαρροῦσιν οὐδὲ ἀποπατεῖν.
148 ταῖς δ' ἄλλαις ἡμέραις βόθρον ὀρύσσοντες βάθος ποδιαῖον τῇ σκαλίδι, τοιοῦτον γάρ ἐστιν τὸ διδόμενον ὑπ' αὐτῶν ἀξινίδιον τοῖς νεοσυστάτοις, καὶ περικαλύψαντες θοἰματίῳ[14], ὡς μὴ τὰς αὐγὰς ὑβρίζοιεν τοῦ θεοῦ,
149 θακεύουσιν εἰς αὐτόν. ἔπειτα τὴν ἀνορυχθεῖσαν γῆν ἐφέλκουσιν εἰς τὸν βόθρον· καὶ τοῦτο ποιοῦσι τοὺς ἐρημοτέρους τόπους ἐκλεγόμενοι. καίπερ δὴ φυσικῆς οὔσης τῆς τῶν λυμάτων ἐκκρίσεως ἀπολούεσθαι μετ' αὐτὴν καθάπερ μεμιασμένοις ἔθιμον.

150 10. Διῄρηνται δὲ κατὰ χρόνον τῆς ἀσκήσεως εἰς μοίρας τέσσαρας, καὶ τοσοῦτον οἱ μεταγενέστεροι τῶν προγενεστέρων ἐλαττοῦνται, ὥστ' εἰ ψαύσειαν αὐτῶν, ἐκείνους ἀπολούεσθαι καθάπερ ἀλλοφύλῳ συμφυρέν-
151 τας. καὶ μακρόβιοι μέν, ὡς τοὺς πολλοὺς ὑπὲρ ἑκατὸν παρατείνειν ἔτη, διὰ τὴν ἁπλότητα τῆς διαίτης ἔμοιγε δοκεῖν καὶ τὴν εὐταξίαν, καταφρονηταὶ δὲ τῶν δεινῶν, καὶ τὰς μὲν ἀλγηδόνας νικῶντες τοῖς φρονήμασιν, τὸν δὲ θάνατον, εἰ μετ' εὐκλείας πρόσεισι, νομίζοντες ἀθανασίας
152 ἀμείνονα. διήλεγξεν δὲ αὐτῶν ἐν ἅπασιν τὰς ψυχὰς ὁ πρὸς Ῥωμαίους πόλεμος, ἐν ᾧ στρεβλούμενοί τε καὶ λυγιζόμενοι καιόμενοί τε καὶ κλώμενοι καὶ διὰ πάντων ὁδεύοντες τῶν βασανιστηρίων ὀργάνων, ἵν' ἢ βλασφημήσωσιν τὸν νομοθέτην ἢ φάγωσίν τι τῶν ἀσυνήθων, οὐδέτερον ὑπέμειναν παθεῖν, ἀλλ' οὐδὲ κολακεῦσαί ποτε τοὺς αἰκιζομένους ἢ
153 δακρῦσαι. μειδιῶντες δὲ ἐν ταῖς ἀλγηδόσιν καὶ κατειρωνευόμενοι τῶν τὰς βασάνους προσφερόντων εὔθυμοι τὰς ψυχὰς ἠφίεσαν ὡς πάλιν κομιούμενοι.

154 11. Καὶ γὰρ ἔρρωται παρ' αὐτοῖς ἥδε ἡ δόξα, φθαρτὰ μὲν εἶναι τὰ σώματα καὶ τὴν ὕλην οὐ μόνιμον αὐτῶν, τὰς δὲ ψυχὰς ἀθανάτους ἀεὶ διαμένειν, καὶ συμπλέκεσθαι μὲν ἐκ τοῦ λεπτοτάτου φοιτώσας αἰθέρος
155 ὥσπερ εἰρκταῖς τοῖς σώμασιν ἴυγγί τινι φυσικῇ κατασπωμένας, ἐπειδὰν

§ 154 vgl. ant. 18, 18.

[14] θοἰματίῳ Porphyrius a. a. O., Na; τὸ ἱμάτιον V; θυμάτιον RC¹; ἱμάτιον PAM.

210

sie die bis zur Todesgrenze erlittene Qual als hinreichende Sühne für ihre Verfehlungen erachteten.

9. 145. Bei den gerichtlichen Entscheidungen[69] sind sie höchst gewissenhaft und gerecht und sie fällen einen Spruch erst, wenn nicht weniger als hundert zusammengekommen sind; der Beschluß ist dann unantastbar. Höchste Verehrung aber zollen sie nächst Gott dem Namen des Gesetzgebers[70], und wenn jemand diesen lästert, wird er mit dem Tode bestraft. Den Älteren aber wie auch der Mehrzahl[71] sich zu fügen halten sie für löblich; wenn also zehn[72] beieinander sitzen, könnte niemand das Wort gegen den Willen der neun ergreifen. Das Ausspeien in die Mitte der Versammlung oder nach der rechten Seite hin[73] meiden sie; auch scheuen sie sich — am entschiedensten unter allen Juden — am siebten Wochentag[74] eine Arbeit anzugreifen. Sie bereiten nämlich nicht nur ihre Verpflegung einen Tag früher vor, um an jenem Tag kein Feuer anzünden zu müssen, nein, sie wagen an jenem Tag auch nicht ein Gerät anders zu stellen, nicht einmal auszutreten. An den anderen Tagen aber heben sie eine einen Fuß tiefe Grube aus mit ihrer Hacke — etwas derartiges ist nämlich die kleine Axt, die von ihnen den neu Eintretenden gegeben wird — hüllen ihren Mantel herum, um die Strahlen Gottes nicht zu beleidigen und verrichten dort ihre Notdurft[75]. Dann scharren sie die aufgeworfene Erde wieder in die Grube; bei diesen Verrichtungen suchen sie entlegenere Plätze aus. Obwohl ja die Ausscheidung der Exkremente etwas Natürliches ist, haben sie den Brauch, sich danach zu waschen, als wenn sie sich verunreinigt hätten.

10. 150. Sie sind je nach der Dauer ihrer frommen Übung in vier Stände geteilt[76]; und so sehr stehen die später Eingetretenen den früheren nach, daß, wenn sie die früher Eingetretenen berührt haben, diese sich waschen, wie wenn sie mit einem Fremdstämmigen zusammengekommen wären[77]. Und sie sind langlebig, sodaß die Mehrzahl es auf über hundert Jahre bringt infolge der Einfachheit ihrer Lebensführung[78], wie mir scheint, und ihrer guten Ordnung; sie verachten, was Schrecken erregt, und der Schmerzen werden sie Herr durch Seelenstärke, und den Tod erachten sie, wenn er sich mit Ruhm naht, für besser als endloses Leben. Deutlich in jeder Beziehung brachte ihren Charakter der Krieg gegen die Römer[79] ans Licht, in dem sie gemartert und gefoltert, gebrannt und zerbrochen wurden und ihr Weg durch sämtliche Folterkammern führte, damit sie entweder den Gesetzgeber schmähen oder etwas Verbotenes essen sollten[80], und doch blieben sie fest, weder das eine noch das andere auf sich zu nehmen, auch nicht dazu, ihren Peinigern zu schmeicheln oder Tränen zu vergießen. Unter Schmerzen lächelnd und der Folterknechte spottend gaben sie freudig ihr Leben dahin[81] in der Zuversicht, es wieder zu empfangen.

11. 154. Denn kräftig lebt bei ihnen die Überzeugung[82]: vergänglich seien zwar die Leiber und ihr Stoff sei nichts Bleibendes, die Seelen aber seien unsterblich und würden immer bestehen; sie seien zwar, nachdem sie, aus feinstem Äther bestehend, in einem Schwebezustand waren, mit den Leibern wie mit Gefängnissen verbunden, durch einen sinnlichen Liebeszauber herab-

δὲ ἀνεθῶσι τῶν κατὰ σάρκα δεσμῶν, οἷα δὴ μακρᾶς δουλείας ἀπηλλαγμένας τότε χαίρειν καὶ μετεώρους φέρεσθαι. καὶ ταῖς μὲν ἀγαθαῖς ὁμοδοξοῦντες παισὶν Ἑλλήνων ἀποφαίνονται τὴν ὑπὲρ ὠκεανὸν δίαιταν ἀποκεῖσθαι καὶ χῶρον οὔτε ὄμβροις οὔτε νιφετοῖς οὔτε καύμασι βαρυνόμενον, ἀλλ' ὃν ἐξ ὠκεανοῦ πραῢς ἀεὶ ζέφυρος ἐπιπνέων ἀναψύχει· ταῖς δὲ φαύλαις ζοφώδη καὶ χειμέριον ἀφορίζονται μυχὸν γέμοντα
156 τιμωριῶν ἀδιαλείπτων. δοκοῦσι δέ μοι κατὰ τὴν αὐτὴν ἔννοιαν Ἕλληνες τοῖς τε ἀνδρείοις αὐτῶν, οὓς ἥρωας καὶ ἡμιθέους καλοῦσιν, τὰς μακάρων νήσους ἀνατεθεικέναι, ταῖς δὲ τῶν πονηρῶν ψυχαῖς καθ' ᾅδου τὸν ἀσεβῶν χῶρον, ἔνθα καὶ κολαζομένους τινὰς μυθολογοῦσιν, Σισύφους καὶ Ταντάλους Ἰξίονάς τε καὶ Τιτυούς, πρῶτον μὲν ἀιδίους ὑφιστάμενοι
157 τὰς ψυχάς, ἔπειτα εἰς προτροπὴν ἀρετῆς καὶ κακίας ἀποτροπήν. τούς τε γὰρ ἀγαθοὺς γίνεσθαι κατὰ τὸν βίον ἀμείνους ἐλπίδι τιμῆς καὶ μετὰ τὴν τελευτήν, τῶν τε κακῶν ἐμποδίζεσθαι τὰς ὁρμὰς δέει προσδοκώντων, εἰ καὶ λάθοιεν ἐν τῷ ζῆν, μετὰ τὴν διάλυσιν ἀθάνατον τιμωρίαν ὑφέξειν.
158 ταῦτα μὲν οὖν Ἐσσηνοὶ περὶ ψυχῆς θεολογοῦσιν ἄφυκτον δέλεαρ τοῖς ἅπαξ γευσαμένοις τῆς σοφίας αὐτῶν καθιέντες.
159 12. Εἰσὶν δ' ἐν αὐτοῖς οἳ καὶ τὰ μέλλοντα προγινώσκειν ὑπισχνοῦνται, βίβλοις ἱεραῖς καὶ διαφόροις ἁγνείαις καὶ προφητῶν ἀποφθέγμασιν ἐμπαιδοτριβούμενοι· σπάνιον δ' εἴ ποτε ἐν ταῖς προαγορεύσεσιν ἀστοχοῦσιν.
160 13. Ἔστιν δὲ καὶ ἕτερον Ἐσσηνῶν τάγμα, δίαιταν μὲν καὶ ἔθη καὶ νόμιμα τοῖς ἄλλοις ὁμοφρονοῦν, διεστὼς δὲ τῇ κατὰ γάμον δόξῃ· μέγιστον γὰρ ἀποκόπτειν οἴονται τοῦ βίου μέρος, τὴν διαδοχήν, τοὺς μὴ γαμοῦντας, μᾶλλον δέ, εἰ πάντες τὸ αὐτὸ φρονήσειαν, ἐκλιπεῖν ἂν τὸ γένος
161 τάχιστα. δοκιμάζοντες μέντοι τριετίᾳ[15] τὰς γαμετάς, ἐπειδὰν τρὶς[16] καθαρθῶσιν εἰς πεῖραν τοῦ δύνασθαι τίκτειν, οὕτως ἄγονται. ταῖς δ' ἐγκύμοσιν οὐχ ὁμιλοῦσιν, ἐνδεικνύμενοι τὸ μὴ δι' ἡδονὴν ἀλλὰ τέκνων χρείαν γαμεῖν. λουτρὰ δὲ ταῖς γυναιξὶν ἀμπεχομέναις ἐνδύματα, καθάπερ τοῖς ἀνδράσιν ἐν περιζώματι. τοιαῦτα μὲν ἔθη τοῦδε τοῦ τάγματος.
162 14. Δύο δὲ τῶν προτέρων Φαρισαῖοι μὲν οἱ μετὰ ἀκριβείας δοκοῦντες ἐξηγεῖσθαι τὰ νόμιμα καὶ τὴν πρώτην ἀπάγοντες αἵρεσιν εἱμαρμένῃ τε
163 καὶ θεῷ προσάπτουσι πάντα, καὶ τὸ μὲν πράττειν τὰ δίκαια καὶ μὴ κατὰ τὸ πλεῖστον ἐπὶ τοῖς ἀνθρώποις κεῖσθαι, βοηθεῖν δὲ εἰς ἕκαστον

§ 162 = vgl. *ant.* 18, 13; § 163 = *ant.* 18, 14.

[15] εὐεξία Na cj.
[16] τρεῖς PA; *constanti* (= ἀεί?) *purgatione* Lat.

gezogen; wenn sie aber aus den fleischlichen Fesseln befreit seien, wie aus langer Knechtschaft erlöst, dann würden sie Freude haben und sich in die Höhe schwingen. In Übereinstimmung mit den Söhnen der Griechen tun sie dar, daß den guten Seelen ein Leben jenseits des Ozeans beschieden sei und ein Ort, der von Regen und Schnee und Hitze nicht belästigt wird, dem vielmehr vom Ozean her ein ständig sanft wehender Zephir Frische spendet. Den schlechten dagegen sprechen sie eine dunkle und winterliche Schlucht zu, voll von unablässigen Strafen. Es scheint mir die gleiche Vorstellung zu sein, der entsprechend die Griechen ihren Tapferen, die sie Heroen und Halbgötter nennen, die Inseln der Seligen zuweisen, den Seelen der Schlechten aber im Hades den Ort der Frevler, wo nach ihrem Mythos gewisse Personen gezüchtigt werden, Männer wie Sisyphus und Tantalus, Ixion und Tityus. So setzen sie erstlich die Lehre von der ewigen Dauer der Seelen voraus, und spornen dann damit die Menschen zur Tugend und zur Abwehr des Schlechten an. Sie meinen nämlich, die Guten würden zu Lebzeiten noch besser werden durch die Hoffnung auf Ehre auch nach dem Tod, die Triebkräfte der Schlechten würden durch Furcht gehemmt, da sie erwarten, daß sie, selbst wenn sie zu Lebzeiten unentdeckt blieben, ewigen Strafen verfallen würden. Dies ist also die heilige Lehre der Essener über die Seele; in die Herzen derer, die einmal von ihrer Weisheit gekostet haben, senken sie damit eine Idee wie einen Köder ein, von dem sich fürder niemand mehr freimachen kann.

12. 159. Unter ihnen finden sich aber auch solche, die sich anheischig machen, das Zukünftige vorauszuwissen[83]; geschult haben sie sich an heiligen Büchern, verschiedenen Reinigungszeremonien und Prophetensprüchen, und es geschieht selten, daß sie in ihren Vorhersagen fehlgehen.

13. 160. Es besteht aber auch ein anderer Verband der Essener, der in Lebensführung, Sitten und Gesetzen mit den übrigen übereinstimmt und sich nur in der Ansicht über die Ehe von ihnen scheidet. Sie glauben nämlich, daß diejenigen, die nicht heiraten, ein wichtiges Stück des Lebens außer acht lassen, die Nachkommenschaft, vor allem aber, daß das Menschengeschlecht baldigst erlöschen würde, wenn alle ebenso dächten. Sie erproben jedoch drei Jahre lang die zukünftigen Gattinnen[85]; wenn sie sich einer dreimaligen Reinigung unterzogen haben zum Erweis dafür, daß sie imstande sind, zu gebären, so führen sie sie heim. Während der Schwangerschaft ihrer Frau aber enthalten sie sich des ehelichen Verkehrs, ein Beweis dafür, daß sie nicht um der Lust, sondern um der Kinder willen heiraten. Bei den Reinigungsbädern umhüllen sich die Frauen mit einem Gewand wie die Männer mit einem Schurz. Das ist das Brauchtum der Essener.

14. 162. Von den beiden früher genannten Sekten[86] stehen die Pharisäer[87] in dem Ruf gewissenhafter Gesetzesauslegung; sie stellen die erste Sekte dar. Sie schreiben dem Schicksal[88] und Gott alles zu; Rechtes zu tun oder nicht hänge zwar vor allem von den Menschen selbst ab, es helfe aber auch zu jedem Handeln das Schicksal mit. Zwar sei jede Seele unsterblich, es gehen aber nur die der Guten in einen anderen Leib über, die der Schlechten jedoch

καὶ τὴν εἱμαρμένην· ψυχήν τε πᾶσαν μὲν ἄφθαρτον, μεταβαίνειν δὲ εἰς ἕτερον σῶμα τὴν τῶν ἀγαθῶν μόνην, τὰς δὲ τῶν φαύλων ἀιδίῳ
164 τιμωρίᾳ κολάζεσθαι. Σαδδουκαῖοι δέ, τὸ δεύτερον τάγμα, τὴν μὲν εἱμαρμένην παντάπασιν ἀναιροῦσιν καὶ τὸν θεὸν ἔξω τοῦ δρᾶν τι κακὸν
165 ἢ ἐφορᾶν τίθενται· φασὶν δ' ἐπ' ἀνθρώπων ἐκλογῇ τό τε καλὸν καὶ τὸ κακὸν προκεῖσθαι καὶ κατὰ γνώμην ἑκάστου[17] τούτων ἑκατέρῳ[18] προσιέναι. ψυχῆς τε τὴν διαμονὴν καὶ τὰς καθ' ᾅδου τιμωρίας καὶ τιμὰς ἀναιροῦσιν.
166 καὶ Φαρισαῖοι μὲν φιλάλληλοί τε καὶ τὴν εἰς τὸ κοινὸν ὁμόνοιαν ἀσκοῦντες, Σαδδουκαίων δὲ καὶ πρὸς ἀλλήλους τὸ ἦθος ἀγριώτερον αἵ τε ἐπιμιξίαι πρὸς τοὺς ὁμοίους ἀπηνεῖς ὡς πρὸς ἀλλοτρίους. τοιαῦτα μὲν περὶ τῶν ἐν Ἰουδαίοις φιλοσοφούντων εἶχον εἰπεῖν.

167 IX. 1. Τῆς Ἀρχελάου δ' ἐθναρχίας μεταπεσούσης εἰς ἐπαρχίαν οἱ λοιποί, Φίλιππος καὶ Ἡρώδης ὁ κληθεὶς Ἀντίπας, διῴκουν τὰς ἑαυτῶν τετραρχίας· Σαλώμη γὰρ τελευτῶσα Ἰουλίᾳ τῇ τοῦ Σεβαστοῦ γυναικὶ τήν τε αὐτῆς τοπαρχίαν καὶ Ἰάμνειαν καὶ τοὺς ἐν Φασαηλίδι φοινικῶνας
168 κατέλιπεν[19]. μεταβάσης δὲ εἰς Τιβέριον τὸν Ἰουλίας υἱὸν τῆς Ῥωμαίων ἡγεμονίας μετὰ τὴν Αὐγούστου τελευτήν, ἀφηγησαμένου τῶν πραγμάτων ἔτεσιν ἑπτὰ καὶ πεντήκοντα πρὸς δὲ μησὶν ἓξ καὶ ἡμέραις δύο, διαμείναντες ἐν ταῖς τετραρχίαις ὅ τε Ἡρώδης καὶ ὁ Φίλιππος, ὁ μὲν πρὸς ταῖς τοῦ Ἰορδάνου πηγαῖς ἐν Πανεάδι πόλιν κτίζει Καισάρειαν κἀν τῇ κάτω Γαυλανιτικῇ Ἰουλιάδα, Ἡρώδης δ' ἐν μὲν τῇ Γαλιλαίᾳ Τιβεριάδα, ἐν δὲ τῇ Περαίᾳ φερώνυμον Ἰουλίας.

169 2. Πεμφθεὶς δὲ εἰς Ἰουδαίαν ἐπίτροπος ὑπὸ Τιβερίου Πιλᾶτος νύκτωρ κεκαλυμμένας εἰς Ἱεροσόλυμα εἰσκομίζει τὰς Καίσαρος εἰκόνας, αἳ
170 σημαῖαι καλοῦνται. τοῦτο μεθ' ἡμέραν μεγίστην ταραχὴν ἤγειρεν Ἰουδαίοις· οἵ τε γὰρ ἐγγὺς πρὸς τὴν ὄψιν ἐξεπλάγησαν ὡς πεπατημένων αὐτοῖς τῶν νόμων, οὐδὲν γὰρ ἀξιοῦσιν ἐν τῇ πόλει δείκηλον τίθεσθαι, καὶ πρὸς τὴν ἀγανάκτησιν τῶν κατὰ τὴν πόλιν ἄθρους ὁ ἐκ τῆς χώρας
171 λαὸς συνέρρευσεν. ὁρμήσαντες δὲ πρὸς Πιλᾶτον εἰς Καισάρειαν ἱκέτευον ἐξενεγκεῖν ἐξ Ἱεροσολύμων τὰς σημαίας καὶ τηρεῖν αὐτοῖς τὰ πάτρια. Πιλάτου δὲ ἀρνουμένου περὶ τὴν οἰκίαν πρηνεῖς καταπεσόντες ἐπὶ πέντε ἡμέρας καὶ νύκτας ἴσας ἀκίνητοι διεκαρτέρουν.
172 3. Τῇ δ' ἑξῆς ὁ Πιλᾶτος καθίσας ἐπὶ βήματος ἐν τῷ μεγάλῳ σταδίῳ καὶ προσκαλεσάμενος τὸ πλῆθος ὡς ἀποκρίνασθαι δῆθεν αὐτοῖς θέλων,

§ 167 ff. = ant. 18, 27 ff., 31 ff., 36; § 169 = ant. 18, 35. 55.

[17] ἑκάστῳ ML¹VRC Na.
[18] ἑκατέρων V; ἑκάτερον Herwerden cj. (vgl. die Übersetzung Ricciottis).
[19] Im cod. Lugd. folgt hier ein längerer Abschnitt, der mit dem aus ant. 18, 63 ff. bekannten Testimonium Flavianum beginnt, vgl. Niese p. XLVII.

würden durch ewige Bestrafung gezüchtigt. Die Sadduzäer[89], der zweite Verband, streichen das Schicksal vollständig; von Gott aber nehmen sie an, er stehe jenseits davon, etwas Böses zu tun oder auch nur mit anzusehen. Sie behaupten vielmehr, der Wahl der Menschen sei das Gute und das Schlechte anheimgegeben, und nur auf Grund einer von jedem Einzelnen zu treffenden Entscheidung trete der Mensch dem einen wie dem anderen bei. Die Fortdauer der Seele und die Strafen und Belohnungen im Hades lehnen sie ab[90]. Auch die Pharisäer sind einander zugetan und halten die Einigkeit zum gemeinsamen Besten hoch[91]; bei den Sadduzäern[92] aber ist auch unter einander das Benehmen gröber, und die Verkehrsformen mit den Volksgenossen schroff wie mit Fremden. Das also ist es, was ich über die Philosophenschulen im jüdischen Volk sagen wollte.

9. Kapitel

1. 167. Während die Ethnarchie des Archelaos in eine Provinz verwandelt wurde, verwalteten die anderen Erben des Herodes, Philippus und Herodes, genannt Antipas, weiterhin ihre Tetrarchien. Salome lebte nämlich nicht mehr und hatte der Gemahlin des Kaisers, Julia, ihr Gebiet sowie Jamnia und die Palmenwälder in Phasaelis vermacht. Als aber nach dem Tode des Augustus[93] die Herrschaft über das römische Reich auf Tiberius, den Sohn der Julia, überging — Augustus aber hatte 57 Jahre, 6 Monate und 2 Tage die Führung des Staates in der Hand gehabt — blieben Herodes und Philippus auch dann an der Spitze ihrer Tetrarchien. Der Letztgenannte gründete bei den Jordanquellen im Bezirk von Paneas die Stadt Caesarea und in der unteren Gaulanitis Julias, in gleicher Weise Herodes in Galiläa Tiberias[94] und in Peräa eine Stadt, die ebenfalls den Namen Julias trug.

2. 169. Als Pilatus[95] von Tiberius nach Judäa gesandt worden war, ließ er die Kaiserbilder[96], die „Feldzeichen" genannt werden, nachts verhüllt nach Jerusalem hineinbringen. Am kommenden Tag rief dies bei den Juden eine sehr große Unruhe hervor; die in die Nähe der Zeichen kamen, wurden nämlich durch den Anblick zutiefst bestürzt, waren sie doch überzeugt, ihre Gesetze würden mit Füßen getreten, denn diese verbieten es, daß in der Stadt ein Bildnis aufgestellt wird. Auf die Erbitterung der Stadtbevölkerung hin strömte auch noch das Landvolk in großen Scharen zusammen. Man machte sich nun zu Pilatus nach Caesarea[97] auf und bat ihn inständig, die Zeichen aus Jerusalem zu entfernen und ihre väterlichen Gesetze unangetastet zu lassen. Pilatus weigerte sich, darauf warfen sie sich rings um seinen Palast auf ihr Angesicht und verharrten 5 Tage und ebensoviele Nächte in dieser Haltung, ohne von der Stelle zu weichen.

3. 172. Tags darauf setzte sich Pilatus in der großen Rennbahn auf seinen Richtstuhl[98] und ließ das Volk herbeirufen, als wolle er ihm dort Antwort geben; er gab aber den Soldaten verabredungsgemäß ein Zeichen,

δίδωσιν τοῖς στρατιώταις σημεῖον ἐκ συντάγματος κυκλώσασθαι τοὺς
173 Ἰουδαίους ἐν τοῖς ὅπλοις. περιστάσης δὲ τριστιχεὶ τῆς φάλαγγος
Ἰουδαῖοι μὲν ἀχανεῖς ἦσαν πρὸς τὸ ἀδόκητον τῆς ὄψεως, Πιλᾶτος δὲ
κατακόψειν εἰπὼν αὐτούς, εἰ μὴ προσδέξαιντο τὰς Καίσαρος εἰκόνας,
174 γυμνοῦν τὰ ξίφη τοῖς στρατιώταις ἔνευσεν. οἱ δὲ Ἰουδαῖοι καθάπερ ἐκ
συνθήματος ἁθρόοι καταπεσόντες καὶ τοὺς αὐχένας παρακλίναντες
ἑτοίμους ἀναιρεῖν[20] σφᾶς ἐβόων μᾶλλον ἢ τὸν νόμον παραβῆναι. ὑπερ-
θαυμάσας δὲ ὁ Πιλᾶτος τὸ τῆς δεισιδαιμονίας ἄκρατον ἐκκομίσαι μὲν
αὐτίκα τὰς σημαίας Ἱεροσολύμων κελεύει.
175 4. Μετὰ δὲ ταῦτα ταραχὴν ἑτέραν ἐκίνει τὸν ἱερὸν θησαυρόν, καλεῖται
δὲ κορβωνᾶς, εἰς καταγωγὴν ὑδάτων ἐξαναλίσκων· κατῆγεν δὲ ἀπὸ
τετρακοσίων σταδίων. πρὸς τοῦτο τοῦ πλήθους ἀγανάκτησις ἦν, καὶ
τοῦ Πιλάτου παρόντος εἰς Ἱεροσόλυμα περιστάντες τὸ βῆμα κατεβόων.
176 ὁ δέ, προῄδει γὰρ αὐτῶν τὴν ταραχήν, τῷ πλήθει τοὺς στρατιώτας
ἐνόπλους ἐσθῆσιν ἰδιωτικαῖς κεκαλυμμένους ἐγκαταμίξας καὶ ξίφει μὲν
χρήσασθαι κωλύσας, ξύλοις δὲ παίειν τοὺς κεκραγότας ἐγκελευσάμενος
177 σύνθημα δίδωσιν ἀπὸ τοῦ βήματος. τυπτόμενοι δὲ οἱ Ἰουδαῖοι πολλοὶ
μὲν ὑπὸ τῶν πληγῶν, πολλοὶ δὲ ὑπὸ σφῶν αὐτῶν ἐν τῇ φυγῇ κατα-
πατηθέντες ἀπώλοντο. πρὸς δὲ τὴν συμφορὰν τῶν ἀνῃρημένων καταπλαγὲν τὸ πλῆθος ἐσιώπησεν.
178 5. Κἂν τούτῳ κατήγορος Ἡρώδου τοῦ τετραρχοῦντος Ἀγρίππας υἱὸς
Ἀριστοβούλου, ὃν ὁ πατὴρ Ἡρώδης ἀπέκτεινεν, παραγίνεται πρὸς
Τιβέριον. τοῦ δὲ μὴ προσδεξαμένου τὴν κατηγορίαν μένων ἐπὶ Ῥώμης
τούς τε ἄλλους τῶν γνωρίμων ἐθεράπευεν καὶ μάλιστα τὸν Γερμανικοῦ
179 παῖδα Γάιον ἰδιώτην ἔτι ὄντα. καὶ δή ποτε ἑστιῶν αὐτὸν τά τε ἄλλα
ποικίλως ἐφιλοφρονεῖτο καὶ τελευταῖον τὰς χεῖρας ἀνατείνας φανερῶς
ηὔξατο θᾶττον αὐτὸν θεάσασθαι τῶν ὅλων δεσπότην ἀποθανόντος
180 Τιβερίου. τοῦτό τις τῶν οἰκετῶν αὐτοῦ διαγγέλλει τῷ Τιβερίῳ, καὶ
ὃς ἀγανακτήσας εἶργνυσιν τὸν Ἀγρίππαν καὶ μετ' αἰκίας εἶχεν αὐτὸν
ἐπὶ μῆνας ἓξ ἐν δεσμωτηρίῳ, μέχρις αὐτὸς ἐτελεύτησεν ἡγεμονεύσας
ἔτη δύο πρὸς τοῖς εἴκοσι καὶ τρεῖς ἡμέρας ἐπὶ μησὶν ἕξ.
181 6. Ἀποδειχθεὶς δὲ Γάιος Καῖσαρ ἀνίησίν τε τῶν δεσμῶν τὸν Ἀγρίππαν καὶ τῆς Φιλίππου τετραρχίας, θνῄσκει γὰρ οὗτος, καθίστησι βασιλέα.
παραγενομένου δὲ εἰς τὴν ἀρχὴν Ἀγρίππας φθόνῳ τὰς Ἡρώδου τοῦ
182 τετράρχου διήγειρεν ἐπιθυμίας. ἐνῆγε δὲ μάλιστα τοῦτον εἰς ἐλπίδα
βασιλείας Ἡρωδιὰς ἡ γυνὴ κατονειδίζουσα τὴν ἀργίαν καὶ φαμένη
παρὰ τὸ μὴ βούλεσθαι πλεῖν ἐπὶ Καίσαρα στερίσκεσθαι μείζονος ἀρχῆς·
ὅπου μὲν γὰρ Ἀγρίππαν ἐξ ἰδιώτου βασιλέα πεποίηκεν, ἦπου γ' ἂν
183 ἐκεῖνον διστάσειεν ἐκ τετράρχου; τούτοις ἀναπεισθεὶς Ἡρώδης ἧκεν

§ 173 = ant. 18, 58; § 178 = vgl. ant. 18, 126 ff., 166, 187;
§ 181 = ant. 18, 237; § 183 = ant. 18, 252.

[20] εἰς ἀναίρεσιν MLVRC Na.

216

die Juden mit der Waffe in der Hand zu umzingeln. Der unerwartete Anblick der dreifachen Schlachtreihe, die sie umstellte, machte die Juden starr vor Entsetzen; Pilatus aber drohte, sie zusammenhauen zu lassen, wenn sie die Kaiserbilder nicht dulden wollten und gab den Soldaten schon einen Wink, die Schwerter blank zu ziehen. Die Juden aber warfen sich wie auf Verabredung hin dichtgedrängt auf den Boden, boten ihren Nacken dar und schrieen, sie seien eher bereit zu sterben, als daß sie die väterlichen Gesetze überträten. Zutiefst erstaunt über die Glut ihrer Frömmigkeit gab Pilatus den Befehl, die Feldzeichen sofort aus Jerusalem zu entfernen[99].

4. 175. Einige Zeit später gab er den Anlaß zu neuer Unruhe, da er den Tempelschatz, der Korban[100] genannt wird, für eine Wasserleitung verbrauchte; man führte aber das Wasser aus einer Entfernung von 400 Stadien heran[101]. Die Menge war darüber sehr erbost, und als Pilatus nach Jerusalem kam, drängte sie sich schreiend und schimpfend um seinen Richterstuhl. Pilatus hatte diese Unruhe der Juden im voraus vermutet und eine Anzahl von Soldaten, zwar bewaffnet, aber als Zivilisten verkleidet, unter die Menge gemischt und ihnen den Befehl gegeben, vom Schwert keinen Gebrauch zu machen, die Schreier aber mit Knüppeln zu bearbeiten. Nun gab er vom Richterstuhl her das verabredete Zeichen; als es aber plötzlich Schläge hagelte, gingen viele Juden unter den Streichen zugrunde, viele andere aber wurden auf der Flucht von ihren eigenen Landsleuten niedergetreten. Erschreckt über das Schicksal der Getöteten verstummte das Volk.

5. 178. Damals kam Agrippa, der Sohn des Aristobulos, den sein Vater Herodes getötet hatte[102], zu Tiberius, um den Tetrarchen Herodes anzuklagen; als jener die Anklage nicht annahm, blieb er doch in Rom und suchte sich die Freundschaft der anderen angesehenen Männer zu erwerben, am meisten die des Gaius, der ein Sohn des Germanikus und damals noch Privatmann war. Als er einst für Gaius ein Gastmahl gab und schon eine Menge Liebenswürdigkeiten gesagt hatte, da erhob er zuletzt seine Hände und betete vor aller Augen, daß er ihn doch recht bald als Herrn der Welt sehen dürfe, wenn Tiberius endlich gestorben sei. Dies meldete einer der Bedienten dem Tiberius, der voll Zorn den Agrippa einsperren ließ[103] und ihn bei schimpflicher Behandlung sechs Monate im Gefängnis behielt, bis er selbst nach einer Regierung von 22 Jahren, 6 Monaten und 3 Tagen starb[104].

6. 181. Sobald Gajus zum Kaiser ausgerufen war, befreite er Agrippa aus der Haft und setzte ihn über die Tetrarchie des Philippus, der inzwischen gestorben war[105], als König ein. Der Neid darüber, daß Agrippa so an die Herrschaft gelangt war, erweckte beim Tetrarchen Herodes höher geschraubte Wünsche. Besonders war es seine Frau Herodias[106], die in ihm die ehrgeizige Hoffnung auf die Königswürde erregte; sie warf ihm seine Trägheit vor und sagte, weil er nicht zum Kaiser fahren wolle, verscherze er sich eine Vergrößerung seiner Macht. Wenn der Kaiser schon den Agrippa zum Köng gemacht habe, ohne daß er Amt und Rang hatte, sollte er dann bei ihm, dem Tetrarchen, nicht das gleiche tun? Herodes ließ sich dadurch beschwätzen und reiste zu Gajus, von dem er zur Strafe für seine Habsucht

πρὸς Γάιον, ὑφ' οὗ τῆς πλεονεξίας ἐπιτιμᾶται φυγῇ εἰς Γαλλίαν· ἠκολούθησεν γὰρ αὐτῷ κατήγορος Ἀγρίππας, ᾧ καὶ τὴν τετραρχίαν τὴν ἐκείνου προσέθηκεν Γάιος. καὶ Ἡρώδης μὲν ἐν Γαλλίᾳ συμφυγούσης αὐτῷ καὶ τῆς γυναικὸς τελευτᾷ.

184 X. 1. Γάιος δὲ Καῖσαρ ἐπὶ τοσοῦτον ἐξύβρισεν εἰς τὴν τύχην, ὥστε θεὸν ἑαυτὸν καὶ δοκεῖν βούλεσθαι καὶ καλεῖσθαι τῶν τε εὐγενεστάτων ἀνδρῶν ἀκροτομῆσαι τὴν πατρίδα, ἐκτεῖναι δὲ τὴν ἀσέβειαν καὶ ἐπὶ 185 Ἰουδαίαν. Πετρώνιον μὲν οὖν μετὰ στρατιᾶς ἐπὶ Ἱεροσολύμων ἔπεμψεν ἐγκαθιδρύσοντα τῷ ναῷ τοὺς ἀνδριάντας αὐτοῦ, προστάξας, εἰ μὴ δέχοιντο Ἰουδαῖοι, τούς τε κωλύοντας ἀνελεῖν καὶ πᾶν τὸ λοιπὸν ἔθνος 186 ἐξανδραποδίσασθαι. θεῷ δ' ἄρα τῶν προσταγμάτων ἔμελεν. καὶ Πετρώνιος μὲν σὺν τρισὶ τάγμασι καὶ πολλοῖς ἐκ τῆς Συρίας συμμάχοις εἰς 187 τὴν Ἰουδαίαν ἤλαυνεν ἐκ τῆς Ἀντιοχείας, Ἰουδαίων δὲ οἱ μὲν ἠπίστουν ἐπὶ²¹ ταῖς τοῦ πολέμου φήμαις, οἱ δὲ πιστεύοντες ἦσαν ἐν ἀμηχάνῳ πρὸς τὴν ἄμυναν· ταχὺ δ' ἐχώρει διὰ πάντων τὸ δέος ἤδη παρούσης²² εἰς Πτολεμαΐδα τῆς στρατιᾶς.

188 2. Πόλις δ' ἐστὶν²³ αὕτη τῆς Γαλιλαίας παράλιος κατὰ τὸ μέγα πεδίον ἐκτισμένη, περιέχεται δὲ ὄρεσιν ἐκ μὲν τοῦ πρὸς ἀνατολὴν κλίματος ἀπὸ σταδίων ἑξήκοντα τῷ τῆς Γαλιλαίας, ἀπὸ δὲ τοῦ μεσημβρινοῦ τῷ Καρμήλῳ διέχοντι σταδίους ἑκατὸν εἴκοσι, τῷ δ' ὑψηλοτάτῳ κατ' ἄρκτον, ὃ καλοῦσιν κλίμακα Τυρίων οἱ ἐπιχώριοι· καὶ τοῦτο δὲ σταδίους 189 ἀφέστηκεν ἑκατόν. τοῦ δ' ἄστεος ὅσον ἀπὸ δύο σταδίων ὁ καλούμενος Βήλεος ποταμὸς παραρρεῖ παντάπασιν ὀλίγος, παρ' ᾧ τὸ Μέμνονος μνημεῖόν ἐστιν ἔχον ἐγγὺς αὐτοῦ τόπον ἑκατονταπήχη θαύματος ἄξιον· 190 κυκλοτερὴς μὲν γάρ ἐστιν καὶ κοῖλος, ἀναδίδωσιν δὲ τὴν ὑελίνην ψάμμον, ἣν ὅταν ἐκκενώσῃ πολλὰ πλοῖα προσσχόντα, πάλιν ἀντιπληροῦται τὸ χωρίον, κατασυρόντων μὲν ὥσπερ ἐπίτηδες τότε τῶν ἀνέμων εἰς αὐτὸ τὴν ἔξωθεν ἀργὴν ψάμμον, τοῦ δὲ μετάλλου πᾶσαν εὐθέως μεταβάλλον-191 τος εἰς ὕελον. θαυμασιώτερον δὲ τούτου μοι δοκεῖ τὸ τὴν ὑπερχυθεῖσαν ὕελον ἐκ τοῦ τόπου πάλιν ψάμμον γίνεσθαι εἰκαίαν. τὸ μὲν οὖν χωρίον τοῦτο τοιαύτην εἴληχεν φύσιν.

192 3. Ἰουδαῖοι δὲ μετὰ γυναικῶν καὶ τέκνων ἀθροισθέντες εἰς τὸ πεδίον τὸ πρὸς Πτολεμαΐδι καθικέτευον τὸν Πετρώνιον ὑπὲρ τῶν πατρίων νόμων πρῶτον, ἔπειτα ὑπὲρ αὐτῶν. ὁ δὲ πρός τε τὸ πλῆθος καὶ τὰς δεήσεις ἐνδοὺς τοὺς μὲν ἀνδριάντας καὶ τὰς στρατιὰς ἐν Πτολεμαΐδι 193 λείπει, προελθὼν δὲ εἰς τὴν Γαλιλαίαν καὶ συγκαλέσας τό τε πλῆθος καὶ τοὺς γνωρίμους πάντας εἰς Τιβεριάδα τήν τε Ῥωμαίων διεξῄει

§ 185 = ant. 18, 261; § 192 = ant. 18, 263;
§ 193 = ant. 18, 269.

[21] ἔτι LVRC Na.
[22] γὰρ οὔσης codd.; παρούσης Dindorf cj., Na Niese Thack.
[23] πρόσεστιν ἡ πόλις L¹R¹; πρόσεστι δὲ ἡ πόλις VR²C.

218

nach Gallien verbannt wurde[107]. Denn Agrippa war als Ankläger hinter ihm hergereist und Gajus übergab ihm nun auch die Tetrarchie des Herodes zu seinem bisherigen Besitz. In Gallien, wohin ihm seine Frau in die Verbannung gefolgt war, beschloß Herodes sein Leben.

10. Kapitel

1. 184. Kaiser Gajus forderte das Schicksal in ungeheuerlicher Weise heraus: er wollte als Gott gelten und so angeredet werden[108]; er beraubte die Spitze des Staates ihrer besten Männer und ließ schließlich seine Gottlosigkeit auch auf Judäa übergreifen. Er sandte Petronius mit einem Heer nach Jerusalem und gab den Befehl, im Tempel Standbilder von ihm aufzustellen; falls die Juden das nicht zulassen wollten, solle er alle, die Widerstand leisten, töten und das ganze übrige Volk in die Sklaverei verkaufen. Gott aber blieben diese Befehle nicht gleichgültig. Petronius marschierte bereits mit drei Legionen und vielen syrischen Hilfstruppen von Antiochien gegen Judäa heran. Bei den Juden schenkte der eine Teil den Kriegsgerüchten keinen Glauben, die aber doch daran glaubten, waren völlig ratlos, wie man sich verteidigen solle. Bald aber packte die Furcht das ganze Volk, als nämlich das Heer in Ptolemais anlangte.

2. 188. Diese Stadt ist im Küstengebiet Galiläas am Rande der großen Ebene erbaut. Von Bergen umgeben[109], ist sie nach Osten zu etwa 60 Stadien vom galiläischen Bergland entfernt, nach Süden liegt in einer Entfernung von 120 Stadien der Karmel; bis zu dem höchsten der Berge aber, den die Eingeborenen „tyrische Leiter" nennen, sind es 100 Stadien. Zwei Stadien weit von der Stadt fließt ein ziemlich unbedeutendes Flüßchen, Belaios[110] genannt, vorbei; dort steht der Gedenkstein Memnons[111], in dessen unmittelbarer Nähe sich ein sehr merkwürdiger Platz von 100 Ellen im Durchmesser befindet. Dieser ist rund und hohl, er enthält den Glassand, der, wenn die zahlreichen dort einlaufenden Schiffe ihn weggeführt haben, die Vertiefung wieder auffüllt. Die Winde tragen, wie auf Bestellung, den gewöhnlichen Sand von draußen herbei, die Grube aber verwandelt ihn alsbald in Glas. Wunderbarer als dies noch scheint mir die Tatsache zu sein, daß das aus der Grube überfließende Glas wieder gewöhnlicher Sand wird. Das ist die besondere Eigenart dieses Platzes.

3. 192. Die Juden versammelten sich mit Weib und Kind in der Ebene von Ptolemais und baten Petronius inständig zunächst für die väterlichen Gesetze und dann erst für sich selbst. Im Blick auf ihre große Zahl und ihr Flehen gab er nach, ließ die Standbilder und die Truppen in Ptolemais zurück, reiste nach Galiläa und rief das Volk und alle Vornehmen nach Tiberias zusammen. Dort stellte er ihnen die Macht Roms und die Drohungen des Kaisers vor Augen und versuchte, ihnen zu zeigen, daß ihr Begehren unsinnig sei; hätten doch alle unterworfenen Völkerschaften in ihren Städ-

δύναμιν καὶ τὰς Καίσαρος ἀπειλάς, ἔτι δὲ τὴν ἀξίωσιν ἀπέφαινεν
194 ἀγνώμονα· πάντων γὰρ τῶν ὑποτεταγμένων ἐθνῶν κατὰ πόλιν συγκαθιδρυκότων τοῖς ἄλλοις θεοῖς καὶ τὰς Καίσαρος εἰκόνας τὸ μόνους ἐκείνους ἀντιτάσσεσθαι πρὸς τοῦτο σχεδὸν ἀφισταμένων εἶναι καὶ μεθ' ὕβρεως.
195 4. Τῶν δὲ τὸν νόμον καὶ τὸ πάτριον ἔθος προτεινομένων καὶ ὡς οὐδὲ θεοῦ τι δείκηλον, οὐχ ὅπως ἀνδρός, οὐ κατὰ τὸν ναὸν μόνον ἀλλ' οὐδὲ ἐν εἰκαίῳ τινὶ τόπῳ τῆς χώρας θέσθαι θεμιτὸν εἴη, ὑπολαβὼν ὁ Πετρώνιος «ἀλλὰ μὴν καὶ ἐμοὶ φυλακτέος ὁ τοὐμοῦ δεσπότου νόμος», ἔφη· «παραβὰς γὰρ αὐτὸν καὶ φεισάμενος ὑμῶν ἀπολοῦμαι δικαίως. πολεμήσει δ' ὑμᾶς ὁ πέμψας με καὶ οὐκ ἐγώ· καὶ γὰρ αὐτός, ὥσπερ ὑμεῖς,
196 ἐπιτάσσομαι.» πρὸς ταῦτα τὸ πλῆθος πάντ' ἐβόα πρὸ τοῦ νόμου πάσχειν ἑτοίμως ἔχειν. καταστείλας δ' αὐτῶν ὁ Πετρώνιος τὴν βοήν, «πολεμήσετε,
197 εἶπεν, ἆρα Καίσαρι;» καὶ Ἰουδαῖοι περὶ μὲν Καίσαρος καὶ τοῦ δήμου τῶν Ῥωμαίων δὶς τῆς ἡμέρας θύειν ἔφασαν, εἰ δὲ βούλεται τὰς εἰκόνας ἐγκαθιδρύειν, πρότερον αὐτὸν δεῖν ἅπαν τὸ Ἰουδαίων ἔθνος προθύσασθαι· παρέχειν δὲ σφᾶς αὐτοὺς ἑτοίμους εἰς τὴν σφαγὴν ἅμα
198 τέκνοις καὶ γυναιξίν. ἐπὶ τούτοις θαῦμα καὶ οἶκτος εἰσῄει τὸν Πετρώνιον τῆς τε ἀνυπερβλήτου θρησκείας τῶν ἀνδρῶν καὶ τοῦ πρὸς θάνατον ἑτοίμου παραστήματος. καὶ τότε μὲν ἄπρακτοι διελύθησαν.
199 5. Ταῖς δ' ἑξῆς ἀθρόους τε τοὺς δυνατοὺς κατ' ἰδίαν καὶ τὸ πλῆθος ἐν κοινῷ συλλέγων ποτὲ μὲν παρεκάλει, ποτὲ δὲ συνεβούλευεν, τὸ πλέον μέντοι διηπείλει τήν τε Ῥωμαίων ἐπανατεινόμενος ἰσχὺν καὶ τοὺς Γαΐου
200 θυμοὺς τήν τε ἰδίαν πρὸς τούτοις ἀνάγκην. πρὸς δὲ μηδεμίαν πεῖραν ἐνδιδόντων ὡς ἑώρα καὶ τὴν χώραν κινδυνεύουσαν ἄσπορον μεῖναι, κατὰ γὰρ ὥραν σπόρου πεντήκοντα ἡμέρας ἀργὰ προσδιέτριβεν αὐτῷ τὰ
201 πλήθη, τελευταῖον ἀθροίσας αὐτοὺς καὶ «παρακινδυνευτέον ἐμοὶ μᾶλλον, εἰπών, ἢ γὰρ τοῦ θεοῦ συνεργοῦντος πείσας Καίσαρα σωθήσομαι μεθ' ὑμῶν ἡδέως ἢ παροξυνθέντος ὑπὲρ τοσούτων ἑτοίμως ἐπιδώσω τὴν ἐμαυτοῦ ψυχήν», διαφῆκεν τὸ πλῆθος πολλὰ κατευχομένων αὐτῷ, καὶ παραλαβὼν τὴν στρατιὰν ἐκ τῆς Πτολεμαΐδος ὑπέστρεψεν εἰς τὴν
202 Ἀντιόχειαν. ἔνθεν εὐθέως ἐπέστελλεν Καίσαρι τήν τε ἐμβολὴν τὴν εἰς Ἰουδαίαν ἑαυτοῦ καὶ τὰς ἱκεσίας τοῦ ἔθνους, ὅτι τε, εἰ μὴ βούλεται πρὸς τοῖς ἀνδράσιν καὶ τὴν χώραν ἀπολέσαι, δέοι φυλάττειν τε αὐτοὺς[24]
203 τὸν νόμον καὶ παριέναι[25] τὸ πρόσταγμα. ταύταις ταῖς ἐπιστολαῖς οὐ σφόδρα μετρίως ἀντέγραψεν ὁ Γάιος, ἀπειλῶν Πετρωνίῳ θάνατον, ὅτι τῶν προσταγμάτων αὐτοῦ βραδὺς ὑπηρέτης ἐγίνετο. ἀλλὰ τοὺς μὲν τούτων γραμματοφόρους συνέβη χειμασθῆναι τρεῖς μῆνας ἐν τῇ θαλάσσῃ, τὸν δὲ Γαΐου θάνατον ἄλλοι καταγγέλλοντες εὐπλόουν. ἔφθη γοῦν τὰς περὶ τούτων Πετρώνιος λαβὼν ἐπιστολὰς ἑπτὰ καὶ εἴκοσιν ἡμέραις ἢ τὰς καθ' ἑαυτοῦ.

§ 199 = ant. 18, 276.

[24] αὐτοῖς cod. Lugd., Na Reinach Thack.
[25] παρεῖναι ML¹VRC.

ten mit den anderen Götterstatuen auch Kaiserbilder aufgestellt, sie allein leisteten dagegen Widerstand, und dies komme fast einem Aufstand gleich, der obendrein mit frevelhaftem Sinn verbunden ist.

4. 195. Sie trugen ihm nun das Gesetz und die von den Vätern überkommenen Sitten vor, daß es ihnen nach göttlicher Satzung verboten sei, ein Gottesbild, geschweige denn das Bild eines Menschen aufzustellen, und zwar gelte dies nicht allein im Tempel, sondern an jedem beliebigen Platz des Landes. Petronius antwortete: „Aber auch ich muß doch das Gesetz meines Herrn achten, denn wenn ich es übertrete und euch schone, habe ich mit Recht den Tod zu erwarten. Der mit euch Krieg führen wird, ist der, der mich gesandt hat, nicht ich; denn auch ich stehe, wie ihr, unter Befehl." Darauf begann die ganze Menge zu rufen: „Wir sind bereit, für das Gesetz zu leiden." Petronius brachte ihre Rufe zum Schweigen und fragte: „So wollt ihr also mit dem Kaiser Krieg beginnen?" Die Juden gaben zur Antwort: „Wir opfern für den Kaiser und das Volk der Römer zwei Mal am Tage[112]; will er aber darauf bestehen, die Bildsäulen aufzustellen, so muß er zuvor das ganze jüdische Volk als Opfer darbringen. Wir halten uns samt unseren Frauen und Kindern zur Niedermetzelung bereit." Darauf ergriff Petronius Staunen und Mitleid zugleich, als er die unüberbietbare Gottesfurcht der Männer und ihre todesmutige Entschlossenheit sah. Schließlich gingen sie ohne Ergebnis auseinander.

5. 199. Während der folgenden Tage versammelte er die Angesehenen in großer Zahl für sich, und in öffentlicher Versammlung auch das Volk. Dort gab er gute Ermahnungen und Ratschläge, mehr freilich drohte er, indem er ihnen die römische Macht, die Wutanfälle des Gajus und die eigene Zwangslage vor Augen führte. Als sie keinem Überredungsversuch nachgaben, und er sah, daß das Land in der Gefahr war, ohne Saat zu bleiben, denn zur Zeit der Aussaat hatte das Volk schon 50 Tage untätig bei ihm zugebracht, da versammelte er sie nochmals zum Abschluß und sagte: „Die Gefahr zu tragen ist eher meine Sache: Entweder gelingt es mir, mit Gottes Hilfe den Kaiser zu überreden, dann freue ich mich, mit euch zusammen gerettet zu werden, oder aber er gerät in Zorn, dann bin ich bereit, mein Leben für so viele Menschen hinzugeben." Er entließ die Menge, die viele Segenswünsche für ihn hatte, übernahm sein Heer und kehrte mit ihm von Ptolemais nach Antiochien zurück. Dort gab er sofort dem Kaiser Bericht über den Verlauf seiner judäischen Unternehmung und über die flehentlichen Bitten des Volkes: wolle er nicht außer den Bewohnern auch noch das Land verlieren, so sei es notwendig, daß die Juden ihr Gesetz halten und den Befehl des Kaisers außer Acht lassen. Gajus antwortete auf dieses Schreiben ziemlich ungnädig und bedrohte den Petronius mit dem Tode, weil er seine Befehle nur so zögernd ausführe. Aber es traf sich, daß die Überbringer dieses Briefes drei Monate durch Winterstürme während der Seereise aufgehalten wurden, während andere, die den Tod des Gajus meldeten, gute Fahrt hatten. So erhielt Petronius den Brief mit der Todesnachricht 27 Tage früher als das Schreiben, das die Drohungen gegen ihn enthielt[113].

XI. 1. Γαΐου δὲ ἡγεμονεύσαντος ἔτη τρία καὶ μῆνας ὀκτὼ καὶ δολοφονηθέντος ἁρπάζεται μὲν ὑπὸ τῶν ἐν Ῥώμῃ στρατευμάτων εἰς τὴν ἀρχὴν Κλαύδιος, ἡ δὲ σύγκλητος ἐξηγουμένων τῶν ὑπάτων Σεντίου Σατορνίνου καὶ Πομπωνίου Σεκούνδου τρισὶν ταῖς συμμενούσαις σπείραις ἐπιτρέψασα φυλάττειν τὴν πόλιν εἰς τὸ Καπετώλιον ἠθροίσθη καὶ διὰ τὴν ὠμότητα τὴν Γαΐου Κλαυδίῳ πολεμεῖν ἐψηφίζετο· καταστήσεσθαι γὰρ δι' ἀριστοκρατίας, ὥσπερ οὖν πάλαι διῳκεῖτο, τὴν ἀρχὴν ἢ κρινεῖν ψήφῳ τὸν ἄξιον τῆς ἡγεμονίας. 2. Συνέβη τηνικαῦτα πρὸς ἐπιδημοῦντα τὸν Ἀγρίππαν τήν τε σύγκλητον καλοῦσαν εἰς συμβουλίαν πέμψαι καὶ Κλαύδιον ἐκ τῆς παρεμβολῆς, ὅπως πρὸς ἃ δέοι χρήσιμος αὐτοῖς γένοιτο. κἀκεῖνος συνιδὼν τὸν ἤδη τῇ δυνάμει Καίσαρα πρὸς Κλαύδιον ἄπεισιν. ὁ δ' αὐτὸν πρεσβευτὴν πρὸς τὴν σύγκλητον ἀναπέμπει δηλοῦντα τὴν ἑαυτοῦ προαίρεσιν, ὅτι πρῶτον μὲν ἄκων ὑπὸ τῶν στρατιωτῶν ἁρπαγείη, καὶ οὔτε τὴν ἐκείνων σπουδὴν ἐγκαταλιπεῖν δίκαιον οὔτε ἀσφαλὲς τὴν ἑαυτοῦ τύχην κρίνοι· καὶ γὰρ τὸ τυχεῖν τῆς ἡγεμονικῆς κλήσεως ἐπικίνδυνον εἶναι· ἔπειθ' ὅτι διοικήσει τὴν ἀρχὴν ὥσπερ ἀγαθὸς προστάτης, οὐχ ὡς τύραννος· ἀρκεῖσθαι γὰρ τῇ τιμῇ τῆς προσηγορίας, τὴν δ' ἐφ' ἑκάστῳ τῶν πραγμάτων βουλὴν πᾶσιν ἀποδώσειν. καὶ γὰρ εἰ μὴ φύσει μέτριος ἦν, ἱκανὸν ὑπόδειγμα σωφροσύνης αὐτῷ προκεῖσθαι τὸν Γαΐου θάνατον. 3. Ταῦτ' ἀπήγγειλεν Ἀγρίππας. ἡ δὲ βουλὴ ἀπεκρίνατο καὶ στρατῷ καὶ γνώμαις ἀγαθαῖς πεποιθυῖα δουλείαν ἑκούσιον οὐχ ὑπομενεῖν. καὶ Κλαύδιος ὡς ἤκουσεν τὰ παρὰ τῆς βουλῆς, πάλιν ἔπεμψεν τὸν Ἀγρίππαν ἀπαγγελοῦντα αὐτοῖς ὅτι προδοῦναι μὲν τοὺς εἰς αὐτὸν ὁμονοήσαντας[26] οὐχ ὑπομένοι, πολεμήσειν δ' ἄκων πρὸς οὓς ἥκιστα βούλοιτο. δεῖν μέντοι προαποδειχθῆναι τῷ πολέμῳ χωρίον ἔξω τῆς πόλεως· οὐ γὰρ ὅσιον διὰ τὴν αὐτῶν κακοβουλίαν ὁμοφύλῳ φόνῳ μιαίνεσθαι τὰ τεμένη τῆς πατρίδος. ὁ μὲν οὖν ἀκούσας ταῦτα τοῖς βουλευταῖς ἀπήγγειλεν. 4. Μεταξὺ δὲ τῶν μετὰ τῆς συγκλήτου στρατιωτῶν τις σπασάμενος τὸ ξίφος «ἄνδρες, ἐβόησεν, συστρατιῶται, τί παθόντες ἀδελφοκτονεῖν βουλόμεθα καὶ κατὰ τῶν μετὰ Κλαυδίου συγγενῶν ὁρμᾶν, ἔχοντες μὲν αὐτοκράτορα μηδὲν μεμφθῆναι δυνάμενον, τοσαῦτα δὲ τὰ δίκαια πρὸς οὓς μετὰ τῶν ὅπλων χωρεῖν μέλλομεν;» ταῦτα εἰπὼν διὰ μέσης ὥρμησεν τῆς βουλῆς πάντας τοὺς συστρατιώτας ἐφελκόμενος. οἱ δ' εὐπατρίδαι

§ 204 = ant. 19, 201; § 206 = ant. 19, 236 ff;
§ 207 = ant. 19, 246; § 209 = ant. 19, 242;
§ 211 = ant. 19, 254.

[26] ὁμόσαντας L¹VC; ὁμόσαντας L²R.

11. Kapitel

1. 204. Nach einer Regierungszeit von drei Jahren und acht Monaten[114] fiel Gajus einem vorbereiteten Morde zum Opfer, und Claudius wurde von den Truppen in Rom auf den Thron gezerrt. Der Senat aber übertrug unter Leitung der Konsuln Sentius Saturninus und Pomponius Secundus den Schutz der Stadt den drei treu gebliebenen Kohorten[115] und versammelte sich auf dem Kapitol, wo er auf Grund der Grausamkeit des Gajus den Krieg gegen Claudius beschloß. Er wollte dem Reich eine aristokratische Verfassung geben, so wie es früher verwaltet worden war, oder durch Wahlgang denjenigen feststellen, der der Herrschaft würdig wäre.

2. 206. Da Agrippa zufällig in Rom war, sandte einerseits der Senat nach ihm, um ihn zu einer Beratung einzuladen, andererseits tat Claudius dasselbe von seinem Lager aus: er sollte beiden für ihre Zwecke nützlich sein. Jener sah ein, wer in Wahrheit durch seine Macht schon Kaiser war und begab sich zu Claudius. Er aber sandte ihn nun als Beauftragten zum Senat, um diesem seine Absichten kundzutun: Zunächst sei er gegen seinen Willen von den Soldaten mit Gewalt erhoben worden; ihren Eifer zu enttäuschen halte er nun nicht für richtig, auch scheine ihm seine gegenwärtige günstige Lage noch ungesichert zu sein, denn vom Ruf zur Herrschaft getroffen zu werden bringe allein schon Gefahren mit sich. Im übrigen werde er seine Macht wie ein guter Vorsteher des Staates gebrauchen und nicht wie ein Tyrann. Er begnüge sich mit der Ehre des Kaisertitels, die Entscheidung in allen Staatsangelegenheiten werde er dem Volke überlassen. Selbst wenn er nicht schon durch seine Veranlagung das rechte Maß einhielte, so stehe doch der Tod des Gajus als ein eindrucksvolles Mahnmal zur Mäßigung vor ihm.

3. 209. Diese Botschaft überbrachte Agrippa. Der Senat antwortete, er vertraue auf das Heer und die Klugheit seiner eigenen Beschlüsse, darum werde er keine freiwillige Knechtschaft ertragen. Als Claudius diese Antwort des Senats vernahm, schickte er Agrippa noch einmal mit folgender Botschaft zu ihnen: er seinerseits ertrage es nicht, die zu verraten, die sich einmütig zu ihm bekannt hätten; er werde also höchst ungern gegen die Krieg führen müssen, gegen die er es am wenigsten wollte. Man solle allerdings zuvor außerhalb der Stadt einen Kampfplatz festlegen, denn es sei frevelhaft, wenn um des schlecht beratenen Senats willen die heiligen Bezirke der Vaterstadt durch das Blut der Bürger befleckt würden. Nach Empfang dieser Antwort teilte Agrippa sie den Senatoren mit.

4. 211. Währenddessen zog einer der auf der Seite des Senats stehenden Soldaten das Schwert und rief: „Kameraden, was ist mit uns geschehen, daß wir unsere Brüder morden und gegen Blutsverwandte auf der Seite des Claudius losstürmen wollen, da wir doch einen Herrscher haben, den kein Vorwurf treffen kann und da uns zugleich Recht und Billigkeit fest mit denen verbindet, denen wir bewaffnet entgegentreten sollen?" Nach diesen Worten eilte er mitten durch die Senatsversammlung und zog alle seine Kameraden

παραχρῆμα μὲν πρὸς τὴν ἀπόλειψιν περιδεῶς ἔσχον, αὖθις δ' ὡς ἀποστροφὴ σωτήριος οὐ κατεφαίνετο, τὴν τῶν στρατιωτῶν ὁδὸν
213 ἠπείγοντο πρὸς Κλαύδιον. ὑπήντων δ' αὐτοῖς πρὸ τοῦ τείχους γυμνοῖς τοῖς ξίφεσιν οἱ σφοδρότερον κολακεύοντες τὴν τύχην· κἂν συνέβη κινδυνεῦσαι τοὺς προάγοντας πρὶν γνῶναι τὴν ὁρμὴν τῶν στρατιωτῶν Κλαύδιον, εἰ μὴ προσδραμὼν Ἀγρίππας αὐτῷ τὸ κινδύνευμα τῆς πράξεως ἐδήλωσεν, ὅτι τε εἰ μὴ κατάσχοι τὴν ὁρμὴν τῶν ἐπὶ τοὺς εὐπατρίδας λελυσσηκότων, ἀπολέσας δι' οὓς τὸ κρατεῖν ἐστι περίοπτον ἐρημίας ἔσοιτο βασιλεύς.
214 5. Ταῦτ' ἀκούσας Κλαύδιος κατέσχεν τὰς ὁρμὰς τοῦ στρατιωτικοῦ προσδέχεταί τε τὴν σύγκλητον εἰς τὸ στρατόπεδον καὶ φιλοφρονησάμενος ἔξῄει σὺν αὐτοῖς αὐτίκα θύσων τῷ θεῷ τὰ περὶ τῆς ἡγεμονίας χαριστήρια.
215 καὶ τὸν Ἀγρίππαν εὐθέως ἐδωρεῖτο τῇ πατρῴᾳ βασιλείᾳ πάσῃ προστιθεὶς ἔξωθεν καὶ τὰς ὑπ' Αὐγούστου δοθείσας Ἡρώδῃ Τραχωνῖτιν καὶ Αὐρανῖτιν, χωρὶς δὲ τούτων ἑτέραν βασιλείαν τὴν Λυσανίου καλουμένην.
216 καὶ τῷ μὲν δήμῳ διατάγματι τὴν δωρεὰν ἐδήλου, τοῖς ἄρχουσιν δὲ προσέταξεν ἐγχαράξαντας δέλτοις χαλκαῖς τὴν δόσιν εἰς τὸ Καπετώλιον
217 ἀναθεῖναι· δωρεῖται δ' αὐτοῦ καὶ τὸν ἀδελφὸν Ἡρώδην, ὁ δ' αὐτὸς καὶ γαμβρὸς ἦν Βερνίκῃ συνοικῶν, βασιλείᾳ τῇ Χαλκίδι.
218 6. Ταχέως δ' ὡς ἂν ἐκ τοσαύτης ἀρχῆς πλοῦτος Ἀγρίππᾳ προσέρρει, καὶ τοῖς χρήμασιν αὐτὸς οὐκ εἰς μικρὰ[27] κατεχρήσατο· τηλικοῦτον γὰρ τοῖς Ἱεροσολύμοις περιβαλεῖν ἤρξατο τεῖχος, ἡλίκον ἂν τελεσθὲν
219 ἀνήνυτον Ῥωμαίοις ἐποίησεν τὴν πολιορκίαν. ἀλλ' ἔφθη πρὶν ὑψῶσαι τὸ ἔργον τελευτήσας ἐν Καισαρείᾳ, βεβασιλευκὼς μὲν ἔτη τρία, πρότερον
220 δὲ τῶν τετραρχιῶν τρισὶν ἑτέροις ἔτεσιν ἀφηγησάμενος. καταλείπει δὲ τρεῖς μὲν θυγατέρας ἐκ Κύπρου γεγεννημένας, Βερνίκην καὶ Μαριάμμην καὶ Δρουσίλλαν, υἱὸν δὲ ἐκ τῆς αὐτῆς Ἀγρίππαν. οὗ παντάπασιν ὄντος νηπίου πάλιν τὰς βασιλείας Κλαύδιος ἐπαρχίαν ποιήσας ἐπίτροπον πέμπει Κούσπιον Φᾶδον, ἔπειτα Τιβέριον Ἀλέξανδρον, οἳ μηδὲν παρακι-
221 νοῦντες τῶν ἐπιχωρίων ἐθῶν ἐν εἰρήνῃ τὸ ἔθνος διεφύλαξαν. μετὰ ταῦτα καὶ ὁ βασιλεύων τῆς Χαλκίδος Ἡρώδης τελευτᾷ, καταλιπὼν ἐκ μὲν τῆς ἀδελφιδῆς Βερνίκης δύο παῖδας Βερνικιανόν τε καὶ Ὑρκανόν, ἐκ δὲ τῆς προτέρας Μαριάμμης Ἀριστόβουλον. τεθνήκει δ' αὐτῷ καὶ ἕτερος ἀδελφὸς Ἀριστόβουλος ἰδιώτης καταλιπὼν Ἰωτάπην θυγατέρα.
222 οὗτοι μὲν οὖν ἦσαν, ὡς προεῖπον, Ἀριστοβούλου τοῦ Ἡρώδου παῖδες, Ἀριστόβουλος δὲ καὶ Ἀλέξανδρος ἐκ Μαριάμμης Ἡρώδῃ γεγόνεισαν υἱεῖς, οὓς ὁ πατὴρ ἀνεῖλεν· ἡ δὲ Ἀλεξάνδρου γενεὰ τῆς μεγάλης Ἀρμενίας ἐβασίλευσεν.

§ 215 = ant. 19, 274; § 218 = ant. 19, 326, 351;
§ 219 = ant. 19, 343, 354 ff.; § 221 = ant. 20, 104, vgl. 18, 135.

[27] μακρὰν alle griech. codd., Niese Reinach Thack; μικρὰ Lat (in rebus... exiguis) Hudson Na.

mit sich. Die Senatoren waren im ersten Augenblick durch den Abzug der Soldaten tief bestürzt; da sich aber im Folgenden kein rettender Ausweg zeigte, eilten sie auf demselben Wege wie die Soldaten zu Claudius. Ihnen lief vor der Mauer eine Soldatenhorde mit bloßem Schwert entgegen, die besonders eifrig war, ihr Glück zu machen. Die vordersten Senatoren wären so, bevor noch Claudius etwas vom Übereifer der Soldaten erfuhr, in größte Gefahr geraten, wenn nicht Agrippa zu ihm geeilt wäre und ihn auf die Gefahr der Lage aufmerksam gemacht hätte: Wenn er der Angriffslust der Soldaten, die nach Patrizierblut dürsten, nicht Zügel anlege, dann sei er nachher Herrscher über eine Wüste, da er dann alle Männer verlieren würde, um derentwillen die Herrschaft erst in vollem Glanze erstrahle.

5. 214. Sobald Claudius dies vernahm, gebot er der Angriffslust seiner Soldaten Einhalt, empfing den Senat im Lager, begrüßte ihn freundlich und begab sich dann sofort mit den Senatoren hinaus, um Gott für seine Thronbesteigung Dankopfer zu bringen. Unmittelbar darauf schenkte er dem Agrippa das ganze Herrschaftsgebiet seines Großvaters Herodes und fügte über dessen Grenzen hinaus noch die Trachonitis und Auranitis hinzu, die von Augustus dem Herodes geschenkt worden waren, und schließlich noch ein anderes Land, das sogenannte Königreich des Lysanias[116]. Claudius machte die Schenkung dem Volk durch einen Erlaß bekannt, seinen Beamten aber gab er den Auftrag, diese Übertragung auf ehernen Tafeln eingraben zu lassen und diese auf dem Kapitol aufzustellen. Auch Herodes, den Bruder des Agrippa[117], der zugleich als Gatte der Berenike sein Schwiegersohn war, beschenkte er mit dem Königreich Chalkis[118].

6. 218. Schon nach kurzer Zeit flossen dem Agrippa aus diesem so großen Herrschaftsgebiet beträchtliche Mittel zu, und er gab diese Geldsummen nicht für unbedeutende Zwecke aus; denn er begann, um Jerusalem herum eine so starke Mauer zu bauen[119], daß, wäre sie vollendet worden, die Römer die Stadt vergeblich belagert hätten. Aber bevor das Werk in die Höhe wuchs, starb er[120] in Caesarea, nachdem er drei Jahre lang König gewesen war; zuvor hatte er außerdem drei Jahre lang die Tetrarchien verwaltet. Er hinterließ drei Töchter, die ihm seine Gattin Kypros[121] geboren hatte, Berenike, Mariamme und Drusilla[122], außerdem Agrippa, einen Sohn von derselben Mutter. Da dieser noch sehr jung war, verwandelte Claudius die Königreiche wieder in eine Provinz, als Statthalter sandte er dorthin Cuspius Fadus und später Tiberius Alexander[123]. Beide konnten in Ruhe über das Volk herrschen, weil sie seine ihm eigentümlichen Sitten nicht verletzten. Später starb auch Herodes, der König von Chalkis; er hinterließ von seiner Brudertochter Berenike zwei Söhne, Bernikianos und Hyrkanos, von seiner früheren Frau Mariamme jedoch einen Sohn namens Aristobulos. Noch ein anderer Bruder des Agrippa starb, der im Privatstand lebende Aristobulos, der eine Tochter Jotape[124] zurückließ. Das waren also, wie gesagt, die Söhne des Aristobulos, des Sohnes des Herodes; Aristobulos und Alexander waren die beiden Söhne, die Mariamme dem Herodes geschenkt hatte, welche der Vater töten ließ. Die Nachkommenschaft Alexanders bekam die Königsherrschaft über Großarmenien[125].

223 XII. 1. Μετὰ δὲ τὴν Ἡρώδου τελευτήν, ὃς ἦρχε τῆς Χαλκίδος, καθίστησιν Κλαύδιος εἰς τὴν βασιλείαν τοῦ θείου τὸν Ἀγρίππαν υἱὸν Ἀγρίππα· τῆς δ' ἄλλης ἐπαρχίας διαδέχεται τὴν ἐπιτροπὴν ἀπὸ Ἀλεξάνδρου Κουμανός, ἐφ' οὗ θόρυβοί τε ἤρξαντο καὶ φθορὰ πάλιν Ἰουδαίων
224 ἐγένετο. συνεληλυθότος γὰρ τοῦ πλήθους ἐπὶ τὴν ἑορτὴν τῶν ἀζύμων εἰς Ἱεροσόλυμα καὶ τῆς Ῥωμαϊκῆς σπείρας ὑπὲρ τὴν τοῦ ἱεροῦ στοὰν ἐφεστώσης, ἔνοπλοι δ' ἀεὶ τὰς ἑορτὰς παραφυλάττουσιν, ὡς μή τι νεωτερίζοι τὸ πλῆθος ἠθροισμένον, εἷς τις τῶν στρατιωτῶν ἀνασυράμενος τὴν ἐσθῆτα καὶ κατακύψας ἀσχημόνως προσαπέστρεψεν τοῖς Ἰουδαίοις
225 τὴν ἕδραν καὶ τῷ σχήματι φωνὴν ὁμοίαν ἐπεφθέγξατο. πρὸς τοῦτο ἅπαν μὲν τὸ πλῆθος ἠγανάκτησεν, καὶ κατεβόων τοῦ Κουμανοῦ κολάζειν τὸν στρατιώτην, οἱ δὲ ἧττον νήφοντες τῶν νέων καὶ τὸ φύσει στασιῶδες ἐκ τοῦ ἔθνους ἐχώρουν ἐπὶ μάχην λίθους τε ἁρπάσαντες ἐπὶ τοὺς
226 στρατιώτας ἔβαλλον. καὶ Κουμανὸς δείσας μὴ τοῦ λαοῦ παντὸς ἐπ' αὐτὸν ὁρμὴ γένοιτο, πλείους ὁπλίτας μεταπέμπεται. τῶν δὲ ταῖς στοαῖς ἐπιχεομένων φόβος ἐμπίπτει τοῖς Ἰουδαίοις ἀκατάσχετος, καὶ τραπέντες
227 ἐκ τοῦ ἱεροῦ διέφευγον εἰς τὴν πόλιν. τοσαύτη δὲ περὶ τὰς ἐξόδους βία συνωθουμένων ἐγένετο, ὥστε πατηθέντας ὑπ' ἀλλήλων καὶ συντριβέντας ὑπὲρ τρισμυρίους[28] ἀποθανεῖν, γενέσθαι δὲ τὴν ἑορτὴν πένθος μὲν ὅλῳ τῷ ἔθνει θρῆνον δὲ καθ' ἑκάστην οἰκίαν.

228 2. Μετελάμβανεν δὲ ταύτην τὴν συμφορὰν ἄλλος λῃστρικὸς θόρυβος. κατὰ γὰρ τὴν Βαιθωρὼ δημοσίαν ὁδὸν Στεφάνου τινὸς δούλου Καίσαρος
229 ἀποσκευὴν κομιζομένην διήρπασαν λῃσταὶ προσπεσόντες. Κουμανὸς δὲ περιπέμψας τοὺς ἐκ τῶν πλησίον κωμῶν δεσμώτας ἐκέλευσεν ἀνάγεσθαι πρὸς αὐτόν, ἐπικαλῶν ὅτι μὴ διώξαντες τοὺς λῃστὰς συλλάβοιεν. ἔνθα τῶν στρατιωτῶν τις εὑρὼν ἔν τινι κώμῃ τὸν ἱερὸν νόμον διέρρηξέν τε
230 τὸ βιβλίον καὶ εἰς πῦρ κατέβαλεν. Ἰουδαῖοι δὲ ὡς ὅλης αὐτοῖς τῆς χώρας καταφλεγείσης συνεχύθησαν, καὶ καθάπερ ὀργάνῳ τινὶ τῇ δεισιδαιμονίᾳ συνελκόμενοι πρὸς ἓν κήρυγμα πάντες εἰς Καισάρειαν ἐπὶ Κουμανὸν συνέδραμον ἱκετεύοντες τὸν οὕτως εἰς τὸν θεὸν καὶ τὸν νόμον
231 αὐτῶν ἐξυβρίσαντα μὴ περιιδεῖν ἀτιμώρητον. ὁ δέ, οὐ γὰρ ἠρέμει[29] τὸ πλῆθος, εἰ μὴ τύχοι παραμυθίας, ἠξίου[30] τε προάγειν τὸν στρατιώτην καὶ διὰ μέσων τῶν αἰτιωμένων ἀπαχθῆναι τὴν ἐπὶ θανάτῳ κελεύει. καὶ Ἰουδαῖοι μὲν ἀνεχώρουν.

232 3. Αὖθις δὲ Γαλιλαίων καὶ Σαμαρέων γίνεται συμβολή. κατὰ γὰρ Γήμαν καλουμένην κώμην, ἥτις ἐν τῷ μεγάλῳ πεδίῳ κεῖται τῆς Σαμαρείτιδος, πολλῶν ἀναβαινόντων Ἰουδαίων ἐπὶ τὴν ἑορτὴν ἀναιρεῖταί

§ 225 = ant. 20, 108; § 231 = ant. 20, 117.

[28] τοὺς μυρίους LVRC Na; [δύο μυριάδας ant. 20,112], τρισμυρίους PAM Lat; τρεῖς μυριάδας Euseb hist. eccl. 2, 19, 1; Na XXXI behauptet fälschlich, PAM läsen τρισχιλίους.
[29] ἠρεμήσειν LVRC Lat Na.
[30] συνιδὼν ἠξίου LVRC Na Reinach. Thack bietet den Text nach Niese, übersetzt aber nach Reinach.

12. Kapitel

1. 223. Nach dem Tode des Herodes, des Herrschers von Chalkis setzte Claudius Agrippa, den Sohn des Agrippa, in die Herrschaft des Onkels ein. Für den übrigen Teil der Provinz folgte in der Statthalterschaft auf Alexander Cumanus, unter dem Unruhen ausbrachen und das Blutvergießen bei den Juden erneut einsetzte. Als sich nämlich die Menge zum Fest der ungesäuerten Brote in Jerusalem versammelt und die römische Kohorte auf dem Dach der Säulenhalle um das Heiligtum Aufstellung genommen hatte — an den Festtagen bewachen sie immer in voller Bewaffnung das versammelte Volk, damit es keinen Aufstand beginne —, da erhob ein Soldat sein Gewand, bückte sich und kehrte in unanständiger Weise den Juden das Gesäß zu, zugleich gab er einen Laut von sich, der dieser Haltung entsprach. Darüber geriet das ganze Volk in hellen Zorn und forderte mit Geschrei von Cumanus die Bestrafung des Soldaten; einige junge Männer, die zu wenig beherrscht waren und andere aus dem Volk, die von Natur zum Aufstand neigten schritten zum Kampf, hoben Steine auf und begannen, auf die Soldaten zu werfen. Cumanus fürchtete nun, das ganze Volk wolle ihn angreifen; er ließ daher noch mehr schwerbewaffnete anrücken. Als sich diese in die Hallen ergossen, befiel die Juden ein unwiderstehliches Erschrecken; sie wandten sich um und versuchten, aus dem Heiligtum in die Stadt zu fliehen. Die Gewalt der sich an den Ausgängen zusammendrängenden Masse war so groß, daß sie sich untereinander niedertraten und erdrückten, wobei 30 000 getötet wurden. So brachte das Fest Trauer über das ganze Volk und Totenklage in jede Familie.

2. 228. Auf dieses Unglück folgte eine andere Aufregung, die durch Räuber hervorgerufen wurde. Denn auf der Landstraße bei Bethhoron[126] fielen Räuber über das Gepäck eines kaiserlichen Sklaven mit Namen Stephanus her und raubten es. Cumanus sandte eine Abteilung aus und gab den Befehl, die Bewohner der umliegenden Dörfer gefangen zu nehmen und vor ihn zu bringen; er machte ihnen den Vorwurf, die Räuber nicht verfolgt und festgenommen zu haben. Bei dieser Gelegenheit fand nun ein Soldat in einem der Dörfer das heilige Gesetz, er zerriß die Rolle und warf sie ins Feuer[127]. Die Juden gerieten darüber so außer Fassung, als stünde ihr ganzes Land in Flammen und von ihrem Gotteseifer wie durch mechanische Gewalt getrieben, strömten sie alle auf die erste Kunde von dem Vorfall hin in Caesarea bei Cumanus zusammen und flehten inständig, er solle doch ja den, der Gott und ihr Gesetz so geschändet habe, nicht ungestraft davonkommen lassen. Da das Volk ohne Genugtuung keine Ruhe gegeben hätte, so befahl Cumanus, den Soldaten herzubringen und ihn mitten durch die Reihen seiner Ankläger hindurch zur Hinrichtung abzuführen. Darauf zogen die Juden sich zurück.

3. 232. Ein weiterer Zusammenstoß erfolgte zwischen Galiläern und Samaritanern. Bei dem Dorfe Gema nämlich, das in der großen Ebene Samariens liegt, wurde aus der großen Zahl der Juden, die zum Fest hinauf-

233 τις Γαλιλαῖος. πρὸς τοῦτο πλεῖστοι μὲν ἐκ τῆς Γαλιλαίας συνέδραμον ὡς πολεμήσοντες τοῖς Σαμαρεῦσιν, οἱ γνώριμοι δ' αὐτῶν ἐλθόντες πρὸς Κουμανὸν ἠντιβόλουν πρὶν ἀνηκέστου πάθους εἰς τὴν Γαλιλαίαν διαβάντα τιμωρήσασθαι τοὺς αἰτίους τοῦ φόνου· μόνως γὰρ ἂν οὕτως διαλυθῆναι πρὸ πολέμου τὸ πλῆθος. Κουμανὸς μὲν οὖν ἐν δευτέρῳ τὰς ἐκείνων ἱκεσίας τῶν ἐν χειρὶ πραγμάτων θέμενος ἀπράκτους ἀπέπεμψεν τοὺς ἱκέτας.

234 4. Ἀγγελθὲν δὲ εἰς Ἱεροσόλυμα τὸ πάθος τοῦ πεφονευμένου τὰ πλήθη συνετάραξεν καὶ τῆς ἑορτῆς ἀφέμενοι πρὸς τὴν Σαμάρειαν ἐξώρμων
235 ἀστρατήγητοι καὶ μηδενὶ τῶν ἀρχόντων κατέχοντι πειθόμενοι. τοῦ λῃστρικοῦ δ' αὐτῶν καὶ στασιώδους Δειναίου τις υἱὸς Ἐλεάζαρος καὶ Ἀλέξανδρος ἐξῆρχον, οἳ τοῖς ὁμόροις τῆς Ἀκραβατηνῆς τοπαρχίας προσπεσόντες αὐτούς τε ἀνῄρουν μηδεμιᾶς ἡλικίας φειδὼ ποιούμενοι καὶ τὰς κώμας ἐνεπίμπρασαν.

236 5. Κουμανὸς δὲ ἀναλαβὼν ἀπὸ τῆς Καισαρείας μίαν ἴλην ἱππέων καλουμένην Σεβαστηνῶν ἐξεβοήθει τοῖς πορθουμένοις καὶ τῶν περὶ τὸν
237 Ἐλεάζαρον πολλοὺς μὲν συνέλαβεν, πλείστους δ' ἀπέκτεινεν. πρὸς δὲ τὸ λοιπὸν πλῆθος τῶν πολεμεῖν τοῖς Σαμαρεῦσιν ὡρμημένων οἱ ἄρχοντες τῶν Ἱεροσολύμων ἐκδραμόντες σάκκους ἀμπεχόμενοι καὶ τέφραν τῶν κεφαλῶν καταχέοντες ἱκέτευον ἀναχωρεῖν καὶ μὴ διὰ τὴν εἰς Σαμαρεῖς ἄμυναν ἐπὶ Ἱεροσόλυμα Ῥωμαίους παροξύνειν, ἐλεῆσαί τε τὴν πατρίδα καὶ τὸν ναὸν τέκνα τε καὶ γυναῖκας ἰδίας, ἃ πάντα κινδυνεύειν δι' ἑνὸς
238 ἐκδικίαν Γαλιλαίου παραπολέσθαι. τούτοις πεισθέντες Ἰουδαῖοι διελύθησαν. ἐτράποντο δὲ πολλοὶ πρὸς λῃστείαν διὰ τὴν ἄδειαν, καὶ κατὰ πᾶσαν
239 τὴν χώραν ἁρπαγαί τε ἦσαν καὶ τῶν θρασυτέρων ἐπαναστάσεις. καὶ τῶν Σαμαρέων οἱ δυνατοὶ πρὸς Οὐμμίδιον Κουαδρᾶτον, ὃς ἦν ἡγεμὼν τῆς Συρίας, εἰς Τύρον παραγενόμενοι δίκην τινὰ παρὰ τῶν πορθη-
240 σάντων τὴν χώραν ἠξίουν λαβεῖν. παρόντες δὲ καὶ οἱ γνώριμοι τῶν Ἰουδαίων καὶ ὁ ἀρχιερεὺς Ἰωνάθης υἱὸς Ἀνάνου κατάρξαι μὲν ἔλεγον τῆς ταραχῆς Σαμαρέας διὰ τὸν φόνον, αἴτιον δὲ τῶν ἀποβεβηκότων Κουμανὸν γεγονέναι μὴ θελήσαντα τοὺς αὐθέντας τοῦ σφαγέντος ἐπεξελθεῖν.

241 6. Κουαδρᾶτος δὲ τότε μὲν ἑκατέρους ὑπερτίθεται φήσας, ἐπειδὰν εἰς τοὺς τόπους παραγένηται, διερευνήσειν ἕκαστα, αὖθις δὲ παρελθὼν εἰς Καισάρειαν τοὺς ὑπὸ Κουμανοῦ ζωγρηθέντας ἀνεσταύρωσεν πάντας.
242 ἐκεῖθεν εἰς Λύδδα παραγενόμενος πάλιν διήκουσεν τῶν Σαμαρέων, καὶ μεταπεμψάμενος ὀκτωκαίδεκα τῶν Ἰουδαίων, οὓς ἐπέπυστο μετεσχηκέναι
243 τῆς μάχης, πελέκει διεχειρίσατο· δύο δ' ἑτέρους τῶν δυνατωτάτων καὶ τοὺς ἀρχιερεῖς Ἰωνάθην καὶ Ἀνανίαν τόν τε τούτου παῖδα Ἄνανον καί τινας ἄλλους Ἰουδαίων γνωρίμους ἀνέπεμψεν ἐπὶ Καίσαρα, ὁμοίως
244 δὲ καὶ Σαμαρέων τοὺς ἐπιφανεστάτους. παρήγγειλεν δὲ καὶ Κουμανῷ

§ 236 = ant. 20, 122; § 242 = ant. 20, 130.

228

zogen, ein Galiläer ermordet[128]. Darauf rotteten sich zahlreiche Galiläer zusammen, um gegen die Samaritaner Krieg zu führen. Die Angesehenen unter ihnen eilten jedoch zu Cumanus und baten ihn inständigst, er möchte, bevor ein nicht wieder gutzumachender Schaden entstehe, nach Galiläa herüberkommen und die am Mord Schuldigen bestrafen. Denn so allein könne die Menge, ohne daß es zum Krieg komme, zerstreut werden. Cumanus stellte freilich ihre dringenden Bitten hinter die im Augenblick vorliegenden Geschäfte zurück und schickte die Bittsteller unverrichteter Dinge nach Hause.[129]

4. 234. Als die Kunde von dem traurigen Geschick des Ermordeten in Jerusalem bekannt wurde, gerieten die Massen in Weißglut; sie verließen das Fest, stürmten ohne Führer auf Samarien zu und wenn einer ihrer Volkshäupter sie aufhalten wollte, verweigerten sie den Gehorsam. An die Spitze ihres räuberischen und aufrührerischen Haufens stellte sich ein gewisser Eleazar, Sohn des Dinäus, und Alexander; sie fielen in das an den Bezirk von Akrabatene[130] angrenzende Gebiet ein, mordeten ohne Rücksicht auf das Alter und brannten die Dörfer nieder.

5. 236. Cumanus kam mit einer Reiterschar aus Caesarea, „Sebastener"[131] genannt, den Hartbedrängten zu Hilfe[132], nahm von den Leuten des Eleazar viele gefangen, eine noch größere Zahl tötete er. Zu der übrigen Menge, die zum Kampf gegen die Samaritaner hinausgeeilt war, kamen die führenden Männer aus Jerusalem heraus. Sie waren in Säcke gekleidet, streuten sich Asche auf ihr Haupt und baten flehentlich, sie möchten umkehren und die Römer nicht wegen der Rache an den Samaritanern gegen Jerusalem aufbringen; sie möchten sich doch ihrer Vaterstadt, des Tempels und ihrer eigenen Frauen und Kinder erbarmen. Das alles laufe Gefahr, zugrunde zu gehen, weil man sich für einen einzigen Galiläer rächen wolle. Diesen Vorstellungen gaben die Juden nach und zerstreuten sich. Viele verlegten sich aber auf das Räuberhandwerk[133], weil es ziemlich ungefährlich erschien; über das ganze Land hin ereigneten sich Raubüberfälle, und die Wagemutigsten unternahmen gar offene Empörungsversuche. Auch die Vornehmsten der Samaritaner kamen nach Tyrus zu Ummidius Quadratus[134], dem Statthalter Syriens, und drängten auf Bestrafung derer, die ihr Land verwüstet hatten. Es stellten sich aber auch die Führer der Juden und der Hohepriester Jonathan[135], Sohn des Ananos, ein und bezeichneten die Samaritaner wegen des von ihnen begangenen Mordes als Urheber der Unruhen. Für den weiteren Verlauf sei jedoch Cumanus verantwortlich, der es unterlassen habe, die Mörder zu bestrafen.

6. 241. Quadratus vertröstete nun beide Teile, indem er erklärte, wenn er in die Gegend komme, werde er alles genau untersuchen; als er darauf nach Caesarea kam, ließ er alle von Cumanus gefangenen Juden kreuzigen. Von dort reiste er nach Lydda und verhörte die Samaritaner erneut; auch ließ er achtzehn[136] Juden, deren Teilnahme am Kampf er erfahren hatte, durchs Beil hinrichten. Zwei andere Juden in hoher Stellung, die Hohenpriester Jonathan und Ananias, dessen Sohn Ananos sowie einige andere vornehme Juden sandte er zum Kaiser, ebenso die angesehensten

καὶ Κέλερι τῷ χιλιάρχῳ πλεῖν ἐπὶ Ῥώμης δώσοντας Κλαυδίῳ λόγον ὑπὲρ τῶν γεγενημένων. ταῦτα διαπραξάμενος ἀπὸ Λύδδων ἀνέβαινεν εἰς Ἱεροσόλυμα, καὶ καταλαβὼν τὸ πλῆθος ἄγον τὴν τῶν ἀζύμων ἑορτὴν ἀθορύβως εἰς Ἀντιόχειαν ἐπανῄει.

245 7. Κατὰ δὲ τὴν Ῥώμην Καῖσαρ ἀκούσας Κουμανοῦ καὶ Σαμαρέων, παρῆν δὲ καὶ Ἀγρίππας ἐκθύμως ὑπεραγωνιζόμενος Ἰουδαίων ἐπειδὴ καὶ Κουμανῷ πολλοὶ τῶν δυνατῶν παρίσταντο, Σαμαρέων μὲν καταγνοὺς τρεῖς ἀνελεῖν προσέταξεν τοὺς δυνατωτάτους, Κουμανὸν δὲ ἐφυγάδευσεν.
246 Κέλερα δὲ δεσμώτην ἀναπέμψας εἰς Ἱεροσόλυμα παραδοθῆναι Ἰουδαίοις πρὸς αἰκίαν ἐκέλευσεν καὶ περισυρέντα τὴν πόλιν οὕτω τὴν κεφαλὴν ἀποκοπῆναι.
247 8. Μετὰ ταῦτα Ἰουδαίας μὲν ἐπίτροπον Φήλικα τὸν Πάλλαντος ἀδελφὸν ἐκπέμπει τῆς τε Σαμαρείας καὶ Γαλιλαίας καὶ Περαίας, ἐκ δὲ τῆς Χαλκίδος Ἀγρίππαν εἰς μείζονα βασιλείαν μετατίθησιν, δοὺς αὐτῷ τήν τε Φιλίππου γενομένην ἐπαρχίαν, αὕτη δ᾽ ἦν Τραχωνῖτις καὶ Βατανέα καὶ Γαυλανῖτις, προσέθηκεν δὲ τήν τε Λυσανίου βασιλείαν καὶ τὴν
248 Οὐάρου γενομένην τετραρχίαν. αὐτὸς δὲ διοικήσας τὴν ἡγεμονίαν ἔτεσι τρισκαίδεκα, πρὸς δὲ μησὶν ὀκτὼ καὶ εἴκοσιν ἡμέραις τελευτᾷ καταλιπὼν
249 Νέρωνα τῆς ἀρχῆς διάδοχον, ὃν ταῖς Ἀγριππίνης τῆς γυναικὸς ἀπάταις ἐπὶ κληρονομίᾳ τῆς ἀρχῆς εἰσεποιήσατο καίπερ υἱὸν ἔχων γνήσιον Βρεττανικὸν ἐκ Μεσσαλίνης τῆς προτέρας γυναικὸς καὶ Ὀκταουίαν θυγατέρα τὴν ὑπ᾽ αὐτοῦ ζευχθεῖσαν Νέρωνι· γεγόνει δ᾽ αὐτῷ καὶ ἐκ Παιτίνης Ἀντωνία.

250 XIII. 1. Ὅσα μὲν οὖν Νέρων δι᾽ ὑπερβολὴν εὐδαιμονίας τε καὶ πλούτου παραφρονήσας ἐξύβρισεν εἰς τὴν τύχην, ἢ τίνα τρόπον τόν τε ἀδελφὸν καὶ τὴν γυναῖκα καὶ τὴν μητέρα διεξῆλθεν, ἀφ᾽ ὧν ἐπὶ
251 τοὺς εὐγενεστάτους μετήνεγκεν τὴν ὠμότητα, καὶ ὡς τελευταῖον ὑπὸ φρενοβλαβείας ἐξώκειλεν εἰς σκηνὴν καὶ θέατρον, ἐπειδὴ δι᾽ ὄχλου πᾶσίν ἐστιν, παραλείψω, τρέψομαι δὲ ἐπὶ τὰ Ἰουδαίοις κατ᾽ αὐτὸν γενόμενα.
252 2. Τὴν μὲν οὖν μικρὰν Ἀρμενίαν δίδωσιν βασιλεύειν Ἀριστοβούλῳ τῷ Ἡρώδου, τῇ δ᾽ Ἀγρίππα βασιλείᾳ τέσσαρας πόλεις προστίθησιν σὺν ταῖς τοπαρχίαις, Ἄβελα μὲν καὶ Ἰουλιάδα κατὰ τὴν Περαίαν, Ταριχέας δὲ καὶ Τιβεριάδα τῆς Γαλιλαίας, εἰς δὲ τὴν λοιπὴν Ἰουδαίαν
253 Φήλικα κατέστησεν ἐπίτροπον. οὗτος τόν τε ἀρχιλῃστὴν Ἐλεάζαρον ἔτεσιν εἴκοσι τὴν χώραν λῃσάμενον καὶ πολλοὺς τῶν σὺν αὐτῷ ζωγρήσας ἀνέπεμψεν εἰς Ῥώμην· τῶν δ᾽ ἀνασταυρωθέντων ὑπ᾽ αὐτοῦ λῃστῶν καὶ τῶν ἐπὶ κοινωνίᾳ φωραθέντων δημοτῶν οὓς ἐκόλασεν, ἄπειρόν τι πλῆθος ἦν.

§ 248 = ant. 20, 148; § 252 = ant. 20, 158.

Samaritaner. Er gab aber auch dem Cumanus und dem Obersten Celer den Befehl, nach Rom zu gehen, um dem Claudius über das Vorgefallene Rechenschaft zu geben. Als er das erledigt hatte, reiste er von Lydda nach Jerusalem herauf, traf die Menge bei der Feier der ungesäuerten Brote[137] in voller Ruhe an und kehrte nach Antiochien zurück.

7. 245. In Rom hörte der Kaiser Cumanus und die Samaritaner an; es war aber auch Agrippa anwesend, der sich mit großem Eifer für die Juden einsetzte[138], während Cumanus bei vielen der vornehmsten Römer Beistand fand. Die Samaritaner erklärte er als schuldig und befahl, die drei einflußreichsten hinzurichten, den Cumanus schickte er in die Verbannung. Den Celer sandte er gefesselt nach Jerusalem, ließ ihn den Juden zur Peinigung ausliefern, er solle durch die Stadt geschleppt und dann enthauptet werden.

8. 247. Danach sandte er Felix[139], den Bruder des Pallas, als Statthalter Judäas sowie Samarias, Galiläas und Peräas ab. Den König Agrippa, der bisher die Chalkis beherrscht hatte, setzte er in ein größeres Königreich ein; er übergab ihm nämlich das Gebiet, das Philippus besessen hatte, das heißt Trachonitis, Batanea und Gaulanitis, weiter fügte er das Königreich des Lysanias und die ehemalige Tetrarchie des Varus[140] hinzu. Nach einer Regierungszeit von 13 Jahren, 8 Monaten und 20 Tagen starb Claudius[141]; als Thronnachfolger hinterließ er Nero, den er auf Grund der Ränke seiner Gattin Agrippina als zukünftigen Erben der kaiserlichen Macht adoptiert hatte, obgleich er von seiner ersten Frau Messalina einen leiblichen Sohn, Britannicus, besaß, dazu eine Tochter mit Namen Octavia, die er mit Nero vermählt hatte; von der Petina war ihm auch Antonia geboren worden.

13. Kapitel

1. 250. All das, was Nero, im Übermaß des Glücks und Reichtums vom Größenwahn ergriffen, beging, um gegen die Macht des Schicksals zu freveln, auf welche Weise er der Reihe nach Bruder, Frau und Mutter ermorden ließ, und wie er seiner hier gezeigten Grausamkeit auch die Edelsten des Reiches opferte, daß er sich in seinem Irrsinn schließlich auf Bühne und Theater verirrte, dies alles will ich als allgemein bekannt übergehen und mich dafür den Ereignissen in Judäa während seiner Regierungszeit zuwenden.

2. 252. Die Herrschaft über Kleinarmenien übertrug er an Aristobulos, den Sohn des Herodes[142]; dem Königreich Agrippas fügte er vier Städte samt ihrem Hinterland hinzu: Abila und Julias in Peräa, Tarichea[143] und Tiberias in Galiläa. Für das übrige Gebiet, die Provinz Judäa, bestätigte er Felix als Statthalter. Dieser fing den Räuberhauptmann Eleazar[144], der 20 Jahre lang das Land heimgesucht hatte, lebendig mit vielen seiner Spießgesellen und sandte sie nach Rom. Die Zahl der von ihm gekreuzigten Räuber und der Einwohner, denen eine Verbindung mit diesen nachgewiesen werden konnte und die er darum bestrafte, stieg ins Ungeheure.

3. Καθαρθείσης δὲ τῆς χώρας ἕτερον εἶδος λῃστῶν ἐν Ἱεροσολύμοις ἐπεφύετο, οἱ καλούμενοι σικάριοι, μεθ' ἡμέραν καὶ ἐν μέσῃ τῇ πόλει φονεύοντες ἀνθρώπους, μάλιστα [δὲ] ἐν ταῖς ἑορταῖς μισγόμενοι τῷ πλήθει καὶ ταῖς ἐσθῆσιν ὑποκρύπτοντες μικρὰ ξιφίδια, τούτοις ἔνυττον τοὺς διαφόρους, ἔπειτα πεσόντων μέρος ἐγίνοντο τῶν ἐπαγανακτούντων οἱ πεφονευκότες, διὸ καὶ παντάπασιν ὑπὸ ἀξιοπιστίας ἦσαν ἀνεύρετοι. πρῶτος μὲν οὖν ὑπ' αὐτῶν Ἰωνάθης ὁ ἀρχιερεὺς ἀποσφάττεται, μετὰ δ' αὐτὸν καθ' ἡμέραν ἀνῃροῦντο πολλοί· καὶ τῶν συμφορῶν ὁ φόβος ἦν χαλεπώτερος, ἑκάστου καθάπερ ἐν πολέμῳ καθ' ὥραν τὸν θάνατον προσδεχομένου. προεσκοποῦντο δὲ πόρρωθεν τοὺς διαφόρους, καὶ οὐδὲ τοῖς φίλοις προσιοῦσιν πίστις ἦν, ἐν μέσαις δὲ ταῖς ὑπονοίαις καὶ ταῖς φυλακαῖς ἀνῃροῦντο· τοσοῦτον τῶν ἐπιβουλευόντων τὸ τάχος ἦν καὶ τοῦ λαθεῖν ἡ τέχνη.

4. Συνέστη δὲ πρὸς τούτοις στῖφος ἕτερον πονηρῶν χειρὶ μὲν καθαρώτερον, ταῖς γνώμαις δὲ ἀσεβέστερον, ὅπερ οὐδὲν ἧττον τῶν σφαγέων τὴν εὐδαιμονίαν τῆς πόλεως ἐλυμήνατο. πλάνοι γὰρ ἄνθρωποι καὶ ἀπατεῶνες προσχήματι θειασμοῦ νεωτερισμοὺς καὶ μεταβολὰς πραγματευόμενοι δαιμονᾶν τὸ πλῆθος ἔπειθον καὶ προῆγον εἰς τὴν ἐρημίαν ὡς ἐκεῖ τοῦ θεοῦ δείξοντος αὐτοῖς σημεῖα ἐλευθερίας. ἐπὶ τούτοις Φῆλιξ, ἐδόκει γὰρ ἀποστάσεως εἶναι καταβολή, πέμψας ἱππεῖς καὶ πεζοὺς ὁπλίτας πολὺ πλῆθος διέφθειρεν.

5. Μείζονι δὲ τούτου πληγῇ Ἰουδαίους ἐκάκωσεν ὁ Αἰγύπτιος ψευδοπροφήτης· παραγενόμενος γὰρ εἰς τὴν χώραν ἄνθρωπος γόης καὶ προφήτου πίστιν ἐπιθεὶς ἑαυτῷ περὶ τρισμυρίους μὲν ἀθροίζει τῶν ἠπατημένων, περιαγαγὼν[31] δὲ αὐτοὺς ἐκ τῆς ἐρημίας εἰς τὸ ἐλαιῶν καλούμενον ὄρος ἐκεῖθεν οἷός τε ἦν εἰς Ἱεροσόλυμα παρελθεῖν βιάζεσθαι καὶ κρατήσας τῆς τε Ῥωμαϊκῆς φρουρᾶς καὶ τοῦ δήμου τυραννεῖν χρώμενος τοῖς συνεισπεσοῦσιν δορυφόροις. φθάνει δ' αὐτοῦ τὴν ὁρμὴν Φῆλιξ ὑπαντήσας μετὰ τῶν Ῥωμαϊκῶν ὁπλιτῶν, καὶ πᾶς ὁ δῆμος συνεφήψατο τῆς ἀμύνης, ὥστε συμβολῆς γενομένης τὸν μὲν Αἰγύπτιον φυγεῖν μετ' ὀλίγων, διαφθαρῆναι δὲ καὶ ζωγρηθῆναι πλείστους τῶν σὺν αὐτῷ, τὸ δὲ λοιπὸν πλῆθος σκεδασθὲν ἐπὶ τὴν ἑαυτῶν ἕκαστον διαλαθεῖν.

6. Κατεσταλμένων δὲ καὶ τούτων ὥσπερ ἐν νοσοῦντι σώματι πάλιν ἕτερον μέρος ἐφλέγμαινεν. οἱ γὰρ γόητες καὶ λῃστρικοὶ συναχθέντες πολλοὺς εἰς ἀπόστασιν ἐνῆγον καὶ πρὸς ἐλευθερίαν παρεκρότουν θάνατον ἐπιτιμῶντες τοῖς πειθαρχοῦσιν τῇ Ῥωμαίων ἡγεμονίᾳ καὶ πρὸς βίαν ἀφαιρήσεσθαι λέγοντες τοὺς ἑκουσίως δουλεύειν προαιρουμένους. μεριζόμενοι δὲ εἰς τὴν χώραν κατὰ λόχους διήρπαζόν τε τὰς τῶν δυνατῶν οἰκίας καὶ αὐτοὺς ἀνῄρουν καὶ τὰς κώμας ἐνεπίμπρασαν, ὥστε τῆς

§ 256 = ant. 20, 163; § 260 = ant. 20, 168;
§ 265 = ant. 20, 172.

[31] προαγαγών Dindorf Na.

3. 254. Kaum war das Land gesäubert, da wuchs in Jerusalem eine neue Gattung von Räubern empor, die sogenannten Sikarier[145]. Am hellichten Tag und mitten in der Stadt mordeten sie Menschen, besonders an den Festen mischten sie sich unter die Menge und stachen mit kleinen Dolchen, die sie unter ihren Kleidern verborgen hatten, ihre Gegner nieder. Brachen diese dann zusammen, so verwandelten sich die Mörder in einen Teil der aufgebrachten Menge, schienen sie doch allenthalben auf Grund ihrer Biederkeit völlig unverdächtig. Ihr erstes Opfer war der Hohepriester Jonathan[146], nach ihm wurden täglich viele umgebracht; aber noch schlimmer als die Mordfälle selbst war die Furcht davor, denn jeder erwartete, wie im Krieg, stündlich seinen Tod. Man erspähte schon von ferne die etwaigen Gegner, und auch den Freunden, die herantraten, traute man nicht mehr; trotz allen Argwohns und aller Vorsichtsmaßnahmen geschahen Morde, so rasch handelten die Meuchelmörder und so wohl verstanden sie, verborgen zu bleiben.

4. 258. Außerdem bildete sich eine weitere Bande von nichtswürdigen Menschen, deren Hände zwar reiner, deren Gesinnung aber um so gottloser waren, die nicht weniger als die Meuchelmörder zur Zerstörung des Glückes der Stadt beitrugen. Sie waren nämlich Schwarmgeister und Betrüger, die unter dem Vorwand göttlicher Eingebung Unruhe und Aufruhr hervorriefen und die Menge durch ihr Wort in dämonische Begeisterung versetzten. Schließlich führten sie das Volk in die Wüste hinaus[147], dort wolle ihnen Gott Wunderzeichen zeigen, die die Freiheit ankündigen. Auf Felix machte dies den Eindruck, als handle es sich um den ersten Schritt zum Aufruhr, er sandte deshalb Reiter und Schwerbewaffnete aus und ließ eine große Menschenmenge töten.

5. 261. Einen noch größeren Schaden fügte den Juden der falsche Prophet aus Ägypten[148] zu. Es kam nämlich ein betrügerischer Wundertäter ins Land, der sich selbst für einen Propheten ausgab und 30 000 Opfer seines Betruges um sich sammelte. Er führte sie auf Umwegen von der Wüste auf den sogenannten Ölberg, von dort hätte er mit Hilfe seiner bewaffneten Begleiter gewaltsam in Jerusalem eindringen, die römische Besatzung überrumpeln und sich zum Herrscher über das Volk aufwerfen können. Felix aber kam seinem Angriff zuvor und trat ihm mit den römischen Soldaten entgegen; auch das ganze Volk beteiligte sich an der Abwehr, so daß der Ägypter in dem folgenden Gefecht zwar mit Wenigen entfliehen konnte, die meisten seiner Anhänger aber getötet oder gefangen wurden. Der Rest zerstreute sich und jeder suchte sich zu Hause zu verbergen.

6. 264. Als auch hier Ruhe geschaffen worden war, trat die Entzündung, wie in einem kranken Körper, an anderer Stelle wieder auf. Denn die Wundertäter und Räuber schlossen sich zusammen, verführten viele zum Abfall und ermutigten sie zum Freiheitskampf; diejenigen, die der römischen Herrschaft weiterhin gehorchen wollten, bedrohten sie mit dem Tode und behaupteten, man müsse die, die freiwillig die Knechtschaft vorziehen, mit Gewalt befreien. Sie verteilten sich in einzelnen Banden über das Land, raubten die Häuser der Vornehmen aus, töteten diese selbst und

ἀπονοίας αὐτῶν πᾶσαν τὴν Ἰουδαίαν ἀναπίμπλασθαι. καὶ οὗτος μὲν ὁ πόλεμος καθ᾽ ἡμέραν ἀνερριπίζετο³².

266 7. Ἑτέρα δὲ ταραχὴ συνίσταται περὶ Καισάρειαν τῶν ἀναμεμιγμένων Ἰουδαίων πρὸς τοὺς ἐν αὐτῇ Σύρους στασιασάντων. οἱ μὲν γὰρ ἠξίουν σφετέραν εἶναι τὴν πόλιν Ἰουδαῖον γεγονέναι τὸν κτίστην αὐτῆς λέγοντες· ἦν δὲ Ἡρώδης ὁ βασιλεύς· οἱ δὲ ἕτεροι τὸν οἰκιστὴν μὲν προσωμολόγουν Ἰουδαῖον, αὐτὴν μέντοι γε τὴν πόλιν Ἑλλήνων ἔφασαν· οὐ γὰρ ἂν ἀνδριάντας καὶ ναοὺς ἐγκαθιδρῦσαι Ἰουδαίοις αὐτὴν ἀνατι-
267 θέντα. διὰ ταῦτα δὲ ἠμφισβήτουν ἑκάτεροι· προῄει δ᾽ αὐτοῖς τὸ φιλόνεικον εἰς ὅπλα καὶ καθ᾽ ἡμέραν οἱ θρασύτεροι παρ᾽ ἀμφοῖν προεπήδων ἐπὶ μάχην· οὔτε γὰρ Ἰουδαίων οἱ γεραιοὶ τοὺς ἰδίους στασιαστὰς κατέχειν οἷοί τε ἦσαν καὶ τοῖς Ἕλλησιν αἶσχος ἐδόκει Ἰουδαίων
268 ἐλαττοῦσθαι. προεῖχον δ᾽ οἱ μὲν πλούτῳ καὶ σωμάτων ἀλκῇ, τὸ δὲ Ἑλληνικὸν τῇ παρὰ τῶν στρατιωτῶν ἀμύνῃ· τὸ γὰρ πλέον Ῥωμαίοις τῆς ἐκεῖ δυνάμεως ἐκ Συρίας ἦν κατειλεγμένον καὶ καθάπερ συγγενεῖς
269 ἦσαν πρὸς τὰς βοηθείας ἕτοιμοι. τοῖς γε μὴν ἐπάρχοις φροντὶς ἦν ἀναστέλλειν τὴν ταραχὴν καὶ τοὺς μαχιμωτέρους ἀεὶ συλλαμβάνοντες ἐκόλαζον μάστιξι καὶ δεσμοῖς. οὐ μὴν τὰ πάθη τῶν συλλαμβανομένων ἐνεποίει τοῖς καταλειπομένοις ἀνακοπὴν ἢ δέος, ἀλλ᾽ ἔτι μᾶλλον
270 παρωξύνοντο πρὸς τὴν στάσιν. νικῶντας δέ ποτε τοὺς Ἰουδαίους προελθὼν εἰς τὴν ἀγορὰν ὁ Φῆλιξ μετ᾽ ἀπειλῆς ἐκέλευσεν ἀναχωρεῖν. τῶν δὲ μὴ πειθομένων ἐπιπέμψας τοὺς στρατιώτας ἀναιρεῖ συχνούς, ὧν διαρπαγῆναι συνέβη καὶ τὰς οὐσίας. μενούσης δὲ τῆς στάσεως ἐπιλέξας ἑκατέρωθεν τοὺς γνωρίμους ἔπεμψεν πρέσβεις ἐπὶ Νέρωνα διαλεξομένους περὶ τῶν δικαίων.

271 XIV. 1. Διαδεξάμενος δὲ παρὰ τούτου τὴν ἐπιτροπὴν ὁ Φῆστος τὸ μάλιστα λυμαινόμενον τὴν χώραν ἐπεξῄει· τῶν γοῦν λῃστῶν συνέλαβέν
272 τε πλείστους καὶ διέφθειρεν οὐκ ὀλίγους. ἀλλ᾽ οὐχ ὁ μετὰ Φῆστον Ἀλβῖνος τὸν αὐτὸν τρόπον ἐξηγήσατο τῶν πραγμάτων, οὐκ ἔστιν δὲ
273 ἥντινα κακουργίας ἰδέαν παρέλειπεν. οὐ μόνον γοῦν ἐν τοῖς πολιτικοῖς πράγμασιν ἔκλεπτεν καὶ διήρπαζεν τὰς ἑκάστων οὐσίας, οὐδὲ τὸ πᾶν ἔθνος ἐβάρει ταῖς εἰσφοραῖς, ἀλλὰ καὶ τοὺς ἐπὶ λῃστείᾳ δεδεμένους ὑπὸ τῆς παρ᾽ ἑκάστοις βουλῆς ἢ τῶν προτέρων ἐπιτρόπων ἀπελύτρου τοῖς συγγενέσιν, καὶ μόνος ὁ μὴ δοὺς τοῖς δεσμωτηρίοις ὡς πονηρὸς
274 ἐγκατελείπετο. τηνικαῦτα καὶ τῶν νεωτερίζειν βουλομένων ἐν Ἱεροσο-

§ 270 = ant. 20, 182; § 271 = ant. 20, 185;
§ 272 = ant. 20, 204.

³² ἐρριπίζετο PAML; *gravius augebatur* Lat. (von allen Übersetzern bevorzugt).

brannten die Dörfer nieder, so daß von ihrem Wahnsinn ganz Judäa erfüllt wurde. Und dieser Krieg entbrannte mit jedem Tag von neuem.

7. 266. Unruhen anderer Art entstanden um Caesarea, wo sich die dort ansässigen Juden gegen die syrische Einwohnerschaft erhoben. Sie stellten nämlich den Anspruch, die Stadt gehöre ihnen, da der Gründer Jude gewesen sei; damit war der König Herodes gemeint[149]. Die Gegenseite gab zwar die Erbauung durch einen Juden zu, behauptete aber, die Stadt gehöre den Hellenen, denn wenn er sie für die Juden bestimmt hätte, dann hätte er keine Bildsäulen und Tempel darin errichtet. Darüber ging der Kampf hin und her. Bald aber entwickelte sich der Streit zu einer bewaffneten Auseinandersetzung, und täglich lieferten sich die Heißsporne auf beiden Seiten blutige Gefechte. Denn die Ältesten der Juden waren nicht in der Lage, die Aufrührer auf ihrer Seite zurückzuhalten, und die Hellenen hielten es für eine Schande, hinter den Juden zurückzustehen. Diese hatten einen Vorteil in ihrem Reichtum und ihrer Körperkraft, der hellenische Teil dagegen durch die Hilfe der Soldaten. Denn die Mehrzahl der dort stehenden römischen Truppen war in Syrien ausgehoben worden und auf Grund der Stammesverwandtschaft zur Hilfe bereit. Den Behörden lag nun sehr daran, die Unruhen niederzuhalten, und sie ließen die Streitlustigsten immer wieder verhaften und mit Geißelung und mit Gefängnis bestrafen. Die Leiden der Verhafteten riefen bei den Übrigen in keiner Weise Mäßigung oder Furcht hervor, sondern peitschten sie nur noch mehr dazu an, sich zu empören. Als die Juden wieder einmal die Oberhand gewonnen hatten, kam Felix persönlich auf den Marktplatz und befahl ihnen in drohendem Ton, sich zurückzuziehen. Als sie nicht gehorchten, ließ er die Soldaten einrücken und eine große Anzahl Juden töten, deren Besitz auf der Stelle geraubt wurde. Da der Aufstand fortdauerte, suchte sich Felix von beiden Seiten die Angesehensten heraus und sandte sie als eine Gesandtschaft zu Nero, damit sie ihren Rechtshandel dort weiter ausfechten könnten.

14. Kapitel

1. 271. Festus, der nun Felix als Statthalter ablöste[150], ging tatkräftig gegen die größte Landplage vor; er nahm viele Räuber gefangen und tötete auch eine große Anzahl von ihnen. Der auf Festus folgende Albinus[151] jedoch führte die Verwaltung in ganz anderer Weise, und man kann sich keine Schlechtigkeit vorstellen, die er übergangen hätte. Nicht nur bei der Ausführung seiner Amtsgeschäfte beraubte und plünderte er die Vermögen der einzelnen Bürger und belastete das ganze Volk mit Sonderabgaben, sondern er gab gegen Lösegeld auch die von den jeweiligen Behörden oder seinen Vorgängern wegen Raub Eingekerkerten ihren Familien zurück. Nur wer nicht zahlen konnte, wurde als Verbrecher in den Gefängnissen zurückgehalten. Zu dieser Zeit verstärkte sich auch die Verwegenheit aller derer, die in Jerusalem auf den Umsturz bedacht waren, und die einflußreichen

λύμοις ἐθάρσησαν αἱ τόλμαι, καὶ χρήμασιν μὲν οἱ δυνατοὶ τὸν Ἀλβῖνον προσελάμβανον ὥστε τοῦ στασιάζειν αὐτοῖς παρέχειν ἄδειαν, τοῦ δημοτικοῦ δὲ τὸ μὴ χαῖρον ἡσυχίᾳ πρὸς τοὺς Ἀλβίνου κοινωνοὺς ἀπέκλινεν.
275 ἕκαστος δὲ τῶν πονηρῶν ἴδιον στῖφος ὑπεζωσμένος αὐτὸς μὲν ὥσπερ ἀρχιληστὴς ἢ τύραννος προανεῖχεν ἐκ τοῦ λόχου, τοῖς δορυφοροῦσι δὲ
276 πρὸς ἁρπαγὰς τῶν μετρίων κατεχρῆτο. συνέβαινεν δὲ τοὺς μὲν ἀφῃρημένους ὑπὲρ ὧν ἀγανακτεῖν ἐχρῆν σιωπᾶν, τοὺς ἀπλῆγας δὲ δέει τοῦ μὴ τὰ αὐτὰ παθεῖν καὶ κολακεύειν τὸν ἄξιον κολάσεως. καθόλου δὲ ἡ μὲν παρρησία πάντων περικέκοπτο, τυραννὶς δ᾽ ἦν διὰ πλειόνων, καὶ τὰ σπέρματα τῆς μελλούσης ἁλώσεως ἔκτοτε τῇ πόλει κατεβάλλετο.
277 2. Τοιοῦτον δ᾽ ὄντα τὸν Ἀλβῖνον ἀπέδειξεν ὁ μετ᾽ αὐτὸν ἐλθὼν Γέσσιος Φλῶρος ἀγαθώτατον κατὰ σύγκρισιν. ὁ μέν γε λάθρα τὰ πολλὰ καὶ μεθ᾽ ὑποστολῆς ἐκακούργησεν, Γέσσιος δὲ τὰς εἰς τὸ ἔθνος παρανομίας ἐπόμπευσεν καὶ ὥσπερ ἐπὶ τιμωρίᾳ κατακρίτων πεμφθεὶς δήμιος
278 οὔτε ἁρπαγῆς τινα τρόπον οὔτε αἰκίας παρέλιπεν. ἦν δὲ ἐν μὲν τοῖς ἐλεεινοῖς ὠμότατος, ἐν δὲ τοῖς αἰσχροῖς ἀναιδέστατος. οὔτε δὲ πλείω τις ἀπιστίαν τῆς ἀληθείας κατέχεεν οὔτε ἐν τῷ πανουργεῖν δολιωτέρας ὁδοὺς ἐπενόησεν. ᾧ τὸ μὲν κατ᾽ ἄνδρα κερδαίνειν μικρὸν ἐδόκει, πόλεις δ᾽ ὅλας ἐξεδίδυσκε καὶ δήμους ἀθρόους ἐλυμαίνετο καὶ μόνον οὐκ ἐκήρυξεν ἀνὰ τὴν χώραν πᾶσιν ἐξεῖναι λῃστεύειν ἐφ᾽ ᾧ μέρος αὐτὸς
279 λήψεται τῶν λαφύρων. διὰ γοῦν τὴν ἐκείνου πλεονεξίαν πάσας ἐρημωθῆναι συνέβη τὰς πόλεις³³ καὶ πολλοὺς τῶν πατρίων ἠθῶν³⁴ ἐξαναστάντας φυγεῖν εἰς τὰς ἀλλοφύλους ἐπαρχίας.
280 3. Μέχρι μὲν οὖν ἐν Συρίᾳ Κέστιος Γάλλος ἦν διέπων τὴν ἐπαρχίαν, οὐδὲ πρεσβεύσασθαί τις πρὸς αὐτὸν ἐτόλμησεν κατὰ τοῦ Φλώρου· παραγενόμενον δὲ εἰς Ἱεροσόλυμα τῆς τῶν ἀζύμων ἑορτῆς ἐνεστώσης περιστὰς ὁ δῆμος οὐκ ἐλάττους τριακοσίων μυριάδων ἱκέτευον ἐλεῆσαι τὰς τοῦ ἔθνους συμφορὰς καὶ τὸν λυμεῶνα τῆς χώρας Φλῶρον ἐκε-
281 κράγεσαν· ὁ δὲ παρὼν καὶ τῷ Κεστίῳ παρεστὼς διεχλεύαζε τὰς φωνάς. ὅ γε μὴν Κέστιος τὴν ὁρμὴν τοῦ πλήθους καταστείλας καὶ δοὺς ἔμφασιν ὡς πρὸς τὸ μέλλον αὐτοῖς τὸν Φλῶρον κατασκευάσειεν μετριώτερον,
282 ὑπέστρεφεν εἰς Ἀντιόχειαν. προέπεμπε δὲ αὐτὸν μέχρι Καισαρείας Φλῶρος ἐξαπατῶν καὶ πόλεμον ἤδη τῷ ἔθνει σκοπούμενος, ᾧ μόνῳ
283 συγκρύψειν τὰς ἑαυτοῦ παρανομίας ὑπελάμβανεν· εἰρήνης μὲν γὰρ οὔσης κατηγόρους ἕξειν ἐπὶ Καίσαρος Ἰουδαίους προσεδόκα, πραγματευ-

§ 277 = ant. 20, 252.

³³ τοπαρχίας LVRC [Exc. Peiresc.] Na Niese fortassse recte; regionem Lat.
³⁴ ἐθῶν codd.; sedibus Lat; ἠθῶν Destinon nach ant. 20, 256 Niese Na Thack.

Leute brachten den Albinus durch Bestechung soweit auf ihre Seite, daß er
es ihnen möglich machte, ungefährdet Aufruhr anzustiften; der Teil des
Volkes aber, der an der Ruhe kein Gefallen fand, schloß sich an die an,
die von Albinus gedeckt waren. Jeder dieser Gesellen umgab sich mit einer
eigenen Bande und ragte selbst wie ein Räuberhauptmann oder Gewaltherrscher aus diesem Haufen hervor; die Bewaffneten aber brauchte man
zur Ausplünderung der Anständigen. So kam es, daß die Opfer der Raubzüge, anstatt ihren Unwillen äußern zu können, schweigen mußten, jene
aber, die bisher verschont geblieben waren, aus Furcht, das gleiche zu erleiden, vor solchen den Rücken krümmten, die eigentlich die Todesstrafe verdient hatten. Die Freiheit der Rede war für alle völlig unmöglich gemacht,
und die Gewaltherrschaft wurde von vielen ausgeübt. Von da an wurde
der Same der kommenden Zerstörung in der Stadt ausgestreut.

2. 277. Einen solchen Charakter zeigte Albinus; im Vergleich mit seinem
Nachfolger Gessius Florus[152] jedoch mußte er als höchst ehrenwerter Mann
erscheinen. Albinus führte seine Übeltaten wenigsten heimlich und mit ängst-
licher Vorsicht aus, Gessius dagegen brüstete sich mit seinen Verbrechen
gegen das Volk und ließ, gerade als ob er zum Henker Verurteilter bestimmt
sei, keine Gelegenheit zu Raub und Mißhandlung ungenutzt. Wo sich sonst
das Mitleid regt, war er über die Maßen grausam, wo andere angewidert
werden, zeigte er beispiellose Unverschämtheit. Keiner brachte die Wahrheit
mehr in Mißkredit als er, und niemand erdachte verschlagenere Wege bei
seinen Anschlägen. Einen einzelnen Mann zu erpressen schien ihm zu gering,
ganze Städte plünderte er aus und große Volksteile richtete er zugrunde;
es fehlte nur noch, daß er im ganzen Lande ausrufen ließ, allen sei das
Rauben erlaubt, vorausgesetzt, daß er selbst seinen Anteil an der Beute
erhalte. So kam es, daß auf Grund seiner Habgier alle Städte veröteten,
und viele Bürger im Widerspruch zu den heimischen Sitten in Provinzen
mit fremder Bevölkerung auswanderten[153].

3. 280. Solange nun Cestius Gallus als Statthalter der Provinz in Syrien[154]
blieb, hatte keiner den Mut, sich bei ihm mit einer Gesandtschaft über
Florus zu beklagen. Als er aber unmittelbar vor dem Fest der ungesäuerten
Brote[155] nach Jerusalem kam, umdrängte ihn die Menge, nicht weniger als
drei Millionen an der Zahl, und bat flehentlich, er möge doch Erbarmen haben
mit dem Unglück des Volkes; sie brachen zugleich in Klagerufe über Florus,
den Verderber des Landes, aus. Dieser war anwesend, stand an der Seite
des Cestius und hatte nur Spott für diese Stimmen. Cestius seinerseits
dämpfte die Aufregung der Menge und versicherte, er werde dafür sorgen,
daß sich Florus in Zukunft freundlicher zu ihnen verhalte. Dann kehrte er
nach Antiochien zurück. Florus geleitete ihn bis Caesarea und täuschte ihn
über die wahre Lage hinweg; dabei hatte er schon den Krieg gegen das jüdische Volk ins Auge gefaßt, durch den allein er seine eigenen Verbrechen
zu verschleiern hoffte. Er rechnete damit, die Juden würden, falls der
Friede andauerte, eines Tages als seine Ankläger vor dem Kaiser stehen;
brächte er sie jedoch zum Abfall, so konnte er erwarten, durch das größere

σάμενος δὲ ἀπόστασιν αὐτῶν τῷ μείζονι κακῷ περισπάσειν τὸν ἔλεγχον ἀπὸ τῶν μετριωτέρων. ὁ μὲν οὖν, ὡς ἂν ἀπορραγείη τὸ ἔθνος, καθ' ἡμέραν ἐπέτεινεν αὐτοῖς τὰς συμφοράς.

284 4. Ἐν δὲ τούτῳ καὶ οἱ Καισαρέων Ἕλληνες νικήσαντες παρὰ Νέρωνι τῆς πόλεως ἄρχειν τὰ τῆς κρίσεως ἐκόμισαν γράμματα, καὶ προσελάμβανεν τὴν ἀρχὴν ὁ πόλεμος δωδεκάτῳ μὲν ἔτει τῆς Νέρωνος ἡγεμονίας, 285 ἑπτακαιδεκάτῳ δὲ τῆς Ἀγρίππα βασιλείας, Ἀρτεμισίου μηνός. πρὸς δὲ τὸ μέγεθος τῶν ἐξ αὐτοῦ συμφορῶν οὐκ ἀξίαν ἔσχεν πρόφασιν· οἱ γὰρ ἐν Καισαρείᾳ Ἰουδαῖοι, συναγωγὴν ἔχοντες παρὰ χωρίον, οὗ δεσπότης ἦν τις Ἕλλην Καισαρεύς, πολλάκις μὲν κτήσασθαι τὸν τόπον 286 ἐσπούδασαν τιμὴν πολλαπλασίονα τῆς ἀξίας διδόντες· ὡς δ' ὑπερορῶν τὰς δεήσεις πρὸς ἐπήρειαν ἔτι καὶ παρῳκοδόμει τὸ χωρίον ἐκεῖνος ἐργαστήρια κατασκευαζόμενος στενήν τε καὶ παντάπασιν βιαίαν πάροδον ἀπέλειπεν αὐτοῖς, τὸ μὲν πρῶτον οἱ θερμότεροι τῶν νέων προπηδῶντες 287 οἰκοδομεῖν ἐκώλυον. ὡς δὲ τούτους εἶργεν τῆς βίας Φλῶρος, ἀμηχανοῦντες οἱ δυνατοὶ τῶν Ἰουδαίων, σὺν οἷς Ἰωάννης ὁ τελώνης, πείθουσι τὸν Φλῶρον ἀργυρίου ταλάντοις ὀκτὼ διακωλῦσαι τὸ ἔργον. 288 ὁ δὲ πρὸς μόνον τὸ λαβεῖν ὑποσχόμενος πάντα συμπράξειν, λαβὼν ἔξεισιν τῆς Καισαρείας εἰς Σεβαστὴν καὶ καταλείπει τὴν στάσιν αὐτεξούσιον, ὥσπερ ἄδειαν πεπρακὼς Ἰουδαίοις τοῦ μάχεσθαι.

289 5. Τῆς δ' ἐπιούσης ἡμέρας ἑβδομάδος οὔσης τῶν Ἰουδαίων εἰς τὴν συναγωγὴν συναθροισθέντων στασιαστής τις Καισαρεὺς γάστραν καταστρέψας καὶ παρὰ τὴν εἴσοδον αὐτῶν θέμενος ἐπέθυεν ὄρνεις. τοῦτο τοὺς Ἰουδαίους ἀνηκέστως παρώξυνεν ὡς ὑβρισμένων μὲν αὐτοῖς τῶν 290 νόμων, μεμιασμένου δὲ τοῦ χωρίου. τὸ μὲν οὖν εὐσταθὲς καὶ πρᾶον ἐπὶ τοὺς ἡγεμόνας ἀναφεύγειν ᾤετο χρῆναι, τὸ στασιῶδες δὲ καὶ ἐν νεότητι φλεγμαῖνον ἐξεκαίετο πρὸς μάχην. παρεσκευασμένοι δὲ εἱστήκεσαν οἱ τῶν Καισαρέων στασιασταί, τὸν γὰρ ἐπιθύσοντα[35] προπε- 291 πόμφεσαν ἐκ συντάγματος, καὶ ταχέως ἐγένετο συμβολή. προσελθὼν δὲ Ἰούκουνδος ὁ διακωλύειν τεταγμένος ἱππάρχης τήν τε γάστραν αἴρει καὶ κατέπαυεν ἐπειρᾶτο τὴν στάσιν. ἡττωμένου δ' αὐτοῦ τῆς τῶν Καισαρέων βίας Ἰουδαῖοι τοὺς νόμους ἁρπάσαντες ἀνεχώρησαν εἰς Νάρβατα· χώρα τις αὐτῶν οὕτω καλεῖται σταδίους ἑξήκοντα διέχουσα 292 τῆς Καισαρείας· οἱ δὲ περὶ τὸν Ἰωάννην δυνατοὶ δώδεκα πρὸς Φλῶρον ἐλθόντες εἰς Σεβαστὴν ἀπωδύροντο περὶ τῶν πεπραγμένων καὶ βοηθεῖν ἱκέτευον, αἰδημόνως ὑπομιμνῄσκοντες τῶν ὀκτὼ ταλάντων. ὁ δὲ καὶ

§ 284 = ant. 20, 257.

[35] ἐπιθύσαντα ALVRC; *qui pro synagogae foribus immolaret* Lat.

Unheil den Arm der Gerechtigkeit von der Verfolgung der kleineren Mißstände abzuziehen. Er steigerte nun Tag für Tag das Elend des Volkes, damit es zum Abfall gebracht würde.

4. 284. In der Zwischenzeit hatten die Hellenen von Caesarea vor Nero den Prozeß um die Vorherrschaft in der Stadt gewonnen und brachten die Urkunde über diese Entscheidung mit nach Hause. Das wurde der Anlaß zum Ausbruch des Krieges im 12. Jahre der Regierung Neros und im 17. Jahre des Königstums Agrippas im Monat Artemisios (= Mai). Das Ereignis, das als Vorwand zum Krieg diente, stand in keinem Verhältnis zur Größe des daraus hervorgehenden Unheils. Die Juden in Caesarea besaßen nämlich eine Synagoge, die unmittelbar an ein Grundstück angrenzte, dessen Besitzer Hellene und ortsansässiger Bürger war. Sie hatten sich oft bemüht, den Platz zu erwerben und dafür einen Preis geboten, der den wirklichen Wert um ein Vielfaches übertraf. Der Besitzer jedoch kümmerte sich nicht um ihre Bitten, bebaute das Grundstück, um ihnen einen Streich zu spielen, mit Werkstätten und ließ ihnen nur einen engen und in jeder Hinsicht unbequemen Zugang offen. Anfangs liefen einige der jungen Hitzköpfe herbei und versuchten die Bauarbeiten noch zu verhindern; als aber Florus ihren gewaltsamen Versuch vereitelt hatte, versuchten die vornehmen Juden, unter denen der Zöllner Johannes war, in ihrer Verlegenheit, den Florus mit acht Talenten Silber zu bewegen, er möchte den Bau einstellen lassen. Um nur ja das Geld zu bekommen, versprach er, alles wunschgemäß auszuführen; nachdem er es erhalten hatte, verzog er sich jedoch von Caesarea nach Sebaste und ließ dem Aufruhr freien Lauf, gerade so, als ob er den Juden die Erlaubnis verkauft hätte, jetzt loszuschlagen.

5. 289. Am folgenden Tage, einem Sabbat, da die Juden zur Synagoge strömten, stellte ein streitsüchtiger Bürger aus Caesarea einen umgestülpten Topf am Eingang der Synagoge auf und begann, darauf Vögel zu opfern[156]. Dies erbitterte die Juden heillos, weil dadurch ihr Gesetz verhöhnt und die Stätte unrein wurde. Der gemäßigte und friedlich gesinnte Teil glaubte nun, man müsse bei den Behörden Schutz suchen; die zum Aufruhr Geneigten und von jugendlichem Feuer Begeisterten jedoch brannten darauf, zu kämpfen. Die Unruhestifter aus Caesareas Bürgerschaft standen aber schon bereit; den Mann, der jenes Opfer ausführen sollte, hatten sie auf Grund einer Verabredung vorausgeschickt; so kam es alsbald zu einem bewaffneten Zusammenstoß. Da erschien Jucundus, der Reiterbefehlshaber, der den Auftrag hatte, einzuschreiten; er ließ das Gefäß wegnehmen und versuchte, dem Aufruhr Einhalt zu gebieten. Da er sich jedoch gegen die Leidenschaft der Einwohner von Caesarea nicht durchsetzen konnte, rafften die Juden ihre Gesetzesrollen zusammen und zogen sich nach Narbata[157] zurück, so heißt ein jüdisches Dorf, das 60 Stadien von Caesarea entfernt liegt. Die vornehmen Juden aber, 12 an der Zahl, mit Johannes an der Spitze, begaben sich zu Florus nach Sebaste, beklagten sich über das Vorgefallene und baten dringend um Hilfe, wobei sie vorsichtig eine Erinnerung an die acht Talente anklingen ließen. Florus aber ließ die Männer verhaften

συλλαβὼν ἔδησεν τοὺς ἄνδρας αἰτιώμενος ὑπὲρ τοῦ τοὺς νόμους ἐξενεγκεῖν τῆς Καισαρείας.

293 6. Πρὸς τοῦτο τῶν ἐν Ἱεροσολύμοις ἀγανάκτησις ἦν, ἔτι μέντοι τοὺς θυμοὺς κατεῖχον. ὁ δὲ Φλῶρος ὥσπερ ἠργολαβηκὼς ἐκριπίζειν τὸν πόλεμον, πέμψας εἰς τὸν ἱερὸν θησαυρὸν ἐξαιρεῖ δεκαεπτὰ τάλαντα 294 σκηψάμενος εἰς τὰς Καίσαρος χρείας. σύγχυσις δ' εὐθέως εἶχεν τὸν δῆμον, καὶ συνδραμόντες εἰς τὸ ἱερὸν βοαῖς διαπρυσίοις τὸ Καίσαρος ἀνεκάλουν ὄνομα καὶ τῆς Φλώρου τυραννίδος ἐλευθεροῦν σφᾶς ἱκέτευον. 295 ἔνιοι δὲ τῶν στασιαστῶν λοιδορίας αἰσχίστους εἰς τὸν Φλῶρον ἐκεκράγεσαν καὶ κανοῦν περιφέροντες ἀπῄτουν αὐτῷ κέρματα καθάπερ ἀκλήρῳ καὶ ταλαιπώρῳ. τούτοις οὐκ ἀνετράπη τὴν φιλαργυρίαν, ἀλλ' 296 ἐπὶ τὸ μᾶλλον χρηματίσασθαι παρωργίσθη. δέον γοῦν εἰς Καισάρειαν ἐλθόντα σβέσαι τὸ τοῦ πολέμου πῦρ ἐκεῖθεν ἀρχόμενον καὶ τῆς ταραχῆς ἀνελεῖν τὰς αἰτίας, ἐφ' ᾧ καὶ μισθὸν ἔλαβεν, ὁ δὲ μετὰ στρατιᾶς ἱππικῆς τε καὶ πεζικῆς ἐπὶ Ἱεροσολύμων ὥρμησεν, ἵνα τοῖς Ῥωμαίων ὅπλοις ἐργάσηται[36] καὶ τῷ δέει καὶ ταῖς ἀπειλαῖς περιδύσῃ τὴν πόλιν.

297 7. Ὁ δὲ δῆμος προδυσωπῆσαι τὴν ὁρμὴν αὐτοῦ βουλόμενος ὑπαντᾷ τοῖς στρατιώταις μετ' εὐφημίας καὶ τὸν Φλῶρον θεραπευτικῶς ἐκδέ- 298 χεσθαι παρεσκευάσατο. κἀκεῖνος προπέμψας σὺν ἱππεῦσιν πεντήκοντα Καπίτωνα ἑκατοντάρχην ἀναχωρεῖν αὐτοὺς ἐκέλευσεν καὶ μὴ πρὸς ὃν 299 οὕτως ἐλοιδόρησαν αἰσχρῶς εἰρωνεύεσθαι τὰς νῦν φιλοφρονήσεις· δεῖν γὰρ αὐτούς, εἴπερ γενναῖοί εἰσιν καὶ παρρησιασταί, σκώπτειν μὲν αὐτὸν καὶ παρόντα, φαίνεσθαι δὲ μὴ μόνον ἐν τοῖς λόγοις, ἀλλὰ κἂν τοῖς 300 ὅπλοις φιλελευθέρους. τούτοις καταπλαγὲν τὸ πλῆθος, ἅμα καὶ τῶν περὶ Καπίτωνα ἱππέων εἰς μέσον φερομένων, διεσκεδάσθη πρὶν ἀσπάσασθαι τὸν Φλῶρον ἢ τοῖς στρατιώταις φανερὸν ποιῆσαι τὸ πειθήνιον. ἀναχωρήσαντες δὲ εἰς τὰς οἰκίας μετὰ δέους καὶ ταπεινότητος ἐνυκτέρευσαν.

301 8. Φλῶρος δὲ τότε μὲν ἐν τοῖς βασιλείοις αὐλίζεται, τῇ δ' ὑστεραίᾳ βῆμα πρὸ αὐτῶν θέμενος καθέζεται, καὶ προσελθόντες οἵ τε ἀρχιερεῖς καὶ δυνατοὶ τό τε γνωριμώτατον τῆς πόλεως παρέστησαν τῷ βήματι. 302 τούτοις ὁ Φλῶρος ἐκέλευσεν τοὺς λοιδορήσαντας αὐτὸν ἐκδοῦναι, φάμενος αὐτοὺς ἀπολαύσειν τῆς ἀμύνης, εἰ μὴ προάγοιεν τοὺς αἰτίους. οἱ δὲ τὸν μὲν δῆμον ἀπέφηναν εἰρηνικὰ φρονοῦντα, τοῖς δὲ παρα- 303 φθεγξαμένοις ᾐτοῦντο συγγνώμην· ἐν γὰρ τοσούτῳ πλήθει θαυμαστὸν μὲν οὐδὲν εἶναί τινας θρασυτέρους καὶ δι' ἡλικίαν ἄφρονας, ἀμήχανον δὲ τῶν ἡμαρτηκότων τὴν διάκρισιν ἑκάστου μετανοοῦντος καὶ δέει[37] ἃ 304 δέδρακεν ἀρνουμένου. δεῖν μέντοι γε ἐκεῖνον, εἰ προνοεῖ τῆς κατὰ τὸ

[36] ἐργάσηται τὸ βουλόμενον C Na; *ad quod volebat uteretur* Lat; χρήσηται Destinon.
[37] δι' codd., Niese; δὴ καὶ Na cj.; δέει Destinon cj. Reinach Thack.

und einsperren unter der Beschuldigung, daß sie die Gesetzesrollen aus Caesarea entfernt hätten.

6. 293. Über diese Vorgänge war man in Jerusalem verbittert, hielt aber die Leidenschaften noch zurück. Florus freilich schürte, gerade, als ob er dafür bezahlt würde, die Glut des Krieges: er ließ dem Tempelschatz 17 Talente entnehmen unter dem Vorwand, der Kaiser brauche sie[158]. Sofort ergriff tiefe Bestürzung das Volk. Es lief im Tempel zusammen, rief mit durchdringendem Geschrei den Namen des Kaisers an und bat inständig um Befreiung von der Gewaltherrschaft des Florus. Einige aber von den aufrührerisch Gesinnten brachen in schlimmste Beschimpfungen gegen Florus aus, sie reichten einen Korb herum und bettelten damit um milde Gaben für den „ach, so armen und elenden Florus". Dadurch wurde dieser von seiner Geldgier nicht etwa geheilt, sondern sein Zorn trieb ihn nur noch mehr dazu, Geld zu erpressen. Anstatt nach Caesarea zu gehen, das Kriegsfeuer, das sich von dort ausbreitete, zu löschen und seine Ursachen zu beseitigen, wofür er ja sein Geld bekommen hatte, brach er mit einem Heer von Reitern und Fußvolk nach Jerusalem auf[159], um mit Hilfe der römischen Waffen Geschäfte zu machen und durch Furcht und Drohung die Stadt vollends auszuplündern.

7. 297. Das Volk kam den Soldaten des Statthalters, um dessen Verlangen nach Rache im voraus zu mäßigen, mit Heilrufen entgegen und traf Anstalten, den Florus selbst untertänig zu empfangen. Jener aber sandte den Centurio Capito mit 50 Reitern voraus und gab ihnen durch diesen die Weisung, doch ja zu verschwinden und nicht jetzt eine freundliche Gesinnung ihm gegenüber vorzutäuschen, den sie doch auf so häßliche Weise geschmäht hätten. Sie sollten ihn doch, wenn sie schon so tapfer und freimütig seien, auch in seiner Gegenwart verspotten und dadurch zeigen, daß sie für die Freiheit nicht nur mit dem Mundwerk, sondern mit der Waffe eintreten wollten. Über diese Worte war die Menge tief erschrocken, und als noch zugleich die Reiter des Capito mitten in sie hineinsprengten, lief sie auseinander, bevor sie den Florus begrüßen oder den Soldaten ihre Unterwürfigkeit beweisen konnte. Man verzog sich in die Häuser und verbrachte die Nacht in Furcht und Niedergeschlagenheit.

8. 301. Florus, der damals im Königspalast abgestiegen war, ließ am nächsten Tage vor dem Palast den Richtstuhl aufstellen und nahm darauf Platz; die Hohenpriester, die Vornehmen und überhaupt die Angesehensten der Bürgerschaft kamen herbei und stellten sich vor dem Richtstuhl auf. Florus befahl ihnen, die Männer, die ihn geschmäht hätten, auszuliefern und fügte hinzu, daß sie selbst seine Rache zu spüren bekommen sollten, wenn sie die Schuldigen nicht vorführten. Diese aber brachten vor, das Volk sei friedlich gesinnt und erbaten Nachsicht für die vorlauten Schwätzer; denn bei einer so großen Menge sei es durchaus nicht verwunderlich, daß auch einige Hitzköpfe und unreife Jünglinge mit dabei seien, außerdem könne man unmöglich die Schuldigen noch herausfinden, da jeder seinen Sinn geändert habe und seine Tat aus Furcht ableugnen werde. Sei er wirk-

ἔθνος εἰρήνης καὶ βούλεται Ῥωμαίοις περισώζειν τὴν πόλιν, μᾶλλον διὰ τοὺς πολλοὺς ἀκαταιτιάτους συγγνῶναι καὶ τοῖς ὀλίγοις πλημμελήσασιν ἢ δι' ὀλίγους πονηροὺς ταράξαι δῆμον ἀγαθὸν τοσοῦτον.

305 9. Πρὸς ταῦτα μᾶλλον παροξυνθεὶς ἐμβοᾷ τοῖς στρατιώταις διαρπάζειν τὴν ἄνω καλουμένην ἀγορὰν καὶ κτείνειν τοὺς ἐντυγχάνοντας. οἱ δ' ἐπιθυμίᾳ κέρδους προσλαβόντες ἡγεμονικὴν παρακέλευσιν οὐ μόνον ἐφ' ὃν ἐπέμφθησαν τόπον ἥρπαζον, ἀλλ' εἰς πάσας ἐμπηδῶντες τὰς 306 οἰκίας ἔσφαζον τοὺς οἰκήτορας. φυγὴ δ' ἦν ἐκ τῶν στενωπῶν καὶ φόνος τῶν καταλαμβανομένων, τρόπος τε ἁρπαγῆς οὐδεὶς παρελείπετο, καὶ πολλοὺς τῶν μετρίων συλλαβόντες ἐπὶ τὸν Φλῶρον ἀνῆγον· οὓς μάστιξιν 307 προαικισάμενος ἀνεσταύρωσεν. ὁ δὲ σύμπας τῶν ἐκείνης ἀπολομένων τῆς ἡμέρας ἀριθμὸς σὺν γυναιξὶν καὶ τέκνοις, οὐδὲ γὰρ νηπίων 308 ἀπέσχοντο, περὶ τριάκοντα[38] καὶ ἑξακοσίους συνήχθη. βαρυτέραν τε ἐποίει τὴν συμφορὰν τὸ καινὸν τῆς Ῥωμαίων ὠμότητος· ὃ γὰρ μηδεὶς πρότερον τότε Φλῶρος ἐτόλμησεν, ἄνδρας ἱππικοῦ τάγματος μαστιγῶσαί τε πρὸ τοῦ βήματος καὶ σταυρῷ προσηλῶσαι, ὧν εἰ καὶ τὸ γένος Ἰουδαίων ἀλλὰ γοῦν τὸ ἀξίωμα Ῥωμαϊκὸν ἦν.

309 XV. 1. Κατὰ τοῦτον τὸν καιρὸν ὁ μὲν βασιλεὺς Ἀγρίππας ἔτυχεν εἰς τὴν Ἀλεξάνδρειαν πεπορευμένος, ὅπως Ἀλεξάνδρῳ συνησθείη 310 πεπιστευμένῳ τὴν Αἴγυπτον ὑπὸ Νέρωνος καὶ πεμφθέντι διέπειν. τὴν ἀδελφὴν δὲ αὐτοῦ Βερνίκην παροῦσαν ἐν Ἱεροσολύμοις καὶ τὴν παρανομίαν τῶν στρατιωτῶν θεωμένην δεινὸν εἰσῄει πάθος, καὶ πολλάκις τούς τε ἱππάρχους ἑαυτῆς καὶ σωματοφύλακας πέμπουσα πρὸς Φλῶρον 311 ἐδέετο παύσασθαι τοῦ φόνου. καὶ ὁ μὲν οὔτε εἰς τὸ πλῆθος τῶν ἀναιρουμένων οὔτε εἰς τὴν εὐγένειαν τῆς παρακαλούσης, ἀλλ' εἰς μόνον 312 τὸ λυσιτελὲς τὸ ἐκ τῶν ἁρπαγῶν ἀποβλέπων παρήκουσεν. ἡ δ' ὁρμὴ τῶν στρατιωτῶν ἐλύσσησεν καὶ κατὰ τῆς βασιλίδος· οὐ μόνον γοῦν ἐν ὄμμασιν αὐτῆς ᾐκίζοντο τοὺς ἁλισκομένους καὶ διέφθειρον, ἀλλὰ κἂν αὐτὴν ἀνεῖλον, εἰ μὴ καταφυγεῖν εἰς τὴν βασιλικὴν αὐλὴν ἔφθη, κἀκεῖ διενυκτέρευσεν μετὰ φυλακῆς δεδοικυῖα τὴν τῶν στρατιωτῶν ἔφοδον. 313 ἐπεδήμει δ' ἐν τοῖς Ἱεροσολύμοις εὐχὴν ἐκτελοῦσα τῷ θεῷ· τοὺς γὰρ ἢ νόσῳ καταπονουμένους ἤ τισιν ἄλλαις ἀνάγκαις ἔθος εὔχεσθαι πρὸ τριάκοντα ἡμερῶν ἧς ἀποδώσειν μέλλοιεν θυσίας οἴνου τε ἀφέξεσθαι 314 καὶ ξυρήσεσθαι τὰς κόμας. ἃ δὴ καὶ τότε τελοῦσα Βερνίκη γυμνόπους τε πρὸ τοῦ βήματος ἱκέτευε τὸν Φλῶρον καὶ πρὸς τῷ μὴ τυχεῖν αἰδοῦς αὐτὴν τὸν περὶ τοῦ ζῆν κίνδυνον ἐπείρασεν.

[38] τρισχιλίους VRC Na Reinach; τριάκοντα PAML Lat.

lich um den Frieden des Volkes besorgt und wolle er den Römern die Stadt erhalten, so müsse er, um der vielen Unschuldigen willen, doch lieber einigen einzelnen Aufsässigen verzeihen als wegen weniger Übeltäter ein so großes und gutgesinntes Volk in Verwirrung stürzen.

9. 305. Daraufhin wurde Florus nur noch mehr erzürnt und schrie seinen Soldaten zu, sie sollten den sogenannten „oberen Markt"[160] ausplündern und umbringen, wer ihnen in die Hände fiele. Als diese bei all ihrer eigenen Beutegier auch noch den Befehl ihres Statthalters entgegennehmen konnten, plünderten sie nicht nur dort, wohin sie geschickt waren, sie drangen vielmehr auch in alle Häuser ein und töteten deren Bewohner. Man floh durch die engen Gassen; wer eingeholt wurde, fand den Tod. Die Soldaten raubten auf jede mögliche Weise und brachten viele friedliche Bürger, die sie ergriffen hatten, vor Florus. Dieser ließ sie schmählich geißeln und darauf kreuzigen. Die Gesamtzahl derer, die an jenem Tag ums Leben kamen, betrug einschließlich Frauen und Kinder — denn auch vor dem Kindesalter machte man nicht Halt — ungefähr 630. Was das Unglück erschwerte, war die bis dahin unbekannte Grausamkeit der Römer; denn Florus vollbrachte damals, was vor ihm keiner gewagt hatte: er ließ Männer von ritterlichem Stand vor seinem Richterstuhl geißeln und ans Kreuz nageln[161], die zwar ihrer Abstammung nach Juden waren, aber eine römische Würde bekleideten.

15. Kapitel

1. 309. Der Umstand gab es, daß Agrippa zu jener Zeit nach Alexandria gereist war, um Alexander[162] zu beglückwünschen, dem Nero Ägypten anvertraut und den er als Statthalter dorthin gesandt hatte. Seine Schwester Berenike[163] dagegen hielt sich gerade in Jerusalem auf, und als sie nun die Greueltaten der Soldaten mit ansehen mußte, packte sie tiefer Schmerz. Mehrfach sandte sie ihre Reiteroffiziere und Leibwächter zu Florus mit der Bitte, er möchte doch dem Morden Einhalt gebieten. Der aber kümmerte sich weder um die Menge der Opfer noch um die Würde der Bittstellerin, sondern war nur auf seinen Gewinn bei der Plünderung bedacht und ließ darum ihre Bitten völlig unbeachtet. Die schäumende Wut der Soldateska wandte sich auch gegen die Königin. Sie quälten und mordeten vor ihren Augen nicht nur die Gefangenen, sondern hätten gar sie selbst getötet, wenn sie nicht zuvor in den Hof der Königsburg geflohen wäre. Dort brachte sie mit ihrer Leibwache die Nacht zu, in steter Furcht vor dem Eindringen der Soldaten. Sie war nach Jerusalem gekommen, um ein Gott dargebrachtes Gelübde zu erfüllen. Es besteht nämlich der Brauch, daß alle, die durch Krankheit oder andere Notlage beschwert sind, geloben, die 30 Tage, bevor sie die eigentlichen Gelübdeopfer darbringen, sich des Weines zu enthalten und sich dann erst die Haare schneiden zu lassen[164]. Ein solches Gelübde erfüllte damals Berenike, als sie mit bloßen Füßen den Florus vor dem Richtstuhl anflehte und dabei nicht nur ohne alle Rücksicht behandelt wurde, sondern auch ihr Leben selbst in Gefahr brachte.

2. Ταῦτα μὲν οὖν ἑξκαιδεκάτῃ μηνὸς Ἀρτεμισίου συνηνέχθη, τῇ δ' ἐπιούσῃ τὸ μὲν πλῆθος ὑπερπαθῆσαν εἰς τὴν ἄνω συνέρρευσεν ἀγορὰν καὶ βοαῖς ἐξαισίοις περὶ τῶν ἀπολωλότων ἀνωδύρετο· τὸ πλέον δὲ ἦσαν εἰς τὸν Φλῶρον ἐπίφθονοι φωναί. πρὸς ὃ δείσαντες οἱ δυνατοὶ σὺν τοῖς ἀρχιερεῦσιν τὰς ἐσθῆτας περιερρήξαντο καὶ προσπίπτοντες ἕκαστος[39] ἐδέοντο παύσασθαι καὶ μὴ πρὸς οἷς πεπόνθασιν εἰς ἀνήκεστόν τι τὸν Φλῶρον ἐρεθίζειν. ἐπείσθη δὲ τὸ πλῆθος ταχέως αἰδοῖ τε τῶν παρακαλούντων καὶ κατ' ἐλπίδα τοῦ μηδὲν ἔτι τὸν Φλῶρον εἰς αὐτοὺς παρανομήσειν.

3. Ὁ δὲ σβεσθείσης τῆς ταραχῆς ἤχθετο καὶ πάλιν αὐτὴν ἀνάψαι πραγματευόμενος τούς τε ἀρχιερεῖς σὺν τοῖς γνωρίμοις μεταπέμπεται καὶ μόνον ἔφη τεκμήριον ἔσεσθαι τοῦ μηδὲν ἔτι τὸν δῆμον νεωτερίσειν, εἰ προελθόντες ὑπαντήσουσιν τοῖς ἀπὸ Καισαρείας ἀνιοῦσιν στρατιώταις· παρεγίνοντο δὲ δύο σπεῖραι. τῶν δ' ἔτι συγκαλούντων τὸ πλῆθος προπέμψας διεδήλου τοῖς τῶν σπειρῶν ἑκατοντάρχοις, ὅπως παραγγείλωσιν τοῖς ὑφ' ἑαυτοὺς μήτε ἀντασπάσασθαι τοὺς Ἰουδαίους κἂν τι κατ' αὐτοῦ φθέγξωνται, χρήσασθαι τοῖς ὅπλοις. οἱ δ' ἀρχιερεῖς εἰς τὸ ἱερὸν τὴν πληθὺν συναγαγόντες ὑπαντᾶν τοῖς Ῥωμαίοις παρεκάλουν καὶ πρὸ ἀνηκέστου πάθους τὰς σπείρας δεξιοῦσθαι. τούτοις τὸ στασιῶδες ἠπείθει, καὶ διὰ τοὺς ἀπολωλότας τὸ πλῆθος ἔρρεπεν πρὸς τοὺς θρασυτέρους.

4. Ἔνθα δὴ πᾶς μὲν ἱερεὺς πᾶς δ' ὑπηρέτης τοῦ θεοῦ[40] τὰ ἅγια σκεύη προκομίσαντες καὶ τὸν κόσμον, ἐν ᾧ λειτουργεῖν ἔθος ἦν αὐτοῖς, ἀναλαβόντες κιθαρισταί τε καὶ ὑμνῳδοὶ μετὰ τῶν ὀργάνων προσέπιπτον καὶ κατηντιβόλουν φυλάξαι τὸν ἱερὸν κόσμον αὐτοῖς καὶ μὴ πρὸς ἁρπαγὴν τῶν θείων κειμηλίων Ῥωμαίους ἐρεθίσαι. τοὺς δ' ἀρχιερεῖς αὐτοὺς ἦν ἰδεῖν καταμωμένους μὲν τὴν κεφαλὴν κόνει, γυμνοὺς δὲ τὰ στέρνα τῶν ἐσθήτων διερρηγμένων. ὀνομαστὶ δ' ἕκαστον τῶν γνωρίμων καὶ κοινῇ τὸ πλῆθος ἱκέτευον μὴ δι' ἐλαχίστης πλημμελείας προδοῦναι τὴν πατρίδα τοῖς ἐπιθυμοῦσιν πορθῆσαι· τίνα γὰρ ἢ τοῖς στρατιώταις φέρειν ὠφέλειαν τὸν ἀπὸ Ἰουδαίων ἀσπασμὸν ἢ διόρθωσιν αὐτοῖς τῶν συμβεβηκότων τὸ μὴ νῦν προελθεῖν; εἰ δὲ δὴ δεξιώσαιντο τοὺς προσιόντας ὡς ἔθος, Φλώρῳ μὲν ἀποκοπήσεσθαι τὴν ἀφορμὴν τοῦ πολέμου, κερδήσειν δ' αὐτοὺς τὴν πατρίδα καὶ τὸ μηδὲν παθεῖν πλέον. ἄλλως τε καὶ τὸ πείθεσθαι στασιάζουσιν ὀλίγοις, δέον αὐτοὺς δῆμον

[39] ἑκάστοις VRC Reinach Thack („baten jeden Einzelnen").
[40] Levitae Lat.

2. 315. Dies geschah am 16. Tage des Monats Artemisios. Am folgenden Tage aber strömte das Volk in tiefer Trauer auf den oberen Markt zusammen und beklagte mit durchdringendem Geschrei die Hingemordeten, darüber hinaus wurden haßerfüllte Rufe gegen Florus laut. Darüber bestürzt, zerrissen die Vornehmen mit den Hohenpriestern ihre Kleider, warfen sich einer nach dem anderen auf den Boden und baten das Volk inständig, doch damit aufzuhören und zu ihrem bisherigen Unglück hin den Florus nicht zu Handlungen von unübersehbaren Folgen aufzustacheln. Die Menge gehorchte alsbald, einmal aus Ehrfurcht vor den Bittenden, und dann auch in der Hoffnung, daß sich Florus in Zukunft keine weiteren Übergriffe mehr gegen sie zuschulden kommen ließe.

3. 318. Dieser aber ärgerte sich darüber, daß die Unruhe gedämpft worden war und ließ, um sie nur ja wieder anzufachen, die Hohenpriester samt den Vornehmen zu sich kommen. Er erklärte ihnen, es gebe nur ein Zeichen dafür, daß das Volk künftig auf jede Empörung verzichten wolle, wenn es nämlich den Soldaten, die von Caesarea heraufmarschierten, entgegenziehe. Im Anmarsch waren zwei Kohorten. Während jene die Menge noch zusammenriefen, ließ er den Centurionen der beiden Kohorten den Befehl übermitteln, sie sollten ihre Untergebenen anweisen, den Gruß der Juden ja nicht zu erwidern, und, wenn diese etwas gegen ihn äußern würden, zur Waffe greifen. Die Hohenpriester hatten nun die Menge auf dem Tempelplatz versammelt und redeten ihr zu, den Römern entgegenzugehen und den Kohorten einen guten Empfang zu bereiten, bevor ein nicht wiedergutzumachendes Unheil über sie käme. Der empörungslustige Teil weigerte sich, und auch die Mehrheit des Volkes neigte sich wegen der Ermordeten auf die Seite der Verwegenen.

4. 321. Da trugen alle Priester und Diener Gottes (= Leviten) die heiligen Geräte heraus[165], sie hatten dabei die Prachtgewänder angelegt, in denen sie ihrer Sitte gemäß Gottesdienst feierten; hinzu kamen auch die Harfenspieler und Sänger mit ihren Instrumenten. Sie warfen sich vor dem Volk nieder und baten inständig, ihnen doch den heiligen Schmuck zu erhalten und die Römer nicht zum Raub der heiligen Kleinodien anzuspornen. Auch die Hohenpriester sah man, wie sie Asche auf ihr Haupt gestreut hatten, und mit bloßer Brust, da ihre Gewänder zerrissen waren. Unter Namennennung flehten sie jeden einzelnen der vornehmen Bürger an und baten zugleich auch das Volk in seiner Gesamtheit, sie möchten doch nicht wegen einer so geringfügigen Unterlassung die Vaterstadt denen preisgeben, die schon darauf warteten, sie zu verwüsten. Bringe etwa den Soldaten die Begrüßung von seiten der Juden irgendeinen Nutzen? Oder mache die Verweigerung eines Empfanges vor der Stadt das ihnen widerfahrene Unheil wieder gut? Wenn sie aber die Heranrückenden alter Sitte gemäß begrüßten, würde dem Florus der Anlaß zum Krieg entzogen, sie selbst dagegen gewönnen ihre Heimatstadt zurück und hätten keine anderen Leiden mehr zu erwarten. Andererseits sei es ein Zeichen furchtbarer Entartung, daß man wenigen Hitzköpfen gehorchen sollte[166], während doch umgekehrt sie,

ὄντας τοσοῦτον συναναγκάζειν κἀκείνους συνευγνωμονεῖν, δεινῆς ἀκρασίας εἶναι.
325 5. Τούτοις μειλισσόμενοι τὸ πλῆθος ἅμα καὶ τῶν στασιαστῶν οὓς μὲν ἀπειλαῖς οὓς δὲ αἰδοῖ κατέστειλαν. ἔπειτα ἐξηγούμενοι μεθ᾽ ἡσυχίας τε καὶ κόσμου τοῖς στρατιώταις ὑπήντων καὶ πλησίον γενομένους ἠσπάσαντο· τῶν δὲ μηδὲν ἀποκριναμένων οἱ στασιασταὶ Φλώρου κατε-
326 βόων. τοῦτο ἦν σύνθημα κατ᾽ αὐτῶν δεδομένον· αὐτίκα γοῦν οἱ στρατιῶται περισχόντες αὐτοὺς ἔπαιον ξύλοις, καὶ φεύγοντας οἱ ἱππεῖς καταδιώκοντες συνεπάτουν. ἔπιπτον δὲ πολλοὶ μὲν ὑπὸ Ῥωμαίων τυπ-
327 τόμενοι, πλείους δ᾽ ὑπ᾽ ἀλλήλων βιαζόμενοι. δεινὸς δὲ περὶ τὰς πύλας ὠθισμὸς ἦν, καὶ φθάνειν ἑκάστου σπεύδοντος βραδυτέρα μὲν ἡ φυγὴ πᾶσιν ἐγίνετο, τῶν δὲ σφαλέντων ἀπώλεια δεινή· πνιγόμενοι γὰρ καὶ κλώμενοι πλήθει τῶν ἐπιβαινόντων ἠφανίζοντο, καὶ οὐδὲ πρὸς ταφήν
328 τις γνώριμος τοῖς ἰδίοις κατελείπετο. συνέπιπτον δὲ καὶ στρατιῶται παίοντες ἀνέδην τοὺς καταλαμβανομένους καὶ διὰ τῆς Βεζεθᾶ[41] καλουμένης ἀνεώθουν τὸ πλῆθος βιαζόμενοι παρελθεῖν καὶ κρατῆσαι τοῦ τε ἱεροῦ καὶ τῆς Ἀντωνίας· ὧν καὶ Φλῶρος ἐφιέμενος ἐξῆγε τῆς βασιλικῆς αὐλῆς τοὺς σὺν αὐτῷ καὶ πρὸς τὸ φρούριον ἐλθεῖν ἠγωνίζετο.
329 διήμαρτέν γε μὴν τῆς ἐπιβολῆς· ὁ γὰρ δῆμος ἄντικρυς ἐπιστραφεὶς εἶργεν τῆς ὁρμῆς, καὶ διαστάντες ἐπὶ τῶν τεγῶν τοὺς Ῥωμαίους ἔβαλλον. καταπονούμενοι δὲ τοῖς ὕπερθεν βέλεσιν καὶ διακόψαι τὸ τοὺς στενωποὺς ἐμφράξαν πλῆθος ἀσθενήσαντες ἀνεχώρουν εἰς τὸ πρὸς τοῖς βασιλείοις στρατόπεδον.
330 6. Οἱ δὲ στασιασταὶ δείσαντες μὴ πάλιν ἐπελθὼν ὁ Φλῶρος κρατήσῃ τοῦ ἱεροῦ διὰ τῆς Ἀντωνίας, ἀναβάντες εὐθέως τὰς συνεχεῖς στοὰς
331 τοῦ ἱεροῦ πρὸς τὴν Ἀντωνίαν διέκοψαν. τοῦτ᾽ ἔψυξεν τὴν Φλώρου πλεονεξίαν· τῶν γὰρ τοῦ θεοῦ θησαυρῶν ἐφιέμενος καὶ διὰ τοῦτο παρελθεῖν ἐπιθυμῶν εἰς τὴν Ἀντωνίαν, ὡς ἀπερράγησαν αἱ στοαί, τὴν ὁρμὴν ἀνετράπη, καὶ μεταπεμψάμενος τούς τε ἀρχιερεῖς καὶ τὴν βουλὴν αὐτὸς μὲν ἐξιέναι τῆς πόλεως ἔφη, φρουρὰν δ᾽ ἐγκαταλείψειν αὐτοῖς
332 ὅσην ἂν ἀξιώσωσιν. τῶν δὲ πάντα περὶ ἀσφαλείας καὶ τοῦ μηδὲν νεωτερίσειν ὑποσχομένων, εἰ μίαν αὐτοῖς καταλίποι σπεῖραν, μὴ μέντοι τὴν μαχεσαμένην· πρὸς γὰρ ταύτην ἀπεχθῶς δι᾽ ἃ πέπονθεν ἔχειν τὸ πλῆθος· ἀλλάξας τὴν σπεῖραν, ὡς ἠξίουν, μετὰ τῆς λοιπῆς δυνάμεως ὑπέστρεψεν εἰς Καισάρειαν.

[41] Βεθεζὰ P Niesc vgl. § 530.

die große Masse, jene Minderheit durch Zwang dazu bewegen müßten, daß sie sich ihrer Meinung anschlöße.

5. 325. Dadurch beruhigten sie die Menge und hielten zugleich die Aufständischen teils durch Drohungen und teils durch die Achtung, die sie ihnen einflößten, nieder. Darauf zog man in aller Ruhe und Ordnung den Soldaten entgegen, und als jene nahe genug waren, begrüßte man sie; als keine Antwort erfolgte, ließen die Aufrührer Schmährufe gegen Florus hören. Das aber war das verabredete Zeichen zum Angriff auf die Juden; im Handumdrehen hatten die Soldaten daher jene umstellt und schlugen mit Knüppeln auf sie ein, den Fliehenden jagten die Reiter nach und ritten sie nieder. Viele fielen unter den Schlägen der Römer, mehr noch im gegenseitigen Gedränge. Grauenvoll war der Andrang vor den Toren, und da jeder hastete, um den Anderen zuvorzukommen, kamen alle bei ihrer Flucht nur um so langsamer vorwärts; die zu Boden fielen, fanden ein furchtbares Ende. Sie wurden nämlich von der Menge derer, die über sie hinwegtrampelten, erstickt, zerquetscht und bis zur Unkenntlichkeit entstellt; keiner der Toten war mehr so erkennbar, daß er von seinen eigenen Angehörigen hätte begraben werden können. Die Soldaten drängten sich mit dem Volk in die Stadt[167] und schlugen ohne Erbarmen alle nieder, die ihnen in den Weg kamen. Sie trieben die Massen durch die Vorstadt, die Bezetha[168] hieß, und suchten mit Gewalt an ihnen vorbei in den Besitz des Tempelplatzes und der Burg Antonia zu gelangen. Florus hatte dieselbe Absicht und ließ deshalb die ihm zur Verfügung stehenden Truppen aus dem Königspalast ausrücken und bemühte sich, zur Burg Antonia zu gelangen. Sein Vorhaben jedoch mißlang; denn das Volk wandte sich alsbald um und leistete dem Vorrücken Widerstand, etliche verteilten sich auch über die Dächer hin und beschossen von dort aus die Römer. Bedrängt durch die Geschosse von oben und zu schwach, um sich durch die Menge, die die engen Gassen versperrte, durchzuschlagen, zogen sich die Soldaten in das beim Königspalast gelegene Lager zurück.

6. 330. Die Aufrührer fürchteten, daß Florus den Angriff wiederhole und über die Antonia den Tempel in seine Gewalt bekomme; sie stiegen daher alsbald auf die an den Tempel angrenzenden Säulenhallen, die diesen mit der Burg Antonia verbanden, und rissen sie ab. Dies dämpfte die Habgier des Florus, denn er hatte nach den Schätzen Gottes begehrt, deshalb suchte er nach der Burg Antonia zu gelangen; nachdem die Hallen abgebrochen waren, stellte er den Angriff ein. Er ließ die Hohenpriester und den Rat zu sich kommen und sagte, er selbst werde die Stadt verlassen, ihnen aber eine so starke Besatzung zurücklassen, wie sie es für richtig fänden. Jene versprachen völlige Sicherheit und das Ausbleiben weiterer Unruhen, wenn er ihnen eine einzige Kohorte zurücklassen wolle; allerdings dürfe es nicht die sein, die gekämpft habe, denn gegen diese sei das Volk auf Grund seiner Leiden erbittert. Florus wechselte ihrem Wunsch entsprechend die Kohorte aus[169] und kehrte mit seiner übrigen Streitmacht nach Caesarea zurück.

333 XVI. 1. Ἑτέραν δὲ ἐπιβολὴν τῷ πολέμῳ ποριζόμενος ἐπέστελλεν Κεστίῳ Ἰουδαίων ἀπόστασιν καταψευδόμενος τήν τε ἀρχὴν τῆς μάχης περιθεὶς αὐτοῖς καὶ δρᾶσαι λέγων ἐκείνους ἃ πεπόνθεσαν. οὐ μὴν οὐδ᾽ οἱ τῶν Ἱεροσολύμων ἄρχοντες ἐσίγησαν, ἀλλ᾽ αὐτοί τε καὶ Βερνίκη τῷ
334 Κεστίῳ περὶ ὧν Φλῶρος εἰς τὴν πόλιν παρηνόμησεν ἔγραφον. ὁ δὲ τὰ παρ᾽ ἀμφοῖν ἀναγνοὺς μετὰ τῶν ἡγεμόνων ἐβουλεύετο. τοῖς μὲν οὖν αὐτὸν ἐδόκει Κέστιον μετὰ στρατιᾶς ἀναβαίνειν ἢ τιμωρησόμενον τὴν ἀπόστασιν, εἰ γέγονεν, ἢ βεβαιοτέρους καταστήσοντα Ἰουδαίους καὶ συμμένοντας⁴², αὐτῷ δὲ προπέμψαι τῶν ἑταίρων τὸν κατασκεψόμενον τὰ
335 πράγματα καὶ τὰ φρονήματα τῶν Ἰουδαίων πιστῶς ἀναγγελοῦντα. πέμπει δή τινα τῶν χιλιάρχων Νεαπολιτανόν, ὃς ἀπὸ τῆς Ἀλεξανδρείας ὑποστρέφοντι περιτυχὼν Ἀγρίππᾳ τῷ βασιλεῖ κατὰ Ἰάμνειαν τόν τε πέμψαντα καὶ τὰς αἰτίας ἐδήλωσεν.
336 2. Ἔνθα καὶ Ἰουδαίων οἵ τε ἀρχιερεῖς ἅμα τοῖς δυνατοῖς καὶ ἡ βουλὴ παρῆν δεξιουμένη τὸν βασιλέα. μετὰ δὲ τὴν εἰς ἐκεῖνον θεραπείαν ἀπωδύροντο τὰς ἑαυτῶν συμφορὰς καὶ τὴν Φλώρου διεξῄεσαν ὠμότητα.
337 πρὸς ἣν ἠγανάκτει μὲν Ἀγρίππας, στρατηγικῶς δὲ τὴν ὀργὴν εἰς οὓς ἠλέει Ἰουδαίους μετέφερεν, ταπεινοῦν αὐτῶν βουλόμενος τὰ φρονήματα
338 καὶ τῷ μὴ δοκεῖν ἀδίκως τι παθεῖν τῆς ἀμύνης ἀποτρέπων. οἱ μὲν οὖν, ὡς ἂν ὄντες ἔκκριτοι καὶ διὰ τὰς ἑαυτῶν κτήσεις ἐπιθυμοῦντες εἰρήνης, συνίεσαν εὐνοϊκὴν τὴν ἐπίπληξιν τοῦ βασιλέως· ὁ δὲ δῆμος ἐκ τῶν Ἱεροσολύμων ἐπὶ ἑξήκοντα προελθὼν σταδίους ἐδεξιοῦτο τὸν Ἀγρίππαν
339 καὶ τὸν Νεαπολιτανόν. ἐκώκυον δὲ καὶ τῶν ἀπεσφαγμένων αἱ γυναῖκες προεκθέουσαι, καὶ πρὸς τὴν τούτων οἰμωγὴν ὁ δῆμος εἰς ὀλοφυρμοὺς τραπόμενος ἐπικουρεῖν τὸν Ἀγρίππαν ἱκέτευεν, τοῦ τε Νεαπολιτανοῦ κατεβόων ὅσα πάθοιεν ὑπὸ Φλώρου καὶ παρελθοῦσιν εἰς τὴν πόλιν τήν τε ἀγορὰν ἠρημωμένην ἐπεδείκνυσαν καὶ πεπορθημένας τὰς οἰκίας.
340 ἔπειτα δι᾽ Ἀγρίππα πείθουσι τὸν Νεαπολιτανὸν σὺν ἑνὶ θεράποντι περιελθεῖν μέχρι τοῦ Σιλωᾶ τὴν πόλιν, ἵνα γνῷ Ἰουδαίους τοῖς μὲν ἄλλοις Ῥωμαίοις ἅπασιν εἴκοντας, μόνῳ δ᾽ ἀπεχθανομένους Φλώρῳ δι᾽ ὑπερβολὴν τῆς εἰς αὐτοὺς ὠμότητος. ὁ δὲ ὡς διοδεύσας πεῖραν ἱκανὴν
341 ἔλαβεν τῆς πραότητος αὐτῶν, εἰς τὸ ἱερὸν ἀναβαίνει. ἔνθα συγκαλέσας

⁴² *eorumque accolas* („und ihre Proselyten") Lat.

248

16. Kapitel

1. 133. Als weiteren Versuch, den Krieg herbeizuführen, sandte Florus einen Bericht an Cestius, in dem er die Juden in lügnerischer Weise des Abfalls bezichtigte, ihnen den Anfang des Kampfes in die Schuhe schob und behauptete, sie hätten gerade das, was sie selbst erlitten, an anderen getan. Freilich schwiegen auch die Stadthäupter in Jerusalem nicht, sondern sie schrieben ebenso wie Berenike dem Cestius über die Verbrechen, die Florus gegen die Stadt verübt habe. Nachdem Cestius die Berichte von beiden Seiten gelesen hatte, hielt er mit seinen Offizieren eine Beratung ab. Sie gaben den Rat, er solle mit einem Heer hinaufmarschieren, um entweder den Abfall, falls er wirklich erfolgt sei, zu bestrafen, oder aber, um die Treue der Juden zu festigen, selbst wenn sie stets darin verharrt wären. Ihm selbst aber schien es gut, einen seiner Gefährten vorauszuschicken, der die Lage der Dinge erforschen und über die Gesinnung der Juden zuverlässig berichten sollte. Er sandte also einen seiner Legaten, Neapolitanus, der mit dem von Alexandria zurückkehrenden König Agrippa bei Jamnia[170] zusammentraf und diesen über seinen Auftraggeber und die näheren Umstände seines Auftrages aufklärte.

2. 336. Es hatten sich hier von den Juden auch die Hohenpriester mit den Angesehenen und dazu noch der Rat eingefunden, um den König zu bewillkommnen. Nachdem sie also ihre Huldigung dargebracht hatten, klagten sie bitterlich über die bei ihnen geschehenen unglücklichen Zwischenfälle und schilderten ausführlich die Grausamkeit des Florus. Über diese war Agrippa höchst unwillig; er übertrug jedoch in kluger Berechnung seinen Zorn auf die Juden, mit denen er eigentlich Mitleid hatte, wollte er doch ihren Sinn demütigen und ihnen den Glauben nehmen, sie hätten unschuldig gelitten, um sie dadurch von der Rache abzuhalten. Diese faßten nun, da es sich um ausgesuchte und wegen ihres Vermögens friedliebende Männer handelte, den gutgemeinten Vorwurf des Königs richtig auf. Das Volk von Jerusalem aber zog an die 60 Stadien dem Agrippa und Neapolitanus entgegen, um sie zu begrüßen. Die Witwen der Ermordeten eilten wehklagend vor dem Zuge her, und unter dem Eindruck ihres Jammergeschreis begann auch das Volk in Klagerufe auszubrechen, und so baten sie Agrippa flehentlich um Hilfe. Dem Neapolitanus aber riefen sie zu, wieviel sie unter Florus hätten leiden müssen, und beim Einzug in die Stadt zeigten sie den verödeten Markt und die zerstörten Häuser. Dann überredeten sie durch Vermittlung Agrippas den Neapolitanus, mit nur einem Diener durch die Stadt zu gehen bis zum Siloahteich[171], damit er erkenne, daß die Juden allen anderen Römern gehorchten und nur dem Florus feindlich gesinnt seien wegen seiner maßlosen Grausamkeit ihnen gegenüber. Der Legat überzeugte sich bei seinem Gang durch die Stadt hinreichend von der Friedfertigkeit der Bewohner und stieg dann zum Tempelplatz hinauf. Dort ließ er das Volk zusammenrufen und lobte sie sehr wegen ihrer Treue zu den Römern, er ermahnte sie noch inständig, den Frieden zu bewahren,

τὸ πλῆθος, καὶ πολλὰ μὲν εἰς πίστιν αὐτοὺς τὴν πρὸς Ῥωμαίους ἐπαινέσας, πολλὰ δὲ εἰς τὸ τηρεῖν τὴν εἰρήνην προτρεψάμενος καὶ τοῦ θεοῦ προσκυνήσας ὅθεν ἐξῆν τὰ ἅγια πρὸς Κέστιον ἐπανῄει.

342 3. Τὸ δὲ πλῆθος τῶν Ἰουδαίων ἐπί τε τὸν βασιλέα καὶ τοὺς ἀρχιερεῖς τραπόμενον πέμπειν κατὰ Φλώρου πρέσβεις ἠξίου πρὸς Νέρωνα καὶ μὴ σιωπῶντας ἐπὶ τοσούτῳ φόνῳ καταλιπεῖν ἑαυτοῖς ὑπόνοιαν ἀποστάσεως· δόξειν γὰρ αὐτοὶ κατάρξαι τῶν ὅπλων, εἰ μὴ φθάσαντες ἐνδεί-
343 ξαιντο τὸν κατάρξαντα· φανεροὶ δ' ἦσαν οὐκ ἠρεμήσοντες, εἰ τὴν πρεσβείαν τις ἀποκωλύει. Ἀγρίππᾳ δὲ τὸ μὲν χειροτονεῖν Φλώρου κατηγόρους ἐπίφθονον, τὸ περιιδεῖν δὲ Ἰουδαίους εἰς πόλεμον ἐκρι-
344 πισθέντας οὐδὲ αὐτῷ λυσιτελὲς κατεφαίνετο. προσκαλεσάμενος δὲ εἰς τὸν ξυστὸν τὸ πλῆθος καὶ παραστησάμενος ἐν περιόπτῳ τὴν ἀδελφὴν Βερνίκην ἐπὶ τῆς Ἀσαμωναίων οἰκίας, αὕτη γὰρ ἦν ἐπάνω τοῦ ξυστοῦ πρὸς τὸ πέραν τῆς ἄνω πόλεως, καὶ γέφυρα τῷ ξυστῷ τὸ ἱερὸν συνῆπτεν, Ἀγρίππας ἔλεξεν τοιάδε.

345 4. «Εἰ μὲν ἑώρων πάντας ὑμᾶς πολεμεῖν Ῥωμαίοις ὡρμημένους καὶ μὴ τοῦ δήμου τὸ καθαρώτατον καὶ εἰλικρινέστατον εἰρήνην ἄγειν προῃρημένους, οὔτ' ἂν παρῆλθον εἰς ὑμᾶς οὔτε συμβουλεύειν ἐθάρρησα· περισσὸς γὰρ ὑπὲρ τοῦ τὰ δέοντα ποιεῖν πᾶς λόγος, ὅταν ᾖ τῶν ἀκουόν-
346 των πάντων [ἡ] πρὸς τὸ χεῖρον ὁμόνοια. ἐπεὶ δὲ τινὰς μὲν ἡλικία τῶν ἐν πολέμῳ κακῶν ἄπειρος, τινὰς δὲ ἐλπὶς ἀλόγιστος ἐλευθερίας, ἐνίους δὲ πλεονεξία τις παροξύνει καὶ τὸ παρὰ τῶν ἀσθενεστέρων, ἐὰν τὰ πράγματα συγχυθῇ, κέρδος, ὅπως αὐτοί τε σωφρονισθέντες μεταβάλωνται καὶ μὴ τῆς ἐνίων κακοβουλίας οἱ ἀγαθοὶ παραπολαύσωσιν, ᾠήθην δεῖν ἐπὶ τὸ αὐτὸ πάντας ὑμᾶς συναγαγὼν εἰπεῖν ἃ νομίζω συμφέρειν.
347 θορυβήσῃ δέ μοι μηδείς, ἐὰν μὴ τὰ πρὸς ἡδονὴν ἀκούῃ· τοῖς μὲν γὰρ ἀνηκέστως ἐπὶ τὴν ἀπόστασιν ὡρμημένοις ἔνεστι καὶ μετὰ τὴν ἐμὴν παραίνεσιν ταῦτα φρονεῖν, ἐμοὶ δὲ διαπίπτει καὶ πρὸς τοὺς ἀκούειν
348 ἐθέλοντας ὁ λόγος, ἐὰν μὴ παρὰ πάντων ἡσυχία γένηται. οἶδα μὲν οὖν ὅτι πολλοὶ τὰς ἐκ τῶν ἐπιτρόπων ὕβρεις καὶ τὰ τῆς ἐλευθερίας ἐγκώμια τραγῳδοῦσιν, ἐγὼ δὲ πρὶν ἐξετάζειν τίνες ὄντες καὶ τίσιν ἐπιχειρεῖτε πολεμεῖν, πρῶτον διαζεύξω τὴν συμπλοκὴν τῶν προφάσεων.
349 εἰ μὲν γὰρ ἀμύνεσθε τοὺς ἀδικοῦντας, τί σεμνύνετε τὴν ἐλευθερίαν; εἰ δὲ τὸ δουλεύειν ἀφόρητον ἡγεῖσθε, περισσὴ πρὸς τοὺς ἡγεμόνας ἡ μέμψις· καὶ γὰρ ἐκείνων μετριαζόντων αἰσχρὸν ὁμοίως τὸ δουλεύειν.

und nachdem er an dem Platz des Heiligtums, zu dem ihm der Zutritt erlaubt war, Gott die gebührende Verehrung erwiesen hatte, kehrte er zu Cestius zurück.

3. 342. Nun aber wandte sich die Volksmenge der Juden an den König und die Hohenpriester mit der Forderung, sie sollten doch gegen Florus eine Gesandtschaft an Nero senden und ein solches Blutbad nicht einfach stillschweigend übergehen, da man dadurch unter den Verdacht des Abfalls geriete. Es würde nämlich der Anschein erweckt, als hätten sie selbst zuerst zu den Waffen gegriffen, wenn sie nicht dieser Meinung zuvorkämen und den wahren Schuldigen anzeigten; dabei war es offensichtlich, daß die Juden nicht stille halten würden, wenn man die Gesandtschaft verhinderte. Dem Agrippa schien es einerseits höchst unangenehm, Ankläger gegen Florus zu bestimmen, andererseits war es aber auch nicht in seinem Interesse, der unter den Juden flackernden Flamme des Krieges ruhig zuzusehen. Er ließ die Menge in den Xystos[172] zusammenrufen und stellte sich an einer von überall her sichtbaren Stelle des Hasmonäerpalastes zusammen mit seiner Schwester Berenike auf. Der Palast stand oberhalb des Xystos an der Grenze der Oberstadt, auch war eine Brücke vorhanden, die den Tempel mit dem Xystos verband. Dort hielt Agrippa folgende Rede:

4. 345. „Wenn ich sehen würde, daß ihr alle zum Krieg gegen die Römer drängt und nicht vielmehr der anständigste und lauterste Teil geneigt wäre, Frieden zu halten, dann wäre ich gar nicht zu euch gekommen und hätte auch nicht gewagt, guten Rat zu geben. Denn es ist vergebliches Bemühen, über die richtige Handlungsweise ein Wort zu verlieren, wenn sich alle schon zum Unheil entschieden haben. Weil aber einige in ihrer jugendlichen Unerfahrenheit die Schrecken des Krieges nicht kennen, andere aber die unsinnige Hoffnung auf Freiheit bewegt, wieder andere die Geldgier und die Erwartung antreibt, daß bei einem Umsturz die Schwächeren ausgebeutet werden könnten, so glaubte ich doch, euch alle hier versammeln zu müssen, um euch das zu sagen, was euch nach meiner Meinung wirklich Nutzen bringt, damit auf keinen Fall auch die Besonnenen ihren Sinn ändern und die Guten nicht durch die Böswilligkeit einiger Weniger Schaden leiden. Es rufe keiner dazwischen, wenn er Dinge hört, die für ihn unerfreulich sind! Diejenigen, die in heillosem Wahn auf den Abfall von Rom zusteuern, haben die Möglichkeit, auch nach meiner Mahnrede diese Gesinnung zu behalten; dagegen geht, wenn nicht alle Ruhe bewahren, meine Rede auch für die verloren, die sie gerne hören möchten. Ich weiß nun, daß viele wegen der Übergriffe der Statthalter Klagegesänge und zugleich Loblieder auf die Freiheit anstimmen. Bevor ich aber untersuche, wer ihr seid und auf der anderen Seite die, mit denen ihr Krieg beginnen wollt, werde ich zuvor den Knäuel eurer Vorwände entwirren. Denn wenn ihr euch nur gegen die verteidigen wollt, die euch Unrecht tun, was verherrlicht ihr dann die Freiheit? Wenn ihr aber die Knechtschaft für unerträglich haltet, so ist die Anklage gegen die Statthalter überflüssig, da ja auch, wenn sich diese maßvoll verhielten, die Knechtschaft als solche in gleicher Weise schimpflich wäre.

350 σκοπεῖτε δὲ καὶ καθ᾽ ἕκαστον τούτων ὡς ἔστιν μικρὰ τοῦ πολεμεῖν ἡ ὑπόθεσις, καὶ πρῶτά γε τὰ τῶν ἐπιτρόπων ἐγκλήματα· θεραπεύειν γάρ, οὐκ
351 ἐρεθίζειν χρὴ τὰς ἐξουσίας· ὅταν δὲ τῶν μικρῶν ἁμαρτημάτων τοὺς ἐξονειδισμοὺς ποιῆσθε μεγάλους, καθ᾽ ἑαυτῶν τοὺς ὀνειδιζομένους ἀπελέγχετε, καὶ παρέντες τὸ λάθρα καὶ μετ᾽ αἰδοῦς ὑμᾶς βλάπτειν πορθοῦσι φανερῶς. οὐδὲν δὲ οὕτως τὰς πληγὰς ὡς τὸ φέρειν ἀναστέλλει, καὶ τὸ
352 τῶν ἀδικουμένων ἡσύχιον τοῖς ἀδικοῦσι γίνεται διατροπή. φέρε δ᾽ εἶναι τοὺς Ῥωμαίων ὑπηρέτας ἀνηκέστως χαλεπούς· οὔπω Ῥωμαῖοι πάντες ἀδικοῦσιν ὑμᾶς οὐδὲ Καῖσαρ, πρὸς οὓς αἴρεῖσθε τὸν πόλεμον· οὐδὲ γὰρ ἐξ ἐντολῆς ἥκει τις πονηρὸς ἀπ᾽ ἐκείνων, οὐδέ γε τοὺς ὑπὸ τὴν ἀνατολὴν οἱ ἀφ᾽ ἑσπέρας ἐπιβλέπουσιν· ἀλλ᾽ οὐδὲ ἀκούειν ταχέως τὰ
353 ἐντεῦθεν ἐκεῖ ῥᾴδιον. ἄτοπον δὲ καὶ δι᾽ ἕνα πολλοῖς καὶ διὰ μικρὰς
354 αἰτίας τηλικούτοις καὶ μηδὲ γινώσκουσιν ἃ μεμφόμεθα πολεμεῖν. καὶ τῶν μὲν ἡμετέρων ἐγκλημάτων ταχεῖα γένοιτ᾽ ἂν διόρθωσις· οὔτε γὰρ ὁ αὐτὸς ἐπίτροπος μένει διὰ παντός, καὶ τοὺς διαδεξομένους εἰκὸς ἐλεύσεσθαι μετριωτέρους· κινηθέντα δ᾽ ἅπαξ τὸν πόλεμον οὔτε ἀπο-
355 θέσθαι ῥᾴδιον δίχα συμφορῶν οὔτε βαστάζειν. ἀλλὰ μὴν τό γε νῦν ἐλευθερίας ἐπιθυμεῖν ἄωρον, δέον ὑπὲρ τοῦ μηδὲ ἀποβαλεῖν αὐτὴν ἀγωνίζεσθαι πρότερον· ἡ γὰρ πεῖρα τῆς δουλείας χαλεπή, καὶ περὶ τοῦ
356 μηδ᾽ ἄρξασθαι ταύτης ὁ ἀγὼν δίκαιος. ὁ δ᾽ ἅπαξ χειρωθείς, ἔπειτα ἀφιστάμενος, αὐθάδης δοῦλός ἐστιν, οὐ φιλελεύθερος. τότε τοιγαροῦν ἐχρῆν πάνθ᾽ ὑπὲρ τοῦ μὴ δέξασθαι Ῥωμαίους ποιεῖν, ὅτε ἐπέβαινεν
357 τῆς χώρας Πομπήιος. ἀλλ᾽ οἱ μὲν ἡμέτεροι πρόγονοι καὶ οἱ βασιλεῖς αὐτῶν καὶ χρήμασιν καὶ σώμασιν καὶ ψυχαῖς ἄμεινον ὑμῶν πολλῷ διακείμενοι πρὸς μοῖραν ὀλίγην τῆς Ῥωμαίων δυνάμεως οὐκ ἀντέσχον· ὑμεῖς δὲ οἱ τὸ μὲν ὑπακούειν ἐκ διαδοχῆς παρειληφότες, τοῖς πράγμασι δὲ τῶν πρώτων ὑπακουσάντων τοσοῦτον ἐλαττούμενοι, πρὸς ὅλην
358 ἀνθίστασθε τὴν Ῥωμαίων ἡγεμονίαν; καὶ Ἀθηναῖοι μὲν οἱ περὶ τῆς τῶν Ἑλλήνων ἐλευθερίας παραδόντες ποτὲ καὶ πυρὶ τὴν πόλιν, οἱ τὸν ὑπερήφανον Ξέρξην διὰ γῆς πλεύσαντα καὶ διὰ θαλάσσης ὁδεύσαντα καὶ μὴ χωρούμενον μὲν τοῖς πελάγεσιν, πλατυτέραν δὲ τῆς Εὐρώπης τὴν στρατιὰν ἄγοντα, οἷα δραπέτην ἐπὶ μιᾶς νηὸς διώξαντες, περὶ δὲ τῇ μικρᾷ Σαλαμῖνι τὴν τοσαύτην Ἀσίαν κλάσαντες νῦν δουλεύουσιν Ῥωμαίοις, καὶ τὴν ἡγεμονίδα τῆς Ἑλλάδος πόλιν διοικεῖ τὰ ἀπὸ τῆς
359 Ἰταλίας προστάγματα. Λακεδαιμόνιοι δὲ μετὰ Θερμοπύλας καὶ Πλαταιὰς καὶ τὸν ἐρευνήσαντα τὴν Ἀσίαν Ἀγησίλαον ἀγαπῶσιν τοὺς αὐτοὺς
360 δεσπότας, καὶ Μακεδόνες ἔτι φανταζόμενοι Φίλιππον καὶ τὴν σὺν[43] Ἀλεξάνδρῳ παρασπείρουσαν[44] αὐτοῖς τὴν τῆς οἰκουμένης ἡγεμονίαν ὁρῶντες,

---

[43] Text unsicher; καὶ τὴν σὺν P; καὶ τὴν τύχην σὺν Destinon cj. Unsere Übersetzung folgt Thack.

[44] παρασπαίρουσαν P (bei Niese nicht aufgeführt) Dindorf Na Reinach („faute de mieux"); παρασπείροντα Hudson cj.; παρασπείρουσαν A^corr Niese Thack; καὶ παρασπείρουσαν MC.

Überlegt euch die einzelnen Punkte, wie geringfügig die Veranlassung zum Krieg ist — das gilt zu allererst für die Anklagen gegen die Statthalter. Man muß nämlich die Obrigkeit zu gewinnen suchen und sie nicht erzürnen. Wenn ihr aber die kleinen Vergehen mit heftigen Schmähungen aufbauscht, dann stellt ihr zwar die so Geschmähten vor euch selbst bloß, erreicht aber nur, daß sie euch durch das Unheil, das sie euch bisher nur heimlich und zurückhaltend zufügten, nun offen zugrunde richten. Nichts läßt die Schläge eher aufhören als geduldiges Tragen, und das Stillehalten der Opfer führt zu einer Wandlung der Peiniger. Angenommen, die römischen Beamten seien wirklich unerträglich hart, so ist damit noch nicht gesagt, daß alle Römer und der Kaiser selbst euch unrecht tun; gegen sie aber wollt ihr den Krieg führen! Denn wenn ein Bösewicht von ihnen kommt, dann geschieht das weder auf Befehl, noch können die Abendländer alle Untertanen im Osten im Auge behalten; gelangen doch selbst Gerüchte von dem, was hier geschieht, nur langsam dorthin. Es ist überhaupt unsinnig, wegen eines Einzelnen gegen so viele und auf Grund geringfügiger Ursache gegen so starke Gegner Krieg führen zu wollen, die dabei nicht einmal wissen, was für Beschwerden wir vorzubringen haben. Und doch dürften ja die von uns beklagten Mißstände bald abgestellt werden, denn derselbe Statthalter bleibt nicht ewig, und es ist wahrscheinlich, daß die Nachfolger wieder gemäßigter auftreten werden. Ist die Kriegslawine aber einmal in Bewegung, dann läßt sie sich weder so leichthin ohne große Opfer aufhalten, noch ist sie auf die Dauer zu ertragen. Aber es ist jetzt auch nicht die Zeit, die Freiheit zu begehren; dafür hätte man früher schon kämpfen sollen, um sie nicht zu verlieren. Die erste Erfahrung der Knechtschaft ist hart, und der Kampf dafür, daß sie gar nicht erst anfange, gerecht. Wer aber einmal unterlegen ist und dann wieder abtrünnig wird, ist ein anmaßender Sklave und keiner, der die Freiheit liebt. Damals schon hätte man alles daran setzen müssen, die Römer fernzuhalten, als Pompejus ins Land kam. Aber unsere Vorfahren und ihre Könige, euch an Geldmitteln, Körperkraft und Seelenstärke weit überlegen, waren doch nicht imstande, einem kleinen Teil der römischen Streitmacht zu widerstehen. Und ihr, die ihr schon das Gehorchen als Erbschaft empfangen habt, und in euren Hilfsmitteln jenen, die als erste diesen Gehorsam auf sich nahmen, so weit unterlegen seid, ihr wollt der römischen Gesamtmacht[173] Widerstand leisten? Schaut die Athener an, die einst um der Freiheit der Griechen willen ihre Stadt sogar dem Feuer preisgaben! Sie waren es, die den übermütigen Xerxes, wie er als elender Flüchtling auf einem vereinzelten Nachen floh, verfolgten, ihn, der auf dem Lande segeln und über das Meer marschieren wollte, für dessen Flotte die Meere zu klein waren, und der ein Heer herbeigeführt hatte, das für Europa zu umfangreich erschien! Sie, die bei der kleinen Insel Salamis das so mächtige Asien zerbrachen, dienen jetzt den Römern, und über die Stadt, die einst die Herrin Griechenlands war, verfügen jetzt die Weisungen aus Italien. Auch die Lakedämonier haben nach Heldentaten wie bei Thermopylä und Plätäa und nach einem König wie

φέρουσιν τὴν τοσαύτην μεταβολὴν καὶ πρὸς οὓς μεταβέβηκεν ἡ τύχη
361 προσκυνοῦσιν. ἄλλα τε ἔθνη μυρία πλείονος γέμοντα πρὸς ἐλευθερίαν
παρρησίας εἴκει. μόνοι δ' ὑμεῖς ἀδοξεῖτε δουλεύειν οἷς ὑποτέτακται τὰ
πάντα. ποίᾳ στρατιᾷ ποίοις πεποιθότες ὅπλοις; ποῦ μὲν ὁ στόλος ὑμῖν
διαληψόμενος τὰς Ῥωμαίων θαλάσσας; ποῦ δ' οἱ ταῖς ἐπιβολαῖς ἐξαρκέ-
362 σοντες θησαυροί; πρὸς Αἰγυπτίους ἄρα καὶ πρὸς Ἄραβας οἴεσθε κινεῖν
τὸν πόλεμον; οὐ περισκέψεσθε τὴν Ῥωμαίων ἡγεμονίαν; οὐ μετρήσετε
τὴν ἑαυτῶν ἀσθένειαν; οὐ τὰ μὲν ἡμέτερα καὶ τῶν προσοίκων ἐθνῶν
ἡττήθη πολλάκις, ἡ δὲ ἐκείνων ἰσχὺς διὰ τῆς οἰκουμένης ἀνίκητος;
363 μᾶλλον δὲ καὶ ταύτης ἐζήτησάν τι πλέον· οὐ γὰρ ἐξήρκεσεν αὐτοῖς
ὅλος Εὐφράτης ὑπὸ τὴν ἀνατολὴν οὐδὲ τῶν προσαρκτίων ὁ Ἴστρος ἥ
τε μεσημβρινὴ μέχρι τῶν ἀοικήτων ἐρευνηθεῖσα Λιβύη καὶ Γάδειρα
πρὸς ἑσπέραν, ἀλλ' ὑπὲρ ὠκεανὸν ἑτέραν ἐζήτησαν οἰκουμένην καὶ μέχρι
364 τῶν ἀνιστορήτων πρότερον Βρεττανῶν διήνεγκαν τὰ ὅπλα. τί οὖν;
ὑμεῖς πλουσιώτεροι Γαλατῶν, ἰσχυρότεροι Γερμανῶν, Ἑλλήνων συνε-
τώτεροι, πλείους τῶν κατὰ τὴν οἰκουμένην ἐστὲ πάντων; τί τὸ πεποιθὸς
365 ὑμᾶς κατὰ Ῥωμαίων ἐπαίρει; χαλεπὸν τὸ δουλεύειν, ἐρεῖ τις. πόσῳ
μᾶλλον Ἕλλησιν, οἳ τῶν ὑφ' ἡλίῳ πάντων προύχοντες εὐγενείᾳ καὶ
τοσαύτην νεμόμενοι χώραν ἓξ Ῥωμαίων ὑπείκουσιν ῥάβδοις, τοσαύταις
δὲ καὶ Μακεδόνες οἱ δικαιότερον ὑμῶν ὀφείλοντες ἐλευθερίας ἀντι-
366 ποιεῖσθαι. τί δ' αἱ πεντακόσιαι τῆς Ἀσίας πόλεις; οὐ δίχα φρουρᾶς
ἕνα προσκυνοῦσιν ἡγεμόνα καὶ τὰς ὑπατικὰς ῥάβδους; τί χρὴ λέγειν
Ἡνιόχους τε καὶ Κόλχους καὶ τὸ τῶν Ταύρων φῦλον, Βοσπορανούς τε
367 καὶ τὰ περίοικα τοῦ Πόντου καὶ τῆς Μαιώτιδος ἔθνη; παρ' οἷς πρὶν
μὲν οὐδ' οἰκεῖος ἐγιγνώσκετο δεσπότης, νῦν δὲ τρισχιλίοις ὁπλίταις
ὑποτάσσεται, καὶ τεσσαράκοντα ναῦς μακραὶ τὴν πρὶν ἄπλωτον καὶ
368 ἀγρίαν εἰρηνεύουσι θάλασσαν. πόσα Βιθυνία καὶ Καππαδοκία καὶ τὸ
Παμφύλιον ἔθνος Λύκιοί τε καὶ Κίλικες ὑπὲρ ἐλευθερίας ἔχοντες εἰπεῖν
χωρὶς ὅπλων φορολογοῦνται; τί δαί; Θρᾷκες οἱ πέντε μὲν εὖρος ἑπτὰ
δὲ μῆκος ἡμερῶν χώραν διειληφότες, τραχυτέραν τε καὶ πολλῷ τῆς
ὑμετέρας ὀχυρωτέραν καὶ βαθεῖ κρυμῷ τοὺς ἐπιστρατεύσοντας ἀνακόπ-
369 τουσαν, οὐχὶ δισχιλίοις Ῥωμαίων ὑπακούουσιν φρουροῖς; οἱ δ' ἀπὸ
τούτων Ἰλλυριοὶ τὴν μέχρι Δαλματίας ἀποτεμνομένην Ἴστρῳ κατοι-
κοῦντες, οὐ δυσὶν μόνοις τάγμασιν ὑπείκουσιν, μεθ' ὧν αὐτοὶ τὰς Δακῶν
370 ἀνακόπτουσιν ὁρμάς; οἱ δὲ τοσαυτάκις πρὸς ἐλευθερίαν ἀναχαιτίσαντες

254

Agesilaos, der Asien erkundete, die Römer als Herren schätzen gelernt. Und die Makedonier, die heute noch von Philippus träumen und die Schicksalsgöttin, die mit Alexander die Saat der Weltherrschaft für sie ausstreute, vor Augen haben, ertragen einen solchen Wechsel und huldigen denen, zu denen jene Göttin übergegangen ist. Tausende von anderen Völkern, erfüllt mit tiefen Verlangen nach Freiheit, haben sich gebeugt; ihr allein haltet es für unwürdig, denen zu dienen, denen sich die Welt untergeordnet hat.

Wie sieht das Heer und die Bewaffnung aus, auf die ihr vertraut? Wo ist bei euch die Flotte, die die römischen Meere in Besitz nehmen soll? Wo ist ein ausreichender Kriegsschatz für eure Unternehmungen? Glaubt ihr etwa, dieser Krieg, den ihr beginnt, gehe gegen Ägypter und Araber? Habt ihr denn gar keine Vorstellung von der Macht Roms und keinen Maßstab für eure eigene Schwäche? Sind unsere Heere nicht oft auch schon den Nachbarvölkern unterlegen, während die Macht Roms auf der ganzen Erde unbesiegt blieb? Sie suchten sogar die Grenzen des Erdkreises noch zu überschreiten. Im Osten genügte es ihnen nicht, den Euphrat in seinem ganzen Lauf als Grenze zu haben, noch im Norden die Donau, im Süden nicht das bis zu den menschenleeren Wüsten durchforschte Lybien und Gadira im Westen; ja, jenseits des Ozeans suchten sie eine neue Welt und bis zu den zuvor noch unbekannten Briten trugen sie ihre Waffen. Wie steht es nun? Seid ihr reicher als die Gallier? stärker als die Germanen? klüger als die Griechen? seid ihr zahlreicher als alle Völker der Erde? Was für Selbstvertrauen gibt euch den Mut, euch gegen die Römer zu erheben? ‚Hart ist die Knechtschaft' mag einer sagen, wieviel mehr muß das für die Griechen gelten, die doch alle Völker unter der Sonne durch ihre edle Herkunft übertreffen und ein so großes Land bewohnen, sich aber dennoch vor den sechs Rutenbündeln der Römer beugen. Ebenso auch die Makedonier[174], die doch mehr Recht hätten als ihr, nach der Freiheit zu streben. Wie steht es mit den 500 Städten Asien? Beugen sie sich nicht ehrfurchtsvoll, ohne daß sie eine Besatzung[175] haben, vor e i n e m Statthalter und den Rutenbündeln des Prokonsuls? Muß ich noch die Heniochen erwähnen, die Kolcher, und den Volksstamm der Taurer, die Bewohner des Bosporus und die Völkerschaften um den Pontus und die Mäotische See[176]? Sie kannten zuvor nicht einmal einen einheimischen Herrscher, jetzt aber gehorchen sie 3000 Schwerbewaffneten, und 40 Schiffe bewahren den Frieden auf diesem zuvor unbefahrenen und wilden Meer. Wievieles könnten Bithynien, Kappadozien, das pamphylische Volk, die Lycier und Kilikier für ihre Freiheit vorbringen! Und doch zahlen sie ihre Steuern ohne den Nachdruck bewaffneter Gewalt. Und wie steht's mit den Thrakern, die ein Land fünf Tagereisen breit und sieben Tagereisen lang bewohnen, das rauher und viel geschützter ist als das eure, dazu auch durch grimmige Kälte die Angreifer zurückstößt, gehorchen sie nicht 2000 Mann römischer Besatzungstruppen? Ihre Nachbarn, die Illyrer, die das durch die Donau begrenzte Gebiet bis nach Dalmatien hin bewohnen, beugen sie sich nicht bloßen zwei Legionen, mit deren Hilfe sie die Angriffe der Daker zurück-

Δαλμάται καὶ πρὸς τὸ μόνον ἀεὶ χειρωθέντες τότε συλλεξάμενοι τὴν ἰσχὺν πάλιν ἀποστῆναι, νῦν οὐχ ὑφ' ἑνὶ τάγματι Ῥωμαίων ἡσυχίαν
371 ἄγουσιν; ἀλλὰ μὴν εἴ γέ τινας εἰς ἀπόστασιν ὤφειλον ἀφορμαὶ μεγάλαι παροξύνειν, μάλιστα Γαλάτας ἐχρῆν τοὺς οὕτως ὑπὸ τῆς φύσεως τετειχισμένους, ἐξ ἀνατολῆς μὲν ταῖς Ἄλπεσιν πρὸς ἄρκτῳ δὲ Ῥήνῳ ποταμῷ, μεσημβρινοῖς δὲ τοῖς Πυρηναίοις ὄρεσιν, ὠκεανῷ δὲ πρὸς
372 δυσμῶν. ἀλλὰ καίτοι τηλικαῦτα μὲν ἕρκη περιβεβλημένοι, πέντε δὲ καὶ τριακοσίοις πληθύοντες ἔθνεσιν, τὰς δὲ πηγάς, ὡς ἄν τις εἴποι, τῆς εὐδαιμονίας ἐπιχωρίους ἔχοντες καὶ τοῖς ἀγαθοῖς σχεδὸν ὅλην ἐπικλύζοντες τὴν οἰκουμένην, ἀνέχονται Ῥωμαίων πρόσοδος ὄντες καὶ ταμιευ-
373 όμενοι παρ' αὐτῶν τὴν οἰκείαν εὐδαιμονίαν. καὶ τοῦθ' ὑπομένουσιν οὐ διὰ φρονημάτων μαλακίαν οὐδὲ δι' ἀγένειαν, οἵ γε διήνεγκαν ὀγδοήκοντα ἔτη πόλεμον ὑπὲρ τῆς ἐλευθερίας, ἀλλὰ μετὰ τῆς δυνάμεως Ῥωμαίων καὶ τὴν τύχην καταπλαγέντες, ἥτις αὐτοῖς κατορθοῖ πλείονα τῶν ὅπλων. τοιγαροῦν ὑπὸ χιλίοις καὶ διακοσίοις στρατιώταις δουλεύουσιν,
374 ὧν ὀλίγου δεῖν πλείους ἔχουσι πόλεις. οὐδὲ Ἴβηρσιν ὁ γεωργούμενος χρυσὸς εἰς τὸν ὑπὲρ τῆς ἐλευθερίας ἐξήρκεσεν πόλεμον οὐδὲ τὸ τοσοῦτον ἀπὸ Ῥωμαίων γῆς καὶ θαλάσσης διάστημα φῦλά τε Λουσιτανῶν καὶ Καντάβρων ἀρειμάνια οὐδὲ γείτων ὠκεανὸς φοβερὰν καὶ τοῖς ἐπιχωρίοις
375 ἄμπωτιν ἐπάγων, ἀλλ' ὑπὲρ τὰς Ἡρακλείους στήλας ἐκτείναντες τὰ ὅπλα καὶ διὰ νεφῶν ὁδεύσαντες τὰ Πυρηναῖα ὄρη καὶ τούτους ἐδουλώσαντο Ῥωμαῖοι. φρουρὰ δ' ἤρκεσεν τῶν οὕτως δυσμάχων καὶ τοσοῦτον
376 ἀπῳκισμένων ἓν τάγμα. τίς ὑμῶν οὐκ ἀκοῇ παρείληφεν τὸ Γερμανῶν πλῆθος; ἀλκὴν μὲν γὰρ καὶ μεγέθη σωμάτων εἴδετε δήπου πολλάκις,
377 ἐπεὶ πανταχοῦ Ῥωμαῖοι τοὺς τούτων αἰχμαλώτους ἔχουσιν. ἀλλ' οὗτοι γῆν μὲν ἄπειρον νεμόμενοι, μείζω δὲ τῶν σωμάτων ἔχοντες τὰ φρονήματα καὶ τὴν μὲν ψυχὴν θανάτου καταφρονοῦσαν, τοὺς δὲ θυμοὺς τῶν ἀγριωτάτων θηρίων σφοδροτέρους, Ῥῆνον τῆς ὁρμῆς ὅρον ἔχουσιν καὶ Ῥωμαίων ὀκτὼ τάγμασιν δαμαζόμενοι δουλεύουσιν μὲν ἁλόντες, τὸ δ'
378 ὅλον αὐτῶν ἔθνος φυγῇ διασῴζεται. σκέψασθε δὲ καὶ τὸ Βρεττανῶν τεῖχος οἱ τοῖς Ἱεροσολύμων τείχεσιν πεποιθότες· καὶ γὰρ ἐκείνους περιβεβλημένους ὠκεανὸν καὶ τῆς καθ' ἡμᾶς οἰκουμένης οὐκ ἐλάσσονα νῆσον οἰκοῦντας πλεύσαντες ἐδουλώσαντο Ῥωμαῖοι, τέσσαρα δὲ τάγ-
379 ματα τὴν τοσαύτην νῆσον φυλάσσει. καὶ τί δεῖ πολλὰ λέγειν, ὅπου καὶ Πάρθοι, τὸ πολεμικώτατον φῦλον, τοσούτων ἄρχοντες ἐθνῶν καὶ τηλικαύτην περιβεβλημένοι δύναμιν ὁμήρους πέμπουσιν Ῥωμαίοις, καὶ ἔστιν ἐπὶ τῆς Ἰταλίας ἰδεῖν ἐν εἰρήνης προφάσει δουλεύουσαν τὴν

schlagen? Die Dalmatier, die um ihrer Freiheit willen so oft das Joch abwarfen und nur dazu immer wieder überwältigt wurden, um die Kraft für einen neuen Abfall zu sammeln, halten sie jetzt nicht Ruhe unter einer einzigen römischen Legion? Aber wenn es irgendein Volk gibt, das aus begründetem Anlaß zum Abfall drängen müßte, dann wären es zuerst die Gallier, die so sehr von der Natur ummauert sind, im Osten durch die Alpen, im Norden durch den Rheinstrom, im Süden durch das Gebirge der Pyrenäen, im Westen aber durch den Ozean. Und trotz eines solchen Befestigungsgürtels, trotz der so zahlreichen Bevölkerung von 305 Stämmen, und obgleich sie die Quellen ihres Reichtums sozusagen im eigenen Hause haben und mit ihren Gütern fast die ganze Welt überschwemmen, dulden sie es doch, von den Römern gründlich ausgesogen zu werden und gestehen zu, daß diese ihren Reichtum verwalten. Sie lassen sich dies nicht aus Feigheit oder Ehrlosigkeit gefallen, haben sie doch 80 Jahre lang den Kampf für ihre Freiheit durchgestanden; aber sie wurden nicht durch die Kriegsmacht, sondern auch durch das Kriegsglück der Römer erschüttert, das jenen mehr Siege einbrachte als die Waffen. So dienen sie nun den Römern unter einer Besatzung von 1200 Soldaten, dabei haben sie selbst fast noch eine größere Anzahl von Städten. Auch den Iberern reichte das dort auf dem Boden gewonnene Gold nicht aus, um den Kampf für die Freiheit durchzuhalten, genau so wenig wie die beträchtliche Entfernung auf dem Meer- und Landweg von Rom genügte oder jener wilde Kampfeseifer der Lusitaner und Kantabrer oder endlich der angrenzende Ozean, der seine selbst den Einwohnern schrecklichen Flutwellen anbranden läßt. Ja, die Römer trugen ihre Waffen sogar über die Säulen des Herkules hinaus, bahnten sich durch die wolkenbehangenen Pässe der Pyrenäen einen Weg und unterjochten so die Iberer; jetzt genügt als Besatzung für diese so hartnäckigen, weit entfernten Völker eine einzige Legion. Wem von euch ist nicht schon etwas von den zahlreichen Völkerschaften der Germanen zu Ohren gekommen? Denn ihre Körperkraft und Leibesgröße könnt ihr ja oftmals sehen, da die Römer überall kriegsgefangene Sklaven aus ihren Reihen besitzen. Sie bewohnen ein ungeheures Gebiet; noch stärker als ihre Körperkraft ist ihre Gesinnung und ihre todesverachtende Seele, sind sie doch leidenschaftlicher als selbst die wildesten Tiere. Der Rhein aber bildet die Grenze für ihren Ansturm, und von acht römischen Legionen gezähmt, muß der Teil von ihnen, der in Gefangenschaft geriet, Sklavendienste tun, die Masse des Volkes aber suchte ihr Heil in der Flucht. Schaut euch doch einmal die Mauer der Britannier an, die ihr auf die Mauern Jerusalems so vertraut! Denn obgleich jene vom Ozean umgeben sind und eine Insel bewohnen, die nicht kleiner ist als unser Festland[177], haben die Römer, indem sie mit Schiffen hinüberfuhren, sie zu ihren Sklaven gemacht, und nur vier Legionen bewachen die so ausgedehnte Insel. Und was soll ich noch vieles reden, wo selbst die Parther[178], jene überaus kriegerische Nation, die so viele Völkerschaften beherrscht und im Besitz einer so gewaltigen Streitmacht ist, den Römern Geiseln schickt und man in Italien sehen kann, wie der Adler des

380 ἀπὸ τῆς ἀνατολῆς εὐγένειαν. πάντων δὴ σχεδὸν τῶν ὑφ᾽ ἡλίῳ τὰ Ῥωμαίων ὅπλα προσκυνούντων ὑμεῖς μόνοι πολεμήσετε μηδὲ τὸ Καρχηδονίων τέλος σκοποῦντες, οἳ τὸν μέγαν αὐχοῦντες Ἀννίβαν καὶ τὴν ἀπὸ Φοινίκων
381 εὐγένειαν ὑπὸ τὴν Σκιπίωνος δεξιὰν ἔπεσον; οὔτε δὲ Κυρηναῖοι, τὸ Λακώνων γένος, οὔτε Μαρμαρίδαι, τὸ μέχρι τῆς διψάδος ἐκτεταμένον φῦλον, οὔθ᾽ αἱ φοβεραὶ καὶ τοῖς ἀκούουσιν Σύρτεις Νασαμῶνές τε καὶ Μαῦροι καὶ τὸ Νομάδων ἄπειρον πλῆθος τὰς Ῥωμαίων ἀνέκοψαν ἀρετάς.
382 τὴν δὲ τρίτην τῆς οἰκουμένης μοῖραν, ἧς οὐδὲ ἐξαριθμήσασθαι τὰ ἔθνη ῥᾴδιον, ὁριζομένην Ἀτλαντικῷ τε πελάγει καὶ στήλαις Ἡρακλείοις καὶ μέχρι τῆς Ἐρυθρᾶς θαλάσσης τοὺς ἀπείρους νέμουσαν Αἰθίοπας
383 ἐχειρώσαντο μὲν ὅλην, χωρὶς δὲ τῶν ἐτησίων καρπῶν, οἳ μησὶν ὀκτὼ τὸ κατὰ τὴν Ῥώμην πλῆθος τρέφουσιν, καὶ ἔξωθεν παντοίως φορολογοῦνται καὶ ταῖς χρείαις τῆς ἡγεμονίας παρέχουσιν ἑτοίμους τὰς εἰσφοράς, οὐδὲν τῶν ἐπιταγμάτων ὥσπερ ὑμεῖς ὕβριν ἡγούμενοι καίπερ
384 ἑνὸς τάγματος αὐτοῖς παραμένοντος. καὶ τί δεῖ πόρρωθεν ὑμῖν τὴν
385 Ῥωμαίων ὑποδεικνύναι δύναμιν παρὸν ἐξ Αἰγύπτου τῆς γειτνιώσης, ἥτις ἐκτεινομένη μέχρις Αἰθιόπων καὶ τῆς εὐδαίμονος Ἀραβίας ὅρμος⁴⁵ τε οὖσα τῆς Ἰνδικῆς, πεντήκοντα πρὸς ταῖς ἑπτακοσίαις ἔχουσα μυριάδας ἀνθρώπων δίχα τῶν Ἀλεξάνδρειαν κατοικούντων, ὡς ἔνεστιν ἐκ τῆς καθ᾽ ἑκάστην κεφαλὴν εἰσφορᾶς τεκμήρασθαι, τὴν Ῥωμαίων ἡγεμονίαν οὐκ ἀδοξεῖ, καίτοι πηλίκον ἀποστάσεως κέντρον ἔχουσα τὴν Ἀλεξάν-
386 δρειαν πλήθους τε ἀνδρῶν ἕνεκα καὶ πλούτου πρὸς δὲ μεγέθους· μῆκος μέν γε αὐτῆς τριάκοντα σταδίων, εὖρος δ᾽ οὐκ ἔλαττον δέκα, τοῦ δὲ ἐνιαυσίου παρ᾽ ὑμῶν φόρου καθ᾽ ἕνα μῆνα πλέον Ῥωμαίοις παρέχει καὶ τῶν χρημάτων ἔξωθεν τῇ Ῥώμῃ σῖτον μηνῶν τεσσάρων· τετείχισται δὲ πάντοθεν
387 ἢ δυσβάτοις ἐρημίαις ἢ θαλάσσαις ἀλιμένοις ἢ ποταμοῖς ἢ ἕλεσιν. ἀλλ᾽ οὐδὲν τούτων ἰσχυρότερον εὑρέθη τῆς Ῥωμαίων τύχης, δύο δ᾽ ἐγκαθήμενα τῇ πόλει τάγματα τὴν βαθεῖαν Αἴγυπτον ἅμα τῇ Μακεδόνων εὐγενείᾳ
388 χαλινοῖ. τίνας οὖν ἐπὶ τὸν πόλεμον ἐκ τῆς ἀοικήτου παραλήψεσθε συμμάχους; οἱ μὲν γὰρ ἐπὶ τῆς οἰκουμένης πάντες εἰσὶν Ῥωμαῖοι, εἰ μή τις ὑπὲρ Εὐφράτην ἐκτείνει τὰς ἐλπίδας καὶ τοὺς ἐκ τῆς Ἀδιαβηνῆς
389 ὁμοφύλους οἴεται προσαμυνεῖν, οἱ δ᾽ οὔτε δι᾽ αἰτίαν ἄλογον τηλικούτῳ πολέμῳ συνεμπλέξουσιν ἑαυτούς, οὔτε βουλευσαμένοις κακῶς ὁ Πάρθος ἐπιτρέψει· πρόνοια γὰρ αὐτῷ τῆς πρὸς Ῥωμαίους ἐκεχειρίας, καὶ παραβαίνειν οἰήσεται τὰς σπονδάς, ἄν τις τῶν ὑπ᾽ αὐτὸν ἐπὶ Ῥω-

⁴⁵ ὅμορος VC Lat.

Ostens unter dem Vorwand der Friedenssicherung Sklavendienste tut. Nachdem sich so fast alle Völker unter der Sonne vor den römischen Waffen beugen mußten, wollt ihr allein gegen sie Krieg führen und bedenkt nicht einmal das Ende der Karthager, die obwohl sie sich des großen Hannibal und ihrer edlen phönizischen Abstammung rühmen konnten, unter dem starken Arm Scipios[179] zusammenbrachen? Weder die Kyrenäer, die von lakedämonischer Abstammung sind, noch die Marmariden, jener Stamm, der sich bis zu der wasserlosen Wüste ausdehnt, noch die Syrten, deren bloße Erwähnung schon furchtbar ist, noch die Nasamonen[180], Mauren und das unübersehbare Heer der Nomaden konnten die Tapferkeit der Römer aufhalten. So haben sie auch den dritten Teil der Erde, dessen Völkerschaften man kaum aufzählen kann, der einerseits durch den atlantischen Ozean und die Säulen des Herkules begrenzt wird und der auf der anderen Seite die riesigen Scharen der Äthiopier bis hin zum Roten Meer ernährt, ganz und gar unterworfen. Abgesehen von der jährlichen Lebensmittellieferung, welche acht Monate lang die Massen Roms nährt, zahlen sie auch sonst noch alle möglichen Steuern und leisten bereitwillig ihren Beitrag für die Bedürfnisse des Reiches, halten aber nicht, wie ihr, das ihnen Auferlegte für eine entehrende Ungerechtigkeit, und doch steht nur eine einzige Legion bei ihnen. Muß ich euch den Beweis für die Macht der Römer noch von weit her holen, da sie doch im benachbarten Ägypten offenbar ist; es erstreckt sich von den Äthiopiern bis zum ‚glücklichen' Arabien[181], zugleich ist es der Umschlageplatz für Indien und hat eine Einwohnerschaft von 7½ Millionen Menschen ohne die Bevölkerung Alexandriens, wie man aus der Kopfsteuer berechnen kann. Das Land erachtet es nicht als Schande, unter römischer Herrschaft zu stehen, obwohl es in Alexandrien auf Grund von dessen Menschenmassen, Reichtum und Größe einen stetigen Herd für einen etwaigen Abfall hatte. Beträgt doch die Länge der Stadt 30 Stadien und ihre Breite nicht weniger als 10; sie zahlt den Römern in einem Monat mehr Steuern, als ihr im ganzen Jahr, und sie liefert, abgesehen von den Geldsummen, Rom auch noch das Getreide für vier Monate. Dabei ist die Stadt auf allen Seiten von schwer zugängigen Wüsten, hafenlosen Meeren, Flüssen oder Sümpfen umgeben. Aber nichts von alledem erwies sich stärker als Rom und sein Glück, zwei in der Stadt liegende Legionen halten das Innere Ägyptens und den mazedonischen Adel im Zaum.

Erwartet ihr etwa für diesen Krieg noch Bundesgenossen aus der unbewohnten Wüste? Denn auf dem bewohnten Teil der Erde sind ja alle römisch. Es müßte einer schon seine Hoffnungen über den Euphrat hinaus schweifen lassen und den Glauben haben, daß unsere Stammesverwandten von Adiabene[182] uns zu Hilfe kommen. Diese aber werden sich nicht ohne vernünftigen Grund in einen solchen Krieg verwickeln lassen, und selbst wenn sie sich törichterweise dazu entschließen sollten, würde es ihnen der Parther nicht erlauben. Denn dieser ist auf die Einhaltung des Waffenstillstandes mit den Römern bedacht, und er würde es als Bruch der Verträge ansehen, wenn einer, der unter seiner Herrschaft steht, gegen die Römer zu

390 μαίους ἴῃ. λοιπὸν οὖν ἐπὶ τὴν τοῦ θεοῦ συμμαχίαν καταφευκτέον. ἀλλὰ καὶ τοῦτο παρὰ Ῥωμαίοις τέτακται· δίχα γὰρ θεοῦ συστῆναι
391 τηλικαύτην ἡγεμονίαν ἀδύνατον. σκέψασθε δ᾽ ὡς ὑμῖν τὸ τῆς θρησκείας ἄκρατον, εἰ καὶ πρὸς εὐχειρώτους πολεμοίητε, δυσδιοίκητον, καὶ δι᾽ ἃ μᾶλλον τὸν θεὸν ἐλπίζετε σύμμαχον, ταῦτ᾽ ἀναγκαζόμενοι παραβαίνειν
392 ἀποστρέψετε. τηροῦντές γε μὴν τὰ τῶν ἑβδομάδων ἔθη καὶ πρὸς μηδεμίαν πρᾶξιν κινούμενοι ῥᾳδίως ἁλώσεσθε, καθάπερ οἱ πρόγονοι Πομπηίῳ ταύτας μάλιστα τὰς ἡμέρας ἐνεργοὺς ποιησαμένῳ τῆς πολιορκίας, ἐν
393 αἷς ἤργουν οἱ πολιορκούμενοι· παραβαίνοντες δὲ ἐν τῷ πολέμῳ τὸν πάτριον νόμον οὐκ οἶδ᾽ ὑπὲρ ὅτου λοιπὸν ποιήσεσθε τὸν ἀγῶνα· σπουδὴ
394 γὰρ ὑμῖν μία τὸ μὴ τῶν πατρίων τι καταλῦσαι. πῶς δὲ ἐπικαλέσεσθε τὸ θεῖον πρὸς τὴν ἄμυναν οἱ παραβάντες ἑκουσίως τὴν εἰς αὐτὸ θεραπείαν; ἐπαναιροῦνται δὲ ἕκαστοι πόλεμον ἢ θείᾳ πεποιθότες ἢ ἀνθρωπίνῃ βοηθείᾳ· ὅταν δὲ τὴν παρ᾽ ἀμφοῖν τὸ εἰκὸς ἀποκόπτῃ,
395 φανερὰν ἅλωσιν οἱ πολεμοῦντες αἱροῦνται. τί δὴ κωλύει ταῖς ἑαυτῶν χερσὶν διαχρήσασθαι τέκνα καὶ γυναῖκας καὶ τὴν περικαλλεστάτην πατρίδα ταύτην καταφλέξαι; μανέντες γὰρ οὕτως τό γε τῆς ἥττης
396 ὄνειδος κερδήσετε. καλόν, ὦ φίλοι, καλόν, ἕως ἔτι ἐν ὅρμῳ τὸ σκάφος προσκέπτεσθαι τὸν μέλλοντα χειμῶνα μηδ᾽ εἰς μέσας τὰς θυέλλας ἀπολουμένους ἀναχθῆναι· τοῖς μὲν γὰρ ἐξ ἀδήλων ἐπιπεσοῦσιν δεινοῖς τὸ γοῦν ἐλεεῖσθαι περίεστιν, ὁ δ᾽ εἰς πρόδηλον ἀπώλειαν ὁρμήσας καὶ
397 προσονειδίζεται. πλὴν εἰ μή τις ὑπολαμβάνει κατὰ συνθήκας πολεμήσειν καὶ Ῥωμαίους κρατήσαντας ὑμῶν μετριάσειν, ἀλλ᾽ οὐκ εἰς ὑπόδειγμα τῶν ἄλλων ἐθνῶν καταφλέξειν μὲν τὴν ἱερὰν πόλιν, ἀναιρήσειν δὲ πᾶν ὑμῶν τὸ φῦλον· οὐδὲ γὰρ περιλειφθέντες φυγῆς εὑρήσετε
398 τόπον ἁπάντων ἐχόντων Ῥωμαίους δεσπότας ἢ δεδοικότων σχεῖν. ὁ δὲ κίνδυνος οὐ τῶν ἐνθάδε μόνον, ἀλλὰ καὶ τῶν κατὰ τὰς ἄλλας κατοικούντων πόλεις· οὐ γάρ ἐστιν ἐπὶ τῆς οἰκουμένης δῆμος ὁ μὴ μοῖραν
399 ἡμετέραν ἔχων. οὓς ἅπαντας πολεμησάντων ὑμῶν κατασφάξουσιν οἱ διάφοροι, καὶ δι᾽ ὀλίγων ἀνδρῶν κακοβουλίαν πᾶσα πλησθήσεται πόλις Ἰουδαϊκοῦ φόνου. καὶ συγγνώμη μὲν τοῖς τοῦτο πράξασιν· ἂν δὲ μὴ πραχθῇ, λογίσασθε, πῶς πρὸς οὕτω φιλανθρώπους ὅπλα κινεῖν ἀνόσιον.
400 εἰσελθέτω δ᾽ οἶκτος ὑμᾶς εἰ καὶ μὴ τέκνων καὶ γυναικῶν, ἀλλὰ τῆς γε μητροπόλεως ταύτης καὶ τῶν ἱερῶν περιβόλων. φείσασθε τοῦ ἱεροῦ

Felde zöge. So bleibt nur noch übrig, sich ganz auf den Beistand Gottes zu verlassen, aber ein solches Verhalten kommt auch den Römern zu[183], denn ohne Gottes Hilfe hätte unmöglich ein so großes Reich entstehen können. Bedenkt doch auch, wie schwierig es für euch wird, die religiösen Pflichten streng zu erfüllen, selbst wenn ihr gegen unbedeutende Gegner Krieg führt. Ihr würdet ja Gott geradezu von euch abwenden, weil ihr gezwungenermaßen die Gebote übertretet, deren Befolgung euch doch die Hoffnung gibt, daß Gott euer Bundesgenosse sein werde. Wenn ihr die Sabbatsitten einhaltet und euch zu keiner Arbeit bewegen laßt, werdet ihr leicht besiegt werden, wie es schon euren Vorfahren geschah, als Pompejus die Belagerung an jenem Tage besonders eifrig betrieb, an dem die Belagerten ruhten. Wenn ihr aber im Krieg das Gesetz der Väter übertretet, weiß ich nicht, wofür ihr überhaupt noch Krieg führen wollt, denn euer Eifer geht ja dahin, auch nicht eines der überkommenen Gebote aufzuheben. Wie wollt ihr die Gottheit um Hilfe anrufen, die ihr willentlich die ihr gebührende Verehrung unterlaßt? In der Regel nimmt man doch das Wagnis des Krieges nur dann auf sich, wenn man entweder auf göttliche oder auf menschliche Hilfe vertrauen kann. Wo aber aller Wahrscheinlichkeit nach die Hilfe von diesen beiden Seiten ausgeschlossen ist, da haben die Kämpfenden nur noch die sichere Niederlage zu wählen. Da könntet ihr ja ebenso gut mit euren eigenen Händen eure Frauen und Kinder ermorden und diese eure so überaus herrliche Vaterstadt niederbrennen; durch solchen Wahnsinn würdet ihr euch wenigstens die Schande der Niederlage ersparen. Das einzig Richtige, Freunde, ist es, so lange das Schiff noch im Hafen liegt, den kommenden Sturm vorauszusehen, nicht aber mitten in die tobende See hinauszufahren und dort zugrunde zu gehen. Mit denen, die in ein unvorgesehenes Unglück stürzen, mag man Mitleid haben; wer aber in das offene Verderben rennt, der wird zu seinem Unglück hin auch noch geschmäht. Es glaube doch keiner, daß die Römer sich beim Kriegführen auf Abmachungen einlassen und, wenn sie euch besiegt haben, milde verfahren werden; nein, sie werden als abschreckendes Beispiel für die anderen Völker die heilige Stadt niederbrennen und euer ganzes Volk ausrotten. Und soltet ihr zu denen gehören, die noch einmal davonkommen, so werdet ihr keinen Zufluchtsort finden, da alle die Römer als Herren anerkennen oder fürchten müssen, noch unter ihre Herrschaft zu kommen. Die Gefahr trifft nicht nur die Juden hier, sondern auch alle, die in den nichtjüdischen Städten wohnen, denn es gibt ja kein Volk auf dem Erdboden, das nicht eine Gruppe von uns beherbergt[184]. Wenn ihr Krieg beginnt, werden die Gegner alle Juden abschlachten, und wegen weniger unverantwortlicher Ratgeber werden in jeder Stadt Ströme jüdischen Blutes fließen, auch werden die Mörder straflos ausgehen. Wenn es aber nicht geschehen sollte, dann bedenkt, wie frevelhaft es wäre, gegen ein so menschlich gesinntes Volk die Waffen zu erheben. Laßt euch doch endlich von Mitleid ergreifen, wenn schon nicht mit euren Frauen und Kindern, so doch mit dieser eurer Hauptstadt und den heiligen Bezirken! Schont die geweihte Stätte und bewahrt euch den Tempel mit

καὶ τὸν ναὸν ἑαυτοῖς μετὰ τῶν ἁγίων τηρήσατε· ἀφέξονται γὰρ οὐκέτι
401 Ῥωμαῖοι τούτων κράτησαντες, ὧν φεισάμενοι πρότερον ἠχαρίστηνται. μαρτύρομαι δὲ ἐγὼ μὲν ὑμῶν τὰ ἅγια καὶ τοὺς ἱεροὺς ἀγγέλους τοῦ θεοῦ καὶ πατρίδα τὴν κοινήν, ὡς οὐδὲν τῶν σωτηρίων ὑμῖν καθυφηκάμην, ὑμεῖς δὲ βουλευσάμενοι μὲν τὰ δέοντα κοινὴν σὺν ἐμοὶ τὴν εἰρήνην ἕξετε, προαχθέντες δὲ τοῖς θυμοῖς χωρὶς ἐμοῦ κινδυνεύσετε.»
402 5. Τοσαῦτα εἰπὼν ἐπεδάκρυσέν τε μετὰ τῆς ἀδελφῆς καὶ πολὺ τῆς ὁρμῆς αὐτῶν ἔπαυσεν τοῖς δακρύοις. ἀνεβόων δὲ οὐ Ῥωμαίοις, ἀλλὰ
403 Φλώρῳ δι' ἃ πεπόνθασιν πολεμεῖν. πρὸς τοῦτο βασιλεὺς Ἀγρίππας «ἀλλὰ τὰ ἔργα, ἔφη, Ῥωμαίοις ἤδη πολεμούντων ἐστίν· οὔτε γὰρ Καίσαρι
404 δεδώκατε τὸν φόρον καὶ τὰς στοὰς ἀπεκόψατε τῆς Ἀντωνίας. ἀποσκευάσαισθε δ' ἂν τὴν αἰτίαν τῆς ἀποστάσεως, εἰ ταύτας τε συνάψετε πάλιν καὶ τελέσετε τὴν εἰσφοράν· οὐ γὰρ δή γε Φλώρου τὸ φρούριόν ἐστιν ἢ Φλώρῳ τὰ χρήματα δώσετε.»

405 XVII. 1. Τούτοις ὁ δῆμος ἐπείθετο, καὶ μετὰ τοῦ βασιλέως τῆς τε Βερνίκης ἀναβάντες εἰς τὸ ἱερὸν κατήρξαντο τῆς τῶν στοῶν δομήσεως, εἰς δὲ τὰς κώμας οἵ τε ἄρχοντες καὶ βουλευταὶ μερισθέντες τοὺς φόρους συνέλεγον. ταχέως δὲ τὰ τεσσαράκοντα τάλαντα, τοσοῦτον γὰρ ἔλειπεν,
406 ἠθροίσθη. καὶ τοῦ μὲν πολέμου τότε οὕτω τὴν ἀπειλὴν κατεῖχεν Ἀγρίππας, αὖθις δὲ ἐπειρᾶτο πείθειν τὸ πλῆθος ὑπακούειν Φλώρῳ, μέχρις ἀντ' αὐτοῦ πέμψει Καῖσαρ διάδοχον· πρὸς ὃ παροξυνθέντες ἐβλασφήμουν εἰς τὸν βασιλέα καὶ τῆς πόλεως αὐτὸν ἐξεκήρυσσον, ἐτόλμων δέ τινες
407 τῶν στασιαστῶν καὶ λίθους ἐπ' αὐτὸν βάλλειν. ὁ δὲ βασιλεὺς ἰδὼν τὴν ὁρμὴν ἤδη τῶν νεωτεριζόντων ἀκατάσχετον καὶ χαλεπήνας ἐφ' οἷς προπεπηλάκισται, τοὺς μὲν ἄρχοντας αὐτῶν ἅμα τοῖς δυνατοῖς ἔπεμπε πρὸς Φλῶρον εἰς Καισάρειαν, ἵν' ἐκεῖνος ἐξ αὐτῶν ἀποδείξῃ τοὺς τὴν χώραν φορολογήσοντας, αὐτὸς δὲ ἀνεχώρησεν εἰς τὴν βασιλείαν.
408 2. Κἂν τούτῳ τινὲς τῶν μάλιστα κινούντων τὸν πόλεμον συνελθόντες ὥρμησαν ἐπὶ φρούριόν τι καλούμενον Μασάδαν, καὶ καταλαβόντες αὐτὸ λάθρα τοὺς μὲν Ῥωμαίων φρουροὺς ἀπέσφαξαν, ἑτέρους δ' ἐγκατέστησαν
409 ἰδίους. ἅμα δὲ καὶ κατὰ τὸ ἱερὸν Ἐλεάζαρος υἱὸς Ἀνανία τοῦ ἀρχιερέως, νεανίας θρασύτατος, στρατηγῶν τότε τοὺς κατὰ τὴν λατρείαν λει-

seinen Heiligtümern! Denn Rücksicht ist von den Römern in keiner Weise mehr zu erwarten, wenn sie erst einmal all dies in Besitz genommen haben, nachdem ihnen ihre frühere Schonung so sehr mit Undank belohnt wurde. Ich rufe eure heiligen Stätten, die heiligen Engel Gottes und die gemeinsame Vaterstadt zu Zeugen an, daß ich nichts, was zu eurer Rettung dient, unterlassen habe; ihr aber werdet, vorausgesetzt, daß ihr den richtigen Entschluß faßt, gemeinsam mit mir im Frieden leben; wenn ihr euch aber durch euren Zorn hinreißen laßt, ohne mich in die größte Gefahr geraten."[185]

5. 402. Am Ende seiner Rede brach er in Tränen aus, seine Schwester mit ihm, und so dämpfte er durch sein Weinen die Leidenschaft des Volkes. Sie schrieen zu ihm hinauf, sie wollten ja nicht mit den Römern, sondern nur mit Florus, durch den sie so viel erlitten hätten, Krieg führen. Darauf erwiderte König Agrippa: „Eure Werke machen aber den Eindruck, daß ihr den Krieg mit den Römern schon führt, denn ihr habt ja dem Kaiser keine Steuern bezahlt und außerdem die Hallen der Antonia abgebrochen. Ihr könnt die Anklage des Aufruhrs nur dadurch entkräften, daß ihr die Hallen wieder aufbaut und die Steuern entrichtet; denn es ist ja nicht Florus, dem die Burg gehört, noch sollt ihr das Geld für ihn bezahlen."

17. Kapitel

1. 405. Dadurch ließ das Volk sich umstimmen, zog mit dem König und Berenike zum Tempel hinauf und begann mit dem Wiederaufbau der Hallen; die Volksführer und Ratsherren verteilten sich auf die Dörfer und sammelten die Steuern ein. Rasch waren die 40 Talente — denn das war die Höhe des Fehlbetrages — zusammengebracht. So gebot Agrippa für diesen Augenblick der drohenden Kriegsgefahr Einhalt; später aber versuchte er, die Menge zu überreden, sie solle noch so lange dem Florus gehorchen, bis der Kaiser statt seiner einen Nachfolger fände. Darauf geriet das Volk nun doch in große Erbitterung, sie beschimpften den König und forderten ihn durch Boten auf, die Stadt zu verlassen; einige der Aufrührer wagten sogar, mit Steinen nach ihm zu werfen. Der König sah nun ein, daß die Leidenschaft der Aufständischen nicht mehr zu dämpfen sei und war zudem über die Beschimpfungen seiner Person höchst unwillig; er sandte noch ihre Stadtoberhäupter und die einflußreichsten Bürger zu Florus nach Caesarea, damit dieser aus ihrer Mitte die Steuereinnehmer für das offene Land benennen solle. Er selbst aber zog sich in seinen Herrschaftsbereich zurück.

2. 408. In jener Zeit rotteten sich diejenigen, die am meisten zum Kriege drängten, zusammen, zogen vor eine Burg namens Masada, nahmen sie durch Handstreich, machten die römische Besatzung nieder und legten eine andere aus ihren eigenen Reihen hinein. Gleichzeitig gelang es auch dem damaligen Tempelhauptmann[186] Eleazar, Sohn des Hohenpriesters Ananias, einem verwegenen jungen Mann, die im Tempel diensttuenden Hohen-

τουργοῦντας ἀναπείθει μηδενὸς ἀλλοτρίου δῶρον ἢ θυσίαν προσδέχεσθαι. τοῦτο δ' ἦν τοῦ πρὸς Ῥωμαίους πολέμου καταβολή· τὴν γὰρ ὑπὲρ
410 τούτων θυσίαν Καίσαρος ἀπέρριψαν. καὶ πολλὰ τῶν τε ἀρχιερέων καὶ τῶν γνωρίμων παρακαλούντων μὴ παραλιπεῖν τὸ ὑπὲρ τῶν ἡγεμόνων ἔθος οὐκ ἐνέδοσαν, πολὺ μὲν καὶ τῷ σφετέρῳ πλήθει πεποιθότες, καὶ γὰρ τὸ ἀκμαιότατον τῶν νεωτεριζόντων συνήργει, μάλιστα δ' ἀφορῶντες εἰς τὸν Ἐλεάζαρον στρατηγοῦντα.
411 3. Συνελθόντες γοῦν οἱ δυνατοὶ τοῖς ἀρχιερεῦσιν εἰς ταὐτὸ καὶ τοῖς τῶν Φαρισαίων γνωρίμοις ὡς ἐπ' ἀνηκέστοις ἤδη συμφοραῖς ἐβουλεύοντο περὶ τῶν ὅλων· καὶ δόξαν ἀποπειραθῆναι τῶν στασιαστῶν λόγοις πρὸ τῆς χαλκῆς πύλης ἀθροίζουσι τὸν δῆμον, ἥτις ἦν τοῦ ἔνδον ἱεροῦ τετραμ-
412 μένη πρὸς ἀνατολὰς ἡλίου. καὶ πρῶτον αὐτῶν πολλὰ πρὸς τὴν τόλμαν τῆς ἀποστάσεως χαλεπήναντες καὶ τὸ τηλικοῦτον ἐπισείειν τῇ πατρίδι πόλεμον, ἔπειτα τὸ τῆς προφάσεως ἄλογον διήλεγχον, φάμενοι τοὺς μὲν προγόνους αὐτῶν κεκοσμηκέναι τὸν ναὸν ἐκ τῶν ἀλλοφύλων τὸ πλέον
413 ἀεὶ προσδεχομένους τὰς ἀπὸ τῶν ἔξωθεν ἐθνῶν δωρεάς, καὶ οὐ μόνον οὐ διακεκωλυκέναι θυσίας τινῶν, τοῦτο μὲν γὰρ ἀσεβέστατον, ἀλλὰ καὶ τὰ βλεπόμενα καὶ τὰ παραμένοντα τοσοῦτον χρόνον ἀναθήματα
414 περὶ τῷ ἱερῷ καθιδρυκέναι. αὐτοὺς δὲ νῦν ἐρεθίζοντας τὰ Ῥωμαίων ὅπλα καὶ μνηστευομένους τὸν ἀπ' ἐκείνων πόλεμον καινοτομεῖν θρησκείαν ξένην καὶ μετὰ τοῦ κινδύνου καταψηφίσασθαι τῆς πόλεως ἀσέβειαν, εἰ
415 παρὰ μόνοις Ἰουδαίοις οὔτε θύσει τις ἀλλότριος οὔτε προσκυνήσει. κἂν μὲν ἐπὶ ἰδιώτου τις ἑνὸς τοῦτον εἰσφέρῃ τὸν νόμον, ἀγανακτεῖν ὡς ὁριζομένης ἀπανθρωπίας, περιορᾶν δ' ὅτε Ῥωμαῖοι καὶ ὁ Καῖσαρ
416 ἔκσπονδος γίνεται. δεδοικέναι μέντοι, μὴ τὰς ὑπὲρ ἐκείνων ἀπορρίψαντες θυσίας κωλυθῶσι θύειν καὶ τὰς ὑπὲρ ἑαυτῶν γένηταί τε ἔκσπονδος τῆς ἡγεμονίας ἡ πόλις, εἰ μὴ ταχέως σωφρονήσαντες ἀποδώσουσιν τὰς θυσίας καὶ πρὶν ἐξελθεῖν ἐφ' οὓς ὑβρίκασιν τὴν φήμην διορθώσονται τὴν ὕβριν.
417 4. Ἅμα ταῦτα λέγοντες παρῆγον τοὺς ἐμπείρους τῶν πατρίων ἱερεῖς ἀφηγουμένους, ὅτι πάντες οἱ πρόγονοι τὰς παρὰ τῶν ἀλλογενῶν θυσίας ἀπεδέχοντο. προσεῖχεν δὲ οὐδεὶς τῶν νεωτεριζόντων, ἀλλ' οὐδὲ προσίεσαν
418 οἱ λειτουργοὶ⁴⁶ τὴν⁴⁷ τοῦ πολέμου καταβολὴν ἐνσκευαζόμενοι. συνιδόντες οὖν οἱ δυνατοὶ τήν τε στάσιν ἤδη δυσκαθαίρετον ὑπ' αὐτῶν οὖσαν καὶ

---
⁴⁶ λῃστρικοὶ PAM Niese; λειτουργοὶ L¹VRC M ᵐᵃʳᵍ Lat Heg Na Reinach Thack.
⁴⁷ καὶ τὴν PAL Niese; τὴν ohne vorhergehendes καὶ MVRC Na Thack.

priester zu überreden, sie sollten von Nichtjuden keine Gaben oder Opfer mehr annehmen. Damit war der Grund zum Krieg gegen die Römer gelegt; denn so verwarfen sie das für diese und den Kaiser dargebrachte Opfer. Obgleich nun die Hohenpriester und die angesehenen Bürger dringend ermahnten, das gewohnte Opfer für die Herrscher nicht fallenzulassen, gaben diese Priester doch nicht nach, einerseits weil sie auf ihre zahlenmäßige Überlegenheit vertrauten — denn der aktivste Teil der Unzufriedenen hatte sich auf ihre Seite schlagen —, vor allem aber, weil sie sich nach dem Tempelhauptmann Eleazar richteten.

3. 411. Nun traten die einflußreichsten Bürger mit den Hohenpriestern und den bedeutenden Pharisäern zusammen, um angesichts eines Unglücks, das jetzt nicht mehr gutzumachen war, über die Lage des Staatswesens zu beraten. Sie beschlossen, einen letzten Versuch mit einer Ansprache an die Aufständischen zu machen und versammelten darum das Volk vor der ehernen Pforte[187], die sich am inneren Heiligtum gegen Sonnenaufgang befand. Zunächst zeigten sie nachdrücklich ihren Unwillen über den wahnwitzigen Versuch eines Abfalls, daß man auf diese Weise das Vaterland in einen Krieg hineinstürze, dann deckten sie die Unsinnigkeit des von den Aufrührern vorgebrachten Vorwandes auf und betonten, daß schon ihre Vorfahren den Tempel vor allem mit Hilfe von Fremden geschmückt und Weihgeschenke[188] von Nichtjuden stets angenommen hätten. Nicht allein, daß sie niemals jemanden am Opfer gehindert hätten — das sei ja ganz und gar gottlos —, sondern sie hätten auch die Weihgaben ringsum am Tempel angebracht, wo sie allgemein sichtbar seien und so lange Zeit überdauert hätten. Sie aber wollten jetzt die Kriegsmacht der Römer herausfordern und sich um den Krieg mit jenen geradezu bemühen, indem sie neue Gottesdienstregeln einführten. Abgesehen von der Gefahr bringe es die Stadt in den Ruf der Gottlosigkeit, wenn allein bei den Juden ein Fremder weder opfern noch anbeten dürfe. Wenn einer dieses Gesetz im Hinblick auf einen gewöhnlichen Bürger vorschlüge, dann würden sie unwillig werden, weil damit die Unmenschlichkeit gesetzlich verankert würde, jetzt aber, da man die Römer und den Kaiser außerhalb des Rechts stelle, gingen sie großzügig darüber hinweg. Es sei zu befürchten, daß ihnen, die jetzt die Opfer für Kaiser[189] und Reich verwerfen, auch die Opfer für sie selbst unmöglich gemacht würden und die Stadt außerhalb des Reichsrechts gestellt würde, es sei denn, daß sie noch rechtzeitig Vernunft annähmen, die Opfer von neuem darbrächten und so den Frevel wieder gutmachten, bevor die Kunde davon den Betroffenen zu Ohren gekommen wäre.

4. 417. Noch während der Ansprache ließen sie die Priester vortreten, die Kenner der alten Überlieferungen waren; diese erklärten, daß alle Vorfahren von Fremdstämmigen Opfer angenommen hätten. Doch keiner der Empörungslustigen kümmerte sich darum; die diensttuenden Priester, die den Grund zum Krieg gelegt hatten, waren schon überhaupt nicht erschienen. Da nun die Oberen des Volkes einsahen, daß sich die Aufstandsbewegung von ihrer Seite schwerlich mehr unterdrücken ließe und daß die von den

τὸν ἀπὸ Ῥωμαίων κίνδυνον ἐπὶ πρώτους αὐτοὺς ἀφιξόμενον ἀπεσκευάζοντο τὰς αἰτίας, καὶ πρέσβεις οὓς μὲν πρὸς Φλῶρον ἔπεμπον, ὧν ἦρχεν υἱὸς Ἀνανίου Σίμων, οὓς δὲ πρὸς Ἀγρίππαν, ἐν οἷς ἦσαν ἐπίσημοι Σαῦλός τε καὶ Ἀντίπας καὶ Κοστόβαρος προσήκοντες τῷ βασιλεῖ κατὰ γένος.
419 ἐδέοντο δὲ ἀμφοτέρων ἀναβῆναι μετὰ δυνάμεως εἰς τὴν πόλιν καὶ
420 πρὶν γενέσθαι δυσκαθαίρετον ἐπικόψαι τὴν στάσιν. Φλώρῳ μὲν οὖν δεινὸν εὐαγγέλιον ἦν, καὶ προῃρημένος ἐξάπτειν τὸν πόλεμον οὐδὲν
421 ἀπεκρίνατο τοῖς πρεσβευταῖς· Ἀγρίππας δὲ κηδόμενος ἐπίσης τῶν τε ἀφισταμένων καὶ πρὸς οὓς ὁ πόλεμος ἠγείρετο, βουλόμενός τε Ῥωμαίοις μὲν Ἰουδαίους σώζεσθαι, Ἰουδαίοις δὲ τὸ ἱερὸν καὶ τὴν μητρόπολιν, ἀλλ᾽ οὐδ᾽ ἑαυτῷ λυσιτελήσειν τὴν ταραχὴν ἐπιστάμενος, ἔπεμπεν τοὺς ἐπαμυνοῦντας τῷ δήμῳ δισχιλίους[48] ἱππεῖς, Αὐρανίτας τε καὶ Βαταναίους καὶ Τραχωνίτας, ὑπὸ Δαρείῳ μὲν ἱππάρχῃ, στρατηγῷ δὲ τῷ Ἰακίμου Φιλίππῳ.
422 5. Τούτοις θαρσήσαντες οἱ δυνατοὶ σὺν τοῖς ἀρχιερεῦσιν καὶ πᾶν ὅσον τοῦ πλήθους εἰρήνην ἠγάπα τὴν ἄνω καταλαμβάνονται πόλιν· τῆς
423 κάτω γὰρ τὸ στασιάζον ἐκράτει καὶ τοῦ ἱεροῦ. χερμάσιν μὲν οὖν καὶ τοῖς ἐκηβόλοις ἀδιαλείπτως ἐχρῶντο, καὶ συνεχεῖς ἦσαν βελῶν ἀφέσεις ἐξ ἑκατέρων τῶν κλιμάτων· ἔστιν δ᾽ ὅτε καὶ κατὰ λόχους ἐκτρέχοντες συστάδην ἐμάχοντο, τόλμαις μὲν οἱ στασιασταὶ προέχοντες, ἐμπειρίᾳ δὲ
424 οἱ βασιλικοί. καὶ τούτοις μὲν ἦν ἀγὼν τοῦ ἱεροῦ κρατῆσαι μάλιστα καὶ τοὺς μιαίνοντας τὸν ναὸν ἐξελάσαι, τοῖς δὲ περὶ τὸν Ἐλεάζαρον στασιασταῖς πρὸς οἷς ἔσχον καὶ τὴν ἄνω πόλιν προσλαβεῖν. ἑπτὰ μὲν οὖν ἡμέραις συχνὸς ἀμφοτέρων φόνος ἐγίνετο, καὶ οὐδέτεροι τοῦ καταληφθέντος μέρους εἶκον.
425 6. Τῇ δ᾽ ἑξῆς τῆς τῶν ξυλοφορίων ἑορτῆς οὔσης, ἐν ᾗ πᾶσιν ἔθος ἦν ὕλην τῷ βωμῷ προσφέρειν, ὅπως μήποτε τροφὴ τῷ πυρὶ λείποι, διαμένει γὰρ ἄσβεστον ἀεί, τοὺς μὲν διαφόρους τῆς θρησκείας ἐξέκλεισαν, τῷ δ᾽ ἀσθενεῖ λαῷ συνεισρυέντας πολλοὺς τῶν σικαρίων, οὕτως γὰρ ἐκάλουν τοὺς λῃστὰς ἔχοντας ὑπὸ τοῖς κόλποις ξίφη, προσλα-
426 βόντες θαρραλεώτερον ἥπτοντο τῆς ἐπιχειρήσεως. ἡττῶντο δ᾽ οἱ βασιλικοὶ πλήθει τε καὶ τόλμῃ, καὶ βιασαμένοις εἶκον ἐκ τῆς ἄνω πόλεως. οἱ δὲ ἐπιπεσόντες τήν τε Ἀνανίου τοῦ ἀρχιερέως οἰκίαν καὶ τὰ
427 Ἀγρίππα καὶ Βερνίκης ὑποπιμπρᾶσιν βασίλεια· μεθ᾽ ἃ τὸ πῦρ ἐπὶ τὰ ἀρχεῖα ἔφερον ἀφανίσαι σπεύδοντες τὰ συμβόλαια τῶν δεδανεικότων

[48] τρισχιλίους MVRC Heg Na; δισχιλίους PAL Lat Niese Thack.

Römern drohende Gefahr sich zuerst über ihnen selbst entlade, suchten sie sich vom Verdacht der Urheberschaft freizumachen und sandten zwei Gesandtschaften, die eine zu Florus unter Leitung Simons, des Sohnes des Ananias, die andere zu Agrippa; in ihr befanden sich als angesehene Männer Saulus, Antipas und Kostobar[190], die mit dem König verwandt waren. Sie baten die beiden Führer, doch mit Heeresmacht zur Stadt heraufzuziehen und den Aufstand niederzuschlagen, bevor er ihnen über den Kopf wüchse. Für Florus war das eine ausgesuchte Freudenbotschaft, und da er den festen Vorsatz hegte, den Krieg auflodern zu lassen, gab er den Gesandten überhaupt keine Antwort. Agrippa aber sorgte sich in gleicher Weise um die Aufständischen und um die, gegen die der Krieg gerichtet war; er wollte einesteils den Römern die Juden als Untertanen erhalten, andererseits den Juden Heiligtum und Hauptstadt retten, im übrigen wußte er genau, daß ihm der Aufstand keinen Vorteil bringen könnte. So sandte er 2000 Reiter aus dem Hauran, Batanea und Trachonitis unter dem Reiterobersten Darius und dem Feldherrn Philippus[191], dem Sohn des Jakimos, dem Volk zur Hilfe.

5. 422. Dadurch faßten die Vornehmen, die Hohenpriester und die ganze Menge — soweit sie den Frieden liebte — neuen Mut und sicherten sich den Besitz der Oberstadt; denn der aufrührerische Teil hatte sich der unteren Stadt und des Heiligtums bemächtigt. Schleudersteine und weittragende Geschosse flogen unablässig, Pfeile wurden in rascher Folge von beiden Seiten abgeschossen. Es geschah auch, daß sie truppweise Ausfälle machten und handgemein wurden, wobei sich die Aufrührerischen durch ihre Kühnheit, die Königlichen aber durch ihre Kampferserfahrung überlegen zeigten. Diesen kam es vor allem darauf an, das Heiligtum in ihre Hand zu bekommen und die Tempelschänder daraus zu vertreiben; die Aufrührer um Eleazar suchten zu dem, was sie schon hatten, auch noch die Oberstadt in ihren Besitz zu bringen. Sieben Tage lang kämpfte man auf beiden Seiten mit hohen Verlusten, doch gab keine Partei die Stellung, die sie besetzt hielt, auf.

6. 425. Am folgenden Tag war das Fest des Holztragens[192], bei dem die Sitte herrschte, daß alle Holz zum Altar herbeibringen, damit dem Feuer niemals die Nahrung ausgehe, denn es brennt immer, ohne zu verlöschen. Da schlossen nun die Aufrührer ihre Gegner von der Teilnahme am Gottesdienst aus; einen großen Haufen von Sikariern aber, der sich mit dem wehrlosen Volk eingeschlichen hatte — so nannte man jene Räuber, die unter ihren Gewändern Schwerter trugen —, nahmen sie in ihre Reihen auf und führten den Angriff um so heftiger. Da die Königlichen an Zahl und Kampfesmut unterlegen waren, mußten sie sich unter dem Druck der Feinde aus der Oberstadt zurückziehen. Die Eindringlinge brannten das Haus des Hohenpriesters Ananias und den Palast[193] des Agrippa und der Berenike nieder; danach legten sie Feuer an das Archiv[194] und beeilten sich, die Schuldverschreibungen der Gläubiger zu vernichten, um so die Eintreibung der Schulden unmöglich zu machen und die Menge der Schuldner auf ihre Seite zu

καὶ τὰς εἰσπράξεις ἀποκόψαι τῶν χρεῶν, ὅπως αὐτοί τε πλῆθος προσλάβωσιν τῶν ὠφεληθέντων καὶ μετ' ἀδείας τοῖς εὐπόροις ἐπαναστήσωσι τοὺς ἀπόρους. φυγόντων δὲ τῶν πρὸς τῷ γραμματοφυλακείῳ
428 τὸ πῦρ ἐνίεσαν. ἐπεὶ δὲ τὰ νεῦρα τῆς πόλεως καταφλέξαντες ἐπὶ τοὺς ἐχθροὺς ἐχώρουν, ἔνθα δὴ τῶν δυνατῶν καὶ τῶν ἀρχιερέων οἱ μὲν εἰς
429 τοὺς ὑπονόμους καταδύντες διελάνθανον, οἱ δὲ σὺν τοῖς βασιλικοῖς εἰς τὴν ἀνωτέρω καταφυγόντες αὐλὴν ταχέως ἀπέκλεισαν τὰς θύρας, σὺν οἷς Ἀνανίας ὁ ἀρχιερεὺς Ἐζεκίας τε ὁ ἀδελφὸς αὐτοῦ καὶ οἱ πρεσβεύσαντες πρὸς Ἀγρίππαν ἦσαν. τότε μὲν οὖν τῇ νίκῃ καὶ τοῖς ἐμπρησθεῖσιν ἀρκεσθέντες ἀνεπαύσαντο.

430 7. Τῇ δ' ἑξῆς, πεντεκαιδεκάτῃ δ' ἦν Λώου μηνός, ὥρμησαν ἐπὶ τὴν Ἀντωνίαν καὶ τοὺς ἐν αὐτῇ φρουροὺς δυσὶν ἡμέραις πολιορκήσαντες αὐτούς τε εἷλον καὶ κατέσφαξαν καὶ τὸ φρούριον ἐνέπρησαν. ἔπειτα
431 μετέβαινον εἰς τὴν αὐλήν, εἰς ἣν οἱ βασιλικοὶ κατέφυγον, καὶ διανείμαντες σφᾶς αὐτοὺς εἰς τέσσαρα μέρη τῶν τειχῶν ἐπειρῶντο. τῶν δ' ἔνδον πρὸς ἐκδρομὴν μὲν οὐδεὶς ἐθάρρει διὰ τὸ πλῆθος τῶν ἐφεστώτων, διιστάμενοι δὲ ἐπὶ τὰ θωράκια καὶ τοὺς πύργους ἔβαλλον τοὺς προσιόν-
432 τας, καὶ συχνοὶ τῶν λῃστῶν ὑπὸ τοῖς τείχεσιν ἔπιπτον. οὔτε δὲ νυκτὸς οὔτε ἡμέρας διέλειπεν ἡ συμβολὴ τῶν μὲν στασιαστῶν ἀπαγορεύσειν τοὺς ἔνδον οἰομένων ἐνδείᾳ τροφῆς, τῶν δ' ἔνδοθεν καμάτῳ τοὺς πολιορκοῦντας.

433 8. Κἀν τούτῳ Μανάημός τις, υἱὸς Ἰούδα τοῦ καλουμένου Γαλιλαίου, σοφιστὴς δεινότατος, ὁ καὶ ἐπὶ Κυρινίου ποτὲ Ἰουδαίους ὀνειδίσας ὅτι Ῥωμαίοις ὑπετάσσοντο μετὰ τὸν θεόν, ἀναλαβὼν τοὺς γνωρίμους
434 ἀνεχώρησεν εἰς Μασάδαν, ἔνθα τὴν Ἡρώδου τοῦ βασιλέως ὁπλοθήκην ἀναρρήξας καὶ πρὸς τοῖς δημόταις ἑτέρους λῃστὰς καθοπλίσας τούτοις τε χρώμενος δορυφόροις, οἷα δὴ βασιλεὺς ἐπάνεισιν εἰς Ἱεροσόλυμα
435 καὶ γενόμενος ἡγεμὼν τῆς στάσεως διέτασσεν τὴν πολιορκίαν. ἀπορία δ' ἦν ὀργάνων, καὶ φανερῶς ὑπορύττειν τὸ τεῖχος οὐχ οἷόν τε ἦν ἄνωθεν βαλλομένους· ὑπόνομον δὴ πόρρωθεν ἐφ' ἕνα τῶν πύργων ὑπορύξαντες ἀνεκρήμνισαν αὐτόν, ἔπειτα τὴν ἀνέχουσαν ὕλην ἐμπρή-
436 σαντες ἐξῆλθον. ὑποκαέντων δὲ τῶν στηριγμάτων ὁ μὲν πύργος ἐξαίφνης κατασείεται, τεῖχος δ' ἕτερον ἔνδοθεν ἀνῳκοδομημένον διεφάνη· τὴν γὰρ ἐπιβουλὴν αὐτῶν προαισθόμενοι, τάχα καὶ τοῦ πύργου κινηθέν-
437 τος ὡς ὑπωρύττετο, δεύτερον ἑαυτοῖς ἔρυμα κατεσκεύασαν. πρὸς ὃ τῶν ἀδοκήτως ἰδόντων καὶ κρατεῖν ἤδη πεπεισμένων κατάπληξις ἦν. οἱ δὲ ἔνδοθεν πρός τε τὸν Μανάημον καὶ τοὺς ἐξάρχοντας τῆς στάσεως ἔπεμπον ἀξιοῦντες ἐξελθεῖν ὑπόσπονδοι, καὶ δοθὲν μόνοις τοῖς βασι-

ziehen, sowie die Armen, ohne daß diese noch etwas zu fürchten brauchten, gegen die Reichen aufzuwiegeln. Da die Archivwärter geflohen waren, konnten sie dort Feuer legen. Nachdem sie das Nervenzentrum der Stadt zerstört hatten, rückten sie gegen die Feinde vor. Darauf verbargen sich die Angesehenen und die Hohenpriester; ein Teil tauchte in den unterirdischen Gängen unter, der andere aber floh mit den Anhängern des Königs Agrippa in die oben gelegene Burg, wo man rasch die Tore schloß. Unter den letzteren befanden sich der Hohepriester Ananias, Ezekia, sein Bruder und die Mitglieder der Gesandtschaft an Agrippa. Für den Augenblick nun begnügten sich die Aufrührer mit ihrem Sieg und den Brandstiftungen und ließen eine Pause eintreten.

7. 430. Am folgenden Tag, dem 15. Loos[195], begannen sie den Angriff gegen die Antoniaburg, und nach zweitägiger Belagerung nahmen sie ihre Besatzung gefangen und machten sie nieder; die Burg aber steckten sie in Brand. Darauf richteten sie den Angriff gegen die Königsburg, wohin die Anhänger des Königs geflüchtet waren; in vier Gruppen geteilt, versuchten die Belagerer die Mauern zu stürmen. Von der Besatzung wagte keiner einen Ausfall wegen der Menge der Belagerer, sie verteilten sich vielmehr auf Brustwehren und Türme und beschossen die Angreifer, dabei fiel eine große Zahl der Räuber am Fuß der Mauern. Weder bei Nacht noch bei Tag ruhte der Kampf; die Aufrührer glaubten, daß der Besatzung bald die Nahrungsmittel ausgehen würden, diese dagegen hoffte auf eine rasche Erschöpfung der Belagerer.

8. 433. Zu gleicher Zeit war ein gewisser Manaem — der Sohn des Judas, der der „Galiläer"[196] genannt wurde, ein sehr bedeutender Gelehrter, der einst zur Zeit des Quirinius die Juden geschmäht hatte, daß sie nicht nur Gott, sondern auch noch den Römern untertan sein wollten — mit seinen nächsten Freunden nach Masada[197] gezogen, hatte dort das Zeughaus des Herodes aufgebrochen und außer seinen Landsleuten auch noch andere Räuber bewaffnet, um diese als Leibgarde zu verwenden. Nun kam er wie ein König nach Jerusalem zurück, wurde Führer des Aufstandes und übernahm den Oberbefehl bei der Belagerung. Es fehlte aber an Belagerungsmaschinen, auch war es nicht möglich, unter feindlichem Beschuß von oben die Mauer ohne Deckung zu untergraben. Sie trieben also aus gewisser Entfernung einen Stollen gegen einen der Türme vor und unterminierten ihn, darauf steckten sie die tragenden Hölzer in Brand und zogen sich zurück. Nachdem die Stützbalken verkohlt waren, stürzte der Turm plötzlich zusammen; es zeigte sich jedoch eine neue Mauer, die man auf der Innenseite erbaut hatte. Die Verteidiger hatten nämlich das Vorhaben der Angreifer bemerkt, vielleicht zitterte der Turm auch, als er untergraben wurde, darum hatten sie sich eine zweite Mauer errichtet. Durch deren unerwarteten Anblick wurden die Belagerer, die schon die feste Hoffnung auf den Sieg gehegt hatten, recht niedergeschlagen. Die Besatzung aber sandte zu Manaem und den Rädelsführer des Aufruhrs Unterhändler hinaus, die um freien Abzug baten; dieser wurde auch gewährt, allerdings nur den königlichen Truppen

438 λικοῖς καὶ τοῖς ἐπιχωρίοις οἱ μὲν ἐξῄεσαν. ἀθυμία δὲ τοὺς Ῥωμαίους καταλειφθέντας μόνους ὑπέλαβεν· οὔτε γὰρ βιάσασθαι τοσοῦτον πλῆθος ἐδύναντο καὶ τὸ δεξιὰς αἰτεῖν ὄνειδος ὑπελάμβανον, πρὸς τῷ μηδὲ
439 πιστεύειν εἰ διδοῖτο. καταλιπόντες δὴ τὸ στρατόπεδον ὡς εὐάλωτον ἐπὶ τοὺς βασιλικοὺς ἀνέφυγον πύργους, τόν τε Ἱππικὸν καλούμενον καὶ
440 Φασάηλον καὶ Μαριάμμην. οἱ δὲ περὶ τὸν Μανάημον εἰσπεσόντες ὅθεν οἱ στρατιῶται διέφυγον ὅσους τε αὐτῶν κατελάμβανον μὴ φθάσαντας ἐκδραμεῖν διέφθειραν, καὶ τὰς ἀποσκευὰς διαρπάσαντες ἐνέπρησαν τὸ στρατόπεδον. ταῦτα μὲν οὖν ἕκτῃ Γορπιαίου μηνὸς ἐπράχθη.
441 9. Κατὰ δὲ τὴν ἐπιοῦσαν ὅ τε ἀρχιερεὺς Ἀνανίας περὶ τὸν τῆς βασιλικῆς αὐλῆς εὔριπον διαλανθάνων ἁλίσκεται καὶ πρὸς τῶν λῃστῶν ἀναιρεῖται σὺν Ἐζεκίᾳ τῷ ἀδελφῷ, καὶ τοὺς πύργους περισχόντες οἱ
442 στασιασταὶ παρεφύλαττον, μή τις τῶν στρατιωτῶν διαφύγοι. τὸν δὲ Μανάημον ἥ τε τῶν ὀχυρῶν καταστροφὴ χωρίων καὶ ὁ τοῦ ἀρχιερέως Ἀνανίου θάνατος ἐτύφωσεν εἰς ὠμότητα καὶ μηδένα νομίζων ἔχειν
443 ἐπὶ τοῖς πράγμασιν ἀντίπαλον ἀφόρητος ἦν τύραννος. ἐπανίστανται δὲ οἱ περὶ τὸν Ἐλεάζαρον αὐτῷ, καὶ λόγον ἀλλήλοις δόντες, ὡς οὐ χρὴ Ῥωμαίων ἀποστάντας δι᾽ ἐλευθερίας πόθον καταπροέσθαι ταύτην οἰκείῳ δήμῳ[49] καὶ δεσπότην φέρειν, εἰ καὶ μηδὲν πράττοι βίαιον, ἀλλ᾽ οὖν ἑαυτῶν ταπεινότερον· εἰ γὰρ καὶ δέοι τινὰ τῶν ὅλων ἀφηγεῖσθαι, παντὶ μᾶλλον ἢ ἐκείνῳ προσήκειν, συντίθενται καὶ κατὰ τὸ ἱερὸν
444 ἐπεχείρουν αὐτῷ· σοβαρὸς γὰρ ἀνεβεβήκει προσκυνήσων ἐσθῆτί τε
445 βασιλικῇ κεκοσμημένος καὶ τοὺς ζηλωτὰς ἐνόπλους ἐφελκόμενος. ὡς δ᾽ οἱ περὶ τὸν Ἐλεάζαρον ἐπ᾽ αὐτὸν ὥρμησαν, ὅ τε λοιπὸς δῆμος ἐπὶ τὰς ὀργὰς[50] λίθους ἁρπάσαντες τὸν σοφιστὴν ἔβαλλον, οἰόμενοι τούτου
446 καταλυθέντος διατρέψειν ὅλην τὴν στάσιν, πρὸς ὀλίγον οἱ περὶ τὸν Μανάημον ἀντισχόντες ὡς εἶδον πᾶν ἐπ᾽ αὐτοὺς τὸ πλῆθος ὁρμῆσαν, ἔφυγον ὅπῃ τις ἴσχυσεν, καὶ φόνος μὲν ἦν τῶν καταληφθέντων, ἔρευνα δὲ τῶν
447 ἀποκρυπτομένων. καὶ διεσώθησαν ὀλίγοι λάθρα διαδράντες εἰς Μασάδαν, σὺν οἷς Ἐλεάζαρος υἱὸς Ἰαείρου, προσήκων τῷ Μαναήμῳ κατὰ
448 γένος, ὃς ὕστερον ἐτυράννησεν τῆς Μασάδας. αὐτόν τε τὸν Μανάημον εἰς τὸν καλούμενον Ὀφλᾶν συμφυγόντα κἀκεῖ ταπεινῶς ὑπολανθάνοντα ζωγρήσαντες εἰς τὸ φανερὸν ἐξείλκυσαν καὶ πολλαῖς αἰκισάμενοι βασάνοις ἀνεῖλον, ὁμοίως δὲ καὶ τοὺς ὑπ᾽ αὐτὸν ἡγεμόνας τόν τε ἐπισημότατον τῆς τυραννίδος ὑπηρέτην Ἀψάλωμον.

[49] δημίῳ Destinon cj., Na Reinach Thack („Scharfrichter aus den eigenen Reihen"); δήμῳ codd., Niese („Mann aus dem Volk").
[50] ἐπὶ τὰς ὀργὰς fehlt bei L Lat Bekker Na (Niese: *fortasse recte*); ἐπὶ τὰς ὁρμὰς Hudson cj., Übersetzung unsicher.

und den Einheimischen, die darauf die Burg verließen. Da packte die allein zurückgelassenen römischen Soldaten die Verzweiflung, denn sie waren einerseits nicht imstande, einer solchen Menge Widerstand zu leisten, andererseits hielten sie es für schimpflich, um Schonung für ihr Leben zu bitten; zudem durfte man dem Versprechen der Aufrührer, wenn es gegeben würde, nicht trauen. Sie räumten also ihr Lager, da es zu leicht zu erobern war, und zogen sich in die Königstürme[198] zurück, die man Hippikos, Phasael und Mariamme nannte. Die Anhänger des Manaem drangen in das verlassene Lager ein, aus dem die Soldaten geflohen waren, hieben alle nieder, die nicht mehr fliehen konnten und von ihnen eingeholt wurden, danach plünderten sie das Gepäck und steckten das Lager in Brand. Dies geschah am 6. Tag des Monats Gorpiäus (24. September).

9. 441. Am folgenden Tag wurde der Hohepriester Ananias, der sich im Wasserkanal der Königsburg versteckt hatte, von den Räubern hervorgezogen mit samt seinem Bruder Ezechias[199] hingerichtet; auch hatten die Aufrührer die Türme umstellt und hielten strenge Wacht, daß keiner der Soldaten entkäme. Manaem aber stieg die Bezwingung der festen Plätze und der Tod des Hohenpriesters Ananias so sehr in den Kopf, daß er grausam wurde, und da er glaubte, daß er keinen Gegner habe, der ihm die Herrschaft streitig machen könnte, zeigte er sich als unerträglicher Tyrann. Die Männer um Eleazar jedoch empörten sich gegen Manaem und machten untereinander Bemerkungen in der Weise: Sie seien aus Liebe zur Freiheit von den Römern abgefallen und dürften diese deshalb nicht einem einfachen Mann aus dem Volk preisgeben und einen Gewaltherrscher dulden, der, selbst wenn er keine Gewalttat beginge, doch seiner Herkunft nach weit unter ihnen stünde. Denn wenn es auch notwendig sei, daß einer die Führung des Ganzen in die Hand nehme, so komme sie doch jedem anderen mehr als diesem Menschen zu. Sie trafen nun eine Verabredung und griffen ihn im Tempel an, als er stolz und im Schmuck königlicher Kleidung zum Gebet hinaufschritt, wobei ihm eine Schar bewaffneter Eiferer folgte. Wie nun die Anhänger Eleazars auf ihn eindrangen, hob auch das übrige Volk, um seiner Erbitterung Ausdruck zu verleihen, Steine auf und begann, auf den wortgewandten Volksverführer zu werfen; sie glaubten, durch seine Ermordung dem ganzen Aufruhr ein Ende machen zu können. Die Leibwache des Manaem leistete kurze Zeit Widerstand, als sie aber sah, daß das ganze Volk auf sie losstürmte, ergriff sie die Flucht; jeder floh, wohin er konnte. Die, welche man ergreifen konnte, wurden getötet, die, welche sich versteckt hielten, spürte man auf. Nur wenige konnten sich dadurch retten, daß sie heimlich nach Masada entkamen, unter ihnen war Eleazar, der Sohn Jairs, ein Verwandter Manaems, der später den Oberbefehl in Masada führte. Auch Manaem selbst war zum sogenannten Ophel[200] geflohen; dort hatte er sich feige versteckt, doch man fing ihn lebendig, zog ihn ans Licht und tötete ihn unter vielen Foltern, ebenso auch die unter ihm stehenden Anführer und den schlimmsten Handlanger der Schreckensherrschaft, Absalom.

449 10. Ὁ μὲν οὖν δῆμος, ὡς ἔφην, εἰς ταῦτα συνήργησεν ἐλπίζων τινὰ τῆς ὅλης στάσεως διόρθωσιν· οἱ δ' οὐ καταλῦσαι τὸν πόλεμον σπεύδον-
450 τες, ἀλλ' ἀδεέστερον πολεμεῖν Μανάημον ἀνῃρήκεσαν. ἀμέλει πολλὰ τοῦ δήμου τοῖς στρατιώταις ἀνεῖναι τὴν πολιορκίαν παρακαλοῦντος, οἱ δὲ προσέκειντο χαλεπώτερον, μέχρι μηκέτι ἀντέχοντες οἱ περὶ τὸν Μετίλιον, οὗτος γὰρ ἦν τῶν Ῥωμαίων ἔπαρχος, διαπέμπονται πρὸς τοὺς περὶ τὸν Ἐλεάζαρον ἐξαιτούμενοι μόνας τὰς ψυχὰς ὑποσπόνδους, τὰ δ'
451 ὅπλα καὶ τὴν λοιπὴν κτῆσιν παραδώσειν λέγοντες. οἱ δὲ καὶ τὴν ἱκεσίαν ἁρπάσαντες ἀνέπεμψαν πρὸς αὐτοὺς Γωρίονά τε Νικομήδους υἱὸν καὶ Ἀνανίαν Σαδούκι καὶ Ἰούδαν Ἰωνάθου δεξιάν τε καὶ ὅρκους δώσοντας.
452 ὧν γενομένων κατῆγεν τοὺς στρατιώτας ὁ Μετίλιος. οἱ δὲ μέχρι μὲν ἦσαν ἐν τοῖς ὅπλοις, οὔτ' ἐπεχείρει τις τῶν στασιαστῶν αὐτοῖς οὔτ' ἐνέφαινεν ἐπιβουλήν· ὡς δὲ κατὰ τὰς συνθήκας ἅπαντες ἀπέθεντο τοὺς
453 θυρεοὺς καὶ τὰ ξίφη καὶ μηδὲν ἔτι ὑποπτεύοντες ἀνεχώρουν, ὥρμησαν ἐπ' αὐτοὺς οἱ περὶ τὸν Ἐλεάζαρον καὶ περισχόντες ἀνῄρουν οὔτε ἀμυνομένους οὔτε ἱκετεύοντας, μόνας δὲ τὰς συνθήκας καὶ τοὺς ὅρκους
454 ἀναβοῶντας. οἱ μὲν οὖν οὕτως ὠμῶς ἀπεσφάγησαν ἅπαντες πλὴν Μετιλίου, τοῦτον γὰρ ἱκετεύσαντα καὶ μέχρι περιτομῆς Ἰουδαΐσειν ὑποσχόμενον διέσωσαν μόνον, τὸ δὲ πάθος Ῥωμαίοις μὲν ἦν κοῦφον, ἐκ γὰρ ἀπλέτου δυνάμεως ἀπαναλώθησαν ὀλίγοι, Ἰουδαίων δὲ προοίμιον
455 ἁλώσεως ἔδοξεν. καὶ κατιδόντες ἀνηκέστους μὲν ἤδη τὰς αἰτίας τοῦ πολέμου, τὴν δὲ πόλιν τηλικούτῳ μιάσματι πεφυρμένην, ἐξ οὗ δαιμόνιόν τι μήνιμα προσδοκᾶν εἰκὸς ἦν, εἰ καὶ μὴ τὴν ἐκ Ῥωμαίων ἄμυναν, ἐπένθουν δημοσίᾳ, καὶ πλήρης μὲν κατηφείας ἦν ἡ πόλις, ἕκαστος δὲ τῶν μετρίων ὡς αὐτὸς ὑπὲρ τῶν στασιαστῶν δίκας δώσων τετάρακτο.
456 καὶ γὰρ δὴ σαββάτῳ συνέβη πραχθῆναι τὸν φόνον, ἐν ᾧ διὰ τὴν θρησκείαν καὶ τῶν ὁσίων ἔργων ἔχουσιν ἐκεχειρίαν.

457 XVIII. 1. Τῆς δ' αὐτῆς ἡμέρας καὶ ὥρας ὥσπερ ἐκ δαιμονίου προνοίας ἀνῄρουν Καισαρεῖς τοὺς παρ' ἑαυτοῖς Ἰουδαίους, ὡς ὑπὸ μίαν ὥραν ἀποσφαγῆναι μὲν ὑπὲρ δισμυρίους, κενωθῆναι δὲ πᾶσαν Ἰουδαίων τὴν Καισάρειαν· καὶ γὰρ τοὺς διαφεύγοντας ὁ Φλῶρος συλλαβὼν
458 κατῆγεν δεσμώτας εἰς τὰ νεώρια. πρὸς δὲ τὴν ἐκ τῆς Καισαρείας πληγὴν ὅλον τὸ ἔθνος ἐξαγριοῦται, καὶ διαμερισθέντες τάς τε κώμας τῶν Σύρων

10. 449. Das Volk hatte, wie schon gesagt, nur deshalb mitgeholfen, weil es sich davon eine Bereinigung der durch den Aufruhr entstandenen Lage erhoffte; die Anhänger Eleazars aber dachten nicht daran, den Krieg zu beendigen, sie hatten vielmehr Manaem getötet, um noch unbesorgter kämpfen zu können. So bat zwar das Volk oftmals, man möchte die Belagerung der römischen Soldaten aufheben, jene aber betrieben sie umso härter so lange, bis die Truppe unter Metilius — denn dieser war der Befehlshaber[201] der Römer — außerstande, länger Widerstand zu leisten, den Leuten um Eleazar eine Botschaft übersandte mit der Bitte, ihnen die Schonung ihres Lebens vertraglich zuzusichern, die Waffen und ihren übrigen Besitz versprachen sie auszuliefern. Die Belagerer gingen begierig auf diese Bitte ein und sandten Gorion, den Sohn des Nikomedes, und Ananias, den Sohn des Saduki, und Judas, den Sohn Jonathans, zu ihnen, um das Sicherheitsversprechen zu leisten und Eide auszutauschen. Nachdem dies geschehen war, führte Metilius die Truppe herunter; so lange sie bewaffnet war, hob keiner der Aufrührer die Hand gegen sie oder ließ etwas von Verrat sichtbar werden. Als sie aber ihre Schilde und Schwerter vertragsgemäß abgelegt hatten und arglos abmarschieren wollten, stürzten sich die Leute Eleazars auf sie, umzingelten und töteten sie, ohne daß sie sich gewehrt oder um ihr Leben gefleht hätten; sie beriefen sich nur laut und vernehmlich auf den Vertrag und die ausgetauschten Eide. So wurden sie alle schonungslos abgeschlachtet außer Metilius; diesen allein verschonten sie, weil er als Einziger um Gnade flehte und versprach, Jude zu werden und selbst die Beschneidung auf sich zu nehmen[202]. Für die Römer war es ein geringer Verlust, da sie von ihrer unermeßlichen Streitmacht nur wenige Leute eingebüßt hatten, den Juden aber schien es ein Vorzeichen der Eroberung ihrer Stadt zu sein. Sie sahen ein, daß jetzt Gründe für den Krieg vorlagen, die nicht mehr rückgängig zu machen wären, und die Stadt durch eine so schlimme Schandtat befleckt sei, daß man als Folge davon notwendigerweise ein göttliches Strafgericht erwarten müsse, auch wenn man von der Rache der Römer absehen wolle. Die Juden zeigten öffentlich Trauer, und die Stadt war voll Niedergeschlagenheit; alle Gutgesinnten hatte die Furcht gepackt, sie möchten für die Aufrührer büßen. Denn der Mord war an einem Sabbat geschehen, an dem man der Frömmigkeit wegen auch die sonst erlaubten Werke unterläßt.

18. Kapitel

1. 457. Am selben Tag und zur selben Stunde töteten die Einwohner von Caesarea wie durch göttliche Vorsehung die bei ihnen wohnenden Juden[203], so daß in einer einzigen Stunde über 20 000 von ihnen niedergemetzelt wurden und ganz Caesarea frei von jüdischer Bevölkerung wurde. Denn auch die Geflüchteten ließ Florus ergreifen und als Gefangene auf die Schiffswerften bringen. Auf das Blutbad von Caesarea hin geriet das ganze

καὶ τὰς προσεχούσας ἐπόρθουν πόλεις, Φιλαδέλφειάν τε καὶ Ἐσεβωνῖτιν
459 καὶ Γέρασα καὶ Πέλλαν καὶ Σκυθόπολιν. ἔπειτα Γαδάροις καὶ Ἵππῳ
καὶ τῇ Γαυλανίτιδι προσπεσόντες τὰ μὲν καταστρεψάμενοι, τὰ δ᾿
ὑποπρήσαντες ἐχώρουν ἐπὶ Κάδασα τὴν Τυρίων καὶ Πτολεμαΐδα Γάβαν
460 τε καὶ Καισάρειαν. ἀντέσχον δὲ οὔτε Σεβαστὴ ταῖς ὁρμαῖς αὐτῶν οὔτε
Ἀσκάλων, ἀλλ᾿ ἐπὶ ταύταις πυρποληθείσαις Ἀνθηδόνα καὶ Γάζαν κατέ-
σκαπτον. πολλαὶ δὲ καθ᾿ ἑκάστην τούτων τῶν πόλεων ἀνηρπάζοντο
κῶμαι, καὶ τῶν ἁλισκομένων ἀνδρῶν φόνος ἦν ἄπειρος.
461 2. Οὐ μὴν οἱ Σύροι τῶν Ἰουδαίων ἔλαττον πλῆθος ἀνῄρουν, ἀλλὰ
καὶ αὐτοὶ τοὺς ἐν ταῖς πόλεσιν λαμβανομένους ἀπέσφαττον οὐ μόνον
κατὰ μῖσος, ὡς πρότερον, ἀλλ᾿ ἤδη καὶ τὸν ἐφ᾿ ἑαυτοῖς κίνδυνον
462 φθάνοντες. δεινὴ δὲ ὅλην τὴν Συρίαν ἐπεῖχεν ταραχή, καὶ πᾶσα πόλις
εἰς δύο διῄρητο στρατόπεδα, σωτηρία δὲ τοῖς ἑτέροις ἦν τὸ τοὺς ἑτέρους
463 φθάσαι. καὶ τὰς μὲν ἡμέρας ἐν αἵματι διῆγον, τὰς δὲ νύκτας δέει
χαλεπωτέρας· καὶ γὰρ ἀπεσκευάσθαι τοὺς Ἰουδαίους δοκοῦντες ἕκαστοι
τοὺς ἰουδαΐζοντας εἶχον ἐν ὑποψίᾳ, καὶ τὸ παρ᾿ ἑκάστοις ἀμφίβολον οὔτε
ἀνελεῖν τις προχείρως ὑπέμενεν καὶ μεμιγμένον ὡς βεβαίως ἀλλόφυλον
464 ἐφοβεῖτο. προεκαλεῖτο δὲ ἐπὶ τὰς σφαγὰς τῶν διαφόρων καὶ τοὺς πάλαι
πρᾳοτάτους πάνυ δοκοῦντας ἡ πλεονεξία· τὰς γὰρ οὐσίας τῶν ἀναιρεθέντων ἀδεῶς διήρπαζον καὶ καθάπερ ἐκ παρατάξεως τὰ σκῦλα τῶν
ἀνῃρημένων εἰς τοὺς σφετέρους οἴκους μετέφερον, ἔνδοξός τε ἦν ὁ
465 πλεῖστα κερδάνας ὡς κατισχύσας πλειόνων. ἦν δὲ ἰδεῖν τὰς πόλεις
μεστὰς ἀτάφων σωμάτων καὶ νεκροὺς ἅμα νηπίοις γέροντας ἐρριμμένους
γύναιά τε μηδὲ τῆς ἐπ᾿ αἰδοῖ σκέπης μετειληφότα, καὶ πᾶσαν μὲν τὴν
ἐπαρχίαν μεστὴν ἀδιηγήτων συμφορῶν, μείζονα δὲ τῶν ἑκάστοτε τολμω-
μένων τὴν ἐπὶ τοῖς ἀπειλουμένοις ἀνάτασιν⁵¹.
466 3. Μέχρι μὲν δὴ τούτων Ἰουδαίοις πρὸς τὸ ἀλλόφυλον ἦσαν προσβολαί,
κατατρέχοντες δὲ εἰς Σκυθόπολιν τοὺς παρ᾿ ἐκείνοις Ἰουδαίους ἐπείρα-
σαν πολεμίους· ταξάμενοι γὰρ μετὰ τῶν Σκυθοπολιτῶν καὶ τῆς ἑαυτῶν
ἀσφαλείας ἐν δευτέρῳ θέμενοι τὴν συγγένειαν ὁμόσε τοῖς ὁμοφύλοις
467 ἐχώρουν. ὑπωπτεύθη δ᾿ αὐτῶν καὶ τὸ λίαν πρόθυμον· οἱ γοῦν Σκυθοπολῖται δείσαντες μὴ νύκτωρ ἐπιχειρήσωσι τῇ πόλει καὶ μετὰ μεγάλης
αὐτῶν συμφορᾶς τοῖς οἰκείοις ἀπολογήσωνται περὶ τῆς ἀποστάσεως,
ἐκέλευον αὐτούς, εἰ βούλονται τὴν ὁμόνοιαν βεβαιῶσαι καὶ τὸ πρὸς τοὺς
ἀλλοεθνεῖς πιστὸν ἐπιδείξασθαι, μεταβαίνειν ἅμα ταῖς γενεαῖς εἰς τὸ

---

⁵¹ ἀνάστασιν PAML; μετάστασιν VRC; ἀνάτασιν („seelische Anspannung, Zerrüttung") Niese Na Thack dürfte durch Euseb hist. eccl. 2,26,2 verbürgt sein. Zum
Wechsel der Lesarten vgl. auch den Tatbestand bell. 5,205; 6,410. Ἀνάστασις als
„Vertreibung, Entfernung der Bevölkerung" ist auch in ant. 16,278; 18,275 zu
finden. In bell. 6,339 meint es „Zerstörung, Verwüstung"

Volk in wilden Zorn, verteilte sich in mehrere Kriegshaufen und verwüstete die Dörfer der Syrer sowie die benachbarten Städte Philadelphia, Esebon, Gerasa, Pella und Skythopolis[204]. Darauf fiel man über Gadara, Hippos und die Landschaft Gaulanitis her, teils zerstörte man die Ortschaften, teils steckte man sie in Brand. Schließlich wandten sie sich gegen das tyrische Kadasa, Ptolemais, Gaba und Caesarea, weder Sebaste noch Askalon konnten ihrem Angriff widerstehen; nach der Einäscherung dieser Städte verwüsteten sie vielmehr auch noch Anthedon und Gaza. Sie plünderten viele der zum Gebiet dieser Städte gehörenden Dörfer, auch war die Zahl der Opfer, die von ihnen gefangen und getötet wurden, unübersehbar[205].

2. 461. Die Syrer ihrerseits brachten nicht weniger Juden um; sie töteten vielmehr alle, die sie in ihren Städten ergreifen konnten, und zwar nicht allein aus Haß wie früher, sondern auch, um der ihnen selbst drohenden Gefahr zuvor zu kommen. Schreckliche Wirren hielten ganz Syrien in Atem, jede Stadt war in zwei Lager gespalten und jede Partei suchte ihr Heil darin, der anderen mit dem Vernichtungsschlag zuvorzukommen. Die Tage brachte man mit Blutvergießen zu, noch schlimmer aber waren die Nächte durch die schreckliche Angst. Denn wenn man auch glaubte, die Juden beseitigt zu haben, so behielt man doch in jeder Stadt den Verdacht gegen die Judenfreunde[206]; man mochte zwar die nach beiden Seiten hin zweifelhafte Gruppe nicht ohne weiteres umbringen, fürchtete sie aber doch auf Grund ihrer Verbindung mit den Juden, als seien sie wirklich Feinde. Der Wunsch, sich zu bereichern, verleitete selbst Menschen, die man bis dahin für durchaus harmlos gehalten hatte, zur Teilnahme am allgemeinen Morden unter den Gegnern. Ohne Scheu plünderten sie nämlich Hab und Gut der Ermordeten und brachten die den Toten gehörenden Beutestücke in ihre eigenen Häuser, gerade so als kämen sie aus der Schlacht, und derjenige, der am meisten errafft hatte, stand in höchstem Ansehen wie einer, der mehr Feinde überwunden hat als die anderen. Man sah die Städte voll unbegrabener Leichen, und zwar lagen Greise zugleich mit kleinen Kindern hingestreckt, dazu auch Frauen, denen man nicht einmal die Verhüllung ihrer Blöße gelassen hatte. Die ganze Provinz war von unsagbarem Elend erfüllt; mehr noch als durch die fortlaufend geschehenden Greueltaten wurde sie durch die ständigen Drohungen zerrüttet.

3. 466. Bis dahin hatten die Juden nur mit Fremdstämmigen gekämpft, als sie aber Skythopolis angriffen, mußten sie auch die dortigen Juden als Gegner kennenlernen. Diese nämlich stellten sich um ihrer Sicherheit willen auf die Seite der Einwohner von Skythopolis und rückten unter Mißachtung der Stammesverwandtschaft gegen ihre eigenen Volksgenossen aus[207]. Aber auch dieser ihr Übereifer erschien verdächtig: Die nichtjüdischen Einwohner befürchteten nämlich, ihnen drohe großes Unheil für den Fall, daß sich die jüdischen Mitbürger bei Nacht der Stadt bemächtigten und damit gegenüber ihren Stammesgenossen den Abfall wieder gutmachten. Man wies sie an, sie möchten doch, wenn sie ihre zustimmende Haltung bekräftigen und ihre Treue gegenüber den Nichtjuden beweisen wollten, mit ihren Familien in den

468 ἄλσος. τῶν δὲ ποιησάντων τὸ προσταχθὲν χωρὶς ὑποψίας, δύο μὲν ἡμέρας ἠρέμησαν οἱ Σκυθοπολῖται τὴν πίστιν αὐτῶν δελεάζοντες, τῇ δὲ τρίτῃ νυκτὶ παρατηρήσαντες τοὺς μὲν ἀφυλάκτους οὓς δὲ κοιμωμένους ἅπαντας ἀπέσφαξαν ὄντας τὸν ἀριθμὸν ὑπὲρ μυρίους καὶ τρισχιλίους, τὰς δὲ κτήσεις διήρπασαν ἁπάντων.

469 4. Ἄξιον δ᾽ ἀφηγήσασθαι καὶ τὸ Σίμωνος πάθος, ὃς υἱὸς μὲν ἦν Σαούλου τινὸς τῶν οὐκ ἀσήμων, ῥώμῃ δὲ σώματος καὶ τόλμῃ διαφέρων
470 ἐπὶ κακῷ τῶν ὁμοφύλων ἀμφοτέροις κατεχρήσατο· προϊὼν γοῦν ὁσημέραι πολλοὺς μὲν ἀνῄρει τῶν πρὸς τῇ Σκυθοπόλει Ἰουδαίων, τρεπόμενος δὲ πολλάκις αὐτοὺς ἅπαντας μόνος ἦν ῥοπὴ τῆς παρα-
471 τάξεως. περιέρχεται δ᾽ αὐτὸν ἀξία ποινὴ τοῦ συγγενικοῦ φόνου· ἐπεὶ γὰρ περισχόντες οἱ Σκυθοπολῖται κατηκόντιζον αὐτοὺς ἀνὰ τὸ ἄλσος, σπασάμενος τὸ ξίφος ἐπ᾽ οὐδένα μὲν ὥρμησεν τῶν πολεμίων, καὶ γὰρ
472 ἑώρα τὸ πλῆθος ἀνήνυτον, ἀναβοήσας δὲ μάλα ἐκπαθῶς «ἄξιά γε ὧν ἔδρασα πάσχω, Σκυθοπολῖται, καθ᾽ ὑμῶν⁵², οἳ⁵³ τοσούτῳ φόνῳ συγγενῶν τὴν πρὸς αὐτοὺς⁵⁴ εὔνοιαν ἐπιστωσάμεθα⁵⁵. τοιγαροῦν οἷς ἄπιστον μὲν εὐλόγως εὕρηται τὸ ἀλλόφυλον, ἠσέβηται δὲ εἰς ἔσχατα τὸ οἰκεῖον, θνήσκωμεν ὡς ἐναγεῖς⁵⁶ χερσὶν ἰδίαις· οὐ γὰρ πρέπον ἐν ταῖς τῶν
473 πολεμίων. τὸ αὐτὸ δ᾽ ἂν εἴη μοι καὶ ποινὴ τοῦ μιάσματος ἀξία καὶ πρὸς ἀνδρείαν ἔπαινος, ἵνα μηδεὶς τῶν ἐχθρῶν τὴν ἐμὴν αὐχήσῃ σφαγὴν
474 μηδ᾽ ἐπαλαζονεύσηται πεσόντι.» ταῦτα εἰπὼν ἐλεοῦσιν ἅμα καὶ τεθυμωμένοις ὄμμασιν περισκέπτεται τὴν ἑαυτοῦ γενεάν· ἦν δ᾽ αὐτῷ καὶ γυνὴ
475 καὶ τέκνα καὶ γηραιοὶ γονεῖς. ὁ δὲ πρῶτον μὲν τὸν πατέρα τῆς πολιᾶς ἐπισπασάμενος διελαύνει τῷ ξίφει, μεθ᾽ ὃν οὐκ ἄκουσαν τὴν μητέρα κἀπὶ τούτοις τήν τε γυναῖκα καὶ τὰ τέκνα, μόνον οὐχ ὑπαπαντῶντος
476 ἑκάστου τῷ ξίφει καὶ σπεύδοντος φθάσαι τοὺς πολεμίους. ὁ δὲ διελθὼν πᾶσαν τὴν γενεὰν καὶ περίοπτος ἐπιστὰς τοῖς σώμασιν τήν τε δεξιὰν ἀνατείνας, ὡς μηδένα λαθεῖν, ὅλον εἰς τὴν ἑαυτοῦ σφαγὴν ἐβάπτισεν τὸ ξίφος, ἄξιος μὲν ἐλέους νεανίας δι᾽ ἀλκὴν σώματος καὶ ψυχῆς παράστημα, τῆς δὲ πρὸς ἀλλοφύλους πίστεως ἕνεκεν ἀκολούθοις πάθεσι χρησάμενος.

477 5. Πρὸς δὲ τὴν ἐν Σκυθοπόλει φθορὰν αἱ λοιπαὶ πόλεις ἐπανίσταντο τοῖς καθ᾽ ἑαυτὴν Ἰουδαίοις ἑκάστη, καὶ πεντακοσίους μὲν ἐπὶ δισχιλίοις Ἀσκαλωνῖται, Πτολεμαεῖς δὲ δισχιλίους ἀνεῖλον ἔδησάν τ᾽ οὐκ ὀλίγους.
478 καὶ Τύριοι συχνοὺς μὲν διεχειρίσαντο, πλείστους δ᾽ αὐτῶν δεσμώτας

---

⁵² παρ᾽ ὑμῶν oder μεθ᾽ ὑμῶν Hudson cj.; καθ᾽ ὑμῶν fehlt bei Lat Heg, ist aber sonst einhellig überliefert. Man übersetzt am besten, als stünde hier παρ᾽ ὑμῶν (vgl. Reinach).
⁵³ ὅτι MLVRC Na; οἱ PA (Lat Heg) ist mit Niese Thack vorzuziehen.
⁵⁴ vos Lat; vobis Heg; ὑμᾶς Hudson cj. (vgl. Reinach). Der griechische Text wechselt von der Anrede an die Skythopoliten zur Anrede an die Angehörigen; daher entsteht eine Unklarheit, die zu der Übersetzung „mit euch" nötigt.
⁵⁵ ἐπιστωσάμην MVRC Lat Heg Na; ἐπιστωσάμεθα PAL Niese Thack.
⁵⁶ ἐναγὴς PAMVRC Lat Heg („als Fluchbeladener", sing.) sehr gut bezeugt; ἐναγεῖς L Niese Na Thack.

276

Hain übersiedeln. Die Juden folgten der Aufforderung, ohne Verdacht zu schöpfen; die Skythopoliten verhielten sich zwei Tage lang ruhig, um ihren guten Glauben irrezuführen. Als sie aber in der dritten Nacht die Juden beobachteten, wie sie ohne Wachen waren und ein Teil von ihnen schlief, machten sie alle, mehr als 13 000 Menschen an der Zahl, nieder und raubten deren gesamte Habe.

4. 469. Erwähnenswert wäre noch das unglückliche Schicksal Simons, der der Sohn eines gewissen Saulus, eines nicht unbedeutenden Mannes, war; er zeichnete sich durch Körperstärke und Tapferkeit aus, machte aber von beidem nur Gebrauch, um seinen Volksgenossen zu schaden. Jeden Tag rückte er zum Kampfe aus und tötete vor Skythopolis viele Juden, schlug sie auch oftmals alle in die Flucht, wobei er allein sich als die Kraft erwies, die dem Gefecht den Ausschlag gab. Aber die verdiente Strafe für den Brudermord ereilte ihn doch. Denn als die Skythopoliten die Juden im Hain umstellt hatten und sie mit Geschossen überschütteten, zog er das Schwert, anstatt jedoch gegen die Feinde loszustürmen, schrie er, da er sah, daß Widerstand gegen die Menge vergeblich war, in höchster Erregung: „Die gerechte Strafe erleide ich jetzt für das, was ich, ihr Skythopoliten, auf eurer Seite getan habe, die wir Juden durch diesen Mord an den Blutsverwandten unsere Verbundenheit mit euch bekräftigten. In der Tat erfährt man ja dort mit Recht die Treulosigkeit der Fremdstämmigen, wo man gegen die eigenen Volksgenossen aufs Äußerste gefrevelt hat. So laßt uns denn durch unsere eigene Hand als Fluchbeladene sterben, denn es ist nicht unsere Sache, durch Feindeshand zu fallen. Das soll mir sowohl die gebührende Sühne für mein Verbrechen sein wie auch zum Ruhm meiner Tapferkeit beitragen, da keiner der Gegner damit prahle, mich erschlagen zu haben noch sich über meinen Leichnam rühme." Nach diesen Worten überschaute er mit mitleidsvollem und zugleich erbittertem Blick seine Familie; er hatte nämlich Frau und Kinder sowie auch alte Eltern. Zuerst packte er nun seinen Vater an dessen grauem Haar und durchbohrte ihn mit dem Schwert, dann seine Mutter, ohne daß diese sich sträubte, darauf seine Frau und die Kinder, von denen sich jedes fast dem Schwert entgegenwarf und so dem Feind zuvorzukommen suchte. Nachdem er so mit seiner ganzen Familie zu Ende gekommen war, stellte er sich, nach allen Seiten sichtbar, auf die Leichen; er streckte seine Rechte aus, daß niemand sie übersehen konnte, stieß sich die ganze Klinge in den Leib und gab sich so selbst den Tod. Der junge Mann war auf Grund seiner Körperkraft und seiner Seelenstärke des Mitleids wert, doch mußte er seine Ergebenheit gegenüber den Nichtjuden mit einem entsprechenden Schicksal büßen[208].

5. 477. Auf das Blutbad von Skythopolis hin gingen auch die übrigen Städte mit Gewalt gegen die bei ihnen wohnenden Juden vor; die Leute von Askalon töteten 2500, die von Ptolemais 2000, sie setzten auch nicht wenige gefangen. Die Tyrer brachten viele ums Leben, den größten Teil der Juden aber nahmen sie gefangen und bewachten sie streng; ebenso räumten die Bewohner von Hippos und Gadara die Tatkräftigeren aus dem Wege

ἐφρούρουν, Ἱππηνοί τε καὶ Γαδαρεῖς ὁμοίως τοὺς μὲν θρασυτέρους ἀπεσκευάσαντο, τοὺς δὲ φοβεροὺς διὰ φυλακῆς εἶχον, αἵ τε λοιπαὶ πόλεις τῆς Συρίας, ὅπως ἑκάστη πρὸς τὸ Ἰουδαϊκὸν ἢ μίσους ἢ δέους
479 εἶχον. μόνοι δὲ Ἀντιοχεῖς καὶ Σιδώνιοι καὶ Ἀπαμεῖς ἐφείσαντο τῶν μετοικούντων καὶ οὔτε ἀνελεῖν τινας Ἰουδαίων ὑπέμειναν οὔτε δῆσαι, τάχα μὲν καὶ διὰ τὸ σφέτερον πλῆθος ὑπερορῶντες αὐτῶν πρὸς τὰ κινήματα, τὸ πλέον δὲ ἔμοιγε δοκεῖν οἴκτῳ πρὸς οὓς οὐδὲν ἑώρων
480 νεωτερίζοντας. Γερασηνοί τε οὔτε εἰς τοὺς ἐμμείναντας ἐπλημμέλησαν καὶ τοὺς ἐξελθεῖν ἐθελήσαντας προέπεμψαν μέχρι τῶν ὅρων.
481 6. Συνέστη δὲ καὶ κατὰ τὴν Ἀγρίππα βασιλείαν ἐπιβουλὴ κατὰ Ἰουδαίων. αὐτὸς γὰρ ἐπεπόρευτο πρὸς Κέστιον Γάλλον εἰς Ἀντιόχειαν, καταλέλειπτο δὲ διοικεῖν τὰ πράγματα τούτου τῶν ἑταίρων τις τοὔνομα
482 Νόαρος, Σοαίμῳ τῷ βασιλεῖ προσήκων κατὰ γένος. ἧκον δ' ἐκ τῆς Βαταναίας ἑβδομήκοντα τὸν ἀριθμὸν ἄνδρες οἱ κατὰ γένος καὶ σύνεσιν τῶν πολιτῶν δοκιμώτατοι στρατιὰν αἰτοῦντες, ἵν' εἴ τι γένοιτο κίνημα καὶ περὶ σφᾶς, ἔχοιεν ἀξιόχρεω φυλακὴν κωλύειν τοὺς ἐπανισταμένους.
483 τούτους ὁ Νόαρος ἐκπέμψας νύκτωρ τῶν βασιλικῶν τινας ὁπλιτῶν ἅπαντας ἀναιρεῖ, τολμήσας μὲν τοὔργον δίχα τῆς Ἀγρίππα γνώμης, διὰ δὲ φιλαργυρίαν ἄμετρον εἰς τοὺς ὁμοφύλους ἑλόμενος ἀσεβεῖν τὴν βασιλείαν διέφθειρεν· διετέλει τε ὠμῶς εἰς τὸ ἔθνος παρανομῶν, μέχρι πυθόμενος Ἀγρίππας ἀνελεῖν μὲν αὐτὸν ᾐδέσθη διὰ Σόαιμον, ἔπαυσεν
484 δὲ τῆς ἐπιτροπῆς. οἱ δὲ στασιασταὶ καταλαβόμενοί τι φρούριον, ὃ καλεῖται μὲν Κύπρος, καθύπερθεν δ' ἦν Ἱεριχοῦντος, τοὺς μὲν φρουροὺς
485 ἀπέσφαξαν, τὰ δ' ἐρύματα κατέρριψαν εἰς γῆν. κατὰ δὲ τὰς αὐτὰς ἡμέρας καὶ τῶν ἐν Μαχαιροῦντι Ἰουδαίων τὸ πλῆθος ἔπειθεν τοὺς φρουροῦντας Ῥωμαίους ἐκλείπειν τὸ φρούριον καὶ παραδιδόναι σφίσιν.
486 οἱ δὲ τὴν ἐκ βίας ἀφαίρεσιν εὐλαβηθέντες συντίθενται πρὸς αὐτοὺς ἐκχωρήσειν ὑπόσπονδοι, καὶ λαβόντες τὰ πιστὰ παραδιδόασι τὸ φρούριον, ὅπερ φυλακῇ κρατυνάμενοι κατεῖχον οἱ Μαχαιρῖται.
487 7. Κατὰ δὲ τὴν Ἀλεξάνδρειαν ἀεὶ μὲν ἦν στάσις πρὸς τὸ Ἰουδαϊκὸν τοῖς ἐπιχωρίοις ἀφ' οὗ χρησάμενος προθυμοτάτοις κατὰ τῶν Αἰγυπτίων Ἰουδαίοις Ἀλέξανδρος γέρας τῆς συμμαχίας ἔδωκεν τὸ μετοικεῖν κατὰ τὴν
488 πόλιν ἐξ ἰσομοιρίας[57] πρὸς τοὺς Ἕλληνας. διέμεινεν δ' αὐτοῖς ἡ τιμὴ καὶ παρὰ τῶν διαδόχων, οἳ καὶ τόπον ἴδιον αὐτοῖς ἀφώρισαν, ὅπως καθαρωτέραν ἔχοιεν τὴν δίαιταν ἧττον ἐπιμισγομένων τῶν ἀλλοφύλων, καὶ χρηματίζειν ἐπέτρεψαν Μακεδόνας, ἐπεί τε Ῥωμαῖοι κατεκτήσαντο τὴν Αἴγυπτον, οὔτε Καῖσαρ ὁ πρῶτος οὔτε τῶν μετ' αὐτόν τις ὑπέμεινεν τὰς ἀπ' Ἀλεξάνδρου
489 τιμὰς Ἰουδαίων ἐλαττῶσαι. συμβολαὶ δ' ἦσαν αὐτῶν ἀδιάλειπτοι πρὸς τοὺς

[57] ἰσοτιμίας MLVRC Na; ἰσομοίρας P; ἰσουμοῖρας A; ἴσου + ηοίρας Niese; ἰσομοιρίας Destinon cj., Thack.

und hielten die Eingeschüchterten unter Bewachung. Ähnlich handelten auch die übrigen Städte Syriens, je nachdem aus Judenhaß oder Judenfurcht. Allein die Antiochener, Sidonier und Apameer schonten die bei ihnen wohnenden jüdischen Minderheiten und gestatteten nicht, daß man Juden tötete oder gefangennahm, vielleicht deshalb, weil sie auf Grund der eigenen Überzahl jüdische Unruhen nicht glaubten befürchten zu müssen, noch mehr aber, wie mir scheint, aus Mitleid gegen Menschen, bei denen sie keinerlei Neigung zu Unruhen wahrnehmen konnten. Die Gerasener endlich taten den Juden, die bei ihnen blieben, nichts zuleide und geleiteten die, welche die Stadt zu verlassen wünschten, bis an die Grenze.

6. 481. Auch im Königreich Agrippas kam es zu einem Anschlag gegen die Juden. Denn er selbst war zu Cestius Gallus nach Antiochien gereist, und einer seiner Freunde, mit Namen Noaros, war zur Wahrnehmung der Staatsgeschäfte zurückgeblieben; dieser war mit dem König Soemos blutsverwandt[209]. Da kamen aus Batanea 70 Männer, durch Abstammung und Klugheit die Vornehmsten unter den Einwohnern, und baten um eine Abteilung Soldaten, damit sie, wenn auch bei ihnen Unruhe entstünde, eine brauchbare Besatzung hätten, die die Aufrührer niederhielte. Diese Abordnung ließ Noaros durch königliche Schwerbewaffnete, die er bei Nacht aussandte, allesamt umbringen. Er vollbrachte diese Untat, ohne die Zustimmung Agrippas einzuholen; auf Grund maßloser Habgier verging er sich frevelhaft an seinen Stammesgenossen und fügte so dem Königreich schweren Schaden zu. Er wütete weiter in gesetzloser Weise gegen das jüdische Volk, bis es Agrippa erfuhr; der scheute sich zwar wegen Soemos, ihn töten zu lassen, entsetzte ihn aber der Statthalterschaft. Die Aufständischen bemächtigten sich einer Burg namens Kypros, die oberhalb Jerichos lag; sie töteten die Besatzung und machten die Festungswerke dem Erdboden gleich. Zur gleichen Zeit forderten die zahlreichen Juden in Machärus die römische Besatzung auf, die Burg zu verlassen und ihnen zu übergeben. Diese fürchteten die gewaltsame Eroberung und kamen mit ihnen überein, sich gegen Gewährung freien Abzugs zurückzuziehen; sobald sie die Zusage erhalten hatten, räumten sie die Burg, welche die Einwohner von Machärus mit einer Besatzung belegten und in ihrer Hand behielten.

7. 487. In Alexandrien lebten die Eingeborenen in ständigem Streit mit den Juden, seitdem Alexander von deren bereitwilliger Beihilfe gegen die Ägypter Gebrauch gemacht und ihnen als Belohnung für ihre Unterstützung erlaubt hatte, in der Stadt zu wohnen und zwar gleichen Rechtes mit den Griechen. Diese Auszeichnung blieb ihnen auch unter den Diadochen erhalten, die ihnen sogar einen besonderen Wohnbezirk zuteilten[210], damit sie die gesetzliche Reinheit ihrer Lebensführung beibehalten könnten, da sie dann weniger mit den Nichtjuden in Berührung kämen; dieselben gestatteten ihnen auch, sich Makedonier zu nennen[211]. Als die Römer sich in den Besitz Ägyptens gesetzt hatten, ließ es weder der erste Caesar noch einer seiner Nachfolger zu, daß die von Alexander den Juden verliehenen Vorrechte ge-

Ἕλληνας, καὶ τῶν ἡγεμόνων πολλοὺς ὁσημέραι παρ' ἀμφοῖν κολαζόντων
490 ἡ στάσις μᾶλλον παρωξύνετο. τότε δ' ὡς καὶ παρὰ τοῖς ἄλλοις ἐτετάρακτο, μᾶλλον ἐξήφθη τὰ παρ' ἐκείνοις. καὶ δὴ τῶν Ἀλεξανδρέων
ἐκκλησιαζόντων περὶ ἧς ἔμελλον ἐκπέμπειν πρεσβείας ἐπὶ Νέρωνα συνερρύησαν μὲν εἰς τὸ ἀμφιθέατρον ἅμα τοῖς Ἕλλησιν συχνοὶ Ἰουδαίων,
491 κατιδόντες δὲ αὐτοὺς οἱ διάφοροι παραχρῆμα ἀνεβόων πολεμίους καὶ
κατασκόπους λέγοντες· ἔπειτα ἀναπηδήσαντες ἐπέβαλλον τὰς χεῖρας αὐτοῖς.
οἱ μὲν οὖν λοιποὶ φεύγοντες διεσπάρησαν[58], τρεῖς δὲ ἄνδρας συλλαβόντες
492 ἔσυρον ὡς ζῶντας καταφλέξοντες. ἤρθη δὲ πᾶν τὸ Ἰουδαϊκὸν ἐπὶ τὴν
ἄμυναν, καὶ τὸ μὲν πρῶτον λίθοις τοὺς Ἕλληνας ἔβαλλον, αὖθις δὲ
λαμπάδας ἁρπασάμενοι πρὸς τὸ ἀμφιθέατρον ὥρμησαν ἀπειλοῦντες ἐν
αὐτῷ καταφλέξειν τὸν δῆμον αὐτανδρον. κἂν ἔφθησαν τοῦτο δράσαντες,
εἰ μὴ τοὺς θυμοὺς αὐτῶν ἀνέκοψεν Τιβέριος Ἀλέξανδρος ὁ τῆς πόλεως
493 ἡγεμών. οὐ μὴν οὗτός γε ἀπὸ τῶν ὅπλων ἤρξατο σωφρονίζειν, ἀλλ'
ὑποπέμψας τοὺς γνωρίμους αὐτοῖς παύσασθαι παρεκάλει καὶ μὴ καθ'
ἑαυτῶν ἐρεθίζειν τὸ Ῥωμαίων στράτευμα. καταχλευάζοντες δὲ τῆς
παρακλήσεως οἱ στασιώδεις ἐβλασφήμουν τὸν Τιβέριον.
494 8. Κἀκεῖνος συνιδὼν ὡς χωρὶς μεγάλης συμφορᾶς οὐκ ἂν παύσαιντο
νεωτερίζοντες, ἐπαφίησιν αὐτοῖς τὰ κατὰ τὴν πόλιν Ῥωμαίων δύο
τάγματα καὶ σὺν αὐτοῖς δισχιλίους[59] στρατιώτας κατὰ τύχην παρόντας
εἰς τὸν Ἰουδαίων ὄλεθρον ἐκ Λιβύης· ἐπέτρεψεν δὲ οὐ μόνον ἀναιρεῖν,
ἀλλὰ καὶ τὰς κτήσεις αὐτῶν διαρπάζειν καὶ τὰς οἰκίας καταφλέγειν.
495 οἱ δ' ὁρμήσαντες εἰς τὸ καλούμενον Δέλτα, συνῴκιστο γὰρ ἐκεῖ τὸ
Ἰουδαϊκόν, ἐτέλουν τὰς ἐντολάς, οὐ μὴν ἀναιμωτί· συστραφέντες γὰρ
οἱ Ἰουδαῖοι καὶ τοὺς ἄμεινον ὡπλισμένους ἑαυτῶν προταξάμενοι μέχρι
496 πλείστου μὲν ἀντέσχον, ἅπαξ δ' ἐγκλίναντες ἀνέδην διεφθείροντο. καὶ
παντοῖος ἦν αὐτῶν ὄλεθρος, τῶν μὲν ἐν τῷ πεδίῳ καταλαμβανομένων,
τῶν δ' εἰς τὰς οἰκίας συνωθουμένων. ὑπεπίμπρασαν δὲ καὶ ταύτας οἱ
Ῥωμαῖοι προδιαρπάζοντες τὰ ἔνδον, καὶ οὔτε νηπίων ἔλεος αὐτοὺς οὔτε
497 αἰδὼς εἰσῄει γερόντων, ἀλλὰ διὰ πάσης ἡλικίας ἐχώρουν κτείνοντες, ὡς
ἐπικλυσθῆναι μὲν αἵματι πάντα τὸν χῶρον, πέντε δὲ μυριάδες ἐσωρεύθησαν νεκρῶν, περιελείφθη δ' ἂν οὐδὲ τὸ λοιπόν, εἰ μὴ πρὸς ἱκετηρίας
ἐτράποντο. κατοικτείρας δ' αὐτοὺς Ἀλέξανδρος ἀναχωρεῖν τοὺς Ῥω-
498 μαίους ἐκέλευσεν. οἱ μὲν οὖν ἐξ ἔθους τὸ πειθήνιον ἔχοντες ἅμα νεύματι

---

[58] διεφθάρησαν codd. gr.; διεσπάρησαν (entsprechend Lat: *dissipati sunt*) Na Niese Thack.

[59] πεντακισχιλίους LVRC Lat Na; δισχιλίους PAM Niese Thack.

mindert würden. Doch hatten jene ununterbrochen Zusammenstöße mit den Griechen, und obgleich die Statthalter Tag für Tag viele auf beiden Seiten bestrafen ließen, nahm die Unruhe an Schärfe zu. Als nun damals auch in den anderen Gebieten Wirren entstanden, wurde hier die Flamme des Aufruhrs noch stärker angefacht; während die Alexandriner sich wegen einer geplanten Gesandtschaft an Nero versammelten, strömten zugleich mit den Griechen auch eine Menge von Juden in das Amphitheater. Wie nun die Gegner ihrer ansichtig wurden, schrieen sie sofort laut „Feinde" und „Spione", stürzten auf sie zu und griffen sie tätlich an. Die Mehrzahl ergriff die Flucht nach allen Seiten, drei Männer aber nahm man fest und schleppte sie weg, um sie lebendig zu verbrennen. Da stand die ganze Judenschaft auf, um sich zu rächen: zuerst bewarfen sie die Griechen mit Steinen, dann aber ergriffen sie Fackeln, stürzten zum Amphitheater und drohten, die dort versammelte Volksmenge bis auf den letzten Mann zu verbrennen. Sie hätten dies auch wirklich ausgeführt, wenn der in der Stadt befindliche Statthalter Tiberius Alexander[212] ihrer Wut nicht Einhalt geboten hätte. Zu Beginn machte dieser, um sie zur Vernunft zu bringen, nicht von der Waffengewalt Gebrauch, sondern sandte ihnen die angesehensten Bürger mit der Mahnung, sich zu beruhigen und die römische Streitmacht nicht gegen sich aufzubringen. Die Aufrührer verspotteten aber die Ermahnungen und lästerten dazu über Tiberius.

8. 494. Dieser erkannte, daß die Aufständischen ohne strenge Gewaltmaßnahmen keine Ruhe geben würden, er ließ darum die beiden in der Stadt liegenden römischen Legionen[213] und mit ihnen noch 2000 Soldaten, die zum Unheil der Juden gerade aus Lybien eingetroffen waren, gegen sie ausrücken. Er gestattete nicht nur uneingeschränkten Waffengebrauch, sondern auch die Plünderung des jüdischen Besitzes und das Niederbrennen der Häuser. Die Soldaten drangen nun in das sogenannte Delta[214] ein — dort nämlich wohnte die Judenschaft beieinander —, sie führten die Befehle aus, freilich nicht ohne eigene blutige Verluste. Denn die Juden hatten sich dicht zusammengeschlossen und die am besten Bewaffneten in die vorderen Reihen gestellt; so leisteten sie lange Zeit Widerstand. Sobald sie aber einmal ins Wanken geraten waren, wurden sie hemmungslos niedergemacht. Das Verderben kam über sie auf ganz verschiedenartige Weise: die Einen ereilte es auf freiem Felde, die Anderen dicht zusammengedrängt in den Häusern, an die die Römer nach und nach Feuer legten, sobald sie deren Inhalt geplündert hatten. Die Soldaten zeigten weder Erbarmen mit den kleinen Kindern noch Ehrfurcht vor den Greisen, sie mordeten Menschen aller Altersstufen, so daß der ganze Bezirk mit Blut überschwemmt war; 50 000 Leichen häuften sich auf, und es wäre niemand übrig geblieben, wenn sich die Juden nicht auf das Bitten verlegt hätten. Aus Mitleid mit ihnen gab nun Alexander den römischen Truppen den Befehl, sich zurückzuziehen. Diese, an unbedingten Gehorsam gewöhnt, stellten das Morden unmittelbar auf das Befehlszeichen hin ein; der alexandrinische

τοῦ φονεύειν ἐπαύσαντο, τὸ δημοτικὸν δὲ τῶν Ἀλεξανδρέων δι' ὑπερβολὴν μίσους δυσανάκλητον ἦν καὶ μόλις ἀπεσπᾶτο τῶν σωμάτων.

499 9. Τοιοῦτον μὲν τὸ κατὰ τὴν Ἀλεξάνδρειαν πάθος συνηνέχθη· Κεστίῳ δὲ οὐκέτι ἠρεμεῖν ἐδόκει πανταχοῦ τῶν Ἰουδαίων ἐκπεπολεμωμένων.
500 ἀναλαβὼν δὲ ἀπὸ τῆς Ἀντιοχείας τὸ μὲν δωδέκατον τάγμα πλῆρες, ἀπὸ δὲ τῶν λοιπῶν ἀνὰ δισχιλίους ἐπιλέκτους, πεζῶν τε ἓξ σπείρας καὶ τέσσαρας ἴλας ἱππέων, πρὸς αἷς τὰς παρὰ τῶν βασιλέων συμμαχίας, Ἀντιόχου μὲν δισχιλίους ἱππεῖς καὶ πεζοὺς τρισχιλίους τοξότας πάντας,
501 Ἀγρίππα δὲ πεζοὺς μὲν τοὺς ἴσους ἱππεῖς δὲ δισχιλίων ἐλάττους, εἵπετο δὲ καὶ Σόαιμος μετὰ τετρακισχιλίων, ὧν ἦσαν ἱππεῖς ἡ τρίτη μοῖρα καὶ
502 τὸ πλέον τοξόται, προῆλθεν εἰς Πτολεμαΐδα. πλεῖστοι δὲ κἀκ τῶν πόλεων ἐπίκουροι συνελέγησαν, ἐμπειρίᾳ μὲν ἡττώμενοι τῶν στρατιωτῶν, ταῖς δὲ προθυμίαις καὶ τῷ κατὰ Ἰουδαίων μίσει τὸ λεῖπον ἐν ταῖς ἐπιστήμαις ἀντιπληροῦντες. παρῆν δὲ καὶ αὐτὸς Ἀγρίππας Κεστίῳ τῆς τε ὁδοῦ
503 καὶ τῶν συμφερόντων ἐξηγούμενος. ἀναλαβὼν δὲ μέρος τῆς δυνάμεως Κέστιος ὥρμησεν ἐπὶ πόλιν καρτερὰν τῆς Γαλιλαίας Χαβουλών[60], ἣ
504 καλεῖται ἀνδρῶν[61], διορίζει δὲ ἀπὸ τοῦ ἔθνους τὴν Πτολεμαΐδα. καὶ καταλαβὼν αὐτὴν ἔρημον μὲν ἀνδρῶν, ἀναπεφεύγει γὰρ τὸ πλῆθος εἰς τὰ ὄρη, πλήρη δὲ παντοίων κτημάτων, τὰ μὲν ἐφῆκεν τοῖς στρατιώταις διαρπάζειν, τὸ δὲ ἄστυ καίτοι θαυμάσας τοῦ κάλλους ἔχον τὰς οἰκίας ὁμοίως ταῖς ἐν Τύρῳ καὶ Σιδῶνι καὶ Βηρυτῷ δεδομημένας, ἐνέπρησεν.
505 ἔπειτα τὴν χώραν καταδραμὼν καὶ διαρπάσας μὲν πᾶν τὸ προσπίπτον
506 καταφλέξας δὲ τὰς πέριξ κώμας ὑπέστρεψεν εἰς τὴν Πτολεμαΐδα. πρὸς δὲ ταῖς ἁρπαγαῖς ἔτι τῶν Σύρων ὄντων καὶ τὸ πλέον Βηρυτίων ἀναθαρσήσαντες οἱ Ἰουδαῖοι, καὶ γὰρ ἀποκεχωρηκότα συνίεσαν Κέστιον, τοῖς ἀπολειφθεῖσιν ἀδοκήτως ἐπέπεσον καὶ περὶ δισχιλίους αὐτῶν διέφθειραν.

507 10. Ὁ δὲ Κέστιος ἀναζεύξας ἀπὸ τῆς Πτολεμαΐδος αὐτὸς μὲν εἰς Καισάρειαν ἀφικνεῖται, μοῖραν δὲ τῆς στρατιᾶς προέπεμψεν εἰς Ἰόππην, προστάξας, εἰ μὲν καταλαβέσθαι δυνηθεῖεν τὴν πόλιν, φρουρεῖν, εἰ δὲ προαίσθοιντο τὴν ἔφοδον, περιμένειν αὐτόν τε καὶ τὴν ἄλλην δύναμιν.
508 τῶν δὲ οἱ μὲν κατὰ θάλασσαν οἱ δὲ κατὰ γῆν ἐπειχθέντες ἀμφοτέρωθεν αἱροῦσιν τὴν πόλιν ῥᾳδίως· καὶ μηδὲ φυγεῖν φθασάντων τῶν οἰκητόρων, οὐχ ὅπως παρασκευάσασθαι πρὸς μάχην, ἐμπεσόντες ἅπαντας ἀνεῖλον
509 σὺν ταῖς γενεαῖς καὶ τὴν πόλιν διαρπάσαντες ἐνέπρησαν· ὁ δὲ ἀριθμὸς τῶν φονευθέντων τετρακόσιοι πρὸς ὀκτακισχιλίοις. ὁμοίως δὲ καὶ εἰς τὴν ὅμορον τῆς Καισαρείας Ναρβατηνὴν τοπαρχίαν ἔπεμψεν συχνοὺς τῶν ἱππέων, οἳ τήν τε γῆν ἔτεμον καὶ πολὺ πλῆθος διέφθειραν τῶν ἐπιχωρίων τάς τε κτήσεις διήρπασαν καὶ τὰς κώμας κατέφλεξαν.

---

[60] Ζαβουλών codd.; Χαβουλών Niese (p. XXIV) Na Reinach Thack (vgl. bell. 3,38; ant. 8,142; vita 213; c. Apion. 1,110). Gemeint ist das heutige Kabul (1. Kö. 9,13) im Stammesgebiet von Asser, das archäologisch an die römische Zeit erinnert.

[61] Niese hat gegen ἣ und ἀνδρῶν unter Berufung auf Heg Bedenken. Er vermutet, daß das Wort aus dem folgenden Satz eingedrungen ist. Ihm schließen sich Reinach Thack an.

Pöbel aber ließ sich im Übermaß seines Hasses kaum zurückrufen, und man konnte ihn nur mit Mühe von den Leichen wegreißen.

9. 499. So verlief das unter den Juden Alexandrias angerichtete Blutbad. Nachdem nun die Juden überall als Feinde behandelt wurden, glaubte auch Cestius, nicht mehr untätig bleiben zu dürfen. Er nahm von Antiochien die ganze 12. Legion mit sich, von den übrigen Legionen je 2000 ausgewählte Soldaten, 6 Kohorten Fußvolk und 4 Abteilungen Reiterei[215], außerdem die von den Königen gestellten Hilfstruppen, nämlich von Antiochus[216] 2000 Reiter und 3000 Mann Fußvolk, durchweg Bogenschützen, von Agrippa ebensoviel Fußvolk, aber die Anzahl seiner Reiterei betrug weniger als 2000. Auch Soemos[217] leistete ihm mit 4000 Mann Heeresfolge, unter denen der dritte Teil Reiter und die Mehrzahl Bogenschützen waren; mit dieser Streitmacht rückte Cestius bis Ptolemais vor. Auch aus den Städten waren sehr viele Hilfstruppen zusammengezogen worden, die zwar an Kriegserfahrung hinter den Berufssoldaten zurückstanden, durch ihren Kampfeseifer und Judenhaß jedoch das, was ihnen an kriegerischer Ausbildung noch mangelte, ersetzten. Agrippa selbst hatte sich ebenfalls bei Cestius eingefunden, und zwar als Sachverständiger für die Festlegung der Marschlinie und die Truppenversorgung. Mit einem Teil seines Heeres brach Cestius gegen Chabulon, eine befestigte Stadt Galiläas, auf, die den Beinamen „der Männer" trägt. Sie bildet die Grenze zwischen dem jüdischen Siedlungsgebiet und Ptolemais. Er traf sie menschenleer an, denn die Bevölkerung war in die Berge geflohen; dagegen enthielt sie Besitztümer aller Art. Diese überließ Cestius den Soldaten zur Plünderung, die Stadt aber brannte er nieder, obwohl sie Häuser von außerordentlicher Schönheit besaß, die in ähnlicher Weise wie in Tyrus, Sidon und Berytos erbaut waren. Darauf durchstreifte er die Gegend, plünderte alles, was ihm in die Hände fiel, brannte die umliegenden Dörfer nieder und kehrte nach Ptolemais zurück. Während die Syrer, vor allem die aus Berytos, sich noch ganz dem Plündern hingaben, faßten die Juden neuen Mut — sie hatten nämlich den Abmarsch des Cestius erfahren — und überfielen unerwartet die Zurückbleibenden; dabei machten sie etwa 2000 von ihnen nieder.

10. 507. Cestius brach nun von Ptolemais auf und gelangte nach Caesarea. Einen Teil des Heeres schickte er nach Joppe voraus mit dem Befehl, die Stadt nach Möglichkeit im Handstreich zu nehmen und eine Besatzung hineinzulegen; wenn man aber ihren Anmarsch zuvor bemerke, dann sollten sie ihn und die Hauptstreitmacht abwarten. Diese Abteilungen rückten in Eile zu Wasser und zu Lande heran und nahmen die Stadt durch den Angriff von beiden Seiten ohne Mühe. Den Einwohnern gelang es nicht mehr zu fliehen, geschweige denn sich zum Kampf zu rüsten; so töteten die Eindringlinge alle samt ihren Familien, plünderten die Stadt und brannten sie nieder. Die Zahl der Getöteten belief sich auf 8400. Ebenso sandte Cestius in den an Caesarea angrenzenden Bezirk von Narbata eine größereAnzahl von Reitern, die das Land verwüsteten, dabei eine große Menge von Bewohnern umbrachten, ihre Habe plünderten und die Dörfer in Brand steckten.

510 11. Εἰς δὲ τὴν Γαλιλαίαν ἀπέστειλεν Καισέννιον⁶² Γάλλον ἡγεμόνα τοῦ δωρεκάτου τάγματος παραδοὺς δύναμιν ὅσην ἀρκέσειν πρὸς τὸ
511 ἔθνος ὑπελάμβανεν. τοῦτον ἡ καρτερωτάτη τῆς Γαλιλαίας πόλις Σέπφωρις μετ' εὐφημίας δέχεται, καὶ πρὸς τὴν ταύτης εὐβουλίαν αἱ λοιπαὶ πόλεις ἠρέμουν. τὸ δὲ στασιῶδες καὶ λῃστρικὸν πᾶν ἔφυγεν εἰς τὸ μεσαίτατον τῆς Γαλιλαίας ὄρος, ὃ κεῖται μὲν ἀντικρὺ τῆς Σεπφώρεως,
512 καλεῖται δὲ Ἀσαμών. τούτοις ὁ Γάλλος ἐπῆγε τὴν δύναμιν. οἱ δὲ ἕως μὲν ἦσαν ὑπερδέξιοι, ῥᾳδίως τοὺς Ῥωμαίους ἠμύναντο προσιόντας καὶ πρὸς⁶³ διακοσίους αὐτῶν ἀνεῖλον, περιελθόντων δὲ καὶ γενομένων ἐν τοῖς ὑψηλοτέροις ἡττῶντο ταχέως, καὶ οὔτε γυμνῆτες ὁπλίτας συστάδην ἔφερον οὔτε ἐν τῇ τροπῇ τοὺς ἱππεῖς ἐξέφευγον, ὥστε ὀλίγους μὲν ἐν ταῖς δυσχωρίαις διαλαθεῖν, ἀναιρεθῆναι δὲ ὑπὲρ δισχιλίους.

513 XIX. 1. Γάλλος μὲν οὖν ὡς οὐδὲν ἔτι ἑώρα κατὰ τὴν Γαλιλαίαν νεωτεριζόμενον, ὑπέστρεφεν μετὰ τῆς στρατιᾶς εἰς Καισάρειαν· Κέστιος δὲ μετὰ πάσης τῆς δυνάμεως ἀναζεύξας ἐνέβαλεν εἰς Ἀντιπατρίδα, καὶ πυθόμενος ἔν τινι πύργῳ Ἀφεκοῦ καλουμένῳ συνηθροῖσθαι Ἰουδαίων
514 δύναμιν οὐκ ὀλίγην προέπεμπεν τοὺς συμβαλοῦντας. οἱ δὲ πρὶν εἰς χεῖρας ἐλθεῖν δέει τοὺς Ἰουδαίους διεσκέδασαν, ἐπελθόντες δὲ ἔρημον
515 τὸ στρατόπεδον καὶ τὰς πέριξ κώμας ἐνέπρησαν. ἀπὸ δὲ τῆς Ἀντιπατρίδος Κέστιος εἰς Λύδδα προελθὼν κενὴν ἀνδρῶν τὴν πόλιν καταλαμβάνει· διὰ γὰρ τὴν τῆς σκηνοπηγίας ἑορτὴν ἀναβεβήκει πᾶν τὸ
516 πλῆθος εἰς Ἱεροσόλυμα. πεντήκοντα δὲ τῶν παραφανέντων διαφθείρας καὶ τὸ ἄστυ κατακαύσας ἐχώρει πρόσω, καὶ διὰ Βαιθώρων ἀναβὰς στρατοπεδεύεται κατά τινα χῶρον Γαβαὼ καλούμενον, ἀπέχοντα τῶν Ἱεροσολύμων πεντήκοντα σταδίους.

517 2. Οἱ δὲ Ἰουδαῖοι κατιδόντες ἤδη πλησιάζοντα τῇ μητροπόλει τὸν πόλεμον, ἀφέμενοι τὴν ἑορτὴν ἐχώρουν ἐπὶ τὰ ὅπλα, καὶ μέγα τῷ πλήθει θαρροῦντες ἄτακτοι μετὰ κραυγῆς ἐξεπήδων ἐπὶ τὴν μάχην μηδὲ τῆς ἀργῆς ἑβδομάδος ἔννοιαν λαβόντες· ἦν γὰρ δὴ τὸ μάλιστα παρ' αὐτοῖς
518 θρησκευόμενον σάββατον. ὁ δ' ἐκσείσας αὐτοὺς τῆς εὐσεβείας θυμὸς ἐποίησεν πλεονεκτῆσαι καὶ κατὰ τὴν μάχην· μετὰ τοσαύτης γοῦν ὁρμῆς τοῖς Ῥωμαίοις προσέπεσον, ὡς διαρρῆξαι τὰς τάξεις αὐτῶν καὶ διὰ
519 μέσων χωρεῖν ἀναιροῦντας. εἰ δὲ μὴ τῷ⁶⁴ χαλασθέντι τῆς φάλαγγος οἵ τε ἱππεῖς ἐκπεριελθόντες ἐπήμυναν καὶ τοῦ πεζοῦ τὸ μὴ σφόδρα κάμνον,

⁶² Κέστιος MVRC; Cesennium Lat.
⁶³ Niese p. LXXV vermutet ὡς oder περί.
⁶⁴ τῷ μὴ PA¹R (ähnlich andere codd. und Lat).

11. 510. Nach Galiläa beorderte er Caesennius Gallus, den Befehlshaber der 12. Legion mit einer Streitmacht, die ihm im Verhältnis zur dortigen Bevölkerung ausreichend erschien. Ihn nahm die am stärksten befestigte Stadt Galiläas, Sepphoris, unter freudigen Zurufen auf, und auf ihr kluges Verhalten hin blieben die übrigen Städte ruhig. Das aufrührerische und räuberische Gesindel aber floh samt und sonders auf einen genau in der Mitte Galiläas gelegenen Gebirgszug, der Sepphoris gegenüberliegt und Asamon[218] genannt wird. Gegen sie führte nun Gallus seine Truppen. Solange die Aufrührer eine höher gelegene Stellung behaupteten, konnten sie sich leicht gegen die angreifenden Römer verteidigen und töteten an die 200 von ihnen; sobald die Römer sie aber umgangen und ein noch höher gelegenes Gelände erreicht hatten, wurden sie bald geschlagen. Als Leichtbewaffnete konnten sie im Nahkampf den Schwerbewaffneten nicht widerstehen und auf der Flucht den Reitern nicht entgehen, sodaß es nur wenigen gelang, sich in schwer zugänglichen Gebieten zu verbergen und mehr als 2000 getötet wurden.

19. Kapitel

1. 513. Als nun Gallus keine Aufständischen mehr in Galiläa wahrnahm, kehrte er mit seinem Heer nach Caesarea zurück. Cestius aber brach mit seiner gesamten Streitmacht auf und rückte in Antipatris[219] ein; wie er erfuhr, daß sich in einem Turm namens Aphek[220] eine beträchtliche jüdische Kampfgruppe zusammengezogen hätte, sandte er eine Abteilung vor, um sie anzugreifen. Schon bevor es zu einem Gefecht kam, jagten sie den Juden einen solchen Schrecken ein, daß diese sich zerstreuten. Nach ihrer Ankunft steckten die Römer das leere Lager und die umliegenden Dörfer in Brand. Von Antipatris marschierte Cestius nach Lydda[221] weiter und fand die Stadt von den Einwohnern verlassen, denn wegen des Laubhüttenfestes war die ganze Bevölkerung nach Jerusalem hinaufgezogen. Nur 50 Personen zeigten sich, er ließ sie töten und die Stadt anzünden. Darauf rückte er weiter, und nachdem er die Steige von Bethhoron[222] erklommen hatte, schlug er sein Lager bei einem Platz namens Gabao[223] auf, der von Jerusalem 50 Stadien entfernt war.

2. 517. Als die Juden sahen, daß der Krieg der Hauptstadt schon näher kam, unterbrachen sie das Fest und eilten zu den Waffen. In festem Vertrauen auf ihre große Zahl stürzten sie sich ohne Ordnung mit lautem Geschrei in den Kampf und nahmen dabei nicht einmal Rücksicht auf den siebten Tag als Ruhetag[224]; denn der Sabbat wird ja bei ihnen besonders heilig gehalten. Ihr wilder Kampfeseifer, der sie sogar die Schranken ihrer Frömmigkeit überschreiten ließ, bewirkte auch, daß sie im Kampf die Oberhand behielten; sie stürmten nämlich mit solcher Wucht gegen die Römer an, daß sie deren Schlachtreihen sprengten und den Tod in die Mitte der Feinde hineintrugen. Wenn der wankenden Schlachtreihe nicht die Reiterei durch

κἂν ἐκινδύνευσεν ὅλῃ τῇ δυνάμει Κέστιος. ἀπέθανον δὲ Ῥωμαίων πεντακόσιοι δεκαπέντε· τούτων ἦσαν οἱ τετρακόσιοι πεζοί, τὸ δὲ λοιπὸν
520 ἱππεῖς· τῶν δὲ Ἰουδαίων δύο πρὸς τοῖς εἴκοσι. γενναιότατοι δ' αὐτῶν ἔδοξαν οἱ Μονοβάζου τοῦ τῆς Ἀδιαβηνῆς βασιλέως συγγενεῖς, Μονόβαζός τε καὶ Κενεδαῖος, μεθ' οὓς ὁ Περαΐτης Νίγερ καὶ Σίλας ὁ Βαβυλώνιος αὐτομολήσας εἰς τοὺς Ἰουδαίους ἀπ' Ἀγρίππα τοῦ βασιλέως·
521 ἐστρατεύετο γὰρ παρ' αὐτῷ. κατὰ πρόσωπον μὲν οὖν ἀνακοπέντες Ἰουδαῖοι πρὸς τὴν πόλιν ὑπέστρεφον, κατόπιν δὲ τοῖς Ῥωμαίοις ἐπὶ τὴν Βεθώραν ἀνιοῦσιν προσπεσὼν ὁ τοῦ Γιώρα Σίμων πολὺ τῆς οὐραγίας ἐσπάραξεν καὶ συχνὰ τῶν σκευοφόρων ἀποσπάσας ἤγαγεν εἰς τὴν πόλιν.
522 μένοντος δὲ τοῦ Κεστίου κατὰ χώραν τρισὶν ἡμέραις οἱ Ἰουδαῖοι τὰ μετέωρα κατειληφότες ἐπετήρουν τὰς παρόδους δῆλοί τε ἦσαν οὐκ ἠρεμήσοντες ἀρξαμένων τῶν Ῥωμαίων ὁδεύειν.

523 3. Ἔνθα δὴ κατιδὼν Ἀγρίππας οὐδὲ τὰ Ῥωμαίων ἀκίνδυνα πλήθους ἀπείρου πολεμίων τὰ ὄρη περισχόντος ἔκρινεν ἀποπειραθῆναι τῶν Ἰουδαίων λόγοις· ἢ γὰρ πάντας πείσειν καταθέσθαι τὸν πόλεμον ἢ
524 τῶν ἐναντιωθέντων ἀποστήσειν τὸ μὴ συμφρονοῦν. ἔπεμψεν οὖν τῶν παρ' ἑαυτῷ τοὺς μάλιστα γνωρίμους ἐκείνοις Βόρκιόν[65] τε καὶ Φοῖβον, δεξιάς τε παρὰ Κεστίου καὶ συγγνώμην παρὰ Ῥωμαίοις ἀσφαλῆ περὶ τῶν ἡμαρτημένων ὑπισχνούμενος, εἰ τὰ ὅπλα ῥίψαντες πρὸς αὐτοὺς μετα-
525 βάλοιντο. δείσαντες δὲ οἱ στασιασταὶ μὴ πᾶν τὸ πλῆθος ἀδείας ἐλπίδι πρὸς τὸν Ἀγρίππαν μεταβάληται, τοὺς ἀπ' αὐτοῦ πρεσβεύοντας ὥρμησαν
526 ἀνελεῖν. καὶ πρὶν ἢ φθέγξασθαι τὸν μὲν Φοῖβον διέφθειραν, ὁ δὲ Βόρκιος τρωθεὶς ἔφθη διαφυγεῖν· τοῦ δήμου δὲ τοὺς ἀγανακτήσαντας λίθοις καὶ ξύλοις παίοντες εἰς τὸ ἄστυ συνήλασαν.

527 4. Κέστιος δὲ τὴν πρὸς ἀλλήλους αὐτῶν ταραχὴν εὔκαιρον ἰδὼν εἰς ἐπίθεσιν ἅπασαν ἐπῆγεν τὴν δύναμιν καὶ τραπέντας μέχρι Ἱεροσολύμων
528 κατεδίωξεν. στρατοπεδευσάμενος δὲ ἐπὶ τοῦ καλουμένου Σκοποῦ, διέχει δ' οὗτος ἑπτὰ τῆς πόλεως σταδίους, τρισὶ μὲν ἡμέραις οὐκ ἐπεχείρει τῇ πόλει τάχα τι παρὰ τῶν ἔνδον ἐνδοθήσεσθαι προσδοκῶν, εἰς δὲ τὰς πέριξ κώμας ἐφ' ἁρπαγὴν σίτου πολλοὺς διαφῆκεν τῶν στρατιωτῶν· τῇ τετάρτῃ δέ, ἥτις ἦν τριακὰς Ὑπερβερεταίου μηνός, διατάξας τὴν
529 στρατιὰν εἰσῆγεν εἰς τὴν πόλιν. ὁ μὲν οὖν δῆμος ὑπὸ τοῖς στασιασταῖς ἔμφρουρος ἦν, οἱ δὲ στασιασταὶ τὴν εὐταξίαν τῶν Ῥωμαίων καταπλαγέντες τῶν μὲν ἔξω τῆς πόλεως μερῶν εἶκον, εἰς δὲ τὴν ἐνδοτέρω καὶ τὸ

[65] Βορκαῖόν MLVRC NA Reinach; Βόρκιόν PA.

eine Umgehungsbewegung zu Hilfe gekommen wäre, dazu auch der noch nicht erschütterte Teil des Fußvolks, dann wäre Cestius mit seinem ganzen Heer in größte Gefahr geraten. Auf Seiten der Römer fielen 515 Mann, darunter 400 Fußsoldaten, der Rest Reiter, von den Juden dagegen nur 22. Als die Tapfersten unter ihnen erwiesen sich die Verwandten des Königs Monobazus[225] von Adiabene, Monobazus und Kenedäus, außer ihnen Niger aus Peräa und Silas[226] der Babylonier, der von König Agrippa zu den Juden übergegangen war; er hatte nämlich in dessen Heer gedient. In ihrem Angriff von vorn zurückgeschlagen, wandten sich die Juden wieder der Stadt zu; im Rücken jedoch überfiel Simon, der Sohn des Giora[227], die Römer, wie sie im Begriff waren, nach Bethhoron hinaufzumarschieren. Er zersprengte einen großen Teil ihres Trosses und erbeutete viele Lasttiere, die er in die Stadt brachte. Während nun Cestius drei Tage an Ort und Stelle blieb, besetzten die Juden die Höhen und bewachten die Anmarschwege, und es war offensichtlich, daß sie nicht untätig zusehen würden, falls die Römer zum Weitermarsch aufbrechen sollten.

3. 523. Da Agrippa sah, daß die Lage für die Römer nicht ungefährlich war — eine ungeheure Schar von Feinden hatte nämlich die Berge ringsum besetzt —, entschloß er sich, es bei den Juden mit Verhandlungen zu versuchen: daß er entweder alle überreden könnte, den Krieg zu beenden oder von den Feinden wenigstens die zum Abfall brächte, die mit dem Lauf der Dinge nicht einverstanden waren. Er sandte nun aus seiner Umgebung den Borcius und Phoebus, die den Juden am besten bekannt waren, zu ihnen und ließ durch sie vertragliche Vereinbarung mit Cestius und sichere Verzeihung von Seiten der Römer für ihre Vergehen versprechen, wenn sie ihre Waffen niederlegen und auf ihre Seite übergehen wollten. Die Aufrührer aber fürchteten, daß sich das ganze Volk in der Hoffnung, ohne Strafe auszugehen, auf die Seite des Agrippa stellen würde; sie stürzten sich darum also auf seine Gesandten, um sie umzubringen. Phoebus töteten sie, bevor er einen Laut von sich geben konnte, Borcius dagegen gelang es, verwundet zu entfliehen. Als sich ein Teil der Bevölkerung darüber empört zeigte, trieben die Aufrührer diese durch Steinwürfe und Stockhiebe in die Stadt zurück.

4. 527. Cestius nahm die unter den Juden ausbrechende Verwirrung als gute Gelegenheit zum Angriff wahr, warf sich mit seinem ganzen Heer auf sie und verfolgte die Flüchtenden bis Jerusalem. Er schlug auf dem sogenannten Skopus[228] sein Lager auf, der von der Stadt sieben Stadien entfernt ist; drei Tage enthielt er sich jeder Maßnahme gegen die Stadt, vielleicht weil er erwartete, daß die Einwohner nachgeben würden. In die umliegenden Dörfer ließ er allerdings eine große Anzahl von Soldaten zur Beschaffung von Getreide ausschwärmen. Am 4. Tag aber, dem 30. des Monats Hyperberetaios (17. Nov.), stellte er sein Heer in Schlachtordnung auf und führte es gegen die Stadt. Die Volksmenge stand unter der Gewaltherrschaft der Aufständischen; diese selbst gaben jedoch, bestürzt von der Entfaltung der römischen Kriegsmacht, die äußeren Stadtgebiete auf und zogen sich auf

530 ἱερὸν ἀνεχώρουν. Κέστιος δὲ παρελθὼν ὑποπίμπρησιν τήν τε Βεζεθὰν[66] προσαγορευομένην καὶ τὴν Καινόπολιν καὶ τὸ καλούμενον Δοκῶν ἀγοράν, ἔπειτα πρὸς τὴν ἄνω πόλιν ἐλθὼν ἀντικρὺ τῆς βασιλικῆς αὐλῆς ἐστρατο-
531 πεδεύετο. κἂν εἴπερ ἠθέλησεν κατ' αὐτὴν ἐκείνην τὴν ὥραν ἐντὸς τῶν τειχέων βιάσασθαι, παραυτίκα τὴν πόλιν ἔσχεν καὶ τὸν πόλεμον συνέβη καταλελύσθαι· ἀλλὰ γὰρ ὅ τε στρατοπεδάρχης Τυράννιος Πρίσκος καὶ τῶν ἱππάρχων οἱ πλεῖστοι χρήμασιν ὑπὸ Φλώρου δεκασθέντες[67] ἀπέστρε-
532 ψαν αὐτὸν τῆς ἐπιχειρήσεως. καὶ παρὰ τὴν αἰτίαν ταύτην ὅ τε πόλεμος ἐπὶ τοσοῦτον μῆκος προύβη καὶ ἀνηκέστων Ἰουδαίους συμφορῶν ἀναπλησθῆναι συνέπεσεν.

533 5. Ἐν δὲ τούτῳ πολλοὶ τῶν γνωρίμων δημοτῶν Ἀνάνῳ τῷ Ἰωνάθου παιδὶ πεισθέντες ἐκάλουν τὸν Κέστιον ὡς ἀνοίξοντες αὐτῷ τὰς πύλας.
534 ὁ δὲ καὶ πρὸς ὀργὴν ὑπεριδὼν καὶ μὴ πάνυ πιστεύσας διεμέλλησεν, ἕως οἱ στασιασταὶ τὴν προδοσίαν αἰσθόμενοι τοὺς μὲν περὶ τὸν Ἄνανον ἀπὸ τοῦ τείχους κατέβαλον καὶ λίθοις παίοντες συνήλασαν εἰς τὰς οἰκίας, αὐτοὶ δὲ διαστάντες ἀπὸ τῶν πύργων τοὺς ἀποπειρωμένους τοῦ
535 τείχους ἔβαλλον. πέντε μὲν οὖν ἡμέραις πάντοθεν ἐπιχειροῦσιν τοῖς Ῥωμαίοις ἀμήχανος ἦν ἡ προσβολή, τῇ δ' ἐπιούσῃ ἀναλαβὼν ὁ Κέστιος τῶν τε ἐπιλέκτων συχνοὺς καὶ τοὺς τοξότας κατὰ τὸ προσάρκτιον
536 ἐπεχείρει κλίμα τῷ ἱερῷ. Ἰουδαῖοι δὲ ἀπὸ τῆς στοᾶς εἶργον, καὶ πολλάκις μὲν ἀπεκρούσαντο τοὺς τῷ τείχει προσελθόντας, τέλος δὲ τῷ πλήθει
537 τῶν βελῶν ἀνακοπέντες ὑπεχώρησαν. τῶν δὲ Ῥωμαίων οἱ πρῶτοι τοὺς θυρεοὺς ἐξερείσαντες εἰς τὸ τεῖχος καὶ κατὰ τούτων οἱ κατόπιν ἄλλους οἵ τε ἑξῆς ὁμοίως τὴν καλουμένην παρ' αὐτοῖς χελώνην ἐφράξαντο, καθ' ἧς τὰ βέλη φερόμενα περιωλίσθανεν ἄπρακτα, μηδὲν δὲ οἱ στρατιῶται κακούμενοι τὸ τεῖχος ὑπώρυσσον[68] καὶ τοῦ ἱεροῦ τὴν πύλην ὑποπιμπράναι παρεσκευάζοντο.

538 6. Δεινὴ δὲ τοὺς στασιαστὰς ἔκπληξις κατέλαβεν· ἤδη δὲ πολλοὶ διεδίδρασκον ἀπὸ τῆς πόλεως ὡς ἁλωσομένης αὐτίκα. τὸν δὲ δῆμον ἐπὶ τούτοις συνέβαινεν θαρρεῖν, καὶ καθὸ παρείκοιεν οἱ πονηροί, προσῇεσαν αὐτοὶ τὰς πύλας ἀνοίξοντες καὶ δεξόμενοι τὸν Κέστιον ὡς εὐεργέτην.
539 ὃς εἰ βραχὺ τῇ πολιορκίᾳ προσελιπάρησεν, κἂν εὐθέως τὴν πόλιν παρέλαβεν· ἀλλ' οἶμαι διὰ τοὺς πονηροὺς ἀπεστραμμένος ὁ θεὸς ἤδη καὶ τὰ ἅγια τέλος λαβεῖν ἐπ' ἐκείνης τῆς ἡμέρας ἐκώλυσεν τὸν πόλεμον.

540 7. Ὁ γοῦν Κέστιος οὔτε τὴν τῶν πολιορκουμένων ἀπόγνωσιν οὔτε τοῦ δήμου τὸ φρόνημα συνιδὼν ἐξαίφνης ἀνεκάλεσεν τοὺς στρατιώτας καὶ καταγνοὺς ἐπ' οὐδεμιᾷ πληγῇ τῶν ἐλπίδων παραλογώτατα ἀπὸ τῆς
541 πόλεως ἀνέζευξεν. πρὸς δὲ τὴν ἀδόκητον αὐτοῦ τροπὴν ἀναθαρσήσαντες

[66] Βεθεζὰν Niese vgl. § 328.
[67] δελεασθέντες PAMVRC; *corrupti* Lat Heg; δεκασθέντες L Niese Na Thack.
[68] ὑπέσυρον PA Niese Thack; ὑπώρυσσον MLVRC Na.

die Innenstadt und den Tempel zurück. Cestius drängte nach und brannte die sogenannte Bezetha, die Neustadt und das als Holzmarkt bezeichnete Gebiet nieder; darauf wandte er sich der Oberstadt zu und schlug dem Königspalast gegenüber sein Lager auf. Wenn er sich in dieser Stunde hätte entschließen können, in das Stadtgebiet innerhalb der Mauern mit Gewalt einzudringen, so hätte er alsbald die ganze Stadt in seinen Besitz gebracht, und der Krieg wäre zu Ende gewesen. Aber der Lagerkommandant Tyrannius Priscus und die meisten Reiterobersten, die von Florus bestochen waren, hielten ihn von diesem Unternehmen zurück. Das war die Ursache dafür, daß der Krieg sich so sehr in die Länge zog und über die Juden eine solche Fülle von Unheil kam, das nicht mehr gut zu machen war.

5. 533. Zu dieser Zeit baten viele der vornehmen Bürger, die von Ananus, dem Sohn des Jonathan[229], überredet worden waren, den Cestius, in die Stadt zu kommen, sie würden ihm die Tore öffnen. Der aber kümmerte sich in seinem Zorn nicht darum und traute außerdem der Sache nicht ganz, er zögerte vielmehr solange, bis die Aufrührer den Verrat bemerkten, die Anhänger des Ananus von der Mauer herunterjagten und mit Steinwürfen in ihre Häuser trieben. Sie selbst aber verteilten sich und schossen von den Türmen auf alle, die die Mauer stürmen wollten. Obwohl die Römer fünf Tage lang von allen Seiten Angriffe versuchten, war ihr Ansturm vergeblich; erst am sechsten Tage griff Cestius mit einer großen Zahl ausgewählter Truppen und Bogenschützen die Nordmauer des Tempels an. Die Juden verteidigten sich von den Säulenhallen herab und schlugen die gegen die Mauer Vorstürmenden oftmals zurück; zuletzt aber mußten sie sich, durch die Menge der Geschosse vertrieben, selbst zurückziehen. Die erste Reihe der Römer stemmte nun die Schilde mit der Kante gegen die Mauer, die dahinter Stehenden schlossen andere Schilde an die vorderen an, und die dann Folgenden in gleicher Weise; so bildeten sie dichtgedrängt die „Schildkröte"[230], wie sie es nennen, an der die herabfliegenden Geschosse wirkungslos abglitten. Ohne selbst Schaden zu leiden konnten die Soldaten daran gehen, die Mauer zu untergraben; zugleich trafen sie Vorbereitungen, das Tor des Tempels anzuzünden.

6. 538. Die Aufrührer packte ein furchtbarer Schrecken. Viele flohen schon aus der Stadt, als stünde sie unmittelbar vor der Eroberung. Das Volk jedoch faßte darauf neuen Mut; in gleicher Weise, wie die Bösewichter sich davonmachten, strömten sie zu den Toren, um sie zu öffnen und Cestius als Wohltäter zu empfangen. Hätte er bei der Belagerung nur etwas mehr Ausdauer gezeigt, dann wäre ihm die Stadt ohne weiteres in die Hände gefallen. Ich glaube aber, daß sich Gott schon damals wegen der verbrecherischen Menschen selbst auch vom Heiligtum abgekehrt hatte und es verhinderte, daß der Krieg an jenem Tage ein Ende nahm.

7. 540. Da Cestius nämlich die Verzweiflung der Belagerten und auch die Stimmung des Volkes nicht zur Kenntnis nahm, rief er unvermittelt die Soldaten zurück und gab, obwohl ihn kein Rückschlag getroffen hatte, unbegreiflicherweise die Hoffnung auf; so zog er von der Stadt ab[231]. Auf

οἱ λῃσταὶ κατὰ τῶν ὑστάτων ἐπεξέδραμον καὶ συχνοὺς τῶν ἱππέων καὶ 542 πεζῶν διέφθειραν. τότε μὲν οὖν ἐν τῷ κατὰ τὸν Σκοπὸν αὐλίζεται στρατοπέδῳ Κέστιος, τῇ δ' ἐπιούσῃ προσωτέρω χωριζόμενος μᾶλλον ἐξεκαλέσατο τοὺς πολεμίους, καὶ τοὺς ὑστάτους αὐτῶν προσκείμενοι διέφθειρον καὶ καθ' ἑκάτερον τῆς ὁδοῦ περιόντες ἠκόντιζον εἰς πλαγίους. 543 οὔτε δὲ ἐπιστραφῆναι πρὸς τοὺς κατόπιν τιτρώσκοντας ἐθάρρουν οἱ τελευταῖοι ἄπειρόν τι πλῆθος οἰόμενοι διώκειν καὶ τοὺς κατὰ πλευρὸν ἐγκειμένους ἀναστέλλειν οὐχ ὑπέμενον, αὐτοὶ μὲν ὄντες βαρεῖς καὶ δεδοικότες τὴν τάξιν διασπᾶν, τοὺς δὲ Ἰουδαίους ὁρῶντες κούφους καὶ πρὸς τὰς ἐπιδρομὰς εὐκόλους· ὥστε συνέβαινεν αὐτοῖς πολλὰ 544 κακοῦσθαι μηδὲν ἀντιβλάπτουσιν τοὺς ἐχθρούς. παρ' ὅλην δὲ τὴν ὁδὸν παιόμενοι καὶ τῆς φάλαγγος ἐκσειόμενοι κατέπιπτον, μέχρι πολλῶν διαφθαρέντων, ἐν οἷς ἦν Πρῖσκος μὲν στρατάρχης τάγματος ἕκτου, Λογγῖνος δὲ χιλίαρχος, ἔπαρχος δὲ ἴλης Αἰμίλιος Ἰούκουνδος ὄνομα, μόλις εἰς Γαβαὼν κατήντησαν ἐπὶ τὸ πρότερον στρατόπεδον, τὰ πολλὰ 545 καὶ τῶν σκευῶν ἀποβαλόντες. ἔνθα δύο μὲν ἡμέρας ἐπέμεινεν ὁ Κέστιος ἀμηχανῶν, ὅ τι χρὴ ποιεῖν, τῇ τρίτῃ δὲ πολλῷ πλείους τοὺς πολεμίους θεασάμενος καὶ πάντα τὰ κύκλῳ μεστὰ Ἰουδαίων ἔγνω καθ' ἑαυτοῦ τε βραδύνας κἂν ἔτι μείνῃ πλείοσιν χρησόμενος ἐχθροῖς.

546 8. Ἵνα δὲ συντονωτέρᾳ χρήσαιτο φυγῇ, τὰ τὴν στρατιὰν ἀνθέλκοντα περικόπτειν προσέταξεν. διαφθαρέντων δὲ τῶν τε ὀρέων καὶ τῶν ὄνων ἔτι δὲ καὶ τῶν ὑποζυγίων πλὴν ὅσα βέλη παρεκόμιζεν καὶ μηχανάς, τούτων γὰρ διὰ τὴν χρείαν περιείχοντο καὶ μάλιστα δεδοικότες, μὴ 547 Ἰουδαίοις κατ' αὐτῶν ἁλῷ, προῆγε τὴν δύναμιν ἐπὶ Βεθώρων. οἱ δὲ Ἰουδαῖοι κατὰ μὲν τὰς εὐρυχωρίας ἧττον ἐπέκειντο, συνειληθέντων δὲ εἰς τὰ στενὰ καὶ τὴν κατάβασιν οἱ μὲν φθάσαντες εἶργον αὐτοὺς τῆς ἐξόδου, ἄλλοι δὲ τοὺς ὑστάτους κατεώθουν εἰς τὴν φάραγγα, τὸ δὲ πᾶν πλῆθος παρεκταθὲν ὑπὲρ τὸν αὐχένα τῆς ὁδοῦ κατεκάλυπτε τὴν φάλαγγα 548 τοῖς βέλεσιν. ἔνθα καὶ τῶν πεζῶν ἀμηχανούντων προσαμύνειν ἑαυτοῖς ἐπισφαλέστερος τοῖς ἱππεῦσιν ὁ κίνδυνος ἦν· οὔτε γὰρ ἐν τάξει κατὰ τῆς ὁδοῦ βαδίζειν ἐδύναντο βαλλόμενοι, καὶ τὸ πρόσαντες ἐπὶ τοὺς πολε- 549 μίους ἱππάσιμον οὐκ ἦν· τὸ δὲ ἐπὶ θάτερα κρημνοὶ καὶ φάραγγες, εἰς οὓς ἀποσφαλέντες κατεφθείροντο, καὶ οὔτε φυγῆς τις τόπον οὔτε ἀμύνης εἶχεν ἐπίνοιαν, ἀλλ' ὑπ' ἀμηχανίας ἐπ' οἰμωγὴν ἐτράποντο καὶ τοὺς ἐν ἀπογνώσεσιν ὀδυρμούς· ἀντήχει δ' αὐτοῖς τὸ παρὰ Ἰουδαίων

290

seinen unerwarteten Abmarsch hin wieder kühn geworden, stürzten sich die Räuber auf die Nachhut und töteten eine große Zahl von Reitern und Fußsoldaten. Zunächst verbrachte Cestius die Nacht in dem auf dem Skopus angelegten Lager, am nächsten Tag zog er weiter und lockte dadurch die Feinde noch mehr an; sie bedrängten erneut die Letzten im Heereszug und machten sie nieder; auch umgingen sie auf beiden Seiten die Marschstraße des Heeres und überschütteten seine Flanken mit Geschossen. Die Truppen der Nachhut wagten es nicht, sich gegen ihre Peiniger im Rücken zu wenden, da ihnen ihre Menge unzählbar erschien, und die Angreifer an der Flanke konnten sie nicht abhalten, da die römischen Soldaten schwer beladen waren und zugleich fürchten mußten, die Ordnung zu zerreißen, die Juden dagegen unbeschwert und darum für plötzliche Angriffe offensichtlich wohlgeeignet waren. So kam es, daß die Römer von ihren Feinden große Verluste erlitten, diesen selbst aber keinen Schaden zufügen konnten. Auf der ganzen Marschstrecke stürzten Soldaten zu Boden, die getroffen und aus Reih und Glied gerissen waren. Viele waren auf dem Wege niedergemacht worden, unter ihnen Priscus[232], der Befehlshaber der sechsten Legion, der Oberst Longinus und der Reiterführer Aemilius Jucundus. Endlich erreichten sie mit Müh und Not nach Preisgabe eines großen Teils ihres Gepäcks Gabao, ihr früheres Lager. Cestius verharrte dort zwei Tage, unschlüssig, was er tun solle; am dritten Tage aber, als er immer mehr Feinde erblickte und sah, daß die ganze Umgegend voller Juden war, kam er zu der Überzeugung, daß ihm bei längerem Verweilen nur noch mehr Feinde gegenüberstehen würden.

8. 546. Damit der Rückzug schnell vor sich gehe, befahl er, alles das aufs äußerste zu vermindern, was das Heer aufhalten könnte. Es wurden also die Maultiere und Esel getötet, dazu auch die übrigen Lasttiere außer jenen, die die Geschosse und Kriegsmaschinen trugen; diese behielt man, weil man sie selbst dringend brauchte und noch mehr in der Sorge, die Juden könnten sie erbeuten und gegen die Römer richten. So führte er das Heer auf Bethhoron[233] zu. Im offenen Gelände bedrängten die Juden das Heer nur wenig; als die Römer aber beim Abstieg[234] zusammengedrängt waren, kam ihnen ein Teil von jenen zuvor, um ihnen den Ausweg zu versperren, andere dagegen versuchten, die Nachhut in die Schlucht hinab zu drängen, die Hauptmacht aber hatte sich an der Seite über dem Steilhang des Weges aufgestellt und überschüttete das Heer mit Geschossen. Da sich schon die Fußsoldaten kaum zur Wehr setzen konnten, waren die Reiter in noch viel größerer Gefahr: denn sie waren weder in der Lage, unter dem Geschoßhagel die Marschordnung auf dem Wege einzuhalten, noch hatten sie eine Möglichkeit, zu Pferde den jähen Abhang hinauf die Feinde anzugreifen. Auf der anderen Seite drohten Steilhänge und Schluchten, und wer bei einem Fehltritt in sie hinabstürzte, ging zugrunde; man hatte daher weder die Möglichkeit zur Flucht noch den Gedanken an eine Verteidigung, die Soldaten erhoben vielmehr in ihrer Ohnmacht ein lautes Wehgeschrei und brachen in verzweifelte Klagen aus. Ihnen ant-

550 ἐγκέλευσμα καὶ κραυγὴ χαιρόντων ἅμα καὶ τεθυμωμένων. ὀλίγου δὲ δεῖν πᾶσαν ἀνήρπασαν τὴν ἅμα Κεστίῳ δύναμιν, εἰ μὴ νὺξ ἐπέλαβεν, ἐν ᾗ Ῥωμαῖοι μὲν εἰς τὴν Βεθώραν κατέφυγον, Ἰουδαῖοι δὲ πάντα τὰ κύκλῳ περισχόντες ἐφρούρουν αὐτῶν τὴν ἔξοδον.
551 9. Ἔνθα δὴ Κέστιος τὴν φανερὰν ὁδὸν ἀπογνοὺς δρασμὸν ἐβουλεύετο καὶ διακρίνας τοὺς εὐψυχοτάτους στρατιώτας ὡσεὶ τετρακοσίους ἐπέστησεν τῶν δωμάτων, προστάξας ἀναβοᾶν τὰ σημεῖα[69] τῶν ἐν τοῖς στρατοπέδοις φυλάκων, ὅπως Ἰουδαῖοι πᾶσαν οἴωνται τὴν δύναμιν κατὰ χώραν μένειν· αὐτὸς δὲ τοὺς λοιποὺς ἀναλαβὼν ἡσυχῇ τριάκοντα
552 πρόεισιν σταδίους. ἕωθεν δὲ Ἰουδαῖοι κατιδόντες ἔρημον τὴν ἔπαυλιν αὐτῶν ἐπὶ τοὺς ἐξαπατήσαντας τετρακοσίους ἔδραμον, κἀκείνους μὲν
553 ταχέως κατηκόντισαν, ἐδίωκον δὲ τὸν Κέστιον. ὁ δὲ τῆς τε νυκτὸς οὐκ ὀλίγον προειλήφει καὶ συντονώτερον ἔφευγεν μεθ᾽ ἡμέραν, ὥστε τοὺς στρατιώτας ὑπ᾽ ἐκπλήξεως καὶ δέους τάς τε ἑλεπόλεις καὶ τοὺς ὀξυβελεῖς καὶ τὰ πολλὰ τῶν ἄλλων ὀργάνων καταλιπεῖν, ἃ τότε Ἰουδαῖοι λαβόντες
554 αὖθις ἐχρήσαντο κατὰ τῶν ἀφέντων. προῆλθον δὲ τοὺς Ῥωμαίους διώκοντες μέχρι Ἀντιπατρίδος. ἔπειθ᾽ ὡς οὐ κατελάμβανον, ὑποστρέφοντες τάς τε μηχανὰς ᾖρον καὶ τοὺς νεκροὺς ἐσύλων τήν τε ἀπολειφθεῖσαν λείαν συνῆγον καὶ μετὰ παιάνων εἰς τὴν μητρόπολιν ἐπαλιν-
555 δρόμουν, αὐτοὶ μὲν ὀλίγους ἀποβεβλημένοι παντάπασιν, τῶν δὲ Ῥωμαίων καὶ τῶν συμμάχων πεζοὺς μὲν πεντακισχιλίους καὶ τριακοσίους ἀνῃρηκότες, ἱππεῖς δὲ ὀγδοήκοντα καὶ τετρακοσίους[70]. τάδε μὲν οὖν ἐπράχθη Δίου μηνὸς ὀγδόῃ δωδεκάτῳ τῆς Νέρωνος ἡγεμονίας ἔτει.

556 XX. 1. Μετὰ δὲ τὴν Κεστίου συμφορὰν πολλοὶ τῶν ἐπιφανῶν Ἰουδαίων ὥσπερ βαπτιζομένης νηὸς ἀπενήχοντο τῆς πόλεως. Κοστόβαρος γοῦν καὶ Σάουλος ἀδελφοὶ σὺν Φιλίππῳ τῷ Ἰακίμου, στρατοπεδάρχης δ᾽ ἦν οὗτος Ἀγρίππα τοῦ βασιλέως, διαδράντες ἐκ τῆς πόλεως ᾤχοντο
557 πρὸς Κέστιον· ὁ δὲ σὺν τούτοις κατὰ τὴν βασιλικὴν αὐλὴν πολιορκηθεὶς Ἀντίπας ὑπεριδὼν τὴν φυγὴν αὖθις ὡς ὑπὸ τῶν στασιαστῶν
558 διεφθάρη δηλώσομεν. Κέστιος δὲ τοὺς περὶ Σάουλον ἀξιώσαντας ἀνέπεμψεν εἰς Ἀχαΐαν πρὸς Νέρωνα τήν τε αὐτῶν δηλώσοντας ἀνάγκην καὶ τὰς αἰτίας τοῦ πολέμου τρέψοντας εἰς Φλῶρον· τὴν γὰρ ἐπ᾽ ἐκεῖνον ὀργὴν κουφίσειν καὶ τοὺς ἑαυτοῦ κινδύνους ἤλπισεν.

559 2. Κἀν τούτῳ Δαμασκηνοὶ τὴν τῶν Ῥωμαίων φθορὰν πυθόμενοι
560 τοὺς παρ᾽ ἑαυτοῖς Ἰουδαίους ἀνελεῖν ἐσπούδασαν. καὶ καθὸ μὲν εἶχον αὐτοὺς ἐν τῷ γυμνασίῳ συνηθροισμένους πάλαι διὰ τὰς ὑποψίας τοῦτο

[69] ἀναβάντας σημαίας τῶν ἐν τοῖς στρατοπέδοις φυλάκων ἱστᾶν VRC M^marg Na („die Standarten der im Lager üblichen Wachposten dort oben aufzupflanzen").

[70] τριακοσίους AMVRC Heg Na; *nongentis* Lat; τετρακοσίους PL Niese Thack.

wortete als Echo der Schlachtruf sowie das Freude- und Rachegeschrei der Juden. Beinahe hätten sie die ganze Streitmacht des Cestius aufgerieben, wenn nicht die Nacht hereingebrochen wäre, unter deren Schutz die Römer nach Bethhoron fliehen konnten. Die Juden aber besetzten das ganze umliegende Gelände, um den Abmarsch der Römer überwachen zu können.

9. 551. Cestius verzweifelte an der Möglichkeit eines offenen Weitermarsches und faßte den Gedanken, heimlich zu entfliehen. Er wählte etwa 400 der tapfersten Soldaten aus und stellte sie auf die Wälle mit dem Befehl, sich die im Lager üblichen Wachrufe zuzuschreien, damit die Juden den Eindruck erhalten sollten, das ganze Heer sei noch an seinem Platze. Er selbst brach mit seinen übrigen Truppen in aller Stille auf und marschierte noch 30 Stadien weiter. Beim Anbruch der Dämmerung bemerkten die Juden, daß das römische Lager leer war; sie stürzten sich auf die 400 Mann, denen die Kriegslist so gut gelungen war, schossen sie in kurzer Zeit nieder und nahmen die Verfolgung des Cestius auf. Dieser aber hatte in der Nacht schon einen beträchtlichen Vorsprung gewonnen und beschleunigte seine Flucht bei Tagesanbruch noch mehr, so daß die Soldaten in ihrer Verwirrung und Flucht die Helepolen, Katapulte[235] und die meisten anderen Belagerungsmaschinen zurückließen; die Juden erbeuteten sie und bedienten sich später ihrer gegen die früheren Besitzer, die sie preisgegeben hatten. Sie setzten die Verfolgung der Römer bis Antipatris fort. Als sie diese nicht einholen konnten, kehrten sie um, nahmen die Kriegsmaschinen mit, plünderten die Gefallenen aus und eilten unter Siegesgesängen in die Hauptstadt zurück. Ihre eigenen Verluste waren ganz gering, von den Römern und deren Bundesgenossen hatten sie jedoch 5300 Fußsoldaten und 480 Reiter getötet. Dies ereignete sich am 8. Dios[236] im 12. Regierungsjahre Neros.

20. Kapitel

1. 556. Nach der Niederlage des Cestius verließen viele angesehene Juden die Stadt, wie man sich aus einem sinkenden Schiff durch Schwimmen rettet. So entflohen die Brüder Kostobar und Saulus mit Philippus, dem Sohn des Jakimos, der Feldhauptmann des Königs Agrippa war, aus der Stadt und gingen zu Cestius über. Antipas dagegen, der mit diesen im Königspalast belagert worden war, lehnte die Flucht ab und fand, wie wir später berichten werden, durch die Aufrührer den Tod. Cestius sandte Saulus und seine Freunde auf ihren Wunsch weiter nach Achaja zu Nero, damit sie ihm ihre Notlage auseinandersetzen und die Schuld am Kriege Florus zuschieben sollten. Er hoffte nämlich, daß der Zorn gegen diesen die ihm selbst drohende Gefahr vermindern würde.

2. 559. In der Zwischenzeit hatten die Einwohner von **Damaskus** die Niederlage der Römer erfahren und beeilten sich, die bei ihnen wohnenden Juden umzubringen. Sie glaubten dies Unternehmen ohne Mühe **ausführen** zu können, denn schon seit einiger Zeit hielten sie die Juden im **Gymnasium**

πραγματευσάμενοι, ῥᾴστην τὴν ἐπιχείρησιν ἐδόκουν· ἐδεδοίκεισαν δὲ τὰς ἑαυτῶν γυναῖκας ἁπάσας πλὴν ὀλίγων ὑπηγμένας τῇ Ἰουδαϊκῇ θρησκείᾳ·
561 διὸ μέγιστος αὐτοῖς ἀγὼν ἐγένετο λαθεῖν ἐκείνας. τοὺς δὲ Ἰουδαίους ὡς ἂν ἐν στενῷ χωρίῳ τὸν ἀριθμὸν μυρίους καὶ πεντακοσίους[71] πάντας ἀνόπλους ἐπελθόντες ὑπὸ μίαν ὥραν ἀδεῶς ἀπέσφαξαν.
562 3. Οἱ δὲ διώξαντες τὸν Κέστιον ὡς ὑπέστρεψαν εἰς Ἱεροσόλυμα, τοὺς μὲν βίᾳ τῶν ἔτι ῥωμαϊζόντων τοὺς δὲ πειθοῖ προσήγοντο, καὶ συναθροισθέντες εἰς τὸ ἱερὸν στρατηγοὺς ἀπεδείκνυσαν τοῦ πολέμου
563 πλείονας. ᾑρέθη δὲ Ἰώσηπός τε υἱὸς Γωρίονος καὶ ὁ ἀρχιερεὺς Ἄνανος τῶν τε κατὰ τὴν πόλιν ἁπάντων αὐτοκράτορες καὶ μάλιστα τὰ τείχη
564 τῆς πόλεως ἀνεγείρειν· τὸν γὰρ τοῦ Σίμωνος υἱὸν Ἐλεάζαρον καίπερ ὑφ' ἑαυτῷ πεποιημένον τὴν Ῥωμαίων λείαν καὶ τὰ ἁρπαγέντα Κεστίου χρήματα, πρὸς οἷς πολλὰ τῶν δημοσίων θησαυρῶν, ὅμως οὐκ ἐπέστησαν ταῖς χρείαις αὐτόν τε τυραννικὸν ὁρῶντες καὶ τοὺς ὑπ' αὐτῷ ζηλωτὰς
565 δορυφόρων ἔθεσι χρωμένους. κατ' ὀλίγον γε μὴν ἥ τε χρεία τῶν χρημάτων καὶ γοητεύων Ἐλεάζαρος ἐκπεριῆλθε τὸν δῆμον ὥστε αὐτῷ πειθαρχεῖν περὶ τῶν ὅλων.
566 4. Εἰς δὲ τὴν Ἰδουμαίαν ἑτέρους ἐπελέξαντο στρατηγοὺς Ἰησοῦν υἱὸν Σαπφᾶ[72] τῶν ἀρχιερέων ἕνα καὶ Ἐλεάζαρον ἀρχιερέως υἱὸν Νέου· τῷ δ' ἄρχοντι τότε τῆς Ἰδουμαίας Νίγερι, γένος δ' ἦν ἐκ τῆς περὶ Ἰορδάνην Περαίας, διὸ καὶ Περαΐτης ἐκαλεῖτο, προσέταξαν ὑποτάσ-
567 σεσθαι τοῖς στρατηγοῖς. ἠμέλουν δὲ οὐδὲ τῆς ἄλλης χώρας, ἀλλ' εἰς μὲν Ἱεριχοῦν Ἰώσηπος ὁ Σίμωνος, εἰς δὲ τὴν Περαίαν Μανασσῆς, Θαμνᾶ δὲ τοπαρχίας Ἰωάννης ὁ Ἐσσαῖος στρατηγήσων ἐπέμφθη· προσεκλή-
568 ρωτο δ' αὐτῷ Λύδδα καὶ Ἰόππη καὶ Ἀμμαοῦς. τῆς δὲ Γοφνιτικῆς καὶ Ἀκραβεττηνῆς ὁ Ἀνανίου Ἰωάννης ἡγεμὼν ἀποδείκνυται καὶ τῆς Γαλιλαίας ἑκατέρας Ἰώσηπος Ματθίου· προσώρισto δὲ τῇ τούτου στρατηγίᾳ καὶ Γάμαλα τῶν ταύτῃ πόλεων ὀχυρωτάτη.
569 5. Τῶν μὲν οὖν ἄλλων στρατηγῶν ἕκαστος ὡς εἶχεν προθυμίας ἢ συνέσεως διῴκει τὰ πεπιστευμένα· Ἰώσηπος δὲ εἰς τὴν Γαλιλαίαν ἐλθὼν πρῶτον ἐφρόντισεν τῆς εἰς ἑαυτὸν εὐνοίας τῶν ἐπιχωρίων, εἰδὼς ὅτι
570 ταύτῃ πλεῖστα κατορθώσει, κἂν τἆλλα διαμαρτάνῃ. συνιδὼν δὲ ὅτι τοὺς μὲν δυνατοὺς οἰκειώσεται μεταδιδοὺς τῆς ἐξουσίας αὐτοῖς, τὸ δὲ πᾶν πλῆθος εἰ δι' ἐπιχωρίων καὶ συνήθων τὰ πολλὰ προστάσσοι, τῶν μὲν γηραιῶν ἑβδομήκοντα τοὺς σωφρονεστάτους ἐπιλέξας ἐκ τοῦ ἔθνους

---

[71] fehlt bei RC Lat Heg; nach bell. 7,368 waren es 18 000.

[72] Σαπφῶ PAM; Σαπφία Hudson Na (vgl. § 599); Saffa Lat; Σαπφὰν LR; Σαπφᾶ C Niese.

zusammengesperrt, weil sie gegen diese mannigfachen Verdacht hegten. Was sie aber fürchteten, waren ihre eigenen Frauen, die mit wenigen Ausnahmen der jüdischen Gottesverehrung ergeben waren. So wetteiferten sie förmlich darum, das Vorhaben vor den Frauen geheim zu halten. Sie fielen nun über die 10 500[237] Juden her, die auf engem Raum unbewaffnet zusammengedrängt waren, und machten sie alle ohne Scheu in einer einzigen Stunde nieder.

3. 562. Als die Juden, die Cestius verfolgt hatten, nach Jerusalem zurückgekehrt waren, brachten sie die noch römisch Gesinnten durch Gewalt oder Überredung auf ihre Seite und setzten in einer Versammlung auf dem Tempelplatz weitere Feldherren zur Kriegsführung ein. Gewählt wurden Joseph, Sohn des Gorion, und der Hohepriester Ananos[238], die die höchste Gewalt über die Stadt erhielten und vor allem die Mauern der Stadt erhöhen sollten[239]. Den Eleazar, Sohn des Simon, wollte das Volk nicht mit der Leitung der öffentlichen Angelegenheiten betrauen, obgleich er die römische Beute, die Kriegskasse des Cestius und große Teile des Staatsschatzes in seinen Besitz gebracht hatte. Es war nämlich sein tyrannisches Wesen aufgefallen, dazu kam auch, daß sich die ihm ergebenen Zeloten aufführten, als seien sie seine schwerbewaffneten Leibwächter. Es dauerte jedoch nur kurze Zeit, da hatten der Geldmangel und die Verführungskunst Eleazars das Volk soweit gebracht, daß es ihm als oberstem Führer der Stadt gehorchte.

4. 566. Für Idumäa ernannte man andere Feldherren, nämlich Jesus, Sohn des Sappha aus hohenpriesterlichem Geschlecht, und Eleazar[240], den Sohn des Hohenpriesters Neos. Dem bisherigen Befehlshaber in Idumäa, Niger, der aus dem jordanischen Peräa stammte und deshalb den Zunamen „der Peräer" trug, befahl man, sich den genannten Feldherren unterzuordnen. Auch die übrigen Landesteile vergaß man nicht, sondern sandte nach Jericho Joseph, den Sohn des Simon, nach Peräa Manasses, während im Kreise von Thamna[241] Johannes der Essäer den Oberbefehl übernehmen sollte; auch Lydda, Joppe und Emmaus wurden ihm zugeteilt. Für das Gebiet von Gophna und die Akrabatene[242] wurde Johannes, der Sohn des Ananias, zum Befehlshaber bestimmt, und für die beiden Galiläa Josephus[243], der Sohn des Matthias; seinem Bereich wurde auch Gamala[244] unterstellt, die stärkste Festung der dortigen Gegend.

5. 569. Jeder einzelne der verschiedenen Feldherren verwaltete nun entsprechend dem Maß seines Eifers oder seiner Einsicht den ihm anvertrauten Bezirk. Was Josephus anbetrifft, so war er nach seiner Ankunft in Galiläa vor allem darauf bedacht, das Wohlwollen der Bevölkerung zu erwerben, wußte er doch, daß er damit das Entscheidende erreicht habe, selbst wenn seine übrigen Unternehmungen fehlschlagen sollten. Weiter erkannte er, daß er die einflußreichsten Männer dann gewänne, wenn er sie an der Regierung des Landes teilnehmen ließe, das ganze Volk aber dadurch, daß er ihm seine Befehle im allgemeinen durch einheimische, bekannte Personen übermittelte. Er bestimmte also aus der Mitte des Volkes die 70 einsichts-

571 κατέστησεν ἄρχοντας ὅλης τῆς Γαλιλαίας, ἑπτὰ δὲ ἐν ἑκάστῃ πόλει δικαστὰς τῶν εὐτελεστέρων διαφόρων· τὰ γὰρ μείζω πράγματα καὶ τὰς φονικὰς δίκας ἐφ' ἑαυτὸν ἀναπέμπειν ἐκέλευσεν καὶ τοὺς ἑβδομήκοντα.
572 6. Καταστησάμενος δὲ τὰ πρὸς ἀλλήλους νόμιμα τῶν κατὰ πόλιν
573 ἐπὶ τὴν ἔξωθεν αὐτῶν ἀσφάλειαν ἐχώρει. καὶ γινώσκων Ῥωμαίους προεμβαλοῦντας εἰς τὴν Γαλιλαίαν τὰ ἐπιτήδεια τῶν χωρίων ἐτείχιζεν, Ἰωτάπατα μὲν καὶ Βηρσαβὲ καὶ Σελάμην[73], ἔτι δὲ Καφαρεκχὼ καὶ Ἰαφὰ καὶ Σιγὼφ τό τε Ἰταβύριον καλούμενον ὄρος καὶ Ταριχέας καὶ Τιβεριάδα, πρὸς δὲ τούτοις τὰ περὶ Γεννησὰρ τὴν λίμνην σπήλαια κατὰ τὴν κάτω καλουμένην Γαλιλαίαν ἐτειχίσατο, τῆς δὲ ἄνω Γαλιλαίας τήν τε προσαγορευομένην Ἀχαβάρων πέτραν καὶ Σὲπφ καὶ Ἰαμνεὶθ καὶ Μηρώ.
574 κατὰ δὲ τὴν Γαυλανιτικὴν Σελεύκειάν τε καὶ Σωγαναίαν καὶ Γάμαλαν ὠχύρωσεν· μόνοις δὲ Σεπφωρίταις ἐφῆκε[74] καθ' ἑαυτοὺς τεῖχος ἀναδείμασθαι χρημάτων τε εὐπόρους ὁρῶν ὄντας καὶ προθύμους ἐπὶ τὸν
575 πόλεμον δίχα προστάγματος. ὁμοίως δὲ καὶ Γίσχαλα Ἰωάννης ὁ Ληΐου καθ' ἑαυτὸν ἐτείχιζεν Ἰωσήπου κελεύσαντος· τοῖς δ' ἄλλοις ἐρύμασιν
576 ἅπασιν αὐτὸς συμπονῶν ἅμα καὶ προστάσσων παρῆν. κατέλεξεν δὲ καὶ δύναμιν ἐκ τῆς Γαλιλαίας ὑπὲρ δέκα μυριάδας νέων ἀνδρῶν, οὓς πάντας ἔκ τε τῶν συλλεγομένων παλαιῶν ὅπλων ἐγκατασκευαζόμενος ὥπλιζεν.
577 7. Ἔπειτα συνιδὼν ἀήττητον τὴν Ῥωμαίων ἰσχὺν γεγενημένην εὐπειθείᾳ μάλιστα καὶ μελέτῃ τῶν ὅπλων, τὴν μὲν διδασκαλίαν ἀπέγνω τῇ χρείᾳ διωκομένην, τὸ δ' εὐπειθὲς ὁρῶν περιγινόμενον ἐκ τοῦ πλήθους τῶν ἡγεμόνων ῥωμαϊκώτερον ἔτεμνεν τὴν στρατιὰν καὶ πλείους καθί-
578 στατο ταξιάρχους. στρατιωτῶν τε γὰρ ἀπεδείκνυεν διαφοράς, καὶ τούτους μὲν ὑπέτασσεν δεκαδάρχαις καὶ ἑκατοντάρχαις ἔπειτα χιλιάρχοις,
579 κἀπὶ τούτοις ἡγεμόνας ταγμάτων ἁδροτέρων ἀφηγουμένους. ἐδίδασκεν δὲ σημείων παραδόσεις καὶ σάλπιγγος προκλήσεις τε καὶ ἀνακλήσεις προσβολάς τε κεράτων καὶ περιαγωγάς, καὶ πῶς δεῖ πρὸς μὲν τὸ κάμνον
580 ἐπιστρέφειν ἐκ τοῦ περιόντος, ἐν δὲ τῷ πονοῦντι συμπαθεῖν. ὅσα τε εἰς παράστασιν ψυχῆς ἢ καρτερίαν συνετέλει σώματος ἀφηγεῖτο[75]· μάλιστα δ' αὐτοὺς ἤσκει πρὸς τὸν πόλεμον παρ' ἕκαστα τὴν Ῥωμαίων εὐταξίαν διηγούμενος, καὶ ὡς πολεμήσουσιν πρὸς ἄνδρας, οἳ δι' ἀλκὴν σώματος καὶ ψυχῆς παράστημα πάσης ὀλίγου δεῖν τῆς οἰκουμένης κρατοῦσιν.
581 ἔφη δὲ πεῖραν αὐτῶν λήψεσθαι τῆς κατὰ τὸν πόλεμον πειθαρχίας καὶ πρὸ παρατάξεως, εἰ τῶν συνήθων ἀδικημάτων ἀπόσχοιντο, κλοπῆς τε καὶ ληστείας καὶ ἁρπαγῆς τοῦ τε ἐξαπατᾶν τὸ ὁμόφυλον τοῦ τε κέρδος

§ 573 ff. = vita 187.

[73] nach Niese; andere codd. und Übersetzungen haben „Selamin".
[74] ἔφη PAL; ἀφῆκε MVRC; ἐφῆκε Bekker cj. und die neueren Herausgeber.
[75] συνεχῶς ἀφηγεῖτο MVRC Na.

reichsten Ältesten als höchste Behörde für ganz Galiläa. In jeder Stadt setzte er sieben Richter für die kleineren Rechtssachen ein, denn Angelegenheiten von größerer Bedeutung und Mordfälle sollten nach seiner Anordnung ihm selbst und den 70 Ältesten vorgelegt werden.

6. 572. Nachdem er so die rechtlichen Beziehungen der Bürger untereinander geordnet hatte, wandte er sich der äußeren Sicherheit zu. In der Einsicht, daß die Römer zuerst Galiläa angreifen würden, befestigte er die dazu geeigneten Plätze: Jotapata, Bersabe, Selame, dazu Kapharekcho, Japha und Sigoph[245], außerdem einen Berg, der Itabyrion hieß, Tarichea und Tiberias. Ferner baute er die am Ufer des Sees Genezareth im sogenannten Untergaliläa gelegenen Höhlen festungsmäßig aus, schließlich ebenso in Obergaliläa einen Felsen mit Namen Akchabaron, sowie Sepph, Jamnith und Mero. In der Gaulanitis verstärkte er Seleucia, Sogane und Gamala. Nur den Einwohnern von Sepphoris[246] überließ er es, den Wiederaufbau der Mauern selbst in die Hand zu nehmen, da er ihre günstige Vermögenslage und dazu eine Kriegsbereitschaft sah, die keiner Aufforderung mehr bedurfte. Ähnlich war die Lage in Gischala, das Johannes, der Sohn des Levi, auf eigene Kosten befestigte, allerdings auf Befehl des Josephus. Alle übrigen Festungsbauten unterstützte und beaufsichtigte Josephus selbst. Er hob auch aus Galiläa ein Heer von über 100 000 jungen Männern aus, die er alle mit gesammelten alten Waffen ausrüsten ließ.

7. 577. Josephus wußte auch, daß die Römer ihre unbezwingliche Stärke vor allem ihrer Manneszucht und Waffenübung verdankten[247]. Er mußte zwar auf eine entsprechende Ausbildung der Truppe verzichten, da diese nur durch praktische Erfahrung gewonnen wird; weil aber seiner Ansicht nach der straffe Gehorsam von der Zahl der Offiziere abhängig war, teilte er das Heer mehr nach römischer Weise ein und ernannte eine größere Anzahl von Unterführern. Er faßte seine Soldaten zu Abteilungen von verschiedener Größe zusammen und stellte sie unter Anführer von je 10, je 100 und je 1000 Mann; über diese setzte er wieder Feldhauptleute, die die Befehlsgewalt über noch größere Truppenverbände besaßen. Auch lehrte er sie die Weitergabe des Losungswortes, die Trompetensignale zum Angriff und Rückzug, dazu das Vorrücken und die Schwenkungen der Flügel, außerdem auch, wie man dem im Kampf gefährdeten Teil Hilfe bringen müsse, wenn man sich selbst im Vorteil befinde, und daß man in bedrängter Lage gemeinsam auszuhalten habe. Er stellte ihnen all das vor Augen, was zur seelischen Ausdauer und körperlichen Ertüchtigung beiträgt; vor allem suchte er sie dadurch auf den Kampf vorzubereiten, da er ihnen bis ins einzelne die feste Ordnung des römischen Heeres erklärte[248]. Sie würden nämlich gegen Männer kämpfen müssen, die auf Grund ihrer Körperstärke und ihres mutigen Sinnes fast die ganze Welt beherrschten. Schon vor Beginn des Kampfes, sagte er, wolle er ihre kriegerische Manneszucht daran erproben, ob sie von ihren gewohnten Bosheiten ablassen würden; nämlich von Diebstahl, Raub und Plünderung, vom Betrug der eigenen Landsleute und von jedem Versuch, in einer Schädigung der nächsten Blutsverwandten den eige-

582 οἰκεῖον ἡγεῖσθαι τὴν βλάβην τῶν συνηθεστάτων· διοικεῖσθαι γὰρ κάλλιστα τοὺς πολέμους παρ' οἷς ἂν ἀγαθὸν τὸ συνειδὸς ἔχωσιν πάντες οἱ στρατευόμενοι, τοὺς δὲ οἴκοθεν φαύλους οὐ μόνον τοῖς ἐπιοῦσιν ἐχθροῖς ἀλλὰ καὶ τῷ θεῷ χρῆσθαι πολεμίῳ.
583 8. Πολλὰ τοιαῦτα παραινῶν διετέλει. καὶ τὸ μὲν ἕτοιμον εἰς παράταξιν αὐτῷ συνεκεκρότητο πεζῶν μὲν ἓξ μυριάδες, ἱππεῖς δὲ πεντήκοντα καὶ τριακόσιοι[76], χωρὶς δὲ τούτων οἷς ἐπεποίθει μάλιστα μισθοφόροι περὶ τετρακισχιλίους καὶ πεντακοσίους· ἐπιλέκτους δὲ περὶ αὐτὸν εἶχεν
584 ἑξακοσίους φύλακας τοῦ σώματος. ἔτρεφον δὲ πλὴν τῶν μισθοφόρων τὴν ἄλλην στρατιὰν αἱ πόλεις ῥαδίως· τῶν γὰρ καταλεγέντων ἑκάστη τοους ἡμίσεις ἐπὶ τὴν στρατιὰν ἐκπέμπουσα τοὺς λοιποὺς ἐπὶ συμπορισμὸν αὐτοῖς τῶν ἐπιτηδείων κατεῖχον, ὡς τοὺς μὲν εἰς ὅπλα, τοὺς δὲ εἰς ἐργασίαν διῃρῆσθαι, καὶ τοῖς τὰ σῖτα πέμπουσιν ἀντιχορηγεῖσθαι παρὰ των ὁπλιτῶν τὴν ἀσφάλειαν.

585 XXI. 1. Διοικοῦντι δ' οὕτως τῷ Ἰωσήπῳ τὰ κατὰ τὴν Γαλιλαίαν παρανίσταταί τις ἐπίβουλος ἀνὴρ ἀπὸ Γισχάλων, υἱὸς Ληΐου, Ἰωάννης ὄνομα, πανουργότατος μὲν καὶ δολιώτατος τῶν ἐπισήμων ἐν τοῖσδε τοῖς πονηρεύμασιν ἁπάντων, πένης δὲ τὰ πρῶτα καὶ μέχρι πολλοῦ κώλυμα
586 σχὼν τῆς κακίας τὴν ἀπορίαν, ἕτοιμος μὲν ψεύσασθαι, δεινὸς δ' ἐπιθεῖναι πίστιν τοῖς ἐψευσμένοις, ἀρετὴν ἡγούμενος τὴν ἀπάτην καὶ ταύτῃ κατὰ
587 τῶν ψιλτάτων χρώμενος, ὑποκριτὴς ψιλανθρωπίας καὶ δι' ἐλπίδα κέρδους φονικώτατος, ἀεὶ μὲν ἐπιθυμήσας μεγάλων, τρέφων δὲ τὰς ἐλπίδας ἐκ τῶν ταπεινῶν κακουργημάτων· λῃστὴς γὰρ ἦν μονότροπος, ἔπειτα καὶ συνοδίαν εὗρεν τῆς τόλμης τὸ μὲν πρῶτον ὀλίγην, προ-
588 κόπτων δ' ἀεὶ πλείονα. φροντὶς δ' ἦν αὐτῷ μηδένα προσλαμβάνειν εὐάλωτον, ἀλλὰ τοὺς εὐεξίᾳ σώματος καὶ ψυχῆς παραστήματι καὶ πολέμων ἐμπειρίᾳ διαφέροντας ἐξελέγετο, μέχρι καὶ τετρακοσίων ἀνδρῶν στῖφος συνεκρότησεν, οἳ τὸ πλέον ἐκ τῆς Τυρίων χώρας καὶ τῶν ἐν
589 αὐτῇ κωμῶν φυγάδες ἦσαν· δι' ὧν πᾶσαν ἐλῄζετο τὴν Γαλιλαίαν καὶ μετεώρους ὄντας ἐπὶ τῷ μέλλοντι πολέμῳ τοὺς πολλοὺς ἐσπάρασσεν.
590 2. Ἤδη δ' αὐτὸν στρατηγιῶντα καὶ μειζόνων ἐφιέμενον ἔνδεια χρημάτων κατεῖχεν. ἐπεὶ δὲ τὸν Ἰώσηπον ὁρῶν αὐτοῦ [σφόδρα] χαίροντα τῷ δραστηρίῳ πείθει πρῶτον μὲν αὐτῷ πιστεῦσαι τὸ τεῖχος ἀνοικοδομῆσαι τῆς πατρίδος, ἐν ᾧ πολλὰ παρὰ τῶν πλουσίων ἐκέρδανεν.

[76] Die Zahl schwankt; nach PALM sind es 350, nach VRC Lat 250.

nen Gewinn zu suchen. Denn diejenigen Kriege würden am erfolgreichsten geführt, in denen alle Streiter ein gutes Gewissen hätten; wenn aber die Krieger von vornherein verderbten Herzens wären, hätten sie nicht nur die anrückenden Feinde, sondern auch Gott selbst zum Gegner.

8. 583. Solche Ermahnungen richtete er oftmals an sie. Das einsatzfähige Heer hatte sich in einer Stärke von 60 000 Fußsoldaten um ihn geschart; Reiter waren es 350[249]. Zu dieser Streitmacht kamen 4500 Söldner, auf die er am meisten vertraute, schließlich hatte er stets noch eine ausgewählte Leibwache von 600 Mann um sich. Die Verpflegung für das Heer, abgesehen von den Söldnern, brachten die Städte ohne Mühe auf. Jede Stadt sandte nämlich nur die Hälfte der Ausgehobenen zum Heere, die übrigen behielt jede zur Versorgung des Heeres mit Lebensmitteln zurück. So waren die Einen zur Waffenübung, die Anderen zur Arbeit eingeteilt, und die Truppen unter Waffen gewährten ihren Kameraden, die sie mit Lebensmitteln versorgten, als Gegenleistung die nötige Sicherheit.

21. Kapitel

1. 585. Während so Josephus Galiläa verwaltete, erstand ihm ein hinterlistiger Gegner in Gischala, Johannes, der Sohn Levis, ein Mensch, der durch seine Heimtücke und Verschlagenheit alle übertraf, die sich durch besondere Schlechtigkeit auszeichneten. Von Hause aus arm, hatte ihn der Mangel an Vermögen lange Zeit gehindert, seine Bosheit in die Tat umzusetzen. Stets hatte er eine Lüge zur Hand, und er verstand es auch bestens, seine Lügengebilde glaubhaft zu machen. Den Betrug erachtete er als Tugend, und zwar auch im Verkehr mit seinen nächsten Freunden. Er konnte Menschenfreundlichkeit heucheln, und doch schreckte er, wenn ein Gewinn zu erhoffen war, vor keinem Mord zurück. Immer jagte er hohen Zielen nach, nährte aber seine Hoffnungen durch die gemeinsten Verbrechen. Zunächst[250] war er als Räuber ein Einzelgänger gewesen, später fand er dann auch Genossen bei seinen Unternehmungen. Zwar waren es anfangs nur wenige, aber mit seinen Erfolgen wuchs auch ihre Zahl. Dabei trug er Sorge, keinen Schwächling aufzunehmen, sondern er suchte sich Männer aus, die durch kräftigen Körperbau, Entschlossenheit und Kriegserfahrung hervorstachen. So brachte er schließlich eine Bande von 400 Spießgesellen zusammen, meist Flüchtlinge aus dem Gebiet von Tyrus und den dortigen Dörfern. Mit ihnen brandschatzte er Galiläa und wurde zu einer wahren Landplage für die Masse der Bevölkerung, die sich angesichts des bevorstehenden Krieges ohnehin in heller Aufregung befand.

2. 590. Schon dachte er daran, Feldherr oder gar noch mehr zu werden, aber der Geldmangel behinderte ihn. Als er sah, daß Josephus an seiner Tatkraft großen Gefallen fand, überredete er ihn zuerst, ihm den Wiederaufbau der Mauer der Heimatstadt anzuvertrauen; dabei bereicherte[251] er sich

591 ἔπειτα συνθεὶς σκηνὴν πανουργοτάτην, ὡς ἄρα φυλάττοιντο πάντες οἱ κατὰ τὴν Συρίαν Ἰουδαῖοι ἐλαίῳ χρῆσθαι μὴ δι' ὁμοφύλων ἐγκεχει-
592 ρισμένῳ, πέμπειν αὐτοῖς ἐπὶ τὴν μεθορίαν ἐξῃτήσατο. συνωνούμενος δὲ τοῦ Τυρίου νομίσματος, ὃ τέσσαρας Ἀττικὰς δύναται, τέσσαρας ἀμφορεῖς, τῆς αὐτῆς ἐπίπρασκεν τιμῆς ἡμιαμφόριον. οὔσης δὲ τῆς Γαλιλαίας ἐλαιοφόρου μάλιστα καὶ τότε εὐφορηκυίας, εἰς σπανίζοντας εἰσπέμπων πολὺ καὶ μόνος ἄπειρόν τι πλῆθος συνῆγεν χρημάτων, οἷς
593 εὐθέως ἐχρῆτο κατὰ τοῦ τὴν ἐργασίαν παρασχόντος. καὶ ὑπολαβών, εἰ καταλύσειεν τὸν Ἰώσηπον, αὐτὸς ἡγήσεσθαι τῆς Γαλιλαίας, τοῖς μὲν ὑφ' ἑαυτὸν λῃσταῖς προσέταξεν εὐτονώτερον ἐγχειρεῖν ταῖς ἁρπαγαῖς, ὅπως πολλῶν νεωτεριζομένων κατὰ τὴν χώραν ἢ διαχρήσαιτό που τὸν στρατηγὸν ἐκβοηθοῦντα λοχήσας ἢ περιορῶντα τοὺς λῃστὰς διαβάλλοι
594 πρὸς τοὺς ἐπιχωρίους. ἔπειτα διεφήμιζεν πόρρωθεν, ὡς ἄρα προδιδοίη τὰ πράγματα Ῥωμαίοις Ἰώσηπος, καὶ πολλὰ τοιαῦτα πρὸς κατάλυσιν τἀνδρὸς ἐπραγματεύετο.

595 3. Καθ' ὃν καιρὸν ἀπὸ Δεβαρίθθων κώμης νεανίσκοι τινὲς τῶν ἐν τῷ μεγάλῳ πεδίῳ καθεζομένων φυλάκων ἐνεδρεύσαντες Πτολεμαῖον τὸν Ἀγρίππα καὶ Βερνίκης ἐπίτροπον ἀφείλοντο πᾶσαν ὅσην ἦγεν ἀποσκευήν, ἐν ᾗ πολυτελεῖς τε ἐσθῆτες οὐκ ὀλίγαι καὶ πλῆθος ἐκπωμάτων
596 ἀργυρῶν χρυσοῖ τε ἦσαν ἑξακόσιοι. μὴ δυνάμενοι δὲ διαθέσθαι κρύφα
597 τὴν ἁρπαγὴν πάντα πρὸς Ἰώσηπον εἰς Ταριχέας ἐκόμισαν. ὁ δὲ μεμψάμενος αὐτῶν τὸ πρὸς τοὺς βασιλικοὺς βίαιον τίθησιν τὰ κομισθέντα παρὰ τῷ δυνατωτάτῳ τῶν Ταριχεατῶν Ἀνναίῳ, πέμψαι κατὰ καιρὸν τοῖς δεσπόταις προαιρούμενος. ὃ δὴ μέγιστον αὐτῷ κίνδυνον ἐπήγαγεν.
598 οἱ γὰρ ἁρπάσαντες ἅμα μὲν ἐπὶ τῷ μηδεμιᾶς τυχεῖν μερίδος ἐκ τῶν κεκομισμένων ἀγανακτοῦντες, ἅμα δὲ καὶ προσκεψάμενοι τοῦ Ἰωσήπου τὴν διάνοιαν, ὅτι μέλλοι τὸν πόνον αὐτῶν τοῖς βασιλεῦσιν χαρίζεσθαι, νύκτωρ εἰς τὰς κώμας διέδραμον καὶ πᾶσιν ἐνεδείκνυντο τὸν Ἰώσηπον ὡς προδότην· ἐνέπλησαν δὲ καὶ τὰς πλησίον πόλεις ταραχῆς, ὥστε ὑπὸ
599 τὴν ἕω δέκα μυριάδας ὁπλιτῶν ἐπ' αὐτὸν συνδραμεῖν. καὶ τὸ μὲν πλῆθος ἐν τῷ κατὰ Ταριχέας ἱπποδρόμῳ συνηθροισμένον πολλὰ πρὸς ὀργὴν ἀνεβόα καὶ καταλεύειν οἱ δὲ καίειν τὸν προδότην ἐκεκράγεσαν· παρώξυνεν δὲ τοὺς πολλοὺς ὁ Ἰωάννης καὶ σὺν αὐτῷ Ἰησοῦς τις υἱὸς Σαπφία,
600 τότε ἄρχων τῆς Τιβεριάδος. οἱ μὲν οὖν φίλοι καὶ σωματοφύλακες τοῦ Ἰωσήπου καταπλαγέντες τὴν ὁρμὴν τοῦ πλήθους ἔφυγον πλὴν τεσσάρων

§ 591 = vita 74; § 595 = vita 126;

beträchtlich auf Kosten der Wohlhabenden. Darauf spielte er ein Stück von musterhafter Durchtriebenheit vor: er verschaffte sich die Erlaubnis, den in Syrien wohnenden Juden das Öl an die Grenze zu liefern, angeblich, weil sie sich alle davor schützen wollten, ein Öl zu gebrauchen, das nicht von Stammesgenossen geliefert war. Er kaufte nun zum Preise von einer tyrischen Münze, die vier attischen Drachmen entspricht, jeweils vier Amphoren Öl und verkaufte um denselben Preis eine halbe Amphore[252]. Da Galiläa hohe Ölerträge liefert und damals eine gute Ernte gehabt hatte, er aber als einziger in der Lage war, den Bedarf in Mangelgebieten durch große Lieferungen zu decken, brachte er ungeheure Summen zusammen, die er alsbald gegen jenen verwendete, der ihm diesen Gewinn verschafft hatte. Für den Fall, daß er Josephus beseitigen würde, rechnete er damit, selbst den Oberbefehl über Galiläa zu erhalten. Darum trug er seinen Räubern auf, sich noch nachdrücklicher aufs Plündern zu verlegen, um so, wenn die Menge in verstärkte Unruhe geriete, entweder den Feldherrn irgendwie umzubringen, wenn er zu Hilfsmaßnahmen ausrückte, oder aber ihn bei den Einwohnern verhaßt zu machen, falls er sich nicht darum kümmern sollte. Zudem hatte er seit längerer Zeit die Verleumdung ausgestreut, Josephus würde die jüdische Sache an die Römer verraten; auch durch viele andere Umtriebe dieser Art suchte er den Sturz dieses Mannes herbeizuführen.

3. 595. Zur selben Zeit hatten einige junge Männer aus dem Dorfe Dabaritta[253], die zu den auf der großen Ebene ausgestellten Vorposten gehörten, Ptolemäus[254], dem Verräter des Agrippa und der Berenike, aufgelauert und raubten ihm das ganze Gepäck, das er mit sich führte. Darunter waren viele wertvolle Gewänder, eine Menge silberner Trinkgefäße und 600 Goldstücke. Da sie nicht im Geheimen über die Beute verfügen konnten, brachten sie alles zu Josephus nach Tarichea[255]. Dieser aber verurteilte ihren Gewaltstreich gegen die Leute des Königs und hinterlegte die überbrachten Gegenstände bei Annäus, dem bedeutendsten Bürger von Tarichea, mit der Absicht, sie zu gegebener Zeit an ihre Eigentümer zurückzugeben. Eben diese Handlungsweise brachte ihn in große Gefahr: Die Täter nämlich, die schon darüber sehr erzürnt waren, daß sie nicht einen Bruchteil von der abgelieferten Beute erhalten hatten und außerdem das Vorhaben des Josephus durchschauten, daß er den Preis ihres Einsatzes an die königlichen Geschwister verschenken wolle, eilten bei Nacht zu ihrem Dorfe zurück und stellten bei jedermann den Josephus als Verräter dar. Auch die benachbarten Städte brachten sie in Bewegung, sodaß am nächsten Morgen gegen 100 000 Bewaffnete gegen Josephus zusammenströmten. Die Menge sammelte sich in der Rennbahn von Tarichea und erhob ein vielstimmiges wütendes Geschrei; die Einen brüllten, man solle den Verräter steinigen, die Anderen, ihn verbrennen. Johannes und außer ihm ein gewisser Jesus, Sohn des Sapphia, damals Stadtoberhaupt von Tiberias, brachten das Blut der Menge noch mehr in Wallung. Die Freunde und Leibwächter des Josephus waren, bestürzt über diesen Wutausbruch der Menge, mit Ausnahme von vieren[256]

πάντες, αὐτὸς δὲ κοιμώμενος ἤδη προσφερομένου τοῦ πυρὸς διανίσταται,
601 καὶ παραινούντων φεύγειν τῶν τεσσάρων, οἳ παρέμειναν, οὔτε πρὸς τὴν
καθ᾽ ἑαυτὸν ἐρημίαν οὔτε πρὸς τὸ πλῆθος τῶν ἐφεστώτων καταπλαγεὶς
προπηδᾷ, περιρρηξάμενος μὲν τὴν ἐσθῆτα, καταπασάμενος δὲ τῆς
κεφαλῆς κόνιν, ἀποστρέψας δὲ ὀπίσω τὰς χεῖρας καὶ τὸ ἴδιον ξίφος
602 ἐπιδήσας τῷ τένοντι. πρὸς ταῦτα τῶν μὲν οἰκείως ἐχόντων, καὶ μάλιστα
τῶν Ταριχεατῶν, οἶκτος ἦν, οἱ δ᾽ ἀπὸ τῆς χώρας καὶ τῶν πλησίον ὅσοις
ἐδόκει φορτικὸς ἐβλασφήμουν, προφέρειν τε τὰ κοινὰ χρήματα θᾶττον
603 ἐκέλευον καὶ τὰς προδοτικὰς συνθήκας ἐξομολογεῖσθαι· προειλήφεσαν
γὰρ ἐκ τοῦ σχήματος οὐδὲν αὐτὸν ἀρνήσεσθαι τῶν ὑπονοηθέντων, ἀλλ᾽
604 ἐπὶ συγγνώμης πορισμῷ πάντα πεποιηκέναι τὰ πρὸς τὸν ἔλεον. τῷ
δ᾽ ἦν ἡ ταπείνωσις προπαρασκευὴ στρατηγήματος, καὶ τεχνιτεύων τοὺς
ἀγανακτοῦντας κατ᾽ αὐτοῦ κατ᾽ ἀλλήλων στασιάσαι, ἐφ᾽ οἷς ὠργίζοντο
605 πάνθ᾽ ὁμολογήσων[77], ἔπειτα δοθὲν αὐτῷ λέγειν, «ἐγὼ ταῦτα, ἔφη, τὰ
χρήματα οὔτε ἀναπέμπειν Ἀγρίππᾳ προῃρούμην οὔτε κερδαίνειν αὐτός·
μὴ γὰρ ἡγησαίμην ποτὲ ἢ φίλον τὸν ὑμῖν διάφορον ἢ κέρδος τὸ φέρον
606 τῷ κοινῷ βλάβην. ὁρῶν δέ, ὦ Ταριχεᾶται, μάλιστα τὴν ὑμετέραν πόλιν
ἀσφαλείας δεομένην καὶ πρὸς κατασκευὴν τείχους χρῄζουσαν ἀργυρίου,
δεδοικὼς δὲ τὸν Τιβεριέων δῆμον καὶ τὰς ἄλλας πόλεις ἐφεδρευούσας
τοῖς ἡρπαγμένοις, κατασχεῖν ἡσυχῇ τὰ χρήματα προειλόμην, ἵνα ὑμῖν
607 περιβάλωμαι τεῖχος. εἰ μὴ δοκεῖ, προφέρω τὰ κεκομισμένα καὶ παρέχω
διαρπάζειν· εἰ μὴ καλῶς[78] ὑμῖν ἐβουλευσάμην, κολάζετε τὸν εὐεργέτην.»
608 4. Ἐπὶ τούτοις οἱ Ταριχεῶται μὲν αὐτὸν ἀνευφήμουν, οἱ δ᾽ ἀπὸ τῆς
Τιβεριάδος σὺν τοῖς ἄλλοις ἐκάκιζον καὶ διηπείλουν· καταλιπόντες δ᾽
ἑκάτεροι τὸν Ἰώσηπον ἀλλήλοις διεφέροντο. κἀκεῖνος θαρρῶν ἤδη τοῖς
ᾠκειωμένοις, ἦσαν δὲ εἰς τετρακισμυρίους Ταριχεᾶται, παντὶ τῷ πλήθει
609 παρρησιαστικώτερον ὡμίλει. καὶ πολλὰ τὴν προπέτειαν αὐτῶν κατονειδίσας ἐκ μὲν τῶν παρόντων Ταριχέας ἔφη τειχίσειν, ἀσφαλιεῖσθαι
δὲ ὁμοίως καὶ τὰς ἄλλας πόλεις· οὐ γὰρ ἀπορήσειν χρημάτων, ἐὰν
ὁμονοῶσιν ἐφ᾽ οὓς δεῖ πορίζειν καὶ μὴ παροξύνωνται κατὰ τοῦ πορί-
ζοντος.
610 5. Ἔνθα δὴ τὸ μὲν ἄλλο πλῆθος τῶν ἠπατημένων ἀνεχώρει καίτοι
διωργισμένον, δισχίλιοι δ᾽ ἐπ᾽ αὐτὸν ὥρμησαν ἔνοπλοι, καὶ φθάσαντος
εἰς τὸ δωμάτιον παρελθεῖν ἀπειλοῦντες ἐφεστήκεσαν. ἐπὶ τούτοις Ἰώ-

§ 601 = vita 138; § 606 = vita 142.

[77] ὁμολογήσειν ὑπισχνεῖτο C Na; Destinon Niese Reinach vermuten eine Lücke im Text.

[78] εἰ δὲ μὴ καλῶς MVRC; sin recte Lat. Darauf gründet Hudson die Konjektur εἰ δὲ καλῶς oder εἰ δὴ μὴ κακῶς. Ihm folgen Reinach Thack, konjizieren aber vor κολάζετε noch ein μή. εἰ μὴ καλῶς PAL Niese (Text); κεἰ μὴ καλῶς Niese (App.).

alle weggelaufen. Josephus selbst, der noch schlief, wurde erst aufgeweckt, als man schon Feuer anlegen wollte; wie nun die vier Treugebliebenen ihm zur Flucht zuredeten, ließ er sich weder durch seine Verlassenheit noch durch die anstürmende Menge abschrecken, sondern eilte heraus, die Kleider zerrissen, Asche aufs Haupt gestreut, die Hände auf dem Rücken gekreuzt und sein eigenes Schwert auf den Nacken gebunden. Darüber regte sich das Mitleid bei seinen Bekannten und besonders bei den Taricheern; die Leute vom Lande aber und jene aus seiner Nähe, denen er lästig erschien, schmähten ihn und forderten ihn auf, die der Gemeinschaft gehörenden Wertgegenstände sofort herbeizuschaffen und seine verräterischen Abmachungen offen zu bekennen. Aus seiner ganzen Haltung nämlich hatten sie schon im voraus angenommen, er werde nichts von den gegen ihn vorgebrachten Verdächtigungen ableugnen, er habe vielmehr diesen erbarmungswürdigen Aufzug nur veranstaltet, um Verzeihung zu erlangen. Für ihn jedoch war diese Demütigung das Vorspiel zu einem Täuschungsmanöver, und er hatte es darauf angelegt, die gegen ihn aufgebrachte Menge untereinander zu entzweien. Er kündigte nun an, die Ursache ihres Zornes durch ein umfassendes Bekenntnis zu klären, erhielt darauf die Erlaubnis zu reden und sagte: „Ich habe weder beabsichtigt, diese Schätze dem Agrippa zu schicken, noch sie in meinen eigenen Besitz zu bringen, niemals wollte ich jemanden für einen Freund halten, der euer Feind ist, und niemals als eigenen Vorteil ansehen, was der Gemeinschaft Schaden bringt. Ich sah vielmehr, ihr Männer von Tarichea, daß eure Stadt in besonderer Weise der Sicherung bedarf und zum Bau der Festungsmauer auf Geldmittel angewiesen ist; ich fürchtete aber, daß die Einwohnerschaft von Tiberias und die anderen Städte auf die Beute begierig seien und nahm mir vor, die Schätze im Stillen zurückzubehalten, damit ich eine Mauer um eure Stadt bauen könne. Gefällt euch das nicht, so lasse ich die mir übergebenen Güter herbeibringen und gebe sie dem allgemeinen Zugriff preis; habe ich euch nicht recht beraten, dann bestraft nur euren Wohltäter!"

4. 608. Auf diese Worte antworteten ihm die Taricheer mit einem Freudengeschrei, die Leute von Tiberias aber und die anderen schimpften und drohten; beide Teile ließen von Josephus ab und gerieten untereinander in Streit. Jener begann, im Vertrauen auf den Teil, den er gewonnen hatte — es waren gegen 40 000 Taricheer —, mit der ganzen Menge herzhafter zu reden. Er tadelte energisch ihre Voreiligkeit und versicherte, er werde aus den augenblicklich zur Verfügung stehenden Mitteln Tarichea befestigen, aber auch für die Sicherheit der anderen Städte wolle er in gleicher Weise sorgen. Es werde an Geld nicht fehlen, solange sie gegen die Feinde zusammenhielten, zu deren Bekämpfung man es aufbringen müsse[257] und solange sie nicht gegen jenen zürnten, der es ihnen beschaffe.

5. 610. Darauf zog sich der übrige Teil der überlisteten Menge, wenn auch grollend, zurück; 2000 Bewaffnete aber unternahmen einen Angriff auf Josephus, sie umstellten unter Drohungen sein Haus, das er gerade noch

611 σηπος ἀπάτῃ δευτέρᾳ χρῆται· ἀναβὰς γὰρ ἐπὶ τὸ τέγος καὶ τῇ δεξιᾷ καταστείλας τὸν θόρυβον αὐτῶν ἀγνοεῖν ἔφη τίνων ἀξιοῦσιν τυχεῖν· οὐ γὰρ κατακούειν διὰ τὴν τῆς βοῆς σύγχυσιν· ὅσα δ' ἂν κελεύσωσιν πάντα ποιήσειν, εἰ τοὺς διαλεξομένους ἡσυχῇ πέμψειαν εἴσω πρὸς αὐτόν.
612 ταῦτα ἀκούσαντες οἱ γνώριμοι σὺν τοῖς ἄρχουσιν εἰσῄεσαν. ὁ δὲ σύρας αὐτοὺς εἰς τὸ μυχαίτατον τῆς οἰκίας καὶ τὴν αὔλειον ἀποκλείσας ἐμαστίγωσεν, μέχρι πάντων τὰ σπλάγχνα γυμνῶσαι· περιειστήκει δὲ τέως τὸ πλῆθος δικαιολογεῖσθαι μακρότερα τοὺς εἰσελθόντας οἰόμενον.
613 ὁ δὲ τὰς θύρας ἐξαπίνης ἀνοίξας ἡμαγμένους ἐξαφῆκεν τοὺς ἄνδρας καὶ τοσαύτην τοῖς ἀπειλοῦσιν ἐνειργάσατο κατάπληξιν, ὥστε ῥίψαντας τὰ ὅπλα φεύγειν.

614 6. Πρὸς ταῦτα Ἰωάννης ἐπέτεινεν τὸν φθόνον καὶ δευτέραν ἤρτυσεν ἐπιβουλὴν κατὰ τοῦ Ἰωσήπου. σκηψάμενος δὴ νόσον ἱκέτευσεν δι' ἐπιστολῆς τὸν Ἰώσηπον ἐπιτρέψαι πρὸς θεραπείαν αὐτῷ χρήσασθαι τοῖς
615 ἐν Τιβεριάδι θερμοῖς ὕδασιν. ὁ δέ, οὔπω γὰρ ὑπώπτευεν τὸν ἐπίβουλον, γράφει τοῖς κατὰ τὴν πόλιν ὑπάρχοις ξενίαν τε καὶ τὰ ἐπιτήδεια Ἰωάννῃ παρασχεῖν. ὦν ἀπολαύσας μετὰ δύο ἡμέρας ἐφ' ὃ παρῆν διεπράττετο, καὶ τοὺς μὲν ἀπάταις τοὺς δὲ χρήμασι διαφθείρων ἀνέπειθεν ἀποστῆναι
616 Ἰωσήπου. καὶ γνοὺς ταῦτα Σίλας ὁ φυλάσσειν τὴν πόλιν ὑπὸ Ἰωσήπου καθεσταμένος γράφει τὰ περὶ τὴν ἐπιβουλὴν αὐτῷ κατὰ τάχος. ὁ δὲ Ἰώσηπος ὡς ἔλαβεν τὴν ἐπιστολήν, νυκτὸς ὁδεύσας συντόνως ἑωθινὸς
617 παρῆν πρὸς τὴν Τιβεριάδα. καὶ τὸ μὲν ἄλλο πλῆθος αὐτῷ ὑπήντα, Ἰωάννης δὲ καίτοι τὴν παρουσίαν ὑποπτεύσας ἐπ' αὐτὸν ὅμως πέμψας τινὰ τῶν γνωρίμων ὑπεκρίνατο τὴν ἀσθένειαν καὶ κλινήρης ὢν ὑστερῆσαι
618 τῆς θεραπείας ἔλεγεν. ὡς δὲ εἰς τὸ στάδιον τοὺς Τιβεριεῖς ἀθροίσας ὁ Ἰώσηπος ἐπειρᾶτο διαλέγεσθαι περὶ τῶν ἐπεσταλμένων, ὑποπέμψας ὁπλίτας προσέταξεν αὐτὸν ἀνελεῖν. τούτους τὰ ξίφη γυμνοῦντας ὁ δῆμος
619 προϊδὼν ἀνεβόησεν· πρὸς δὲ τὴν κραυγὴν ὁ Ἰώσηπος ἐπιστραφεὶς καὶ θεασάμενος ἐπὶ τῆς σφαγῆς ἤδη τὸν σίδηρον ἀπεπήδησεν εἰς τὸν αἰγιαλόν· εἱστήκει δὲ δημηγορῶν ἐπὶ βουνοῦ τινος ἑξαπήχους τὸ ὕψος· καὶ παρορμοῦντος ἐπιπηδήσας σκάφους σὺν δυσὶν σωματοφύλαξιν εἰς μέσην τὴν λίμνην ἀνέφυγεν.

620 7. Οἱ στρατιῶται δ' αὐτοῦ ταχέως ἁρπάσαντες τὰ ὅπλα κατὰ τῶν ἐπιβούλων ἐχώρουν. ἔνθα δείσας ὁ Ἰώσηπος, μὴ πολέμου κινηθέντος ἐμφυλίου δι' ὀλίγων φθόνον παραναλώσῃ τὴν πόλιν, πέμπει τοῖς

§ 612 = vita 147; § 614 vgl. vita 85;
§ 619 = vita 96.

hatte erreichen können. Ihnen gegenüber machte Josephus zum zweiten Mal von einer List Gebrauch. Er stieg nämlich auf das Dach und suchte mit einer Handbewegung die lärmende Menge zu beruhigen. Er wisse gar nicht, sagte er, was sie eigentlich von ihm wollten, denn wegen ihres Durcheinanderschreiens könne er nichts verstehen. Was sie von ihm verlangten, wolle er alles tun, wenn sie einige Leute zu ihm hereinschickten, die in Ruhe mit ihm verhandeln könnten. Als sie dies hörten, gingen die Einflußreichsten mit den Anführern zu ihm hinein. Er aber ließ sie in das Innerste des Hauses schleppen, die Tür schließen und sie so lange geißeln, bis bei allen die Eingeweide bloß lagen. Die Menge umstand währenddessen das Haus und wähnte, die darin befindlichen Vertreter hielten sich bei der Darstellung ihrer gerechten Sache etwas länger auf. Josephus jedoch ließ plötzlich die Tür öffnen und die blutüberströmten Männer hinausstoßen; er jagte damit der drohenden Menge einen solchen Schrecken ein, daß sie die Waffen wegwarf und davonlief.

6. 614. Diese Vorgänge verstärkten nur den Neid des Johannes[258] und er ersann einen zweiten Anschlag gegen Josephus. Unter dem Vorwand einer Krankheit bat er den Josephus brieflich, er möge ihm zur Heilung den Gebrauch der warmen Bäder[259] in Tiberias gestatten. Da dieser aber den Ränkeschmied noch nicht durchschaute, schrieb er den Stadtoberen, sie sollten den Johannes gastfreundlich aufnehmen und ihn mit allem, was er brauche, versorgen. Dieser machte auch davon Gebrauch, doch schon nach zwei Tagen begann er, dem eigentlichen Zweck seines Aufenthaltes nachzugehen und suchte die Einen durch Lügen, die Anderen durch Bestechung zum Abfall von Josephus zu bewegen. Silas, der von Josephus beauftragt war, auf die Vorgänge in der Stadt zu achten, erfuhr davon und schrieb diesem sofort über die bedrohlichen Umtriebe[260]. Sobald Josephus den Brief empfing, brach er auf und erreichte nach anstrengendem Nachtmarsch am frühen Morgen Tiberias. Johannes vermutete zwar, daß das Eintreffen des Josephus mit ihm zusammenhänge, sandte aber dennoch, als die übrige Menge jenem entgegenzog, einen seiner Bekannten[261]; er selbst täuschte Krankheit vor und behauptete, er sei bettlägerig und außerstande, ihm seine Aufwartung zu machen. Als aber Josephus, der die Einwohner von Tiberias im Stadion versammelt hatte, den Versuch unternahm, mit ihnen über die erhaltenen Mitteilungen zu verhandeln, sandte Johannes unauffällig Bewaffnete hin mit dem Auftrag, ihn umzubringen. Die Menge sah deren gezogene Schwerter und schrie auf; ihr Geschrei brachte Josephus dazu, sich umzuwenden, und da sah er das schon zum tödlichen Streich erhobene Eisen. Er sprang herab — hatte er doch während seiner Rede auf einem sechs Ellen hohen Erdhügel gestanden — und eilte zum Ufer; dort lag ein Nachen, in den er hineinsprang und mit dem er in Begleitung von zwei Leibwächtern auf die Mitte des Sees floh.

7. 620. Seine Soldaten aber griffen auf der Stelle zu den Waffen und wollten gegen die Verräter ausrücken. Josephus befürchtete nun, es möchte ein Bürgerkrieg ausbrechen[262] und er müsse dann wegen der Eifersucht

σφετέροις ἄγγελον μόνης προνοεῖν τῆς ἑαυτῶν ἀσφαλείας, μήτε δὲ
621 κτείνειν τινὰ μήτ' ἀπελέγχειν τῶν αἰτίων. καὶ οἱ μὲν τῷ παραγγέλματι
πεισθέντες ἠρέμησαν, οἱ δ' ἀνὰ τὴν πέριξ χώραν πυθόμενοι τήν τε
ἐπιβουλὴν καὶ τὸν συσκευάσαντα συνηθροίζοντο κατὰ Ἰωάννου· φθάνει
622 δ' ἐκεῖνος εἰς Γίσχαλα φυγὼν τὴν πατρίδα. συνέρρεον δὲ πρὸς τὸν
Ἰώσηπον οἱ Γαλιλαῖοι κατὰ πόλεις, καὶ πολλαὶ μυριάδες ὁπλιτῶν
γενόμεναι παρεῖναι σφᾶς ἐπὶ τὸν Ἰωάννην τὸν κοινὸν ἐπίβουλον ἐβόων·
623 συγκαταφλέξειν γὰρ αὐτῷ καὶ τὴν ὑποδεξαμένην πόλιν[79]. ὁ δὲ ἀποδέχεσθαι
μὲν αὐτῶν ἔφασκεν τὴν εὔνοιαν, ἀνεῖργεν δὲ τὴν ὁρμήν,
χειρώσασθαι συνέσει τοὺς ἐχθροὺς μᾶλλον ἢ κτεῖναι προαιρούμενος.
624 ἐκλαβὼν δὲ τοὺς ἀφ' ἑκάστης πόλεως Ἰωάννῃ συναφεστῶτας κατ' ὄνομα,
προθύμως δὲ ἐνεδείκνυντο τοὺς σφετέρους οἱ δημόται, καὶ διὰ κηρύκων
ἀπειλήσας ἐντὸς ἡμέρας πέμπτης τῶν μὴ καταλιπόντων Ἰωάννην τάς τε
625 οὐσίας διαρπάσειν καὶ τὰς οἰκίας ἅμα ταῖς γενεαῖς καταφλέξειν, τρισχιλίους
μὲν ἀπέστησεν εὐθέως, οἳ παραγενόμενοι τὰ ὅπλα παρὰ τοῖς
ποσὶν ἔρριψαν αὐτοῦ, σὺν δὲ τοῖς καταλειφθεῖσιν, ἦσαν δ' ὅσον εἰς
δισχιλίους Σύρων φυγάδες, ἀνέστελλεν Ἰωάννης πάλιν ἐπὶ τὰς λαθραίους
626 ἐπιβουλὰς ἐκ τῶν φανερωτέρων. κρύφα γοῦν ἔπεμπεν ἀγγέλους εἰς
Ἱεροσόλυμα διαβάλλων τὸν Ἰώσηπον ἐπὶ τῷ μεγέθει τῆς δυνάμεως,
φάσκων ὅσον οὐδέπω τύραννον ἐλεύσεσθαι τῆς μητροπόλεως, εἰ μὴ
627 προκαταληφθείη. ταῦθ' ὁ μὲν δῆμος προειδὼς οὐ προσεῖχεν, οἱ δυνατοὶ
δὲ κατὰ φθόνον καὶ τῶν ἀρχόντων τινὲς λάθρα τῷ Ἰωάννῃ χρήματα
πρὸς συλλογὴν μισθοφόρων ἔπεμψαν, ὅπως πολεμῇ πρὸς Ἰώσηπον·
ἐψηφίσαντο δὲ καθ' ἑαυτοὺς καὶ μετακαλεῖν αὐτὸν ἀπὸ τῆς στρατηγίας.
628 οὐ μὴν ἠξίουν ἀποχρήσειν τὸ δόγμα· δισχιλίους δὲ καὶ πεντακοσίους
ὁπλίτας καὶ τέσσαρας τῶν ἐπιφανῶν ἄνδρας ἔστειλαν, τόν τε τοῦ Νομικοῦ
Ἰώεσδρον καὶ Ἀνανίαν Σαδούκι καὶ Σίμωνα καὶ Ἰούδην Ἰωνάθου,
πάντας εἰπεῖν δυνατωτάτους, ἵν' οὗτοι τὴν πρὸς τὸν Ἰώσηπον εὔνοιαν
ἀποστρέψωσιν, κἂν μὲν ἑκὼν παραγένηται, λόγον ὑποσχεῖν ἐᾶν αὐτόν,
629 εἰ δὲ βιάζοιτο μένειν, ὡς πολεμίῳ χρῆσθαι. Ἰωσήπῳ δὲ παραγίνεσθαι
μὲν στρατιὰν ἐπεστάλκεσαν οἱ φίλοι, τὴν δ' αἰτίαν οὐ προεδήλουν ἅτε
δὴ λάθρα τῶν ἐχθρῶν βεβουλευμένων. διὸ καὶ μὴ προφυλαξαμένου
τέσσαρες πόλεις εὐθέως πρὸς τοὺς διαφόρους ἀπέστησαν ἐλθόντας,
630 Σέπφωρίς τε καὶ Γάβαρα[80] καὶ Γίσχαλα καὶ Τιβεριάς. ταχέως δὲ καὶ
ταύτας προσηγάγετο δίχα τῶν ὅπλων καὶ χειρωσάμενος στρατηγήμασιν
τοὺς τέσσαρας ἡγεμόνας τῶν τε ὁπλιτῶν τοὺς δυνατωτάτους ἀνέπεμψεν
631 εἰς Ἱεροσόλυμα. πρὸς οὓς ὁ δῆμος οὐ μετρίως ἠγανάκτησεν καὶ σὺν

§ 626 = *vita* 189.

[79] πατρίδα PAML Niese; πόλιν VRC (Niese: *fortasse recte*) Na Reinach Thack.
[80] Γάδαρα PAML; Γάμαλα VC Na; Γάβαρα Destinon (nach *vita* 203) Niese Reinach Thack.

Weniger die Stadt nutzlos opfern. Er ließ daher seinen Leuten durch einen Boten sagen, sie sollten allein auf ihre Sicherheit bedacht sein, aber niemanden töten und keinen von den Schuldigen zur Rechenschaft ziehen. Die Soldaten gehorchten dem Befehl und verhielten sich ruhig; die Bewohner des umliegenden Landes jedoch versammelten sich, als sie von dem Verrat und seinem Urheber erfahren hatten, in drohender Haltung gegen Johannes. Er aber konnte noch zuvor nach Gischala, seiner Heimatstadt entkommen. Die Galiläer strömten nun, eine Stadt nach der anderen, zu Josephus und, zu einer Schar von vielen tausend Schwerbewaffneten angewachsen, riefen sie, der Unwille über den Volksfeind Johannes habe sie hier zusammengeführt, denn sie wollten ihn mitsamt der Stadt, die ihn aufgenommen habe, verbrennen. Josephus aber betonte, er schätze ihre gute Gesinnung hoch ein, er dämpfte aber ihre Angriffslust, wollte er doch die Feinde lieber durch Klugheit überwinden als sie umbringen. Er ließ nur aus jeder Stadt die Namen der Männer aufnehmen, die sich am Abfall des Johannes beteiligt hatten, und die Mitbürger zeigten dies auch bereitwillig an. Nun verbreitete er durch Herolde die Drohung, er werde den Besitz derer, die innerhalb von fünf Tagen die Verbindung mit Johannes nicht aufgäben, plündern und ihre Häuser samt ihren Familien verbrennen lassen. Dadurch brachte er sofort 3000 Mann zum Abfall, die zu ihm kamen und ihre Waffen zu seinen Füßen niederlegten; mit dem ihm verbliebenen Rest, etwa 2000 syrischen Flüchtlingen[263], zog sich Johannes aus der Öffentlichkeit wieder zu seinen heimlichen Machenschaften zurück. Er sandte also in aller Stille Boten nach Jerusalem und verleumdete Josephus wegen der Größe seiner Streitmacht; er behauptete, dieser werde als ein Gewalthaber heranziehen, wie die Stadt noch keinen sah, vorausgesetzt, daß man ihm nicht zuvorkomme. Das Volk, das solche Verleumdungen vorausgesehen hatte, schenkte ihnen keine Beachtung, die Vornehmen aber, dazu einige Glieder der obersten Behörde, sandten dem Johannes aus Neid gegen Josephus heimlich Geldmittel zur Anwerbung von Söldnern, damit er den Krieg gegen diesen aufnehmen könne. Sie beschlossen auch unter sich, ihn aus seinem Feldherrnamt abzuberufen; freilich waren sie nicht der Meinung, daß der Beschluß allein ausreiche. Daher sandten sie 2500 Bewaffnete und vier Männer von besonderem Ansehen, Joesdros, den Sohn des Nomikos, Ananias, den Sohn Saddukis, Simon und Juda, den Sohn des Jonathan — alle äußerst redegewandt —, damit sie der Beliebtheit des Josephus beim Volk entgegenwirkten. Wenn er sich freiwillig stelle, sollten sie ihn Rechenschaft ablegen lassen, wenn er aber mit Gewalt seinen Posten behaupten wolle, sei er als Feind zu behandeln. Die Freunde in Jerusalem teilten zwar dem Josephus den Anmarsch eines Heeres mit, konnten ihm jedoch die Ursache nicht erklären, da seine Gegner den Beschluß heimlich gefaßt hatten. Weil er so keine Vorkehrungen treffen konnte, fielen vier Städte sofort zu den Gegnern ab, als diese herankamen, Sepphoris, Gabara, Gischala und Tiberias. Doch gelang es ihm rasch, diese Städte ohne Schwertstreich zurückzugewinnen, auch brachte er durch List die vier Anführer sowie die Besten

αὐτοῖς ὥρμησεν τοὺς προπέμψαντας ἀνελεῖν, εἰ μὴ φθάσαντες ἀπέδρασαν.

632 8. Ἰωάννην δὲ λοιπὸν ἐντὸς τοῦ Γισχάλων τείχους ὁ παρὰ Ἰωσήπου φόβος ἐφρούρει. καὶ μετ' ὀλίγας ἡμέρας πάλιν ἀπέστη Τιβεριὰς ἐπι-
633 καλεσαμένων τῶν ἔνδον Ἀγρίππαν τὸν βασιλέα. καὶ τοῦ μὲν μὴ καταντήσαντος ἐφ' ἣν συντέτακτο προθεσμίαν, Ῥωμαϊκῶν δ' ὀλίγων ἱππέων κατ' ἐκείνην τὴν ἡμέραν παραφανέντων, τὸν Ἰώσηπον ἐξεκήρυσσον.
634 τῶν δ' ἠγγέλη μὲν⁸¹ εἰς Ταριχέας ἡ ἀπόστασις εὐθέως, ἐκπεπομφὼς δὲ πάντας τοὺς στρατιώτας ἐπὶ σίτου συλλογὴν οὔτε μόνος ἐξορμᾶν ἐπὶ τοὺς ἀποστάντας οὔτε μένειν ὑπέμενεν, δεδοικὼς μὴ βραδύναντος αὐτοῦ φθάσωσιν οἱ βασιλικοὶ παρελθεῖν εἰς τὴν πόλιν· οὐδὲ γὰρ τὴν ἐπιοῦσαν
635 ἡμέραν ἐνεργὸν ἕξειν ἔμελλεν ἐπέχοντος σαββάτου. δόλῳ δὴ περιελθεῖν ἐπενόει τοὺς ἀποστάντας. καὶ τὰς μὲν πύλας τῶν Ταριχεῶν ἀποκλεῖσαι κελεύσας, ὡς μὴ προεξαγγείλειέ τις τὸ σκέμμα τοῖς ἐπιχειρουμένοις, τὰ δ' ἐπὶ τῆς λίμνης σκάφη πάντα συναθροίσας, τριάκοντα δ' εὑρέθησαν καὶ τριακόσια, καὶ ναῦται τεσσάρων οὐ πλείους ἦσαν ἐν ἑκάστῳ, διὰ
636 τάχους ἐλαύνει πρὸς τὴν Τιβεριάδα. καὶ τοσοῦτον ἀποσχὼν τῆς πόλεως ἐξ ὅσου συνιδεῖν οὐ ῥᾴδιον ἦν κενὰς τὰς ἁλιάδας μετεώρους σαλεύειν ἐκέλευσεν, αὐτὸς δὲ μόνους ἑπτὰ τῶν σωματοφυλάκων ἐνόπλους⁸² ἔχων
637 ἔγγιον ὀφθῆναι προσῄει. θεασάμενοι δ' αὐτὸν ἀπὸ τῶν τειχῶν ἔτι βλασφημοῦντες οἱ διάφοροι καὶ διὰ τὴν ἔκπληξιν πάντα τὰ σκάφη γέμειν ὁπλιτῶν νομίσαντες ἔρριψαν τὰ ὅπλα καὶ κατασείοντες ἱκετηρίας ἐδέοντο φείσασθαι τῆς πόλεως.

638 9. Ὁ δὲ Ἰώσηπος πολλὰ διαπειλησάμενος αὐτοῖς καὶ κατονειδίσας, εἰ πρῶτον μὲν ἀράμενοι τὸν πρὸς Ῥωμαίους πόλεμον εἰς στάσεις ἐμφυλίους προαναλίσκουσιν τὴν ἰσχὺν καὶ τὰ εὐκαιρότατα δρῶσιν τοῖς ἐχθροῖς, ἔπειτα τὸν κηδεμόνα τῆς ἀσφαλείας αὐτῶν ἀναρπάσαι σπεύδουσιν καὶ κλείειν οὐκ αἰδοῦνται τὴν πόλιν αὐτῷ τῷ τειχίσαντι, προσδέχεσθαι τοὺς ἀπολογησομένους ἔφασκεν καὶ δι' ὧν βεβαιώσεται τὴν πόλιν.
639 κατέβαινον δ' εὐθέως δέκα τῶν Τιβεριέων οἱ δυνατώτατοι· καὶ τοὺς μὲν ἀναλαβὼν μιᾷ τῶν ἁλιάδων ἀνήγαγεν πορρωτέρω, πεντήκοντα δ' ἑτέρους τῆς βουλῆς τοὺς μάλιστα γνωρίμους κελεύει προελθεῖν ὡς καὶ παρ'
640 ἐκείνων πίστιν τινὰ βουλόμενος λαβεῖν. ἔπειτα καινοτέρας σκήψεις
641 ἐπινοῶν ἄλλους ἐπ' ἄλλοις ὡς ἐπὶ συνθήκαις προυκαλεῖτο. τοῖς δὲ κυβερνήταις ἐκέλευσεν τῶν πληρουμένων διὰ τάχους εἰς Ταριχέας ἀναπλεῖν καὶ συγκλείειν τοὺς ἄνδρας εἰς τὸ δεσμωτήριον, μέχρι πᾶσαν

§ 632 = vita 155; § 635 = vita 164.

⁸¹ τῷ (RCORR) δὲ ἠγγέλη μὲν R Na Reinach Thack; τῶν δὲ (Niese δ') ἠγγέλη μὲν VC Niese; τῶν (τούτων L) δ' ἠγγελμένων PAML Lat.
⁸² ἀνόπλους codd., Niese; ἐνόπλους Destinon cj., Na Reinach Thack (vgl. § 642).

der Soldaten in seine Gewalt und schickte sie nach Jerusalem zurück. Das Volk war über sie nicht wenig erzürnt und hätte sie samt ihren Auftraggebern am liebsten umgebracht, wenn sie nicht zuvor eiligst geflohen wären.

8. 632. Von da ab hielt die Furcht vor Josephus den Johannes hinter den Mauern von Gischala fest. Wenige Tage später fiel Tiberias wiederum ab; die Einwohner riefen nämlich den König Agrippa um Hilfe an. Dieser traf nun zwar nicht zum vorher bestimmten Zeitpunkt ein, dafür aber tauchten an jenem Tag einige römische Reiter auf; darum entzog man dem Josephus in einer öffentlichen Bekanntmachung das Recht, die Stadt zu betreten. Der Abfall von Tiberias wurde rasch nach Tarichea gemeldet, doch hatte Josephus gerade alle seine Soldaten zur Beschaffung von Lebensmitteln ausgesandt. Er hielt es nun weder für richtig, als Einzelner gegen die Abtrünnigen vorzugehen, noch tatenlos an Ort und Stelle zu bleiben, fürchtete er doch, daß, wenn er zögere, die Königlichen vor ihm in die Stadt einrückten. Denn auch am folgenden Tage konnte er nichts unternehmen, da es ein Sabbat war[264]. Daher nahm er sich vor, die Abgefallenen zu überlisten. Zunächst ließ er die Tore von Tarichea schließen, damit niemand seinen Plan den Betroffenen verrate; darauf brachte er alle Boote auf dem See zusammen, 230 an der Zahl — jedes hatte nicht mehr als vier Mann Besatzung — und fuhr damit rasch in Richtung Tiberias. Als er noch so weit von der Stadt entfernt war, daß man von dort die Vorgänge nur undeutlich sehen konnte, gab er Befehl, die nahezu leeren Boote auf dem See treiben zu lassen, während er selbst mit nur sieben bewaffneten Leibwächtern sich soweit näherte, daß man ihn sehen konnte. Die Gegner, die ihn eben noch schmähten, erblickten ihn nun von den Mauern herab, und in ihrem Schrecken glaubten sie, alle Boote seien voll von Bewaffneten; sie warfen ihre Waffen weg, winkten zum Zeichen ihrer Ergebung mit Ölzweigen und baten ihn, die Stadt zu verschonen.

9. 638. Josephus schüchterte sie durch viele Drohungen ein und machte ihnen bittere Vorwürfe: Ob sie denn, nachdem sie zunächst den Krieg gegen die Römer aufgenommen hätten, jetzt ihre Kraft vorzeitig für innere Streitigkeiten verbrauchen wollten, um damit gerade das zu tun, was den Feinden am liebsten sei? Darüber hinaus suchten sie den Hüter ihrer eigenen Sicherheit aus dem Wege zu schaffen und schämten sich nicht, vor ihm, der ihre Mauer gebaut, die Tore der Stadt zu verschließen. Er wolle jedoch die Männer, die etwas zur Verteidigung vorzubringen hätten, anhören und sich durch ihre Person der Treue der Stadt versichern. Sofort kamen 10 führende Männer von Tiberias herunter; er ließ sie in eines der Boote steigen und weit in den See hinaus fahren. Ebenso befahl er 50 weiteren Ratsmitgliedern von besonderem Ansehen, herauszukommen, wie wenn er auch von jenen ein Unterpfand ihrer Treue entgegennehmen wolle. Unter stets neuen Vorwänden lockte er in der Folge ständig andere Personen heran, angeblich, um mit ihnen Abmachungen zu treffen. Den Steuerleuten der Schiffe, die voll besetzt waren, befahl er, unverzüglich nach Tarichea zu fahren und die Männer im Gefängnis einzusperren, bis er schließlich die

μὲν τὴν βουλὴν οὖσαν ἑξακοσίων, περὶ δὲ δισχιλίους τῶν ἀπὸ τοῦ δήμου συλλαβὼν ἀνήγαγεν σκάφεσιν εἰς Ταριχέας.
642 10. Βοώντων δὲ τῶν λοιπῶν αἴτιον εἶναι μάλιστα τῆς ἀποστάσεως Κλεῖτόν τινα καὶ παρακαλούντων εἰς ἐκεῖνον ἀπερείδεσθαι τὴν ὀργήν, ὁ Ἰώσηπος ἀνελεῖν μὲν οὐδένα προήρητο, Ληουὶν δέ τινα τῶν ἑαυτοῦ φυλάκων ἐκέλευσεν ἐξελθεῖν, ἵνα ἀποκόψῃ τὰς χεῖρας τοῦ Κλείτου.
643 δείσας δὲ ἐκεῖνος εἰς ἐχθρῶν στῖφος ἀποβήσεσθαι μόνος οὐκ ἔφη. σχετλιάζοντα δὲ τὸν Ἰώσηπον ἐπὶ τοῦ σκάφους ὁ Κλεῖτος ὁρῶν καὶ προθυμούμενον αὐτὸν ἐπιπηδᾶν ἐπὶ τὴν τιμωρίαν ἱκέτευεν ἀπὸ τῆς
644 ἀκτῆς τὴν ἑτέραν τῶν χειρῶν καταλιπεῖν. κἀκείνου κατανεύσαντος ἐφ' ᾧ τὴν ἑτέραν αὐτὸς ἀποκόψειεν ἑαυτοῦ, σπασάμενος τῇ δεξιᾷ τὸ ξίφος ἀπέκοψεν τὴν λαιάν· εἰς τοσοῦτον δέους ὑπὸ τοῦ Ἰωσήπου προήχθη.
645 τότε μὲν δὴ κενοῖς σκάφεσιν καὶ δορυφόροις ἑπτὰ τὸν δῆμον αἰχμαλωτισάμενος πάλιν Τιβεριάδα προσηγάγετο, μετὰ δ' ἡμέρας ὀλίγας[83] Σεπφωρίταις συναποστᾶσαν εὑρὼν[84] ἐπέτρεψεν διαρπάσαι τοῖς στρα-
646 τιώταις. συναγαγὼν μέντοι πάντα τοῖς δημόταις ἔδωκεν τοῖς τε κατὰ Σέπφωριν ὁμοίως[85]· καὶ γὰρ ἐκείνους χειρωσάμενος νουθετῆσαι διὰ τῆς ἁρπαγῆς ἠθέλησεν, τῇ δ' ἀποδόσει τῶν χρημάτων πάλιν εἰς εὔνοιαν προσηγάγετο.

647 XXII. 1. Τὰ μὲν οὖν κατὰ Γαλιλαίαν ἐπέπαυτο κινήματα, καὶ τῶν ἐμφυλίων παυσάμενοι θορύβων ἐπὶ τὰς πρὸς Ῥωμαίους ἐτράποντο
648 παρασκευάς· ἐν δὲ τοῖς Ἱεροσολύμοις Ἄνανός τε ὁ ἀρχιερεὺς καὶ τῶν δυνατῶν ὅσοι μὴ τὰ Ῥωμαίων ἐφρόνουν τό τε τεῖχος ἐπεσκεύαζον καὶ
649 πολλὰ τῶν πολεμιστηρίων ὀργάνων. καὶ διὰ πάσης μὲν τῆς πόλεως ἐχαλκεύετο βέλη καὶ πανοπλία, πρὸς τακταῖς[86] δὲ γυμνασίαις τὸ τῶν νέων πλῆθος ἦν, καὶ μεστὰ πάντα θορύβου, δεινὴ δὲ κατήφεια τῶν μετρίων, καὶ πολλοὶ τὰς μελλούσας προορώμενοι συμφορὰς ἀπωλο-
650 φύροντο. θειασμοί τε τοῖς εἰρήνην ἀγαπῶσιν δύσφημοι, τοῖς δὲ τὸν πόλεμον ἐξάψασιν ἐσχεδιάζοντο πρὸς ἡδονήν, καὶ τὸ κατάστημα τῆς
651 πόλεως πρὶν ἐπελθεῖν Ῥωμαίους ἦν οἷον ἀπολουμένης. Ἀνάνῳ γε μὴν φροντὶς ἦν κατὰ μικρὸν ἀφισταμένῳ τῶν εἰς τὸν πόλεμον παρασκευῶν κάμψαι πρὸς τὸ συμφέρον τούς τε στασιαστὰς καὶ τὴν τῶν κληθέντων ζηλωτῶν ἀφροσύνην, ἡττήθη δὲ τῆς βίας, κἀν τοῖς ἑξῆς οἵου τέλους ἔτυχεν δηλώσομεν.

§ 642 = vita 171.

[83] ὀλίγας Γίσχαλα (v) C Na. Dieser wichtigen Variante entsprechend übersetzt Kohout: „einige Tage später bekam er auch Gischala, das zugleich mit Sepphoris sich von ihm getrennt hatte, in seine Gewalt und gab es der Plünderung seiner Krieger frei".
[84] ἐλθὼν alle codd. außer PA.
[85] ὁμοίως καὶ Τιβεριάδα VRC Na.
[86] iussis (= τακταῖς) Lat Reinach (unter irrtümlicher Berufung auf Niese); alle anderen codd. und Herausgeber: ἀτάκτοις (das dann etwa mit „maßlos" zu übersetzen wäre).

600 Mitglieder des Stadtrates, dazu etwa 2000 aus der Bürgerschaft in seine Hand gebracht und mit Booten nach Tarichea geschafft hatte.
10. 642. Die Zurückgebliebenen riefen nun, ein gewisser Kleitus sei der Hauptschuldige am Abfall und forderten Josephus auf, er möchte an diesem seinen Zorn auslassen. Josephus, der keinen töten wollte, gab darauf dem Levi, einem seiner Leibwächter, den Befehl, aus dem Boot zu steigen und Kleitus beide Hände abzuhauen. Jener fürchtete sich und erklärte, er wolle nicht allein mitten unter die feindliche Menge treten. Als nun Kleitus sah, daß Josephus in seinem Boot unwillig wurde und Miene machte, selbst an Land zu springen, um die Strafe zu vollziehen, bat er flehentlich vom Ufer aus, man möge ihm wenigstens eine Hand lassen. Josephus gab seine Zustimmung unter der Bedingung, daß er sich dann selbst die andere Hand abhaue. Dieser zog darauf mit der Rechten sein Schwert und schlug die Linke ab; eine solch ungeheure Furcht hatte Josephus eingejagt. Mit leeren Kähnen und sieben Leibwächtern brachte Josephus damals die Bürgerschaft in seine Gewalt und gewann Tiberias zurück. Nach wenigen Tagen aber erfuhr er, daß die Stadt im Einvernehmen mit den Bürgern von Sepphoris abgefallen sei, und er gab nun seinen Soldaten die Erlaubnis zur Plünderung. Allerdings ließ er dann die ganze Beute wieder zusammenbringen und gab sie den Bürgern zurück. In der gleichen Weise handelte er in Sepphoris. Denn er wollte den Einwohnern, nachdem er sie überwältigt hatte, durch die Plünderung eine Warnung erteilen, durch die Rückgabe des Eigentums dagegen gewann er ihre Zuneigung zurück.

22. Kapitel

1. 647. Damit hatten die Unruhen in Galiläa ein Ende gefunden. Man wandte sich nach Abschluß der inneren Streitigkeiten der Vorbereitung des Krieges gegen die Römer zu. In Jerusalem setzten der Hohepriester Ananos und die Vornehmen, soweit sie nicht römisch gesinnt waren, die Mauer instand und stellten auch viele Kriegsmaschinen her. Hin und her in der Stadt wurden Geschosse und Rüstungen geschmiedet. Die Jugend sammelte sich in großer Zahl zu planmäßiger Körperertüchtigung, und die ganze Stadt war mit Lärm erfüllt. Tiefe Niedergeschlagenheit ergriff jedoch die Männer der gemäßigten Richtung, und viele brachen in der Vorausschau des kommenden Unglücks in laute Klagen aus. Vorzeichen[265], die nach Ansicht der Friedliebenden Unheil verkündigten, wurden von den Kriegsbrandstiftern ohne Hemmungen nach ihrem eigenen Gutdünken ausgelegt, und der Zustand der Stadt erweckte schon vor dem Anrücken der Römer den Eindruck, als sei sie dem Untergang geweiht. Ananos freilich beabsichtigte, die Kriegsrüstungen allmählich einzustellen und die Aufrührer sowie den Wahnwitz der sogenannten Zeloten in Bahnen zu lenken, die dem Allgemeinwohl nützlich seien. Er unterlag jedoch der Gewalt, und wir werden im Folgenden zeigen, was für ein Ende er fand[266].

652 2. Κατά δε την Άκραβετηνήν τοπαρχίαν ὁ Γιώρα Σίμων πολλούς τῶν νεωτεριζόντων συστησάμενος ἐφ' ἁρπαγὰς ἐτράπετο καὶ οὐ μόνον τὰς οἰκίας ἐσπάρασσεν[87] τῶν πλουσίων, ἀλλὰ καὶ τὰ σώματα κατηκίζετο
653 δῆλός τε ἦν ἤδη πόρρωθεν ἀρχόμενος τυραννεῖν. πεμφθείσης δ' ἐπ' αὐτὸν ὑπ' Ἀνάνου καὶ τῶν ἀρχόντων στρατιᾶς πρὸς τοὺς ἐν Μασάδᾳ λῃστὰς μεθ' ὧν εἶχεν κατέφυγεν, κἀκεῖ μέχρι τῆς Ἀνάνου καὶ τῆς τῶν
654 ἄλλων ἐχθρῶν ἀναιρέσεως μένων συνελῄζετο τὴν Ἰδουμαίαν· ὥστε τοὺς ἄρχοντας τοῦ ἔθνους διὰ τὸ πλῆθος τῶν φονευομένων καὶ τὰς συνεχεῖς ἁρπαγὰς στρατιὰν ἀθροίσαντας ἐμφρούρους τὰς κώμας ἔχειν. καὶ τὰ μὲν κατὰ τὴν Ἰδουμαίαν ἐν τούτοις ἦν.

[87] ἐτάρασσε(ν) PAML Lat.

2. 652. Im Kreise von Akrabatene[267] sammelte Simon, der Sohn des Giora[268], viele Aufständische und wandte sich mit ihnen dem offenen Raub zu. Er plünderte nicht nur die Häuser der Reichen, sondern erlaubte sich auch körperliche Mißhandlungen; so zeigte er schon die ersten Ansätze des späteren Gewaltherrschers. Als von Ananos und den Führern des Volkes ein Heer gegen ihn ausgesandt wurde, floh er mit seinen Anhängern zu den Räubern nach Masada und blieb dort bis zum Tode des Ananos und seiner anderen Feinde. In der Zwischenzeit brandschatzte er Idumäa. Das hatte zur Folge, daß die Führer dieses Volkes wegen der Menge der Ermordeten und der ständigen Raubzüge ein Heer aufstellten, um die Dörfer zu bewachen. Das war damals die Lage in Idumäa.

III.

Φλαυίου Ἰωσήπου ἱστορία Ἰουδαϊκοῦ πολέμου πρὸς Ῥωμαίους βιβλίον γ'.

1 I. 1. Νέρωνι δ' ὡς ἠγγέλη τὰ κατὰ τὴν Ἰουδαίαν πταίσματα, λεληθυῖα μὲν ὡς εἰκὸς ἔκπληξις ἐμπίπτει καὶ δέος, φανερῶς δὲ ὑπερηφάνει 2 καὶ προσωργίζετο, στρατηγῶν μὲν ῥᾳστώνῃ μᾶλλον ἢ ταῖς τῶν πολεμίων ἀρεταῖς γεγονέναι τὰ συμβάντα λέγων, πρέπειν δ' ἡγούμενος ἑαυτῷ διὰ τὸν ὄγκον τῆς ἡγεμονίας κατασοβαρεύεσθαι τῶν σκυθρωπῶν καὶ δοκεῖν δεινοῦ παντὸς ἐπάνω τὴν ψυχὴν ἔχειν · [1] διηλέγχετό γε μὴν ὁ τῆς 3 ψυχῆς θόρυβος ὑπὸ τῶν φροντίδων. 2. Σκεπτομένου τίνι πιστεύσει κινουμένην τὴν ἀνατολήν, ὃς τιμωρήσεται μὲν τὴν τῶν Ἰουδαίων ἐπανάστασιν, προκαταλήψεται δ' αὐτοῖς ἤδη καὶ τὰ πέριξ ἔθνη συννο-4 σοῦντα, μόνον εὑρίσκει Οὐεσπασιανὸν ταῖς χρείαις ἀναλογοῦντα καὶ τηλικούτου πολέμου μέγεθος ἀναδέξασθαι δυνάμενον, ἄνδρα ταῖς ἀπὸ νεότησος στρατείαις ἐγγεγηρακότα καὶ προειρηνεύσαντα μὲν πάλαι Ῥωμαίοις τὴν ἑσπέραν ὑπὸ Γερμανῶν ταρασσομένην, προσκτησάμενον δὲ 5 τοῖς ὅπλοις Βρεττανίαν τέως λανθάνουσαν, ὅθεν αὐτοῦ καὶ τῷ πατρὶ Κλαυδίῳ παρέσχε χωρὶς ἱδρῶτος ἰδίου θρίαμβον καταγαγεῖν.

6 3. Ταῦτά τε δὴ προκληδονιζόμενος καὶ σταθερὰν μετ' ἐμπειρίας τὴν ἡλικίαν ὁρῶν, μέγα[2] δὲ πίστεως αὐτοῦ τοὺς υἱοὺς ὅμηρον καὶ τὰς τούτων ἀκμὰς χεῖρα τῆς πατρῴας συνέσεως, τάχα τι καὶ περὶ τῶν ὅλων 7 ἤδη τοῦ θεοῦ προοικονομουμένου, πέμπει τὸν ἄνδρα ληψόμενον τὴν ἡγεμονίαν τῶν ἐπὶ Συρίας στρατευμάτων, πολλὰ πρὸς τὸ ἐπεῖγον οἷα 8 κελεύουσιν αἱ ἀνάγκαι μειλιξάμενός τε καὶ προθεραπεύσας. ὁ δ' ἀπὸ τῆς Ἀχαΐας, ἔνθα συνῆν τῷ Νέρωνι, τὸν μὲν υἱὸν Τίτον ἀπέστειλεν ἐπ' Ἀλεξανδρείας τὸ πέμπτον καὶ δέκατον ἐκεῖθεν ἀναστήσοντα τάγμα, περάσας δ' αὐτὸς τὸν Ἑλλήσποντον πεζὸς εἰς Συρίαν ἀφικνεῖται κἀκεῖ τάς τε Ῥωμαϊκὰς δυνάμεις συνήγαγε καὶ συχνοὺς παρὰ τῶν γειτνιώντων βασιλέων συμμάχους.

9 II. 1. Ἰουδαῖοι δὲ μετὰ τὴν Κεστίου πληγὴν ἐπηρμένοι ταῖς ἀδοκήτοις εὐπραγίαις ἀκρατεῖς ἦσαν ὁρμῆς καὶ ὥσπερ ἐκριπιζόμενοι τῇ τύχῃ προσωτέρω τὸν πόλεμον ἐξῆγον · πᾶν γοῦν εὐθέως ὅσον ἦν μαχιμώτατον 10 αὐτοῖς ἀθροισθέντες ὥρμησαν ἐπ' Ἀσκάλωνα. πόλις ἐστὶν ἀρχαία τῶν

[1] Vgl. von hier bis συννοσοῦντα die andere Interpunktion bei Niese, der Thack im griechischen, nicht aber im englischen Text folgt.
[2] μετὰ codd.; μέγα Destinon cj., Na Niese Thack.

BUCH 3

1. Kapitel

1. 1. Als dem Nero die Unglücksfälle in Judäa gemeldet wurden[1], befiel ihn begreiflicherweise im Geheimen Schrecken und Furcht, nach außen hin freilich spielte er den Überlegenen und Erzürnten. Er behauptete, das Geschehene sei mehr der Trägheit der Feldherren als der Tapferkeit der Feinde zuzuschreiben und war der Meinung, ihm komme es auf Grund seiner kaiserlichen Würde zu, sich über Rückschläge stolz hinwegzusetzen und den Anschein zu erwecken, als sei sein Seelenzustand über alle Widerwärtigkeiten hoch erhaben. Die innere Unruhe wurde allerdings durch sein bedrücktes Wesen verraten.

2. 3. Wie er nun Umschau hielt, welchem Manne er den in Bewegung geratenen Orient anvertrauen solle, damit dieser die Juden für ihren Aufstand bestrafe und sich der schon angesteckten Nachbarvölker versichere, bevor die Juden dasselbe täten, da fand er, Vespasian[2] sei allein den Anforderungen gewachsen und könne die ungeheure Last eines solchen Krieges auf sich nehmen. Hier handelte es sich um einen Mann, der von Jugend an Soldat gewesen und im Kriegsdienst ergraut war[3], er hatte schon früher für die Römer den Westen, der von den Germanen beunruhigt wurde, befriedet und mit Waffengewalt das bis dahin kaum bekannnte Britannien für das Reich gewonnen. Auf diese Weise verschaffte er Neros Vater Claudius[4], ohne daß es diesen einen Tropfen Schweiß kostete, die Möglichkeit, einen Triumph abzuhalten.

3. 6. Nero betrachtete das als ein günstiges Vorzeichen und blickte auf das gesetzte, durch Erfahrung bereicherte Lebensalter Vespasians; als eine weitere Bürgschaft für seine Zuverlässigkeit erschien ihm auch die Jugendkraft der Söhne, die Werkzeuge der väterlichen Klugheit sein konnten. Vielleicht hatte Gott zudem im Blick auf das Ganze alles schon so im voraus geordnet. Jedenfalls entsandte Nero den Mann zur Übernahme des Oberbefehls über das syrische Heer, nicht ohne daß er ihm, wie es die drängende Notlage erforderte, reichlich geschmeichelt und ihn mit Gunstbezeugungen überschüttet hätte[5]. Vespasian sandte nun aus Achaja, wo er mit Nero zusammengekommen war, seinen Sohn Titus nach Alexandrien, er solle dort die 15. Legion[6] in Marsch setzen; er selbst überquerte den Hellespont und kam auf dem Landweg nach Syrien. Dort sammelte er die römischen Streitkräfte und zahlreiche Hilfstruppen von den benachbarten Königen.

2. Kapitel

1. 9. Nach der Niederlage des Cestius waren die Juden durch ihren unerwarteten Erfolg übermütig geworden und ließen sich in ihrer maßlosen Angriffslust nicht mehr halten und, gleichsam angefeuert durch ihr Waffenglück[7], suchten sie den Krieg noch weiter auszudehnen. Alle besonders

Ἱεροσολύμων εἴκοσι πρὸς τοῖς πεντακοσίοις ἀπέχουσα σταδίους ἀεὶ διὰ μίσους Ἰουδαίοις γεγενημένη, διὸ καὶ τότε ταῖς πρώταις ὁρμαῖς ἐγγίων
11 ἔδοξεν. ἐξηγοῦντο δὲ τῆς καταδρομῆς τρεῖς ἄνδρες ἀλκήν τε κορυφαῖοι καὶ συνέσει, Νίγερ τε ὁ Περαΐτης καὶ ὁ Βαβυλώνιος Σίλας, πρὸς οἷς
12 Ἰωάννης ὁ Ἐσσαῖος. ἡ δὲ Ἀσκάλων ἐτετείχιστο μὲν καρτερῶς, βοηθείας δὲ ἦν σχεδὸν ἔρημος· ἐφρουρεῖτο γὰρ ὑπό τε σπείρας πεζῶν καὶ ὑπὸ μιᾶς ἴλης ἱππέων, ἧς ἐπῆρχεν Ἀντώνιος.
13 2. Οἱ μὲν οὖν πολὺ ταῖς ὁρμαῖς³ συντονώτερον ὁδεύσαντες ὡς ἐγγύθεν
14 ὡρμημένοι καὶ δὴ παρῆσαν· ὁ δὲ Ἀντώνιος, οὐ γὰρ ἠγνόει μέλλουσαν ἔτι τὴν ἔφοδον αὐτῶν, προεξήγαγε τοὺς ἱππεῖς καὶ οὐδὲν οὔτε πρὸς τὸ πλῆθος οὔτε τὴν τόλμαν ὑποδείσας τῶν πολεμίων καρτερῶς τὰς πρώτας ὁρμὰς ἀνεδέξατο καὶ τοὺς ἐπὶ τὸ τεῖχος ὠθουμένους ἀνέστειλεν.
15 οἱ δὲ πρὸς ἐμπείρους πολέμων ἄπειροι καὶ πεζοὶ πρὸς ἱππεῖς, ἀσύντακτοί τε πρὸς ἡνωμένους καὶ πρὸς ὁπλίτας ἐξηρτυμένους εἰκαιότερον ὡπλισμένοι, θυμῷ τε πλέον ἢ βουλῇ στρατηγούμενοι πρὸς εὐπειθεῖς καὶ
16 νεύματι πάντα πράττοντας ἀντιτασσόμενοι πονοῦσιν ῥᾳδίως· ὡς γὰρ αὐτῶν ἅπαξ ἤδη συνεταράχθησαν αἱ πρῶται φάλαγγες, ὑπὸ τῆς ἵππου τρέπονται, καὶ τοῖς κατόπιν αὐτῶν ἐπὶ τὸ τεῖχος βιαζομένοις περιπίπτοντες ἀλλήλων ἦσαν πολέμιοι, μέχρι πάντες ταῖς τῶν ἱππέων ἐμβολαῖς εἴξαντες ἐσκεδάσθησαν ἀνὰ πᾶν τὸ πεδίον· τὸ δὲ ἦν πολὺ
17 καὶ πᾶν ἱππάσιμον. ὃ δὴ καὶ τοῖς Ῥωμαίοις συνεργῆσαν πλεῖστον εἰργάσατο τῶν Ἰουδαίων φόνον· τούς τε γὰρ φεύγοντας αὐτῶν φθάνοντες ἐπέστρεφον καὶ τῶν ὑπὸ τοῦ δρόμου συνειλουμένων διεκπαίοντες ἀπείρους ἀνῄρουν, ἄλλοι δὲ ἄλλους ὅπη τρέποιντο κυκλούμενοι καὶ
18 περιελαύνοντες κατηκόντιζον ῥᾳδίως. καὶ τοῖς μὲν Ἰουδαίοις τὸ ἴδιον πλῆθος ἐρημία παρὰ τὰς ἀμηχανίας κατεφαίνετο, Ῥωμαῖοι δὲ ἐν ταῖς εὐπραγίαις καίπερ ὄντες ὀλίγοι τῷ πολέμῳ καὶ περισσεύειν σφᾶς αὐτοὺς
19 ὑπελάμβανον. καὶ τῶν μὲν προσφιλονεικούντων τοῖς πταίσμασιν αἰδοῖ τε φυγῆς ταχείας καὶ μεταβολῆς ἐλπίδι, τῶν δὲ μὴ κοπιώντων ἐν οἷς εὐτύχουν, παρέτεινεν ἡ μάχη μέχρι δείλης, ἕως ἀνῃρέθησαν μὲν μύριοι τῶν Ἰουδαίων τὸν ἀριθμὸν ἄνδρες καὶ δύο τῶν ἡγεμόνων, Ἰωάννης τε
20 καὶ Σίλας· οἱ λοιποὶ δὲ τραυματίαι τὸ πλέον σὺν τῷ περιλειπομένῳ τῶν ἡγεμόνων Νίγερι τῆς Ἰδουμαίας εἰς πολίχνην τινά, Χάαλλις³
21 καλεῖται, συνέφυγον. ὀλίγοι δέ τινες καὶ τῶν Ῥωμαίων ἐπὶ τῇσδε τῆς παρατάξεως ἐτρώθησαν.

³ ὀργαῖς ML¹VRC; *ira* Lat.

kampfestüchtigen Männer unter ihnen sammelten sich sehr bald und stürmten gegen Askalon[8]. Es handelt sich hier um eine alte, von Jerusalem 520 Stadien entfernte Stadt, die den Juden seit jeher verhaßt war; deshalb war man der Meinung, daß sie für den ersten Angriff besonders in Frage käme. Den Überfall leiteten drei Männer von außerordentlicher Körperkraft und Klugheit: Niger aus Peräa, der Babylonier Silas und außerdem noch der Essäer Johannes[9]. Die Stadt Askalon war zwar sehr stark befestigt, aber fast ohne schützende Besatzung. Diese bestand nur aus einer Kohorte Fußvolk und einer Reiterabteilung, die Antonius befehligte.

2. 13. Die Juden beschleunigten in ihrem wilden Eifer den Marsch so sehr, daß sie vor der Stadt auftauchten, als seien sie eben erst von einem benachbarten Ort herbeigeeilt. Antonius aber war der bevorstehende Angriff nicht unbekannt geblieben; er hatte schon vorher die Reiter[10] ausrücken lassen und ließ sich weder durch die große Zahl noch durch den Todesmut der Feinde einschüchtern. Ihre ersten Angriffe fing er in tapferer Gegenwehr auf und schlug die Vorstöße gegen die Mauer zurück. Die Juden wurden leicht überwunden, kämpften sie doch ohne Kriegserfahrung gegen kampfgeübte Soldaten, zu Fuß gegen Reiter, ungeordnet gegen eine geschlossene Schlachtreihe, mit zufällig zusammengerafften Waffen gegen gut ausgerüstete Schwerbewaffnete, im Kampf mehr von Leidenschaft geführt als durch Überlegung, gegen Soldaten, die gewohnt waren zu gehorchen und auf ein Zeichen hin alle Bewegungen reibungslos ausführten. Nachdem nämlich einmal ihre ersten Reihen in Verwirrung geraten waren, wandten sie sich vor der Reiterei zur Flucht und stießen auf die, die von hinten der Mauer zudrängten und bekämpften sich so gegenseitig. Das ging solange, bis sich alle, von den Angriffen der Reiter geworfen, über die ganze Ebene hin zerstreut hatten. Diese erstreckte sich weit und war in ihrer ganzen Ausdehnung für die Reiterei besonders günstig, eine Tatsache, die den Römern nur Vorteil bringen konnte, den Juden aber große Verluste eintrug. Die Reiter überholten die flüchtigen Juden, machten gegen sie kehrt und sprengten die auf der Flucht zusammengelaufenen Trupps auseinander, wobei sie Ungezählte töteten. Andere wieder kreisten die jüdischen Flüchtlinge, wohin diese sich auch wenden wollten, ein und schossen sie im Vorbeireiten ohne Mühe nieder. Die Juden kamen sich trotz ihrer Menge in ihrer Ratlosigkeit verlassen vor; die Römer dagegen, trotz ihrer geringen Zahl, glaubten bei ihrem Waffenglück, daß sie zum Kampfe mehr als genug seien. Die eine Seite kämpfte angesichts der Rückschläge mit trotzigem Eifer, aus Scheu vor rascher Flucht und in der Hoffnung auf eine glückliche Wendung des Kampfes, die andere dagegen wurde nicht müde, ihren Erfolg auszunützen. So zog sich der Kampf bis zum Abend hin, und zwar bis von den Juden 10 000 Mann gefallen waren, darunter auch zwei der Anführer, Johannes und Silas. Der Rest, zum großen Teil verwundet, flüchtete sich mit dem allein noch überlebenden Anführer Niger in ein Landstädtchen Idumäas mit Namen Chaallis (Sallis?). Auf Seiten der Römer waren bei diesem Gefecht nur einige Wenige verwundet.

22 3. Οὐ μὴν οἱ Ἰουδαῖοι τηλικαύτῃ συμφορᾷ κατεστάλησαν τὰ φρονήματα, μᾶλλον δ' αὐτῶν τὸ πάθος ἤγειρε τὰς τόλμας, ὑπερορῶντές τε τοὺς ἐν ποσὶ νεκροὺς ἐδελεάζοντο τοῖς προτέροις[4] κατορθώμασιν ἐπὶ
23 πληγὴν δευτέραν. διαλιπόντες γοῦν οὐδ' ὅσον ἰάσασθαι τὰ τραύματα καὶ τὴν δύναμιν πᾶσαν ἐπισυλλέξαντες ὀργιλώτερον καὶ πολλῷ πλείους
24 ἐπαλινδρόμουν ἐπὶ τὴν Ἀσκάλωνα. παρείπετο δ' αὐτοῖς μετά τε τῆς ἀπειρίας καὶ τῶν ἄλλων πρὸς πόλεμον ἐλασσωμάτων ἡ προτέρα τύχη·
25 τοῦ γὰρ Ἀντωνίου τὰς παρόδους προλοχίσαντος ἀδόκητοι ταῖς ἐνέδραις ἐμπεσόντες καὶ ὑπὸ τῶν ἱππέων πρὶν εἰς μάχην συντάξασθαι κυκλωθέντες, πάλιν πίπτουσι μὲν ὑπὲρ ὀστακισχιλίους, οἱ λοιποὶ δὲ πάντες ἔφυγον, σὺν οἷς καὶ Νίγερ, πολλὰ κατὰ τὴν φυγὴν εὐτολμίας ἐπιδειξάμενος ἔργα, συνελαύνονταί τε προσκειμένων τῶν πολεμίων εἴς τινα
26 πύργον ὀχυρὸν κώμης Βελζεδὲκ[5] καλουμένης. οἱ δὲ περὶ τὸν Ἀντώνιον ὡς μήτε τρίβοιντο περὶ τὸν πύργον ὄντα δυσάλωτον μήτε ζῶντα τὸν ἡγεμόνα καὶ γενναιότατον τῶν πολεμίων περιίδοιεν, ὑποπιμπρᾶσι τὸ
27 τεῖχος. φλεγομένου δὲ τοῦ πύργου Ῥωμαῖοι μὲν ἀναχωροῦσι γεγηθότες ὡς διεφθαρμένου καὶ Νίγερος. ὁ δὲ εἰς τὸ μυχαίτατον τοῦ φρουρίου σπήλαιον καταπηδήσας ἐκ τοῦ πύργου διασώζεται, καὶ μεθ' ἡμέρας τρεῖς τοῖς μετ' ὀλοφυρμοῦ πρὸς κηδείαν αὐτὸν ἐρευνῶσιν ὑποφθέγγεται.
28 προελθὼν δὲ χαρᾶς ἀνελπίστου πάντας ἐπλήρωσεν Ἰουδαίους ὡς προνοίᾳ θεοῦ σωθεὶς αὐτοῖς στρατηγὸς εἰς τὰ μέλλοντα.

29 4. Οὐεσπασιανὸς δὲ τὰς δυνάμεις ἀναλαβὼν ἐκ τῆς Ἀντιοχείας, ἣ μητρόπολίς ἐστι τῆς Συρίας, μεγέθους τε ἕνεκα καὶ τῆς ἄλλης εὐδαιμονίας τρίτον ἀδηρίτως ἐπὶ τῆς ὑπὸ Ῥωμαίοις οἰκουμένης ἔχουσα τόπον, ἔνθα μετὰ πάσης τῆς ἰδίας ἰσχύος ἐκδεχόμενον αὐτοῦ τὴν ἄφιξιν καὶ
30 Ἀγρίππαν τὸν βασιλέα κατειλήφει, ἐπὶ Πτολεμαΐδος ἠπείγετο. καὶ κατὰ ταύτην ὑπαντῶσιν αὐτῷ τὴν πόλιν οἱ τῆς Γαλιλαίας Σέπφωριν νεμόμενοι
31 πόλιν, μόνοι τῶν τῇδε εἰρηνικὰ φρονοῦντες· οἳ καὶ τῆς ἑαυτῶν σωτηρίας καὶ τῆς Ῥωμαίων ἰσχύος οὐκ ἀπρονόητοι πρὶν ἀφικέσθαι Οὐεσπασιανὸν Καισεννίῳ[6] Γάλλῳ πίστεις τε ἔδοσαν καὶ δεξιὰς ἔλαβον καὶ παρεδέξαντο
32 φρουράν. τότε γε μὴν φιλοφρόνως ἐκδεξάμενοι τὸν ἡγεμόνα προθύμως
33 σφᾶς αὐτοὺς ὑπέσχοντο κατὰ τῶν ὁμοφύλων συμμάχους· οἷς ὁ στρατηγὸς ἀξιώσασι τέως πρὸς ἀσφάλειαν ἱππεῖς τε καὶ πεζοὺς παραδίδωσιν ὅσους ἀνθέξειν ταῖς καταδρομαῖς, εἴ τι Ἰουδαῖοι παρακινοῖεν, ὑπελάμβανον·
34 καὶ γὰρ οὐ μικρὸν ἐδόκει τὸ κινδύνευμα πρὸς τὸν μέλλοντα πόλεμον ἀφαιρεθῆναι τὴν Σέπφωριν, μεγίστην μὲν οὖσαν τῆς Γαλιλαίας πόλιν,

[4] προγενεστέροις PAM.
[5] Βεζεδὲλ MVRC Na; *Baldezel* Lat. Der Ort ist, ebenso wie das in § 20 genannte Chaalis (= dschalis?), nicht sicher zu identifizieren.
[6] Κεστίῳ MVRC; καὶ Σεντίῳ PA; Κεσεννίῳ τῷ L; *Caesentio* Heg; Καισεννίῳ Na Niese Reinach Thack (vgl. *bell.* 2,510 Anm. 62).

3. 22. Die Juden ließen sich ihren Mut durch diese so schwere Niederlage in keiner Weise nehmen, ihr Mißgeschick weckte im Gegenteil nur ihren maßlosen Kampfeseifer; ohne auf die Toten zu ihren Füßen zu achten, ließen sie sich durch ihre früheren Erfolge zu einer zweiten, von vornherein aussichtslosen Maßnahme verleiten. Kaum gönnten sie ihren Wunden die Zeit, zu heilen, da sammelten sie schon wieder das ganze Heer, um mit noch größerem Zorn und in verstärkter Anzahl gegen Askalon zu ziehen. Abgesehen von ihrer Unerfahrenheit und ihren anderen militärischen Mängeln verfolgte sie auch wieder ihr früheres Unglück. Denn Antonius hatte auf den Anmarschwegen im voraus einen Hinterhalt gelegt, dem die Juden ahnungslos zum Opfer fielen; noch bevor sie sich in Kampfordnung aufstellen konnten, wurden sie von den Reitern umringt und wieder fielen über 8000. Alle übrigen flohen, mit ihnen auch Niger, der auf der Flucht seine außerordentliche Tapferkeit noch durch viele Taten bewies. Sie sammelten sich vor den nachdringenden Feinden in dem festen Turm eines Dorfes, das Belzedek genannt wird. Die Soldaten des Antonius wollten sich weder mit einer Belagerung des Turmes, der schwer einzunehmen war, belasten, noch den Anführer und tapfersten Kämpfer der Feinde mit dem Leben davonkommen lassen und steckten daher die Mauer in Brand. Als der Turm in Flammen aufging, zogen die Römer ab und freuten sich in der Meinung, auch Niger habe den Tod gefunden. Dieser aber war vom Turm aus in eine ganz tief im Inneren der Befestigung gelegene Höhle hinabgesprungen und blieb so am Leben. Als man ihn nach drei Tagen mit lauter Klage suchte, um ihn zu bestatten, machte er sich durch Rufe bemerkbar. Sein Erscheinen vollends erfüllte die Juden mit unverhoffter Freude, es war ihnen, als sei er durch Gottes Vorsehung gerettet worden, um für die Zukunft ihr Feldherr zu sein[11].

4. 29. Vespasian ließ nun seine Streitkräfte von Antiochien aufbrechen — es ist dies die Hauptstadt Syriens, die wegen ihrer Größe und ihres allgemeinen Wohlstandes unwidersprochen den dritten Platz[12] in der von den Römern beherrschten Welt einnimmt. Dort zog er auch König Agrippa, der ihn mit seinem gesamten eigenen Heer erwartete, an sich und marschierte dann eilends nach Ptolemais. Bei dieser Stadt kamen ihm die Einwohner von Sepphoris in Galiläa entgegen, die als Einzige aus dieser Landschaft friedlich gesinnt waren. Sie hatten ihre eigene Rettung und die Macht der Römer wohlbedacht und darum schon vor der Ankunft Vespasians dem Cäsannius (Cestius?) Gallus Unterpfänder ihrer Treue gegeben, einen Vertrag abgeschlossen und eine Besatzung aufgenommen. Sie empfingen den Feldherrn in herzlicher Weise und versprachen bereitwillig, daß sie Bundesgenossen gegen ihre eigenen Stammesverwandten sein wollten. Der Feldherr stellte ihnen einstweilen zu ihrer Sicherheit soviel Reiterei und Fußvolk zur Verfügung, wie nach seiner Meinung notwendig war, um die Angriffe der Juden, wenn diese unruhig würden, abzuwehren. In der Tat schien es eine schwere Gefahr im bevorstehenden Krieg zu sein, wenn Sepphoris

ἐρυμνοτάτῳ δ' ἐπιτετειχισμένην χωρίῳ καὶ φρουρὰν ὅλου τοῦ ἔθνους ἐσομένην.

35 III. 1. Δύο δ' οὔσας τὰς Γαλιλαίας, τήν τε ἄνω καὶ τὴν κάτω προσαγορευομένην, περιίσχει μὲν ἡ Φοινίκη τε καὶ Συρία, διορίζει δὲ ἀπὸ μὲν δύσεως ἡλίου Πτολεμαῖς τοῖς τῆς χώρας τέρμασι καὶ Κάρμηλος,
36 τὸ πάλαι μὲν Γαλιλαίων, νῦν δὲ Τυρίων ὄρος· ᾧ προσίσχει Γάβα⁷, πόλις ἱππέων, οὕτω προσαγορευομένη διὰ τὸ τοὺς ὑφ' Ἡρώδου βασιλέως
37 ἀπολυομένους ἱππεῖς ἐν αὐτῇ κατοικεῖν· ἀπὸ δὲ μεσημβρίας Σαμαρεῖτίς τε καὶ Σκυθόπολις μέχρι τῶν Ἰορδάνου ναμάτων. πρὸς ἕω δὲ Ἱππηνῇ τε καὶ Γαδάροις ἀποτέμνεται καὶ τῇ Γαυλωνίτιδι· ταύτῃ καὶ τῆς
38 Ἀγρίππα βασιλείας ὅροι. τὰ προσάρκτια δ' αὐτῆς Τύρῳ τε καὶ τῇ Τυρίων χώρᾳ περατοῦται. καὶ τῆς μὲν κάτω καλουμένης Γαλιλαίας ἀπὸ Τιβεριάδος μέχρι Χαβουλών⁸, ἧς ἐν τοῖς παραλίοις Πτολεμαῖς γείτων, τὸ
39 μῆκος ἐκτείνεται. πλατύνεται δ' ἀπὸ τῆς ἐν τῷ μεγάλῳ πεδίῳ κειμένης κώμης, Ἐξαλώθ⁹ καλεῖται, μέχρι Βηρσάβης, ἥ καὶ τῆς ἄνω Γαλιλαίας εἰς εὖρος ἀρχὴ μέχρι Βακὰ κώμης· αὕτη δὲ τὴν Τυρίων γῆν ὁρίζει.
40 μηκύνεται δὲ μέχρι Μηρὼθ ἀπὸ Θελλᾶ κώμης Ἰορδάνου γείτονος.

41 2. Τηλικαῦται δ' οὖσαι τὸ μέγεθος καὶ τοσούτοις ἔθνεσιν ἀλλοφύλοις
42 κεκυκλωμέναι πρὸς πᾶσαν ἀεὶ **πολέμου** πεῖραν ἀντέσχον· μάχιμοί τε γὰρ ἐκ νηπίων καὶ πολλοὶ Γαλιλαῖοι **πάν**τοτε, καὶ οὔτε δειλία ποτὲ τοὺς ἄνδρας οὔτε λιπανδρία τὴν χώραν κατέσχεν, ἐπειδὴ πίων τε πᾶσα καὶ εὔβοτος καὶ δένδρεσι παντοίοις κατάφυτος, ὡς ὑπὸ τῆς εὐπετείας προ-
43 καλέσασθαι καὶ τὸν ἥκιστα γῆς φιλόπονον. προσησκήθη γοῦν ὑπὸ τῶν οἰκητόρων πᾶσα, καὶ μέρος αὐτῆς ἀργὸν οὐδέν, ἀλλὰ καὶ πόλεις πυκναὶ καὶ τὸ τῶν κωμῶν πλῆθος πανταχοῦ πολυάνθρωπον διὰ τὴν εὐθηνίαν, ὡς τὴν ἐλαχίστην ὑπὲρ πεντακισχιλίους πρὸς τοῖς μυρίοις ἔχειν οἰκήτορας.

44 3. Καθόλου δέ, εἰ καὶ τῷ μεγέθει τις ἐλαττώσειε τῆς Περαίας τὴν Γαλιλαίαν, προέλοιτο δ' ἂν τῇ δυνάμει· ἡ μὲν γὰρ ἐνεργὸς ὅλη καὶ συνεχής ἐστιν καρποφόρος, ἡ Περαία δὲ πολὺ μὲν μείζων, ἔρημος δὲ
45 καὶ τραχεῖα τὸ πλέον πρός τε καρπῶν ἡμέρων αὔξησιν ἀγριωτέρα, τό γε μὴν μαλθακὸν αὐτῆς καὶ πάμφορον, καὶ τὰ πεδία δένδρεσι ποικίλοις κατάφυτα τὸ πλεῖστόν τε ἐλαίαν [τε] καὶ ἄμπελον καὶ φοινικῶνας ἤσκηται, διαρδομένη χειμάρροις τε τοῖς ἀπὸ τῶν ὀρῶν καὶ πηγαῖς

---

⁷ Die Lesart Γάβα (Lat Na Reinach Thak) hat den Vorzug vor Γάβαλα LC, Γαβαά PA Niese und anderen Varianten.
⁸ Vgl. *bell.* 2,503 Anm. 60 Text.
⁹ Ξαλώθ MRC Heg Na Reinach Thack (vgl. *vita* 227). Ἐξαλώθ PAL Niese. Gemeint ist Kesulloth im Westen des Tabor (Kisleth Thabor Josua 19,12.18) = Iksal.

vom Gegner eingenommen würde; war sie doch die größte Stadt Galiläas, durch ihre sehr günstige Lage eine natürliche Festung und so gegebenenfalls zur Überwachung des ganzen Volkes hervorragend geeignet.

3. Kapitel

1. 35. Galiläa zerfällt in zwei Teile, das sogenannte obere und untere Galiläa, es wird eingeschlossen von Phönizien und Syrien und hat nach Westen zu als Grenze die Stadt und den Bezirk Ptolemais sowie den Karmel, das Gebirge, das einst zu Galiläa gehörte, jetzt aber tyrisch ist. Am Karmel liegt Gaba[13], die „Reiterstadt" — so nannte man sie, weil Reiter, die vom König Herodes entlassen waren, sich dort angesiedelt hatten. Im Süden erstreckt sich das Gebiet von Samaria und Skythopolis bis zum Flußlauf des Jordan; nach Osten zu wird Galiläa durch die Bezirke von Hippos, Gadara und der Gaulanitis begrenzt, dort beginnt auch das Königreich Agrippas. Die Nordgrenze Galiläas dagegen bilden Tyrus und das dazugehörige Gebiet. Das sogenannte Untergaliläa erstreckt sich der Länge nach von Tiberias bis Chabulon, das dem Küstengebiet von Ptolemais benachbart ist, in seiner Breite[14] reicht es von dem in der großen Ebene gelegenen Dorf Exaloth bis Bersabe, wo auch Obergaliläa seinen Anfang nimmt und sich bis zu dem Dorf Baka erstreckt, das an das tyrische Gebiet angrenzt. In seiner Längsausdehnung reicht es von Thella, einem Dorf, das in der Nähe des Jordan liegt, bis Meroth[15].

2. 41. Obgleich diese beiden Teile im Umfang so begrenzt und von so vielen fremden Völkern umgeben sind, hatten sie doch bisher jedem Angriffsversuch widerstanden. Denn die Galiläer sind von früher Jugend an kriegerisch und seit je her zahlreich; weder Feigheit bei seinen Männern noch Männermangel hatten jemals das Land bedroht. Ist es doch in seiner ganzen Ausdehnung fruchtbar und reich an Viehweiden, dazu auch mit Bäumen aller Art bepflanzt, sodaß von seiner Ergiebigkeit auch derjenige ermutigt wird, der sonst keine Freude an der Landarbeit findet. Das ganze Land wurde darum auch von seinen Bewohnern ausnahmslos angebaut, und kein Teil liegt brach, aber auch die Städte sind zahlreich, und die Bevölkerung in den Dörfern ist wegen des fruchtbaren Bodens überall beträchtlich, sodaß auch das kleinste Dorf mindestens 15 000 Einwohner hatte[16].

3. 44. Im Ganzen könnte man wohl Galiläa, obwohl es seiner Ausdehnung nach kleiner ist, auf Grund seines Reichtums gegenüber Peräa[17] den Vorzug geben, da es doch völlig bebaut und durchgehend ertragreich ist. Das wesentlich ausgedehntere Peräa dagegen ist in seinem größeren Teil dünn besiedelt und unwirtlich, zu rauh, als daß edle Früchte dort gedeihen könnten; in seinem milderen Teil bringt es allerdings auch jede Art von Früchten hervor, und in den ebenen Gebieten wachsen die verschiedenartigsten Bäume, insbesondere pflegt man Ölbaum, Weinstock und Palmen. Das

46 ἀεννάοις ἅλις, εἴ ποτ' ἐκεῖνοι σειρίῳ φθίνοιεν. μῆκος μὲν [οὖν] αὐτῆς ἀπὸ Μαχαιροῦντος εἰς Πέλλαν, εὖρος δ' ἀπὸ Φιλαδελφείας μέχρι Ἰορ-
47 δάνου. καὶ Πέλλη μέν, ἣν προειρήκαμεν, τὰ πρὸς ἄρκτον ὁρίζεται, πρὸς ἑσπέραν δὲ Ἰορδάνῃ· μεσημβρινὸν δ' αὐτῆς πέρας ἡ Μωαβῖτις, καὶ πρὸς ἀνατολὴν Ἀραβίᾳ τε καὶ Σεβωνίτιδι[10], πρὸς δὲ Φιλαδελφηνῇ καὶ Γεράσοις ἀποτέμνεται.
48 4. Ἡ δὲ Σαμαρεῖτις χώρα μέση μὲν τῆς Γαλιλαίας ἐστὶ καὶ τῆς Ἰουδαίας· ἀρχομένη γὰρ ἀπὸ τῆς ἐν τῷ πεδίῳ κειμένης Γηνεὼς[11] ὄνομα κώμης ἐπιλήγει τῆς Ἀκραβετηνῶν τοπαρχίας· φύσιν δὲ τῆς Ἰουδαίας
49 κατ' οὐδὲν διάφορος. ἀμφότεραι γὰρ ὀρειναὶ καὶ πεδιάδες, εἴς τε γεωργίαν μαλθακαὶ καὶ πολύφοροι κατάδενδροί τε καὶ ὀπώρας ὀρεινῆς καὶ ἡμέρου
50 μεσταί, παρ' ὅσον οὐδαμοῦ φύσει διψάδες[12], ὕονται δὲ τὸ πλέον· γλυκὺ δὲ νᾶμα πᾶν διαφόρως ἐν αὐταῖς, καὶ διὰ πλῆθος πόας ἀγαθῆς τὰ κτήνη πλέον ἢ παρ' ἄλλοις γαλακτοφόρα. μέγιστόν γε μὴν τεκμήριον ἀρετῆς καὶ εὐθηνίας τὸ πληθύειν ἀνδρῶν ἑκατέραν.
51 5. Μεθόριος δ' αὐτῶν ἡ Ἀνουάθου Βόρκαιος προσαγορευομένη κώμη· πέρας αὕτη τῆς Ἰουδαίας τὰ πρὸς βορέαν, τὰ νότια δ' αὐτῆς ἐπὶ μῆκος μετρουμένης ὁρίζει προσκυροῦσα τοῖς Ἀράβων ὅροις κώμη, καλοῦσι δ' αὐτὴν Ἰορδὰν[13] οἱ τῇδε Ἰουδαῖοι. εὐρός γε μὴν ἀπὸ Ἰορδάνου ποταμοῦ
52 μέχρις Ἰόππης ἀναπέπταται. μεσαιτάτη δ' αὐτῆς πόλις τὰ Ἱεροσόλυμα κεῖται, παρ' ὃ καί τινες οὐκ ἀσκόπως ὀμφαλὸν τὸ ἄστυ τῆς χώρας
53 ἐκάλεσαν. ἀφῄρηται δ' οὐδὲ τῶν ἐκ θαλάσσης τερπνῶν ἡ Ἰουδαία τοῖς
54 παραλίοις κατατείνουσα μέχρι Πτολεμαΐδος. μερίζεται δ' εἰς ἕνδεκα κληρουχίας, ὧν ἄρχει[14] μὲν βασίλειον[15] τὰ Ἱεροσόλυμα προανίσχουσα τῆς περιοίκου πάσης ὥσπερ ἡ κεφαλὴ σώματος· αἱ λοιπαὶ δὲ μετ' αὐτὴν
55 διῄρηνται τὰς τοπαρχίας. Γοφνὰ δευτέρα καὶ μετὰ ταύτην Ἀκραβετά, Θαμνὰ πρὸς ταύταις καὶ Λύδδα, Ἀμμαοῦς καὶ Πέλλη καὶ Ἰδουμαία
56 καὶ Ἐνγαδδαὶ καὶ Ἡρώδειον καὶ Ἰεριχοῦς, μεθ' ἃς Ἰάμνεια καὶ Ἰόππη τῶν περιοίκων ἀφηγοῦνται, κἀπὶ ταύταις ἥ τε Γαμαλιτικὴ καὶ Γαυλανῖτις Βαταναία τε καὶ Τραχωνῖτις, αἳ καὶ τῆς Ἀγρίππα βασιλείας εἰσὶ μοῖραι.
57 ἀρχομένη δὲ ἀπὸ Λιβάνου ὄρους καὶ τῶν Ἰορδάνου πηγῶν ἡ χώρα μέχρι τῆς πρὸς Τιβεριάδα λίμνης εὐρύνεται, ἀπὸ δὲ κώμης καλουμένης Ἀρφᾶς μέχρις Ἰουλιάδος ἐκτείνεται τὸ μῆκος. οἰκοῦσι δ' αὐτὴν μιγάδες
58 Ἰουδαῖοί τε καὶ Σύροι. τὰ μὲν δὴ περὶ τῆς Ἰουδαίων τε καὶ πέριξ χώρας ὡς ἐνῆν μάλιστα συντόμως ἀπηγγέλκαμεν.

[10] Σιλωνίτιδι PAL² Niese; Σιλβωνίτιδι ML¹C Na; Σιβωνίδι VR. Wahrscheinlich hat Schürer (II⁴, 201 Anm. 442) den richtigen Vorschlag: Σεβωνίτιδι, wobei an Chesbon zu denken ist (vgl. Reinach Thack).
[11] Γηνεὼς PA Niese; Γηνεὸς M; Γηνέας LVR; Γιναίας C Na Thack. Vgl. 2,232; ant. 20,118.
[12] δαψιλὲς VRC.
[13] Ἰαρδὰν C Na Reinach Thack (= tell arad, Nu. 21,1).
[14] ἀρχὴ PAML².
[15] ὡς βασίλειον MVRC Na.

Land wird hinreichend von Bergbächen bewässert und, falls diese unter der Glut des Sommers versiegen, durch ständig fließende Quellen. Seine Ausdehnung geht der Länge nach von Machärus bis Pella[18], der Breite nach von Philadelphia bis zum Jordan. Durch das eben genannte Pella wird es im Norden begrenzt, im Westen dagegen durch den Jordan; nach Süden zu bildet die Moabitis die Grenze, und nach Osten zu Arabien und die Sebonitis, wo es außerdem noch an das Gebiet von Philadelphia und Gerasa stößt.

4. 48. Das Gebiet von Samaria liegt in der Mitte zwischen Galiläa und Judäa; es beginnt bei dem in der Ebene gelegenen Dorf mit dem Namen Ginäa[19] und endet mit dem Bezirk Akrabatene. Hinsichtlich der natürlichen Beschaffenheit unterscheidet es sich in nichts von Judäa: beide Gebiete sind gebirgig, haben aber auch Ebenen aufzuweisen; was den Ackerbau betrifft, so haben sie ein mildes Klima, sind ertragreich, haben einen ausgedehnten Baumwuchs und bringen wilde und edle Früchte in Menge hervor — wie sie denn nirgends aus Wüstenstrecken bestehen, sondern größtenteils regenreich sind. Alle ihre fließenden Wasser sind von ungewöhnlich angenehmem Geschmack, und infolge des reichen Bestandes an gutem Futterkraut geben die Tiere hier mehr Milch als anderwärts. Der stärkste Beweis jedoch für die Fruchtbarkeit und den guten Zustand beider Länder ist ihr Menschenreichtum.

5. 51. An der Grenze der genannten Länder liegt das Dorf Anuath mit dem Beinamen Borkaios[20], das nördlichste Stück Judäas; das Südende dagegen — wenn man das Land der Länge nach durchmessen würde — bildet ein Dorf, das schon an das Araberland angrenzt; die dortigen Juden nennen es Jordan (Jardan?)[21]. Der Breite nach dehnt Judäa sich vom Jordanfluß bis Joppe aus. Ganz in seiner Mitte liegt die Stadt Jerusalem, die deswegen auch von manchem nicht ohne Grund „Nabel des Landes" genannt wurde[22]. Auch ist Judäa nicht vom Zugang zur See und dessen Vorzügen abgeschnitten, da sein Küstenstreifen sich sogar bis zu den Grenzen von Ptolemais erstreckt. Es ist in elf Stammgebiete aufgeteilt, über die Jerusalem, die Königsstadt, herrscht, erhebt sie sich doch über das ganze umliegende Land wie das Haupt über den Körper. Das übrige Gebiet außer Jerusalem wird im einzelnen in folgende Verwaltungsbezirke[23] eingeteilt: Gophna an zweiter Stelle, sodann Akrabeta, Thamma, dazu auch Lydda, Emmaus und Pelle, weiter Idumäa, Engedi, Herodeion und Jericho. Als Kreisstädte wären außerdem Jamnia und Joppe zu nennen, dazu kommen die Gebiete[24] von Gamala und der Gaulanitis, Batanea und Trachonitis, welche übrigens schon Teile des Königreiches Agrippas sind. Dieses nimmt seinen Anfang im Libanongebirge und erstreckt sich seiner Breite nach bis zum See Tiberias, in der Längsrichtung von dem Dorfe Arpha[25] bis nach Julias[26]. Dort wohnen Juden und Syrer untereinander. Soviel hätten wir über Judäa und die umliegenden Gebiete in möglichst knapper Weise zu berichten.

59 IV. 1. Ἡ δ' ὑπὸ Οὐεσπασιανοῦ πεμφθεῖσα Σεπφωρίταις βοήθεια, χίλιοι μὲν ἱππεῖς ἑξακισχίλιοι δὲ πεζοί, Πλακίδου χιλιαρχοῦντος αὐτῶν ἐν τῷ μεγάλῳ πεδίῳ στρατοπεδευσάμενοι διαιροῦνται, καὶ τὸ μὲν πεζὸν ἐν τῇ πόλει πρὸς φυλακὴν αὐτῆς, τὸ δ' ἱππικὸν ἐπὶ τῆς παρεμβολῆς
60 αὐλίζεται. προϊόντες δὲ ἑκατέρωθεν συνεχῶς καὶ τὰ πέριξ τῆς χώρας κατατρέχοντες μεγάλα τοὺς περὶ τὸν Ἰώσηπον ἐκάκουν ἀτρεμοῦντάς τε κατὰ πόλεις[16] ἔξωθεν λῃζόμενοι καὶ προθέοντας ὁπότε θαρρήσειαν
61 ἀνακόπτοντες. ὥρμησέ γε μὴν Ἰώσηπος ἐπὶ τὴν πόλιν αἱρήσειν ἐλπίσας, ἣν αὐτὸς πρὶν ἀποστῆναι Γαλιλαίων ἐτείχισεν ὡς καὶ Ῥωμαίοις δυσάλωτον εἶναι· διὸ καὶ τῆς ἐλπίδος ἀφήμαρτεν τοῦ τε βιάζεσθαι καὶ τοῦ μετα-
62 πείθειν Σεπφωρίτας ἀσθενέστερος εὑρεθείς. παρώξυνεν δὲ μᾶλλον τὸν πόλεμον ἐπὶ τὴν χώραν, καὶ οὔτε νύκτωρ οὔτε μεθ' ἡμέραν ὀργῇ τῆς ἐπιβολῆς[17] οἱ Ῥωμαῖοι διέλιπον δῃοῦντες αὐτῶν τὰ πεδία καὶ διαρπάζοντες τὰ ἐπὶ τῆς χώρας κτήματα, καὶ κτείνοντες μὲν ἀεὶ τὸ μάχιμον,
63 ἀνδραποδιζόμενοι δὲ τοὺς ἀσθενεῖς. πυρὶ δὲ ἡ Γαλιλαία καὶ αἵματι πεπλήρωτο πᾶσα πάθους τε οὐδενὸς ἢ συμφορᾶς ἀπείρατος ἦν· μία γὰρ καταφυγὴ διωκομένοις αἱ ὑπὸ τοῦ Ἰωσήπου τειχισθεῖσαι πόλεις ἦσαν.
64 2. Ὁ δὲ Τίτος περαιωθεὶς ἀπὸ τῆς Ἀχαΐας εἰς τὴν Ἀλεξάνδρειαν ὠκύτερον ἢ κατὰ χειμῶνος ὥραν, παραλαμβάνει μὲν ἐφ' ἣν ἔσταλτο δύναμιν, συντόνῳ δὲ χρώμενος πορείᾳ διὰ τάχους εἰς Πτολεμαΐδα
65 ἀφικνεῖται. κἀκεῖ καταλαβὼν τὸν πατέρα δυσὶ τοῖς ἅμα αὐτῷ τάγμασιν, ἦν δὲ τὰ ἐπισημότατα τό πέμπτον καὶ τὸ δέκατον, ζεύγνυσι τὸ ἀχθὲν
66 ὑπ' αὐτοῦ πεντεκαιδέκατον. τούτοις εἵποντο ὀκτωκαίδεκα σπεῖραι· προσεγένοντο δὲ καὶ ἀπὸ Καισαρείας πέντε καὶ ἱππέων ἴλη μία, πέντε
67 δ' ἕτεραι τῶν ἀπὸ Συρίας ἱππέων. τῶν δὲ σπειρῶν αἱ δέκα μὲν εἶχον ἀνὰ χιλίους πεζούς, αἱ δὲ λοιπαὶ δεκατρεῖς ἀνὰ ἑξακοσίους μὲν πεζούς,
68 ἱππεῖς δὲ ἑκατὸν εἴκοσιν. συχνὸν δὲ καὶ παρὰ τῶν βασιλέων συνήχθη συμμαχικόν, Ἀντιόχου μὲν καὶ Ἀγρίππα καὶ Σοαίμου παρασχομένων ἀνὰ δισχιλίους πεζοὺς τοξότας καὶ χιλίους ἱππεῖς, τοῦ δὲ Ἄραβος Μάλχου χιλίους πέμψαντος ἱππεῖς ἐπὶ πεζοῖς πεντακισχιλίοις, ὧν τὸ
69 πλέον ἦσαν τοξόται, ὡς τὴν πᾶσαν δύναμιν συνεξαριθμουμένων τῶν βασιλικῶν ἱππέας τε καὶ πεζοὺς εἰς ἓξ ἀθροίζεσθαι μυριάδας δίχα θεραπόντων, οἳ παμπληθεῖς μὲν εἵποντο, διὰ δὲ συνάσκησιν πολεμικὴν

[16] ἀτρεμοῦντα τάς τε πόλεις codd., Niese-Text; ἀτρεμοῦντας τά τε κατὰ πόλεις V; ἀτρεμοῦντάς τε κατὰ πόλεις Niese cj., Reinach Thack.
[17] ἐπιβουλῆς codd., Lat; ἐπιβολῆς Destinon cj., Niese Na Thack.

4. Kapitel

1. 59. Die Truppen, die Vespasian zur Unterstützung der Einwohner von Sepphoris unter Anführung des Tribunen Placidus ausgesandt hatte, waren 1000 Reiter und 6000 Mann Fußvolk stark. Sie hatten zunächst ihr Lager in der großen Ebene aufgeschlagen, sich aber dann geteilt: das Fußvolk zog in die Stadt, um diese zu schützen, die Reiterei aber übernachtete weiterhin im Lager. Beide Truppenteile machten häufig Ausfälle, durchstreiften das umliegende Land und fügten Josephus und seinen Leuten großen Schaden zu; denn sie plünderten, während diese sich in den Städten ruhig verhielten, das Land vor den Toren und trieben diejenigen, die den Mut zu einem Ausfall hatten, wieder zurück. Doch nun zog Josephus eilends gegen Sepphoris in der Hoffnung, die Stadt einzunehmen[27], die er selbst, bevor sie den Galiläern untreu wurde, mit einer festen Mauer umgeben hatte, sodaß sie auch für die Römer schwer einnehmbar gewesen wäre. Deshalb scheiterte er auch mit seiner Hoffnung, zeigte sich doch, daß er zu schwach war, die Einwohner von Sepphoris mit Gewalt oder Überredung zu gewinnen. Gerade dadurch verschärfte er den Krieg gegen das offene Land nur noch mehr, und im Zorn über den Angriff verwüsteten die Römer ohne Unterlaß Tag und Nacht die Felder der Galiläer, raubten das Eigentum der Landbewohner, töteten alle Kampffähigen und verkauften die Schwächeren in die Sklaverei. Ganz Galiläa war von Brand und Mord erfüllt, es blieb ihm kein Leid und kein Unglück erspart. Die einzige Möglichkeit für die Bedrängten war die Flucht in die von Josephus besetzten Städte.

2. 64. Titus war von Achaja rascher nach Alexandria übergesetzt, als man der winterlichen Witterung entsprechend erwarten konnte und übernahm dort die Streitmacht, als deren Befehlshaber er bestellt worden war; in Eilmärschen gelangte er in kurzer Zeit nach Ptolemais. Dort traf er seinen Vater mit dessen zwei Legionen, es handelte sich hierbei um die 5. und 10. Legion, die beide hochberühmt waren; mit diesen vereinigte er die von ihm geführte 15. Legion[28]. Den Legionen waren 18 Kohorten angeschlossen, außer diesen kamen noch 5 Kohorten aus Caesarea und eine Reiterabteilung von dort herbei. Weiter schlossen sich noch 5 Abteilungen mit syrischen Reitern dem Heere an. Von den Kohorten hatten 10 eine Stärke von je 1000 Fußsoldaten, die übrigen 13 Kohorten je 600 und dazu 120 Reiter. Auch von den Königen hatte sich eine große aus Hilfstruppen bestehende Streitmacht versammelt, von Antiochus, Agrippa und Soemos je 2000 Bogenschützen zu Fuß und 1000 Reiter, der Araber Malchos[29] hatte 1000 Reiter und 5000 Fußsoldaten gesandt, von denen die Mehrzahl ebenfalls Bogenschützen waren[30]. Die gesamte Streitmacht betrug einschließlich der königlichen Hilfstruppen, Reiter und Fußvolk zusammen gegen 60 000 Mann ohne den Troß der Knechte[31], die in großer Menge folgten, und die man auf Grund der gemeinsamen kriegerischen Übung von der eigentlichen Kampftruppe nicht abtrennen darf. Im Frieden waren sie stets mit den Auf-

οὐκ ἂν ἀποτάσσοιντο τοῦ μαχίμου, κατὰ μὲν εἰρήνην ἐν ταῖς μελέταις τῶν δεσποτῶν ἀεὶ στρεφόμενοι, συγκινδυνεύοντες δ' ἐν πολέμοις, ὡς μήτ' ἐμπειρίᾳ μήτ' ἀλκῇ τινος πλὴν τῶν δεσποτῶν ἐλαττοῦσθαι.

70 V. 1. Κἂν τούτῳ μὲν οὖν θαυμάσαι τις ἂν Ῥωμαίων τὸ προμηθὲς κατασκευαζομένων ἑαυτοῖς τὸ οἰκετικὸν οὐ μόνον εἰς τὰς τοῦ βίου διακονίας
71 ἀλλὰ καὶ πρὸς τοὺς πολέμους χρήσιμον. εἰ δέ τις αὐτῶν καὶ εἰς τὴν ἄλλην σύνταξιν τῆς στρατιᾶς ἀπίδοι, γνώσεται τὴν τοσήνδε ἡγεμονίαν αὐτοὺς
72 ἀρετῆς κτῆμα ἔχοντας, οὐ δῶρον τύχης. οὐ γὰρ αὐτοῖς ἀρχὴ τῶν ὅπλων πόλεμος, οὐδ' ἐπὶ μόνας τὰς χρείας τὼ χεῖρε κινοῦσιν ἐν εἰρήνῃ προηργηκότες[18], ἀλλ' ὥσπερ συμπεφυκότες τοῖς ὅπλοις οὐδέποτε τῆς ἀσκήσεως
73 λαμβάνουσιν ἐκεχειρίαν οὐδὲ ἀναμένουσιν τοὺς καιρούς. αἱ μελέται δ' αὐτοῖς οὐδὲν τῆς κατὰ ἀλήθειαν εὐτονίας ἀποδέουσιν, ἀλλ' ἕκαστος ὁσημέραι στρατιώτης πάσῃ προθυμίᾳ καθάπερ ἐν πολέμῳ γυμνάζεται.
74 διὸ κουφότατα τὰς μάχας διαφέρουσιν· οὔτε γὰρ ἀταξία διασκίδνησιν αὐτοὺς ἀπὸ τῆς ἐν ἔθει συντάξεως οὔτε δέος ἐξίστησιν οὔτε δαπανᾷ
75 πόνος, ἕπεται δὲ τὸ κρατεῖν ἀεὶ κατὰ τῶν οὐχ ὁμοίων βέβαιον. καὶ οὐκ ἂν ἁμάρτοι τις εἰπὼν τὰς μὲν μελέτας αὐτῶν χωρὶς αἵματος παρα-
76 τάξεις, τὰς παρατάξεις δὲ μεθ' αἵματος μελέτας. οὐδὲ γὰρ ἐξ ἐπιδρομῆς εὐάλωτοι πολεμίοις· ὅπῃ δ' ἂν ἐμβάλωσιν εἰς ἐχθρῶν γῆν, οὐ πρὶν
77 ἅπτονται μάχης ἢ τειχίσαι στρατόπεδον. τὸ δὲ οὐκ εἰκαῖον οὐδὲ ἀνώμαλον ἐγείρουσιν οὐδὲ πάντες ἢ ἀτάκτως διαλαβόντες, ἀλλ' εἰ μὲν ἀνώμαλος ὢν τύχοι χῶρος, ἐξομαλίζεται· διαμετρεῖται δὲ παρεμβολὴ τετράγωνος
78 αὐτοῖς. καὶ τεκτόνων πλῆθος ἕπεται τῶν τε πρὸς τὴν δόμησιν ἐργαλείων.

79 2. Καὶ τὸ μὲν ἔνδον εἰς σκηνὰς διαλαμβάνουσιν, ἔξωθεν δ' ὁ κύκλος
80 τείχους ὄψιν ἐπέχει πύργοις ἐξ ἴσου διαστήματος κεκοσμημένος. ἐπὶ δὲ τῶν μεταπυργίων τούς τε ὀξυβελεῖς καὶ καταπέλτας καὶ λιθοβόλα καὶ
81 πᾶν ἀφετήριον ὄργανον τιθέασιν, πάντα πρὸς τὰς βολὰς ἕτοιμα. πύλαι δὲ ἐνοικοδομοῦνται τέσσαρες καθ' ἕκαστον τοῦ περιβόλου κλίμα, πρός τε εἰσόδους τῶν ὑποζυγίων εὐμαρεῖς καὶ πρὸς τὰς ἐκδρομὰς αὐτῶν, εἰ
82 κατεπείγοι, πλατεῖαι. ῥυμοτομοῦσι δ' εὐδιαθέτως εἴσω τὸ στρατόπεδον, καὶ μέσας μὲν τὰς τῶν ἡγεμόνων σκηνὰς τίθενται, μεσαίτατον δὲ τούτων

[18] ἀπειρηκότες VRC Na.

gaben ihrer Herren verbunden und teilten während der Kriege die Gefahren mit ihnen, sodaß sie an Erfahrung und körperlicher Ausdauer keinem außer ihren Herren nachstanden.

5. Kapitel

1. 70. Schon darin[32] kann man die vorausschauende Klugheit der Römer bewundern, daß sie ihren Troß nicht nur für die Dienstleistungen des täglichen Lebens ausbildeten, sondern auch zur Verwendung im Krieg. Betrachtet man aber darüber hinaus ihren ganzen Heeresaufbau, so wird man erkennen, daß sie dieses gewaltige Reich ihrer Tatkraft zu verdanken haben, nicht aber einem Geschenk des Schicksals. Denn bei ihnen beginnt die Waffenausbildung nicht erst mit dem Krieg, und sie rühren ihre Hände nicht allein dann, wenn die Not drängt, nachdem sie in der Friedenszeit untätig gewesen waren; vielmehr lassen sie bei ihrer Waffenübung, gerade so, als ob sie mit den Waffen aufgewachsen seien, weder eine Unterbrechung eintreten, noch warten sie dabei erst bedrohliche Zeiten ab. Ihre militärischen Übungen zeigen eine Schlagkraft, die in keiner Weise hinter dem Ernstfall zurücksteht, sondern der einzelne Soldat übt sich jeden Tag mit ganzem Eifer, als sei er im Krieg. Darum können sie die Schlachten so erstaunlich leicht durchstehen, vermag doch weder eine Verwirrung ihre gewohnte Schlachtreihe aufzulösen, noch bringt sie Furcht aus der Fassung, auch den Anstrengungen erliegen sie nicht. Das hat zur Folge, daß sie stets mit Sicherheit über einen Gegner, der ihnen darin nicht gleichkommt, siegen. Nicht zu Unrecht könnte man sagen, ihre Übungen seien Schlachten ohne Blutvergießen, und ihre Schlachten blutige Übungen. Denn auch durch einen plötzlichen Überfall vermag sie ein Gegner nicht leicht zu überwinden; denn wo sie auch immer in feindliches Gebiet einmarschiert sind, nehmen sie keine Schlacht an, bevor sie nicht ein befestigtes Lager aufgeschlagen haben[33]. Sie legen dieses nicht beliebig und in ungleichmäßiger Gestalt an, auch arbeiten daran nicht alle planlos durcheinander, sondern der Boden wird, falls er uneben sein sollte, eingeebnet und ein viereckiges Lager abmessen. Es folgt dem Heer auch eine Menge von Handwerkern mit den nötigen Bauwerkzeugen[34].

2. 79. Die Innenfläche des Lagers wird nach Zeltreihen eingeteilt, die äußere Umwallung macht den Eindruck einer Mauer und ist in regelmäßigen Abständen mit Türmen versehen[35]. Auf die Wälle zwischen den Türmen stellen sie die Schnellwurfmaschinen, Flachschleudermaschinen und schwere Steinwerfer, überhaupt Wurfgeräte jeder Art, alle schon schußbereit. Sie errichten vier Tore, auf jeder Seite des Lagerwalles eines, diese gewähren den Lasttieren einen leichten Zugang und sind auch für Ausfälle, falls solche nötig werden, groß genug. Gleichmäßige Straßenzüge durchschneiden das Innere des Lagers, und der Mitte zu schlägt man die Zelte der höchsten Offiziere auf; wieder genau mitten zwischen diesen befindet sich das Feld-

83 τὸ στρατήγιον ναῷ παραπλήσιον· ὥσπερ δὲ ἐν σχεδίῳ πόλις καὶ ἀγορά τις ἀποδείκνυται καὶ χειροτέχναις χωρίον θῶκοί τε λοχαγοῖς καὶ ταξιάρ-
84 χοις, ὅπῃ δικάζοιεν, εἴ τινες διαφέροιντο. τειχίζεται δὲ ὁ περίβολος καὶ τὰ ἐν αὐτῷ πάντα θᾶττον ἐπινοίας πλήθει καὶ ἐπιστήμῃ τῶν πονούντων· εἰ δ' ἐπείγοι, καὶ τάφρος ἔξωθεν περιβάλλεται βάθος τετράπηχυς καὶ εὖρος ἴση.
85 3. Φραξάμενοι δ' αὐλίζονται κατὰ συντάξεις ἕκαστοι μεθ' ἡσυχίας τε καὶ κόσμου. πάντα δ' αὐτοῖς καὶ τὰ ἄλλα μετ' εὐταξίας ἀνύεται καὶ ἀσφαλείας, ξυλεία τε καὶ ἐπισιτισμός, εἰ δέοιντο, καὶ ὑδρεία κατὰ
86 συντάξεις ἑκάστοις. οὐδὲ γὰρ δεῖπνον ἢ ἄριστον ὁπότε θελήσειαν αὐτεξούσιον ἑκάστῳ, πᾶσιν δ' ὁμοῦ, τούς τε ὕπνους αὐτοῖς καὶ τὰς φυλακὰς καὶ τὰς ἐξεγέρσεις σάλπιγγες προσημαίνουσιν, οὐδ' ἔστιν ὅ
87 τι γίνεται δίχα παραγγέλματος. ὑπὸ δὲ τὴν ἕω τὸ στρατιωτικὸν μὲν ἐπὶ τοὺς ἑκατοντάρχας ἕκαστοι, πρὸς δὲ τοὺς χιλιάρχους οὗτοι συνίασιν ἀσπασόμενοι, μεθ' ὧν πρὸς τὸν ἡγεμόνα τῶν ὅλων οἱ ταξίαρχοι πάντες.
88 ὁ δ' αὐτοῖς τό τε ἐξ ἔθους σημεῖον καὶ τἆλλα παραγγέλματα δίδωσιν[19] διαφέρειν εἰς τοὺς ὑποτεταγμένους· ὃ δὴ κἀπὶ παρατάξεως πράττοντες ἐπιστρέφονταί τε ταχέως[20] ἵνα[21] δέοι καὶ πρὸς τὰς ἐφόδους αὐτοῦ[22] καὶ πρὸς τὰς ἀνακλήσεις ὑποχωροῦσιν ἀθρόοι.
89 4. Ἐξιέναι δὲ τοῦ στρατοπέδου δέον ὑποσημαίνει μὲν ἡ σάλπιγξ, ἠρεμεῖ δ' οὐδείς, ἀλλ' ἅμα νεύματι τὰς μὲν σκηνὰς ἀναιροῦσιν, πάντα
90 δ' ἐξαρτύονται πρὸς τὴν ἔξοδον. καὶ πάλιν αἱ σάλπιγγες ὑποσημαίνουσιν παρεσκευάσθαι. οἱ δ' ἐν τάχει τοῖς τε ὀρεῦσιν καὶ τοῖς ὑποζυγίοις ἐπιθέντες τὴν ἀποσκευὴν ἑστᾶσιν ὥσπερ ἐφ' ὑσπληγος ἐξορμᾶν ἕτοιμοι, ὑποπιμπρᾶσίν τε ἤδη τὴν παρεμβολὴν ὡς αὐτοῖς μὲν ὂν ῥᾴδιον ἐκεῖ πάλιν
91 τειχίσασθαι, μὴ γένοιτο δ' ἐκεῖνό ποτε τοῖς πολεμίοις χρήσιμον. καὶ τρίτον δ' ὁμοίως[23] αἱ σάλπιγγες προσημαίνουσιν τὴν ἔξοδον ἐπισπέρχουσαι
92 τοὺς δι' αἰτίαν τινὰ βραδύναντας, ὡς μή τις ἀπολειφθείη τάξεως. ὅ τε κῆρυξ δεξιὸς τῷ πολεμάρχῳ παραστάς, εἰ πρὸς πόλεμόν εἰσιν ἕτοιμοι, τῇ πατρίῳ γλώσσῃ τρὶς ἀναπυνθάνεται. κἀκεῖνοι τοσαυτάκις ἀντιβοῶσιν μέγα τι καὶ πρόθυμον ἕτοιμοι λέγοντες εἶναι[24], φθάνουσιν δὲ τὸν ἐπερωτῶντα, καί τινος ἀρηίου πνεύματος ὑποπιμπλάμενοι τῇ βοῇ συνεξαίρουσιν τὰς δεξιάς.
93 5. Ἔπειτα προϊόντες ὁδεύουσιν ἡσυχῇ καὶ μετὰ κόσμου πάντες, ὥσπερ ἐν πολέμῳ τὴν ἰδίαν τάξιν ἕκαστος φυλάσσων, οἱ μὲν πεζοὶ θώρακιν
94 πεφραγμένοι καὶ κράνεσιν καὶ μαχαιροφοροῦντες ἀμφοτέρωθεν. μακρό-

---

[19] διαδίδωσιν PAM Thack.

[20] Statt ταχέως ..... αὐτοῦ: ταχέως, ἵνα δέοι, καὶ πρὸς τὰς ἐφόδους αὐτοῖς Niese Thack.

[21] ἵνα (lokal) δέοι RC; ἵνα (final), εἰ δέοι PAMLV Na, wohl sekundär.

[22] αὐτοὺς PA¹;αὐτοῖς MLVRC; beide Lesarten sind wahrscheinlich aus αὐτοῦ (Lat) entstanden. Der Sinn des Satzes ist unsicher.

[23] ὅμως codd., Niese; ὁμοίως Haverkamp nach Cod. Lugd., Na Thack.

[24] fehlt bei L¹VRC.

328

herrenzelt, einem Tempel vergleichbar. Es bietet sich ein Anblick, als wäre eine Stadt wie aus dem Nichts entstanden mit einem Marktplatz[36], einem Viertel für Handwerker und mit Gerichtsstühlen für Hauptleute und Obersten[37], wo sie bei etwa entstehenden Streitigkeiten Recht sprechen können. Dank der Zahl und dem Können der schanzenden Soldaten wächst der Wall und alles, was er umschließt, ehe man es gedacht, aus dem Boden. Im Notfall wird auch auf der Außenseite ein Graben gezogen, der vier Ellen tief und ebenso breit ist.

3. 85. Hat man die Verschanzungen fertiggestellt, so nehmen die Soldaten abteilungsweise in Ruhe und Ordnung ihre Lagerplätze ein. Auch alles andere geschieht bei ihnen in straffer Zucht und mit Genauigkeit. Das Holztragen, die Versorgung mit Lebensmitteln und das Wasserholen werden, so oft es nötig ist, nach einer festen Einteilung von den dazu bestimmten Leuten ausgeführt. Es ist auch dem einzelnen nicht freigestellt, Hauptmahlzeit oder Frühstück dann einzunehmen, wenn es ihm gefällt; Schlafenszeit, Nachtwachen und Wecken zeigen Trompetensignale an, nichts geschieht ohne Befehl. An jedem Morgen versammeln sich die Soldaten vor ihren Hauptleuten, um sie zu begrüßen, ebenso diese vor ihren Obersten, welche sich ihrerseits mit allen höheren Offizieren zum Oberbefehlshaber begeben. Dieser gibt ihnen, wie immer, die Losung und dazu weitere Befehle, die sie ihren Untergebenen übermitteln. Auch in der Schlacht folgen sie derselben Ordnung, sie führen rasch Wendungen durch, um dort, wo immer es auch nötig sei, anzugreifen, auch ziehen sie sich auf Rückzugssignale hin in geschlossener Ordnung zurück.

4. 89. Wenn das Lager verlassen werden soll, gibt die Trompete das Signal dazu. Keiner bleibt dann untätig, unmittelbar auf das Zeichen hin brechen sie die Zelte ab, und alles wird für den Abmarsch vorbereitet. Ein zweites Trompetensignal befiehlt allen, sich fertigzumachen. Die Soldaten beladen eilig die Maulesel und die übrigen Lasttiere mit dem Gepäck, dann stellen sie sich wie Wettläufer vor den Schranken auf, zum Abmarsch bereit. Schon wird das Lager in Brand gesteckt, da die Römer es am gleichen Ort leicht wieder anlegen können, es aber niemals den Feinden von Nutzen sein darf. Ähnlich kündigt ein drittes Trompetensignal den Abmarsch an und fordert alle, die aus irgendeinem Grunde noch nicht bereit sind, auf, sich zu beeilen; denn keiner darf in Reih und Glied fehlen. Der Herold, der zur Rechten des Heerführers seinen Platz hat, fragt die Soldaten dreimal in ihrer Muttersprache, ob sie kampfbereit seien. Diese antworten ebenso oft mit kräftigen und begeisterten Rufen, sie seien bereit; manchmal kommen sie sogar der Frage zuvor und erheben, von kriegerischem Geist erfüllt, mit lauten Zurufen die Rechte.

5. 93. Nun rücken die Soldaten aus und marschieren alle wortlos und in Ordnung dahin, jeder behält seinen Platz in Reih und Glied genau wie im Kampfe selbst. Die Fußtruppen sind durch Brustpanzer und Helm geschützt, jeder trägt auf beiden Seiten eine Hieb- und Stichwaffe: das Schwert an der Linken[38] ist wesentlich länger, der Dolch an der rechten

τερον δ' αὐτῶν τὸ λαιὸν ξίφος πολλῷ· τὸ γὰρ κατὰ τὸ δεξιὸν σπιθαμῆς
95 οὐ πλέον ἔχει τὸ μῆκος. φέρουσι δ' οἱ μὲν περὶ τὸν στρατηγὸν ἐπίλεκτοι
πεζοὶ λόγχην καὶ ἀσπίδα, ἡ δὲ λοιπὴ φάλαγξ ξυστόν τε καὶ θυρεὸν
ἐπιμήκη, πρὸς οἷς πρίονα καὶ κόφινον ἅμην τε καὶ πέλεκυν, πρὸς δὲ
ἱμάντα καὶ δρέπανον καὶ ἅλυσιν, ἡμερῶν τε τριῶν ἐφόδιον· ὡς ὀλίγον
96 ἀποδεῖν τῶν ἀχθοφορούντων ὀρέων τὸν πεζόν. τοῖς δὲ ἱππεῦσιν μάχαιρα
μὲν ἐκ δεξιῶν μακρὰ καὶ κοντὸς ἐπιμήκης ἐν χειρί, θυρεὸς δὲ παρὰ
πλευρὸν ἵππου πλάγιος, καὶ κατὰ γωρυτοῦ παρήρτηνται τρεῖς ἢ πλείους
ἄκοντες, πλατεῖς μὲν αἰχμάς, οὐκ ἀποδέοντες δὲ δοράτων μέγεθος· κράνη
97 δὲ καὶ θώρακες ὁμοίως τοῖς πεζοῖς ἅπασιν. οὐδενὶ δὲ ὅπλων διαλ-
λάττουσιν οἱ περὶ τὸν στρατηγὸν ἔκκριτοι τῶν ἐν ταῖς ἴλαις ἱππέων.
κλήρῳ δὲ τῶν ταγμάτων ἀεὶ τὸ λαχὸν ἡγεῖται.
98 6. Τοιαῦται μὲν οὖν αἱ Ῥωμαίων πορεῖαί τε καὶ καταλύσεις, πρὸς
δὲ ὅπλων διαφοραί, οὐδὲν δὲ ἀπροβούλευτον ἐν ταῖς μάχαις οὐδὲ αὐτο-
σχέδιον, ἀλλὰ γνώμη μὲν ἀεὶ παντὸς ἔργου προάγει, τοῖς δοχθεῖσι δὲ
99 ἕπεται τὰ ἔργα· παρ' ὃ καὶ σφάλλονται μὲν ἥκιστα, κἂν πταίσωσι δέ,
100 ῥᾳδίως ἀναλαμβάνουσι τὰ σφάλματα. ἡγοῦνταί τε τῶν ἀπὸ τύχης
ἐπιτευγμάτων ἀμείνους τὰς ἐπὶ τοῖς προβουλευθεῖσιν διαμαρτίας, ὡς
τοῦ μὲν αὐτομάτου καλοῦ δελεάζοντος εἰς ἀπρομήθειαν, τῆς σκέψεως
101 δέ, κἂν ἀτυχήσῃ ποτέ, πρὸς τὸ μὴ αὖθις καλὴν ἐχούσης μελέτην· καὶ
τῶν μὲν αὐτομάτων ἀγαθῶν οὐ τὸν λαβόντα αἴτιον εἶναι, τῶν δὲ παρὰ
γνώμην προσπεσόντων σκυθρωπῶν παραμυθίαν τό γε προσηκόντως
βεβουλεῦσθαι.
102 7. Παρασκευάζουσι μὲν οὖν ἐν ταῖς μελέταις τῶν ὅπλων οὐ τὰ σώματα
μόνον ἀλλὰ καὶ τὰς ψυχὰς ἀλκίμους, προσασκοῦνται δὲ καὶ τῷ φόβῳ.
103 οἵ τε γὰρ νόμοι παρ' αὐτοῖς οὐ λιποταξίου μόνον ἀλλὰ καὶ ῥᾳστώνης
ὀλίγης θανατικοὶ οἵ τε στρατηγοὶ τῶν νόμων φοβερώτεροι· ταῖς γὰρ
πρὸς τοὺς ἀγαθοὺς τιμαῖς ῥύονται τὸ δοκεῖν ὠμοὶ πρὸς τοὺς κολα-
104 ζομένους. τοσοῦτον δ' αὐτῶν τὸ πρὸς τοὺς ἡγεμόνας πειθήνιον, ὡς ἔν
τε εἰρήνῃ κόσμον εἶναι καὶ ἐπὶ παρατάξεως ἓν σῶμα τὴν ὅλην στρατιάν.
105 οὕτως αὐτῶν συναφεῖς[25] μὲν αἱ τάξεις, εὔστροφοι δ' εἰσὶν αἱ περιαγωγαί,
ὀξεῖαι δ' ἀκοαὶ μὲν παραγγέλμασιν, ὄψεις δὲ σημείοις, ἔργοις δὲ χεῖρες.
106 ὅθεν δρᾶσαι μὲν ἀεὶ ταχεῖς, βραδύτατοι δὲ παθεῖν εἰσιν, οὐδ' ἔστιν
ὅπου σταθέντες ἢ πλήθους ἡσσήθησαν ἢ στρατηγημάτων ἢ δυσχωρίας,
107 ἀλλ' οὐδὲ τύχης· καὶ γὰρ ταύτης αὐτοῖς τὸ κρατεῖν βεβαιότερον. οἷς
οὖν βουλὴ μὲν ἄρχει παρατάξεως[26], ἕπεται δὲ τοῖς βεβουλευμένοις στρατὸς

[25] ἀσφαλεῖς PAMV Niese; ἀφελεῖς RC; copulati Lat; συναφεῖς L Na Thack.
[26] πράξεως MVRC Na Thack; παρατάξεως PAL¹ Niese.

Seite ist nämlich nur spannenlang. Die ausgewählten Fußsoldaten, die den Schutz des Feldherrn bilden, tragen Lanze und Rundschild[39], die gewöhnlichen Linientruppen Speer und Langschild, dazu eine Säge und einen Korb, Spaten und Axt, Riemen, Krummesser und Handschellen, sowie schließlich für drei Tage Proviant. So fehlt nicht viel daran, daß der Fußsoldat ebenso bepackt ist wie die Maultiere. Die Reiter dagegen haben ein großes Schwert auf der rechten Seite und in der Hand einen langen Spieß, der Schild hängt schräg an der Seite des Pferdes und in einem Köcher stecken drei oder noch mehr Speere wurfbereit, mit breiter Spitze, aber auch nicht kürzer als eine Stoßlanze. Helm und Brustpanzer haben alle in gleicher Weise wie die Fußsoldaten. Die ausgewählten Reiter um den Feldherrn schließlich unterscheiden sich in ihrer Bewaffnung durch nichts von den Reitern in den gewöhnlichen Abteilungen. An der Spitze marschiert immer die durch das Los bestimmte Legion.

6. 98. Das ist die Marsch- und Lagerordnung der Römer sowie das Wesen der verschiedenen Waffengattungen. Im Kampf geschieht nichts ohne vorherige Beratung oder aus dem Stegreif, stets geht die Überlegung der Tat voraus; was aber einmal für richtig erfunden wurde, bringt man auch zur Ausführung. Darum begehen sie auch selten Fehler; wenn sie aber einmal einen Rückschlag erleiden, können sie ihn leicht wieder gutmachen. Sie schätzen daher das Mißlingen vorbedachter Unternehmungen höher ein als Erfolge, die das trügerische Glück schenkt, da ein unverdienter Vorteil zur Unvorsichtigkeit verführe, während die Berechnung — wenn sie auch einmal fehlgehen sollte — doch eine heilsame Vorsicht erwecke, solche Mißgeschicke künftig zu vermeiden. Bei den Erfolgen, die von selbst eintreten, sie ja der Empfänger überhaupt nicht beteiligt, während bei Unglücksfällen, die trotz aller Berechnung eintreten, doch der Trost bleibe, daß man zuvor sachgemäß überlegt habe.

7. 102. Sie stärken so durch ihre Waffenübungen nicht nur ihre Körper, sondern auch ihre seelische Verfassung. Ebenso dient die Furcht ihrer militärischen Erziehung, denn ihre Gesetze bestrafen nicht nur die Fahnenflucht, sondern selbst geringe Nachlässigkeiten mit dem Tode. Noch mehr aber sind ihre Feldherren zu fürchten; nur durch die Ehrungen für verdiente Soldaten können sie den Anschein der Grausamkeit gegen die Opfer von Bestrafungen vermeiden. Dieser so strenge Gehorsam gegenüber den Feldherren hat zur Folge, daß das ganze Heer in Friedenszeiten eine glänzende Ordnung besitzt und in der Schlacht einen einzigen geschlossenen Truppenkörper bildet — so fest sind ihre Schlachtreihen, ihre Schwenkungen exakt, ihre Aufmerksamkeit scharf auf die Befehle und ihr Blick auf die Feldzeichen gerichtet, die Hände aber bereit zur Tat. Daher sind sie stets rasch im Handeln, kommen aber nicht so schnell in die Lage, selbst leiden zu müssen. Wo sie einmal standen, sind sie weder der Übermacht, noch Kriegslisten, noch dem schwierigen Gelände erlegen, ja, nicht einmal der Macht des Schicksals, denn die Gewißheit, zu siegen, ist bei ihnen stärker als das Schicksal selbst. Ist es noch ein Wunder, wenn bei einem Volk, wo die Über-

οὕτω δραστήριος, τί θαυμαστόν, εἰ πρὸς ἕω μὲν Εὐφράτης, ὠκεανὸς δὲ πρὸς ἑσπέραν, μεσημβρινὸν δὲ Λιβύης τὸ πιότατον καὶ πρὸς ἄρκτον Ἴστρος τε καὶ Ῥῆνος τῆς ἡγεμονίας ὅροι; δεόντως γὰρ ἄν τις εἴποι τὸ κτῆμα τῶν κτησαμένων ἔλασσον.

108 8. Ταῦτα μὲν οὖν διεξῆλθον οὐ Ῥωμαίους ἐπαινέσαι προαιρούμενος τοσοῦτον, ὅσον εἴς τε παραμυθίαν τῶν κεχειρωμένων καὶ εἰς ἀποτροπὴν
109 τῶν νεωτεριζόντων· εἴη δ᾽ ἂν τοῖς ἀγνοοῦσιν τῶν φιλοκαλούντων καὶ πρὸς ἐμπειρίας ἡ ἀγωγὴ τῆς Ῥωμαίων στρατιᾶς. ἐπάνειμι δ᾽ ὅθεν ἐπὶ ταῦτ᾽ ἐξέβην.

110 VI. 1. Οὐεσπασιανὸς μὲν ἅμα τῷ παιδὶ Τίτῳ διατρίβων τέως ἐν τῇ Πτολεμαΐδι συνέτασσεν τὰς δυνάμεις, ὁ δὲ τὴν Γαλιλαίαν κατατρέχων Πλάκιδος ἐπεὶ πολὺ μὲν πλῆθος ἀνῃρήκει τῶν καταλαμβανομένων, τοῦτο
111 δ᾽ ἦν τὸ ἀσθενέστερον Γαλιλαίων καὶ ταῖς φυγαῖς²⁷ ἐναποκάμνον, ὁρῶν δὲ συμφεῦγον ἀεὶ τὸ μάχιμον εἰς τὰς ὑπὸ τοῦ Ἰωσήπου τειχισθείσας πόλεις ὥρμησεν ἐπὶ τὴν ὀχυρωτάτην αὐτῶν Ἰωταπάταν, οἰόμενος ἐξ ἐφόδου μὲν αἱρήσειν ῥᾳδίως, μέγα δὲ κλέος αὐτῷ παρὰ τοῖς ἡγεμόσιν κἀκείνοις ὄφελος εἰς τὰ λοιπὰ παρέξειν· προσχωρήσειν γὰρ δέει τὰς
112 ἄλλας πόλεις τῆς καρτερωτάτης ἐχομένης²⁸. πολύ γε μὴν διήμαρτεν τῆς ἐλπίδος· ἐπιόντα γὰρ αὐτὸν οἱ Ἰωταπατηνοὶ προαισθόμενοι πρὸ τῆς πόλεως ἐκδέχονται, καὶ τοῖς Ῥωμαίοις συρραγέντες ἀδοκήτοις πολλοὶ καὶ πρὸς μάχην ἕτοιμοι πρόθυμοί τε ὡς ἂν ὑπὲρ κινδυνευούσης πατρί-
113 δος καὶ γυναικῶν καὶ τέκνων, τρέπονται ταχέως. καὶ πολλοὺς μὲν τιτρώσκουσι τῶν Ῥωμαίων, ἑπτὰ δὲ ἀναιροῦσιν διὰ τὸ μήτε ἄτακτον αὐτῶν τὴν ὑποχώρησιν γενέσθαι καὶ τὰς πληγὰς ἐπιπολαίους πεφραγμένων πάντοθεν τῶν σωμάτων, τούς τε Ἰουδαίους πόρρωθεν βάλλειν
114 πλέον ἢ συμπλέκεσθαι θαρρεῖν γυμνῆτας ὁπλίταις. ἔπεσον δὲ καὶ τῶν Ἰουδαίων τρεῖς ἄνδρες καὶ ἐτρώθησαν ὀλίγοι. Πλάκιδος μὲν οὖν τῆς ἐπὶ τὴν πόλιν ὁρμῆς ἀτονώτερος εὑρεθεὶς φεύγει.

115 2. Οὐεσπασιανὸς δὲ ὡρμημένος αὐτὸς ἐμβαλεῖν εἰς τὴν Γαλιλαίαν ἐξελαύνει τῆς Πτολεμαΐδος διατάξας τὴν στρατιὰν ὁδεύειν καθὰ Ῥω-
116 μαίοις ἔθος. τοὺς μέν γε ψιλοὺς τῶν ἐπικούρων καὶ τοξότας προάγειν ἐκέλευσεν, ὡς ἀνακόπτοιεν τὰς ἐξαπιναίους τῶν πολεμίων ἐπιδρομὰς καὶ διερευνῷεν τὰς ὑπόπτους καὶ λοχᾶσθαι δυναμένας ὕλας, οἷς εἵπετο καὶ

---

²⁷ φυλακαῖς PAM; ψυχαῖς VRC (*animis* Lat) Na Reinach; φυγαῖς LM^marg Niese Thack.

²⁸ οἰχομένης MVRC Thack (in *bell.* 4,128 ist nur οἰχομένης bezeugt); ἐχομένης PAL Niese Na; *occupatam* Lat.

legung so den Kampf beherrscht, und ein so schlagfertiges Heer die vorgefaßten Beschlüsse ausführt, die Grenzen seiner Herrschaft bis zum Euphrat im Osten, zum Ozean im Westen, im Süden bis zu dem fruchtbarsten Teil Libyens, im Norden bis zu Donau und Rhein reichen? Man muß doch wohl sagen, daß dieser Besitz für seine Herren noch zu gering ist.

8. 108. Dies alles habe ich nicht in der Absicht erzählt, um die Römer zu loben, vielmehr um die Besiegten zu trösten und zur Warnung für die Empörungslustigen. Vielleicht könnte die Kenntnis der römischen Kriegführung auch denen unter den Freunden alles Edlen[40], die sie bisher noch nicht kannten, von Nutzen sein. Ich kehre nun dorthin zurück, von wo ich ausgegangen bin.

6. Kapitel

1. 110. Während Vespasian sich zusammen mit seinem Sohn Titus noch in Ptolemais aufhielt und seine Streitkräfte ordnete, durchstreifte Placidus[41] plündernd Galiläa. Er ließ dort eine große Zahl von Einwohnern, die ihm in die Hände fielen, niedermachen; aber es handelte sich dabei nur um den schwächeren Teil der galiläischen Bevölkerung, dem auf der Flucht die Kräfte versagten. Da Placidus aber sah, daß es den kriegerischen Leuten stets gelang, in die von Josephus befestigten Städte zu fliehen, marschierte er gegen die stärkste unter ihnen, Jotapata, in der Meinung, sie durch einen überraschenden Angriff leicht einnehmen zu können. Er hoffte nämlich, daß ihm dies bei seinen Vorgesetzten hohe Achtung verschaffen würde, aber auch diesen selbst für den kommenden Feldzug Vorteil bringe, da die übrigen Städte sich aus Furcht unterwerfen würden, wenn die stärkste einmal eingenommen sei. In dieser Hoffnung hatte er sich freilich sehr getäuscht, denn die Einwohner von Jotapata hatten seinen Anmarsch zuvor bemerkt und erwarteten ihn vor der Stadt. Sie stürzten sich in großer Zahl auf die Römer, die mit einem solchen Angriff nicht gerechnet hatten, während sie selbst kampfbereit und voll Eifer waren, da sie die bedrohte Vaterstadt, Weib und Kind verteidigten; so konnten sie die Römer rasch in die Flucht schlagen. Sie verwundeten viele Römer, töteten aber nur sieben, da der Rückzug der Soldaten nicht ungeordnet war und sie nur leichte Verwundungen davontrugen, waren doch ihre Leiber überall geschützt; die Juden als Leichtbewaffnete schossen auch eher aus der Ferne, als daß sie es wagten, mit den Schwerbewaffneten in Nahkampf zu geraten. Von den Juden fielen drei Mann, und nur wenige wurden verwundet. Placidus zog sich, da er sich für einen Angriff auf die Stadt zu schwach fand, zurück.

2. 115. Vespasian machte sich nun selbst mit Nachdruck daran, in Galiläa einzufallen; nachdem er das Heer in die bei den Römern übliche Marschordnung gebracht hatte, ließ er es von Ptolemais abrücken. Die leichten Hilfstruppen und Bogenschützen sollten die Vorhut bilden, damit sie plötzliche Angriffe der Feinde zurückschlagen und verdächtige, für den Hinterhalt geeignete Wälder durchsuchen sollten. Ihnen folgte auch eine Abteilung

117 Ῥωμαίων ὁπλιτικὴ ιοῖρα πεζοί τε καὶ ἱππεῖς. τούτοις ἀφ' ἑκάστης ἑκατονταρχίας ἠκολούθουν δέκα²⁹ τήν τε ἑαυτῶν σκευὴν καὶ τὰ μέτρα
118 τῆς παρεμβολῆς φέροντες, καὶ ιετ' αὐτοὺς ὁδοποιοί, τά τε σκολιὰ τῆς λεωφόρου κατευθύνειν καὶ χθαιαλοῦν τὰ δύσβατα καὶ τὰς ἐιποδίους ὕλας προανακόπτειν, ὡς ιὴ ταλαιπωροῖτο δυσποροῦν τὸ στράτευμα.
119 κατόπιν δὲ τούτων τάς τε ἰδίας καὶ τὰς τῶν ὑπ' αὐτὸν ἡγειόνων ἔταξεν
120 ἀποσκευὰς καὶ συχνοὺς ἐπὶ τούτοις πρὸς ἀσφάλειαν τῶν ἱππέων. μεθ' οὓς αὐτὸς ἐξήλαυνεν τούς τε ἐπιλέκτους τῶν πεζῶν καὶ ἱππέων καὶ τοὺς λογχοφόρους ἔχων. εἵπετο δ' αὐτῷ τὸ ἴδιον τοῦ τάγιατος ἱππικόν·
121 ἴδιοι γὰρ ἑκάστου τάγιατος εἴκοσι πρὸς τοῖς ἑκατὸν ἱππεῖς. τούτοις δ' ἠκολούθουν οἱ τὰς ἑλεπόλεις φέροντες ὀρεῖς καὶ τὰ λοιπὰ μηχανήιατα.
122 ιετὰ τούτους ἦγειόνες τε καὶ σπειρῶν ἔπαρχοι σὺν χιλιάρχοις, ἐπιλέκτους
123 περὶ σφᾶς στρατιώτας ἔχοντες· ἔπειτα αἱ σηιαῖαι περιίσχουσαι τὸν ἀετόν, ὃς παντὸς ἄρχει Ῥωμαίοις τάγματος, βασιλεύς τε οἰωνῶν ἁπάντων καὶ ἀλκιμώτατος ὤν· ὃ δὴ καὶ τῆς ἡγειονίας τεκμήριον αὐτοῖς
124 καὶ κληδών, ἐφ' οὓς ἂν ἴωσιν, τοῦ κρατήσειν δοκεῖ. τοῖς δὲ ἱεροῖς ἠκολούθουν οἱ σαλπιγκταί, καὶ κατόπιν αὐτῶν ἡ φάλαγξ τὸ στῖφος εἰς ἓξ πλατύνασα. τούτοις παρείπετό τις ἑκατόνταρχος ἐξ ἔθους τὴν τάξιν
125 ἐπισκοπούμενος. τὸ δ' οἰκετικὸν ἑκάστου τάγματος ἅπαν τοῖς πεζοῖς εἵπετο, τὰς ἀποσκευὰς τῶν στρατιωτῶν ἐπὶ τοῖς ὀρεῦσιν καὶ τοῖς
126 ὑποζυγίοις ἄγοντες· κατόπιν δὲ πάντων τῶν ταγιάτων³⁰ ὁ μίσθιος ὄχλος, οἷς οὐραγοὶ πρὸς ἀσφάλειαν ἠκολούθουν πεζοί τε καὶ ὁπλῖται καὶ τῶν ἱππέων συχνοί.

127 3. Οὕτως ὁδεύσας Οὐεσπασιανὸς μετὰ τῆς δυνάιεως εἰς τοὺς ὅρους ἀφικνεῖται τῆς Γαλιλαίας, ἔνθα καταστρατοπεδευσάμενος ὡριημένους εἰς πόλειον τοὺς στρατιώτας κατεῖχεν, ἐπιδεικνύμενος τὴν στρατιὰν εἰς κατάπληξιν τοῖς πολεμίοις καὶ μετανοίας καιρὸν διδούς, εἰ πρὸ μάχης ιεταβάλοιντο· ἅμα δὲ καὶ πρὸς πολιορκίαν τῶν ἐρυμάτων ἐξηρτύετο.
128 ιετάνοιαν μὲν οὖν τῆς ἀποστάσεως ὀφθεὶς ὁ στρατηγὸς πολλοῖς ἐνειρ-
129 γάσατο, κατάπληξιν δὲ πᾶσιν· οἱ ιὲν γὰρ περὶ τὸν Ἰώσηπον ἐστρατοπεδευκότες οὐκ ἄπωθεν τῆς Σεπφώρεως παρὰ πόλιν Γαρὶν καλουμένην³¹ ἐπεὶ πλησιάζοντα τὸν πόλειον ἤκουσαν ὅσον τε οὔπω τοὺς Ῥωμαίους συιμίξοντας σφίσιν, οὐ ιόνον πρὸ μάχης, ἀλλὰ καὶ πρὶν ἰδεῖν τοὺς
130 ἐχθροὺς διασκίδνανται φυγῇ. καταλείπεται δ' ὁ Ἰώσηπος μετ' ὀλίγων, καὶ κατιδὼν ὡς οὔτε δέχεσθαι τοὺς πολεμίους ἀρκετὴν ἔχει δύναμιν καὶ πεπτώκοι τὰ φρονήιατα τῶν Ἰουδαίων ἄσμενοί τ' ἄν, εἰ πιστεύοιντο,

²⁹ fehlt bei PA; deni Lat.
³⁰ τῶν ταγμάτων bei Niese in Klammern; ταγμάτων ist in P nachgetragen, τῶν fehlt bei PA.
³¹ παρὰ πόλιν Γαρὶν καλουμένην fehlt bei PAL Lat, vielleicht Glosse? Vgl. vita 395.412.

römischer Schwerbewaffneter, und zwar beides, Fußvolk und Reiterei. Hinter diesen kamen zehn Mann von jeder Centurie, die außer ihrem eigenen Gepäck auch noch die Meßinstrumente für das Lager trugen, nach ihnen die Straßenbauabteilung, die die Windungen der Heerstraße begradigen, schwierige Strecken einebnen und hinderliches Strauchwerk abhauen sollten, damit das Heer nicht durch beschwerliche Wegverhältnisse unnötig angestrengt würde. Dann folgte auf Anweisung Vespasians hin sein eigenes Gepäck und das seiner Unterführer, dazu eine große Anzahl von Reitern, um es zu schützen. Nach diesen kam er selbst, begleitet von einer Abteilung ausgewählter Fußsoldaten und Reiter, dazu den Lanzenträgern. Ihm schloß sich die zu den Legionen gehörige Reiterei an; jeder Legion sind nämlich 120 Reiter zugeteilt. Hinter diesen kamen die Lasttiere, die die schweren Belagerungsmaschinen und die übrigen Kriegsgeräte trugen. Ihnen folgten die Legionskommandeure, die Hauptleute der Kohorten mit den anderen höheren Offizieren, von auserlesener Mannschaft umgeben[42]. Im Anschluß an sie wurden die Feldzeichen getragen, die den Adler umgeben, der bei den Römern an der Spitze jeder Legion steht, ist er doch König aller Vögel und Träger höchster Kraft; darum bedeutet er für die Römer auch das Wahrzeichen ihrer Herrschaft und scheint ihnen den Sieg über jeden Feind, gegen den sie ziehen, im voraus zu verkünden. Nach den heiligen Zeichen folgten die Trompeter, und hinter ihnen marschierten die Kampftruppen auf, die dicht geschlossene Kolonne in Sechserreihen gegliedert. Diese werden gewohnheitsgemäß von einem Centurio begleitet, der die Marschordnung zu überwachen hatte. Der ganze Troß jeder Legion folgte den Fußtruppen mit dem Gepäck der Soldaten, das von den Maultieren und den übrigen Lasttieren getragen wird. Hinter der letzten Legion marschierte die Söldnertruppe[43], ihr schloß sich zur Sicherung die Nachhut an, bestehend aus Fußvolk, Schwerbewaffneten und einer größeren Anzahl von Reitern.

3. 127. In dieser Marschordnung erreichte Vespasian die Grenzen Galiläas, wo er sein Lager aufschlug und die zum Kampf drängenden Soldaten noch zurückhielt. Er wollte nämlich durch den Anblick des Heeres den Feinden Schrecken einjagen und ihnen für den Fall, daß sie ihre Meinung änderten, eine Frist zur Umkehr gewähren. Zugleich begann er auch, Vorbereitungen zur Belagerung der Festungen zu treffen. Das Erscheinen des römischen Feldherrn bewirkte nun wirklich bei vielen die Abwendung vom Aufstand, ein tiefes Erschrecken aber bei allen Einwohnern. Die Truppen, die sich um Josephus gesammelt und unweit von Sepphoris bei einer Stadt namens Garis[44] ihr Lager aufgeschlagen hatten, zerstreuten sich, sobald sie hörten, daß der Krieg näher komme, in eiliger Flucht, obgleich die Römer sie noch gar nicht angegriffen hatten, das heißt also, nicht etwa kurz vor dem Kampf, sondern ehe ihnen die Feinde überhaupt zu Gesicht gekommen waren. Mit wenigen Truppen sich selbst überlassen, sah Josephus, daß er nicht genügend Mannschaft hatte, um den Feinden entgegenzutreten, gleichzeitig erkannte er auch, daß den Juden der Mut entschwunden war, sodaß,

χωροῖεν οἱ πλείους ἐπὶ σπονδάς, ἐδεδίει μὲν ἤδη περὶ παντὸς τοῦ
131 πολέμου, τότε δ' ὡς πορρωτάτω χωρίζεσθαι τῶν κινδύνων ἔκρινεν.
ἀναλαβὼν δὲ τοὺς συμμείναντας εἰς Τιβεριάδα καταφεύγει.

132 VII. 1. Οὐεσπασιανὸς δὲ τῇ πόλει τῶν Γαβάρων[32] ἐπελθὼν αἱρεῖ τε
133 κατὰ πρώτην ἔφοδον αὐτὴν μαχίμου πλήθους ἔρημον καταλαβών, καὶ
παρελθὼν εἴσω πάντας ἡβηδὸν ἀναιρεῖ μηδεμιᾶς τῶν Ῥωμαίων ἡλικίας
ἔλεον ποιουμένων μίσει πρὸς τὸ ἔθνος καὶ μνήμῃ τῆς κατὰ τὸν Κέστιον
134 αὐτῶν παρανομίας. ἐμπίμπρησιν δὲ οὐ μόνον αὐτὴν τὴν πόλιν, ἀλλὰ καὶ
τὰς πέριξ κώμας πάσας τε καὶ πολίχνας, ἃς μὲν παντελῶς ἐκλελειμ-
μένας, ἔστιν δ' ἃς αὐτὸς ἐξανδραποδιζόμενος.
135 2. Ὁ δ' Ἰώσηπος ἣν πρὸς ἀσφάλειαν εἵλετο πόλιν αὐτὸς ἐνέπλησεν
δέους καταφυγών. οἱ δὲ ἀπὸ τῆς Τιβεριάδος οὐκ ἄν, εἰ μὴ πρὸς τὸ
136 πᾶν ἀπεγνώκει τὸν πόλεμον, τραπῆναί ποτε αὐτὸν ᾤοντο. καὶ κατὰ
τοῦτό γε οὐ διημάρτανον αὐτοῦ τῆς γνώμης· ἑώρα μὲν γάρ, ποῖ ῥέψει
τὰ Ἰουδαίων τέλους, καὶ μίαν αὐτῶν ᾔδει σωτηρίαν, εἰ μεταβάλοιντο.
137 αὐτὸς δὲ καίπερ συγγνωσθήσεσθαι παρὰ Ῥωμαίοις προσδοκῶν, ὅμως
τεθνάναι μᾶλλον εἵλετο πολλάκις ἢ καταπροδοὺς τὴν πατρίδα καὶ τὴν
ἐμπιστευθεῖσαν αὐτῷ στρατηγίαν ὑβρίσας εὐτυχεῖν παρ' οἷς πολεμήσων
138 ἐπέμφθη. γράφειν οὖν τοῖς ἐν τέλει τῶν Ἱεροσολύμων διέγνω μετὰ
ἀκριβείας τὰ πράγματα, ὡς μήτ' ἐπὶ μεῖζον ἐξάρας τὴν τῶν πολεμίων
ἰσχὺν αὖθις εἰς δειλίαν κακίζοιτο μήτε ἐνδεέστερον ἀπαγγείλας κἂν
139 μετανοήσαντας ἴσως θρασύνοιεν, ἵνα τε ἢ σπονδὰς αἱρούμενοι ταχέως
ἀντιγράψωσιν ἢ πολεμεῖν ἐγνωκότες πρὸς Ῥωμαίους ἀξιόμαχον αὐτῷ
140 πέμψωσι δύναμιν. ὁ μὲν οὖν ταῦτ' ἐπιστείλας πέμπει διὰ τάχους ἐπὶ
Ἱεροσολύμων τοὺς τὰ γράμματα κομίζοντας.
141 3. Οὐεσπασιανὸς δὲ ὡρμημένος ἐξαιρεῖν τὴν Ἰωταπάταν, πέπυστο γὰρ
εἰς αὐτὴν πλείστους τῶν πολεμίων συμπεφευγέναι καὶ ἄλλως ὁρμητήριον
ἰσχυρὸν οὖσαν αὐτῶν, πέμπει πεζούς τε καὶ ἱππεῖς τοὺς προεξομαλιοῦντας
τὴν ὁδὸν ὀρεινὴν ὑπάρχουσαν καὶ πετρώδη, δύσβατον δὲ καὶ πεζοῖς,
142 ἱππεῦσιν δ' ἀμήχανον. οἱ μὲν οὖν τέσσαρσιν ἡμέραις ἐξειργάσαντο καὶ
πλατεῖαν ἤνοιξαν τῇ στρατιᾷ λεωφόρον· τῇ πέμπτῃ δ' ὁ Ἰώσηπος,
αὕτη δ' ἦν Ἀρτεμισίου μηνὸς μία καὶ εἰκάς, φθάνει παρελθὼν εἰς τὴν
Ἰωταπάταν ἐκ τῆς Τιβεριάδος καὶ πεπτωκότα τοῖς Ἰουδαίοις ἐγείρει
143 τὰ φρονήματα. Οὐεσπασιανῷ δέ τις εὐαγγελίζεται τὴν μετάβασιν τοῦ

[32] Γαδάρων PA Niese; Γαδαρέων MVRC Na; Γαβάρων Gfrörer cj., Thack.

wenn die Römer ihnen nur Vertrauen schenkten, die Mehrzahl gern zu einem Vergleich bereit sein würde. Auch er wurde nun über die gesamte Kriegslage sehr besorgt und beschloß, sich von der Gefahr möglichst weit abzusetzen. Er nahm die Leute, die noch bei ihm geblieben waren, mit sich und flüchtete nach Tiberias.

7. Kapitel

1. 132. Vespasian rückte gegen die Stadt Gabara[45] heran und nahm sie im ersten Ansturm, da sie von allen kampffähigen Männern verlassen war. Nach seinem Einzug ließ er alle erwachsenen Männer niedermachen, und die Römer schonten dabei weder alt noch jung aus Haß gegen das jüdische Volk und in Erinnerung an dessen Rechtsbruch gegenüber Cestius. Darauf ließ er nicht allein die Stadt, sondern auch alle umliegenden Dörfer und Landstädtchen anzünden; die meisten fand er verlassen vor, in den anderen ließ er die Bevölkerung in die Sklaverei verkaufen.

2. 135. Durch seine Flucht setzte Josephus die Stadt, die er sich zu seiner persönlichen Sicherheit herausgesucht hatte, in Furcht und Schrecken. Die Einwohner von Tiberias waren nämlich der Meinung, daß er keinesfalls geflüchtet wäre, wenn er die Hoffnung auf eine günstige Wendung des Krieges nicht völlig aufgegeben hätte. Damit hatten sie seine Überzeugung durchaus richtig erraten. Er durchschaute nämlich, wohin am Ende die Sache der Juden führen würde; auch wußte er, es gäbe nur eine Möglichkeit für ihre Rettung, nämlich daß sie sich von dem bisher eingeschlagenen Wege abkehrten. Obgleich er selbst von den Römern Verzeihung erwarten durfte, wollte er doch lieber tausendfach sterben als sein Vaterland verraten und das ihm anvertraute Feldherrnamt in Schande bringen, um bei denen sein Glück zu machen, zu deren Bekämpfung er ausgesandt wurde. Er entschloß sich, den Volksführern in Jerusalem die Lage der Dinge wirklichkeitsgetreu schriftlich darzustellen, um nicht etwa durch Übertreibung der feindlichen Stärke wieder der Feigheit bezichtigt zu werden, noch durch eine abschwächende Darstellung die Verantwortlichen, die vielleicht selbst schon ihren Sinn geändert hätten, zu ermutigen. Wollten sie also Frieden schließen, so sollten sie es ihm rasch mitteilen; hätten sie die Absicht, mit den Römern entschlossen Krieg zu führen, sollten sie ihm ein Heer senden, das dem Kampfe gewachsen sei. Nach Abfassung des Briefes sandte er eiligst Boten nach Jerusalem, um ihn zu überbringen.

3. 141. Vespasian war fest entschlossen, Jotapata zu erobern. Er hatte nämlich erfahren, daß viele Feinde in diese Stadt geflohen seien, und daß sie, davon abgesehen, einen starken Stützpunkt für die Aufständischen bilde. Er sandte zunächst Fußvolk und Reiter voraus, die den bergigen und steinigen Weg einebnen sollten, war doch dieser schon für die Fußsoldaten nur mit Mühe zu begehen, für Reiter aber ganz unbrauchbar[46]. In vier Tagen hatten sie die Arbeit beendet und dem Heer eine breite Marschstraße eröffnet. Am fünften Tag — es war der 21. des Monat Artemisios[47] — traf Josephus gerade noch rechtzeitig von Tiberias her in Jotapata ein und richtete

ἀνδρὸς αὐτόμολος καὶ κατήπειγεν ἐπὶ τὴν πόλιν ὡς μετ' ἐκείνης αἱρή-
144 σοντα πᾶσαν Ἰουδαίαν, εἰ λάβοι τὸν Ἰώσηπον ὑποχείριον. ὁ δ' ἁρπάσας ὥσπερ μέγιστον εὐτύχημα τὴν ἀγγελίαν, καὶ προνοίᾳ θεοῦ τὸν συνετώτατον εἶναι δοκοῦντα τῶν πολεμίων οἰόμενος εἰς εἱρκτὴν αὐθαίρετον παρελθεῖν εὐθέως μὲν σὺν χιλίοις ἱππεῦσιν πέμπει Πλάκιδον καὶ δεκαδάρχην Αἰβούτιον, ἄνδρα τῶν ἐπισήμων κατὰ χεῖρα καὶ σύνεσιν, περικατασχεῖν κελεύσας τὴν πόλιν, ὡς μὴ λάθοι διαδρὰς ὁ Ἰώσηπος.
145 4. Αὐτὸς δὲ μετὰ μίαν ἡμέραν ἀναλαβὼν πᾶσαν τὴν δύναμιν εἵπετο
146 καὶ μέχρι δείλης ὁδεύσας πρὸς τὴν Ἰωταπάταν ἀφικνεῖται. ἀναλαβὼν δὲ τὴν στρατιὰν εἰς τὸ προσάρκτιον αὐτῆς μέρος ἔν τινι λόφῳ στρατοπεδεύεται διέχοντι σταδίους ἑπτὰ τῆς πόλεως, πειρώμενος ὡς μάλιστα
147 τοῖς πολεμίοις εὐσύνοπτος εἶναι πρὸς ἔκπληξιν· ἣ καὶ παραχρῆμα τοσαύτη τοὺς Ἰουδαίους κατέσχεν, ὡς μηδένα τοῦ τείχους τολμῆσαι
148 προελθεῖν. Ῥωμαῖοι δ' εὐθὺς μὲν ἀπώκνησαν προσβαλεῖν δι' ὅλης ὡδευκότες ἡμέρας, διπλῇ δὲ τῇ φάλαγγι κυκλοῦνται τὴν πόλιν καὶ τρίτην ἔξωθεν περιιστᾶσιν τὴν ἵππον, πάσας ἀποφράσσοντες αὐτοῖς τὰς ἐξόδους.
149 τοῦτ' ἐν ἀπογνώσει σωτηρίας παρώξυνε τοὺς Ἰουδαίους πρὸς τόλμαν· οὐδὲν γὰρ ἀνάγκης ἐν πολέμῳ μαχιμώτερον.
150 5. Γενομένης δὲ μεθ' ἡμέραν προσβολῆς τὸ μὲν πρῶτον Ἰουδαῖοι κατὰ χώραν μένοντες ἀντεῖχον ἀντικρὺ τῶν Ῥωμαίων ἐστρατοπεδευκότες³³
151 πρὸ τοῦ τείχους· ὡς δὲ Οὐεσπασιανὸς τούτοις μὲν τοὺς τοξότας καὶ σφενδονήτας καὶ πᾶν τὸ τῶν ἐκηβόλων πλῆθος ἐπιστήσας ἐπέτρεψεν βάλλειν, αὐτὸς δὲ μετὰ τῶν πεζῶν εἰς τὸ προσάντες ἀνώθει καθ' ὃ τὸ τεῖχος ἦν εὐάλωτον, δείσας ὁ Ἰώσηπος περὶ τῇ πόλει προπηδᾷ καὶ σὺν
152 αὐτῷ πᾶν τὸ τῶν Ἰουδαίων πλῆθος. συμπεσόντες δὲ τοῖς Ῥωμαίοις ἀθρόοι τοῦ μὲν τείχους ἀνέστειλαν αὐτούς, πολλὰ δ' ἐπεδείκνυντο χειρῶν
153 ἔργα καὶ τόλμης. οὐκ ἔλασσόν γε μὴν ὧν ἔδρων ἀντέπασχον· ὅσον γὰρ αὐτοὺς ἡ τῆς σωτηρίας ἀπόγνωσις, τοσοῦτο τοὺς Ῥωμαίους αἰδὼς παρεκρότει, καὶ τοὺς μὲν ἐμπειρία μετ' ἀλκῆς, τοὺς δὲ θράσος ὥπλιζε τῷ
154 θυμῷ στρατηγουμένους. παραταξάμενοι δὲ δι' ὅλης ἡμέρας νυκτὶ διαλύονται, τρώσαντες μὲν πλείστους Ῥωμαίων, δεκατρεῖς δ' ἀνελόντες· αὐτῶν δ' ἔπεσον μὲν δεκαεπτά, τραυματίαι δ' ἐγένοντο ἑξακόσιοι.
155 6. Τῇ δ' ὑστεραίᾳ πάλιν προσβάλλουσι τοῖς Ῥωμαίοις ἐπεξελθόντες καὶ πολὺ καρτερώτερον ἀντιπαρετάξαντο, θαρραλεώτεροι μὲν ἐκ τοῦ

³³ ἐξεστρατοπεδευκότες VRC Na; ἐστρατοπεδευκότων Lat.

die verzagten Gemüter der Juden wieder auf. Ein Überläufer brachte Vespasian die gute Nachricht von der Ankunft des Josephus in Jotapata und riet ihm dringend zum Marsch gegen diese Stadt, er würde nämlich mit ihrer Einnahme, falls er dabei Josephus in seine Gewalt brächte, gleich ganz Judäa gewinnen[48]. Vespasian griff diese Nachricht als ein glückverheißendes Geschenk auf, glaubte er doch, es sei eine Wirkung der göttlichen Vorsehung, daß der Mann, der als der klügste unter den Feinden galt, freiwillig in die Falle gegangen sei. Sofort sandte er nun Placidus und den Decurio Aebutius[49], einen Mann, der sich durch Tatkraft und Verstand auszeichnete, mit 1000 Reitern und dem Befehl ab, die Stadt einzuschließen, damit Josephus nicht heimlich entkomme.

4. 145. Einen Tag später folgte er mit seinem gesamten Heer und kam nach einem Tagesmarsch abends vor Jotapata an. Er ließ sein Heer an der Nordseite[50] der Stadt auf einem Hügel, sieben Stadien von ihr entfernt, Lager schlagen, in der Hoffnung, von den Feinden gut eingesehen zu werden, um sie dadurch zu erschrecken. Diese Absicht gelang ihm auch in so hohem Maße, daß keiner der Juden sich mehr vor die Mauer hinauswagte. Da die Römer den ganzen Tag marschiert waren, verzichteten sie von vornherein darauf, die Stadt anzugreifen; sie umgaben diese aber mit einem doppelten Einschließungsring und stellten weiter draußen als dritte Linie die Reiterei auf, so sperrten sie den Juden alle Ausgänge. Doch gerade dies erbitterte die Juden, die an ihrer Rettung verzweifelten, bis aufs Äußerste. Denn nichts macht im Krieg tapferer als die Not.

5. 150. Als am nächsten Tag der Angriff erfolgte, leisteten die Juden, die im freien Gelände geblieben waren und den Römern gegenüber ein Lager aufgeschlagen hatten[51], zunächst vor der Mauer nachdrücklich Widerstand. Als aber Vespasian ihnen nun die Bogenschützen und Schleuderer sowie die ganze Menge der mit Wurfgeschossen ausgerüsteten Soldaten gegenüberstellte und diesen Schuß und Wurf uneingeschränkt freigab, zugleich aber selbst mit den Fußtruppen den steilen Abhang hinauf — dort, wo die Mauer leicht einzunehmen war — vorstürmte, da fürchtete Josephus um das Schicksal der Stadt und machte zusammen mit der ganzen ihm folgenden jüdischen Mannschaft einen Ausfall. Sie stürzten sich dichtgedrängt auf die Römer, trieben sie von der Mauer zurück und gaben dabei viele Beweise ihrer Kraft und Kühnheit. Allerdings war der Verlust, den sie erlitten, nicht geringer als der, den sie den Gegnern zufügten. In der gleichen Weise, wie sie durch die ausweglose Verzweiflung, wurden die Römer durch die Furcht vor Schande angefeuert; auf der einen Seite stärkte den Kämpfenden die Erfahrung im Bunde mit Kraft den Rücken, auf der anderen Seite eine aus Leidenschaft geborene Tapferkeit. Sie kämpften den ganzen Tag über und lösten sich erst in der Nacht voneinander; die Juden hatten viele Römer verwundet und 13 getötet, von ihnen selbst waren 17 gefallen, 600 aber verwundet worden.

6. 155. Am nächsten Tage machten sie einen erneuten Ausfall und warfen sich auf die Römer; dabei kämpften sie noch viel erbitterter, denn

παρὰ λόγον ἀντισχεῖν τῇ προτέρᾳ γεγενημένοι, χρώμενοι δὲ καὶ τοῖς
156 Ῥωμαίοις μαχιμωτέροις· ὑπὸ γὰρ αἰδοῦς εἰς ὀργὴν ἐξεκαίοντο τὸ μὴ
157 ταχέως νικᾶν ἧτταν ἡγούμενοι. καὶ μέχρι πέμπτης ἡμέρας προσβολαὶ
μὲν ἐγίνοντο τῶν Ῥωμαίων ἀδιάλειπτοι, ἐκδρομαὶ δὲ τῶν Ἰωταπατηνῶν
καὶ τειχομαχίαι καρτερώτεραι, καὶ οὔτε Ἰουδαῖοι τὴν τῶν πολεμίων ἰσχὺν
κατωρρώδουν οὔτε Ῥωμαῖοι πρὸς τὸ τῆς πόλεως δυσάλωτον ἀπέκαμνον.
158 7. Ἔστιν δ' Ἰωταπάτα πλὴν ὀλίγου πᾶσα κρημνός, ἐκ μὲν τῶν ἄλλων
μερῶν πάντοθεν φάραγξιν ἀπείροις ἀπότομος, ὡς τῶν κατιδεῖν πειρωμένων τὰς ὄψεις προεξασθενεῖν τοῦ βάθους, ἀπὸ βορέου δε προσιτὴ
159 μόνον, καθ' ὃ λήγοντι τῷ ὄρει πλαγίῳ[34] προσέκτισται[35]. καὶ τοῦτο δ' ὁ
Ἰώσηπος ἐμπεριειλήφει τειχίζων τὴν πόλιν, ὡς ἀκατάληπτον εἶναι
160 πολεμίοις τὴν ὑπὲρ αὐτῆς ἀκρώρειαν. κυκλόθεν δ' ἄλλοις ὄρεσιν καλυπτο-
μένη, πρὶν εἰσαφίκοιτό τις εἰς αὐτήν, παντελῶς ἀόρατος ἦν. εἶχε μὲν
οὖν οὕτως ὀχυρότητος Ἰωταπάτη·
161 8. Οὐεσπασιανὸς δὲ τῇ τε φύσει τοῦ χωρίου καὶ ταῖς τόλμαις τῶν
Ἰουδαίων ἀντιφιλονεικῶν ἔγνω καρτερώτερον ἅπτεσθαι τῆς πολιορκίας,
καὶ προσκαλεσάμενος τοὺς ὑπ' αὐτὸν ἡγεμόνας ἐβουλεύετο περὶ τῆς
162 προσβολῆς. δόξαν δὲ χῶσαι τὸ προσιτὸν τοῦ τείχους ἐπὶ συγκομιδὴν
ὕλης ἐκπέμπει πᾶν τὸ στράτευμα, καὶ κοπέντων τῶν περὶ τὴν πόλιν
163 ὀρῶν συναλισθείσης τε ἅμα τοῖς ξύλοις ἀπείρου χερμάδος, οἱ μὲν πρὸς
ἀλεωρὰν τῶν ὕπερθεν ἀφιεμένων βελῶν γέρρα διατείναντες ὑπὲρ
χαρακωμάτων ἔχουν ὑπ' αὐτοῖς οὐδὲν ἢ μικρὰ βλαπτόμενοι ταῖς ἀπὸ τοῦ
164 τείχους βολαῖς· οἱ δὲ τοὺς πλησίον ὄχθους ἀνασπῶντες γῆν αὐτοῖς
165 ἀδιαλείπτως ἔφερον, καὶ τριχῇ διῃρημένων ἀργὸς ἦν οὐδείς. οἱ δὲ
Ἰουδαῖοι πέτρας τε μεγάλας ἀπὸ τῶν τειχῶν τοῖς σκεπάσμασιν αὐτῶν
ἐπηφίεσαν καὶ πᾶν εἶδος βελῶν· ἦν δὲ καὶ μὴ διικνουμένων πολὺς ὁ
ψόφος καὶ φοβερὸς ἐμπόδιον τοῖς ἐργαζομένοις.
166 9. Οὐεσπασιανὸς δὲ ἐν κύκλῳ τὰς ἀφετηρίους μηχανὰς ἐπιστήσας,
τὰ πάντα δ' ἦν ἑκατὸν ἑξήκοντα ὄργανα, βάλλειν ἐκέλευσεν τοὺς ἐπὶ
167 τοῦ τείχους. ὁμοῦ δὲ οἵ τε καταπέλται τὰς λόγχας ἀνερροίζουν καὶ
ταλαντιαῖοι λίθοι μέγεθος ἐκ τῶν πετροβόλων ἐβάλλοντο πῦρ τε καὶ
πλῆθος ἀθρόων οἰστῶν, ἅπερ οὐ μόνον τὸ τεῖχος ἀνεπίβατον τοῖς
168 Ἰουδαίοις ἐποίησεν, ἀλλὰ καὶ τὴν ἐντὸς ὅσης ἐφικνεῖτο χώρας· καὶ

---

[34] πλαγίως ML (Niese: *fortasse recte*) Reinach Thack; πλαγία von Niese in Erwägung gezogen; πλαγίῳ PAVRC Niese Na.

[35] προσέκτισται VRC Lat Niese Na Thack; προσεκτείνεται (P) ALM Reinach.

dadurch, daß sie wider Erwarten am Vortage dem Gegner widerstanden hatten, war ihr Kampfesgeist noch weiter gewachsen. Sie fanden aber auch bei den Römern gesteigerten Eifer, denn diese halten es schon für eine Niederlage, wenn der Sieg nicht rasch eintritt; sie waren deshalb aus Scham darüber in hellem Zorn entbrannt. Bis zum fünften Tage erneuerten die Römer ununterbrochen ihre Angriffe, aber ebenso wurden auch die Ausfälle der Verteidiger von Jotapata und die Mauergefechte immer heftiger. Die Juden fürchteten weder die Macht der Feinde noch ermatteten die Römer durch die Schwierigkeiten, die der Einnahme der Stadt entgegenstanden.

7. 158. Jotapata liegt auf einer nahezu überall steil abfallenden Höhe[52] und wird auf drei Seiten durch unergründliche Schluchten abgeschlossen, diese sind so tief, daß die, die einen Blick in den Abgrund werfen wollen, vom Schwindel erfaßt werden. Nur auf der Nordseite ist es zugänglich, wo es sich auf dem abschüssigen Ausläufer eines Berges erstreckt. Diesen hatte Josephus, als er die Stadt ummauerte, mit eingeschlossen, sodaß die Feinde die über der Stadt gelegene Bergspitze nicht besetzen konnten. Die Stadt wurde von den sie umgebenden Bergen so verborgen, daß man von ihr, bevor man sie erreicht hatte, überhaupt nichts sehen konnte. So verhielt es sich mit der günstigen Festungslage Jotapatas.

8. 161. Vespasian setzte seinen Ehrgeiz darein, mit der Natur des Ortes und dem wilden Kampfeseifer der Juden fertig zu werden; er erkannte, daß er dazu die Belagerung noch nachdrücklicher betreiben müsse. So rief er die ihm unterstellten Befehlshaber zusammen und hielt mit ihnen Rat über die Weiterführung des Angriffs. Man hielt es für richtig, an der Stelle, wo die Mauer zugängig war, einen Damm aufzuwerfen; Vespasian schickte daher das ganze Heer zur Herbeischaffung von Holz aus, und nachdem die Soldaten die Berge rings um die Stadt kahlgeschlagen hatten, brachte man mit den Holzstämmen noch eine ungeheure Menge Feldsteine zusammen. Zum Schutz gegen die von oben heranfliegenden Geschosse spannten sie geflochtene Schirmdächer[53] über Pfählen auf und arbeiteten darunter am Bau des Dammes, wobei sie durch die Beschießung von der Mauer keine oder doch nur geringe Ausfälle hatten. Andere gruben von den näher liegenden Hügeln Erde ab und führten sie ohne Unterbrechung ihren Kameraden am Damme zu. Da sie so in drei Arbeitsgruppen aufgeteilt waren, konnte keiner müßig bleiben. Die Juden jedoch schleuderten von der Mauer auf die Schutzdächer der Römer Felsbrocken und Wurfgeschosse aller Art; auch wenn diese nicht durchschlugen, machten sie doch einen entsetzlichen Lärm und hinderten so die arbeitenden Soldaten.

9. 166. Vespasian ließ nun ringsum die Wurfmaschinen aufstellen — insgesamt standen 160 zur Verfügung[54] — und gab Befehl, die Verteidiger der Mauer zu beschießen. Zu gleicher Zeit schleuderten dann die Katapulte ihre Lanzen und die Steinwerfer ihre ungeheuren zentnerschweren Klötze, dazu Feuerbrände und unzählige Pfeile. Das machte es den Juden nicht nur unmöglich, die Mauer zu betreten, sondern auch das ganze Gebiet innerhalb derselben, soweit es in der Reichweite der Geschütze lag. Denn

γὰρ καὶ τὸ τῶν Ἀράβων τοξοτῶν πλῆθος ἀκοντισταί τε καὶ σφενδονῆται
169 πάντες ἅμα τοῖς μηχανήμασιν ἔβαλλον. οὐ μὴν εἰργόμενοι τῆς καθύπερθεν ἀμύνης ἠρέμουν· ἐκτρέχοντες γὰρ λῃστρικώτερον κατὰ λόχους περιέσπων τε τῶν ἐργαζομένων τὰς σκέπας καὶ τοὺς γυμνουμένους ἔπαιον, καὶ καθ' δ παρείκοιεν ἐκεῖνοι διερρίπτουν τε τὸ χῶμα καὶ τὰ χαρακώματα
170 σὺν τοῖς γέρροις ἐνεπίμπρασαν, μέχρι συνεὶς Οὐεσπασιανὸς τὴν διαίρεσιν τῶν ἔργων αἰτίαν εἶναι τῆς βλάβης, τὰ γὰρ διαστήματα τοῖς Ἰουδαίοις προσβολῆς παρεῖχεν τόπον, ἑνοῖ τὰ σκεπάσματα, καὶ συναφθείσης ἅμα αὐτοῖς τῆς δυνάμεως ἀνείρχθησαν αἱ τῶν Ἰουδαίων παραδύσεις.

171 10. Ἐγειρομένου δὲ τοῦ χώματος ἤδη καὶ ταῖς ἐπάλξεσιν ὅσον οὔπω πλησιάζοντος δεινὸν ὁ Ἰώσηπος νομίσας, εἰ μηδὲν ἀντιμηχανήσαιτο τῇ πόλει σωτήριον, συναθροίζει τέκτονας καὶ τὸ τεῖχος ἐκέλευσεν ὑψοῦν.
172 τῶν δ' ἀδύνατον εἶναι φαμένων οἰκοδομεῖν τοσούτοις βέλεσι βαλλο-
173 μένους, σκέπην αὐτοῖς ἐπινοεῖ τοιάνδε· δρυφάκτους πήξασθαι κελεύσας ἐμπετάσαι τε βύρσας νεοδόρους βοῶν, ὡς ἀναδέχοιντο μὲν τοὺς ἀπὸ τῶν πετροβόλων λίθους κολπούμεναι, περιολισθάνοι δὲ ἀπ' αὐτῶν καὶ τὰ λοιπὰ βέλη καὶ τὸ πῦρ ὑπὸ τῆς ἰκμάδος εἴργοιτο, προανίστησιν τῶν
174 τεκτόνων. ὑφ' οἷς ἀσφαλῶς ἐργαζόμενοι δι' ἡμέρας τε καὶ νυκτὸς τὸ τεῖχος ἤγειραν εἰς εἴκοσι πήχεις τὸ ὕψος, καὶ συχνοὺς μὲν πύργους
175 ἐνῳκοδόμησαν αὐτῷ, καρτερὰν δὲ ἔπαλξιν ἐφηρμόσαντο. τοῦτο τοῖς Ῥωμαίοις ἤδη τῆς πόλεως ἐντὸς οἰομένοις εἶναι πολλὴν ἐποίησεν ἀθυμίαν, καὶ πρός τε τὴν ἐπίνοιαν τοῦ Ἰωσήπου καὶ τὸ παράστημα τῶν ἐπὶ τῆς πόλεως κατεπλάγησαν.

176 11. Οὐεσπασιανὸς δὲ καὶ πρὸς τὸ πανοῦργον τοῦ στρατηγήματος
177 καὶ πρὸς τὰς τόλμας παρωξύνετο τῶν Ἰωταπατηνῶν· πάλιν γὰρ ἀναθαρσήσαντες ἐπὶ τῷ τειχισμῷ τοῖς Ῥωμαίοις ἐπεξέθεον, καὶ καθ' ἡμέραν ἐγίνοντο συμπλοκαὶ κατὰ λόχους ἐπίνοιά τε λῃστρικὴ πᾶσα καὶ τῶν προστυχόντων ἁρπαγαὶ καὶ τῶν ἄλλων ἔργων πυρπολήσεις,
178 ἕως Οὐεσπασιανὸς ἀναπαύσας τὴν στρατιὰν μάχης διέγνω προσκαθ-
179 εζόμενος σπάνει τῶν ἐπιτηδείων αἱρεῖν τὴν πόλιν· ἢ γὰρ ἀναγκαζομένους ταῖς ἀπορίαις ἱκετεύσειν αὐτὸν ἢ μέχρι παντὸς ἀπαυθαδισαμένους
180 διαφθαρήσεσθαι λιμῷ. πολύ τε ῥᾴσιν αὐτοῖς ἠξίου χρήσεσθαι κατὰ τὴν μάχην, εἰ διαλιπὼν αὖθις ἐκτετρυχωμένοις ἐπιπέσοι. φρουρεῖν δὴ πάσας αὐτῶν ἐκέλευσεν τὰς ἐξόδους.

auch die Menge der arabischen Bogenschützen, die Speerwerfer und Schleuderer schossen gleichzeitig mit den Geschützen. Die Verteidiger, daran gehindert, von ihrer höheren Stellung aus zu kämpfen, blieben nicht ruhig; sie machten nämlich nach Räuberart Ausfälle in kleinen Kampfgruppen[55], zogen den arbeitenden Soldaten die Schutzdächer weg und hieben auf die nunmehr Ungedeckten ein, warfen dort, wo jene zurückwichen, die aufgeschüttete Erde wieder auseinander und steckten die Pfähle samt dem Weidengeflecht in Brand. Das ging so lange, bis Vespasian erkannte, daß die Rückschläge ihre Ursache in den großen Abständen zwischen den Belagerungswerken hätten, denn diese gaben den Juden Gelegenheit zu Ausfällen. Er verband also die Schutzdächer miteinander, und da hierdurch auch eine Verbindung der Truppen selbst hergestellt war, wurden die plötzlichen Überfälle der Juden unmöglich gemacht.

10. 171. Der Damm stieg nun in die Höhe und war schon nahe daran, die Mauerzinne zu erreichen. Josephus hielt das für höchst gefährlich, wenn es ihm nicht gelingen würde, zur Rettung der Stadt ein Gegenmittel zu erfinden. Er ließ die Bauleute zusammenkommen und gab Befehl, die Mauer zu erhöhen. Als diese sagten, es sei unmöglich, den Bau auszuführen, solange sie so starkem Beschuß ausgesetzt seien, erdachte er zu ihrem Schutz folgende Anlage: Er ließ Pfähle einrammen und daran frisch abgezogene Rinderhäute aufspannen[56], damit sie infolge ihrer Dehnbarkeit die von den Wurfmaschinen geschleuderten Steine auffingen, die übrigen Geschosse aber von ihnen abgleiten sollten und die Feuerbrände durch die Feuchtigkeit gelöscht würden. Das Ganze wurde vor den Bauleuten aufgerichtet, die unter diesem Schutz Tag und Nacht sicher arbeiten konnten und die Mauer auf 20 Ellen erhöhten, viele Türme darauf errichteten und auch eine starke Brustwehr anbrachten. Dies raubte den Römern, die sich schon in der Stadt selbst sahen, den ganzen Mut, und sie waren sowohl über die List des Josephus wie über die Standhaftigkeit der Verteidiger der Stadt recht niedergeschlagen.

11. 176. Vespasian war über diese schlaue Kriegslist und den Kampfeseifer der Verteidiger von Jotapata ziemlich erbost. Denn durch den Mauerbau ermutigt, machten diese wieder Ausfälle gegen die Römer, und jeden Tag lieferten jüdische Abteilungen den Belagerern Gefechte: alle Spielarten des Bandenkrieges kamen zur Anwendung, sie nahmen mit, was ihnen unter die Hände kam und steckten die anderen Belagerungswerke in Brand. Das ging soweit, daß Vespasian dem Heer befahl, den Kampf einzustellen und beschloß, in einer länger andauernden Belagerung die Stadt durch Hunger in seine Gewalt zu bekommen. Denn er sagte sich, daß die Verteidiger entweder durch die Not gezwungen würden, sich ihm auf Gnade oder Ungnade zu ergeben, oder aber, falls sie bis zum Äußersten in ihrer Anmaßung verharrten, durch Hunger zugrunde gingen. Er glaubte nämlich, daß die Römer es bei neuer Kampfberührung viel leichter hätten, da sie dann nach einem gewissen Zeitraum ganz entkräftete Gegner angreifen würden. Er gab also Befehl, alle Ausgänge der Stadt scharf zu bewachen.

181 12. Τοῖς δὲ σίτου μὲν πλῆθος ἦν ἔνδον καὶ τῶν ἄλλων πλὴν ἁλὸς ἁπάντων, ἔνδεια δὲ ὕδατος ὡς ἂν πηγῆς μὲν οὐκ οὔσης κατὰ τὴν πόλιν, τῷ δ' ὀμβρίῳ διαρκουμένων τῶν ἐν αὐτῇ· σπάνιον δ' εἴ ποτε τὸ κλίμα
182 θέρους ὕεται. καὶ κατὰ ταύτην τὴν ὥραν πολιορκουμένων ἀθυμία δεινὴ πρὸς τὴν τοῦ δίψους ἐπίνοιαν ἦν, ἀσχαλλόντων ἤδη ὡς καθάπαν
183 ἐπιλελοιπότος ὕδατος· ὁ γὰρ Ἰώσηπος τήν τε πόλιν ὁρῶν τῶν ἄλλων ἐπιτηδείων εὔπορον καὶ τὰ φρονήματα γενναῖα τῶν ἀνδρῶν, βουλόμενός τε παρ' ἐλπίδα τοῖς Ῥωμαίοις ἐκτεῖναι τὴν πολιορκίαν, μέτρῳ τὸ ποτὸν
184 αὐτοῖς διένειμεν εὐθέως[36]. οἱ δὲ τὸ ταμιεύεσθαι χαλεπώτερον ἐνδείας ὑπελάμβανον, καὶ τὸ μὴ αὐτεξούσιον αὐτῶν πλέον ἐκίνει τὴν ὄρεξιν, καὶ καθάπερ εἰς ἔσχατον ἤδη δίψους προήκοντες ἀπέκαμνον. διακείμενοι
185 δὲ οὕτως οὐκ ἐλάνθανον τοὺς Ῥωμαίους· ἀπὸ γὰρ τοῦ κατάντους ἑώρων αὐτοὺς ὑπὲρ τὸ τεῖχος ἐφ' ἕνα συρρέοντας τόπον καὶ μετρουμένους τὸ ὕδωρ, ἐφ' ὃν καὶ τοῖς ὀξυβελέσιν ἐξικνούμενοι πολλοὺς ἀνῄρουν.

186 13. Καὶ Οὐεσπασιανὸς μὲν οὐκ εἰς μακρὰν τῶν ἐκδοχείων κενωθέν-
187 των ἤλπιζεν ὑπὸ τῆς ἀνάγκης αὐτῷ παραδοθήσεσθαι τὴν πόλιν· ὁ δὲ Ἰώσηπος κλάσαι τὴν ἐλπίδα ταύτην αὐτῷ προαιρούμενος ἐμβρέξαι κελεύει πλείστους τὰ ἱμάτια καὶ κατακρεμάσαι περὶ τὰς ἐπάλξεις, ὥστε
188 περιρρεῖσθαι πᾶν ἐξαπίνης τὸ τεῖχος. πρὸς τοῦτ' ἀθυμία τῶν Ῥωμαίων καὶ κατάπληξις ἦν θεασαμένων εἰς χλεύην τοσοῦτον παραναλίσκοντας ὕδατος οὓς οὐδὲ ποτὸν ἔχειν ὑπελάμβανον, ὥστε καὶ τὸν στρατηγὸν ἀπογνόντα τὴν δι' ἐνδείας ἅλωσιν τρέπεσθαι πάλιν πρὸς ὅπλα καὶ
189 βίαν. ὃ δὴ τοῖς Ἰουδαίοις δι' ἐπιθυμίας ἦν· ἀπεγνωκότες γὰρ ἑαυτοὺς καὶ τὴν πόλιν πρὸ λιμοῦ καὶ δίψης τὸν ἐν πολέμῳ θάνατον ᾑροῦντο.

190 14. Ὁ μέντοι γε Ἰώσηπος πρὸς τῷδε τῷ στρατηγήματι καὶ ἕτερον
191 ἐπενόησεν εἰς περιουσίαν αὐτῷ· διά τινος χαράδρας δυσβάτου καὶ διὰ τοῦθ' ὑπὸ τῶν φυλάκων ἀμελουμένης κατὰ τὰ πρὸς δύσιν μέρη τῆς φάραγγος ἐκπέμπων τινὰς γράμματά τε πρὸς οὓς ἡβούλετο τῶν ἔξω Ἰουδαίων διεπέμψατο καὶ παρ' αὐτῶν ἐλάμβανεν, παντός τε ἐπιτηδείου
192 τῶν ἀνὰ τὴν πόλιν ἐπιλελοιπότων εὐπόρησεν, ἕρπειν τὰ πολλὰ παρὰ τὰς φυλακὰς κελεύσας τοῖς ἐξιοῦσιν καὶ τὰ νῶτα καλύπτειν νάκεσιν, ὡς εἰ καὶ κατίδοι τις αὐτοὺς νύκτωρ, φαντασίαν παρέχοιεν κυνῶν, μέχρι συναισθόμενοι τὴν ἐπίνοιαν οἱ φρουροὶ περιίσχουσιν τὴν χαράδραν.

[36] διένεμεν (ohne εὐθέως) MVRC Na; διένεμεν εὐθέως L; διένειμεν εὐθέως PA Niese.

12. 181. Getreide und die übrigen Lebensmittel außer Salz waren in Jotapata reichlich vorhanden, es fehlte jedoch an Wasser, da die Stadt keine Quelle besaß und man in ihr mit Regenwasser auskommen mußte. Es ist aber eine Seltenheit, wenn es in diesem Gebiet den Sommer über regnet. So ergriff die Einwohner, die ja gerade in dieser Jahreszeit belagert wurden, eine schreckliche Mutlosigkeit bei dem Gedanken, verdursten zu müssen, und sie wurden ganz unruhig, als gäbe es schon gar kein Wasser mehr. Josephus sah ja, daß die Stadt mit allen anderen Lebensmitteln wohl versorgt und der Mut der Verteidiger standhaft war; er wollte nun die Belagerung wider die Erwartung der Römer möglichst in die Länge ziehen und teilte daher von Anfang an den Verteidigern das Trinkwasser nach einem festen Maße zu. Ihnen aber erschien die Einteilung noch schwerer zu ertragen als der Wassermangel, und die Tatsache, daß sie nicht selbst über das Wasser verfügen konnten, steigerte noch ihre Begierde; sie waren schon so matt, als hätten sie bereits den äußersten Grad des Durstes erreicht. Dieser ihr Zustand blieb den Römern nicht verborgen, denn von ihrem erhöhten Standpunkt aus sahen sie über die Mauer weg die Einwohner an einem Ort zusammenströmen, um die zugeteilte Wassermenge zu empfangen. Dorthin schossen die Belagerer mit ihren Katapulten und töteten viele.

13. 186. Vespasian hoffte nun, daß in nicht allzu langer Zeit die Zisternen geleert wären und die Stadt dadurch genötigt würde, sich ihm zu ergeben. Josephus jedoch nahm sich vor, ihm diese Hoffnung gründlich zu zerstören und befahl, eine große Anzahl sollte ihre Kleider in Wasser tauchen und an der Brustwehr herunterhängen lassen, sodaß die ganze Mauer plötzlich von Wasser überströmt wurde[57]. Die Bestürzung und Verwirrung war jetzt auf Seiten der Römer, die sehen mußten, daß die Juden eine solche Menge Wasser zu einem Scherz verschwendeten, während sie annahmen, daß jene nichts mehr zu trinken hätten. Selbst der Feldherr verzweifelte daran, die Stadt durch Mangel an Lebensmitteln und Wasser einzunehmen und wandte sich wieder der Waffengewalt zu. Eben das war auch der dringende Wunsch der Juden: denn obwohl sie sich in ihr verzweifeltes Geschick und den Untergang der Stadt gefunden hatten, zogen sie es doch vor, im Kampfe anstatt durch Hunger und Durst zu sterben.

14. 190. Außer der genannten Kriegslist ersann Josephus noch eine weitere, um sich reichlich Lebensmittel zu verschaffen. Durch eine Schlucht nach der Westseite des Tales hin, die schwer zugänglich war[58] und deshalb von den Wachen vernachlässigt wurde, sandte er Boten mit Briefen an diejenigen Juden draußen, denen er eine Mitteilung machen wollte und empfing auch selbst von ihnen Antwort; außerdem verschaffte er sich auf diese Weise viele Nahrungsmittel, die in der Stadt schon ausgegangen waren. Er schärfte den Boten immer wieder ein, an den Wachen vorbeizukriechen und ihren Rücken mit Fellen zu bedecken, damit sie, wenn sie jemand in der Nacht erblicken sollte, den Eindruck von Hunden erweckten. Endlich kamen die Wachen hinter diese List und riegelten die Schlucht ab.

15. Καὶ τόθ' ὁ Ἰώσηπος μὲν τὴν πόλιν οὐκ εἰς μακρὰν ὁρῶν ἀνθέξειν, ἐν ἀπόρῳ δὲ τὴν ἑαυτῶν²⁷ σωτηρίαν εἰ μένοι, δρασμὸν ἅμα τοῖς δυνατοῖς ἐβουλεύετο. συναισθόμενοι δὲ τὸ πλῆθος καὶ περιχυθὲν αὐτῷ κατηντιβόλουν μὴ σφᾶς περιιδεῖν ἐπ' αὐτῷ μόνῳ κειμένους· εἶναι γὰρ τῇ πόλει καὶ σωτηρίας μὲν ἐλπὶς παραμένων, παντὸς ἀγωνισομένου δι' αὐτὸν προθύμως, κἂν ἁλῶσιν δέ, παραμυθίαν. πρέπειν δ' αὐτῷ μήτε φυγεῖν τοὺς ἐχθροὺς μήτ' ἐγκαταλιπεῖν τοὺς φίλους μήτ' ἀποπηδᾶν ὥσπερ χειμαζομένης νεώς, εἰς ἣν ἐν γαλήνῃ παρῆλθεν· ἐπιβαπτίσειν γὰρ αὐτοῖς τὴν πόλιν μηδενὸς ἔτι τοῖς πολεμίοις τολμῶντος ἀνθίστασθαι δι' ὃν ἂν θαρσοῖεν οἰχομένου.

16. Ὁ δὲ Ἰώσηπος τὸ κατ' αὐτὸν ἀσφαλὲς ὑποστελλόμενος ὑπὲρ αὐτῶν ἔφασκεν ποιεῖσθαι τὴν ἔξοδον· μένων μὲν γὰρ οὔτ' ἂν ὠφελῆσαί τι μέγα σωζομένους, κἂν ἁλίσκωνται, συναπολεῖσθαι περιττῶς, ἐκδὺς δὲ τῆς πολιορκίας ἔξωθεν αὐτοὺς ὠφελήσειν μέγιστα· τούς τε γὰρ ἐκ τῆς χώρας Γαλιλαίους συναθροίσειν ᾗ τάχος καὶ Ῥωμαίους ἑτέρῳ πολέμῳ τῆς πόλεως αὐτῶν ἀντιπερισπάσειν. οὐχ ὁρᾶν δέ, τί παρακαθεζόμενος αὐτοῖς χρήσιμος εἴη νῦν, πλὴν εἰ μὴ Ῥωμαίους παροξύνων μᾶλλον ἐπὶ τὴν πολιορκίαν, οἷς περὶ πλείστου ποιεῖσθαι λαβεῖν αὐτόν· εἰ δ' ἐκδράντα πύθοιντο, πολὺ τῆς ἐπὶ τὴν πόλιν ὁρμῆς ἀνήσειν. οὐκ ἔπειθεν δὲ τούτοις, ἀλλὰ μᾶλλον ἐξέκαυσεν τὸ πλῆθος αὐτοῦ περιέχεσθαι· παιδία γοῦν καὶ γέροντες καὶ γύναια μετὰ νηπίων ὀδυρόμενα προσέπιπτον αὐτῷ καὶ τοῖς ποσὶν ἐμπλεκόμενοι πάντες εἴχοντο, καὶ μετὰ κωκυτῶν κοινωνὸν σφίσι τῆς τύχης μένειν ἱκέτευον, οὐ φθόνῳ τῆς ἐκείνου σωτηρίας, ἔμοιγε δοκεῖν, ἀλλ' ἐλπίδι τῆς ἑαυτῶν· οὐδὲν γὰρ ἠξίουν πείσεσθαι δεινὸν Ἰωσήπου μένοντος.

17. Ὁ δὲ πειθομένῳ μὲν ἱκετηρίαν ταῦτα νομίσας, βιαζομένῳ δὲ φρουράν, πολὺ δ' αὐτοῦ τῆς εἰς τὴν ἀπόλειψιν ὁρμῆς καὶ ὁ τῶν ὀδυρομένων ἔκλασεν οἶκτος, μένειν τε ἔγνω, καὶ τὴν κοινὴν τῆς πόλεως ἀπόγνωσιν ὁπλισάμενος, «νῦν καιρός, εἰπών, ἄρχεσθαι μάχης, ὅτ' ἐλπὶς οὐκ ἔστι σωτηρίας· καλὸν εὔκλειαν ἀντικαταλλαξάμενον τοῦ βίου καὶ δράσαντά τι γενναῖον εἰς μνήμην ὀψιγενῶν πεσεῖν», ἐπ' ἔργα τρέπεται. καὶ προελθὼν μετὰ τῶν μαχιμωτάτων διεσκίδνα τε τοὺς φρουροὺς καὶ μέχρι τοῦ στρατοπέδου τῶν Ῥωμαίων κατέτρεχεν, καὶ τὰς μὲν ἐπὶ τῶν

---

³⁷ ἑαυτοῦ MLVRC Na Reinach Thack.

15. 193. Josephus erkannte zu dieser Zeit, daß die Stadt nicht mehr lange Widerstand leisten könne; er beriet sich daher mit den ersten Männern der Stadt über eine mögliche Flucht, da ihre Rettung höchst zweifelhaft sein werde, wenn er bleibe. Die Einwohner jedoch witterten es, umdrängten ihn und baten flehentlich, er möchte sie nicht im Stiche lassen, da sie auf ihn allein ihre Zuversicht setzten. Wenn er nämlich bleibe, habe die Stadt noch Hoffnung, gerettet zu werden, da jeder seinetwegen bereitwillig kämpfen würde; sollten sie aber in Feindeshand fallen, so bedeute seine Gegenwart Trost für sie. Auch fordere es seine Ehre, daß er weder vor den Feinden fliehe noch die Freunde verlasse; er dürfe daher nicht wie von einem Schiffe, das in einen Sturm geraten sei, abspringen, nachdem er es bei noch stiller See betreten habe. Er werde so den Untergang ihrer Stadt verursachen, da keiner mehr wage, den Feinden Widerstand zu leisten, wenn er, um dessentwillen sie soviel Zuversicht zeigten, weggehe.

16. 197. Josephus verschwieg, daß es ihm um seine persönliche Sicherheit ging, und erklärte, daß um ihretwillen das Verlassen der Stadt notwendig sei; bleibe er in der Stadt, so könne er ihnen, falls sie gerettet würden, nicht viel nützen, fielen sie dagegen in die Hand des Feindes, so ginge er unnötigerweise mit ihnen zugrunde; gelinge es ihm aber, aus dem Belagerungsring zu entkommen, habe er die Möglichkeit, ihnen von draußen außerordentlich viel zu helfen. Er würde nämlich schnellstens die Landbevölkerung Galiläas aufbieten und die Römer dadurch, daß er an anderer Stelle den Kampf auflodern ließe, von ihrer Stadt abziehen. Er sähe aber nicht ein, welchen Nutzen er ihnen noch durch seine Anwesenheit bringe, außer daß er die Römer verstärkt zur Belagerung antreibe, legten sie doch größten Wert darauf, ihn zu fangen. Würden sie aber erfahren, daß er entflohen sei, werde ihr Druck auf die Stadt nachlassen. Er konnte aber dadurch die Menge nicht überzeugen, sondern steigerte nur ihren Eifer, mit dem sie ihn umringten. Kinder und Greise, auch Frauen mit ihren Säuglingen fielen jammernd vor ihm nieder, umklammerten in großer Zahl seine Füße, hielten ihn fest und flehten ihn unter Wehklagen an, er möchte doch bleiben und ihr Schicksal teilen[59]; dabei mißgönnten sie ihm nicht die Rettung, wie mir scheint, sondern sahen nur auf ihre eigene Hoffnung. Sie glaubten nämlich, es könne ihnen nichts Schlimmes geschehen, solange Josephus bleibe.

17. 203. Dieser erkannte, daß sie nur, solange er sich füge, beim bloßen Bitten bleiben würden, sobald er aber mit Gewalt seinen Willen durchsetzen wolle, würde er wie in einem Gefängnis festgehalten. Außerdem hatte auch das Mitleid mit den Klagenden sein Verlangen zu fliehen stark erschüttert, er beschloß also zu bleiben. Er wappnete sich mit dem Mut der Verzweiflung, der in der Stadt herrschte und rief: „Jetzt ist die rechte Zeit, mit dem Kampf zu beginnen, weil keine Hoffnung auf Rettung mehr vorhanden ist. Es ist eine gute Sache, das Leben für den Ruhm einzutauschen und durch heldenmütigen Einsatz in das Gedenken der Nachwelt einzugehen." Mit diesen Worten stürzte er in den Kampf und machte mit den Tapfersten einen Ausfall; er zersprengte die Wachen, drang bis zum römi-

χωμάτων δέρρεις, αἷς ὑπεσκήνουν, διέσπα, τοῖς δὲ ἔργοις ἐνέβαλλεν
206 πῦρ. τῇ τε ἑξῆς ὁμοίως καὶ τῇ τρίτῃ καὶ ἐπὶ συχνὰς ἡμέρας καὶ νύκτας πολεμῶν οὐκ ἔκαμνεν.
207 18. Οὐεσπασιανὸς δὲ τῶν [τε] Ῥωμαίων κακουμένων ταῖς ἐκδρομαῖς, τρέπεσθαί τε γὰρ ὑπὸ Ἰουδαίων ᾐδοῦντο καὶ τραπέντων ἐπιδιώκειν βάρει τῶν ὅπλων ἦσαν βραδεῖς, οἵ τε Ἰουδαῖοι πρίν τι παθεῖν ἀεὶ
208 δρῶντες ἀνέφευγον εἰς τὴν πόλιν, τοῖς μὲν ὁπλίταις τὰς ὁρμὰς αὐτῶν
209 ἐκκλίνειν ἐκέλευσεν καὶ μὴ συμπλέκεσθαι θανατῶσιν ἀνθρώποις· οὐδὲν γὰρ ἀλκιμώτερον εἶναι τῆς ἀπογνώσεως, περισβέννυσθαι δὲ αὐτῶν τὰς
210 ὁρμὰς σκοπῶν ἀπορουμένας ὥσπερ ὕλης τὸ πῦρ· προσήκειν γε μὴν καὶ Ῥωμαίοις μετὰ ἀσφαλείας καὶ τὸ νικᾶν, ὡς ἂν οὐκ ἐξ ἀνάγκης
211 πολεμοῦσιν, ἀλλὰ προσκτωμένοις. τοῖς δὲ τῶν Ἀράβων τοξόταις καὶ τοῖς ἀπὸ τῆς Συρίας σφενδονήταις καὶ λιθοβόλοις τὰ πολλὰ τοὺς
212 Ἰουδαίους ἀνέστελλεν· ἠρέμει δὲ οὐδὲ τῶν ἀφετηρίων ὀργάνων τὸ πλῆθος. οἱ δὲ τούτοις μὲν εἶκον κακούμενοι, τῶν δὲ πόρρω βαλλομένων ἐνδοτέρω γινόμενοι προσέκειντο τοῖς Ῥωμαίοις χαλεποὶ καὶ ψυχῆς καὶ σώματος ἀφειδοῦντες ἐμάχοντο, ἐκ διαδοχῆς ἑκάτεροι τὸ κεκμηκὸς ἑαυτῶν ἀναλαμβάνοντες.
213 19. Οὐεσπασιανὸς δὲ ἡγούμενος τῷ μήκει τοῦ χρόνου καὶ ταῖς ἐκδρομαῖς ἀντιπολιορκεῖσθαι, τῶν χωμάτων ἤδη τοῖς τείχεσι πελαζόντων
214 προσάγειν ἔγνω τὸν κριόν. ὁ δ᾽ ἐστὶν ὑπερμεγέθης δοκὸς ἱστῷ νηὸς παραπλήσιος· ἐστόμωται δὲ παχεῖ σιδήρῳ κατ᾽ ἄκρον εἰς κριοῦ
215 προτομήν, ἀφ᾽ οὗ καὶ καλεῖται, τετυπωμένῳ. καταιωρεῖται δὲ κάλοις
216 μέσος ὥσπερ ἀπὸ πλάστιγγος ἑτέρας δοκοῦ, σταυροῖς ἑκατέρωθεν ἑδραίοις ὑπεστηριγμένης. ἀνωθούμενος δὲ ὑπὸ πλήθους ἀνδρῶν εἰς τὸ κατόπιν, τῶν αὐτῶν ἀθρόως πάλιν εἰς τοὔμπροσθεν ἐπιβρισάντων
217 τύπτει τὰ τείχη τῷ προανέχοντι σιδήρῳ. καὶ οὐδεὶς οὕτως καρτερὸς πύργος ἢ περίβολος πλατύς, ὃς κἂν τὰς πρώτας πληγὰς ἐνέγκῃ[38]
218 κατίσχυσεν τῆς ἐπιμονῆς. ἐπὶ ταύτην τὴν πεῖραν ὁ στρατηγὸς τῶν Ῥωμαίων μετέβαινεν βίᾳ τὴν πόλιν ἑλεῖν σπεύδων, ὡς τὸ προσκαθέζεσ-
219 θαι βλαβερὸν ἦν Ἰουδαίων οὐκ ἠρεμούντων. οἱ μὲν οὖν τούς τε καταπέλτας καὶ τὰ λοιπὰ τῶν ἀφετηρίων, ὡς ἐξικνοῖτο τῶν ἐπὶ τοῦ τείχους κωλύειν πειρωμένων, ἔγγιον προσαγαγόντες ἔβαλλον· ὁμοίως δὲ συνήγ-
220 γιζον οἱ τοξόται καὶ σφενδονῆται. διὰ δὲ ταῦτα μηδενὸς τῶν περιβόλων

[38] ἐνεγκεῖν PAML; ἐνέγκαι VRC Dindorf Na; ἐνέγκῃ Niese cj., Thack.

schen Lager vor, zerriß die Lederdecken bei den Wällen, unter deren Schutz die Römer arbeiteten, und legte Feuer an die Belagerungswerke. So machte er es auch am zweiten und dritten Tag und setzte den Kampf noch eine ganze Reihe von Tagen und Nächten hindurch unermüdlich fort.

18. 207. Die Römer litten sehr unter diesen Ausfällen. Sie schämten sich nämlich, vor den Juden zurückzuweichen; wurden diese geworfen, waren die Römer auf Grund ihrer schweren Rüstung zur Verfolgung zu langsam. Die Juden dagegen konnten, nachdem sie regelmäßig dem Feinde Schaden zugefügt hatten, bevor sie eigene Verluste erlitten, in die Stadt zurückfliehen. Vespasian gab daher seinen Schwerbewaffneten den Befehl, den jüdischen Angriffen auszuweichen und sich nicht mit Männern, die den Tod suchten, in einen Kampf einzulassen. Nichts sei nämlich stärker im Kampf als die Verzweiflung; die Angriffslust der Juden würde aber dann erlöschen, wenn sie kein Ziel mehr fände, gerade so wie das Feuer, wenn das Holz ausgeht. Im übrigen fordere es auch die römische Ehre, daß man einen sicheren Weg zum Siege beschreite, denn sie führten ja nicht aus irgendeiner Notlage heraus ihren Krieg, sondern um ihre Macht zu vergrößern. Er ließ nun die Juden in der Regel durch die arabischen Bogenschützen und die syrischen Schleuderer und Steinwerfer aufhalten; auch die vielen Schleudermaschinen kamen nicht zur Ruhe. Die Juden erlitten dadurch Verluste und mußten zurückweichen; gelang es ihnen jedoch, in die unmittelbare Nähe der aus der Ferne schießenden römischen Abteilungen zu kommen, so stürzten sie sich auf diese und bedrängten sie hart, denn sie kämpften, ohne Leib und Leben zu schonen. Dadurch, daß stets Verstärkungen heranrückten, war es beiden Seiten möglich, ihre erschöpften Truppen zurückzunehmen.

19. 213. Das Sichhinziehen der Belagerung und die vielen Ausfälle riefen in Vespasian den Eindruck hervor, als sei er selbst der Belagerte. Er beschloß daher, als sich die Dämme endlich den Mauern näherten, den Widder einzusetzen. Das ist ein außerordentlich langer Balken, mit dem Mast eines Schiffes vergleichbar, er ist mit dickem Eisen beschlagen, das an der Spitze dem Kopf eines Widders nachgebildet ist, von dem des Gerät seinen Namen hat. Er ist mit Seilen in der Mitte wie die Schale bei der Waage an einem anderen Balken aufgehängt, der selbst an beiden Seiten durch kräftige Pfähle getragen wird[60]. Er wird von einer großen Zahl von Männern rückwärts gezogen, die ihn dann wieder kräftig nach vorn stoßen, dabei trifft seine eiserne Spitze mit voller Wucht die Mauer, und kein Turm ist so fest, keine Mauer so breit, daß sie, auch wenn sie die ersten Stöße des Widders ertrüge, seiner dauernden Einwirkung standhalten könnte. Der römische Feldherr schritt nun dazu, die Anwendung des Widders zu versuchen; es lag ihm daran, die Stadt rasch mit Gewalt zu nehmen, da die Belagerung Verluste brachte und die Juden keine Ruhe gaben. Die Römer brachten also die Katapulte und die übrigen Wurfmaschinen näher an die Stadt heran, um diejenigen zu erreichen, die von der Mauer her die Belagerungsarbeiten zu hindern versuchten, und nahmen die Beschießung auf. Gleichzeitig rückten auch die Bogenschützen und Schleuderer weiter vor.

ἐπιβῆναι τολμῶντος προσῆγον ἕτεροι τὸν κριὸν γέρροις τε διηνεκέσι καὶ καθύπερθεν κεφραγμένον δέρρει πρός τε αὐτῶν καὶ τοῦ μηχανήματος
221 ἀσφάλειαν. καὶ κατὰ τὴν πρώτην πληγὴν διεσείσθη μὲν τὸ τεῖχος, κραυγὴ δὲ μεγίστη παρὰ τῶν ἔνδον ἤρθη καθάπερ ἑαλωκότων ἤδη.
222   20. Πολλάκις δὲ εἰς τὸν αὐτὸν παίοντας τόπον ὁ Ἰώσηπος ὁρῶν ὅσον οὔπω καταρριφθησόμενον τὸ τεῖχος, σοφίζεται πρὸς[39] ὀλίγον τὴν βίαν
223 τοῦ μηχανήματος. σάκκους ἀχύρων πληρώσαντας ἐκέλευσεν καθιμᾶν καθ' ὃ φερόμενον ἀεὶ τὸν κριὸν ὁρῷεν, ὡς πλάζοιτό τε ἡ ἐμβολή, καὶ
224 δεχόμενοι τὰς πληγὰς ἐκκενοῖεν τῇ χαυνότητι. τοῦτο πλείστην διατριβὴν παρέσχεν τοῖς Ῥωμαίοις, καθ' ὃ μὲν τρέποιεν τὴν μηχανὴν ἀντιπαραγόντων τοὺς σάκκους τῶν ὕπερθεν, ὑποβαλλόντων δὲ ταῖς ἐμβολαῖς, ὡς
225 μηδὲν κατ' ἀντιτυπίαν βλάπτεσθαι τὸ τεῖχος· ἕως ἀντεπινοήσαντες κοντοὺς οἱ Ῥωμαῖοι μακροὺς καὶ δρέπανα δήσαντες ἐπ' ἄκρων τοὺς
226 σάκους ἀπέτεμνον. ἐνεργοῦς δὲ οὕτω τῆς ἑλεπόλεως γενομένης καὶ τοῦ τείχους, νεοπαγὲς γὰρ ἦν, ἐνδιδόντος ἤδη, τὸ λοιπὸν ἐπὶ τὴν ἐκ πυρὸς
227 ἄμυναν οἱ περὶ τὸν Ἰώσηπον ὥρμησαν. ἁψάμενοι δὲ ὅσον αὔης εἶχον ὕλης τριχόθεν ἐπεκθέουσιν, καὶ τά τε μηχανήματα καὶ τὰ γέρρα καὶ
228 τὰ χώματα τῶν Ῥωμαίων ὑπεπίμπρασαν. οἱ δὲ κακῶς ἐπεβοήθουν πρός τε τὴν τόλμαν αὐτῶν καταπεπληγότες καὶ ὑπὸ τῆς φλογὸς τὰς ἀμύνας φθανόμενοι· ξηρᾶς γὰρ ὕλης, πρὸς δὲ ἀσφάλτου τε καὶ πίσσης, ἔτι δὲ θείου διίπτατο τὸ πῦρ ἐπινοίας τάχιον, καὶ τὰ πολλῷ καμάτῳ πεπονημένα τοῖς Ῥωμαίοις ἐπὶ μιᾶς ὥρας ἐνέμετο.
229   21. Ἔνθα καὶ ἀνήρ τις ἐξεφάνη Ἰουδαίων λόγου καὶ μνήμης ἄξιος· Σαμαίου[40] μὲν παῖς ἦν, Ἐλεάζαρος δὲ ἐκαλεῖτο, Σαβά[41] δὲ πατρὶς αὐτῷ
230 τῆς Γαλιλαίας· ὑπερμεγέθη δὲ πέτραν ἀράμενος ἀφίησιν ἀπὸ τοῦ τείχους ἐπὶ τὴν ἑλέπολιν μετὰ τοσαύτης βίας, ὥστε ἀπορρῆξαι τὴν κεφαλὴν τοῦ μηχανήματος, ἣν καὶ καταπηδήσας ἐκ μέσων αἴρεται τῶν
231 πολεμίων καὶ μετὰ πολλῆς ἀδείας ἐπὶ τὸ τεῖχος ἔφερεν. σκοπὸς δὲ πᾶσιν τοῖς ἐχθροῖς γενόμενος καὶ γυμνῷ τῷ σώματι τὰς πληγὰς
232 δεξάμενος πέντε μὲν διαπείρεται βέλεσιν, πρὸς οὐδὲν δὲ τούτων ἐπιστραφείς, ὅτε τὸ τεῖχος ἀνέβη καὶ περίοπτος πᾶσιν τῆς εὐτολμίας ἔστη, τότε
233 ἰλυσπώμενος ὑπὸ τῶν τραυμάτων μετὰ τοῦ κριοῦ κατέπεσεν. ἄριστοι μετ' αὐτὸν ἐφάνησαν ἀδελφοὶ δύο Νετείρας καὶ Φίλιππος, ἀπὸ Ῥούμας κώμης, Γαλιλαῖοι καὶ αὐτοί, οἳ προπηδῶσι μὲν εἰς τοὺς ἀπὸ τοῦ δεκάτου τάγματος, τοσούτῳ δὲ ῥοίζῳ καὶ βίᾳ τοῖς Ῥωμαίοις συνέπεσον, ὡς διαρρῆξαί τε τὰς τάξεις καὶ τρέψασθαι καθ' οὓς ἐφορμήσειαν ἅπαντας.

[39] κατ' PA Niese; πρὸς MVRC (Niese: *fortasse recte*) Na Reinach Thack; *paulatim* Lat.
[40] Σαμίου PAL Niese; *Addaei* Lat; Σαμαίου MVRC Na Thack.
[41] Σαάβ MVRC Na; Σαβαὰ L; Σαβὰ PA Niese Thack; Niese schlägt jedoch (im Apparat) Γάβα vor, so auch Reinach. Man könnte auch an schaab (oder schaib) nördlich von Sepphoris denken, vgl. Kohout 629.

Als deswegen kein Verteidiger mehr wagte, die Mauer zu betreten, brachten andere römische Soldaten den Widder heran, der durchgehend mit Weidengeflecht und auf seiner Oberseite von Fellen[61] bedeckt war zum Schutz dieses Belagerungsgerätes und seiner Bedienung. Schon bei dem ersten Stoß erbebte die Mauer, und ein gewaltiges Geschrei erhob sich bei den Einwohnern, gerade so, als sei die Stadt schon eingenommen.

20. 222. Als Josephus sah, daß der Stoß ständig dieselbe Stelle traf und die Mauer bald einzustürzen drohte, erdachte er sich ein Gegenmittel, das die Gewalt des Widders für einige Zeit dämpfen könnte. Er gab Befehl, mit Spreu gefüllte Säcke an die Stelle der Mauer herabzulassen, an die, wie man sah, der Widder ständig aufschlug, damit der Stoß vom Ziel abgelenkt werde und durch die Nachgiebigkeit der Säcke seine Wucht verliere[62]. Dies hielt die Römer lange Zeit auf, denn wohin sie den Widder auch richteten, dorthin folgten die Juden mit den Säcken, die sie von oben den Stößen entgegenhielten, so daß deren Wucht der Mauer nicht schaden konnte. Das half solange, bis die Römer auf den Gedanken kamen, an den Spitzen langer Stangen Sicheln zu befestigen, mit denen sie die Säcke abschnitten. Nachdem so der Mauerbrecher wieder voll wirksam wurde und die Mauer, die ja neu erbaut war, schon wankte, konnten die Leute des Josephus nur noch zum Feuer als dem letzten Verteidigungsmittel greifen. Sie packten, was ihnen an trockenem Holz in die Hände kam, stürmten in drei Gruppen hinaus und steckten die Kriegsmaschinen, die Weidengeflechte und die Belagerungswerke der Römer in Brand. Diese taten nur wenig, um die Maschinen zu retten, die Kühnheit der Juden hatte sie außer Fassung gebracht, und trotz ihrer Löschversuche waren die Flammen rascher als sie. In Gedankenschnelle verbreitete sich das Feuer in dem trockenen Holz, wurde es doch außerdem noch von Erdharz, Pech und Schwefel genährt; in einer Stunde fraß es die von den Römern mit soviel Mühe aufgerichteten Werke.

21. 229. Bei dieser Gelegenheit trat auch ein jüdischer Mann besonders hervor, der der Erwähnung und des ehrenden Gedächtnisses wert ist; er war ein Sohn des Samäus, mit Namen Eleazar, seine Vaterstadt war Saba in Galiläa. Er packte einen ungeheuren Stein und warf ihn von der Mauer mit solcher Gewalt auf den Sturmbock, daß er den Kopf der Maschine abriß; darauf sprang er hinunter und trug ihn, ohne irgendwelche Furcht zu zeigen, aus der Mitte der Feinde zur Mauer hin. Er bot sich dabei allen Feinden als Zielscheibe dar, und weil sein Körper ungeschützt war, trafen ihn ihre Schüsse, fünf Pfeile durchbohrten ihn. Er kümmerte sich jedoch nicht darum, sondern bestieg die Mauer und stellte sich dort auf, so daß sein Wagemut allen sichtbar wurde; gleich darauf krümmte er sich wegen seiner Wunden vor Schmerz und stürzte mit dem Widderkopf zusammen hinunter. Nach ihm zeichneten sich zwei Brüder, Netiras und Philippus, vom Dorf Ruma[63] durch besondere Tapferkeit aus; sie waren ebenfalls Galiläer. Diese stürmten gegen die Soldaten der 10. Legion vor und stürzten sich mit solcher Schnelligkeit und Gewalt auf die Römer, daß sie deren Reihen zerrissen und alle, auf die sie eindrangen, in die Flucht schlugen.

234 22. Μετὰ τούτους ὅ τε Ἰώσηπος καὶ τὸ λοιπὸν πλῆθος ἀράμενοι πῦρ πάλιν τὰ μηχανήματα καὶ τὰς ὑποδύσεις ἅμα τοῖς ἔργοις ὑφῆψαν τοῦ τε πέμπτου καὶ τοῦ δεκάτου τραπέντος τάγματος, οἱ λοιποὶ δὲ φθάσαντες
235 καὶ τὰ ὄργανα καὶ πᾶσαν ὕλην κατέχωσαν. περὶ δὲ δείλην πάλιν ἀναστήσαντες προσῆγον τὸν κριὸν ᾗ προπεπονήκει τυπτόμενον τὸ τεῖχος.
236 ἔνθα τις τῶν ἀμυνομένων ἀπ᾽ αὐτοῦ βάλλει τὸν Οὐεσπασιανὸν βέλει κατὰ τὸν ταρσὸν τοῦ ποδὸς καὶ τιτρώσκει μὲν ἐπιπολαίως προεκλύσαντος τὸ βληθὲν τοῦ διαστήματος, μέγιστον δὲ θόρυβον ἐνεποίησεν τοῖς Ῥω-
237 μαίοις· πρὸς γὰρ τὸ αἷμα ταραχθέντων τῶν πλησίον φήμη διὰ παντὸς ἐπῄει τοῦ στρατοῦ, καὶ τῆς πολιορκίας οἱ πλείους ἀφέμενοι μετ᾽ ἐκπλή-
238 ξεως καὶ δέους ἐπὶ τὸν στρατηγὸν συνέθεον. πρὸ δὲ πάντων Τίτος δείσας περὶ τῷ πατρὶ παρῆν, ὡς τὸ πλῆθος καὶ τῇ πρὸς τὸν ἡγούμενον εὐνοίᾳ καὶ τῇ τοῦ παιδὸς ἀγωνίᾳ συγχυθῆναι. ῥᾷστα μέντοι τόν τε υἱὸν ὁ
239 πατὴρ δεδιότα καὶ τὴν στρατιὰν ἔπαυσεν τοῦ θορύβου· τῶν γὰρ ἀλγηδόνων ἐπάνω γενόμενος καὶ πᾶσιν τοῖς ἐπτοημένοις δι᾽ αὐτὸν ὀφθῆναι σπουδάσας χαλεπώτερον Ἰουδαίοις ἐπῆρεν τὸν πόλεμον· ἕκαστος γὰρ ὡς τιμωρὸς τοῦ στρατηγοῦ προκινδυνεύειν ἤθελεν, καὶ βοῇ παρακροτοῦντες ἀλλήλους ἐπὶ τὸ τεῖχος ὥρμων.
240 23. Οἱ δὲ περὶ τὸν Ἰώσηπον καίπερ ἐπ᾽ ἀλλήλοις πίπτοντες ὑπὸ[42] τῶν καταπελτικῶν καὶ τῶν πετροβόλων, ὅμως οὐκ ἀπετρέποντο τοῦ τείχους, ἀλλὰ πυρὶ καὶ σιδήρῳ καὶ πέτροις τοὺς ἐπὶ τὰ γέρρα τὸν κριὸν
241 ἐπιβρίθοντας ἔβαλλον. καὶ ἤνυον μὲν οὐδὲν ἢ μικρόν, αὐτοὶ δὲ ἀδιαλείπ-
242 τως ἔπιπτον ὑπὸ μὴ βλεπομένων καθορώμενοι· αὐτοί τε γὰρ ὑπὸ τῆς σφετέρας περιλαμπόμενοι φλογὸς σκοπὸς ἦσαν τοῖς πολεμίοις εὐσύνοπτος ὥσπερ ἐν ἡμέρᾳ, καὶ τῶν ὀργάνων πόρρωθεν μὴ βλεπομένων δυσφύλακ-
243 τον ἦν τὸ βαλλόμενον. ἥ τε οὖν τῶν ὀξυβελῶν καὶ καταπελτῶν βία πολλοὺς ἅμα διήλαυνεν, καὶ τῶν ὑπὸ τῆς μηχανῆς ἀφιεμένων πετρῶν
244 ὁ ῥοῖζος ἐπάλξεις τε ἀπέσυρεν καὶ γωνίας ἀπέθρυπτε πύργων. ἀνδρῶν μὲν γὰρ οὐκ ἦν[43] οὕτως ἰσχυρὸν στῖφος, ὃ μὴ μέχρις ἐσχάτης στρώννυται
245 φάλαγγος βίᾳ τε καὶ μεγέθει τοῦ λίθου. μάθοι δ᾽ ἄν τις τὴν τοῦ μηχανήματος ἀλκὴν ἐκ τῶν ἐπὶ τῆσδε τῆς νυκτὸς γενομένων· πληγεὶς γάρ τις ἀπ᾽ αὐτοῦ τῶν περὶ τὸν Ἰώσηπον ἑστώτων ἀνὰ τὸ τεῖχος ἀπαράσσεται τὴν κεφαλὴν ὑπὸ τῆς πέτρας, καὶ τὸ κρανίον ἀπὸ τριῶν
246 ἐσφενδονήθη σταδίων. γυναικός τε μεθ᾽ ἡμέραν ἐγκύμονος πληγείσης

[42] ἐπὶ alle codd., Niese; *protecti pluteis* Lat; ὑπὸ Destinon cj., Na Reinach Thack.
[43] οὐκ ἦν fehlt bei PA¹L; bei L fehlt außerdem ὁ μὴ. οὐδὲν Niese cj., Reinach Thack; οὐκ ἦν VRC Na.

22. 234. Ihnen folgten Josephus und die übrige Mannschaft, wieder mit Feuerbränden versehen, und steckten die Kriegsmaschinen und Schutzdächer zusammen mit den Belagerungswerken der 5. und 10. Legion in Brand, nachdem diese geflohen waren; andere Truppenteile bedeckten noch rasch ihre Maschinen und alles Holzwerk mit Erde. Jedoch schon gegen Abend konnten sie den Widder wieder aufstellen und richteten ihn gegen die Stelle der Mauer, die schon zuvor unter seinen Stößen gelitten hatte. Dabei traf einer der Verteidiger von der Mauer aus den Vespasian mit einem Pfeil an der Fußsohle. Die Wunde war zwar leicht, da die Entfernung dem Geschoß seine Wucht genommen hatte; dennoch rief dies Ereignis bei den Römern beträchtliche Verwirrung hervor, denn die in der Nähe Stehenden erschraken zutiefst beim Anblick des Blutes, und die Nachricht davon verbreitete sich im ganzen Heere. Die meisten Soldaten verließen ihre Aufgabe bei der Belagerung und liefen unter Furcht und Schrecken zum Feldherrn hin. Vor allen anderen stellte sich Titus in der Sorge um seinen Vater ein, sodaß die Truppe durch beides, die Liebe zum Feldherrn wie auch die offensichtliche Angst des Sohnes, erschüttert wurde. Der Vater jedoch zerstreute die Besorgnis des Sohnes und die Bestürzung im Heere ohne Mühe, er unterdrückte den Schmerz und zeigte sich so rasch wie möglich allen, die seinetwegen erschrocken waren; dadurch verstärkte er die Bereitschaft, noch erbitterter gegen die Juden zu kämpfen. Jeder wollte als Rächer des Feldherrn in vorderster Linie die Gefahr des Kampfes bestehen, und während sie sich mit dem Schlachtruf gegenseitig anfeuerten, stürmten sie gegen die Mauer vor.

23. 240. Die Männer um Josephus ließen sich, obwohl sie, von den Katapulten und Steinschleudern getroffen, übereinander stürzten, dennoch nicht von der Mauer vertreiben, sondern warfen Feuer, Eisen und Steinbrocken auf die Soldaten, die unter dem Weidengeflecht den Widder vorspringen ließen. Dabei richteten sie nichts oder nur ganz wenig aus, erlitten aber selbst ununterbrochen Verluste, denn sie wurden von den Gegnern, die ihnen unsichtbar blieben, gesehen. Vom Schein ihrer Feuerbrände umleuchtet, boten sie nämlich den Feinden, wie am Tage, ein hervorragendes Ziel, während die Wurfmaschinen von Weitem nicht auszumachen waren und man den heranfliegenden Geschossen nicht ausweichen konnte. Die Schnellwerfer und die Katapulte hatten eine ungeheure Wirkung, konnten sie doch gleichzeitig eine ganze Anzahl Männer töten, während die von den Steinwerfern geschleuderten Felsbrocken durch ihre Wucht die Brustwehren wegrissen und die Ecken der Türme zerschmetterten. Da war keine Gruppe von Männern stark genug, daß sie nicht durch die Gewalt und die Größe des Steines bis zum letzten Gliede niedergestreckt worden wäre. Man kann die Kraft dieser Maschine aus folgenden Vorfällen jener Nacht ersehen: Aus der nächsten Umgebung des Josephus wurde einer auf der Mauer von einem Steingeschoß so getroffen, daß sein Haupt abgerissen und die Hirnschale noch drei Stadien weit weggeschleudert wurde. Eine schwangere Frau, die kurz nach Tagesanbruch gerade aus ihrem Hause trat, wurde auf den Unterleib ge-

τὴν γαστέρα, προῄει δὲ νέον ἐξ οἰκίας, ἐξέσεισεν ἐφ' ἡμιστάδιον τὸ
247 βρέφος· τοσαύτη ἦν ἡ τοῦ λιθοβόλου βία. τῶν οὖν ὀργάνων φοβερώτερος
248 ὁ ῥοῖζος, τῶν δὲ βαλλομένων ἦν [ὁ] ψόφος. ἐπάλληλοι δὲ ἐκτύπουν οἱ
νεκροὶ κατὰ τοῦ τείχους ῥιπτόμενοι, καὶ δεινὴ μὲν ἔνδοθεν κραυγὴ
249 γυναικῶν ἠγείρετο, συνήχουν δ' ἔξωθεν οἰμωγαὶ φονευομένων. αἵματι
δ' ἐρρεῖτο πᾶς ὁ πρὸ τῆς μάχης περίβολος, καὶ προσβατὸν ὑπὸ πτω-
250 μάτων τὸ τεῖχος ἐγίνετο. φοβερωτέραν δὲ ἐποίουν τὴν βοὴν περι-
ηχοῦντα τὰ ὄρη, καὶ οὐδὲν ἐπ' ἐκείνης τῆς νυκτὸς οὔτε εἰς ἀκοῆς οὔτε
251 εἰς ὄψεως κατάπληξιν ἀπελείπετο. πλεῖστοι μέν γε τῶν ἐπὶ τῆς Ἰωταπάτης ἀγωνιζόμενοι γενναίως ἔπεσον, πλεῖστοι δ' ἐγένοντο τραυματίαι,
καὶ μόλις περὶ τὴν ἑωθινὴν φυλακὴν ἐνδίδωσι τοῖς μηχανήμασι τὸ
252 τεῖχος ἀδιαλείπτως τυπτόμενον· οἱ δὲ φραξάμενοι τοῖς σώμασι καὶ τοῖς
ὅπλοις⁴⁴ τὸ καταρριφθὲν ἀντωχύρωσαν πρὶν βληθῆναι τὰς ἐπιβατηρίους
ὑπὸ τῶν Ῥωμαίων μηχανάς.
253   24. Ὑπὸ δὲ τὴν ἕω Οὐεσπασιανὸς ἐπὶ τὴν κατάληψιν τῆς πόλεως
συνῆγεν τὴν στρατιὰν ὀλίγον ἀπὸ τοῦ νυκτερινοῦ πόνου διαναπαύσας.
254 βουλόμενος δ' ἀπὸ τῶν καταρριφθέντων περισπάσαι τοὺς εἴργοντας τοὺς
μὲν γενναιοτάτους τῶν ἱππέων ἀποβήσας [τῶν ἵππων] τριχῇ διέταξεν
κατὰ τὰ πεπτωκότα τοῦ τείχους, πάντοθεν πεφραγμένους τοῖς ὅπλοις
καὶ τοὺς κοντοὺς προΐσχοντας, ὡς ὁπότε τὰς ἐπιβατηρίους βάλλοιεν
255 μηχανὰς κατάρχοιντο τῆς εἰσόδου· κατόπιν δὲ αὐτῶν ἔταξεν τοῦ πεζοῦ
τὸ ἀκμαιότατον, τὸ δὲ λοιπὸν ἱππικὸν ἀντιπαρεξέτεινεν τῷ τείχει κατὰ
πᾶσαν τὴν ὀρεινὴν πρὸς τὸ μηδένα τῶν ἀναφευγόντων ἐκ τῆς ἁλώσεως
256 διαλαθεῖν. κατόπιν δὲ τούτων περιέστησεν τοὺς τοξότας ἔχειν κελεύσας
ἕτοιμα τὰ βέλη πρὸς ἄφεσιν, ὁμοίως δὲ καὶ σφενδονήτας καὶ τοὺς ἐπὶ
257 τῶν μηχανημάτων, ἑτέρους δὲ κλίμακας ἀραμένους προσφέρειν ἐπάνω
τοῖς ἀκεραίοις τείχεσιν, ἵν' οἱ μὲν τούτους κωλύειν πειρώμενοι κατα-
λίποιεν τὴν ἐπὶ τοῖς καταρριφθεῖσιν φυλακήν, οἱ λοιποὶ δὲ ὑπ' ἀθρόων
βιαζόμενοι τῶν βελῶν εἴξωσιν τῆς εἰσόδου.
258   25. Ἰώσηπος δὲ συνιεὶς τὴν ἐπίνοιαν ἐπὶ μὲν τοῦ μένοντος τείχους
σὺν τοῖς κεκμηκόσιν ἵστησι τοὺς γηραιοὺς ὡς μηδὲν ταύτῃ βλαβησο-
μένους, εἰς δὲ τὰ παρερρωγότα⁴⁵ τοῦ τείχους τοὺς δυνατωτάτους καὶ πρὸ
πάντων ἀνὰ ἓξ ἄνδρας, μεθ' ὧν καὶ αὐτὸς εἰς τὸ προκινδυνεύειν
259 ἐκληρώσατο. ἐκέλευσέν τε πρὸς μὲν τὸν ἀλαλαγμὸν τῶν ταγμάτων
ἀποφράξαι τὰς ἀκοάς, ὡς ἂν μὴ καταπλαγεῖεν, πρὸς δὲ τὸ πλῆθος τῶν
βελῶν συνοκλάσαντας καλύψασθαι καθύπερθεν τοῖς θυρεοῖς ὑποχωρῆσαί
260 τε πρὸς ὀλίγον, ἕως τὰς φαρέτρας κενώσωσιν οἱ τοξόται. βαλλόντων δὲ

⁴⁴ τὰ σώματα τοῖς ὅπλοις Hudson Na Reinach; τοῖς σώμασι καὶ τοῖς ὅπλοις
PAML Lat Niese Thack.
⁴⁵ κατερρωγότα PAML; παρερρωγότα VRC¹.

troffen und das Kind aus dem Mutterschoß heraus eine halbe Stadie weit[64] fortgerissen — eine solch entsetzliche Wirkung hatte die Steinschleudermaschine. Noch furchtbarer war das Getöse der Maschinen selbst und das Schwirren der Geschosse. Unaufhörlich erklang der dumpfe Aufschlag der Gefallenen, die von der Mauer herabstürzten, furchtbar war das Geschrei, das die Frauen in den Häusern anstimmten, es mischte sich mit den Seufzern der Sterbenden draußen. Die ganze Mauer, soweit sie den Kampfplatz begrenzte, troff von Blut und war über die Menge der Leichen ohne Mühe zu ersteigen; die Berge ringsum ließen den Lärm noch schauerlicher widerhallen. Es gab keinen Schrecken, den diese Nacht nicht für Auge und Ohr geboten hätte. Viele jüdische Verteidiger von Jotapata fielen nach heldenhaftem Kampf, und viele wurden verwundet. Endlich gab die Mauer während der Morgenwache den unablässigen Stößen der Sturmböcke nach. Bevor jedoch von den Römern die Sturmbrücken angelegt wurden, schlossen sich die Juden mit ihren Leibern und Waffen dicht zusammen und richteten gegenüber der Bresche einen neuen Wall auf.

24. 253. Gegen Morgen sammelte Vespasian das Heer zum entscheidenden Sturm auf die Stadt, nachdem er es kurze Zeit von den Anstrengungen der Nacht hatte ausruhen lassen. In der Absicht, die Verteidiger von den Mauertrümmern abzudrängen, ließ er die tapfersten Reiter absitzen und stellte sie in drei Gliedern vor der eingestürzten Mauer auf; sie waren durch ihre Rüstung völlig geschützt und hatten ihre Lanzen nach vorn gerichtet, damit sie, wenn die Sturmbrücken ausgeworfen wurden, als erste eindringen könnten. Hinter ihnen stellte er die besten Fußtruppen auf, den Rest der Reiterei verteilte er der Mauer gegenüber auf den Bergen der ganzen Umgebung, damit kein Flüchtling bei der Einnahme heimlich entkomme. Hinter dem Fußvolk ließ er die Bogenschützen, die Schleuderer und die Geschützbedienungen Aufstellung nehmen mit dem Befehl, schußbereit zu sein. Andere hatten den Befehl, Sturmleitern heranzubringen und sie an den noch unversehrten Teilen der Mauer anzulegen, damit die Feinde durch die Abwehr dieses Angriffsversuchs von der Verteidigung der eingestürzten Mauer abgezogen würden. Der Rest der dort Kämpfenden sollte durch den Geschoßhagel gezwungen werden, vor den eindringenden Römern zurückzuweichen.

25. 258. Josephus hatte diesen Plan durchschaut und auf dem noch unversehrten Teil der Mauer außer den Erschöpften die älteren Jahrgänge aufgestellt, da sie dort keiner Gefahr ausgesetzt seien. An der Bresche der Mauer[65] dagegen stellte er seine tüchtigsten Leute auf, jeweils an ihrer Spitze sechs Männer, mit denen auch er selbst durch das Los bestimmt worden war, der Gefahr in vorderster Linie zu begegnen. Er gab ihnen den Befehl, gegen das Sturmgeschrei der Legionen die Ohren zu verstopfen, damit sie nicht eingeschüchtert würden, gegenüber der Menge der Geschosse sollten sie in die Knie gehen und sich durch die hochgehaltenen Schilde decken, auch kurze Zeit zurückweichen, bis die Bogenschützen ihre Köcher geleert hätten. Sobald aber die Sturmbrücken ausgeworfen würden, sollten sie vorstürmen

τὰς ἐπιβατηρίους μηχανὰς αὐτοὺς προπηδᾶν καὶ διὰ τῶν ἰδίων ὀργάνων ἀπαντᾶν τοῖς πολεμίοις, ἀγωνίζεσθαί τε ἕκαστον οὐχ ὡς ὑπὲρ σωθησο-
261 μένης, ἀλλ' ὡς ὑπὲρ ἀπολωλυίας ἤδη τῆς πατρίδος ἀμυνόμενον, λαμβάνειν τε πρὸ ὀφθαλμῶν σφαγησομένους γέροντας καὶ τέκνα καὶ γυναῖκας ἀναιρεθησομένας[46] ὑπὸ τῶν ἐχθρῶν ὅσον οὐδέπω, καὶ τὸν ἐπὶ ταῖς μελλούσαις συμφοραῖς θυμὸν προαλίσαντας ἐναφεῖναι τοῖς δράσουσιν αὐτάς.
262 26. Ἔταξεν μὲν οὖν οὕτως ἑκάτερον· τὸ δ' ἀργὸν ἀπὸ τῆς πόλεως πλῆθος, γύναια καὶ παῖδες, ὡς ἐθεάσαντο τριπλῇ μὲν φάλαγγι τὴν πόλιν ἐζωσμένην, οὐδὲν γὰρ εἰς τὴν μάχην μετακεκίνητο τῶν πάλαι φυλακῶν, πρὸς δὲ τοῖς βεβλημένοις τείχεσιν τοὺς πολεμίους ξιφήρεις καὶ τὴν καθύπερθεν ὀρεινὴν λαμπομένην ὅπλοις, τά τε βέλη τοῖς τοξόταις ἐπανέχοντα[47] τῶν Ἀράβων, ὕστατόν τινα κωκυτὸν ἁλώσεως συνήχησαν
263 ὡς οὐκ ἀπειλουμένων ἔτι τῶν κακῶν ἀλλ' ἤδη παρόντων. ὁ δὲ Ἰώσηπος τὰς μὲν γυναῖκας, ὡς μὴ θηλύνοιεν οἴκτῳ τὰς ὁρμὰς τῶν σφετέρων, κατακλείει ταῖς οἰκίαις μετ' ἀπειλῆς ἡσυχάζειν κελεύσας· αὐτὸς δὲ ἐπὶ
264 τῶν ἐρειφθέντων ᾗ ἔλαχεν παρῄει. τοῖς μὲν οὖν καθ' ἕτερα προσφέρουσι τὰς κλίμακας οὐ προσεῖχεν, ἀπεκαραδόκει δὲ τὴν ὁρμὴν τῶν βελῶν.
265 27. Ὁμοῦ δ' οἵ τε σαλπικταὶ τῶν ταγμάτων ἁπάντων συνήχησαν καὶ δεινὸν ἐπηλάλαξεν ἡ στρατιά, καὶ πάντοθεν ἀφιεμένων ἀπὸ συνθήματος
266 τῶν βελῶν τὸ φῶς ὑπετέμνετο. μεμνημένοι γε μὴν τῶν τοῦ Ἰωσήπου προσταγμάτων οἱ σὺν αὐτῷ τάς τε ἀκοὰς πρὸς τὴν βοὴν καὶ τὰ σώματα
267 πρὸς τὰς ἀφέσεις ἐφράξαντο, καὶ βαλλόντων τὰς μηχανὰς ἐπεξέδραμον
268 δι' αὐτῶν πρὶν ἐπιβῆναι τοὺς βαλόντας, συμπλεκόμενοί τε τοῖς ἀνιοῦσιν παντοῖα καὶ χειρῶν ἔργα καὶ ψυχῆς ἐναπεδείκνυντο, πειρώμενοι παρὰ τὰς ἐσχάτας συμφορὰς μὴ χείρους φαίνεσθαι τῶν ἐν ἀκινδύνῳ τῷ κατὰ
269 σφᾶς ἀνδριζομένων· ὥστε οὐ πρότερον ἀπερρήγνυντο τῶν Ῥωμαίων
270 πρὶν ἢ πεσεῖν ἢ διαφθεῖραι. ὡς δ' οἱ μὲν ἔκαμνον διηνεκῶς ἀμυνόμενοι καὶ τοὺς προμάχους ἀμείβειν οὐκ ἔχοντες, τὸ κεκμηκὸς δὲ τῶν Ῥωμαίων ἀκραιφνεῖς διεδέχοντο καὶ ταχέως ἀντὶ τῶν ἀποβιασθέντων ἐπέβαινον ἕτεροι, παρακελευσάμενοί τε ἀλλήλοις καὶ πλευρὰν μὲν ἑνώσαντες, τοῖς δὲ θυρεοῖς καθύπερθεν φραξάμενοι στῖφος ἄρρηκτον ἐγένοντο καὶ

[46] εὑρεθησομένους P; εὑρεθησομένας AL; capi Lat; συρησομένας Destinon; ἀναιρεθησομένας MVRC Niese Na Thack.
[47] ἐπανέχοντας V; ὑπερανέχοντα Thack cj.; atque Arabum quendam sagittariis tela suggerere Lat Reinach.

und den Feinden schon auf den von diesen selbst geschaffenen Zugängen entgegentreten. Es kämpfe ja keiner mehr, um die Heimatstadt zu retten, sondern jeder wolle schon jetzt für ihren Untergang Rache nehmen. Sie sollten sich vor Augen halten, wie die Feinde die Greise hinschlachten und Kinder und Frauen in unerhörter Weise umbringen würden, dann könnten sie die Erbitterung über die bevorstehenden Greueltaten im voraus zusammenfassen und über die Häupter der Schuldigen ausschütten.

26. 262. Auf diese Weise hatte Josephus seine Leute in zwei Gruppen verteilt. Der aus Frauen und Kindern bestehende unbeschäftigte Teil der Einwohnerschaft sah nun plötzlich, wie ihre Stadt von einer dreifachen Schlachtreihe eingeschlossen war, denn die Römer hatten die früher aufgestellten Wachen nicht zur Teilnahme an der bevorstehenden Schlacht abgezogen. Weiter erblickten die Einwohner vor der Mauerbresche die Feinde mit gezückten Schwertern, während dahinter das Berggelände im Waffenglanz aufblitzte, und die Pfeile der arabischen Bogenschützen schon abschußbereit waren. Auf diesen Anblick hin schrieen sie alle zusammen, als wollten sie die letzte große Wehklage über den Untergang der Stadt anstimmen, und als stehe das drohende Unglück nicht mehr bevor, sondern sei schon hereingebrochen. Damit nun die Frauen durch ihr Jammergeschrei nicht den Kampfesmut ihrer Männer lähmten, ließ sie Josephus mit dem strengen Befehl, sich ruhig zu verhalten, in ihre Häuser einschließen. Er selbst suchte seinen ihm zugeteilten Posten bei der Bresche auf und kümmerte sich in keiner Weise um die an anderen Stellen der Mauer herangetragenen Sturmleitern, sondern erwartete mit gespannter Aufmerksamkeit den Anflug der Pfeile.

27. 265. Mit einem Mal fingen die Trompeter sämtlicher Legionen an zu blasen, auch das Heer stimmte mit einem furchtbaren Kampfgeschrei ein, und auf ein gegebenes Zeichen hin wurden von allen Seiten die Pfeile abgeschossen, sodaß sie das Sonnenlicht verdunkelten. Die Männer bei Josephus hatten eingedenk seiner Anweisungen ihre Ohren gegen den Schlachtruf und ihre Leiber gegen die Geschosse geschützt, und sobald die Sturmbrücken ausgeworfen wurden, stürzten sie sich darauf, noch ehe die Römer sie betreten konnten. Im Nahkampf gegen die zur Mauerhöhe Vordringenden gaben sie eine Unzahl von Beweisen für ihre Kraft und Tapferkeit, wollten sie doch im letzten Verzweiflungskampf nicht hinter denen zurückstehen, die, ohne von derselben Gefahr bedroht zu sein, so mannhaft gegen sie kämpften. Sie trennten sich daher nicht eher von den Römern, bis sie entweder selbst gefallen waren oder den Gegner getötet hatten[66]. Allerdings hatten sie, nachdem sie durch den ununterbrochenen Kampf ermattet waren, keine Ersatzmannschaft für die Kämpfer in der ersten Linie, während bei den Römern ständig frische Truppen die ermüdeten ablösten und anstelle der von den Juden Zurückgeworfenen sofort jeweils neue Abteilungen zur Mauer emporeilten. Diese ermunterten sich gegenseitig durch Zurufe, schlossen sich Mann an Mann fest zusammen und bildeten so, durch die nach oben gehaltenen Schilde geschützt, eine uner-

τοῦ τείχους ἐπέβαινον.
καθάπερ ἑνὶ σώματι πάσῃ τῇ φάλαγγι τοὺς Ἰουδαίους ἀνωθοῦντες ἤδη
271 28. Ὁ δὲ Ἰώσηπος ἐν ταῖς ἀμηχανίαις σύμβουλον λαβὼν τὴν ἀνάγκην, ἡ δέ ἐστιν δεινὴ πρὸς ἐπίνοιαν, ὅταν αὐτὴν ἀπόγνωσις ἐρεθίζῃ, ζέον
272 ἔλαιον ἐκέλευσεν καταχέειν τῶν συνησπικότων. οἱ δ᾿ ὡς παρεσκευασμένον ἔχοντες μετὰ τάχους πολλοὶ καὶ πολὺ πάντοθεν τῶν Ῥωμαίων κατέχεον
273 συνεπαφιέντες καὶ τὰ ἀγγεῖα βρασσόμενα τῇ θέρμῃ. τοῦτο καιομένων τῶν Ῥωμαίων διεσκέδασεν τὴν τάξιν, καὶ μετὰ δεινῶν ἀλγηδόνων
274 ἀπεκυλινδοῦντο τοῦ τείχους· ῥᾷστα μὲν γὰρ τὸ ἔλαιον ἀπὸ κορυφῆς μέχρι ποδῶν ὑπὸ τὰς πανοπλίας διέρρει τοῦ σώματος ὅλου καὶ τὴν σάρκα φλογὸς οὐδὲν ἔλασσον ἐπεβόσκετο, θερμαινόμενόν τε φύσει ταχέως
275 καὶ ψυχόμενον βραδέως διὰ τὴν πιότητα. τοῖς δὲ θώραξιν καὶ τοῖς κράνεσιν ἐνδεδεμένων ἀπαλλαγὴ τῆς καύσεως οὐκ ἦν, πηδῶντες δὲ καὶ συνειλούμενοι ταῖς ἀλγηδόσιν ἀπὸ τῶν γεφυρωμάτων ἔπιπτον· οἱ δὲ τραπέντες εἰς τοὺς σφετέρους πρόσω βιαζομένους εὐχείρωτοι τοῖς κατόπιν τιτρώσκουσιν ἦσαν.
276 29. Ἐπέλιπεν δὲ οὔτε Ῥωμαίους ἐν ταῖς κακοπραγίαις ἰσχὺς οὔτε τοὺς Ἰουδαίους σύνεσις, ἀλλ᾿ οἱ μὲν καίπερ οἰκτρὰ πάσχοντας ὁρῶντες τοὺς καταχυθέντας ὅμως εἰς τοὺς καταχέοντας ἐφέροντο τὸν πρὸ αὑτοῦ
277 κακίζων ἕκαστος ὡς ἐμπόδιον ὄντα τῆς ῥώμης⁴⁸· οἱ δὲ Ἰουδαῖοι δόλῳ δευτέρῳ τὰς προσβάσεις⁴⁹ αὐτῶν ἐπέσφαλλον τῆλιν ἐφθὴν ὑποχέοντες
278 ταῖς σανίσιν, ἧς⁵⁰ ἐπολισθάνοντες ὑπεσύροντο, καὶ οὔτε τῶν τρεπομένων οὔτε τῶν προσβαινόντων τις ὀρθὸς ἔμενεν, ἀλλ᾿ οἱ μὲν ἐπ᾿ αὐτῶν ὑπτιαζόμενοι τῶν ἐπιβατηρίων μηχανῶν συνεπατοῦντο, πολλοὶ δὲ ἐπὶ
279 τὸ χῶμα κατέπιπτον. ἐπαίοντο δ᾿ ὑπὸ τῶν Ἰουδαίων οἱ πεσόντες· ἐσφαλμένων γὰρ τῶν Ῥωμαίων οὗτοι τῆς κατὰ χεῖρα συμπλοκῆς ἐλευθερω-
280 θέντες εἰς τὰς βολὰς εὐσχόλουν⁵¹. πολλὰ δὲ κακουμένους ἐν τῇ προσβολῇ
281 τοὺς στρατιώτας ὁ στρατηγὸς περὶ δείλην ἀνεκάλει. ἔπεσον δὲ τούτων μὲν οὐκ ὀλίγοι καὶ πλείους ἐτρώθησαν, τῶν δ᾿ ἀπὸ τῆς Ἰωταπάτης ἀπέθανον μὲν ἓξ ἄνδρες, τραυματίαι δ᾿ ὑπὲρ τριακοσίους ἀνεκομίσθησαν.
282 εἰκάδι μὲν Δαισίου μηνὸς ἡ παράταξις ἦν.
283 30. Οὐεσπασιανὸς δὲ ἐπὶ τοῖς συμβεβηκόσι τὴν στρατιὰν παραμυθούμενος, ὡς θυμουμένους ἑώρα καὶ οὐ προτροπῆς ἀλλ᾿ ἔργων
284 δεομένους, προσυψῶσαι μὲν τὰ χώματα, πύργους δὲ τρεῖς πεντήκοντα ποδῶν τὸ ὕψος ἕκαστον κατασκευάσαι κελεύσας πάντοθεν σιδήρῳ κεκα-

---

⁴⁸ ῥύμης oder ὁρμῆς als Konjekturen; *impetum* Lat.
⁴⁹ προβάσεις PAML; προσβάσεις VRC (vgl. § 278: προβαινόντων PAL; προσβαινόντων MVRC).
⁵⁰ αἷς MVRC Na.
⁵¹ εὐστόχουν PAML² Thack; vgl. *facillime tela dirigebant* Lat; εὐσχόλουν L¹VRC.

schütterliche Kampfgruppe, die wie ein einziger Körper mit ihrer ganzen Front die Juden zurückdrängte; so waren die Römer schon im Begriff, die Mauer zu ersteigen.

28. 271. In diesem gefährlichen Augenblick ließ sich Josephus von der Not einen guten Rat eingeben; sobald nämlich die Verzweiflung den Erfindungsgeist anspornt, wird die Not zu einer vortrefflichen Ratgeberin: Er gab Befehl, siedendes Öl[67] auf die zusammengedrängten Schilde hinabzugießen. Es konnte, als wäre man schon darauf vorbereitet gewesen, rasch von vielen Verteidigern in großer Menge und von allen Seiten auf die Römer hinuntergeschüttet werden, sogar die glühend heißen Gefäße wurden mit hinabgeworfen. Dies Mittel bewirkte bei den Römern schwere Verbrennungen und riß ihre Kampfordnung auseinander; von furchtbaren Schmerzen gepeinigt, taumelten sie von der Mauer herab. Das Öl floß nämlich mit Leichtigkeit unter der Rüstung hindurch den ganzen Körper hinab vom Scheitel bis zu den Füßen und verbrannte das Fleisch nicht weniger als eine Feuerflamme, läßt Öl von sich doch von Natur aus leicht erhitzen, kühlt aber, da es sich ja um Fett handelt, nur sehr langsam ab. In die Panzer und Helme fest eingeschnallt, konnten sich die Soldaten von der brennenden Glut des Öls nicht freimachen, sie sprangen in die Höhe, krümmten sich vor Schmerz und stürzten von den Brücken herab. Welche sich aber, um zu fliehen, ihren eigenen Kameraden zuwandten, wurden von diesen wieder nach vorn gestoßen und von den Juden, die jetzt von hinten auf sie einschlugen, leicht überwältigt.

29. 276. So wenig wie die Juden ihre Geistesgegenwart verließ, ebenso wenig verloren die Römer durch diesen Rückschlag ihre Kampfkraft; sie drängten vielmehr, obwohl sie die grauenvollen Schmerzen der Übergossenen sahen, nach vorn gegen deren jüdische Peiniger, und jeder schalt auf seinen Vordermann, daß er ihn daran hindere, mit aller Kraft loszuschlagen. Die Juden wandten, um das Vordringen der Römer zu vereiteln, eine zweite List an, sie schütteten nämlich auf die Bretter frisch gekochtes griechisches Heu[68], auf dem die Römer ausglitten und hinabrutschten. Weder die Zurückweichenden noch die Vordringenden konnten sich aufrecht halten, sondern die einen stürzten rücklings von den Sturmleitern herab und wurden zertreten, viele andere fielen auf den Damm hinunter, wo sie von jüdischen Geschossen getroffen wurden. Dadurch nämlich, daß die Römer zu Fall kamen, konnten sich die Juden aus dem Nahkampfe lösen und hatten die Hände frei zum Schießen. Als der Feldherr nun sah, daß seine Soldaten beim Angriff schwere Verluste erlitten, rief er sie gegen Abend zurück. Es war aber von ihnen eine beträchtliche Anzahl gefallen, und noch mehr waren verwundet worden; von den Belagerten in Jotapata dagegen fielen sechs Mann, außerdem wurden über 300 Verwundete weggetragen. Dieser Kampf fand am 20. Daesius statt.

30. 283. Vespasian wollte nun die Soldaten wegen dieser Rückschläge aufmuntern; als er aber ihren leidenschaftlichen Eifer sah, daß sie nämlich nicht Zuspruch, sondern Taten forderten, gab er Befehl, die Dämme zu er-

λυμμένους, ὡς ἑδραῖοί τε εἶεν ὑπὸ βρίθους καὶ δυσάλωτοι πυρί, τῶν
285 χωμάτων ἐπέστησεν, συνεπιβήσας αὐτοῖς ἀκοντιστάς τε καὶ τοξότας καὶ
τῶν ἀφετηρίων ὀργάνων τὰ κουφότερα, πρὸς δὲ τοὺς ῥωμαλεωτάτους
286 σφενδονήτας· οἳ μὴ καθορώμενοι διὰ τὸ ὕψος καὶ τὰ θωράκια τῶν
287 πύργων εἰς καθορωμένους τοὺς ἐπὶ τοῦ τείχους ἔβαλλον. οἱ δὲ μήτε
κατὰ κόρσης φερομένων τῶν βελῶν ἐκκλίνειν ῥᾳδίως δυνάμενοι μήτε
τοὺς ἀφανεῖς ἀμύνεσθαι, καὶ τὸ μὲν ὕψος τῶν πύργων δυσέφικτον
ὁρῶντες ἐκ χειρὸς βέλει, πυρὶ δὲ τὸν περὶ αὐτοῖς σίδηρον ἀνάλωτον,
288 ἔφευγον ἀπὸ τοῦ τείχους καὶ προσβάλλειν πειρωμένοις ἐπεξέθεον. καὶ
οἱ μὲν ἐπὶ τῆς Ἰωταπάτης ἀντεῖχον οὕτως, ἀναιρούμενοί τε καθ' ἡμέραν
πολλοὶ καὶ μηδὲν ἀντικακοῦν τοὺς πολεμίους, ὅτι μὴ μετὰ κινδύνων
ἀνείργειν ἔχοντες.
289 31. Κατὰ δὲ τὰς αὐτὰς ἡμέρας Οὐεσπασιανὸς ἐπί τινα τῶν τῆς
Ἰωταπάτης ἀστυγειτόνων πόλιν, Ἰάφα καλεῖται, νεωτερίζουσαν καὶ τῶν
Ἰωταπατηνῶν παρὰ δόξαν ἀντεχόντων ἐπαιρομένην, Τραϊανὸν ὄντα τοῦ
δεκάτου τάγματος ἡγεμόνα ἐκπέμπει παραδοὺς αὐτῷ χιλίους μὲν ἱππεῖς
290 πεζοὺς δὲ δισχιλίους. ὁ δὲ τὴν μὲν πόλιν δυσάλωτον καταλαβών, πρὸς
γὰρ τῷ φύσει καρτερὰ τυγχάνειν οὖσα καὶ διπλῷ περιβόλῳ τετείχιστο,
προαπηντηκότας δὲ τοὺς ἐξ αὐτῆς ἑτοίμους εἰς μάχην ἰδὼν συμβάλλει
291 καὶ πρὸς ὀλίγον ἀντισχόντας ἐδίωκεν. συμφυγόντων δὲ εἰς τὸ πρῶτον
292 τεῖχος οἱ Ῥωμαῖοι κατὰ πόδας προσκείμενοι συνεισέπεσον. ὁρμήσαντας
δὲ πάλιν εἰς τὸ δεύτερον τεῖχος ἀποκλείουσιν τῆς πόλεως οἱ σφέτεροι
293 δείσαντες μὴ συνεισβάλωσιν οἱ πολέμιοι. θεὸς δ' ἦν ἄρα ὁ Ῥωμαίοις τὰ
Γαλιλαίων πάθη χαριζόμενος, ὃς καὶ τότε τὸν τῆς πόλεως λαὸν αὐτανδρον
χερσὶν οἰκείαις ἐκκλεισθέντα πρὸς ἀπώλειαν ἔκδοτον φονῶσιν
294 ἐχθροῖς παρέστησεν. ἐμπίπτοντες γὰρ ἀθρόοι ταῖς πύλαις καὶ πολλὰ
τοὺς ἐπ' αὐτῶν⁵² ὀνομαστὶ καλοῦντες ἐν μέσαις ἀπεσφάττοντο ταῖς
295 ἱκεσίαις. καὶ τὸ μὲν πρῶτον αὐτοῖς τεῖχος οἱ πολέμιοι, τὸ δεύτερον δ'
296 ἔκλεισαν οἱ σφέτεροι, μέσοι δὲ τοῖν δυοῖν κατειλούμενοι περιβόλων βύζην,
πολλοὶ μὲν τοῖς ἀλλήλων, πολλοὶ δὲ τοῖς ἰδίοις περιεπείροντο ξίφεσιν,
ἄπειροι δὲ ὑπὸ Ῥωμαίων ἔπιπτον οὐδὲ ὅσον εἰς ἄμυναν ἀναθαρροῦντες·
πρὸς γὰρ τῷ καταπεπλῆχθαι τοὺς πολεμίους τὰς ψυχὰς αὐτῶν ἔκλασεν
297 ἡ τῶν οἰκείων προδοσία. πέρας ἔθνησκον οὐ Ῥωμαίοις ἀλλὰ τοῖς ἰδίοις
καταρώμενοι, μέχρι πάντες ἀπώλοντο μύριοι καὶ δισχίλιοι τὸν ἀριθμὸν
298 ὄντες. κενὴν δὲ μαχίμων λογιζόμενος εἶναι τὴν πόλιν ὁ Τραϊανός, εἰ

⁵² ἑαυτῶν PM.

höhen und drei jeweils 50 Fuß hohe Türme zu errichten. Diese waren ringsum mit Eisen beschlagen, damit sie durch ihr Gewicht festen Stand hätten und durch Feuer nicht zu zerstören seien. Nachdem diese Türme auf den Wällen aufgestellt worden waren, bemannte er sie mit Speerwerfern und Bogenschützen; auch leichtere Wurfmaschinen und die kräftigsten Schleuderer ließ er darin Stellung nehmen. Diese konnten wegen der Höhe und der Brustwehren der Türme, ohne selbst gesehen zu werden, die gut sichtbaren Feinde auf der Mauer beschießen. Die Verteidiger vermochten jetzt, da die Geschosse von oben herab flogen, diesen nicht mehr so leicht ausweichen und sich auch nicht gegen die unsichtbaren Gegner wehren; als sie daher eingesehen hatten, daß die Türme wegen ihrer Höhe mit Handgeschossen kaum zu erreichen und dazu wegen ihres Eisenbeschlages feuersicher waren, zogen sie sich von der Mauer zurück und machten nur noch Ausfälle gegen die Angriffsversuche der Römer. So leisteten die Belagerten in Jotapata immer noch Widerstand, obwohl Tag für Tag viele getötet wurden und sie den Feinden keine ernsthaften Verluste beibringen konnten; es war ihnen nur unter äußerster Lebensgefahr möglich, die Römer abzuwehren.

31. 289. In diesen Tagen sandte Vespasian den Führer der 10. Legion, Trajan[69], mit 1000 Reitern und 2000 Fußsoldaten zu einer Nachbarstadt von Jotapata, namens Japha[70], die sich im Aufstand befand; sie hatte sich durch den unerwartet langen Widerstand der Verteidiger von Jotapata verführen lassen. Er fand, daß die Stadt schwer einnehmbar sei, denn abgesehen von ihrer durch die Natur begünstigten Lage war sie auch noch von einer zweifachen Mauer umgeben. Er sah, wie die Einwohner ihm aus der Stadt kampfbereit entgegenzogen und nahm den Kampf mit ihnen auf. Sie leisteten jedoch nur kurze Zeit Widerstand, dann wandten sie sich zur Flucht, und er verfolgte sie mit den römischen Truppen, die den Fliehenden bis zur ersten Mauer auf den Fersen blieben und zugleich mit diesen eindrangen. Als die Fliehenden aber auf die zweite Mauer zueilten, da verschlossen ihre eigenen Landsleute in der Stadt die Tore, aus Furcht, die Feinde möchten mit ihnen hereinkommen. Im Grunde war es freilich Gott[71], der zum Vorteil der Römer die Galiläer ins Unglück stürzte und damals die ganze streitbare Mannschaft der Stadt, der von ihren eigenen Mitbürgern der Rückzug versperrt war, dem Tod durch die mordlustigen Feinde preisgab. Indem sie sich nämlich bei den Toren in dichten Haufen zusammendrängten und ständig deren Wächter bei Namen riefen, wurden sie noch während ihrer flehentlichen Bitten niedergemacht. Den Weg auf die erste Mauer hatten ihnen die Römer, den auf die zweite ihre eigenen Landsleute verlegt; dicht gedrängt zwischen die beiden Mauern eingeschlossen, starben viele durch die Schwerter ihrer Kameraden, viele auch durch ihre eigene Waffe, unzählige wurden von den Römern getötet, wobei sie keinerlei Mut mehr zur Gegenwehr aufbrachten. Denn außer dem Entsetzen über die Feinde hatte der Verrat der eigenen Leute ihre Zuversicht gebrochen. Im Sterben fluchten sie nicht etwa den Römern, sondern ihren Volksgenossen — bis alle, 12 000 an der Zahl, den Tod gefunden hatten.

δὲ καί τινες ἔνδον εἶεν, οἰόμενος μηδὲν αὐτοὺς τολμήσειν ὑπὸ δέους, ἀνετίθει τῷ στρατηγῷ τὴν ἅλωσιν, καὶ στείλας ἀγγέλους πρὸς Οὐεσπασιανὸν ᾐτεῖτο πέμψαι τὸν υἱὸν αὐτῷ Τίτον ἐπιθήσοντα τῇ νίκῃ τέλος.
299 ὁ δὲ συμβαλὼν ὑπολείπεσθαί τινα πόνον μετὰ στρατιᾶς τὸν υἱὸν
300 ἐπιπέμπει πεντακοσίων μὲν ἱππέων χιλίων δὲ πεζῶν. ὁ δὲ πρὸς τὴν πόλιν ἐλθὼν διὰ τάχους καὶ διατάξας τὴν στρατιὰν ἐπὶ μὲν τοῦ λαιοῦ κέρως τὸν Τραϊανὸν ἵστησιν, αὐτὸς δὲ τὸ δεξιὸν ἔχων ἐξηγεῖτο πρὸς
301 τὴν πολιορκίαν. τῶν δὲ στρατιωτῶν κλίμακας πάντοθεν τῷ τείχει προσφερόντων πρὸς ὀλίγον οἱ Γαλιλαῖοι καθύπερθεν ἀμυνόμενοι λεί-
302 πουσιν τὸν περίβολον, ἐπιπηδήσαντες δὲ οἱ περὶ τὸν Τίτον τῆς μὲν πόλεως ἐκράτησαν ταχέως, πρὸς δὲ τοὺς ἔνδον αὐτοῖς συστραφέντας
303 καρτερὰ μάχη συρρήγνυται· καὶ γὰρ ἐν τοῖς στενωποῖς οἱ δυνατοὶ προσέπιπτον καὶ ἀπὸ τῶν οἰκιῶν αἱ γυναῖκες ἔβαλλον πᾶν τὸ προστυχὸν
304 αὐταῖς. καὶ μέχρι μὲν ἓξ ὡρῶν ἀντεῖχον μαχόμενοι, δαπανηθέντων δὲ τῶν μαχίμων τὸ λοιπὸν πλῆθος ἔν τε τοῖς ὑπαίθροις καὶ κατὰ τὰς οἰκίας ἀπεσφάττοντο νέοι τε ὁμοῦ καὶ γέροντες· οὐδὲν γὰρ ἄρρεν
305 ὑπελείφθη δίχα νηπίων, ἃ μετὰ γυναικῶν ἐξηνδραποδίσαντο. τῶν μὲν οὖν ἀναιρεθέντων ἀνά τε τὴν πόλιν κἀπὶ τῆς προτέρας παρατάξεως ἀριθμὸς μύριοι πρὸς τοῖς πεντακισχιλίοις ἦν, τὰ δ' αἰχμάλωτα δισχίλια
306 ἑκατὸν καὶ τριάκοντα. τοῦτο συνέβη τὸ πάθος Γαλιλαίοις πέμπτῃ καὶ εἰκάδι Δαισίου μηνός.

307 32. Ἔμειναν δὲ οὐδὲ Σαμαρεῖς ἀπείρατοι συμφορῶν· ἀθροισθέντες γὰρ ἐπὶ τὸ Γαριζεὶν καλούμενον ὄρος, ὅπερ αὐτοῖς ἐστιν ἅγιον, κατὰ χώραν μὲν ἔμενον, πολέμου δ' εἶχον ἀπειλὴν ἥ τε σύνοδος αὐτῶν καὶ
308 τὰ φρονήματα. καὶ οὐδὲ τοῖς γειτνιῶσι κακοῖς ἐσωφρονίζοντο, πρὸς δὲ τὰς Ῥωμαίων εὐπραγίας ἐν ἀλογίστῳ[53] τὴν[54] κατὰ σφᾶς ἀσθένειαν[55] ᾖδουν
309 καὶ μετέωροι πρὸς ταραχὴν ὑπῆρχον. ἐδόκει δὲ Οὐεσπασιανῷ φθάσαι τὸ κίνημα καὶ τὰς ὁρμὰς αὐτῶν ὑποτέμνεσθαι· καὶ γὰρ εἰ[56] φρουραῖς ἡ Σαμαρεῖτις ὅλη διείληπτο τό τε[57] πλῆθος τῶν ἐληλυθότων καὶ ἡ σύνταξις
310 ἦν φοβερά. Κερεάλιον οὖν ἔπαρχον ὄντα τοῦ πέμπτου τάγματος μετὰ
311 ἑξακοσίων ἱππέων καὶ πεζῶν τρισχιλίων πέμπει. τούτῳ προσβαίνειν μὲν τὸ ὄρος καὶ συνάπτειν μάχην οὐκ ἀσφαλὲς ἔδοξεν πολλῶν καθύπερθεν τῶν πολεμίων ὄντων, κυκλωσάμενος δὲ τῇ δυνάμει πᾶσαν τὴν ὑπόρειον
312 δι' ὅλης αὐτοὺς ἐφρούρει τῆς ἡμέρας. συνέβη δὲ ὕδατος ἀπορουμένων τῶν Σαμαρέων ἐκφλεγῆναι τότε καὶ καῦμα δεινόν, ὥρα δ' ἦν θέρους
313 καὶ τῶν ἐπιτηδείων τὸ πλῆθος ἀπαράσκευον, ὡς τοὺς μὲν αὐθημερὸν ὑπὸ τοῦ δίψους ἀποθανεῖν, πολλοὺς δὲ τῆς τοιαύτης ἀπωλείας τὸ

[53] ἐν ἀλογίστῳ fehlt bei P.
[54] τῇ.... ἀσθενείᾳ MLVRC, doch ist bei Lat der Akkusativ des Niese-Textes (PA) vorausgesetzt.
[55] διώδευον L; ὠρρώδουν MRC; ὠρώδουν V. Der Text des § 308 ist schwierig.
[56] εἰ fehlt bei PA Niese; ἀεὶ lesen LVRC; εἰ M (etsi Lat) Na Reinach Thack.
[57] tamen Lat entspricht dem Sinn gut; die codd. gr. lesen τε (γε M).

Trajan nahm an, daß die Stadt keine kampffähigen Männer mehr besitze, falls aber doch noch einige vorhanden sein sollten, glaubte er, daß sie aus Furcht nichts mehr unternehmen würden; er wollte daher die Einnahme der Stadt für den Feldherrn aufsparen und sandte Boten an Vespasian mit der Bitte, er möchte ihm doch seinen Sohn Titus schicken, damit dieser den Sieg vollende[72]. Vespasian vermutete, daß doch noch einige Anstrengung erforderlich sei und sandte daher seinen Sohn mit einer Heeresabteilung von 500 Reitern und 1000 Mann Fußvolk. Dieser traf rasch vor der Stadt ein und ließ das Heer zum Kampfe aufstellen. Über den linken Flügel setzte er Trajan, während er selbst den rechten übernahm; so führte er die Truppen zum Sturm auf die Stadt. Als nun die Soldaten von allen Seiten Leitern gegen die Mauer herantrugen, leisteten die Galiläer von dort aus kurze Zeit Widerstand und verließen dann die Mauer; die Leute des Titus drangen über diese hinweg in die Stadt ein und hatten sich rasch ihrer bemächtigt. Sie hatten gegen die im Stadtinnern zusammengedrängten Juden jedoch noch einen erbitterten Kampf zu bestehen: Die streitbaren Männer stürzten sich ihnen in den engen Gassen[73] entgegen, und die Frauen warfen von den Häusern alles auf sie herunter, was ihnen gerade in die Hand kam. An die sechs Stunden hielten sie im Kampfe stand; als aber die Waffenfähigen hingerafft waren, wurde das übrige Volk unter freiem Himmel und in den Häusern abgeschlachtet, die Jungen ebenso wie die Alten. Vom männlichen Geschlecht blieb niemand am Leben als die unmündigen Kinder, die zusammen mit den Frauen zu Sklaven gemacht wurden. Die Gesamtzahl der Erschlagenen, im Kampf in der Stadt und im Treffen vorher, betrug 15 000 Mann, gefangen wurden 2130. Dies Unglück traf die Galiläer am 25. Tag des Monats Daesius.

32. 307. Auch die Bewohner Samariens[74] blieben nicht von Schicksalsschlägen verschont. Sie zogen sich auf dem ihnen heiligen Berg, dem Garizim, zusammen; dort blieben sie zwar an Ort und Stelle, aber die Versammlung an sich und ihre Absichten hatten den Charakter einer Kriegsdrohung. Sie ließen sich nicht einmal durch die schlimmen Erfahrungen der Nachbarn zur Vernunft bringen, und ohne die römischen Erfolge ihrer eigenen Schwäche gegenüber richtig abzuwägen, wurden sie unruhig und warteten gespannt auf die Möglichkeit zum Aufruhr. Vespasian beschloß, der Bewegung zuvorzukommen und ihre Bestrebungen zu vereiteln. Denn über ganz Samarien waren zwar Besatzungen verteilt, aber die Masse der Zusammengeströmten und ihre Aufstellung waren bedrohlich. Er sandte darum Cerealius[75], den Führer der 5. Legion, mit 600 Reitern und 3000 Fußsoldaten ab. Diesem schien es nicht sicher, auf den Berg hinaufzurücken und sich in ein Gefecht einzulassen, weil so viele Gegner droben ihre Stellung bezogen hatten; darum schloß er mit seiner Streitmacht den ganzen Fuß des Berges ein und behielt den Feind den ganzen Tag hindurch im Auge. Zum Unglück für alle Samaritaner, denen es ohnehin an Wasser mangelte, brannte gerade damals auch noch eine furchtbare Hitze, denn es war Sommerzeit, und die Menge war mit den nötigsten Lebensmitteln nicht ver-

314 δουλεύειν προαιρουμένους Ῥωμαίοις προσφυγεῖν. ἐξ ὧν συνεὶς ὁ Κερεάλιος καὶ τοὺς ἔτι συμμένοντας ὑπὸ τῶν δεινῶν κατεαγότας ἐπαναβαίνει τῷ ὄρει, καὶ τὴν δύναμιν ἐν κύκλῳ περιστήσας τοῖς πολεμίοις τὸ μὲν πρῶτον ἐπὶ δεξιὰς προυκαλεῖτο καὶ σώζεσθαι παρεκάλει διαβε-
315 βαιούμενος ἀσφάλειαν τὰ ὅπλα ῥίψασιν· ὡς δ' οὐκ ἔπειθεν, προσπεσὼν ἀπέκτεινεν πάντας, χιλίους ἑξακοσίους ἐπὶ μυρίοις ὄντας· ἑβδόμῃ καὶ εἰκάδι Δαισίου μηνὸς ἐπράχθη. καὶ τοιαύταις μὲν συμφοραῖς Σαμαρεῖται ἐχρήσαντο.

316 33. Τῶν δ' ἀνὰ τὰ Ἰωτάπατα καρτερούντων καὶ παρ' ἐλπίδα τοῖς δεινοῖς ἀντεχόντων τεσσαρακοστῇ μὲν ἡμέρᾳ καὶ ἑβδόμῃ τὰ χώματα τῶν
317 Ῥωμαίων ὑπερήρθη τὸ τεῖχος, αὐτομολεῖ δέ τις πρὸς τὸν Οὐεσπασιανὸν τῆς αὐτῆς ἡμέρας τήν τε ὀλιγότητα τῶν ἐπὶ τῆς πόλεως ἐξαγγέλλων
318 καὶ τὴν ἀσθένειαν, καὶ ὡς ἀγρυπνίᾳ διηνεκεῖ καὶ μάχαις ἐπαλλήλοις δεδαπανημένοι δυνατοὶ μὲν εἶεν οὐδὲ βιαζομένους ἔτι φέρειν, καὶ δόλῳ
319 δ' ἂν ἁλοῖεν, εἴ τις ἐπιθοῖτο· περὶ γὰρ τὴν ἐσχάτην φυλακήν, καθ' ἣν ἄνεσίν τε τῶν δεινῶν ἐδόκουν ἔχειν καὶ καθάπτεται μάλιστα κεκοπωμένων ἑωθινὸς ὕπνος, καταδαρθάνειν ἔφασκεν τοὺς φύλακας συνεβούλευέν τε
320 κατὰ ταύτην τὴν ὥραν ἐπελθεῖν. τῷ δ' ἦν μὲν δι' ὑπονοίας ὁ αὐτόμολος τό τε πρὸς ἀλλήλους πιστὸν εἰδότι τῶν Ἰουδαίων καὶ τὴν πρὸς τὰς
321 κολάσεις ὑπεροψίαν, ἐπειδὴ καὶ πρότερον ληφθείς τις τῶν ἀπὸ τῆς Ἰωταπάτης πρὸς πᾶσαν αἰκίαν βασάνων ἀντέσχεν καὶ μηδὲν διὰ πυρὸς ἐξερευνῶσι τοῖς πολεμίοις περὶ τῶν ἔνδον εἰπὼν ἀνεσταυρώθη τοῦ
322 θανάτου καταμειδιῶν· τά γε μὴν εἰκότα πιστὸν ἐποίει τὸν προδότην, καὶ τάχα μὲν ἀληθεύειν ἐκεῖνον, μηδὲν δ' αὐτὸς ἐξ ἐνέδρας πείσεσθαι μέγα προσδοκῶν, τὸν μὲν φυλάσσειν ἐκέλευσεν, ἐπὶ δὲ τὴν κατάληψιν τῆς πόλεως παρεσκεύαζε τὴν στρατιάν.

3.324 34. Κατὰ δὲ τὴν μηνυθεῖσαν ὥραν ἦσαν ἡσυχῇ πρὸς τὸ τεῖχος. καὶ πρῶτος ἐπιβαίνει Τίτος σὺν ἑνὶ τῶν χιλιάρχων Δομετίῳ Σαβίνῳ τῶν ἀπὸ
325 τοῦ πέμπτου καὶ δεκάτου τάγματος ὀλίγους ἄγων· ἀποσφάξαντες δὲ τοὺς φύλακας εἰσίασιν εἰς τὴν πόλιν, μεθ' οὓς Σέξστος τις Καλουάριος[58]
326 χιλίαρχος καὶ Πλάκιδος τοὺς ὑπὸ σφίσι τεταγμένους εἰσῆγον. κατειλημμένης δὲ τῆς ἄκρας καὶ τῶν πολεμίων ἐν μέσῳ στρεφομένων, ἤδη δὲ
327 καὶ ἡμέρας οὔσης, ὅμως οὔπω τῆς ἁλώσεως τοῖς κρατουμένοις αἴσθησις ἦν· καμάτῳ τε γὰρ οἱ πολλοὶ καὶ ὕπνῳ διαλέλυντο, καὶ τῶν διανισταμένων ὁμίχλη τὰς ὄψεις ἀπήμβλυνεν πολλὴ κατὰ τύχην τότε τῇ πόλει
328 περιχυθεῖσα, μέχρι πάσης τῆς στρατιᾶς εἰσπεσούσης πρὸς μόνην τὴν τῶν κακῶν αἴσθησιν ἐξανέστησαν καὶ τὴν ἅλωσιν ἐπίστευον ἀναιρούμενοι.
329 Ῥωμαίους δὲ κατὰ μνήμην ὧν ἐκ τῆς πολιορκίας ἔπαθον οὔτε φειδὼ εἰσῄει τινὸς οὔτ' ἔλεος, ἀλλ' εἰς τὸ κάταντες ἀπὸ τῆς ἄκρας τὸν λεὼ

[58] Κερεάλιος MVC (vgl. § 310; der dort genannte K. ist aber ἔπαρχος, nicht χιλίαρχος); Καλουάριος PAL; *Calvarus* Lat, vgl. Niese p. XXVII. Dazu *prosop. imp. Rom.* III², 145.

sehen. So starben noch am selben Tag die Einen vor Durst, viele Andere zogen die Sklaverei einem solchen Ende vor und flohen zu den Römern. Als Cerealius von ihnen erfahren hatte, daß auch die Zurückgebliebenen durch ihre Leiden ganz zermürbt waren, zog er den Berg hinauf und stellte sein Heer rings um die Feinde auf; er bot ihnen zunächst an, zu verhandeln und ermahnte sie, auf ihre Rettung bedacht zu sein, indem er versprach, sie zu schonen, falls sie die Waffen wegwürfen. Da er sie nicht überreden konnte, griff er sie an und tötete alle, insgesamt 11 600 Mann. Das geschah am 27. des Monats Daesius. Solche Schicksalsschläge trafen die Samaritaner.

33. 316. Während man in Jotapata aushielt und wider Erwarten allen Schrecken gegenüber aufrecht blieb, begannen am 47. Tag die Wälle der Römer über die Mauer hinauszuragen. Am selben Tag lief einer zu Vespasian über und meldete die geringe Zahl und die Schwäche der Verteidiger der Stadt, ferner daß sie, durch beständiges Wachen und unaufhörliches Kämpfen erschöpft, nicht mehr in der Lage seien, einem Angriff standzuhalten: sie könnten aber auch durch List überwältigt werden, wenn jemand den Versuch dazu machte. Denn um die letzte Nachtwache[76], wo die Soldaten glaubten, eine gewisse Erholung von den Strapazen zu haben, da außerdem der Morgenschlaf am liebsten müde Leute überfalle, lägen die Wachen im Schlaf; so riet er, eben diese Zeit zum Angriff zu wählen. Dem Vespasian kam der Überläufer verdächtig vor, da er das treue Zusammenhalten der Juden kannte und wußte, wie wenig sie sich aus den Strafen machten. So war schon vorher einer von den Leuten aus Jotapata gefangen genommen worden und hatte aller Mißhandlung und allen Foltern gegenüber standgehalten und nicht einmal, als man ihn durch Feuer zum Reden bringen wollte, den Feinden etwas über die Lage in der Stadt verraten; ja, er lächelte, als man ihn kreuzigte, über die Todesqual. Aber die Wahrscheinlichkeit seiner Aussage ließ den Verräter glaubwürdig erscheinen, und da Vespasian annahm, daß jener vielleicht doch die Wahrheit sagen könnte, ferner von einem Hinterhalt für sich selbst keinen großen Schaden erwartete, befahl er, das Heer zum Sturm auf die Stadt bereitzustellen und den Überläufer in Haft zu halten.

34. 323. Zur bezeichneten Zeit rückten die Römer in aller Stille an die Mauer heran. Als erster bestieg Titus mit dem Tribun Domitius Sabinus und einigen wenigen Soldaten der 5. und 10. Legion die Mauer. Nachdem sie die Wachposten niedergestoßen hatten, betraten sie die Stadt; nach ihnen führten ein Tribun namens Sextus Calvarius und Placidus die ihnen unterstellten Soldaten herein. Schon war die Burg oben genommen, und die Feinde streiften mitten in der Stadt herum, ja schon war es Tag, gleichwohl merkten die Überfallenen nichts von der Einnahme der Stadt. Die meisten lagen noch hingestreckt in Müdigkeit und Schlaf, den Aufgestandenen aber wehrte ein dichter Nebel die Sicht, der sich damals zufällig über die Stadt gelagert hatte. Erst als das ganze Heer eingedrungen war, erhoben sie sich, und zwar nur, um das ganze Unglück wahrzunehmen, und erst mit dem Todesstreich überzeugten sie sich von der Einnahme der Stadt. In

330 συνωθοῦντες ἐφόνευον. ἔνθα καὶ τοὺς ἔτι μάχεσθαι δυναμένους ἡ δυσχωρία τὴν ἄμυναν ἀφείλετο· θλιβόμενοι γὰρ ἐν τοῖς στενωποῖς καὶ κατὰ τοῦ πρανοῦς ὑπολισθάνοντες ῥέοντι κατ' ἄκρας ἐκαλύπτοντο τῷ
331 πολέμῳ. τοῦτο πολλοὺς καὶ τῶν περὶ τὸν Ἰώσηπον ἐπιλέκτων ἐπ' αὐτοχειρίαν παρώξυνεν· κατιδόντες γάρ, ὡς οὐδένα τῶν Ῥωμαίων ἀνελεῖν δύνανται, τό γε πεσεῖν αὐτοὺς ὑπὸ Ῥωμαίων προέλαβον καὶ συναθροισθέντες ἐπὶ τὰ καταλήγοντα τῆς πόλεως σφᾶς αὐτοὺς ἀνεῖλον.
332 35. Ὅσοι γε μὴν ὑπὸ πρώτην τῆς καταλήψεως αἴσθησιν τῶν φυλάκων διαφυγεῖν ἔφθασαν ἀναβάντες εἴς τινα τῶν προσαρκτίων πύργων μέχρι μέν τινος ἀπημύναντο, περισχεθέντες δὲ πλήθει τῶν πολεμίων ὀψὲ παρεῖσαν τὰς δεξιὰς καὶ τοῖς ἐφεστῶσιν τὴν σφαγὴν εὔθυμοι παρέσχον.
333 ἀναίμακτον δ' ἂν ἦν αὐχῆσαι Ῥωμαίοις τὸ τέλος τῆς πολιορκίας, εἰ μὴ κατὰ τὴν ἅλωσιν εἷς ἔπεσέν τις· ἑκατοντάρχης ἦν Ἀντώνιος, θνήσκει
334 δ' ἐξ ἐνέδρας. τῶν γὰρ εἰς τὰ σπήλαιά τις συμπεφευγότων, πολλοὶ δ' οὗτοι πλῆθος ἦσαν, ἱκετεύει τὸν Ἀντώνιον ὀρέξαι δεξιὰν αὐτῷ πίστιν
335 τε σωτηρίας καὶ βοήθειαν πρὸς ἄνοδον· ὁ δ' ἀφυλάκτως ὤρεγε τὴν χεῖρα, καὶ φθάσας αὐτὸν ἐκεῖνος νύττει κάτωθεν ὑπὸ τὸν βουβῶνα δόρατι καὶ παραχρῆμα διεργάζεται.
336 36. Κατ' ἐκείνην μὲν οὖν τὴν ἡμέραν τὸ φανερὸν πλῆθος ἀνεῖλον οἱ Ῥωμαῖοι, ταῖς δ' ἐπιούσαις ἀνερευνώμενοι τὰς καταδύσεις τοὺς ἐν τοῖς ὑπονόμοις καὶ τοῖς σπηλαίοις ἐπεξῄεσαν καὶ διὰ πάσης ἐχώρουν ἡλικίας
337 πλὴν νηπίων καὶ γυναικῶν. καὶ τὰ μὲν αἰχμάλωτα χίλια πρὸς τοῖς διακοσίοις συνήχθη, νεκροὶ δὲ κατὰ τὴν ἅλωσιν καὶ τὰς πρότερον μάχας
338 συνηριθμήθησαν τετρακισμύριοι. Οὐεσπασιανὸς δὲ τήν τε πόλιν κατα-
339 σκάψαι κελεύει καὶ τὰ φρούρια πάντα προσεμπίπρησιν αὐτῆς. Ἰωτάπατα μὲν οὖν οὕτως ἑάλω τρεισκαιδεκάτῳ τῆς Νέρωνος ἡγεμονίας ἔτει Πανέμου νουμηνίᾳ.

340 VIII. 1. Ῥωμαῖοι δὲ τὸν Ἰώσηπον ἀναζητοῦντες κατά τε ὀργὴν σφετέραν καὶ σφόδρα τοῦ στρατηγοῦ φιλοτιμουμένου, μεγίστη γὰρ ἦν μοῖρα τοῦ πολέμου ληφθείς, τούς τε νεκροὺς διηρεύνων καὶ τοὺς
341 ἀποκρύφους. ὁ δὲ τῆς πόλεως ἁλισκομένης δαιμονίῳ τινὶ συνεργίᾳ χρησάμενος μέσον μὲν ἑαυτὸν ἐκκλέπτει τῶν πολεμίων, καθάλλεται δὲ εἴς τινα βαθὺν λάκκον, ᾧ πλατὺ σπήλαιον διέζευκτο κατὰ πλευρὰν τοῖς
342 ἄνωθεν ἀόρατον. ἔνθα τεσσαράκοντα μὲν τῶν ἐπισήμων ἄνδρας κατα-

Erinnerung an die Mühsal bei der Belagerung kannten die Römer weder Schonung noch Mitleid, sondern stießen das Volk in dichten Haufen von der Burg den Berg hinab und schlugen es dabei nieder. Dort raubte das schwierige Gelände auch denen, die noch kämpfen konnten, jede Möglichkeit der Gegenwehr. In den engen Gassen zusammengedrängt und den abschüssigen Hang hinuntergleitend wurden sie durch den von der Burg herabflutenden Kampf geradezu hinweggespült. Diese aussichtslose Lage trieb viele auch der auserlesenen Leute um Josephus dazu, Hand an sich zu legen. Als sie sahen, daß sie keinem Römer etwas anhaben konnten, zogen sie es vor, anstatt durch deren Hand zu fallen, sich am unteren Ausgang der Stadt zu sammeln und sich selbst niederzustoßen.

35. 332. Diejenigen von der Wachmannschaft, die bei der ersten Entdeckung der Einnahme der Stadt entrinnen konnten, stiegen jetzt auf einen der nördlichen Türme und verteidigten sich dort eine Zeitlang. Als sie dann von der Masse der Feinde umzingelt waren, ließen sie sich — allerdings zu spät — auf Verhandlungen ein und duldeten in aller Gefaßtheit, daß man sie hinschlachtete. Die Römer hätten sich rühmen können, daß das Ende der Belagerung sie keinen Tropfen Blut gekostet hätte, wenn nicht einer bei der Einnahme der Stadt gefallen wäre; es war der Centurio Antonius, der durch eine Hinterlist starb. Einer von den Leuten, die in die Höhlen geflohen waren — und viele hatten dies getan — bat den Antonius, ihm die rechte Hand zu geben als Unterpfand für seine Rettung und als Hilfe für den Aufstieg aus der Höhle. Da gab ihm dieser unvorsichtigerweise die Hand, jener aber kam ihm zuvor und rannte ihm von unten den Speer in den Unterleib und tötete ihn dadurch sofort.

36. 336. An diesem Tag räumten die Römer mit all den Leuten auf, die ihnen unter die Augen kamen; an den folgenden Tagen untersuchten sie die unterirdischen Schlupfwinkel und verfolgten die in den Gängen und Höhlen Verborgenen; sie verschonten dabei kein Alter, unmündige Kinder und Frauen ausgenommen. Gefangene brachte man 1200 zusammen, die Gesamtzahl der bei der Einnahme der Stadt und in den vorangegangenen Kämpfen Gefallenen betrug 40 000. Vespasian ließ darauf die Stadt schleifen und alle ihre Befestigungswerke in Brand stecken. So fiel Jotapata im 13. Jahr der Regierung Neros am Neumond des Panemus[77].

8. Kapitel

1. 340. Die Römer suchten den Josephus, weil sie über ihn erbittert waren und weil ihr Feldherr sehr darauf bedacht war, hielt man doch seine Gefangennahme als entscheidend für den Ausgang des Krieges; so durchsuchte man die Toten und die in ihren Verstecken Aufgefundenen. Josephus aber hatte sich bei der Einnahme der Stadt unter irgendeinem göttlichen Beistand mitten durch die Feinde hindurchgestohlen und war dann in eine tiefe Zisterne gesprungen, welche seitwärts mit einer geräumigen und von oben unsichtbaren Höhle[78] verbunden war. Dort traf er auf 40 angesehene

λαμβάνει λανθάνοντας, παρασκευὴν δ' ἐπιτηδείων οὐκ ὀλίγαις ἡμέραις
343 διαρκεῖν δυναμένην. μεθ' ἡμέραν μὲν οὖν ὑπεστέλλετο τῶν πολεμίων πάντα διειληφότων, νυκτὸς δ' ἀνιὼν ἐζήτει δρασμοῦ διάδυσιν καὶ τὰς φυλακὰς κατεσκέπτετο. φρουρουμένων δὲ πανταχόθεν πάντων δι' αὐτὸν
344 ὡς λαθεῖν οὐκ ἦν, αὖθις εἰς τὸ σπήλαιον κατῄει. δύο μὲν οὖν ἡμέραις διαλανθάνει, τῇ δὲ τρίτῃ γυναικὸς ἁλούσης τῶν ἅμα αὐτοῖς μηνύεται, καὶ Οὐεσπασιανὸς αὐτίκα μετὰ σπουδῆς πέμπει δύο χιλιάρχους Παυλῖνον καὶ Γαλλικανόν, δεξιάς τε τῷ Ἰωσήπῳ δοῦναι κελεύσας καὶ προτρεψομένους ἀνελθεῖν.

345 2. Ἀφικόμενοι γοῦν παρεκάλουν οὗτοι τὸν ἄνδρα καὶ πίστεις περὶ
346 σωτηρίας ἐδίδοσαν, οὐ μὴν ἔπειθον· ἐκ γὰρ ὧν εἰκὸς ἦν τοσαῦτα δράσαντα παθεῖν, οὐκ ἐκ τοῦ φύσει τῶν παρακαλούντων ἡμέρου τὰς ὑποψίας συνέλεγεν ἐδεδίει τε ὡς ἐπὶ τιμωρίαν προκαλουμένους, ἕως Οὐεσπασιανὸς τρίτον ἐπιπέμπει χιλίαρχον Νικάνορα γνώριμον τῷ Ἰω-
347 σήπῳ καὶ συνήθη πάλαι. παρελθὼν δ' οὗτος τό τε φύσει Ῥωμαίων χρηστὸν πρὸς οὓς ἂν ἅπαξ ἕλωσι διεξῄει, καὶ ὡς δι' ἀρετὴν αὐτὸς
348 θαυμάζοιτο μᾶλλον ἢ μισοῖτο πρὸς τῶν ἡγεμόνων, σπουδάζειν τε τὸν σρατηγὸν οὐκ ἐπὶ τιμωρίαν ἀναγαγεῖν αὐτόν, εἶναι γὰρ ταύτην καὶ παρὰ μὴ προϊόντος λαβεῖν, ἀλλὰ σῶσαι προαιρούμενον ἄνδρα γενναῖον.
349 προσετίθει δ' ὡς οὔτ' ἂν Οὐεσπασιανὸς ἐνεδρεύων φίλον ἔπεμπεν, ἵνα τοῦ κακίστου πράγματος προστήσηται τὸ κάλλιστον, ἀπιστίας φιλίαν, οὐδ' ἂν αὐτὸς ἀπατήσων ἄνδρα φίλον ὑπήκουσεν ἐλθεῖν.

350 3. Ἐνδοιάζοντος δὲ τοῦ Ἰωσήπου καὶ πρὸς τὸν Νικάνορα τὸ μὲν στρατιωτικὸν ὑπ' ὀργῆς ἐκκαίειν τὸ σπήλαιον ὥρμητο, κατεῖχεν δ' αὐτοὺς
351 ὁ πολέμαρχος ζωγρῆσαι τὸν ἄνδρα φιλοτιμούμενος. ὡς δ' ὅ τε Νικάνωρ προσέκειτο λιπαρῶν καὶ τὰς ἀπειλὰς τοῦ πολεμίου πλήθους ὁ Ἰώσηπος ἔμαθεν, ἀνάμνησις αὐτὸν τῶν διὰ νυκτὸς ὀνείρων εἰσέρχεται, δι' ὧν ὁ θεὸς τάς τε μελλούσας αὐτῷ συμφορὰς προεσήμαινεν Ἰουδαίων καὶ τὰ
352 περὶ τοὺς Ῥωμαίων βασιλεῖς ἐσόμενα. ἦν δὲ καὶ περὶ κρίσεις ὀνείρων ἱκανὸς συμβαλεῖν τὰ ἀμφιβόλως ὑπὸ τοῦ θείου λεγόμενα, τῶν γε μὴν ἱερῶν βίβλων οὐκ ἠγνόει τὰς προφητείας ὡς ἂν αὐτός τε ὢν ἱερεὺς καὶ
353 ἱερέων ἔγγονος· ὧν ἐπὶ τῆς τότε ὥρας ἔνθους γενόμενος καὶ τὰ φρικώδη τῶν προσφάτων ὀνείρων σπάσας φαντάσματα προσφέρει τῷ θεῷ λεληθυῖαν
354 εὐχήν, κἀπειδὴ τὸ Ἰουδαίων, ἔφη, φῦλον ὀκλάσαι[59] δοκεῖ σοι τῷ

[59] κολάσαι PAML (Niese: *fortasse recte);* κλάσαι cod. Lugd., Reinach Thack; ὀκλάσαι VRC Niese Na.

368

Leute, die sich darin verborgen hielten, und einen Vorrat von Lebensmitteln, der für geraume Zeit ausreichen konnte. Bei Tag zog er sich zurück, da die Feinde alles besetzt hielten, bei Nacht aber ging er hinauf, um einen Weg zur Flucht zu suchen, und spähte nach den Wachtposten aus. Da aber alles ringsum um seinetwillen bewacht wurde, so daß es nicht möglich war, unentdeckt zu bleiben, stieg er wieder in die Höhle hinab. Zwei Tage hielt er sich nun dort verborgen, am dritten Tag wurde er durch eine Frau, die mit ihnen in der Höhle war und gefangen genommen wurde, verraten. Vespasian schickte eifrig besorgt sofort zwei Tribunen, Paulinus[79] und Gallicanus, mit dem Auftrag, dem Josephus Sicherheit anzubieten und ihn aufzufordern, heraufzukommen.

2. 345. Sobald sie angekommen waren, redeten sie auf den Mann ein und gaben ihm Zusicherungen, daß ihm nichts geschehen werde; sie konnten ihn aber nicht überzeugen. Er schöpfte seine Verdachtsgründe aus der hohen Strafe, die billigerweise den treffen mußte, der den Römern so viel angetan hatte, nicht etwa aus der Sinnesart der Unterhändler, die ihm als milde bekannt war. So fürchtete er, sie kämen, um ihn zur Hinrichtung abzuholen, bis Vespasian einen dritten Tribunen schickte, Nikanor[80], der dem Josephus seit langem bekannt und vertraut war. Der kam und schilderte die natürliche Güte der Römer denen gegenüber, die sie nun einmal zu Gefangenen gemacht hatten[81], ferner wie vor allem Josephus von den Führern wegen seiner Tapferkeit mehr bewundert als gehaßt werde. Der Feldherr wünsche, ihn nicht der Bestrafung zuzuführen, die er auch dann an ihm vollziehen könne, wenn er nicht hervorkäme; er sei vielmehr entschlossen, einen solch wackeren Mann am Leben zu lassen. Er fügte hinzu, daß Vespasian nicht den Freund geschickt hätte, um ihm eine Falle zu stellen, um so das Schönste, die Freundschaft, zum Deckmantel des schlimmsten Frevels, der Treulosigkeit, zu benutzen. Auch würde er selbst den Auftrag nicht angenommen haben, um einen lieben Freund zu täuschen.

3. 350. Als Josephus auch dem Nikanor gegenüber noch schwankend blieb, stürmten die Soldaten im Zorn heran, um die Höhle auszuräuchern; der Feldherr hielt sie jedoch zurück, weil ihm viel daran lag, den Mann lebendig in die Hand zu bekommen. Als nun Nikanor ihn weiterhin beständig bat, und Josephus die Drohungen der feindlichen Menge hören mußte, stieg in ihm die Erinnerung an die nächtlichen Träume auf, durch die ihm Gott die über die Juden hereinbrechenden Schicksalsschläge und das künftige Geschick der römischen Kaiser gezeigt hatte. Josephus verstand sich nämlich auf die Deutung von Träumen[82] und auf die Auslegung von Gottessprüchen, die zweideutig geblieben waren. Da er selbst ein Priester war und aus einem priesterlichen Geschlechte stammte, waren ihm die Weissagungen der heiligen Schriften[83] gut bekannt. Als er nun zu derselben Stunde durch diese in das Geheimnis Gottes versenkt war und die furchterregenden Bilder der erst kurz zurückliegenden Träume in sich hervorholte, brachte er Gott insgeheim ein Gebet dar und sprach: „Da es dir gefällt, daß das Volk der Juden, das du geschaffen hast, in die Knie

κτίσαντι, μετέβη δὲ πρὸς Ῥωμαίους ἡ τύχη πᾶσα, καὶ τὴν ἐμὴν ψυχὴν ἐπελέξω τὰ μέλλοντα εἰπεῖν, δίδωμι μὲν Ῥωμαίοις τὰς χεῖρας ἑκὼν καὶ ζῶ, μαρτύρομαι δὲ ὡς οὐ προδότης, ἀλλὰ σὸς εἶμι[60] διάκονος.»

355 4. Ταῦτ᾽ εἰπὼν ἐνεδίδου τῷ Νικάνορι. καὶ τῶν Ἰουδαίων οἱ συγκαταφυγόντες ὡς τὸν Ἰώσηπον συνίεσαν εἴκοντα τοῖς παρακαλοῦσιν,
356 ἁθρόοι περιστάντες, «ἦ μεγάλα γ᾽ ἂν στενάξειαν, ἐβόων, οἱ πάτριοι νόμοι, καὶ[61] κατηφῆσαι[62] θεὸς Ἰουδαίοις ὁ κτίσας ψυχὰς θανάτου
357 καταφρονούσας. φιλοζωεῖς, ὦ Ἰώσηπε, καὶ φῶς ὑπομένεις ὁρᾶν δοῦλον[63]; ὡς ταχέως ἐπελάθου σαυτοῦ. πόσους ὑπὲρ ἐλευθερίας ἀποθνήσκειν
358 ἔπεισας. ψευδῆ μὲν ἄρα δόξαν ἀνδρείας, ψευδῆ δὲ καὶ συνέσεως εἶχες, εἴ γε σωτηρίαν μὲν ἔχειν ἐλπίζεις παρ᾽ οἷς οὕτως ἐπολέμησας, σώζεσθαι
359 δὲ ὑπ᾽ ἐκείνων, κἂν ᾖ βέβαιον, θέλεις. ἀλλ᾽ εἰ καὶ σοὶ λήθην σεαυτοῦ κατέχεεν ἡ Ῥωμαίων τύχη, προνοητέον ἡμῖν τοῦ πατρίου κλέους[64]. χρήσομέν σοι δεξιὰν καὶ ξίφος· σὺ δ᾽ ἂν μὲν ἑκὼν θνήσκῃς, Ἰουδαίων
360 στρατηγός, ἂν δ᾽ ἄκων, προδότης τεθνήξῃ.» ταῦθ᾽ ἅμα λέγοντες ἐπανετείναντο τὰ ξίφη καὶ διηπείλουν ἀναιρήσειν αὐτόν, εἰ τοῖς Ῥωμαίοις ἐνδιδοίη.

361 5. Δείσας δὲ τὴν ἔφοδον ὁ Ἰώσηπος καὶ προδοσίαν ἡγούμενος εἶναι τῶν τοῦ θεοῦ προσταγμάτων, εἰ προαποθάνοι τῆς διαγγελίας, ἤρχετο
362 πρὸς αὐτοὺς φιλοσοφεῖν ἐπὶ τῆς ἀνάγκης· «τί γὰρ τοσοῦτον, ἔφη, σφῶν αὐτῶν, ἑταῖροι, φονῶμεν; ἢ τί τὰ φίλτατα διαστασιάζομεν, σῶμα καὶ
363 ψυχήν; ἠλλάχθαι[65] τις ἐμέ φησιν. ἀλλ᾽ οἴδασιν Ῥωμαῖοι τοῦτό γε. καλὸν ἐν πολέμῳ θνήσκειν, ἀλλὰ πολέμου νόμῳ, τουτέστιν ὑπὸ τῶν κρατούντων.
364 εἰ μὲν οὖν τὸν Ῥωμαίων ἀποστρέφομαι σίδηρον, ἄξιος ἀληθῶς εἰμι τοὐμοῦ ξίφους καὶ χειρὸς τῆς ἐμῆς· εἰ δ᾽ ἐκείνους εἰσέρχεται φειδὼ πολεμίου, πόσῳ δικαιότερον ἂν ἡμᾶς ἡμῶν αὐτῶν εἰσέλθοι; καὶ γὰρ ἠλίθιον ταῦτα δρᾶν σφᾶς αὐτούς, περὶ ὧν πρὸς ἐκείνους διιστάμεθα.
365 καλὸν γὰρ ὑπὲρ τῆς ἐλευθερίας ἀποθνήσκειν· φημὶ κἀγώ, μαχομένους μέντοι, καὶ ὑπὸ τῶν ἀφαιρουμένων αὐτήν. νῦν δ᾽ οὔτ᾽ εἰς μάχην ἀντιάζουσιν ἡμῖν οὔτ᾽ ἀναιροῦσιν ἡμᾶς· δειλὸς δὲ ὁμοίως ὅ τε μὴ βουλόμενος
366 θνήσκειν ὅταν δέῃ καὶ ὁ βουλόμενος, ὅταν μὴ δέῃ. τί δὲ καὶ δεδοικότες
367 πρὸς Ῥωμαίους οὐκ ἄνιμεν; ἆρ᾽ οὐχὶ θάνατον; εἶθ᾽ ὃν δεδοίκαμεν ἐκ τῶν ἐχθρῶν ὑποπτευόμενον ἑαυτοῖς βέβαιον ἐπιστήσομεν; ἀλλὰ δουλείαν, ἐρεῖ τις. πάνυ γοῦν νῦν ἐσμεν ἐλεύθεροι. γενναῖον γὰρ ἀνελεῖν ἑαυτόν,

---

[60] εἶμι PAL; ἄπειμι VRCP marg A marg Na Thack; wir lesen mit Niese εἶμι (ad eos ibo Lat).

[61] οὓς PA Niese; καὶ ML¹VRC Na Reinach Thack.

[62] κατέφησεν PA Niese; κατεψήφισε L; κατηφῆσαι MVRC Na Reinach Thack. (Der Text mag verdorben sein).

[63] δοῦλος L (Niese: *fortasse recte*) Na Thack; *et carpere desideras lumen istut ausim dicere servitutis* Heg.

[64] νόμου VRC; *gloriae* Lat.

[65] διηλλάχθαι PAML.

sinkt, und alles Glück[84] zu den Römern übergegangen ist, und du ferner meine Seele erwählt hast, die Zukunft anzusagen, so übergebe ich mich aus freien Stücken den Römern und bleibe am Leben. Ich rufe dich zum Zeugen an, daß ich diesen Schritt nicht als Verräter, sondern als dein Diener tue."

4. 355. Nach diesem Gebet machte er Anstalten, sich dem Nikanor zu übergeben. Als nun die Juden, die mit ihm das Versteck teilten, merkten, daß Josephus dem Zureden der Römer nachgebe, stellten sie sich dicht gedrängt um ihn herum und riefen: „Wahrhaftig, die väterlichen Gesetze würden gewaltig aufseufzen und Gott, der den Juden Herzen geschaffen hat, die den Tod verachten, würde die Augen niederschlagen. Liebst du das Leben so sehr, Josephus, daß du es über dich gewinnst, als Sklave das Licht der Sonne zu schauen? Wie schnell hast du doch dich selbst vergessen! Wieviele Menschen hast du überredet, für die Freiheit zu sterben! Eitel Lüge war also der Ruhm deiner Tapferkeit, eitel Lüge auch der deiner Einsicht! Denn ist es weise, von denen Rettung zu erhoffen, die du so bekämpft hast, und ist es mannhaft, falls sie zugesichert würde, sie aus ihrer Hand anzunehmen? Aber wenn du auch über dem Waffenglück der Römer dich selbst vergessen hast, so müssen wir für den Ruhm der Väter sorgen. Wir leihen dir Arm und Schwert: stirbst du freiwillig, dann als Feldherr der Juden, stirbst du unfreiwillig, dann als Verräter!" Mit diesen Worten zückten sie ihre Schwerter gegen ihn und drohten, ihn niederzustoßen, falls er sich den Römern ergäbe.

5. 361. Da Josephus ihren Angriff fürchtete und es als einen Verrat an den Aufträgen Gottes ansah, wenn er vor ihrer Verkündigung sterbe, begann er in dieser Notlage, ihnen mit philosophischen Beweisgründen zu begegnen[85]. Er sagte: „Freunde, was sind wir doch mordlustig gegen uns selbst! Sollen wir denn das, was am innigsten miteinander verbunden ist,[86] nämlich Leib und Seele, von einander trennen? Man sagt, ich sei ein anderer geworden. Aber das wissen ja die Römer am besten. Es ist schön, im Krieg zu sterben, aber nach dem Gesetz des Krieges, das heißt, durch die Hand des Siegers. Wenn ich mich dem Schwert der Römer entziehen wollte, hätte ich es wahrhaftig verdient, durch mein eigenes Schwert und meine eigene Hand zu fallen. Wenn aber sie dem Gefühl nachgeben, einen Feind zu schonen, sollten wir dann nicht ein solches Gefühl billigerweise uns selbst gegenüber haben? Denn es wäre töricht, uns das anzutun, was wir im Kampf mit ihnen vermeiden wollen. ‚Es ist schön, für die Freiheit zu sterben' — das sage auch ich, aber im Kampf und von der Hand derer, die sie uns nehmen wollen. Jetzt aber ziehen sie weder gegen uns in den Krieg noch wollen sie uns ans Leben. Ein Feigling ist, wer nicht sterben will, wenn es notwendig ist, aber in gleicher Weise auch, wer es will, ohne es zu sollen[87]. Was aber fürchten wir denn, wenn wir nicht zu den Römern hinaufgehen? Ist es nicht der Tod? Sollen wir nun das, was wir in unserer Furcht vor den Feinden nur vermuten können, uns selbst unausweichlich zufügen? ‚Nein, wir fürchten die Knechtschaft', wird einer sagen. Wahrhaftig, wir sind ja jetzt wirklich freie Leute! ‚Es ist heldenhaft, sich selbst zu töten', wird ein anderer

368 φήσει τις. οὗ μὲν οὖν, ἀλλ᾽ ἀγενέστατον, ὡς ἔγωγε καὶ κυβερνήτην ἡγοῦμαι δειλότατον, ὅστις χειμῶνα δεδοικὼς πρὸ τῆς θυέλλης ἐβάπτισεν
369 ἑκὼν τὸ σκάφος. ἀλλὰ μὴν ἡ αὐτοχειρία καὶ τῆς κοινῆς ἁπάντων ζῴων
370 φύσεως ἀλλότριον καὶ πρὸς τὸν κτίσαντα θεὸν ἡμᾶς ἐστιν ἀσέβαια. τῶν μέν γε ζῴων οὐδέν ἐστιν ὃ θνῄσκει μετὰ προνοίας[66] ἢ δι᾽ αὑτοῦ· φύσεως γὰρ νόμος ἰσχυρὸς ἐν ἅπασιν τὸ ζῆν ἐθέλειν· διὰ τοῦτο καὶ τοὺς φανερῶς ἀφαιρουμένους ἡμᾶς τούτου πολεμίους ἡγούμεθα καὶ τοὺς
371 ἐξ ἐνέδρας τιμωρούμεθα. τὸν δὲ θεὸν οὐκ οἴεσθε ἀγανακτεῖν, ὅταν ἄνθρωπος αὐτοῦ τὸ δῶρον ὑβρίζῃ; καὶ γὰρ εἰλήφαμεν παρ᾽ ἐκείνου τὸ εἶναι
372 καὶ τὸ μηκέτι εἶναι πάλιν ἐκείνῳ δίδομεν. τὰ μέν γε σώματα θνητὰ πᾶσιν καὶ ἐκ φθαρτῆς ὕλης δεδημιούργηται, ψυχὴ δὲ ἀθάνατος ἀεὶ καὶ θεοῦ μοῖρα τοῖς σώμασιν ἐνοικίζεται· εἶτ᾽ ἐὰν μὲν ἀφανίσῃ τις ἀνθρώπου παρακαταθήκην ἢ διαθῆται κακῶς, πονηρὸς εἶναι δοκεῖ καὶ ἄπιστος, εἰ δέ τις τοῦ σφετέρου σώματος ἐκβάλλει τὴν παρακαταθήκην τοῦ θεοῦ,
373 λεληθέναι δοκεῖ τὸν ἀδικούμενον; καὶ κολάζειν μὲν τοὺς ἀποδράντας οἰκέτας δίκαιον νενόμισται κἂν πονηροὺς καταλείπωσι δεσπότας, αὐτοὶ δὲ κάλλιστον δεσπότην ἀποδιδράσκοντες τὸν θεὸν οὐ δοκοῦμεν ἀσεβεῖν;
374 ἆρ᾽ οὐκ ἴστε ὅτι τῶν μὲν ἐξιόντων τοῦ βίου κατὰ τὸν τῆς φύσεως νόμον καὶ τὸ ληφθὲν παρὰ τοῦ θεοῦ χρέος ἐκτινύντων, ὅταν ὁ δοὺς κομίσασθαι θέλῃ, κλέος μὲν αἰώνιον, οἶκοι δὲ καὶ γενεαὶ βέβαιοι, καθαραὶ δὲ καὶ ἐπήκοοι μένουσιν αἱ ψυχαί, χῶρον οὐράνιον λαχοῦσαι τὸν ἁγιώτατον, ἔνθεν ἐκ περιτροπῆς αἰώνων ἁγνοῖς πάλιν ἀντενοικίζονται σώμασιν·
375 ὅσοις δὲ καθ᾽ ἑαυτῶν ἐμάνησαν αἱ χεῖρες, τούτων ᾅδης μὲν δέχεται τὰς ψυχὰς σκοτεινότερος, ὁ δὲ τούτων πατὴρ θεὸς εἰς ἐγγόνους τιμωρεῖται
376 τοὺς τῶν πατέρων ὑβριστάς[67]. διὰ τοῦτο μεμίσηται παρὰ θεῷ τοῦτο καὶ
377 παρὰ τῷ σοφωτάτῳ κολάζεται νομοθέτῃ· τοὺς γοῦν ἀναιροῦντας ἑαυτοὺς παρὰ μὲν ἡμῖν μέχρις ἡλίου δύσεως ἀτάφους ἐκρίπτειν[68] ἔκριναν
378 καίτοι καὶ πολεμίους θάπτειν θεμιτὸν ἡγούμενοι, παρ᾽ ἑτέροις δὲ καὶ τὰς δεξιὰς τῶν τοιούτων νεκρῶν ἀποκόπτειν ἐκέλευσαν, αἷς ἐστρατεύσαντο καθ᾽ ἑαυτῶν, ἡγούμενοι καθάπερ τὸ σῶμα τῆς ψυχῆς ἀλλότριον, οὕτως
379 καὶ τὴν χεῖρα τοῦ σώματος. καλὸν οὖν, ἑταῖροι, δίκαια φρονεῖν καὶ μὴ ταῖς ἀνθρωπίναις συμφοραῖς προσθεῖναι τὴν εἰς τὸν κτίσαντα ἡμᾶς
380 δυσσέβειαν. εἰ σώζεσθαι δοκεῖ, σωζώμεθα· καὶ γὰρ οὐκ ἄδοξος ἡ σωτηρία παρ᾽ οἷς διὰ τοσούτων ἔργων ἐπεδειξάμεθα τὰς ἀρετάς· εἰ
381 τεθνάναι, καλὸν ὑπὸ τῶν ἑλόντων. οὐ μεταβήσομαι δ᾽ ἐγὼ εἰς τὴν τῶν πολεμίων τάξιν, ἵν᾽ ἐμαυτοῦ προδότης γένωμαι· καὶ γὰρ ἂν εἴην πολὺ

[66] προθυμίας L.

[67] θάτερον statt τῶν πατέρων VRC; *auctores iniuriae* Lat statt τοὺς τῶν πατέρων ὑβριστάς (PALM Niese). Der Text scheint verdorben zu sein (vgl. Thack z. St.).

[68] κρύπτειν VRC; *abici* Lat.

einwenden. Nein, im Gegenteil, sondern es ist das Allerschimpflichste, so wie ich einen Steuermann für besonders feige ansehe, der aus Furcht vor dem Unwetter sein Schiff schon vor dem Sturm aus freien Stücken versenkt. Noch mehr: der Selbstmord ist auch der gemeinsamen Natur aller Lebewesen völlig fremd und zudem ein Frevel gegen Gott, unseren Schöpfer. Bei den Tieren findet sich keines, das mit Vorbedacht den Tod sucht oder ihn sich selbst gibt. Denn es ist ein strenges Naturgesetz bei allen, daß sie leben wollen. Deshalb halten wir auch diejenigen, die uns das Leben offen nehmen, für Feinde und bestrafen die, die es hinterlistig tun. Oder glaubt ihr nicht, Gott werde zürnen, wenn der Mensch an seinem Geschenk frevelt? Denn von ihm haben wir unser Dasein empfangen, und das Ende unseres Lebens stellen wir wiederum ihm anheim. Denn alle haben wir einen sterblichen Leib, der aus vergänglichem Stoff gebildet ist, die Seele aber ist immer unsterblich und wohnt als ein Teil Gottes in unserem Leibe[88]. Wenn jemand ein Gut, das ihm von einem anderen anvertraut ist, vernichtet oder schlecht verwaltet, gilt er als verwerflich und untreu; wenn aber einer das ihm von Gott anvertraute Gut aus seinem eigenen Körper fortschafft, glaubt er dann dem, den er so beleidigt hat, verborgen zu bleiben? Und weiter: es gilt doch rechtlich für angemessen, entlaufene Sklaven zu bestrafen, auch wenn sie dabei schlechte Herren verlassen; wir aber sollten es für keine Sünde halten, wenn wir Gott, dem besten Herrn, davongehen? Oder wißt ihr nicht, daß diejenigen, die nach dem Gesetz der Natur aus dem Leben scheiden und so das von Gott empfangene Lehen zurückbezahlen, wenn sein Geber es wieder will, ewigen Ruhm und langen Bestand für Haus und Geschlecht erlangen? Und ihre Seelen bleiben rein und gehorsam, sie erhalten den heiligsten Platz im Himmel, von wo sie im Umlauf der Zeiten wieder heilige Leiber beziehen dürfen. Wer aber im Wahn selbst Hand an sich legt, dessen Seele nimmt ein besonders finsterer Ort in der Unterwelt[89] auf, Gott aber, ihr Vater, straft auch noch an den Nachkommen die Frevler unter den Vätern. Deshalb wird auch das, was bei Gott so verhaßt ist, von dem weisesten Gesetzgeber[90] geahndet, denn es ist bei uns bestimmt, Selbstmörder bis zum Sonnenuntergang unbeerdigt draußen liegen zu lassen, während wir es für unsere Pflicht halten, selbst Feinde zu bestatten. Bei anderen Völkern ist sogar befohlen, den toten Selbstmördern die rechte Hand abzuschlagen[91], die so feindlich am eigenen Leib gehandelt hat, weil man der Meinung ist, daß die Entfremdung zwischen Leib und Seele auch im Verhältnis von Hand und Leib zum Ausdruck kommen müsse. Es ist nun gut, Freunde, das, was recht ist, anzustreben und nicht zum menschlichen Unglück noch den Frevel gegen unseren Schöpfer hinzuzufügen. Wenn sich Gelegenheit zur Rettung bietet, so laßt sie uns ergreifen, denn sie ist keine Schande in den Augen derer, denen wir unsere Tapferkeit mit so vielen Waffentaten bewiesen haben. Ist uns der Tod bestimmt, so ist es richtig, ihn von der Hand der Sieger zu erleiden. Ich werde nicht zum Heer der Feinde übergehen, um an mir selbst zum Verräter zu werden, denn dann wäre ich ja viel törichter als die, die zum Gegner überlaufen, da sie dies

τῶν αὐτομολούντων πρὸς τοὺς πολεμίους ἠλιθιώτερος, εἴ γ' ἐκεῖνοι μὲν ἐπὶ σωτηρίᾳ τοῦτο πράττουσιν, ἐγὼ δὲ ἐπὶ ἀπωλείᾳ, καί γε τῇ ἐμαυτοῦ.
382 τὴν μέντοι Ῥωμαίων ἐνέδραν εὔχομαι· μετὰ γὰρ δεξιὰν ἀναιρούμενος ὑπ' αὐτῶν εὔθυμος τεθνήξομαι, τὴν τῶν ψευσαμένων ἀπιστίαν νίκης μείζονα ἀποφέρων παραμυθίαν.»
383 6. Ὁ μὲν οὖν Ἰώσηπος πολλὰ τοιαῦτα πρὸς ἀποτροπὴν τῆς αὐτο-
384 χειρίας ἔλεγεν· οἱ δὲ πεφραγμένας ἀπογνώσει τὰς ἀκοὰς ἔχοντες ὡς ἂν πάλαι καθοσιώσαντες ἑαυτοὺς τῷ θανάτῳ παρωξύνοντο πρὸς αὐτόν, καὶ προστρέχων ἄλλος ἄλλοθεν ξιφήρεις ἐκάκιζόν τε εἰς ἀνανδρίαν καὶ ὡς
385 ἕκαστος αὐτίκα πλήξων δῆλος ἦν. ὁ δὲ τὸν μὲν ὀνομαστὶ καλῶν, τῷ δὲ στρατηγικώτερον ἐμβλέπων, τοῦ δὲ δρασσόμενος τῆς δεξιᾶς, ὃν δὲ δεήσει⁶⁹ δυσωπῶν, καὶ ποικίλοις διαιρούμενος πάθεσιν ἐπὶ τῆς ἀνάγκης εἶργεν ἀπὸ τῆς σφαγῆς πάντων τὸν σίδηρον, ὥσπερ τὰ κυκλωθέντα τῶν
386 θηρίων ἀεὶ πρὸς τὸν καθαπτόμενον ἀντιστρεφόμενος. τῶν δὲ καὶ παρὰ τὰς ἐσχάτας συμφορὰς ἔτι τὸν στρατηγὸν αἰδουμένων παρελύοντο μὲν αἱ δεξιαί, περιωλίσθανεν δὲ τὰ ξίφη, καὶ πολλοὶ τὰς ῥομφαίας ἐπιφέροντες αὐτομάτως παρεῖσαν⁷⁰.
387 7. Ὁ δ' ἐν ταῖς ἀμηχανίαις οὐκ ἠπόρησεν ἐπινοίας, ἀλλὰ πιστεύων τῷ
388 κηδεμόνι θεῷ τὴν σωτηρίαν παραβάλλεται, κἀπεὶ δέδοκται τὸ θνῄσκειν, ἔφη, φέρε κλήρῳ τὰς ἀλλήλων σφαγὰς ἐπιτρέψωμεν, ὁ λαχὼν δ' ὑπὸ
389 τοῦ μετ' αὐτὸν πιπτέτω, καὶ διοδεύσει πάντων οὕτως ἡ τύχη, μηδ' ἐπὶ τῆς ἰδίας κείσθω δεξιᾶς ἕκαστος· ἄδικον γὰρ οἰχομένων τινὰ τῶν ἄλλων μετανοήσαντα σωθῆναι.» πιστὸς ἔδοξεν ταῦτα εἰπὼν καὶ συνεκληροῦτο
390 πείσας. ἑτοίμην δ' ὁ λαχὼν τῷ μεθ' αὐτὸν παρεῖχεν τὴν σφαγὴν ὡς αὐτίκα τεθνηξομένου καὶ τοῦ στρατηγοῦ· ζωῆς γὰρ ἡδίω τὸν μετὰ
391 [τοῦ] Ἰωσήπου θάνατον ἡγοῦντο. καταλείπεται δ' οὗτος εἴτε ὑπὸ τύχης χρὴ λέγειν, εἴτε ὑπὸ θεοῦ προνοίας σὺν ἑτέρῳ, καὶ σπουδάζων μήθ' ὑπὸ τοῦ κλήρου καταδικασθῆναι μήτε, εἰ τελευταῖος λείποιτο, μιᾶναι τὴν δεξιὰν ὁμοφύλῳ φόνῳ πείθει κἀκεῖνον ἐπὶ πίστει ζῆν.
392 8. Ὁ μὲν οὖν οὕτως τόν τε Ῥωμαίων καὶ τὸν οἰκείων διαφυγὼν
393 πόλεμον ἐπὶ Οὐεσπασιανὸν ἤγετο ὑπὸ τοῦ Νικάνορος. οἱ δὲ Ῥωμαῖοι πάντες ἐπὶ θέαν αὐτοῦ συνέτρεχον, καὶ τοῦ πλήθους συνθλιβομένου περὶ τῷ στρατηγῷ θόρυβος ἦν ποικίλος, τῶν μὲν γεγηθότων ἐπὶ
394 τῷ ληφθέντι, τῶν δ' ἀπειλούντων, τῶν δ' ἐγγύθεν ἰδεῖν βιαζομένων. καὶ οἱ μὲν πόρρωθεν κολάζειν ἐβόων τὸν πολέμιον, τῶν⁷¹ δὲ πλησίον ἀνάμ-

---

⁶⁹ fehlt bei M.

⁷⁰ παρείθησαν MVRC Na; παρῆσαν PAL; παρεῖσαν A^corr Niese Thack; *tamen intentio perseverabat* Heg; dieser Zusatz ist nach Destinon beachtlich.

⁷¹ τοὺς MC Na Thack; Vorschlag Niese: τὸν.

zum Zweck ihrer Rettung tun, ich aber zum Untergang, und zwar zu meinem eigenen. Ich wünschte mir freilich, einer Hinterlist der Römer zum Opfer zu fallen; wenn ich nämlich trotz des Ehrenwortes von ihnen beseitigt werde, so sterbe ich getrost, weil die Treulosigkeit der Lügner eine bessere Genugtuung verschafft als selbst ein Sieg."

6. 383. Noch viele solche Überlegungen brachte Josephus vor, um seine Gefährten vom Selbstmord abzubringen. Aber in ihrer Verzweiflung blieben sie ihnen gegenüber taub, denn sie hatten sich schon längst dem Tode geweiht; darum waren sie über ihn erbittert und von allen Seiten stürmten sie mit gezücktem Schwert auf ihn ein, beschimpften ihn als feige, und offensichtlich war jeder bereit, ihn auf der Stelle niederzustoßen. Er rief den Einen bei Namen, strafte den Anderen mit dem Blick des Feldherrn, diesen faßte er bei der Rechten, jenen entwaffnete er durch Bitten; von den verschiedenen Leidenschaften bestürmt, hielt er so in dieser Notlage alle ihre Schwerter von der Mordtat ab, wie ein umzingeltes Tier sich immer gegen den wendet, der ihm gerade zu nahe kommt. Da sie auch in dieser äußersten Bedrängnis noch den Feldherrn achteten, lähmte das ihre Rechte, die Klingen entglitten ihnen, und viele legten von selbst das geschwungene Schwert beiseite.

7. 387. Auch in dieser schwierigen Lage fehlte es ihm nicht an einem Einfall[92]; er setzte im Vertrauen zu Gottes Führung sogar seine Rettung aufs Spiel und sagte: „Da der Tod fest beschlossen ist, gut, so wollen wir es dem Los überlassen, wie wir einander den Todesstoß geben sollen. Auf wen das Los trifft, der falle durch die Hand des Nächsten; so soll das Schicksal durch unsere Reihen gehen, damit niemand von eigener Hand[93] niedergestreckt werden muß. Denn es wäre ungerecht, wenn ein Letzter umschwenkte und sich rettete, nachdem alle anderen dahingegangen sind." Dieser Vorschlag machte ihn vertrauenswürdig, und nachdem er die anderen überzeugt hatte, loste auch er mit. Wen das Los traf, der bot sich freiwillig dem Schwert des Nächsten dar, da ja sofort auch der Feldherr sterben sollte; sie glaubten nämlich, der gemeinsame Tod mit Josephus sei noch süßer als das Leben. Da geschah es, daß Josephus übrig blieb, zusammen mit einem anderen; man mag dabei von Zufall oder von Gottes Vorsehung reden. Und da ihm daran lag, weder vom Los getroffen zu werden noch auch als bis zuletzt Übriggebliebener seine Hand mit dem Blut eines Volksgenossen zu beflecken, überredete er auch ihn, auf Treu und Glauben am Leben zu bleiben.

8. 392. Nachdem er so dem Krieg mit den Römern und dem mit den eigenen Leuten entronnen war, wurde er von Nikanor zu Vespasian geführt. Die Römer liefen alle zusammen, um ihn zu betrachten, und von der Menge, die sich um den Feldherrn drängte, erhob sich ein verschiedenstimmiger Lärm: Die Einen freuten sich über dessen Gefangennahme, andere stießen Drohungen aus, wieder andere drängten sich herzu, ihn nahe zu sehen. Die weiter Entfernten schrieen, man solle den Feind hinrichten, die Näherstehenden aber wurden von der Erinnerung an seine Taten bewegt

νησις αὐτοῦ τῶν ἔργων εἰσήει καὶ πρὸς τὴν μεταβολὴν θάμβος, τῶν τε
395 ἡγεμόνων οὐδεὶς ἦν, ὃς εἰ καὶ πρότερον ὠργίζετο, τότε πρὸς τὴν ὄψιν
396 οὐκ ἐνέδωκεν αὐτοῦ. μάλιστα δὲ τὸν Τίτον ἐξαιρέτως[72] τό τε καρτερικὸν
ἐν ταῖς συμφοραῖς ᾕρει τοῦ Ἰωσήπου καὶ πρὸς τὴν ἡλικίαν ἔλεος,
ἀναμιμνησκομένῳ τε τὸν πάλαι[73] μαχόμενον καὶ τὸν ἐν χερσὶν ἐχθρῶν
ἄρτι κείμενον[74] ὁρῶντι παρῆν δὲ νοεῖν, ὅσον δύναται τύχῃ, καὶ ὡς ὀξεῖα
397 μὲν πολέμου ῥοπή, τῶν δ' ἀνθρωπίνων οὐδὲν βέβαιον· παρὸ καὶ τότε
συνδιέθηκεν μὲν πλείστους ἑαυτῷ καὶ πρὸς οἶκτον τοῦ Ἰωσήπου, πλείστη
398 δ' αὐτῷ καὶ παρὰ τῷ πατρὶ μοῖρα σωτηρίας ἐγένετο. ὁ μέντοι Οὐεσπασιανὸς φρουρεῖν αὐτὸν μετὰ πάσης ἀσφαλείας προσέταττεν ὡς ἀναπέμψων αὐτίκα Νέρωνι.

399   9. Τοῦτο ἀκούσας ὁ Ἰώσηπος μόνῳ τι διαλεχθῆναι θέλειν ἔλεγεν
αὐτῷ. μεταστησαμένου δ' ἐκείνου πλὴν τοῦ παιδὸς Τίτου καὶ δυοῖν
400 φίλων τοὺς ἄλλους ἅπαντας «σὺ μέν, ἔφη, Οὐεσπασιανέ, νομίζεις
αἰχμάλωτον αὐτὸ μόνον[75] εἰληφέναι Ἰώσηπον, ἐγὼ δὲ ἄγγελος ἥκω σοι
μειζόνων. μὴ γὰρ ὑπὸ θεοῦ προπεμπόμενος ᾔδειν τὸν Ἰουδαίων νόμον,
401 καὶ πῶς στρατηγοῖς ἀποθνῄσκειν πρέπει. Νερωνί με πέμπεις· τί γάρ;
οἱ μετὰ Νέρωνα μέχρι σοῦ διάδοχοι μενοῦσιν; σὺ Καῖσαρ, Οὐεσπα-
402 σιανέ, καὶ αὐτοκράτωρ, σὺ καὶ παῖς ὁ σὸς οὗτος. δέσμει δέ με νῦν
ἀσφαλέστερον, καὶ τήρει σεαυτῷ· δεσπότης μὲν γὰρ οὐ μόνον ἐμοῦ σὺ
Καῖσαρ, ἀλλὰ καὶ γῆς καὶ θαλάττης καὶ παντὸς ἀνθρώπων γένους, ἐγὼ
δὲ ἐπὶ τιμωρίαν δέομαι φρουρᾶς μείζονος, εἰ κατασχεδιάζω καὶ θεοῦ.»
403 ταῦτ' εἰπόντος παραχρῆμα μὲν Οὐεσπασιανὸς ἀπιστεῖν ἐδόκει καὶ τὸν
404 Ἰώσηπον ὑπελάμβανεν ταῦτα περὶ σωτηρίας πανουργεῖν, κατὰ μικρὸν
δὲ εἰς πίστιν ὑπήγετο τοῦ θεοῦ διεγείροντος αὐτὸν εἰς τὴν ἡγεμονίαν
405 ἤδη καὶ τὰ σκῆπτρα δι' ἑτέρων σημείων προδεικνύντος. ἀτρεκῆ δὲ τὸν
Ἰώσηπον καὶ ἐν ἄλλοις κατελάμβανεν· τῶν γὰρ τοῖς ἀπορρήτοις παρατυχόντων φίλων ὁ ἕτερος θαυμάζειν ἔφη πῶς οὔτε τοῖς ἐπὶ τῶν Ἰωταπάτων περὶ ἁλώσεως, οὔθ' ἑαυτῷ προμαντεύσαιτο αἰχμαλωσίαν, εἰ μὴ
406 ταῦτα λῆρος εἴη διακρουομένου τὰς ἐπ' αὐτὸν ὀργάς. ὁ δὲ Ἰώσηπος
καὶ τοῖς Ἰωταπατηνοῖς ὅτι μετὰ τεσσαρακοστὴν ἑβδόμην ἡμέραν ἁλώσονται προειπεῖν ἔφη, καὶ ὅτι πρὸς Ῥωμαίων αὐτὸς ζωγρηθήσεται.
407 ταῦτα παρὰ τῶν αἰχμαλώτων κατ' ἰδίαν ὁ Οὐεσπασιανὸς ἐκπυθόμενος
408 ὡς εὕρισκεν ἀληθῆ, οὕτω πιστεύειν περὶ τῶν κατ' αὐτὸν ἤρκτο. φρουρᾶς

---

[72] ἐξ ἀρετῆς LVRC P^{marg} A^{marg}.
[73] οὐ πάλαι VRC Na Reinach (Niese: *fortasse recte;* Thack: Missverständnis).
[74] ἀντικείμενον statt ἄρτι κείμενον L¹VRC.
[75] αὐτὸν μόνον MVR; αὐτόμολον PAL; αὐτὸ μόνον L^{m rg} Niese Na Thack.

und auch von dem Erschrecken über den raschen Wechsel des Schicksals; bei den Offizieren gab es keinen, der nicht, selbst wenn er vorher über ihn erbittert war, bei seinem Anblick weich gestimmt worden wäre. Mehr als die Anderen wurde Titus vor allem von der Ausdauer des Josephus im Unglück ergriffen und auch vom Mitleid mit seiner Jugend[94]. Wenn er sich vergegenwärtigte, wie jener gekämpft hatte und sah, wie er jetzt in die Hand der Feinde gefallen war, kam ihm der Gedanke an die große Macht des Geschicks, an den schnellen Umschlag des Kriegsglücks und an die Unsicherheit aller menschlichen Dinge. Dazu bewog er damals schon die meisten anderen zu ähnlichen Gefühlen und zum Mitleid mit Josephus; vor allem gab auch seine Fürsprache bei dem Vater den Ausschlag für die Rettung. Freilich befahl Vespasian, ihn mit besonderer Sorgfalt zu bewachen, da er ihn gleich darauf zu Nero schicken wollte.

9. 399. Als Josephus davon gehört hatte, ließ er ihm sagen, daß er etwas mit ihm allein zu besprechen wünsche. Dieser hieß alle anderen außer seinem Sohn Titus und zwei Freunden hinausgehen; darauf sagte Josephus: „Du glaubst, Vespasian, in Josephus lediglich einen Kriegsgefangenen in die Hand bekommen zu haben, ich komme aber zu dir als Künder großer Ereignisse. Denn wäre ich nicht von Gott gesandt, so hätte ich gewußt, was das Gesetz der Juden bestimmt und wie es einem Feldherrn zu sterben geziemt. Zu Nero willst du mich schicken? Wozu denn? Werden denn die Nachfolger Neros bis zu deinem Regierungsantritt lange an der Herrschaft bleiben[95]? Du, Vespasian, wirst Kaiser und Alleinherrscher, sowohl du wie dieser dein Sohn. Laß mich jetzt nur noch fester fesseln und für dich selbst aufbewahren, denn du, Caesar, wirst nicht nur mein Herr sein, sondern der über Erde und Meer und das ganze Menschengeschlecht. Ich bitte aber um eine noch schärfere Bewachung, damit du mich bestrafen kannst, wenn ich die Sache Gottes leichtfertig behandle." Man merkte es dem Vespasian an, daß er diesen Worten im ersten Augenblick nicht glaubte, denn er hatte den Verdacht, daß Josephus diese Finte zur Rettung seines Lebens ersonnen habe; allmählich aber gewann doch ein zuversichtlicheres Urteil bei ihm die Oberhand, da Gott selbst ihm bereits Gedanken an die Thronbesteigung eingab und durch andere Vorzeichen die kommende Herrschaft ankündigte[96]. Daß Josephus mit seinen Vorhersagen zuverlässig war, stellte sich für Vespasian auch in anderen Fällen heraus: denn einer seiner Freunde, der bei der geheimen Unterredung zugegen war, äußerte seine Verwunderung darüber, daß Josephus weder den Bewohnern Jotapatas den Fall ihrer Stadt, noch sich selbst die eigene Gefangennahme vorausgesagt habe. Sei dies nicht der Fall, so müsse man das alles für leeres Geschwätz eines Menschen halten, der das Zorngewitter von seinem Haupt ablenken wolle. Daraufhin bemerkte Josephus, er habe in der Tat den Bewohnern Jotapatas vorausgesagt, daß sie nach 47 Tagen in die Hand des Feindes fallen würden und daß er selbst von den Römern lebendig gefangen werde. Nachdem sich Vespasian unter der Hand bei den Kriegsgefangenen danach erkundigt hatte und die Aussage als wahr bestätigt fand, begann er nunmehr, immer

μὲν οὖν καὶ δεσμῶν οὐκ ἀνίει τὸν Ἰώσηπον, ἐδωρεῖτο δ' ἐσθῆτι καὶ τοῖς ἄλλοις κειμηλίοις φιλοφρονούμενός τε καὶ περιέπων διετέλει τὰ πολλὰ Τίτου τῇ τιμῇ συνεργοῦντος.

409 IX. 1. Τετάρτῃ δὲ Πανέμου μηνὸς ἀναζεύξας εἰς Πτολεμαΐδα κἀκεῖθεν εἰς τὴν παράλιον ἀφικνεῖται Καισάρειαν, μεγίστην τῆς τε Ἰουδαίας 410 πόλιν καὶ τὸ πλέον ὑφ' Ἑλλήνων οἰκουμένην. ἐδέχοντο δὲ καὶ τὴν στρατιὰν καὶ τὸν στρατηγὸν μετὰ πάσης εὐφημίας καὶ φιλοφροσύνης οἱ ἐπιχώριοι, καὶ κατ' εὔνοιαν μὲν τὴν πρὸς Ῥωμαίους, τὸ δὲ πλέον ἔχθει τῶν κατεστραμμένων· διὸ καὶ τὸν Ἰώσηπον ἀθρόοι καταβοῶντες 411 ἠξίουν κολάζειν. Οὐεσπασιανὸς δὲ τὴν περὶ τούτου δέησιν ὡς ὑπ' 412 ἀκρίτου γινομένην πλήθους ἐξέλυσεν ἡσυχίᾳ· τῶν δὲ ταγμάτων τὰ μὲν δύο χειμερίσοντα ἐκάθισεν ἐπὶ τῆς Καισαρείας ἐπιτήδειον ὁρῶν τὴν πόλιν, τὸ δέκατον δὲ καὶ πέμπτον εἰς Σκυθόπολιν, ὡς μὴ θλίβοι 413 παντὶ τῷ στρατῷ τὴν Καισάρειαν. ἀλεεινὴ δ' ἦν κἀκείνη χειμῶνος ὥρᾳ καθ' ὅσον πνιγώδης θέρους ὑπὸ καυμάτων, πεδιὰς οὖσα καὶ παράλιος.

414 2. Ἐν δὲ τούτῳ συναθροισθέντες οἵ τε κατὰ στάσιν ἐκπίπτοντες τῶν πόλεων καὶ οἱ διαφυγόντες ἐκ τῶν κατεστραμμένων, πλῆθος οὐκ ὀλίγον, ἀνακτίζουσιν Ἰόππην ὁρμητήριον σφίσιν, ἐρημωθεῖσαν ὑπὸ Κεστίου 415 πρότερον, καὶ τῆς χώρας ἐκπεπολεμωμένης ἀνειργόμενοι μεταβαίνειν 416 ἔγνωσαν εἰς τὴν θάλασσαν. πηξάμενοί τε πειρατικὰ σκάφη πλεῖστα τόν τε Συρίας καὶ Φοινίκης καὶ τὸν ἐπ' Αἰγύπτου πόρον ἐλῄστευον, ἄπλωτά 417 τε πᾶσιν ἐποίουν τὰ τῇδε πελάγη. Οὐεσπασιανὸς δὲ ὡς ἔγνω τὴν σύνταξιν αὐτῶν, πέμπει πεζούς τε καὶ ἱππεῖς ἐπὶ τὴν Ἰόππην, οἳ νύκτωρ 418 ὡς ἀφύλακτον εἰσέρχονται τὴν πόλιν. οἱ δ' ἐν αὐτῇ προῄσθοντο μὲν τὴν εἰσβολὴν καὶ καταδείσαντες τοῦ μὲν εἴργειν τοὺς Ῥωμαίους ἀπετρέποντο, συμφυγόντες δὲ εἰς τὰς ναῦς ἐξωτέρω βέλους διενυκτέρευσαν.

419 3. Ἀλιμένου δ' οὔσης φύσει τῆς Ἰόππης, αἰγιαλῷ γὰρ ἐπιλήγει τραχεῖ καὶ τὸ μὲν ἄλλο πᾶν ὀρθίῳ, βραχὺ δὲ συννεύοντι κατὰ τὰς 420 κεραίας ἑκατέρωθεν· αἱ δέ εἰσιν κρημνοὶ βαθεῖς καὶ προύχουσαι σπιλάδες εἰς τὸ πέλαγος, ἔνθα καὶ τῶν Ἀνδρομέδας δεσμῶν ἔτι δεικνύ421 μενοι τύποι πιστοῦνται τὴν ἀρχαιότητα τοῦ μύθου, τύπτων δὲ τὸν αἰγιαλὸν ἐναντίος βορέας καὶ πρὸς ταῖς δεχομέναις πέτραις ὑψηλὸν ἀναπέμπων τὸ κῦμα σφαλερώτερον ἐρημίας τὸν ὅρμον ἀπεργάζεται·

378

stärker an die Wahrheit der Weissagungen, die ihn selbst betrafen, zu glauben. Bewachung und Fesseln erließ er dem Josephus allerdings nicht, beschenkte ihn aber mit einem Gewand und anderen Kostbarkeiten und behandelte ihn weiterhin freundlich und ehrenvoll. Diese Auszeichnung hatte Josephus in besonderem Maße dem Titus zu verdanken.

9. Kapitel

1. 409. Am vierten des Monats Panemus (23. Juli)[97] brach Vespasian nach Ptolemais auf und rückte von dort nach Caesarea am Meer, eine der größten Städte Judäas und zum größten Teil von Griechen bewohnt. Die Bevölkerung begrüßte das Heer und seinen Feldherrn mit lautem Lob, Segenswünschen und in freundlichster Gesinnung, aus Zuneigung zu den Römern und ganz besonders aus Haß[98] gegen die Unterworfenen. Deshalb forderte die Menge auch unter lautem Geschrei die Hinrichtung des Josephus. Vespasian lehnte dies Begehren, das ja von einer urteilslosen Menge kam, jedoch stillschweigend ab. Zwei Legionen legte er nach Caesarea ins Winterquartier[99], da er die Stadt dafür geeignet fand, die 15. Legion aber nach Skythopolis[100], um Caesarea nicht mit dem ganzen Heer zu belasten. Da diese Stadt in der Ebene und am Meer liegt, leidet sie im Sommer zwar unter einer erstickenden Hitze, zur Winterzeit aber ist es dafür angenehm warm.

2. 414. In der Zwischenzeit hatten sich die beim Aufstand aus ihren Städten vertriebenen Juden und die aus den zerstörten Orten Entronnenen in nicht geringer Menge zusammengetan, um Joppe[101], das vorher durch Cestius verwüstet worden war, als Stützpunkt für sich wieder aufzubauen. Da sie in das vom Feinde unsicher gemachte Hinterland nicht eindringen konnten, faßten sie den Entschluß, aufs Meer zu gehen. Sie zimmerten eine große Anzahl von Piratenschiffen und trieben damit ihre Räubereien auf der Linie zwischen Syrien, Phönizien und Ägypten, sodaß sie den Seeverkehr in dieser Gegend völlig lahmlegten. Als Vespasian von ihrem Unternehmen erfuhr, sandte er Fußvolk und Reiterei nach Joppe, die bei Nacht in die Stadt eindrangen, da sie unbesetzt war. Allerdings hatten ihre Bewohner von dem Überfall vorher etwas gemerkt, aber aus Furcht darauf verzichtet, den Römern Widerstand zu leisten, und sich auf die Schiffe geflüchtet, wo sie außer Schußweite übernachteten.

3. 419. Joppe ist von Natur ohne Hafen, da die daran angrenzende Küste schroff ist und im übrigen ganz gerade verläuft; nur an den beiden äußersten Enden ist sie etwas einwärts gebogen. Aber auch dort befinden sich steile Felswände und in das Meer vorspringende Klippen. Dort werden noch jetzt die Abdrücke von den Fesseln der Andromeda[102] gezeigt, die das hohe Alter dieser Sage verbürgen. Da der Nordwind direkt gegen die Küste anstürmt und an den entgegenstehenden Felsen die Brandung hoch aufwirft, macht er dadurch die Reede noch gefährlicher als selbst die offene See. Gerade dort trieben die Flüchtlinge aus Joppe in der Dünung, als sich

422 κατὰ τοῦτον σαλεύουσιν τοῖς ἀπὸ τῆς Ἰόππης ὑπὸ τὴν ἕω πνεῦμα βίαιον
423 ἐπιπίπτει· μελαμβόριον ὑπὸ τῶν ταύτῃ πλοϊζομένων καλεῖται· καὶ τὰς μὲν ἀλλήλαις τῶν νεῶν αὐτόθι συνήραξεν, τὰς δὲ πρὸς ταῖς πέτραις, πολλὰς δὲ πρὸς ἀντίον κῦμα βιαζομένας εἰς τὸ πέλαγος, τόν τε γὰρ αἰγιαλὸν ὄντα πετρώδη καὶ τοὺς ἐπ' αὐτοῦ πολεμίους ἐδεδοίκεσαν,
424 μετέωρος ὑπεραρθεὶς ὁ κλύδων ἐβάπτιζεν. ἦν δ' οὔτε φυγῆς τόπος οὔτε μένουσιν σωτηρία, βίᾳ μὲν ἀνέμου τῆς θαλάσσης ἐξωθουμένοις, Ῥωμαίων δὲ τῆς πόλεως. καὶ πολλὴ μὲν οἰμωγὴ συρρηγνυμένων ἐγίνετο
425 τῶν σκαφῶν, πολὺς δ' ἀγνυμένων ὁ ψόφος. καὶ τοῦ πλήθους οἱ μὲν ὑπὸ τῶν κυμάτων καλυπτόμενοι διεφθείροντο, πολλοὶ δὲ τοῖς ναυαγίοις ἐμπλεκόμενοι· τινὲς δὲ ὡς κουφοτέρῳ τὴν θάλατταν ἔφθανον τῷ σιδήρῳ
426 σφᾶς αὐτοὺς ἀναιροῦντες. τό γε μὴν πλεῖστον ὑπὸ τῶν κυμάτων ἐκφερόμενον περιεξαίνετο ταῖς ἀπορρῶξιν, ὡς αἱμαχθῆναι μὲν ἐπὶ πλεῖστον τὸ πέλαγος, πληρωθῆναι δὲ νεκρῶν τὴν παράλιον· καὶ γὰρ τοὺς ἐπὶ τὸν
427 αἰγιαλὸν ἐκφερομένους ἐφεστῶτες οἱ Ῥωμαῖοι διέφθειρον. ἀριθμὸς δὲ τῶν ἐκβρασθέντων σωμάτων τετρακισχίλιοι πρὸς τοῖς διακοσίοις ἦν. Ῥωμαῖοι δὲ λαβόντες ἀμαχητὶ τὴν πόλιν κατασκάπτουσιν.

428 4. Ἰόππη μὲν οὖν ἐν ὀλίγῳ χρόνῳ δεύτερον ὑπὸ Ῥωμαίοις ἑάλω.
429 Οὐεσπασιανὸς δὲ ὡς μὴ πάλιν οἱ πειραταὶ συναλισθεῖεν εἰς αὐτήν, στρατόπεδόν τε ἐπὶ τῆς ἀκροπόλεως ἐγείρει καὶ τὸ ἱππικὸν ἐν αὐτῷ
430 καταλείπει μετὰ πεζῶν ὀλίγων, ἵν' οὗτοι μὲν κατὰ χώραν μένοντες φρουρῶσι τὸ στρατόπεδον, οἱ δ' ἱππεῖς προνομεύωσι τὴν πέριξ καὶ τὰς
431 περιοίκους κώμας τε καὶ πολίχνας ἐξαιρῶσιν τῆς Ἰόππης. οἱ μὲν οὖν κατὰ τὰ προσταχθέντα τὴν χώραν κατατρέχοντες καθ' ἡμέραν ἔτεμνόν τε καὶ ἠρήμουν ἅπασαν.

432 5. Ὡς δὲ εἰς τὰ Ἱεροσόλυμα τὸ κατὰ τὴν Ἰωταπάτην πάθος ἠγγέλη, τὸ μὲν πρῶτον ἠπίστουν οἱ πολλοὶ καὶ διὰ τὸ μέγεθος τῆς συμφορᾶς
433 καὶ διὰ τὸ μηδένα τῶν λεγομένων αὐτόπτην παρεῖναι· διεσώθη γὰρ οὐδὲ ἄγγελος, ἀλλ' αὐτοματὶ διεκήρυσσεν φήμη τὴν ἅλωσιν οἰκείᾳ φύσει
434 τῶν σκυθρωποτέρων. κατ' ὀλίγον δὲ διὰ τῶν προσχώρων ὤδευε τἀληθὲς καὶ παρὰ πᾶσιν ἀμφιβολίας ἦν ἤδη βεβαιότερον, προσεσχεδιάζετό γε μὴν τοῖς πεπραγμένοις καὶ τὰ μὴ γενόμενα· τεθνεὼς γὰρ ἐπὶ τῆς ἁλώσεως καὶ ὁ Ἰώσηπος ἠγγέλλετο. τοῦτο μεγίστου τὰ Ἱεροσόλυμα
435 πένθους ἐπλήρωσεν· κατὰ μέν γε οἴκους καὶ κατὰ συγγενείας οἷς
436 προσήκων ἕκαστος ἦν τῶν ἀπολωλότων ἐθρηνεῖτο, τὸ δ' ἐπὶ τῷ στρατηγῷ πένθος ἐδημεύθη, καὶ οἱ μὲν ξένους, οἱ δὲ συγγενεῖς, οἱ δὲ φίλους
437 ἐθρήνουν, τὸν Ἰώσηπον δὲ πάντες, ὡς ἐπὶ τριακοστὴν μὲν ἡμέραν μὴ

380

gegen Morgen ein mächtiger Sturm erhob, der von den Seeleuten dieser Gegend „schwarzer Nordwind" genannt wird. Einen Teil der Schiffe zerschellte er an Ort und Stelle an einander, einen anderen aber an den Felsen; viele, die der Brandung entgegen das offene Meer zu gewinnen suchten, weil sie die felsige Küste und die dort befindlichen Feinde fürchteten, verschlang die sich turmhoch erhebende Flut. Es gab keine Möglichkeit zur Flucht noch auch eine Rettung, wenn man auf der Stelle blieb: die Macht des Sturmes trieb sie aus dem Meer, die Römer verwehrten ihnen die Stadt. Lautes Wehklagen erhob sich, wenn die Fahrzeuge zusammenprallten, und mit furchtbarem Krachen brachen sie auseinander. Von den Menschen fanden die einen in den Wellen den Tod, viele endeten mit dem Sinken der Schiffe, wieder andere nahmen sich vorher schon mit dem Schwert selbst das Leben, da sie auf diese Weise leichter zu sterben glaubten, als wenn sie ertränken. Die Mehrzahl wurde von den Wellen weggespült und an den Felswänden zerschmettert, sodaß das Meer weithin von Blut gerötet war und der Strand voller Leichen lag. Wer aber lebend an das Ufer angetrieben wurde, kam durch die dort stehenden Römer um. Die Zahl der vom Meer angeschwemmten Toten belief sich auf 4200. Die Römer machten die ohne Schwertstreich eroberte Stadt dem Erdboden gleich.

4. 428. So wurde Joppe innerhalb kurzer Zeit zum zweiten Male von den Römern eingenommen. Damit sich die Seeräuber nicht nochmals darin einnisten könnten, errichtete Vespasian auf der Burg einen militärischen Stützpunkt und ließ dort Reiterei und ein wenig Fußvolk zurück. Während die Letzteren an Ort und Stelle bleiben und den Stützpunkt bewachen sollten, hatten die Reiter den Auftrag, die Umgebung zu plündern und die Dörfer und kleinen Städte im Bereich von Joppe zu zerstören. Diesem Auftrag entsprechend durchstreiften sie das Land, plünderten es Tag für Tag und machten es gänzlich einer Einöde gleich.

5. 432. Als das Gerücht vom Schicksal Jotapatas nach Jerusalem drang, schenkte ihm anfangs die Mehrzahl keinen Glauben, weil das Unglück zu groß schien und der Augenzeuge fehlte, der davon hätte berichten können. Denn nicht ein einziger Bote hatte sich retten können, sondern von ganz allein setzte sich dies Gerücht[103] von dem Fall der Stadt durch, denn es heftet sich gern an traurige Dinge. Ganz allmählich machte die Wahrheit ihren Weg von einem Ort zum anderen und war schon bei allen über jeden Zweifel erhaben; freilich wurde zu den wirklichen Vorgängen noch manches hinzugedichtet, was sich nicht ereignet hatte. So wurde denn gemeldet, daß auch Josephus bei der Einnahme der Stadt ums Leben gekommen sei, eine Kunde, die Jerusalem mit größter Trauer erfüllte. Während in den Häusern und Familien jeweils der betreffende Angehörige beklagt wurde, der dort ums Leben gekommen war, wurde die Trauer um den Feldherrn zur öffentlichen Angelegenheit gemacht[104]; die Einen beweinten Gastfreunde, die Anderen Verwandte, die dritten ihre Vertrauten, den Josephus aber beklagten alle, sodaß 30 Tage lang das Jammern in der Stadt nicht auf-

διαλιπεῖν τὰς ὀλοφύρσεις ἐν τῇ πόλει, πλείστους δὲ μισθοῦσθαι τοὺς αὐλητάς, οἳ θρήνων αὐτοῖς ἐξῆρχον.

6. Ὡς δὲ τἀληθῆ διεκαλύπτετο τῷ χρόνῳ καὶ τὰ μὲν κατὰ τὴν Ἰωταπάτην ὥσπερ εἶχεν, ἐσχεδιασμένον δὲ τὸ κατὰ τὸν Ἰώσηπον πάθος εὑρίσκετο, ζῆν δ᾽ αὐτὸν ἔγνωσαν καὶ παρὰ Ῥωμαίοις ὄντα καὶ πρὸς τῶν ἡγεμόνων πλέον ἢ κατ᾽ αἰχμαλώτου τύχην περιέπεσθαι, τοσοῦτον ὀργῆς ἐπὶ ζῶντος ὅσον εὐνοίας ἐπὶ τεθνάναι δοκοῦντος πρότερον ἀνελάμβανον. καὶ παρ᾽ οἷς μὲν εἰς ἀνανδρίαν, παρ᾽ οἷς δὲ εἰς προδοσίαν ἐκακίζετο, πλήρης τε ἀγανακτήσεως ἦν καὶ τῶν κατ᾽ αὐτοῦ βλασφημιῶν ἡ πόλις. παρωξύνοντο δὲ ταῖς πληγαῖς καὶ προσεξεκαίοντο ταῖς κακοπραγίαις· τό γε μὴν πταίειν, ὃ γίνεται τοῖς εὖ φρονοῦσιν ἀσφαλείας καὶ τῶν ὁμοίων φυλακῆς αἴτιον, ἐκείνοις κέντρον ἑτέρων ἐγίνετο συμφορῶν· καὶ τὸ τέλος ἀεὶ τῶν κακῶν αὖθις ἀρχή· μᾶλλον γοῦν ὥρμων ἐπὶ τοὺς Ῥωμαίους ὡς καὶ Ἰώσηπον ἐν αὐτοῖς ἀμυνούμενοι. τοὺς μὲν οὖν ἐπὶ τῶν Ἱεροσολύμων τοιοῦτοι θόρυβοι κατεῖχον.

7. Οὐεσπασιανὸς δὲ καθ᾽ ἱστορίαν τῆς Ἀγρίππα βασιλείας, ἐνῆγεν γὰρ βασιλεὺς αὐτόν, ἅμα καὶ δεξιώσασθαι τὸν ἡγεμόνα σὺν τῇ στρατιᾷ τῷ κατὰ τὸν οἶκον ὄλβῳ προαιρούμενος καὶ καταστεῖλαι δι᾽ αὐτῶν τὰ νοσοῦντα τῆς ἀρχῆς, ἄρας ἀπὸ τῆς παράλου Καισαρείας εἰς τὴν Φιλίππου καλουμένην μεταβαίνει Καισάρειαν. ἔνθα μέχρι μὲν ἡμερῶν εἴκοσι τὴν στρατιὰν διαναπαύων καὶ αὐτὸς ἐν εὐωχίαις ἦν, ἀποδιδοὺς τῷ θεῷ χαριστήρια τῶν κατωρθωμένων. ὡς δ᾽ αὐτῷ Τιβεριὰς μὲν νεωτερίζειν, ἀφεστάναι δὲ ἠγγέλλοντο Ταριχέαι, μοῖρα δὲ τῆς Ἀγρίππα βασιλείας ἦσαν ἀμφότεραι, πανταχόθεν τοὺς Ἰουδαίους καταστρέφεσθαι διεγνωκὼς τὴν ἐπὶ τούτους στρατείαν εὔκαιρον ἡγεῖτο καὶ δι᾽ Ἀγρίππαν, ὡς εἰς ξενίας ἀμοιβὴν σωφρονίσων αὐτῷ τὰς πόλεις. πέμπει δὴ τὸν υἱὸν Τίτον εἰς Καισάρειαν μετάξοντα τὴν ἐκεῖθεν στρατιὰν εἰς Σκυθόπολιν· ἣ δ᾽ ἐστὶν μεγίστη τῆς δεκαπόλεως καὶ γείτων τῆς Τιβεριάδος. ἔνθα καὶ αὐτὸς παραγενόμενος ἐκδέχεται τὸν υἱὸν καὶ μετὰ τριῶν ταγμάτων προελθὼν στρατοπεδεύεται μὲν ἀπὸ τριάκοντα τῆς Τιβεριάδος σταδίων κατά τινα σταθμὸν εὐσύνοπτον τοῖς νεωτερίζουσιν· Ἔνναβρις ὀνομάζεται. πέμπει δὲ δεκαδάρχην Οὐαλεριανὸν σὺν ἱππεῦσιν πεντήκοντα διαλεχθησόμενον εἰρηνικὰ τοῖς κατὰ τὴν πόλιν καὶ προτρεψόμενον ἐπὶ πίστεις· ἀκηκόει γάρ, ὡς ἐπιθυμοίη μὲν εἰρήνης ὁ δῆμος, καταστασιάζοιτο δ᾽ ὑπό τινων πολεμεῖν βιαζομένων. προσελάσας δὲ Οὐαλεριανὸς ἐπεὶ πλησίον ἦν τοῦ τείχους, αὐτός τε καταβαίνει καὶ τοὺς σὺν αὐτῷ

hörte. Sehr viele mieteten sich sogar Flötenspieler, die für sie die Klagelieder anstimmten[105].

6. 438. Während im Laufe der Zeit der wahre Sachverhalt und die näheren Umstände über den Fall Jotapatas bekannt wurden, erwies sich die Nachricht vom Ende des Josephus als Erdichtung. Als man erfuhr, daß er lebe, bei den Römern sei und von ihren Feldherren besser behandelt werde als es sonst bei Kriegsgefangenen üblich ist, ließ man sich zu einer Erbitterung über den Lebenden hinreißen, die nicht geringer war als früher die liebende Verehrung für den Totgeglaubten. Die Einen beschimpften ihn als Feigling, die Anderen als Verräter; die ganze Stadt war voll von Empörung und Schmähreden über ihn. Sie wurden immer gereizter durch die Schicksalsschläge, und die Mißerfolge entfachten ihre Wut noch mehr. Das Unglück, das vernünftige Menschen veranlaßt, auf ihre Sicherheit bedacht zu sein und sich vor ähnlichen Fällen zu hüten, stachelte diese Menschen nur dazu an, sich in neue Nöte zu stürzen; so bildete immer das Ende eines Übels gleich den Anfang des nächsten. Und noch stärker stürmten sie gegen die Römer an, da sie in ihnen auch Josephus strafen wollten. Solche Wirren bemächtigten sich der Bevölkerung Jerusalems.

7. 443. Vespasian wollte nun auch das Königreich des Agrippa besichtigen; dazu hatte ihn nämlich der König selbst bewogen, der den Feldherrn zusammen mit seinem Heer in seinem reich ausgestatteten Hause willkommen heißen wollte und dabei auch die Absicht hatte, mit römischer Hilfe seinen gefährdeten Thron zu festigen. Darum rückte Vespasian von Caesarea am Meere nach der Caesarea Philippi[106] genannten Stadt. Dort legte er sein Heer für 20 Tage in ein Ruhequartier, während er selbst viel an festlichen Gelagen teilnahm und für die ihm geschenkten Erfolge Gott Dankopfer darbrachte. Als ihm aber gemeldet wurde, daß Tiberias auf Abfall sinne und Tarichea schon in offener Empörung stehe — beide Städte gehörten zum Königreich des Agrippa —, hielt er den Zeitpunkt zu einem neuen Feldzug für gekommen, zumal er entschlossen war, die Juden an allen Punkten zu unterwerfen, wo immer sie sich empörten[107]. Er tat es auch aus Rücksicht auf Agrippa, war es doch ein Entgelt für die gewährte Gastfreundschaft, wenn er die ihm gehörenden Städte wieder zur Vernunft brachte. Er sandte darum seinen Sohn Titus nach Caesarea am Meer mit dem Auftrag, das Heer von dort nach Skythopolis zu führen, der größten Stadt der Dekapolis und Tiberias benachbart. Auch er selbst begab sich dorthin, um sich mit seinem Sohn zu treffen; von da rückte er mit drei Legionen ab und schlug 30 Stadien von Tiberias entfernt an einem Ort mit dem Namen Sennabris[108] sein Lager auf — und zwar so, daß es von den Aufrührern gut gesehen werden konnte. Er sandte dann den Decurio Valerianus samt 50 Reitern ab mit dem Auftrag, den Einwohnern der Stadt Friedensangebote zu machen und sie zu Verhandlungen aufzufordern. Denn es war ihm zu Ohren gekommen, daß die Bevölkerung Frieden wünsche, aber von einer Partei unterdrückt werde, die zum Kriege dränge. Valerianus ritt bis nahe an die Mauer von Tiberias heran, stieg dann vom Pferd und

τῶν ἱππέων ἀπέβησεν, ὡς μὴ δοκοῖεν ἀκροβολιζόμενοι παρεῖναι. καὶ πρὶν
εἰς λόγους ἐλθεῖν ἐπεκθέουσιν αὐτῷ τῶν στασιαστῶν οἱ δυνατώτατοι
450 μεθ' ὅπλων. ἐξηγεῖτο δ' αὐτῶν Ἰησοῦς τις ὄνομα παῖς Τοῦφα τοῦ
451 λῃστρικοῦ στίφους ὁ κορυφαιότατος. Οὐαλεριανὸς δὲ οὔτε παρὰ τὰς
ἐντολὰς τοῦ στρατηγοῦ συμβαλεῖν ἀσφαλὲς ἡγούμενος, εἰ καὶ τὸ νικᾶν
εἴη βέβαιον, καὶ σφαλερὸν τὸ μάχεσθαι πολλοῖς μετ' ὀλίγων ἀπα-
452 ρασκευάστοις τε πρὸς ἑτοίμους, καὶ ἄλλως ἐκπλαγεὶς τὴν ἀδόκητον τῶν
Ἰουδαίων τόλμαν, φεύγει πεζός, ἕτεροί τε ὁμοίως πέντε τοὺς ἵππους
ἀπέλιπον, οὓς οἱ περὶ τὸν Ἰησοῦν ἀπήγαγον εἰς τὴν πόλιν γεγηθότες
ὡς μάχῃ ληφθέντας οὐκ ἐνέδρᾳ.

453 8. Τοῦτο καταδείσαντες οἱ γηραιοὶ τοῦ δήμου καὶ προύχειν δοκοῦντες
454 φεύγουσι μὲν εἰς τὸ τῶν Ῥωμαίων στρατόπεδον, ἐπαγόμενοι δὲ τὸν
βασιλέα προσπίπτουσιν ἱκέται Οὐεσπασιανῷ, μὴ σφᾶς περιιδεῖν δεόμενοι,
455 μηδὲ τὴν ὀλίγων ἀπόνοιαν ἡγήσασθαι τῆς πόλεως ὅλης· φείσασθαι δὲ
τοῦ δήμου Ῥωμαίοις φίλα φρονοῦντος ἀεί, καὶ τοὺς αἰτίους τιμωρήσασθαι τῆς ἀποστάσεως, ὑφ' ὧν αὐτοὶ φρουρηθῆναι μέχρι νῦν ἐπὶ δεξιᾶς
456 ἐπειγόμενοι πάλαι. ταύταις ἐνεδίδου ταῖς ἱκεσίαις ὁ στρατηγὸς καίτοι
διὰ τὴν ἁρπαγὴν τῶν ἵππων ἐφ' ὅλην ὠργισμένος τὴν πόλιν· καὶ
457 γὰρ ἀγωνιῶντα περὶ αὐτῆς τὸν Ἀγρίππαν ἑώρα. λαβόντων δὲ τούτων
τῷ δήμῳ δεξιὰς οἱ περὶ τὸν Ἰησοῦν οὐκέτι ἀσφαλὲς ἡγούμενοι μένειν
458 ἐπὶ τῆς Τιβεριάδος εἰς Ταριχέας ἀποδιδράσκουσιν. καὶ μεθ' ἡμέραν
Οὐεσπασιανὸς σὺν ἱππεῦσιν προπέμπει πρὸς τὴν ἀκρώρειαν Τραϊανὸν
459 ἀποπειραθῆναι τοῦ πλήθους, εἰ πάντες εἰρηνικὰ φρονοῖεν. ὡς δ' ἔγνω
τὸν δῆμον ὁμοφρονοῦντα τοῖς ἱκέταις, ἀναλαβὼν τὴν δύναμιν ᾔει πρὸς
τὴν πόλιν. οἱ δὲ τάς τε πύλας ἀνοίγουσιν αὐτῷ καὶ μετ' εὐφημιῶν
460 ὑπήντων σωτῆρα καὶ εὐεργέτην ἀνακαλοῦντες. τῆς δὲ στρατιᾶς τριβομένης περὶ τὴν τῶν εἰσόδων στενότητα παραρρῆξαι τοῦ κατὰ μεσημβρίαν
461 τείχους Οὐεσπασιανὸς κελεύσας πλατύνει τὴν εἰσβολὴν αὐτοῖς. ἁρπαγῆς
μέντοι καὶ ὕβρεως ἀπέχεσθαι παρήγγειλεν τῷ βασιλεῖ χαριζόμενος, τῶν
τε τειχῶν διὰ τοῦτον ἐφείσατο συμμενεῖν πρὸς τὸ λοιπὸν ἐγγυωμένου
τοὺς ἐν αὐτοῖς, καὶ πολλὰ κεκακωμένην τὴν πόλιν ἐκ τῆς στάσεως
ἀνελάμβανεν[76].

462 X. 1. Ἔπειτα προελθὼν αὐτῆς τε μεταξὺ καὶ Ταριχεῶν στρατοπεδεύεται, τειχίζει τε τὴν παρεμβολὴν ὀχυρωτέραν ὑφορώμενος ἐκεῖ

[76] ἀναλαμβάνειν VR; danach hätte König Agrippa die Stadt zurückerhalten —
Thack: „So brachte Vespasian der Stadt neues Leben".

ließ auch die Reiter in seiner Begleitung absitzen, damit es nicht so aussähe, als ob sie eine Plänkelei beginnen wollten. Bevor er jedoch zu Wort kommen konnte, stürzten die besonders Wehrhaften unter den Aufrührern ihm bewaffnet entgegen; an ihrer Spitze stand ein gewisser Jesus, Sohn des Tupha[109], der erste Anführer der ganzen Räuberbande. Valerianus war fest davon überzeugt, gegen den Befehl des Feldherrn kein Treffen liefern zu dürfen, selbst wenn der Sieg sicher sei, außerdem hielt er es für gefährlich, sich mit einer kleinen, darauf nicht vorbereiteten Schar in ein Gefecht mit vielen kampfbereiten Leuten einzulassen. Zudem war er über die unerwartete Verwegenheit der Juden bestürzt; er floh zu Fuß, von den anderen ließen gleichfalls fünf ihre Pferde zurück. Diese wurden von den Leuten des Jesus im Triumph in die Stadt geführt, so als seien sie im Kampf und nicht durch einen Hinterhalt erbeutet worden.

8. 453. Die Ältesten und Angesehensten der Einwohnerschaft gerieten darüber in Furcht und flüchteten sich in das römische Lager. Nachdem sie den König für sich gewonnen hatten, fielen sie Vespasian als Schutzflehende zu Füßen und baten, daß er sie nicht mißachten und den Wahnsinn weniger Leute nicht der ganzen Stadt zuschreiben möchte. Er möge doch das Volk schonen, das immer gut römisch gesinnt gewesen sei und nur die am Aufruhr Schuldigen bestrafen, ohne deren andauernde Bewachung sie schon längst Verhandlungen angestrebt hätten. Obwohl der Feldherr wegen des Raubes der Pferde über die ganze Stadt erbittert war, gab er doch dieser Bitte nach, zumal er sah, daß Agrippa um die Stadt ängstlich besorgt war. Nachdem die Abgesandten für die Einwohner das Versprechen schonender Behandlung erhalten hatten, glaubte die Partei des Jesus, daß es nicht mehr sicher sei, in Tiberias zu bleiben und floh nach Tarichea. Am nächsten Tag schickte darum Vespasian den Trajan mit einigen Reitern auf den Berg oberhalb der Stadt, um in Erfahrung zu bringen, ob auch das Volk als Ganzes auf den Frieden aus sei. Als er erkannte, daß sie dieselbe Gesinnung wie die von ihnen abgesandten Schutzflehenden hatten, ließ er sein Heer abrücken und zog vor die Stadt. Die Einwohner öffneten ihm die Tore, gingen ihm mit Lob und Segenswünschen entgegen und begrüßten ihn dabei als Retter und Wohltäter[110]. Da sich das Heer bei der Enge der Tore stark drängen mußte, befahl Vespasian, ein Stück der südlichen Mauer einzureißen und verbreiterte dadurch den Eingang für die Truppen. Dabei verbot er allerdings dem König zu Gefallen jede Art von Plünderung und Gewalttätigkeit und schonte ihm zu Liebe die Mauern, zumal dieser sich für die zukünftige Treue der Einwohner verbürgte; so gewann Vespasian die Stadt, die unter dem Aufstand schwer gelitten hatte, wieder unter seine Botmäßigkeit zurück.

10. Kapitel

1. 462. Von da aus rückte Vespasian vor und schlug zwischen Tiberias und Tarichea sein Lager auf[111], das er besonders stark befestigte, weil er voraussah, daß sich hier der Krieg für ihn länger hinziehen würde. Denn

463 πολέμου τριβὴν αὐτῷ γενησομένην· συνέρρει γὰρ εἰς τὰς Ταριχέας πᾶν
τὸ νεωτερίζον, τῇ τε τῆς πόλεως ὀχυρότητι καὶ τῇ λίμνῃ πεποιθότες,
464 ἢ καλεῖται Γεννησὰρ πρὸς τῶν ἐπιχωρίων. ἡ μὲν γὰρ πόλις, ὥσπερ ἡ
Τιβεριὰς ὑπόρειος οὖσα, καθὰ μὴ τῇ λίμνῃ προσεκλύζετο πάντοθεν ὑπὸ
465 τοῦ Ἰωσήπου τετείχιστο καρτερῶς, ἔλασσον μέντοι τῆς Τιβεριάδος· τὸν
μὲν γὰρ ἐκεῖ περίβολον ἐν ἀρχῇ τῆς ἀποστάσεως δαψιλείᾳ χρημάτων
καὶ δυνάμεως ἐκρατύνατο, Ταριχέαι δ᾽ αὐτοῦ τὰ λείψανα τῆς φιλοτιμίας
466 μετέλαβον. σκάφη δ᾽ ἦν αὐτοῖς ἐπὶ τῆς λίμνης παρεσκευασμένα πολλὰ
πρός τε τὸ συμφεύγειν ἐπὶ γῆς ἡττωμένους, κἂν εἰ δέοι, διαναυμαχεῖν[77]
467 ἐξηρτυμένα. περιβαλλομένων δὲ τῶν Ῥωμαίων τὸ στρατόπεδον οἱ περὶ
τὸν Ἰησοῦν οὔτε πρὸς τὸ πλῆθος οὔτε πρὸς τὴν εὐταξίαν τῶν πολεμίων
468 ὑποδείσαντες προθέουσιν, καὶ πρὸς τὴν πρώτην ἔφοδον τῶν τειχοποιῶν
σκεδασθέντων ὀλίγα τῆς δομήσεως σπαράξαντες, ὡς ἑώρων τοὺς ὁπλίτας
ἀθροιζομένους, πρίν τι παθεῖν εἰς τοὺς σφετέρους ἀνέφευγον· ἐπι-
469 διώξαντες δὲ Ῥωμαῖοι συνελαύνουσιν αὐτοὺς εἰς τὰ σκάφη. καὶ οἱ μὲν
ἀναχθέντες εἰς ὅσον ἐξικνεῖσθαι τῶν Ῥωμαίων βάλλοντες δύναιντο τάς
τε ἀγκύρας ἔβαλλον καὶ πυκνώσαντες ὥσπερ φάλαγγα τὰς ναῦς ἐπαλ-
470 λήλους τοῖς ἐπὶ γῆς πολεμίοις διεναυμάχουν· Οὐεσπασιανὸς δὲ τὸ πολὺ
πλῆθος αὐτῶν ἠθροισμένον ἀκούων ἐν τῷ πρὸ τῆς πόλεως πεδίῳ πέμπει
τὸν υἱὸν σὺν ἱππεῦσιν ἑξακοσίοις ἐπιλέκτοις.

471 2. Ὁ δ᾽ ὑπέρογκον εὑρὼν τὴν τῶν πολεμίων πληθὺν πρὸς μὲν τὸν
πατέρα πέμπει πλείονος δυνάμεως αὐτῷ δεῖν λέγων, αὐτὸς δὲ τοὺς μὲν
πλείους τῶν ἱππέων ὡρμημένους ὁρῶν καὶ πρὶν ἀφικέσθαι βοήθειαν,
ἔστιν δ᾽ οὓς ἡσυχῇ πρὸς τὸ πλῆθος τῶν Ἰουδαίων καταπεπληγότας, ἐν
472 ἐπηκόῳ στὰς ἔλεξεν ὧδε· «ἄνδρες, ἔφη, Ῥωμαῖοι, καλὸν γὰρ ἐν ἀρχῇ
τῶν λόγων ὑπομνῆσαι τοῦ γένους ὑμᾶς, ἵν᾽ εἰδῆτε, τίνες ὄντες πρὸς
473 τίνας μάχεσθαι μέλλομεν[78]. τὰς μέν γε ἡμετέρας χεῖρας οὐδὲν εἰς τοῦτο
τῶν ἐπὶ τῆς οἰκουμένης διαπέφευγεν, Ἰουδαῖοι δέ, ἵν᾽ εἴπωμεν καὶ ὑπὲρ
αὐτῶν, μέχρι νῦν οὐ κοπιῶσιν ἡττώμενοι. καὶ δεινὸν ἐκείνων ἑστώτων
474 ἐν ταῖς κακοπραγίαις ἡμᾶς τοῖς εὐτυχήμασιν ἐγκάμνειν. προθυμίας μὲν
εἰς τὸ φανερὸν ὑμᾶς εὖ ἔχοντας χαίρω βλέπων, δέδοικα δὲ μή τινι τῶν
475 πολεμίων τὸ πλῆθος κατάπληξιν λεληθυῖαν ἐνεργάσηται. λογισάσθω δὴ
πάλιν οἷος πρὸς οἵους παρατάξεται, καὶ διότι Ἰουδαῖοι μέν, εἰ καὶ
σφόδρα τολμηταὶ καὶ θανάτου καταφρονοῦντες, ἀλλ᾽ ἀσύντακτοί τε καὶ

---

[77] διαναυμαχίαν PL; διαναυμαχεῖαν A; *ad navale bellum* Lat.
[78] *meminisse etiam loci oportet, in quo nunc sitis, et adversus quos romani bellum geratis* Heg (statt: ἵν᾽ εἰδῆτε ...... μέλλομεν).

alle Aufständischen waren in Tarichea zusammengeströmt, da sie auf die Festigkeit der Stadt vertrauten und auf den See, der bei den Einwohnern Gennesar[112] genannt wird. Die Stadt, die wie Tiberias am Fuß eines Berges liegt, war nämlich von Josephus bis auf den Teil, der vom See bespült ist, auf allen Seiten stark befestigt worden, freilich nicht so gut wie Tiberias. Denn die Ringmauer um die letztere Stadt hatte er am Anfang des Aufstandes aufführen lassen, als ihm Geld und Machtmittel noch reichlich zur Verfügung standen; Tarichea hingegen hatte nur das erhalten, was bei seinem ehrgeizigen Eifer übriggeblieben war[113]. Dafür hatten die Einwohner von Tarichea eine Menge Schiffe auf dem See bereitgestellt, um darauf fliehen zu können, falls sie auf dem Lande geschlagen würden. Man hatte sie auch zum Seekampf ausgerüstet, falls es dazu kommen sollte. Während nun die Römer ihr Lager ringsum befestigten, machte die Mannschaft um Jesus, ohne die geringste Furcht vor der großen Zahl noch vor der vortrefflichen Ordnung der Feinde, einen Ausfall, jagte schon beim ersten Anlauf die Wallarbeiter auseinander, riß ein kleines Stück des Baues ein und zog sich — ohne Verluste — erst dann zu den Ihrigen zurück, als sie sah, daß die Schwerbewaffneten gegen sie antraten. Die Römer verfolgten ihre Feinde und trieben sie allesamt in die Boote, diese fuhren soweit auf den See hinaus, daß sie mit ihren Geschossen die Römer gerade noch erreichen konnten, warfen die Anker aus und schoben dabei die Schiffe zu einer Schlachtreihe dicht aneinander, um so gegen die an Land befindlichen Feinde kämpfen zu können. Vespasian hatte unterdessen erfahren, daß sich eine große Menge Juden auf der Ebene vor der Stadt gesammelt habe, und schickte darum seinen Sohn mit 600 auserlesenen Reitern gegen sie ab.

2. 471. Dieser fand die Zahl der Feinde übermäßig angeschwollen und schickte darum an seinen Vater die Meldung, er habe Verstärkung nötig. Da er aber bemerkte, daß die Mehrzahl seiner Reiter auch vor der Ankunft von Hilfstruppen loszustürmen bereit war, daß es aber andererseits einige unter ihnen gab, die insgeheim angesichts der Überzahl der Juden niedergeschlagen waren, stellte er sich so auf, daß man ihn überall gut hören konnte und hielt folgende Ansprache[114]: „Römer! Gleich mit diesem ersten Wort gilt es, euch an eure Herkunft zu erinnern, damit ihr wißt, wer wir sind im Vergleich zu denen, gegen die wir kämpfen wollen. Unserer Hand ist bisher niemand auf der ganzen Erde entronnen, nur die Juden — damit wir auch zu ihren Gunsten etwas sagen — sind zwar besiegt, aber bis jetzt noch nicht ermattet. Es wäre doch eine Schande, wenn wir mitten in unseren Erfolgen erlahmten, während diese in all ihrem Unglück noch aufrecht stehen. Ich freue mich zwar, an euren Gesichtern Kampfbereitschaft und gute Stimmung ablesen zu können, fürchte aber, daß die Menge der Feinde doch den Einen oder Anderen insgeheim in Bestürzung versetzen könnte. Solch einer soll doch noch einmal bedenken, wer er selbst ist und wen er vor sich hat. Es sind ja Juden, tollkühne Leute zwar, die den Tod verachten, aber doch ohne militärische Ordnung und Kriegserfahrung, sodaß man sie eher einen Haufen als ein Heer nennen kann. Was soll ich noch weitere Ausfüh-

πολέμων ἄπειροι καὶ ὄχλος ἂν ἄλλως, οὐ στρατιὰ λέγοιντο· τὰ δὲ τῆς ἡμετέρας ἐμπειρίας καὶ τάξεως τί δεῖ καὶ λέγειν; ἐπὶ τοῦτο μέντοι γε μόνοι καὶ κατ' εἰρήνην ἀσκούμεθα τοῖς ὅπλοις, ἵν' ἐν πολέμῳ μὴ πρὸς
476 τὸ ἀντίπαλον ἀριθμῶμεν ἑαυτούς. ἐπεὶ τίς ὄνησις τῆς διηνεκοῦς στρα-
477 τείας, ἂν ἴσοι πρὸς ἀστρατεύτους ἀντιτασσώμεθα; λογίζεσθε δέ, ὅτι καὶ πρὸς γυμνῆτας ὁπλῖται καὶ ἱππεῖς πρὸς πεζοὺς καὶ στρατηγούμενοι πρὸς ἀστρατηγήτους διαγωνίζεσθε, καὶ ὡς ὑμᾶς μὲν ταῦτα πολλαπλασίους ποιεῖ τὰ πλεονεκτήματα, πολὺ δὲ τοῦ τῶν πολεμίων ἀριθμοῦ
478 παραιρεῖται τὰ ἐλαττώματα[79]. κατορθοῖ δὲ τοὺς πολέμους οὐ πλῆθος ἀνθρώπων, κἂν ᾖ μάχιμον, ἀνδρεία δέ, κἂν ἐν ὀλίγοις· οἱ μέν γε καὶ παρατάξασθαι ῥᾴδιοι[80] καὶ προσαμύνειν ἑαυτοῖς, αἱ δ' ὑπέρογκοι δυνά-
479 μεις ὑφ' ἑαυτῶν βλάπτονται πλέον ἢ τῶν πολεμίων. Ἰουδαίων μὲν οὖν τόλμα καὶ θράσος ἡγεῖται καὶ ἀπόνοια, πάθη κατὰ μὲν τὰς εὐπραγίας εὔτονα, σβεννύμενα δὲ ἐν ἐλαχίστοις σφάλμασιν· ἡμῶν δ' ἀρετὴ καὶ εὐπείθεια καὶ τὸ γενναῖον, ὃ κἂν τοῖς ἄλλοις εὐτυχήμασιν ἀκμάζει κἂν
480 τοῖς πταίσμασιν οὐ μέχρι τέλους σφάλλεται. καὶ ὑπὲρ μειζόνων δὲ ἢ Ἰουδαῖοι διαγωνιεῖσθε· καὶ γὰρ εἰ περὶ ἐλευθερίας καὶ πατρίδων ἐκείνοις ὁ πόλεμος κινδυνεύεται, τί μεῖζον ἡμῖν εὐδοξίας καὶ τοῦ μὴ δοκεῖν μετὰ τὴν τῆς οἰκουμένης ἡγεμονίαν ἐν ἀντιπάλῳ τὰ Ἰουδαίων τίθεσθαι;
481 σκεπτέον δ' ὅτι καὶ παθεῖν μὲν οὐδὲν ἀνήκεστον ἡμῖν φόβος· πολλοὶ γὰρ οἱ βοηθήσοντες καὶ πλησίον· ἁρπάσαι δὲ τὴν νίκην δυνάμεθα, καὶ χρὴ τοὺς ὑπὸ τοῦ πατρὸς πεμπομένους ἡμῖν συμμάχους φθάνειν, ἵν'
482 ἀκοινώνητόν τε ᾖ τὸ κατόρθωμα καὶ μεῖζον. νομίζω δ' ἔγωγε ἐπὶ τῆσδε τῆς ὥρας καὶ τὸν πατέρα τὸν ἐμὸν κρίνεσθαι κἀμὲ καὶ ὑμᾶς, εἰ τῶν μὲν προκατωρθωμένων ἄξιος ἐκεῖνος, ἐγὼ δ' ἐκείνου παῖς, στρατιῶται δ' ὑμεῖς ἐμοῦ· καὶ γὰρ ἐκείνῳ τὸ νικᾶν ἔθος, κἀγὼ πρὸς αὐτὸν
483 ὑποστρέφειν οὐκ ἂν ὑπομείναιμι λειφθείς. ὑμεῖς δὲ πῶς οὐκ ἂν αἰσχύνοισθε προκινδυνεύοντος ἡγεμόνος ἡττώμενοι; προκινδυνεύσω γάρ, εὖ
484 ἴστε, καὶ πρῶτος εἰς τοὺς πολεμίους ἐμβαλῶ. μὴ λείπεσθε δ' ὑμεῖς ἐμοῦ πεπεισμένοι τὴν ἐμὴν ὁρμὴν παρακροτεῖσθαι θεῷ συμμάχῳ, καὶ προγινώσκετε σαφῶς, ὅτι τῆς ἔξω μάχης πλέον τι κατορθώσομεν»[81].

485 3. Ταῦτα τοῦ Τίτου διεξιόντος προθυμία δαιμόνιος ἐμπίπτει τοῖς ἀνδράσιν, καὶ προσγενομένου πρὶν συμβαλεῖν Τραϊανοῦ μετὰ τετρακοσίων

---

[79] παραιρεῖται τὰ ἐλαττώματα fehlt bei PA; Niese setzt diese Wendung in Klammern und rechnet mit der Möglichkeit, daß παραιρεῖται dennoch ursprünglich ist. Wir übersetzen die ganze Wendung; so auch die Herausgeber der neueren Ausgaben.

[80] τάξασθαι ῥᾴδιον PAL; παρατάξασθαι ῥᾴδιοι MVRC Na. Niese bietet einen Mischtext: τάξασθαι ῥᾴδιοι (ebenso Thack). Wir folgen Na.

[81] Statt ὅτι ..... κατορθώσομεν liest Lat: *quod multo plus permixti hostibus efficiemus quam si extrinsecus pugnaremus* (= „daß wir im Handgemenge mit dem Feind viel mehr erreichen werden, als im Gefecht aus der Ferne").

rungen über unsere Erfahrungen und unseren militärischen Drill machen? Denn wenn allein wir uns schon im Frieden mit den Waffen üben, so hat das doch nur den Zweck, daß wir es im Krieg nicht nötig haben, uns im Vergleich mit dem Gegner genau abzuzählen. Denn welchen Nutzen hätte die ständige militärische Übung, wenn wir nur in gleicher Zahl uns mit Ungeübten messen könnten? Stellt doch auch in Rechnung, daß ihr in voller Rüstung gegen mangelhaft Bewaffnete, als Reiter gegen Fußsoldaten und unter guter Führung gegen Leute ohne Leitung kämpft. Diese Vorzüge geben euch ein großes Übergewicht, während die erwähnten Nachteile den zahlenmäßigen Kampfwert der Feinde beträchtlich verringern. Zudem entscheidet im Krieg nicht die Zahl, selbst wenn es sich um waffenfähige Soldaten handelt, sondern die Tapferkeit, auch wenn sie nur wenige beseelt. Die Letzteren sind leicht beweglich im Gefecht und können sich bei der Verteidigung besser aushelfen, die allzu großen Truppenverbände dagegen erleiden im Kampf mehr Schaden durch sich selbst als durch die Feinde. Was die Juden leitet, ist kühne Verwegenheit und dazu Verzweiflung, Leidenschaften, die in glücklicher Lage zwar stark sein mögen, schon bei den geringsten Rückschlägen jedoch verlöschen. Uns aber führen Tapferkeit, Manneszucht und jene wackere Gesinnung, die unter glücklichen Umständen ihre höchste Kraft entfaltet, aber auch in unglücklichen nicht ganz zum Erliegen kommt. Und zudem kämpft ihr für höhere Güter als die Juden, denn wenn sie für die Freiheit und für vaterländische Güter den Krieg wagen, was gibt es für uns Höheres, als den Ruhm und die Ablehnung jeden Anscheins, als hätten war nach der Erringung der Weltherrschaft nun in den Juden einen ebenbürtigen Gegner gefunden. Außerdem müßt ihr beachten, daß wir uns in keinerWeise vor einer nie wieder gutzumachenden Niederlage fürchten müssen, denn die Truppen, die uns helfen können, sind zahlreich und ganz nahe. Aber wir haben es sogar in der Hand, den Sieg an uns zu reißen, ja, wir sollten den von meinem Vater gesandten Verstärkungen zuvorkommen, damit wir den glücklich errungenen Sieg nicht zu teilen brauchen und er so noch glänzender sei. Ich bin nämlich der Ansicht, daß eben in dieser Stunde das Urteil gefällt wird über meinen Vater, über mich und euch: ob jener der zuvor errungenen Erfolge würdig ist, ob ich mit Recht sein Sohn heiße und ihr meine echten Soldaten seid. Denn ihm ist ja das Siegen zur Gewohnheit geworden, ich aber würde es nicht über mich bringen, von euch im Stich gelassen, ihm unter die Augen zu treten. Und ihr, würdet ihr euch nicht schämen, feige zurückzubleiben, wenn euer Führer sich allen voran in Gefahr stürzt? Denn dies werde ich tun, das sollte ihr wohl wissen, und ich will als erster mich auf den Feind werfen. So bleibt nicht hinter mir zurück und seid überzeugt, daß mein Ansturm auch von Gott als Verbündetem beifällig aufgenommen wird und wißt im voraus ganz genau, daß wir mehr gewinnen werden als nur den Kampf außerhalb der Stadt".

3. 485. Bei dieser Rede des Titus fiel göttliche Begeisterung auf die Männer, und als vor dem Gefecht Trajan mit 400 Reitern zu ihnen stieß,

ἱππέων ἤσχαλλον ὡς μειουμένης τῆς νίκης αὐτοῖς διὰ τὴν κοινωνίαν.
486 ἔπεμψεν δὲ Οὐεσπασιανὸς καὶ Ἀντώνιον Σίλωνα σὺν δισχιλίοις τοξόταις κελεύσας καταλαβόντας τὸ ἀντικρὺ τῆς πόλεως ὄρος τοὺς ἐπὶ τοῦ τείχους
487 ἀνείργειν. καὶ οἱ μὲν ὡς προσετέτακτο τοὺς ταύτῃ πειρωμένους ἐκβοηθεῖν περιέσχον, ὁ δὲ Τίτος πρῶτος τὸν ἵππον ἤλαυνεν εἰς τοὺς πολεμίους καὶ σὺν κραυγῇ μετ' αὐτὸν οἱ λοιποὶ παρεκτείναντες ἑαυτοὺς εἰς ὅσον
488 ἐπεῖχον οἱ πολέμιοι τὸ πεδίον· παρὸ καὶ πολὺ πλείους ἔδοξαν. οἱ δὲ Ἰουδαῖοι καίτοι τήν τε ὁρμὴν καὶ τὴν εὐταξίαν αὐτῶν καταπλαγέντες πρὸς ὀλίγον μὲν ἀντέσχον ταῖς ἐμβολαῖς, νυσσόμενοι δὲ τοῖς κοντοῖς καὶ
489 τῷ ῥοίζῳ τῶν ἱππέων ἀνατρεπόμενοι συνεπατοῦντο. πολλῶν δὲ πανταχοῦ φονευομένων διασκίδνανται καὶ πρὸς τὴν πόλιν ὡς ἕκαστος εἶχεν τάχους
490 ἔφευγον. Τίτος δὲ τοὺς μὲν κατόπιν προσκείμενος ἀνῄρει, τῶν δὲ διεκπαίων ἀθρόων, οὓς δὲ φθάνων κατὰ στόμα διήλαυνεν, πολλοὺς δὲ
491 συνηλοία[82] περὶ ἀλλήλοις πεσόντας ἐμπηδῶν, πᾶσιν δὲ τὰς πρὸς τὸ τεῖχος φυγὰς ὑπετέμνετο καὶ πρὸς τὸ πεδίον ἀπέστρεφεν, ἕως τῷ πλήθει βιασάμενοι καὶ διεκπεσόντες εἰς τὴν πόλιν συνέφευγον.
492 4. Ἐκδέχεται δὲ αὐτοὺς πάλιν στάσις ἔσω χαλεπή· τοῖς μὲν γὰρ ἐπιχωρίοις διά τε τὰς κτήσεις καὶ τὴν πόλιν οὐκ ἐδόκει πολεμεῖν ἀπ'
493 ἀρχῆς καὶ τότε διὰ τὴν ἧτταν πλέον· ὁ δ' ἔπηλυς πολὺς ὢν πλεῖον ἐβιάζετο, καὶ διωργισμένων ἐπ' ἀλλήλοις κραυγή τε ἦν καὶ θόρυβος
494 ὡς ὅσον οὔπω φερομένων εἰς ὅπλα. κατακούσας δὲ τῆς ταραχῆς Τίτος, οὐ γὰρ ἦν ἄπωθεν τοῦ τείχους, «οὗτος ἦν ὁ καιρός, ἐκβοᾷ, καὶ τί, συστρατιῶται, μέλλομεν ἐκδιδόντος ἡμῖν Ἰουδαίους θεοῦ; δέξασθε τὴν
495 νίκην. οὐκ ἀκούετε βοῆς; στασιάζουσιν οἱ τὰς χεῖρας ἡμῶν διεκφυγόντες. ἔχομεν τὴν πόλιν, ἐὰν ταχύνωμεν· δεῖ δὲ πόνου πρὸς τῷ τάχει καὶ λήματος· οὐδὲν γὰρ τῶν μεγάλων φιλεῖ δίχα κινδύνου κατορθοῦσθαι.
496 φθάνειν δ' οὐ μόνον χρὴ τὴν τῶν πολεμίων ὁμόνοιαν, οὓς ἀνάγκη διαλλάξει ταχέως, ἀλλὰ καὶ τὴν τῶν ἡμετέρων βοήθειαν, ἵνα πρὸς τῷ νικῆσαι τοσοῦτον πλῆθος ὀλίγοι καὶ τὴν πόλιν ἕλωμεν μόνοι.»
497 5. Ταῦθ' ἅμα λέγων ἐπὶ τὸν ἵππον ἀνεπήδα καὶ καθηγεῖται πρὸς τὴν λίμνην, δι' ἧς ἐλάσας πρῶτος εἰς τὴν πόλιν εἰσέρχεται καὶ μετ' αὐτὸν
498 οἱ λοιποί. δέος δὲ πρὸς τὴν τόλμαν αὐτοῦ τοῖς ἐπὶ τῶν τειχῶν ἐνέπεσεν,

---

[82] συνηλόα MC Na; συνηλοία PA (συναλοᾶν, συναλοιᾶν = zusammendreschen); συνείλου L (in V korrigiert).

murrten sie darüber, weil ihnen durch deren Beteiligung der Anteil am Sieg geschmälert werde. Außerdem schickte Vespasian den Antonius Silo und 2000 Bogenschützen mit dem Auftrag, die der Stadt gegenüberliegende Höhe zu besetzen und die Juden aus ihrer Stellung auf der Mauer zu vertreiben. Während die Römer ihrem Auftrag gemäß die Feinde auf der Mauer in Schach hielten, die von dort aus versuchten, den Ihrigen wirksame Hilfe zu leisten, jagte Titus als erster sein Pferd auf den Feind und nach ihm die anderen mit lautem Geschrei, wobei sie sich über die ganze Breite der Ebene ausdehnten, soweit sie vom Feinde besetzt war. Dadurch erschienen sie viel zahlreicher, als sie in Wirklichkeit waren. Die Juden waren zwar über den Ansturm und die gute Ordnung der Feinde bestürzt, hielten aber doch eine Zeitlang ihren Angriffswellen stand; dann jedoch wurden sie von den Speeren niedergestochen, vom Schwung der Reiter umgerannt und unter den Hufen zertreten. Während auf dem ganzen Schlachtfeld viele niedergemetzelt wurden, stoben sie schließlich nach allen Seiten auseinander, und jeder floh, so schnell er konnte, in die Stadt zurück. Titus hieb die Einen nieder, indem er ihnen hart auf den Fersen blieb, die Anderen, indem er sich durch dichte Knäuel durchschlug, die dritten überholte er und durchbohrte sie von vorn, auf viele, die übereinander gefallen waren, sprang er hinauf und schlug sie zusammen[115]. Allen suchte er den Fluchtweg zur Mauer abzuschneiden und sie in die Ebene zurückzudrängen; schließlich erzwangen sie sich aber doch durch die Wucht ihrer Masse den Durchbruch und flohen alle zusammen in die Stadt hinein.

4. 492. Drinnen aber wartete auf sie eine neue Schwierigkeit, nämlich eine Spaltung. Denn die Einwohner, um ihren Besitz und die Existenz der Stadt besorgt, glaubten von Anfang an, den Kampf ablehnen zu müssen und taten dies erst recht wegen der Niederlage; die zahlreichen Fremden bestanden um so dringender darauf. Bei dem erbitterten Streit der beiden Parteien kam es zu einem solchen Schreien und Lärmen, daß wenig daran fehlte und man hätte die Waffen gegeneinander erhoben. Titus, der ganz nahe bei der Mauer stand, vernahm deutlich dies Getümmel und rief: „Dies ist der rechte Augenblick, meine Soldaten! Was zaudern wir, wenn uns Gott die Juden in die Hand gibt? Ergreift den angebotenen Sieg! Hört ihr nicht das Geschrei? Die unseren Händen Entronnenen sind unter einander uneins. Wir haben die Stadt, wenn wir uns beeilen. Außer der Schnelligkeit sind aber auch Anstrengung und Entschlußkraft erforderlich, denn jeder große Erfolg[116] will durch gefahrbringenden Einsatz errungen sein. Es tut not, nicht nur der Einigung der streitenden Feinde zuvorzukommen, die der Druck der Lage schnell versöhnen kann, sondern auch der Hilfe unserer eigenen Truppen, damit wir, die wir schon einen zahlenmäßig starken Feind besiegt haben, dazu noch allein die Stadt erobern."

5. 497. Mit diesen Worten schwang er sich auf sein Pferd und sprengte allen voran zum See, ritt durch das Wasser[117] und drang als erster in die Stadt ein, hinter ihm her die anderen. Bei diesem verwegenen Angriff befiel die Soldaten auf der Mauer großer Schrecken, und keiner wagte es,

καὶ μάχεσθαι μὲν ἢ διακωλύειν οὐδεὶς ὑπέμεινεν, λιπόντες δὲ τὴν
499 φρουρὰν οἱ μὲν περὶ τὸν Ἰησοῦν διὰ τῆς χώρας ἔφευγον, οἱ δ' ἐπὶ τὴν
λίμνην καταθέοντες ὑπαντιάζουσιν τοῖς πολεμίοις περιέπιπτον· ἐκτείνοντο
δ' οἱ μὲν ἐπιβαίνοντες τῶν σκαφῶν, οἱ δὲ τοῖς ἀναχθεῖσιν προσπίπτειν[83]
500 πειρώμενοι. πολὺς δὲ τῶν κατὰ τὴν πόλιν ἦν φόνος, τῶν μὲν ἐπηλύδων
ὅσοι μὴ διαφυγεῖν ἔφθασαν ἀντιτασσομένων, ἀμαχητὶ δὲ τῶν ἐπιχωρίων·
κατὰ γὰρ ἐλπίδα δεξιᾶς καὶ τὸ συνειδὸς τοῦ μὴ βεβουλεῦσθαι πολεμεῖν
501 μάχης ἀπετρέποντο, μέχρι Τίτος τοὺς μὲν αἰτίους ἀνελών, οἰκτείρας δὲ
502 τοὺς ἐπιχωρίους ἀνεπαύσατο φόνου. καὶ οἱ μὲν εἰς τὴν λίμνην καταφυγόντες ἐπεὶ τὴν πόλιν εἶδον ἑαλωκυῖαν, ὡς πορρωτάτω τῶν πολεμίων
ἀνήχθησαν·

503 6. Τίτος δ' ἐκπέμψας τινὰ τῶν ἱππέων εὐαγγελίζεται τῷ πατρὶ τὸ
504 ἔργον. ὁ δ', ὡς εἰκός, ὑπερησθεὶς τῇ τε τοῦ παιδὸς ἀρετῇ καὶ τῷ
κατορθώματι, μεγίστη γὰρ ἐδόκει καθῃρῆσθαι μοῖρα τοῦ πολέμου, τότε
μὲν ἐλθὼν περισχόντας τὴν πόλιν φρουρεῖν ἐκέλευσεν, ὡς μὴ διαλάθοι
505 τις ἐξ αὐτῆς, καὶ κτείνειν προσέταξεν[84], τῇ δ' ὑστεραίᾳ πρὸς τὴν λίμνην
καταβὰς σχεδίας ἐκέλευσεν πήσσειν ἐπὶ τοὺς καταπεφευγότας· αἱ δ'
ἐγίνοντο ταχέως ἀφθονίᾳ τε ὕλης καὶ πλήθει τεχνιτῶν.

506 7. Ἡ δὲ λίμνη Γεννησὰρ μὲν ἀπὸ τῆς προσεχοῦς χώρας καλεῖται,
σταδίων δ' εὖρος οὖσα τεσσαράκοντα καὶ πρὸς τούτοις ἑτέρων ἑκατὸν
507 τὸ μῆκος γλυκεῖά τε ὅμως ἐστὶ καὶ ποτιμωτάτη· καὶ γὰρ τῆς ἑλώδους
παχύτητος ἔχει τὸ νᾶμα λεπτότερον καθαρά τ' ἐστὶν πάντοθεν αἰγιαλοῖς
ἐπιλήγουσα καὶ ψάμμῳ, πρὸς δὲ εὔκρατος ἀρύσασθαι, ποταμοῦ μὲν ἢ
κρήνης προσηνεστέρα, ψυχροτέρα δὲ ἢ κατὰ λίμνης διάχυσιν ἀεὶ
508 μένουσα. τὸ μὲν γὰρ ὕδωρ οὐκ ἀπᾴδει χιόνος ἐξαιθριασθέν, ὅπερ
θέρους νυκτὸς ποιεῖν ἔθος τοῖς ἐπιχωρίοις, γένη δὲ ἰχθύων ἐν αὐτῇ
509 διάφορα πρὸς τοὺς ἀλλαχοῦ γεῦσίν τε καὶ ἰδέαν. μέση δ' ὑπὸ τοῦ
Ἰορδάνου τέμνεται. καὶ δοκεῖ μὲν Ἰορδάνου πηγὴ τὸ Πάνειον, φέρεται
510 δ' ὑπὸ γῆν εἰς τοῦτο κρυπτῶς ἐκ τῆς καλουμένης Φιάλης· ἡ δ' ἐστὶν
ἀνιόντων εἰς τὴν Τραχωνῖτιν ἀπὸ σταδίων ἑκατὸν εἴκοσι Καισαρείας τῆς
511 ὁδοῦ κατὰ τὸ δεξιὸν μέρος οὐκ ἄπωθεν. ἐκ μὲν οὖν τῆς περιφερείας
ἐτύμως Φιάλη καλεῖται τροχοειδὴς οὖσα λίμνη, μένει δ' ἐπὶ χείλους
512 αὐτῆς ἀεὶ τὸ ὕδωρ μήθ' ὑπονοστοῦν μήθ' ὑπερχεόμενον. ἀγνοούμενος
δὲ τέως ὁ Ἰορδάνης ἐντεῦθεν ἄρχεσθαι διὰ τοῦ τετραρχήσαντος Τραχω-
513 νιτῶν ἠλέγχθη Φιλίππου· βαλὼν γὰρ οὗτος εἰς τὴν Φιάλην ἄχυρα κατὰ
τὸ Πάνειον, ἔνθεν ἐδόκουν οἱ παλαιοὶ γεννᾶσθαι τὸν ποταμόν, εὗρεν
514 ἀνενεχθέντα. τοῦ μὲν οὖν Πανείου τὸ φυσικὸν κάλλος ὑπὸ τῆς βασι-

---

[83] natando assequi Lat; daher προσνεῖν Destinon cj., Reinach Thack; προσμένειν L; προσπίπτειν PAMVR Niese Na.

[84] ἐκώλυσεν cod. Lugd., Na; ἐκέλευσεν AMLVRC; προσέταξεν P Niese Thack. Nach Destinon ist hinter dem Wort eine Lücke, Lat füllt sie aus: neque a caedibus temperaret.

zu kämpfen oder die Tat zu verhindern. Sie verließen ihren Posten: die Anhänger des Jesus flohen auf dem Landweg, die anderen liefen zum See hinunter geradewegs in die Hände der Feinde und wurden niedergemacht. Dabei wurden die Einen getötet, als sie in die Boote stiegen, die Anderen, als sie versuchten, den schon Abgefahrenen nachzustürzen. Groß war das Gemetzel in der Stadt, wobei die Fremden, soweit sie nicht rechtzeitig hatten fliehen können, Widerstand leisteten, während die Einwohner ohne Kampf fielen. Die Letzteren enthielten sich nämlich der Gegenwehr, weil sie auf Gnade hofften und das gute Gewissen hatten, vom Krieg abgeraten zu haben. Schließlich ließ Titus, nachdem er die Schuldigen beseitigt hatte, aus Mitleid mit den Einheimischen das Morden einstellen. Die zum See Geflohenen fuhren, als sie die Stadt eingenommen sahen, so weit als möglich von ihren Feinden weg.

6. 503. Titus sandte einen Reiter an seinen Vater ab, der ihm die frohe Botschaft von dieser Waffentat überbringen sollte. Vespasian war natürlich hoch erfreut über die Tapferkeit seines Sohnes und dessen Erfolg, denn es schien ihm, als sei damit ein sehr großer Teil des Krieges glücklich für ihn entschieden. Er erschien persönlich und befahl, die Stadt einzuschließen und zu bewachen, damit niemand heimlich aus ihr entkommen könne und ließ jeden niedermachen, der es versuchte. Am nächsten Tag begab er sich zum See und gab den Auftrag, Flöße zur Verfolgung der Entflohenen zu zimmern; bei dem Überfluß an Baumaterial und der Menge von Handwerkern wurde man mit dieser Arbeit schnell fertig.

7. 506. Der See Gennesar hat seinen Namen[118] von dem an ihn angrenzenden Landstrich. Er ist 40 Stadien breit, und seine Länge übertrifft die Breite noch um 100 Stadien[119]; trotz dieser Ausdehnung ist sein Wasser süß und zum Trinken sehr geeignet. Denn es ist klarer als das dicke Wasser eines Sumpfes und rein, da der See auf allen Seiten an steinige oder sandige Ufer stößt. Beim Schöpfen hat es immer die richtige Temperatur, da es milder ist als das Wasser eines Flusses oder einer Quelle und dabei doch immer kühler bleibt, als man bei der Ausdehnung des Sees erwarten würde. Das Wasser wird so kalt wie Schnee, wenn man es der Luft aussetzt, wie die Anwohner es in den Sommernächten zu tun pflegen. Die Fischarten, die sich im See finden, unterscheiden sich im Geschmack und Gestalt von denen anderer Gewässer. In der Mitte wird der See vom Jordan durchschnitten. Scheinbar ist nun das Panium die Quelle des Jordan; das Wasser kommt jedoch unterirdisch und verborgen an diesen Ort von dem sogenannten Phiala-See; dieser liegt an der Straße in die Trachonitis, und zwar nicht weit rechts davon, 120 Stadien von Caesarea entfernt. Er trägt seinen Namen „Phiala" (= Schale)[120] mit Recht, denn sein Rand ist kreisförmig; das Wasser darin hält sich immer auf demselben Pegelstand, ohne darunter zu fallen oder ihn zu überschreiten. Man wußte so lange nicht, daß der Jordan dort entspringe, bis dies Philippus, der Tetrarch der Trachonitis, erstmalig nachwies. Er ließ nämlich Spreu in die Phiala werfen, die man dann am Panium, wo man früher den Ursprung des Flusses angenommen hatte, wieder zum Vorschein

λικῆς προσεξήσκηται πολυτελείας τῷ Ἀγρίππα πλούτῳ κεκοσμημένον·
515 ἀρχόμενος δὲ φανεροῦ ῥεύματος ὁ Ἰορδάνης ἀπὸ τοῦδε τοῦ ἄντρου κόπτει μὲν τὰ τῆς Σεμεχωνίτιδος λίμνης ἕλη καὶ τέλματα, διαμείψας δ' ἑτέρους ἑκατὸν εἴκοσι σταδίους μετὰ πόλιν Ἰουλιάδα διεκπαίει τὴν Γεννησὰρ μέσην, ἔπειτα πολλὴν ἀναμετρούμενος ἐρημίαν εἰς τὴν Ἀσφαλτῖτιν ἔξεισι λίμνην.
516 8. Παρατείνει δὲ τὴν Γεννησὰρ ὁμώνυμος χώρα θαυμαστὴ φύσιν τε καὶ κάλλος· οὔτε γὰρ αὐτή τι φυτὸν ἀρνεῖται διὰ τὴν πιότητα, καὶ πᾶν πεφυτεύκασιν οἱ νεμόμενοι, τοῦ δ' ἀέρος τὸ εὔκρατον ἁρμόζει καὶ
517 τοῖς διαφόροις. καρύαι μέν γε φυτῶν τὸ χειμεριώτατον ἄπειροι τεθήλασιν ἔνθα φοίνικες, οἳ καύματι τρέφονται, συκαῖ δὲ καὶ ἐλαῖαι
518 πλησίον τούτων, αἷς μαλθακώτερος ἀὴρ ἀποδέδεικται. φιλοτιμίαν ἄν τις εἴποι τῆς φύσεως βιασαμένης εἰς ἓν συναγαγεῖν τὰ μάχιμα καὶ τῶν ὡρῶν ἀγαθὴν ἔριν ἑκάστης ὥσπερ ἀντιποιουμένης τοῦ χωρίου· καὶ γὰρ οὐ μόνον τρέφει παρὰ δόξαν τὰς διαφόρους ὀπώρας ἀλλὰ καὶ διαφυλάσ-
519 σει. τὰ μέν γε βασιλικώτατα σταφυλήν τε καὶ σῦκον δέκα μησὶν ἀδιαλείπτως χορηγεῖ, τοὺς δὲ λοιποὺς καρποὺς δι' ἔτους ὅλου περιγηράσκοντας ἑαυτοῖς· πρὸς γὰρ τῇ τῶν ἀέρων εὐκρασίᾳ καὶ πηγῇ
520 διάρδεται γονιμωτάτῃ, Καφαρναοὺμ αὐτὴν οἱ ἐπιχώριοι καλοῦσιν. ταύτην φλέβα τινὲς τοῦ Νείλου ἔδοξαν, ἐπεὶ γεννᾷ τῷ κατὰ τὴν Ἀλεξανδρέων
521 λίμνην κορακίνῳ παραπλήσιον. μῆκος δὲ τοῦ χωρίου παρατείνει κατὰ τὸν αἰγιαλὸν τῆς ὁμωνύμου λίμνης ἐπὶ σταδίους τριάκοντα, καὶ εὖρος εἴκοσι. ταῦτα μὲν οὕτως φύσεως ἔχει.
522 9. Οὐεσπασιανὸς δέ, ἐπεὶ παρεσκευάσθησαν αἱ σχεδίαι, τῆς δυνάμεως ἐπιβήσας ὅσον ᾤετο τοῖς κατὰ τὴν λίμνην ἀνταρκέσειν[85] ἐπανήγετο. τοῖς δὲ συνελαυνομένοις οὔτ' ἐπὶ γῆν διαφεύγειν ἦν ἐκπεπολεμωμένων πάντων
523 οὔτ' ἐξ ἴσου διαναυμαχεῖν· τά τε γὰρ σκάφη μικρὰ ὄντα καὶ λῃστρικὰ πρὸς τὰς σχεδίας ἦν ἀσθενῆ, καὶ καθ' ἕκαστον ἐμπλέοντες ὀλίγοι πρὸς
524 ἀθρόους ἐφεστῶτας τοὺς Ῥωμαίους ἐγγίζειν ἐδεδοίκεισαν. ὅμως δ' οὖν ἐκπεριπλέοντες τὰς σχεδίας, ἔστιν δ' ὅπου καὶ πλησιάζοντες, πόρρωθεν τοὺς Ῥωμαίους ἔβαλλον λίθοις καὶ παραξύοντες[86] ἐγγύθεν ἔπαιον.
525 ἐκακοῦντο δ' αὐτοὶ πλέον κατ' ἀμφότερα· ταῖς τε γὰρ χερμάσιν[87] οὐδὲν δρῶντες ὅτι μὴ κτύπον[88] ἐπάλληλον, εἰς γὰρ πεφραγμένους ἔβαλλον,

[85] αὐταρκέσειν AMVC; αὐταρκέσιν P; ἀνταρκέσειν R Niese Na Thack.
[86] παροξύνοντες PAL Lat.
[87] χερσὶν RVmarg
[88] κρυπτὸν RVmarg

kommen sah. Die natürliche Schönheit des Panium wurde durch königliche Prachtbauten noch gehoben, die Agrippa mit seinem ganzen Reichtum aufführen ließ[121]. An der dort gelegenen Grotte[122] beginnt der sichtbare Lauf des Jordan, der dann die Sümpfe und Niederungen des Semechonitis-Sees[123] durchquert, nach weiteren 120 Stadien unterhalb der Stadt Julias mitten durch den See Gennesar hindurchfließt und nach einem langen Weg durch Wüstengebiete in den Asphalt-See mündet[124].

8. 516. Entlang dem See Gennesar erstreckt sich eine gleichnamige Landschaft[125] von wunderbarer Natur und Schönheit. Wegen der Fettigkeit des Bodens gestattet sie jede Art von Pflanzenwuchs, und ihre Bewohner haben daher in der Tat alles angebaut; das ausgeglichene Klima paßt auch für die verschiedenartigsten Gewächse. Nußbäume, die im Vergleich zu allen anderen Pflanzen eine besonders kühle Witterung brauchen, gedeihen dort prächtig in großer Zahl. Daneben stehen Palmen, die Hitze brauchen, ferner Feigen- und Ölbäume unmittelbar dabei, für die ein gemäßigteres Klima angezeigt ist. Man könnte von einem Wettstreit der Natur sprechen, die sich mächtig anstrengt, alle ihre Gegensätze an einem Ort zusammenzuführen, oder von einem edlen Kampf der Jahreszeiten, von denen jede sich um diese Gegend wetteifernd bemüht. Der Boden bringt nicht nur das verschiedenste Obst hervor, das man sich kaum zusammen denken kann, sondern er sorgt auch lange Zeit hindurch für reife Früchte. Die königlichen unter ihnen, Weintrauben und Feigen, beschert er 10 Monate lang ununterbrochen, die übrigen Früchte reifen nach und nach das ganze Jahr hindurch. Denn abgesehen von der milden Witterung trägt zur Fruchtbarkeit dieser Gegend auch die Bewässerung durch eine sehr kräftige Quelle[126] bei, die von den Einwohnern Kapharnaum genannt wird. Diese Quelle hielten manche für eine Ader des Nils, da es dort eine Fischart gibt, die dem Rabenfisch[127] in dem See von Alexandrien ähnlich ist[128]. Die Landschaft erstreckt sich am Ufer des gleichnamigen Sees in einer Länge von 30 und in einer Breite von 20 Stadien. Soviel über die Beschaffenheit dieser Gegend.

9. 522. Nachdem die Flöße hergestellt waren, ließ Vespasian sie so stark mit Truppen besetzen, wie nach seiner Ansicht zur Bekämpfung der auf den See hinausgefahrenen Gegner ausreichend war, und stieß vom Ufer ab. Auf dem See trieb man die Juden zusammen, so daß sie weder ans Land entkommen konnten, da dies überall vom Feind besetzt war, noch im Kampf auf dem See einen gleichwertigen Partner abgaben. Denn die Boote der Juden waren nur klein und für Piratenzüge geeignet, den Flößen gegenüber aber zu schwach, und da sie im einzelnen mangelhaft bemannt waren, fürchteten sich ihre Besatzungen, gegen die dicht besetzten, auf sie zukommenden römischen Flöße heranzufahren. Trotzdem umkreisten sie die Flöße in gemessener Entfernung, kamen ihnen aber manchmal auch nahe; aus der Ferne schleuderten sie Steine auf die Römer und, streiften die Fahrzeuge einander, so versuchten sie sich im Nahkampf. In beiden Fällen verschlimmerte sich jedoch ihre Lage nur; mit ihren Wurfsteinen erreichten sie nichts als nur den Schall der fortwährenden Aufschläge, weil sie ja auf gut be-

ἐφικτοὶ⁸⁹ τοῖς Ῥωμαίων ἐγίνοντο βέλεσιν, καὶ πλησιάζειν τολμῶντες πρὶν δρᾶσαί τι παθεῖν ἔφθανον καὶ σὺν αὐτοῖς ἐβαπτίζοντο τοῖς σκάφεσιν.
526 τῶν δὲ διεκπαίειν πειρωμένων πολλοὺς μὲν ἐφικνούμενοι κοντοῖς διέπειρον, οὓς δὲ ξιφήρεις ἐπιπηδῶντες εἰς τὰ σκάφη, τινὰς δὲ συντρεχούσαις
527 ταῖς σχεδίαις ἐναπολυφθέντας μέσους εἷλον ἅμα ταῖς ἁλιάσιν. τῶν δὲ βαπτισθέντων τοὺς ἀνανεύοντας⁹⁰ ἢ βέλος ἔφθανεν ἢ σχεδία κατελάμβανεν, καὶ προσβαίνειν ὑπ' ἀμηχανίας εἰς τοὺς ἐχθροὺς πειρωμένων ἢ
528 κεφαλὰς ἢ χεῖρας ἀπέκοπτον οἱ Ῥωμαῖοι. πολλή τε ἦν αὐτῶν καὶ ποικίλη φθορὰ πανταχοῦ, μέχρι τραπέντες εἰς γῆν ἐξεώσθησαν οἱ λοιποὶ κεκυκλω-
529 μένων αὐτοῖς τῶν ἁλιάδων. ἐκχεόμενοι δὲ πολλοὶ μὲν ἐν αὐτῇ κατηκοντίζοντο τῇ λίμνῃ, πολλοὺς δ' ἐκπηδήσαντας οἱ Ῥωμαῖοι διέφθειραν ἐπὶ γῆς. ἦν δ' ἰδεῖν κεκερασμένην μὲν αἵματι, πεπληρωμένην δὲ νεκρῶν
530 τὴν λίμνην ἅπασαν· διεσώθη γὰρ οὐδείς. δεινὴ δὲ ταῖς ἑξῆς ἡμέραις περιεῖχε τὴν χώραν ὀδμή τε καὶ ὄψις· οἱ μὲν γὰρ αἰγιαλοὶ ναυαγίων ἅμα καὶ διοιδούντων ἔγεμον σωμάτων, ἐκκαιόμενοι δὲ καὶ μυδῶντες οἱ νεκροὶ τὸν ἀέρα διέφθειρον, ὡς μὴ μόνον οἰκτρὸν Ἰουδαίοις γενέσθαι
531 τὸ πάθος, ἀλλὰ καὶ διὰ μίσους τοῖς δράσασιν ἐλθεῖν. τοῦτο μὲν ἐκείνης τῆς ναυμαχίας τὸ τέλος, ἀπέθανον δὲ σὺν τοῖς ἐπὶ τῆς πόλεως πρότερον πεσοῦσιν ἑξακισχίλιοι ἑπτακόσιοι⁹¹.

532   10. Οὐεσπασιανὸς δὲ μετὰ τὴν μάχην καθίζει μὲν ἐπὶ βήματος ἐν Ταριχέαις, διακρίνων δ' ἀπὸ τῶν ἐπιχωρίων τὸν ἔπηλυν λεώ, κατάρξαι γὰρ οὗτος ἐδόκει πολέμου, μετὰ τῶν ἡγεμόνων εἰ χρὴ καὶ τούτους
533 σώζειν ἐσκέπτετο. φαμένων δὲ τούτων βλαβερὰν ἔσεσθαι τὴν ἄφεσιν αὐτῶν, οὐ γὰρ ἠρεμήσειν ἀπολυθέντας ἀνθρώπους ἐστερημένους μὲν τῶν πατρίδων, βιάζεσθαι δὲ καὶ πρὸς οὓς ἂν καταφύγωσιν πολεμεῖν
534 δυναμένους, Οὐεσπασιανὸς ὡς μὲν οὔτ' ἄξιοι σωτηρίας εἶεν καὶ διαφεύξονται κατὰ τῶν ἀφέντων ἐγίνωσκεν, τὸν δὲ τρόπον αὐτῶν τῆς
535 ἀναιρέσεως διενοεῖτο. καὶ γὰρ αὐτόθι κτείνων ἐκπολεμώσειν ὑφωρᾶτο τοὺς ἐπιχωρίους, οὐ γὰρ ἀνέξεσθαι φονευομένων ἱκετῶν τοσούτων παρ'
536 αὐτοῖς, καὶ μετὰ πίστεις ἐπιθέσθαι προελθοῦσιν οὐχ ὑπέμενεν. ἐξενίκων δ' οἱ φίλοι μηδὲν κατὰ Ἰουδαίων ἀσεβὲς εἶναι λέγοντες καὶ χρῆναι τὸ

⁸⁹ καὶ ἐφικτοὶ PAL.
⁹⁰ Statt ἀνανεύοντας (= den Kopf hochheben) schlägt Cobet ἀνανέοντας (= auftauchen) vor; so auch Na Reinach.
⁹¹ πεντακόσιοι LVRC Lat M^marg Na Reinach; ἑπτακόσιοι PA Heg Niese Thack.

wehrte Leute schossen; dafür kamen sie ihrerseits in die Reichweite der römischen Geschosse. Wagten sie aber dichter heranzufahren, so traf sie das Unglück, ehe sie etwas unternehmen konnten, und zusammen mit ihren Schiffen wurden sie versenkt. Die heranfahrenden Römer durchbohrten viele, die sich durchzuschlagen versuchten, mit ihren Speeren; andere schlugen sie mit dem Schwert nieder, nachdem sie in ihre Fahrzeuge gesprungen waren. Um eine dritte Gruppe fuhren sie mit den Flößen herum, umzingelten sie und nahmen die Eingeschlossenen samt ihren Nachen gefangen. Kam einer der Untergesunkenen mit dem Kopf wieder hoch, so traf ihn gleich ein Geschoß oder erwischte ihn ein Floß; versuchte aber jemand, weil ihm gar nichts anderes übrig blieb, in ein feindliches Boot zu klettern, so schlugen ihm die Römer den Kopf oder die Hände ab. Überall kamen die Juden in großer Zahl und auf mannigfache Weise um, bis die Überlebenden, auf ihren Booten umzingelt, auf der Flucht gegen das Ufer gedrängt wurden. Beim Versuch der Landung wurden viele von Speeren durchbohrt, noch bevor sie den Strand erreicht hatten. Zahlreiche andere sprangen ans Land und wurden dort von den Römern niedergemacht. Der ganze See sah aus, wie von Blut gerötet und wie von Leichen angefüllt, denn niemand konnte sich retten. Die ganze Gegend litt an den folgenden Tagen unter einem fürchterlichen Gestank und bot ein gräßliches Bild. Denn die Ufer waren von Schiffstrümmern und außerdem von aufgedunsenen Leichen bedeckt; in der sommerlichen Hitze verpesteten die verwesenden Toten die ganze Luft, was nicht nur für die leidbetroffenen Juden Jammer brachte, sondern auch den Urhebern des Unglücks äußerst widerwärtig war. Das war das Ende dieser Seeschlacht; 6700 Menschen fanden den Tod, die schon vorher in der Stadt Gefallenen mit eingerechnet[129].

10. 532. Nach dem Kampf setzte sich Vespasian in Tarichea auf den Richtstuhl und sonderte aus den Einheimischen das zugelaufene Volk aus, das nach seiner Meinung den Krieg angestiftet hatte. Danach beriet er sich mit seinen höchsten Offizieren, ob es rätlich sei, auch diese Leute zu begnadigen. Die Antwort der Truppenführer lautete, daß deren Freilassung gefährlich sei, denn als Menschen ohne Heimat gäben sie keine Ruhe, wenn man sie jetzt freilasse; sie würden vielmehr imstande sein, auch die Gastgeber zum Krieg zu zwingen, bei denen sie nach der Freilassung Unterschlupf fänden. Vespasian mußte selbst einsehen, daß sie der Rettung ihres Lebens nicht wert seien und es gegen ihre Befreier ausnützen würden, wenn sie noch einmal davon kämen; er überlegte sich nur noch, auf welche Art man sie am besten beseitigen könne. Würde man sie an Ort und Stelle töten, so befürchtete er, die Einheimischen könnten wieder zu den Waffen greifen, da sie es nicht ertrügen, daß man solche Mengen von Menschen abschlachte, die bei ihnen um Aufnahme gebeten hatten. Auch konnte Vespasian es nicht über sich bringen, sie mit seinem Ehrenwort abziehen zu lassen und danach doch Hand an sie zu legen. Aber seine Freunde setzten sich durch, indem sie die Meinung vertraten, den Juden gegenüber gäbe es keine heilige Rücksicht, und im übrigen müsse man das Nützliche dem Gebot der

συμφέρον αἱρεῖσθαι πρὸ τοῦ πρέποντος, ὅταν ᾖ μὴ δυνατὸν ἄμφω. κατανεύσας οὖν αὐτοῖς ἄδειαν ἀμφίβολον ἐπέτρεψεν ἐξιέναι διὰ μόνης τῆς ἐπὶ Τιβεριάδα φερούσης ὁδοῦ. τῶν δὲ ταχέως πιστευσάντων οἷς ἤθελον καὶ μετὰ φανερῶν ἐν ἀσφαλεῖ τῶν χρημάτων ᾖπερ ἐπετράπη χωρούντων, διαλαμβάνουσιν μὲν οἱ Ῥωμαῖοι τὴν μέχρι Τιβεριάδος πᾶσαν, ὡς μή τις ἀποκλίνειεν, συγκλείουσι δ' αὐτοὺς εἰς τὴν πόλιν. καὶ Οὐεσπασιανὸς ἐπελθὼν ἵστησι πάντας ἐν τῷ σταδίῳ, καὶ γηραιοὺς μὲν ἅμα τοῖς ἀχρήστοις διακοσίους ἐπὶ χιλίοις ὄντας ἀνελεῖν ἐκέλευσεν, τῶν δὲ νέων ἐπιλέξας τοὺς ἰσχυροτάτους ἑξακισχιλίους ἔπεμψεν εἰς τὸν ἰσθμὸν Νέρωνι, καὶ τὸ λοιπὸν πλῆθος εἰς τρισμυρίους καὶ τετρακοσίους ὄντας πιπράσκει χωρὶς τῶν Ἀγρίππᾳ χαρισθέντων· τοὺς γὰρ ἐκ τῆς τούτου βασιλείας ἐπέτρεψεν αὐτῷ ποιεῖν εἴ τι βούλοιτο· πιπράσκει δὲ καὶ τούτους ὁ βασιλεύς. ὁ μέντοι γε ἄλλος ὄχλος Τραχωνῖται καὶ Γαυλανῖται καὶ Ἱππηνοὶ καὶ ἐκ τῆς Γαδαρίτιδος τὸ πλέον ὡς στασιασταὶ καὶ φυγάδες καὶ οἷς τὰ τῆς εἰρήνης ὀνείδη τὸν πόλεμον προυξένει * ἑάλωσαν δὲ Γορπιαίου μηνὸς ὀγδόῃ.

Anständigkeit vorziehen, wenn man sich zwischen beiden zu entscheiden habe. Er gewährte den Gefangenen darum, allerdings in zweideutigen Worten, freien Abzug, wies sie aber an, dafür nur die Straße nach Tiberias zu benutzen. Sie glaubten bereitwillig, was ihrem Wunsch entsprach, und zogen arglos, ihre Habseligkeiten ganz offen tragend, auf dem ihnen bezeichneten Wege ab. Die Römer hatten die ganze Straße bis Tiberias gut besetzt, damit keiner von ihr abweichen könne, und so drängte man sie fest umzingelt in die Stadt hinein. Als Vespasian nachgekommen war, ließ er sie alle in der Kampfbahn aufstellen und befahl, die Greise und die körperlich Untauglichen, 1200 an der Zahl, niederzumachen. Von den Jüngeren las er die Kräftigsten, 6000 Mann, aus und schickte sie dem Nero an den Isthmus[130]; die übrige Menge, 30 400, verkaufte er, abgesehen von den Leuten, die er dem Agrippa schenkte. Die Gefangenen, die aus dessen Königreich kamen, überließ er ihm zur freien Verfügung, aber auch der König verkaufte sie. Der übrige Haufe bestand aus Leuten aus der Trachonitis, Gaulan, aus Hippos und der Gadaritis, zum größten Teil waren es Aufrührer, entlaufenes Gesindel und solche, die auf Grund ihrer in Friedenszeiten begangenen Schandtaten gezwungen waren, durch den Krieg ihr Leben zu fristen. Sie wurden am 8. des Monats Gorpiäus (26. Sept. 67) gefangen genommen.

ANHANG

Anmerkungen zu Buch 1

¹ „Sophistisch" meint hier die formal-rhetorische Technik, mit der die gerügten inhaltlichen Mängel der Darstellung verdeckt werden.
² Zur priesterlichen Abkunft des Josephus vgl. vita 1—6. Die „Muttersprache" ist hier wohl nicht das Hebräische, sondern das Aramäische, das von den „innerasiatischen Nichtgriechen", d. h. vor allem den in Babylonien wohnenden Juden, gesprochen wurde.
³ Zur Abfassung des Werkes in griechischer Sprache benutzte Josephus einige Mitarbeiter (c. Apion. 1, 50); daß diese Version nicht einfach eine Übersetzung darstellt, zeigt das Fehlen jeglicher Semitismen.
⁴ § 4—5 machen den Eindruck eines späteren Einschubs, da § 6 an § 3 anschließt (Reinach). Zur Lage im römischen Reich vgl. Tac. hist. 1, 2. Die Gallier erhoben sich im Jahre 68 unter Vindex, vgl. 4, 440. Josephus sagt durchweg „Galater", wenn er an die Bewohner Galliens denkt (§ 397. 437. 672; 2, 364. 371 ff.; 7, 76).
⁵ Das Königreich Adiabene umfaßt den größten Teil des alten Assyrien. Es ist dies die gleichnamige Landschaft an den beiden Zab, die sich in den Tigris ergießen. Das Königshaus von Adiabene war zum Judentum übergetreten (vgl. ant. 20, 17 ff.).
⁶ Mit den „Tyrannen und deren Verbrecheranhang" meint Josephus die Führer der Zeloten, die nach seiner Meinung die Schuldigen an der ganzen Katastrophe sind.
⁷ In den Antiquitates hat Josephus allerdings später die alte Geschichte der Juden ausführlich beschrieben. Dabei benutzte er auch die Werke der jüdisch-alexandrinischen Schriftsteller wie Demetrius, Philo der Ältere oder Eupolemos, die er neben den Verfassern der biblischen Geschichtsbücher hier wohl im Auge hat (vgl. dazu c. Apion. 1, 218).
⁸ Mit den beiden Teilen Galiläas sind das Obere und Untere Galiäa gemeint, vgl. 3, 35 ff.
⁹ Die „sieben Reinigungen", d. h. die sieben Grade der Reinheit werden in der Mischna (Kelim 1, 8) aufgeführt. Josephus spricht davon 5, 227 (vgl. c. Apion. 2, 103 ff.).
¹⁰ Mit dem „ganzen Syrien" ist Coelesyrien gemeint, d. h. das Gebiet östlich des Euphrat bis zum Orontes, dann auch Phönizien und Judäa, die zum Herrschaftsbereich der Seleukiden zählten. Als dieser im 1. Jahrh. v. Chr. auf den Bereich zwischen Libanon und Antilibanon zusammenschrumpfte, wurde er mit dem Begriff „Coelesyrien" = das „hohle Syrien" bezeichnet.
¹¹ Onias ist ein Sohn des Hohenpriesters Onias III., war aber selbst nie Hoherpriester.
¹² In § 31—33 liegt die hellenistische Version der Ereignisse beim Aufstand Jerusalems gegen Antiochus Epiphanes am reinsten, weil von jüdischen Zutaten unberührt, vor. Allerdings ist die Zeitangabe am Schluß aus Dan. 9, 27 hinzugefügt. Antiochus mußte infolge der diplomatischen Intervention der Römer im Sommer 168 trotz seiner Siege Ägypten wieder räumen und verlor dadurch den auf dem Schlachtfeld gewonnenen Krieg. Daraufhin erhob sich in dem ehemals ptolemäischen Gebiet überall die ägyptenfreundliche Gegenpartei. Unter den aufständischen Städten befindet sich auch Jerusalem, wo die ptolemäische Partei unter Führung der Oniaden den Menelaus und die Tobiaden verjagte. Zur Strafe dafür wurden die Mauern Jerusalems nach der Eroberung der Stadt geschleift, und von der Zwingburg (vgl· Exkurs I: Akra, S. 404) aus kontrollierten die Syrer die jüdische Bevölkerung (vgl. E .Bickermann, Der Gott der Makkabäer, 1937, 69. 164).
¹³ Die Beraubung des Tempels fand bereits 170, die Eroberung der Stadt erst 168 v. Chr. statt, vgl. dazu ant. 12, 246—256.
¹⁴ 7, 420—432 berichtet von der Zerstörung des Tempels von Heliopolis.
¹⁵ Matthias war der Sohn des Johannes, ein Urenkel des Hasmonäus (ant. 12, 265—267). Die Makkabäer rechnen sich zu dem Priestergeschlecht Jojarib (Neh. 12,

6. 19; 1. Chron. 24, 7; vgl. 1. Makk. 2, 1). — Modeïn, heute el-midje, liegt am Westrand des Gebirges, östlich von Lydda.
[16] In ant. 12, 270 wird der getötete Syrer Apelles genannt.
[17] Judas war nicht der älteste, sondern der dritte Sohn des Matthias (1. Makk. 2, 2—5; ant. 12, 266).

Exkurs I: Akra.
Nach dem Sprachgebrauch der *Makkabäerbücher* bildet die Akra das Zentrum der syrischen Herrschaft in Jerusalem. Es handelt sich dabei um eine Burg, in der syrische Truppen als Besatzung lagen (1. Makk. 3, 45; 14, 36), und um eine neugegründete hellenistische Siedlung mit eigenem Stadtrecht, in der heidnische Kolonisten und hellenistisch gesinnte Juden wohnten (1. Makk. 1, 33—35. 38; 6, 21 ff.; 11, 21; ant. 12, 252). Man schließt aus 1. Makk. 1, 33 — 35, daß dieser ganze Bezirk geographisch das Gelände der alten Davidstadt, d. h. des Südosthügels umfaßt habe. Gelegentlich findet sich aber auch in der Forschung die Vermutung, daß der Südwesten Jerusalems in diesen hellenistischen Stadtbezirk einbezogen gewesen sei. Jedenfalls wurden die alten Mauern der Stadt geschleift, die jüdischen Wohnviertel zu einem offenen Flecken ohne Mauern erklärt, der rechtlich der neuen hellenistischen Stadtgründung zugehörig war, und der Tempel selbst wurde der hellenistischen Stadt zugeeignet (vgl. E. Bickermann a. a. O. 71 ff.). Die unmittelbare Nachbarschaft der Akra zum Tempelbezirk ergibt sich aus 1. Makk. 4, 41. 60, wonach Judas Makkabäus die Akra vom befestigten Tempelgebäude aus in Schach hielt. Jonathan belagerte ebenfalls die Akra (1. Makk. 11, 20 ff.). Weil er sie nicht einnehmen konnte, schloß er sie durch eine Mauer von der übrigen Stadt ab, um sie wirtschaftlich einzuengen (1. Makk. 12, 36; 13, 49). Erst Simon konnte die Akra zur Übergabe zwingen und sie nach Vertreibung der Fremden als jüdische Festung und als eigene Residenz ausbauen (1. Makk. 13, 50 ff.; 14, 36 f.).

Josephus berichtet, Simon habe die Akra völlig zerstört und sogar den Hügel, auf dem sie stand, in einer drei Jahre andauernden Arbeit eingeebnet (bell. 1, 50; 5, 139; ant. 13, 217). Nach ihm lag die Akra höher als der Tempelplatz (ant. 12, 252. 362. 406).

L. H. Vincent und F. M. Abel bestimmen den Platz der Akra auf dem durch das Käsemachertal vom Tempel getrennten östlichen Teil des Westhügels, der etwas höher ist als das Tempelgelände. Auf ihm stand später der Palast der Makkabäer.
J. Simons dagegen bezweifelt den Bericht des Josephus von der Abtragung des Akrahügels und identifiziert nach dem 1. Makkabäerbuch die Akra mit dem Gelände auf dem Südosthügel, d. h. mit der alten Davidstadt. Auf jeden Fall muß man die Akra als Burg von der Akra als Stadtteil im Sprachgebrauch unterscheiden. Die Burg lag innerhalb des Stadtteils Akra, der vielleicht mit der Unterstadt identisch ist. Jerusalem hätte in diesem Fall sich nach Westen erweitert und den Burgberg Akra einbeschlossen. Entscheidend sind die Aussagen bell. 1, 39 und ant. 12, 252. An letzterer Stelle wird die Akra als hoher, den Tempel überragender Stützpunkt bezeichnet, der mit hohen Mauern und Türmen ausgestattet war.

Es fehlt in der Geschichte der Forschung nicht an Stimmen, die das ganze Befestigungssystem der Akra an der Nordseite des Tempels, zwischen der späteren Burg Antonia und der Grabskirche wiederfinden wollen (vgl. Kohout 683—689). So revolutionär diese These ist, sie bleibt doch in der Diskussion jetztnoch erwähnenswert.

Literatur: F. M. Abel, RB 35, 1926; Les Livres des Maccabées, 1949 zu 1. Makk. 1, 33—35; L. H. Vincent, RB 43, 1934, 205 ff.; E. Bickermann, Der Gott der Makkabäer, 1937, 71 ff.; J. Simons, Jerusalem in the Old Testament, 1952, 144—159.

[18] Andere Zahlen des syrischen Heeres finden sich in 1. Makk. 6, 30 und ant. 12, 366: 100 000 Mann zu Fuß, 20 000 Reiter und 32 Elefanten. — Die Festung Bethzur lag auf einem Hügel nordwestlich von Hebron und war ein wichtiges Widerstandszentrum des Judas Makkabäus; ihr Fall wird in 1. Makk. 6, 50 geschildert. Das Dorf Bethzacharja befindet sich nördlich von Bethzur, südwestlich von Bethlehem. Zu Bethzur vgl. die Ausgrabungen von O. R. Sellers und W. F. Albright, jetzt

Basor 43, 1931, 2—13; 150, 1958, 8—20. Die älteste Siedlung geht bis auf die Hyksoszeit zurück, in der wieder zwei Bauperioden unterschieden werden können. Später wird der Ort in der Eisenzeit neu besiedelt, zur Zeit Rehabeams wird er als fester Platz in 2. Chron. 11, 7 erwähnt. Die eigentliche Blüte erlebt die Stadt dagegen erst in hellenistischer Zeit (3. und 2. vorchr. Jhdt.). Judas Makkabäus befestigte den Platz 165—163 v. Chr., eine neue Zitadelle ist dagegen das Werk des Syrers Bakchides (nach 161 v. Chr.). Reiche numismatische und keramische Funde belegen die archäologische Arbeit. Zur Literatur vgl. außerdem C. Watzinger, Denkmäler Palästinas, Bd. II, 1935, 24 ff.; W. F. Albright, Archeology of Palestine, 1949, 150—152.

[19] In der Schlacht bei Akedasa = Adasa fiel nicht Judas, sondern der von ihm geschlagene Nikanor (vgl. ant. 12, 406—412). Adasa ist das heutige chirbet ‛adase, 7 km nördlich von Jerusalem; die Schlacht fand im März des Jahres 160 v. Chr. statt. Judas fiel im April 160 bei Eleasa (1. Makk. 9, 18), das ant. 12, 422 Berzetho genannt wird.

[20] Zum Streifzug des Johannes und zu seinem Tode vgl. 1. Makk. 9, 35 f.; ant. 13, 10 f.

[21] Für ’Αντιόχου παῖδα schlägt Bernard ’Αντίοχον παῖδα (junger Antiochus) vor. Das ist historisch richtig, entspricht aber nicht dem gut bezeugten Text. Denn Josephus hat wohl den jungen Antiochus (VI.) an unserer Stelle mit Antiochus V., dem Sohn des Antiochus Epiphanes verwechselt. Der junge Antiochus (VI.), dessen Vormund Tryphon war, muß nach ant. 13, 145—147 der Sohn des Alexander Balas (Thronprätendent im Jahr 153 v. Chr.) gewesen sein.

[22] Zur Lage von Ptolemais vgl. die ausführliche Schilderung 2, 188 ff. Der Name Akka findet sich in den Amarnabriefen. Unter dem Namen Ἄκη ist die Stadt auch bei den Griechen in vorhellenistischer Zeit bekannt. Durch Ptolemäus II. erhielt Akko (Ri. 1, 31) den Namen Ptolemais, der von da an herrschend wurde. Zur Neugründung und Namengebung vgl. Aristeas 115; zum Ganzen Schürer II[4] 141—148.

[23] Dora (hebr. Dor vgl. Josua 11, 2; 12, 23; Ri. 1, 27; 1. Chron. 7, 29) ist eine befestigte Seestadt am Westhang des Karmel zwischen Ptolemais und Caesarea. In der wichtigen Festung wurde Tryphon von Antiochus VII. (Sidetes) vergeblich belagert, wie ant. 13, 223 ff. ausführlicher berichtet wird. Alexander Jannäus hat diese phönizische Stadt wohl zum jüdischen Gebiet geschlagen (ant. 13, 334 ff.), doch wurde sie durch Pompejus wieder abgetrennt (§ 156). In Dora befand sich eine jüdische Synagoge, wie der von Josephus berichtete Vorfall von der Aufstellung eines Kaiserbildes zeigt (ant. 19, 300 ff.; Schürer II[4] 138—140).

[24] Nach 1. Makk. 16, 11—16 wurden auch die beiden Söhne Judas und Matthias zusammen mit ihrem Vater Simon umgebracht. Der Schauplatz der Tat war die Festung Dok (= Dagon) nördlich von Jericho; an sie erinnern noch heute die Quelle Duk und der Berg Duk. Mit Johannes Hyrkanos beginnt die Dynastie der Hasmonäer, Abkömmlingen der Makkabäer.

[25] Philadelphia war eine Stadt der Dekapolis. Ihren Namen „Philadelphia" erhielt sie durch Ptolemäus II. Philadelphus, der die Hellenisierung der Stadt durchführte. Zur Zeit Antiochus d. Gr. war sie eine starke Festung, die der König nur mühsam erobern konnte (Polyb. 5, 71). Weiteres bei Schürer II[4] 189 ff. Philadelphia ist identisch mit dem alten Rabbath Ammon und der heutigen Hauptstadt Jordaniens, Amman.

[26] Zur Lage des David-Grabes vgl. Neh. 3, 15 f.; ant. 7, 392 f. **Gräber waren in** der Antike oft Bergungsorte von Schätzen.

[27] Medaba (= Madeba) ist Nu. 21, 30; Josua 13, 9. 16; Jes. 15, 2 u. ö. genannt, es wird schon auf der Mesa-Inschrift erwähnt. Die Stadt liegt südlich von Hesbon im Ostjordanland. — Samaga (nach ant. 13, 255 Samoga) oder nach anderen Handschriften in § 63 Samäa ist identisch mit dem heutigen es samik, östlich von Hesbon. Samäa ist vielleicht hellenisiert aus dem semitischen samaja.

[28] Sikima (hebr. schechem) ist das alttestamentliche Sichem, der heutige tell balata (Gen. 33, 19, vgl. BA 20, 1957, 2—32; BA 21, 1958, 64). Argarizein = (har) Garizim ist der bei Sichem gelegene Berg, auf dem die Samaritaner mit Erlaubnis Alexanders d. Gr. ein Heiligtum gebaut hatten. Hyrkanos ließ diesen Tempel schließen und verfallen (ant. 13, 256).

[29] Mit den Chutäern sind die Samaritaner gemeint, die eine Mischbevölkerung aus den verbliebenen Israeliten und den eingeführten Fremden darstellen; Chuta ist nach 2. Kön. 17, 24; ant. 9, 288 eine babylonische Stadt.

[30] Adoreos (andere LA: Dora, Adora ant. 14, 88) ist identisch mit dem idumäischen Adora westlich Hebron, einer Festung, die nach dem archäologischen Befund von besonderer Bedeutung war. Marisa (Maresa) ist ebenfalls eine idumäische Stadt und kann mit dem heutigen tell sandahanna identifiziert werden (Josua 15, 44). Nach Euseb. Onomast. (ed. E. Klostermann, 1904, 130) lag Marisa in der Nähe von Eleutheropolis, zwischen Hebron und Asdod. Vgl. dazu Schürer II[4] 4 ff. u. ö.

[31] Es handelt sich nach ant. 13, 276 f. nicht um Antiochus VIII. (Grypos), der aus Aspendos in Pamphylien stammte, sondern um Antiochus IX. Cycikenos.

[32] Skythopolis, das alte Beth-sean (in den Amarnabriefen Bitsaani), ist die einzige Stadt der hellenistischen Dekapolis auf der Westseite des Jordan. Der Name stammt wohl von einer älteren skythischen Besiedlung. Seit Alexander d. Gr. ist sie ein wichtiges Zentrum hellenistischer Kultur, wird aber zu allen Zeiten sehr lebhaft umkämpft.

[33] Die Gärung ging von den Pharisäern aus, vgl. ant. 13, 288 ff.

[34] Nach ant. 13, 299 hat Johannes 31, nach ant. 20, 240 dagegen 30 Jahre regiert.

[35] Die Vereinigung der drei Ämter in einer Person war durchaus nicht das Ideal aller Frommen zu dieser Zeit. Die mit den Essenern identische Qumransekte, von der wir erstmals aus der Zeit des Hyrkanos erfahren, verteilt sie sogar noch im Bild ihrer eschatologischen Erwartung auf den Propheten, den (priesterlichen) Messias aus Aaron und den (davidischen) Messias aus Israel (1 QS 9, 11; CD 20, 1). Die Trennung von geistlicher und weltlicher Führerstellung erscheint besonders deutlich in den Testamenten der 12 Patriarchen (vgl. das priesterliche Ideal in Test. Levi 18, das weltliche in Test. Juda 24). Beachtenswert ist auch die Kritik des Eleazar, der den Hyrkanos auffordert, das Amt des Hohenpriesters niederzulegen und sich mit der politischen Führung zu begnügen (ant. 13, 291 ff.).

[36] Aristobulos führt auf den Münzen den Königstitel noch nicht. Deren Aufschrift lautet: „Hohepriester Judas und die Gemeinde der Juden". Judas war der einheimische Name, Aristobulos der hellenistische. Nach Strabo 16, 2, 40 hätte sich erst Alexander Jannäus den Königstitel beigelegt. In ant. 13, 301 werden 371 statt der 381 Jahre genannt, während in Wirklichkeit von der Rückkehr aus Babylonien 537 v. Chr. bis zu Aristobulos I. (104—103 v. Chr.) nur 433 Jahre vergangen sind.

[37] „Baris" bedeutet hier „Burg"; zur Namensform des Wortes vgl. Lidell-Scott s. v. Die Baris lag an der nördlichen Angriffen besonders ausgesetzten Nordseite des Tempels, sie sollte gleichzeitig den Tempel beherrschen (§ 118. 401; ant. 20, 110). Nach ant. 18, 91 hätte Hyrkanos I. diese Festung erbaut, die Herodes d. Gr. verstärkte, erweiterte und nach seinem römischen Freund Antonius „Antonia" benannte (ant. 15, 403; 18, 91). Nach Euseb. Onomast. (ed. E. Klostermann, 1904, 4) hat Nikolaos von Damaskus berichtet, daß sich die Menschen bei der Sintflut auf den Berg Baris in Armenien geflüchtet hätten.

[38] Die Essener werden zum erstenmal unter Johannes Hyrkanos erwähnt (ant. 13, 298. 311—313; vgl. § 68 Anm. 35). Die Gruppe um Judas befindet sich noch in Jerusalem, und zwar offensichtlich im Tempelbezirk. Die Gemeinde der Essener scheint also zu dieser Zeit noch mit dem offiziellen Judentum verbunden zu sein, es hat noch keine Separation stattgefunden. Auch ihre Organisation ist noch lose: eine Gruppe von Schülern und Freunden (γνώριμοι) hat sich um Judas versam-

melt, um von ihm die Kunst der Vorhersage der Zukunft zu erlernen (ant. 13, 311). Interessant ist deren Schilderung in der lateinischen Übersetzung des Bellum: sie erscheinen als consultores, d. h. als Ratsuchende, bei Judas; dieser ist ihr papas, d. h. ihr Erzieher; allerdings muß diese letztgenannte Bezeichnung vielleicht aus dem mißverstandenen παπαί § 79 erklärt werden. Zu diesem intimen Verhältnis zwischen Lehrer und Schülern könnte man auf die Sektenregel hinweisen, wonach das gemeinsame Sich-Beraten neben Gebet und Mahlzeit wesentliches Kennzeichen auch der kleinsten Gruppe der Essener ist (1 QS 6, 3); in den Hodajoth (1 QH 7, 22; 9, 33) beschreibt der Begriff „Erzieher" das Verhältnis des Lehrers zu den Gliedern der Gemeinde.

[39] Vgl. ant. 13, 320. Salome Alexandra wurde auch Alexanders Frau.

[40] Ptolemäus Lathurus war aus Ägypten vertrieben und herrschte damals in Cypern (ant. 13, 328). Er wurde von den Bewohnern der Stadt Ptolemais (Akko) gegen Antiochus zu Hilfe gerufen.

[41] Asochis liegt in Galiläa, und zwar nördlich vom dschebel turam; die hier berichtete Schlacht fand nach ant. 13, 338 bei Asophon am mittleren Jordan statt.

[42] Gadara ist das heutige umkes oder mukes im Ostjordanland, zwei Stunden südöstlich vom See Genezareth (Kohout z. St.). Nach ihrem Wiederaufbau durch Pompejus wurde diese blühende hellenistische Stadt der Dekapolis zugerechnet (Plin. hist. nat. 5, 18, 74). Zum Problem Mk. 5, 1; Lk. 8, 26; Mt. 8, 28; vgl. G. Dalman, PJB 14, 1918, 20 f. 98—100; 18—19, 1922/1923, 72. 79.

[43] Amathus, heute ammatha, liegt am östlichen Rand des mittleren Jordangraben. Vgl. Schürer II⁴ zu Gadara: 157—161, zu Amathus: 174.

[44] Zeno ist der in § 60 erwähnte Tyrann von Philadelphia (rabbat ammon).

[45] Gaza war die größte unter den Philisterstädten, in besonders günstiger Verkehrslage, eine Stunde vom Meer entfernt. Raphia ist das heutige rifah, südwestlich von Gaza, Anthedon liegt nordwestlich von Gaza. Zur Einnahme Gazas vgl. ant. 13, 356 ff.

[46] Nach G. Hölscher, Die Quellen des Josephus, 1905, 15 und Reinach z. St. tritt in §§ 86—87 besonders deutlich das Werk des Nikolaos von Damaskus als Quelle hervor.

[47] Die Galaaditer sind die Bewohner des mittleren, die Moabiter die des südlichen Ostjordanlandes.

[48] Der Name Obaidas ist vom Stamm 'bd (Endung hellenistisch) abzuleiten, das theophore Element ist wahrscheinlich weggefallen (vgl. Obadja). Obaidas war der Nachfolger Aretas II., des Königs der Nabatäer, der sich das Ostjordanland bis nach Damaskus hin unterwerfen wollte. Das geht aus einer Inschrift aus dem 1. Jahr des Obaidas hervor, die den Abschluß eines in die Felsenschlucht von Petra gehauenen Kulturbaues feiert. Die Schrift dieser der Göttin Dusara geweihten Grotte zeigt ein Übergangsstadium zwischen der gewöhnlichen aramäischen und der den Nabatäern eigenen Schreibweise, vgl. J. Starcky, The Nabataeans: a historical sketch (BA 18, 1955, 89 f.).

[49] Gemeint ist die heutige Landschaft dscholan; der Ort der Schlacht befand sich nördlich des Jarmuk, vgl. ant. 13, 375, wo er freilich Gadara (AM: Garada) heißt. Nach F. M. Abel, Histoire de la Palestine, 1952, Bd. I, 232 handelt es sich vielleicht um skufiyeh.

[50] Demetrius III. war der Sohn Antiochus VIII. (Grypos); der Beiname Akairos (der Unzeitige) ist eine spöttische Abwandlung seines eigentlichen Beinamens „Eukairos" (F. M. Abel a. a. O. Bd. I, 231). Zu diesem Wortspiel vgl. die Wendung εὐκαίρως-ἀκαίρως 2. Tim. 4, 2.

[51] Der 4 Qp Nah 1, 2 erwähnte Demetrius „trachtete nach Jerusalem hineinzukommen". Diese Absicht könnte hier gemeint und der Grund für den Stimmungsumschwung eines großen Teils der aufsässigen Pharisäer (§ 95) gewesen sein,

die im Gedanken an Antiochus Epiphanes das Regiment des Syrers Demetrius noch mehr fürchteten, als die Brutalität des Alexander Jannäus (vgl. J. M. Allegro, Further Light on the History of the Qumran Sect, JBL 75, 1956, 90 ff.).

[52] Ein Ort mit Namen Bemeselis ist unbekannt. Nach ant. 13, 380 war es bethome, nach F. M. Abel a. a. O. Bd. I, 232 ist es identisch mit dem heutigen misilya, 11 km südlich von dschenin. Nach Ricciotti entspricht es vielleicht dem heutigen el-betuni, ungefähr 7 km nordwestlich von Jerusalem.

[53] Es handelt sich hier um den frühesten Beleg für die von einem jüdischen Fürsten an seinen Landsleuten vollzogene Strafe der Kreuzigung. Allerdings ist es möglich, daß sich der in 4 Qp Nah 1, 7 f. berichtete Vorfall, nach dem der „Löwe des Zorns" Männer lebend am Holz aufgehängt habe, auf die hier berichtete Kreuzigung der Gegner Alexanders bezieht. Diese Quelle wäre dann mindestens hundert Jahre älter als Josephus.

[54] Versteht man die Wendung ἔξω Ἰουδαίας ὅλης als eine Flucht über die Grenzen des Landes hinaus (Reinach, Kohout), so legt sich als Aufnahmegebiet für diese Flüchtlinge das Land Damaskus nahe, in dem der Alexander feindlich gesinnte König Demetrius Eukairos regierte. Es ist denkbar, daß sich die „Gemeinde des Neuen Bundes im Land Damaskus" im Anschluß an diese Auswanderung gebildet hat (vgl. CD 6, 5; 4, 2), vor allem, wenn Alexander Jannäus der „gottlose Priester" der Qumranschriften ist.

[55] Antiochus Dionysos, der Bruder Demetrius III., ist Antiochus XII.; er war jedoch nicht der „Letzte" der Seleukiden, vielmehr war dies Antiochus XIII., der bis 65 v. Chr. regierte. In ant. 13, 387 fehlt dieser unrichtige Zusatz.

[56] Zu Antipatris vgl. ant. 13, 390, wo Antipatris mit dem alten Namen Kapharsaba (vielleicht kefr saba, nordöstlich von Joppe) genannt ist.

[57] Ptolemäus war König von Chalkis in Coelesyrien (ant. 14, 126), Aretas der König der Araber, der auch in § 101 gemeint ist. Die Schlacht fand nach ant. 13, 392 bei Adida (doch wohl el-hadite östlich von Lydda) statt. Aretas III. ist der siegreiche Araberkönig.

[58] Pella ist das heutige chirbet fahil am Ostrand des mittleren Jordangraben. Der Name ist hellenistisch und stammt vielleicht aus der mazedonischen Zeit. Der Ort, dessen semitischer Name fahil ist, ist durch seine warmen Quellen bekannt (Plin. hist. nat. 5, 18, 74; jer. Schebioth 6, 1 fol. 36 c). Gerasa ist das heutige dscherasch im adschlun. Zu den Schätzen des Theodorus siehe § 86.

[59] Gaulana ist Golan (Dt. 4, 43), Vorort der Landschaft Gaulanitis nördlich des Jarmuk. Diese alte israelitische Freistatt ist auch in späterer, christlicher Zeit besiedelt (vgl. Hieron. Comm. in Osee 66). Zur Frage der heutigen Identifizierung vgl. Kohout 539 (sahem el dscholan östl. von dschamle oder el-al westl. von dschamle).

[60] Seleukia ist das heutige selukje, gleichfalls nördlich des Jarmuk. Zu Gamala vgl. Anm. zu 4, 2 ff.; ant. 13, 393 nennt außerdem noch Dia (heute tell asch 'ari).

[61] Nach ant. 13, 398 starb er bei der Belagerung des Kastells Ragaba (heute radschib) im südlichen adschlun, 51 Jahre alt.

[62] Dieselbe Wendung findet sich Mt. 16, 19 (vgl. O. Michel, Art. „Binden und Lösen" im Reallexikon für Antike und Christentum, Bd. II, Sp. 374—380).

[63] Das ungünstige Urteil, das Josephus hier über die Pharisäer abgibt, befremdet angesichts der Tatsache, daß er als Anhänger der pharisäischen Partei im Jahre 56/57 in den Staatsdienst eintrat (vita 12) und auch nach seiner Rückkehr aus Rom im Frühjahr 66 sich in seiner politischen Haltung den Hohepriestern und angesehensten Pharisäern angeschlossen hat (vita 21). Sein Urteil über die Pharisäer schwankt: unfreundlich wie an unserer Stelle ist es auch ant. 17, 41, freundlich ant. 18, 11 ff., sonst neutral. Grund dafür ist wohl die Verschiedenheit der benützten Quellen. Der eigene pharisäische Standpunkt des Josephus kommt etwa ant. 13, 297 f.; vita 191 vgl. c. Apion. 1, 38 ff. zur Geltung (G. Hölscher, Josephus, Pauly-W. Bd. 9, Sp. 1936 f.).

⁶⁴ Vorausgesetzt ist, daß Damaskus als Stadt eine gewisse Selbständigkeit gewonnen hatte, nun aber sowohl von Ptolemäus wie auch von den Juden bedrängt wurde.

⁶⁵ Andere Übersetzung: „Sie mußten indes das Heer, ohne daß es etwas Nennenswertes ausgerichtet hätte, wieder zurückziehen" (so Kohout, ähnlich Reinach und Thack; vgl. Lat: illam).

⁶⁶) Der Armenierkönig Tigranes hatte 84 v. Chr. mit Unterstützung der Syrer, die der beständigen seleukidischen Thronstreitigkeiten müde geworden waren, das nördliche Syrien mit der Hauptstadt Antiochia besetzt und zu seinem großen Reich geschlagen (vgl. F. M. Abel a. a. O. Bd. I, 243). Der Abzug vor Ptolemais war durch das Eingreifen der Römer bedingt. — Kleopatra war Kleopatra Selene (ant. 13, 420), die Tochter des Ptolemäus VII. Fisco, die nacheinander mit mehreren seleukidischen Herrschern verheiratet war.

⁶⁷ Zu Baris vgl. § 75 Anm. 37.

⁶⁸ Der gleichnamige Vater war nach ant. 14, 10 unter Alexander Jannäus und Alexandra Statthalter in Idumäa gewesen. Nach Nikolaos von Damaskus soll Antipater ein Abkömmling der ersten nach Babylon verschleppten Juden gewesen sein, was Josephus energisch zurückweist (ant. 14, 9). Bedenken gegen die idumäische Abstammung Antipaters erhob M. Noth in der 1. Aufl. der Geschichte Israels 1950, 337 Anm. 3; zurückhaltender 2. Aufl. 1954, 351 Anm. 2.

⁶⁹ Die Stadt Petra (hebr. Sela = Fels, vgl. Obadja 1, 3 f.) liegt in einer Felsenschlucht in der Mitte zwischen dem Roten und dem Toten Meer. Sie hat ihren Namen nach dem Bergmassiv umm el byara, das von den Nabatäern befestigt wurde. Nabatu ist ein arabischer Name und bezeichnet einen Nomadenstamm, der seit der Perserzeit die Karawanenstraße zwischen Südarabien und Ägypten bzw. Syrien beherrschte. Petra wurde die eigentliche Hauptstadt des Nabatäerreichs und ist in hellenistischer Zeit (Eroberung durch Antigonos 312 v. Chr.) bekannt. Seine Blüte liegt allerdings erst in der Zeit der Jahrhundertwende vom 1. Jhdt. v. Chr. zum 1. Jhdt. n. Chr. Vgl. J. Starcky, The Nabataeans: a historical sketch (BA 18, 1955, 84 ff.).

⁷⁰ Die Einnahme von Damaskus ereignete sich im Jahre 65 v. Chr.

⁷¹ Nach ant. 14, 30 sind es 400 Talente.

⁷² Über Papyron ist nichts Näheres bekannt.

⁷³ Dion (heute tell el as ʿari) ist nahe an der großen Straße von Damaskus zum Roten Meer, wenig nördlich vom Jabbok gelegen. Nach ant. 13, 393 wurde es von Alexander Jannäus erobert. An dieser Stelle berührte Pompejus das Reich des Aristobulos, dem es unerträglich war, in seinem eigenen Lande als Vasall eines Fremden zu erscheinen (vgl. F. M. Abel a. a. O. Bd. I, 256).

⁷⁴ Pompejus zieht also über den Jordan und kommt in die Gegend von Koreai, dem heutigen karawa im unteren wadi farʿa, die besonders fruchtbar ist. Auch Vespasian berührt später Koreai auf dem Zug nach Jericho und schlägt in dem fruchtbaren Gebiet von Koreai sein Lager auf (4, 449).

⁷⁵ Das Alexandreion liegt auf der den Jordangraben beherrschenden Bergkuppe westlich des Ausgangs des wadi farʿa. Die Burg war, dem Namen nach zu schließen, wohl von Alexander Jannäus erbaut worden. Heute heißt die Bergkuppe karn sartaba (M. Noth a. a. O. 340). Auf dem Gipfel befinden sich Baureste, mächtige Quadersteine, die nur noch an einigen Stellen zu einer Mauer gefügt sind. F. M. Abel hat sie gründlich untersucht (vgl. RBNS 10, 1913, 229 ff.). Der Kern der ganzen Anlage ist im südlichen Teil des ellipsenförmig abgeflachten Bergkegels zu suchen; die Bauweise verrät noch den Stil der hasmonäischen Herrscher, den Herodes beibehalten hat. (Vgl. O. Plöger, Die makkabäischen Burgen, ZDPV 71, 1955, 141—172, bes. 142—148).

⁷⁶ Ein vom Oberbefehlshaber eigenhändig geschriebener Brief ist auch der 1952 im wadi murabbaat gefundene Brief Bar-Kosebas, des Leiters des Zweiten Jüdischen Aufstandes.

⁷⁷ Aulus Gabinius, Volkstribun und Freund des Pompejus, war 57—55 v. Chr. Statthalter in Syrien (vgl. ant. 14, 82).
⁷⁸ Der Bericht ist hier wesentlich genauer als in ant. 14, 57 ff.
⁷⁹ Die hier erwähnte Brücke entspricht der späteren Xystus-Brücke, von der noch Reste im sogenannten Wilsonbogen erhalten sind. Sie führte von der NO-Ecke der Oberstadt über das Tyropoion zum Tempel. Der königliche Palast ist der an der Stelle der früheren syrischen Akra gelegene Bau der Hasmonäer (vgl. Exkurs I: Akra, S. 404).
⁸⁰ Auch Strabo (16, 40) spricht von dieser Ausnutzung der Sabbatruhe durch Pompejus. Nach den ersten Erfahrungen der makkabäischen Kämpfe war man allerdings dazu übergegangen, sich auch am Sabbat zu verteidigen, wenn man vom Gegner angegriffen wurde (1. Makk. 2, 40 ff.). Das galt jedoch nur für eine direkte Bedrohung von Leib und Leben, während Schanzarbeiten zur Verteidigung am Sabbat nicht erlaubt waren.
⁸¹ Nach ant. 14, 66 hat Pompejus am „Fasttag" (am Großen Versöhnungstag, dem 10. Tischri?) des Jahres 63 den Tempelbezirk erobert. Dio Cassius sagt ausdrücklich, es sei der „Tag des Kronos", d. h. der Sabbat gewesen (37, 16; vgl. dazu Ricciotti z. St.).
⁸² Vgl. dazu ant. 2, 30, wonach Archelaos eine Menschenmenge innerhalb des Tempels niedermetzeln läßt, wobei ein Teil der Leute neben ihren Opfern hingeschlachtet wird, ebenso ant. 14, 65—67. Hierher gehört auch der lediglich durch Lukas berichtete Vorfall, wonach Pilatus das Blut von Galiläern mit dem ihrer Opfer vermischt habe (Lk. 13, 1). Eine Bluttat im Heiligtum galt als ein schreckliches Verbrechen (Philo spec. leg. 3, 91). Zum Ganzen vgl. J. Blinzler, Die Niedermetzelung von Galiläern durch Pilatus, Novum Testamentum 2, 1957, 24—49.
⁸³ Gemeint ist das Allerheiligste des Tempels, vgl. 5, 207 ff. Nach Tacitus hätte Pompejus bei seinem Eindringen in das Allerheiligste „vacuam sedem et inania arcana" vorgefunden (hist. 5, 9); in der Tat gehören die siebenarmige Leuchter, der Tisch, der Rauchopferaltar usw. nicht in das Allerheiligste, sondern, wie Josephus 5, 216 f. richtig sagt, in das davorliegende Heilige. Auch nach Hebr. 9, 3 wird der goldene Räucheraltar (die Räucherpfanne) fälschlicherweise in das Allerheiligste versetzt (vgl. auch Apk. Bar. 6, 7; O. Michel, Der Brief an die Hebräer⁹, 1955, z. St.).
⁸⁴ Nach ant. 14, 71 hieß dieser Schwiegervater des Aristobulos Absalom. A. Dupont-Sommer hält ihn für den 1 Qp Hab 5, 9 f. erwähnten Absalom, der sich mit seinen Ratsgenossen im Streit zwischen dem wahren Lehrer und dem Lügenmann neutral verhielt (Le Commentaire d'Habacuc, RHR 137, 1950, 129 ff.; vgl. jedoch dagegen K. Elliger, Studien zum Habakukkommentar, 1953, 184).
⁸⁵ Azotos ist die frühere Philisterstadt Asdod südlich von Jamnia; Arethusa lag nördlich von Jamnia.
⁸⁶ Der Quästor Aemilius Scaurus war Statthalter in Syrien im Jahre 62. Nach ihm haben Marcius Philippus (61—60) und Lentulus Marcellinus (59—58) dies Amt bekleidet, dann folgten Aulus Gabinius (57—55) und Licinius Crassus (54—53), Cassius Longinus (53—51) und Calpurnius Bibulus (51—50); vgl. dazu Schürer I⁴ 304 ff.).
⁸⁷ Gabinius war nicht unmittelbar Nachfolger von Aemilius Scaurus, sondern von Lentulus Marcellinus (vgl. § 157 Anm. 86).
⁸⁸ Zum Alexandreion vgl. § 134 Anm. 75. Das Hyrkaneion wird heute mit der Klosterruine chirbet al-mird, 6 km nordöstlich von Marsaba, identifiziert. Von Gabinius zerstört, wurde es durch Herodes d. Gr. wieder aufgebaut und als geheimes Gefängnis für seine besonderen Feinde benutzt (ant. 14, 89; 15, 366; vgl. Ch. T. Fritsch, The Qumran Community, 1956, 50 f.). Machärus, heute chirbet-el-mkawer, ist die berühmte Festung auf der Ostseite des Toten Meeres, am Südrand von Peräa, in der Johannes der Täufer von Herodes Antipas umgebracht wurde (ant. 18, 116—119); vgl. auch den Bericht von seiner Eroberung 7, 164—209.

[89] Apollonia sucht man in dem mittelalterlichen arsuf an der Küste zwischen Caesarea und Jamnia.
[90] Statt σύνοδοι steht ant. 14, 91 zutreffender συνέδρια. Nach M. Noth a. a. O. 342 und F. M. Abel a. a. O. Bd. I, 292 ist hier nicht Gadara (vgl. auch ant. 14, 91) zu lesen, sondern Gazara (Geser), das im westlichen Hügelland liegt. Sepphoris ist das heutige saffurije nördlich von Nazareth. — Zur Beurteilung der pompejanisch-sabinischen Verwaltungsordnung vgl. M. Noth a. a. O. 342; sie wurde im Jahr 47 v. Chr. wieder abgeschafft, vgl. dazu auch § 199 f.
[91] Es handelt sich um Ptolemäus XIII. Auletes, Vater der berühmten Kleopatra, der, durch einen Aufstand verjagt, auf Beschluß der Triumvirn wieder eingesetzt werden sollte. Der König hatte 10 000 Talente für das Gelingen dieser Aufgabe zugesichert, die Gabinius im Jahre 55 einzog (vgl. F. M. Abel a. a. O. Bd. I, 293—295).
[92] Pelusium (jetzt et-tineh) war der Schlüssel Ägyptens bei einem Angriff aus dem Norden und Osten, da es durch die Wüste und eine starke Befestigungslinie geschützt war. Damals besaß es eine jüdische Garnison. Juden gab es auf der Insel Elephantine (vgl. 4, 611 und die berühmten Funde), dann an verschiedenen Stellen im Delta (vgl. c. Apion. 2, 14; ant. 13, 62 ff.; § 190—191; 7, 420 ff.).
[93] M. Licinius Crassus, der Triumvir, war Statthalter von Syrien 54—53 v. Chr. Er wurde von dem Parther Orodes II. bei Karrhä geschlagen und kam bei dem Versuch, nach Armenien zu fliehen, ums Leben.
[94] Vgl. § 152—153.
[95] Tarichea (Fischtrockenplatz) ist wahrscheinlich der später Magdala genannte Ort am Westufer des Sees Genezareth (vgl. 3, 462 ff. Anm. 111). Zum Namen vgl. Herodot 2, 15. 113. Der Name und die dazugehörige Wortgruppe weisen auf das Einpökeln von Fischen hin (weiteres Material bei Ricciotti 314 f.).
[96] Das am Schluß dieses Paragraphen gemachte Versprechen hat Josephus nirgends erfüllt; vgl. dazu den Satz ant. 14, 122 „wie es auch von Anderen bekannt gemacht ist".
[97] Cäsar überschritt im Jahre 49 den Rubikon und zwang die Pompejaner zu einer raschen Flucht (vgl. ant. 14, 123 ff.).
[98] Zur Aufbewahrung von Leichen in Honig bei den Spartanern vgl. Xenophon hist. graec. 5, 3, 18, bei den Assyrern Strabo 16, 1, 18. In einer rabbinischen Legende heißt es, daß Herodes d. Gr. die Leiche seiner Frau Mariamme sieben Jahre lang auf diese Art aufbewahrt habe (b baba batra 3 b; vgl. § 444).
[99] Gemeint ist Q. Metellus Scipio, der Schwiegervater des Pompejus, der im Jahre 49 v. Chr. die Provinz Syrien als Statthalter übernahm (Caesar bell. civ. 1, 6; Cicero att. 9, 1).
[100] Caesar war dem Pompejus nach Ägypten gefolgt, fand ihn dort aber schon tot (September 48 v. Chr.). Er wollte zugunsten der Kleopatra in die ägyptischen Thronstreitigkeiten eingreifen, wäre jedoch mit seinem kleinen Heer ohne die Hilfe des Mithridates (vgl. Dio Cass. 42—48) und des Antipater in größte Schwierigkeiten geraten. Die Rolle des Hyrkanos erscheint in dem hier vorliegenden Bericht, der auf der Darstellung des Herodesfreundes Nikolaos von Damaskus fußt, stark verkürzt; richtiger ist sie aus ant. 14, 137—139 ersichtlich.
[101] Der hier erwähnte Ptolemäus ist nicht der in § 185 genannte gleichnamige Sohn des Mennäus, sondern nach ant. 14, 129 ein Sohn des Soemos.
[102] Mit dieser Neuordnung hob Caesar die von Gabinius geschaffene Einteilung Palästinas wieder auf (vgl. § 170); allerdings hatte dieser selbst sie nach § 178 außer Kraft gesetzt, als er das Land ungeteilt dem Hohenpriester unterstellte (vgl. dazu M. Noth a. a. O. 343). Die Dekrete Caesars zur Neuordnung finden sich in ant. 14, 143—155, sind jedoch nach Ricciotti z. St. durch anachronistische Erweiterungen entstellt. Hyrkanos erhielt nach ant. 14, 191. 194 im Jahre 47 v. Chr. den offiziellen Titel „Ethnarch von Judäa" neben dem des Hohenpriesters, Antipater den eines Prokurators (ἐπίτροπος) ant. 14, 143.

¹⁰³ In der Damaskusschrift CD 4, 19; 8, 12. 18 werden die Gegner der Sekte „Mauerbauer", in CD 8, 12 dazu auch „Tüncheschmierer" genannt. Diese Wendungen stammen aus Hes. 13, 10 f., wo sie die falschen Propheten und das von ihnen verführte Volk bezeichnen. Das Bauen ist der Sekte Bild für den Bau der Gemeinde und besonders für das Lehren. Das gilt wohl auch für die Stelle 1 Qp Hab 10, 9 f., wo von dem Lügenorakel und Gegner des wahren Lehrers gesagt wird, daß er „eine Stadt der Lüge baute mit Bluttaten und eine Gemeinde errichtete mit Trug". K. Elliger bezweifelt, daß diese Stelle auf den Wiederaufbau der durch Pompejus zerstörten Mauer von Jerusalem zu beziehen sei, weil sie einmal durch Hab. 2, 12 dem Ausleger vorgegeben ist und dann auch in übertragenem Sinn gemeint sein wird (Studien zum Habakukkommentar vom Toten Meer, 1953, 209 f.). A. Dupont-Sommer dagegen bringt 1 Qp Hab 10, 9 f. mit den Vorgängen der Jahre 48—47 in Verbindung (Le Commentaire d'Habacuc, RHR 137, 1950, 129—171).

¹⁰⁴ Die unzutreffende Bezeichnung „König" wird für Hyrkanos noch öfter angewendet, vgl. jedoch § 199.

¹⁰⁵ Nach ant. 14, 158 wäre Herodes dabei erst 15 Jahre alt gewesen; da er jedoch nach § 647 fast siebzigjährig starb, muß man hier eher an 25 Jahre denken (Kohout und Ricciotti z. St.; F. M. Abel a. a. O. Bd. I, 313).

¹⁰⁶ Nach Kohout z. St. wäre Ezechias ein aufständischer Patriot gewesen, der in der Darstellung des Nikolaos von Damaskus als Räuber erscheint; anders M. Noth a. a. O. 345. Der Widerstand des Synedriums gegen die Maßnahmen des Herodes, ebenso auch die Klagen, die die Mütter der getöteten „Räuber" in Jerusalem erheben (ant. 14, 168), sprechen dafür, daß auch Ezechias einer der Neuerer, d. h. der religiösen Eiferer gegen die Fremdherrschaft, ist (vgl. § 202). Ezechias war der Vater des Aufrührers Judas (2, 56); daß dieser mit dem Begründer der Zelotenpartei, Judas Galiläus (2, 118) identisch ist, kann nicht mit Sicherheit begründet werden.

¹⁰⁷ Sextus Julius Caesar war der Enkel des gleichnamigen Vaterbruders des G. Julius Caesar; er folgte Metellus Scipio (49—48 v. Chr.) als Statthalter in Syrien (vgl. Schürer I⁴ 308 f.).

¹⁰⁸ Herodes kam nicht nur mit einer militärischen Bedeckung, sondern trat auch in einer provozierenden Haltung auf, wie sich aus der Rede ergibt, die der Pharisäer Sameas, vielleicht der berühmte Schammai, vor dem Synedrium hielt (vgl. ant. 14, 173).

¹⁰⁹ Nach ant. 14, 177 hätte Hyrkanos das Urteil aufgeschoben und dem Herodes geraten, die Flucht zu ergreifen, um sich der bevorstehenden Verurteilung zu entziehen; nach H. Willrich hätte Herodes den Eindruck gewonnen, seinen Feinden preisgegeben zu sein und Jerusalem im Zorn gegen den Hohenpriester verlassen (Das Haus des Herodes, 1929, 29 f.).

¹¹⁰ Der Krieg von Apamea wird in den Antiquitates nach dem großen Bericht über die römischen Erlasse geschildert (14, 268 ff.). Apamea liegt am Mittellauf des Orontes, östlich von Laodizea.

¹¹¹ Nach ant. 14, 270 waren es 3 Jahre und 6 Monate; aber der Zeitraum zwischen der Schlacht von Pharsalis (9. August 48) und dem 15. März 44 beträgt 3 Jahre und 7 Monate.

¹¹² Die beiden anderen Städte sind nach ant. 14, 275 Lydda und Thamna. Gophna ist das heutige dschifna, nördlich von Bethel; Emmaus liegt etwa 20 km nordwestlich von Jerusalem.

¹¹³ Statthalter von Coelesyrien war damals nach ant. 14, 280 allerdings Herodes.

¹¹⁴ Nach Ricciotti wäre das hier nicht näher bestimmte Fest das Laubhüttenfest gewesen (vgl. ant. 14, 285); an einem solchen Hauptfest befand sich die Bevölkerung im Zustand der Reinheit und vermied darum die Berührung mit Nichtjuden.

[115] Gemeint sind die römischen Offiziere in Tyrus, das Malichos wegen seines dort als Geisel befindlichen Sohnes öfters besuchte (vgl. ant. 14, 288).

[116] Laodicea war eine syrische, am Mittelmeer gelegene Stadt, gegenüber von Cypern und westlich von Apamea (§ 216).

[117] Nach Ricciotti geht die jämmerliche Rolle, die Hyrkanos hier spielt, auf das Konto des Nikolaos von Damaskus.

[118] Helix war wohl einer der jüdischen Nationalisten, der vielleicht auch im Einverständnis mit Hyrkanos versuchte, das romhörige Regiment der starken Männer Herodes und Phasael zu beseitigen.

[119] Masada (mesada), heute es-sebbe, ist die berühmte Bergfeste südlich von Engedi am Westufer des Toten Meeres, die sich unter dem Zeloten Eleazar bis zum Jahre 73 gegen die Römer hielt. Zur Literatur vgl. Schürer I⁴ 638 f.; dazu A. Schulten, Masada, ZDPV 56, 1933, 1—185.

[120] Die eigentliche Heirat des Herodes mit Mariamme fand erst später statt (vgl. § 344); sie hatte vor allem den Zweck, den bei den Juden als Fremdling betrachteten Idumäer mit den Hasmonäern zu verbinden. Denn Mariamme war über ihre Mutter Alexandra eine Enkelin des Hyrkanos (vgl. ant. 15, 23) und über ihren getöteten Vater Alexander, den Sohn Aristobuls II., eine Großnichte des Hyrkanos. Herodes verstieß seine erste Gemahlin, die Idumäerin Doris, obwohl ihm diese schon einen Sohn geboren hatte.

[121] Die im Herbst 42 geschlagene Schlacht von Philippi, bei der Cassius getötet wurde, brachte Phasael und Herodes, die sich bis dahin als eifrige Parteigänger des bei den Juden so grimmig gehaßten Cassius erwiesen hatten, in eine kritische Lage, während sie eine sadduzäischen Führungsschicht in Jerusalem Oberwasser verschaffte. Aber Herodes, der schon zweimal die Partei hatte wechseln müssen, besaß genügend Geschmeidigkeit, um auch diese Gefahr zu überstehen.

[122] Der Daphne-Hain war ein großer Lorbeerhain zu Ehren Apollos, 8 km westlich von Antiochien.

[123] Bei Messala handelt es sich wohl um den berühmten Gelehrten und Redner M. Valerius Messala Corvinius, der in den Dienst des siegreichen Triumvirn eingetreten war (Appian bell. civ. 4, 136).

[124] Der Titel „Tetrarch", der ursprünglich den Regenten über den vierten Teil eines Gebiets bezeichnete und damit einen Regenten zweiter Ordnung meinte, kommt für Palästina hier das erstemal vor. Hyrkanos blieb Ethnarch (vgl. ant. 14, 308).

[125] Es handelt sich wahrscheinlich um den Marktplatz der Oberstadt; der Palast ist dann der Hasmonäerpalast.

[126] Das Pfingstfest (Wochenfest nach Abschluß der Getreideernte) wurde stark besucht (vgl. Apg. 2, 1 ff.; 20, 16).

[127] Da das Partherheer gewöhnlich nur aus Sklaven bestand (M. Junius Justinianus, Epitome historicorum Phillipicarum Pompei Trogi 41, 2, 5), stellen die „Freien" besonders angesehene Krieger dar (vgl. ant. 14, 342).

[128] Ekdippon (Ekdippa) ist das heutige ez-zib (nach Josua 15, 44; 19, 29 Achsib) nördlich von Akko.

[129] Der hier erwähnte Pakorus muß der Sohn des Königs sein.

[130] Mariamme war nicht die Tochter, sondern die Enkelin des Hyrkanos. Vielleicht ist der Name Mariamme an dieser Stelle eine unrichtige Glosse, da er ant. 14, 351 fehlt, so daß es sich in Wirklichkeit um Alexandra gehandelt hätte.

[131] Die genaue Lage Rhesas in Idumäa ist unbekannt (F. M. Abel a. a. O. Bd. I, 333). A. Schlatter konjiziert „Oresa" = chirbet chiresa, südlich von Siph. (ZDPV 19, 1896, 229).

[132] Marisa, heute tel sandahanna bei beth dschibrin, war von Johannes Hyrkanos erobert und dem jüdischen Gebiet einverleibt worden, wobei die idumäischen Einwohner zur Beschneidung gezwungen worden waren (ant. 13, 25).

¹³³ Nach ant. 14, 366 hätte er dem Hyrkanos die Ohren abgeschnitten. Nach Lev. 21, 17 f. durfte kein Verstümmelter die Funktion eines Priesters — geschweige denn die eines Hohenpriesters — ausüben.

¹³⁴ Als man dem Josephus selbst zumutete, Hand an sich zu legen, beurteilte er den Selbstmord wesentlich anders als an unserer Stelle (vgl. 3, 368 ff.).

¹³⁵ Malchos (Malichos) war der Nachfolger Aretas III. (etwa 85—60) und regierte nach Schürer I⁴ 735 um 50—28 v. Chr. Antipater, der Vater des Herodes, hatte als Statthalter von Idumäa eine stetige Freundschaft mit den benachbarten Arabern unterhalten (§ 123; ant. 14, 10).

¹³⁶ Rhinokurura ist das heutige el 'arisch, eine Seestadt südlich von Raphia, am Ausgang des „Baches von Ägypten", der im Alten Testament die Grenze zwischen Palästina und Ägypten bildet (vgl. Nu. 34, 5). Nach Strabo 16, 31 stammt der Name daher, daß man an diesen Ort die Verbrecher auszuweisen pflegte, denen man zur Strafe die Nasen abgeschnitten hatte.

¹³⁷ Es handelt sich um den Winter zu Beginn des Jahres 40 v. Chr. Die Unruhen in Italien beziehen sich wohl auf die Spannungen zwischen Antonius und Oktavian (41—40), die im Jahre 40 mit dem Fall Perugias wieder beigelegt wurden.

¹³⁸ Mit dem Vater des Caesar (Oktavian) ist Julius Caesar gemeint, der diesen seinen Großneffen adoptiert und zu seinem Erben ernannt hatte. Zum Feldzug Caesars vgl. § 187.

¹³⁹ Zu Messala vgl. § 243 Anm. 123. L· Sempronius Atratinus war wie Messala ein berühmter Rhetor. — Nach ant. 14, 386 f. wäre Herodes nur deshalb nach Rom gegangen, um die Herrschaft für den jüngsten Bruder seiner Verlobten Mariamme, Aristobulos (Jonathan) zu erbitten, weil er gewußt habe, daß die Römer sie nur einem Abkömmling der legitimen Dynastie gewähren würden. H. Willrich a. a. O. 41 hält ihn einer solchen Uneigennützigkeit nicht für fähig, auch hätte Antonius sie nicht gutgeheißen, da die Verhältnisse es erforderten, daß Herodes jetzt selbständiger Herrscher wurde. Jedenfalls war die Entscheidung des Senats zugunsten des Herodes rein juristischer Natur; Herodes mußte vielmehr dem ihm zuerkannten Königstitel im Kampf gegen Antigonos erst Geltung verschaffen.

¹⁴⁰ P. Ventidius Bassus, ein besonders tüchtiger Feldherr, rückte als Legat des Antonius im Sommer 39 in Asien ein, überraschte den Labienus und warf ihn samt den Parthern über den Taurus zurück (Kohout z. St.).

¹⁴¹ Antigonos griff, um die zur Bestechung von Ventidius und Silo erforderlichen Summen aufbringen zu können, u. a. zur Münzverschlechterung, wobei der Bleigehalt der Münzen bis auf 27 % gesteigert wurde. Seine Münzen zeigen, wie die seines Großvaters Jonathan-Alexander, auf der einen Seite griechische, auf der anderen hebräische Aufschrift; für die Griechen nannte er sich „König Antigonos", für die Juden „Mattathia der Hohepriester". Außerdem erscheint auf seinen Münzen neben ihm wieder die „Gemeinde der Juden", die Alexander Jannäus ausgeschaltet hatte. Dies zeigt deutlich die Auffassung, die Antigonos hinsichtlich der Führung des Volkes der Juden hatte (zum Ganzen vgl. H. Willrich a. a. O. 43; dazu A. Reifenberg, Israels History in Coins, 1953, 21 f.).

¹⁴² Auch bei diesen „Räubern" handelt es sich um römerfeindliche Patrioten. Ricciotti vergleicht die Art ihrer Organisation und Taktik mit der Kriegführung des Bar Koseba im Zweiten Jüdischen Aufstand (132—135), wo es ebenfalls notwendig war, die in den Höhlen am Toten Meer verschanzten Aufrührer mit allerlei technischem Aufwand zu erreichen.

¹⁴³ Arbela ist das heutige irbid, ungefähr 5 km nordwestlich von Tiberias (nicht zu verwechseln mit dem gleichnamigen Ort in Transjordanien). Die Höhlen bei Arbela erwähnt Josephus auch ant. 12, 421; vita 37.

[144] Zur Beschreibung dieser großen, zum Teil durch Gänge miteinander verbundenen und mit Zisternen versehenen Höhlen vgl. G. Schuhmacher, ZDPV 11, 1888, 218; 13, 1890, 67—69.

[145] Antiochus I. von Kommagene, einer Landschaft zwischen dem oberen Euphrat und dem Tarus, war ein Enkel Antiochus VIII. von Syrien. — Samosata, die Hauptstadt des Landes, lag am rechten Euphratufer. Antonius hatte den Ventidius bei der Belagerung Samosatas abberufen, um selbst den Triumph des Sieges auszukosten; sein Lager wurde darum von allen möglichen Herrschern und Bittstellern überlaufen, die seine Unterstützung oder Verzeihung brauchten. Auch in ant. 14, 441—447 erscheint Herodes als der Held von Samosata. Antonius hat nach Dio Cass. 49, 22 vor Samosata nichts erreicht und mit Antiochus lediglich einen Vergleich abgeschlossen.

[146] Statt Idumäa haben ant. 14, 450 Judäa. Die Lage von Gitta ist unbekannt; man könnte diesen Ort mit der alten Philisterstadt Gath gleichsetzen, die ant. 6, 171 Gitta genannt wird.

[147] Nach Reinach verbrachte Antonius den Winter 38—37 nicht in Ägypten, sondern in Athen (vgl. Plut vit. Ant. 34). — Sossius war Statthalter Syriens von 38—37.

[148] Zur Bewertung der Vorzeichen in der Antike vgl. Pauly-W. 18, 1, 1939, 350—378 (omen); G. Delling, Josephus und das Wunderbare, Nov. Test. II, 1958, 291—309. Josephus trägt den Vorstellungen seiner Umwelt (auch der germanischen: ant. 18, 195—204. 216) auf diesem Gebiet ohne kritische Stellungnahme Rechnung. Für ihn persönlich ist Zukunftsschau nur dann unverdächtig (vgl. Hos. 4, 12) und wertvoll, wenn sie irgendwie auf eine Bekundung Gottes in Schrift, Prophetie oder Traum zurückgeht (vgl. § 78 Anm. 38; 2, 112 Anm. 30; 2, 159 Anm. 83; 3, 351 ff. u. a.). Der kleine Exkurs über das Vorzeichenproblem in der Herodesrede § 377 stammt möglicherweise nicht von Josephus selbst, vgl. Anm. 169.

[149] Nach ant. 14, 457 f. war es Pappos, nicht Herodes, der sein Lager bei dem Dorf Isana (nicht Kana) aufgeschlagen hat. Isana ist vielleicht das alte Jeschana (2. Chron. 13, 19; heute sinje), nördlich von Gophna, an der samaritanischen Grenze; nach F. M. Abel a. a. O. Bd. I, 344 ist es burdsch el-isane bei km 34 der Straße von Jerusalem nach Nablus.

[150] Ricciotti vergleicht diese Schilderung des Häuserkampfes mit der anläßlich der Eroberung von Gamala gegebenen (vgl. 4, 20 ff.).

[151] Hier wird wie in § 331 f. die Vorliebe des Josephus für wunderbare, vom Schicksal geordnete Vorgänge deutlich.

[152] Zur Verlobung des Herodes mit Mariamme vgl. § 240 f. Anm. 120.

[153] Vielleicht handelt es sich bei dieser Deutung der Zeiten um ein Wort zur Gegenwart und nahen Zukunft auf Grund einer prophetischen oder apokalyptischen Geschichtsschau, die Ereignisse der Vergangenheit mit einbezieht (vgl. das Buch Daniel).

[154] Die Stadt fiel sicherlich im Jahre 37, nicht wie Dio Cass. 49, 22 f. meint, im Jahre 38; wahrscheinlich an einem Sabbat Juni/Juli, wie Dio richtig feststellt. Die erste Mauer wurde nach 40, die zweite nach 15 Tagen erstürmt (ant. 14, 476).

[155] Gemeint ist die Baris im Norden des Tempels, vgl. § 75 Anm. 37.

[156] Zu dieser Entweihung des Tempels vgl. § 152. Während der Belagerung lieferte Herodes Opfertiere, damit das vorgeschriebene tägliche Brandopfer erhalten werden konnte; ähnliche Rücksicht übte der Seleukide Antiochus Sidetes bei der Belagerung des Johannes Hyrkanos (vgl. H. Willrich a. a. O. 47).

[157] Freundlicher wird das Ende des letzten Hasmonäers in ant. 14, 489—491 beurteilt. Antigonos war der erste besiegte König, dem die Römer ein solch schmähliches Ende bereiteten (Strabo, zitiert ant. 15, 9 f.; Dio Cass. 49, 22).

[158] Kleopatra ließ ihren jüngeren Bruder Ptolemäus vergiften und ihre Schwester Arsinoe durch Antonius ermorden (ant. 15, 89).

¹⁵⁹ Zu den Opfern der Kleopatra gehörte auch Lysanias, Fürst von Chalkis (ant. 15, 92).

¹⁶⁰ Der Eleutherus (heute nahr el-kebir) bildete die Grenze zwischen Phönizien und Syrien; er mündet nördlich von Tripolis.

¹⁶¹ Der Zug des Antonius gegen die Parther endete, anders als man nach der hier gegebenen Darstellung des Josephus vermuten könnte, bei schweren Verlusten für das römische Heer völlig ergebnislos (Dio Cass. 49, 25—31). Der von Antonius bei einem späteren, ebenfalls erfolglosen, Partherzug mitgebrachte Artabazes war kein Parther, sondern der König Armeniens (Artavasdes, Plut. vit. Ant. 50; Dio Cass. 49, 39 f.).

¹⁶² Zum Hyrkaneion vgl. § 161 Anm. 88. — Die Schlacht von Actium bedeutete einen abermaligen Wendepunkt in der Außenpolitik des Herodes, dem romantische Gefühle der Treue fernlagen.

¹⁶³ Kohout 559 identifiziert Diospolis mit dem in § 132 genannten Dion.

¹⁶⁴ Kanatha könnte mit Kerak identifiziert werden, erinnert auch an das in § 102 genannte Dorf Kana im Ostjordanland (ant. 15, 112).

¹⁶⁵ Athenion war der Verwalter der Gebiete, die Antonius der Kleopatra geschenkt und die Herodes gepachtet hatte (vgl. ant. 15, 116).

¹⁶⁶ Die Spuren dieses Erdbebens sind noch heute an den Ruinen der Essenersiedlung Qumran zu erkennen, die von da an während der ganzen Regierungszeit Herodes d. Gr. unbewohnt blieb.

¹⁶⁷ Zu dieser Personifikation der Fama vgl. 3, 432 ff.; Ricciotti erwägt, ob sie nicht durch die Fama der Äneis (4, 173 ff.) inspiriert sein könne.

¹⁶⁸ Zu προθυσάμενοι vgl. § 378, wo Herodes die ermordeten Gesandten als den Göttern dargebrachte Opfer darstellt; ant. 15, 124 gebraucht dafür allerdings den profanen Terminus „töten".

¹⁶⁹ Die ant. 15, 127—146 berichtete Rede des Herodes, die ohne Zweifel mit der unseren identisch sein soll, weicht von dieser formal erheblich ab. Ricciotti denkt daran, daß das durch Thukydides bestimmte Kolorit, das er in der Bellum-Rede zu erkennen glaubt, einem der griechischen Mitarbeiter des Josephus zugeschrieben werden muß.

¹⁷⁰ τὰ τῶν στοιχείων πάθη ist aristotelische Terminologie; vgl. dazu Pseud. Aristot. mund. 4 S. 395 b, 36 und 396 a 28 f. Zu den Vorwarnungen für Katastrophen vgl. Aristot. meteor. 2, 8 S. 365 b bis 369 a. Vgl. Ricciotti z. St.

¹⁷¹ Das Opfer, das, nach dem Kontext zu schließen, auf freiem Felde stattfand, könnte Angleichung an den Gebrauch heidnischer Feldherren sein; wurde es wirklich vollzogen, so stellt es eine schwere Verletzung des jüdischen Gesetzes dar, nach dem Opfer nur am Tempel zu Jerusalem dargebracht werden durften.

¹⁷² Philadelphia, das heutige amman und alte rabbath ammon, wurde unter Ptolemäus II. Philadelphus (285—247) in eine hellenistische Stadt umgewandelt und ihm zu Ehren umbenannt.

¹⁷³ Josephus geht von Kap. 20 an zu einer systematischen Darstellung der Geschichte des Herodes über, während er in den Antiquitates in einer überwiegend chronologischen Ordnung weiterberichtet. Im Bellum behandelt er zunächst den Gebietszuwachs des Reiches (Kap. 20), dann die Bautätigkeit des Königs (Kap. 21), im Hauptteil dessen familiäre Schwierigkeiten (Kap. 22—31) und schließlich sein Ende (Kap. 32—33). Josephus folgt dabei wohl, wie auch die proherodianische Färbung der Berichte zeigt, dem Aufriß des Nikolaos von Damaskus.

¹⁷⁴ Die Vorstellung des Herodes bei Oktavian erfolgte wohl im Frühjahr 30; vorher hatte Herodes noch Hyrkanos II., der sich an Malichos um Schutz gewandt hatte, hinrichten lassen (ant. 15, 165—181; vgl. § 433 f.).

¹⁷⁵ Zum göttlichen Beistand beim Sieg Oktavians vgl. 5, 367.

[176] Quintus Didius Ventidius war damals (30 v. Chr.) Statthalter von Syrien. Die Gladiatoren des Antonius hatten sich von Kyzikos am Hellespont über Galatien und Kilikien nach Syrien durchgeschlagen, wo sie Ventidius vergeblich zur Übergabe aufforderte (Dio Cass. 51, 7).
[177] Zu Alexas (in mehreren Handschriften des griech. Textes und ant. 15, 197 Alexander genannt) vgl. Plut. vit. Ant. 66. 72; Prosopographia imperii Romani I², 1933, 87.
[178] Zum Sprachgebrauch von ἔξωθεν in ähnlichem Sinn vgl. 2, 215. Vielleicht ist dabei an nichtjüdisches Gebiet gedacht (Kohout z. St.). — Zu den durch Kleopatra abgetrennten Gebieten, die Herodes allerdings in der Zwischenzeit faktisch wieder übernommen hatte, vgl. § 361 f. Zu Gadara vgl. § 86, zu Gaza § 87, zu Anthedon § 416, zu Stratonsturm § 408—410. Hippos lag in der Nähe des Südostendes des Sees Genezareth; es ist identisch mit dem hebräischen Sussitha und den Ruinen des heutigen el-hösn (vgl. Schürer II⁴ 155).
[179] Man hat vermutet, daß diese 400 Gallier aus der Leibwache der Kleopatra noch vor der alexandrinischen Expedition Caesars stammen (Kohout 560).
[180] Es handelt sich hier um Teilgebiete des Ostjordanlandes: Die Trachonitis (vgl. Lk. 3, 1) ist das heutige Ledschagebiet südlich von Damaskus; die höhlenreiche Gegend war ein idealer Unterschlupf für Räuber (vgl. Strabo 16, 26); die Batanea (der Name hängt mit dem alten Besan zusammen) erstreckt sich südlich und südwestlich von der Trachonitis bis hin zur Gaulanitis; das Gebiet Auranitis umfaßt die südlich daran angrenzende Landschaft, die im dschebel hauran ihre Mitte hat.
[181] Zenodorus besaß die Abilene am Antilibanon; er hatte die drei Landschaften wohl von Kleopatra gepachtet (Kohout). Nach Schürer I⁴ 369 erfolgte die Schenkung der drei ostjordanischen Landschaften im Jahr 22, die des bisher von Zenodorus beherrschten Gebiets im Jahre 20. Zum Tod des Zenodorus (§ 399) und den von ihm hinterlassenen Territorien vgl. ant. 15, 359 f.
[182] M. Vipsanius Agrippa (63—12 v. Chr.) war der Schwiegersohn Oktavians, eine großer Feldherr und Freund der Wissenschaft. Er besuchte im Jahre 15 den Herodes in Jerusalem (ant. 16, 12—15; Philo leg. Gaj. 37).
[183] Nach ant. 15, 380 war es das 18. Jahr des Herodes, in dem der Umbau des Tempels begonnen wurde; diese Zählung ist wahrscheinlicher. Die Hauptarbeiten erstreckten sich zunächst über 9½ Jahre, wurden jedoch bis 28 n. Chr. fortgesetzt (vgl. Joh. 2, 20); ja, bis in die Zeit des Prokurators Albinus (62—64 n. Chr.) wurde weitergebaut (vgl. ant. 20, 219). Eine ausführliche Beschreibung des herodianischen Tempels gibt Josephus 5, 184—227, der Antonia 5, 238—247.
[184] Der Herodespalast lag in der Nordwestecke der Stadt beim heutigen Jaffator; er wurde um 24 erbaut (Schürer I⁴ 368. 388). Er war mit starken Befestigungen versehen und diente zugleich als Kastell für die Oberstadt. Zur Beschreibung des Palastes vgl. 5, 156—183.
[185] Die Stadt Samaria, in der schon Alexander d. Gr. Mazedonier angesiedelt hatte (Euseb. Chron. 2, 114), wurde von Gabinius nach ihrer Zerstörung durch Hyrkanos wieder aufgebaut (§ 166). Reste des von Herodes erbauten großen Augustustempels, der Säulenstraße und der Freitreppe des Tempels sind noch gut erhalten. Die Münzen der Stadt tragen die Aufschrift Σεβαστηνῶν oder Σεβαστηνῶν Συρίας. Das Datum dieser Neugründung ist 27 oder 25 v. Chr.; der Senat hatte Oktavian im Jahre 27 den Titel Augustus verliehen (vgl. Schürer II⁴ 195—198; I⁴ 366 Anm. 8).
[186] Zum Paneion vgl. 3, 509—515. Für die Haltung des Herodes ist es sehr kennzeichnend, daß er neben dem Tempel in Jerusalem oder dem Hain Mamre nördlich von Hebron auch heidnische Tempel erbauen und mit aller Pracht ausstatten konnte.
[187] Die Kyprosburg ist nach Kypros, der Mutter des Herodes, benannt (§ 417). Kypros ist eine Strauchpflanze mit gelblich-weißen, wohlriechenden Blüten, die

um Jericho herum häufig vorkommt (4, 469). Frauen erhielten vielfach den Namen von Blumen (Kohout). A. Alt sucht die Kyprosburg auf dem heutigen tel el 'akabe (PJB 21, 1925, 23 f.). Nach J. L. Kelsos Bericht ist sie auf der südlichen der beiden Bergspitzen zu suchen, die den Herodespalast im Gebiet des tel abu el alajik beschützen. Die dort aufgefundenen Baureste (Mauern, Aquaedukt, Säulen) zeigen Verwandtschaft mit den herodianischen Bauten des neutestamentlichen Jericho.

Exkurs II: Die herodianischen Bauten in Jericho.

Das Zentrum des herodianischen Jericho befand sich im Umkreis des heutigen tell abu el alajik. Dieser liegt westlich vom heutigen Jericho entfernt, aber östlich von dem Punkt, wo das wadi kelt die Berge Judas verläßt und in die Ebene eintritt. Zunächst begegnet man zwei Bergspitzen, die als Wächter den Eingang des wadis beschützen sollen. Herodes hat sie festungsartig ausgebaut und der südliche trug vielleicht die Kyprosburg. Auf ihm findet man Tonscherben aus römischer Zeit und Reste eines Aquaedukts. Der tell abu el alajik besteht ebenfalls aus zwei zusammengehörigen Hügeln, tell I und tell II genannt. Auf tell II wurden Backsteinmauern von beträchtlichem Ausmaß entdeckt. Ebenso befindet sich dort ein quadratischer Turm aus Stein. Wahrscheinlich stellt diese Festung einen der von Pompejus eroberten Türme Threx und Taurus dar, von denen Strabo 16, 2, 40 berichtet. Nach ihrer Zerstörung wurden sie später wieder aufgebaut und in römischer Zeit benutzt. Im Zusammenhang mit der Einnahme der Kyprosburg durch die Zeloten 66 n. Chr. wurden sie wieder abgerissen (bell. 2, 484). Josephus berichtet dann, Vespasian habe in Jericho und Adida befestigte Anlagen errichtet und in beide Garnisonen gelegt (bell. 4, 486). Möglicherweise ist dabei die Festungsanlage auf tell II wieder aufgebaut worden.

Im Umkreis des tell I konnte ein kleiner Teil des neutestamentlichen Jericho freigelegt werden. Auf seiner Höhe selbst befanden sich Reste der herodianischen Zeit, ja auch eine Anlage einer früheren hellenistischen Festung. Vielleicht hat auch hier einer der von Pompejus eroberten Türme Threx und Taurus gestanden. In der herodianischen Zeit ist tell I zweimal ausgebaut worden: der erste Stil ist typisch herodianisch und an seinen großen Steinblöcken kenntlich. Auch diese Anlage ist zerstört worden. Der Wiederaufbau vollzog sich im opus-reticulatum-Stil, einem fischnetzartigen Mauerwerk. Wahrscheinlich sind hier italienische Architekten hinzugezogen worden.

Herodes hat im Anschluß an diese Festungsbauten einen Winterpalast, einen Teich und Gärten angelegt, auch eine Wohnsiedlung für reiche Leute gegründet. Die bis jetzt ausgegrabenen Reste erinnern an Pompeji. Euseb. Onomast. (ed. E. Klostermann, 1904, 104) berichtet von einer Zerstörung Jerichos im 1. Jüdischen Krieg; Josephus dagegen weiß nur von einer Besetzung der Stadt durch Vespasian und von der Stationierung römischer Truppen, zu denen die 10. Legion gehörte (bell. 4, 431—436. 450. 452. 486; 5, 42). Mit dem Fall Jerusalems verlor Jericho ebenfalls an Bedeutung. Der Pilger von Bordeaux berichtet (333 n. Chr.), daß zu seiner Zeit Jericho noch immer an der Stelle der neutestamentlichen Siedlung lag. Sie wurde später endgültig aufgegeben und mit dem Bau einer neuen, östlich davon gelegenen Siedlung begonnen.

Literatur: J. L. Kelso, Excavations at New Testament Jericho and Khirbet en Nitla, 1955.

[188] Nach ant. 15, 341 erstreckte sich der Ausbau Caesareas (vgl. dazu § 414 Anm. 191) über 12 Jahre; er wurde 10—9 v. Chr. beendet.

[189] Der Stiefsohn des Kaisers ist Nero Claudius Drusus (38—9 v. Chr.), der Sohn der Livia, der späteren Gemahlin des Augustus; er war der Vater des Germanicus.

[190] Die beiden Statuen beweisen, daß der Tempel Rom und Augustus geweiht war, nach der Bemerkung des Sueton (vit. Aug. 52): „templa..... in nulla provincia nisi communi suo Romaeque nomine recepit."

[191] Caesarea wurde nach diesem Ausbau durch Herodes bald die politisch wichtigste Stadt Palästinas; Tacitus nennt sie hist. 2, 78 Judaeae caput. Auf Nero-

Münzen findet sich die Aufschrift Καισαρια η προς Σεβαστω λιμενι; der Hafen hieß also: Σεβαστὸς λιμήν. Caesarea (heute kesarje) war vor und nach Agrippa I. Sitz der römischen Prokuratoren. Die Bevölkerung war vorwiegend heidnisch, jedoch wohnten dort auch viele Juden, die beim Ausbruch des Bürgerkrieges alle ermordet wurden (2, 457). Zu den Ausgrabungen der Hebr. Universität Juli 1956 in Caesarea vgl. RB 64, 1957, 243—246. Über baulichen Resten aus der persischen und hellenistischen Periode der Stadt (Stratonsturm) fand man dabei ein großes öffentliches Gebäude aus der Zeit des Herodes mit einer großen Zahl von terra sigillata-Bruchstücken, die zur Zeit des Herodes aus Italien importiert wurden, desgleichen Münzen des Kaisers Augustus (a. a. O. 244). Während Joppe als Hafen für Jerusalem und das altjüdische Gebiet diente, war Caesarea für die Bedürfnisse der Heiden gedacht, es war das „Fenster nach dem Westen" (H. Willrich a. a. O. 70).

[192] Es sind dies die Bauten, die den Charakter einer hellenistisch-römischen Stadtanlage ausmachen. Im Theater zu Caesarea fand nach ant. 19, 354 f. die Szene statt, auf die sich Apg. 12, 21—23 bezieht.

[193] Die 192. Olympiade entspricht den Jahren 12—8 v. Chr., die Einweihung der ganzen Gründung fiel in das Jahr 10 v. Chr. (ant. 16, 136).

[194] Anthedon (Agrippias ant. 13, 357), das nördlich von Gaza liegt, ist zu keiner besonderen Blüte gelangt.

[195] Wo sich dieses Tor am Tempel in Jerusalem befand, ist nicht bekannt.

[196] Antipatris, nach dem Vater des Herodes benannt, ist das heutige ras el ʿain, nordöstlich von Joppe an der Straße von Caesarea nach Jerusalem.

[197] Zur Beschreibung des Phasaelturms vgl. 5, 166—169.

[198] Phasaelis (heute chirbet fasaʿil) liegt am Rande der Jordanebene nördlich von Jericho. Die Gegend ist fruchtbar, war aber bis dahin unbebaut. Herodes legte dort wertvolle Palmenpflanzungen an.

[199] Das erste Herodeion ist unbekannt, vgl. jedoch dazu den Vorschlag A. Schlatters in ZDPV 19, 1896, 228.

[200] Das zweite Herodeion liegt 5 km südöstlich von Bethlehem am Rande der Wüste Juda; der Berg („Frankenberg", weil er einer der letzten Stützpunkte der Kreuzfahrer war, heute dschebel ferdes) ist von der Talsohle an 104 m hoch. Herodes ließ den Gipfel künstlich einebnen, um auf ihm das Kastell und sein Grabmal zu errichten. Die Reste dieses Baues sowie auch die am Fuße des Berges befindlichen Anlagen sind noch heute erhalten. Bei Plinius findet sich die Notiz: „Herodium cum oppido industri eiusdem nominis" (hist. nat. 5, 14 [15], 70).

[201] In Kos wohnten viele Juden, vgl. 1. Makk. 15, 23; ant. 14, 113.

[202] Des Schiffbaus in Rhodos bediente sich Herodes einmal in einer außerordentlich schwierigen Lage, vgl. § 280 f. — In Athen wurde auf der Akropolis eine Dankinschrift gefunden, die der Freigebigkeit und dem Wohlwollen des Römerfreundes Herodes gewidmet war (CIA III 1, Nr. 550).

[203] Zur Durchführung der Spiele zu Olympia in der Landschaft Elis war man wegen der Verarmung und Verödung Griechenlands in dieser Zeit mehr und mehr auf Stiftungen von Privatpersonen angewiesen.

[204] In Frage kommt entweder die Reise nach Rom im Jahre 12 v. Chr. oder die 8 v. Chr.

[205] Mit Phasaelis ist eine Seestadt Lykiens gemeint, in der sich nach 1. Makk. 15, 23 ein Judenviertel befand. Balanea lag an der syrischen Küste südlich von Laodicea (Strabo 16, 2, 12; Plin. hist. nat. 5, 20 [18], 79).

[206] Die hier gebrauchten Termini aus der griechischen Tragödie stammen nach Ricciotti wohl nicht von Josephus selbst, sondern müssen seinem griechischen Mitarbeiter zugeschrieben werden. Sie finden sich auch § 434. 440. 445. 471. 488. 500. 517. 530. 543. 556. 588. 596. 599. 613. 628 u. ö.

[207] Zu Mariamme vgl. § 240 f. Anm. 120.

[208] Die Hinrichtung des Hyrkanos erfolgte im Jahre 30, unmittelbar bevor Herodes sich dem Oktavian in Rhodos vorstellte. Hyrkanos hatte zuletzt in Babylon gewohnt und erschien wegen seiner Beliebtheit bei den dortigen Juden für Herodes in der kritischen Zeit nach der Niederlage des Antonius besonders gefährlich (ant. 15, 11—22. 161—182). Nach ant. 15, 178 wurde Hyrkanos über 80 Jahre alt. Nach ant. 15, 165 ff. wären es verdächtige Beziehungen des Hyrkanos zum Araberkönig Malichos gewesen, die den Herodes zum Einschreiten veranlaßt haben (vgl. dazu H. Willrich a. a. O. 55 f.

[209] Nach § 120 war Hyrkanos von seiner Mutter zum Erben des hasmonäischen Thrones bestimmt worden und schon darum dem Herodes immer verdächtig.

[210] Die beiden Töchter der Mariamme hießen Salampsio und Kypros (vgl. ant. 18, 130). Der Name des in Rom gestorbenen Sohnes ist unbekannt, die beiden anderen sind Alexander und Aristobulos.

[211] Jonathan, der ant. 15, 23 ff. 41 ff. mit seinem griechischen Namen Aristobulos benannt ist, war der Bruder Mariammes; als echter Hasmonäer war er legitimer Anwärter für das Amt des Hohenpriesters, für das Hyrkanos, der damals (35 v. Ch.) noch lebte, wegen seiner Verstümmelung nicht mehr tauglich war (vgl. § 270). Herodes hatte jedoch Ananel, einen unbekannten Mann, als Hohenpriester eingesetzt (ant. 15, 22). Erst später, als er den Wünschen vor allem Alexandras nachgeben mußte, setzte der König Ananel ab und verlieh die Hohepriesterwürde an Jonathan-Aristobulos. Die Ermordung des Letzteren, nach H. Willrich a. a. O. 52 ein Unfall, geschah am Laubhüttenfest des Jahres 35 v. Chr. (vgl. ant. 15, 50 ff., wo sie noch ausführlicher geschildert wird).

[212] Mit den Galliern sind die 400 Gallier der Kleopatra gemeint, die Herodes nach deren Tod im Jahre 30 erhielt; die hier gemachte Angabe stellt also einen Anachronismus dar.

[213] Die Schwester des Herodes war die Intrigantin Salome, die vor allem auch am Tod der Mariamme schuldig war (§ 443).

[214] Vgl. dazu ant. 15, 26, wonach Mariammes Mutter Alexandra, von Dellius überredet, die Portraits des Aristobulos und der Mariamme zu Herodes gesandt hätte.

[215] Zum Tode Lysanias vgl. § 398; die Hinrichtung des Malchos ist nirgends bezeugt und steht im Widerspruch zu ant. 15, 171 ff., wo er nach dem Jahre 31 noch am Leben ist.

[216] Es handelt sich um die Reise nach Laodicea, wo sich der König dem Antonius vorstellen sollte (Frühjahr 34 v. Chr.). Nach ant. 15, 64 ff. stand die Ermordung des Jonathan damit in Zusammenhang. Vor der Reise nach Rhodos (Frühjahr 30 v. Chr.), wo sich Herodes dem Oktavian vorstellen mußte, wurde Hyrkanos umgebracht (ant. 15, 164).

[217] Mariamme wurde nicht zusammen mit Joseph, sondern erst später, im Jahre 29, hingerichtet (vgl. ant. 15, 218—236). Damals, bei seiner Reise nach Rhodos, hatte Herodes der Mariamme als Bewacher den Ituräer Soemos mit dem gleichen furchtbaren Auftrag gegeben; man wird der Darstellung der Antiquitates den Vorzug geben müssen, da es sich dort nicht um eine Doublette handeln kann. — Kurze Zeit nach Mariamme ereilte auch ihre Mutter das Schicksal; als sie die schwere Erkrankung des Königs zu einem Handstreich auf die festen Plätze Jerusalems ausnutzen wollte, wurde ihre Absicht verraten, sodaß Herodes sie hinrichten ließ (ant. 15, 251).

[218] Die Herodessöhne Alexander und Aristobulos hielten sich von 23 v. Chr. (vgl. ant. 15, 342) bis gegen 18 v. Chr. in Rom auf.

[219] Die Tochter der Salome hieß Berenike und war die Gemahlin des Aristobulos; die Tochter des Archelaos von Kappadozien hieß Glaphyra und war mit Alexander verheiratet (§ 552; ant. 16, 11). Archelaos von Kappadozien gehörte einer Herrscherfamilie an, die erst unter Antonius auf diesen Thron gekommen

war (Appian bell. civ. 5, 7); von Oktavian wurde der König belassen und später mit einem Teil Kilikiens beschenkt.

[220] Antipater, Sohn der Doris (§ 241), war mit seiner Mutter vom Hof entfernt worden, um für Mariamme und deren Söhne das Feld freizugeben.

[221] Die Reise Antipaters nach Rom geschah 13 v. Chr.

[222] Nach ant. 16, 90 wurde nicht nur Alexander, sondern auch sein Bruder Aristobulos (§ 435. 445) vor den Richtstuhl des Augustus gezogen; die Verhandlung fand jedoch nicht in Rom, sondern in Aquileja statt (12 v. Chr.).

[223] Der letzte Teil der Rede Alexanders wird ant. 16, 105 berichtet.

[224] Eleusa, eine kleine Insel an der kilikischen Küste, diente den kappadokischen Fürsten für den größten Teil des Jahres als Aufenthaltsort (Strabo 11, 2, 7; 14, 5, 6).

[225] Der Name Zephyrium wird für zwei Plätze an dieser Küste gebraucht: eine östliche Siedlung (Strabo 14, 5, 9) und ein westlich davon gelegenes Vorgebirge (14, 5, 4).

[226] Die direkte Rede des Herodes ist ant. 16, 132—135 anders und kürzer berichtet.

[227] συγγενεῖς, φίλοι waren Titel, die am Hof hellenistischer Herrscher gebräuchlich waren, so bei den Seleukiden (1. Makk. 10, 65. 89; 11, 27. 57. 58) und davor schon bei den Persern (vgl. Ricciotti z. St.).

[228] Die Redeweise ist hier wohl bewußt sakral gehalten; vgl. μυστήριον τῆς ἀνομίας 2. Thess. 2, 7.

[229] Ptolemäus, Minister des Herodes, ist wohl identisch mit dem neben Sapphinius genannten Freund aus Rhodos (§ 280).

[230] Hier könnte ein Hinweis auf verbotene Beziehungen Salomes und Antipaters vorliegen; vgl. dazu Salomes Verhältnis zu Alexander § 498 und das Alexanders zu den Eunuchen des Königs § 489.

[231] Die Archelaiden waren griechischer Abstammung. In Makedonien regierte am Ende des 5. Jhdts. v. Chr. ein bedeutender Herrscher Temenos, der von den Dichtern aus Schmeichelei mit den Nachkommen des Herkules, speziell mit König Temenos von Argos, in genealogische Beziehung gesetzt wurde (Strabo 8, 3, 33). Die Mutter der Glaphyra stammte wohl aus dem armenischen Königshaus, sodaß ein genealogischer Zusammenhang bis hin zum berühmten Perserkönig Darius Hystaspes (521—486 v. Chr.) nicht ausgeschlossen ist (vgl. Kohout und Reinach z. St.).

[232] Zur Auszeichnung des Pheroras mit der Tetrarchenwürde vgl. ant. 15, 362, wonach sie in das Jahr 20 fällt.

[233] Die älteste Tochter des Herodes und der Mariamme war Salampsio, die dann an Phasael, den Sohn des gleichnamigen Herodesbruders, verheiratet wurde (ant. 18, 130 f.). Vielleicht handelt es sich hier um eine Konfusion oder Verderbnis des Textes, der lauten müßte „Sohn des Phasael, der von den Parthern getötet worden war" (vgl. § 271 f.; Vorschlag von Reinach).

[234] Kostobar, ein Idumäer, heiratete Salome, nachdem deren erster Gatte, Joseph, hingerichtet worden war (§ 443). Kostobar wurde von Herodes Ende 25 oder Anfang 24 umgebracht, weil er die Söhne des Babas, weitläufige Verwandte des hasmonäischen Hauses, lange Zeit vor den Nachstellungen des Herodes verborgen gehalten hatte (ant. 15. 259—266). In der hier gegebenen Darstellung liegt ein Anachronismus vor: Die Inquisition des Pheroras gehört in das Jahr 10 v. Chr., sodaß Kostobar nicht mehr gelebt haben kann.

[235] Salomes Heirat mit Sylläus scheiterte, weil Herodes zur Bedingung machte, daß sich Sylläus beschneiden lassen müsse, was dieser energisch zurückwies (ant. 16, 225).

²³⁶ Ricciotti vermutet, daß Alexander dabei nicht nur die Eunuchen gewinnen, sondern sich das Ansehen eines Thronerben geben wollte, der nach orientalischer Sitte mit den Personen geschlechtlich verkehrte, die dem Herrscher angehörten (2. Sam. 16, 21 ff.; dazu Herodot 3, 68; vgl. das Verhältnis des Herodes zu den Eunuchen ant. 16, 230).

²³⁷ Zur Denunziation des Alexander vgl. ant. 16, 249 ff.; Alexander wird dort erst nach dieser Beschuldigung verhaftet, auch ist der ganze Bericht dort günstiger für Alexander als hier.

²³⁸ Der Besuch des Archelaos, des Schwiegervaters Alexanders, muß im Jahre 9 v. Chr. stattgefunden haben; im Parallelbericht ant. 16, 261 ff. sind die psychologisch geschickten Ausführungen des Archelaos nicht in direkter Rede wiedergegeben.

²³⁹ Der hier erwähnte Bruder des Archelaos und die Vorfälle in seiner eigenen Familie sind nicht bekannt.

²⁴⁰ Es wird nicht berichtet, ob Alexander diese Reise nach Rom ausgeführt hat; nach § 516 scheint es nicht der Fall gewesen zu sein. Vielmehr ist es nach ant. 16, 270 Herodes, der sich anschickt, nach Rom zu reisen.

²⁴¹ Der Parallelbericht steht ant. 16, 301 ff. C. Julius Eurykles war gebürtiger Spartaner, hatte sich im Kampf gegen Antonius verdient gemacht und deshalb von Oktavian das römische Bürgerrecht und die Herrschaft über Sparta erhalten (Plut. vit. Ant. 67; Strabo 8, 5, 1). Bei Pausanias (2, 3, 5) wird er als Erbauer der schönsten Bäder in Korinth genannt. Zu den Beziehungen zwischen Juden und Spartanern vgl. 1. Makk. 12, 2. 5—23; 2. Makk. 5, 9; ant. 12, 226.

²⁴² Zu diesen Beschuldigungen Alexanders vgl. ant. 16, 247 f.

²⁴³ In ant. 16, 314 werden Jucundus und Tyrannos als Leibwächter bezeichnet, die für die Person des Königs eingesetzt sind.

²⁴⁴ Vgl. dazu ant. 16, 309—311.

²⁴⁵ Nach Schürer I⁴ 395 Anm. 84 ist Euaratus statt Euarestos zu lesen. Vielleicht ist dieser Euaratus identisch mit Gallus Julius Euaratus, Sohn des Euaratus, der in einer Liste von Priestern des Apollo in Halasarna auf der Insel Kos um 12 v. Chr. vorkommt (Schürer a. a. O.).

²⁴⁶ Sylläus hatte sich um die Hand der Salome beworben (vgl. § 487). Später nahm Sylläus trachonitische Aufrührer bei sich auf und verklagte den Herodes beim Kaiser wegen dessen Feldzug in Arabien, den er als Landfriedensbruch darstellte. Herodes fiel daraufhin eine Zeitlang in Ungnade (ant. 16, 271—299).

²⁴⁷ Volumnius wird § 538 ἐπίτροπος (Finanzverwalter?) genannt; in der Parallelstelle ant. 16, 332 hat er keinerlei Titel; es ist möglich, daß er mit dem ant. 16, 277. 280 auftretenden römischen Beamten Volumnius identisch ist.

²⁴⁸ Berytos (heute Beirut) war seit 14 v. Chr. römische Kolonie (Euseb. Chron. Hieron. 248 F, ed. R. Helm, 1956, 166); es war ein Hauptsitz römischen Lebens in Palästina. Der Name lautet: Colonia Julia Augusta Felix Berytus (Corp. Inscript. Lat. III, Nr. 161. 165. 166. 6041). In der späteren Kaiserzeit, mindestens seit dem 3. Jhdt. n. Chr., war in Berytos eine berühmte Hochschule für römisches Recht (Cod. Justin. I 17, 2, 9; X 49, 1); deren Anfänge können nach Schürer I⁴ 410 f. Anm. 152 recht wohl schon zur Zeit des Augustus vorhanden gewesen sein.

²⁴⁹ C. Centius Satorninus, Konsul im Jahre 19 v. Chr., war Statthalter in Syrien von 9—6 v. Chr. Pedanius ist unbekannt.

²⁵⁰ Platane ist wahrscheinlich das heutige ras-ed-damur, eine Küstenstadt halbwegs zwischen Beirut und Sidon.

²⁵¹ Ant. 16, 362 ff. enthält eine noch leidenschaftlichere Anklage des Herodes gegen seine Söhne, wobei sein Haß und die Schwäche seiner Beweise deutlich hervortreten. Er berief sich dabei auch auf das jüdische Gesetz, wonach alle Anwesenden verpflichtet seien, einen von den Eltern angeklagten Sohn zu steinigen, wenn diese ihm die Hand auf das Haupt legten (ant. 16, 365). Augustus indessen

wollte den Prozeß in der römischen Kolonie Berytos verhandelt haben, um dadurch dem römischen Bürgerrecht der Söhne Rechnung zu tragen (vgl. H. Willrich a. a. O. 126).

[252] In ant. 16, 369 werden ebenfalls die drei Söhne des Satorninus erwähnt, die dem Urteilsspruch des Vaters zustimmen; jedoch werden sie dort zugleich als Legaten bezeichnet. In einer kaiserlichen Provinz wie Syrien war der legatus Augusti deren Statthalter, in unserem Falle Satorninus; ihm waren die legati legionum, die Befehlshaber der in der Provinz stationierten Legionen beigegeben, dazu die legati juridici, die für die Verwaltung der Provinz herangezogen wurden (vgl. Reinach und Kohout z. St.).

[253] Der Aufschub der Todesstrafe war durch die Nachricht des nach Rom gesandten Nikolaos von Damaskus bedingt, daß dort der ganze Fall einen ungünstigen Eindruck erwecke und man daher besser daran tue, das Urteil zunächst nicht zu vollstrecken (vgl. ant. 16, 370 ff.).

[254] Der Fall Tiron wird ant. 16, 375 ff., der Fall Tryphon § 547; ant. 16, 387 ff. berichtet.

[255] Die Hinrichtung der beiden Söhne erfolgte im Jahre 7 v. Chr., 30 Jahre nachdem Herodes sich mit ihrer Mutter in Sebaste, damals noch Samaria, verlobt hatte. Die Erdrosselung wurde in neutestamentlicher Zeit zur Normalform der Hinrichtung, weil man wegen der jetzt sich durchsetzenden Lehre von der leiblichen Auferstehung jegliche sichtbare Beschädigung des Körpers und insbesondere des Knochengerüstes vermeiden wollte (D. Daube, Evangelisten und Rabbinen, ZNW 48, 1957, 122). Josephus ergeht sich ant. 16, 395—404 in langen Erwägungen über die Handlungsweise des Vaters und seiner Söhne, wobei die Grausamkeit des Herodes verurteilt, aber auch der Macht des Geschicks eine erhebliche Bedeutung für das Los der beiden Unglücklichen zugemessen wird.

[256] Tigranes und Alexander (§ 552; 2, 222) gehören später ganz in die römische Geschichte. Tigranes wurde von Augustus im Jahre 11 n. Chr. zum Herrscher von Großarmenien ernannt, wie der Kaiser selbst auf dem monumentum Ancyranum XV (27) bezeugt; später aus seiner Herrschaft vertrieben, wurde Tigranes von Tiberius wegen Majestätsbeleidigung hingerichtet (Tac. ann. 6,40; ant. 18,139). Der Neffe des Tigranes, Sohn des Alexander, kam durch Verfügung Neros ebenfalls auf den armenischen Thron, konnte sich aber dort nicht behaupten (Tac. ann. 14, 26; 15, 1 ff.; ant. 18, 140). Das ganze Geschlecht des Alexander, des Sohnes des Herodes, sagte sich vom Judentum los und nahm die hellenistische Kultur an, wie Josephus ausdrücklich bemerkt (ant. 18, 141).

[257] Antipaters Onkel mütterlicherseits, dem Berenike gegeben wurde, hieß Theudion (vgl. § 592; ant. 17, 70).

[258] Herodes d. Gr. hatte ant. 15, 321 f. die Tochter des Hohenpriesters Simon, Mariamme (nicht zu verwechseln mit der gleichnamigen Hasmonäerin!) geheiratet. Aus dieser Ehe stammte jener Herodes, der Mt. 14, 3; Mk. 6, 17 Philippus genannt wird. Herodes Antipas, der spätere Tetrarch, war der Sohn der Malthake 562. Die Tochter des Aristobulos, die dem Sohn Antipaters verlobt wird, ist Mariamme (§ 552); ihre Schwester ist die Verlobte des Herodes, die berühmte Herodias (Mk. 6, 22; Mt. 14, 6; vgl. ant. 18, 109—119; 2, 182).

[259] Joseph, der Neffe des Königs, war der Sohn seines in Jericho gefallenen Bruders (vgl. § 323 f.).

[260] Livia wird auch § 641 mit diesem Namen genannt, während Josephus sie 2, 167 f. und ant. 17, 10 als Julia bezeichnet. In den beiden letztgenannten Fällen ist Josephus nach Ricciotti von einer Quelle abhängig, die nach dem Tode des Augustus abgefaßt sein muß; durch sein Testament wurde die Kaiserwitwe in das julische Geschlecht aufgenommen (Suet. vit. Aug. 101; Tac. ann. 1, 8); an den beiden Stellen des ersten Buches ist dagegen Nikolaos von Damaskus als Quelle benutzt. Nach ant. 17, 10 hätte die Kaiserin Salome von der Ehe mit Sylläus abgeraten.

²⁶¹ Die Tochter der Salome, die mit dem Sohn Alexanders verheiratet wurde, ist nirgends namentlich genannt; die andere Tochter ist Berenike, die Witwe des Aristobulos (§ 446). Von den Töchtern der Hasmonäerin Mariamme heiratete Kypros den Antipater und Salampsio den Phasael.

²⁶² Die Frau des Pheroras war die Sklavin, deren Heirat Herodes mißbilligt hatte (vgl· § 484).

²⁶³ Diese zwei Töchter des Königs waren Roxane und Salome (§ 563; vgl. dazu § 571).

²⁶⁴ Die Gattin des Pheroras hatte als eifrige Anhängerin der Pharisäer die Geldstrafe bezahlt, die ihnen Herodes wegen der Verweigerung des Eides auferlegt hatte, den Herodes damals wie alle anderen Vasallenfürsten auf Befehl des Kaisers von seinen Untertanen forderte; dieser Eid verpflichtete auf den Kaiser und den König, zwang also die Juden, die ihnen verhaßte Dynastie der Idumäer anzuerkennen (vgl. ant. 17, 41 f.).

²⁶⁵ Die Reise Antipaters nach Rom geschah im Jahre 6 v. Chr. Er hatte auch das Testament des Herodes bei sich, das ohne die Genehmigung des Kaisers nicht gültig gewesen wäre.

²⁶⁶ Sylläus, der Minister des Königs Aretas IV., hoffte in Rom den Thron für sich selbst zu gewinnen und spann dabei Intrigen gegen Herodes, dem er die Ungnade des Kaisers erwirkt hatte. Nikolaos von Damaskus war von Herodes nach Rom gesandt worden, um den König von der Anklage des Sylläus zu entlasten (ant. 16, 299), was ihm auch gelang (ant. 16, 335—355).

²⁶⁷ Die Tetrarchie des Pheroras war Peräa (vgl. § 483).

²⁶⁸ Ricciotti vermutet, daß die hier versuchte Reinigung des Herodes vom Verdacht des Giftmords auf das Konto des Nikolaos von Damaskus gehe, der Schlußsatz dagegen, der im Tod des Pheroras die Rache für die Ermordung der Mariammesöhne am Werke sieht, einem der griechischen Mitarbeiter des Josephus zuzuschreiben sei.

²⁶⁹ Sylläus selbst war damals schon in Rom und konnte daher nicht unmittelbar in diesen Fall verwickelt sein; doch soll nach ant. 17, 63 seine Geliebte das Gift besorgt haben.

²⁷⁰ Ricciotti sieht in der Aussage des Antipater, Herodes werde immer jünger, eine sarkastische Anspielung auf dessen Gewohnheit, die Haare zu färben (§ 490), zumal Herodes in dieser Zeit schon schwer krank war (vgl. § 579).

²⁷¹ Das erstemal war Doris vertrieben worden, als Herodes Mariamme heiratete (vgl. § 432).

²⁷² Bathyllos war eben von Rom gekommen, ohne vom Tod des Pheroras etwas zu wissen (vgl. ant. 17, 79).

²⁷³ Kelenderis lag an der Grenze von Pamphylien und Kilikien. Reinach vermutet hier einen Irrtum, da Kelenderis der erste Hafen in Kilikien hätte sein müssen, den Antipater erreicht hätte.

²⁷⁴ Es handelt sich bei Varus um P. Quintilius Varus, der in Syrien von 6—4 v. Chr. Statthalter war und im Jahre 9 n. Chr. die Schlacht im Teutoburger Wald verlor.

²⁷⁵ Diese Frau des Antipater war nach ant. 17,92 die Tochter des Antigonos, des von Antonius hingerichteten Vorgängers des Herodes (§ 357).

²⁷⁶ Diese Rede des Herodes erscheint ant. 17,94—98 verkürzt und in indirekter Form.

²⁷⁷ Nach ant. 16, 250 hätte Antipater ein Gebiet erhalten, das jährlich 200 Talente abwarf.

²⁷⁸ Sylläus wurde tatsächlich in Rom entlarvt und auf Befehl des Kaisers hingerichtet (Strabo 16, 24).

²⁷⁹ In § 417 wird Herodes selbst von Josephus als Philopator gekennzeichnet; Ptolemäus IV. Philopator (221—203 v. Chr) trug diesen Beinamen, der jedoch zur Zeit des Augustus wie ein Sarkasmus geklungen haben mag, denn dieser Philopator hatte zweifellos seine Mutter umgebracht, und in dieser Zeit hielt man ihn auch für den Mörder seines Vaters (vgl. M. Junius Justinianus Epitome 29, 1, 5; Ricciotti z. St.).

²⁸⁰ Nach ant. 17, 106 war auch Herodes nicht ungerührt, suchte jedoch diese seine Rührung zu verbergen.

²⁸¹ Die Anklagerede des Nikolaos von Damaskus wird ant. 17, 106—126 wesentlich ausführlicher und größtenteils in direkter Rede berichtet.

²⁸² Das Testament hatte Antipater nach Rom gebracht (§ 573), um es von Augustus bestätigen zu lassen; es war jedoch schon zum Nachteil des jüngeren Herodes abgeändert (vgl. § 600).

²⁸³ Der Titel σοφιστής wird bei Josephus gewöhnlich zur Bezeichnung von Schulhäuptern oder bedeutenden Lehrern verwendet. Nach ant. 17, 149 heißen diese beiden Lehrer Judas, der Sohn des Sariphäos, und Matthias, der Sohn des Mergalothos.

Exkurs III: Der Adler am Tempel zu Jerusalem.
In hellenistischer Zeit war das Symbol des Adlers in Palästina vielfach über den Türen der Synagogen angebracht, gelegentlich findet es sich auch als Schmuck auf Mosaikfußböden und Sarkophagen. Reste dieses Symbols lassen sich z. B. in Kapernaum, in el-jish, ed-dikkeh, er-rafid und anderswo nachweisen. Die Ausstattung des Symbols erinnert regelmäßig an geläufige syrische Urbilder. Auch die Bosporus-Inschriften weisen in den gleichen religionsgeschichtlichen Zusammenhang und lehren, daß es sich hier um ein orientalisches Gottessymbol handelt, das für das Judentum unanstößig geworden war. In Syrien war der Adler Symbol der Sonnengötter, wie auch die goldene Ausstattung seit alters auf die Sonne hindeutet. Aber auch der Herrscherkult hatte sich des Adlersymbols bemächtigt, sodaß der Adler ein Zeichen königlicher Macht werden konnte.
Der Adler im Tempel zu Jerusalem gehörte zum ursprünglichen Schmuck, den Herodes hatte anbringen lassen, und wurde sicherlich nicht ohne Weiteres vom Volk als Provokation empfunden. Immerhin konnte eine strengere Auffassung des Gesetzes an eine Übertretung des zweiten Gebotes denken. Nicht ausgeschlossen ist aber auch die Möglichkeit, daß die Opposition sich speziell gegen den Adler als Zeichen der Macht des Herodes richtete, falls nämlich dieser Adler als eine Art Wappentier des Herodes im Sinn des orientalischen Hellenismus verstanden wurde. Tatsächlich hatte Herodes auch eine Münze mit dem Bild des Adlers prägen lassen, sodaß ein Zusammenhang zwischen der Münze und dem Tempelschmuck nicht unmöglich ist. Der Adler der Münze erinnert allerdings an ptolemäische Vorbilder. Falsch ist jedenfalls die Annahme, Herodes habe ein römisches Wahrzeichen im Tempel aufgerichtet. Die hellenistische Beziehung zwischen dem Adler und Zeus geht sicherlich wieder auf orientalische Umdeutungen zurück. Ein Überblick über das Material jüdischer Inschriften und Symbole lehrt, daß der Adler ausschließlich im Osten beheimatet ist.
Literatur: E. R. Goodenough, Jewish symbols in the greco-roman period, Bd. VIII, 1958, 121—142; A. Reifenberg, Israel's history in coins from the Maccabees to the Roman conquest, 1953, 10 f.

²⁸⁴ Zur Lehre der Pharisäer über das Leben nach dem Tode vgl. 2, 162 f.; zu der der Essener 2, 154 ff; siehe ferner 3, 374; 6, 47; 7, 344—346.

²⁸⁵ Bei dem königlichen Befehlshaber handelt es sich wohl um den Tempelhauptmann, der für die Ordnung im Tempelbereich zu sorgen hatte und den nächsten Rang nach dem Hohenpriester innehatte (vgl. Apg. 4, 1; 5, 24).

²⁸⁶ Nach ant. 17, 161 hat diese Volksversammlung in Jericho stattgefunden; wo sich der König während der Entfernung des Adlers aufgehalten hat — ob in Jerusalem oder in seinem Winterpalast in Jericho — ist nicht klar.

[287] ant. 17, 167 berichtet Josephus, daß in der auf die Verbrennung der Jünglinge folgenden Nacht eine Mondfinsternis stattgefunden habe. Nach neueren Berechnungen fällt diese auf den 12.—13. März des Jahres 4 v. Chr. Damit läßt sich der Tod des Herodes zeitlich ziemlich genau festlegen, da er nach 2, 10 noch kurze Zeit vor dem Passahfest dieses Jahres (14. Nisan = 11. April) stattgefunden haben muß.

[288] Es handelt sich um die südlich von der Mündung des wadi zerka gelegenen heißen Quellen von es-sara, die sich im Bereich der Festung Machärus befinden (vgl. H. Guthe-Atlas; Ricciotti z. St.).

[289] Nach H. Willrich a. a. O. 109 wurde eine Notabelnversammlung in Jericho und die Einsperrung der Gefangenen im Hippodrom sowie deren spätere Freilassung erbaulich ausgeschmückt und dahin kombiniert, daß der König alle Vornehmen in Jericho sich habe versammeln lassen, damit sie nach seinem Ableben getötet würden. In der Tat hat man bereits dem Alexander Jannäus ein ähnliches Vorhaben nachgesagt (vgl. Megillath Taanith 25); auch die Erzählung vom bethlehemitischen Kindermord zeigt die herodesfeindliche Haltung der Frommen dieser Zeit.

[290] Zu Ptolemäus vgl. § 473. Der Siegelring war für die Ausfertigung königlicher Aktenstücke von großer Wichtigkeit und ein Zeichen der königlichen Autorität (vgl. 2, 24). Serubabel wird Haggai 2, 23 und Sirach 49, 13 einem Siegelring an Gottes Hand verglichen.

[291] Nach § 265. 419 ist das Herodeion 60 Stadien von Jerusalem entfernt; da der Leichenzug wohl über Jerusalem geführt wurde, das nach 4, 474 150 Stadien von Jericho entfernt ist, könnte die Angabe von 200 Stadien für den Gesamtweg durchaus stimmen.

Anmerkungen zu Buch 2

[1] Nach ant. 17, 164 hatte Herodes den Matthias wegen des Vorfalls mit dem goldenen Adler abgesetzt und dafür den Joazar, den Bruder einer seiner Frauen, zum Hohenpriester ernannt.

[2] „Nahrung" ist hier sicherlich in übertragener Bedeutung gemeint, während es in der Parallelstelle ant. 17, 214 in eigentlichem Sinne verstanden werden muß: man brachte den Aufrührern reichlich Speise. Ricciotti z. St. sieht hier ein charakteristisches Beispiel für die Freiheit, mit der Josephus seine Quelle interpretiert.

[3] Die Mutter des Archelaos war die Samaritanerin Malthake, vgl. § 39; 1, 562.

[4] Sabinus führte die Geschäfte des Kaisers in Syrien (ant. 17, 221); er sollte vor allem die fiskalischen Angelegenheiten nach dem Tode des Herodes regeln. Zu Varus, dem Legaten Syriens vgl. 1, 617 Anm. 274.

[5] Vgl. dazu 1, 646. 664; zu den hier verwendeten Termini siehe Gal. 3, 15.

[6] Gajus Caesar war Sohn der Julia und des Marcus Vipsanius Agrippa. Er wurde mit dem Oberbefehl über die Parther betraut (Suet. vit. Aug. 64, 7; Tac. ann. 4, 40) und starb 4 n. Chr. an einer Verwundung.

[7] Vgl. dazu § 89 und Lk. 13, 1.

[8] Ein Hippodrom in Jerusalem ist sonst nur noch in der Parallelstelle ant. 17, 255 erwähnt; seine genaue Lage ist unbekannt.

[9] Der Phasaelturm wird 5, 166—169 beschrieben; zu Phasael, dem Bruder des Herodes vgl· 1, 271 ff.

[10] Nach ant. 17, 264 hätte Sabinus selbst schon 400 Talente, abgesehen von der nicht mehr erreichbaren Beute, ganz offen dem Tempelschatz entnommen.

[11] Die hier und § 58. 63. 74 erwähnte Bezeichnung der Truppe (Sebastener) fehlt in den dazu gehörenden Parallelen der Antiquitates.

[12] Zu Achiab vgl. 1, 662.

[13] Zu Ezechias und der Bezeichnung λῃστής vgl. 1, 204 Anm. 106.

[14] Simon wird auch Tac. hist. 5, 9 erwähnt: post mortem Herodis...Simo quidam regium nomen invaserat; is a Quintilio Varo obtinente Suriam punitus.

[15] Nach ant. 17, 274 wurde nur einer der drei in Jericho befindlichen Paläste niedergebrannt. Zu den Ausgrabungen der herodianischen Bauten bei Jericho vgl. J. L. Kelso, Excavations at New Testament Jericho 1955, bes. 10—19.

[16] Betharamtha ist eine aramäische Form für Beth-Haram (Josua 13, 27). Es wurde von Antipas wieder aufgebaut und zu Ehren der Kaiserin „Livias", später „Julias" genannt. Es ist das heutige tel-er-rame am wadi hesban im Ostjordanland, etwa auf der Höhe von Jericho gelegen.

[17] Emmaus ist das heutige amwas, etwa 30 km westlich von Jerusalem (vgl. 1. Makk. 3, 40). Es wird häufig mit dem Emmaus von Lk. 24, 13 gleichgesetzt, wobei dann dort 160 statt 60 Stadien gelesen werden.

[18] Arus ist vielleicht das heutige haris, etwa 20 km südlich von Samaria (F. M. Abel a. a. O. Bd. I, 413; Ricciotti z. St.).

[19] Sampho (Sappho), heute saffa, liegt etwa 10 km nordöstlich von Emmausamwas.

[20] Joseph war der Sohn des in Jericho gefallenen Herodesbruders Joseph (vgl. 1, 324 f.; ant. 18, 134).

[21] Der Tempel des Apollo auf dem Palatinus wurde im Anschluß an die Schlacht bei Actium errichtet, wo ein altes Apolloheiligtum stand. Mit dem Palatinus-Tempel war auch eine große Bibliothek verbunden (Dio Cass. 53, 1; Suet. vit. Aug. 29).

[22] Nach Th. Reinach, Fontes rerum Judaicarum, 1895, 85 ff. war auch eine Gesandtschaft hellenistischer Städte in Rom, die um ihre Freiheit kämpften. Nikolaos gab dem Archelaos den Rat, ihnen zu willfahren.

²³ Josephus denkt hier wohl an eine zweite Welle der Rückwanderung unter Nehemia oder Esra in der Zeit des Artaxerxes I. Longimanus (465—424); vgl. ant. 11, 120 ff.

²⁴ Ein Ort dieses Namens ist sonst nicht bekannnt. Man nimmt daher allgemein eine Verschreibung an, entweder aus Jamnia (so auch einige Handschriften; damit wäre ein galiläischer Ort gemeint, vgl. vita 37) oder aus Panias, dem späteren Caesarea Pilippi, das zum Gebiet des Zeno (= Zenodorus: 1, 398) gehörte. Zum Ganzen vgl. ant. 17, 189; dort ist neben Gaulanitis, Trachonitis und Batanea dem Philippus im Testament des Herodes auch Panias zugedacht. Schürer I⁴ 425 Anm. 2 denkt daran, daß statt Innano (bzw. Inan oder Jamnia) Πανειάδα gelesen werden müsse. Das Gebiet von Panias hätte die Jordanquellen umfaßt. Insofern ist die Angabe in Lk. 3, 1 zu beachten, daß Philippus auch über Ituräa geherrscht habe. Die Landschaft Panias bildete freilich nur ein kleines Stück des ehemaligen Ituräerreiches. Kohout z. St. vermutet auf Grund von Strabo 16, 2, 20 ein Ituräa im Hauran.

²⁵ Nach ant. 17, 320 waren es 600 Talente.

²⁶ Die beiden Töchter sind wohl Roxane und Salome, vgl· 1, 563.

²⁷ Melos ist eine Insel nördlich von Kreta; auf den griechischen Inseln wohnten nach 1. Makk. 15, 23 viele Juden (vgl. ant. 17, 327; Schürer III⁴ 57).

²⁸ Dikaiarchaia ist der griech. Name für Puteoli, auch Paulus ging dort an Land (Apg. 28, 13). Zu den dort wohnenden Juden vgl. 17, 328 und Schürer III⁴ 67.

²⁹ Nach ant. 17, 342; vita 5; Dio Cass. 55, 27 hat Archelaos ein zehntes Jahr seiner Regierung erreicht. Vienna, in der Provinz Gallia Narbonnensis, liegt am linken Rhoneufer (Dio Cass. a. a. O.; Strabo 16, 2, 46; zur Frage der jüdischen Bevölkerung in Vienna vgl. Schürer III⁴ 69).

³⁰ Weissagende Essener treten bei Josephus auf in 1, 78—80; ant. 13, 311—313; 15, 371—379. Wie § 112 f. zeigt, sind Traumdeutung und Vorhersage der Zukunft bei den Essenern stark an die heilige Schrift gebunden (vgl. dazu § 159, wo Josephus die Gabe der Prophetie bei den Essenern mit ihrem Schriftstudium in Beziehung setzt). § 112 f. ist ein essenischer Midrasch zu Gen. 37, 6 ff.; 40, 16 ff.; 41, 22 ff. Zur essenischen Prophetie vgl. O. Michel, Spätjüdisches Prophetentum in Neutestamentliche Studien für R. Bultmann, 1954, 60—66; zum Rabbinat L. Ehrlich, Der Traum im Talmud, ZNW 47, 1956, 133—145.

³¹ Juba von Lybien (= Mauretanien) hat 6 n. Chr. noch gelebt. Er hat wahrscheinlich Glaphyra fortgeschickt.

³² Die Heirat mit der Frau des toten Bruders galt als ungesetzlich, wenn sie schon Kinder hatte (Lev. 18, 16).

³³ Das bisher dem Archelaos unterstellte Gebiet wurde in die dritte Klasse der kaiserlichen Provinzen eingereiht, die einen Statthalter aus dem Ritterstand als Prokurator (ἐπίτροπος, bisweilen ἔπαρχος oder ἡγεμών) erhielt (Strabo 17, 3, 25). Es war dem Legaten von Syrien insofern unterstellt, als dieser in Fällen der Not mit seiner höheren Gewalt eingreifen sollte (ant. 17, 355; 18, 2; Schürer I⁴ 454 — 456). Der Legat Syriens war zur Zeit dieser Neuordnung Judäas P. Sulpicius Quirinius, der die Aufgabe hatte, die administrativen Unterlagen für seine Provinz zu schaffen und deshalb die Schätzung durchführte, die den Aufstand der Juden veranlaßte (vgl. § 433; 7, 253; ant. 17, 355; 18, 1).

³⁴ Judas, der Galiläer (vgl. Apg. 5, 37), der Begründer der zelotischen Partei (§ 433. 651; 4, 160 f. 302 ff.; ant. 18, 4 ff. 23—25), stammte nach ant. 18, 4 aus Gamala in der Gaulanitis (vgl. 4, 2), galt aber als Galiläer, weil er sich meist in Galiläa aufhielt. Die Lehre der Zeloten ist in ant. 18, 23—25 dargestellt; dort bezeichnet Josephus diese Gruppe als die vierte der jüdischen Religionsparteien (Philosophien). Von den Pharisäern unterscheiden sich die Zeloten durch die Art des Eifers, der allerdings nicht einfach patriotischen Gefühlen entspringt, sondern auf die radikale Befolgung der Thora dringt; Vorbild dafür sind besonders die

Makkabäer (vgl. 1. Makk. 2). Zur Charakteristik der zelotischen Ideale ist auch Hippolyt Elenchos 9, 26 heranzuziehen; dort sind sie allerdings im Rahmen der Beschreibung der Essener erwähnt. — Zur Anerkennung eines Herrn „nach Gott" (μετὰ τὸν θεόν) : μετά scheint hier nicht zeitlich, sondern wertmäßig gemeint zu sein. Vgl. dazu die Feststellung des Hippolyt Elenchos 9, 26, die die Notiz des Josephus zu interpretieren scheint: ἕτεροι δὲ αὐτῶν οὐδένα κύριον ὀνομάζουσι πλὴν τὸν θεόν. Zum Ganzen vgl. W. R. Farmer, Maccabees, Zealots and Josephus, 1956.

[35] Darstellungen der drei jüdischen Religionsparteien gibt Josephus auch ant. 13, 171—173; 18, 11—22; zu den Schilderungen einzelner essenischer Persönlichkeiten vgl. § 113 Anm. 30. Der in § 119—161 gegebene Bericht ist bei weitem der ausführlichste; Josephus verweist ant. 18, 11 ausdrücklich auf ihn. Hippolyt hat ihn übernommen und mit einigen Zusätzen versehen (Elenchos 9, 18—28), ebenso Porphyrius de abstinentia 4, 11—13. Die älteste Darstellung der Essener gibt Philo in seiner Schrift Quod omnis probus liber sit (12—13 = § 75—91); ein weiterer Bericht Philos findet sich in einer „Apologie" für die Juden, von welcher der die Essener behandelnde Teil bei Euseb. Praep. ev. 8, 11, 1—18 erhalten ist. Außerdem hat Plin. hist. nat. 5, 17 eine wichtige Notiz über die Essener, die von Dio Chrysostomos (vgl. K. Treu, Synesius von Kyrene, ein Kommentar zu seinem „Dion", Texte und Untersuchungen zur Geschichte der altchristl. Literatur 71, 1958, 42 f.) und von Solinus Polyhistor (35, 7—10) verwertet ist.
Die Notizen über die Essener bei Epiphanius (adv. haer. 1, 10, 28; 19, 39) sind verworren. Der von Euseb. hist. eccl. 2, 17 gegebene Bericht ist eine christianisierte Reproduktion von Philos Schilderung der Therapeuten (de vita contemplativa). Zum Ganzen vgl. Ch. D. Ginsburg, The Essenes, 1864, Neudruck 1956, 31—58; zu Philo und Josephus H. Braun, Spätjüdisch-häretischer und frühchristlicher Radikalismus I, 1957, 67—89.
Daß Josephus selbst den Essenern eine Zeitlang angehört hat, sagt er vita 2; im Anschluß daran will er 3 Jahre bei dem Eremiten Banos gewesen sein, der wie die Essener heilige Waschungen vollzog (ebda.). Die jüdischen Religionsparteien erscheinen auch ant. 18, 11. 23 als philosophische Richtungen (φιλοσοφίαι). In vita 2 sagt Josephus, die Pharisäer seien den Stoikern ähnlich, in ant. 15, 371, die Essener hätten bei den Griechen von Pythagoras gelehrte Lebensweise. Josephus macht dabei Konzessionen an sein hellenistisches Publikum, durch die auch sonst seine Darstellung gefärbt ist. In ant. 13, 171 werden die religiösen Richtungen der Juden als αἱρέσεις bezeichnet.

[36] Josephus gebraucht — allerdings seltener — auch die Bezeichnung Ἐσσαῖοι, die Philo ausschließlich verwendet. Er will an unserer Stelle offenbar den Namen der Essener mit ihrem heiligen Wandel in Verbindung bringen; Philo sagt, daß dieser — jedoch in sprachlich nicht korrekter Weise — von ὁσιότης abzuleiten sei (quod omnis probus § 75, vgl. Apologie 1). Vor allem im 19. Jhdt. bemühte man sich um eine sprachliche Deutung dieses Namens; eine gute Übersicht darüber gibt Ch. D. Ginsburg a. a. O. 27—30). Sprachlich richtig ist die Ableitung des Namens „Essener" von dem aramäischen hassaja = die Frommen; diese Bezeichnung wurde wohl nur im Munde von Außenstehenden für die Sekte gebraucht. Sachlich haben jedoch Philo und Josephus durchaus recht (vgl. dazu auch K. G. Kuhn, The Lord's Supper and the Communal Meal at Qumran, in Kr. Stendahls Sammlung The Scrolls and The New Testament, 1957, 66).

[37] Die Urteile über die Ehelosigkeit der Essener sind nicht einheitlich. Nach ant. 18, 21 sind die Angehörigen dieser Sekte ohne Einschränkung ehelos, desgleichen nach Plinius (sine ulla femina: hist. nat. 5, 17) und Philo (Apologie 14). Nach § 160 f. gibt es eine zweite Gruppe der Essener, die sich vom Hauptorden lediglich dadurch unterscheidet, daß in ihr die Ehe gestattet ist. Wahrscheinlich war die Masse der Essener ehelos, vor allem wo sie in einer geschlossenen Siedlung wohnte, wie in dem jetzt entdeckten Kloster Qumran. Die Ablehnung der Ehe entspringt der durch die hochgespannte eschatologische Erwartung bedingten Verallgemeinerung und Radikalisierung der priesterlichen Reinheitsvorschriften,

431

dazu der Überzeugung, daß man sich im heiligen Heerlager Gottes lebend wußte, weniger den an unserer Stelle von Josephus und Philo in Apologie 15 angegebenen psychologisierenden und stoisch klingenden Gründen. 1 QSa sieht — wahrscheinlich für die Endzeit — normale Familienverhältnisse vor, vgl. L. Rost, ThLZ 82, 1957, 667—672.

[38] Vgl. dazu ant. 18, 20. 22. Für die Gütergemeinschaft der Essener ist entscheidend die Forderung an den Priester, keinen Besitz und kein Erbteil zu haben, sondern Gott selbst als „Erbe und Besitz" zu betrachten (Hes. 44, 28; vgl. Test. Levi 2, 12). Auch nach Philo sind die Essener geld- und besitzlos (quod omnis probus § 76—77). Zur Übergabe des privaten Besitzes an die Gemeinschaft vgl. 1 QS 1, 11—13; 6, 19; ferner Apg. 2, 44; 4, 32—5, 11.

[39] Zum Vermögensverwalter vgl. ant. 18, 22; Philo Apologie 10, ferner den „Aufseher über die Arbeit der Vielen" (1 QS 6, 20).

[40] Die Zahl der Essener wird in ant. 18, 20 mit 4000 angegeben, bei Philo sind es „mehr als 4000" (quod omnis probus § 75). Nach Philo Apologie 1 bewohnen die Essener viele Städte Judäas, während sie nach seinem Bericht in quod omnis probus § 76 und nach Hippolyt Elenchos 9, 26 die Städte meiden. Wenn auch die Wohnweise an verschiedenen Orten Palästinas durch die Damaskusschrift und die Sektenregel bestätigt wird, so hatte doch andererseits die Sekte in dem heutigen Khirbet Qumran ihr Zentrum. Die im Zusammenhang mit den Höhlenfunden ausgegrabene Siedlung liegt auf einer angeschütteten Terrasse am Gebirgsfuß, nördlich vom Abfluß des Wadi Qumran. Auf dieser Terrasse ist eine durch kleine Seitentäler des Wadi isolierte Fläche entstanden. Sie bot für eine Ortssiedlung genügend Raum, ließ sich leicht verteidigen und ermöglichte wegen ihrer immerhin höheren Lage ein etwas angenehmeres Leben, als dies auf dem Niveau des Jordangrabens möglich gewesen wäre (vgl. M. Noth, Der alttestamentliche Name der Siedlung auf Khirbet Qumran, ZDPV 71, 1955, 111—123). Die Wasserversorgung konnte durch die 2 km südlich gelegene ʿain fesha erfolgen, ferner durch die Ausnutzung des unmittelbar westlich von der Siedlung in Regenzeiten als Wasserfall herabstürzenden Wassers des Wadi Qumran.

Auf Grund der Besiedlungsreste aus dem 8.—7. Jahrhundert v. Chr. hat M. Noth das heutige Qumran, mit dem Josua 15, 62 erwähnten ʿir hammēlāh (= Salzstadt) identifiziert. Wahrscheinlich ist dieser Name Abkürzung für „Salzmeerstadt", da das Tote Meer Gen. 14, 3; Josua 18, 19 „Salzmeer" genannt wird.

[41] Nach Philo quod omnis probus § 78 stellen die Essener selbst keine Waffen her. Dagegen spricht allerdings die ausführliche Schilderung der Waffen und Waffenbearbeitung in 1 QM 5, 3—14.

[42] Diese Haltung erklärt sich wohl aus der strengen Disziplin der Sekte (vgl. dazu die Strafbestimmungen 1 QS 6, 24—7, 25; 8, 20—9, 2); vielleicht ist auch die ängstliche Furcht vor Verunreinigung dafür maßgebend (vgl. § 150).

[43] Diese Regelung gilt wohl besonders für die außerhalb des Klosters in der Diaspora lebenden Ordensmitglieder, die man als „Tertiarier" bezeichnen kann, oder für die Novizen, die noch im Besitz privater Güter sind (vgl. A. Dupont-Sommer, Les Esséniens, Evidences, März 1956, 28).

[44] Nach den essenischen Quellen ist die Sonne Repräsentation der erleuchtenden und heiligenden Kraft des göttlichen Geistes und Gottes selbst. Der Beter in den Hodajoth kann Gott dafür danken, daß ER ihm das Antlitz erleuchtet und ihm erscheint wie die Morgenröte, die beständig die Menschen erhellt (1 QH 4, 5. 23); vermutlich handelt es sich hier um ein Morgengebet. In 1 QS 2, 3 erscheint der aaronitische Segen Nu. 6, 24—26 abgewandelt: der Text sagt nicht mehr, daß Gott Sein Antlitz über den Beter leuchten lassen sondern, daß Er dessen Herz mit lebendiger Einsicht erleuchten soll (vgl. auch 1 QS 11, 5). Josephus drückt sich an unserer Stelle mißverständlich aus, sodaß der Eindruck entstehen kann, als verehrten die Essener die Sonne als göttliches Wesen. Solche unberechtigten Gleichsetzungen finden sich bei antiken Historikern auch sonst. So wird z. B. Mithras, der im Awesta zwar in enger Beziehung zur Sonne steht, aber doch eine deutlich

von ihr unterschiedene Gestalt ist, bei Herodot (1, 131) und vor allem bei Strabo (15, 3, 13) sowie Hesychius (Lex. s. v. Mithras) mit der Sonne gleichgesetzt (vgl. dazu G. Widengren, Hochgottglaube im alten Iran, 1938, 94 ff.). Da die Mithrasreligion im Imperium Romanum weit verbreitet war, mag es sein, daß Josephus seine Diktion an dieser Stelle ihrer Anschauung angeglichen hat.
A. Dupont-Sommer sieht im Gebet zur Sonne ein unjüdisches, typisch essenisches Merkmal der Frömmigkeit (εὐσεβεῖς ἰδίως § 128). Obwohl er auf Grund der Qumrantexte davon überzeugt ist, daß die Sonne für die Essener lediglich Symbol und Gegenwart Gottes bedeutet, hält er doch an der schon von E. Zeller, Die Philosophie der Griechen Bd. III 2⁵, 1923, 334 ff. 368, vgl. 171) vertretenen These vom pythagoreischen Einfluß auf die essenische Sonnenverehrung fest (Le problème des influences étrangères sur la secte juive de Qoumrân, RHPR 35, 1955, 87—89). Daß Josephus bei der Sonne an Gott selbst denkt, zeigt die Tatsache, daß er in § 148 von den „Strahlen des Gottes" (αὐγαὶ τοῦ θεοῦ) spricht, die man nicht beleidigen darf; er interpretiert damit Dt. 23, 15, wo es heißt, daß Jahwe selbst mitten durch das Lager gehe. E. Zeller gibt zu dieser letzten Stelle eine Parallele aus den Pseudoklementinen, wo gesagt wird, daß keiner der Ebjoniten nackt dastehen dürfe, des „Himmels wegen, der alles sieht" (Hom. 15, 7 Schluß). Der Begriff „Himmel" vertritt wohl wie das hebräische schamaim an dieser Stelle Gott selbst. Im Alten Testament wird Gott als Sonne bezeichnet in Ps. 27, 1; 118, 27; Jes. 60, 20; Micha 7, 8. Gott ist Licht nach 1. Joh. 1, 5, Christus nach Joh. 1, 9 ff.; 8, 12; vgl. Off. 21, 23. Nach W. H. Brownlee haben die Essener bei ihrem Gebet zur Sonne diese als Symbol des priesterlichen Messias angesehen; er weist dabei auf Test. Levi 18, 2 ff. und 1 QS b 4, 27 f. hin, wo der Priester der Endzeit einem großen Stern bzw. Licht verglichen wird (Messianic Motifs of Qumran and the New Testament, NTS 3, 1957, 202 f.).

⁴⁵ Zur Arbeit der Essener vgl. Philo quod omnis probus § 76; Apologie 8 f.: Die Essener sind vor allem Handwerker und Bauern, dazu treiben sie Vieh- und Bienenzucht. Zu den Ausgrabungen der handwerklichen Betriebe in Qumran siehe R. de Vaux, Fouilles de Khirbet Qumran, RB 63, 1956, 549 ff.

Neben der hierarchischen Gliederung der Sekte (§ 150) bestand eine Rangordnung innerhalb der einzelnen Klassen, die jährlich neu festgelegt und bei allen Versammlungen der Gesamtgemeinde eingehalten wurde (vgl. dazu 1 QS 6, 22; 2, 21—23; 5, 23—25). Zu der Rangordnung beim Mahl, die sogar in der messianischen Zeit eingehalten wird, vgl. 1 QS a 2, 11—22. Auch Jesu Jünger denken an eine bestimmte Rangordnung im Gottesreich (Lk. 22, 24—30).

⁴⁷ Die Tatsache, daß es für alle nur einziges Gericht gibt, ist Kennzeichen der einfachen und einheitlichen Lebensordnung der Essener. So war die Kürzung der Essensration um ein Viertel eine empfindliche zusätzliche Strafe bei zahlreichen disziplinaren Verstößen (1 QS 6, 24—7, 25).

⁴⁸ Das Mahl ist heilig und steht an der Stelle eines Opfers. Nach ant. 18, 22 wird es von Priestern zubereitet. Das Gebet vor dem Mahl, bei dem nach 1 QS 6, 4 f. der Priester die Hand ausstreckt und vor dem niemand eine Speise anrühren darf, bedeutet wohl gleichzeitig die Darbringung der Gaben an Gott, wie beim Opfer, als erster am Mahl beteiligt wird. Was die Gemeinde verzehrt, entspricht dem Anteil der Priester an den Opfergaben.

⁴⁹ Der Wechsel der Gewänder ist durch die Auffassung bedingt, daß die Mahlzeit ein Opfer und der Speisesaal einen heiligen Bezirk darstellt und daß die Essener einen priesterlichen Dienst verrichten. Denn der Priester hat vor dem Eintritt in den Innenhof des Tempels seine linnenen Gewänder anzuziehen, die er nachher wieder ablegt, weil sonst etwas von der den heiligen Kleidern anhaftenden Qualität auf die profane Außenwelt übertragen werden könnte (vgl. Hes. 44, 17—19). Die Ausweitung des priesterlichen Handelns hat in der Qumransekte keine Veränderung der ständischen Struktur zur Folge, sodaß der Unterschied zwischen Klerus und Laien aufgehoben und ein allgemeines Priestertum im Sinne von Ex. 19, 6; 1. Petr. 2, 9 eingerichtet würde. Auch bleiben für Priester und Le-

viten besondere Privilegien und Funktionen vorbehalten, nur wird die Gemeinde in einen allgemeinen priesterlichen Dienst einbezogen.

[50] Die „Fremden" sind unterwegs befindliche Essener, die aus Reinheitsgründen nur bei den „heiligen Männern" der Sekte Speise und Unterkunft finden können (vgl. 1 QS 5, 16 f. und § 143).

[51] Das Schweigen beim Mahl erklärt sich aus dessen Heiligkeit; die in einer bestimmten Ordnung geführten Gespräche gehören wohl zur Sitzung der Vollmitglieder, die in 1 QS 6, 8—13 beschrieben wird und vielleicht im Anschluß an die abendliche Mahlzeit im Speisesaal stattgefunden hat.

[52] Das bezieht sich wohl darauf, daß eine Hilfeleistung für straffällig gewordene Essener nicht erlaubt ist (vgl. § 143).

[53] Das Verbot, leiblichen Verwandten etwas zu geben, ist hauptsächlich darin begründet, daß an die Stelle der leiblichen Verwandtschaft die geistliche Familie tritt; mit den leiblichen Verwandten hat man darum nichts mehr zu schaffen.

[54] Die lapidare Sprechweise des griech. Textes erinnert an semitische Nominalsätze; zum Verbot des Zorns vgl. 1 QS 5, 25 f.; 6, 26 f.; ähnlich zur Barmherzigkeit bzw. Liebe 1 QS 1, 9; 4, 5; zur Demut 1 QS 4, 5 f.; 5, 3. 25.

[55] Das Verbot des Eides bezieht sich jedoch nicht auf den Eid beim Eintritt in die Sekte (vgl. § 139. 143; dazu 1 QS 5, 8—11; CD 15, 8—10. 12; 16, 1 f. 4 f; 1 QH 14, 17 f.). Zur Eidesleistung siehe ferner CD 16, 6—12. Nach ant. 15, 371 befreite Herodes die Essener von dem Eid, den seine Untertanen leisten mußten (vgl. 1, 571 Anm. 264).

[56] Dabei sind wohl vor allem die Heiligen Schriften gemeint, die von den Essenern besonders gründlich studiert wurden. Nach 1 QS 6, 6 befindet sich schon in der Zehnergruppe ein hauptamtlicher Schriftforscher, der auf Grund von Josua 1, 8; Ps. 1, 2 bei Tag und Nacht beständig in der Thora forscht. Auch die übrigen Vollmitglieder der Sekte bleiben den dritten Teil jeder Nacht wach, um die Schrift zu studieren (1 QS 6, 7). Philo sagt, daß die Essener „die väterlichen Gesetze als Lehrmeister benutzen" (quod omnis probus § 80) und daß sie am Sabbat aus den Schriften vorlesen und sie anschließend auslegen (a. a. O. § 82).

[57] Die Erforschung von Pflanzen und Steinen zu Heilzwecken wird durch die bisher gefundene Zeugnisse der Qumransekte nicht bestätigt. Daß die Essener solche Heilpraktiken übten, ist jedoch sehr wahrscheinlich. So schildert das Jubiläenbuch, von dem man mehrere Fragmente in den Höhlen von Qumran gefunden hat, wie die guten Engel Gottes den Noah über alle Mittel der Dämonen unterrichten, mit denen sie Menschen krank machen, und dazu auch, wie man ihnen mit Kräutern der Erde heilend entgegenwirken kann. Noah hätte alle diese Angaben in ein Buch geschrieben (Jub. 10, 12 f.). Umgekehrt übermittelten nach äth. Hen. 7, 1 (vgl. 8, 3) die gefallenen Engel den von ihnen verführten Frauen die Kenntnis von Zaubermitteln, Beschwörungen, Wurzelschneiden und machten sie mit Pflanzen bekannt. De Rosse, Gförer, Herzfeld u. a. wollten den Namen „Essener" von dem aramäischen 'asi'a = Arzt (θεραπευτής) ableiten, vgl. dazu Ch. D. Ginsburg, The Essenes, 1864, Neudruck 1956, 29.

[58] Das weiße Gewand ist nicht von den Pythagoreern übernommen, die auch solche weißen Kleider trugen (vgl. A. Dupont-Sommer, Evidences, März 1956, 29 Anm. 13). Vielmehr ist Weiß die bevorzugte Farbe des Priesters (K. Galling, BR, 1937, Sp. 429; vgl. Ex. 28, 39—42. Auch das Leinen ist für die Priester vorgeschrieben (Lev. 6, 10; 16, 4; Hes. 44, 17 f.; vgl. § 123. 129). Der Zweck der kleinen Axt (Hacke) erhellt aus § 148; fremdländische Herkunft braucht bei alledem nicht angenommen zu werden (vgl. A. Dupont-Sommer a. a. O. 29 Anm. 11).

[59] Zur Ordnung des Noviziats vergleiche die Bestimmungen 1 QS 6, 13—23, die mit dem Bericht von Josephus weitgehend übereinstimmen. Dort erfolgt die Zulassung zum Reinigungsbad und der Einzug des Vermögens nach Ableistung des ersten vollen Novizenjahres (1 QS 6, 19 f.). Die letzte Stufe des Novizenweges ist die Teilnahme am „Trank der Vielen", der wohl mit Sitz und Stimme im

Rat der Vollmitglieder verbunden ist (1 QS 6, 20—23). Der Terminus πρόσεισιν ἔγγιον entspricht dem hebräischen arab in 1 QS 6, 16, und die Prüfung hinsichtlich des Charakters (τὸ ἦθος) der Befragung nach „Einsicht und Taten (in) der Thora", die durch die Vollversammlung vollzogen wird (1 QS 6, 18).

[60] Nach 1 QS 5, 7—10 gibt es nur *einen* Eid beim Eintritt in die Sekte: die Verpflichtung zur Rückkehr zur Thora Moses (vgl. dazu CD 15, 8—10. 12; 16, 1 f. 4 f.). Sie ist die Norm für das Leben in der Sekte, allerdings in der Weise, wie sie von deren Autoritäten, den Priestern und den Vollmitgliedern, der Laienschaft ausgelegt wird (1 QS 5, 8—10). Die von Josephus in § 139—142 aufgezählten inhaltlichen Forderungen des Eintrittseides entsprechen am ehesten den in 1 QS 1, 1—15 aufgestellten Grundpflichten, die im Rahmen des Zeremoniells des Bundeseintritts dem Gesetzesvortrag beim altisraelitischen Bundesfest zu vergleichen sind. — εὐσεβήσειν τὸ θεῖον entspricht der Pflicht, „Gott zu suchen von ganzem Herzen und von ganzer Seele" (1 QS 1, 1 f. ist so zu ergänzen; beachtenswert ist, in welcher Weise das Sch^{e}ma interpretiert wird!); zu μισῆσειν ... τοὺς ἀδίκους καὶ συναγωνιεῖσθαι τοῖς δικαίοις vgl. die Wendung: „Zu lieben alle Kinder des Lichts, jeden nach seinem Los in dem Rat Gottes, und zu hassen alle Kinder der Finsternis, jeden nach seiner Schuld" (1 QS 1, 9 f.; vgl. auch 1 QS 9, 21 f.). Hippolyt Elenchos 9, 23 hat dazu folgende Variante: Niemanden zu hassen, weder einen Ungerechten noch einen Feind, sondern für sie zu beten und gemeinsam mit den Gerechten zu streiten"; vgl. dagegen 1 QS 10, 20 f.: „Ich werde nicht im Zorn beharren gegenüber denen, die umkehren von der Sünde, aber kein Erbarmen habe ich mit allen, die vom Weg abweichen".

[61] Der Gehorsam gegenüber den Vorgesetzten der Sekte steht außer Frage (vgl. § 126); hier dürfte darum die Haltung zur weltlichen Obrigkeit gemeint sein. In den bisher bekannten Qumranschriften findet sich dazu allerdings keine direkte Anweisung dieser Art; jedoch soll der Sektenangehörige dem Menschen außerhalb der Gemeinde mit einer innerlich unbeteiligten und demütigen Haltung begegnen, wie ein Sklave seinem Herrn (1 QS 9, 22 f.). Dieses Auftreten ist durch den Eifer bedingt, die göttlichen Gebote zu erfüllen, das Endgericht im Auge zu behalten und nur so zu handeln, wie es Gott wohlgefällt (1 QS 9, 23—25).

In ant. 15, 374 f. sagt der Essener Manaemos dem jungen Herodes, daß er von Gott der Königsherrschaft gewürdigt sei, hält ihm jedoch dabei in einem kleinen Regentenspiegel vor, daß Liebe zur Gerechtigkeit und Frömmigkeit, ferner Milde den Untertanen gegenüber die Tugenden des Herrschers sind.

Bei Philo, dem die Essener zur Illustration des Themas von der Freiheit des Menschen dienen, wird die Abneigung gegen Herren und Sklavenhalter philosophisch begründet. Die Despoten verstoßen einmal gegen die Gerechtigkeit, da sie die Gleichheit aller Menschen verletzten, und zum anderen gegen die göttliche Ordnung der Natur, die wie eine Mutter alle Menschen als Gleiche geboren und ernährt hat. Aus diesem Grunde kennen die Essener keine Sklaven, denn alle sind frei und dienen einander (quod omnis probus § 79; vgl. dazu ant. 18, 21). Die Essener genießen nach Philo die hohe Achtung weltlicher Herrscher (quod omnis probus § 89—91); vielleicht ist bei diesem Urteil die von Josephus berichtete Achtung des Herodes vor den Essenern verallgemeinert (ant. 15, 371 ff.).

[62] Im Sektenkanon kommt es auf das Tun der Wahrheit an (1 QS 1, 5; 5, 3). Die Wahrheit (emet) ist in den Qumranschriften und vor allem im Sektenkanon Inbegriff der göttlichen Offenbarung und des rechten Wandels; sie kennzeichnet den Bereich des Lichts im Gegensatz zur Lüge, die mit der Finsternis identisch ist (1 QS 3, 14—4, 26). Zur Wahrheitsliebe in dem von Josephus gemeinten Sinn vgl. die Stelle im Gebet 1 QS 10, 22: „Lüge findet sich nicht auf meinen Lippen"; vgl. dazu auch die harte Bestrafung einer falschen Angabe 1 QS 6, 24 f.

[63] In der Sekte werden absolute Ehrlichkeit bei der Angabe des eigenen Vermögens (1 QS 6, 24 f.) und sorgfältige Behandlung des Gemeineigentums verlangt (1 QS 7, 6—8). In der Damaskusschrift werden die priesterlichen Gegner der Sekte

des unrechten Gewinns an Tempelabgaben und Gelübden beschuldigt. Unrechter Besitz ist unheilig und gefährdet die Reinheit der Sekte (CD 6, 15—17). Verwandt ist die Auffassung des Evangelisten Johannes, nach der der Jünger Judas Ischarioth im Verdacht steht, das gemeinsame, Gott geweihte Vermögen zu veruntreuen (Joh. 12, 6).

[64] Es geht hier vor allem um die beim Thorastudium gewonnene Einsicht in Gottes Willen und Plan, die den Sektenangehörigen mitgeteilt, der Außenwelt gegenüber jedoch verschwiegen werden muß (vgl. dazu 1 QS 8, 11 f.; 9, 13—20; 10, 24 f.).

[65] Das Verbot der Räuberei wirkt an dieser Stelle überraschend, vor allem, weil kurz davor (§ 141) das Verbot des Diebstahls ausgesprochen ist. Ricciotti z. St. denkt mit Recht an die politische Bedeutung, die der Begriff ληστής bei Josephus haben kann (vgl. 1, 10. 204. 209). Damit wäre hier das Verbot eines gewaltsamen Aktes gegen die Obrigkeit und insbesondere die Fremdherrschaft der Römer ausgesprochen, wie er bei den Zeloten und Sikariern befürwortet wird. Ricciotti macht dagegen allerdings selbst geltend, daß die Essener am Jüdischen Krieg beteiligt waren, wie ihr Ende zeigt (vgl. § 152 f.), sowie die Tatsache, daß nach § 567 Johannes der Essener einer der Führer im Jüdischen Krieg war. Vielleicht ist hier mit ληστεία jeder gewaltsame Übergriff und Aufstand gemeint, der außerhalb des von den Essenern erhofften und vorbereiteten heiligen Krieges der Endzeit steht. Auch das Beutemachen und Plündern gehört dazu; Josephus verbietet es seinen Soldaten in Galiläa: ihre Manneszucht soll sich daran bewähren, daß sie von ihren Bosheiten ablassen, nämlich Diebstahl, Raub und Plünderung (§ 581). In CD 6, 16 wird verboten, die Armen des Gottesvolks zu berauben (ligzol). E. Kutzsch, ThLZ 81, 1956, Sp. 495—498 denkt daran, daß von Josephus oder seiner Quelle die Stelle 1 QS 8, 17 falsch übertragen worden sei. Der Sektenkanon verbiete dort die absichtliche Entfernung (jasir bejjad ramah) irgendeiner gesetzlichen Bestimmung; das habe man dann als Verbot des gewaltsamen Raubes mißverstanden. Wahrscheinlich muß jedoch an dieser Stelle, wie in W. H. Brownlees Ausgabe des Textes, das Qal jasor gelesen werden. Kohout z. St. bezieht ληστεία auf die Unterschlagung ganzer Bücher oder einzelner Teile.

[66] Engelnamen sind in den Qumranschriften bis jetzt nicht so häufig anzutreffen, wie man nach dieser Bemerkung des Josephus erwarten könnte. Es besteht jedoch kein Grund dazu, an ihrer Richtigkeit zu zweifeln, zumal die Engelnamen in dem der Sekte verwandten bzw. zu ihr gehörigen apokryphen Schrifttum dieser Zeit eine große Rolle spielen (vgl. äth. Hen. 6—10; 20; 40 u. a.). Die Namen der Engel Michael, Gabriel, Sariel, Raphael werden nach der Kriegsrolle auf die Schilde der „Türme" geschrieben (1 QM 9, 15 f.); der Engel Michael ist besonders wichtig für die Kriegführung der Kinder des Lichts (1 QM 17, 6 f.).

[67] Der Begriff τάγμα (vgl. auch § 160; bemerkenswert ist der militärische Charakter) entspricht dem hebräischen serech im Sektenkanon, der Damaskusschrift und der Gemeinderegel. Wie τάγμα bezeichnet serech beides: die „Ordnung, Regel" und die durch sie bestimmte Gruppe von Menschen (vgl. 1 QS 1, 1. 16; 5, 1; 6, 8 u. a.; dazu 1 QS 2, 20 f.).

[68] Zur Strafe der Exkommunikation vgl. 1 QS 7, 1 f. 16 f. 24 f.; 8, 22 f.; 9, 1). Der Bestrafte wagt nicht, seine Reinheit durch den Verkehr mit der unreinen Außenwelt aufs Spiel zu setzen. Er braucht sie, um beim nah bevorstehenden Endgericht bestehen zu können. Als Außenstehender (ἄλλος) gilt auch der nicht zur Sekte gehörige Jude.

[69] Daß die Essener eine eigene Strafgerichtsbarkeit besaßen, zeigt der in 1 QS 6, 24—7, 25 überlieferte Codex von Strafbestimmungen. Die von Josephus erwähnte Mindestzahl von 100 zur Rechtsprechung versammelten Männern wird nirgends erwähnt. Nach 1 QS 2, 21 ist jedoch die Hundertergruppe eine der Einheiten der Sekte, die wie die Makkabäer (vgl. 1. Makk. 3, 55 ff.) die Ordnung des israeliti-

schen Heerbanns übernommen hat. Die Rechtsfälle wurden in der „Sitzung der Vielen" (d. h. der Vollmitglieder) behandelt (1 QS 6, 8 f. 23; vgl. 6, 7).

[70] Unter dem Gesetzgeber ist wohl Mose zu verstehen, da die Thora, auf die man beim Eintritt in die Sekte eidlich verpflichtet wird, „Thora Moses" genannt wird (1 QS 5, 8). Das einzige Vergehen, das im Sektenkanon mit der Todesstrafe bedroht wird, ist, anders als bei Josephus, der Fluch „im Namen des Hochgeehrten", d. h. wohl Gottes, 1 QS 6, 27 (vgl. zur Verfluchung des Gesetzgebers § 152). A. Dupont-Sommer vermutet, mit dem Gesetzgeber sei der Lehrer der Sekte gemeint und verweist auf die hohe Autorität des Pythagoras bei den Pythagoreern (Evidences, März 1956, 30).

[71] Zu den πρεσβύτεροι vgl. die zekenim, die im Rahmen der Ordnung der Vollversammlung als zweiter Stand hinter den Priestern aufgeführt sind (1 QS 6, 8); zur Achtung vor den Alten (auch im biologischen Sinn) vgl. Philo quod omnis probus § 87. — Die πλείονες entsprechen einmal dem Begriff rob, mit dem die vollberechtigte Laienschaft der Sekte bezeichnet ist (1 QS 5, 2. 9), zum andern den rabbim, d. h. dem Gremium aller Vollmitglieder der Sekte, einschließlich der Priester und Ältesten (1 QS 6, 8). W. Huppenbauer meint, daß beim Begriff rabbim auch die Bedeutung „Lehrer, Meister" anklinge (Theol. Zeitschr. 13, 1957, 136).

[72] Die Zehnergruppe ist die kleinste, von einem Priester geführte und zu gemeinsamem Mahl und zur Beratung verpflichtete Einheit der Sekte (1 QS 6, 3—8; CD 13, 1—7). Zur Ordnung des Gesprächs bei den Sitzungen vgl. 1 QS 6, 10—13; dabei besonders 1 QS 6, 11, wonach keiner etwas sagen darf, wenn er dazu nicht die Zustimmung der Vollversammlung besitzt.

[73] Zum Verbot des Ausspuckens vgl. die Bestimmung 1 QS 7, 13: „Und der Mann, welcher in die Mitte der Sitzung der Vielen ausspuckt, soll mit 30 Tagen (Nahrungskürzung) bestraft werden." Dasselbe Verbot findet sich im Jerusalemer Talmud ber. r. 3, 5, jedoch nur für die Dauer des Gebets.

[74] Zur Sabbatordnung vgl. CD 10, 14—11, 18; die von Josephus an unserer Stelle erwähnten Verbote finden sich dort allerdings nicht. Philo beschreibt vor allem den Gottesdienst am Sabbat (quod omnis probus § 81 f.).

[75] Hier handelt es sich nicht um eine hygienische Bestimmung, sondern um die Forderung, den Wohnbereich der Sekte in Gottes Augen rein zu halten. Diese Forderung ist in Dt. 23, 11—15 begründet, wo sie für das Heerlager Israels gilt. Weil Gott selbst durch das Lager geht (V. 15), darf sich darin nichts Unreines befinden. Die Sekte betrachtet sich als das heilige Heerlager Gottes. Das geht aus 1 QM 7, 6 f. hervor, wonach der durch einen Samenerguß Befleckte vom Kampf ausgeschlossen wird, weil die heiligen Engel mit dem Heer der Sekte vereinigt sind; ferner soll der Abort sich 1000 Ellen vom Lager entfernt befinden, dazu ist im Lager keinerlei Entblößung statthaft. Nach Clem. Hom. 15, 7 beleidigt man durch Nacktheit den Blick des alles sehenden Himmels (= Gottes); während nach Test. Benj. 8, 3 die Sonne nicht durch Schmutz und Kot befleckt werden kann (vgl. § 128 Anm. 44).

[76] Bei den vier Ständen handelt es sich wohl um Priester, Leviten, Laien und Novizen. So werden sie CD 14, 3 f. aufgezählt; vgl. dazu 1 QS 2, 19—21; 6, 8 f. (an diesen beiden Stellen sind die Novizen nicht ausdrücklich genannt und an der letzten werden die Leviten durch die Ältesten ersetzt). Hippolyt hat an der Parallelstelle Elenchos 9, 26 die Schilderung von vier asketischen Richtungen der Essener, denen er zelotische Ideale zuschreibt. Wahrscheinlich wurde er dazu durch die Wendung κατὰ χρόνον τῆς ἀσκήσεως verleitet.

[77] Zur Trennung zwischen den Vollmitgliedern der Sekte und den Novizen vgl. 1 QS 5, 13—20.

[78] Zum Lob des langen und gesunden Lebens der Essener vgl. Philo Apologie 13, wonach auf Grund der Fürsorge der Jungen die Alten in einem „überaus glücklichen und glänzenden Alter" ihr Leben beschließen.

⁷⁹ Aus diesem Bericht könnte auf eine aktive Beteiligung mindestens eines Teils der Essenergemeinde am Krieg gegen die Römer geschlossen werden. Nach § 567 hat der Essener Johannes als Feldherr für den Bezirk Thamma (auf dem Gebirge Ephraim) gedient, auch Lydda, Joppe und Emmaus unterstanden seinem Kommando. Das Ende der Siedlung Khirbet Qumran im Jahre 68 n. Chr. könnte ebenfalls für die Teilnahme der Sekte am Kriege sprechen. Vielleicht hat man die Römer als eine von Belial dirigierte Macht betrachtet, die im heiligen Krieg der Endzeit vernichtet werden mußte (vgl. dazu die Kriegsrolle). Andrerseits betont Philo die pazifistische Gesinnung der Essener (quod omnis probus § 78).

⁸⁰ Als größter Greuel galt das Essen von Schweinefleisch, wozu man die Juden in Zeiten besonders harter Religionsverfolgung zwang; vgl. 2. Makk. 6, 18; 7, 1 (unter Antiochus Epiphanes); Philo Flacc. 96 (unter Caligula in Alexandrien). Bei den Essenern war neben dem Vorbild der Thoratreuen in der Makkabäerzeit (1 Makk. 1, 62 f.) die Überzeugung maßgebend, in Gottes heiligem Heerlager priesterliche Dienste zu verrichten.

⁸¹ Die Bereitschaft, für die Thora zu leiden und zu sterben, ist charakteristisch für die Haltung der extremen Patrioten unter der seleukidischen und römischen Verwaltung des Landes (1. Makk. 2, 50. 64; vgl. 2. Makk. 6, 27 f.; 7, 2; 8, 21; in der Zeit des Herodes: ant. 17, 150—159; für die Gefolgschaft des Zeloten Judas aus Galiläa: ant. 18, 23; vgl. dazu die Feststellung des Josephus c. Apion. 2, 219). Hippolyt Elenchos 9, 26 (Schluß) denkt bei den verbotenen Speisen an das Essen von Opferfleisch; wahrscheinlich ist er dabei ebenso von christlichen Lehren beeinflußt wie dort, wo er an Stelle des Ruhmes das gute Gewissen einsetzt, das die Essener den Tod verachten läßt.

⁸² Die Darstellung des Josephus vom Schicksal des Menschen nach dem Tode ist an dieser Stelle stark von platonischen und pythagoreischen Vorstellungen und Begriffen gefärbt, da Josephus die Lehre der Essener bewußt mit den seinen Lesern geläufigen griechischen Gedanken vergleichen will. Er nennt auch ant. 18, 18 die Unsterblichkeit der Seele ein Merkmal des essenischen Glaubens; dasselbe behauptet er für die Pharisäer § 163. In den bisher gefundenen Schriften der Qumransekte findet sie sich so nicht. Jedoch zeigt die Stelle im äth. Hen. 22, 1—13, daß die Unsterblichkeit der Seele auch im Judentum dieser Zeit geglaubt wurde: Henoch besucht die Orte, wo die Geister (Seelen) der Verstorbenen bis zum großen Gericht aufbewahrt werden. Die Seelen der Gerechten befinden sich an einem lieblichen Ort mit einem herrlichen Wasserquell, die der Sünder dagegen an Stätten der Finsternis und der Qual. Nach R. H. Charles liegt an dieser Stelle der älteste, jedoch schon voll entwickelte Bericht über die pharisäische bzw. chasidische Lehre von der Scheol vor (The Apocrypha and Pseudepigrapha, 1913, Bd. II 202 f.). Daß die Schriften der Qumransekte so wenig Zeugnisse über das Dasein des Menschen nach dem Tode enthalten, hängt wohl damit zusammen, daß man die Wende der Zeiten und das Endgericht als unmittelbar bevorstehend ansieht und sich selbst für die letzte Generation hält, die all dies vor ihrem Tode miterlebt. Jedoch wird bei der Beschreibung sowohl der endzeitlichen Strafen wie auch des Heils leibliche Existenz vorausgesetzt (vgl. 1 QS 4, 6—8. 11—14). Die Totenauferstehung wird wohl 1 QH 6, 34 f. im Rahmen der Schilderung des endzeitlichen Krieges erwähnt: Die im Staube Schlafenden und vom Totenwurm Zerfressenen ergreifen das Banner in den Kriegen gegen die übermächtigen Feinde Gottes.

Hippolyt führt bei der Wiedergabe unserer Stelle die Auferstehung des Fleisches, das Endgericht, den Weltenbrand und die ewige Strafe für die Gottlosen ein (Elenchos 9, 27). E. Zeller hält dies für eine willkürliche Eintragung (Die Philosophie der Griechen, Bd. III 2⁵, 1923, 332 Anm. 3), sie ist wohl durch Hippolyts christliche Anschauungen bestimmt. Dennoch trifft Hippolyts Darstellung für das Ganze der essenischen Eschatologie besser zu als die hellenisierende und unvollständige Vorlage, die ihm bei Josephus geboten wird. Mit ihr stimmt jedoch die Feststellung des Tacitus, die Juden glaubten an die Unsterblichkeit der Seele und

438

verachteten darum den Tod, auffallend überein („... animos proelio aut suppliciis peremptorum aeternos putant. Hinc.... moriendi contemptus").

[83] Dieser Abschnitt ist bei Hippolyt Elenchos 9, 27 (Schluß) nur kurz wiedergegeben. Beispiele für die Vorhersage der Zukunft durch Essener sind die von Josephus berichteten Fälle: Judas 1, 78—80 (vgl. ant. 13, 311—313); Manaemos ant. 15, 371—379; Simon § 112 f. (ant. 17, 345—348); vgl. auch bell. 1, 80 Anm. 38; 1, 331 Anm. 148; 2, 112 Anm. 30. Josephus bringt hier die Prophetie der Essener mit dem Studium der Heiligen Schrift in Verbindung, was durch die Deutung des Traumes § 112 f. und durch die Qumranschriften bestätigt wird. In diesen stellt die Gattung der Pescharim ein Zeugnis der Deutung von Gegenwart und Zukunft im Licht der Heiligen Schrift und besonders der prophetischen Bücher dar. Josephus selbst ist nach 3, 351 zur Vorhersage der Zukunft befähigt, die ihm in Träumen gezeigt wird; er kann die mehrsinnigen Worte der Gottheit deuten, weil er als Priester und Priestersohn mit den Weissagungen der Heiligen Schrift wohl vertraut ist.

[84] Auffallend ist, daß zwischen den Heiligen Büchern und den Prophetensprüchen die verschiedenen (oder „vorzüglichen") Reinigungszeremonien (vgl. διάφοροι βαπτισμοί Hebr. 9, 10) erwähnt sind. A. Dupont-Sommer meint, daß die διάφοροι hier „Schriften" bedeuten und korrigiert ἁγνείαις in ἁγίαις. Die an erster Stelle stehenden „heiligen" Bücher" wären nach ihm die Bücher der Thora, und die am Schluß die Prophetensprüche genannt sind, könnten nach seiner Meinung die διάφοροι ἁγίαι die Ketubim (Hagiographen) bezeichnen (Evidences, März 1956, 32 Anm. 28). Diese Deutung erscheint jedoch etwas gekünstelt, zumal die Wendung διαφόροις ἁγνείαις an ant. 18, 19 erinnert, wo Josephus sagt, daß die Essener ihrer Pflicht, sich am Tempelopfer zu beteiligen, dadurch genügen, daß sie Weihgeschenke dorthin schicken, weil sie nach ihrer Meinung selbst verschiedene (vorzügliche) Reinigungszeremonien besitzen (διαφορότητι ἁγνειῶν). Damit sind wohl neben den heiligen Mählern und den asketischen Übungen vor allem die Reinigungsbäder gemeint (vgl. § 129). Bei den letzteren wird der heilige Geist (Gottes) als reinigende Kraft genannt, die zugleich den Menschen erleuchtet und ihm Gottes Offenbarung erhellt (vgl. 1 QS 4, 20—22). Von daher wäre zu erklären, daß an unserer Stelle die Prophetie der Essener mit den Reinigungszeremonien in Verbindung gebracht wird.

[85] Das Leben mit Frauen und Kindern wird an einzelnen Stellen der Damaskusschrift vorausgesetzt (CD 7, 6 f.; 12, 1; 14, 16; 16, 10), ebenso in der Gemeinderegel (1 QS a 1, 4. 10). Die dreijährige Erprobung der Bräute erinnert an das dreijährige Noviziat (vgl. § 137 f.); Einzelheiten bleiben unklar. Entweder liegt eine uns unverständliche Praxis der Sekte oder Textverderbnis vor (vgl. Reinach z. St.).

[86] Josephus schließt hier an § 119 an; daß die Pharisäer im Vergleich zu den Essenern erst an zweiter Stelle und wesentlich kürzer behandelt werden, ist bemerkenswert, vor allem, wenn man dazu den ausgeglichenen Parallelbericht über die drei jüdischen Religionsparteien ant. 18, 12 ff., ferner ant. 13, 171—173 vergleicht, wo sie ebenfalls hinsichtlich ihrer Stellung zur εἱμαρμένη behandelt sind. — Weitere Urteile des Josephus über die Pharisäer finden sich ant. 13, 288. 294. 297 f.: 17, 41; vgl. auch vita 12. 191. Eine Zusammenstellung der Zeugnisse des Josephus über die Pharisäer und Sadduzäer bietet Schürer II [4] 449—452.

[87] Der Name „Pharisäer" (vom hebr. peruschim) meint die „Abgesonderten", d. h. Leute, die sich von der Masse des ungelehrten und an der exakten Gesetzeserfüllung uninteressierten Volkes distanzieren. Die hier erwähnte genaue Gesetzesauslegung haben die Pharisäer mit den Essenern gemein. Da die ersteren bestrebt sind, die Bestimmungen der Thora ihrer Gegenwart anzupassen, werden sie von den letzteren als „Erweichungsforscher" bezeichnet (1 QH 2, 15. 32; Nahumpescher u. a.).

[88] Die Verwendung des Begriffs εἱμαρμένη für die göttliche Vorsehung ist ein Zugeständnis des Josephus an den hellenistischen Leser. Die eigentliche Auffas-

sung der Pharisäer von dem Schicksal des Menschen nach dem Tod trägt Josephus — freilich auch dort etwas hellenisiert in seiner Rede in der Höhle von Jotapata 3, 374 vor.

[89] Weitere Zeugnisse des Josephus über die Sadduzäer finden sich ant. 13, 173. 297 f.; vgl. ant. 18, 16 f.; 20, 199. Nach ant. 13, 172 bildet die Auffassung der Essener den Gegenpol zur sadduzäischen. Nach Philo behaupten auch die Essener, daß Gott nicht der Urheber des Bösen sei (quod omnis probus § 84). Der Name „Sadduzäer" wird auf den von David eingesetzten Priester Zadok zurückgeführt (2. Sam. 8, 17); dessen Abkömmlinge bilden nach Hes. 40, 46; 43, 19; 44, 15 u. a. die einzig legitime Priesterschaft. Die Sadduzäer sind also die Partei des priesterlichen Hochadels. Sie dürfen nicht verwechselt werden mit den Zadokiden, die sich ebenfalls von Zadok herleiten, sich jedoch von dem priesterlichen Hochadel Jerusalems getrennt haben und bei der Gründung der dritten religiösen Gruppe der Juden, nämlich der Essener, maßgeblich beteiligt waren (vgl. dazu die Mahnreden der Damaskusschrift).

[90] Zur Leugnung der Auferstehung der Toten durch die Sadduzäer vgl. Mk. 12, 18—27 par.; Apg. 23, 6 ff. — Im Ganzen ist die Darstellung des Josephus hinsichtlich der Frage der Willensfreiheit des Menschen und des Daseins nach dem Tode zu schematisch und trifft nicht die eigentliche Lehre dieser religiösen Gruppen (vgl. Schürer II[4] 463); das zeigen auch die Qumranschriften. Bei beiden, Pharisäern und Essenern, wird sowohl die göttliche Allmacht und Vorsehung wie auch die menschliche Verantwortung uneingeschränkt festgehalten (vgl. Abot 3, 19; 1 QS 3, 13—4, 26); allerdings werden dabei, wie Josephus richtig erkannt hat, die Akzente verschieden gesetzt.

[91] Die Pharisäer bilden eine Chabbura, d. h. eine Genossenschaft von Männern, die die Gebote der Thora pünktlich beobachten wollen, wobei es besonders auf die levitische Reinheit und die Abgaben an die Priester ankommt. Sie sind die Bundesbrüder, welche die wahre Gemeinde Israels darstellen (Schürer II[4] 468—471). Diese Selbsteinschätzung hat eine Parallele in der Qumransekte, die sich von der Masse des Volkes getrennt hat, eine Gemeinschaft (jahad) bildet und dabei den wahren Gottesbund darstellen will.

[92] Die von Josephus geschilderte Haltung der Sadduzäer erklärt sich auch daraus, daß diese das Autoritätsprinzip der Pharisäer nicht anerkennen, vielmehr ihren Lehrern widersprechen können (ant. 18, 16; vgl. Schürer II[4] 480). Vielleicht war für das Urteil des Josephus auch die sadduzäische Strenge im Kriminalrecht bestimmend (vgl. ant. 13, 173; 20, 199).

[93] Zum Tod des Augustus: Josephus rechnet seine Regierungszeit vom Tode G. J. Caesars an (15. März 44), erhält dabei jedoch — wie ant. 18, 32 — einen Monat und zwei Tage zuviel. Vgl. den Erklärungsversuch Reinachs z. St.

[94] Zur Gründung von Tiberias, das heute noch die größte Stadt am See Genezareth ist, vgl. ant. 18, 36—38. — Das erste Julias liegt in der Nähe von Bethsaida und soll nach der Tochter des Kaisers genannt sein (ant. 18, 28). Das in Peräa nach der Kaiserin genannte Livias wurde später Julias genannt und ist mit Betharamathus oder Betharamtha (bei Jericho) identisch (vgl. § 59 Anm. 16).

[95] Pontius Pilatus ist der fünfte römische Statthalter; sein erstes Amtsjahr war nach Euseb. hist. eccl. 1, 9 das zwölfte Jahr des Tiberius.

[96] Bei den Kaiserbildern sagt ant. 18, 55 genauer: „die Bilder des Kaisers, die sich an den Feldzeichen befanden". Zu den signa mit Kaiserbildern vgl. Schürer I[4] 485; etwas anders Reinach und Ricciotti z. St. Die früheren Prokuratoren hatten sehr darauf geachtet, die Truppen ohne die mit Kaiserbildern versehenen Feldzeichen in Jerusalem einziehen zu lassen (Schürer I[4] 489; vgl. ant. 18, 121 f.; ferner C. H. Kraeling, The Episode of the Roman Standards at Jerusalem, Harv. Theol. Rev. 35, 1942, 262—289; nach ihm hätte der Vorfall im Spätherbst 26 n. Chr. stattgefunden).

⁹⁷ Die römischen Prokuratoren pflegten in Cäsarea zu residieren, vgl. Apg. 23, 35. Bei besonderen Anlässen, z. B. beim Passahfest, kamen sie nach Jerusalem, um das Volk besser überwachen zu können (vgl. Mt. 27, 1 ff.).

⁹⁸ Zum καθίσας ἐπὶ βήματος vgl. Joh. 19, 13. Das βῆμα war ein Podest für Richter oder Redner; das für Beamte errichtete hatte Stufen und oben einen Sitz (vgl. Ricciotti z. St.).

⁹⁹ Wahrscheinlich bezieht sich auf die hier erwähnte Zurücknahme der Feldzeichen die Notiz der Fastenrolle: „Am 3. Kislew wurden die Bilder aus dem Tempelvorhof entfernt" (Meg. Taanit 9). Der dritte Kislew liegt Ende November.

¹⁰⁰ Zu κορβωνᾶς für den Tempelschatz vgl. Mt. 27, 6 und c. Apion. 1, 167.

¹⁰¹ Daß Pilatus dabei den Tempelschatz angriff, mag dadurch verursacht sein, daß der Tempel einen großen Wasserbedarf hatte. Für die Wasserleitung des Pilatus kommen als Ausgangspunkte in Frage die Quelle 'ain 'arrub, 23 km südlich von Jerusalem, und 'ain salih, 13,5 km südlich von Jerusalem. G. Dalman, Jerusalem und sein Gelände, 1930, 277—281 nimmt an, daß man bei der Wasserleitung des Pilatus den Wasserreichtum der 'ain salih und ihrer Umgebung ausgenutzt hat, den vorher Herodes für die am Fuß des Herodeion liegende stadtähnliche Anlage durch eine Wasserleitung verwertet hat. Die Leitung des Pilatus wäre später von den Arabern wieder in Gang gesetzt und erweitert worden; erst diese hätten mit ihr auch die 'ain 'arrub verbunden. Die hier von Josephus angegebenen Entfernungen von 400 Stadien (76,8 km) bzw. 200 Stadien (38,4 km) nach ant. 18, 60 sind in jedem Fall zu hoch.

¹⁰² Zum Tode des Aristobulos, des Sohnes der Hasmonäerin Mariamme, vgl. 1, 551. Agrippa ist der spätere König Herodes Agrippa I. (41—44 n. Chr.).

¹⁰³ Nach ant. 18, 168 (179 ff.) spielte sich der Vorfall bei einer Ausfahrt ab, und der Verräter war der Wagenlenker Eutychos.

¹⁰⁴ Nach ant. 18, 224 hat Tiberius 22 Jahre, 5 Monate und 3 Tage regiert; in Wirklichkeit waren es seit dem Tode des Augustus 22 Jahre, 6 Monate und 28 Tage.

¹⁰⁵ Philippus starb im 20. Jahre des Tiberius (33—34), während Agrippa im Jahre 37 zum König eingesetzt wurde.

¹⁰⁶ Herodias war mit Herodes, einem Sohn Herodes d. Gr., verheiratet (1, 557; ant. 18, 109); Mk. 6, 17 wird dieser Herodes Philipp genannt. Beider Tochter war Salome, die spätere Gemahlin des Tetrarchen Philipp. Herodes lebte als Privatmann in Rom; bei einem Besuch verliebte sich Antipas in Herodias, verließ seine Gemahlin, eine Tochter des Königs Aretas, und heiratete Herodias (vgl. dazu Mk. 6, 17—29; ant. 18, 109—119). Der Ehrgeiz dieser Frau offenbar noch nicht damit befriedigt, daß sie die Gemahlin eines Tetrarchen geworden war.

¹⁰⁷ Die Absetzung des Antipas erfolgte 39 n. Chr. (Dio Cass. 59, 20—21), die neue Belehnung des Agrippa mit dem Gebiet des Antipas 40 n. Chr. (ant. 19, 351). Verbannungsort war Lyon (ant. 18, 252).

¹⁰⁸ Zum Anspruch des Kaisers vgl. Tac. hist. 5, 9. Im Winter 39/40 erhielt Petronius den Befehl, die Statue des Gajus im Tempel aufzustellen; er kam mit zwei Legionen nach Palästina. Vgl. Schürer I⁴ 506 f.

¹⁰⁹ Zur Lage von Ptolemais im Grenzgebiet Galiläas vgl. 3, 35; vita 24; 1. Makk. 10, 39; Schürer II⁴ 141—148.

¹¹⁰ Belaios, bei Plin. hist. nat. 36,190 und Tac. hist. 5, 7 Belus, heißt jetzt nahr naaman. Sein kieselhaltiger Sand wurde für die Glasfabrikation gesucht.

¹¹¹ Solche Denkmäler für den von Achill vor Troja getöteten Helden der griechischen Sage gab es auch sonst. Das berühmteste befindet sich in Theben am Westufer, wo man in römischer Zeit den einen der beiden Ramseskolosse „Memnonsäule" genannt hat, weil er in den Morgenstunden einen klagenden Ton von sich gab. Man sagte, daß Memnon damit seine Sonnenmutter begrüße.

¹¹² Das Opfer für den Kaiser wurde seit Augustus im Tempel von Jerusalem ständig vollzogen; nach Philo leg. Gaj. 23, 40 wurde es vom Kaiser bezahlt, nach Jos. c. Apion. 2, 77 von der jüdischen Nation. Die Einstellung dieses Opfers war nach § 409 der entscheidende Grund für den Ausbruch des Jüdischen Krieges.

¹¹³ Der kaiserliche Befehl mag im September 40 erfolgt sein, die Verhandlungen mit den Juden zogen sich bis in den November hin. Der Tod des Gajus erfolgte am 24. 1. 41. Vgl. auch ant. 18, 305—309.

¹¹⁴ Auch nach ant. 19, 201 gibt Josephus für die Regierungszeit Caligulas 3 Jahre und 8 Monate an, während sie in Wahrheit 3 Jahre und über 10 Monate betragen hat.

¹¹⁵ Es handelte sich um die drei städtischen Kohorten (Suet. Claud. 10).

¹¹⁶ Das sogenannte Königreich des Lysanias hatte als Zentrum Abila nordwestlich von Damaskus und erstreckte sich bis zum Antilibanon (ant. 19, 275; vgl. 20, 138). Diese Gebiete hatte Agrippa allerdings schon von Caligula erhalten; es handelt sich hier wohl um eine Bestätigung.

¹¹⁷ Herodes, Bruder des Agrippa, sollte nach Anordnung Herodes d. Gr. die Tochter Antipaters heiraten (1, 557; ant. 17, 14); man weiß jedoch nicht, ob diese Heirat zustandekam. Nach § 221 war er mit Mariamme, der Enkelin des Herodes und Tochter der Olympia, verheiratet und dann mit seiner Nichte Berenike.

¹¹⁸ Das Herrschaftsgebiet der Chalkis lag zwischen Libanon und Antilibanon; seine gleichnamige Hauptstadt ist das heutige andschar, nordwestlich von Abila.

¹¹⁹ Die dritte Mauer sollte Jerusalem an der am meisten gefährdeten Nordseite schützen. Nach der Beschreibung 5, 147 führte sie vom Hippikusturm nach Norden bis zum Psephinusturm, dann zum Denkmal der Königin Helena und den königlichen Höhlen, am Eckturm gegen das Walkerdenkmal ab, grenzte dann an den alten Peribolos und endete im Kidrontal. Sie wurde im Westen, in der Hippikusgegend, wo sie an die zweite Mauer stieß, von den Römern erstürmt. Da man den Standort des Psephinus (kasr jalud am nordwestlichen Wendepunkt der Soliman-Mauer?), des Eckturms und des Walkerdenkmals nicht mehr genau ausmachen kann, ist der Verlauf der dritten Mauer umstritten. Nach P. Vincent, Jerusalem de l'Ancient Testament, Bd. I—II, 1954/56, 145 entspricht diese Mauer ziemlich genau dem Verlauf der gegenwärtigen nördlichen Umfassung, in sich das Neue Tor, das Damaskustor und das Herodestor befinden. Unter der Leitung von E. L. Sukenik und L. A. Mayer hat man 1924—1941 die Reste einer noch weiter nördlich geführten Mauer gefunden, die in der Höhe der amerikanischen Schule verläuft. Sie wird von den beiden Ausgräbern und anderen Archäologen (vgl. K. Galling, BR, Sp. 306) mit der von Agrippa begonnenen Mauer identifiziert, während P. Vincent sie als ein im Zweiten Jüdischen Aufstand eilig aufgeführtes Bauwerk bezeichnet (E. L. Sukenik und L. A. Mayer, A New Section of the Third Wall of Jerusalem, PEQ 76, 1944, 145—151; J. Simons, Jerusalem in the Old Testament, 1952, 459 ff.; vgl. auch die bei A. Parrot, Golgatha und das Heilige Grab, 1956, 105 aufgeführte Literatur).

¹²⁰ Nach dieser Stelle hat es den Anschein, als hätte erst der Tod Agrippas den Mauerbau unterbrochen. Wahrscheinlich aber mußte er schon vorher aufgegeben werden, damit nicht beim Kaiser der Verdacht eines Aufstandes entstehe, denn nach ant. 19, 326 f. hat Vibius Marsus, der Statthalter von Syrien, den Mauerbau dem Kaiser gemeldet. — Zum Tod des Agrippa vgl. ant. 19, 343—350; Apg. 12, 19—23. In ant. 19, 351 wird die Regierungszeit Agrippas genauer angegeben. Unter Caligula hatte er von 37—39 die Tetrarchie des Philippus (§ 181) und das Königreich des Lysanias beherrscht, im 4. Jahr des Caligula erhielt er die Tetrarchie des Antipas (§ 183) und schließlich unter Claudius den gesamten Herrschaftsbereich Herodes d. Gr. (§ 215).

¹²¹ Kypros war die Tochter Phasaels, des Neffen Herodes d. Gr., und Salampsios, seiner Tochter (ant. 18, 130 f.).

[122] Drusilla war mit dem Prokurator Antonius Felix verheiratet (ant. 20, 142; Apg. 24, 24).

[123] Cuspius Fadus war Prokurator von 44—46 (ant. 19, 363 ff.), Tiberius Alexander von 46—48 (ant. 20, 100 ff.). Der Letztere stammte aus einer jüdischen Familie in Alexandria und war ein Neffe des Philosophen Philo; später wurde er Präfekt von Ägypten (§ 309) und nahm unter Nero am Krieg gegen die Parther teil. Unter Titus war er während der Belagerung Jerusalems Chef des Generalstabs (6, 237).

[124] Jotape war nach ihrer Mutter, einer Fürstin von Emesa, genannt (ant. 18, 135).

[125] Herodes von Chalkis starb nach ant. 20, 104 im Jahre 48 n. Chr. Er besaß nach ant. 20, 103 f. und nach Münzen den Königstitel und das Recht, die Hohenpriester zu ernennen. Die Söhne des Alexander waren Tigranes und Alexander (1, 552), von denen zunächst Tigranes im Jahre 11 n. Chr. Großarmenien von Augustus bekam (monumentum Ancyranum XV [27]). Er wurde später, nach seiner Vertreibung, von Tiberius wegen Majestätsbeleidigung hingerichtet (Tac. ann. 6, 40). Der Sohn seines Bruders Alexander, der ebenfalls Tigranes hieß, kam unter Nero im Jahr 60 auf denselben Thron (Tac. ann. 14, 26; 15, 1—6), mußte aber später ebenfalls weichen. Die Nachkommen Alexanders, des Sohnes des Herodes, gaben ihr Judentum auf (ant. 18, 141).

[126] Bethhoron liegt an der Straße von Jerusalem nach Caesarea, in der Nähe eines Engpasses. Vgl. dazu § 547 Anm. 233.

[127] Es handelt sich hier sicherlich um eine Aktion der thoratreuen Zeloten, die die Unterstützung der Bevölkerung fand, vgl. dazu ant. 20, 113, wo die „Räuber" als Angehörige der Neuerungspartei bezeichnet werden. In diesem Zusammenhang muß auch die Zerstörung der Thorarolle durch den Soldaten gesehen werden. Auch in der Zeit der Makkabäer, deren Eifer für die Thora den Zeloten vorbildlich war, wurden durch die Gegner Thorarollen verbrannt bzw. entweiht (1. Makk. 1, 56 f.). Nach rabbinischer Tradition hat auch Titus, den Josephus als Vorbild römischer Langmut darstellt, eine Thorarolle entweiht (Gittin 56 b), und nach Josephus brachte er eine Thorarolle für den Triumph nach Rom (7, 150 f.; vgl. dazu W. R. Farmer a. a. O. 52 f.).

[128] Ant. 20, 118 berichtet vom Tod vieler galiläischer Festpilger. Das Dorf heißt dort Ginäa (dschenin) und liegt zwischen der Ebene Jesreel und Samarien.

[129] Nach ant. 20, 119 war Cumanus von den Samaritern bestochen.

[130] Akrabatene (jetzt akrabe) ist ein Ort und Bezirk, der judäisch ist, aber zum Grenzbezirk gehört.

[131] Zu den Sebastenern vgl. § 52. 63; es handelt sich um Truppen, die in Samaria ausgehoben waren.

[132] Nach ant. 20, 122 nahm Cumanus außerdem vier τάγματα (hier wohl = Kohorten) mit.

[133] Josephus urteilt hier nach Römischem Recht, nach dem jeder bewaffnete Aufstand in einem Lande, dem nicht offiziell der Krieg erklärt war, als Räuberei bezeichnet und mit der Kreuzigung geahndet wurde, vgl. § 241.

[134] Ummidius Quadratus war nur für kurze Zeit — im Jahre 50 n. Chr. — Statthalter von Syrien. Als solcher hatte er das Recht, in kritischen Fällen in die Verwaltung Palästinas einzugreifen.

[135] Jonathan, Sohn des Ananos (= Hannas Joh. 18, 13) war Glied der hohenpriesterlichen Partei, nicht selbst Hoherpriester. Das war vielmehr Ananias (ant. 20, 103).

[136] Nach ant. 20, 130 waren es nur fünf Leute.

[137] Da die Unruhen auch an einem Passahfest begonnen hatten (vgl. § 224), dauerten sie wohl ein Jahr (51—52 n. Chr.). Nach ant. 20, 133 wird das hier

genannte Passah lediglich als ein nationales Fest ohne nähere Bestimmung bezeichnet.

[138] Agrippa II. verdankte seinen Einfluß auf den Kaiser den Beziehungen zu Agrippina, der Frau des Kaisers, ant. 20, 135.

[139] Antonius Felix, Prokurator von 52— ca. 60 (Schürer I [4] 570 ff.) war wohl, wie sein Bruder Pallas, ein Freigelassener der Antonia, der Mutter des Claudius. Nach Tac. ann. 12,54 wäre Felix schon vorher Statthalter von Samaria gewesen, was aber höchst unwahrscheinlich ist. Das Verhalten des Felix bei der Verwaltung Palästinas beurteilt Tacitus so: „per omnem saevitiam ac libidinem ius regium servili ingenio exercuit" (hist. 5, 9). Er war zu dieser Zeit mit Drusilla, der Schwester Agrippas II., verheiratet; vgl. dazu Apg. 24—26.

[140] Varus ist vielleicht der in vita 48 ff. erwähnte Minister Agrippas II.; dort wird er als ein Abkömmling des Soemos, Tetrarch von Libanon, bezeichnet; vielleicht hat er eine Zeitlang einen Teil dieser Tetrarchie übernommen.

[141] Die Angabe für die Regierungszeit des Claudius ist richtig; sie wird auch ant. 20, 148 wiederholt.

[142] Aristobulos war der Sohn des Herodes von Chalkis (§ 221).

[143] Abila könnte die Stadt der Dekapolis (tell abil, ant. 12, 33) sein, wahrscheinlicher aber ist es der Ort östlich von Jericho. Julias liegt dann in der Nähe (§ 168). Dies südliche Abila ist identisch mit Abel Sittim (ant. 5, 4; Nu. 33, 49). Tarichea ist identisch mit Magdala (el medschel), vgl· 1, 180 Anm. 95.

[144] Zu Eleazar vgl. § 235; er ist der Anführer einer Gruppe von Zeloten.

[145] Die Sikarier haben ihren Namen von dem kurzen, krummen Dolch (sica), dessen sie sich bedienten (vgl. ant. 20, 186); die zur Zeit Sullas erlassene lex Cornelia de sicariis verwendet diesen Begriff ebenfalls zur Bezeichnung waffentragender, aufständischer Elemente. Die Sikarier in Palästina waren der radikale Flügel der Zeloten und bildeten eine Art patriotischer Geheimorganisation, da der offene Aufruhr durch die scharfe römische Kontrolle unmöglich gemacht wurde. Sie werden auch Apg. 21, 38 genannt, vgl. außerdem 7, 253—274; ant. 20, 160—166. Hippolyt setzt Elenchos 9, 26 die Sikarier den Zeloten gleich und behandelt beide als eine besonders radikale Gruppe der Essener. Er sagt von ihnen, daß sie einem Nichtjuden, der über Gott und dessen Gesetze spreche, auflauern und ihn zur Beschneidung zwingen; falls er sich weigere, werde er von ihnen umgebracht.

[146] Nach ant. 20, 162—164 hat Felix selbst den Mord an Jonathan verursacht. Dabei hatte Jonathan vom Kaiser Claudius Felix als Prokurator erbeten (ant. 20, 162 vgl. § 243).

[147] Der Zug in die Wüste bedeutet die Wiederholung der Wunder der klassischen Heilszeit Israels unter Mose; vgl. die Warnung vor den Messiasprätendenten in der Wüste Mt. 24, 5. 23.

[148] Der Apostel Paulus wurde nach Apg. 21, 38 von einem römischen Tribunen mit diesem ägyptischen Propheten verwechselt, der nach der lukanischen Überlieferung nur 4000 Nachfolger hatte. Vgl. dazu den Aufruhr des Theudas ant. 20, 97.

[149] Zum Ausbau Caesareas durch Herodes d. Gr. vgl. 1, 411 ff. — Nach ant. 20, 173 machten die Gegner der Juden geltend, daß die vorherodianische Stadt Caesarea keinen einzigen jüdischen Bewohner aufgewiesen habe.

[150] Porcius Festus war von 60—62 Statthalter; zur chronologischen Frage vgl. Schürer I [4] 578 f. Er schickte Paulus, der in Caesarea in Haft gehalten war, nach Rom vor den Kaiser (Apg. 25, 12; 26, 32).

[151] Albinus war Prokurator von 62—64 (Schürer I[4] 583—585).

[152] Gessius Florus, der letzte Statthalter, begann seine Amtsführung gegen Ende des Jahres 64.

[153] Hier endet der Parallelbericht in den Antiquitates.

[154] Cestius Gallus übernahm im Jahre 63 n. Chr. die Verwaltung Syriens, während die militärische Befehlsgewalt vorläufig noch dem Dormitius Corbulo vorbehalten war (Tac. ann. 15, 25). Nach dem Friedensschluß mit Tiridates erhielt Cestius Gallus auch die militärischen Befugnisse über die Besatzung Syriens. Als Statthalter erscheint er auf den Münzen erst ab Herbst 65 n. Chr. Kurz vor dem Passah 66 kam Cestius das erstemal nach Jerusalem (§ 280 ff.). Nachdem er noch eine Volkszählung vorgenommen hatte (6, 422 ff.), begab er sich nach Antiochia zurück. Nach der ergebnislosen Belagerung Jerusalems verbrachte er den Winter 66/67 abwartend. Vor Beginn des Frühlings 67 starb er „durch Geschick oder Überdruß" (Tac. hist. 5, 10: fato aut taedio occidit). Vespasian übernahm nun den Oberbefehl, Licinius Mutianus die Zivilverwaltung Syriens (Tac. hist. 1, 10). Zum Ganzen vgl. Pauly-W. 3, 1899, 2006 ff.

[155] Es handelt sich hier um das Passahfest des Jahres 66. Zum Zustrom der Menschen zum Passahfest vgl. 6, 420—427, wo die Zahl der Festteilnehmer auf Grund der Passahopfer ermittelt wird.

[156] Dies Vogelopfer war wohl ursprünglich nur eine allgemeine Verspottung des jüdischen Kultus. Die Juden jedoch faßten es als Verhöhnung des Reinigungsopfers nach überstandenem Aussatz (Lev. 14, 4 ff. 49 ff.) auf. Dabei spielte vielleicht noch die heidnische Überzeugung hinein, die Juden seien wegen ihres Aussatzes von den Ägyptern vertrieben worden (vgl. ant. 3, 265; c. Apion. 1, 229 ff. 279 ff.; Tac. hist. 5, 3, 4).

[157] Zu Narbata vgl. § 509; der Ort liegt 15 km nordöstlich von Caesarea. Zur Lage dieses Bezirkes: S. Klein, Monatsschrift für Geschichte und Wissenschaft des Judentums, NF 74, 1930, 369 ff.

[158] Auf jeden Fall waren Steuern fällig; nach § 403. 405 waren sie nicht zur rechten Zeit eingegangen.

[159] Das nach Jerusalem geführte „Heer" bestand nach § 332 vielleicht nur aus einer einzigen Kohorte, die durch Reiter verstärkt war.

[160] Der sog. „obere Markt" war der auf dem Südwesthügel gelegene neuere Teil der Stadt, der auch als „Oberstadt" bezeichnet wurde (5, 137).

[161] Kein civis Romanus — geschweige denn ein Ritter — durfte gekreuzigt werden (vgl. Cicero Verr. 5, 62 (§ 162 ff.). 66 (§ 170); Suet. Galba 9). Florus war selbst römischer Ritter.

[162] Tiberius Alexander war Prokurator in Judäa gewesen (§ 220 Anm. 123); er hatte den armenischen Krieg mitgemacht (Tac. ann. 15, 28) und wurde 66 n. Chr. Präfekt von Ägypten.

[163] Berenike, Schwester Agrippas II. (§ 220, vgl. auch Apg. 25, 13. 23; 26, 30), war zunächst mit Markus, dem Bruder des Tiberius Alexander, verheiratet und nach dessen Tod mit Herodes von Chalkis (ant. 19, 217). Um dem Verdacht unerlaubter Beziehungen zu ihrem Bruder (ant. 20, 145 f.; Juv. sat. 6, 156 ff.) zu entgehen, heiratete sie gegen 63 n. Chr. Polemon von Kilikien, kehrte aber wenig später zu ihrem Bruder zurück. Während des Jüdischen Krieges war Berenike die Geliebte des Titus (Tac. hist. 2, 2). Im Jahre 75 kam sie in Begleitung Agrippas nach Rom, wo sich das inzwischen bekannt gewordene Liebesverhältnis zu Titus weiterspann. Lediglich die Unzufriedenheit des römischen Publikums verhinderte die Heirat, die Titus schon versprochen haben soll (Suet. Titus 7); Titus mußte die Geliebte entlassen, die sich schon ganz wie seine Gemahlin benommen hatte (Dio Cass. 66, 15). Nach dem Tode Vespasians kam Berenike noch einmal nach Rom, wurde jedoch vom Kaiser nicht mehr beachtet (Suet. Titus 7; Dio Cass. 66, 18). Agrippa und Berenike als Nachkommen Herodes d. Gr. sind auf einer Dankinschrift der Stadt Berytos ausdrücklich genannt (Museum in Beirut); vgl. 1, 538 Anm. 248.

[164] Es handelt sich um das Nasiräatsgelübde (Nu. 6, 6—21), das in dieser Zeit häufig übernommen wurde (Mischnatraktat Nasir). So befanden sich nach 1. Makk. 3, 47 ff. bei den Leuten des Judas Makkabäus mehrere Nasiräer, deren Gelübdezeit abgelaufen war, die jedoch das zum Abschluß erforderliche Opfer nicht darbringen

konnten, weil das dazu notwendige Heiligtum entweiht war. Von 23 Nasiräern, die in der Zeit des Alexander Jannäus zusammen ihre Opfer darbringen wollten, berichtet ber. r. zu Gen. 42, 14. Nach ant. 19, 294 ließ Herodes Agrippa I., von einer Romreise zurückgekehrt, aus Dankbarkeit eine größere Zahl von Nasiräern scheren und bezahlte die Opfer. Auch Paulus bestritt die Ausweihekosten von vier Nasiräern (Apg. 21, 20 ff.).

[165] Der Dienst der Leviten war unter Herodes Agrippa neu geordnet worden (ant. 20, 216—218); offenbar wollte er sich unter dem niederen Klerus Freunde verschaffen. Josephus tadelt diese levitische Neuordnung.

[166] Hier macht sich wieder die Theorie des Josephus geltend, der Jüdische Krieg sei das Werk einiger weniger Revolutionäre, während die Masse des Volkes sich mit dem römischen Regiment durchaus abgefunden habe (vgl. 1, 10. 27).

[167] Es sieht aus, als drängten die Soldaten vom Norden (Richtung Frauentürme) in die Stadt.

[168] Zu Bezetha vgl. § 530; 5, 149 ff.

[169] Die von Florus selbst mitgebrachte Kohorte (§ 296), die den „oberen Markt" geplündert hatte (§ 305), wurde gegen eine der von Caesarea nachgekommenen ausgetauscht.

[170] Jamnia ist das heutige Jabne, südlich von Jaffa. Wahrscheinlich hatte Neapolitanus den Auftrag, sich mit Agrippa zu treffen, da ihn normalerweise sein Weg nach Jerusalem nicht so weit in den Süden geführt hätte.

[171] Der Siloahteich liegt am Südrand der Stadt; er bildet den Endpunkt des Tunnels, den Hiskia gebaut hatte, um das Wasser der Gichonquelle in die Stadt zu leiten (vgl. J. Simons, Jerusalem in the Old Testament, 1952, 157—194).

[172] Der Xystos ist eine Art Sportplatz, vielleicht in Verbindung mit dem Gymnasium 2. Makk. 4, 12; seine genaue Lage ist unbekannt. Er muß etwas tiefer als der Hasmonäerpalast gelegen haben (vgl. dazu 1, 50), unweit der Klagemauer. Zur Brücke, die ihn mit dem Tempel verband, vgl. 1, 143; 6, 325.

[173] ἡγεμονία entspricht hier dem offiziellen imperium Romanum. Vgl. monumentum Ancyranum XV [27] 1; Plut. Marius 36, 7; Lucullus 30, 2.

[174] Achaja und Makedonien waren Senatsprovinzen und unterstanden einem Prokonsul. Prätoren und Proprätoren hatten sechs Liktoren. Die Senatsprovinz Asia mit der Hauptstadt Ephesus gilt als besonders städtereich; sie untersteht ebenfalls einem Prokonsul.

[175] Unter „Besatzung" versteht Josephus Legionen, nicht Hilfstruppen.

[176] Die Heniochen sind ein Volksstamm im Nordosten des Schwarzen Meeres (vgl. Pauly-W. 8, 259—280), an den südlichen Abhängen des westlichen Kaukasus; die Kolcher wohnen unmittelbar im Kaukasusgebiet, die Taurer sind die Bewohner der Krim. Der hier genannte Bosporus ist die Meerenge, die zum Asowschen Meer (=Mäotische See) führt.

[177] Die ungeheure Größe Britanniens wird auch bei Plin. hist. nat. 4, 16 (30) geschildert.

[178] Der Parther Tiridates mußte sich 63 n. Chr. unterwerfen (Tac. ann. 15, 28) und empfing 66 n. Chr. aus der Hand Neros die Krone.

[179] Der hier genannte Scipio ist wohl der ältere.

[180] Die Nasamonen wohnten an der Großen Syrte.

[181] Arabia felix ist der südöstliche Teil Arabiens, das Königreich der Sabäer.

[182] Bei den „Stammesverwandten" der Adiabene handelt es sich nicht nur um Juden der Rasse nach, sondern vor allem um die zum Judentum übergetretenen Mitglieder des Königshauses; einige von ihnen nahmen auch am Jüdischen Krieg gegen die Römer teil (vgl. § 520; 6, 356).

[183] Daß die Erfolge der Römer göttlichem Beistand zu verdanken seien, wird auch 1, 390 und vor allem 3, 293 ausgeführt. Die römerfreundlichen Argumente

datieren vielleicht aus der Makkabäerzeit, in der die Römer auf jüdische Bündniswünsche eingingen, zumal sie dadurch die Macht der Seleukiden schwächen konnten (1. Makk. 8, 17—32; 12, 1; 14, 16—24).

[184] Zur Verbreitung des Weltjudentums vgl. das Strabozitat ant. 14, 115.

[185] Daß diese Rede nicht, so wenig wie die meisten Wiedergaben antiker Reden, in dieser Form als historisch gelten kann, geht einmal aus der kunstvollen Form hervor, zum anderen aus der Tatsache, daß die darin angegebene Verteilung der römischen Legionen nicht dem Stand des Jahres 66, sondern dem der Herrschaft Vespasians entspricht. Nach Schürer I [4] 602 Anm. 4 bezieht Josephus seine Kenntnisse wohl aus einem offiziellen römischen Verzeichnis seiner Zeit. Zur Ähnlichkeit der hier vorgetragenen Argumente mit den Anschauungen des Josephus vgl. dessen Rede vor Jerusalem 5, 376 ff.

[186] Der Tempelhauptmann steht an der Spitze der Tempelwache (= 200 Priester und Leviten). An dem Bruch mit der *kultischen* Tradition ist Josephus interessiert.

[187] Diese „eherne Pforte", die sich am inneren Heiligtum gegen Sonnenaufgang befand, wird auch in 5, 201 besonders hervorgehoben. Die nicht ganz eindeutige Angabe der Lage dieses Tores wird neuerdings so verstanden, daß das „innere Heiligtum" den Männervorhof, den Priestervorhof und das Tempelhaus umfaßt, während das „eherne Tor" vom Männervorhof zum Frauenvorhof hinüberführt. Es ist zu vermuten, daß dies „eherne Tor" mit dem Nikanortor der rabbinischen Tradition identisch ist, das im Osten des Vorhofes der Israeliten (= der Männer) gelegen sein soll (Middoth 1, 4; 2, 7). Vgl. dazu E. Stauffer, Das Tor des Nikanor, ZNW 44, 1952/53, 44—66. Andere Historiker nehmen dagegen an, daß das Nikanortor im Osten des Frauenvorhofes lag (E. Schürer, ZNW 7, 1906, 51 ff.; Billerbeck II 622 ff.).

[188] Zu den Weihgeschenken vgl. 2. Makk. 3, 2; 9, 16; bell. 1, 357; 5, 562 f.; Lk. 21, 5.

[189] Zum Opfer für den Kaiser vgl. Jos. c. Apion. 2, 6: sie geschehen auf gemeinsame Kosten sämtlicher Juden. Nach Philo leg. Gaj. 157. 317 läßt Augustus aus eigenen Mitteln die Opfer in Jerusalem darbringen. Offenbar hat sich seit Augustus ein Wechsel vollzogen. Vgl. außerdem § 197 Anm. 112.

[190] Zu dem Brüderpaar Saulus und Kostobar vgl. § 556.

[191] Dieser Philippus wird auch § 556 erwähnt (vgl. vita 46 ff.); zu seinem Vater Jakimos, der eine hohe Stellung unter Agrippa (I.?) innehatte, vgl. 4, 81; ant. 17, 29 f.

[192] Nach Lev. 6, 12 f. durfte das Feuer auf dem Brandopferaltar nicht ausgehen. Das Holz brachten zuerst die Gibeoniten herbei (Josua 9, 23), später — nach dem Exil — Priester, Leviten und Volk. Hier bei Josephus ist von einem einzigen Tag die Rede, der wie ein Fest begangen wurde; der Talmud nennt neun Tage, an denen bestimmte Familien Holzopfer darbringen (Taanit 4, 5).

[193] Der Palast des Agrippa und der Berenike war wohl, wenn er nicht mit dem Palast der Hasmonäer identisch ist, doch mit diesem verbunden.

[194] Das Archivgebäude in der Unterstadt, unweit der Akra gelegen, wurde später durch die Römer noch einmal in Brand gesetzt (6, 354). Die Zeloten hatten eine Neuordnung der sozialen Verhältnisse im Auge; vielleicht waren sie wie die Essener der Ansicht, daß das Land und aller Besitz Gott geheiligt und darum kollektiv verwaltet werden müsse.

[195] Der Monat Loos entspricht dem Monat Ab. Die Mischna legt das Fest des Holztragens auf den 15. Ab. Dann wäre der folgende Tage der 16. Ab. Der 15. Loos ist der 3. September.

[196] Zu Judas Galiläus, dem Begründer der Zelotenpartei, vgl. § 118 Anm. 34.

[197] Es ist anzunehmen, daß Masada nach § 408 schon in den Händen der Aufständischen war. Manaem zog sich von Jerusalem nach Masada zurück, um die Aufständischen mit Waffen zu versorgen (7, 299).

¹⁹⁸ Die drei Königstürme werden 5, 163—171 ausführlich beschrieben; sie standen an der Nordseite des Herodespalastes.

¹⁹⁹ Zu Ananias und Ezechias vgl. § 429. Ananias war der Vater des Tempelhauptmanns Eleazar, eines besonders eifrigen Zeloten und Führers der priesterlichen Gruppe unter den Zeloten (vgl. § 409. 443). Ricciotti z. St. hält es mit Recht für unwahrscheinlich, daß dieser der Hinrichtung seines Vaters zugestimmt haben könnte; schon damals war also eine Spaltung innerhalb der zelotischen Partei vorhanden.

²⁰⁰ Ophel = Schwellung, ein Hügel südlich des Tempelplatzes (vgl. 2. Chron. 27, 3; 33, 14).

²⁰¹ ἔπαρχος ist Präfekt, Kommandant einer Auxiliarkohorte (Tac. hist. 2, 59).

²⁰² Der Zwang zur Beschneidung ist nach Hippolyt Elenchos 9, 26 eines der Kennzeichen des zelotischen Eifers. Vorbild waren auch in dieser Hinsicht die Makkabäer, die nach 1. Makk. 2, 45 f. im Land umherzogen und die Kinder der hellenistisch gesinnten Bevölkerung zwangsweise beschnitten. Auch bei den folgenden Generationen der Makkabäer wurde zwangsweise Beschneidung geübt (vgl. ant. 13, 257 f. 318 f.; Beispiele aus späterer Zeit siehe vita 113; ant. 20, 38 ff.). Im Hintergrund stand die Anschauung, daß ein Unbeschnittener den Gottesbund bricht und daher ausgerottet werden muß (Gen. 17, 14; zum Ganzen vgl. W. R. Farmer a. a. O. 70—72).

²⁰³ Nach jüdischer Überlieferung ist der Tag der Niedermetzelung der Römer (§ 454) der 17. Elul (= Gorpiäus). Die jüdischen Einwohner Caesareas hatten nach § 291 offenbar nur ihre Synagogenversammlungen nach Narbata verlegt. Wichtig ist die göttliche *providentia:* Zeit und Faktum entsprechen einander.

²⁰⁴ Die Aufzählung der Orte geht vom südlichen Ostjordanland nach Norden, später nach Westen („Kreis um Sebaste", vgl. Kohout, Reinach). Philadelphia = Rabbath Ammon, jetzt: Amman; Esebon = Hesbon (Ammoriterstadt Dt. 2, 24); Gerasa = Dscherasch, Stadt der Dekapolis.

²⁰⁵ Die Frage nach dem historischen Wert dieser militärischen Berichte ist hier notwendig. Es handelt sich wohl nur um Streifzüge in die feindlichen Nachbargebiete; daß dabei solche feste Städte wie Sebaste und Askalon erobert wurden, wird allgemein bezweifelt. Unter den Städten wurden allerdings Gaza und Anthedon (Agrippias) erobert. Kadasa (= Kedesch, Josua 20, 7) war ursprünglich eine alte Levitenstadt nordwestlich vom Hulesee und ist jetzt syrisch (vgl. 4, 105). Gaba liegt an der Westgrenze Galiläas, am Karmel (3, 36; ant. 15, 294).

²⁰⁶ Wichtig ist das hier und § 454 gebrauchte Verbum ἰουδαΐζειν, das auch Gal. 2, 14 vorkommt.

²⁰⁷ Zum Verhältnis zwischen den Juden in Skythopolis und seiner Bevölkerung vgl. 2. Makk. 12, 29—31.

²⁰⁸ Ricciotti z. St. weist darauf hin, wie wichtig diese Feststellung und die Sympathie für diesen Volksverräter zur Beurteilung des Josephus ist.

²⁰⁹ Hier liegt ein Bericht vor, der mit vita 49—61 zu vergleichen ist. In der lat. Übersetzung steht Varo für Noaros. Dieser stammt aus der Familie des Soemos von Ituräa (Dio Cass. 59, 12; Tac. ann. 12, 23). Der in § 501 genannte Soemos von Emesa von ihm verschieden; vgl. dazu Schürer I ⁴ 720; Reinach 218 Anm. 1 und 2; Pauly-W. II 3, 1, 796—798.

²¹⁰ Zur Lage von Alexandrien vgl. Strabo geogr. 17, 6—10. In c. Apion. 2, 35 sagt Josephus, daß schon Alexander den Juden ein eigenes Quartier gab. Über die Privilegien von seiten der Ptolemäer und Römer berichtet er ausführlicher in c. Apion. 2, 42—46. Zu den Juden Alexandriens vgl. auch Schürer III ⁴ 36 f.

²¹¹ Die Ehrenbezeichnung Makedonier ist die Folge der Verleihung des alexandrinischen Bürgerrechts (vgl. 2. Makk. 4, 9, wo vom Bürgerrecht in Antiochien die Rede ist).

[212] Zu Tiberius Alexander vgl. § 220 Anm. 123; 4, 616; er war gleichzeitig Statthalter der ganzen Provinz Ägypten.

[213] Zu den zwei Legionen vgl. § 387 und Tac. ann. 4, 5.

[214] Die fünf Stadtteile Alexandriens waren nach den ersten fünf Buchstaben des Alphabets benannt (Philo Flacc. 8, 55; leg. Gaj. 20).

[215] Damals lagen in Syrien vier Legionen (Tac. anm. 4, 5): III Gallica, VI Ferrata, X Fretensis, XII Fulminata. Das Heer des Cestius bestand aus 12 000 Legionären, dazu kam noch eine wesentlich größere Zahl von Hilfstruppen.

[216] Antiochius IV. war König von Kommagene am oberen Euphrat und trug — nach Münzen — den Beinamen „Epiphanes". Er war König von 38 n. Chr. an und verlor sein Königreich 72 n. Chr. (7, 219 ff.).

[217] Soemos war König von Emesa, Bruder des Azizos.

[218] Das Asamongebirge ist heute der dschebel ed-deidebe, nördlich der Ebene Battof (zwischen Chabulon und Sepphoris).

[219] Antipatris lag in der Ebene Saron, wahrscheinlich an der Stelle der heutigen Araberfestung kal'at ras el'en an den Quellen des 'audscha-Flusses. Diese bedeckt jedoch nur einen kleinen Teil der als Hügel gut erkennbaren Ortsanlage von etwa 500 zu 300 Schritt (vgl. G. Dalman a. a. O. 21). Von dort aus führen zwei Straßen nach Jerusalem. Paulus weilte nach Apg. 23, 31 als Gefangener in Antipatris.

[220] Nach G. Dalman, PJB 8, 1912, 21 f. ist der sogenannte Aphekturm identisch mit dem heutigen Kastell medschdel es-sadik, 20 km südlich von Jaffa, am Rand des Hügellandes und 3 km südöstlich von Antipatris; es wird auch medschdel jaba genannt. Das Kastell stammt aus arabischer Zeit, jedoch war der von Natur feste Platz schon vorher Träger einer alten Anlage. Zur Zeit des Josephus hieß sie wahrscheinlich Migdal Aphek. Möglich, aber kaum beweisbar ist es, daß auch das Aphek der Philisterkämpfe 1. Sam. 4, 1; 29, 1 hier zu suchen ist.

[221] Lydda liegt südlich von Antipatris an der Stelle, wo die Straße von Norden auf die Strecke Joppe—Bethhoron—Jerusalem trifft.

[222] Zu Bethhoron vgl. § 228 Anm. 126 und § 546 ff.

[223] Gabao, hebr. Gibeon (Josua 9, 3 ff.), heute ed-dschib ist nach ant. 7, 283 nur 40 Stadien von Jerusalem entfernt.

[224] Nach Lev. 23, 35 f. haben der erste und der letzte Tag des Laubhüttenfestes sabbatlichen Charakter; doch setzt Josephus voraus, daß die Juden an einem regulären Sabbat zur Schlacht herauseilen.

[225] Monobazus war ein Sohn der Helena von Adiabene und ein Bruder des Izates (vgl. ant. 20, 17 ff.). Helena war mit ihren beiden Söhnen zum Judentum übergetreten.

[226] Silas stammte vermutlich aus der Kolonie babylonischer Juden in Batanea, vgl. ant. 17, 23 ff.

[227] Simon, Sohn des Giora, im Aramäischen Simon bar Giora (= Sohn des Proselyten) war einer der radikalen Zeloten und oberster Führer im belagerten Jerusalem. Er stammte aus Gerasa (4, 503).

[228] Der Skopus ist ein Hügel im Nordosten der Stadt und gewährt einen hervorragenden Ausblick (5, 67; ant. 11, 329). Er gehört zur Hochebene von Schafat.

[229] Jonathan ist wahrscheinlich der § 256 genannte Hohepriester, das erste Opfer der Sikarier.

[230] Das nördliche Tempeltor ist das tadhi-Tor (Midd. 3, 1). — Zum taktischen Mittel der „Schildkröte" vgl. Dio Cass. 49, 30; Liv. 44, 9; ferner den Artikel testudo bei Pauly-W. II 5, 1062. Abbildungen: C. Cichorius, Die Reliefs der

Trajanssäule, 1. Tafelband, 1896, Tafel LXXI (dazu 2. Textband, 1896, 331); J. Kronmayer und G. Veith, Heerwesen und Kriegführung der Griechen und Römer (Handbuch der Altertumswissenschaft 4, 3, 2, 1928, Abb. 144). Nach der Kriegsrolle der Qumransekte (1 QM 9, 10 f.) sind für die endzeitliche Kriegführung dieser Frommen ebenfalls ‚testudines' vorgesehen. Sie werden „Türme" genannt und sind aus Schildträgern gebildet, nach hinten offene Karrees von etwa 75 m Seitenlänge, die wohl zum Sturm gegen befestigte Anlagen eingesetzt werden (Y. Yadin, Megillat milchamat bene or bibene choschech, Jerusalem 1957, 172 f.).

[231] Nach Schürer I [4] 605 und Ricciotti z. St. wäre auf Grund der Angaben des Josephus selbst der Rückzug begreiflicher, als er es hier wahr haben will!: Die große Menge der Feinde, die die Stadt umgibt (§ 523), sowie die vergeblichen Versuche, das Tempelgelände zu erobern (§ 534 f.), machen es wahrscheinlich, daß das römische Heer für eine Erstürmung der Stadt und eine Beendigung des Aufstandes zu klein war und die mitgebrachten Belagerungsmaschinen (vgl. § 546. 553) nicht genügten. Die Schuld am Scheitern der Unternehmung liegt also an der mangelhaften Vorbereitung durch Cestius (vgl. § 558), von dem Tacitus sagt, daß er nach diesem Feldzug „fato aut taedio occidit" (hist. 5, 10).

[232] Priscus ist wohl ein anderer als der in § 531 genannte Lagerkommandant Tyrannius Priscus. Die sechste Legion, die der hier erwähnte Priscus befehligte, hatte zu diesem Unternehmen lediglich 2000 Mann gestellt (§ 500).

[233] Es handelt sich um den Weg von Ober-Bethhoron (betur el foka) nach Unter-Bethhoron (betur et tachta). Die Entfernung beträgt 2,8 km bei einem Höhenunterschied von ca. 250 m. Dieser Paß war von hoher geschichtlicher Bedeutung (Josua 10, 10 f.; 1. Sam. 13, 18; 1. Makk. 3, 15. 24; 7, 39). Eine Beschreibung der Bethhoron-Straße findet sich bei Th. Oelgarte im PJB 14, 1918, 73—89. Vgl. den siegreichen Kampf der zahlenmäßig unterlegenen Truppe des Judas Makkabäus gegen den syrischen Feldherrn Saron, der ebenfalls an der Steige von Bethhoron stattfand (1. Makk. 3, 13—24); auch die siegreichen Kämpfe des Judas bei Adasa (1. Makk. 7, 40) und Elasa (1. Makk. 9, 5) haben sich in der Nähe dieser Steige abgespielt.

[234] Nach Th. Oelgarte a. a. O. hätte sich die Schlappe des Cestius schon auf dem Marsch zum Oberen Bethhoron ereignet, während er die Steige zum Unteren Bethhoron hinab bei seiner Flucht in der Nacht zurückgelegt hätte.

[235] ἑλεπόλεις = schwere Belagerungsmaschinen, durch die die Mauern erschüttert oder eingerissen wurden. ὀξυβελεῖς = Katapulte, die Geschütze der Antike, die gleichzeitig eine große Anzahl von Pfeilen oder Lanzen im flachen Winkel schossen. In der Kaiserzeit waren jeder Legion solche Geschütze beigegeben (Tac. hist. 3, 23; Dio Cass. 65, 14, 2; 5. 269).

[236] Dios (Oktober/November) jüdisch: Marcheschvan.

[237] Nach 7, 368 waren es 18 000.

[238] Ananos, Sohn des Ananos, wurde durch Agrippa II. zum Hohenpriester ernannt, aber schon nach drei Monaten von dem Statthalter Albinus abgesetzt, weil er Jakobus, den Bruder Jesu, töten ließ (ant. 20, 200). Als Sadduzäer war er Führer der gemäßigten Partei und Gegner der Zeloten. Bei der Einnahme der Stadt durch die Idumäer wurde er vom Pöbel getötet (4, 315 ff.). Das zusammenfassende Urteil über ihn findet sich in 4, 319 ff.

[239] Es handelt sich um die Fertigstellung der dritten Mauer, die Agrippa I. begonnen hatte, deren Vollendung er aber mit Rücksicht auf den Kaiser Claudius einstellen mußte (5, 152 ff.; vgl. § 218 Anm. 119).

[240] Eleazar, Sohn des Hohenpriesters Neos, ist wohl identisch mit Eleazar, dem Sohn des Ananias (§ 409), da ein Hoherpriester mit Namen Neos nicht bekannt ist; es liegt vermutlich ein Schreibversehen vor.

[241] Zu Thamna vgl. 4, 444. Es ist identisch mit Thimnath-Serah Josua 24, 30. Nach Euseb. und Hieron. (Onomast. 70, 19 ff. 71, 20 ff.) ist es die Grabstätte des Josua.

[242] Der Bezirk von Gophna befand sich südöstlich von Thamna, die Akrabatene südöstlich von Sichem.

[243] Josephus, Sohn des Matthias, ist der Autor selbst, der seine Tätigkeit in Galiläa ausführlich in der Vita geschildert hat.

[244] Zu Gamala vgl. Anm. zu 4, 2 ff.

[245] Kapharekcho, im Talmud Kaphar Akko in Untergaliläa (vita 37). Sigoph ist unbekannt.

[246] Sepphoris (vgl. vita 30 ff.), damals stärkste Stadt in Galiläa, lag auf der Hügelhochfläche über dem heutigen saffurije. Dort befindet sich ein neueres Kastell; außer Säulenfragmenten sind nur wenige Ruinen aus der alten Zeit erhalten. Die Bereitschaft zum Kriege kann in Sepphoris nicht sehr groß gewesen sein, da nach § 511 diese Stadt den römischen Feldherrn Gallus mit offenen Armen empfangen hat und nach 3, 30 ff. die Truppen Vespasians mit Freuden aufnahm. Im Gegensatz zu unserer Stelle bemerkt Josephus 3, 30, daß gerade die Bewohner von Sepphoris das einzige friedlich gesinnte Element der ganzen Provinz gewesen seien; auch im Parteikampf zwischen Josephus und Johannes von Gischala blieb diese Stadt neutral.

[247] Zum Geheimnis der Schlagkraft des römischen Heeres vgl. 3, 70—109.

[248] Zur Organisation des Heeres durch Josephus ist die Ordnung der Qumransekte eine gewisse Parallele. Beide sehen übereinstimmend eine Gliederung vor, die dem israelitischen Heerbann nachgebildet ist und in der Sekte auch sonst durchgeführt wird (Ex. 18, 25; 1 QS 2, 21 f.). Zu den Losungsworten, die in der Sekte auf die Trompeten und Feldzeichen geschrieben werden, vgl. 1 QM, Kol. 3 und 4; zu den Trompetensignalen vgl. 1 QM 8, 1; 9, 9. Auch in der Kriegsrolle werden, vor allem in der Durchführung der taktischen Manöver, römische Einflüsse sichtbar (Y. Yadin a. a. O. 131—180).

[249] Es bleibt eine Reserve von 40 000 Mann, da insgesamt 100 000 mobilisiert sind (§ 576). Die kleine Zahl der Reiter ist auffallend.

[250] Nach vita 43 war Johannes vor dieser Zeit gegen einen Abfall von Rom. Er war ein enger Freund des einflußreichen Simon, des Sohnes Gamaliels (vita 192).

[251] Nach vita 71 ff. hatte Johannes die Erlaubnis erhalten, das „kaiserliche Korn", das im oberen Galiläa aufgestapelt war, zu verkaufen und die dafür eingehenden Gelder zur Wiederherstellung der Mauern von Gischala zu verwenden.

[252] Vgl. zu diesem Ölhandel vita 74 f.

[253] Dabaritta (deburije, schon Josua 19, 12: Dabrath) liegt am Fuße des Tabor (vgl. L. Häfeli, Flavius Josephus Lebensbeschreibung, Nt. liche Abhandlungen XI 4, 1925, 88 Anm. 126).

[254] Nach vita 126 handelt es sich um die Frau des Ptolemäus, die aus dem Aufstandsgebiet entfliehen wollte. Die Darstellung der Vita scheint auch hier genauer zu sein.

[255] Tarichea ist das heutige el medschdel am Westufer des Sees Genezareth (vgl. 3, 462 ff. Anm. 111). Josephus pflegte dort zu residieren, weil in Tarichea seine Gönner wohnten (vgl. § 602. 608).

[256] Nach vita 137 verblieb nur ein Leibwächter, der ihm nicht zur Flucht, sondern zum Selbstmord riet. Die Schilderung ist dort ausführlicher.

[257] Andere Übersetzung: „bei denen man es sich beschaffen müsse" (ähnlich Reinach, Thack).

[258] Die Vorfälle in Tiberias werden in dem Parallelbericht vita 84—103 vor der Protestkundgebung in Tarichea berichtet. Der Neid des Johannes ist nach vita 85 durch die Popularität des Josephus verursacht.

[259] Die schwefelhaltigen Bäder befinden sich südlich von Tiberias (hammam tabarije) = Emmaus oder Ammathus (ant. 18, 363; 4, 11); vgl. Josua 19, 35 Hammath, talmudisch Hamata.

[260] Nach vita 86 befand sich Josephus zu dieser Zeit in Kana (chirbet kana, nördlich der Battof-Ebene, vgl. Joh. 2, 1).

[261] Nach vita 91 kam Johannes persönlich, um den Josephus zu treffen, zog sich dann jedoch eilig zurück.

[262] Offenbar steckt hinter dem Zwist zwischen Josephus und Johannes von Gischala ein *sachlicher* Gegensatz zwischen der priesterlich-theokratischen Kriegsordnung Jerusalems und der charismatisch-zelotischen Kriegsführung einzelner Bandenführer. Auch die finanzielle Versorgung der Gruppen (bei Josephus der allgemeine Heerbann, bei Johannes ausgewählte Männer) scheint verschieden zu sein und notwendig zu Konflikten zu führen.

[263] Nach vita 372 handelt es sich nicht um syrische, sondern um tyrische Flüchtlinge; es waren etwa 1500. Der Bericht von der durch Josephus angeordneten Proskription (bell. 2, 624 f.) folgt in der Vita wesentlich später (368—372).

[264] Die strenge Sabbatobservanz der Zeloten, die auch im Kriege beibehalten wurde, ist wohl makkabäisches Erbe: 1. Makk. 2, 29 ff.; 2. Makk. 8, 26 f.; 12, 38; bell. 1, 146 (ant. 14, 63); 4, 99 f.; vita 159. 161. Zum Ganzen vgl. W. R. Farmer a. a. O. 72—78.

[265] Zu den Vorzeichen vgl. 1, 332 Anm. 148; 6, 288 ff.

[266] Der Bericht vom Ende des Ananos folgt 4, 315 ff.

[267] Zu Akrabatene vgl. § 235 Anm. 130; § 568 Anm. 242.

[268] Zu Simon, dem Sohn des Giora, vgl. § 521 Anm. 227.

Anmerkungen zu Buch 3

¹ Nero befand sich zu dieser Zeit in Achaja (vgl. 2, 558; § 8) und gab dort seine berüchtigten Theaterauftritte (Suet. Vesp. 4).
² Vespasian wurde 9 n. Chr. geboren; seine Familie stammt aus Reate im Sabinerland. Zum Konflikt mit Nero vgl. Tac. ann. 16, 5; Suet. Vesp. 4.
³ Zu seinem Kriegsdienst vgl. Suet. Vesp. 1—4; Tac. hist. 1. 10; Agric. 13.
⁴ Claudius war Neros Adoptivvater (vgl. 2, 249).
⁵ Diese Gunstbezeugungen beendeten die kaiserliche Ungnade, die aus dessen gekränkter Künstlerehre erwachsen war.
⁶ Zum Problem der römischen Legionen vgl. § 65. Nach einer Konjektur Nieses, die sich allgemein durchgesetzt hat, haben wir es hier mit der 15. Legion zu tun, die unter dem Befehl des Titus stand. Auch Thack, Reinach und Ricciotti z. St. sprechen nur von dieser Legion. Nach Suet. Tit. 4 war Titus während des Krieges Befehlshaber einer einzigen Legion (vgl. Schürer I⁴ 610).
⁷ Für seine hellenistischen Leser spricht Josephus hier und 2, 360; § 354 von der Tyche, dem Geschick, das die menschlichen Pläne und Handlungen begrenzt, während die Juden alles auf die Führung des einen Gottes bezogen (vgl. in der Qumransekte vor allem den Abschnitt 1 QS 3, 12 ff.).
⁸ Askalon war eine alte kanaanäische, in der Mitte des 2. Jahrtausend von den Ägyptern eroberte und in den Amarnabriefen erwähnte Stadt. Sie wurde eine der fünf Metropolen der Philister und später eine blühende hellenistische Stadt. Seit dem Jahre 104 v. Chr. war sie unabhängig, blieb auch als einzige der Küstenstädte von Alexander Jannäus unbehelligt und wurde von Herodes prächtig ausgestattet (1, 422). Dieser besaß dort auch einen Palast, der nach seinem Tode seiner Schwester zufiel (2, 98). Die Bevölkerung Askalons war wohl in ihren niederen Schichten syrisch. Die alte Stadt lag landeinwärts und hatte einen eigenen Hafen (vgl. Schürer II⁴ 119—124). Zum Angriff auf Askalon vgl. die Niedermetzelung der jüdischen Einwohner 2, 477.
⁹ Niger von Peräa und der Babylonier Silas werden schon in 2, 520, Johannes der Essäer in 2, 567 erwähnt. Zur Teilnahme der Essener am Aufstand vgl. 2, 152.
¹⁰ Antonius konnte die Reiterei mit umso größerem Erfolg gegen die Juden einsetzen, als diese nach 2, 583 kaum über Reiterei verfügten.
¹¹ Niger wurde während der Belagerung Jerusalems durch die Zeloten getötet (4, 359 ff.).
¹² Gemeint ist nämlich der dritte Platz nach Rom und Alexandria.
¹³ Zu Gaba vgl. 2, 459; vita 115; ant. 15, 294; Plin. hist. nat. 5, 19, 75. Es heißt jetzt vielleicht scheik abreik (Schürer II⁴ 199 f.).
¹⁴ Die Länge Untergaliläas wird von Ost nach West beschrieben, seine Breite von Süd nach Nord. Chabulon (2, 503) entspricht Kisloth-Tabor (Josua 19, 12); Euseb. und Hieron. (Onomast. 147, 11 f.; 175, 12 f.) nennen den Ort Chsalus, vgl. auch das heutige iksal.
¹⁵ Bersabe ist nach Riciotti z. St. das heutige abu esch-scheba zwischen Gischala und Jotapata. Baka ist unbekannt. Thella ist heute el-tuleil am Südwestufer des Hulesees. Meroth, heute meirun, liegt etwa 5 km südlich von Gischala.
¹⁶ Es handelt sich hier um eine plerophore Beschreibung des gesegneten Landes; nach vita 235 hatte Galiläa 204 solcher Ortschaften; seine Einwohnerzahl hätte demnach mehr als 3 Millionen betragen.
¹⁷ Die Landschaft Peräa scheint bei Josephus verschieden bestimmt zu sein: einerseits kommt das ganze transjordanische Gebiet (einschließlich des Gebietes adschlun) in Frage, anderseits die schmale Jordansenke zwischen Pella und Machärus. Nur im ersteren Fall wäre Peräa wesentlich ausgedehnter als Galiläa. Vgl. Schürer II⁴ 11; Reinach 251 Anm. 2.
¹⁸ Einschließlich Machärus, ausschließlich Pella, das wie Philadelphia (Amman) schon zur Dekapolis gehört.

[19] Ginäa (wohl identisch mit dem Dorf Gema 2, 232, wie ant. 20, 118 nahelegt) wird mit dem heutigen Grenzort dschenin identifiziert.

[20] Anuath Borkaios ist das heutige 'ain berkit, 19 km südlich von Nablus.

[21] Jordan (besser Jardan) entspricht vielleicht dem heutigen tell 'arad (vgl. die alte kanaanäische Königsstadt Arad Nu. 21, 1; Ri. 1, 16) 30 km südlich von Hebron am Rande der Wüste Juda auf der Höhe von Masada.

[22] Zum Bild des „Nabels" (des Landes bzw. der Welt überhaupt) vgl. Hes. 38, 12; Jub. 8, 19; b. Sanh. 37 a. Ähnliche Vorstellungen finden sich auch bei anderen Völkern; so ist Delphi für die Griechen Mitte und „Nabel" des Landes.

[23] Die „Toparchie" ist ein Terminus der römischen Verwaltung, besonders für den Steuereinzug, während bei „Kleruchie" ein Ausdruck vorliegt, der sich vielleicht an die jüdische Art der Landnahme anlehnt (vgl. 5, 160). Nach Plin. hist. nat. 5, 14, 70 war Judäa in zehn Toparchien eingeteilt, es fehlen dort Idumäa und Engedi; Joppe ist eingefügt und für Pelle steht Betholethephene (= Betholetpha, vgl. 4, 445). Pelle könnte mit bet nettif identisch sein (2. Kön. 23, 28); es muß jedenfalls im judäischen Gebiet liegen, was für die ostjordanische Stadt Pella nicht zutrifft. — Der Verwaltungsbezirk (Stadt) Akrabeta bzw. Akrabatta wird in 2, 235.568.652; 3, 48; 4, 504.551 Akrabatene genannt (= Flur von Akrabeta).

[24] Die hier genannten Gebiete sind keine Toparchien; sie sind vielmehr überwiegend oder sehr stark von Juden bevölkerte Städte und Bezirke.

[25] Das Dorf Arpha liegt vielleicht in der Trachonitis, also an der Ostgrenze des genannten Gebietes. Zur Problemstellung vgl. Kohout 623.

[26] Zu Julias vgl. 2, 168 Anm. 94.

[27] Von einem Angriff auf Sepphoris hören wir in der Vita nichts, wohl aber von einem früheren Handstreich zur Zeit des Cestius Gallus (vita 395).

[28] Die 5. Legion führt den Namen Macedonica, die 10. Legion den Namen Fretensis und die 15. Legion Apollinaris (Tac. hist. 5, 1). Die 5. und 10. Legion standen in Alexandrien (2, 387).

[29] Zu Antiochus und Soemos vgl. 2, 481. 500 ff. Anm. 216. 217. Agrippa ist Herodes Agrippa II. Malchos der Araber scheint ein Nachfolger des Malchos zu sein, der 1, 276.440 erwähnt wird (vgl. Schürer I[4] 735—740).

[30] Die hier angegebenen Zahlen dürften historisch von Wert sein.

[31] Mit den Troßknechten meint Josephus wohl die calones, die an Zahl oft die Kampftruppen übertrafen, vgl. Tac. hist. 2, 87; 3, 33. Die militärische Ausbildung der calones findet sich bei Livius 9, 37; 23, 16; 27, 18; Caesar bell. Gall. 6, 40 bestätigt.

[32] Dieser Exkurs (§ 70—109), zu dem Josephus vielleicht durch Polybius (6, 19 — 42) veranlaßt wurde, ist eine wertvolle Beschreibung des römischen Heeres im 1. Jahrh. n. Chr. Josephus kennt das römische Heer auf Grund eigener Anschauung während seiner Gefangenschaft und seines Aufenthaltes im römischen Lager; vielleicht stand ihm auch für diesen Bericht eine römische Heeresdienstvorschrift zur Verfügung (vgl. dazu seine Übersicht über die Verteilung der Legionen 2, 345 ff.).

[33] Vgl. als Beispiel das Lager Vespasians bei Tarichea § 426. Nach Liv. 44, 39 ließ Aemilius Paulus eine günstige Gelegenheit zur Schlacht aus, weil noch kein Lager aufgeschlagen war. Das Lager diente als Rückhalt im Kampf, und wer es verloren hatte, galt als besiegt, auch selbst wenn er auf dem Schlachtfeld Sieger blieb.

[34] Der Bedarf an technischen Truppen bzw. Spezialisten war in der Tat sehr groß, da diese nicht nur für die Lagerarbeiten, sondern auch zur Bedienung der Belagerungsmaschinen benötigt wurden; vgl. § 117.468, dazu die Aufzählung der Spezialisten bei Vegetius 2, 11.

[35] Nach Vegetius 1, 21 sind die Soldaten hinter ihren Lagerwällen so geschützt, daß sie gleichsam in einer ummauerten Stadt zu leben scheinen, die sie überall mit

sich tragen. Der Lagerwall besteht aus Erdreich, das durch Pfähle und Äste befestigt wird (Caesar bell. Gall. 7, 72). So konnte man den Wall auch anzünden (vgl. § 90).

[36] Die beiden Hauptstraßen des Lagers waren die in Richtung zum Feind verlaufende via praetoria, an deren Ende sich jeweils eine porta decumana befand, und die senkrecht zu ihr verlaufende via principalis mit der porta principalis dextra bzw. sinistra. Beim Schnittpunkt der beiden Lagerstraßen stand das Praetorium (στρατήγιον), das Zelt des Feldherrn; davor befanden sich die Altäre, deren es mehrere gab (vgl. 7, 16; Dio Cass. 56, 24). Das Forum befand sich links neben dem Praetorium.

[37] Die λοχαγοί sind hier wahrscheinlich Centurionen (vgl. 2, 63, wo λόχος eine Centurie ist); die ταξίαρχοι scheinen nach § 87 nicht mit den Tribunen (χιλίαρχοι) identisch zu sein, sondern eine höhere Stellung zu besitzen; vielleicht sind sie die Führer einer Legion, die allerdings sonst als Legaten (ἔπαρχοι) bezeichnet werden (§ 310).

[38] Das Schwert (gladius) wird nach Polyb. 6, 23 nicht an der linken, sondern an der rechten Seite getragen, so auch bei den Abbildungen römischer Soldaten auf Denkmälern, wo an der linken Seite der Dolch (pugio) sitzt. Wahrscheinlich hängt die verschiedene Trageweise von der Länge des Schwertes ab: war es besonders lang, so mußte es auf der linken Seite getragen werden, damit der rechte Arm genug Raum zum Herausziehen hatte (vgl. Fr. Lundgreen, Das palästinensische Heerwesen in der neutestamentlichen Zeit, PJB 17, 1921, 59).

[39] Die hier genannte Lanze entspricht der hasta (leichter Wurfspieß), der Speer dem pilum, der Rundschild der parma und der Langschild dem scutum. Die jüdischen Truppen zur Zeit Jesu waren, abgesehen von der Tempelwache, weitgehend nach römischem Vorbild ausgerüstet und formiert (vgl. Fr. Lundgreen a. a. O. 46 ff.). Auch die militärische Ordnung der Qumransekte zeigt römischen Einfluß. Zu dem § 93 erwähnten römischen Brustpanzer, der in der Hauptsache aus gutem Sohlenleder besteht und in der Herzgegend durch Eisenblech verstärkt ist, ebenso zu dem Helm fehlt in 1 QM eine entsprechende Beschreibung (vielleicht wegen der Lücke 6, 15 ff.). Dagegen wird ausdrücklich ein 2½ Ellen langer und 1½ Ellen breiter Schild (magen = θυρεὸς ἐπιμήκης) beschrieben, der aus blankem Erz besteht und kunstvoll gearbeitet ist (1 QM 5, 4—6). Nach Polybius mißt der römische Schild 120 auf 75 cm, der in der Kriegsrolle 115 auf 69 cm (Y. Yadin a. a. O. 109). Für die Soldaten der „Türme" (Schildkröten) gibt es Schilde, die denen der Fußtruppen gleichen, jedoch etwas länger sind (137,4 cm; 1 QM 9, 12; Y. Yadin a. a. O. 114). — Für die Reiter der Qumransekte sind Rundschilde vorgesehen (1 QM 6, 14 f.), die der parma bzw. dem clipeus (= ἀσπίς), dem typischen Rundschild der römischen Reiter, entsprechen (Y. Yadin a. a. O. 113). — Die Linientruppen tragen außer Lanze und langem Schild das Schwert (kidan), das 68,7 cm lang und 6 cm breit ist (1 QM 5, 12 f.). Es ist zweischneidig, aus hartem Eisen gearbeitet und hat in der Mitte der Klinge eine ährenartige Rille zur Ableitung des Blutes (vgl. auch K. G. Kuhn, Beiträge zum Verständnis der Kriegsrolle von Qumran, ThLZ 81, 1956, Sp. 25—30, wo allerdings der kidan als Sichelschwert angesprochen wird). Dies Schwert der Qumransekte gleicht der schweren Hieb- und Stichwaffe der Römer, dem gladius. Die Lanze der Linientruppen (romach) ist 320 cm lang, die Lanzenspitze einschließlich ihrer Halterung 22 cm (1 QM 5,7). In der Mitte der Lanzenspitze verläuft wiederum eine ährenartige Rille. Schließlich waren noch Wurfspieße vorgesehen (1 QM 6,2), die nicht näher beschrieben werden. Sie gehörten zur Ausrüstung der Leichtbewaffneten, die daneben Pfeil und Bogen trugen (1 QM 6, 16). Zum Ganzen vgl. das Bild von der geistlichen Waffenrüstung Eph. 6, 11. 14—17.

[40] Der Stil der Lobrede (laudatio) auf das römische Heeer hat seine Geschichte, in die Josephus sich willig einordnet. Wichtig ist auch, daß er sich nicht auf den militärischen Gesichtspunkt beschränkt, sondern am Schluß seiner Schilderung da-

mit rechnet, daß er auf jeden edeldenkenden Menschen Eindruck macht. Das entspricht dem Selbstbewußtsein Roms, daß sein Heer Kulturträger ist.

[41] Die wiederaufgenommene Erzählung schließt mit Ptolemais an § 64, mit Placidus an § 59 an. Zu Placidus vgl. Pauly-W. 20 (1950), 1934—1936; Prosopographia imperii Romani III, 1898, 42 Nr. 331. Möglicherweise ist er identisch mit dem Tac. hist. 3, 84 genannten Julius Placidus.

[42] Zur römischen Rangordnung der Offiziere vgl. § 83. 87. 122. 310 und die Artikel legatus bei Pauly-W. I 12, 1924, 1141—1148 sowie tribunus: Pauly-W. II, 1937, 2432—2439. Zum Sprachgebrauch bei Josephus vgl. Ricciotti II 350 Anm. 87. ἔπαρχοι sind nach § 310 die legati legionum. Nach § 310 steht der ἔπαρχος (Legionskommandeur) jedenfalls im Rang eines Legaten; in § 83. 87 sind die ταξίαρχοι Stabsoffiziere (z. B. Tribunen). — Wahrscheinlich war für jede Legion ein centurio als Marschführer vorgesehen.

[43] Bei der hier erwähnten Söldnertruppe denkt Reinach an den Rest der Auxiliarkohorten, von denen ein Teil in § 116 erwähnt wird, Kohout an die neben den auxilia, den Provinzialtruppen, im römischen Heere verwendeten fremdländischen Mietsoldaten, wie Bogenschützen oder Reiter. Ricciotti hält sie für den Troß der freien (nicht militärischen) Händler und Marketender, die ein Heer begleiteten.

[44] Garis (östlich von Sepphoris, vgl. vita 395.412) ist identisch mit dem nordwestlich von kufr kenna gelegenen chirbet kenna, 2 km von Sepphoris entfernt und 1½ km südlich von der wichtigen Verkehrsstraße Akko-Tiberias.

[45] Gabara ist wohl das heutige 'arrabe oder das am Ostabschluß der Ebene von 'arrabe auf einem fast 100 m hohen Grat liegende der hanna (G. Dalman, PJB 8, 1912, 43).

[46] Nach G. Dalman, PJB 8, 1912, 43 ist es unsicher, welchen Weg Vespasian dabei eingeschlagen hat. Er konnte über sachnin von Norden her kommen oder auch durch das wadi kana von der Ebene heraufziehen. Wahrscheinlich kam er von Norden her; der gefährliche Weg durch das enge wadi kana blieb für Josephus frei, der sich deshalb unbehelligt von Tiberias nach Jotapata begeben konnte. Der von Josephus geschilderte Zustand des Nordwegs wird von G. Dalman bestätigt (PJB 9, 1913, 47). Nach G. Dalman (gegen Kohout) hatte Jotapata keine die Ebene Battof beherrschende Schlüsselstellung, da kein bedeutender Weg hier vorbeiführt; es war vielmehr ein Schlupfwinkel für Rebellen, die von hier aus das Land beunruhigen konnten (PJB 8, 1912, 43). Jotapata ist das heutige chirbet dschefat, etwa 10 km nördlich von Sepphoris.

[47] Nach Niese der 8. Juni 67 n. Chr. Das Datum stimmt jedoch nicht mit der Angabe in § 339 überein, wonach Jotapata am 1. Panemus nach einer Belagerung von 47 Tagen (§ 316)erobert wurde.

[48] Diese Selbsteinschätzung des Josephus ist befremdlich, wenn man an das kurz vorher abgelegte Geständnis seiner Verzweiflung und an sein Schicksal in Jotapata denkt.

[49] Der decurio Aebutius ist aus vita 115 f. bekannt; offenbar hat er über eine Reitertruppe verfügt, die dem Josephus schon früher schwer zu schaffen gemacht hatte. Bei der Eroberung von Gamala verlor er sein Leben (4, 36) — im dortigen Bericht erkennt Josephus seine militärische Tüchtigkeit ausdrücklich an.

[50] Jotapata ist von Norden her am besten zugänglich, da das östlich vom Stadthügel liegende Tal sich nach Norden zu erweitert und in einem breiten, flachen Ende die nördliche Höhe hinaufzieht (G. Dalman, PJB 9, 1913, 46).

[51] Daß die Juden vor der Mauer ein Lager aufgeschlagen haben sollten, widerspricht der Aussage in § 147, nach der keiner von ihnen es nach der Ankunft der Römer gewagt hätte, die Stadt zu verlassen. Auch werden später keine außerhalb der Stadt befindlichen Verteidigungsanlagen erwähnt.

[52] Nach G. Dalman, PJB 8, 1912, 40 f. gelangt man, wenn man den Hügel von Jotapata ersteigt, zuerst auf eine 70—80 m über der Talsohle liegende Terrasse

von etwa 120 m Länge und 80 m Breite; sie ist mit Trümmern und Tonscherben bedeckt, die bis in die römische Zeit hinaufreichen müssen. Durch einen von Westen kommenden Graben wird die Terrasse nach Norden zu teilweise abgeschlossen. Darauf folgt ein neuer, etwa 200 m langer Anstieg zum eigentlichen Gipfel, welcher 126 m über der Talsohle im Süden liegt. Die Gipfelplatte hat einen Durchmesser von 30 m und weist 5 Zisternen auf. Ein Abfall von etwa 28 m führt steil zu einem Sattel hinab, dessen westliche Seite ein Teich von gegen 40 m Länge und Breite einnimmt, während ein Damm östlich davon zu dem gegenüberliegenden Gelände führt, das sich nun breit und sehr allmählich erhebt und erst in großer Entfernung seine größte Höhe erreicht. Die Römer wandten sich zunächst gegen den von Natur ungeschützten Stadtteil im Norden, eroberten ihn und kehrten sich dann gegen die übrige Stadt, die sie von oben her einsehen konnten. Die Schilderung des schwindelerregenden Abgrunds ist übertrieben.

[53] Die hier erwähnten Schutzdächer, nach ihrem Aussehen vineae (Weinlauben) genannt, werden von Vegetius (4, 15) ausführlicher beschrieben. Sie haben eine Länge von rund 5 m, eine Breite von etwas über 2 m und eine Höhe von fast 3 m. Bei der Belagerung werden oft mehrere miteinander verbunden.

[54] Vegetius 2, 25 rechnet für seine Zeit (Ende des 4. nachchristl. Jahrh.) 55 Katapulte für eine Legion.

[55] Es ist hier die Guerillataktik gemeint, die der zelotischen Kampfführung eigentümlich war.

[56] Dieses Abwehrsystem durch Rinderhäute ist schon durch Vegetius 4, 15 belegt; über die Außenseite der vineae werden zur Abwehr von Brandgefahr frische Felle gespannt.

[57] Auch dieser Trick des Josephus hat seine Parallelen. So soll Manlius bei der Belagerung des Kapitols durch die Gallier diesen Brot zugeworfen haben, um einen Überfluß an Lebensmitteln vorzutäuschen (Florus Epitoma de Tito Livio 1, 7, 15).

[58] Die schwer begehbare Schlucht auf der Westseite des Tales, durch welche Josephus eine Zeitlang mit der Außenwelt verkehrt hat, kann nach G. Dalman, PJB 8, 1912, 42 nur das Nebental sein, welches nahe dem Südende des Hügels in das wadi edschfat mündet und zum dschebel debebe hinaufsteigt.

[59] Thack z. St. hält diese Wendung für einen Anklang an die Schilderung der Wehklage über Hektor in Homers Ilias 22, 408; eine ähnliche Szene findet sich vita 210 ff.

[60] Zur Konstruktion des Widders vgl. die Abbildungen bei Ricciotti, Bd. II 373.375.

[61] Auch bei Vitruvius 10, 15 findet sich die Bestätigung dafür, daß der Widder durch Felle geschützt war. Dabei wird mitgeteilt, daß er von hundert Mann bedient wurde und 4000 Talente wog.

[62] Dieses Abwehrmanöver des Josephus war auch bei den Römern nicht unbekannt (Vegetius 4, 23). Derartige militärische Maßnahmen werden also nicht jeweils „erfunden", sondern nach Bedarf angewandt. Es geht daher nicht so sehr um situationsbedingte Erfindungen, sondern um notwendige militärische Entscheidungen.

[63] Ruma ist das heutige rumah, zwischen Jotapata und Sepphoris gelegen.

[64] Die großen Entfernungen wirken nicht so übertrieben, wenn man an die Hanglage der Stadt denkt.

[65] Nach Kohout z. St. wurden drei Breschen in die Mauer geschlagen; entsprechend bilden sich drei römische Sturmkolonnen und zur Abwehr drei jüdische Abteilungen unter je sechs Vorkämpfern.

[66] Allerdings steht § 281 mit der anderslautenden Verlustliste dieser Schilderung an unserer Stelle im Wege. Es kann der Verdacht entstehen, daß Josephus hier einem gewissen Stil folgt, der das Moment des Heldischen herausstellt.

⁶⁷ Zur Verwendung von Öl als Kampfmittel schon in babylonischer und assyrischer Zeit vgl. G. Contenau, So lebten die Babylonier und Assyrer, deutsche Ausgabe 1959, 157; in römischer Zeit Vegetius 4, 8; Plin. hist. nat. 2, 108. Die Verwendung von siedendem Öl und brennendem Naphta durch die Belagerten ist also altes orientalisches Kampfmittel.

⁶⁸ Bockshornklee („griechisches Heu") blüht in den Monaten Juni und Juli (Monat Daesius). Er scheidet, wenn er gekocht wird, eine ölige Flüssigkeit aus.

⁶⁹ Der hier erwähnte Trajan ist der Vater des späteren gleichnamigen Kaisers; er war Legat der Legion.

⁷⁰ Japha, auch heute jafa genannt, liegt 3 km südwestlich von Nazareth und etwa 15 km südlich von Jotapata. Der Ort bestand schon in der Mitte des 2. Jahrtausends und war damals von Megiddo abhängig (in den Amarnatexten wird jafa japu genannt; vgl. A. Alt, PJB 20, 1924/1925, 38). Jafa ist das alte, zum Stamm Sebulon gehörige Japhia (Josua 19, 12).

⁷¹ Zur römerfreundlichen Theologie des Josephus vgl. 1, 390; 2, 390.

⁷² Der Kaiser, der Feldherr selbst soll den endgültigen Sieg davontragen (Dio Cass. 60, 21; vgl. auch im AT 2. Sam. 12, 26—28).

⁷³ Zum Widerstand in den engen Gassen einer orientalischen Stadt vgl. 1, 337; 2, 329; 4, 21 ff.

⁷⁴ Ricciotti z. St. vermutet, bei den Aufständischen könnte es sich um eingedrungene jüdische Insurgenten handeln, die die Samaritaner schädigen oder Jotapata entlasten wollten. Josephus könnte in seiner Abneigung gegen die Samaritaner (vgl. dazu 1, 63; 2, 232; ant. 9, 290 f.) diese Stadt in den Bericht einbezogen und ihr die hier geschilderte Niederlage von Herzen gegönnt haben. Allerdings ist es auch möglich, daß in Samarien selbst Anhänger jüdischer Religionsparteien ansässig waren, die den Aufständischen gegenüber zumindest freundlich gesinnt waren.

⁷⁵ Zu Cerealius vgl. auch 4, 552 ff.; 6, 131.237; 7, 163; Prosopographia imperii Romani III Nr. 351: Sex. Vettulenus Cerialis ... videtur fuisse legatus legionis.

⁷⁶ Die Römer teilten die Nacht in vier Wachen zu je drei Stunden ein (vgl. Mk. 13, 35). Während man im Alten Testament drei Nachtwachen zu je vier Stunden kannte (Ri. 7, 19), ging man in neutestamentlicher Zeit auch im Judentum vielfach zur römischen Ordnung über.

⁷⁷ Also wurde Jotapata am 20. 7. 67 n. Chr. erobert — die Belagerung hatte am 17. Artemisius begonnen. Die Zahl der 47 Tage (§ 316) ist unsicher.

⁷⁸ Nach G. Dalman, PJB 8, 1912, 42 liefert die Gegend von Jotapata Anschauungsmaterial für derartige Höhlen. Am Südabhang des Gipfels von Jotapata befindet sich eine 11,40 m lange und mit einem Nebenraum ebenso breite, inwendig 3,5 bis 5 m hohe, von zwei dicken Pfeilern gestützte Zisterne, zu welcher eine gewundene, bequeme Treppe hinabführt. Diese Zisterne hängt zusammen mit einer geräumigen Höhle, deren Decke jetzt eingefallen ist. Sie hat auch einen engen Nebenraum. Eine zweite Grotte am Nordabhang des Gipfels ist 26,60 m breit und 12,67 m lang; im Hintergrund hat eine 6,70 m weite Ausbuchtung, bei welcher ein Loch gleich einer Zisternenmündung nach oben geht. Außerdem befindet sich nach G. Dalman auch auf der Trümmerstätte des „Neuen Hodepath", nördlich vom alten, ein ähnliches Zisternenloch (PJB 9, 1913, 46 f.).

⁷⁹ Paulinus ist wohl der von Tac. hist. 3, 43 erwähnte M. Valerius Paulinus, Freund Vespasians und 69 n. Chr. Statthalter in der Provinz Gallia Narbonensis.

⁸⁰ Nikanor war der Freund des Titus; er wurde verwundet, als er versuchte, in Begleitung des Josephus mit den Juden in Jerusalem zu verhandeln (5, 261). Vielleicht hatte er unter Agrippa gedient und war mit Josephus bekannt geworden.

⁸¹ Thack z. St. erinnert dabei an Vergil Aeneis 6, 851 ff.: „Romane, memento .. parcere subjectis".

[82] Zu Josephus, dem Träumer und Traumdeuter vgl. § 400 ff.; vita 208 ff. Zur Gabe des Traumes und der Traumdeutung bei den Juden vgl. 1, 69.78; 2, 113.159; ant. 15, 373.

[83] Man könnte bei dieser Verbindung von Traumdeutung und Kenntnis der biblischen Weissagungen an den Einfluß essenischer Ideen denken (vgl. 2, 142. 159; ein Beispiel für biblisch orientierte Traumdeutung durch einen Essener ist 2, 113). Vgl. Ricciotti z. St.

[84] A. Schlatter stellt fest, daß für Josephus die τύχη eine selbständige Macht ist, ähnlich wie εἱμαρμένη und δίκη (Die Theologie des Judentums nach dem Bericht des Josephus, 1932, 32—40). In § 391, wo die τύχη der πρόνοια Gottes gegenübergestellt ist, übersetzt er die erstere mit „Zufall"; vgl. ant. 14, 9 (a. a. O. 32). Ein Gegensatz zwischen τύχη und εἱμαρμένη und dem Willen Gottes besteht bei Josephus nach A. Schlatter nicht, durch τύχη wird vielmehr lediglich „das Mißverhältnis ausgedrückt, in dem der Ablauf der Ereignisse zum Wunsch des Menschen steht" (Wie sprach Josephus von Gott? Beiträge zur Förderung christlicher Theologie 14, 1910, 55).

[85] Seit der Makkabäerzeit gibt es im Judentum die heroische Möglichkeit, sich selbst den Tod zu geben, um den Gottlosen nicht in die Hände zu fallen (2 Makk. 14, 41—46). Dieser Selbstmord hat in zelotischen Kreisen als äußerste Möglichkeit des Widerstandes gegen den Feind (und als letztes Opfer für Gott, vgl. 7, 333) eine Rolle gespielt. Die Rede des Josephus § 361 ff. ist bewußt antizelotisch und argumentiert mit dem Appell an das natürliche Empfinden in hellenistischem und in allgemein menschlichem Sinn. Vgl. zu diesem Thema außerdem 1, 271 Anm. 134; 4, 79 f.; ant. 14, 429 f.

[86] Diese Wendung findet sich im selben Zusammenhang bei Plato leg. 9, 873.

[87] Vgl. auch hierzu Plato leg. 9, 873 Schluß.

[88] Zur Lehre von der Unsterblichkeit der Seele, die bei Josephus stark platonisch gefärbt ist, aber auch sonst im Spätjudentum bei der Beschreibung des Zwischenzustands vorausgesetzt zu sein scheint, vgl. 2, 155 ff. (Essener); 6, 47; 7, 344—346; c. Apion. 2, 218; zur pharisäischen Auffassung 1, 650; ant. 18, 14.

[89] Zum Hades vgl. 2, 165; 3, 375.

[90] Der Gesetzgeber ist Mose, vgl. 2, 145; Dt. 21, 23. Reinach z. St. denkt allerdings an die Möglichkeit, daß Josephus eine Vorlage benutzt hat, in der Plato dieser Gesetzgeber gewesen sei, der leg. 9, 873 scharfe Worte gegen den Selbstmord richtet, vgl. § 362.365.

[91] Das Abschlagen der Hand des Selbstmörders ist bei den Athenern durch Äschines bezeugt (Ktesiphon 244; vgl. Reinach z. St.).

[92] Josephus will durch ein Losspiel die providentia dei erproben. — Zu dem Begriff τύχη vgl. § 354 Anm. 84; auch § 391.

[93] Zur Unlogik dieses Satzes vgl. Reinach 291 Anm. 1.

[94] Josephus war damals etwa 30 Jahre alt, da er nach vita 5 im Jahre 37 geboren wurde.

[95] Man nimmt an, daß in § 401 ein Hinweis auf den nahen Tod des Nero ausgefallen ist (Niese, Thack z. St.).

[96] Tacitus erwähnt diese Omina und Orakel in hist. 1, 10: „ostentis ac responsis destinatum Vespasiano liberisque imperium"; 2, 1: „praesaga responsa" (vgl. Thack z. St.). Auch der Glaube, daß Männer, die aus Judäa hervorgingen, Herren der Welt werden würden, wird in fast gleichen Worten Tac. hist. 5, 13 und Suet. Vesp. 4 berichtet. Suet. Vesp. 5, 6 bestätigt die Weissagungen des Josephus: „unus ex nobilibus captivis Josephus, cum conjiceretur in vincula, constantissime asseveravit fore ut ab eodem brevi solveretur, verum jam imperatore" (vgl. Dio Cass. epit. 66, 1, 4, der statt brevi genauer μετ' ἐνιαυτόν setzt). Reinach z. St. führt dazu

auch die rabbinische Tradition an, nach der diese Vorhersage dem Johanan ben Zakkai zugeschrieben wird (Midrasch Echa 1, 13).

[97] Zum Termin vgl. das Datum des Falles von Jotapata § 339 Anm. 77.

[98] Zum Judenhaß der Bewohner von Caesarea vgl. 2, 284 ff. Die Stadt war trotz ihrer überwiegend hellenistischen Bevölkerung seit ihrer Neugründung durch Herodes stets mit Judäa verbunden gewesen.

[99] Die zwei in Caesarea stationierten Legionen waren die fünfte (Macedonia) und die zehnte (Fretensis).

[100] Skythopolis = Beth-sean war eine der bedeutendsten Städte Palästinas, die schon in den Amarnabriefen erwähnt wird. Für ihre Größe in hellenistischer Zeit spricht die Notiz des Polyb. 5, 70, wonach Skythopolis zusammen mit Philoteria leicht den Unterhalt für das Heer Alexanders d. Gr. hätte beschaffen können. So lag es nahe, daß auch Vespasian diese Stadt als Winterquartier für eine seiner Legionen benutzt hat.

[101] Vorausgesetzt ist die Niederbrennung Joppes durch die Truppen des Cestius (2, 507 ff.). Die Absicht der Juden, die Stadt wieder aufzubauen, hängt damit zusammen, daß seit der Zeit des Simon Makkabäus (1. Makk. 12, 33—34) dieser wichtige Hafen in jüdischer Hand war. Josephus weist auf die Schwierigkeiten hin, die durch die Küste gegeben sind (§ 419); vgl. dazu 1. Makk. 14,5 und die bei Schürer II[4] 128 ff. angegebene Literatur.

[102] Für die Griechen war Joppe die Heimat der Andromedasage. Bei Plin. hist. nat. 5, 69 werden die Abdrücke der Ketten an den Felsen bestätigt, und Strabo 16, 2, 28 bemerkt zu Joppe: Ἐνταῦθα μυθεύουσί τινες τὴν Ἀνδρομέδαν ἐκτεθῆναι τῷ κήτει. Pausanias 4, 35, 9 berichtet von einer blutroten Quelle in Joppe, in der sich Perseus nach der Erschlagung des Ungeheuers gewaschen habe, und Hieron. Comm. in Jon. 1, 3 sagt, daß die Löcher, durch die die Ringe der Kette gezogen waren, noch heute zu sehen seien.

[103] Zur Beschreibung der Fama vgl. Vergil Aeneis 4, 173 ff. („facta atque infecta canebat").

[104] Josephus unterscheidet zwischen privater und öffentlicher Trauer; die letztere dauert 30 Tage (für Aaron: Nu. 20, 30; für Moses: Dt. 34, 8).

[105] Vgl. Mt. 9, 23.

[106] Die von Philippus begründete Stadt (2, 168) lag an der Quelle des östlichen Jordanarmes und war durch Herodes mit einem Panstempel geschmückt worden (1, 404 ff.; ant. 15, 363 f.). Agrippa II. hatte die Stadt erweitert (§ 514) und sie nach Nero Νερωνιάς benannt, ein Name, der jedoch bald verschwand. Seit 100 n. Chr. hieß die Stadt Καισάρεια Πανιάς (vgl. ant. 18, 28; Plin. hist. nat. 5, 71; N. Glueck, The Jordan River, 1946, 18—29).

[107] Andere Deutung: Zunächst an allen Orten *des offenen Landes* zu unterwerfen, ehe der Hauptschlag gegen *Jerusalem* erfolgen sollte.

[108] Heute sinn en-nabrah, am südwestlichen Ende des Sees Genezareth, 8 km südlich von Tiberias.

[109] Vgl. 2, 599; vita 66, 134, wo er als Sohn des Sapphias oder des Sapithas bezeichnet wird.

[110] Zum „Retter und Wohltäter" vgl. 7, 71; Ditt. Syll. II, 757.759.791.

[111] Die Bestimmung des Lagerplatzes hängt davon ab, ob man Tarichea mit chirbet el kerak am Südende des Sees identifiziert (so Schürer I[4] 614 f.) oder — wie es heute fast durchweg geschieht — dafür das 5 km nördlich von Tiberias gelegene el medschdel (Magdala) annimmt. Die letztere Annahme verdient auch nach dem hier vorliegenden Feldzugsbericht des Josephus den Vorzug, denn es ist wenig wahrscheinlich, daß das von Skythopolis kommende römische Heer unter den Mauern der feindlichen Stadt (Tarichea = el kerak) nach Tiberias gezogen ist. Ferner hätten die Zeloten, die aus Tiberias nach Tarichea flohen, dann den Römern

in die Hände laufen müssen. Nach G. Dalman hat Vespasian wahrscheinlich sein Lager auf dem Hügel von chirbet el knetrije bei 'ain el fulije aufgeschlagen (Orte und Wege Jesu, 1924, 1939 Anm. 4; PJB 18—19, 1922/1923, 77). Das Lager braucht nicht mit dem 4, 11 erwähnten Lager bei Amathus (südlich von Tiberias) identisch zu sein. Plinius hat sich in der Lage Taricheas wohl geirrt. (Zur Lage von Tarichea vgl. weiter: A. Schlatter, Geschichte Israels von Alexander d. Gr. bis Hadrian, 1925, 330, dazu Anm. 319; M. Noth, Geschichte Israels, 1950, 371; F. M. Abel, Histoire de la Palestine, Bd. I, 502.)

[112] Der Name Gennesar findet sich in 1. Makk. 11, 67; er geht auf das ältere Kinnereth Nu. 34, 10; Josua 13, 27 zurück (vgl. auch Kineroth Josua 12, 3). Der Ort Kinnereth findet sich schon in den Annalen Tutmoses III: knnrt. Plin. hist. nat. 5, 15, 2: „Jordanes in lacum se fundit, quem plures Genesarem vocant, 16 p. longitudinis, 6 latitudinis, amoenis circumsaeptum oppidis, ab oriente Juliade et Hippo, a meridie Tarichea, quo nomine aliqui et lacum appelant, ab occidente Tiberiade, aquis calidis salubri".

[113] Nach vita 156 hat Josephus zuerst die Mauern von Tarichea hergestellt, dann erst Tiberias verstärkt. Diese Darstellung der Vita ist vorzuziehen.

[114] Zur Rede des Titus vgl. Suet. Tit. 3, der von ihm sagt: „... in orando ... promptus et facilis, ad extemporalitatem usque".

[115] Suet. Tit. 4 berichtet von der Eroberung Gamalas und Taricheas, wobei Titus im Kampf sein Pferd unter den Schenkeln verliert und auf ein anderes steigt, dessen Reiter gefallen war.

[116] Nach Thack z. St. liegt hier ein Anklang an Sophokles Elektra 945 vor: ὅρα πόνου τοι χωρὶς οὐδὲν εὐτυχεῖ. Ähnlich paraphrasiert 5, 501; ant. 3, 58.

[117] Die Stadt war auf der Seeseite nicht befestigt (§ 464).

[118] Zum Namen vgl. § 463 Anm. 112.

[119] Nach Josephus wäre der See 7,4 km breit und 25,9 km lang; heute mißt er indessen 12 auf 21 km.

[120] Zu den Jordanquellen vgl. 1, 404—406. Man hält vielfach den birket erram für den Phiala-See des Josephus, doch wird von den modernen Geographen eine Verbindung zwischen dem birket er-ram und dem Panium bestritten. Nach talmudischen Quellen wird der See vom Jordan durchschnitten. Der birket er-ram ist nur etwa 10 km und nicht, wie Josephus meint, 22 km von Caesarea Philippi entfernt. Er liegt 1024 m hoch, hat einen Durchmesser von 628 m und eine Tiefe von 60 m. Sein Wasser ist ölig, stagnierend und hat nichts mit dem frischen und klaren Wasser der echten Jordanquellen gemein. Josephus hat wohl den See nie gesehen (vgl. Ricciotti z. St.).

[121] Vgl. § 443 Anm. 106.

[122] Zur Beschreibung der Grotte vgl. 1, 405.

[123] Der See Semechonitis ist der sumpfige Hule-See, der dem Josua 11, 5 genannten Merom-See entspricht, vgl. 4, 2 f.; N. Glueck a. a. O. 33—35. Vom Austritt des Jordan bis zur Einmündung in den See Genezareth sind es nicht 22 km, sondern nur 17 km.

[124] Zu Julias-Bethsaida vgl. 2, 168 Anm. 94. Den Asphalt-See (das Tote Meer) beschreibt Josephus 4, 476 ff.; vgl. dazu Tac. hist. 5, 6: „Nec Jordanes pelago accipitur, sed unum atque alterum lacum (i. e. Hule-See und See Genezareth) integer perfluit, tertio retinetur".

[125] Die Ebene Gennesar (el ghuweir) befindet sich an der Nordwestseite des Sees zwischen Kapernaum und Magdala. Der dort liegende tel 'oreime ist wohl mit dem alten Kinnereth identisch, das dem See seinen Namen gab.

[126] Kapernaum (Kephar Nahum) kann mit dem heutigen tell hum identifiziert werden (vgl. Koh. r. 1, 8 [70 b]). In seiner Nähe liegt das Quellgebiet von 'ain-et-

tabigha, das auf den alten Namen Heptapegon (= sieben Quellen) zurückweist. Offenbar hat hier eine alte Siedlung gelegen. Allerdings finden sich auch sonst starke Quellen unweit von Kapernaum (z. B. ʿain-et-tin bei chan minje). Josephus selbst gerät nach vita 403 unweit Kapernaum in sumpfiges Gelände und stürzt vom Pferd. Vgl. C. Kopp, Die heiligen Stätten der Evangelien, 1959, 215—230.

[127] Die Bezeichnung „Rabenfisch" (korakinɔs) ist eine Notübersetzung; der genaue wissenschaftliche Name ist clarias lacera. Es handelt sich um einen schuppenlosen, dem Wels ähnlichen Fisch, dessen Genuß den Juden verboten ist. Die mehrfach behauptete Identität mit dem arabischen barbut ist nicht hinreichend gesichert. Vgl. dazu G. Dalman, Orte und Wege Jesu 1924, 143; F. S. Bodenheimer, Animal and Man in Bible Lands, 1960, 200.

[128] Der See von Alexandrien ist der Mareotis-See.

[129] Es scheint, daß man dieser Seeschlacht gedachte, wenn im Triumphzug in Rom zahlreiche Schiffe mitgeführt wurden (vgl. 7, 147). Auch eine Bronzemünze, die Vespasian und Titus zeigt und die Aufschrift victoria navalis trägt, scheint sich auf diesen Kampf beziehen (vgl. Schürer I[4] 615 Anm. 45).

[130] Nero hatte erst kurz zuvor den ersten Spatenstich zu den Arbeiten für den Kanal getan, vgl. Suet. Nero 19: „In Achaia isthmum perfodere aggressus, praetorianos pro concione ad inchoandum opus cohortatus est; tubaque signo primus rastello humum effodit, et corbulae congestam humeris extulit".

Neue Fassung der Anmerkung 1 auf S. XI dieses Bandes:

[1] Josephus wurde zwischen dem 13. 9. 37 und dem 16. 3. 38 geboren. Nach ant. 20, 267 setzt er sein 56. Lebensjahr mit dem 13. Jahr Domitians gleich, welches vom 13. 9. 93 bis 13. 9. 94 geht. Vgl. dazu Schürer I, 74; G. Hölscher in Pauly-W., 1934.

Sein voller Name war: „Josephus, Sohn des Matthias, Hebräer aus Jerusalem, Priester." (bell. 1, 3). Ihm entspricht eine Textüberlieferung, die von manchen Auslegern (Naber, Reinach, Ricciotti) aufgenommen wird. Wir selbst folgen der kürzeren Überlieferung von P Euseb Niese (Text). Die Selbstbezeichnung „Hebräer" kann palästinische Herkunft und aramäische Sprache herausstellen (vgl. bell. 5, 361), kann aber auch eine gewählte Ausdrucksweise sein (vgl. Th. Wb. 3, 369). Der Name entspricht offenbar dem Befund jüdischer Inschriften in Rom (vgl. CIJ I 1936, Index Ἑβραῖος S. 631; ἱερεύς S. 636).